Gro

Kursbuch Geschichte

Neue Ausgabe

Berlin, Brandenburg, Mecklenburg-Vorpommern

Von der Antike bis zur Gegenwart

Herausgegeben von
Karin Laschewski-Müller
und Robert Rauh

Cornelsen
VOLK UND WISSEN

Kursbuch Geschichte – Neue Ausgabe
Berlin, Brandenburg, Mecklenburg-Vorpommern
Von der Antike bis zur Gegenwart
Herausgegeben von Karin Laschewski-Müller und Robert Rauh

Bearbeitet von
Rudolf Berg M. A., Klaus Eilert, Prof. Dr. Andreas Gestrich,
Prof. Dr. Ernst Hinrichs, Dr. Hans-Georg Hofacker, Dr. Dirk Hoffmann,
Dr. Wolfgang Jäger, Bernd Körte-Braun, Karin Laschewski-Müller,
Prof. Dr. Jochen Martin, Dr. Christoph Prignitz, Robert Rauh,
Prof. Dr. Hans-Christoph Schröder, Ursula Vogel, Ulrike Weiß, Dr. Wolfgang Will
unter Mitarbeit der Verlagsredaktion

Didaktische Beratung:
Prof. Dr. Susanne Popp, Augsburg; Dr. Peter Stolz, Berlin

Redaktion: Britta Köppen
Karten und Grafik: Klaus Becker, Frankfurt/M.; Dr. Volkhard Binder, Berlin;
Carlos Borrell, Berlin; Peter Kast, Schwerin; Skip G. Langkafel, Berlin
Bildassistenz: Dagmar Schmidt
Umschlaggestaltung: Klein & Halm Grafikdesign, Berlin
Layoutkonzept: werkstatt für gebrauchsgrafik, Berlin
Technische Umsetzung: Reinhild Hafner; Uwe Rogal, Berlin
Umschlagbild und Vorsatz: Matthias Koeppel, „Von Gelmeroda zum Brandenburger Tor.
(Hat Lyonel Feininger das Brandenburger Tor gemalt?)“, Öl auf Leinwand, 1999
(© Matthias Koeppel / © VG Bild-Kunst, Bonn 2008)

www.cornelsen.de
www.vwv.de

1. Auflage, 3. Druck 2011

Alle Drucke dieser Auflage sind inhaltlich unverändert
und können im Unterricht nebeneinander verwendet werden.

Druck: CS-Druck CornelsenStürtz, Berlin

ISBN 978-3-06-064733-0

Inhalt gedruckt auf säurefreiem Papier aus nachhaltiger Forstwirtschaft.

Kapitel 9 Deutschland zwischen Demokratie und Diktatur . . . 380

Kapitel 10 Die bipolare Welt nach 1945 . . . 478

Kapitel 11 Deutschland nach 1945 . . . 506

Kapitel 12 Internationale Politik im beginnenden 21. Jahrhundert – Entwicklungen und Probleme . . . 586

Globalgeschichtliche Perspektiven: Konfliktstoff Wasser . . . 624

Essay „Fünf Deutschland und ein Leben" *von Fritz Stern* . . . 628

Anhang . . . 630

Lernen und arbeiten mit dem *Kursbuch Geschichte – Neue Ausgabe*

Das vorliegende Lehrwerk ist für die gymnasiale Oberstufe konzipiert und deckt alle Kompetenzanforderungen und Inhalte des Lehrplans von der Antike bis zur Gegenwart ab.
Kursbuch Geschichte – Neue Ausgabe bereitet auch methodisch auf alle Anforderungen der Oberstufe vor. Jedes Kapitel bietet daher **Methoden-** und **Grundwissenseiten** sowie Sonderseiten zur **Geschichtskultur** und zu **Globalhistorischen Perspektiven**. Darüber hinaus stehen im Anhang ein ausführliches **Klausurentraining** (S. 635 ff.) sowie umfangreiche Hilfen für **Arbeitstechniken** (S. 630 ff.) zur Verfügung. Der Aufbau des Buches bzw. der Kapitel umfasst folgende Elemente:

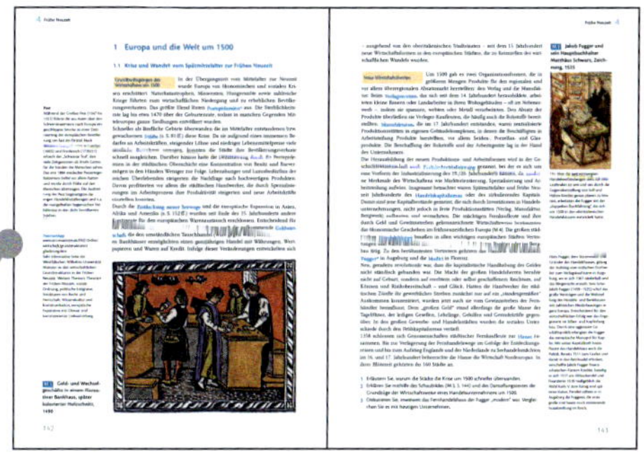

Epochenüberblicke (rote Kolumne) führen in die historischen Prozesse und Strukturen der Halbjahresthemen ein.

Auftaktseiten mit Bild, Überblickstext, Zeitstrahl, Orientierungskarte und Leitfragen dienen als Einstieg in das Kapitelthema.

Themeneinheiten bereiten die Unterrichtsinhalte mit verständlichen Darstellungstexten und vielfältigen Materialien auf. Die **Marginalspalte** nennt wichtige Personen, Daten und Ereignisse, erläutert Begriffe und gibt Internettipps. Die **Arbeitsaufträge** entsprechen den „Einheitlichen Prüfungsanforderungen" (EPA). Die „**Operatoren**" der Abiturprüfung werden im Anhang, S. 636, erläutert.

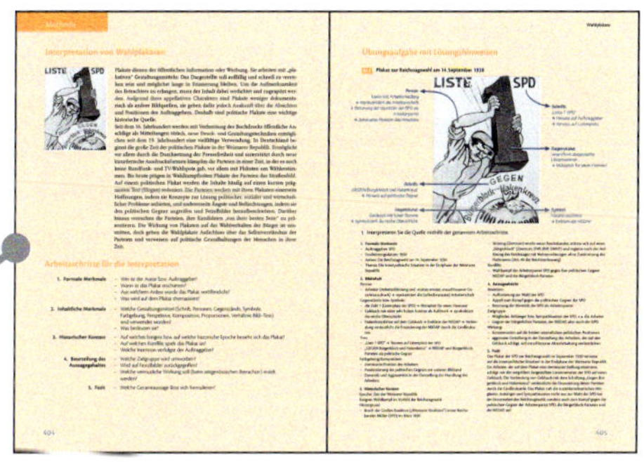

Methodenseiten (gelber Fond) unterstützen mit Checklisten, Übungen und Lösungshinweisen das selbstständige Training der Fachmethoden und Arbeitstechniken.

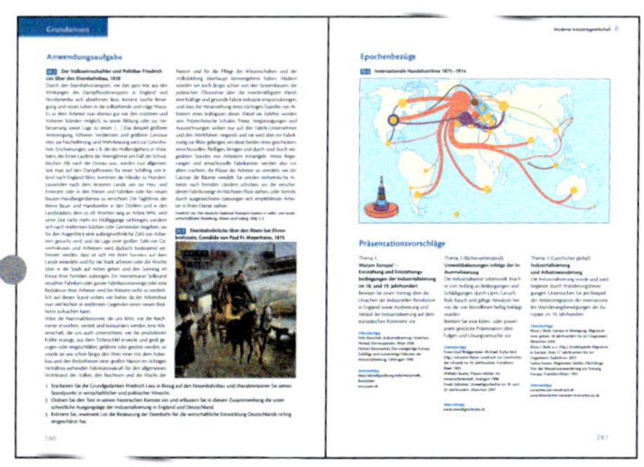

Das **Grundwissen** (am Kapitelende) wiederholt wichtige Daten sowie Begriffe und vertieft die historischen Kenntnisse durch Anwendungsaufgabe und Präsentationsvorschläge. Ausführliche Begriffserläuterungen stehen im Lexikon des Anhangs (S. 649 ff.).

Sonderseiten zur **Geschichtskultur** (blaue Kolumne) untersuchen Darstellung und Deutung historischer Themen in Kunst, Medien oder Politik.

Essays (graue Kolumne) vertiefen das Verständnis für die Zusammenhänge der Halbjahresthemen und eröffnen neue Perspektiven.

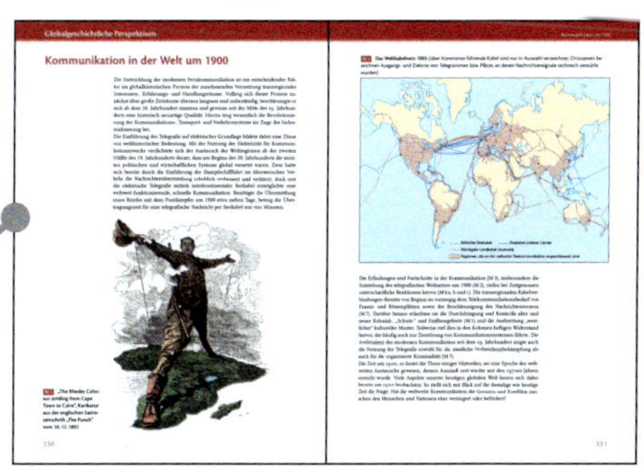

Globalgeschichtliche Perspektiven erklären Phänomene unserer globalisierten Welt in ihrer historischen Entwicklung.

Die antike Welt und das moderne Europa

Der Begriff „Antike“

Eine allgemeingültige Definition der „Antike“ gibt es nicht. Der Begriff leitet sich vom lateinischen Wort *antiquus* (= alt) ab und bezieht sich auf die „alte Geschichte“ einer Kultur. Im allgemeinen Sprachgebrauch wird die Epoche des griechisch-römischen Altertums im Mittelmeerraum als Antike bezeichnet, so auch in diesem Buch. Aber auch die vorderasiatischen, chinesischen, indischen, afrikanischen und lateinamerikanischen Kulturen blicken auf eine antike Geschichte zurück.

Periodisierung

Wie alle Epochen lässt sich die Antike nicht exakt datieren. Für das griechisch-römische Altertum wird oft die frühgriechische Einwanderung in Hellas im 2. Jahrtausend v. Chr. als Beginn genannt. Das Ende des Weströmischen Reiches im Jahr 476 n. Chr. wird in der Regel als Zäsur für das Ende der Antike angesetzt, wobei die Spätantike eine Übergangszeit zum Frühmittelalter darstellt.

Von politischen Kriterien ausgehend lässt sich die Antike in drei Abschnitte gliedern: Als **griechische Geschichte** bezeichnet man die Epoche der Polis, der Stadtstaaten, die aufgrund ihrer Vielfalt politisch keine Einheit bildeten. Die **hellenistische Geschichte** wird vom Weltreich Alexander des Großen und den daraus entstandenen Diadochenreichen bestimmt. Der letzte Abschnitt umfasst die **Zeit des Römischen Reiches** bis zu seiner Auflösung. Die historische Einheit der Antike beruht jedoch weniger auf politischer Kontinuität als vielmehr auf einem kulturellen Traditionsbewusstsein, das bis in die Gegenwart wirkt.

Gemeinsame Merkmale

Fragt man nach charakteristischen Merkmalen der griechischen und römischen Antike, ergeben sich folgende Gemeinsamkeiten:

- Beide Zivilisationen brachten herausragende Kulturleistungen in Philosophie, Literatur, Theater, bildender Kunst und Architektur hervor.
- Beide Gesellschaften lösten sich allmählich vom Mythos bzw. der Tradition, um eigene Formen der Rationalität zu entwickeln, in Griechenland vor allem auf dem Gebiet der Philosophie (M 2 a und b), Geschichtsschreibung und Mathematik, in Rom vor allem mit dem römischen Recht.
- Die Kolonisation bzw. Expansion spielte eine entscheidende Rolle bei der Errichtung und Konsolidierung des Herrschaftsbereichs.
- In beiden Gesellschaften wurde nach Formen der politischen Teilhabe und gesellschaftlichen Integration breiter Bevölkerungsgruppen gesucht, die eine weitgehend willkürliche Machtausübung erfolgreich in dauerhafte und gesellschaftlich akzeptierte Herrschaftsformen umwandelten.
- Wesentlich für beide Gesellschaften waren die sich neu herausbildenden Städte mit ihren politischen, wirtschaftlichen und kulturellen Entwicklungen.

Antike heute

Warum sollten wir uns mit der Antike beschäftigen? Welchen Nutzen können wir ziehen aus der Analyse von Gesellschaften, die hauptsächlich von der Landwirtschaft lebten, die praktisch keine Technik und kaum Naturwissenschaften kannten und in denen lediglich eine Bevölkerungsminderheit die Politik bestimmte?

Wer sich ausschließlich mit der modernen Geschichte befasst, wird deren Eigenarten in allen ihren Aspekten kaum erfassen können. Die Grundfragen und Grundbegriffe menschlicher Existenz im Wandel der Zeiten erschließen sich erst durch den Blick auf die Wurzeln menschlicher Zivilisation, also auf die Antike. Leistungen und Chancen der modernen Demokratie werden im Vergleich mit der athenischen Demokratie deutlich. Die Analyse des Römischen Reiches vermittelt wichtige Einsichten in die Kriterien zur Beurteilung anderer Weltreiche oder übernationaler Organisationen.

Die athenische Demokratie

Die griechische Demokratie war kurzlebig: Sie entstand um 500 v. Chr. und existierte bereits im 2. Jahrhundert v. Chr. nicht mehr. Als Idee und Vorbild wirkte sie allerdings weiter. Erstmals stellten die Griechen die Frage, wer herrschen soll – Monarch, Adel oder Volk? – und wiesen damit den Weg, über Art und Ziele politischer Ordnungen und Verfassungen nachzudenken. Dass diese Entwicklung bis heute nicht abgeschlossen ist, zeigen unter anderem die politischen Veränderungen in Mittel- und Osteuropa am Ende des 20. Jahrhunderts.

Die Grundbegriffe der modernen Demokratie gehen auf die antike griechische Demokratie zurück, aber auch wichtige Unterschiede fallen auf:

– In Athen waren nur die freien männlichen erwachsenen Bürger, also lediglich ca. 15 Prozent der Gesamtbevölkerung, Staatsbürger und konnten damit an der Politik partizipieren, während in den heutigen Demokratien alle Staatsbürger über politische und bürgerliche Rechte ungeachtet ihrer Herkunft oder ihres Geschlechts verfügen.

Internettipp
www.info-antike.de
Interessante Seite von Schülerinnen und Schülern des Victoria-Luise-Gymnasiums Hameln zu zahlreichen Themen der griechischen und römischen Antike

M1 Die Schule von Athen, Wandfresko von Raffael im Vatikan, 1510/11

- Nach griechischen Vorstellungen übte jeder Bürger seine Rechte persönlich und unmittelbar aus, während die modernen Demokratien von gewählten Regierungen sowie den Repräsentanten des Volkes, die als Abgeordnete in Parlamente gewählt wurden, gelenkt werden.
- Die antike Demokratie kannte keine Gewaltenteilung. Das attische Volk herrschte unmittelbar über die Volksversammlung, es sprach Recht im Volksgericht. Die Beamten hatten keinen eigenen Handlungsspielraum, sie wurden von der Volksversammlung und dem Rat strikt kontrolliert und konnten jederzeit abgesetzt werden. Eine Exekutive – eine Regierung im modernen Sinne – bildete sich erst zu Beginn der Neuzeit heraus, als die Bereiche staatlichen Handelns immer komplexer wurden.
- In der Antike war politisches Handeln sehr stark von unmittelbaren Interessen abhängig. Aus diesem Grund existierten in Athen keine Parteien, während in den heutigen Demokratien in der Regel Parteien entscheidend an der politischen Willensbildung beteiligt sind.

Bei der Untersuchung der athenischen Demokratie müssen auch die außenpolitischen Faktoren berücksichtigt werden: Die innere Freiheit der Athener wurde durch ihre Führungsposition im Kampf der Griechen gegen die Perser gestützt. Nach dem Sieg entwickelte Athen sich zu einem Hegemon gegenüber seinen Bündnisgenossen. Der vehemente Machtanspruch nach innen und außen, die Tributzahlungen der Bündnispartner für den Unterhalt einer starken Flotte sowie der Aufstieg Athens zu einem bedeutenden Handelsplatz begünstigten dabei die Entwicklung der athenischen Demokratie.

Internettipp
www.roma-antiqua.de
Private Seite mit einem „Rundgang" durch das antike Rom

www.romanum.de
Private, informative Seite zur Geschichte Roms mit Informationen, lateinischen Texten, deren Übersetzungen und Links

www.kirke.hu-berlin.de/ressource/roma.html
Die Seite der Humboldt-Universität Berlin bietet Informationen und Links zu zahlreichen Themen der römischen Antike (Karten, Topografie, Bilder, Geschichte, Literatur, Forschungseinrichtungen)

Das Römische Reich

Die Folgen der Romanisierung, der Übertragung römischer Lebensformen auf die unterworfenen Völker, sind noch heute im Alltag der betroffenen Länder präsent. Sie sind hörbar in den romanischen Sprachen und unübersehbar in der Bauweise von Straßen und Städten. Auch die christliche Religion gehört zum Erbe des Römischen Reiches, das das moderne Europa geprägt hat. Dies gilt für seine Einheit wie für seine kulturelle Vielfalt, für die rekonstruierte Geschichte des Reiches und seiner Menschen wie für Mythen und Legenden.

Zu allen Zeiten haben sich Historiker mit der Frage beschäftigt, welche Faktoren die Entwicklung Roms zum Weltreich ermöglichten. Bereits Zeitgenossen haben den Aufstieg Roms auf die „gute Verfassung" des römischen Staates zurückgeführt. Andere glaubten, die Römer hätten sich in besonderer Weise für ihr Gemeinwesen, die *res publica*, eingesetzt. Die Entwicklung der politisch-sozialen Ordnung der Römer beeinflussten äußere Gefahren wie Angriffe benachbarter Stämme, aber auch innere Auseinandersetzungen wie der Kampf zwischen dem Adel, den Patriziern, und dem Volk, den Plebejern. Überlebenswichtig waren für die Römer Zusammenhalt und Einsatz für das Gemeinwesen – dies erklärt noch nicht die Entwicklung zum Weltreich, stellt dafür aber eine wichtige Voraussetzung dar. Große Bedeutung für den Aufstieg Roms hatte das äußerst schlagkräftige Heer. Zudem gelang es den Römern offenbar, die Bewohner der unterworfenen Gebiete, der Provinzen, für die römische Lebensart zu gewinnen.

M2 Antike Menschenbilder

a) Um 300 v. Chr. begründete Zenon (um 336–264 v. Chr.) die Philosophenschule der Stoiker – benannt nach der Säulenhalle in Athen, in der er zuerst seine Gedanken verkündete –, die folgende Lehre vertrat:

Wir sind von der Natur so geschaffen, dass die Kinder von den Eltern geliebt werden; und das ist der Ausgangspunkt, von dem wir zu der allumfassenden Gemeinschaft des Menschengeschlechts gelangen. [...] Schon Ameisen, Bienen, Störche tun manches um anderer willen; viel enger ist noch die natürliche Verbundenheit der Menschen. Darum sind wir von Natur zum Beisammensein, zur Versammlung, zum staatlichen Leben geschaffen. Die ganze Welt aber wird von dem Willen der Götter gelenkt; sie ist sozusagen die gemeinsame Stadt und Staatseinheit von Menschen und Göttern, und jeder Einzelne von uns ist ein Teil dieser Welt. [...] Keiner ist adliger als der andere, außer wer eine bessere und leistungsfähigere Naturanlage hat. Kein Mensch ist von Natur Sklave. Nicht der Verkauf macht den Käufer zum Herrn oder den Verkauften zum Sklaven. Nicht durch Verkauf und Kaufgeld kennzeichnet die Wahrheit den Sklaven, sondern durch die Unfreiheit der Gesinnung. Die Freiheit besteht in der Möglichkeit selbstständigen Handelns, die Knechtschaft in dem Fehlen dieser Möglichkeit. Frei ist darum nur der Weise, die Toren sind unfrei.

Zit. nach: Stoa und Stoiker, eingel. und übertr. von M. Pohlenz, Zürich u. a. 1950, S. 108 ff.

b) Im Jahre 44 v. Chr. verfasste Marcus Tullius Cicero (106–43 v. Chr.) eine Schrift vom „rechten Verhalten" des Menschen, eine Ethik, die er seinem Sohn Marcus widmete. Dieser Verhaltenslehre legt er folgende Betrachtung der menschlichen Natur zugrunde:

Vom Urbeginn an hat die Natur in allen Lebewesen den Trieb angelegt, sich selbst Leib und Leben zu erhalten, allem, was schädlich sein könnte, auszuweichen und alles, was zum Leben notwendig ist, zu suchen und sich zu verschaffen, z. B. Nahrung, Schlupfwinkel und dergleichen mehr. Allen Lebewesen gemeinsam ist ferner der Geselligkeitstrieb zum Zweck der Fortpflanzung und die Sorge für den Nachwuchs. Zwischen Mensch und Tier besteht aber vor allem folgender Unterschied: Das Tier lässt sich nur von Sinneseindrücken leiten und passt sich nur an das an, was sich ihm zeigt; für Vergangenes und Zukünftiges hat es nur wenig Gespür. Der Mensch aber ist ein vernunftbegabtes Wesen; die Vernunft ermöglicht ihm, Schlussfolgerungen zu ziehen, Ursachen zu sehen, Entwicklungsstufen und Vorbedingungen zu erkennen, einander ähnliche Erscheinungen zu vergleichen, Gegenwärtiges mit Zukünftigem zu verbinden und zu verknüpfen. Dank der Vernunft also überschaut er leicht den Lauf seines Lebens und versorgt sich mit allem Notwendigen zu dessen Gestaltung.

Dieselbe Natur verbindet dank der Vernunft die Menschen zu einer Sprach- und Lebensgemeinschaft. Sie weckt in ihnen eine zärtliche Liebe zu ihren Kindern, sie drängt die Menschen zur Geselligkeit und zur Teilnahme an geselligen Veranstaltungen; deshalb wollen sie das beschaffen, was zu einer kultivierten Lebensart gehört, nicht nur jeweils für sich allein, sondern für Frau und Kind und für alle, die ihnen lieb sind und die sie beschützen sollten. Solche Sorge gibt den Menschen Auftrieb, der Mensch wächst mit seinen Aufgaben.

Ganz besonders charakteristisch für den Menschen ist das Suchen nach der Wahrheit. Wenn wir von den Alltagsgeschäften und Alltagssorgen frei sind, dann verlangt es uns danach, etwas Neues zu sehen, zu hören, zu lernen und wir sehen in der Erkenntnis von bislang unverständlichen oder staunenswerten Dingen einen wichtigen Bestandteil eines glücklichen Lebens. [...]

Platon bemerkt zutreffend, dass wir nicht für uns allein geboren sind, sondern dass das Vaterland einen Teil unsres Daseins verlangt, einen Teil unsere Freunde. Die Stoiker[1] sind dazu der Überzeugung, dass alles, was auf Erden wächst, zum Nutzen der Menschen geschaffen sei; die Menschen aber seien füreinander da, dazu, sich gegenseitig zu nützen. Deswegen haben wir die Verpflichtung, der Natur als unserer Führerin zu folgen, indem wir nämlich zum allgemeinen Nutzen beitragen und dadurch den Austausch von Leistungen, durch Geben und Nehmen, durch unsere geistigen und materiellen Möglichkeiten und unsere Bemühungen die Gemeinschaft der Menschen untereinander festigen.

Cicero, De officiis I, 11 ff. Übers. von Elisabeth Zwölfer

1 Stoiker: siehe Einleitung zu M 2 a

1 Analysieren Sie M 2 a im Hinblick auf die wesentlichen Kennzeichen des Menschenbildes der Stoiker.
2 Vergleichen Sie Ihre Analyseergebnisse mit dem von Cicero entworfenen Menschenbild (M 2 b).
3 Diskutieren Sie die „Modernität" des antiken Menschenbildes.

1 Die antike Welt: Fremdheit und Nähe

M 1 **„Der Raub der Europa", Wandgemälde aus Pompeji, 1. Jh. n. Chr.**

594 Reformen Solons

508/07 Reformen des Kleisthenes

ca. 510–27 Zeitalter der Römischen Republik

500–479 Perserkriege

ca. 460–429 Zeitalter des Perikles

431–404 Peloponnesischer Krieg

287 Ende der Ständekämpfe

264–146 Punische Kriege

133–27 Krise der Römischen Republik

600 v. Chr. | 500 v. Chr. | 400 v. Chr. | 300 v. Chr. | 200 v. Chr. | 100 v. Chr.

„Der Raub der Europa“ lautet der Titel eines Wandgemäldes aus Pompeji, das im 1. Jahrhundert n. Chr. entstand. Es zeigt, wie nah und zugleich fern uns die Antike ist. Schon Herodot, der berühmteste Geschichtsschreiber der griechischen Antike, wies darauf hin, dass man den geografischen Begriff „Europa“ auf Karten zur Kennzeichnung der Gebiete nördlich des Mittelmeers verwendete, die auch heute im Wesentlichen Europa begrenzen. „Europa“ war jedoch auch der Name einer phönikischen Königstochter aus der griechischen Sagenwelt, die der Göttervater Zeus – getarnt als zahmer Stier – über das Meer nach Kreta entführte. Ohne die Kenntnis der griechischen Mythologie lässt sich das Bild, das uns in eine fremde Welt führt, nicht entschlüsseln.

Die Spannung zwischen zeitlich Gegenwärtigem und historischer Fremdheit wird auch bei der Beschäftigung mit der athenischen Demokratie deutlich, die sich 500 v. Chr. herausbildete und schon im 2. Jahrhundert v. Chr. verschwand. Zum ersten Mal in der Geschichte haben die Griechen Staat und Gesellschaft nach demokratischen Prinzipien organisiert, um Freiheit und Gleichheit im öffentlichen Leben so weit wie möglich zu verwirklichen. Leistungen und Chancen der modernen Demokratie werden deutlich, wenn diese mit der Demokratie in Athen verglichen wird.

Fremdheit und Nähe prägen auch den Blick auf die römische Geschichte. Viele Staaten bezeichnen sich heute als Republik, ein Begriff, der von dem lateinischen Wort *res publica*, die „Angelegenheit des Volkes“, stammt. Die Analyse des Imperium Romanum vermittelt darüber hinaus wichtige Einsichten in die Kriterien zur Beurteilung anderer Weltreiche oder übernationaler Organisationen und Zusammenschlüsse. So wird im Rahmen heutiger Bemühungen um eine europäische Einigung nicht selten auf das Römische Reich verwiesen.

1 Welche Formen von Staatlichkeit haben sich in der griechischen Antike entwickelt und worin unterscheiden sie sich von modernen Staatsformen?
2 Ist die athenische Demokratie ein Vorbild für moderne Demokratien?
3 Wie erklärt sich der Aufstieg Roms zum Weltreich, wie der Untergang des Römischen Reiches?
4 Ist das Imperium Romanum ein Modell für die europäische Einigung?

44
Ermordung Caesars

27 v. Chr.–476 n. Chr.
Römische Kaiserzeit

27 v. Chr.–14 n. Chr.
Prinzipat des Augustus

391
Christentum wird Staatsreligion

395
Teilung des Römischen Reiches

476
Ende Westroms

0 | 100 n. Chr. | 200 n. Chr. | 300 n. Chr. | 400 n. Chr. | 500 n. Chr.

1 Demokratie in Athen

1.1 Vorgeschichte und Grundlagen

Polis
In der mykenischen Kultur (ca. 1600–1200 v. Chr.) bezeichnete Polis ursprünglich die Burg einer Stadt, wandelte sich später jedoch zur Bezeichnung für die Hauptform des griechischen Staates und dessen Bürgerverbandes. Die meisten Poleis hatten jeweils eine durchschnittliche Fläche von ca. 50–100 km² und vermutlich 2000–3000 Einwohner. Jede Polis besaß einen städtischen Kern, der von landwirtschaftlichen Flächen umgeben war (Staatsgebiet). Auf einer Anhöhe oder einem Berg befand sich die Akropolis (M 2). Die Bewohner einer Polis (Staatsvolk) waren in soziale Gruppen unterteilt (s. M 1, S. 22). Politisches Mitspracherecht besaßen nur Vollbürger (erwachsene freie Männer), nicht jedoch Frauen, Sklaven und Metöken (ständig in der Polis lebende Ausländer). Voraussetzung für Freiheit, Gleichberechtigung und Rechtssicherheit war die Selbstverwaltung durch ihre Bürger in den Polisinstitutionen (Staatsgewalt). Die Polis gilt als Urform aller Demokratien. Ihre Ideale wurden jedoch nur in wenigen Stadtstaaten verwirklicht, so z. B. in Athen, der bedeutendsten griechischen Polis.

Die Polis – Wurzel der athenischen Demokratie

Griechenland bildete im Altertum keinen einheitlichen Flächenstaat. Im Gegensatz zu den frühen Hochkulturen Ägyptens und Mesopotamiens fehlten im antiken Griechenland eine zentrale politische Regierungsinstanz sowie territorial zusammenhängende Verwaltungs- und Wirtschaftsstrukturen. Die Entstehung relativ autonomer Kleinstaaten wurde vor allem durch die **topografischen Gegebenheiten** begünstigt (M 1). Die Griechen nannten diese Staatswesen **Polis*** (griech.; Pl. *Poleis*), was mit dem Begriff „Stadtstaat" übersetzt werden kann. Zur Polis gehörten ein Staatsgebiet, ein Staatsvolk und eine Staatsgewalt.
Das Nebeneinander der etwa 250 Poleis, die um 500 v. Chr. in Griechenland existierten, war durch Rivalitäten, Machtkämpfe und Zweckbündnisse gekennzeichnet. Darüber hinaus bestand jede Polis auf **staatlicher Unabhängigkeit** *(Autonomie)*, entwickelte eigene Verwaltungsstrukturen und strebte nach **wirtschaftlicher Unabhängigkeit** *(Autarkie)*.
Die Herausbildung der griechischen Poleis und deren Existenz über fast ein halbes Jahrtausend bis zum Aufstieg Makedoniens im 4. Jh. v. Chr. ist auch auf äußere entwicklungsgeschichtliche Bedingungen zurückzuführen. Einerseits ging vom östlichen Mittelmeer nach dem Niedergang der frühen Hochkulturen keine Bedrohung mehr aus, andererseits gelang den Griechen die Abwehr der persischen Expansion im 5. Jh. v. Chr. (s. S. 17 f.) auch ohne staatlichen Zusammenschluss.
Ungeachtet territorialer Zersplitterung und gesellschaftlicher Unabhängigkeitsbestrebungen gab es unter den Griechen durch den Austausch zwischen den Poleis und den Kontakt mit fremden Völkern im Rahmen der Kolonisation ein Gefühl überregionaler Gemeinsamkeit. Verbindend waren dabei die gemeinsame Sprache und Schrift, die gleiche Götter- und Sagenwelt sowie gesamtgriechische

M 1 **Naturraum und Stadtstaaten in Griechenland vom 12. bis zum 5. Jh. v. Chr.**

1 Erläutern Sie, inwiefern die topografischen Gegebenheiten Griechenlands Ursache für die Herausbildung der Poleis waren.

Wettkämpfe wie die alle vier Jahre zu Ehren des Zeus abgehaltenen Olympische Spiele oder das Fest des Dionysos (s. S. 20). Dieses **Gemeinschaftsgefühl** wurde nach außen durch die Bezeichnung „Hellenen" bekundet – in bewusster Abgrenzung zu allen Völkern, die ihre Sprache nicht beherrschten und von den Griechen „Barbaren" (= Plapperer) genannt wurden.

M2 Die Akropolis in Athen, Fotografie, 1998

Im Vordergrund zu erkennen: der als Parthenon bekannte Athena-Tempel, der Haupttempel der Anlage mit dem Bildnis der Pallas Athena.

Herausbildung der Demokratie in der Polis Athen

Athen war nicht nur der mächtigste, sondern nach Sparta auch der territorial größte Stadtstaat mit einer Fläche von ca. 2600 km². Die Stadt liegt auf der Halbinsel Attika in einer Ebene, die zum Meer hin offen und von Gebirgszügen umgeben ist. Die Lage bot eine ideale Voraussetzung für die Errichtung eines Machtzentrums: Von einem befestigten Palast auf der Akropolis (M 2) aus kontrollierten die Herrscher die Stadt und das Umland, zu dem vermutlich nicht nur die gesamte Halbinsel Attika, sondern auch die Insel Salamis gehörte. Die fruchtbaren Ebenen Attikas waren Hauptanbaugebiete für die wichtigsten landwirtschaftlichen Produkte wie Getreide, Wein und Oliven. Die langen zerklüfteten Küstenregionen boten mit zahlreichen Buchten und Stränden günstige Voraussetzungen für die lokale Schifffahrt.
Etwa um 800 v. Chr. wurde in Athen die Königsherrschaft *(Monarchie)* durch die Adelsherrschaft *(Aristokratie)* verdrängt. Die führenden Geschlechter verteilten die Funktionen des Königs auf mehrere adlige Beamte *(Archonten)*. Sie waren für die Verwaltung, die Kriegsführung, religiöse Angelegenheiten und die Rechtsprechung verantwortlich. Kontrolliert und gewählt wurden die Archonten, deren Amtszeit auf ein Jahr begrenzt war, vom Adelsrat *(Areopag)*, in dem sich die führenden Adligen versammelten. Historiker vermuten auch die Existenz einer Volksversammlung, die zunächst jedoch wenige oder keine Befugnisse gehabt haben dürfte.
Im 7. Jahrhundert kam es zu einer **wirtschaftlichen und sozialen Krise** in Athen. Eine Ursache war die Verarmung der Bauern infolge des enormen Bevölkerungsanstieges. Die Athener versuchten, den Mangel an fruchtbarem Boden durch die Erschließung von Neuland in Attika zu beheben. Ständige Erbteilungen und Missernten zwangen die Bauern jedoch zur Aufnahme von Schulden sowie zur Verpfändung oder zum Verkauf ihres Landes. Wer seine Schulden, für die er mit Leib und Familie haftete, nicht begleichen konnte, drohte in die **Schuldknechtschaft** und damit in den Stand von Hörigen, also persönlich Unfreien, abzusinken. Die Kleinbauern mussten dabei ihre Arbeitskraft den zumeist adligen Gläubigern zur Verfügung stellen oder wurden als Sklaven verkauft. Zugleich mehrte sich der Reichtum der adligen Grundherren, was zu sozialen Konflikten führte. Andererseits förderten die Ausweitung der griechischen Siedlungsgebiete und das Aufkommen der Geldwirtschaft die Entwicklung von Handel und Handwerk. Die so zu Wohlstand gelangten Kaufleute und Handwerker verlangten nach **politischer Mitsprache**. Auch innerhalb der Adelsschicht nahmen die Rivalitäten um Macht und Einfluss zu. Um die Lage zu entschärfen, beauftragte der Areopag sogenannte *diallaktes*, mit besonderen Vollmachten ausgestattete „Versöhner", neue Regeln für das Zusammenleben in Athen zu entwickeln.

Akropolis
Der Begriff bezeichnet die „Oberstadt", die Burg einer Stadt auf dem höchsten Punkt des Stadtgebietes. Sie ist künstlich befestigt und enthält die wichtigsten Gebäude der Stadt. Die Burg war der Ausgangspunkt der Stadtanlage, die sich ihr als nicht oder weniger stark befestigte Unterstadt in der Ebene ringsum anschloss. Die Akropolis von Athen war als Wahrzeichen der Stadt zugleich religiöses Zentrum (u. a. mit dem Tempel der Stadtgöttin Athene) und Kultstätte (Theater des Dionysos), zeitweise auch Festung und seit der athenischen Vorherrschaft im Attischen Seebund im 5. Jh. (s. S. 17) der Aufbewahrungsort der öffentlichen Gelder.

Internettipp
www.dadalos.org/deutsch/Demokratie/demokratie/grundkurs2/antike/antike.htm
Seite des UNESCO-Bildungsservers zur Polis/Entwicklung der Demokratie in Athen

Reformer und Tyrannen in Athen

Drakon ließ um 621/20 die geltenden, bisher jedoch nur mündlich überlieferten Gesetze schriftlich fixieren und auf Tafeln öffentlich aufstellen. Diese „Verschriftung" wesentlicher Normen sollte Rechtssicherheit und politische Stabilität in Athen bewirken. Drakon entzog dem Adel das Recht auf Blutrache, indem er alle Tötungsdelikte einem Gerichtszwang unterwarf. Zudem verschärfte er die Strafmaße. So wurden selbst geringfügige Diebstähle mit dem Tod bestraft („drakonische Maßnahmen"). Die sozialen Gegensätze verringerten sich durch Drakons Gesetzgebung allerdings

M3 Die Tyrannentöter auf einer athenischen Vase, um 470 v. Chr.

nicht, da weder die Schuldknechtschaft aufgehoben noch Land neu verteilt wurde. 594 v. Chr. berief der Areopag den Adligen **Solon** (ca. 640–560 v. Chr.) zum *diallaktes*. Seine einschneidenden Maßnahmen sollten sowohl die sozialen Spannungen dauerhaft abbauen als auch die politische Ordnung in Athen grundlegend reformieren. Er hob die Schuldknechtschaft auf, indem er den Bauern die Schulden erließ, ihnen das verpfändete Land zurückgab und den staatlichen Rückkauf der ins Ausland verkauften Schuldsklaven anordnete. Verfassungsrechtlich reformierte er die politischen Mitspracherechte des Volkes in der Volksversammlung, dem Volksgericht sowie im Rat der 400 und betonte die Verantwortung aller Bürger für die Stadt (M 5). In Anlehnung an antike Autoren sehen einige Historiker in Solons Reformen bereits die Begründung der Demokratie. Allerdings konnten sie die gesellschaftlichen Probleme in Athen nicht lösen. Die Adligen kritisierten den Schuldenerlass, und den Kleinbauern gingen die Reformen nicht weit genug, da es zu keiner Neuaufteilung des Bodens kam. Zudem setzten die Adligen ihre Machtkämpfe unvermindert fort. Im Verlauf erneuter Unruhen gelang es dem Adligen **Peisistratos** (ca. 600–528/27 v. Chr.), mit einem Söldnerheer im Jahr 546 die Akropolis zu besetzen und eine **Tyrannis*** zu errichten. Seine Herrschaft war nicht unpopulär: Er verbesserte die Existenzgrundlage der Kleinbauern, indem er das Land verbannter Adliger unter ihnen verteilte, und sicherte sich so ihre Unterstützung. Zudem führte er eine effiziente Rechtsprechung ein, förderte Handel und Gewerbe durch staatliche Aufträge für den Bau von Tempeln, Hafenanlagen, Straßen, Wasserleitungen und Brunnenhäusern und bewirkte damit einen wirtschaftlichen Aufschwung. Peisistratos ließ die solonische Verfassung bestehen, besetzte die wichtigsten Ämter jedoch mit seinen Anhängern. Unter der Herrschaft seiner Söhne Hipparchos und Hippias, die nach dem Tod ihres Vaters dessen Tyrannis fortführen wollten, kam es zu blutigen Aufständen, in deren Verlauf Hipparchos ermordet (514 v. Chr.) und Hippias verbannt (510 v. Chr.) wurde.

Tyrannis
griech. *tyrannos* = Alleinherrscher; Gewaltherrschaft, die sich nicht an Gesetze hält; Folgen sind in der Regel Zwang und Unterdrückung.

Die Reformen des Kleisthenes

Während der Machtkämpfe zwischen Adligen, die nach dem Sturz der Peisistratiden wieder aufflammten, setzte sich **Kleisthenes** 508/07 mit einem Reformpaket durch. Kernstück war eine neue **Phylenordnung** (M 6 a, b): Durch die vollständige Neugliede-

Internettipp
www.dadalos.org/deutsch/Demokratie/demokratie/grundkurs2/antike/athen.htm#4
Seite des UNESCO-Bildungsservers zu Aspekten Tyrannis/Peiosistratos/Kleistenes

rung Attikas wurden die Abhängigkeitsverhältnisse zwischen Adligen und Bauern aufgelöst. Auch der neue Rat der 500, der die Entscheidungen der Volksversammlung vorbereitete, setzte sich regional gemischt zusammen: Persönliche Beziehungen waren hier weniger ausschlaggebend als die Auseinandersetzung und Mehrheitsbeschaffung auf der Sachebene. Damit wurde die Politisierung der Bürgerschaft entscheidend vorangetrieben *(Stein-Hölkeskamp)*. Mit seinen Reformen gilt Kleisthenes als maßgebender Wegbereiter der athenischen Demokratie, die mit dem Aufstieg Athens zur Großmacht weiterentwickelt und modifiziert wurde (s. S. 22 ff.).

Die Perserkriege und ihre Folgen

Für die Weiterentwicklung der attischen Demokratie entscheidend wurde die **Abwehr der persischen Expansion**. Bis zum Ende des 6. Jh. v. Chr. hatten die Perser ein Großreich errichtet, das von Indien bis zum Mittelmeer reichte. Dabei unterwarfen sie auch die Griechenstädte an der kleinasiatischen Küste. Nachdem die Perser 494 v. Chr. einen langjährigen Aufstand der griechischen Städte in Kleinasien niedergeschlagen hatten, versuchten sie auch Griechenland zu erobern, da die Athener die Aufständischen mit Schiffen unterstützt hatten. Im Verlauf der **Perserkriege*** gelang es den Griechen unter der Führung Athens, die persischen Streitkräfte zu schlagen, die griechischen Städte in Kleinasien zurückzuerobern und damit ihre Freiheit zu behaupten. Das gestärkte Selbstbewusstsein der Athener und das Flottenprogramm des **Themistokles** (Archon seit 493 v. Chr.), das den militärischen Erfolg ermöglicht hatte, förderten die Entwicklung der Demokratie (M 7 a, b). Durch den Ausbau der Schlachtflotte wurde die unterste Gesellschaftsschicht, die die Schiffsbesatzung stellenden *Theten*, entscheidend für die militärische Stärke. Diese Aufwertung bereitete auch ihre politische Gleichstellung mit der übrigen Bürgerschaft in Athen vor.

Im Jahre 487/86 v. Chr. setzte Themistokles Verfassungsänderungen durch, die zunächst die Macht der Archonten verringerten, indem für die Besetzung der höchsten Beamtenposten anstelle der direkten Wahl nun die Auslosung aus einer Gruppe vorher bestimmter Personen eingeführt wurde. Das Losverfahren stärkte indirekt die Position der weiterhin von der Volksversammlung gewählten Beamten, z. B. der für die militärische Führung verantwortlichen *Strategen*. Darüber hinaus ging der **Ostrakismos** („Scherbengericht"), dessen Einführung Kleisthenes zugeschrieben wird, vom Rat auf das gesamte Volk über. Hatte die Volksversammlung den Ostrakismos beschlossen, konnte jeder Polisbürger den Namen eines unerwünschten Politikers auf eine Tonscherbe ritzen (M 8). Bei einem Quorum von 6000 Stimmen musste dieser die Polis für zehn Jahre verlassen, ohne jedoch sein Bürgerrecht und sein Vermögen zu verlieren.

Auf die praktische Politik hatten diese Verfassungsänderungen markante Auswirkungen. Da der Griff nach dem höchsten Amt dem Zufall überlassen blieb, kam es für ambitionierte Politiker noch mehr darauf an, sich auch ohne die Autorität einer öffentlichen Funktion in den Gremien, besonders der Volksversammlung, durchzusetzen. Wem dies regelmäßig gelang, der wurde fortan *demagogòs* („Volksführer") genannt. Der Ostrakismos, ursprünglich ein Instrument zur Verbannung von Tyrannen, ermöglichte nun die zeitweilige Ausschaltung politischer Gegner und war somit ein Mittel zur Durchsetzung von politischen Grundsatzentscheidungen.

Die Adligen **Ephialtes** und **Perikles*** führten den Demokratisierungsprozess in Athen fort: 462 v. Chr. entzogen sie dem Areopag die Aufsicht über die Beamten und sein Vetorecht gegen Beschlüsse der Volksversammlung. Künftig war er nur noch für die Blutgerichtsbarkeit verantwortlich. Zudem erleichterte Perikles durch die Einführung von Diäten, einer Aufwandsentschädigung für Ratsherren,

Perserkriege
- 490 v. Chr.: Sieg des athenischen Heeres über die Perser in der Ebene von Marathon
- 480 v. Chr.: Sieg der Athener über die persische Flotte in der Bucht von Salamis
- 478 v. Chr.: Gründung des Delisch-Attischen Seebundes, in dem sich Küstenstädte und Stadtstaaten der Ägäis-Inseln zusammenschlossen und Athen die Führungsrolle übernahm
- 449 v. Chr.: Friedensvertrag zwischen dem Attischen Seebund und dem Perserkönig (Kalliasfriede)

M 4 Büste des Perikles, römische Kopie des Originals aus dem 5. Jh. v. Chr.

Perikles (um 490–429 v. Chr.)
Einer der führenden Staatsmänner Athens war der Adlige Perikles, dessen Name mit dem Ausbau des attischen Seereiches, mit dem endgültigen Durchbruch zur Demokratie in Athen sowie mit der Ausgestaltung der Bauten auf der Akropolis verbunden ist. Von 443 bis 430 v. Chr. wählten ihn die Athener jedes Jahr zum Strategen, zu einem der zehn Beamten, die das Landheer und die Flotte Athens führten. Das erreichte kein zweiter Politiker in Athen. Der attische Geschichtsschreiber Thukydides war der Auffassung, die Demokratie in Athen sei zur Zeit des Perikles nur „dem Namen nach eine Volksherrschaft, in Wirklichkeit eine Herrschaft des Ersten Mannes (Perikles)" gewesen. Perikles' Macht und Einfluss beruhten auf dem Ansehen seiner Familie, auf seinen militärischen Erfolgen gegen die Perser und Sparta sowie seiner Rednergabe, mit der er die Volksversammlung dominierte.

Richter und wohl für die meisten Beamten, ärmeren Athenern den Zugang zu politischen Ämtern. Die Reformen Solons und Kleisthenes' schienen vollendet. In Athen sprach man jetzt explizit von „Demokratie“, die in der erreichten radikalen Variante die „klassische“ Staatsform Athens blieb.

1 Erläutern Sie Ursachen und Folgen der wirtschaftlichen und sozialen Krise in Athen im 7. Jahrhundert v. Chr.
2 Stellen Sie den Demokratisierungsprozess (Initiatoren, Inhalte, Ziele und Folgen der Reformmaßnahmen) in einer Übersicht zusammen. Nutzen Sie M 5–M 7.

M5 Die Reformen des Solon

Aristoteles (384–322 v. Chr.) schreibt im „Staat der Athener“:

7. Eine Verfassung führte er ein und erließ auch andere Gesetze, man hörte auf, die Satzungen des Drakon[1] zu verwenden, außer den Blutgesetzen. Sie schrieben die Gesetze auf die Pfeiler, stellten sie in der Königshalle auf und schworen alle, sie anzuwenden. Die neun Archonten gelobten beim Schwur vor dem Stein, ein goldenes Standbild zu weihen, wenn sie eines der Gesetze überschritten. Seitdem schwören sie auch jetzt noch so. (2) Er legte die Gesetze für hundert Jahre fest und ordnete auf diese Weise das Staatswesen. (3) Nach Schätzung teilte er vier Steuerklassen ein, wie sie auch früher eingeteilt waren: Großgrundbesitzer, Ritter, Jochbauern und Arbeiter. Und die übrigen Ämter ließ er von den Großgrundbesitzern, Rittern und Jochbauern verwalten – die neun Archonten, die Finanzverwalter, die Staatsmakler, die elf Justizaufseher und die Kassenverwalter –, wobei er jedem die Amtsgewalt entsprechend der Größe seines Steuerkapitals verlieh. Denen aber, die zur Steuerklasse der Arbeiter gehörten, gab er nur einen Anteil an der Volksversammlung und an den Gerichten. (4) Zur Steuerklasse der Großgrundbesitzer gehörte, wer insgesamt 500 Maß trockenes und flüssiges Erntegut von seinem Eigentum zusammenbrachte, zur Ritterklasse die, die 300 Maß aufbrachten – bzw. Pferde zu halten in der Lage waren, wie einige meinen. [...] Jochbauernsteuer zahlten die, die insgesamt 200 Maß einbrachten. Die Übrigen gehörten zum Arbeiterstand, ohne Zugang zu irgendeinem Amt. Deshalb dürfte wohl auch heute noch kein Einziger, der sich an der Auslosung eines Amtes beteiligen will, wenn er gefragt wird, zu welcher Steuerklasse er gehört, sagen, zum Arbeiterstand.

8. Die Ämter ließ er unter Vorgewählten auslosen, die jede der Phylen[2] vorzuwählen hatte. Für die neun Archonten wählte jede zehn und aus diesen losten sie. Daher gilt es heute noch für die Phylen, dass jede zehn erlost, sodann aus diesen durch das Bohnenlos die Wahl trifft. [...] In alter Zeit ernannte der Rat auf dem Areopag – in Eigenverantwortung die Stellen ausschreibend und entscheidend – den Geeigneten zu jedem der Ämter und setzte ihn für ein Jahr ein. [...] (4) Einen Rat bildete er aus vierhundert Bürgern, hundert aus jeder Phyle, den der Areopagiten jedoch beorderte er zur Überwachung der Gesetze, wie er ja auch vorher als Aufseher über das Staatswesen fungierte und im Übrigen die meisten und bedeutendsten politischen Angelegenheiten überwachte.

Aristoteles, Der Staat der Athener, übers. u. hg. v. Peter Dams, Reclam, Stuttgart 1970, S. 12–15

1 Drakon: athenischer Gesetzgeber im späten 7. Jahrhundert v. Chr.; fasste 624/21 v. Chr. geltendes Recht in einem Gesetzbuch zusammen; beendete die Blutrache; die Strafmaße galten in der klassischen Zeit als ausgesprochen hart („drakonische Strafen“).
2 Phyle: Untergliederung der Bürgerschaft, hier nach Kriterien der Abstammung

1 Gliedern Sie die Reformen Solons nach sozialen, wirtschaftlichen und politischen Maßnahmen.
2 Erörtern Sie: Solon – der erste Demokrat Athens? Berücksichtigen Sie auch Solons Selbstzeugnis: „Dem Volke nämlich gab ich so viel Anteil wie genug ist, nahm seiner Würde nichts weg, fügte auch keine hinzu“.

M6 Die Reformen des Kleisthenes

a) Aus Aristoteles, „Der Staat der Athener“:

Aus diesen Gründen also vertraute das Volk dem Kleisthenes. Als Anführer der Menge teilte dieser dann, im vierten Jahr nach der Entmachtung der Tyrannen, unter dem Archonten Isagoras (508/507), (2) in einer ersten Maßnahme alle Bürger in zehn statt der bisherigen vier Phylen ein, denn er wollte sie untereinander vermischen, damit mehr von ihnen an der Ausübung der politischen Macht Anteil nehmen könnten. [...]

(3) Als Nächstes richtete er den Rat der Fünfhundert [bulé] statt der Vierhundert ein, fünfzig aus jeder Phyle; bis dahin waren es hundert pro Phyle. [...] (4) Ferner teilte er das Land nach Demen in dreißig auf, von denen zehn [Demen] dem Stadtgebiet, zehn [Demen] der Küste und zehn [Demen] dem Binnenland zugehörten; diese nannte er Trittyen und loste jeder Phyle drei davon zu, damit jede Phyle an allen Gegenden Anteil habe. Auch verband er die in jedem Demos Wohnhaften miteinander zu Demenmitgliedern, damit sie nicht mehr durch Verwendung der Vatersnamen die Neubürger bloßstellten, sondern sich nach ihren Demen nannten; deshalb benennen sich die Athener nach den Demen. (5) Er setzte auch Demarchoi ein. [...] Er verlieh den

Demen Namen, die teils von ihrer Lage, teils von ihren Gründern abgeleitet waren; denn nicht mehr alle befanden sich noch in ihren ursprünglichen Orten.

Aristoteles, Staat der Athener 21. Zit. nach: Aristoteles, Der Staat der Athener, hg. und übers. von Martin Dreher, Reclam, Stuttgart 1993, S. 51f.

b) Skizze der athenischen Phylenordnung

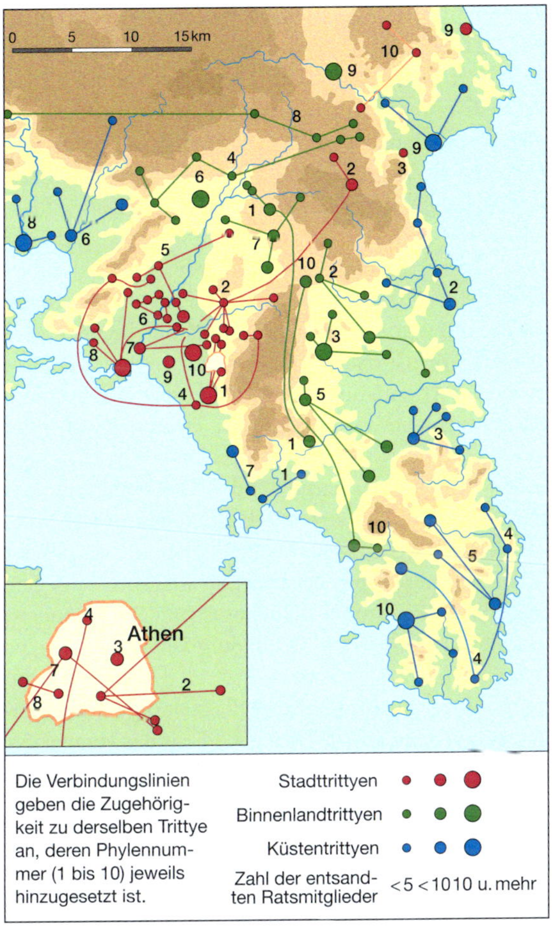

1 Erklären Sie mithilfe des Textes und der Abbildung die Neuordnung Attikas durch Kleisthenes.
2 Beurteilen Sie die Reformen des Kleisthenes im Vergleich mit denen Solons.

M7 Die Reformmaßnahmen des Themistokles

a) Der griechische Historiker Plutarch (ca. 45 bis ca. 120 n. Chr.) über die Flottenpolitik:

[Themistokles] stärkte dadurch auch den Einfluss des Volkes gegenüber der Aristokratie und pflanzte ihm ein stolzes Selbstgefühl ein, da nun Matrosen, Rudermeister und Steuerleute die Macht in die Hände bekamen. Aus diesem Grund haben in späterer Zeit die dreißig Tyrannen die Rednerbühne auf der Pnyx, welche so angebracht war, dass die Redner aufs Meer hinaussahen, dem Lande zugedreht. Denn sie waren überzeugt, dass die Demokratie aus der Herrschaft zur See hervorgegangen sei und dass sich ein Volk von Ackerbauern viel leichter mit einem oligarchischen[1] Regiment abfinden werde.

Plutarch, Große Griechen und Römer, Bd. 1, hg. v. Konrad Ziegler, übers. v. Walter Wuhrmann, Artemis Verlag, Zürich 1954, S. 368ff.

1 Oligarchie: Herrschaft einer kleinen Gruppe, ursprünglich der Reichsten im Staat

b) Aus den „Historien" des Herodot, einer Geschichte der Perserkriege (um 440 v. Chr.), über die Gründe für den Sieg der Athener:

Die Athener waren stark geworden. Das Recht eines jeden Vollbürgers, in der Volksversammlung zu reden, ist eben in jeder Hinsicht, wie sich zeigt, etwas Wertvolles. Denn als die Athener von Tyrannen beherrscht wurden, waren sie keinem einzigen ihrer Nachbarn im Kriege überlegen. Jetzt aber, wo sie frei von Tyrannen waren, standen sie weitaus an der Spitze. Daraus ersieht man, dass sie als Untertanen, wo sie sich für ihren Gebieter mühten, sich absichtlich feige und träge zeigten, während jetzt nach ihrer Befreiung ein jeder eifrig für sich selbst schaffte.

Herodot, Historien V, 78, übers. v. Verf.

1 Erläutern Sie anhand von M 7 a, b die innenpolitischen Folgen des Sieges der Athener über die Perser.

M8 Ostrakismos-Scherben, Fund aus Athen, 1. Hälfte des 5. Jh. v. Chr.

Namensumschriften: Megakles, Themistokles.

1 a) Ordnen Sie die Namen aus der Legende den Schriftzügen auf den Tonscherben zu.
b) Informieren Sie sich in einem Lexikon über diese Personen.
2 Erörtern Sie, inwiefern die veränderte Form des Ostrakismos eine Fortsetzung der Reformen von Solon und Kleisthenes darstellte.
3 Diskutieren Sie die Gefahren des Ostrakismos.

Die Perserkriege auf der Bühne

M1 Dionysos-Theater in Athen

Theater in Athen
Dramenaufführungen waren in Athen Teil des religiösen Festes zu Ehren von Dionysos, dem Gott des Weines und der Lebensfreude. Die *Dionysien* wurden seit 450 v. Chr. jedes Frühjahr als Tragödien- und Komödienwettbewerbe in Amphitheatern veranstaltet. Bis zu 14000 Zuschauer fasste das Athener Dionysostheater am Südhang der Akropolis (M 1). Die Schauspieler – ausschließlich Männer – redeten oder sangen in Versen und trugen Masken, die die verschiedenen Seelenzustände zum Ausdruck brachten. Nach einem Aufführungsmarathon in nur wenigen Tagen wählte eine ausgeloste Bürgerjury das beste Drama. Die bedeutendsten antiken Dichter waren Aischylos, Sophokles, Euripides und Aristophanes. Ihre Stücke, von denen nur wenige erhalten sind, dienten späteren Autoren als Grundlage für eigene literarische Werke.

Antike Dramen heute

Antike Dramen haben im zeitgenössischen Theater keine lange Aufführungstradition. Erst seit etwa 1800 wurden sie wieder inszeniert, zuerst an Goethes Hoftheater in Weimar. Die Zuschauer sahen dabei keine Umsetzungen ungekürzter Originaltexte, sondern an die Bühnenkonventionen ihrer Zeit angepasste Bearbeitungen. Mit späteren werkgetreuen Inszenierungen – wie der berühmten Aufführung der *Antigone* 1841 in Potsdam – wurde der Versuch unternommen, ursprüngliche Aufführungsbedingungen des antiken Dionysos-Theaters (M 1) zu simulieren, wobei die renommiertesten Antiken-Forscher der Zeit einbezogen wurden. Beide Ansätze, Gegenwartsbezug und Werktreue, fanden in der modernen Aufführungsgeschichte Nachahmer.

Seit den 1970er-Jahren werden antike Tragödien weltweit wieder verstärkt aufgeführt. Mit Mitteln des Gegenwartstheaters inszeniert, werfen die antiken Stoffe Fragen auf, die heutige Gesellschaften ebenso wie ihre Vorläufer beschäftigen. Aktuelle Bezüge wie der Umgang mit Gewalt oder der Gemeinschaftsgedanke rücken dabei in den Vordergrund der Auseinandersetzung. Exemplarisch für diese Entwicklung ist die Aufführungsgeschichte der Tragödie *Die Perser* (M 2–M 4) des griechischen Dichters Aischylos.

Das im Jahre 472 v. Chr. in Athen uraufgeführte und bei den Dionysien mit dem ersten Preis ausgezeichnete Stück gilt als das älteste erhaltene Drama der Welt. Aus heutiger Sicht besitzen *Die Perser* zwei spezifische Qualitäten, die sie „zu der vielleicht am stärksten politisch aufgeladenen griechischen Tragödie" machen (*Dreyer*): Zum einen behandelt das Stück keinen mythologischen Stoff, sondern thematisiert die Niederlage der Perser unter ihrem Großkönig Xerxes I. gegen die Griechen in der Seeschlacht von Salamis im Jahre 480 v. Chr., an der Aischylos auf griechischer Seite teilgenommen hatte. Zum anderen stellt die innere Dramaturgie eine bemerkenswerte Provokation dar, denn der **Krieg** wird **aus der Perspektive des Gegners** geschildert. *Die Perser* gelten damit als herausragendes Beispiel dafür, wie der im Triumph geschlagene Feind – ungeachtet des Siegerstolzes der Griechen – nicht herabgesetzt werden muss, sondern durch die kunstvolle Spiegelung der „Gegenseite" in der Tragik seiner Niederlage gesehen werden kann. Jede moderne Inszenierung der *Perser* sieht sich von dieser politischen Betrachtungsweise zu einer eigenen Interpretation herausgefordert.

M2 Der Theaterwissenschaftler Matthias Dreyer über *Die Perser* und ihre modernen Inszenierungen, 2007

Während des Ersten und Zweiten Weltkrieges erschienen *Die Perser* immer wieder als ein geeignetes Propagandainstrument. So identifizierten die Zuschauer der Übertragung von Lion Feuchtwanger 1917 im Münchener Schauspielhaus die Perser mit den Feinden des Deutschen Reiches und feierten ihren Niedergang als Bestätigung der deutschen Kriegs-Politik. [...] Und eine ähnliche Wirkung mag man angesichts der Göttinger Theateraufführung von 1942 vermuten, als die deutschen Aggressoren an der Ostfront auf ernste Probleme stießen, während man sich im heimischen Theater qua Niederlage der Perser den eigenen Sieg imaginierte. Diese Aufführungen dienten dazu, die jeweilige nationale Identität zu bestätigen, indem sie ihr Bild des Feindes in den Untergang der antiken Perser hineinspiegelten. Bald nach dem Zweiten Weltkrieg verlagert sich diese Thematik des Fremden und des Eigenen deutlich. Das Stück tauchte nun zunehmend im Kontext deutscher Vergangenheitsbewältigung auf. Die Problematik einer kulturellen und nationalen Spaltung wurde gewissermaßen in den Innenraum der Gemeinschaft hineinverlegt und erhält mit Bezug auf die eigene Geschichte eine zeitliche Dimension. Jetzt sahen sich die Deutschen als Perser und machten sich damit selber fremd. Das Drama klebte künftig an der deutschen Geschichte. [...] Auf ganze andere Weise nehmen internationale Theater-Produktionen seit den 1990er-Jahren Bezug auf Geschichte, diesmal jüngste Geschichte. Diese Inszenierungen der *Perser* erneuern im Horizont der Globalisierung die Spannung zwischen dem Eigenen und dem Fremden in Hinblick auf aktuelle kriegerische Auseinandersetzungen. Ein Beispiel ist die Inszenierung von Peter Sellars 1993 […]. Die schwierige archaische Sprache des Originals ist hier in ein klares, modernes Englisch übertragen, zuweilen mit starken Veränderungen: Das Stück integriert die Situation in Bagdad 1991, nach den amerikanischen Bombardements im ersten Golfkrieg, in die Rede der Perser des antiken Dramas und vergegenwärtigt dadurch die Leiden der irakischen Zivilbevölkerung. […]

Eine ähnliche kulturelle Grenzdimension inszenierte auch der griechische Regisseur Terzopoulos, der die *Perser* als ein spezifisches Erinnerungsprojekt entwickelte. Seine Inszenierung wurde 2006 als griechisch-türkische Koproduktion in Istanbul und im griechischen Epidauros gezeigt. Unter dem Dach jenes antiken Theaterstücks, das eigentlich vom Krieg der griechischen und persischen Kulturen zeugt, platzierte er erstmals beide am Krieg beteiligte Parteien, repräsentiert durch die Schauspieler der jeweiligen Nationen, gemeinsam auf der Bühne. Damit rief er die politischen Spannungen zwischen diesen Ländern, die auch heute noch beispielsweise in der Zypern-Frage akut sind, im Rahmen der antiken Tragödie wieder auf.

Erika Fischer-Lichte/Matthias Dreyer (Hg.), Antike Tragödie heute. Vorträge und Materialien zum Antiken-Projekt des Deutschen Theaters, Henschel, Berlin 2007, S. 155ff.

M3 Der Theaterkritiker Franz Wille über die *Perser*-Inszenierung am Deutschen Theater in Berlin, 2006

Am Anfang von Dimiter Gotscheffs Inszenierung steht ein Vorspiel. Wolfram Koch und Samuel Finzi […] stehen in durchschnittlichem Angestellten-Outfit links und rechts des einzigen Bühnenbild-Elements. Mark Lammert hat eine simple gelbe Wand, geschätzte vier auf acht Meter, multifunktional auf die sonst leere Bühne gewuchtet: als Projektionsfläche, Mauer, Rammbock. Die beiden Herren postieren sich erst artig links und rechts, rücken sich dann das Wandmöbel freundlich ein paar Zentimeter auf jede Seite, bis der nette Slapstick ins Unerfreuliche kippt. Die Gesichter werden grimmig, die Arme nehmen Schwung, jeder holt aus, bis das riesige Trumm gefährlich auf der Bühne kreiselt und die beiden Kontrahenten bald selbst vor sich herjagt. Eine kleine böse Clownerie aus dem Geist des „Wenn du mich rempelst, remple ich zurück“ oder: die Erfindung der politischen Eigendynamik.

Nach diesem Warm-up übernimmt der Chor der Alten in Gestalt der schreckensmächtigen Margit Bendokat. Sie steht fast unbeweglich in einem schmucklosen dunklen Kleid, die Arme angewinkelt auf Hüfthöhe, die Fäuste leicht geballt, und dann geht's los. […] Gotscheff spielt Heiner Müllers Übersetzung nach einer Interlinear-Version[1] von Peter Witzmann, die dem griechischen Text passagenweise Ausdruck für Ausdruck folgt und an Sperrigkeit nichts zu wünschen übrig lässt. […]

Nur eine Wand und vier Schauspieler in strengen Arrangements, die ihre Worte mit kontrollierter Kraft und erheblicher Intelligenz nach unten setzen. […] Niemals zieht Gotscheff eine vorschnelle Parallele ins Heute. Kein Kommentar, keine eiligen Schlüsse, keine zurechtgebogenen Aktualisierungen. Man mag dennoch an Amerika denken oder auch nicht. Für seine grauen Zellen ist schließlich jeder selbst verantwortlich. Aber diese Perser schaffen allerbeste Anregungen […]. In Gotscheffs Persern [zeigt sich] die Tragödie derer, die sich unangreifbar fühlen. Die Geschichte bleibt spannend.

Theater heute 11/2006, S. 17

1 wörtliche Übersetzung

1. Vergleichen Sie das Dionysos-Theater mit dem zeitgenössischen Theater.
2. Erläutern Sie die spezifischen Besonderheiten des antiken Dramas *Die Perser*.
3. Erarbeiten Sie Charakteristika der einzelnen Inszenierungsphasen der *Perser* (M 2).
4. Diskutieren Sie die Entscheidung Gotscheffs, auf Aktualisierungen in seiner Bearbeitung der *Perser* zu verzichten (M 3).

M4 Szenenfoto aus der Inszenierung *Die Perser* im Deutschen Theater Berlin, 2006

1.2 Die Herrschaft des *demos* – eine Herrschaft des Volkes? Athen im 5. Jahrhundert v. Chr.

Internettipp
www.uni-leipzig.de/~agintern/download/athen.html
umfangreiche Linksammlung zu Athen im 5. Jahrhundert (Solon, Kleistenes, Peisistratos, Seebund, Perserkriege, Peloponnesischer Krieg) des Instituts für Alte Geschichte Leipzig

Isonomie
Die Griechen bezeichneten mit diesem Begriff die politische Gleichheit aller Vollbürger einer Polis.

Volksversammlung und Rat der 500

Die Bürger Athens übten im 5. Jahrhundert v. Chr. die ungeteilte Gesetzgebungs- und Regierungs-, Kontroll- und Gerichtsgewalt aus. Allerdings stand diese direkte Demokratie (M 5) nur männlichen Vollbürgern offen; Frauen, Sklaven und Metöken, d. h. Ausländer mit ständigem Wohnsitz in Athen, blieben von der politischen Mitbestimmung ausgeschlossen (M 4). In der **Volksversammlung** *(ekklesia)*, dem Kernstück der demokratischen Ordnung Athens, beschlossen die Polisbürger Gesetze, kontrollierten die gewählten und erlosten Amtsträger, prüften die Amtsführung, bestimmten die Richter und führten den Ostrakismos (s. S. 17 ff.) durch. Jeder erwachsene männliche Bürger konnte an der Volksversammlung teilnehmen und besaß als Einzelner Rede-, Antrags- und Abstimmungsrecht (**Gleichheitsprinzip***). Von den ca. 40 000 männlichen Vollbürgern, die für Athen in der zweiten Hälfte des 5. Jahrhunderts geschätzt werden, nahmen durchschnittlich nur etwa 6000 Personen an den insgesamt 40, über das ganze Jahr verteilten Pflichtversammlungen teil. Jede Versammlung, deren Verhandlungsgegenstände vier Tage zuvor durch öffentlichen Anschlag angekündigt worden waren, fand auf der Pnyx, einem Hügel am Westrand der Stadt, statt, und dauerte nicht länger als einen Tag. Bei der Abstimmung, die in der Regel durch Erheben der Hand erfolgte, galt die Entscheidung der Mehrheit. In ihren Beschlüssen, die von der Getreideversorgung der Stadt bis zur Entscheidung über Krieg und Frieden alle Lebensbereiche betrafen, war die Volksversammlung frei und souverän. Erst im 5. Jahrhundert kam es zur Unterscheidung zwischen einfachen Volksbeschlüssen und Gesetzen, die in der Folgezeit der einfachen Beschlussfassung des Volkes entzogen wurden.
Vorbereitet wurden die Volksversammlungen im **Rat der 500** *(boule)*, dessen Mitglieder jeweils für ein Jahr erlost und besoldet wurden. Der Rat beriet im Vorfeld

M 1 **Die athenische Demokratie Mitte des 5. Jahrhunderts v. Chr.**

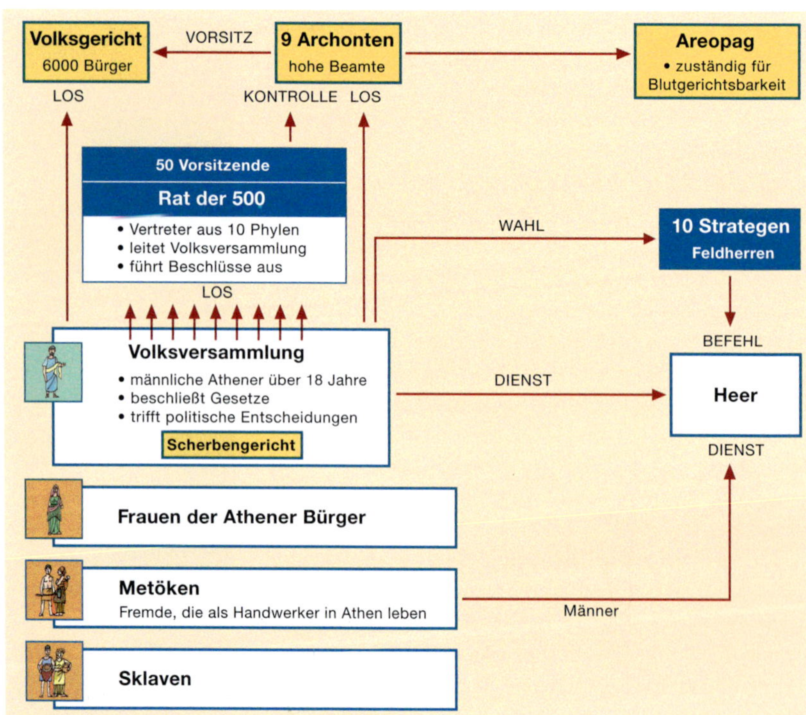

M2 Stimmsteine aus Bronze, Fund von der Agora in Athen, 3./2. Jh. v. Chr.
Gelegentlich – z. B. bei Personalfragen – wurden Abstimmungen in der Volksversammlung geheim, d. h. durch die Abgabe von Stimmsteinen, vollzogen.

die Diskussions- bzw. Abstimmungsgegenstände, bestimmte die Tagesordnung und leitete die Versammlung.
Für die Umsetzung der Volksbeschlüsse, für die Verwaltung und Rechtsprechung waren zahlreiche besoldete **Beamte** zuständig. Sie besaßen nur einen geringen Handlungsspielraum, da sie an die Gesetze und Beschlüsse gebunden waren und vom Rat und der Volksversammlung kontrolliert wurden. Ihre Amtszeit war auf ein Jahr begrenzt. Mit Ausnahme der **Strategen**, die für die Militärführung verantwortlich waren, und der Finanzverwalter wurden alle Beamten gelost – auch die Archonten, die für die ordnungsgemäße Durchführung der Gerichtsprozesse zuständig waren. Weder die Beamten noch der Rat konnten ein Gegengewicht zur Volksversammlung bilden, unterlagen sie ihr gegenüber doch einer strikten Rechenschaftspflicht. Die letzte Entscheidungsgewalt – auch im Konfliktfall – hatte damit immer die Volksversammlung.

Gerichtsbarkeit in Athen

Das Gerichts- und Prozesswesen ist neben der Mitbestimmung der Bürger in der Volksversammlung ein zweites Charakteristikum der attischen Demokratie. Die Gerichtsbarkeit in Athen hatten die **Volksgerichte** inne. Mord und damit zusammenhängende Fälle wurden allerdings vom **Areopag**, der sich aus ehemaligen Archonten zusammensetzte und durch die Reformen des Ephialtes entmachtet worden war (s. S. 17 f.), verhandelt. Im Prozess musste jeder Geschädigte persönlich als Kläger auftreten. Es gab keinen Staatsanwalt, keine Ermittlungsbehörde und keine Berufsrichter. Alle Richter waren Laien, also Geschworene, die zu Beginn eines jeden Jahres nach einem ausgeklügelten Verfahren aus einer Gesamtliste von 6000 männlichen Bürgern über 30 Jahre ausgelost und von der Stadt mit Diäten bezahlt wurden. Der Ausgang der Gerichtsverfahren war oft ungewiss, da den Laienrichtern eine juristische Belehrung praktisch nur durch die Plädoyers der Parteien zuteil wurde. Formal unterschied sich das Urteil des Volksgerichtes kaum von den politischen Entscheidungen in den Volksversammlungen. Nach damaliger Vorstellung repräsentierten die Richter-Geschworenen das Volk in Idealform, sie waren also in gewisser Weise in jedem einzelnen Prozess der *demos* selbst. Die Volksgerichte hatten für die Demokratie in Athen große Bedeutung, da in dieser konfliktfreudigen Gesellschaft die Zahl der Rechtshändel sehr hoch war. Die Prozesse ermöglichten die regulierte Beilegung von Konflikten und förderten so die Stabilität der sozialen Ordnung.

Die Herrschaft der Demokratie nach außen

Als ein Kampfbund gegen die Perser entstand in der ersten Hälfte des 5. Jahrhunderts v. Chr. der **Delisch-Attische Seebund***. Nach dem Friedensschluss mit den Persern im Jahr 448 v. Chr. wurde der Seebund nicht aufgelöst, sondern für die Athener zu einem Instrument für die Sicherung ihrer Vorherrschaft (Hegemonie): Keine Stadt durfte aus dem Seebund austreten, politisch unzuverlässige Gebiete wurden kolonisiert, und für das gesamte Herrschaftsgebiet Athens galt das attische Münz- und Maßsystem.

Der Delisch-Attische Seebund (478–431 v. Chr.)
Nach dem erfolgreichen Kampf gegen die Perser (s. S. 17 f.) kam es unter den Griechen zu Konflikten über die künftige Strategie. Während Sparta sich mit dem Erreichten zufriedengab, wollte Athen den Kampf zur vollständigen Befreiung von der Herrschaft der Perser in Kleinasien fortsetzen. Es gründete 478 v. Chr. zusammen mit den Küstenstädten und Stadtstaaten der Ägäis-Inseln eine Allianz, die sich „die Athener und ihre Bundesgenossen" nannte und von Historikern als Delisch-Attischer Seebund bezeichnet wird, weil sich die Organe des Bundes auf der Insel Delos, der heiligen Insel des Apollon, befanden. Die Allianz beruhte nicht auf einer gemeinsamen Bundesakte. Vielmehr schloss Athen mit den Mitgliedern zeitlich unbefristete Einzelverträge. Die Bündnispartner hatten Schiffe zu stellen oder jährliche Zahlungen zu leisten. Verträge untereinander waren den Partnern verboten. Obwohl sich der Seebund zunächst primär gegen die Perser richtete, war er für Athen von Anfang an ein Instrument zur Sicherung der eigenen Hegemonie in der Allianz, z. B. wenn Städte oder Inseln erobert und dort attische Kolonien gegründet wurden oder wenn Städte, die aus dem Seebund austreten wollten, mit Gewalt wieder in ihn hineingezwungen wurden.

M3 Attische Silbermünze aus dem 5. Jh. v. Chr.

Seit dem 7. Jh. v. Chr. gab es in Griechenland Münzen. Das abgebildete Geldstück zeigt das Wappentier Athens. Die Eule galt als Vogel der Klugheit. In seiner satirischen Komödie „Die Vögel" (414 v. Chr.) lässt der griechische Dichter Aristophanes eine herbeifliegende Eule mit den Worten kommentieren: *„Wer hat die Eule nach Athen gebracht?"* Möglicherweise sollen die Worte die Unsinnigkeit kommentieren, Klugheit in die Stadt zu bringen. Wahrscheinlicher ist jedoch der Bezug auf die Münzen, auf denen das Tier prangte. So erschien es unsinnig, weitere Eulen (Vögel wie auch die ebenso genannten Münzen) in das reiche Athen zu tragen. Die Redensart „Eulen nach Athen tragen" steht seither sprichwörtlich dafür, etwas Unsinniges, Überflüssiges zu tun.

Die Städte hatten Tribute zu zahlen, die auch für innere Angelegenheiten Athens, z. B. für den Ausbau der Akropolis, verwendet wurden.
Es handelte sich um ein System, das Besiegte nicht integrierte, z. B. durch die Verleihung des Bürgerrechts, da eine solche Ausweitung des Bürgerrechts mit der damit einhergehenden politischen Teilhabe die innere Struktur der attischen Bürgerschaft gefährdet hätte. So konnte Athen sein Imperium nur beherrschen und nicht integrieren, was dem demokratischen Charakter des attischen politischen Systems geschuldet war.
Freiheit im Innern und Macht nach außen bedingten sich gegenseitig. Der demokratische Gedanke konnte nicht universalisiert werden, denn Athen unterstützte zwar in Erwartung einer besseren Kooperation demokratische Bewegungen in anderen Städten, aktive Hilfe bei der Durchsetzung des demokratischen Prinzips hätte jedoch Verzicht auf den eigenen Machtanspruch bedeutet. Die Hegemonie Athens und die zahlreichen Kriege, die der Delisch-Attische Seebund unter dem militärischen Kommando Athens führte, sind als eine Ursache für das Ausbleiben von Bürgerkriegen zu sehen. Insofern stärkte die Außenwirkung der Macht die attische Demokratie im Innern.

Athen – Vorbild für moderne Demokratien?

Schon die zeitgenössische Bewertung der attischen Demokratie war ambivalent. Die Kritik entzündete sich meist an den unkalkulierbaren Folgen, die aus der Beteiligung breiter Volksschichten an politischen Entscheidungen und aus den zahlreichen Möglichkeiten, Prozesse zu führen, resultierten. Häufiges Abweichen von Gesetz und Gerechtigkeit zugunsten der Ärmeren wurde zudem als eine Art Klassenjustiz kritisiert. Der Philosoph Aristoteles sah darin sogar den Kern der radikalen Demokratie: Für ihn war sie eine Herrschaft der Armen über die Reichen ohne Achtung der Gesetze. Die meisten Athener empfanden ihr Rechtssystem jedoch als Schutz vor der Willkürherrschaft Einzelner oder Weniger, als Schutz vor Tyrannis und Oligarchie. Die Demokratie war für sie ein System direkter, unmittelbarer Herrschaft des Volkes, das auf umfassender Beteiligung aller Polisbürger beruhte.
Auch heute gilt Vielen die attische Demokratie als Inbegriff des demokratischen Systems, an dem auch moderne Demokratien gemessen werden sollten. Im Zentrum der Kritik steht dagegen eine Tatsache, die von den Bürgern der attischen Demokratie nicht debattiert wurde: Mit Frauen, Metöken und Sklaven war die Mehrheit der Bevölkerung Athens von der politischen Partizipation ausgeschlossen. Andere sehen in der uneingeschränkten Herrschaft des Volkes die Gefahr, die Demokratie könne – demagogischen Einflüssen ausgesetzt – leicht in eine Tyrannei umschlagen. Für sie ist eine stabile Demokratie nur als gemäßigte, repräsentative Regierungsform vorstellbar. Es stellt sich daher die berechtigte Frage, ob und inwiefern die Demokratie in Athen als Vorbild für moderne Demokratien gelten kann (M 6).

1 Analysieren und interpretieren Sie anhand der Methodenseite (s. S. 316 f.) das Verfassungsschaubild (M 1). Nutzen Sie für die Interpretation auch den Darstellungstext.
2 Stellen Sie die Partizipation des Bürgers am politischen Prozess in Athen und in der Bundesrepublik Deutschland vergleichend gegenüber. Unterscheiden Sie zwischen Verfassungsanspruch und Verfassungswirklichkeit. Nutzen Sie auch den Darstellungstext im Kapitel 11 (s. S. 520 f.).
3 Beschreiben Sie die Besetzung und Funktionsweise der Gerichte in Athen. Diskutieren Sie Vor- und Nachteile.
4 Erläutern Sie am Beispiel der attischen Demokratie den Zusammenhang zwischen Freiheit im Innern und Machtausübung nach außen.

M4 Einwohnerzahlen Attikas (geschätzt) zur Zeit des Perikles

Vollberechtigte Bürger	ca. 30 000–50 000
Familienmitglieder der Bürger (Frauen, Kinder)	ca. 70 000–100 000
Metöken (mit Frauen und Kindern)	ca. 25 000–35 000
Sklaven	ca. 80 000–120 000

Zusammengestellt nach: Jochen Bleicken, Die athenische Demokratie, 4. völlig überarb. und wesentlich erw. Auflage, UTB, Paderborn 1995, S. 99 f.

1 Erstellen Sie ein Diagramm, das die Bevölkerungsstruktur prozentual veranschaulicht.
2 Diskutieren Sie, ob man aufgrund dieser Sozialstruktur von einer Demokratie in Athen sprechen kann.

M5 Das griechische Demokratie-Ideal

Nach Ausbruch des Peloponnesischen Krieges (431–404 v. Chr.) zwischen Sparta und Athen hielt Perikles eine Rede, die von dem griechischen Geschichtsschreiber Thukydides (460 bis 396 v. Chr.) wiedergegeben wird:

Wir leben in einer Staatsform, die die Einrichtungen anderer nicht nachahmt; eher sind wir für etliche ein Vorbild, als dass wir andere uns zum Muster nähmen. Mit Namen wird sie, weil wir uns nicht auf eine Minderheit, sondern auf die Mehrheit im Volke stützen, Volksherrschaft (Demokratie) genannt. Und es genießen auch alle für ihre eigenen Angelegenheiten vor den Gesetzen gleiches Recht; in der öffentlichen Bewertung jedoch fragt man allein nach dem Ansehen, das sich jemand auf irgendeinem Felde erworben hat; nicht die Zugehörigkeit zu einem bestimmten Volksteil, sondern allein die persönliche Tüchtigkeit verleiht im öffentlichen Leben einen Vorzug. Auch wird bei Armut keiner, der doch dem Volke Gutes zu leisten vermöchte, um der Geringheit seines Standes willen ausgeschlossen. Ein freier Geist herrscht in unserem Staatsleben und wirkt auch im täglichen Leben und Treiben aller gegenseitigen Beargwöhnung entgegen. So nehmen wir es unserem Mitmenschen auch nicht übel, wenn er sich einiges zu seinem Vergnügen leistet, und legen uns keine engherzigen Beschränkungen auf. […] Und wie wir im persönlichen Umgang unbeschwert miteinander verkehren, so meiden wir im öffentlichen Leben schon aus Pflichtgefühl Verstöße gegen Recht und Sitte. […] Wir lieben das Schöne in Schlichtheit, lieben Wissen und Bildung, aber frei von Weichlichkeit. Reichtum ist bei uns zum Gebrauch in der rechten Weise, aber nicht zum Geprahl mit Worten da. Armut einzugestehen bringt keinem Schande, sondern nicht tätig aus ihr fortzustreben ist schlimme Schande. In derselben Männer Hand ruht die Sorge für ihre häuslichen wie auch für die öffentlichen Angelegenheiten, und selbst wer völlig in seiner Arbeit lebt, dem fehlt es doch nicht an Blick für die politischen Dinge. Bei uns allein nämlich heißt einer, der dem politischen Leben gänzlich fernsteht, nicht „ungeschäftig", sondern „unnütz", und selber hat das Volk in den Fragen der Staatsführung mindestens ein Urteil, wo nicht gar fruchtbare eigene Gedanken. Denn wir sehen nicht in einer bedächtigen Vorbesprechung eine Gefahr für die Tat, sondern vielmehr darin, sich nicht vorher in Beratungen zu belehren, ehe man das, was Not tut, mit der Tat in Angriff nimmt. […]

Mit einem Wort: Unsere Stadt ist im Ganzen die hohe Schule Griechenlands. Im Einzelnen aber will mir scheinen, dass jeder bei uns sich gleichzeitig auf den verschiedensten Gebieten anmutig und mit vollendeter Sicherheit als ganze, auf sich selbst gestellte Persönlichkeit erweist.

Thukydides, Peloponnesischer Krieg 2, S. 47 ff., übers. v. Verf.

1 Untersuchen Sie, worin Perikles die Vorteile der Staatsform Demokratie sieht.
2 Interpretieren Sie die Intention des Autors, indem Sie den historischen Kontext und den Adressaten berücksichtigen.

M6 Der Historiker Fritz Gschnitzer über die Unterschiede zwischen attischer und moderner Demokratie, 1995

Zu den räumlichen und sozialen Strukturen:

Was bedeutet diese – für uns fast unvorstellbare – Kleinheit der griechischen Staaten, die Fremdartigkeit griechischer Demokratie? Zunächst einmal, dass alle Verhältnisse klein, bescheiden und überschaubar waren; den griechischen Staaten fehlt z. B. die Bürokratie. Dann, dass alle Bürger gesellschaftlich, vielfach geradezu persönlich aufs Engste miteinander verbunden waren; mit einiger Übertreibung kann man sagen, dass in einem griechischen Staat jeder jeden kennt, wie bei uns im Dorf oder in der Kleinstadt. Daraus ergibt sich ein in unseren heutigen Demokratien undenkbares Maß an Solidarität aller Bürger (im günstigen Fall), aber auch an ganz persönlicher Zerstrittenheit und Verfilzung (im weniger günstigen Fall); das Phänomen der fast ständigen *staseis* (inneren Unruhen) gerade in den kleineren griechischen Staaten ist nur von hier aus zu verstehen. Die Kleinheit der griechischen Staaten bedeutet schließlich auch, dass es Politik in unserem Sinn eigentlich nicht gibt. Für uns Heutige ist Politik etwas ziemlich Abstraktes und Lebensfernes, wofür wir uns zwar gelegentlich ereifern und begeistern können – meistens stehen wir eher gleichgültig oder wie neugierige, aber innerlich unbeteiligte Zuschauer beiseite –, das aber unser tägliches Leben direkt kaum berührt (der schwerwiegenden indirekten Wirkungen sind wir uns nur selten bewusst). Ganz anders sieht Politik aus, wo sie sich im Rahmen einer einzigen (im Durchschnitt kleinen) Stadt oder weniger Nachbarstädte abspielt: Politik und tägliches Leben sind hier nicht mehr leicht zu trennen; die Politik wird Teil des täglichen Lebens, sie greift tief ins Privatleben ein. […] Die moderne Demokratie entfaltet sich vor allem im Frieden: Krieg wird auch heute, was die Befehls-

und Führungsstrukturen betrifft, nicht viel anders geführt als in den Zeiten der absoluten Monarchie, und auch die zivile Regierungsgewalt wird im Krieg gestrafft und konzentriert, sie nimmt mehr oder weniger autoritäre Formen an. Und der einzelne Bürger hört, wenn er die Uniform anlegt, weitgehend auf, ein freier Bürger zu sein, er wird zum willenlosen Befehlsempfänger (nicht erst im Krieg!). Im Gegensatz dazu ist die altgriechische Demokratie die Lebensordnung einer Kriegergesellschaft. Die grundsätzliche wie die praktische Bedeutung dieses kriegerischen Grundcharakters kann nicht leicht überschätzt werden. [...]

Zum Willensbildungsprozess:

Nun erst kommen wir auf Fragen der eigentlichen Verfassung zu sprechen. Auch hier gibt es einige ganz erhebliche Unterschiede zwischen der griechischen Demokratie und der unseren. Man pflegt die antike Demokratie als „unmittelbare" Demokratie der heutigen „repräsentativen" gegenüberzustellen und meint damit, dass in jener die Bürgerschaft (als Volksversammlung) tatsächlich regiert, in dieser das Volk nur alle paar Jahre einmal das Parlament oder auch etwa den Präsidenten wählt und dadurch indirekt die großen Linien der Politik (nicht deren Einzelheiten) bestimmt. Ganz so groß ist der Unterschied in Wahrheit wohl nicht. Man kann nämlich die Dinge auch so sehen, dass der antiken Dreiheit Magistrate – Rat – Volksversammlung die moderne Dreiheit Regierung – Parlament – Wählervolk entspricht. Insoweit besteht also doch eine grundsätzliche Übereinstimmung; die Gewichte sind allerdings nicht gleich verteilt, und insbesondere hat das moderne Wählervolk eben doch viel weniger zu sagen als die antike Volksversammlung. Es kommt dazu, dass heute im Allgemeinen nur alle vier bis fünf Jahre gewählt wird, im Altertum wechselten die Magistrate alle Jahre, vielfach amtieren sie sogar nur ½ oder ein ¼ Jahr. – Für uns sehr merkwürdig, wirklich fremdartig ist die große Bedeutung des Loses bei der Besetzung der Ämter und anderer öffentlicher Funktionen; dadurch wird zwar der Wählerwille ausgeschaltet, zugleich erhöhen sich die Chancen des kleinen Mannes, zu Amt und Würden zu kommen, beträchtlich, und es wird ferner zum Ausdruck gebracht, dass der Inhaber eines Losamtes nur ein beliebiges, zufälliges, gewissermaßen unpersönliches Ausführungs- und Repräsentationsorgan der Bürgerschaft ist (bzw. des Rates, wenn um Funktionen im Rat unter dessen Mitgliedern gelost wird). Im Ganzen darf man wohl sagen, dass im antiken System der Schwerpunkt der Willensbildung weiter unten liegt als bei uns: Die Bürgerschaft ist viel stärker, der Rat etwa ebenso stark wie unser Parlament, aber viel schwächer gegenüber der Bürgerschaft und dafür viel stärker gegenüber den Amtsträgern (der Regierung); die antiken Magistrate sind viel schwächer als die moderne Regierung.

Zum Freiheitsbegriff:

Es gibt noch einen anderen grundsätzlichen Unterschied zwischen antiker und moderner Demokratie, von dem zum Mindesten in der Literatur viel Aufhebens gemacht wird: Die antike Freiheit sei etwas ganz anderes gewesen als das, was wir heute unter Freiheit verstehen. Man bezieht sich dabei auf einen Vortrag von Benjamin Constant[1] aus dem Jahre 1819. [...] („Das Ziel der Alten war die Aufteilung der Staatsgewalt unter alle Bürger eines Gemeinwesens: Das war es, was sie „Freiheit" nannten. Das Ziel der Neueren ist der ungestörte, sichere Genuss des Privatlebens; „Freiheit" nennen sie die institutionellen Garantien, die ihnen diesen Genuss gewährleisten. So traten der Begriff der politischen Freiheit und der der individuellen Freiheit einander gegenüber.")

An dieser Gegenüberstellung ist so viel richtig, dass wir Heutige, wenn wir von bürgerlicher Freiheit sprechen, in der Tat vor allem die Freiheit vom Staat, die freie Entfaltung des Privatlebens meinen; ohne diese können wir uns Freiheit gar nicht vorstellen; umgekehrt ist für die alten Griechen Freiheit zunächst einmal dort (und nur dort) gegeben, wo der Bürger in einem nach außen freien, also keinem Herrn unterworfenen Gemeinwesen an der Regierung (grundsätzlich) seinen Anteil hat wie jeder andere Bürger auch – gleichgültig, wie viel Freiheit der betreffende Staat seinen Bürgern in der Gestaltung ihres Privatlebens lässt. In diesem Sinn ist also der Spartiat (der Vollbürger Spartas) ebenso „frei" wie der Athener. Aber die Verfechter der griechischen Demokratie haben doch sehr bald erkannt, dass es eine zweite Art von Freiheit gibt, die nun eben als charakteristisch für die Demokratie gilt: die Freiheit, sein eigenes Leben nach Gutdünken zu gestalten. [...] Wie das Prinzip der Freiheit, so ist auch das der Gleichheit der antiken und der modernen Demokratie gemeinsam. Es muss allerdings hinzugefügt werden, dass die antike Demokratie die Gleichheit der Bürger meint, die moderne Demokratie mehr und mehr auf die Gleichheit der Menschen abzielt.

Fritz Gschnitzer, Von der Fremdartigkeit griechischer Demokratie, in: Demokratia. Der Weg zur Demokratie bei den Griechen, hg. von K. H. Kinzl, Darmstadt 1995, S. 412–431

1 Benjamin Constant (1767–1830): französischer Schriftsteller und Politiker

1 **Erläutern Sie in eigenen Worten, worin nach Gschnitzer die „Fremdartigkeit" der antiken gegenüber der modernen Demokratie besteht.**

2 **Nennen Sie weitere Punkte, in denen sich antike und moderne Demokratie unterscheiden.**

3 **Verschiedene Staaten der Gegenwart haben Anteile direkter Demokratie in ihre politischen Systeme integriert. Recherchieren Sie Beispiele und stellen Sie eines davon im Plenum vor.**

2 Das Imperium Romanum

2.1 Die Römische Republik

Vom Königtum zur Republik

Die Legende datiert die **Gründung Roms*** auf das Jahr 753 v. Chr. Archäologische Zeugnisse beweisen jedoch, dass auf dem Gebiet des späteren Roms schon im 10. Jahrhundert v. Chr. mehrere Siedlungen bestanden. Zunächst ließen sich auf den Hügeln am Unterlauf des Flusses Tiber die indoeuropäischen Hirten- und Bauernvölker der Sabiner und Latiner nieder. Im Rahmen ihrer Expansion unterwarfen die Etrusker seit spätestens 600 v. Chr. die verschiedenen Siedlungen und fassten sie zu einer Stadt zusammen. Man geht inzwischen davon aus, dass die neue Stadt am Tiber nach dem etruskischen Adelsgeschlecht Rumilier den Namen *Ruma* erhielt. Auch das Ende der etruskischen Königsherrschaft wird von römischer Überlieferung und moderner Forschung unterschiedlich dargestellt: Nicht der Sturz des letzten etruskischen Königs 509 v. Chr. war das Ende der Monarchie, vielmehr nutzte der römische Geburtsadel, das **Patriziat**, die Schwächung der etruskischen Königsfamilie und übernahm schrittweise die Regierungsgewalt. Der Herrschaftswechsel in Rom hatte neben der Befreiung von der Fremdherrschaft auch den Wandel der Staatsform zur Folge (M 3). Diese unterschied sich von der Königsherrschaft zunächst nur durch die Einführung von jeweils für ein Jahr gewählten Beamten, die anfänglich **Praetoren**, später **Konsuln** hießen. Die Kandidaten für diese unbesoldeten Ämter sowie für den Senat stammten aus den Reihen der Adelsfamilien, deren Wohlstand auf Grundbesitz basierte. Der zahlenmäßig kleinen adligen Führungsschicht standen die persönlich freien, politisch allerdings rechtlosen **Plebejer** (lat. *plebs* = die Masse) gegenüber. Zu den Plebejern gehörten wohlhabende und arme Bauern, Kaufleute, Handwerker sowie Tagelöhner. Die fehlenden Rechte zur politischen Mitbestimmung, die mangelnden Aufstiegschancen sowie eine starke Verschuldung durch hohe Kriegskosten standen im Widerspruch zu den militärischen Leistungen der Plebejer bei der römischen Expansion (s. S. 29) und waren Ursachen jahrhundertelanger Auseinandersetzungen zwischen den beiden Ständen.

Gründungsmythos der Stadt Rom
Die Römer wussten nicht, wie ihre Stadt entstanden war. Diese Kenntnislücke füllten sie mit mythischen Erzählungen, in denen sich zwei zunächst unabhängig voneinander existierende Sagen zu einem Gründungsmythos verbanden: Die erste Sage erzählt vom Helden Äneas, der nach dem Untergang Trojas auf göttlichen Befehl nach Latium segelte, um dort ein neues Reich zu gründen. Die zweite – berühmtere – Sage berichtet von den Zwillingsbrüdern Romulus und Remus, die auf Befehl des unrechtmäßigen Königs auf dem Tiber ausgesetzt, von einer Wölfin gefunden und aufgezogen wurden. Angeblich am 21. April 753 v. Chr. gründeten sie die Stadt Rom, deren erster König (und Namensgeber) Romulus war.
Ende 2007 entdeckten Archäologen am Palatin-Hügel in Rom eine Höhle, in der angeblich die Zwillingsbrüder von der Wölfin gesäugt wurden. Strittig ist jedoch, ob es sich bei der reich mit Mosaiken und Muscheln geschmückten Grotte um die lang gesuchte römische Kultstätte, die legendäre Höhle *Lupercale* (von lat. *lupa* = Wölfin), handelt.

M 1 Die römische Wölfin, Bronzeplastik, zwischen 800–1300 n. Chr.
Lange Zeit glaubte man, die Statue sei in der Antike entstanden und in Rom als Schutzfigur verehrt worden. Durch moderne Untersuchungsverfahren stellten Wissenschaftler jedoch 2006 fest, dass die Figur der Wölfin im Mittelalter gefertigt wurde. Die Zwillinge Romulus und Remus wurden um 1500 n. Chr. hinzugefügt.

M2 Kanaldeckel in Rom mit der Abkürzung „SPQR", Fotografie, 2006

Nach dem Ende der Ständekämpfe wurde neben der *res publica* die Formel SPQR (lat. *Senatus Populusque Romanus* = Senat und Volk von Rom) zur offiziellen Bezeichnung des römischen Staates. Sie sollte das Symbol für die Eintracht von Volk und Senat sein. Auch heute noch dient die Formel zur Kennzeichnung öffentlichen Eigentums.

Die Ständekämpfe

Bereits unmittelbar nach der Beseitigung des etruskischen Königtums kam es zu ersten Konflikten zwischen Plebejern und Patriziern, die in den **Ständekämpfen** (500–287 v. Chr.) um zentrale politische und wirtschaftlich-soziale Rechte ihren Ausdruck fanden. In den zum Teil heftigen Auseinandersetzungen gelang es den Plebejern, eine Reihe von Rechten durchzusetzen. Um 490 durften sie zwei **Volkstribune** wählen, die die Plebejer vor ungerechten Zugriffen der Patrizier schützen sollten. Zudem besaßen sie das *Interzessionsrecht*, mit dem sie gegen Beschlüsse des Senats und der Beamten Einspruch *(Veto)* erheben konnten. Die Zahl der Volkstribune wurde 471 auf vier und 457 auf zehn erhöht. Um 494 erhielten sie das Recht zur Konstituierung einer eigenen Volksversammlung *(concilium plebis)*. Mit dem **Zwölftafelgesetz** von 450 wurde ein für alle Bürger Roms geltendes Straf- und Zivilrecht schriftlich fixiert und öffentlich aufgestellt. Damit sollte die Rechtswillkür gegen Plebejer durch patrizische Richter beseitigt werden. Fünf Jahre später wurde das Eheverbot zwischen Plebejern und Patriziern aufgehoben. Nach der Eroberung der etruskischen Stadt Veji im Jahre 387 v. Chr. setzten die Plebejer erstmals eine Beteiligung an der Landaufteilung durch. Darüber hinaus erlangten sie schrittweise Zugang zu allen Staatsämtern: 421 zum Amt des Quästors, 367 zum Amt des Konsuls, 300 zu den Priesterämtern. Schließlich erhielten die Beschlüsse der plebejischen Volksversammlung 287 mit der *lex Hortensia* Gesetzeskraft. Am Ende der Ständekämpfe war eine annähernde Gleichstellung von Patriziern und Plebejern ohne eine grundlegende strukturelle Veränderung der römischen Gesellschaft erreicht. Ungeachtet der geringen Zahl einflussreicher und vermögender Plebejer, denen es gelang, ein politisches Amt zu besetzen, etablierte sich ein plebejischer Amtsadel, der mit dem alten Geburtsadel der Patrizier eine neue Führungsschicht, die **Nobilität**, bildete.

Die Verfassung der Römischen Republik

In der Römischen Republik existierte keine fixierte Verfassung. Vielmehr wurde die politische Ordnung entsprechend den aktuellen Bedingungen modifiziert. Nach den Ständekämpfen war die politische Macht in der Römischen Republik zwischen drei Institutionen aufgeteilt: der Volksversammlung, dem Senat und dem Magistrat (M 4 und M 1, S. 51). Einflussreichstes Organ im Rahmen der römischen Verfassung war der **Senat**. Die Regierungsgewalt lag bei den **Magistraten**, deren Amtsbereiche genau definiert waren. Jeder römische Bürger besaß das Recht zur Bewerbung um ein politisches Amt, wenn er folgende Bedingungen erfüllte: Geburt als freier Bürger, Unbescholtenheit und ehrenvolle Erfüllung des Militärdienstes. Da die Ämter unbesoldet waren, blieb ihre Besetzung der Nobilität vorbehalten. Um die Machtkonzentration bei einem Einzelnen zu verhindern, enthielt die Verfassung für die Magistrate Beschränkungen: Ein Amt wurde nur für ein Jahr vergeben *(Annuitätsprinzip)* und mit mindestens zwei Personen besetzt *(Kollegialitätsprinzip)*, von denen jeder die Entscheidung eines Kollegen durch sein Veto aufheben konnte *(Interzessionsrecht)*. Das römische Volk trat in drei verschiedenen **Volksversammlungen**, basierend auf unterschiedlichen Zuordnungskriterien, zusammen: in den *Zenturiatskomitien*, den *Tributskomitien* und im *concilium plebis*. Im Gegensatz zur attischen Demokratie waren in den Volksversammlungen Diskussionen über Gesetzesbeschlüsse oder eigene Gesetzesvorschläge *(Initiativrecht)* nicht vorgesehen. Vorlagen des Magistrats konnten nur angenommen oder abgelehnt werden. Bei den Abstimmungen zählte nicht die Stimme des einzelnen Bürgers, sondern die Stimmeneinheit, die nach Vermögen oder Wohnbezirk zusammengestellt wurde. Anhand der zentralen Verfassungsorgane wird seit der Antike unter Historikern diskutiert, ob die Verfassung der Römischen Republik (s. M 1, S. 51) demokratisch genannt werden kann.

Die Krise der Römischen Republik

Der Sieg Roms über Karthago (146 v. Chr.) markierte den Höhepunkt einer beispiellosen **Expansion***, in deren Verlauf sich Rom von einer kleinen Bauern- und Hirtensiedlung zu einem Weltreich entwickelte. Doch nur wenig später begann eine Zeit der inneren Unruhen. Die Kriege hatten den Ruin vieler Kleinbauern verursacht, die als Soldaten ihre Höfe nicht mehr versorgen konnten. Die Brüder **Tiberius** (163–133 v. Chr.) und **Gaius Gracchus** (154–121 v. Chr.) versuchten als Volkstribunen, zwischen 133 und 123 v. Chr. mithilfe von Acker-, Getreide- und Militärgesetzen die Lage der Bauern zu verbessern: Eine Bodenreform sollte die Begrenzung des Staatslandes und eine Neuverteilung an Besitzlose durchsetzen, Getreide für Staatsbürger verbilligt, die Militärzeit begrenzt und der Einfluss des Senats zurückdrängt werden. Die Reformen scheiterten am Widerstand einer Senatsmehrheit, die die Interessen der Großgrundbesitzer vertrat. Tiberius wurde 133 v. Chr., zusammen mit 300 Anhängern, auf dem Kapitol erschlagen, und sein Bruder ließ sich 121 v. Chr. von einem Sklaven töten.
Die Auseinandersetzungen um die Gracchischen Reformen ließen zwei unversöhnliche politische Lager entstehen: die **Optimaten** (von lat. *optimus* = der Beste), die an der traditionellen Führungsrolle des Senats festhielten und sich gegen Veränderungen der Besitzverhältnisse stemmten, und die **Popularen** (von lat. *populus* = das Volk), die Gesetze ohne Zustimmung des Senats über die Volksversammlung und die Volkstribunen durchsetzen wollten. Zeitgleich mit den inneren Problemen geriet Rom durch die Angriffe germanischer Stämme auch in eine außenpolitische und militärische Krise. Durch die verringerte Anzahl der freien Bauern und damit der Wehrpflichtigen war Rom nicht mehr in der Lage, sich ausreichend zu verteidigen. Mit einer Heeresreform wollte der erfolgreiche Feldherr und Konsul **Gaius Marius** (156–86 v. Chr.), ein Populare, die Wehrkraft Roms erhöhen. Er nahm landlose Freiwillige und Bundesgenossen in seine Legionen auf, rüstete sie auf Staatskosten aus, versprach ihnen nach der Dienstzeit Land und strukturierte so das einstige Bürgerheer in ein Berufsheer um. Die Krise der *res publica* war damit jedoch nicht zu überwinden. Rom erhielt zwar wieder eine schlagkräftige Streitmacht und den Soldaten war vom Feldherrn eine gesicherte Versorgung garantiert. Gleichzeitig bestand jedoch die Gefahr, dass das Heer zu einem persönlichen Machtinstrument der Militärbefehlshaber wurde. Diese Möglichkeit nutzte der Feldherr **Lucius Cornelius Sulla** (138–78 v. Chr.), ein überzeugter Optimat, der sich in einem blutigen Bürgerkrieg gegen seinen politischen Rivalen Marius behauptete: Mit seinen Truppen besetzte er Rom und ließ politische Gegner verfolgen, enteignen und ermorden. Sullas Ernennung zum Diktator im Jahr 82 v. Chr. und sein restauratives Gesetzeswerk, das u. a. die Entmachtung der Volkstribunen vorsah, besiegelten das Ende der Republik. In den Konflikten zwischen weiteren Militärpotentaten, die fortan die Politik des Reiches bestimmten, ging die *res publica* unter. Aus den Machtkämpfen, den Bürgerkriegen zwischen Pompeius und Caesar (49/48 v. Chr.) und – nach der Errichtung der Diktatur auf Lebenszeit durch Caesar und seiner Ermordung (44 v. Chr.) – zwischen Marcus Antonius und Octavian (32/31 v. Chr.), ging schließlich Octavian, der spätere **Augustus**, als Sieger hervor.

Expansion der Römischen Republik
Die Expansion Roms vollzog sich schrittweise in einem Zeitraum von etwa drei Jahrhunderten.

1. Phase (um 500–250 v. Chr.)
Zunächst eroberte Rom nach zehnjährigem Kampf 396 v. Chr. die etruskische Metropole Veji und verdoppelte sein Staatsgebiet. Nach der erfolgreichen Abwehr der Kelten (387/86) durch eine Allianz zwischen Rom und seinen latinischen Nachbarn entbrannte zwischen den Bündnispartnern ein neuer Konflikt (388–340), an dessen Ende Rom die meisten latinischen Gemeinden beherrschte und sein Territorium verdreifacht hatte. Anschließend eroberte Rom innerhalb eines halben Jahrhunderts (326–282) das Gebiet von der Po-Ebene bis zur sizilischen Meerenge: In Mittelitalien besiegte es die Samniten (bis 272), in Norditalien die Kelten (285–282) und in Süditalien die Tarentiner und ihre Nachbarn (282–272/70).

2. Phase (264–133 v. Chr.)
Unmittelbar nachdem die Römer die sizilische Meerenge erreicht hatten, begannen sie, über Italien hinaus zu expandieren. In drei Kriegen gegen den nordafrikanischen Handelskonkurrenten Karthago schuf Rom die Basis für ein Weltreich. Nach dem Ersten Punischen Krieg (264–241) besetzte Rom Sizilien, Sardinien und Korsika. Im Zweiten Punischen Krieg (218–201), in dem der Karthager Hannibal nach seinem Alpenübergang und dem Sieg bei Cannae (216) Rom an den Rand einer Katastrophe gebracht hatte, griff es auf Spanien und Nordafrika, Makedonien und Griechenland zu. Als Karthago im Dritten Punischen Krieg (149–146) zerstört und 133 das nordspanische Numantia gefallen war, besaß Rom im Mittelmeerraum keinen ernst zu nehmenden Feind mehr. Auch nach dem Scheitern der Römischen Republik setzte Rom seine Expansion fort. 106–117 n. Chr. erreichte es seine größte Ausdehnung (s. M 1, S. 32).

1 Nennen Sie die Ergebnisse der Ständekämpfe und diskutieren Sie, auch mithilfe von M 1, S. 51, inwieweit man von einer Gleichstellung zwischen Patriziern und Plebejern sprechen kann.
2 Vergleichen Sie nach selbst gewählten Kriterien die Verfassung der Römischen Republik mit der Athens (s. S. 22).
3 Stellen Sie die Reformversuche nach 133 v. Chr. in einer Übersicht zusammen und diskutieren Sie, warum die Römische Republik dennoch scheiterte.

M3 Der römische Politiker und Schriftsteller Cicero (106–43 v. Chr.) begründet die Ablehnung der Demokratie durch die Römer

Jene, unsere sehr weisen und moralisch unangreifbaren Männer, haben nämlich nicht im Traum daran gedacht, dem ungegliederten Volk irgendwelche politische Macht zuzuweisen; im Hinblick auf Plebiszite und Volksbeschlüsse waren sie vielmehr der Auffassung, dass erst ein Beschluss gefasst oder ein Verbot ausgesprochen werden könnte, wenn die Versammlung des ungegliederten Volkes aufgelöst worden sei, wenn die Interessengruppen und Parteiungen sich zerstreut hätten, wenn die Stände, Vermögensklassen und Altersgruppen nach Tribus und Zenturien[1] eingeteilt und die Urheber der Gesetzesanträge und Volksbeschlüsse gehört worden seien und wenn die gesamte Angelegenheit bereits viele Tage lang veröffentlicht worden und allen bekannt gewesen sei. Alle öffentlichen Angelegenheiten der Griechen werden hingegen durch den Leichtsinn einer ungegliederten, sitzenden Volksversammlung entschieden. Ich will mich nicht lange über dieses Griechenland auslassen, das schon so lange aufgrund eigenen Verschuldens niedergeschmettert am Boden liegt, über jenes alte Griechenland, das einstmals durch Reichtum, Herrschaft über andere und Ruhm in Blüte stand und das durch dieses einzige Übel zugrunde ging, durch die ungezügelte Freiheit und die Willkür seiner Volksversammlungen nämlich. Wenn im Theater in allen wichtigen Angelegenheiten unerfahrene, ungebildete und unwissende Menschen zusammensaßen, dann nahmen sie unnütze Kriege auf, dann stellten sie verbrecherische Menschen an die Spitze ihres Staatswesens, dann jagten sie Bürger, die sich bestens um den Staat verdient gemacht hatten, aus der Bürgerschaft.

Cicero, Pro Flacco 7 (5–18), übers. v. Verf.

1 Tribus und Zenturien: zwei verschiedene Formen von Stimmbezirken bzw. Stimmblöcken

1 **Fassen Sie die Grundsätze zusammen, die nach Cicero für die Willensbildung im römischen Staat aufgestellt wurden.**

2 **Erläutern Sie Ciceros Kritik an der politischen Willensbildung in Athen und überprüfen Sie deren Berechtigung mithilfe des Darstellungstextes (S. 22 ff.).**

M4 Die Verfassung der Römischen Republik aus der Sicht des Historikers Polybios (um 200–120 v. Chr.)

Nach der Auflistung der formalen Kompetenzen von Senat, Konsuln und Volk beschäftigt sich Polybios mit der Frage, wie die für ihn zentralen Institutionen der römischen Verfassung im politischen Alltag zusammenwirken:

Im Vorstehenden habe ich dargelegt, wie die staatlichen Kompetenzen auf die drei Faktoren der Verfassung [Senat, Konsuln, Volk] verteilt sind. Nun will ich zeigen, in welcher Weise sie wiederum, wenn sie wollen, einander entgegenwirken oder sich gegenseitig unterstützen können.

Wenn der Konsul im Besitz der geschilderten Machtvollkommenheit an der Spitze des Heeres ins Feld zieht, scheint er unumschränkte Gewalt zur Durchführung seiner Pläne zu haben, in Wirklichkeit aber bleibt er auf Volk und Senat angewiesen und ist ohne diese nicht in der Lage, seine Unternehmungen zu einem guten Ende zu bringen. Denn selbstverständlich bedarf das Heer dauernder Versorgung, ohne den Willen des Senats aber kann ihm weder Brotgetreide noch Kleidung noch Sold geliefert werden, sodass die Operationspläne der Feldherren undurchführbar werden, wenn der Senat sie vereiteln oder sabotieren will. Und auch das hängt vom Senat ab, ob der Befehlshaber seine Pläne und Unternehmungen vollenden kann. Denn in der Macht des Senats liegt es, wenn das Amtsjahr abgelaufen ist, ihm einen Nachfolger zu schicken oder ihm das Kommando zu verlängern. Ebenso steht es bei ihm, die Erfolge der Heerführer zu verherrlichen und zu feiern oder umgekehrt sie herabzusetzen und zu verdunkeln. [...] Vollends ist es für sie notwendig, die Gunst des Volkes zu gewinnen, auch wenn sie noch so weit von der Heimat entfernt sind. Denn das Volk hat wie gesagt alle Abkommen und Friedensverträge zu bestätigen oder abzulehnen. [...]

Der Senat wiederum, der doch so große Macht hat, ist erstens in allen politischen Angelegenheiten gezwungen, auf die Stimmung des Volks zu achten und seine Wünsche zu berücksichtigen. Er kann die Untersuchung und Ahndung der schwersten Verbrechen gegen den Staat, auf die Todesstrafe steht, nicht durchführen, wenn das Volk nicht die Vorentscheidung des Senats bestätigt. Ebenso liegen die Dinge auch hinsichtlich seiner ureigensten Befugnisse.

Wenn nämlich jemand ein Gesetz einbringt, das dem Senat irgendein ihm nach dem Herkommen zustehendes Recht entziehen, zum Beispiel Ehrenplätze im Theater oder andere Vorrechte aberkennen oder sogar Vermögen und Privatbesitz angreifen will, so hat das Volk auch in diesem Fall die Entscheidung, solche Anträge anzunehmen oder abzulehnen. Vor allem aber, wenn nur ein einziger Volkstribun sein Veto einlegt, kann der Senat weder eine Beratung zu Ende führen noch auch nur zusammenkommen und eine Sitzung abhalten. [...] Ebenso ist wiederum das Volk vom Senat abhängig und muss sich nach ihm richten, im staatlichen wie im privaten Leben. Für alle öffentlichen Arbeiten, die in ganz Italien von den Zensoren vergeben werden zur Wiederherstellung oder Neuerrichtung von Bauten – es wäre nicht leicht, sie alle aufzuzählen –, für alle Pachtungen von Zöllen an Flüssen und Häfen, von Gärten, Bergwerken, Ländereien, kurz, allem, was der römischen Herrschaft untersteht, für all dies kommen die Unternehmer aus der breiten Masse des Volkes, und sozusagen fast jeder Bürger ist an diesen Submissionen und Pachtungen beteiligt. [...] Die Entscheidung aber über all diese Dinge liegt beim Senat. Er kann Zahlungs-

aufschub bewilligen, bei einem Unglück Nachlass gewähren oder, wenn ein Hindernis die Ausführung der Arbeit gänzlich unmöglich macht, von den Verpflichtungen aus dem Werkvertrag ganz entbinden. [...] Was aber die Hauptsache ist – aus den Reihen der Senatoren werden die Richter gewählt für fast alle öffentlichen und privaten Prozesse, soweit es sich um schwerwiegendere Fälle handelt. Da also alle Bürger sich der richterlichen Entscheidung der Senatoren anvertrauen müssen und angesichts der Ungewissheit des Ausgangs in Furcht leben, hüten sie sich wohl, den Wünschen des Senats Widerstand zu leisten und entgegenzuwirken. Ebenso finden sie sich nicht leicht bereit, den Plänen der Konsuln Hindernisse in den Weg zu legen, weil jeder Einzelne und alle insgesamt im Felde ihrer Befehlsgewalt unterstehen.
Obwohl jeder der drei Teile solche Macht hat, einander zu schaden oder zu helfen, so wirken sie doch in allen kritischen Situationen so einträchtig zusammen, dass man unmöglich ein besseres Verfassungssystem finden kann.

Polybios, Geschichte VI 15–18, übers. von Hans Drexler, Artemis, Zürich 1963, S. 543–546

1 **Untersuchen Sie M 4 daraufhin, welche Position der Autor gegenüber der römischen Verfassung einnimmt und wie er sie begründet. Berücksichtigen Sie bei Ihrer Analyse auch die Textsprache.**

M5 Die Historiker Wolfgang Kunkel und Roland Wittmann über die Institutionen der Römische Republik, 1995

a) Über die Volksversammlungen

Die Volkswahl verlieh den Magistraten ihre Gewalt über die Bürger und ihre Legitimation, für die Gesamtheit der Bürger, d. h. für den Staat zu handeln. Die politische Doktrin der Römer sah in ihr ein spezifisch demokratisches Verfassungselement. In Wahrheit war sie dies jedoch nur in einem sehr beschränkten, mehr formalen als substanziellen Sinne. Die eigentümliche, recht undemokratische Struktur der Volksversammlungen, besonders der für die Wahl der Obermagistrate zuständigen Zenturiatkomitien, der Einfluss, den die führenden Familien des Senatsadels durch ihr Ansehen und ihre weit verzweigten Klientelen ausübten, und schließlich auch die Manipulierbarkeit des komplizierten Wahlverfahrens: diese drei Faktoren schlossen eine wahrhaft demokratische Entscheidung weithin aus. Sie machten die Volkswahl geradezu zu einem Instrument der Senatsoligarchie oder der Faktionen, die innerhalb dieser Oligarchie um Einfluss und Macht kämpften. Für Außenseiter ohne Ahnen und ohne Helfer aus dem Kreise der mächtigen Politiker war darum die Volkswahl keineswegs ein bequemer Zugang, vielmehr im Gegenteil eine fast unüberwindliche Hürde auf der Bahn zur Magistratur, vor allem zu den höheren Ämtern.

b) Über den Senat und die Ämterlaufbahn

Insgesamt wird man wohl behaupten können, dass dem Senat infolge einer traditionalistischen Handhabung der *lectio*[1] durch die Zensoren bis in die Krisenzeit der Republik[2] seine aristokratische Grundstruktur erhalten geblieben ist. Es gelangten zwar immer wieder neue Elemente in ihn, zumeist wohl durch die Bekleidung der unteren Magistraturen, die eine Anwartschaft und später ein Anrecht auf den Senatssitz begründeten, zu einem kleineren Teil vielleicht aber auch durch freie Auswahl seitens der Zensoren. Einfluss konnten aber solche *homines novi* dank der eigentümlichen Geschäftsordnung des Senats im Allgemeinen nur dann gewinnen, wenn sie in der Ämterlaufbahn bis zu den Obermagistraturen, zur Praetur oder gar zum Konsulat aufstiegen, und dies gelang stets nur wenigen. Wer ein Amt nicht bekleidet hatte und auch später nicht erreichte, verblieb in den Reihen der *pedarii senatores*, die nie um ihre Meinung befragt wurden, sondern nur über die Beschlussvorschläge anderer abstimmen durften.

1 lectio: Ernennung der Senatoren, Erstellen der Senatslisten
2 ca. 133–27 v. Chr.

c) Über das Volkstribunat

Da der Senat sich den Obermagistraten gegenüber trotz seines Weisungsrechts häufig auf die bloße Weichenstellung oder Koordinierung beschränkte, machte ihm der Umgang mit den weisungsunabhängigen Volkstribunen keine Schwierigkeit. Die kollegiale Interzession[1] verhinderte einen unangemessenen, den gesamtstaatlichen Rahmen sprengenden Gebrauch der tribunizischen Gewaltbefugnisse und des Rogationsrechts[2]. Senat und Volkstribunat waren somit zwar als Verfassungsorgane rechtlich voneinander unabhängig, in der politischen Praxis aber aufeinander angewiesen. Die *lex Atinia*[3] zog hieraus auch für die Mitgliedschaft im Senat die notwendige Konsequenz, indem sie die Aufnahme der ehemaligen Volkstribune in den Senat anordnete.

M 5 a bis c: Wolfgang Kunkel/Roland Wittmann, Staatsordnung und Staatspraxis in der Römischen Republik, C. H. Beck, München 1995, S. 11, 443 und 638

1 Kollegiale Interzession: Vetorecht eines Amtsträgers gegenüber seinem Kollegen; Magistrate waren in Rom immer zweifach (kollegial) besetzt.
2 Rogationsrecht: Recht der Volkstribune, gegen Gesetzesanträge und Senatsbeschlüsse Einspruch zu erheben
3 lex Atinia: 149 v. Chr.

1 **Demokratie – Oligarchie – Aristokratie? a) Klären Sie zunächst die Herrschaftsbegriffe mithilfe des Lexikons. b) Erörtern Sie auf der Grundlage von M 5 a–c, welche Elemente der Demokratie, der Oligarchie und der Aristokratie in der römischen Verfassung enthalten sind.**

2.2 Herrschaft und Gesellschaft in der Kaiserzeit

Internettipp
www.lsg.musin.de/geschichte/!daten-gesch/antike/prinzipat.htm
Zeitleiste mit Bildern des Luise-Schröder-Gymnasiums München zum Prinzipat

Die Herrschaftsform des Prinzipats

Aus den erbitterten Machtkämpfen der späten Republik ging **Octavian**, der Adoptivsohn Caesars, als Sieger hervor. Er stand vor der Aufgabe, den Bürgerkrieg zu beenden, Rom eine stabile politische Ordnung zu geben und die Grenzen des Reiches militärisch zu sichern. Nach dem Sieg über seinen politischen Rivalen Marcus Antonius im Jahre 31 v. Chr. begann Octavian, dem der Senat 27 v. Chr. den Ehrentitel „Augustus" verliehen hatte, planmäßig die Verfassung und Verwaltung des Römischen Reiches umzugestalten und damit die Grundlagen für ein neues, monarchisches Herrschaftssystem, das **Prinzipat**, zu schaffen. Augustus versuchte während seiner Regierungszeit (27 v. Chr.–14. n. Chr.), die Aristokratie zu versöhnen und seine Machtstellung zu kaschieren, indem er sich selbst *Princeps* (der „Erste") nannte und den Schein der Republik wahrte. Faktisch regierte er jedoch als Alleinherrscher, der maßgebliche Ämter bzw. Befugnisse in seiner Person vereinte (M 2).
Wesentlich für die Herrschaftszeit Augustus' war die dauerhafte Sicherung des Friedens im Römischen Reich. Mit der Schließung der Tore des Janustempels im Jahr 29 v. Chr. wurde symbolisch ein über 250 Jahre andauernder Frieden eingeleitet, den die Römer als *Pax Augusta* („Augusteischer Frieden") bezeichneten. Die Sicherung der Reichsgrenzen, die Reorganisierung des Heeres, die Neuordnung der Provinzverwaltung sowie ein transparentes Rechtssystem waren die Voraussetzungen dieser Entwicklung, die auch unter den Nachfolgern Augustus' das Reich weitgehend vor neuen Bürgerkriegen bewahrte. Allerdings bedeutete dies keinen Verzicht auf Expansion, da es zur Herrschaftslegitimation römischer Kaiser gehörte, sich auch als Feldherren zu beweisen und das Römische Reich nicht nur militärisch zu sichern, sondern auch zu vergrößern (M 1).

M 1 Das Römische Reich vom 1. bis zum 3. Jahrhundert n. Chr.

M2 Augustus-Statue, gefunden bei Primaporta, Marmorkopie nach dem Bronzeoriginal, nach 20 v. Chr.

Augustus förderte während seiner Regierungszeit die bildenden Künste und die Literatur. Dies sollte nicht nur der Darstellung des römischen Staatsbewusstseins dienen, sondern auch der Repräsentation seiner umfassenden Macht und der Verherrlichung seiner Person und Leistungen. Zum gleichen Zweck wurden im gesamten Römischen Reich Kaiserstatuen (Augustus-Statuen) aufgestellt.
Die abgebildete Statue zeigt Augustus als Feldherrn. Sie hat eine Höhe von 2,03 m und stammt aus der Villa seiner Frau Livia in Primaporta bei Rom. Die Figuren auf dem Brustpanzer zeigen die besiegten Parther, die Konkurrenten Roms im Osten, die den Römern erbeutete Truppenabzeichen zurückgeben. Die kleine Figur am Fuß könnte Gott Amor darstellen. Barfüßigkeit war in der antiken Bildsprache ein Zeichen für eine gottähnliche Stellung.

Internettipp
www.muenster.org/abendgymnasium/faecherprojekte/projekte/augustusstatue/augstatue.htm

Die Gesellschaft im frühen Kaiserreich

Mit der Ausbildung des Prinzipats war die Macht einer kleinen Gruppe von Senatoren, die sich durch großen Reichtum und lange Familientraditionen auszeichnete, auf einen Einzelnen, den Princeps, übergegangen. Diese Entwicklung bedeutete jedoch keine Entmachtung des Senats, da der Senatorenstand *(ordo senatorius)* gegenüber dem Ritterstand *(ordo equester)* und auf lokaler Ebene gegenüber dem Ratsherrenstand *(ordo decurionum)* weiterhin eine Vorrangstellung einnahm. Die Senatoren, die ungeachtet aller Spannungen ihre Tätigkeit nun als Dienst am Kaiser verstanden, bekleideten nach wie vor die höchsten Ämter in der zivilen Verwaltung, im Heer und in der Justiz. Dennoch eröffnete das Prinzipat neue Möglichkeiten für Ritter. In der späten Republik waren sie beschränkt auf Handels- und Geldgeschäfte, die Senatoren nicht betreiben durften, und von den öffentlichen Ämtern waren für Ritter nur die der Richter und Offiziere zugänglich gewesen. Unter Augustus konnten sie hohe Ämter der Wirtschafts- und Finanzverwaltung sowie in der Stadtverwaltung besetzen. Somit waren sie zugleich Angehörige des Ritter- und des Ratsherrenstandes. Der *ordo decurionum* bildete die Führungsschicht in den

Städten des Reiches und umfasste gewöhnlich je 100 Personen. Zugangsvoraussetzungen waren ein von Stadt zu Stadt unterschiedlich festgesetztes Mindestvermögen sowie eine bereits ausgeübte Tätigkeit als städtischer Magistrat. Im Gegensatz zum Senatorenstand war die Zugehörigkeit zu den lokalen *ordines* jedoch nicht vererbbar.
Zwischen diesen privilegierten Ständen *(Honestiores)* und den unteren Schichten *(Humiliores)*, die weit über 90 Prozent der Gesamtbevölkerung ausmachten, entstand eine neue Kluft, die vor allem im Strafrecht deutlich wurde: Nur die Honestiores waren vor entehrenden Formen der Todesstrafe, vor körperlicher Züchtigung und Zwangsarbeit geschützt. Unter den Humiliores gab es erhebliche wirtschaftliche und rechtliche Unterschiede. Auf der untersten Stufe stand der Sklave *(servus)*, dessen einzige Hoffnung in der Freilassung bestand (s. S. 37 f.). Ein weiterer Bruch verlief zwischen dem städtischen *(plebs urbana)* und ländlichen Volk *(plebs rustica)*. Zu den Vorteilen des Stadtlebens gehörten bessere Arbeitsbedingungen und Verdienstmöglichkeiten sowie eine bessere Versorgung mit Lebensmitteln, beispielsweise die Möglichkeit, (Getreide-)Spenden zu bekommen. Insgesamt lebte aber der weitaus größte Teil der Menschen – gemessen am heutigen westlichen Standard – in sehr großer Armut.

Internettipp
www.wcurrlin.de/links/basiswissen/basiswissen_roemer.htm#verwaltung
Informationen und Links zur Verwaltung des Römischen Reiches

Verwaltung des Reiches

Die kaiserliche Zentrale in Rom regierte das Reich mit einem vergleichsweise geringen Verwaltungsaufwand durch **Statthalter in den Provinzen**. Während die Gerichtshoheit für die Provinzen beim Princeps lag, waren die Statthalter für die Sicherung der Ordnung und die Gerichtsbarkeit in ihrem Gebiet zuständig. **Steuerbeamte** zogen die Steuern ein, und die **Kommandanten** des Heeres gewährleisteten den Grenzschutz. In den Städten lag die Verwaltung bei den Magistraten und einem städtischen Rat, in dem die Honoratioren vertreten waren. Die Städte regelten ihre Angelegenheiten wie Gerichtsbarkeit, Steuern, Versorgung, Straßen und Bauten selbstständig.

M3 Die Gesellschaftsstruktur der römischen Kaiserzeit

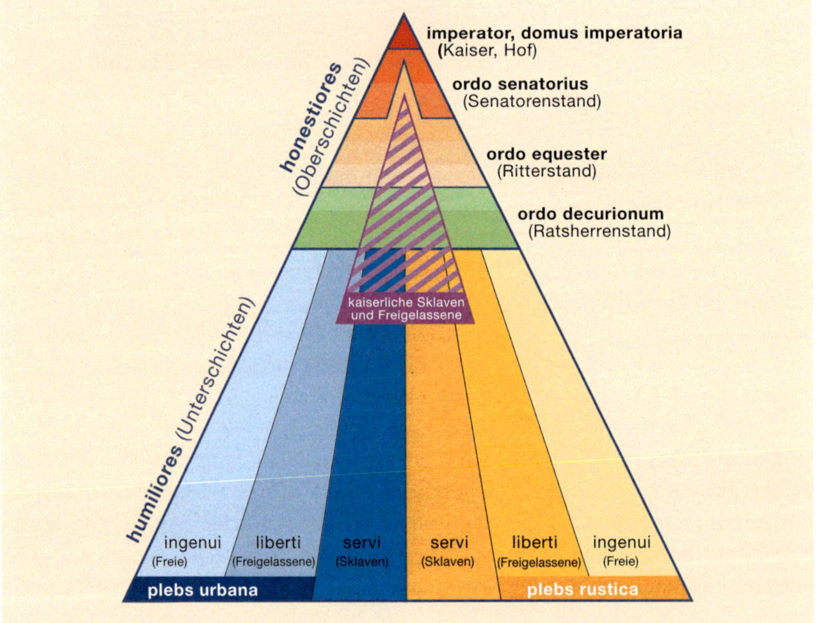

1 Charakterisieren Sie die Sozialstruktur der römischen Kaiserzeit.

M 4 Arles in Südfrankreich, zur Zeit des römischen Kaiserreiches die Hauptstadt der Provinz Narbonensis, Fotografie, ca. 1990

1 Erläutern Sie die Funktion der Städte im Römischen Reich. Achten Sie dabei vor allem auf die Gebäude.

Eine wesentliche Bedingung für die Stabilität der römischen Weltherrschaft war die Beteiligung aller Bewohner – auch in den entlegensten Provinzen – an den zivilisatorischen Errungenschaften der römischen Kultur. So wurde jede Stadt großzügig mit öffentlichen Bauten wie dem Forum, Bauten für den Rat und die Gerichtsbarkeit (Basiliken), Amphitheater, Tempel, Gärten, Thermen und Wasserleitungen, Hafengebäuden und Speichern ausgestattet (M 4). Alle diese Bauten bildeten einen Raum, in dem die städtische Bevölkerung miteinander kommunizieren konnte. Wie in Rom nahm die Plebs bei Spielen und Zirkusrennen auch zu politischen Fragen Stellung. Diese politische Kommunikation war Teil eines umfassenden Austauschs zwischen den Honoratioren und der Stadtbevölkerung. Die Honoratioren erbrachten umfangreiche Leistungen für die Stadt. Das Volk und der Rat ehrten dafür die Spender durch Monumente, Ehreninschriften oder die Wahl zu Magistraten.

Internettipp

www.planet-wissen.de
Die SWR/WDR-Wissenssendung bietet unter dem Stichwort „Rom" zahlreiche Informationen zu Stadtgeschichte und Architektur Roms.

www.zum.de/Faecher/G/BW/Landeskunde/rhein/geschichte/roemer/index.htm
Website mit den Themenschwerpunkten Handwerk, Infrastruktur, Militär, Religion; mit Zeitleiste und Links

1 Erläutern Sie die Veränderungen der Gesellschaftsstruktur in der Kaiserzeit gegenüber der in der Römischen Republik und diskutieren Sie, ob Kontinuität oder Wandel überwiegt.

M5 Die politische Ordnung des Prinzipats

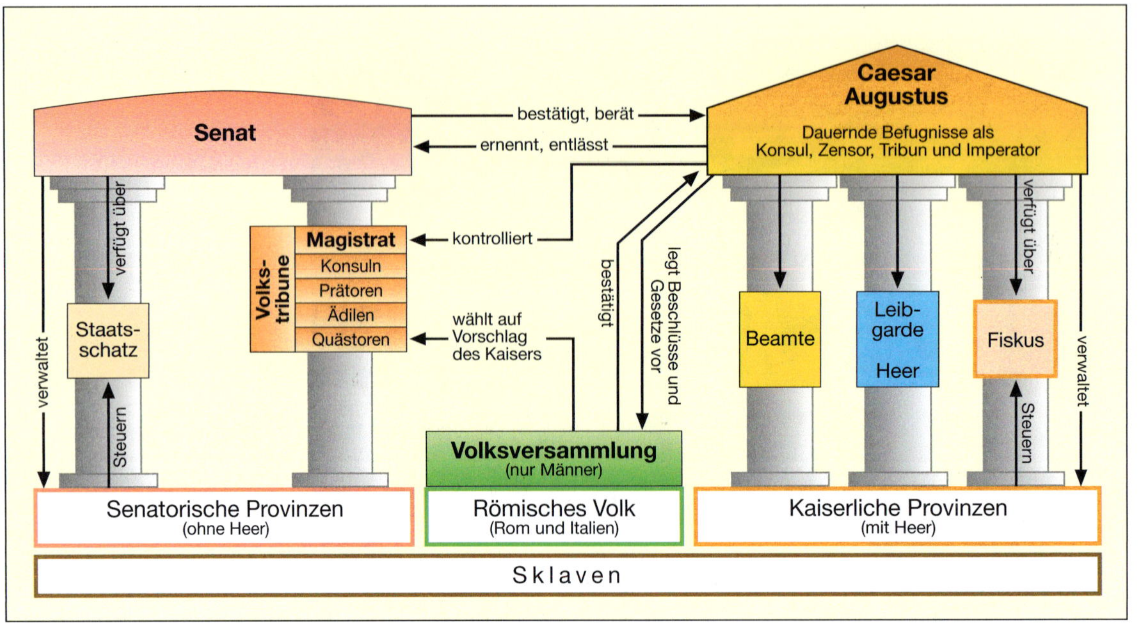

1 Analysieren Sie unter Zuhilfenahme der Methodenseite (S. 316 f.) das Verfassungsschaubild und vergleichen Sie es mit dem der Römischen Republik (M 1, S. 51).

M6 Der Historiker Karl Christ über römische Wirtschaft in der Kaiserzeit, 2001

Für die römische Kaiserzeit muss davon ausgegangen werden, dass das Imperium Romanum primär aus sehr verschiedenartigen Wirtschaftslandschaften bestand, deren strukturelle Eigenart zunächst nicht grundsätzlich verändert worden war. Bis zum Beginn der Spätantike ist der Verband niemals als Ganzes im Sinne moderner Planwirtschaft systematisch organisiert worden. Die römischen principes betrieben grundsätzlich keine kohärente und langfristige Wirtschaftspolitik. Sie erfüllten zwar ihre elementaren Aufgaben: die Versorgung der Stadt Rom und des Heeres, die Sicherung der Transportwege und Märkte, die Stabilität des Währungssystems. Doch direkt griffen sie in den ökonomischen Bereich nur in seltenen Krisenfällen ein, so Tiberius bei einem geldwirtschaftlichen Engpass, Domitian, Nerva und Trajan zugunsten der italischen Landwirtschaft, Hadrian zur Garantie der Ölversorgung Attikas.

Als sehr viel bedeutsamer erwiesen sich die indirekten Auswirkungen der neuen politischen Formation: die Schaffung neuer Absatzmärkte in den Grenzprovinzen des Reiches durch die peripheren Truppenkonzentrationen, die bald auch Produktionsstätten an sich zogen, der Ausbau der Infrastruktur durch die Anlage der großen Fernstraßen, die Erweiterung der Seehäfen und die Intensivierung der Transporte auf den großen Flüssen, die Verbesserung der Wasserversorgung in den afrikanischen Randgebieten, die zur Erweiterung der Anbauflächen führte, vor allem aber die Koordination der verschiedenen Währungssektoren.

Bei all dem ist gleichwohl nicht zu übersehen, dass die ökonomischen Initiativen und Aktivitäten der Städte häufig genug und auf Dauer die wirtschaftlichen Entwicklungen im lokalen und regionalen Bereich stärker beeinflussten als jene des Prinzeps. Die Städte verfügten über ihre eigenen Ländereien und Werkstätten, die verpachtet wurden; sie nahmen Einfluss auf das Bankwesen, erlaubten verschiedentlich die Nutzung von unbebautem Land unter der Voraussetzung, dass Reben oder Obstbäume angepflanzt wurden.

Für die Strukturprinzipien des Imperiums ist es typisch, dass der wesentlich ausgeweitete geldwirtschaftliche Bereich durch die Koordination verschiedener Währungselemente bestimmt wurde, durch die Koordination von Reichs-, Provinzial- und Stadtprägungen. Von dieser Trias war die Reichsprägung, die auf dem alten republikanischen Geldsystem Roms aufbaute und nun im gesamten Mittelmeerraum akzeptiert wurde, am wichtigsten.

Karl Christ, Die römische Kaiserzeit, C. H. Beck, München 2001, S. 78 f.

1 Erarbeiten Sie die wesentlichen Aussagen und halten Sie die Ergebnisse in einer Tafelskizze fest.
2 Untersuchen Sie die Bedeutung der Städte innerhalb des Herrschaftssystems des Imperium Romanum. Ziehen Sie hierfür M 4, M 6 und den Darstellungstext heran.

2.3 Sklaverei im Römischen Reich

Sklaven *(servi)* waren Frauen und Männer, die entweder als **Unfreie** geboren wurden oder durch **Schuldknechtschaft bzw. Kriegsgefangenschaft** in Abhängigkeit gekommen waren und nun als Gesinde der Macht des Hausvaters *(patria potestas)* unterlagen. Gemeinsam war allen Sklaven, dass sie Teil der Familie (s. S. 48 f.) waren und dass der Hausvater sie als Besitzer *(dominus)* wie einen Gegenstand behandeln durfte. Er konnte sie verkaufen, misshandeln, töten, aber auch freilassen.

Die Zahl der Sklaven nahm zu, als Sklavenmärkte entstanden, Menschenjagd und -handel intensiviert wurden. Auf der Insel Delos sollen an manchem Tag bis zu 20 000 Sklaven ge- und verkauft worden sein. Als Rom im 3. und 2. Jahrhundert v. Chr. Kriege gegen Karthago und im hellenistischen Osten führte, kamen Hunderttausende Sklaven nach Italien, die zum Teil auf den großen Gütern, den Latifundien, aber auch in der gewerblichen Wirtschaft beschäftigt wurden.

Die persönliche Lage der Sklaven war sehr unterschiedlich und abhängig vom Charakter ihres Besitzers, von ihrer Ausbildung und ihren Fähigkeiten oder vom aktuellen „Marktwert". Grundsätzlich waren die Lebensbedingungen der Sklaven in der Stadt besser als auf dem Land. In einem städtischen Haushalt konnten sie durchaus ein engeres Verhältnis zu ihrem Herrn bzw. ihrer Herrin entwickeln. So war Ciceros Sekretär und engster Vertrauter ein Sklave namens Tiro. Nicht als Hauspersonal tätige Sklaven konnten in den Städten sogar Berufe erlernen (z. B. Arzt, Erzieher und Buchhalter) und besaßen – wenn auch in sehr eingeschränktem Umfang – die Möglichkeit des **Freikaufs**, häufiger war in der Stadt jedoch die **Freilassung**. Der Freigelassene *(libertus)* blieb dem Herrn lebenslang noch Ehrerbietung und Gehorsam schuldig, der frühere Besitzer des Freigelassenen leistete Hilfe in Notsituationen.

Auf der untersten Stufe innerhalb der römischen Gesellschaft standen die **Bergwerkssklaven**. Sie mussten u. a. in den großen Silberminen der spanischen Provinzen unter Tage bis zum Zusammenbruch arbeiten. Um den größtmöglichen Profit zu erwirtschaften, war es für Rom rentabler, tote Sklaven durch neue zu ersetzen, statt die lebenden ausreichend zu ernähren und zu kleiden.

Harte **Strafen** hatten aufsässige Sklaven zu erwarten. Die Aufseher legten sie in Fesseln und sperrten sie in Arbeitshäuser. Ein Fall aus Rom belegt die Willkür der Strafmaßnahmen: In der römischen Hauptstadt, in der ca. 200 000 Sklaven lebten – rund ein Viertel aller Einwohner –, tötete 61 n. Chr. ein Sklave seinen Herrn. Daraufhin wurden alle 400 in dem Haushalt beschäftigten Sklaven umgebracht.

Die unmenschlichen Lebensbedingungen der Sklaven, v. a. auf dem Land und in den Bergwerken, waren zwischen 140 und 70 v. Chr. die Ursache mehrerer **Sklavenaufstände***. Vor allem der Aufstand unter dem Sklaven Spartakus verdeutlichte die Gefahren der Sklavenhaltung, die danach allmählich zurückging, in der Kaiserzeit teilweise humanisiert wurde und in der Spätantike ihre Bedeutung verlor. Rechtlich wurde sie im Römischen Reich jedoch nicht abgeschafft. Das Christentum (s. S. 39 ff.) verbot zwar die Sklaverei, bekämpfte sie aber nie systematisch.

1 Erläutern Sie die rechtliche, politische und soziale Situation der Sklaven im Römischen Reich. Nutzen Sie auch M 3, S. 34.

Sklavenaufstände
Zu den bekanntesten Sklavenaufständen gehören z. B. die Erhebung 136/35–132 v. Chr. in Sizilien unter Führung des syrischen Sklaven Eunus, der sich zum König ernannte, und die von 133 bis 130 in Kleinasien unter dem Sklaven Aristonikos, einem unehelichen Sohn des letzten Königs von Pergamon. Der folgenreichste Aufstand begann im Jahre 73 v. Chr. in einer italienischen Gladiatorenschule in Capua. Unter Führung des thrakischen Sklaven Spartakus wurden die römischen Truppen, die zur Niederschlagung des Aufstandes ausgesandt worden waren, immer wieder von den Aufständischen, denen sich ca. 60 000 Sklaven angeschlossen haben sollen, vernichtend geschlagen. Erst nach zwei Jahren gelang es den Römern unter dem Feldherrn Crassus, mit seinem Heer von über 40 000 Soldaten die Sklaven zu besiegen. Spartakus fiel im Kampf. Wer in Gefangenschaft geriet, wurde auf der Straße von Rom nach Capua zur Abschreckung ans Kreuz geschlagen.

M 1 Römisches Sklavenband, Bronze, undatiert

Das Band wurde am Hals eines ausgegrabenen Skeletts gefunden. Übersetzung der Inschrift: Eingefangen und zurückgegeben an Apronianus, Minister im kaiserlichen Palast, Mappa Aurea Aventin. Entlaufener Sklave.

M2 Sklaven im Römischen Reich – Ergebnisse und Probleme der Forschung

a) Der Historiker Frank Kolb, 1999:

Natürlich blieb der normale Sklavenhandel eine wichtige Rekrutierungsquelle. Aber einen Sklaven zu kaufen war nicht billig. Der Preis war je nach Marktlage in einzelnen Reichsteilen verschieden; ferner waren Alter, Geschlecht und Ausbildung der Sklaven maßgebend. Im Allgemeinen bewegte sich der Preis für einen Sklaven zwischen 800 und 2500 Sesterzen[1], in Einzelfällen war er freilich weit höher. Wir verfügen über keinerlei statistische Angaben über die Zahl der im Haus geborenen, gekauften oder sonst wie erworbenen Sklaven und somit auch über keine präzise Vorstellung ihrer Gesamtzahl. Wir wissen nur, dass es in der Stadt Rom viele Sklaven gab.

Zusammenfassend muss man also leider feststellen, dass die prozentualen Anteile der einzelnen Bevölkerungsgruppen und Ethnien nicht bestimmbar sind. Während T. Frank annahm, ca. 80 % der städtischen Plebs stammten von Sklaven aus dem griechischen Osten ab, kommt Huttunen zu der Auffassung, 60 % der Einwohner Roms seien Freigeborene gewesen. Angesichts der sehr fließenden Übergänge vom Sklavenstatus zum Status eines Freigeborenen – Nachkommen ehemaliger Sklaven waren spätestens in der dritten Generation Freigeborene – und der beachtlichen sozialen Mobilität der stadtrömischen Gesellschaft ist dieser Unterschied vielleicht auch nicht so gravierend. Tacitus behauptet, dass sogar recht viele Angehörige der stadtrömischen Führungsschicht von ehemals Unfreien abstammten. Erst recht galt dies für zahlreiche Mitglieder der städtischen Plebs. Zwischen Sklaven und Freigelassenen einerseits sowie Freigeborenen andererseits gab es somit zwar eine eindeutige rechtliche, aber keine klare soziale Trennlinie. Die in der Stadt lebenden Sklaven wurden wohl zumeist um das 30. Lebensjahr herum freigelassen, und ein nach der Freilassung geborenes Kind eines ehemaligen Sklaven galt von Anfang an als freigeboren.

Frank Kolb, Rom. Die Geschichte der Stadt in der Antike, C.H. Beck, München 1995, S.461

1 Tagessold eines Soldaten: ca. 2,5 Sesterzen

b) Der Historiker Ulrich Fellmeth, 2001:

Die Zahl der Sklaven in Rom ist nur sehr schwer einzuschätzen. Sicher ist jedoch, dass es seit dem 3. Jahrhundert v. Chr. einen starken Zufluss von Sklaven nach Italien aus dem Sklavenhandel und besonders in Form von Kriegsgefangenen gegeben hat. Diese Sklaven wurden vorwiegend auf dem Land in den sklavenbewirtschafteten Betrieben eingesetzt, aber auch als Arbeiter und Dienstpersonal in der Stadt. Die Schätzung des städtischen Anteils der Sklaven an der Gesamtbevölkerung stützt sich auf eine sehr globale Angabe Galens zur Stadt Pergamon: 10–33 %. Für die Stadt Rom wird in der einschlägigen Forschung ein Anteil von 15–16 % als realistisch angesehen. Seit dem 1. Jahrhundert v. Chr. ist es vermehrt zu Freilassungen gekommen: Die Herren der Sklaven entließen diese, nachdem sie eine gewisse Zeit gedient hatten, in die Freiheit. Diese freigelassenen Sklaven ergänzten dann die Zahl der Bürger.

Ab dem Ende des 1. Jahrhunderts n. Chr. scheint aber eine dauerhafte Verknappung an Sklaven aufgetreten zu sein: Einerseits gab es keine großen Eroberungskriege mehr, demzufolge auch keine massenhafte Zufuhr von Kriegsgefangenen, andererseits führte die Praxis der Freilassung von Sklaven zu einer ständigen Dezimierung der Sklavenzahl. Angeblich zum Schutz vor „Überfremdung", wohl aber auch wegen des um die Zeitwende schon spürbaren Mangels an Sklaven, versuchte Kaiser Augustus – nach dem Bericht von Sueton – die Sklavenfreilassung zu reglementieren.

Ulrich Fellmeth, Brot und Politik, Metzler, Stuttgart 2001, S. 71

1 **Stellen Sie die Angaben beider Historiker über die Anzahl der Sklaven im Römischen Reich gegenüber.**
2 **Erläutern Sie die Probleme der modernen Forschung bei der Klärung dieser Frage.**

M3 Gladiatoren im Kampf, Detail eines Bodenmosaiks einer Villa bei Tusculum (Italien), 3. Jh. n. Chr.

Gladiatorenkämpfe fanden ebenso wie Tierhetzen in riesigen Amphitheatern statt. Bei den Gladiatoren handelte es sich um Sklaven und Kriegsgefangene, die in Gladiatorenschulen ausgebildet wurden. Mit Waffen ausgerüstet, mussten sie gegeneinander kämpfen. Der Sieger erhielt Prämien. Der Verlierer war auf die Gnade des Publikums angewiesen, das über sein Leben entschied.

2.4 Römischer Staat und Christentum

Das Christentum: Ausbreitung und Konflikte

Die Frage, wie das Christentum von einer kleinen Sekte zur Staatsreligion des Römischen Reiches werden konnte, beschäftigte schon die Zeitgenossen. Die christlich geprägte **Überlieferung** stellt die ersten drei Jahrhunderte seiner Ausbreitung als eine Zeit der Verfolgung und des Martyriums dar. So unterschied der Historiker Paulus Orosius Anfang des 5. Jahrhunderts nach dem Vorbild der ägyptischen Plagen, von denen laut Altem Testament Ägypten durch den jüdischen Gott heimgesucht wird, zehn Epochen der Christenverfolgung von Kaiser Nero bis Diokletian. Ungeachtet der realen Repressalien war das Christentum jedoch zu keiner Zeit durch Willkürmaßnahmen römischer Behörden existenziell bedroht.

Die christliche Religion entwickelte sich in der Auseinandersetzung mit der hellenistischen Kultur im Osten des Reiches. Bedingt durch die **Einheit des römischen Imperiums** konnte sie sich rasch ausbreiten (M 2), denn hier dominierte eine Weltsprache, das Griechische, es gab ein Verkehrsnetz, das die Kommunikation erleichterte, und eine funktionierende Verwaltung. An den Grenzen des Reiches endete auch die Tätigkeit der Missionare. Wesentlich zur Verbreitung des christlichen Glaubens trug auch die religiöse Toleranz des römischen Staates bei. Zwar besaß das Christentum nicht wie das Judentum, dessen Anhänger vom Staatskult freigestellt waren, den Status einer *religio licita* (zugelassenen Religion), doch profitierte es indirekt von den damit verknüpften Privilegien, solange es von den Behörden als jüdische Sekte betrachtet wurde. Die Toleranz des römischen Staates endete, als die Christen sich von staatlichen Festen und Opfermahlzeiten fernhielten bzw. mit dem monotheistischen Absolutheitsanspruch ihres Glaubens **Staatskult*** und **Staatsgötter** ablehnten. Im römischen Denken, das keine Trennung von Staat und Religion kannte und für die Verehrung der Götter eine Gegenleistung von diesen erwartete, wurden die Christen so zu Staatsfeinden und zu Schuldigen an Epidemien, Naturkatastrophen oder militärischen Niederlagen. Wo die Christen aus religiösen Gründen nicht am öffentlichen Leben teilnahmen, sich von heidnischen Reichsbewohnern abgrenzten, staatliche Feste, Theater- und Zirkusspiele mieden, gerieten sie rasch in den Verdacht von politischen Aufrührern. Zusammenkünfte ohne Trennung der Geschlechter, kultische Mahlzeiten, die Verehrung eines zur schmachvollen Strafe der Kreuzigung Verurteilten führten zu **Vorurteilen**; sie erleichterten Schmähungen wie die der Eselsanbetung und Verleumdungen, mit denen Zauberei-, Kannibalismus- oder Inzestvorwürfe einhergingen (M 3).

Von der Verfolgung zur Staatsreligion

Die erste Verfolgung von Christen ist für das Jahr 64 n. Chr. belegt. Die nach dem verheerenden Brand Roms ausgebrochenen Unruhen innerhalb der *plebs urbana* wollte Kaiser **Nero** (Reg. 54–68) durch die Präsentation von Schuldigen beschwichtigen. Er ließ Christen zum Tode verurteilen, obwohl der Vorwurf der Brandstiftung offensichtlich unberechtigt war. Dennoch fand diese Vorgehensweise breite Akzeptanz in der Bevölkerung, da sich die Christen durch Selbstisolierung und von heidnischen Bräuchen abweichendes Verhalten zu Außenseitern gemacht hatten. Die Verfolgungen durch Nero, denen auch die Apostel Paulus und Petrus zum Opfer fielen, oder später durch **Domitian** (Reg. 81–96) blieben Einzelfälle. Rom sah im Christentum noch keine grundsätzliche Gefahr.

Erst in einer schweren inneren Krise des Reiches, das an seinen Grenzen von Invasoren bedroht und gleichzeitig wirtschaftlich geschwächt war, begann eine reichsweite und systematische Verfolgung religiös Andersdenkender. Die letzte und größte Verfolgung von Christen ordnete 303 Kaiser **Diokletian** (Reg. 284–305)

Römischer Staatskult
Die Religion war im Römischen Reich Bestandteil der politischen Ordnung. Die fehlende Trennung zwischen Staat und Religion ermöglichte es Priestern, auch Beamte zu sein. Die Religion zielte nicht auf Erlösung des Einzelnen, sondern vornehmlich auf das Wohl des Staates. Nur der exakte Vollzug der Riten garantierte die Gunst der Götter und damit außen- und innenpolitische Erfolge. Die römische Religion war polytheistisch und der Staat relativ tolerant in seiner Religionspolitik: Solange sie den Staatskult nicht infrage stellten, wurden fremde Religionen integriert.

Urchristentum
Das Christentum – eine monotheistische Religion, die durch den Glauben an einen Gott gekennzeichnet ist – war eine „Schriftreligion", während weder die griechische noch die römische Religion eine „Heilige Schrift" kannten.
Die christlichen Gemeinden bildeten umfassende, alle Bereiche des Lebens einschließende Gemeinschaften, in denen jedem Einzelnen Hoffnung und Heil durch die christliche Botschaft verheißen wurde.
Bis zum 3. Jahrhundert n. Chr. hatte sich innerhalb der zunächst relativ selbstständig existierenden christlichen Gemeinden eine Trennung zwischen Klerus und einfachem Kirchenvolk (Laien) vollzogen. Nur durch die bischöfliche Weihe war für Männer der Zugang zum Klerus möglich. Frauen konnten Funktionen im Gemeindeleben übernehmen, zum Klerus hatten sie keinen Zugang.

M1 Silbermedaillon Kaiser Konstantins aus dem Jahr 315 n. Chr., geprägt in Erinnerung an den Sieg über Gegenkaiser Maxentius im Jahr 312

Am Helm zeigt eine runde Scheibe das sogenannte Christogramm mit den griechischen Buchstaben X (CH) und P (R).

an, der durch eine Wiederbelebung alter Sitten und Kulte das Reich konsolidieren wollte. Die Christenverfolgung der Römer endete im Jahre 311 n. Chr. mit dem **Toleranzedikt des Kaisers Galerius**, der einsah, dass die Christen mit Gewalt nicht zu bezwingen waren. **Konstantin** (Reg. 306–337) vereinbarte 313 mit Mitkaiser Licinius die Gleichstellung des Christentums mit anderen Religionen (M 4). Er selbst ließ sich kurz vor seinem Tod 337 taufen. Schließlich verbot Kaiser Theodosius alle heidnischen Kulte und erhob 391 das Christentum zur Staatsreligion.

Staat und Kirche

Mit der seit Kaiser Konstantin gewandelten Stellung des Christentums im Staat trat für die christlichen Gemeinden ein neues Problem auf: Der Kaiser verstand sich nicht nur als ein von Gott erwählter Herrscher, sondern beanspruchte auch gegenüber der Kirche Funktionen, die er gegenüber den heidnischen Kulten ausgeübt hatte. Als **Oberpriester** *(Pontifex maximus)* hatte er die Oberaufsicht über den gesamten Kult; ferner fielen alle religiösen Angelegenheiten unter seine Rechtssetzungskompetenz, die auch die Religion betreffende Gesetze einschloss. Die christliche Kirche war also mit einer intervenierenden Instanz konfrontiert, die nicht aus ihren Hierarchien hervorgegangen war. Im **Oströmischen Reich** (Teilung in Ost- und Weströmisches Reich 395 n. Chr.), in dem eine lange Tradition des Herrscherkultes bestand, wurden die Kaiser zunehmend mit dem Attribut des Göttlichen versehen, Staat und Kirche gingen eine enge Verbindung ein. Dagegen führten im **Weströmischen Reich** die Entstehung des **Papsttums** und der Untergang des Kaisertums zu einem Spannungsverhältnis zwischen Kirche und Staat (s. S. 73 ff.).

1 Erläutern Sie die Gründe für die Christenverfolgung. Berücksichtigen Sie die Unterschiede zwischen der römischen Religion und dem Christentum.

2 Untersuchen Sie anhand von M 1 und dem Darstellungsteil, inwieweit Kaiser Konstantin eine neue Epoche im Verhältnis von Christentum und römischem Staat einleitete.

M2 Die Verbreitung des Christentums bis um 300 n. Chr.

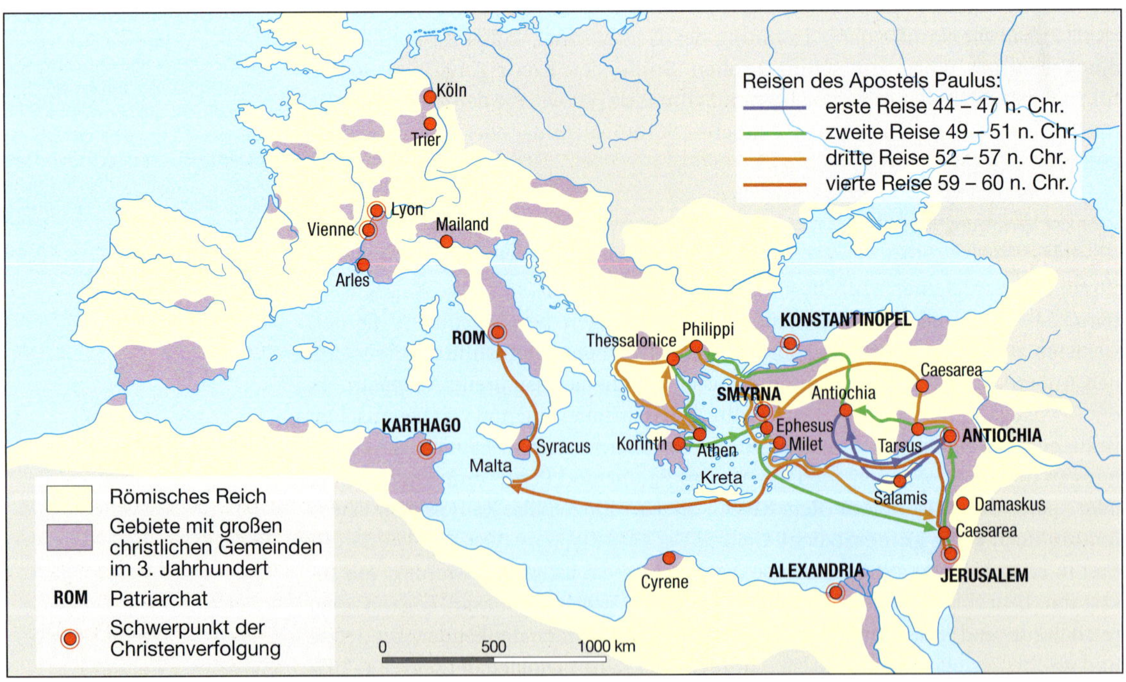

M3 Römische Spottinschrift aus einer Katakombe auf dem Palatin-Hügel, 2. Jh. nach Chr.
Zeichen oben rechts: Y
Textumschrift unten: ALEXAMENOS CEBETE TEON
(Übersetzung: „Alexamenos verehrt [seinen] Gott")

M4 Mailänder Toleranzedikt Konstantins, 313

Unter dem Übrigen, was wir [Kaiser Konstantin und Kaiser Licinius] für viele Menschen als nützlich ansahen oder was zuerst geordnet werden musste – darunter war die Frage nach der Verehrung der Gottheit enthalten –, meinten wir, sowohl den Christen als auch allen anderen die Freiheit geben zu müssen, die religiöse Macht zu verehren, die sie wollen. So kann sich jede Gottheit auf dem Thron des Himmels uns und allen, die unserer Herrschaft unterworfen sind, gnädig und gewogen erzeigen. 3. Und so meinten wir mit gesunder und vernünftiger Überlegung, diesen Entschluss fassen zu müssen: Wir wollen keinem verbieten, sich der Religion der Christen oder der Religion, die jeder für sich selbst als die angemessenste betrachtet, zuzuwenden. So kann uns die höchste Gottheit, deren Religion wir [so] mit freiem Sinn folgen, in allem ihre gewohnte Güte und Gnade erweisen. 4. Damit kann Deine Geneigtheit erkennen, dass es uns gefallen hat, ausnahmslos alle Bestimmungen, die wir früher an Deine Dienstbeflissenheit geschrieben haben und die sich auf die Sache der Christen bezogen, aufzuheben. Sie erschienen als ganz und gar unglücklich. Und unserer Milde waren sie fremd. Nun soll jeder von denen, die sich der Religionsausübung der Christen anschließen wollen, sich frei und einfach, ohne eine Beunruhigung oder Belästigung fürchten zu müssen, dazu entscheiden können, diese Religion auszuüben. 5. Und dies glauben wir, Deiner Besorgtheit ganz deutlich bekannt machen zu müssen: Du sollst erkennen, dass wir den Christen freie und absolute Vollmacht gegeben haben, ihre Religion auszuüben. 6. Und wenn Du erkennst, dass ebendies den Christen von uns gewährt wurde, dann wird Deine Ergebenheit bemerken, dass ich auch den anderen im Interesse der Ruhe unserer Zeit eine gleich offene und freie Vollmacht für ihre Religion und ihre Religionsausübung gegeben habe. So soll jeder die uneingeschränkte Möglichkeit haben, zu verehren, was er sich dazu erwählt hat. Das wurde von uns [so] eingerichtet, damit keine Gottesverehrung und keine Religion von uns benachteiligt erscheint. 7. Und wir glauben, dass im Blick auf die Stellung der Christen Folgendes festgesetzt werden muss: Wenn jemand die Stätten, wo die Christen früher zusammenzukommen pflegten [...], in früherer Zeit von unserem Staatsbesitz oder sonst jemandem gekauft hat, der muss sie den Christen ohne Geldabgabe oder Entschädigung und ohne irgendwelche Verzögerungen und Umständlichkeiten zurückgeben. 8. Und diejenigen, die in Besitz einer solchen Stätte durch Geschenk gelangt sind, sollen sie ebenfalls den Christen möglichst bald zurückgeben. Und sowohl diejenigen, die eine solche Stätte gekauft haben, als auch diejenigen, die durch Geschenk in ihren Besitz gekommen sind, sollen, wenn sie etwas von unserer Güte erlangen wollen, sich an unseren Stellvertreter wenden, damit auch ihnen durch unsere Güte geholfen wird. Jedenfalls soll dies alles durch Deine Vermittlung der Körperschaft der Christen sofort und ohne Verzögerung übergeben werden. 9. Nun besaßen die Christen nicht nur die Stätten, wo sie zusammenzukommen pflegten, sondern auch anderes, was ihrer Körperschaft, d. h. der Kirche gehörte, nicht aber Privatpersonen. Daher, wenn dies bekannt wird, sollst Du befehlen, dass dies alles nach dem Gesetz – das wir oben dargelegt haben –, ohne jede Zweideutigkeit und ohne jeden Widerspruch diesen Christen, d. h. ihrer Körperschaft und ihren Gemeinden, zurückgegeben wird. [...] 12. Damit aber der Wortlaut dieser Vorschrift unserer Güte allen bekannt werden kann, soll dieses Schreiben durch Deine Bekanntmachung veröffentlicht und überall ausgehangen und zur Kenntnis aller gebracht werden, damit diese Vorschrift unserer Güte nicht verborgen bleiben kann.

Volkmar Keil (Hg.), Quellensammlung zur Religionspolitik Konstantins des Großen, Wiss. Buchgesellschaft, Darmstadt [2]1995, S. 59–63

1. **Analysieren Sie M 4 im Hinblick auf die besondere Rolle, die dem Christentum zugeschrieben wird.**
2. **Stellen Sie die Quelle in den historischen Kontext und erörtern Sie unter Einbeziehung des Darstellungstextes (S. 40), inwiefern von einer „konstantinischen Wende" gesprochen werden kann.**

2.5 Die Spätantike: der Zerfall des Imperium Romanum

M 1 Die Gruppe der Tetrarchen, Porphyrsäule, Anfang 4. Jh. n. Chr., Venedig

Die in militärischer Uniform dargestellten Figuren werden als Kaiser Diokletian und seine Mitregenten Valerius, Maximian und Constantinus gedeutet.

Die Krise des Römischen Reiches

Eines der größten Rätsel der Weltgeschichte ist das „geheimnisvolle Sterben" des Imperiums Romanum (*Peter Heather*). Seit dem Ende Westroms beschäftigten sich Historiker mit der Frage, warum ein Weltreich wie das Römische Reich, das länger als ein halbes Jahrtausend bestanden hatte, zerfallen konnte (M 5 und M 6). Eine wesentliche Ursache wird in der zunehmenden Bedrohung an den Grenzen gesehen, durch die das Reich im 3. Jahrhundert in eine wirtschaftliche und politische Krise geriet. Rom hatte immer größere Schwierigkeiten, seine über 15.000 km lange und sich durch drei Kontinente ziehende Reichsgrenze gegen die Invasionen der Perser, der Germanen und zuletzt der Araber durch Kampf oder den Bau von Grenzbefestigungen zu verteidigen. Der Druck von außen verstärkte sich kontinuierlich, da im 4. Jahrhundert das Vordringen der Hunnen in Europa eine **Völkerwanderung** auslöste, die das Eindringen germanischer Stämme in das Römische Reich zur Folge hatte (M 3). Das Reich befand sich nun im **permanenten Kriegszustand**. Eine Interessenverlagerung in der Politik war die Folge: Entscheidungen für das Reich fielen nicht mehr in Rom, sondern auf Kriegsschauplätzen an den Grenzen, wo sich die Kaiser aufhielten, und Priorität bei allen Entscheidungen hatten nun militärische Gesichtspunkte.

Der Vorrang des Militärischen hatte wiederum wirtschaftliche und politische Auswirkungen. Um die steigenden Kosten für das Heer aufzubringen, wurden der Bevölkerung, die ohnehin unter den feindlichen Angriffen sowie unter Plünderungen der eigenen Soldaten zu leiden hatte, verstärkt Leistungen für die Armee, wie Einquartierung von Soldaten, Verpflegung und Transport, abverlangt. Gleichzeitig wurde die Selbstverwaltung der Städte und Provinzen durch Überwachung kaiserlicher Kommissare erheblich eingeschränkt. Steuererhöhungen sollten dem wachsenden Geldbedarf des Staates begegnen, was zu steigenden Preisen führte. Darüber hinaus wurden minderwertige Silbermünzen herausgegeben, was eine Inflation und schließlich eine Handelskrise zur Folge hatte. Die Schlüsselstellung der Armee zeigte sich auch bei der Einsetzung der Kaiser. Da im Römischen Reich kein anerkanntes System der Nachfolgeregelung existierte, riefen häufig einzelne Legionen anerkannte Heerführer aus ihren Reihen zu Kaisern aus. In den Jahren 235–284 n. Chr. erhoben allein 40 Offiziere den Anspruch auf die Reichsführung. Keiner dieser **„Soldatenkaiser"** hatte eine längere Regierungszeit, da sich auch die Truppenkommandeure untereinander mit ihren Legionen Machtkämpfe lieferten. Neben der Bedrohung von außen wurde das Reich dadurch auch von innen destabilisiert.

Reformen des Diokletian
- Militär: Vergrößerung der Grenztruppen, Ausbau der Befestigungsanlagen
- Verwaltung: Neugliederung der Provinzen
- Erbzwang: erbliche Bindung der Einwohner an ihren Stand, Beruf und Wohnort
- Steuerwesen: genaue Festlegung der Steuersumme für Gemeinden und Reichsbewohner
- Währung: Prägung neuer Münzen mit höherem Silbergehalt
- Preisregulierung: Festlegung von Höchstpreisen für Waren und Leistungen
- Landwirtschaft: Erhöhung der landwirtschaftlichen Produktion durch Verbot für die Bauern, ihr Land zu verlassen

Umgestaltung des römischen Staates

Mit Kaiser **Diokletian** endete die Herrschaft der Soldatenkaiser. Ihm gelang es, durch eine Verteilung der Kaiserwürde auf drei weitere Mitregenten (*Tetrarchie* = Viererherrschaft) die Thronstreitigkeiten beizulegen. Die vier Kaiser (M 1), die jeweils einen Reichsteil mit einer eigenen Hauptstadt verwalteten, verstanden sich als unumschränkte Herrscher, die einer Bestätigung durch den Senat nicht bedurften. Sie sahen sich nicht mehr als Princeps, sondern nannten sich „Herr und Gott" (lat. *deus et dominus*) über Untertanen. Daher wird die Herrschaftszeit seit Diokletian als **Dominat** (von lat. *dominus* = Herr, Gebieter) bezeichnet. Umfangreiche **Reformen*** des Diokletian führten zwar zu einer inneren Stabilisierung des Reiches, zwangen den Bürgern jedoch viele Einschränkungen auf.

Nach der freiwilligen Abdankung Diokletians (305) kam es erneut zu jahrelangen **Machtkämpfen**, aus denen Konstantin als Sieger hervorging. Kaiser Konstantin (Reg. 306–361), Alleinherrscher ab 324, stützte seine Regentschaft auf militärische

Macht, aber auch auf das Christentum, das sich im Römischen Reich weit verbreitet hatte und unter **Konstantin** anderen Religionen gleichgestellt wurde (s. S. 39 ff.). Er setzte die Reformen des Diokletian fort und machte Byzanz – das heutige Istanbul – am Bosporus, das ihm zu Ehren Konstantinopel genannt wurde, zur neuen Hauptstadt des Reiches. Rom verlor seine Stellung als Zentrum des Imperiums Romanum, dessen Schwerpunkt sich zunehmend nach Osten verlagerte.

Völkerwanderung und Untergang Westroms

Ab der Mitte des 4. Jahrhunderts gelang es Rom infolge der **Völkerwanderung*** immer weniger, seine Reichsgrenzen im Nordosten gegen das Vordringen der germanischen Stämme zu verteidigen. Die Schwächung des Imperiums wird deutlich an seiner Politik gegenüber den Goten, die 376 die Donau überschritten und zwei Jahre später das römische Heer bei Adrianopel besiegten. Kaiser **Theodosius I.** (Reg. 379–395), in dessen Regierungszeit das Imperium Romanum letztmalig unter einer Regierungsgewalt vereint war, schloss 382 mit den Goten einen Friedensvertrag: Sie durften südlich der Donau siedeln und gingen die Verpflichtung ein, den Kaiser im Bedarfsfall mit Truppenkontingenten unter gotischen Heerführern zu unterstützen. So konnte Theodosius zwar eine weitere Ausbreitung der Goten kurzzeitig verhindern, erstmals hatte sich ein römischer Kaiser jedoch gezwungen gesehen, die Ansiedlung eines fremden Volkes im Römischen Reich zu dulden. Weitere Beispiele folgten: Andere Völker konnten auf römischem Gebiet unter Beibehaltung ihrer Gesetze und Sitten ansässig werden und bildeten so Staaten im Staate. Da die germanischen Heerführer gesonderte militärische und politische Ziele verfolgten, waren die Germanen gleichermaßen Verbündete und

M3 Europa vom 4. bis zum 6. Jh. n. Chr.

M2 Römische Münze mit Kaiser Konstantin, Prägung von 336/337 n. Chr.

Der Schriftzug lautet: D(ominus) N(oster) Constantinus Max(imus) Aug(ustus).

Die Völkerwanderung
bezeichnet eine Epoche der Wanderungen und Reichsbildungen germanischer Völker auf dem Gebiet des Weströmischen Reiches zwischen dem 4. und 6. Jh. Zu den Ursachen der Völkerwanderung zählen Klimaschwankungen, Landnot und Ernährungsprobleme, gewaltsame Verdrängung durch kriegerische Nachbarvölker sowie Nachrichten über günstige Lebensbedingungen im Römischen Reich. Sie begann mit dem Vordringen des mongolischen Reiterstammes der Hunnen aus Zentralasien (375), das eine Flucht- und Wanderbewegung germanischer Stämme in ganz Europa auslöste, und endete 568 mit der Reichsgründung der Langobarden. Die Völkerwanderung führte zu einer Verschmelzung der antiken römischen Kultur und des Christentums mit der Lebensweise germanischer Völker.
In Deutschland kam der Begriff erst im 18. Jh. auf, als Historiker und Publizisten propagierten, die Deutschen seien die Nachkommen der Germanenvölker. Franzosen und Italiener sprachen dagegen von einer „Invasion der Barbaren". Bereits für die Griechen war jeder Fremde ein „Barbar" (s. S. 15). Im Römischen Reich vertrat man die Auffassung, dass die „rohen" und „ungebildeten Barbaren" keine wirklichen Menschen waren.

M4 Ein Barbar kämpft gegen einen Römer, römisches Steinrelief, 2. Jh.

Historische Spielfilme zum Römischen Reich
Ben Hur, Regie: William Wyler, Darsteller: Charlton Heston u. a., 1959 (DVD, VHS).
Gladiator, Regie: Ridley Scott, Darsteller: Russell Crowe u. a., 2000 (DVD, VHS).
Julius Caesar, Regie: Uli Edel, Darsteller: Jeremy Sisto, Richard Harris u. a., 2002 (DVD, VHS).
Quo vadis, Regie: Mervyn LeRoy, Darsteller: Peter Ustinov u. a., 1951 (VHS).
Spartacus, Regie: Stanley Kubrick, Darsteller: Kirk Douglas u. a., 1960 (DVD, VHS).

Feinde des römischen Staates, der seine Untertanen immer weniger gegen das Vordringen der neuen Reichsbewohner zu schützen wusste. Nach Theodosius' Tod 395 wurde das Reich unter seinen Söhnen aufgeteilt. Wenn auch formal zunächst noch an der Reichseinheit festgehalten wurde, leitete dies doch die endgültige Spaltung in ein Oströmisches, später Byzantinisches, und ein Weströmisches Reich ein. Während das Weströmische Reich nur noch einige Jahrzehnte bis zur Absetzung des letzten Kaisers durch den germanischen Heerführer **Odoaker** (476) existierte, hatte das Oströmische Reich noch beinahe 1000 Jahre Bestand und ging erst 1453 nach Eroberung durch die Türken unter (s. S. 122). Die politische und religiöse Einheit der Mittelmeerstaaten hatte jedoch schon spätestens im 8. Jahrhundert geendet, als die Aufspaltung in einen weströmisch-germanischen, einen byzantinischen und einen arabischen Bereich erfolgte. In allen drei Zivilisationen findet das Erbe der Antike bis heute seinen Niederschlag. Im Mittelalter wurde Latein als Sprache von Kultur und Verwaltung weiterhin genutzt. Die mittelalterlichen Kaiser beanspruchten, die Kaisertradition des Imperiums Romanum fortzusetzen (s. S. 67 f.). Literatur, Philosophie und Architektur wirkten stilprägend, römische Verwaltungsstrukturen wurden übernommen, und bis heute ist die europäische Rechtsgeschichte stark geprägt vom römischen Recht.

Der Untergang des Römischen Reiches

Kaum ein Problem der Spätantike wird kontroverser diskutiert als die Frage nach den Gründen für die Auflösung des Imperiums Romanum. Die Aussage Papst Gregors des Großen, Rom sei „ein gefiederter Adler, der altersschwach am Tiber sitzt", zeigt, dass bereits antike Autoren die Krisensymptome reflektierten. Kein Zeitgenosse konnte sich jedoch die Ablösung des Reiches durch eine neue Ordnungsmacht vorstellen. Im Mittelalter glaubten sowohl die byzantinischen Herrscher als auch die Kaiser des Heiligen Römischen Reiches und die katholischen Päpste, das Erbe Roms angetreten zu haben. Die wissenschaftliche Debatte über den Zerfall des Römischen Reiches begann um 1500 unter den gelehrten Humanisten – und hält bis heute an. Während im 18. und 19. Jahrhundert vor allem der Aufstieg des Christentums und die „Dekadenz" der Römer für ihren Niedergang verantwortlich gemacht wurden, betonen gegenwärtige Forschungsrichtungen zum einen den Übergangscharakter dieser Zeit: Vielfältige Integrationsprozesse zwischen Spätantike und frühem Mittelalter führten dabei zur Herausbildung einer neuen Ordnung. Andere Historiker halten die Invasion der Germanen bzw. Hunnen für die entscheidende Ursache des römischen Niedergangs (M 5 und M 6).

1 Charakterisieren Sie die Krise des römischen Staates und den Wandel, den sie bewirkte.
2 Beurteilen Sie die Reformen Diokletians und Konstantins und diskutieren Sie alternative Lösungen zur Behebung der Krise des Römischen Reiches.
3 Verfassen Sie eine fiktive Ansprache des Kaisers Theodosius, die den Friedensvertrag mit den Goten verteidigt.

M5 Geschichte kontrovers Alexander Demandts Deutung vom Zusammenbruch des Römischen Reiches, 1997

Der Zerfall des Imperiums Romanum resultiert nicht zwangsläufig aus dem Vielvölkerstaat, und dieser erwuchs nicht aus einem hybriden Programm gottgewollter Weltherrschaft. Rom scheiterte nicht an vermeidbaren Fehlern unfähiger Männer, nicht am Luxus aus verweichlichten Sitten. […] Die Weltreiche der Neuzeit zerfielen, weil die beherrschten Völker Selbstbestimmung verlangten. Innere Gründe waren entscheidend. Demokratische und nationale Tendenzen dieser Art sind im Römerreich kaum erkennbar. Das äußere Kräfteverhältnis hatte sich zu Roms Ungunsten verschoben. Roms wirtschaftliche Überlegenheit wurde durch einen steigenden militärischen und demografischen Außendruck infrage gestellt, der durch Zahlungen an die

Barbaren und durch Ansiedlung nicht mehr abzufangen war. Man hat es versucht. Aber es war ein Quantitätsproblem.

Der Fall Roms ist das Ergebnis einer misslungenen Integration. Vielleicht hat jedes System seine Kapazitätsgrenzen, aber Rom hat gezeigt, dass diese beträchtlich erweitert werden können, sofern der Politik, wenn auch nicht immer in der Praxis, so aber doch in der Idee, die Prinzipien eines auf dem Gedanken der Humanität aufgebauten Rechts zugrunde liegen. So ist das Imperium Romanum für uns eine Warnung und eine Hoffnung zugleich. Frieden und Wohlstand sind nur dann gesichert, wenn die Spannungen zwischen oben und unten, innen und außen nicht zu groß werden. Für den Ausgleich bedarf es der höchsten unter den Kardinaltugenden, der Gerechtigkeit! Das wussten auch die Römer.

Alexander Demandt (Hg.), Das Ende der Weltreiche. Von den Persern bis zur Sowjetunion, C.H. Beck, München 1997, S. 45 f.

1 **Analysieren Sie die Position und die wesentlichen Argumente des Autors zum Zerfall des Imperiums Romanum.**

2 **Diskutieren Sie Demandts Schlussfolgerung: „So ist das Imperium Romanum für uns eine Warnung und eine Hoffnung zugleich." (Z. 23 f.)**

M6 Geschichte kontrovers Der britische Historiker Peter Heather über den Untergang Roms, 2007

[D]ie zentrale These [...] lautet: Es gibt im Prozess der Desintegration des Reiches im Westen einen logischen Zusammenhang zwischen dem endgültigen Zusammenbruch und früheren Gebietsverlusten. Dieser Zusammenhang ergibt sich aus der Überschneidung von drei Argumentationssträngen.

Erstens waren die Angriffe von 376 und 405 bis 408 keine Zufallsereignisse, sondern zwei Krisenmomente, die aus ein und derselben strategischen Revolution hervorgingen: dem Aufstieg der Hunnenmacht in Zentral- und Osteuropa. Es ist vollkommen unstrittig, dass das Auftauchen der Terwingen und Greutungen an den Ufern der Donau im Sommer 376 von den Hunnen ausgelöst wurde. [...] Das Anwachsen der Hunnenmacht liefert daher eine Erklärung für 35 Jahre regelmäßig wiederkehrende Invasionen entlang der europäischen Grenzen Roms.

Zweitens trennen zwar etwa 65 Jahre die Entthronung des Romulus Augustulus von der letzten dieser Invasionen, beide Phänomene hängen jedoch miteinander zusammen. Die verschiedenen Krisen, mit denen sich das Westreich in den Jahren dazwischen konfrontiert sah, waren nichts anderes als die langsame Herausarbeitung der politischen Konsequenzen der vorangegangenen Invasionen. Die Schäden, die die weströmischen Provinzen durch lange sich hinziehende Kriegführung mit den Invasoren erlitten, führten gemeinsam mit den ständigen Gebietsverlusten zu massiven Rückgängen der Steuereinnahmen für den Zentralstaat. Die Westgoten richteten zum Beispiel in der Gegend um Rom in den Jahren 408 und 410 so schwere Schäden an, dass diese Provinzen noch zehn Jahre später nur noch ein Siebtel ihrer normalen Steuern an die Staatskasse ablieferten. [...]

Der dritte Argumentationsstrang betrifft die paradoxe Rolle, die die Hunnen bei diesen revolutionären Ereignissen nach 440 spielten, zu der Zeit, da Attilas Hunnenheere vom Eisernen Tor an der Donau in Richtung Konstantinopel, Paris und Rom durch Europa fegten. Diese Heldentaten verschafften Attila unsterblichen Ruhm, aber sein glanzvolles Jahrzehnt war nicht mehr als ein Nebenschauplatz des dramatischen Zusammenbruchs im Westen. Von weit größerer Bedeutung war der indirekte Einfluss der Hunnen auf das Römische Reich in den vorangegangenen Generationen, als die von ihnen ausgelöste Unsicherheit in Mittel- und Osteuropa verschiedene Barbarenvölker über die römische Grenze zwang. [...] In der Generation vor Attila hatten die Hunnen das Westreich sogar gestützt, indem sie nach 410 weitere Einwanderung in weströmische Gebiete einschränkten und [...] halfen, die größten Expansionsexzesse der germanischen Gruppen, die die Grenze bereits überschritten hatten, einzudämmen. Der zweitgrößte Beitrag der Hunnen zum Zusammenbruch des Imperiums bestand in ihrem plötzlichen Verschwinden nach Attilas Tod 453. Das brach dem Westreich endgültig das Rückgrat. Der militärischen Unterstützung durch die Hunnen beraubt, blieb ihm nichts anderes übrig, als Regierungen zu bilden, die zumindest einige der zugewanderten Mächte integrierten. Damit begann ein Kampf, der die letzten verfügbaren Vermögenswerte des Westens bei den vergeblichen Bemühungen verzehrte, genügend mächtige Unterstützer für eine Stabilisierung zu mobilisieren. In den späten 460er-Jahren konnten die Ehrgeizigeren unter den Führern dieser außenstehenden Gruppen [...] erkennen, dass die vorgebliche Zentralmacht im Westen nun zu wenig Kontrolle ausübte, um [sie] daran zu hindern, ein unabhängiges Königreich zu errichten. Diese Erkenntnis führte zur schnellen Auflösung der letzten Reste des Reichs zwischen 468 und 476.

Peter Heather, Der Untergang des Römischen Weltreiches, übers. v. Klaus Kochmann, Klett-Cotta, Stuttgart 2007, S. 496 ff.

1 **Erläutern Sie, wie Heather den Zusammenhang zwischen dem endgültigen Zusammenbruch des Imperium Romanum und der Hunneninvasion begründet.**

2 **Vergleichen Sie die Position Heathers mit der von Demandt. Nehmen Sie Stellung.**

Interpretation von schriftlichen Quellen

In der Gegenwart zeigt sich die Geschichte in Form von Quellen. Sie bilden die Grundlage unserer historischen Kenntnisse. Doch nicht die Quellen selbst stellen das Wissen dar, vielmehr ermöglicht erst ihre systematische Interpretation eine adäquate Rekonstruktion und Deutung von Geschichte.

Zu den Quellen zählen konkrete **Sachzeugnisse** wie Bauwerke, Münzen, Schmuck, Malereien, Skulpturen oder Gebrauchsgegenstände und abstrakte wie Sprache oder historische Landschaften. **Schriftliche Zeugnisse** werden von der Geschichtswissenschaft seit dem 19. Jahrhundert unterteilt in erzählende Quellen, die zum Zweck der Überlieferung verfasst wurden, z. B. Chroniken, Geschichtsepen, Mono- und Biografien, sowie in dokumentarische Quellen, z. B. Urkunden, Akten, Gesetzestexte und Zeitungen, die gesellschaftliche und private Ereignisse und Prozesse unmittelbar und meist unkommentiert wiedergeben.

Antike Schriftquellen zur europäischen Geschichte wurden in griechischer bzw. lateinischer Sprache verfasst, deren korrekte Übertragung wesentlich von der Fachkompetenz und Zielsetzung des Übersetzers abhängt. Bei der Untersuchung schriftlicher Quellen kommt es darauf an, zusätzlich zur Analyse der formalen und inhaltlichen Merkmale deren präzise Einordnung in den historischen Kontext vorzunehmen und ihren Aussagegehalt kritisch zu überprüfen.

Arbeitsschritte für die Interpretation

1. Formale Merkmale

Autor
- Wer ist der Autor (ggf. Amt, Stellung, Funktion, soziale Schicht)?

Quelle
- Wann und wo ist der Text entstanden bzw. veröffentlicht worden?
- Um welche Textart (Textsorte) handelt es sich (z. B. Brief, Rede, Vertrag, wissenschaftliche Untersuchung)?
- Was ist das Thema des Textes?

Adressat
- An wen ist der Text gerichtet (z. B. Privatperson, Institution, Machthaber, Öffentlichkeit, Nachwelt)?

2. Inhaltliche Merkmale

Quelle
- Was sind die wesentlichen Textaussagen (zu erschließen anhand des gedanklichen Aufbaus bzw. anhand einzelner Abschnitte)?
- Welche Begriffe sind von zentraler Bedeutung (Schlüsselbegriffe)?
- Wie ist die Textsprache (z. B. sachlich, emotional, appellativ, informativ, argumentativ, manipulierend, ggf. rhetorische Mittel)?
- Was ist die Kernaussage des Textes?

3. Historischer Kontext
- In welchen historischen Zusammenhang lässt sich die Quelle einordnen?
- Auf welches Ereignis, welchen Konflikt, welche Prozesse bzw. Epoche bezieht sich die Quelle?

4. Beurteilung des Aussagegehaltes

Autor
- Welchen politisch-ideologischen Standpunkt nimmt der Autor ein?
- Welche Intention verfolgt der Verfasser der Texte?

Quelle
- Inwieweit ist der Text glaubwürdig? Enthält der Text Widersprüche?
- Welche Problematisierung ergibt sich aus dem Text?

Adressat
- Welche politisch-ideologische Position nimmt der Empfänger ein?
- Welche Wirkung sollte der Text bei den Adressaten erzielen (erhoffte Reaktion und tatsächliches Verhalten)?

Übungsaufgabe mit Lösungshinweisen

M1 Der römische Historiker Titus Livius (59 v. Chr. bis 17 n. Chr.) in seiner „Römischen Geschichte"

Das Volk war wegen der drückenden Schuldenlast in einen politischen Streik getreten und hatte sich auf einem Hügel verschanzt: Also beschloss der Senat, einen Unterhändler zu den Plebejern zu schicken, und zwar den Menenius Agrippa, einen redegewandten Mann, der der Plebs auch deswegen angenehm war, weil er aus ihren Reihen stammte. Er wurde auch ins Lager eingelassen und soll in der altertümlichen und derben Redeweise von damals nur die folgende Geschichte erzählt haben. Zu einer Zeit, da im menschlichen Körper nicht, wie jetzt, alles zu einer Einheit verbunden war, sondern jedes einzelne Glied sein eigenes Bewusstsein hatte und sprechen konnte, hätten sich die übrigen Körperteile geärgert, weil durch ihre Sorge, Arbeit und Dienstbarkeit alles nur für den Magen herbeigeschafft werde, der Magen aber ruhig in der Mitte sitze und nichts tue, als das Dargebotene zu genießen. Darauf hätten sie sich verschworen, die Hände sollten keine Nahrung zum Munde führen, der Mund sollte nichts annehmen, auch wenn etwas geboten würde, die Zähne nichts zerkleinern. Wie sie nun in ihrem Zorn den Magen durch Hunger zähmen wollten, seien die Glieder alle und der Körper als Ganzes von der äußersten Schwäche befallen worden. Dadurch sei es klar geworden, dass auch der Magen einen recht beachtlichen Dienst verrichte und ebenso andere ernähre, wie er selbst ernährt werde, denn er gibt das Blut, durch das wir alle leben und bei Kräften bleiben, an alle Körperteile weiter, gleichmäßig durch die Adern verteilt und gesättigt von verarbeiteter Nahrung. Dann habe er durch den Vergleich des Aufstands im Innern des Körpers mit dem Zorn der Plebejer gegen die Patrizier die Männer umgestimmt. Man habe nun begonnen, über die Wiederherstellung der Einigkeit zu verhandeln, und habe sich gegenseitig Bedingungen zugestanden, vor allem, dass die Plebejer eigene, unverletzliche Bevollmächtigte haben sollten, denen das Recht der Hilfeleistung gegen die Konsuln zustünde, und keinem von den Patriziern sollte es erlaubt sein, dieses Amt zu bekleiden.

Livius, Römische Geschichte, II 32, 8ff., übers. von Heinrich Dittrich, Aufbau, Berlin 1978, S. 134

1 Interpretieren Sie die Quelle mithilfe der genannten Arbeitsschritte.

1. Formale Merkmale

Autor
- Verfasser: Titus Livius; römischer Historiker; befreundet mit Augustus; Lebensdaten: 59 v. Chr.–17 n. Chr.

Quelle
- Erscheinungsdatum/-ort: zwischen 59 v. Chr.–17 n. Chr. (Livius' Lebenszeit); vermutlich in Rom
- Textart: Geschichtswerk (Auszug aus der „Römischen Geschichte")
- Thema: Auseinandersetzung zwischen Patriziern und Plebejern (Ständekämpfe)

Adressat
- Empfänger: Öffentlichkeit, Nachwelt

2. Inhaltliche Merkmale

Quelle
- wesentliche Textaussagen: politischer Streik der Plebejer „wegen der drückenden Schuldenlast" (Z. 1–3); Beschluss des Senats, einen Unterhändler (M. Agrippa) zu entsenden (Z. 4–13); Agrippas Geschichte von der Einheit des menschlichen Körpers (Z. 13–37); Umstimmung der Plebejer durch Agrippas Vergleich zwischen dem Aufstand im Innern des Körpers und dem Zorn der Plebejer gegen die Patrizier; Ergebnis der Verhandlungen über die Wiederherstellung der Einigkeit: Plebejer erhalten „eigene, unverletzliche Bevollmächtigte", denen das Recht der Hilfeleistung gegen die Konsuln zustünde (Z. 38–50)
- Schlüsselbegriffe: Plebejer, Patrizier, menschlicher Körper, Einigkeit
- Textsprache: informativ, z. T. manipulierend
- Kernaussage: friedliche Einigung zwischen Plebejern und Patriziern im Streit um mehr politische Mitspracherechte durch den Vermittler Agrippa und seinen Vergleich zwischen dem Konflikt und der Geschichte vom Aufstand im Innern des menschlichen Körpers: Plebejer erhalten eigene Bevollmächtigte → Volkstribunen

3. Historischer Kontext
- Epoche: Antike, Zeit der Römischen Republik
- Ereignis: Der Inhalt der Quelle bezieht sich auf die Ständekämpfe (500–287 v. Chr.).
- Ständekämpfe:
  - Die Patrizier besaßen die alleinige politische Macht: Sie stellten die Konsuln, die Häupter ihrer Familien saßen auf Lebenszeit im Senat und fällten die wichtigen politischen Entscheidungen. Zudem besaßen sie die Verfügungsgewalt über Recht und Religion.
  - Die Plebejer waren im Wesentlichen Bauern, die z. T. eigenes Land, z. T. von den Patriziern gepachtete Felder bearbeiteten, aber auch Handwerker und Kleinhändler. Sie besaßen keine politischen Mitspracherechte.
  - Im Zuge der Ständekämpfe erhielten die Plebejer eine eigene politische Organisation mit Versammlungen der Plebs und Volkstribunen. Deren Aufgabe war der Schutz der Plebejer gegen die patrizischen Beamten.

4. Beurteilung des Aussagegehaltes

Autor
- Livius schildert – im Abstand von 200 Jahren – eine Ursache (Schuldenlast der Plebejer), den Verlauf (Einigung durch die Vermittlung Agrippas) und lediglich ein Ergebnis (Volkstribune) des Konfliktes. Eine differenzierte Bewertung nimmt er nicht vor.
- Intention: Livius will seine Zeitgenossen und die Nachwelt über den friedlichen Verlauf und Ausgang der Ständekämpfe informieren.

Quelle
- Datierung: Livius bezieht sich zu Beginn der Quelle auf den ersten Auszug der Plebs auf den Heiligen Berg, eine Art Generalstreik, vermutlich im Jahr 494 v. Chr.
- Der genannte Agrippa lässt sich identifizieren als der Patrizier Agrippa Menenius Lanatus, der nach der Überlieferung Konsul im Jahr 503 war.
- Das in der Quelle genannte Ergebnis des Konfliktes entspricht der Einführung des Volkstribunen-Amtes.

Adressat
- Livius verfolgte ein erzieherisches Anliegen: Der Nachwelt, v. a. seinen Zeitgenossen, sollte die sitten- und heldenhafte Vergangenheit mahnend der Gegenwart gegenübergestellt werden.

3 Frauenrechte – Männerrechte in der Antike

M1 Römische Goldmünze, Rückseite, geprägt 2. Hälfte 3. Jh.

Umschrift: PUDICITA AUG(ustae) (Vorderseite: Porträt der Herennia Cupressenia Etruscilla, der Gattin des Kaisers Decius)

M2 Römische Goldmünze, Rückseite, geprägt 1. Hälfte 4. Jh.

Umschrift: SALUS REI PUBLICAE; unten: SMNB (Vorderseite: Porträt der Fausta, der Gattin Kaiser Konstantins I.)

Geschlecht und politische Herrschaft

Im antiken Griechenland wie im Imperium Romanum besaßen lediglich Männer das Recht, am politischen Entscheidungsprozess mitzuwirken. Nur sie hatten Zutritt zu Staatsämtern und durften politische Beschlüsse fassen. Den Frauen wurden alle politischen Rechte verweigert. Während sie in den griechischen Poleis (Athen) vollständig vom öffentlichen Leben ausgeschlossen waren, bestand für die Römerinnen immerhin die Möglichkeit, Politik indirekt zu beeinflussen, indem sie auf Empfängen oder bei einem Gastmahl ihre Meinung äußerten. Ferner haben sich Frauen aus der Oberschicht in die Politik eingemischt, wenn sie davon betroffen waren. Allerdings vermochten nur Einzelne die traditionelle Rollenverteilung zu sprengen. So trat Fulvia, Ehefrau dreier bedeutender Männer der Republik, zuletzt des Marcus Antonius, auch öffentlich auf und nahm in entscheidender Position am Bürgerkrieg teil.

Familie

In der Antike war der Begriff der Familie im Sinne eines dem privaten Lebensbereich vorbehaltenen Beziehungsgeflechtes unbekannt. Das antike Verständnis der Familie war geprägt durch das griechische Wort „Oikonomikos" (M 3), d. h. einen **Oikos**, von dem unser Begriff „Ökonomie" stammt, und der das gesamte Leben in einem Haushalt betraf und regelte. Beim Hausvater, der nicht der biologische Vater sein musste, lag die gesamte Autorität. Er hatte das uneingeschränkte Recht, die zu seinem Haushalt zählenden Menschen in allen Belangen des Lebens zu führen und zu kontrollieren: die Kinder, die Ehefrau und die Ehefrauen der Söhne, die Enkel und die Sklaven. Da die antike „Familie" noch eine untrennbare Produktions- und Verbrauchseinheit war, kam dem Vater aufgrund seiner Autorität eine nahezu absolute Stellung zu, der sich alle unterzuordnen hatten. Das galt besonders für Athen, wo Frauen als Rechtsobjekte galten, denen es untersagt war, Geschäfte abzuschließen, Testamente zu machen oder in einem Prozess aufzutreten. Die Frauen durften kein Vermögen besitzen, erbten nicht und hatten keinen Anspruch auf eine Mitgift.

Auch die römische Gesellschaft war geprägt durch eine **patriarchalische Grundordnung**. Die Frau stand unter der Vormundschaft des Mannes, zunächst des Vaters und dann des Ehemannes. Im Vergleich zur athenischen Gesellschaft besaß die Römerin neben einer geachteteren und freieren Stellung in der Öffentlichkeit auch mehr Rechte. Im Erbrecht war sie den Männern gleichgestellt: Haussöhne und -töchter erbten zu gleichen Teilen, wenn der Hausvater *(pater familias)* kein Testament verfasst hatte. Nach dem Tod des Hausvaters erhielten die weiblichen Nachkommen zwar einen neuen Vormund, der Vermögenstransaktionen oder einer Heirat zustimmen musste. Die Frau war dennoch Eigentümerin des ererbten Vermögens, und in der Zeit der späten Republik und vor allem des Prinzipats entwickelte sich die Vormundschaft zu einer reinen Formsache. Es gab zwei Formen der **Eheschließung**: In der *manus*-Ehe, der älteren Form, gingen die Frau und ihr elterliches Erbteil in die Hausgewalt des Mannes über (*manus* = Hand, Gewalt). Die Ehe konnte nur vom Mann und nur unter besonderen Umständen wie Kinderlosigkeit oder Ehebruch aufgehoben werden. In der *manus*-freien Ehe, die später aufkam, blieb die Frau rechtlich unter der Hausgewalt des Vaters und behielt die Erbrechte ihrer Familie. Eine Scheidung erfolgte durch Erklärung eines Ehepartners, konnte also auch von der Ehefrau ausgehen; die Frau erhielt in diesem Fall ihre Mitgift zurück. Sklavinnen und Sklaven konnten keine rechtmäßige Ehe eingehen, aber mit Zustimmung ihres Herrn eine Lebensgemeinschaft bilden.

Nach römischem Verständnis war die freie, verheiratete, ehrbare Frau *(matrona)* ausschließlich für die Hausarbeit zuständig, sie erzog und unterrichtete die Kinder (M 5). In wohlhabenden Familien beaufsichtigte sie auch die Haussklaven.

1 Vergleichen Sie die Stellung der Frau in Athen und Rom.
2 Arbeiten Sie die in den Bildern M 1 und M 2 dargestellten Eigenschaften römischer Frauen heraus. Nehmen Sie ggf. ein Lateinlexikon zu Hilfe.

M 3 Geschlechterrollen im antiken Athen

Der Geschichtsschreiber Xenophon (um 426–um 355 v. Chr.) lässt in seiner Schrift „Oikonomikos" den Ischomachos zu seiner 15 Jahre alten Frau sagen:

Es scheint mir, dass die Götter [...] dieses Gespann, das man das Weibliche und das Männliche nennt, in bester Voraussicht zusammengeführt haben, damit sie in Gemeinschaft einander nützlich sind. Zuerst einmal heiratet das Paar, um Kinder zu zeugen, damit das menschliche Geschlecht nicht ausstirbt. Dann wird durch die Vereinigung erreicht, dass sie im Alter eine Stütze für sich selbst besitzen. Weiterhin ist es bei den Menschen nicht wie bei den Tieren üblich, im Freien zu leben, sondern sie benötigen offensichtlich Obdach. Wenn die Menschen Vorräte unter dem Dach anlegen wollen, brauchen sie allerdings jemanden, der die Arbeit unter freiem Himmel verrichtet. Denn Pflügen, Säen, Pflanzen und auch Weiden sind Beschäftigungen im Freien. Aus diesen wird der Lebensunterhalt gewonnen. Sobald das nun unter Dach ist, ist wiederum jemand erforderlich, der es verwahrt und der solche Arbeiten verrichtet, die innerhalb des Hauses anfallen. Der Schutz des Daches ist notwendig bei der Versorgung der neugeborenen Kinder; unter einem Dach muss die Aufbereitung der Feldfrüchte stattfinden, ebenso die Herstellung der Kleidung aus Wolle.
Da nun jede der beiden Tätigkeiten, diejenigen innerhalb als auch diejenigen im Freien, der Ausführung und der Aufsicht bedürfen, hat Gott [...] von vornherein die körperliche Beschaffenheit entsprechend ausgestattet, und zwar, wie mir scheint, die der Frau für die Arbeiten und Besorgungen im Innern, die des Mannes hingegen für die Tätigkeiten und Beaufsichtigungen außerhalb.

Xenophon, Oikonomikos 7, 18–22, zit. nach: Beate Wagner-Hasel, Das antike Griechenland, Diesterweg, Frankfurt/M. 1988, S. 114 f.

1 Analysieren Sie die in M 3 dargestellte Rollenverteilung zwischen den Geschlechtern in Athen.
2 Nehmen Sie Stellung zu diesem Rollenverständnis.

M 4 Relief vom Grabdenkmal des römischen Veteranen C. Julius Maternus aus Köln, ca. 2. Jh. n. Chr.

1 Beschreiben Sie das Relief und vergleichen Sie dessen Aussage mit denen des Darstellungstextes.

M 5 Aus einer römischen Grabinschrift aus dem 2. Jh. v. Chr. über das Frauenideal

Dies ist der wenig schöne Grabstein einer schönen Frau.
Mit Namen nannten sie die Eltern Claudia.
Ihren Mann liebte sie aus ganzem Herzen.
Zwei Söhne gebar sie: Den einen lässt sie in der Erde, den anderen auf der Erde.
Ihre Sprache war anmutig, auch ihr Gang war gefällig.
Sie besorgte ihr Haus, spann Wolle. Ich habe gesprochen.

Corpus Inscriptionum Latinarum I, 1007, übers. v. Verf.

1 Erläutern Sie das in der Grabinschrift dokumentierte Frauenbild.
2 Vergleichen Sie die Frauen- und Männerideale des Ischomachos (M 3) mit denen der Grabinschrift (M 5).

Die antike Welt: Fremdheit und Nähe

Zentrale Begriffe

Griechische Geschichte
Aristokratie → S. 15
Demagoge → S. 17
Demokratie → S. 22 ff.
Metöken → S. 14
Ostrakismos → S. 17
Phylenordnung → S. 16 f.
Polis → S. 14
Tyrannis → S. 15 f.

Römische Geschichte
Annuität → S. 28
Christentum → S. 39
Dominat → S. 42
Expansion → S. 29
Kollegialität → S. 28
Magistrat → S. 28
Nobilität → S. 28
Oikos → S. 48
Optimaten → S. 29
Patrizier → S. 27
Plebs/Plebejer → S. 27
Popularen → S. 29
Prinzipat → S. 32 ff.
Republik → S. 27 ff.
Senat → S. 28
Völkerwanderung → S. 42
Volkstribune → S. 28

Zusammenfassung

Im frühen Griechenland wurden Lebensweise und politische Entwicklung wie im alten Ägypten und in Mesopotamien von den topografischen Gegebenheiten bestimmt. Durch die vielen Gebirge zerfiel Griechenland in relativ kleine, autonome Staatswesen, die von den Griechen als *Poleis* bezeichnet wurden. Ungeachtet dieser territorialen, politischen und wirtschaftlichen Zersplitterung gab es unter den Griechen ein Gefühl überregionaler Gemeinsamkeit: Es verbanden sie eine Sprache und Schrift, die gleiche Götter- und Sagenwelt sowie gesamtgriechische Wettkämpfe wie die Olympischen Spiele.
Jede Polis besaß einen städtischen Kern, der von landwirtschaftlichen Flächen umgeben war. Die Bewohner waren in soziale Gruppen unterteilt. Politisches Mitspracherecht besaßen nur die erwachsenen freien Männer, nicht jedoch Frauen, Sklaven und Metöken. Voraussetzung für Freiheit, Gleichberechtigung und Rechtssicherheit war die Selbstverwaltung in den Polisinstitutionen. Die Ideale der Polis, die als Urform aller Demokratien gilt, wurden jedoch nur in wenigen Stadtstaaten verwirklicht, z. B. in Athen, der bedeutendsten griechischen Polis. Dort leiteten ab 594 v. Chr. die Gesetze Solons die Entwicklung zur Demokratie ein. Neben einem grundsätzlichen Anspruch auf Bürgerbeteiligung am politischen Entscheidungsprozess gibt es jedoch kaum Gemeinsamkeiten zwischen dem athenischen und modernen Demokratie-Ideal. Weder kannten die Griechen das allgemeine, gleiche und geheime Wahlrecht für alle Bürger noch Gewaltenteilung oder die Verwirklichung von Grund- und Menschenrechten. Auch in der Außenpolitik war der Gedanke der Demokratie kein universeller Wert.
Der Aufstieg Roms zum Weltreich begann mit der Vertreibung der etruskischen Könige um 510 v. Chr. Rom wurde Republik, zunächst regiert von adligen Patrizierfamilien. Die Plebejer konnten sich erst im Verlauf der Ständekämpfe (ca. 490–287 v. Chr.) politische Mitspracherechte erkämpfen. Es entstand eine neue Oberschicht aus patrizischen und reichen plebejischen Familien, der Nobilität, und die politische Macht wurde zwischen den drei Institutionen Volksversammlung, Senat und Magistrat aufgeteilt. Im Gegensatz zur athenischen Demokratie waren in den Volksversammlungen Diskussionen über Gesetzesbeschlüsse oder eigene Gesetzesvorschläge nicht vorgesehen. Die Nobilität bestimmte über den Senat die politischen Entscheidungen. Im Rahmen einer schrittweisen Expansion (ca. 470–133 v. Chr.) gelang den Römern der Aufstieg zum Weltreich. Gleichzeitig führte die Expansion jedoch zu einer innenpolitischen Krise (133–27 v. Chr.), die schließlich das Ende der Republik besiegelte. Aus den erbitterten Bürgerkämpfen ging Octavian, der spätere Augustus, als Sieger hervor. Mit ihm begann die Kaiserzeit (27 v. Chr.–476 n. Chr.) und eine Friedenszeit von fast 200 Jahren, in der Rom mit einem vergleichsweise geringen Verwaltungsaufwand durch Statthalter in den Provinzen ein Reich mit zahlreichen Völkern regierte.
Die Bedrohung an den Grenzen, insbesondere durch die ab 375 von den Hunnen ausgelöste Völkerwanderung, führte zu einer politischen und wirtschaftlichen Krise und leitete im 3. und 4. Jahrhundert die Teilung und schließlich die Auflösung des Imperiums Romanum ein. Neben der christlichen Religion, die im Römischen Reich erst verfolgt, dann toleriert und 391 Staatsreligion wurde, gehören das römische Recht, die römische Kultur und die lateinische Sprache zum Erbe Roms.

M1 **Die Verfassung der Römischen Republik im 3./2. Jh. v. Chr.**

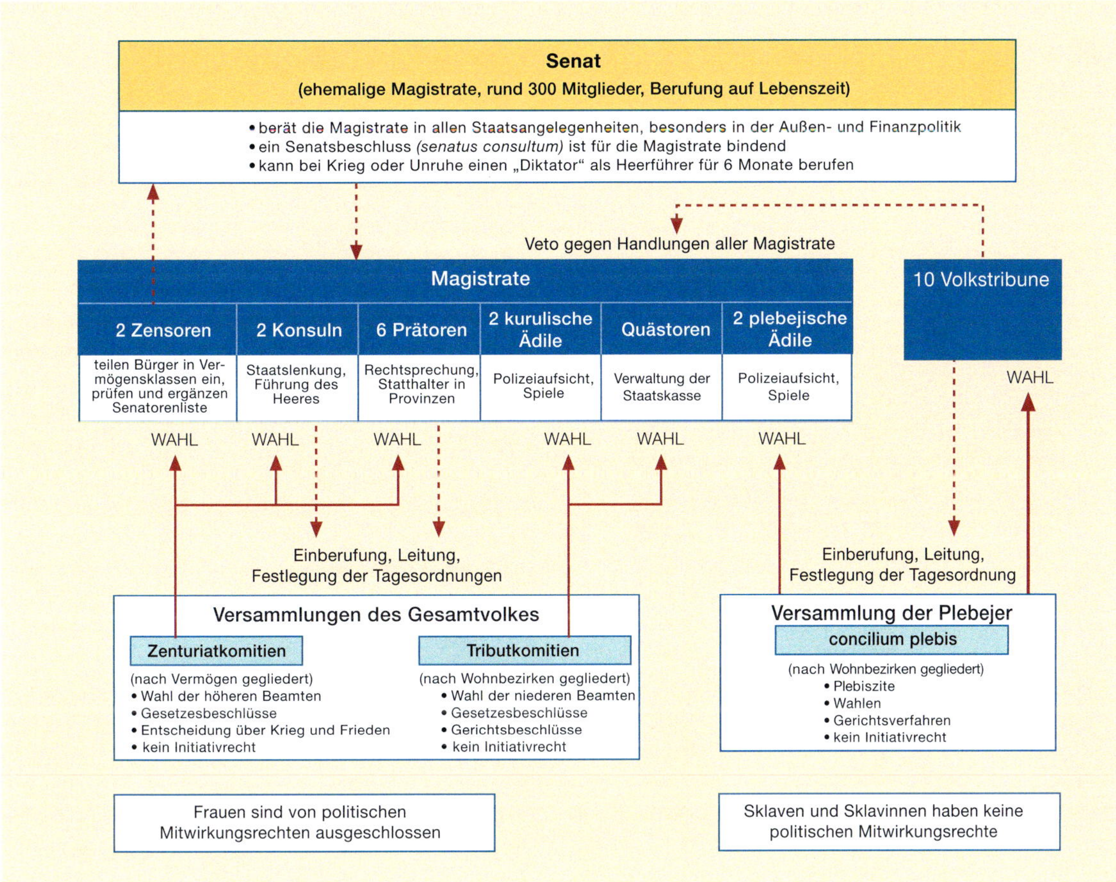

Zeittafel

Griechische Geschichte

594 v. Chr Reformen Solons
508/07 Reformen des Kleisthenes
500–479 Perserkriege
490 Schlacht von Marathon
486 Einführung des Ostrakismos („Scherbengericht")
480 Sieg der griechischen Flotte über die Perser bei Salamis
478/77 Gründung des Delisch-Attischen Seebundes als Kampfbund gegen die Perser
ca. 460–429 Zeitalter des Perikles: Blütezeit der attischen Demokratie
431–404 Peloponnesischer Krieg
430/29 Tod des Perikles
411 Oligarchischer Umsturz in Athen

Römische Geschichte

ca. 510–27 v. Chr. Zeitalter der Römischen Republik: Die größte politische Macht liegt beim Senat.
287 Ende der Ständekämpfe: Beschlüsse der Plebs-Versammlung erhalten Gesetzeskraft.
264–241 Erster Punischer Krieg: Beginn der Expansion außerhalb Italiens
221–201 Zweiter Punischer Krieg: Bedrohung durch Hannibal
149–146 Dritter Punischer Krieg: Zerstörung Karthagos
133–27 Krise der Römischen Republik, beginnt mit den Reformen der Gracchen; Frontstellung von Optimaten und Popularen
104–100 Heeresreform des Marius
44 Ermordung Caesars
27 v. Chr.–476 n. Chr. Römische Kaiserzeit
27 v. Chr.–14 n. Chr. Prinzipat des Augustus
212 Alle freien Reichsbewohner erhalten das römische Bürgerrecht.
313 Gleichstellung des Christentums mit anderen Religionen durch Kaiser Konstantin
391 Christentum wird Staatsreligion
395 Teilung des Römischen Reiches (Ost-/Westreich)
476 Ende des Weströmischen Reiches; das Oströmische Reich besteht bis 1453

Anwendungsaufgabe

M2 Der griechische Historiker Polybios (ca. 200 bis ca. 120 v. Chr.) klassifiziert die Verfassungstypen

Die meisten, die uns über Staatsverfassungen *(politeiai)* belehren wollen, markieren diesbezüglich drei Arten, die sie Königsherrschaft *(basileia)*, Aristokratie und Demokratie nennen. Meiner Meinung nach muss man ihnen füglich die weiterführende Frage stellen, ob sie diese als die einzigen oder gar die besten Verfassungen einführen. In beider Hinsicht scheinen sie mir Unkenntnis zu verraten. Es ist nämlich offensichtlich, dass man als beste Verfassung die aus den erwähnten Typen zusammengesetzte anzusehen hat. Außerdem darf man nicht annehmen, dass diese die Einzigen sind. Denn wir haben schon einige monarchische und tyrannische Verfassungen gesehen, die sich erheblich von der Königsherrschaft unterscheiden, und doch dieser ähnlich zu sein scheinen. Damit gebrauchen die meisten Monarchen, so gut sie können, fälschlich den Namen der Königsherrschaft. Und entsprechend gab es auch mehrere oligarchische Ordnungen, die den aristokratischen ganz ähnlich erscheinen, von denen sie sich doch [...] massiv unterscheiden. Dasselbe gilt auch für die Demokratie. Dass diese Aussagen wahr sind, ist hieraus offensichtlich. Denn man darf ja wohl nicht jede Monarchie leichthin Königsherrschaft nennen, sondern allein die, welche freiwillig eingeräumt ist und mehr mit Zustimmung als durch Furcht und Gewalt gelenkt wird. Und ebenso ist nicht jede Oligarchie für eine Aristokratie zu halten, sondern nur die, welche nach entsprechender Auswahl von den gerechtesten und vernünftigsten Männern regiert wird. Ähnlich sollen wir nicht von Demokratie sprechen, wenn in einer Verfassung die gesamte Masse Herr ist zu tun, was sie selbst will und vorhat. Solche Ordnungen dagegen, in denen es traditioneller Brauch ist, die Götter zu verehren, die Eltern zu achten, die Älteren zu respektieren sowie den Gesetzen zu gehorchen, und in denen der Wille der Mehrheit entscheidet, wollen wir Demokratie nennen. Deswegen darf man von sechs Arten von Verfassungen sprechen, von den dreien, die alle im Munde führen und die oben erwähnt sind, und von drei anderen, die mit diesen verwandt sind, ich meine Monarchie, Oligarchie und Ochlokratie (= Pöbelherrschaft).

Polybios, Historien 6,3,5–4,6, übers. von Hans-Joachim Gehrke

M3 Funktionsweise griechischer Wasseruhren anhand von Originalfunden von der athenischen Agora aus dem 4. Jh. v. Chr.

Auf den Uhren steht: „Antiochidos", d. h. Eigentum der Phyle Antiochis. XX, also zweimal der griechische Buchstabe Chi, ist die Abkürzung für zwei Chus = 6,4 l. Die Redezeit betrug hier also nahezu sechseinhalb Minuten.

1 Analysieren Sie M 1 im Hinblick auf die Klassifizierung der Verfassungstypen durch Polybios.

2 Ordnen Sie die Quelle in den historischen Zusammenhang ein, indem Sie wesentliche Aspekte der athenischen Demokratie im 5. Jahrhundert charakterisieren.

3 Diskutieren Sie auf der Grundlage Ihrer Arbeitsergebnisse die Aussage des Polybios, dass man als beste Verfassung die aus den drei zu Anfang erwähnten Typen zusammengesetzte anzusehen habe (Z. 8 f.).

Epochenbezüge

M4 **Die Wirtschaft des Römischen Reiches zur Kaiserzeit**

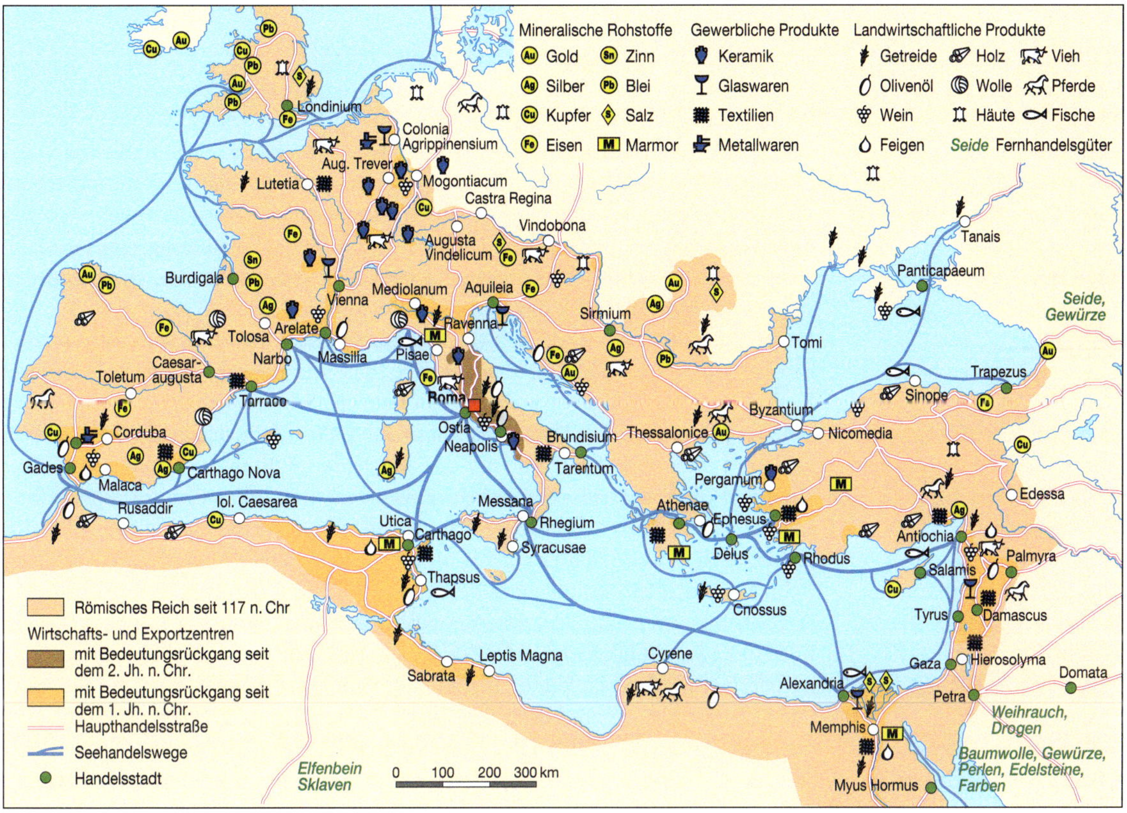

Präsentationsvorschläge

Thema 1:

Sklaverei in der Antike

Bereiten Sie einen Vortrag über die Sklaverei in Griechenland und im Römischen Reich vor. Vergleichen Sie die Sklaverei in der Antike mit der neuzeitlichen Sklaverei.

Literaturtipp

Moses I. Finley, Die Sklaverei in der Antike. Geschichte und Probleme, Fischer Taschenbuch, Frankfurt/Main 1987

Leonhard Schumacher, Sklaverei in der Antike. Alltag und Schicksal der Unfreien, C. H. Beck, München 2001

Thema 2 (fächerverbindend):

Demokratie in Athen – Vorbild für moderne Demokratien?

Oder: **Das Römische Reich in der Kaiserzeit – Modell einer europäischen Ordnung?**

Erarbeiten Sie eine Präsentation.

Literaturtipp

Jochen Bleicken, Die athenische Demokratie, Schöningh, Paderborn [4]1995

Klaus Bringmann, Römische Geschichte, C. H. Beck, München [8]2004

Werner Dahlheim, Geschichte der Römischen Kaiserzeit, Oldenbourg, München [3]2003

Thema 3 (Geschichte global):

Imperien im Vergleich – China und das Römische Reich

Arbeiten Sie anhand relevanter Kriterien (z. B. politische Struktur, Städte, Frauen) einen Vortrag über die Gemeinsamkeiten und Unterschiede der beiden antiken Weltreiche aus (s. auch S. 54 ff.).

Literaturtipp

Roger Goepper, Das alte China. Geschichte und Kultur des Reiches der Mitte, Bertelsmann, München 1998

Helwig Schmidt-Glintzer, Das alte China, Von den Anfängen bis zum 19. Jahrhundert, C. H. Beck, München 1999

Antike Weltreiche im Vergleich: China und Römisches Reich

Daten zur chinesischen Kaiserzeit (221 v. Chr. bis 1911)

221–206 Qin-Dynastie: Reichseinigung, Kaisertitel
206 v. Chr.–220 n. Chr. Han-Dynastie
180–157 Kaiser Wendi
133–119 Feldzüge gegen die Hunnen
113 Han-Heere erobern Nordvietnam
65 n. Chr. Erste Erwähnung einer buddhistischen Gemeinde in China
1./2. Jh. Verfahren zur Papierherstellung entwickelt
166 Gesandtschaft von Kaufleuten aus den Ostgebieten des Römischen Reiches
220–589 Aufspaltung des Reiches
589–618 Sui-Dynastie
618–907 Tang-Dynastie
668 Mandschurei und Korea unter chinesischer Kontrolle

Die Geschichtswissenschaft versteht unter einem **Weltreich** im Allgemeinen einen übernationalen Staat, der große Territorien umfasst, die Entwicklung der Menschheitsgeschichte entscheidend beeinflusst und dessen Selbstverständnis häufig den Anspruch auf Weltherrschaft einschließt. Als das älteste Weltreich der Geschichte gilt das Perserreich (s. S. 17), das in seiner Ausdehnung nur noch vom Weltreich Alexanders des Großen übertroffen wurde. Alexanders Weltreich war zwar kurzlebig (333–323 v. Chr.), bewirkte jedoch die Entstehung eines einheitlichen hellenistischen Kulturraums im östlichen Mittelmeer. Das klassische Beispiel eines Weltreiches ist das Römische Reich (s. S. 27 ff.).
Lange Zeit konzentrierten sich (west-)europäische Historiker auf ein eurozentrisches Geschichtsbild und übersahen so, dass die meisten Weltreiche bis zum Beginn der Frühen Neuzeit außerhalb des europäischen Kontinents existierten, so z. B. das **Mongolenreich Dschingis Khans** (ca. 1200–1335), das bisher größte Weltreich der Menschheitsgeschichte, das **Reich der Kalifen** (ca. 700–900 n. Chr.; s. S. 105 ff.) oder das **frühe chinesische Kaiserreich*** (ca. 200 v. Chr.–ca. 900 n. Chr.). Insbesondere China verstand sich als Universalmonarchie und entwickelte sich im asiatischen Raum dauerhaft zur bestimmenden Größe.
Beim Vergleich von Römischem Reich im Westen und frühem chinesischen Kaiserreich im Osten fällt auf, dass die beiden antiken Großmächte zwar seit dem Ende des zweiten Jahrtausends v. Chr. einen kontinuierlichen Warenaustausch betrieben (M 4), es jedoch keine offiziellen Kontakte auf politischer, kultureller oder militärischer Ebene gab. Allerdings zeigten sich, so die Historikerin Maria H. Dettenhofer, „frappierende Parallelen in der gesellschaftlichen und politischen Entwicklung, die über die bloße Tatsache der Gleichzeitigkeit weit hinausgehen". Eine vergleichende Untersuchung dieser beiden antiken Weltreiche (M 2–M 3) kann daher nicht nur zum Verständnis der unterschiedlichen Kulturen beitragen und damit den interkulturellen Dialog fördern. Die „Erfolgsgeschichten" Roms und Chinas bieten darüber hinaus einen wertvollen Erfahrungsschatz für das Leben in unserer globalisierten Gegenwart, in der geografische Trennung kein unüberwindbares Hindernis mehr darstellt.

M 1 **Epochen, Reiche und Dynastien zwischen 2000 v. Chr. und 600 n. Chr.**

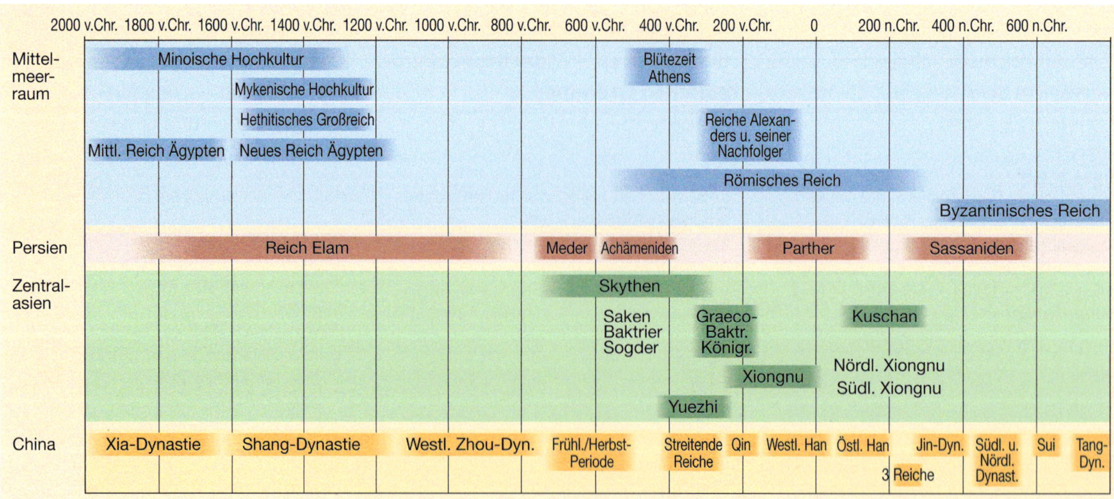

M2 **Weltreiche und Handelswege in Europa und Asien vom 1. bis 3./4. Jh. n. Chr.**

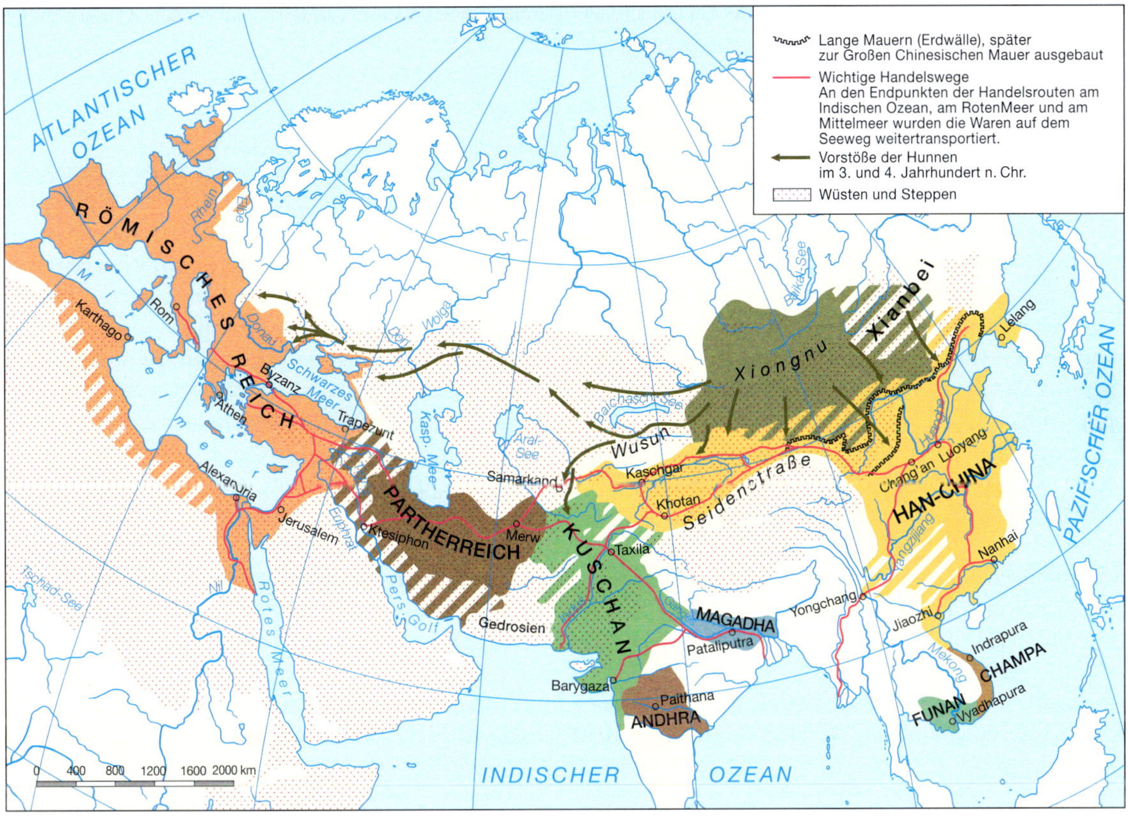

M3 **Die Historikerin Maria H. Dettenhofer über die politischen und gesellschaftlichen Strukturen im Römischen Reich und im China der Han-Dynastie**

a) Aufstieg und Fall beider Reiche:

Für Rom begann mit dem Ersten Punischen Krieg (264–241 v. Chr.) die Expansion über Europa hinaus nach Nordafrika. Mit dem Sieg über Karthago im Zweiten Punischen Krieg im Jahr 201 v. Chr. war der Weg endgültig frei für die Bildung eines Mittelmeerreichs und damit verbunden den politischen und wirtschaftlichen Aufstieg Roms zum antiken Großreich. Dieses Reich, das schließlich das gesamte Mittelmeer umspannte, der *orbis terrarum*, brach erst mehr als 400 Jahre später in den Bürgerkriegswirren des dritten nachchristlichen Jahrhunderts zusammen. Die sogenannten Soldatenkaiser – sie waren rivalisierende Generäle in verschiedenen Teilen des Reiches – kämpften ca. 70 Jahre lang um die Macht, was letztlich zu einer grundlegenden Verwandlung des römischen Staatswesens führte.

Am anderen Ende des eurasischen Kontinents überwältigte König Cheng von Qin zwischen 230 und 221 v. Chr. die rivalisierenden Staaten. 221 v. Chr. erlangte er als Qin Shi Huangdi („Erster erhabener Kaiser der Qin") die Herrschaft über ein Reich, das den gesamten chinesischen Kulturraum zusammenfasste. Mit dieser Einigung gingen tiefgreifende Reformen einher, welche die staatlichen, wirtschaftlichen und gesellschaftlichen Grundlagen für das chinesische Reich schufen, das sich 206 v. Chr. unter Führung der Han-Dynastie als Großreich etablierte – bis es dann im Jahr 220 n. Chr. von einer langen Periode der Teilung und des Zerfalls abgelöst wurde. […]

Der weitgehend parallele Gang der historischen Entwicklung endet in der Mitte des dritten nachchristlichen Jahrhunderts: Beide antike Reiche brachen unter dem Ansturm von Barbaren aus dem Norden zusammen. Beide übernahmen in Zeiten des Zerfalls eine Erlösungsreligion: die Römer das Christentum, die Chinesen den Buddhismus. In Rom wie in China löste ein religiöses Zeitalter das humanistische Heidentum bzw. den konfuzianischen Humanismus ab.

www.km.bayern.de/blz/eup/02_07_themenheft/5.asp (Download vom 2. Juli 2008)

b) Geografische Voraussetzungen:

Dieses zunächst noch äußerlich erscheinende Daten- und Faktengerüst wird durch eine Reihe auffallend ähnlicher Strukturen und struktureller Ansätze in zentralen Bereichen des politischen, gesellschaftlichen und intellektuellen Lebens ergänzt. Das ist um so erstaunlicher, da gerade die politischen Formen in Rom und China ebenso gegensätzlich zu sein scheinen wie die geografischen Voraussetzungen.

Das eine ist eine geschlossene Landmasse, die als „das Land innerhalb der vier Meere" betrachtet wurde, das andere ein Reich, das sich um das Mittelmeer herum gebildet hatte, der *orbis terrarum*, wörtlich: der Kreis der Länder, der synonym gebraucht wird für das römische Weltreich. Um sich jedoch vor unbezwingbaren äußeren Feinden zu schützen, griffen beide Reiche zur gleichen Strategie: Die Chinesen errichteten eine Mauer monumentalen Ausmaßes, die zu einem Charakteristikum des Reichs der Mitte werden sollte und bis heute die Sicht der Ausländer auf China prägt; die Römer bauten den Limes, der sich in seinen Überresten noch heute quer durch Deutschland und Großbritannien zieht. Beide sicherten diese Grenzen mit der Errichtung von Militärkolonien. Ebenso waren beide, die Qin-Leute und die Römer, diszipliniert und militärisch ausgerichtet.

www.km.bayern.de/blz/eup/02_07_themenheft/5.asp (Download vom 2. Juli 2008)

c) Politische Strukturen im Vergleich:

Beide Großreiche wurden nach ihrer gewaltsamen Einigung zentralistisch regiert. Beide hatten den Herrschaftsanspruch des Erbadels durch die Einführung eines Amtsadels ersetzt und dementsprechend eine Laufbahn für den Staatsdienst entwickelt. In beiden Reichen bildete das Mittel zur sittlichen Erziehung und moralischen Formung der staatstragenden Schichten die jeweiligen philosophischen Lehren. Während sich hingegen in Rom erst in der zweiten Hälfte der Epoche eine sehr spezifische Form der Monarchie entwickelte, die den Herrschaftsanspruch der Nobilität nie vollständig eliminieren konnte, wurde in China der Amtsadel vom ersten Kaiser geschaffen. Dennoch bestand auch hier immer das Potenzial einer Konkurrenzsituation zwischen den Meritokraten und dem Monarchen. Zusätzlich bot der Palast in beiden Reichen den Nährboden für die Ausbildung durchaus ähnlicher Machtstrukturen, die neben der offiziellen Ordnung standen. In beiden Systemen beruhte die Stellung des Kaisers letztlich auf Akzeptanz und war an den Erfolg seiner Verwaltung geknüpft. Fürsorge für das Volk wurde in beiden Reichen vom Monarchen erwartet. Während China allerdings mit Beginn der Reichseinigung ein bürokratisches System errichtete, entwickelte Rom vergleichbar ausgeprägte Strukturen erst in der Zeit des Dominats. Die Bürokratisierung kam im Römischen Reich in der Phase des Prinzipats nämlich auch durch den massiven Einsatz von Freigelassenen in herausgehobenen Verwaltungsfunktionen über bescheidene Anfänge nicht hinaus. In Rom spielte das politische Selbstbewusstsein der Oberschicht eine prägende Rolle, ein Bewusstsein, das einst Grundlage des Schrittes vom Königtum zur *res publica* gewesen war und gewiss später auch als ein Resultat der Beschäftigung mit der griechischen Philosophie und deren lateinischen Interpretationen zu verstehen ist. Denn, anders als der Konfuzianismus, setzte sich die griechische Philosophie diskursiv mit verschiedenen politischen Systemen auseinander. Prinzipiell ist festzustellen, dass die Monarchie in den erfolgreichsten und als maßgeblich angesehenen Staatsgebilden der europäischen Antike als rückständig angesehen wurde. Der Westen hatte andere politische Formen entwickelt und mit Erfolg erprobt. Sparta, Athen, Karthago und Rom stützten sich auf zwei- oder mehrköpfige Führungskollegien. Allerdings waren sie alle aus Stadtstaaten hervorgegangen, wogegen es sich beim chinesischen Reich von Beginn an um einen Territorialstaat gehandelt hatte. Letztlich scheinen es also zwei Faktoren zu sein, die zu dem politischen Sonderweg der europäischen Antike führten: ein struktureller, die ursprünglich stadtstaatliche Verfasstheit der maßgeblichen politischen Mächte, sowie ein intellektueller, der Einfluss der pluralistischen, analytisch ausgerichteten politischen Philosophie auf die Oberschicht.

www.km.bayern.de/blz/eup/02_07_themenheft/5.asp (Download vom 2. Juli 2008)

d) Warum kam es nicht zur Begegnung beider Großreiche?

Letztendlich spielten außenpolitische Konstellationen und auch simple Zufälle die entscheidende Rolle für das Phänomen, dass sich beide Großreiche auf offizieller Ebene nicht begegneten und konkreter intellektueller Austausch erst in der Spätantike, etwa ab dem 5. nachchristlichen Jahrhundert, nachweisbar ist. Zwischen ihnen befand sich etwa seit der Mitte des zweiten Jahrhunderts v. Chr. eine weitere Großmacht, das Partherreich. Kulturell sowohl Rom als auch China weit unterlegen, stellten die Parther dennoch einen jahrhundertelang nicht zu überwindenden militärischen Gegner dar. Erst 224 n. Chr., also bereits nach dem Untergang des Han-Reiches, konnten die Römer den Parthern die entscheidende militärische Niederlage zufügen; 227 endet das Partherreich. Die Parther ihrerseits hatten verständlicherweise keinerlei Interesse daran gehabt, ein Pufferstaat zwischen den beiden Supermächten zu werden. Der römische Kaiser Marc Aurel hatte 166 n. Chr. eine Gesandtschaft auf dem Seeweg nach China geschickt; allerdings sank das Schiff auf der Rückfahrt. Auch weitere Versuche der Kontaktaufnahme scheiterten, und so blieben Handelsbeziehungen über die Seidenstraße die einzige Verbindung. Da der Handel vor allem in Form des Zwischenhandels abgewickelt wurde, kam es kaum zu kulturellem Austausch. Die politische Ebene wurde auf diesem Weg nie berührt – ein Zufall, der vermutlich den Gang der Weltgeschichte entscheidend beeinflusst hat.

www.km.bayern.de/blz/eup/02_07_themenheft/5.asp (Download vom 2. Juli 2008)

M 4 Über die Geschichte der „Seidenstraße"

Der Terminus „Seidenstraße" bezeichnet ein riesiges Routengeflecht von Nordchina durch Zentral- und Westasien bis ans Mittelmeer, wobei die Wüste Gobi auf einer nördlichen und einer südlichen Route umgangen wurde.

Vor der klassischen Antike war der Fernhandel eine gefährliche Angelegenheit. Archaische Gesellschaften waren relativ klein und kompakt. Während sie ihr eigenes Gebiet effektiv beherrschen und verteidigen konnten, entzogen sich größere Regionen ihrer Kontrolle. Handel zwischen solchen Gesellschaften war deshalb stark anfällig für Überfälle durch Piraten. Dieses Risiko wurde in der Antike durch zwei Entwicklungen reduziert, was einen stimulierenden Effekt auf den Fernhandel hatte. Zum einen investierten Herrscher – allerdings primär aus administrativen und militärischen Gründen – durch den Bau von Straßen und Brücken stark in den Ausbau der Infrastruktur. Andererseits entstanden Großreiche, die gelegentlich eine Ausdehnung erreichten, die sie zu direkten Nachbarn machten. Am westlichen Ende der Seidenstraße erhöhte sich das Tempo des Fernhandels in der hellenistischen Zeit spürbar. [...] Eine entscheidende politische Voraussetzung für die vollständige Öffnung des östlichen Endes der Seidenstraße war die chinesische Expansion nach Westen. Unter dem Kaiser Wudi (141–87 v. Chr.) verdoppelte sich die Größe des Han-Reiches fast. [...] Wudis Truppen nahmen Pamir und Ferghana in Besitz, und so konnten die Handelswege zwischen China und dem Westen geöffnet werden. Der Handel entlang der Seidenstraße florierte und überschwemmte die Hauptstadt des Han-Reiches mit westlichen Reisenden und Luxusgütern. Während der Ostteil nun relativ sicher war, drohte der Westen sich in ein Schlachtfeld zu verwandeln. Lange Auseinandersetzungen der Römer mit den Parthern konnten erst durch das diplomatische Geschick des Augustus beendet werden und es gelang, für einige Zeit Frieden mit den Parthern zu schließen. Und dieser machte auch das westliche Ende der Seidenstraße sicher und führte zu einer Belebung des Handels mit Fernost. Einen ersten Höhepunkt erlangte der Fernhandel zwischen Ost und West also zur Zeit des Römischen und des Han-Reiches, genauer in den ersten beiden nachchristlichen Jahrhunderten. Eine weitere Blütezeit erlebte die Seidenstraße dann während der Tang-Dynastie, die die Perser als dominierende Macht über die Seidenstraße ablöste. [...] Nach der Tang-Zeit nahm der Handelsverkehr entlang der Seidenstraße ab. Zur Zeit der „fünf Dynastien" konnte die innere Stabilität der Tang-Dynastie nicht gehalten werden und benachbarte Völker konnten erneut die Karawanen überfallen.

www.weltgeschichte-im-unterricht.de/Hombach/staatsarbeit_hombach.pdf (Download vom 2. Juli 2008)

M 5 Buddhistische Höhlenklöster von Bezeklik, 6.–14. Jh., Fotografie, 1983. Am Fuß des Tian-Gebirges in der Nähe der Stadt Turfan (heute Regierungsbezirk des Uigurischen Autonomen Gebiets Xinjiang im Westen der Volksrepublik China) gruben buddhistische Mönche oberhalb einer Oase an der Seidenstraße Tempel in die Felswände. Oasensiedlungen wie diese boten Wasser und Übernachtungsmöglichkeiten für die Karawanen.

1 Analysieren Sie die Karte M 2 mithilfe der Methodenseite (s. S. 150).
2 Vergleichen Sie die beiden antiken Weltreiche anhand ausgewählter Bereiche, z. B. geografische Lage, politische Strukturen (M 1–3). Erweitern Sie den Vergleich, indem Sie anhand zusätzlicher Bereiche weitere Unterschiede und Gemeinsamkeiten erarbeiten. Nutzen Sie dazu die Internetseite www.km.bayern.de/blz/eup/02_07_themenheft/5.asp.
3 Erklären Sie, warum es zwischen Rom und China – bis auf den Handelsverkehr – zu keiner Begegnung kam (M 3 d).
4 Erläutern Sie am Beispiel der Seidenstraße den Zusammenhang zwischen dem Fernhandelsverkehr und der Existenz/Entstehung von Großreichen.
5 Diskutieren Sie die These Dettenhofers, die vergleichende Untersuchung der beiden antiken Weltreiche biete im Zeitalter der Globalisierung einen unverzichtbaren Erfahrungsschatz.

Als die Griechen frech geworden

Der Publizist und Althistoriker Peter Bender über den einstigen Streit der Griechen mit den übermächtigen Römern und Europas heutige Probleme mit der Weltmacht Amerika, 2002:

Wie verhalten sich kleine Länder zu einem übermächtigen großen? Wenn sie einem Eroberer erliegen, folgen die alten Geschichten von Aufstand und Befreiung oder Resignation und Unterwerfung. Wenn der übermächtige Große ein Freund und Befreier ist, spalten sich die Gefühle. „Jeder westeuropäische Staatsmann", schrieb Alfred Grosser, „empfindet zwei gegensätzliche Gefühle: Befreiung darüber, dass die USA existieren, und Ärger darüber, dass das Leben und Wohl seiner Mitbürger in großem Maße von den Entscheidungen eines fremden und fernen Präsidenten abhängen."

Das Problem ist zeitlos. Im Frühsommer des Jahres 196 vor Christus strömte alles, was in Griechenland Rang und Namen hatte, in Korinth zusammen, um zu hören, was Rom über Hellas beschlossen hatte. Anderthalb Jahrhunderte lang waren die Griechen von den makedonischen Königen unterdrückt worden, jetzt hatten die Römer den gewalttätigen Philipp V. geschlagen und zum Verzicht auf alle seine griechischen Besitztümer gezwungen. Sie hatten den Krieg im Namen der griechischen Freiheit geführt, aber alle Erfahrung sprach dafür, dass man nur den Herrn wechseln werde.

Mit einem Trompetenstoß gebot der Herold der Versammlung Schweigen und verlas die Botschaft des Senats: „Wir geben Freiheit und Selbstverwaltung, ohne Besatzungen zu lassen und ohne Tributzahlungen zu fordern", dann folgten die Namen der bis dahin makedonisch beherrschten Städte und Völkerschaften. Viele glaubten nicht recht zu hören, der Herold musste seine Botschaft noch einmal verlesen, dann brach, berichtet der Historiker Polybios, „ein derartig ohrenbetäubender Lärm los, dass es unmöglich ist, dem heutigen Leser eine Vorstellung davon zu geben".

Die Römer hielten Wort. Sie regelten die unklaren Verhältnisse in Griechenland und zogen zwei Jahre später ihre Legionen zurück. Sie hatten Frieden geschaffen, aber nur sie konnten diese Ordnung erhalten. Sie mussten Beschützer, Vermittler und Schiedsrichter sein und wurden bald zur letzten, fast alles entscheidenden Instanz. Der Befreier entwickelte sich zum Herrn, die Befreiten entwickelten die gegensätzlichen Gefühle, die Grosser beschrieb. [...]

Wenn man hier „Amerikaner" statt „Römer" schriebe, hätte man eine aktuelle Diskussion europäischer Politiker über ihr Verhältnis zu Amerika. Die Umstände und die Schwierigkeiten erscheinen vergleichbar. Damals wie heute: Man spricht auf beiden Seiten viel von Freundschaft und hat gegen starke Feinde fest zusammengehalten, Rom und die Achäer gegen die Großmächte Makedonien und Syrien, Amerika und Westeuropa gegen die Sowjetunion. Doch seit die Feinde überwunden sind, spüren die Kleinen immer stärker ihre Abhängigkeit. Römer und Amerikaner bestreiten den Griechen und Europäern nicht deren Selbstständigkeit, die Römer haben nicht einmal Truppen in Griechenland und die Amerikaner nur Truppen in Europa, deren Anwesenheit von den Europäern gewünscht wird. Zwar gibt es Rom-Feindlichkeit, besonders in den armen Volksschichten, und Antiamerikanismus, aber die verantwortlichen Politiker sind sämtlich von der Notwendigkeit des Bündnisses mit Rom und Amerika überzeugt.

Beide jedoch mussten und müssen sich fragen: Was können wir tun, ohne in Rom oder Washington nachfragen zu müssen? Innenpolitisch fast alles, aber außenpolitisch wenig. Der Achäische Bund geriet immer wieder in Konflikt mit Rom, wenn er versuchte, die ganze Peloponnes an den Bund anzuschließen; in seinen Dauerstreit mit Sparta griff der römische Senat stets ein. Die Europäer riskieren und bekommen Konflikte mit Washington, wenn sie mit dem Iran anders umgehen, als es einem „Schurkenstaat" gebührt.

Wann und wie lange kann man Nein sagen, wenn der Große etwas will? In Wirtschaftsfragen zweifellos, in zweitrangigen zuweilen, in wesentlichen niemals, und was wesentlich ist, bestimmen Rom und Washington. Manche Griechen empfahlen, römische Anweisungen nicht immer abzuwarten, sondern ihnen gelegentlich schon vorzugreifen, in der Bundesrepublik heißt das „vorauseilender Gehorsam". Andere Griechen meinten, wenn alles Verhandeln und Bitten um Verständnis nichts nützten, müsse man nachgeben, aber nur unter Protest. [...]

Was geschieht, wenn die Großen einen Krieg führen, der den Kleinen nicht behagt? Als Rom im Jahr 171 gegen den Makedonenkönig Perseus zu Felde zog, plädierte im Achäischen Bund die radikale Rom-Partei für uneingeschränkte Unterstützung, die Mehrheit hingegen für Neutralität und militärische Hilfe nur auf ausdrückliche Anforderung.

Was geschieht, wenn die Großen einen Krieg führen, der den Kleinen nicht behagt? [...] Was werden die Europäer tun, wenn Präsident Bush gegen den Irak losschlägt? Schicken sie Soldaten freiwillig oder nur auf Anforderung? Soldaten für den Kampf oder als Wachschutz nach dem Kampf? Bezahlen sie den Krieg und räumen nachher auf, was die Amerikaner zerbombt haben? Verweigerung kann in Isolierung führen, Beflissenheit in Peinlichkeit enden.

[...] Die Griechen sahen sich damals in der gleichen Schwäche wie die Europäer heute. Panhellenische Einigkeit gab es noch weniger als eine gemeinsame Außenpolitik der Europäischen Union. Umso leichter hatten es die Römer und haben es die Amerikaner, ihre Verbündeten gegeneinander auszuspielen, die Eifrigen zu belohnen und die Widerspenstigen zu bestrafen, die dann sogar im eigenen Lager vielleicht allein stehen. [...]

Wenn man Römer und Amerikaner gemeinsam fragen könnte, was sie von alledem halten, würden sie im Chor zunächst die Undankbarkeit der Griechen und Europäer beklagen: Rhodos und Pergamon, würden die Römer sagen, haben uns gegen den wüsten Eroberer Philipp von Makedonien zu Hilfe gerufen, unsere Legionen haben ihn besiegt und den Griechen die Freiheit gegeben, danach sind sie nach Hause gegangen. [...]

Und Amerika würde argumentieren: England bestürmte uns, ihm gegen Hitler beizustehen, wir haben Europa von der Tyrannei der Nationalsozialisten und Faschisten befreit und dann die Freiheit der Westeuropäer gegen den sowjetischen Kommunismus verteidigt. Wir haben mit einer hundertjährigen Tradition gebrochen, als wir uns dauerhaft militärisch in Europa verpflichteten, die Nato wurde auf Drängen der Westeuropäer gegründet. Auch nach dem Ende der Sowjetunion wünschte nunmehr ganz Europa, dass wir und die Nato blieben. Und im Osten, von Estland bis Bulgarien, stehen sie Schlange, um in die Nato aufgenommen zu werden und amerikanischen Schutz zu erhalten.

Nachdem sie die Undankbarkeit beklagt haben, würden Römer und Amerikaner kühl daran erinnern, dass weder die Griechen noch die Europäer in der Lage waren und sind, ihr eigenes Haus in Ordnung zu halten. Von Pergamon bis Athen reichten sich die Gesandtschaften die Klinke in die Hand, um sich über ihre Nachbarn zu beschweren, ohne Unterlass musste der Senat Beauftragte in den Osten schicken, die dort die ewigen Streitereien schlichteten und sogar Kriege verhinderten oder beendeten. Ohne Rom wäre dort das alte Chaos weitergegangen. Und Amerika? Seine Antwort: Die Europäer haben zwar – mit unserer amerikanischen Nachhilfe – ein respektables Maß an Einigkeit erreicht, aber als auf dem Balkan Zwergvölker übereinander herfielen, waren sie außerstande, dort Ruhe zu schaffen. Wir mussten erst kommen und das Ende von Mord und Vertreibungen erzwingen. An der Art, wie wir das taten, hatten sie dann sofort herumzumäkeln.

Nicht alle Römer und Amerikaner wollten wahrhaben, dass es weniger ihre Liebe zur Freiheit als ihr, wie auch immer verstandenes, Eigeninteresse war, das sie nach Hellas und Europa brachte. Und nicht alle würden zugeben, dass sie zuweilen arrogant auftreten. Aber beide Großmächte würden fragen: Wie soll man gegenüber diesen Leuten nicht arrogant werden? Zu oft werden sie entweder frech oder devot. [...]

Am Ende entscheidet die Macht. Solange es zu Rom und Amerika noch ein Gegengewicht gab oder zu geben schien, waren beiden Großmächten Grenzen gesetzt. Die Verbündeten wurden gebraucht, und einige konnten sich der Illusion hingeben, zwischen zwei Großen mehr Spielraum zu erhalten. [...]

Rom machte Makedonien ein Ende, die Sowjetunion löste sich selbst auf, Rom und Amerika bleiben die einzigen Weltmächte ihrer Zeit. Rom bestrafte in Griechenland selbst die treuesten Verbündeten, wenn die auch nur vorsichtig versuchten, einen Frieden mit Perseus zu vermitteln. Europäische Amerika-Kritiker müssen keine Deportation befürchten, wie sie zweitausend griechische Politiker erlitten, darunter auch unser Berichterstatter Polybios. Amerika fühlt sich nicht mehr als Hegemon, sondern als Herr, es braucht weder die Verbündeten noch das Bündnis. Sie sollen akklamieren und zur Verfügung stehen, Washington entscheidet, was es von wem für welchen Zweck benötigt.

Gegen die Macht gibt es keine Argumente, sondern nur den Beweis eigener Kraft. Die Griechen hatten im 2. vorchristlichen Jahrhundert keine Chance, auch der stärkste Verfechter der achäischen Unabhängigkeit wusste, „dass einmal für die Griechen die Zeit kommen wird, da sie gezwungen sind, alles zu tun, was ihnen befohlen wird".

So war es dann auch, aber in Europa ist es nicht so. [...]

Europa ist sehr viel stärker als das alte Griechenland und der Großmacht Amerika wirtschaftlich sogar ebenbürtig. Die Europäer haben die Wahl, die den Griechen versagt blieb. Wenn sie überzeugt bleiben, ohne Amerika in äußere und innere Unsicherheit zu fallen, sollten sie weniger der „Ehre" als dem „Nutzen" folgen und sich ohne „Murren" in die transatlantische Abhängigkeit fügen. Wenn sie den Mut zur wirklichen Selbstständigkeit aufbringen, dürfen sie nicht mehr nach Washington starren, ob sich dort ein „Zeichen des Missfallens" regt.

Peter Bender, Als die Griechen frech geworden, in: Die Zeit, 41/2002, S. 9

1 Untersuchen Sie die Parallelen Benders, indem Sie kriterienorientiert Gemeinsamkeiten und Unterschiede in einer Tabelle gegenüberstellen.

2 Der Essay von Bender stammt aus dem Jahre 2002. Recherchieren Sie die Veränderungen im europäisch-amerikanischen Verhältnis seit dem Irakkrieg von 2003.

3 Diskutieren Sie Benders Schlussfolgerung, Europa habe im Vergleich zu Griechenland die Wahl zur „wirklichen Selbstständigkeit" (Z. 180).

Vom Mittelalter zur Frühen Neuzeit

Leben im Mittelalter

Unsere Vorstellungen vom Mittelalter sind zwiespältig. Auf der einen Seite gilt diese Epoche vielen als das „finstere Mittelalter", als eine Zeit rückständiger Verhältnisse, in der Aberglauben, kirchliche Bevormundung und dumpfe Primitivität das menschliche Leben bestimmten. Es gibt auf der anderen Seite eine romantische Verklärung des Mittelalters, die sich in der Veranstaltung mancher historischer Ausstellungen, mehrtägiger Ritterturniere oder mittelalterlicher Märkte niederschlägt. Bei der Bewunderung der Kunstfertigkeit und Schönheit älterer Formen der gewerblichen Arbeit wird mancher sich schon gefragt haben, ob Industrialisierung und Modernisierung nicht auch Lebensweisen zerstört haben, die den Menschen Sinnerfüllung und vielfältige Bedürfnisbefriedigung geboten haben.

Anders als in unserer modernen Welt waren im Mittelalter Staat und Gesellschaft nicht getrennt. Charakteristisch für die mittelalterliche Herrschaftsordnung war der **Personenverbandsstaat**, der auf der rechtlichen Bindung zwischen Personen beruhte. Dagegen geht das moderne Staatsverständnis von einem Gebiet aus, das von der durch Beamte ausgeübten Verwaltung einheitlich erfasst wird. Die gesellschaftliche Stellung des Einzelnen war in der mittelalterlichen **Ständegesellschaft** durch Recht und Geburt festgelegt. Zu den wichtigsten Ständen gehörten die Geistlichkeit (Klerus), der Adel, das städtische Bürgertum und die Bauern sowie die unterständischen Schichten. Die soziale Ungleichheit wurde religiös legitimiert, sie erschien als gottgewollt.

Internettipp

www.mittelalter.uni-tuebingen.de/?q=spiele/quiz.htm
Ihre Kenntnisse zum Mittelalter können Sie mit dem Quiz der Universität Tübingen überprüfen.

www.mittelalterliche-geschichte.de/informationen/start.html
Das Projekt „Mittelalterliche Geschichte – eine Digitale Einführung in das Studium" der Universität Augsburg bietet eine gute, multimedial aufbereitete Einführung in die mittelalterliche Geschichte.

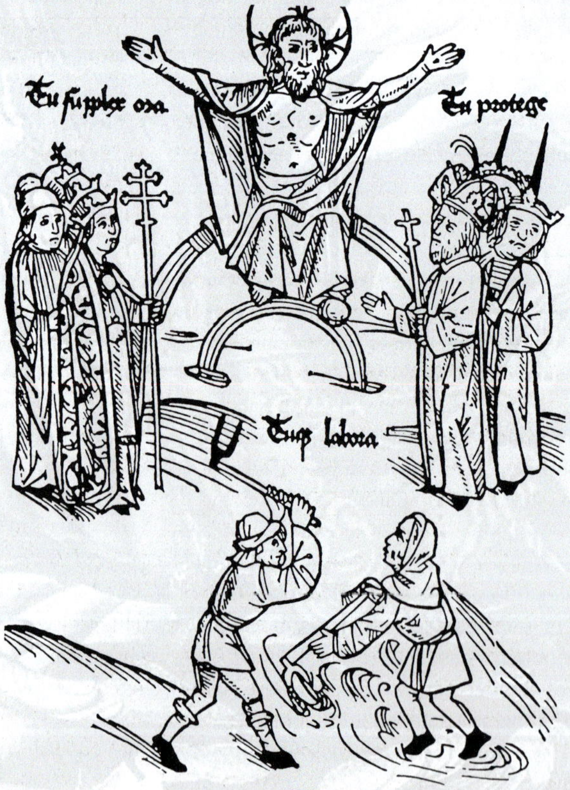

M 1 Dreiständebild, Holzschnitt, 1492.
Die Kommentare lauten: Tu supplex ora (Du bete demütig!), Tu protege (Du schütze!) und Tuque labora (Und du arbeite!).

Christlicher Glaube und Kirche bestimmten das gesamtgesellschaftliche Leben. Das mittelalterliche **Reichskirchensystem** stellte dabei eine Form kirchlicher Organisation dar, bei der Adlige zugleich die hohen geistlichen Ämter und die führenden Funktionen in der weltlichen Herrschaft übernahmen. Allerdings gab es auch Auseinandersetzungen zwischen **weltlicher und kirchlicher Macht**, die zwischen dem Papsttum und den Kaisern ausgetragen wurden.

M2 Ein Geldwechsler mit seiner Frau, Ölgemälde von Marinus van Reymerswaele, 1538

1 Vergleichen Sie die Bilder M 1 und M 2. Welche Menschenbilder bringen sie zum Ausdruck?

Vom Mittelalter zur Neuzeit – eine Epochenwende

„Schnellere Autos, schnellere Bahnen, schnellere Flugzeuge [...], unser Zeitalter ist besessen von der Geschwindigkeit. [...] Tempo, Hektik und Stress prägen den Arbeitsalltag, und selbst in den Ferien wissen wir nichts Besseres zu tun, als die Raserei fortzusetzen: als Skifahrer auf den zu schiefen Ebenen reduzierten Bergen, als Surfer auf den glatten Oberflächen der Flüsse und Seen, als Reisende, die sich gleichsam selbst zum Projektil machen und an den Ort ihrer Bestimmung schießen lassen. Kein Zweifel: Die Geschwindigkeit ist die Göttin dieser Tage." Dieser Zeitdiagnose des Soziologen Stefan Breuer aus dem Jahre 1992 wird man nur schwer widersprechen können.

Aber ist die Geschwindigkeit wirklich nur die Göttin des ausgehenden 20. und beginnenden 21. Jahrhunderts? Vieles spricht dafür, dass die Beschleunigung der Geschichte eine allgemeine neuzeitliche Erfahrung und damit ein wichtiges Kriterium für die Neuzeit ist. Kennzeichnend für das Mittelalter und noch für das 16. Jahrhundert war ein statisches Zeiterleben: „Welt bleibt Welt, darumb bleiben auch gleiche hendel in der Welt, ob schon die personen absterben", schrieb der Humanist und reformatorische Theologe Philipp Melanchthon (1497–1560) einmal. Doch schon für den Reformator Martin Luther (1483–1546) bedeutete das Reformationszeitalter einen tiefen Bruch mit dieser Vorstellung, „dan die welt eiltet davon".

Wenn man nach Unterschieden zwischen dem Mittelalter und der Neuzeit fragt, sollte diese Erfahrung der Beschleunigung des historischen Wandels mit berücksichtigt werden. Dabei sollte die Grenze zwischen dem Mittelalter und der Neuzeit nicht auf eine einzige Entwicklung oder ein einziges Datum festgelegt werden – ungeachtet der allgemeinen Datierungen, die für eine gemeinsame Verständigung wichtig sind (**Mittelalter**: ca. 500–1500; **Neuzeit**: 16. Jh. bis heute, **Frühe Neuzeit**: 16.–18. Jh., **Moderne**: 19. Jh. bis heute). In einer breiten Epochenwende, die vom späten 15. Jahrhundert bis in die Mitte des 16. Jahrhunderts reichte, vollzog sich eine Reihe wesentlicher Veränderungen, die in ihrer Gesamtheit zu einem deutlich erkennbaren Einschnitt führten: Hierzu gehörten die **Renaissance**, die **Reformation** und die **Entdeckung Amerikas** ebenso wie die Erfindung des **Buchdruckes** mit beweglichen Lettern, die Entstehung des **Frühkapitalismus** und die Anfänge des **frühmodernen Staates**.

Entdeckung des Individuums

Die moderne Welt entstand nicht von heute auf morgen, sondern bildete sich in einem komplexen und langwierigen Prozess heraus, der mehrere Jahrhunderte dauerte und auch in der Gegenwart noch nicht abgeschlossen ist. Der Prozesscharakter lässt sich eindrucksvoll an der **Individualisierung** des menschlichen Daseins verdeutlichen, die ebenfalls zu den wesentlichen Entwicklungen der Neuzeit gehört (M 1 und M 2).
Individualisierung darf nicht verwechselt werden mit Egoismus oder der „Egogesellschaft". Der Begriff der „Individualisierung" lässt sich zum einen mit Individualismus umschreiben, worunter Historiker und Sozialwissenschaftler die Autonomie, die Würde und Eigenverantwortung des Individuums verstehen. Tatsächlich ist die Idee der Selbstbestimmung und Selbstverwirklichung als Lebensziel eine zentrale Errungenschaft der modernen Gesellschaft. Zum anderen bezeichnet das Wort „Individualisierung" den umfassenden geschichtlichen Vorgang, bei dem der Einzelne freigesetzt wird aus historisch vorgegebenen und zugewiesenen Bindungen und Rollen.

Renaissance – Reformation – Aufklärung

Ein Markstein im Prozess der Individualisierung war die Renaissance. Der Begriff bedeutet „Wiedergeburt" und bezeichnete seit dem 16. Jahrhundert die **Wiederbelebung der Antike**, d.h. der griechisch-römischen Kunst und Bildung, im 14. und 15. Jahrhundert. Vom 19. Jahrhundert an wurde er auch als Epochenbegriff für die Zeit des Übergangs vom Mittelalter zur Neuzeit benutzt, in der sich der Mensch aus der kirchlichen und geistigen Ordnung der traditionalen Ständegesellschaft löste. In einer bürgerlich-aristokratischen Elite entstand ein neues Menschenbild. Die Bewusstwerdung der Persönlichkeit schlug sich in dem Glauben nieder, dass die Menschen selbstbestimmte, vernunftbegabte und schöpferische Wesen seien, die sich selbst und die Welt verändern könnten.
Ebenfalls eine Zeit der beschleunigten Individualisierung war die Reformation. Im Mittelpunkt dieser Umgestaltung und Erneuerung des christlichen Glaubens, die im 16. Jahrhundert von **Martin Luther** eingeleitet und von Ulrich Zwingli und Jean Calvin weiterentwickelt wurde, stand die Lehre vom Priestertum aller Gläubigen. Indem die Reformatoren den Anspruch des Papstes auf die Herrschaft über die Welt und die allgemeingültige Auslegung der Bibel bestritten, stellten sie den Einzelnen in ein „unmittelbares" Verhältnis zu Gott. Das Heil jedes Gläubigen war nicht länger abhängig von der Kirche und ihren Priestern; vielmehr konnte jeder Mensch der göttlichen Gnade direkt teilhaftig werden. Wenn jeder für sich selbst vor Gott steht, da er nur Gott und seinem Gewissen gehorchen muss, dann bedeutet das für das Individuum im Vergleich zum Mittelalter einen Zuwachs an Eigenverantwortlichkeit, Gewissensfreiheit und Selbstkontrolle (M 3).
Einen starken Schub erfuhr die Individualisierung überdies durch die Aufklärung, die im 17. und 18. Jahrhundert alle Lebensbereiche erfasste. Die Aufklärer wollten das **„Licht der Vernunft"** gegen klerikale, feudale und absolutistische Traditionen verbreiten. Ihre Aufforderung zum Selbstdenken, zur Selbstbildung und zur Selbstbestimmung richtete sich gegen ein Denken und Handeln, das auf die ewige Geltung der tradierten Normen und Werte vertraute. In allen entscheidenden Situationen sollte der Mensch sein Schicksal selbst in die Hand nehmen und sich neuen Perspektiven öffnen (M 4).

M3 Aus Martin Luthers Schrift „Von der Freiheit eines Christenmenschen", 1520

Wie nun Christus die Erstgeburt innehat mit ihrer Ehre und Würdigkeit, so teilet er sie mit allen seinen Christen, dass sie durch den Glauben müssen auch alle Könige und Priester sein mit Christo […].
Was ist denn für ein Unterschied zwischen den Priestern und Laien in der Christenheit, wenn sie alle Priester sind? Antwort: Es ist dem Wörtlein „Priester", „Pfaff", „geistlich" und desgleichen Unrecht geschehen, das sie von dem gemeinen Haufen übertragen worden sind auf den kleinen Haufen, den man jetzt nennet geistlichen Stand. Die Heilige Schrift gibt keinen anderen Unterschied, denn dass sie die Gelehrten oder Geweihten nennet *Ministros, servos, oeconómos*, das ist: Diener, Knecht, Schaffner, die da sollen den anderen Christum, Glauben und christliche Freiheit predigen. Denn obwohl wir alle gleich Priester sind, so können wir doch nicht alle dienen oder schaffen und predigen. So sagt Sankt Paulus I. Kor. 4 (1): „Wir wollen für nichts mehr von den Leuten gehalten sein denn Christus' Diener und Schaffner des Evangelii." Aber nun ist aus der Schaffnerei geworden ein solch weltliche, äußerliche, prächtige, furchtbare Herrschaft und Gewalt, dass ihr die wirkliche weltliche Macht in nichts gleichen kann, gerade als wären die Laien etwas anderes denn Christenleute. Damit ist hinweggenommen das ganze Verständnis christlicher Gnade, Freiheit, Glaubens und alles dessen, was wir von Christo haben, und Christus selbst; haben dafür überkommen viel Menschengesetz und -werk, sind ganz Knecht geworden der alleruntüchtigsten Leute auf Erden. […]
Welcher Glaube dadurch erwächst und erhalten wird, wenn mir gesagt wird, warum Christus gekommen sei, wie man sein brauchen und nießen soll, was er mir gebracht und gegeben hat; das geschieht, wenn man recht auslegt die christliche Freiheit, die wir von ihm haben, und wie wir Könige und Priester sind, aller Dinge mächtig; und dass alles, was wir tun, vor Gottes Augen angenehm und erhöret sei, wie ich bisher gesagt habe.

Martin Luther, An den christlichen Adel deutscher Nation. Von der Freiheit eines Christenmenschen. Sendbrief vom Dolmetschen, hg. v. Ernst Kähler, Reclam, Stuttgart 2000, S. 134 ff.

M4 Der Philosoph Immanuel Kant über die Frage „Was ist Aufklärung?", 1784

Aufklärung ist der Ausgang des Menschen aus seiner selbst verschuldeten Unmündigkeit.
Unmündigkeit ist das Unvermögen, sich seines Verstandes ohne Leitung eines anderen zu bedienen. Selbst verschuldet ist diese Unmündigkeit, wenn die Ursache derselben nicht am Mangel des Verstandes, sondern der Entschließung und des Mutes liegt, sich seiner ohne Leitung eines anderen zu bedienen. Sapere aude! Habe Mut, dich deines eigenen Verstandes zu bedienen! ist also der Wahlspruch der Aufklärung.
Faulheit und Feigheit sind die Ursachen, warum ein so großer Teil der Menschen, nachdem sie die Natur längst von fremder Leitung freigesprochen […], dennoch gerne zeitlebens unmündig bleibt; und darum es anderen so leicht wird, sich zu deren Vormündern aufzuwerfen. Es ist so bequem, unmündig zu sein. Habe ich ein Buch, das für mich Verstand hat, einen Seelsorger, der für mich Gewissen hat, einen Arzt, der für mich die Diät beurteilt, usw. So brauche ich mich ja nicht selbst zu bemühen. Ich habe nicht nötig zu denken, wenn ich nur bezahlen kann; andere werden das verdrießliche Geschäft schon für mich übernehmen. Dass der bei weitem größte Teil der Menschen den Schritt zur Mündigkeit auch für sehr gefährlich halte: dafür sorgen schon jene Vormünder, die die Oberaufsicht über sie gütigst auf sich genommen haben. Nachdem sie ihr Hausvieh zuerst dumm gemacht haben und sorgfältig verhüteten, dass diese ruhigen Geschöpfe ja keinen Schritt außer dem Gängelwagen, darin sie sie einsperrten, wagen durften; so zeigen sie ihnen nachher die Gefahr, die ihnen drohet, wenn sie es versuchen, allein zu gehen. Nun ist die Gefahr zwar eben so groß nicht, denn sie würden durch einige Mal Fallen wohl endlich gehen lernen; allein ein Beispiel von der Art macht doch schüchtern und schreckt gemeiniglich von allen ferneren Versuchen ab.
Es ist für jeden einzelnen Menschen schwer, sich aus der ihm beinahe zur Natur gewordenen Unmündigkeit herauszuarbeiten. Er hat sie sogar lieb gewonnen und ist vorderhand wirklich unfähig, sich seines eigenen Verstandes zu bedienen, weil man ihn niemals den Versuch davon machen ließ.

Immanuel Kant, Beantwortung der Frage: Was ist Aufklärung?, in: Berlinische Monatsschrift, Bd. 4, hg. v. J. E. Biester und F. Gedike, Berlin 1784, S. 481

1 Vergleichen Sie die Menschenbilder in M 3 und M 4 miteinander, indem Sie Gemeinsamkeiten und Unterschiede herausarbeiten.

2 Erörtern Sie mithilfe der Materialien M 3 und M 4 die These, dass die „Entdeckung des Individuums" ein Merkmal der Neuzeit sei. Ziehen Sie dafür auch den Darstellungstext heran.

2 Das europäische Mittelalter: Einheit und Vielfalt

M 1 Gott als Architekt, Miniatur aus der *Bible moralisée*, Mitte 13. Jh.

428–751
Herrschaft der Merowinger im Frankenreich

476
Absetzung des letzten Kaisers im Weströmischen Reich

751–911
Herrschaft der Karolinger

800
Kaiserkrönun[g] Karls des Gro[ßen]

ca. 5.–10. Jh. Frühmittelalter

400 | 500 | 600 | 700 | 800

„Es waren schöne glänzende Zeiten, wo Europa ein christliches Land war, wo Eine Christenheit diesen menschlich gestalteten Welttheil bewohnte; Ein großes gemeinschaftliches Interesse verband die entlegensten Provinzen dieses weiten geistlichen Reichs", schwärmte im späten 18. Jahrhundert der Dichter Novalis vom Mittelalter. Dieser romantischen Verklärung stehen Vorstellungen gegenüber, die das Mittelalter als „finstere" Epoche mit Rückständigkeit und Primitivität, Aberglauben und kirchlicher Bevormundung gleichsetzen. Beide Sichtweisen auf das Mittelalter, also der Zeit im europäischen Kulturraum zwischen dem Ende des Römischen Reiches und den Entdeckungen des 16. Jahrhunderts (ca. 500–1500), haben jedoch eine Gemeinsamkeit: Beide betrachten die Zeit als eine einheitliche Epoche. Dabei lässt sich ein Germanenkönig der Völkerwanderungszeit nicht ohne Weiteres mit einem Kaiser des Spätmittelalters vergleichen. Das Mittelalter war keineswegs eine tausendjährige Zeit des entwicklungsfeindlichen Beharrens. Vielmehr ergab sich aus dem Zusammentreffen der germanischen mit der antiken Kultur eine vielfältige Mischung, aus der sich schon lange vor 1500 jene alteuropäischen Lebensformen herausbildeten, die in ihren Grundzügen bis ins 18. Jahrhundert Bestand haben sollten. Das 11./12. Jahrhundert stellt dabei eine Zeit dar, in der auf allen Ebenen der Gesellschaft Umbrüche zu verzeichnen sind. Darüber hinaus ist zu fragen, ob die in der Geschichtskultur, d.h. im Alltagsleben weit verbreitete Gegenüberstellung von einer modernen Gegenwart und einem „dunklen" Mittelalter überhaupt stimmt. Das Mittelalter gehört zu unserer Vorgeschichte und ragt in unsere Zeit hinein. Wurzeln unserer heutigen „modernen" Gesellschaft sind gerade im Mittelalter zu suchen: Formen der politischen Partizipation, Konzepte der Repräsentation, Kennzeichen eines modernen Territorialstaates, allgemeingültige Rechtsnormen, rationales Wirtschaften oder universitäre Bildung. Und dokumentieren nicht Burgen, Dorf- und Stadtbilder, Kirchen und Klöster, Kunstwerke und Bücher, Denk- und Glaubensformen auf vielfältige Art die Gegenwart des Vergangenen?

1 Welche politischen, wirtschaftlichen, sozialen, kulturellen Faktoren sprechen für eine Einheit, welche für eine Vielfalt des Mittelalters?
2 Welche Wurzeln der heutigen „modernen" Gesellschaft lassen sich im Mittelalter finden?
3 Inwiefern unterscheiden sich die mittelalterlichen Reiche von den frühmodernen Staaten?
4 Welche Auswirkungen hatte die Auseinandersetzung zwischen weltlicher und geistlicher Gewalt im christlich-europäischen Kulturraum?

962 Kaiserkrönung Ottos I.
1075–1122 Investiturstreit
1152–1190 Herrschaft des Staufer-Kaisers Friedrich I. („Barbarossa")
1212–1250 Herrschaft des Staufer-Kaisers Friedrich II.
1356 Goldene Bulle Karls IV.

1096–1270 Kreuzzüge
12.–14. Jh. Ostkolonisation
11. Jh. Verstärkte Stadtgründungen in Westeuropa
ca. 11.–Mitte des 13. Jh. Hochmittelalter
Mitte 13. Jh.–15. Jh. Spätmittelalter

0 · 1000 · 1100 · 1200 · 1300 · 1400

1 Reichsidee und Kaisertum im Frühmittelalter

M1 Siegelring-Abdruck des fränkischen Königs Childerich, vor 482

1 Beschreiben Sie den Abdruck und deuten Sie die einzelnen Bildelemente.

Von der Antike zum Mittelalter

Wie das Ende der Antike lässt sich auch der Beginn des Mittelalters nicht genau datieren. Mehrere Ereignisse leiten die allmähliche Auflösung der antiken Welt und die Herausbildung neuer Strukturen in Europa zwischen dem 4. und 6. Jahrhundert ein:
- die Teilung des Römischen Reiches 395 und das Ende des Weströmischen Reiches 476 (s. S. 43 f.),
- der Beginn der Völkerwanderung 375 (s. S. 43) und der Sieg des Frankenkönigs Chlodwig über den letzten römischen Statthalter 486,
- die Gleichstellung des Christentums gegenüber den übrigen Religionen im Römischen Reich durch Kaiser Konstantin 313 und die Erhebung des Christentums zur Staatsreligion durch Kaiser Theodosius 380/81 (s. S. 39 ff.) sowie
- das Vordringen der Araber von der Iberischen Halbinsel ins Frankenreich seit 711. Die damit einhergehende Ausbreitung des Islam löste die bestehende griechisch-römische Einheit der Mittelmeerwelt auf. Stattdessen bildeten sich ab dem 7. Jahrhundert drei große Macht- und Kulturräume in Europa heraus: die **griechisch-orthodoxe Kultur** mit dem Byzantinischen Kaiserreich im Osten, der **lateinisch-römische Katholizismus** im Westen, der mit Karl dem Großen im Jahr 800 einen eigenen Kaiser erhielt und für den sich seit dem 16. Jahrhundert der Begriff des Abendlandes (Okzident) durchsetzte, sowie der **islamische Kulturraum** im Südwesten und Südosten des Kontinents (s. S. 102 ff.).

M2 Taufe Chlodwigs um 497/498 durch den Bischof Remigius in Reims, Ausschnitt aus einem Altargemälde, 15. Jh.

Die Entstehung des Frankenreiches

Die Anfänge des Frankenreiches sind mit der Auflösung des Römischen Reiches und der damit einhergehenden Verlagerung der politischen Aktionsschwerpunkte vom Mittelmeerraum nach Westeuropa verknüpft. Ausgelöst durch den Hunnensturm (375) wanderten zahlreiche germanische Völker nach Westen. Im Rahmen dieser **Völkerwanderung** (s. S. 43) zerfiel das Weströmische Reich in mehrere Germanenreiche, von denen sich jedoch nur das der Franken dauerhaft behaupten konnte. Die Franken drangen seit dem Ende des 3. Jahrhunderts über den Rhein nach Westen vor und bildeten im nordgallischen Raum mehrere Teilherrschaften. Bereits 358 erhielten die niederrheinischen Franken vom weströmischen Kaiser Julius das Recht, sich zwischen Maas und Schelde anzusiedeln. Als Einwanderer übernahmen sie die Zivilisation der Römer und kämpften zunächst als römische Bundesgenossen *(Föderaten)* gegen andere germanische Stämme. So waren fränkische Teilkönige häufig auch Befehlshaber in römischen Diensten. Der fränkische König **Chlodwig** (Reg. 481–511) aus dem Geschlecht der **Merowinger** erneuerte den Bündnisvertrag mit den Römern nicht, sondern besiegte in der Schlacht von Soissons (486) den letzten römischen Statthalter in Gallien und legte damit den Grundstein für den Aufstieg des Frankenreiches. Er beseitigte zudem die konkurrierenden fränkischen Teilkönige und dehnte sein Reich durch Siege über andere germanische Stämme nach Osten und Süden aus. Entscheidend für Chlodwigs Herrschaftssicherung war sein **Übertritt zum Christentum**, der die Annäherung zwischen der gallo-römischen und fränkischen Oberschicht ermöglichte. Sein Glaubenswechsel und die Förderung der Christianisierung bildeten den Ausgangspunkt für die Schaffung eines römisch-christlichen Europas (M 2).

Internettipp
www.zum.de/Faecher/G/BW/Landeskunde/rhein/ma/reissmuseum/frank02.htm
Die Seite des Reiß-Museums Mannheim bietet Informationen zur Ausstellung „Die Franken – Wegbereiter Europas".

Der Aufstieg der Karolinger zur Königsmacht

In den Jahrzehnten nach Chlodwigs Tod führten Reichsteilungen unter den Herrschersöhnen sowie Machtkämpfe zwischen König und Adel zu einer Schwächung der merowingischen Königsmacht. Insbesondere die Adligen, die wie der König über Grund-

besitz sowie eine Vielzahl von Abhängigen und Gefolgsleuten verfügten, wurden in den Teilreichen immer mächtiger und selbstständiger. Aus den Konflikten gingen die dem fränkischen Reichsadel entstammenden **Karolinger** als Gewinner hervor. Ausgehend von ihrer einflussreichen Position als Hausmeier *(major domus)*, Verwalter des Königsgutes, übernahmen sie Ende des 7. Jahrhunderts die politische Führung im Frankenreich. Ihren Aufstieg verdankten die Karolinger einer neuen Strategie der Machtsicherung: Während die im germanischen Gefolgschaftsdenken verwurzelten Merowinger ihre Königsherrschaft vorrangig auf einen Waffeneid der Adligen stützten, verknüpften die karolingischen Hausmeier das Prinzip der gegenseitigen Treue mit dem der persönlichen Bindung durch die Verleihung von Grundbesitz und öffentlichen Ämtern. Dieser auf der rechtlichen Beziehung zwischen Personen beruhende Grundsatz wurde das zentrale gesellschaftliche Ordnungselement im Frankenreich **(Personenverbandsstaat)**.
Mit ihrem Sieg über die von der Iberischen Halbinsel vordringenden Araber im Jahr 732 bei Tours und Poitiers unter Karl Martell (fränkischer Hausmeier von 714–741) und einer verstärkten **Missionierung** – unterstützt vom Papst und dem angelsachsischen Mönch Bonifatius – sicherten die Karolinger den langfristigen Aufstieg des Frankenreiches und schufen auch die Basis für eine enge Verbindung zwischen Papsttum und Karolingern. Karls Sohn Pippin dem Jüngeren (Reg. 741–768) gelang es schließlich mit Zustimmung des Papstes, 751 den letzten Merowinger abzusetzen, sich durch den fränkischen Reichsadel krönen und später vom Papst salben zu lassen. Die Salbung als Zeichen gottgewollter Würde löste damit die Abstammung als Legitimation königlicher Herrschaft in Europa ab. Als Gegenleistung für die verliehene königliche Weihe überließ Pippin, nun erster „König von Gottes Gnaden“, nach seinem Sieg über die Langobarden in Oberitalien dem Papst Rom und das Gebiet um Ravenna und sicherte mit dieser „Pippinischen Schenkung“ den **Kirchenstaat**. 751 verpflichtete er sich im Vertrag von Ponthion zum Schutz der Kirche. Das Bündnis zwischen Karolingern und Papsttum, zwischen weltlicher und geistlicher Macht (*imperium* und *sacerdotium*), bildete die Voraussetzung für die Begründung des abendländischen Kaisertums durch Pippins Sohn, Karl den Großen.

Das Frankenreich unter Karl dem Großen

Unter der Herrschaft Karls des Großen (Reg. 768–814) expandierte das Frankenreich durch **zahlreiche Eroberungen**. Im Norden unterwarf und christianisierte Karl zwischen 772–804 die zwischen Rhein und Elbe ansässigen Sachsen mit den Mitteln der Zwangsmission sowie mit Tribut- und Zehntforderungen. Nach einem Hilferuf des Papstes bekämpfte er 774 erfolgreich die Langobarden und sicherte nicht nur die langobardische Königskrone für die Karolinger, sondern erhöhte auch seinen Einfluss in Nord- und Mittelitalien. Schließlich gliederte er 788 das Herzogtum Bayern dauerhaft in das Frankenreich ein und brachte im Osten slawische Kleinstämme in seine Abhängigkeit. Am Ende des 8. Jahrhunderts hatte Karl ein Imperium geschaffen, das bis auf wenige Gebiete die gesamte westliche Christenheit umfasste und aus dem sich später die europäische Staatenwelt entwickelte (M 6). So machtbewusst er das Frankenreich nach außen erweiterte, so konsequent verfolgte er die Festigung der politischen Strukturen im Innern seines Reiches. Er zentralisierte die Verwaltung des Frankenreiches, entwickelte aus alten Vorformen Lehnswesen und Grundherrschaft (s. S. 77 f.) und förderte Kultur und Wissenschaft.
Den Höhepunkt der Regentschaft Karls des Großen stellte im Jahr 800 seine **Krönung zum Kaiser** durch den Papst in Rom dar. Die Kaiserkrönung manifestierte die hegemoniale Geltung des Frankenreiches gegenüber den anderen westlichen Herrschern und erneuerte das westliche Kaisertum, das dem Ostreich in Konstantinopel in dem Anspruch, die Kaisertradition des Imperiums Romanum

M3 Bildnis Karls des Großen im Krönungsornat, Gemälde von Albrecht Dürer, 1512

M4 Medaille des Karlspreises der Stadt Aachen

In Aachen befand sich die Lieblingspfalz Karls des Großen, die er allmählich zu seinem Regierungssitz ausbauen ließ. Seit 1950 wird in Aachen der Internationale Karlspreis verliehen, die wichtigste Auszeichnung für Verdienste um die europäische Einigung und Völkerverständigung.

Internettipp
www.aachendom.de/
Der Aachener Dom besteht in seinem ältesten Kern aus der Pfalzkapelle Karls des Großen. Hier liegen die Gebeine des Herrschers und ist sein Thron zu besichtigen.

M5 Blatt aus dem Evangeliar aus Prüm, entstanden in Tours, Pergament, um 850

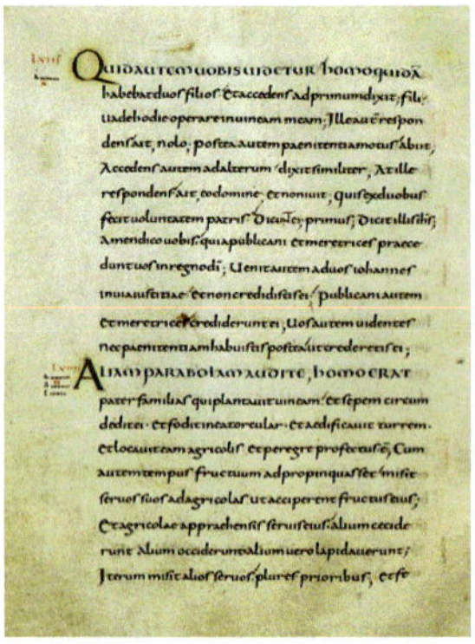

Die Handschrift wurde in der karolingischen Minuskel geschrieben. Diese Einheitsschrift war in der Hofschule Karls des Großen entwickelt worden. Sie erleichterte die einheitliche Verwaltung des Reiches und sollte die kulturelle Einheit seines Vielvölkerstaates vorantreiben.

Internettipp
www.ibl.uni-bremen.de/lehre/lui/user/ag20/
Eine Seite der Universität Bremen zu Karl dem Großen für Schüler, Studierende und Interessierte

fortzusetzen, gleichgestellt sein sollte. Da bereits viele Zeitgenossen Karls Imperium mit „Europa“ gleichsetzten und er sich selbst als „König und Vater Europas“ betitelte, diskutieren heutige Historiker und Politiker, ob Karl der Große als „Vater Europas“ bezeichnet werden kann (M 11 a und b).

Vom Frankenreich zum Regnum Teutonicum

Unter den Nachfolgern Karls des Großen kam es immer wieder zu kriegerischen Konflikten und zu **Reichsteilungen**, da eine Reform der fränkischen Erbschaftsregelung nicht gelang (s. M 1, S. 99). Der Vertrag von Verdun (843) bildete den Auftakt für weitere Teilungsverträge und leitete zugleich langfristig die Auflösung des Frankenreiches ein. Befördert wurde dieser Zerfall im 9. Jahrhundert durch Angriffe der Normannen, Wikinger, Dänen, Ungarn und Sarazenen (Araber), die die innere Schwächung des Frankenreiches für zahlreiche Raubzüge nutzten. Am Ende des Auflösungsprozesses zeigten sich um 900 zwei Tendenzen: Einerseits hatte sich das Frankenreich in mehrere Nachfolgestaaten aufgespalten (M 7), woraus die späteren Nationalstaaten Frankreich, Deutschland und Italien entstanden. Andererseits begünstigte der Zerfall der karolingischen Zentralgewalt den Aufstieg neuer Adelsgeschlechter, die in den Teilreichen **selbstständige Stammesherzogtümer** schufen. Im Ostfränkischen Reich gehörten dazu Bayern, Sachsen, Franken und Schwaben. Nach dem Tod des letzten ostfränkischen Karolingers übertrugen diese Herzogtümer die Königsherrschaft nicht den westfränkischen Karolingern, sondern wählten aus ihren Reihen den Frankenherzog Konrad (Reg. 911–918) zum neuen König und begründeten damit im Ostfrankenreich ein neues Königtum, das auf der Grundlage der Stammesherzogtümer basierte. Weil Konrad die Herzogtümer jedoch nicht als „Teilmächte“ im Reich anerkennen wollte, war seine Regierungszeit von permanenten Machtkämpfen geprägt. Erst seinem Nachfolger, dem Sachsenherzog **Heinrich I.** (Reg. 919–936) gelang es, sich gegen seine Standesgenossen durchzusetzen. Heinrichs Königsherrschaft markiert für viele Historiker den Beginn einer eigenständigen deutschen Geschichte.

M6 Das Frankenreich unter Karl dem Großen und die Aufenthaltsorte des Herrschers.
Die Aufenthaltsorte wurden nach den Itineraren (Aufzeichnung der Reisewege) Karls zusammengestellt.

M7 Das Frankenreich 843–887

a) Nach der Reichsteilung 843

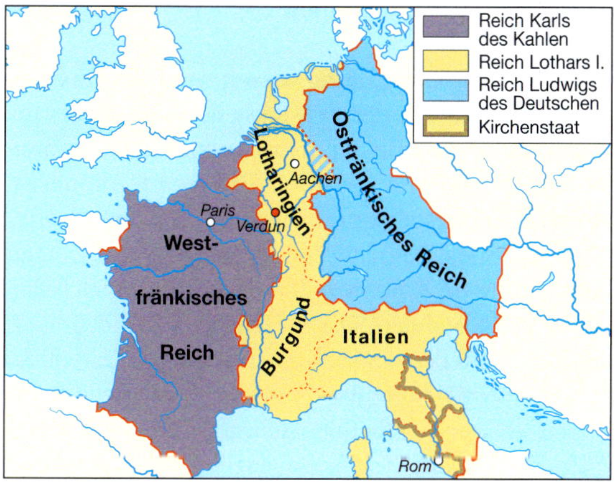

b) Nach der Reichsteilung um 880

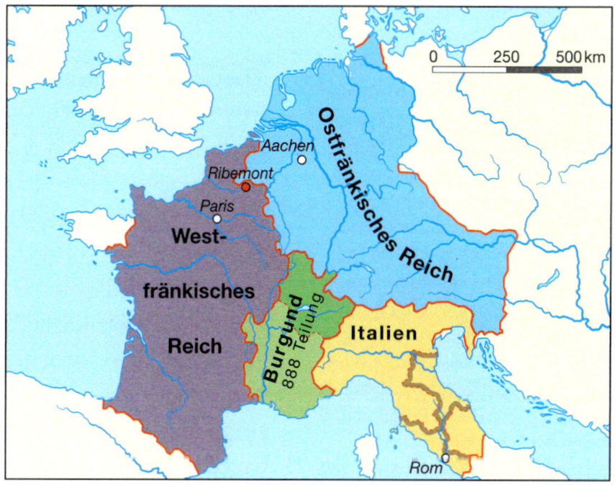

Heinrichs grundsätzlich auf Kooperation mit den Herzögen ausgerichtete Politik gab ihm den Spielraum, das Reich nach außen, vor allem gegen die Angriffe der Ungarn, zu sichern. Entscheidend für die Entwicklung des ostfränkisch-deutschen Reiches war jedoch, dass Heinrich bereits zu Lebzeiten seinen Sohn Otto mit Zustimmung der Herzöge als künftigen König designieren ließ. Damit band er die Königswürde an seine Familie und begründete eine neue, die sächsische Herrscherdynastie.

Das Kaisertum der Ottonen

Mit einer prunkvollen Zeremonie bestieg im Jahr 936 **Otto I.** (Reg. 936–973) den Thron. Seine Königskrönung in Aachen wurde zum Vorbild für das gesamte Mittelalter (M 10). Obwohl er bereits während der Regentschaft seines Vaters zum König gewählt worden war und ihm die offizielle Thronerhebung einen höheren Rang als den Stammesherzögen und seinen Brüdern verlieh, kam es zu Machtkämpfen, die Otto I. jedoch mit diplomatischem Geschick und militärischen Mitteln für sich entscheiden konnte. Die Absicherung seiner Macht erreichte er in den folgenden Jahren durch die Besetzung wichtiger Machtpositionen mit Vertrauten. Darüber hinaus bediente er sich – wie seine karolingischen Vorgänger – der Kirche, indem er Geistliche in bedeutende kirchliche und weltliche Ämter einsetzte und mit Lehen ausstattete. Zum Ausbau seiner Machtposition trugen außerdem die endgültige Abwehr der Ungarn und Slawen sowie deren Ansiedlung, Christianisierung und Integration in die abendländische Kultur bei. Insbesondere der Sieg über das ungarische Heer auf dem Lechfeld (955) erhöhte sein Ansehen. Bereits auf der Siegesfeier soll Otto I. von seinen Soldaten zum „Kaiser" (lat. *imperator*) ausgerufen worden sein. Die Kaiserwürde konnte er jedoch nur in Rom erhalten, denn seit dem Ende des 9. Jahrhunderts beanspruchte der Papst die Kaiserkrönung als kirchliches Vorrecht. Auf seinen Italienzügen setzte Otto I. bewusst karolingische Traditionen fort. So ließ er sich 951 wie Karl der Große zum König der Langobarden ausrufen und schloss nach dem Vorbild Pippins ein Schutzabkommen mit dem Papst, der ihn im Gegenzug 962 in der römischen St.-Peters-Basilika zum Kaiser krönte. Otto I. wollte mit seiner Krönung nicht nur die Kaiserwürde Karls des Großen wiederherstellen, sondern er sowie die meisten seiner Nachfolger nannten sich „Kaiser der Römer" und strebten die Erneuerung des Römischen Reiches (*Renovatio Romani Imperii*, s. M 1, S. 99) an. Der damit verbundene christlich-imperiale Herrschaftsanspruch wurde sowohl vom englischen und franzö-

M8 Die Reichsinsignien: Reichskrone (10. Jh.), Reichsapfel und Reichsschwert (12. Jh.)

Die Reichsinsignien
Zu den Reichsinsignien (lat. *insigne* = Ehrenzeichen) der römisch-deutschen Könige und Kaiser des Mittelalters gehören neben der achteckigen Reichskrone, dem Reichsapfel und dem Reichsschwert auch das Reichskreuz (mit einem Stück vom vermeintlichen Kreuz Christi), das Reichszepter, die Heilige Lanze und spezielle Krönungsgewänder. Die Reichsinsignien, die bei der Königs- und Kaiserkrönung verwandt wurden, legitimierten die Rechtmäßigkeit der Herrschaft und symbolisierten zugleich den christlichen Universalanspruch des Reiches. Sie wurden auf den Reisen der Herrscher häufig mitgeführt, ansonsten in Kaiserpfalzen und ab 1424 dauerhaft in Nürnberg aufbewahrt. Seit dem Ende des Heiligen Römischen Reiches befinden sie sich in der Wiener Hofburg.

Heiliges Römisches Reich Deutscher Nation (962–1806)
Das deutsche Kaiserreich erhob im Mittelalter den Anspruch, den anderen Königreichen übergeordnet zu sein. Die Kaiser sahen sich als Nachfolger der römischen Kaiser (seit 962 „Römisches Reich“) und Oberherren der Christenheit (seit 1157 „Heiliges Römisches Reich“). Im 16. Jh. kam der Zusatz „Deutscher Nation“ hinzu. Das Krönungsrecht lag beim Papst, der zwischen 962 und 1452 alle deutschen Könige in Rom (danach in Frankfurt am Main) zum Kaiser krönte. 1530 wurde Karl V. als letzter Kaiser vom Papst in Bologna gekrönt. Mit der Kaiserwürde verband sich auch der Anspruch auf die Königsherrschaft über Burgund und Italien. Im Rahmen der napoleonischen Kriege wurde das Reich 1806 aufgelöst (s. S. 229).

Deutscher Orden
Er gehört zu den wichtigsten geistlichen Orden, die von Rittern unter dem Einfluss der kirchlichen Reformbewegung (s. S. 73 f.) während der Zeit der Kreuzzüge (s. S. 112 ff.) gegründet wurden. 1190 in Jerusalem von Hansekaufleuten als Krankenpflegeorden konstituiert, wurde er 1198 in einen Ritterorden umgewandelt. Nach dem Scheitern der Kreuzzüge war der Orden seiner ursprünglichen Aufgabe beraubt, bis er 1225 der Bitte des polnischen Herzogs Konrad von Masowien um Unterstützung für die Niederwerfung und Bekehrung der heidnischen Pruzzen (Preußen) folgte. Als Gegenleistung erhielt er das Culmerland, das zum Kern eines neuen Ordensstaates wurde. Ein Jahr später garantierte Kaiser Friedrich II. (s. S. 91 f.) dem Hochmeister des Ordens, Hermann von Salza (1209–1239), einen unabhängigen Staat, der durch seine intensive Expansionspolitik (Kurland, Livland, Danzig, Pomerellen, Estland, Gotland, Neumark) um 1400 zur europäischen Großmacht aufstieg. Nach militärischen Niederlagen gegen Litauen und Polen, unter anderem in der Schlacht bei Tannnenberg (1410), verwandelte 1525 der letzte Hochmeister, Albrecht von Brandenburg-Ansbach, den Rest des Ordens in das weltliche Herzogtum Preußen (s. S. 168 ff.).

sischen König als auch vom Papst vehement abgelehnt. Die Kaiserkrönung Ottos I. begründete eine bis 1806 andauernde Verknüpfung des deutschen Königtums mit dem erneuerten westlichen Kaisertum und markiert für viele Historiker den Beginn des **Heiligen Römischen Reiches Deutscher Nation***.

Deutsche Ostsiedlung und Deutscher Orden

Die deutsche Ostsiedlung vollzog sich über mehrere Jahrhunderte von der Zeit Karls des Großen bis ins 18. Jahrhundert. Im 6. und 7. Jahrhundert siedelten in Osteuropa neben Awaren und Ungarn in erster Linie Slawen. Ausgehend von ihrem früheren Siedlungsgebiet am Oberlauf des Dnjepr zogen die Westslawen ins heutige Franken, Thüringen und Holstein und die Ost- bzw. Südslawen auf den Balkan. Das Vordringen deutscher Siedler nach Südosten setzte im 8. Jahrhundert ein, verstärkt nach den Awarenkriegen Karls des Großen (795) und den Siegen Heinrichs I. und Ottos I. (955) über die Ungarn. Die Ottonen betrieben eine besonders intensive Ostpolitik: Sie wollten die slawischen Gebiete vollständig in das ostfränkisch-deutsche Reich eingliedern. Neben den Markgrafschaften, die bereits Heinrich I. im slawischen Grenzgebiet errichtet hatte, schuf Otto I. ein System von sogenannten „Burgwarden“, d. h. kleinen Bezirken mit einer Burg im Mittelpunkt, von denen aus die slawischen Gebiete beherrscht werden konnten. Außerdem organisierte er in den eroberten Gebieten eine planmäßige Christianisierung durch Missionare. Zu diesem Zweck gründete Otto I. 968 in Magdeburg, in unmittelbarer Grenznähe, ein neues Erzbistum, das als Basis für die Mission diente.

Im 12. bis 14. Jahrhundert erreichte die Ostsiedlung einen neuen Höhepunkt. Ein starkes Bevölkerungswachstum, die rasante Entwicklung von Städten, Handel und Gewerbe sowie die militärische Überlegenheit des Deutschen Reiches über den dünn besiedelten und bäuerlich geprägten Osten ließen die deutschen Herrscher die Kolonisation des Ostens verstärken. So eroberte z. B. Adolf II. von Holstein 1140 das Land der Wagrier (Ostholstein), Markgraf Albrecht der Bär 1157 die Mark Brandenburg, und im Vogtland und um Eger förderten die Staufer die Neu-

M9 Die deutsche Ostsiedlung im Mittelalter

1 Analysieren Sie die Karte (s. auch Methodenseite, S. 150 f.).

siedlung. Auch die slawischen Herrscher warben gezielt deutsche Bauern, Handwerker und Kaufleute an und schlossen mit ihnen Verträge, die ihnen Privilegien (z. B. persönliche Freiheit, Selbstverwaltung, Steuerfreiheit) zusicherten. Zumeist gestaltete sich das Verhältnis zwischen Alt- und Neusiedlern dabei ohne größere Konflikte. Dies änderte sich mit der Gründung eines eigenen Staates durch den **Deutschen Orden***. Die Ordensritter trugen zwar durch zahlreiche Stadtgründungen zum Ausbau des Landes bei, ihre brutale Eroberungspolitik führte jedoch zu militärischen Konflikten mit Polen und Litauen und damit zu einer Belastung vor allem des deutsch-polnischen Verhältnisses.

1 Erläutern Sie, inwiefern das Verhältnis zwischen dem Papsttum und den Karolingern eine Voraussetzung für die Begründung des abendländischen Kaisertums durch Karl den Großen war.
2 Vergleichen Sie das Kaisertum Ottos I. mit dem Karls des Großen, indem Sie Unterschiede und Gemeinsamkeiten herausarbeiten.
3 Erarbeiten Sie relevante Phasen und Charakteristika der deutschen Ostsiedlung.

M 10 Die Königskrönung Ottos I. 936

Aus der „Sachsengeschichte" (um 970) des Mönches Widukind von Corvey (um 925–nach 973):

Als so der Vater des Vaterlandes und der größte und beste der Könige, Heinrich, gestorben war, wählte das ganze Volk der Franken und Sachsen seinen Sohn Otto, der schon von seinem Vater zum König designiert worden war, sich zum Fürsten. Als Ort der allgemeinen Wahlhandlung wurde Aachen festgesetzt. In der Nähe liegt die Stadt Jülich, die ihren Namen von ihrem Gründer Julius Caesar trägt. Dort versammelten sich die Herzöge und die hohen Vasallen mit den anderen Vornehmen in der Säulenhalle der Basilika Karls des Großen und führten ihren neuen Herrscher zu einem dort errichteten Thron, und sie reichten ihm die Hände und versprachen ihm Treue [...]. Währenddessen erwartete der höchste Bischof [des Reiches] mit dem gesamten Klerus und dem Volke im Inneren der Basilika den Einzug des neuen Königs. Als dieser eintrat, ging ihm der Erzbischof entgegen, berührte mit seiner Linken die Rechte des Königs, während er in seiner eigenen Rechten den Krummstab trug, angetan mit der Albe wie der Stola und dem Messgewand, und schritt bis zur Mitte des Heiligtums vor; dann blieb er stehen. [...] „Sehet her!" rief er, „hier zeige ich euch den von Gott erwählten und von König Heinrich designierten, jetzt von allen Fürsten gekürten König Otto; wenn euch die Wahl recht ist, dann hebt die rechte Hand zum Himmel empor!" Darauf rief die ganze Menge dem neuen Herrscher mit erhobener Hand und gewaltigem Getöse Heil. Dann schritt der Erzbischof mit dem König, der nach fränkischer Art ein enganliegendes Gewand trug, hinter den Altar, auf dem die königlichen Insignien gelagert waren, das Schwert mit dem Wehrgehänge, der Mantel mit den Spangen, Stab und Zepter und die Krone. [...]. Dieser trat nun zum Altar, nahm das Schwert mit dem Wehrgehänge, wandte sich zum König und sprach: „Empfange dieses Schwert, mit dem du alle Feinde Christi austreiben sollst, die Barbaren und die schlechten Christen, da dir durch Gottes Willen die ganze Macht im gesamten Reich der Franken gehört, damit allen Christen der Friede gewiss sei." Dann bekleidete er ihn mit dem spangengeschmückten Mantel und sprach: „Lass dich durch diesen lang herabwallenden Mantel ermahnen, im Eifer für den Glauben und den Himmel zu glühen und auszuharren im Schutze des Friedens bis an dein Ende." Endlich ergriff er Zepter und Stab und sprach: „Lass dich durch diese Insignien mahnen, deine Untertanen in väterlicher Zucht zu halten; reiche vor allem den Dienern Gottes und den Witwen und Waisen deine Hand voll Mitleid; niemals möge auf deinem Haupte das Öl des Erbarmens vertrocknen, auf dass du in diesem und im ewigen Leben mögest gekrönt werden mit unvergänglichem Lohne." Dann wurde der König durch die Erzbischöfe Hildibert und Wichfried [von Köln] mit dem heiligen Öle gesalbt und mit der goldenen Krone gekrönt, und als so alle vorgeschriebenen Weihehandlungen vollzogen waren, wurde er von denselben Erzbischöfen über eine Wendeltreppe zu einem Throne geleitet, der zwischen zwei wunderschönen Marmorsäulen errichtet war. Von da konnte der König selbst alles sehen, und er konnte von allen erblickt werden. Als die erhabenen Laudes verklungen waren und das feierliche Hochamt zelebriert worden war, begab sich der König in den Palast, und er nahm mit den Erzbischöfen und allem Volke an einer königlich geschmückten Marmortafel Platz; die Herzöge aber leisteten bei Tisch die Ehrendienste. [...] Endlich aber überreichte der König jedem der Fürsten je nach seiner Stellung ein königliches Ehrengeschenk mit königlicher Freigebigkeit und entließ in heiterer Stimmung die Massen.

Zit. nach: Wolfgang Lautemann (Bearb.), Geschichte in Quellen, Bd. 2, bsv, München 1989, S. 146 f.

1 Erarbeiten Sie die einzelnen Rituale der Königskrönung und erklären Sie deren Bedeutung.

M 11 Geschichte kontrovers Karl der Große – der „Vater Europas"?

a) Der Politikwissenschaftler Bassam Tibi über die Entstehung christlich-abendländischen Bewusstseins zur Zeit Karls des Großen, 2001:

Die historischen Auswirkungen der islamischen Djihad-Bedrohung[1] für Europa lassen sich kaum überbewerten, zu ihnen gehört der Aufstieg Karls des Großen als „Vater Europas" […]; er war nicht nur ein „starker König", der in der Lage war, mit „eiserner Zunge" zu sprechen, und erstmals mit großer Autorität die Einheit Nordeuropas verwirklichte. Karl der Große war auch der erste Europäer, der eine Strategie für den Umgang mit der benachbarten islamischen Zivilisation entwickelte, die Bedrohung nicht länger allein mit Bedrohung beantwortete. Zudem war Karl der Große auch der erste Herrscher der westlichen Christenheit, der nach seiner Krönung im Jahr 800 den Titel „Kaiser" für sich beanspruchen konnte.

Für unsere Thematik ist von zentraler Bedeutung, dass Karl der Große jener Europäer war, unter dessen Herrschaft sich, wie der Historiker des westlichen Christentums Peter Brown hervorhebt, „das eigentümlich abendländische Christentum […] (als) Ergebnis des Zusammenwirkens einer wesentlich neuen Kirche mit einem neuen politischen System" ausbilden konnte. Ich füge hinzu: als Ergebnis einer europäischen Antwort auf die islamische Expansion und ihrer Folgen im Mittelmeerraum. Zwar ließ sich Karl der Große […] im Dezember des Jahres 800 in Rom von Papst Leo III. krönen, in Wirklichkeit war aber er der Beschützer des schwachen Papstes. Leo III. konnte nur unter Karls Schutz 799 mit einer militärischen Eskorte nach Rom zurückkehren, nachdem er ein Attentat überlebt hatte und blutend von Rom nach Paderborn geflohen war. […] Das Zeitalter der Karolinger markiert die Ablösung von der antiken Welt im Rahmen der Formierung eines neuen, okzidentalen Christentums, also des christlichen Abendlandes in Abgrenzung zum Islam. Karl der Große legte hierfür den Grundstein. […]

Die von Karl dem Großen im Nukleus[2] ausgebildete christlich-europäische Identität entstand in Reaktion auf die islamische Bedrohung; sie wurde als Legitimierung für seine neue, karolingische Ordnung verwendet. Diese Aussage steht nicht im Widerspruch dazu, dass es Karl dem Großen als zutiefst religiösem Menschen ein besonderes Anliegen war, seinem Glauben zur Verbreitung zu verhelfen; das war auch der Grund für seine ständigen kriegerischen Auseinandersetzungen mit den „heidnischen" Sachsen, die er niedermetzelte – gewiss keine christliche Umgangsform. Karl setzte alles daran, das von ihm neu definierte abendländisch-christliche Europa, auch gegen Byzanz, aufrechtzuerhalten. Dass Karl ein Christ und nicht nur ein Machtpolitiker war, zeigt sich in der Beziehung zu Harun al-Raschid[3]. Bei dem Kontakt schien es nicht nur um ein Machtgleichgewicht zum christlichen Byzanz und islamischen Cordoba[4] zu gehen, es ging auch […] um den Zugang der Gläubigen seiner Gemeinschaft zu den christlichen Stätten in Jerusalem. Anders als die späteren Kreuzritter versuchte Karl, diesen Zugang mit friedlichen Mitteln zu erlangen. Zu diesem Zweck berief er im Jahre 802 eine Synode in seine Pfalz nach Aachen.

Bassam Tibi, Kreuzzug und Djihad. Der Islam und die christliche Welt, Goldmann, München 2001, S. 92ff.

1 Djihad = Heiliger Krieg
2 Nukleus = Kern
3 Harun al-Raschid: islamischer Zeitgenosse Karls des Großen und Abbasiden-Herrscher in Bagdad
4 Nach der Gründung der Abbasiden-Herrschaft in Bagdad 750 entstand 756 das Emirat der Omaiyyaden von Córdoba, wobei die Spaltung zwischen beiden islamischen Dynastien nur politisch war.

b) Der Historiker Johannes Fried über Karl den Großen und Europa, 2002:

Karl betrieb so wenig Europapolitik, wie er Sonne war oder Licht. Der Franke besaß keinen Anlass, über „Europa" zu sinnieren. Auch ahnte er kaum, wie weit nach Norden und Osten sich dessen Räume erstreckten. Vage umschrieb sie der heilige Augustinus in seiner „Civitas Dei", aus der Karl sich wieder und wieder vorlesen ließ. Der Erdteil reiche von Norden nach Westen, nehme gemeinsam mit Afrika (das von Süden nach Westen liege) die Hälfte der gesamten Erde ein, deren andere Hälfte vom Süden über den Osten nach dem Norden Asien umfasse.

Mehr dürfte auch Karl in diesen Erdregionen nicht gesehen haben. Solches Wissen bot kein Handlungsmotiv. Karl vielmehr betrieb wahre „Gottesverehrung", diente der universalen Kirche, die sich über die Erde verbreiten sollte; gedachte nicht eines kommenden Jahrtausends, sondern des Jüngsten Gerichts. Da galt es, die Heiden dem rechten Glauben zu unterwerfen und das eigene Reich in rechter Weise zu ordnen. Solches Handeln hatte der heilige Augustinus den Königen geraten, um die ewige Seligkeit zu erlangen. So wäre der Kirchenvater, der Lehrer des „Pater Europae", der eigentliche Vater Europas?

In den Krieg ziehen, erobern, um selig zu werden? Die Zeitgenossen wussten es gebührend zu würdigen: „Waffengewaltig", „schwergewaltig", „kriegsmächtig" – so priesen sie den König. Machtstreben, Skrupellosigkeit und Verschlagenheit zeichneten ihn aus. Von Beginn seiner Regierung führte Karl – den Zielen extensiver Herrschaft verpflichtet – Krieg.

Johannes Fried, Ein dunkler Leuchtturm, in: Spiegel spezial, Experiment Europa. Ein Kontinent macht Geschichte, Spiegel Verlag, Nr. 1, 2002, S. 25

1 **Analysieren und vergleichen Sie M 11 a und b im Hinblick auf die europapolitische Bedeutung Karls des Großen.**

2 Geistliche und weltliche Macht

Das Reichskirchensystem Das Verhältnis zwischen Papst und Kaiser als Repräsentanten der geistlichen und weltlichen Gewalt (*sacerdotium* und *imperium*) war nach der Erneuerung des Kaisertums durch Otto I. ungeklärt geblieben. Das Ringen um den christlich-universellen Herrschaftsanspruch entwickelte sich im 11. Jahrhundert zu einem Konflikt, der den abendländischen Kulturraum nachhaltig prägte. Der Papst empfand sich als Nachfolger des Apostels Petrus und beanspruchte mit der Führungsrolle in der römischen Christenheit auch die Vormachtstellung gegenüber dem Kaiser. Vor allem war er jedoch Bischof von Rom, der aus dem stadtrömischen Adel nach den jeweiligen innerstädtischen Machtkonstellationen gewählt wurde und der aufgrund seiner politischen Schwäche immer wieder des kaiserlichen Schutzes bedurfte. Der Kaiser sah sich dagegen als Schutzherr der Christenheit, der die Rechte und den Besitz von Papst und Kirche zu wahren hatte (s. S. 69). Als Inhaber eines Amtes, das seit der Karolingerzeit durch die papstliche Salbung und Krönung heiligen Charakter besaß, hatten die frühmittelalterlichen Herrscher, wie z. B. die Karolinger, ganz selbstverständlich Aufgaben des Staates in Landwirtschaft, Erziehung, Verwaltung und bei der Missionierung durch die Kirche realisieren lassen. Darüber hinaus nahmen die Herrscher für sich das Recht in Anspruch, Einfluss auf die Wahl von Erzbischöfen, Bischöfen und Äbten zu nehmen, indem sie diese durch die Übergabe von Symbolen der geistlichen Herrschaft formell in ihr Amt einführten **(Investitur*)**. Obwohl das kirchliche Recht vorsah, Bischöfe von Geistlichen und Äbte von der Klostergemeinschaft wählen zu lassen, traf meist der König die Entscheidung. Diese **Verflechtung von weltlicher und geistlicher Macht**, von Historikern später als Reichskirchensystem bezeichnet, wurde unter Ottonen und Saliern kontinuierlich ausgebaut. Die Geistlichen dienten den Herrschern als Ratgeber und Diplomaten, beherbergten sie auf Reisen, unterstützten sie bei Reichskriegen und wurden so zu wichtigen Machtstützen des ostfränkisch-deutschen Königtums. Im Gegenzug wurden ihnen Lehen und königliche Herrschaftsrechte *(Regalien)* wie Zoll-, Markt-, Münz- und Forstrechte und eine eigene Gerichtsbarkeit übertragen. Von Vorteil für den König erwies sich dabei, dass die verliehenen Lehen und Regalien, bedingt durch die Ehelosigkeit der Geistlichen *(Zölibat)*, im Todesfall an den Herrscher zurückgingen. Die Ottonen und frühen Salier weiteten das Reichskirchensystem auch auf das Papsttum aus, indem sie massiven Einfluss auf die Wahl der Päpste in Rom nahmen.

Kirchliche Reformbewegung Die umfassende Einbeziehung der Kirche in staatliche Ordnungsaufgaben durch das deutsche Königund Kaisertum erzeugte bei geistlichen, aber auch weltlichen Amtsträgern Widerstand. Den Interessen der Adligen widersprach die Vergabe von Lehen an Geistliche, und innerhalb der Kirche stand die zunehmende Verweltlichung unter Kritik (M 3).

Ausgehend von dem burgundischen **Kloster Cluny** entwickelte sich im 10./11. Jahrhundert eine kirchliche **Reformbewegung***, die mit der Parole „Freiheit der Kirche" *(libertas ecclesiae)* eine von weltlichen Einflüssen unabhängige Organisation anstrebte. Die Kirchenbewegung führte auch zu einer Stärkung des Papsttums gegenüber den weltlichen Mächten. So wurde auf der Synode von 1059 eine Reform der Papstwahl beschlossen, die den Einfluss des römischen Stadtadels und des deutschen Königs bzw. Kaisers zurückdrängen sollte. Künftig nominierten ausschließlich die Kardinäle den neuen Papst und die übrige Geistlichkeit sowie

M 1 Petrus verleiht Papst Leo die geistliche (in Form des Palliums) und Karl dem Großen die weltliche Macht (in Form einer Fahnenlanze), Wandmosaik im Lateranspalast in Rom, um 800

Investitur
lat. *investire* = einkleiden; das Kirchenrecht verstand darunter die Einsetzung eines Geistlichen, insbesondere eines Bischofs oder Erzbischofs in sein Amt mit symbolischer Überreichung der Insignien. Im Lehnswesen ging es um die Übertragung weltlicher und geistlicher Befugnisse an den gewählten Abt oder Bischof durch den König.

Wesentliche Forderungen der kirchlichen Reformbewegung:
- Wiederherstellung der alten Ideale von Armut, Gebet und Gottesdienst in den Klöstern
- Verbot des Kaufes geistlicher Ämter *(Simonie)*
- Ehelosigkeit von Bischöfen und Priestern *(Zölibat)*
- Befreiung der Kirche und Klöster vom Einfluss weltlicher Herrschaft
- Verbot der Amtseinsetzung eines Geistlichen durch einen Laien *(Laieninvestitur)*

M2 Heinrich IV. vor Burg Canossa, Gemälde von Hermann Freihold Plüdemann, 1861

„Bußgang nach Canossa", 1077
Exkommunikation und Buße Heinrichs IV. waren ohne Vorbild und galten bereits bei den Zeitgenossen als unglaublicher Vorgang. So verwundert es nicht, dass der Gang nach Canossa in der Geschichtsschreibung unterschiedlich dargestellt wurde. Als gesichert gilt, dass Heinrich IV. Ende 1076 die Alpen überquerte, um ein für Februar 1077 in Augsburg geplantes Treffen zwischen Papst Gregor VII. und der Fürstenopposition, bei dem über eine Neuwahl des Königs beraten werden sollte, zu verhindern. Am 25. Januar 1077 erschien er vor der Burg Canossa bei Parma in Norditalien, wo sich der Papst aufhielt. Angeblich stand Heinrich barfuß und im Büßerhemd drei Tage vor den Burgtoren, bis nach Vermittlung der Burgherrin Markgräfin Mathilde von Tutzien, einer treuen Anhängerin Gregors und zugleich Tante des Königs, der Papst ihn vom Bann löste. Der sprichwörtlich gewordene Gang nach Canossa wird in der modernen Geschichtsforschung nicht mehr nur als Demütigung Heinrichs gewertet, sondern als diplomatisch erfolgreicher Schachzug, da er seine Handlungsfähigkeit zurückgewann und die geplante Wahl eines neuen Königs verhinderte.

die Römer konnten nur noch zustimmen. Dem deutschen Herrscher sollte als Vorrecht die Bestätigung des Gewählten bleiben. Darüber hinaus wurde ein Verbot der Laieninvestitur auf der unteren kirchlichen Ebene beschlossen. Stellten die Beschlüsse bereits eine erhebliche Schwächung des deutschen Königs- und Kaisertums dar, bestand nun auch die Gefahr, dass das Laieninvestiturverbot auf die Reichskirche übertragen werden könnte.

Der Investiturstreit

Der Konflikt zwischen dem Salierkönig Heinrich IV. (Reg. 1056–1106) und Papst Gregor VII. (1073–1085) um die Frage der Einmischung weltlicher Herrscher in geistliche Angelegenheiten, vor allem bei der Investitur, entwickelte sich zu einer Auseinandersetzung über die bisher nicht geklärte Frage, ob Papsttum oder Kaisertum die jeweils **übergeordnete Macht** sei. Gregor VII., kompromissloser Befürworter der Kirchenreformbewegung, beanspruchte im *dictatus papae* 1075 die päpstliche Obergewalt über alle weltlichen Herrscher (M 4 a).
Nachdem Heinrich IV. ungeachtet des päpstlichen Erlasses in Norditalien Bischöfe ein- und abgesetzt hatte, eskalierte der Streit anlässlich der Einsetzung des Mailänder Erzbischofs im Jahr 1075. Während der Papst erklärte, der König habe den Bischofssitz einem nicht rechtmäßig gewählten Kandidaten übergeben, beharrte Heinrich IV. auf seinem Investiturrecht. Auf dem Höhepunkt des Konfliktes erklärte der König im Januar 1076 auf einer Reichsversammlung in Worms Gregor VII. für abgesetzt (M 4 b). Daraufhin belegte der Papst den König einen Monat später mit dem Kirchenbann und entband seine Untertanen vom Treueid. Diese Exkommunikation des Königs nutzten einige Fürsten im Reich, indem sie Heinrich im Herbst 1076 ein Ultimatum stellten: Falls er sich nicht innerhalb eines Jahres vom Bann lösen lasse, würden sie einen neuen König wählen. Es gelang Heinrich wider Erwarten mit seinem **„Bußgang nach Canossa"*** im Januar 1077, die Aufhebung der Kirchenstrafe zu erzwingen. Eine Regelung des Investiturrechts erfolgte jedoch nicht, vielmehr erließ 1078 Gregor VII. ein generelles, auch für Könige und Kaiser geltendes Laieninvestiturverbot. Daraufhin wurde die Auseinandersetzung zwischen König- und Papsttum mit Streitschriften, gegenseitigen Amtsenthebungen und weiteren Bannsprüchen fortgesetzt.
Der Investiturstreit wurde erst 1122 nach langen Verhandlungen zwischen Heinrich V. (Reg. 1106–1125) und Papst Calixt II. (1119–1124) mit dem **Wormser Konkordat** beendet. Ausgehend von dem Gedanken der Trennung von geistlicher und weltlicher Amtsbefugnis (*Spiritualia* und *Temporalia*) wurde in ihm nach dem Vorbild Englands und Frankreichs das Verfahren der Investitur neu geregelt (M 5). Am Ende hatte sich der Papst mit dem Grundsatz der freien kanonischen Wahl durchgesetzt und seine Vormachtstellung in der lateinischen Christenheit behauptet. Der Einfluss des Königs auf die Auswahl der Bischöfe im Deutschen Reich blieb jedoch erhalten, da es nicht sinnvoll war, einen Kandidaten zu wählen, dem anschließend die königliche Belehnung verweigert wurde. Das Wormser Konkordat institutionalisierte erstmals die **Trennung von *sacerdotium* und *imperium***, also von geistlichen und weltlichen Zuständigkeitsbereichen.

1 Stellen Sie den Investiturstreit in einem Schaubild dar. Berücksichtigen Sie Ursachen, Anlass, Verlauf, Ergebnis und Folgen des Konfliktes.

2 Viele Historienbilder haben den Gang nach Canossa „in Szene gesetzt" und dabei Sichtweisen vom „Debakel" bis zum „Triumph" vertreten. Beschreiben Sie M 2 und analysieren Sie die Intention des Malers. Recherchieren Sie, wie der Gang nach Canossa in den verschiedenen Epochen dargestellt wurde, z. B. in der Reformationszeit oder im 19. Jahrhundert.

M 3 **Das Reichskirchensystem**

Der dem Erzbischof Bruno nahestehende Kölner Kleriker Ruotger beschreibt Reaktionen auf die Reichsbischöfe (10. Jh.):

[Otto I.] schickte seinen Bruder Bruno in dieser gefährlichen Zeit als Beschützer, Sachwalter und sozusagen als Erzherzog nach Westen. [...] Auf Drängen des Kaisers übernahm er, wie gesagt, die Reichsgeschäfte bei den Lothringern, und obwohl er jedem der Großen und der Amtsträger seine ihm zustehenden Aufgaben übertrug, gab es doch nichts, worum er sich nicht auch selbst kümmerte. Dabei achtete er fürsorglich und wachsam besonders darauf, was allen nützen konnte. Aber vielleicht machen ihm einige Leute, die die göttliche Ordnung nicht begreifen, Vorwürfe und fragen, warum denn ein Bischof Politik und gefährliche Kriege betreibe, obwohl er doch nur die Aufgabe der Seelsorge habe. Die Sache selbst kann diesen Leuten, wenn sie nur etwas Verstand haben, Antwort geben: Sie sehen doch, wie das große und diesen Gegenden ungewohnte Gut des Friedens durch den Beschützer und Lehrer des gläubigen Volkes weithin ausgebreitet wurde [...]. Und die weltliche Regierung war auch für die Lenker der heiligen Kirche Gottes weder neu noch ungebräuchlich – Beispiele gibt es genügend, wenn man sie sucht. Wir aber wollen uns anderen Dingen zuwenden und überlassen es jedem, wie er über diesen frommen Mann rede oder urteile; es gibt unseres Wissens niemanden mit einem klaren Kopf, der das deutlich sichtbare gute Ergebnis durch irgendeine schändliche Verleumdung verdunkeln möchte. Denn ehrenvoll und nützlich für unser Reich war alles, was er tat.

Zit. nach: Peter Hilsch, Mittelalter, Beltz Athenäum, Weinheim [2]1995, S. 161 f.

1 Analysieren Sie M 3 im Hinblick auf die Kritik am frühmittelalterlichen Reichskirchensystem.

M 4 **Geschichte kontrovers Wer ist die höhere Instanz – Kaiser oder Papst?**

a) Kirchenrechtliche Grundsätze Papst Gregors VII. („*dictatus papae*"), 1075:

1. Die römische Kirche ist allein vom Herrn gegründet worden.
2. Allein der römische Pontifex wird rechtmäßig universaler Bischof genannt.
3. Er allein kann Bischöfe absetzen oder wieder aufnehmen.
4. Sein Legat hat allen Bischöfen gegenüber auf dem Konzil den Vorsitz, auch wenn er geringeren Ranges ist, und kann über sie das Urteil der Absetzung fällen.
5. Auch Abwesende kann der Papst absetzen.
6. Mit den von ihm Exkommunizierten dürfen wir unter anderem nicht einmal im selben Haus bleiben.
7. Ihm allein ist es gestattet, wenn die Zeit es erfordert, neue Gesetze zu erlassen, neue Bistümer zu errichten, Kanonikerkapitel in Mönchsklöster zu verwandeln und umgekehrt, reiche Bistümer aufzuteilen und arme zusammenzulegen.
8. Er allein darf kaiserliche Insignien gebrauchen.
9. Allein des Papstes Füße haben alle Fürsten zu küssen.
10. Sein Name allein darf in den Kirchen feierlich genannt werden.
11. Einzigartig ist dieser Name in der Welt.
12. Ihm ist erlaubt, Kaiser abzusetzen.
13. Ihm ist erlaubt, Bischöfe von einem Sitz zum anderen zu versetzen, falls dringend geboten.
14. Aus jeder Kirche kann er nach Belieben Kleriker weihen.
15. Ein von ihm Ordinierter kann auch einer anderen Kirche vorstehen, nicht aber niedere Dienste tun; von keinem anderen Bischof darf er einen höheren Weihegrad empfangen.
16. Keine Synode darf ohne seine Weisung als eine allgemeine bezeichnet werden.
17. Kein Rechtssatz und kein Buch darf ohne seine Autorisierung als kanonisch gelten.
18. Seine Entscheidung darf von niemandem neu verhandelt werden, er selber darf als Einziger die Entscheidungen aller anderen neu zur Verhandlung stellen.
19. Er selber darf von niemandem gerichtet werden.
20. Niemand wage den zu verurteilen, der an den apostolischen Stuhl appelliert.
21. Die wichtigeren Angelegenheiten jeder Kirche sollen vor den apostolischen Stuhl gebracht werden.
22. Die römische Kirche hat niemals geirrt und wird nach dem Zeugnis der Schrift auch nie und nimmer irren.
23. Der römische Pontifex, wenn er kanonisch geweiht wurde, wird durch die Verdienste des heiligen Petrus unzweifelhaft heilig gemacht. [...]
24. Auf seine Weisung und Erlaubnis hin ist es Untergebenen gestattet, Anklage zu erheben.
25. Ohne das Zusammenkommen einer Synode kann er Bischöfe absetzen und wieder aufnehmen.
26. Als katholisch darf nicht gelten, der nicht übereinstimmt mit der römischen Kirche.
27. Er kann Untergebene vom Treueid gegenüber Missetätern lösen.

Zit. nach: Hans Küng, Das Christentum, Piper, München 1994, S. 446 f.

b) Dekret Heinrichs IV., 1076:

Papst Gregor VII. (1073–1085, Geburtsname: Hildebrand) war mit der Einsetzung des Erzbischofs von Mailand durch den Salierkönig Heinrich IV. (Reg. 1056–1106) nicht einverstanden. Auf seine Kritik reagierte der König, gestützt auf die romfeindliche Gesinnung der deutschen Bischöfe, mit folgendem Dekret:

Heinrich, von Gottes Gnaden König, an Hildebrand. Während ich bisher von dir erwartete, was dem Verhalten eines Vaters entspricht, und Dir in allem gehorchte, [...] erhielt ich von Dir einen Lohn, wie er nur von dem gefährlichsten Feind unseres Lebens und Reiches zu erwarten war [genannt werden: der Raub aller ererbter Ehre; der Versuch, die Herrschaft über Italien mit üblen Machenschaften zu entreißen; die Schmähung des Reichsepiskopats]. Diesen unerhörten Eigensinn glaubte ich nicht mit Worten, sondern mit der Tat zurückweisen zu müssen. Ich hielt darum eine allgemeine Versammlung aller Reichsfürsten auf ihre Bitten ab. Als man dort, was man bisher aus Scheu und Ehrfurcht verschwiegen hatte, an die Öffentlichkeit brachte, da wurde aufgrund der wahrheitsgetreuen Darlegungen dieser Fürsten – Du kannst sie ihrem eigenen Schreiben entnehmen – verkündet, dass Du auf keinen Fall auf dem römischen Stuhl bleiben kannst. Weil deren Spruch gerecht und vor Gott und den Menschen anerkennenswert schien, stimmte auch ich zu und spreche Dir alles Recht der päpstlichen Gewalt ab, das Du zu besitzen schienst, und befehle Dir, vom römischen Stuhl herabzusteigen, dessen Schirmherrschaft mir Gott zuteilte und die Römer durch Schwur zubilligten, sodass sie mir zusteht.

Zit. nach: Adolf Martin Ritter u.a. (Hg.), Kirchengeschichte in Quellen. Ein Arbeitsbuch, Bd. 2, Neukirchener Verlag, Neukirchen [5]2001, S. 91

1 Analysieren und vergleichen Sie die zentralen Aussagen der Quellen M 4 a und b. Erläutern Sie Mittel und Wege, mit denen König und Papst ihre Interessen zu verwirklichen suchten.

M5 Das Wormser Konkordat, 1122

a) Privileg des Kaisers:

Ich, Heinrich, von Gottes Gnaden Imperator Augustus der Römer, verzichte aus Liebe zu Gott und der heiligen römischen Kirche und zum Herrn Papste Calixtus und wegen meines Seelenheils zugunsten Gottes und der heiligen Apostel Petrus und Paulus und der heiligen römischen Kirche auf alle Investitur mit Ring und Stab, und ich gestatte in allen Kirchen, die in meinem Regnum und Imperium liegen, kanonische Wahl und freie Weihe.
2. Besitzungen und Regalien des heiligen Petrus, die vom Beginn dieses Streites an bis zum heutigen Tage zur Zeit meines Vaters oder auch durch mich entfremdet worden sind, erstatte ich der heiligen römischen Kirche zurück, soweit ich sie im Besitz habe, falls aber nicht ich sie besitze, werde ich die Rückerstattung getreulich unterstützen.
3. Besitzungen aller anderen Kirchen oder von Fürsten oder anderen Laien und Klerikern, die in diesem Streite verloren gegangen sind, werde ich nach dem Rate der Fürsten und der Rechtsgewalt, die ich habe, zurückgeben; was ich aber nicht selbst besitze, werde ich getreulich zurückzugeben befehlen.
4. Und dem Herrn Papste Calixtus und der römischen Kirche und allen, die auf ihrer Seite sind oder waren, gebe ich wahren Frieden.
5. Auch werde ich in allen Fällen, in denen die römische Kirche Hilfe von mir erbitten sollte, ihr getreulich helfen und in allen Stücken, über die sie mir Beschwerden vorträgt, für schuldige Gerechtigkeit sorgen. Das alles ist geschehen mit Zustimmung und nach Beratung mit den Fürsten, deren Namen unterschrieben sind: Erzbischof Adalbert von Mainz, Erzbischof F[riedrich] von Köln, [Hartwig] Bischof von Regensburg, O. Bischof von Bamberg, B[runo] Bischof von Speyer, H[ermann] von Augsburg, G. von Utrecht, O. von Konstanz, E. Abt von Waldis, Herzog Heinrich, Herzog Friedrich, Herzog S., Herzog Berthold, Markgraf Teibold, Markgraf Engelbert, Pfalzgraf Otto, Graf Berengar.
Ich, Friedrich, Erzbischof von Köln und Erzkanzler, habe gegengezeichnet.

b) Privileg des Papstes:

Ich, Bischof Calixtus, servus Servorum Dei, gestehe dir, o mein geliebter Sohn Heinrich, von Gottes Gnaden Imperator Augustus der Römer, das Recht zu, dass die Wahlen von Bischöfen und Äbten im Deutschen Reiche, die zum Regnum gehören, in deiner Gegenwart geschehen sollen, frei von Simonie[1] und Gewalttat; sollte zwischen den Parteien dabei Streit entstehen, dann sollst du mit dem Metropoliten und den Kronprovinzialen gemeinsam beraten und entscheiden und dem Würdigsten deine Zustimmung und Hilfe leihen. Der Erkorene aber soll von dir mit dem Zepter die Regalien erhalten und dir dafür das leisten, was er von Rechts wegen schuldig ist.
2. In den anderen Teilen deines Imperiums soll der Gewählte binnen sechs Monaten mit dem Zepter von dir die Regalien erhalten und dir dafür leisten, wozu er von Rechts wegen verpflichtet ist; ausgenommen davon aber seien alle die bekannten Leistungen an die römische Kirche.
3. In allen Stücken, in denen du bei mir Beschwerde erhebst und Hilfe erbittest, werde ich dir nach Amt und Schuldigkeit beistehen.
Ich gebe dir wahren Frieden und ebenso allen, die auf deiner Seite stehen oder gestanden haben zur Zeit dieses Streites.

M 5 a und b zit. nach: Wolfgang Lautemann (Bearb.), Geschichte in Quellen, Bd. 2, bsv, München [2]1978, S. 353 f.

1 Simonie: Ämterkauf

1 Analysieren Sie die wesentlichen Regelungen des Wormser Konkordats.

2 Beurteilen Sie das Verhältnis von geistlicher und weltlicher Macht nach dem Wormser Konkordat unter Berücksichtigung der Ausgangssituation des Streits.

3 Die mittelalterliche Gesellschaft

Ständegesellschaft und Ständelehre

Im Gegensatz zum heutigen Menschenbild beruhte das mittelalterliche Denken auf der Annahme einer grundsätzlichen Ungleichheit. Welchen Rechts- und Sozialstatus die Menschen besaßen, bestimmte im Frühmittelalter die Kirche. Sie unterteilte die Gesellschaft in Kleriker und Laien, wobei die Laien wiederum in **Freie** und **Unfreie** unterschieden wurden (M 2). Dieses Ordnungsprinzip charakterisiert jedoch nur bedingt die gesellschaftliche Realität, da es keinerlei Aussagen über den politischen und wirtschaftlichen Status beinhaltet. Unter Berücksichtigung der Grundkategorien „reich" und „arm" unterscheidet die Geschichtswissenschaft heute zwischen den herrschenden, schutzgewährenden „Reichen" und zugleich „Mächtigen" *(divites/potentes)* und den „Armen" *(paupers)*, die nicht nur mittellos, sondern auch politisch machtlos und schutzbedürftig waren. Darüber hinaus gab es innerhalb der mittelalterlichen Bevölkerung weitere Differenzierungen wie z. B. vermögende Unfreie und arme Freie, die durch die wachsende Mobilität ihren Status auch wechseln konnten.

Im 10./11. Jahrhundert setzte sich eine Einteilung durch, die die Menschen primär nach ihrer Tätigkeit einordnete und verschiedenen Ständen zuwies. Für den ländlichen Raum setzten sich **Ständemodelle** mit einer Dreiteilung der mittelalterlichen Gesellschaft in Adel, Geistlichkeit und Bauern durch (Dreiständelehre). Städtische Modelle gingen von einer Klassifizierung in Ober-, Mittel- und Unterschicht aus (s. S. 82). Zu den bekanntesten zeitgenössischen Ständelehren gehört die des Bischofs Adalbero von Laon (M 6). Zwischen den Vertretern der einzelnen Stände bestanden Abhängigkeitsverhältnisse, die die mittelalterliche Gesellschaft strukturierten. Diese Beziehungsgefüge wurden von festen Gehorsams- und Leistungspflichten bestimmt, die sich aus den beiden zentralen Ordnungssystemen, der Grundherrschaft und dem Lehnswesen, ergaben.

Internettipp
www-igh.histsem.uni-bonn.de/EinfuehrungMA/wandelhochma.asp
Die Seite des Historischen Seminars der Universität Bonn bietet Informationen über den gesellschaftlichen und wirtschaftlichen Wandel im Hochmittelalter.

M 1 Ständebild, Miniaturmalerei aus der Übersetzung von „Aristoteles: Politica et Economica" durch den französischen Ratsherrn Nicolas Oresme, um 1375.
Umschrift der Ständenamen: *gens d'armes* (Ritter), *gens de conseil* (Räte), *gens sacridotal* (Geistliche), *cultiveurs de terres* (Bauern), *gens des mestiers* (Handwerker), *marcheans* (Kaufleute).

1 Beschreiben Sie die Darstellung der mittelalterlichen Gesellschaft in M 1.
2 Vergleichen Sie die Darstellung mit dem Ständebild von 1492 (M 1, S. 60) und M 6.

M2 Schaubild einer idealtypischen mittelalterlichen Lehnspyramide

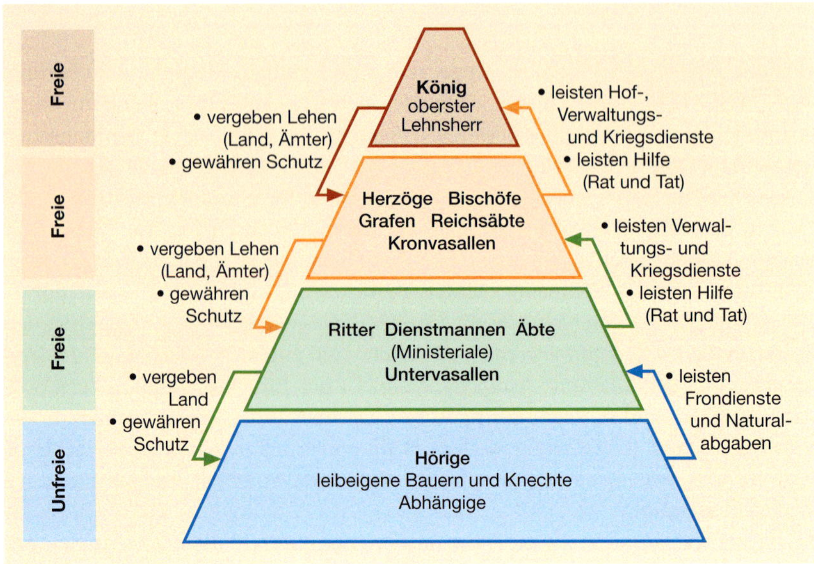

M3 Adliger belehnt seinen Untervasallen, Buchmalerei aus dem 14. Jh.

Grundherrschaft und Lehnswesen

Die **Grundherrschaft** bildete die wirtschaftliche Basis für die zahlenmäßig kleine Gruppe der freien Oberschicht, überwiegend Adlige und Geistliche wie Bischöfe und Äbte. Sie war durch den Besitz von Grundeigentum gekennzeichnet und bedeutete zugleich Herrschaft über die Personen, die den Boden bearbeiteten. Das Zentrum der Grundherrschaft bildete der Herren- oder Fronhof, wobei in einer kleineren Grundherrschaft der Fronhof gleichzeitig Sitz des Grundherrn, bei größeren eines Verwalters (Meiers) war (M7). Der Grundherr, der eine Person (z. B. ein Adliger) oder eine Institution (z. B. ein Kloster) sein konnte, verfügte über das Obereigentum an Grund und Boden. Meist bewirtschaftete er einen Teil seines Landes selbst (Salland), indem er sich der Arbeitskraft von Leibeigenen bediente. Den Großteil des Landes verlieh er als sogenanntes Hufenland an abhängige, oft unfreie Untereigentümer (Hörige). Darüber hinaus übte er die Gerichtsbarkeit über die Bauern seiner Grundherrschaft aus und bot ihnen Schutz vor Krieg. Als Gegenleistung verlangte er Abgaben und Frondienste (z. B. Brot backen, Bier brauen, Weben, Wäschewaschen). Die Hörigen waren häufig an den von ihnen bearbeiteten Boden auf Lebenszeit gebunden und konnten mit ihm verkauft oder verschenkt werden.
Das **Lehnswesen** bildete die zweite Säule der mittelalterlichen Gesellschaft. Es war durch ein Pflicht- und Treueverhältnis zwischen Personen gekennzeichnet. Der König vergab **Lehen*** an Adlige (Kronvasallen), die ihm militärische Dienste und Rat leisteten und die Treue geloben mussten. Als Gegenleistung gewährte er ihnen Schutz und sorgte für ihren Lebensunterhalt. Wie der König vergaben auch die Adligen Lehen an eigene Vasallen (Untervasallen), sodass eine Lehnspyramide entstand (M2). Ursprünglich nur zur lebenslangen Nutzung übertragen, kam es im 9. Jahrhundert zur Erblichkeit der „Leiheländer" (z. B. eines Herzogtums), die sich seit dem 13. Jahrhundert zu eigenständigen Territorien entwickelten.
Grundherrschaft und Lehnswesen waren miteinander verwoben, unterschieden sich jedoch in einem Punkt: Das Lehnssystem versuchte, die kleine Gruppe der freien Oberschicht, d. h. die Adligen, die Ritter und den Klerus, zu binden, die Grundherrschaft hingegen band die Masse der Unfreien. Abgeleitet vom lateinischen Wort *feudum* sprechen einige Forscher im Zusammenhang mit dem Lehnswesen auch von **Feudalismus** bzw. **Feudalgesellschaft**. Sie beziehen damit die

Lehen
Ein Lehen (lat. *feudum* oder *beneficium*) war häufig ein Landgut (Land mit Bauernhöfen und Bauern), konnte jedoch auch ein nutzbares Recht wie Münz-, Zoll- und Marktrechte oder ein weltliches Amt, wie z. B. das des Herzogs (Vertreter des Königs für ein Stammesgebiet), das des Markgrafen (Inhaber einer Grafschaft in Grenzgebieten) oder das des Pfalzgrafen (Verwalter einer Königsunterkunft), später auch ein geistliches Amt sein.

Grundherrschaft als wirtschaftliche Basis des Lehnssystems mit ein, da jeder Herr und Vasall ein Grundherr war und auch die Bauern ihr Land in der Rechtsform der Leihe besaßen und damit auf der untersten Stufe der Lehnskette standen.

Zur Mentalität der Menschen im Mittelalter

Die Unterschiede zwischen moderner Welt und Mittelalter zeigen sich vor allem bei der Mentalität, d.h. „der Art und Weise, wie Menschen denken, handeln, wahrnehmen und empfinden" *(Hans-Werner Goetz)*. Die Mehrzahl der Menschen lebte im Mittelalter auf dem Land und war in ihrem Lebensraum mangels Kommunikations- und Verkehrssysteme auf die dörfliche Gemeinschaft beschränkt. Ihr Leben wurde beherrscht durch harte körperliche Arbeit, Krankheiten, Seuchen und Hunger. Hinzu kamen ständige Bedrohungen durch Kriege und Naturgewalten. Entsprechend niedrig war die durchschnittliche Lebenserwartung von 30 bis 35 Jahren. Trost und Geborgenheit fanden die Menschen im Christentum, das die Grundlage allen Denkens und Handelns bildete. Es deutete das Leben, das jeder Mensch in der Nachfolge Christi geduldig zu ertragen hatte, insgesamt als Leiden. Das irdische Leben auf der Erde galt als Bestrafung für den Sündenfall und als Prüfstein für das ewige Leben. Mit dem Tod endete nur die Existenz im Diesseits, die Seele jedes Menschen lebte danach im Jenseits weiter. Die Kirche, die diese Vorstellungen verbreitete, strukturierte mit ihren Festtagen (z. B. Ostern, Weihnachten) das Jahr und band die Gläubigen durch Sonntagsruhe und Kirchgang sowie Taufe, Eheschließung und Beerdigung ein.

Recht und Arbeit

Die mittelalterliche Gesellschaft wies Männern und Frauen unterschiedliche Lebensbereiche und **Rollen** zu. Es gab eine Männerwelt, die nach außen gerichtet war. Die Frauen hatten sich dagegen um den inneren Lebenskreis des Hauses und der Familie zu kümmern, wobei ihnen auch die Aufsicht über im Haus lebende Gesellen und das Gesinde unterstand. Ehefrauen halfen darüber hinaus im Handwerksbetrieb oder im Handelsgeschäft des Ehemannes mit.

Die mittelalterliche Gesellschaft war eine patriarchalische Gesellschaft: Weil Frauen von Natur aus als nicht waffen- und wehrfähig galten, unterstanden sie der **Geschlechtsvormundschaft**, d.h. sie besaßen keine volle Rechts- und Handlungsfähigkeit. Vor Gericht musste sie der Mann vertreten. In einigen Städten führten jedoch Frauen selbstständig Prozesse. Auch waren städtische Kauffrauen, im Gegensatz zu Bäuerinnen und Ehefrauen der Oberschicht, voll rechts- und geschäftsfähig.

Obwohl die Sorge für den Lebensunterhalt bei den Männern lag, mussten **Bäuerinnen** oft bei Feld- und Erntearbeiten mithelfen, um die Existenz zu sichern. Die Arbeit der **Bürgerfrauen** in den Städten beschränkte sich zwar ebenfalls weitgehend auf das Haus, doch konnten sie bestimmte Handwerksberufe im Textilgewerbe (Wollweber, Leineweber) ausüben und Handel treiben. Im Spätmittelalter wurde bestimmt, dass eine Frau den Handwerksbetrieb ihres verstorbenen Mannes selbstständig weiterführen durfte. In der Freien Stadt Köln konnten Frauen sich sogar in eigenen Zünften organisieren.

Ehe und Familie

Die mittelalterliche Familie war eine Hausgemeinschaft mit gemeinsamer Wohnung und Besitz. Sie bestand in der Regel aus Mann, Frau und minderjährigen Kindern, wobei die Söhne das Erbe weitergaben oder sich neues Erbe erheirateten. Starb ein Ehepartner, gab es die Möglichkeit der Wiederverheiratung. In West- und Mitteleuropa heirateten die Menschen relativ spät (in der Regel mit Mitte bis Ende Zwanzig), was sich auf die Anzahl der Kinder auswirkte.

M4 „Warnung vor den falschen Freuden der Welt", Holzschnitt von Albrecht Dürer (1441–1528), undatiert

M5 Hebammen beim Ausführen eines Kaiserschnitts, französische Buchmalerei, um 1375

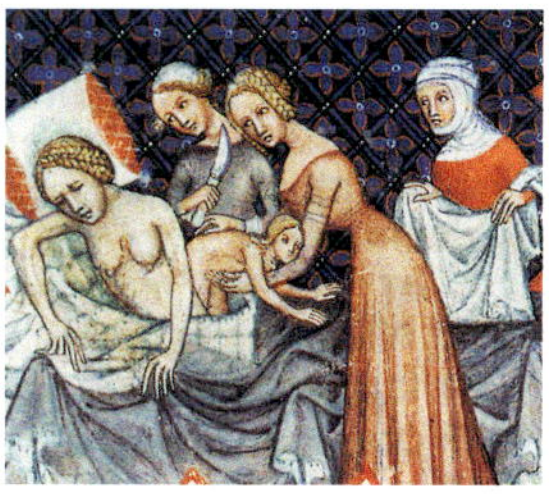

Hebammen und Krankenpflegerinnen genossen als Heilkundige hohes Ansehen.

Internettipp

www.kleio.org/de/geschichte/alltag/index.html
Zahlreiche Informationen zum mittelalterlichen Alltagsleben

www.br-online.de/bildung/databrd/mittel2.htm/material.htm
Seite des Bayerischen Rundfunks zur Stellung der Frau im Mittelalter

In der mittelalterlichen Ständegesellschaft herrschte die Vorstellung vor, dass die Ehepartner aus dem gleichen Stand kommen sollten. Die Ehe blieb eine **wirtschaftliche Gemeinschaft**. Die Kirche machte den Konsens der Partner zur Grundlage der Eheschließung. Die Vorstellung von der **monogamen**, von Gott als Sakrament gestifteten und daher unauflöslichen Beziehung hat sich im Verlauf des Mittelalters in den christlichen Kulturkreisen durchgesetzt.

1 Erklären Sie Lehnssystem und Grundherrschaft.
2 Worin besteht der Unterschied zwischen dem grundherrlichen Abhängigkeitsverhältnis und einem modernen Pachtvertrag?
3 Erläutern Sie die Rolle des Christentums im Denken und Handeln der Menschen.
4 Beschreiben Sie die Rollenverteilung der Geschlechter.

M6 Bischof Adalbero von Laon, um 1017

Im Glauben ist die Christenheit einheitlich, doch gliedert sie sich in drei Stände. Das weltliche Recht zeigt hingegen eine Teilung in zwei Standesgruppen: Der Freie und der Knecht haben ja nicht dasselbe Recht. An der Spitze stehen zwei, der eine ist der König, der andere der Kaiser; durch deren Gebot soll der Staat gesichert dastehen. Dann gibt es solche, die keiner Macht unterworfen sind, sofern sie keine Verbrechen begehen, welchen die Macht der Könige Schranken setzt. Das sind die Krieger, die Beschützer der Kirchen. Sie verteidigen das ganze Volk, die Größeren wie die Geringeren, wie sie auch sich selber verteidigen. Die andere Standesgruppe ist die der Knechte. Sie sind ein schwer belastetes Geschlecht, das sich seinen Besitz mühsam erarbeiten muss. Wer vermag selbst mit dem Rechenbrett die vielfältige Tätigkeit der Knechte, ihre großen Anstrengungen und Mühen zu ermitteln? Schätze, Kleidung und Nahrung für alle bieten die Knechte auf – denn ohne die Knechte vermag kein Freier zu existieren. Wenn eine Arbeit zu verrichten ist, wenn sie etwas zum Verbrauch haben wollen, so scheinen König und Priester eher die Sklaven der Knechte zu sein; denn der Herr wird vom Knechte ernährt, während er vermeint, ihn zu ernähren. So sind auch die Tränen und Seufzer der Knechte unendlich. So gliedert sich also das Haus des Herrn, obschon einheitlich dem Glauben nach, in drei Teile: Die einen beten, die anderen kämpfen, die dritten arbeiten. Diese drei existieren zugleich und sind untrennbar verbunden. Von dem Dienst des einen hängt die Tätigkeit der beiden anderen ab, so unterstützen sie sich alle wechselseitig. So ist also dieser Verband einheitlich und gleichzeitig dreigeteilt.

Zit. nach: Siegfried Epperlein, Bäuerliches Leben im Mittelalter, Böhlau, Köln 2003, S. 245

1 Erklären Sie, wie die Gesellschaft in M 6 dargestellt, begründet und gerechtfertigt wird.

M7 Die Grundherrschaft

Das Benediktinerinnenkloster Kitzingen am Main, das zum Bistum Bamberg gehörte, ließ als Grundherr um 1070 Besitzungen und Einkünfte seiner Grundherrschaft aufzeichnen:

Dies ist die Gesamtheit der Besitzungen und Eigengüter, die zum Kloster Kitzingen gehören, und zwar: vierzehn Fronhöfe [in der näheren und weiteren Umgebung von Kitzingen] [mit] 254 Hufen, 120 Joch[1] Weinbergen, von denen achtzehn wüst[2] liegen, sechs Pfarreien, zwölf Mühlen, drei Fähren [auf dem Main] und zwölf Fischer mit ihren Lehen[3]. Zum Fronhof Kitzingen [zum Kloster gehörende Siedlung] gehören 31 Hufen, welche Mastschweine und für die Frauenarbeit [als Ersatz für die sonst üblichen weiblichen Tätigkeiten in der Textilherstellung] elf Pfennige und zehn Eier abliefern; sie dienen drei Tage in der Woche [d. h. die auf den Hufen sitzenden Hörigen leisten drei Tage pro Woche Frondienst auf dem in diesen Aufzeichnungen nicht erwähnten Salland des Klosters], pflügen dreißig Joch [des Sallandes] und leisten darüber hinaus sechs Wochendienste pro Jahr, die auf deutsch „Schar"[4] heißen. Dazu gehören auch zwei Mühlen, die 24 Maß [Mehl oder Salz] abgeben, eine Fähre, welche vier Pfund [d. h. Pfennige] entrichtet, ein Markt, der neun Unzen[5] einbringt, ein Forst, welcher 1500 Eier, vierzig Hühner und Eisen für zwölf Pferde wert ist; weiterhin neun Fischer und sieben Weinbauern mit ihren entsprechenden Lehen. Darüber hinaus gehören zu diesem Fronhof der Weiler Hoheim, der elf Hufen umfasst, die je dreißig Pfennige entrichten, sowie ein Wald [und weitere 50 Hufen in elf Dörfern]. Zum Fronhof Etwashausen [gehören] fünf Hufen, von denen drei Schweine und sechzehn Pfennige entrichten, [die anderen] zwei vierzig Eimer Bier und sechzehn Pfennige und zehn Eier; sie dienen pflügen und leisten Wochendienst.

Zit. nach: Klaus Arnold, Das Mittelalter, Schöningh, Paderborn 1991, S. 48

1 Joch: Größe einer Ackerfläche, die an einem Vormittag von einem Ochsengespann gepflügt werden kann
2 wüst: zeitweise oder dauernd unbebaut
3 Lehen: hier Fischereirechte auf dem Main
4 Schar: Boten- und Spanndienste (wie z. B. Erntetransporte, Holzfuhren)
5 1 Unze = 20 Pfennige

1 Analysieren Sie M 7 im Hinblick auf die Merkmale einer Grundherrschaft und setzen Sie Ihre Ergebnisse in ein Schaubild um.

4 Die Stadt im Mittelalter

HA Notizen wie die mittelalterliche Stadt entstanden ist.

Typologie mittelalterlicher Städte

Seit dem Ende des 12. Jahrhunderts nahmen Stadtgründungen im mittelalterlichen Europa sprunghaft zu (M 5), sodass die Anzahl der bis 1400 gegründeten Städte etwa der noch heute existierenden Anzahl entspricht. Die wesentlichen Ursachen für den Aufschwung waren ein enormes **Bevölkerungswachstum** und die **landwirtschaftliche Mehrproduktion**. Sie schufen die Voraussetzungen für die **vermehrte Produktion gewerblicher Erzeugnisse** und **verstärkte Handelsaktivitäten** sowie für das damit eng verbundene Aufkommen der Geldwirtschaft. Hinzu kam die Gewährung von besonderen Vorrechten für städtische Siedlungen durch die Stadtherren (Könige, Bischöfe, weltliche Fürsten), die sich davon wirtschaftliche Vorteile versprachen.

Die Städte im Reich lassen sich unter Berücksichtigung verschiedener Kriterien einzelnen **Stadttypen** zuordnen. Ein Unterscheidungsmerkmal ist die Art ihrer Entstehung. So entwickelten sich Städte bevorzugt im Umfeld einer Burg, einer Pfalz oder eines Klosters, an Wegkreuzungen oder Flussübergängen, aus einem bereits bestehenden Marktplatz, im Umfeld einer Grundherrschaft sowie aus ehemaligen römischen Verwaltungszentren, die die Völkerwanderung überdauert hatten. Im Hinblick auf ihre Stadtherren lassen sich die Städte in Königsstädte (später Reichsstädte), Freie Städte (ehemalige Bischofsstädte), Land- und Territorialstädte sowie grundherrliche Städte untergliedern. Legt man die wirtschaftliche Funktion zugrunde, so kann man Ackerbürgerstädte und Gewerbe-, Handels- oder Messestädte mit regionalem bzw. überregionalem Absatz unterscheiden. Von einer wichtigen Funktion leiten sich auch Bezeichnungen wie Residenz-, Festungs- oder Universitätsstadt ab. Die Stadt des Spätmittelalters lässt sich schließlich auch nach demografischen Gesichtspunkten in Groß-, Mittel- oder Kleinstadt einteilen. Bei der Anwendung dieser von der Geschichtswissenschaft entwickelten Typologien ist zu berücksichtigen, dass sich jede Stadt mehreren Typen zuordnen lässt. Für einen aussagekräftigen Vergleich müssen also identische Merkmale zugrunde gelegt werden.

M 1 Grundriss von Lippstadt

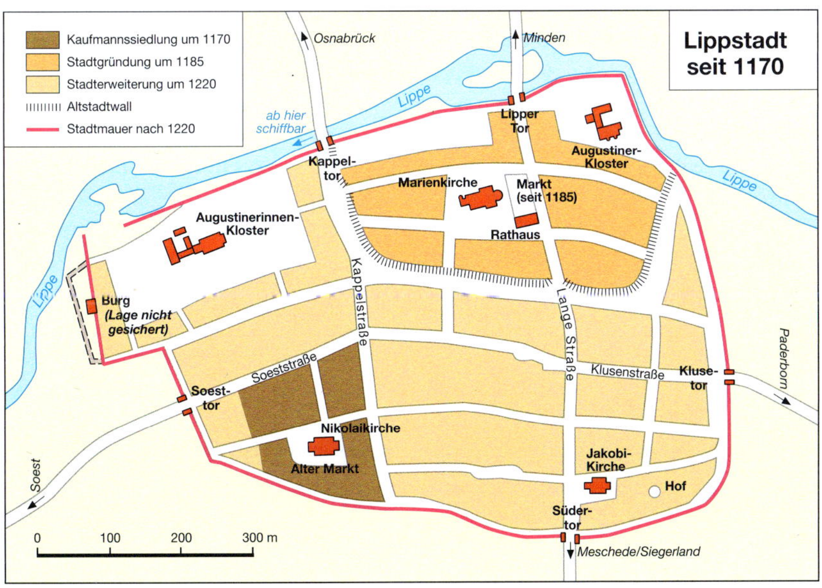

Ministerialen (= Dienstmannen) waren ursprünglich Unfreie, die vom 10. Jahrhundert an von ihren Herren mit Verwaltungs- und Kriegsdiensten beauftragt wurden. Seit der Stauferzeit (12. Jh.) verbanden sie sich mit dem Adel zum Ritterstand. Im Spätmittelalter verloren sie die Unfreiheit und gehörten zum niederen Adel.

Soziale Struktur der Stadtgesellschaft

Die Stadt im Mittelalter unterschied sich vom ländlichen Raum vor allem durch ihre soziale Differenzierung. Die **Ministerialen***, die im Auftrag des Stadtherrn die Stadt verwalteten, bildeten zu Beginn der Stadtentstehung eine eigene soziale Gruppe. Einige Ministeriale verbanden sich geschäftlich oder durch Heirat mit wohlhabenden Kaufleuten. Nur aus diesem Kreis oder aus den großen Kaufmannsfamilien ging das **Patriziat** hervor, das zusammen mit in der Stadt lebenden adligen Grundbesitzern zur Oberschicht gehörte. Zur Mittelschicht zählten nichtpatrizische Kaufleute, Krämer, Handwerker und Gesellen, zur Unterschicht Tagelöhner, Hausknechte, Dienstmägde sowie Bettler und Arme. Eine eigene soziale Gruppe waren die Angehörigen der **„unehrlichen Berufe"** wie Scharfrichter, Abdecker oder Barbiere. Der **Klerus** bildete in der Stadt einen eigenen, vom Laien geschiedenen geistlichen Stand (M 8 b).

M 2 Tora-Rolle aus dem Besitz der Stadt Magdeburg, vermutlich Ende des 14. Jahrhunderts

Die Juden waren 1493 aus Magdeburg vertrieben worden. Die Stadt behielt die Tora-Rolle ein und machte sie 1573 zum Geschenk an Herzog Julius von Braunschweig-Wolfenbüttel. Das hinzugefügte Widmungsbild nennt die Rolle ein „einzigartiges Altertumsdenkmal". Der Versuch der Juden, die Tora-Rolle für 6000 Taler zurückzukaufen, scheiterte. Bis zum 17. Jahrhundert gab es in Magdeburg keine jüdische Gemeinde mehr.

Die jüdische Bevölkerung in den Städten

Die Juden, die seit dem 4. Jahrhundert in deutschen Städten selbstständige Gemeinden mit eigenem Glauben und Recht, eigenen Lebensformen, Institutionen und Bauten wie Synagogen, Schule oder *Mikwe* (Ritualbad) bildeten, hatten einen erheblichen Anteil am wirtschaftlichen und kulturellen Aufblühen der mittelalterlichen Städte. Aufgrund ihrer **Vermittlerrolle im Fernhandel** wurden ihnen von den christlichen Herrschern Europas im 10. und 11. Jahrhundert wirtschaftliche und rechtliche Vorteile gewährt. Häufig übernahmen reiche jüdische Fernhändler auch die Funktion des Geldverleihers, weil Christen lange Zeit die Zinsnahme untersagt war. Da Juden aufgrund ihrer fortschrittlichen Schulbildung häufig einen höheren Bildungsgrad besaßen, gingen aus ihrem Kreis bedeutende Philosophen, Religionsgelehrte, Ärzte und Diplomaten hervor.

Bis zu den Kreuzzügen vollzog sich das Zusammenleben von jüdischer Minderheit und Christen in den Städten weitgehend friedlich. Obwohl sie als „Ungläubige" meist von den Bürgerrechten ausgeschlossen waren und ihnen die Mitgliedschaft in Zünften und Gilden verwehrte wurde, waren die Juden in das städtische Leben integriert, indem sie sich z. B. an der Verteidigung der Stadt beteiligten und die Märkte nutzten. Ihre Kultur erregte jedoch bei den christlich geprägten Nachbarn Misstrauen und ihr wirtschaftlicher Erfolg im Kreditgeschäft schürte Neid, der sich während des ersten Kreuzzuges im 11. Jahrhundert (s. S. 112 ff.) erstmals in schweren Verfolgungen **(Pogromen)** entlud. In vielen Städten wurden jüdische Häuser und Synagogen geplündert und zerstört und Tausende Juden getötet.

Im 13. Jahrhundert wurden Juden beschuldigt, Ritualmorde zu begehen oder geweihte Hostien zu entehren. Die Verurteilung derartiger Gerüchte und gesonderte Schutzbriefe des Kaisers konnten die Verfolgung und Diskriminierung nicht eindämmen. Auch in den folgenden Jahrzehnten dienten Juden in Notzeiten als geeignete „Sündenböcke" und Zielscheiben für Übergriffe. So gab man ihnen die Schuld am Ausbruch der Pest (1348/49): Aus Unkenntnis über die tatsächlichen Übertragungswege wurden sie der Brunnenvergiftung bezichtigt. Ab dem 15. Jahrhundert begann gegenüber den Juden eine systematische Ausgrenzungspraxis, die von der Kirche mit entsprechenden Vorschriften unterstützt wurde: Juden mussten spezielle Kleiderregeln (z. B. spitzer Hut, gelbe Tuchstücke) beachten, in räumlich begrenzten und vom übrigen Stadtgebiet isolierten Vierteln (Ghettos) wohnen und wurden schließlich aus zahlreichen europäischen Städten vertrieben (M 2).

Internettipp
www.judentum-projekt.de/geschichte/mittelalter/index.html
Die Seite des Projekts „Jüdische Geschichte und Kultur" des Lessing-Gymnasium Döbeln informiert anschaulich über jüdisches Leben im Mittelalter.

M3 **Patrizierfamilie, Handwerker und Arme, Gemälde von Jean Bourdichon, um 1480**

Stadtherrschaft und Bürgerkämpfe

Die mittelalterliche Stadt war deutlicher als die antike und moderne ein von der adlig-agrarischen Lebenswelt **unabhängiger Herrschafts- und Rechtsbereich**, der durch eine Ummauerung wie Stadtmauer, -graben und Stadttore markiert wurde. Die Herrschaft über die Stadt übte ein **Stadtherr**, häufig ein König, Bischof oder weltlicher Fürst, mithilfe seiner **Ministerialen**, z. B. des Burggrafen (Verwaltung) oder des Schultheißen (Rechtsprechung), aus. Der Stadtherr verlieh den städtischen Bewohnern Sonderrechte und Freiheiten, aus denen sich ein spezielles **Stadtrecht** entwickelte. Dieses regelte das Zusammenleben der Bürger untereinander und ihr Verhältnis zum Stadtherrn und diente auch als Gründungsurkunde, wenn ein Stadtherr Kaufleute und Handwerker durch die Verleihung großzügiger Privilegien für eine Neugründung gewinnen wollte (M 7).

Zu den bedeutsamsten Rechten gehörte die Befreiung von persönlicher Abhängigkeit (Leibeigenschaft, Frondienstverpflichtungen). Wer als Unfreier vom Land in die Stadt zog, sollte nach einer bestimmten Zeit („nach Jahr und Tag") als frei gelten und nicht mehr vom Grundherrn zurückgefordert werden können („Stadtluft macht frei"). Allerdings machten im Spätmittelalter viele Städte die persönliche Freiheit zur Bedingung für die Verleihung des Bürgerrechts.

Seit dem 12. Jahrhundert schlossen sich Bürger zu Schwurgemeinschaften zusammen, um dem Stadtherrn weitergehende Rechte (z. B. Steuererhebung) abzutrotzen. Im Spätmittelalter hatten die Bürger, die ihre Forderungen auch mit Waffengewalt durchsetzten, eine weitgehende **Selbstverwaltung** erreicht. An die Stelle des Stadtherrn trat der **Rat der Stadt** unter Leitung eines oder mehrerer Bürgermeister. Die städtische Herrschaft war jedoch nicht demokratisch, denn zunächst galten nur Patrizier aufgrund ihrer wirtschaftlichen Macht und ihrer Herkunft als ratsfähig. Erst seit dem 13. Jahrhundert erkämpften sich die in Zünften zusammengeschlossenen Handwerker die Mitwirkung an der Stadtherrschaft gegen den Widerstand der Patrizier.

Internettipp
www.dadalos-d.org/deutsch/Demokratie/Demokratie/Grundkurs2/Mittelalter/bruegge.htm
Seite des UNESCO-Bildungsservers zur Stadt im Mittelalter, vorgestellt wird das Beispiel Brügge

http://hanse.wisis.de/
Ausführliche Darstellung der deutschen Hansegeschichte mit Glossar

M4 Vor dem Stadtherrn, einem Bischof, und seinen Beratern erscheinen ein Patrizier, ein Bürger und ein Bauer, Ausschnitt aus einer Buchmalerei, um 1500

Kurie
Die Wahlen bei Reichs- und Landtagen wurden nach Ständen getrennt durchgeführt. Angehörige desselben Standes bildeten die Kurie.

Städte als Machtfaktoren im Reich

König, Bischöfe und weltliche Fürsten blieben ungeachtet der von den Bürgern erreichten Selbstverwaltung übergeordnete Stadtherren. Im Verlauf der Kämpfe um das Stadtregiment konnten sich die Bischofsstädte als „Freie Städte" weitgehend von der bischöflichen Stadtherrschaft emanzipieren. Mit der Ausbildung der **Landesherrschaften** versuchten die Fürsten im ausgehenden 12. Jahrhundert, die Städte ihrer Herrschaft zu unterstellen. Diese Bestrebungen führten zwischen dem mit den Territorialfürsten konkurrierenden Königtum und den nach Unabhängigkeit strebenden Städten zu einer Zweckgemeinschaft, in deren Rahmen die Städte direkt dem König unterstellt wurden **(Reichsunmittelbarkeit)**. Seit dem Ende des 15. Jahrhunderts bildeten die „Freien und Reichsstädte" neben den Kurfürsten und Fürsten die dritte **Kurie*** auf den Reichstagen. Eine andere Möglichkeit, auf die Herrschaftsansprüche der erstarkenden Territorialfürsten zu reagieren, war im 13./14. Jahrhundert die Gründung von **Städtebünden**. Dies waren Zusammenschlüsse mit militärischen Hilfsverpflichtungen, die neben der Abwehr der Fürsten auch die Konfliktregelung zwischen den Mitgliedern sowie die Verhinderung von Verpfändungen der Städte durch den König zum Ziel hatten. Viele dieser Städtebünde unterlagen im 14. Jahrhundert in den Auseinandersetzungen mit den Territorialfürsten. Im Unterschied zu vielen anderen Städtebünden blieb die primär wirtschaftlich, in Konflikten aber auch militärisch ausgerichtete **Hanse**, die sich von einem Kaufmanns- zu einem Städtebund wandelte, noch bis in die Frühe Neuzeit bestehen.

Wirtschafts- und Städtezentren in Europa

Die wichtigsten Wirtschafts- und Städtezentren im mittelalterlichen Europa waren Süddeutschland, Flandern, der Hanseraum und Oberitalien. In **Flandern** gelangten im 13. Jahrhundert vor allem die Städte Brügge, Gent, Kortrijk und Ypern durch Handel und Tuchherstellung zu wirtschaftlicher Macht, während Lübeck als Umschlagplatz im Ost-West-Handel die Führung im **Hanseraum** übernahm. In **Oberitalien** waren Venedig, Genua und Pisa die größten Hafen- und Handelsstädte. Der Transport der Kreuzfahrer (s. S. 112 ff.) und die Versorgung ihrer Staaten machten Genua und Venedig zu Handelsreichen, die auch vom Zusammenbruch der Kreuzfahrerstaaten am Ende des 13. Jahrhunderts nicht gefährdet wurden. Der lukrative Orienthandel blieb in der Hand der Italiener. Florenz war das Bankenzentrum, und der hier geprägte Goldgulden wurde ein Vorbild für Goldprägungen, neben den venezianischen Dukaten und den ungarischen Gulden.
Nachdem die **Messen in der Champagne** im 14. Jahrhundert ihre Bedeutung verloren hatten, nahm ein Großteil des Handels zwischen Italien und Nordwesteuropa den Weg durch Süddeutschland und ließ Handel und Gewerbe in Nürnberg, Augsburg und Ulm aufblühen.

1 Stellen Sie die Typologie mittelalterlicher Städte in einem Schaubild dar.
2 Beschreiben Sie die Situation der jüdischen Bevölkerung in den Städten.
3 Erläutern Sie das Zweckbündnis zwischen Königtum und Städten.

M5 Stadtgründungen und Bevölkerungsentwicklung in Mitteleuropa 1150–1600

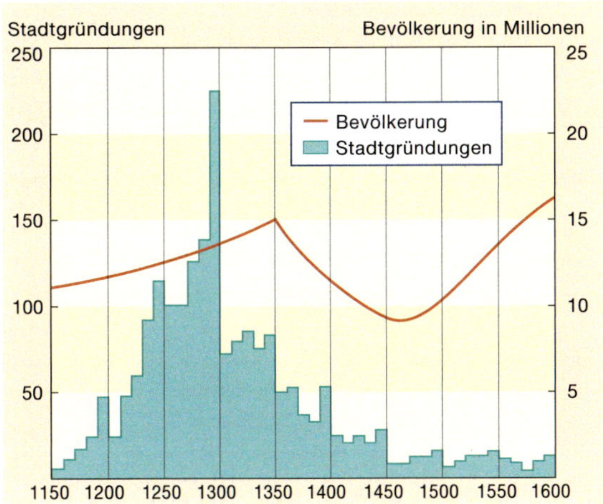

M6 Stadtgründungen in Norddeutschland

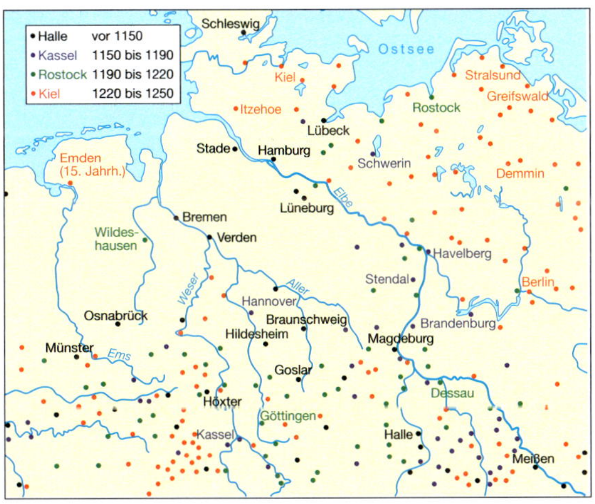

M7 Gründungsurkunde des Herzogs Konrad von Zähringen (1095–1152) für die Stadt Freiburg im Breisgau, 1122

Kund sei allen, sowohl Künftigen wie jetzt Lebenden, dass ich, Konrad, an einer Stätte meines eigentümlichen Rechtes, nämlich Freiburg, einen Markt errichtet habe im Jahre nach der Fleischwerdung des Herrn 1120. Deshalb habe ich beschlossen, den angesprochenen, von überallher zusammengerufenen Kaufleuten mittels einer eidlichen Vereinbarung diesen Markt anzufangen und auszubauen. Daher habe ich jedem einzelnen Kaufmann ein Grundstück auf dem errichteten Markt zugeteilt für unter Eigentumsrecht zu erbauende Häuser und ich habe verfügt, dass von jedem Grundstück 1 Schilling öffentlicher Münze mir und meinen Nachkommen als Zins alljährlich am Fest des heiligen Martin [11. November] zu zahlen sei. Daher sei allem kund, dass ich gemäß ihren Bitten und Wünschen die Privilegien, welche folgen, gewährt habe. Und es hat mich ein heilsamer Rat gedünkt, wenn sie als Chirograf [= Handschrift] niedergeschrieben werden würden, damit man sie auf lange Zeit im Gedächtnis behalte, sodass meine Kaufleute und ihre Nachfahren von mir und meinen Nachfahren dieses Privileg auf ewig behalten.

[1.] Ich aber verspreche allen, die meinen Markt aufsuchen, Frieden und Sicherheit des Weges binnen meiner Gewalt und Herrschaft. Wenn einer von ihnen in diesem Bereich beraubt wird, werde ich, wenn er den Räuber benennt, entweder das Geraubte zurückgeben lassen oder es selbst bezahlen.

[2.] Wenn einer meiner Bürger stirbt, soll seine Ehefrau mit ihren Kindern alles besitzen und ohne jede Bedingung erhalten, was ihr Mann hinterlassen hat.

[3.] Ich gewähre, soweit ich kann, dass alle (Grund-)Besitzer des Marktes Teilhaber der Rechte meiner Leute und der Landleute seien, damit sie nämlich ohne Strafgebot Weiden, Gewässer, Auwälder und Forsten benutzen mögen.

[4.] Allen Kaufleuten erlasse ich den Zoll.

[5.] Niemals werde ich meinen Bürgern einen anderen Vogt, niemals einen anderen Priester ohne Wahl vorsetzen, sondern, wen immer sie dazu erwählen, den sollen sie von mir bestätigt erhalten.

[6.] Wenn ein Streit oder eine Klage unter meinen Bürgern entsteht, soll sie nicht nach meinem oder ihres Vogtes Gutdünken diskutiert werden, sondern sie soll nach gewöhnlichem und legitimem Recht aller Kaufleute, vorzüglich aber der Kölner, im Gericht geprüft werden.

[7.] Wenn einer sich in einen Mangel an notwendigen Dingen verstrickt, mag er seinen Besitz verkaufen, an wen er will. Der Käufer aber entrichte von dem Grundstück den festgesetzten Zins. Damit meine Bürger den angeführten Zusagen nicht geringeren Glauben schenken, habe ich mit zwölf meiner angesehensten Ministerialen, die auf die Reliquien der Heiligen einen Eid leisteten, Sicherheit gegeben, dass ich und meine Nachkommen das eben Angeführte immer erfüllen werden. Und damit ich diesen Eid nicht aus irgendeinem Grunde breche, habe ich durch Handschlag dem freien Manne und den Vereidigten des Marktes ein Treueversprechen in Bezug auf diese Sache gegeben. Amen.

Zit. nach: Ernst Pitz, Lust an der Geschichte. Leben im Mittelalter, C. H. Beck, München 1990, S. 339 f.

1 Analysieren Sie M 7 hinsichtlich der Merkmale einer Stadt im Mittelalter. Ordnen Sie die Quelle mithilfe der Grafik M 5 historisch ein.

2 Untersuchen Sie die Karte M 6 mithilfe der Methodenseite (s. S. 150 f.).

M8 Strukturen der mittelalterlichen Gesellschaft in Europa

a) Ländliche Gesellschaft

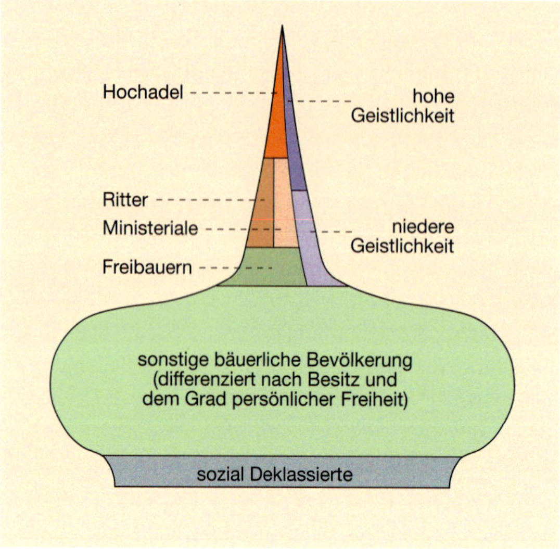

b) Städtische Gesellschaft

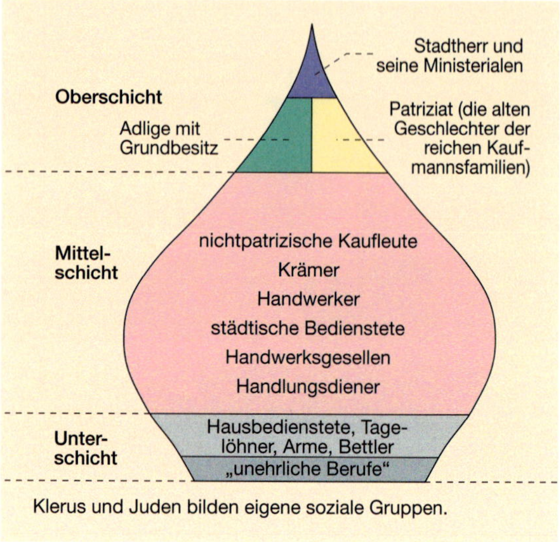

Bearbeitet von Eberhard Isenmann nach: Karl Martin Bolte, Deutsche Gesellschaft im Wandel, Leske & Budrich, Opladen 1966, S. 270

M9 Die Entstehung städtischer Selbstverwaltung im mittelalterlichen Europa

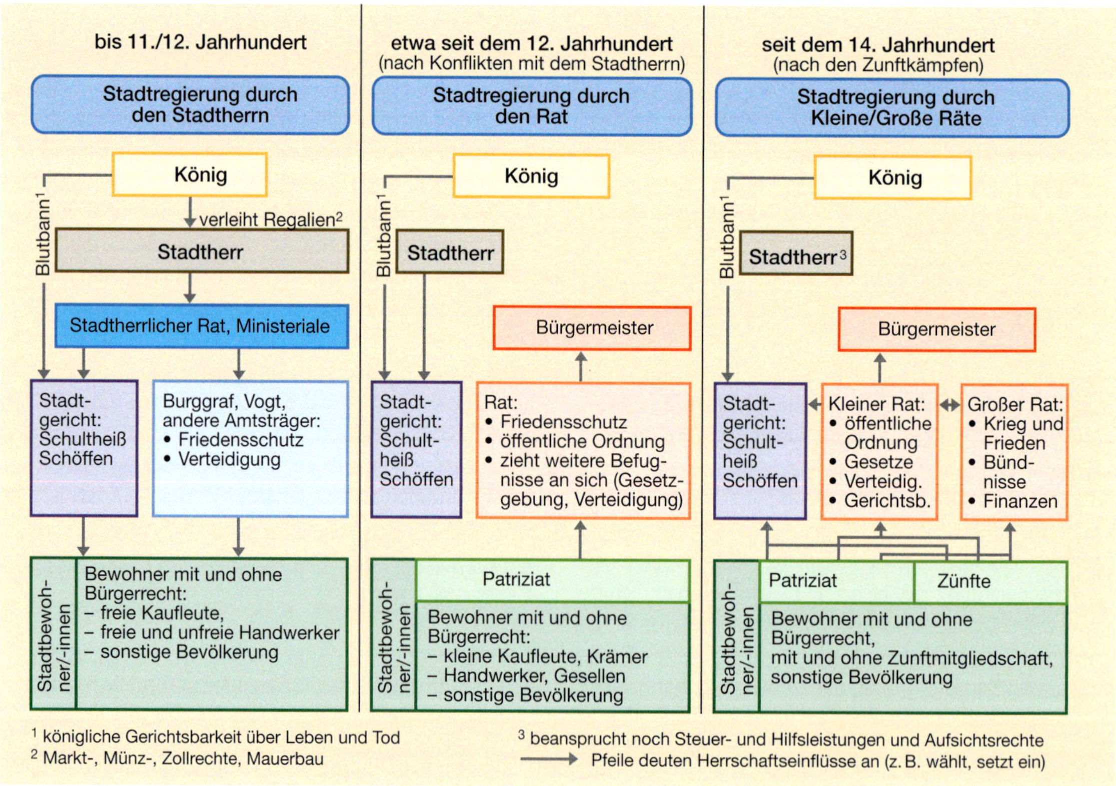

1 Vergleichen Sie die Strukturen der ländlichen und städtischen Gesellschaft (M 8 a und b).

2 Erläutern Sie anhand des Schaubildes M 9 die Entwicklung der Herrschaft in mittelalterlichen Städten.

Historische Fallanalyse

Bei einer Fallanalyse wird ein konkreter Fall in seinen **zeittypischen Bedingungen, Abläufen und Entscheidungsprozessen** betrachtet und analysiert. Durch die Auflösung des Falles in Teilprobleme und in verschiedene Dimensionen wird die Komplexität der Umstände und Wechselwirkungen sichtbar. In der Medizin, Sozialpädagogik, Wirtschafts- und Arbeitslehre, vor allem aber in der Rechts- und Politikwissenschaft gehört die Fallanalyse seit Jahrzehnten zur klassischen Fachmethodik.

Was ist jedoch ein historischer „Fall"? Die Geschichtswissenschaft ist sich einig darüber, dass das Fallbeispiel einen **bedeutsamen und repräsentativen Sachverhalt** darstellen muss. Es sollte sich um ein konkretes, d.h. einmaliges und unwiederholbares Ereignis handeln, das zeitlich und räumlich begrenzt ist und in dem einzelne Personen, Gruppen oder Institutionen agieren. Entscheidend ist dabei, ob die am Einzelfall gewonnenen Erkenntnisse übertragbar sind.

In der Regel wird zwischen drei Arten der Fallanalyse unterschieden:

- **Lokalmodell** (z.B. Kalter Krieg am Beispiel Berlins),
- **Konfliktanalyse** (z.B. Pizarros Eroberung des Inkareiches) und
- **Ereignisanalyse** (z.B. Kaiserwahl Ottos I.).

Folgt man dieser Klassifizierung, handelt es sich bei dem hier gewählten Fallbeispiel „Zunftkämpfe in Braunschweig" um eine Konfliktanalyse.

Das Verfahren der Fallanalyse kann wie folgt durchgeführt werden:

1. Entwicklung von tragfähigen Kategorien und Leitfragen für die Analyse des Falles (s.u.)
2. Wahl der Materialien (M 2–M 5) und Methoden, Bildung von Arbeitsgruppen
3. Auswertung der Materialien und Transferbildung (s.u.)
4. Präsentation der Arbeitsergebnisse im Plenum
5. Schlussdiskussion und begründete Beurteilung des Falls

M 1 Vertreter der Zünfte betreten die Ratsstube, Buchmalerei, 14. Jh.

M2 Braunschweig im 14. Jahrhundert

Die Hansestadt war im 14. Jahrhundert mit 17 000 Einwohnern nach Lübeck die größte Stadt Norddeutschlands und gehörte zum Herzogtum Braunschweig-Wolfenbüttel. Ihre fünf fast selbstständigen Stadtteile stellten jeweils einen eigenen Rat und Bürgermeister. Als höchstes gemeinsames Entscheidungsgremium wirkte ein „gemeiner Rat", der von einer Gruppe wohlhabender Patrizierfamilien – den „ratsfähigen" Familien – besetzt wurde. Ausgeschlossen von der Stadtherrschaft waren auch in Braunschweig die Zunfthandwerker. Am 21. April 1374 brachen innerstädtische Kämpfe aus, die „Braunschweiger Schicht".

Verfassertext

M3 Die Kämpfe aus unterschiedlicher Perspektive

a) Schreiben vertriebener Mitglieder des „gemeinen Rates" an die Räte anderer Städte, 1374:

Dem Rat von Braunschweig war Geld nötig wegen Krieges und Fehde [...]. Deswegen hatte der gesamte Rat einen klugen Gedanken und wollte eine Bestimmung festsetzen mit der Zustimmung der Gemeinde und der Ämter um des allgemeinen Nutzens willen auf die folgende Weise: Der Rat lud vor sich die Meister aller Ämter und Gilden, und der Bürgermeister sprach: [...] Wer Getreide in die Stadt führen wolle, der soll für den braunschweigischen Scheffel einen braunschweigischen Pfennig geben. Das haben sie [nämlich der Rat] über sich selbst gesetzt und über diejenigen, die Höfe und Zehnten und Getreiderenten haben, und so müssen auch die Abgabe entrichten Ritter und Knappen, Geistliche, Gäste und Bauern, und das belastet nicht die Gemeinde [...]. [Die Amtsmeister] schieden freundlich von dem Rat. Und sofort, als sie hinweggingen, da entstand sogleich der Aufruhr der Gemeinde und der Ämter. [...] Darum nahmen sie den gesamten Rat in allen fünf Weichbilden [= Stadtteilen] gefangen und schlugen aus dem Rat vorsätzlich Brun von Ghustede und Hans von Ghotinghe mit Äxten und mit Schwertern tot und plünderten da ihre Häuser [...].

b) Schreiben der Meister der Braunschweiger Bäckerzunft an Zunftmeister anderer Städte, 1374:

Darum wisset, liebe Freunde, dass unsere [Gilde] und alle Gilden und die Gemeinde zu Braunschweig über die Maßen sehr beschwert und bedrückt waren von dem Rat daselbst, sodass sie uns und anderen Gilden und der Gemeinde große Gewalttat oft und häufig erwiesen und uns in vielen unserer Angelegenheiten nicht Recht gewährten. Auch fanden wir und die Gemeinde schlechte Verwaltung bei dem Rat; denn sie hatten manches Jahr viel Gut empfangen durch Steuern und aus den Renten der Stadt und hatten dennoch die Stadt in große Schulden gebracht. [...] Über all diese Punkte hinaus hatte der Rat nun zuletzt auf alle Gilden und die Gemeinde beschlossen und gesetzt neue Abgaben und neue Leistungen, die man geben sollte von Tuchen, von Getreide, von Häusern, von Wein, von Bier, von Kühen und anderem Vieh, von mancherlei Kaufmannsware und von anderen Dingen, was vorher nicht gewesen war. Dies war gegen die Freiheit der Stadt, der Gilden und der ganzen Gemeinde und hätte dem Land, dem Kaufmann, den Gästen und Bürgern zu großem Schaden gereichen können [...].

M3 a und b zit. nach: Gerhard Theuerkauf, Einführung in die Interpretation historischer Quellen. Schwerpunkt Mittelalter, Paderborn 1997, S. 135

M4 Beschluss des Hansetages vom 24. Juni 1375:

Fürsten, Herren, Städten, Rittern und Knechten, Landen und Leuten ist wohl offenbar und kund, dass die Braunschweiger übel an den ehrbaren Leuten in ihrem Rat gehandelt haben, dass sie sie unschuldig, ohne Gericht oder Verhandlung getötet, ihre Freunde vertrieben, geächtet und beschatzt haben und [...] ihr Gut unrechtmäßigerweise genommen haben [...]. Da sie nun immer noch [...] an ihrer Untat festhalten und nicht die Absicht haben, Sühne zu geben, so haben die Städte der deutschen Hanse mit Einwilligung der anderen Städte, die zu ihrem Rechte gehören, einträchtig beschlossen, dass sie die Braunschweiger aus der Hanse und den Rechten und Freiheiten des Kaufmanns stoßen wollen, also dass kein Kaufmann in England, Flandern, Dänemark, Norwegen, Nowgorod oder sonst irgendeiner Stadt, die im Recht des Kaufmanns steht, Gemeinschaft oder irgendwelchen Handel mit den Braunschweigern haben soll [...]. In welcher solcher Stadt die Verwandten der Toten oder wen dies sonst angeht, leben, da soll man die, die mit Rat und Tat bei dem Mord geholfen haben, nach der Höchststrafe richten.

Zit. nach: Wolfgang Lautemann (Bearb.), Geschichte in Quellen, Bd. 2, bsv, München [2]1978, S. 747 f.

M5 Ende der innerstädtischen Auseinandersetzungen in Braunschweig:

Der neue Rat der Stadt Braunschweig, dem vorrangig Zunftmeister angehörten, konstituierte sich bereits im April 1374. Da er Finanzprobleme nicht lösen konnte, wandte er sich an die Mitglieder des ehemaligen „gemeinen Rates", die inzwischen in anderen Hansestädten leben und den Ausschluss Braunschweigs aus der Hanse erreicht hatten. Im Jahr 1380 kam es in Lübeck zu einer Versöhnung zwischen Patriziern und Zunfthandwerkern. Die Verhandlungen über die Wiederaufnahme in die Hanse, Entschädigung und Rückkehr der Vertriebenen zogen sich bis 1383 hin. Nach der neuen Ratsverfassung von 1386 hatten wiederum die Patrizier entscheidenden Einfluss im Rat, doch waren nun auch wohlhabende Zunfthandwerker Mitglieder. Der Großteil der Stadtbewohner blieb jedoch auch nach den Zunftkämpfen in Braunschweig von der Stadtregierung ausgeschlossen.

Verfassertext

Fallbeispiel: Zunftkämpfe in Braunschweig

Kriterien	Leitfragen	Lösungshinweise
Gegenstand	Um welchen historischen Gegenstand handelt es sich?	– Kampf der Zünfte um Beteiligung am Rat (an der Stadtregierung)
Ort	Wo hat sich der Konflikt ereignet?	– Braunschweig: im Herzogtum Braunschweig-Wolfenbüttel (Lande der Welfen); zweitgrößte Stadt Norddeutschlands und Mitglied der Hanse (M 2)
Zeit	Wann hat sich der Konflikt ereignet?	– 1374–1380/86 (M 2, M 4, M 5) – Epoche: Spätmittelalter
Personen/Gruppen/ Institutionen	Welche Personen, Gruppen bzw. Institutionen waren beteiligt?	– *Gruppen:* Mitglieder des „gemeinen Rates" (Patrizier); Zunftmeister (M 3 a, b) – *Institution:* Hansetag (M 4)
Entwicklung	Wie verlief die Auseinandersetzung? (Ursachen, Anlass, Verlauf, Ergebnis)	– *Ursachen:* fehlende Beteiligung der Zunfthandwerker an der Stadtherrschaft; Verschuldung der Stadt (M 3 b) – *Anlass:* Streit um eine Erhöhung der Getreidesteuer aufgrund von Geldnot „wegen Krieges und Fehde" (M 3 a) – *Verlauf:* 1374 – Ausbruch der Unruhen; Tötung, Flucht oder Vertreibung und Enteignung der Ratsmitglieder; Gründung eines neuen Rates, dem vorrangig Zunftmeister angehörten (M 3 a, b, M 4); 1375 – Ausschluss Braunschweigs aus der Hanse (M 4); 1380 – Versöhnung zwischen den Konfliktparteien: Wiederaufnahme in die Hanse sowie Entschädigung und Rückkehr der vertriebenen Patrizier (bis 1383) – *Ergebnis:* neue Ratsverfassung von 1386: dem Rat gehörten nun Patrizier und Zunfthandwerker an (M 5)
Interessen/Ziele	Welche Interessen und Ziele verfolgten die Konfliktparteien?	– *Patrizier* → vor den Unruhen: Aufrechterhaltung des Herrschaftsmonopols in der Stadt; → nach den Unruhen: Rückkehr, Entschädigung und Beteiligung an der Stadtherrschaft (M 2, M 3 a, M 5) – *Zunftmeister* → vor den Unruhen: Beteiligung an der Stadtherrschaft; → nach den Unruhen: Wiederaufnahme in die Hanse; neue Ratsverfassung, die ihnen eine Beteiligung an der Stadtherrschaft sichert (M 2, M 3 b, M 5) – *Hansetag:* Schutz und Verteidigung der Braunschweiger Patrizier; Verurteilung der Unruhen und Aufständischen (M 4)
Mittel	Welche Mittel setzten die Parteien zur Durchsetzung ihrer Ziele ein?	– *Patrizier:* Verständigung: Verhandlungsangebot an Zunftmeister (M 3 a); Propaganda: Rechtfertigungsschreiben (M 3 a); Boykott bzw. Erpressung: Ausschluss aus der Hanse (M 4, M 5); Verständigung: Verhandlungen über Entschädigung und Rückkehr (M 5) – *Zunftmeister bzw. -handwerker:* Verständigung: Annahme des Verhandlungsangebotes (M 3 a); Gewalt: Beteiligung an Tötung, Vertreibung und Enteignung der Ratsmitglieder (M 3 a); Propaganda: Rechtfertigungsschreiben (M 3 b) – *Hansetag:* Ausschluss Braunschweigs und Handelsboykott; Androhung einer Verurteilung (M 4)
Transfer des Falles	Welche Aspekte des Falls geben exemplarische Einblicke in die Zunftkämpfe im Spätmittelalter?	– Im Spätmittelalter kam es zwischen Patriziern und Zünften zu innerstädtischen Machtkämpfen. – Die Zünfte forderten eine Beteiligung an der Stadtherrschaft. – Die Patrizier waren zwar zu einer Verständigung über politische Entscheidungen, z. B. Steuerfragen, bereit, verwehrten den Zunftmeistern jedoch die Mitgliedschaft im Rat. – Der Konflikt, der auch mit Gewalt ausgetragen wurde, endete mit einem Ausgleich: Patrizier und Zunftmeister teilten sich nun die Stadtherrschaft.

5 Königtum und Fürstenherrschaft im Hoch- und Spätmittelalter

M1 Kopfbüste Friedrich Barbarossas, vergoldete Bronze, um 1160

Prozess und Entmachtung Heinrichs des Löwen (1179–81)

1. Phase:
Landrechtliches Verfahren (1179)
Kläger: Fürsten
Beklagter: Heinrich der Löwe
Vorwurf: Verstöße gegen den Landfrieden
Urteil: Wegen Abwesenheit Belegung mit der Reichsacht

2. Phase:
Lehnsrechtliches Verfahren (1180)
Kläger: König Friedrich I.
Beklagter: Heinrich der Löwe
Vorwurf: Majestätsverletzung wegen Missachtung der Gerichtsvorladungen
Urteil: In Abwesenheit Entzug aller Reichslehen, u.a. der Herzogtümer Bayern und Sachsen

3. Phase:
Durchsetzung des Urteils (1180/81)
Teilung der Herzogtümer Bayern und Sachsen und Neuverleihung; Reichsheerfahrt Friedrichs I. gegen den Löwen und Unterwerfung Heinrichs auf dem Reichstag in Erfurt (1181): Lösung aus der Reichsacht, Erhalt des welfischen Hausgutes um Braunschweig und Lüneburg sowie dreijährige Verbannung nach England

Staufer und Welfen: Verbündete und Widersacher

Der Investiturstreit zwischen Kaiser und Papst in der zweiten Hälfte des 11. Jahrhunderts (s. S. 74) hatte zur Stärkung der mächtigen Adelsgeschlechter und damit zur Schwächung des deutschen Königtums geführt. Während im Hoch- und Spätmittelalter die Könige in Frankreich, dem ehemaligen Westfrankenreich, ihren Vorrang über den Adel festigen konnten, gewannen im Deutschen Reich die Fürsten mit dem Ausbau ihrer Landesherrschaften zunehmend an Einfluss und legten den Grundstein für den bis in die Gegenwart wirkenden Föderalismus. Im 12. Jahrhundert kam es zwischen Königtum und Fürstenherrschaft zu einer Verschärfung des Machtkampfes, der einen ersten Höhepunkt in dem Konflikt der beiden mächtigsten Adelsgeschlechter im Reich, den **Staufern** und **Welfen**, fand und die Reichspolitik mehrere Jahrzehnte entscheidend prägte.

Die Königswahl des Staufers **Friedrichs I. Barbarossa** (Reg. 1152–90), dessen Mutter eine Welfin war, schien eine Aussöhnung zwischen Staufern und Welfen zu ermöglichen und den Frieden im Reich zu sichern. Ausgleichend wirkte auch, dass Friedrich I. 1156 seinem welfischen Vetter, dem Sachsenherzog **Heinrich dem Löwen**, das Herzogtum Bayern zurückgab, das den Welfen durch Friedrichs Onkel, Konrad III. (Reg. 1138–52), aberkannt worden war. Die Beilegung des Konfliktes und der bereits 1152 verkündete „allgemeine Landfrieden" waren für Friedrich I. Voraussetzungen für die Wiederaufnahme der Italienpolitik seiner Vorgänger. Von Heinrich zunächst unterstützt, erreichte Friedrich I. während der ersten beiden Italienzüge die Kaiserkrönung in Rom (1155) und die Unterwerfung der Städte in Norditalien (1162).

Im Reich betrieb Friedrich I. zur Stärkung königlicher Besitz- und Herrschaftsrechte neben einem Ausgleich mit den Fürsten durch Zugeständnisse in Form königlicher Hoheitsrechte *(Regalien)* den Bau von Burgen und Kaiserpfalzen sowie die Gründung bzw. Förderung von Städten. Auch die Fürsten bauten ihre Herrschaft in den Territorien aus. Vor allem Heinrich der Löwe schuf durch Städtegründungen, Burgenbau, Eroberung slawischer Stämme und Ausweitung seines Hausgutes auf Kosten des sächsischen Adels eine Machtbasis, die ihm eine nahezu königliche Stellung verlieh.

Zur Machtprobe zwischen Friedrich I. und dem Welfen kam es, als der König während seines fünften Italienzuges 1176 Heinrich in Chiavenna um Unterstützung bat. Der Herzog verweigerte die Heeresfolge, weil Friedrich seiner Forderung, ihm als Gegenleistung die durch den Silberbergbau wohlhabende Reichsstadt Goslar als Lehen zu übergeben, nicht entsprach. Der staufisch-welfische Gegensatz flammte erneut auf. Zwei Jahre später nahm der Staufer die Klagen sächsischer Adliger zum Anlass, dem welfischen Widersacher den **Prozess*** zu machen. Heinrich dem Löwen wurde die Machtbasis entzogen, indem der König ihm mithilfe der Fürsten alle Reichslehen, darunter die Herzogtümer Sachsen und Bayern, aberkannte.

Vom Personenverbandsstaat zum Territorialstaat

Die **Entmachtung Heinrichs** des Löwen war für die politische und verfassungsrechtliche Entwicklung des Heiligen Römischen Reiches von zentraler Bedeutung. Friedrich I. hatte zwar seinen mächtigsten Konkurrenten im Reich ausgeschaltet, konnte aber bei der Neuverteilung von Sachsen und Bayern keinen territorialen Gewinn für das staufische Königtum erzielen, da er die eingezogenen Herzogtümer nicht dem Reichsgut zuschlug, sondern sofort neu verlieh. Dabei handelte er nicht unter dem

Zwang rechtlicher Normen (Leihezwang), sondern kam den Fürsten entgegen, die für ihre Unterstützung beim Sturz des Löwen vom König Landgewinn forderten. Nicht nur die Fürsten gingen aus dem Konflikt als Gewinner hervor, sondern auch die kleineren Dynastien in Sachsen und Bayern, die nun verstärkt mit dem **Ausbau eigener Landesherrschaften** begannen. Auch aus verfassungsrechtlicher Sicht waren die Folgen der Entmachtung des Welfen gravierend. Mit der Auflösung der Herzogtümer Sachsen und Bayern fand die Entwicklung von den alten, großflächigen, aber nur locker verbundenen Stammesherzogtümern zu kleineren, zahlenmäßig größeren und in sich geschlossenen Territorialfürstentümern vorerst ihren Abschluss. Im Verlauf dieses **Territorialisierungsprozesses** kam es auch zur Herausbildung des sogenannten jüngeren Reichsfürstenstandes *(principes imperii)*. Diese Gruppe umfasste nur Fürsten, die ihre Lehen direkt vom König empfingen (Kronvasallen) und keinem anderen weltlichen Herrscher verpflichtet waren. Zu ihnen gehörten die geistlichen Fürsten, die seit dem Wormser Konkordat (s. S. 76) vom König mit dem Zepter investiert wurden (Zepterlehen) und die weltlichen Fürsten, die vom König mit einer Fahne, dem Symbol des Heerbanns, belehnt wurden (Fahnenlehen). Nach dem Tod Friedrich I. während des dritten Kreuzzuges 1190 konnten die Reichsfürsten ihre politische Macht im Reich und in den Territorien weiter ausbauen. In ihren Herrschaftsgebieten unterstanden nun alle Einwohner allein der Gewalt des Fürsten, der eine vom Lehnsrecht unabhängige Verwaltung mit Ministerialen schuf. An die Stelle der Lehnsdienste und -pflichten traten rechtliche Beziehungen wie Sold- und Dienstverträge mit Vasallen, wodurch die auf persönlichen Bindungen beruhende Lehnsordnung an Bedeutung verlor und der Wandel vom mittelalterlichen Personenverbandsstaat zum modernen Territorialstaat eingeleitet wurde.

M2 Standbild in der Braunschweiger Burg Heinrichs des Löwen, Bronzekopie, 1166

Friedrich II. und die Stärkung der Fürstenherrschaft

Ungeachtet der Strukturprobleme des deutschen Königtums blieb die Autorität der Staufer auch unter Friedrich Barbarossas Sohn und Nachfolger, **Heinrich VI.** (Reg. 1190–1197), ungebrochen. Seit dieser durch Heirat die Herrschaft über das sizilische Normannenreich in Süditalien erlangt hatte, zeichnete sich ein staufisches Imperium ab, das von Apulien bis zur Nordsee reichte (M 3). Heinrichs Plan, das römisch-deutsche Reich mit dem Königreich Sizilien zu verbinden und in eine Erbmonarchie umzuwandeln, um das Kaisertum dauerhaft mit der staufischen Dynastie zu verbinden, scheiterte jedoch am Widerstand des Papstes, der eine territoriale Umklammerung seines Kirchenstaates fürchtete, sowie an den Fürsten, die durch den Verlust des Wahlrechts ihren Einfluss im Reich gefährdet sahen. Nach dem frühen Tod Heinrichs flammte der staufisch-welfische Gegensatz wieder auf und führte zur erneuten Schwächung des Königtums sowie zur Stärkung der Fürsten, die ihre Landesherrschaften festigten.

Der letzte Stauferkaiser **Friedrich II.*** (Reg. 1212–1250), der Sizilien in den Mittelpunkt seiner Herrschaft stellte, trug dieser Entwicklung Rechnung. Mit zwei Urkunden, der *Confoederatio cum principius ecclesiasticis* von 1220 und dem *Statutum in favorem principum* von 1232 (s. M 2, S. 100) stattete er die geistlichen und weltlichen Fürsten mit landesherrlichen Privilegien aus. Gleichzeitig sicherte er sich die Zustimmung der Fürsten zur Wahl seines Sohnes zum deutschen König sowie deren Unterstützung in seiner Auseinandersetzung mit dem Papst. Damit verzichtete der Kaiser auf die Festigung der königlichen Zentralgewalt und beschleunigte so die Entwicklung der Territorialfürstentümer.

Friedrich II.
Der Enkel Friedrich Barbarossas und letzte mächtige Herrscher aus der Staufer-Dynastie wuchs nach dem frühen Tod seiner Eltern unter normannischem, arabischem und byzantinisch-griechischem Einfluss in Sizilien auf. Erst nach langen Kämpfen konnte er in Sizilien seine Herrschaft als König durchsetzen, musste dem Papst jedoch zusichern, das römisch-deutsche Reich und Sizilien nicht in Personalunion zu regieren. 1212 zum deutschen König und 1220 zum Kaiser gekrönt, hielt sich Friedrich II. nur ein Drittel seiner Regierungszeit im Reich auf, denn die Basis seiner Herrschaft sah er in Sizilien, wo er einen modernen Staat aufbaute, der bereits Züge des frühneuzeitlichen absolutistischen Staates trug. Friedrich II. war ein in Naturwissenschaften, Philosophie und Sprachen außergewöhnlich gebildeter Herrscher (s. M 3, S. 100), der auch Diskussionen mit arabischen Gelehrten führte. Sein früher Tod 1250 markiert den Beginn des Staufer-Mythos (s. S. 96 f.).

Königswahl und kaiserliche Hausmachtpolitik

Nach dem Ende der Stauferzeit (1254) begünstigte der mehrfache Dynastiewechsel die Verselbstständigung der Landesherrschaften. Die Machtverschiebung im Reich vom König zu

M3 **Das Reich zur Zeit der Staufer**

den Reichsfürsten zeigte sich auch in der Regelung der Königswahl. In der Zeit des Interregnums (1254–1273), in der die Fürsten auch ausländische Herrscher zum König erhoben, setzte sich endgültig das **Prinzip der freien Königswahl** durch, das von führenden weltlichen und geistlichen (Kur-)Fürsten (mhd. *Kur* = Wahl) nun als Recht eingefordert wurde. Zu dem Kurfürstenkollegium, das 1257 erstmals in Erscheinung trat, gehörten die Erzbischöfe von Mainz, Köln und Trier sowie der Herzog von Sachsen, der Markgraf von Brandenburg, der König von Böhmen und der Pfalzgraf bei Rhein (M 4). Verfassungsrechtlich wurde die Königswahl durch **Kaiser Karl IV.** in der **„Goldenen Bulle“** 1356 festgeschrieben (M 6). Damit hatte sich im Deutschen Reich das Wahlprinzip gegenüber dem Geblütsrecht der Könige auch juristisch durchgesetzt.

Im Spätmittelalter (Mitte des 13.–15. Jahrhundert) kam es zu einer weiteren Schwächung der Reichsgewalt, obwohl sich der König noch immer als oberster Wahrer von Frieden und Recht im Reich verstand und z. B. von den Reichsstädten

Internettipp
www.regionalgeschichte.net/hauptportal/bibliothek/texte/ereignisse-und-fakten/1356-die-goldene-bulle.html
Seite des Instituts für historische Landeskunde der Universität Mainz zur Goldenen Bulle

als unmittelbarer Herrscher anerkannt wurde. So scheiterte König Rudolf von Habsburg (Reg. 1273–1291) mit dem Versuch, das herrenlose staufische Reichs- und Hausgut unter seine Herrschaft zu bringen. In der Folge brach er mit der Tradition des römisch-deutschen Kaisertums und verzichtete auf alle Ansprüche in Unteritalien und Sizilien. Damit wurde die universale Reichsidee aufgegeben und das Kaisertum zu einem „Ehrentitel“ degradiert.
Auch in anderer Hinsicht markierte Rudolfs Regentschaft eine Zäsur in der deutschen Geschichte, denn er gilt als der erste inthronisierte Hausmachtpolitiker im Reich. Seit dem 14. Jahrhundert waren Könige bzw. Kaiser zunehmend bestrebt, den Aufstieg der Landesherren durch die Ausweitung der eigenen Hausmacht auszugleichen, indem sie ihre Territorien gezielt erweiterten, was besonders den **Habsburgern*** gelang. Die Kontinuität der Habsburger-Dynastie und die Reichsreform von 1495 (s. S. 145 f.) konnten zwar den Zerfall der Zentralgewalt nicht aufhalten, führten jedoch zur Herausbildung dauerhafter staatlicher Strukturen im Reich. Diese ambivalente Entwicklung wird von Historikern unterschiedlich bewertet. Wurde das Spätmittelalter entwicklungspolitisch aufgrund der Schwäche des Königtums und der Stärke der Fürstenherrschaft negativ beurteilt, sieht die moderne Geschichtsschreibung die Entwicklung des Deutschen Reiches differenzierter (M 7).

Die Habsburger
Das im Südwesten des Reiches ansässige Adelsgeschlecht erwarb unter Rudolf (Kg. 1273–1291), ihrem ersten Vertreter auf dem Königsthron, zunächst die Herzogtümer Österreich und Steiermark. Mit dem Gewinn Burgunds und Spaniens sowie Böhmens und Ungarns stiegen die Habsburger (ab dem 15. Jahrhundert „Haus Österreich“) zur deutschen und europäischen Großmacht auf. Nahezu ausnahmslos hatten sie bis 1806 die Kaiserwürde des Heiligen Römischen Reiches Deutscher Nation inne und standen als Monarchen noch bis 1918 an der Spitze des Vielvölkerstaates Österreich-Ungarn.

1 Stellen Sie den Konflikt zwischen dem Staufer Friedrich I. und dem Welfen Heinrich dem Löwen in einem Schaubild dar.
2 Erklären Sie die Folgen der Entmachtung Heinrichs für die Entwicklung des Reiches.
3 Erläutern Sie das Verhältnis von Kaiser und Reich im Spätmittelalter.

M 4 Kaiser Karl IV. und die sieben Kurfürsten, kolorierter Holzschnitt, Augsburg, um 1560.
Vom Betrachter aus gesehen links vom Kaiser stehen die drei geistlichen Kurfürsten, die Erzbischöfe von Trier, Köln und Mainz; als Zeichen ihres Amtes halten sie Urkunden mit Siegeln in den Händen. Rechts stehen die weltlichen Kurfürsten mit den Symbolen ihrer vier Hofämter: der König von Böhmen (Glas/Mundschenk), der Pfalzgraf bei Rhein (Geschirr/Truchsess), der Herzog von Sachsen (Schwert/Marschall) und der Markgraf von Brandenburg (Schlüssel/Kämmerer).

M5 Goldene Bulle, Pergamenturkunde mit Goldsiegel Karls IV., 1356. Die Abbildung zeigt das Exemplar für das Erzbistum Köln.

M6 Die Goldene Bulle Kaiser Karls IV. von 1356

Da Wir nun kraft des Amtes, das Wir vermöge Unserer Kaiserwürde innehaben, den künftigen Gefahren der Uneinigkeit und Zwietracht unter den Kurfürsten, zu deren Zahl Wir als König von Böhmen bekanntlich gehören, aus zwei Gründen, nämlich sowohl wegen Unseres Kaisertums als auch wegen des von Uns ausgeübten Kurrechtes, entgegenzutreten gehalten sind, haben Wir, um die Einigkeit unter den Kurfürsten zu fördern, um Einhelligkeit bei der Wahl herbeizuführen und um der vorerwähnten schmählichen Uneinigkeit und den mannigfachen aus ihr erwachsenden Gefahren den Zugang zu verschließen, die hiernach geschriebenen Gesetze auf Unserem feierlichen Reichstag zu Nürnberg [...] kraft kaiserlicher Machtvollkommenheit erlassen, aufgestellt und zu bestätigen für gut befunden im Jahre des Herrn 1356. [...]

Und weil Nachfolgendes nach alter anerkannter und löblicher Gewohnheit bisher stets unverbrüchlich beobachtet worden ist, bestimmen auch Wir und verordnen aus kaiserlicher Machtvollkommenheit, dass, wer besagtermaßen zum römischen König gewählt worden ist, sogleich nach vollzogener Wahl, bevor er in irgendwelchen andern Angelegenheiten oder Geschäften aus Vollmacht des Heiligen Reiches seine Tätigkeit beginnt, allen und jeden geistlichen und weltlichen Kurfürsten, die bekanntlich die nächsten Glieder des Heiligen Reiches sind, alle ihre Privilegien, Briefe, Rechte, Freiheiten und Vergünstigungen, alten Gewohnheiten und auch Würden und alles, was sie vom Reich bis zum Tag seiner Wahl empfangen und besessen haben, ohne Verzug und Widerspruch durch seine Briefe und Siegel bestätigen und bekräftigen soll. [...]

Damit nicht unter den Söhnen besagter weltlicher Kurfürsten wegen des Rechts, der Stimme und der Befugnis, die vorhin erwähnt wurden, inskünftig Anlass zu Ärgernis und Zwietracht entstehen und so das allgemeine Wohl durch gefährliche Verzögerungen beeinträchtigt werden kann, bestimmen Wir, da Wir künftigen Gefahren mit Gottes Hilfe heilsam vorzubeugen willens sind, und gebieten kraft kaiserlicher Machtbefugnis durch dieses Gesetz, das für ewige Zeiten gelten soll, dass jeweils nach dem Ableben eines weltlichen Kurfürsten Recht, Stimme und Befugnis zu solcher Wahl auf seinen erstgeborenen rechtmäßigen Sohn weltlichen Standes, falls aber dieser nicht mehr am Leben wäre, auf dieses Erstgebornen erstgebornen Sohn weltlichen Standes ungehindert und ohne jemands Widerspruch übergehe. Wenn aber ein solcher Erstgeborner ohne rechtmäßige männliche Erben weltlichen Standes aus dieser Welt schiede, dann soll kraft dieses kaiserlichen Erlasses Recht, Stimme und Befugnis zu besagter Wahl auf seinen ältesten, aus echter väterlicher Linie stammenden Bruder weltlichen Standes und sodann auf dessen Erstgebornen weltlichen Standes übergehen, und diese Erbfolge der erstgeborenen Söhne und Erben der Kurfürsten in Recht, Stimme und Befugnis, die oben erwähnt sind, soll auf ewige Zeiten beobachtet werden. [...]

Wenn aber eines von diesen Kurfürstentümern dem Heiligen Reiche ledig wird, dann soll und kann es der jeweilige Kaiser oder römische König wieder verleihen als etwas, das ihm und dem Reiche rechtmäßigerweise heimgefallen ist.

XI. Von der Gerichtsfreiheit der Kurfürsten. Wir stellen auch fest, dass keine Grafen, Freiherren, Edelleute, Lehensleute, Vasallen, Burgvögte, Ritter, Ministerialen, Bürger, Burgmannen und keinerlei Personen, Mann oder Frau, die den Kirchen von Köln, Mainz und Trier untertan sind, von welcherlei Stand, Rang oder Würde sie auch sein mögen, auf Ansuchen irgendeines Klägers außerhalb des Gebietes und der Marken und Grenzen derselben Kirchen und was dazu gehört vor irgendeinen andern Gerichtshof oder vor das Gericht eines andern als der Erzbischöfe von Mainz, Trier und Köln und ihrer Richter weder in vergangenen Zeiten geladen werden konnten noch fürderhin auf ewige Zeiten gezogen oder gefordert werden dürfen oder können, so wie Wir dies in vergangenen Zeiten beobachtet gefunden haben. Wir verordnen, dass dawider eingelegte Berufungen zurückgewiesen werden sollen, und erklären sie für null und nichtig. Im Falle verweigerten Rechtes aber soll allen Vorgenannten gestattet sein, ausschließlich an das kaiserliche Hofgericht oder an den Richter, der zu der Zeit am kaiserlichen Hofgericht unmittelbar den Vorsitz führt, zu appellieren; auch in diesem Fall aber dürfen diejenigen, denen das Recht verweigert worden ist, nicht an irgendeinen andern ordentlichen oder stellvertretenden Richter appellieren. Wir wollen, dass ebendiese Verordnung kraft dieses Unseres kaiserlichen Gesetzes auch auf die erlauchten weltlichen Kurfürsten, den Pfalzgrafen bei Rhein, den Herzog von Sachsen und den Markgrafen von Brandenburg, und ihre Erben, Nachfolger und Untertanen in vollem Umfang ausgedehnt werde mit allen obgenannten Bestimmungen und Bedingungen.

Die Goldene Bulle Kaiser Karls IV., bearb. v. Konrad Müller, Historisches Seminar der Universität Bern, Bern ²1964, S. 15ff.

1 Arbeiten Sie die Regelungen heraus, die in der Goldenen Bulle getroffen wurden.

2 Beurteilen Sie M 6 im Kontext des Territorialisierungsprozesses.

M 7 Der Historiker Frank Rexroth über die Staatsbildung im Deutschen Reich, 2005

Warum also verlief die Entwicklung im Reich anders als anderswo? *Zum einen* blieb das Königtum im Reich bis an die Schwelle zur Neuzeit Wahlkönigtum, woraus sich (jedenfalls im Vergleich zu den Monarchien in der Nachbarschaft) ein Defizit an dynastischer Kontinuität ergab. [...] Wo es aber an dynastischer Kontinuität fehlte, mangelte es *zweitens* auch an einem stabilen Zentrum der Herrschaft und der Verwaltung, kurz: an einem Know-how des Herrschens, das von Experten hätte weitergegeben werden können. *Drittens* zeigten die Eliten in den Regionen des Reichs ganz unterschiedliche Affinitäten zu den Königen, sodass Historiker heute zwischen „königsnahen“ (z.B. Franken), „königsoffenen“ (z.B. dem Oberrhein) und „königsfernen“ Landschaften (insbes. dem Norden) unterscheiden. Die Güter, die die Herrscher in der Vergangenheit an Vasallen ausgegeben hatten, waren *viertens* durch den für die deutsche Geschichte charakteristischen Prozess der Allodialisierung[1] dem König entfremdet worden und gerieten so zur Grundlage eigenständiger Adelsherrschaft. Da die Ministerialen, die in der Herrschaftspraxis staufischer Könige eine wesentliche Rolle gespielt hatten, im niederen Adel aufgingen und sich damit nicht mehr von anderen Vasallen unterschieden, mangelte es den Königen *fünftens* an einer Funktionselite für die Verwaltung des Reichsgutes, deren Angehörige weisungsgebunden und prinzipiell absetzbar gewesen wären. Ein besonderes Manko bestand aber *sechstens* in der Finanzschwäche des Königtums. Nach den Anläufen König Rudolfs von Habsburg und seiner unmittelbaren Nachfolger, verlorengegangenes Reichsgut wieder für das Königtum zu sichern [...], setzte mit Ludwig dem Bayern eine Phase der Verpfändung eben jenes Guts ein; Karl IV. sollte so viele Güter verpfänden wie alle seine Vorgänger zusammengenommen. Generell war solches Gut in Deutschland schwer zu verwalten, denn es fehlte an entsprechenden Institutionen. Vom Erlass von Reichssteuern war seit dem 15. Jahrhundert unter dem Einfluss der Hussiten- und Burgunderkriege[2] sowie der sog. „Türkengefahr“[3] immer wieder die Rede, doch scheiterte die Umsetzung dieses Plans selbst noch im Anschluss an den Wormser Reichstag von 1495. Als einträglicher erwies sich die fiskalische Nutzung königlicher Rechte (z.B. des Judenschutzes) und Leistungen (z.B. der Rechtsprechung). Aus alledem ergab sich ein Defizit an Autorität, das andere zu nutzen verstanden. [...]

Die Macht der Kurfürsten blieb [...] letztlich begrenzt, da sich um die Mitte des 14. Jahrhunderts im Reich eine Trias von Großdynastien herausschälte: die Habsburger, die Luxemburger (bis 1437) und die Wittelsbacher. Durch die Vereinigung mehrerer Herrschaften in einer Hand entstanden regelrechte Territorienkomplexe, die auf Modernisierung und Expansion bedacht waren. Es war eine deutsche Besonderheit, dass das Reich zwar selbst keine europäische Großmacht werden sollte, dass aber mit dem Aufstieg des Hauses Österreich, also eines seiner Glieder, die für das Europa der frühen Neuzeit charakteristische Konstellation von Großmächten begründet wurde. Der Teil war mächtiger als das Ganze.

So leistete eine ganze Reihe von Faktoren der Ausprägung einer dualistischen Reichsverfassung Vorschub: die Existenz von Großdynastien (die überdies miteinander rivalisierten), das Kurfürstenkollegium, aber auch Versuche der übrigen Reichsfürsten, sich von den Kurfürsten zu emanzipieren. [...] Bestand in der Geschichtswissenschaft lange Zeit Konsens darüber, dass in jener formativen Phase der Reichsverfassung aus den Territorien des Reichs Territorialstaaten geworden seien, so urteilt man in jüngster Zeit vorsichtiger: Wesentliche Elemente von Staatlichkeit, nämlich das Steuer- und das Heerwesen, konnten im Mittelalter weder im Reich noch in den Territorien etabliert werden.

Frank Rexroth, Deutsche Geschichte im Mittelalter, C. H. Beck, München 2005, S. 84–87

1 Allodialisierung (*allod* = Eigentum): Umwandlung von Lehen in frei verfügbares adliges Eigentum; formalrechtlich bleibt es aber Lehen.

2 Hussitenkriege (1419–1436): Kämpfe zwischen religiösen Oppositionsgruppen und dem König. Burgunderkriege (1474–1477): Kämpfe ausgelöst durch den Burgunderherzog Karl den Kühnen, der ein eigenständiges neuburgundisches Reich anstrebte.

3 „Türkengefahr“: Ausdruck resultierend aus der Angst vor der Expansion des Osmanischen Reiches im 15. Jh. (Eroberung Konstantinopels 1453).

1 Analysieren Sie die wesentlichen Thesen des Autors und überprüfen Sie die Stichhaltigkeit seiner Argumente.

Der Staufer-Mythos

M 1 Kyffhäuser-Denkmal in Thüringen, Luftbild der Gesamtanlage und Detailaufnahme der Barbarossa-Figur

Mythos
Mythen sind meist mündlich überlieferte Sagen und Dichtungen von Göttern und Helden oder anderen bedeutsamen Personen und Ereignissen. Mythische Erzählungen, die bei den Naturvölkern und in den alten Hochkulturen als Teil der Geschichte verstanden wurden, versuchen häufig zu erklären, wie die Gegenwart in der Vergangenheit begründet ist. Dazu beschwören sie eine glanzvolle Vergangenheit, die es in der Gegenwart wiederherzustellen gilt. Solche Mythen enthalten ein Sinn- bzw. Heilsversprechen, das den Menschen in einer trostlos erfahrenen Welt Orientierung und Halt geben soll. Sowohl von der Theologie als auch der aufgeklärten Philosophie wird der Mythos als irrational abgelehnt.

Internettipp
www.kyffhaeuser-denkmal.de
www.kyffhaeuser-tourismus.de

Literaturtipp
Klaus Schreiner, Die Staufer in Sage, Legende und Prophetie, in: Die Zeit der Staufer, hg. v. Württembergischen Landesmuseum, Bd. 3, Stuttgart 1977, S. 249–262

Friedrich II., der letzte Staufer-Kaiser, polarisierte durch seine Auseinandersetzungen mit dem Papsttum sowie seine Nähe zur islamischen Kultur (s. S. 108) und wurde aufgrund seiner Persönlichkeit und Gelehrtheit bereits zu Lebzeiten zum Mythos* stilisiert. Sein plötzlicher Tod 1250 beförderte die Entstehung einer Sage, wonach der Kaiser nicht gestorben sei, sondern sich vor dem Papst im Orient verborgen halte, um in besseren Zeiten zurückzukehren. In den Jahrzehnten nach Friedrichs Tod, in denen politische Wirren das Reich bestimmten, traten mehrere Betrüger als „falsche Friedriche" auf, indem sie sich diese Sage zunutze machten.

Im 15. Jahrhundert wurde die Sage auf Friedrichs Großvater Friedrich I. Barbarossa übertragen und in eine Höhle des thüringischen Kyffhäusergebirges verlegt. Nach dem Ende des Heiligen Römischen Reiches (1806) und den napoleonischen Befreiungskriegen (1812–15) entwickelte sich die Sage zum deutschen Nationalmythos (M 2). Die Reichsgründung von 1870/71 schien die Sehnsucht nach einem geeinten Deutschen Reich in Erfüllung gehen zu lassen (M 4). Mit dem 1896 eingeweihten Kyffhäuser-Denkmal wurde der Hohenzollern-Kaiser Wilhelm I. (Reg. 1857–1888) in die direkte Nachfolge der Staufer und ihrer mittelalterlichen Reichsidee gestellt (M 1): Das Monument besteht aus einem 81 Meter hohen Turm, an dessen Fuß der erwachende Staufer-Kaiser Barbarossa sitzt. Über ihm erhebt sich das Reiterstandbild Wilhelms I. Den Abschluss des Turmensembles bildet eine fast sieben Meter hohe stilisierte deutsche Kaiserkrone.

Auch während der Weimarer Republik instrumentalisierten nationalistische Kreise die Sage (M 3). Die Nationalsozialisten bedienten sich des Staufer-Mythos', indem sie ihr „Drittes Reich" in Beziehung zum Staufer- („Erstem Reich") und Kaiserreich („Zweiten Reich") setzten und „Barbarossa" als Decknamen für den deutschen Angriff auf die Sowjetunion 1941 missbrauchten. Vom Mythos der Staufer zeugt heute noch das Kyffhäuser-Denkmal, das die DDR-Regierung als Mahnmal „völlig reaktionärer Gesinnung" (M 5) zeitweilig abreißen wollte. In den 1990er-Jahren umfassend restauriert, gehört es zu den bekanntesten Geschichtsdenkmälern Deutschlands.

M 2 Friedrich Rückert: Barbarossa, 1817

Der alte Barbarossa,
Der Kaiser Friederich,
Im unterird'schen Schlosse
Hält er verzaubert sich.
Er ist niemals gestorben,
er lebt darin noch jetzt,
Er hat im Schloß verborgen
Zum Schlaf sich hingesetzt.
Er hat hinabgenommen
Des Reiches Herrlichkeit
Und wird einst wiederkommen
Mit ihr, zu seiner Zeit.
Der Stuhl ist elfenbeinern,
Darauf der Kaiser sitzt;
Der Tisch ist marmelsteinern,
Worauf sein Haupt er stützt.
Sein Bart ist nicht von Flachse,
Er ist von Feuersglut,
Ist durch den Tisch gewachsen,
Worauf sein Kinn ausruht.
Er nickt als wie im Traume,
Sein Aug halb offen zwinkt,
Und je nach langem Raume
Er einem Knaben winkt.
Er spricht im Schlaf zum Knaben:
Geh hin vors Schloss, o Zwerg,
Und sieh, ob noch die Raben
Herfliegen um den Berg.
Und wenn die alten Raben
Noch fliegen immerdar,
So muss ich auch noch schlafen,
Verzaubert hundert Jahr.

Friedrich Rückert, Gesammelte Gedichte, 2. Teil, Frankfurt/M. 1843, S. 216 f.

M 3 Aus einem Artikel des Schriftstellers und Journalisten Franz Herwig, 1925

Unsichtbare Hände von Millionen tasten zueinander; wir fühlen uns wieder als Gemeinschaft, und sie allein nur kann den Führer aus ihrer Sehnsucht erschaffen. Ja, und diese Gemeinschaft umschließt nicht nur diejenigen, die jetzt und heute leiden und Weg suchen, sondern die Geschlechter alle, die jemals litten und Weg suchten. Entzückt sehen wir auf das Ideal des Führers, wie es immer vor unsrem innern Auge stand, wenn draußen die Dunkelheit braute. Dieses Ideal hat einen Namen: Friedrich Rotbart [...] Sei gegrüßt, Kyffhäuser, heiliger Berg! Im Nebel ertrunken und scheinbar tot wie wir, und doch im Innersten glühend unsterblich wie wir!

Franz Herwig, Kaiser Rotbart. Deutsche Heldenlegende, Heft 5, Freiburg i. Br. [2]1925, S. 1

M 4 „Der Alte vom Kyffhäuser", Karikatur aus dem Kladderadatsch Nr. 29/30, 1871

Die Neugestaltung Deutschlands gestattet nun auch dem Alten vom Kyffhäuser, seinen Posten aufzugeben und sich endlich in den so wohlverdienten Ruhestand zurückzuziehen. Möge ihm das Kaiserreich der Friede sein!

M 5 Artikel aus einer DDR-Zeitung, 1985

In den Ruinen der Burg auf der zweithöchsten Erhebung des Kyffhäusergebirges steht das 1896 eingeweihte Kyffhäuserdenkmal. Zeugnis des Missbrauchs der Kyffhäusersage durch die chauvinistische Propaganda im 1871 in Versailles gegründeten preußisch-deutschen Reich. Die aus dem 13. Jahrhundert stammende Sage ist Ausdruck der Hoffnung des Volkes nach einer Zentralgewalt, die der Zersplitterung und den fürstlichen Machtkämpfen ein friedliches Ende bereiten sollte. Mit der konstruierten Bezugskette von Barbarossa (1152–1190) zu Wilhelm I., der 1888 gestorben war, sollte dem Volk die Erfüllung dieser Sehnsucht suggeriert werden und das unter militaristischen Vorzeichen gegründete preußisch-deutsche Reich verherrlicht werden. Das Monument zwingt heute zur Beschäftigung mit der Geschichte und fordert, Fortschrittliches zu erkennen und Reaktionäres zu bekämpfen.

Berliner Zeitung, 4. Januar 1985, S. 3

1 Beschreiben und interpretieren Sie die Darstellung Barbarossas in dem Denkmalensemble (M 1).
2 Analysieren und vergleichen Sie die Materialien (M 2–M 5) im Hinblick auf die Überlieferung der Kaiser-Sage. Berücksichtigen Sie die Entstehungszeit der Quellen.
3 Erarbeiten Sie eine Präsentation zum Thema „Der Staufer-Mythos am Beispiel des Kyffhäuser-Denkmals". Nutzen Sie die Internettipps.

Das europäische Mittelalter: Einheit und Vielfalt

Zentrale Begriffe

Adel → S. 77 f.
Bürger → S. 83
Feudalismus → S. 78
Frondienste → S. 78
Grundherrschaft → S. 77 f.
Hausmacht → S. 92 f.
Hörige → S. 78
Klerus → S. 82
Landesherr → S. 84
Lehnswesen → S. 77 f.
Leibeigene → S. 77 f.
Ministeriale → S. 82
Patrizier → S. 82
Personenverbands-staat → S. 67
Reichsfürst → S. 91
Reichskirche → S. 73 ff.
Ritter → S. 77 f.
Ständegesellschaft → S. 77
Territorialstaat → S. 90 f.
Vasall → S. 78

Zusammenfassung

Das Mittelalter ist nicht nur als Einheit zu sehen, sondern lässt sich auch als eine Abfolge vielfältiger Entwicklungen deuten. Mit dem Aufstieg des Frankenreiches seit dem 5. Jahrhundert und dem Sieg Karl Martells über die Araber 732 bildete sich im lateinisch-römischen Westen ein dritter Machtbereich heraus, der neben den islamischen Herrschaftsbereich (s. S. 102 ff.) und den griechisch-orthodoxen Osten mit dem byzantischen Staat (324–1453) trat. Wirtschaft, Gesellschaft und Herrschaft des Frankenreiches waren völlig anders geprägt als unser heutiges System. Im mittelalterlichen Personenverbandsstaat beruhte Herrschaft auf Beziehungen zwischen dem König auf der einen und Adel und Klerus auf der anderen Seite. Darüber hinaus basierte Herrschaft auf persönlicher Autorität, die die Herrscher auf ihren Reisen immer wieder zur Geltung bringen mussten. Der König und die kleine adlige Minderheit besaßen Grund und Boden und beherrschten die große Mehrheit der dienenden und arbeitenden Menschen, die zu rund 90 Prozent auf dem Lande lebten. Die Beziehungen zwischen den Menschen wurden dabei von drei Faktoren geprägt: der Grundherrschaft, dem Lehnswesen und der ständischen Sozialordnung.

Die seit dem 10./11. Jahrhundert entstehenden Städte mit ihrer bürgerlichen Bevölkerung waren anfangs noch ein Fremdkörper innerhalb der feudal-agrarischen Umwelt. Aber spätestens im 12. Jahrhundert gingen von ihnen entscheidende Anstöße für den ökonomischen wie auch gesellschaftlich-mentalen Wandel aus. In den Städten setzte sich besonders bei den Kaufleuten zum ersten Mal ein Denken und Handeln durch, das sich durch Gewinnstreben, wirtschaftliche Rationalität und Risikobereitschaft auszeichnete.

Wenngleich die städtischen Bürgerinnen im Verlauf des Mittelalters ein gewisses Maß an Selbstständigkeit in Handwerk und Handel gewinnen konnten, so wies die patriarchalische Gesellschaft den Männern und Frauen im Mittelalter unterschiedliche Lebensbereiche und Rollen zu: Während die Männerwelt nach außen gerichtet war, hatten sich die Frauen vorrangig um den inneren Lebenskreis des Hauses und der Familie zu kümmern.

Die Kaiserkrönung Karls des Großen 800 und die spätere Erhebung ostfränkisch-deutscher Könige zum Kaiser – in bewusster Anknüpfung an den römischen Kaisergedanken – bedeutete nicht nur eine Rangerhöhung gegenüber anderen Königreichen, sondern auch die Schutzherrschaft über die Christenheit, den Anspruch auf die Königsherrschaft über Italien und Burgund sowie die Konkurrenz zum Papst um die Universalgewalt.

Während des gesamten Mittelalters nahm die christliche Kirche eine beherrschende Stellung ein. Die christliche Heilsbotschaft prägte sowohl Geschichtsverständnis, Welt- und Menschenbild als auch das politische Leben. Dabei kam es zu teilweise heftigen Auseinandersetzungen zwischen kirchlichem und königlichem Machtanspruch, die sich im Investiturstreit entluden. Aber auch die Kreuzzüge (1096–1270) beleuchten eindrucksvoll den Einfluss der Kirche auf Politik und Gesellschaft im christlichen Mittelalter. Ab dem 12. Jahrhundert konnten die deutschen Könige immer weniger ihre Herrschaftsposition gegen die Territorialherren sichern, die zunehmend an Macht gewannen. Sie legten auch die Grundlagen für den modernen Territorialstaat, der die Lehnsherrschaft als politisches Herrschaftsmodell allmählich ablöste.

M1 **Vom Frankenreich zum Regnum Teutonicum**

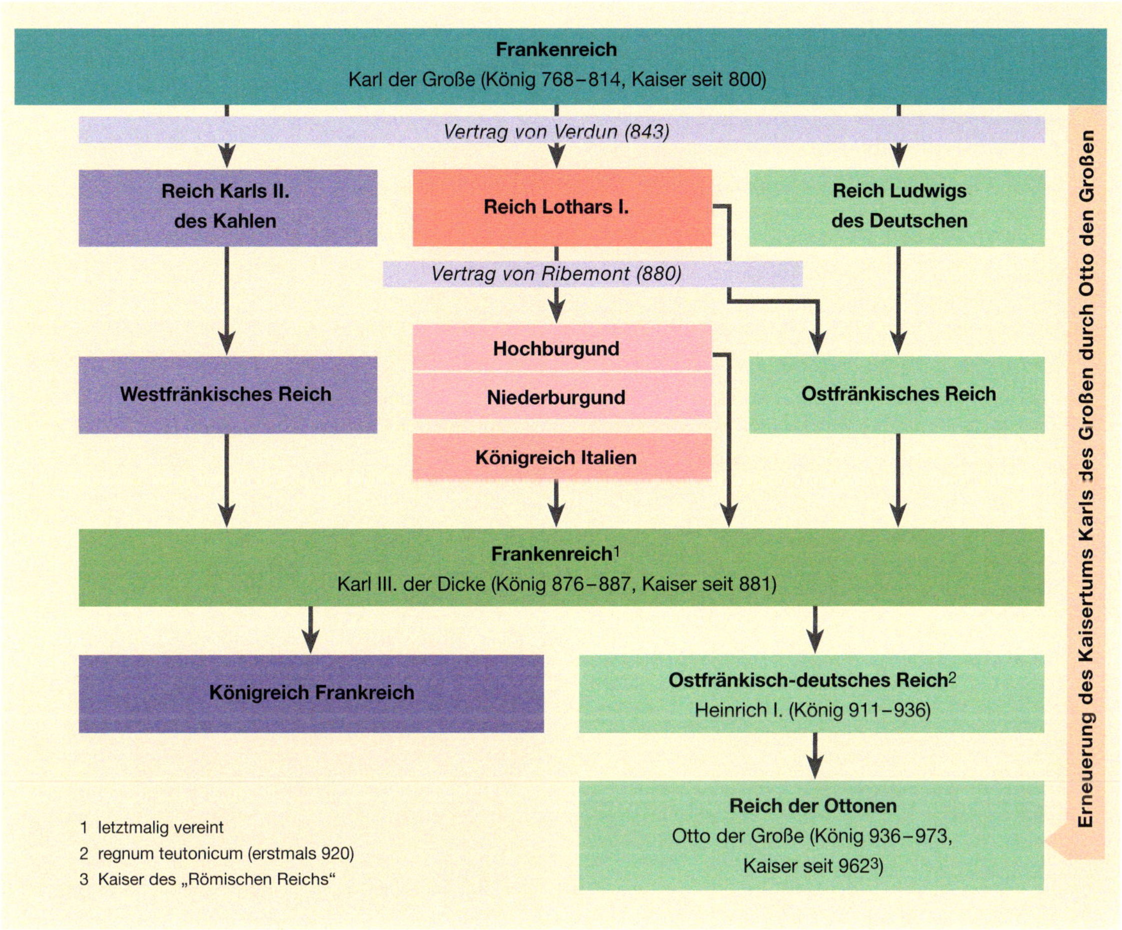

Zeittafel

ca. 4.–6. Jh. Völkerwanderungszeit
ca. 5.–10. Jh. Frühmittelalter
395 Teilung des Römischen Reiches (Ost-/Westreich)
395–1453 Reich von Byzanz (Oströmisches Reich): griechisch-orthodoxer Kulturraum
476 Absetzung des letzten Kaisers im Weströmischen Reich
428–751 Herrschaft der Merowinger im Frankenreich: Herausbildung des lateinisch-römischen Kulturraumes
529 Benedikt von Nursia gründet das erste abendländische Kloster
8. Jh. Das Lehnswesen beginnt sich in Europa durchzusetzen
751–911 Herrschaft der Karolinger
754 „Pippinische Schenkung": Errichtung des Kirchenstaats
800 Kaiserkrönung Karls des Großen in Rom
936–973 Herrschaft Ottos I., des Großen, im Reich
11.–Mitte 13. Jh. Hochmittelalter
11. Jh. Beginn der Stadtgründungen in Westeuropa
1073–1085 Reformpapst Gregor VII.: fordert die Unterwerfung der weltlichen unter die geistliche Macht
1075–1122 Investiturstreit; beendet durch das Wormser Konkordat
1096–1270 Kreuzzüge
12.–14. Jh. Deutsche Ostkolonisation
12./13. Jh. Beginn der Organisation des städtischen Handwerks in Zünften
1152–1190 Herrschaft des Stauferkaisers Friedrich I. („Barbarossa") im Reich
13.–16. Jh. Hansezeit
1212–1250 Herrschaft des Staufer-Kaisers Friedrich II. im Reich und auf Sizilien
Mitte 13. Jh.–15. Jh. Spätmittelalter
1348–1352 Große Pest in Europa
1356 „Goldene Bulle" Karls IV.: regelt erstmals umfassend die Königswahl durch ein Kurkollegium (Kurfürsten)
1378–1417 Großes Schisma der römisch-lateinischen Kirche (Päpste in Rom und Avignon)

Anwendungsaufgabe

M2 Das „Statutum in favorem principum" Friedrichs II., 1232

1. Wie schon unser königlicher Sohn[1], so gestehen auch wir ihnen [den Fürsten] für immer zu, dass keine neue Burg oder Stadt auf geistlichem Gebiet, sei es auch unter dem Vorwand der Vogtei[2] [...] von uns oder einem anderen [Fürsten] errichtet werden darf [...].

2. Neue Märkte sollen alte in keiner Weise stören. [...]

6. Ein jeder Fürst habe freien Gebrauch seiner Freiheiten, Gerichtsbefugnisse, Grafschaften und Zehnten[3], nach den Gewohnheitsrechten seines Landes, sie seien sein Eigentum oder ein Lehen. [...]

7. Die Zentralgrafen sollen den Zehnten vom Landesherrn [*dominus terrae*] oder von dem empfangen, den der Landesherr mit ihnen belehnt hat.

8. Ohne Zustimmung des Landesherren darf niemand die Gerichtsstätte verlegen. [...]

12. Eigenleute der Fürsten, Edlen, des Dienstadels und der Kirchen sollen in unseren Städten keinen Schutz mehr finden.

13. Eigentum und Lehen der Fürsten, Edlen, des Dienstadels und der Kirchen, das sich in den Händen unserer Städte befindet, soll zurückgegeben werden und darf nicht wieder weggenommen werden.

14. Weder wir noch unsere Leute sollen das Geleitrecht der Fürsten in ihrem Lande, das sie von uns zu Lehen haben, beeinträchtigen oder stören dürfen. [...]

17. Im Lande eines Fürsten wollen wir keine neue Münze schlagen lassen, durch welche die Münze des Fürsten im Werte gemindert werden könnte.

18. Unsere Städte sollen ihre Gerichtsbarkeit nicht über ihren Umkreis hinaus ausdehnen [...].

20. Ohne Zustimmung und aus der Hand des fürstlichen Lehnsherrn soll niemand Güter zu Pfand nehmen, mit denen ein anderer belehnt ist.

Zit. nach: Geschichte in Quellen, Bd. 2, hg. und übers. v. Wolfgang Lautemann, bsv, München ³1978, S. 568 f.

1 Heinrich VII. (1220–1235)
2 Schutzgewalt; hier weltliche Gerichtsbarkeit auf geistlichem Gebiet
3 Landgerichte, Gerichtsbezirke

M3 Friedrich II. (1212–1250), Buchmalerei aus dem von Friedrich II. selbst verfassten Buch „Über die Kunst der Jagd mit Vögeln", 13. Jh.

1 Untersuchen Sie das Verhältnis zwischen zentraler und territorialer Gewalt im Hoch- und Spätmittelalter, indem Sie
a) die Quelle analysieren,
b) den Wandel vom Personenverbandsstaat zum Territorialstaat erläutern und
c) die Auswirkungen des „Statutum in favorem principum" Friedrichs II. auf das Verhältnis zwischen zentraler und territorialer Gewalt beurteilen.

Epochenbezüge

M4 **Staaten und Religionen in Europa um 1200**

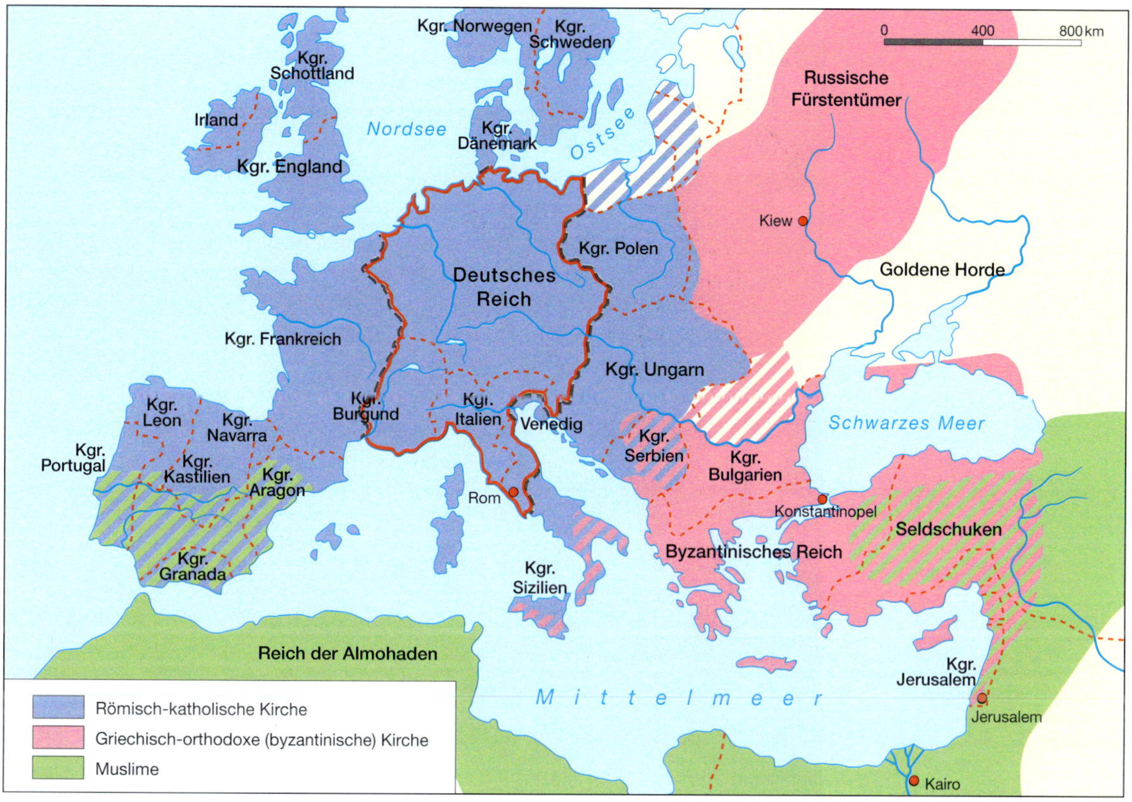

Präsentationsvorschläge

Thema 1:

Der Investiturstreit – Wer hat die Macht im christlichen Abendland?

Bereiten Sie einen Vortrag über den Investiturstreit vor, indem Sie die Ursachen, die Konfliktparteien und ihre Ziele sowie den Anlass, Verlauf und die Ergebnisse der Auseinandersetzung zwischen Kaiser und Papst vorstellen.

Literaturtipp

Ernst von Pitz, Die griechisch-römische Ökumene und die drei Kulturen des Mittelalters, Akademie Verlag, Berlin 2001

Internettipp

www.heiligenlexikon.de/Glossar/Investiturstreit.htm

www.lsg.musin.de/gesch/!daten-gesch/MA/investiturstreit.htm

Thema 2 (fächerverbindend):

Die Pest als Strafe Gottes? – Der Schwarze Tod und die Krise des Spätmittelalters

Bereiten Sie eine folien- oder powerpoint-gestützte Präsentation über Ursachen und Krankheitsverlauf der Pest sowie ihre Auswirkungen auf die spätmittelalterliche Gesellschaft vor.

Literaturtipp

Mischa Meier (Hg.), Pest. Geschichte eines Menschheitstraumas, Klett-Cotta, Stuttgart 2005

Manfred Vasold, Pest, Not und schwere Plagen. Seuchen und Epidemien vom Mittelalter bis heute, C.H. Beck, München 1991

Internettipp

www.stabi.hs-bremerhaven.de/gbs2/welt-jahrtausend/Pestlang.html

Thema 3 (Geschichte global):

Karl der Große – Kreuzritter im Diplomatengewand?

Arbeiten Sie am Beispiel Karls des Großen einen Vortrag über das Verhältnis des christlichen Europas zur islamischen Welt im Frühmittelalter aus.

Literaturtipp

Michael Borgolte, Christen, Juden und Muselmanen. Die Erben der Antike und der Aufstieg des Abendlandes 300–1400 n. Chr., Siedler, München 2006

Michael Borgolte, Ernst von Pitz, Der Gesandtenaustausch der Karolinger mit den Abbasiden und mit dem Patriarchen von Jerusalem, Arbeo Ges., München 1976

Max Kerner, Karl der Große. Entschleierung eines Mythos, Böhlau, Köln 2000

3 Die islamische Welt und Europa

M1 **Hunderttausende Muslime beten am 27. Dezember 2006 das Sonnenuntergangsgebet um die Kaaba vor der Großen Moschee in Mekka**

„Die Ausmaße des Haram[1] verschlugen mir den Atem, sieben Haupttore führten auf den riesigen, rechteckigen Innenhof, der eine halbe Million Menschen zu fassen vermochte [...]. Nirgendwo habe ich die Macht des Glaubens so stark empfunden. Im Gebet mit den anderen Pilgern neigte ich mich demütig vor Allah und wurde von Allah erhoben. Vor Allah gibt es keine Unterschiede der Rasse, der Klasse oder der Geschlechter."

Jehan Sadat, Ich bin eine Frau aus Ägypten, Bern [1]1987, S. 266ff.

1 Haram: Heiligtum, Bezeichnung für den Heiligen Bezirk in Mekka

622 Hidschra
630 Eroberung Mekkas
662 Umaiyaden-Dynastie (bis 750)
750 Abbasiden-Dynastie (bis 1258)
756 Emirat von Córdoba des Umaiyaden Abdarrahman I.
929 Kalifat von Córdoba
1031 Beginn der Taifa-Königreiche
1099 Eroberung Jerusalems durch Kreuzfahrer
1187 Eroberung Jerusalems durch Saladin
1237 Bildung des Nasridenreiches von Granada
1291 Fall Akkons

610–750 Ausbreitung des Islam
711–1492 Herrschaft der Mauren in al-Andalus
1096–1291 Kreuzzüge

600 700 800 900 1000 1100 1200

Von den heute weltweit rund 1,19 Milliarden Muslimen leben etwa 32 Millionen in europäischen Staaten, davon annähernd 3,2 Millionen in der Bundesrepublik Deutschland. Diese wachsende Zahl setzte seit den 1990er-Jahren im christlich geprägten Westen die Diskussion darüber in Gang, wie das Zusammenleben unterschiedlicher Kulturen gestaltet werden sollte. Man erörterte Probleme und Chancen dieser Beziehungen und erkannte, dass man zu wenig wusste über die muslimische Religion und Kultur – ein Bedürfnis nach Information und Austausch entstand. Ereignisse wie der Anschlag auf das World Trade Center von New York am 11. September 2001 durch die Terrororganisation Al-Qaida und die darauf folgenden Militärinterventionen der USA und ihrer Verbündeten in Afghanistan und im Irak haben einerseits die Welt erschüttert, andererseits aber auch das Bemühen um ein friedliches Miteinander verstärkt und die Dringlichkeit der diskursiven Auseinandersetzung umso mehr bewusst gemacht. Um diese leisten zu können, lohnt sich ein Blick in die Vergangenheit.
Islamische und europäische Welt verfügen über eine lange und relativ enge gemeinsame Geschichte. Hier sind für die Epoche des Mittelalters das Wirken Muhammads, die islamische Expansion im achten Jahrhundert, die Kreuzzüge, die maurische Herrschaft und die christliche Reconquista in Spanien besonders hervorzuheben. In der Moderne liefen vielfältige und enge Kontakte zwischen dem christlichen Europa und der islamischen Welt über das Osmanische Großreich. Nach der Auflösung dieses Reiches mit dem Ende des Ersten Weltkrieges begründete der Nachfolgestaat, die moderne Türkei, ein neues Verhältnis zu Europa. Wird die Türkei eines Tages als erster Staat mit muslimischer Vergangenheit und überwiegend muslimischen Bürgern ein Mitglied der Europäischen Union?
Diese Aspekte werden im folgenden Längsschnitt aufgegriffen. Der abschließende Ausblick auf den gewaltbereiten Islamismus der Gegenwart zeigt die Dringlichkeit, mit der nach Wegen des friedlichen Zusammenlebens von Religionen und Kulturen in Gegenwart und Zukunft gesucht werden muss.

Internettipp
www.qantara.de/webcom/show_softlink.php_c-300/_lkm-2853/i.html
Das Internetportal der Bundeszentrale für politische Bildung, der Deutschen Welle, des Goethe-Instituts und des Instituts für Auslandsbeziehungen informiert zuverlässig und vielseitig über den Islam.

www.goethe.de/ins/eg/prj/jgd/deindex.htm
Deutsch-arabische Jugendwebsite des Goethe Instituts Kairo

1 Welche Ursachen liegen den Konflikten zwischen den Kulturen zugrunde?
2 Inwieweit haben sich die beiden Kulturen gegenseitig befruchtet?
3 Wo sind Elemente der anderen Kultur als Bausteine in die eigene eingesetzt worden?

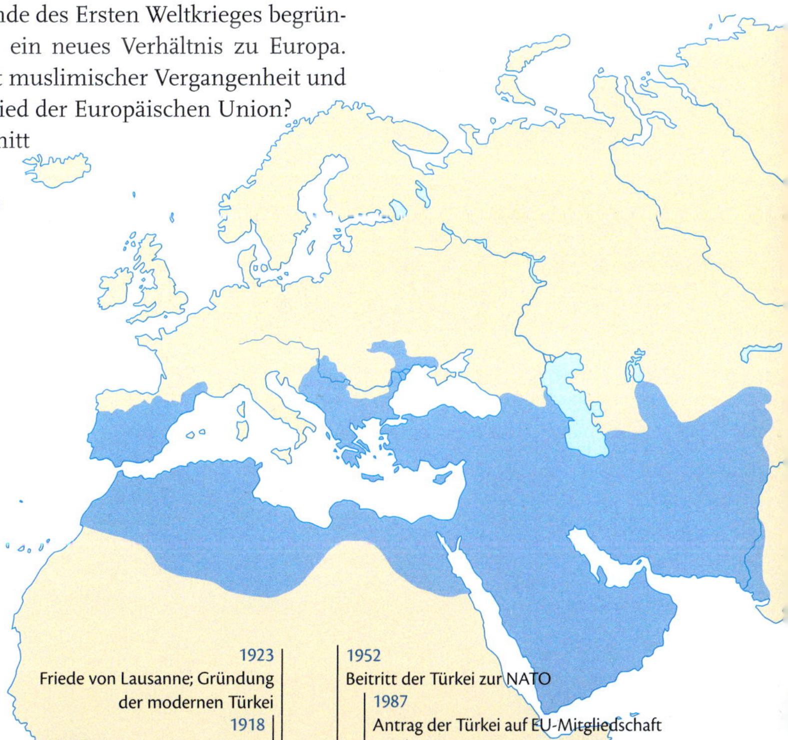

1453 Eroberung Konstantinopels durch die Osmanen
1492 Fall Granadas, Sieg der Reconquista
1683 Niederlage der Osmanen vor Wien
1876 Osmanische Verfassung
1918 Niederlage des Osmanischen Reiches im Ersten Weltkrieg
1923 Friede von Lausanne; Gründung der modernen Türkei
1952 Beitritt der Türkei zur NATO
1987 Antrag der Türkei auf EU-Mitgliedschaft
2001 Anschläge der Al-Qaida in den USA
2003 Dritter Golfkrieg

1360–1920 Osmanisches Reich
1924–1934 Kemalistische Reformen
Ab 1970 Zunehmender Einfluss des Islamismus
Ab 1996 Aufbau der Al-Qaida

1400 1500 1600 1700 1800 1900 2000 2100

1 Entstehung und Ausbreitung des Islam

Die Fatiha (Sure 1, Eröffnungssure des Korans):
1 Im Namen Gottes, des Erbarmers, des Barmherzigen!
2 Lob sei Gott, dem Weltenherrn,
3 dem Erbarmer, dem Barmherzigen,
4 dem König am Tag des Gerichts!
5 Dir dienen wir und zu Dir rufen um Hilfe wir;
6 leite uns den rechten Pfad derer, denen Du gnädig bist,
7 nicht derer, denen Du zürnst, und nicht den Irrenden.

Der Koran, übers. von Max Henning, Reclam, Stuttgart 1991, S. 27

M1 Zierkachel mit der Inschrift „Allahu akbar" (Gott ist sehr groß), türkisch, 19. Jh.

Leben, Wirken und Botschaft des Propheten Muhammad

Um 570 wurde Muhammad in **Mekka** geboren. Mekka war eine reiche Handelsstadt, die zugleich vom Wallfahrtszentrum um die Kaaba (s. M 1, S. 102), dem vorislamischen Heiligtum arabischer Gottheiten, profitierte. Gemäß muslimischer Überlieferung erhielt Muhammad Offenbarungen Gottes, die er ab 613 den Mekkanern verkündete. Seine Lehre von dem einen Gott und seine Geißelung des Egoismus der reichen Kaufleute stießen bei den polytheistischen Mekkanern auf Ablehnung. Muhammad musste daher im Jahre 622 in die Oase Yathrib, später **Medina** (Stadt des Propheten) genannt, auswandern *(Hidschra)*. Dort kamen die Offenbarungen zu ihrem Abschluss. Muhammad gründete mit den mekkanischen Auswanderern *(Muhadschirun)* und den neuen muslimischen „Helfern" *(Ansar)* auf der Basis eines Vertrages die erste **muslimische Gemeinde *(Umma)* von Medina**. Der „Auszug" markiert damit den Beginn der islamischen Zeitrechnung. Innerhalb eines Jahrzehnts gelang es Muhammad, die Umma zur führenden Macht auf der Arabischen Halbinsel zu machen. Dabei kam es zu gewaltsamen Auseinandersetzungen, insbesondere mit seiner Heimatstadt Mekka. Nach wechselvollen Kämpfen konnte er mit seinen Anhängern im Jahre 630 friedlich in Mekka einziehen (M 8) und im folgenden „Jahr der Gesandtschaften" die meisten Stämme auf der arabischen Halbinsel durch Verträge an die Gemeinde von Medina binden. Die **Kaaba** machte er zum zentralen muslimischen Heiligtum.

Die Muslime halten die Verkündigung Muhammads für die letztgültige Offenbarung Gottes. In Abraham sehen sie den ersten Propheten und Muslim, in Muhammad denjenigen, der die Sendung der früheren Propheten, unter ihnen auch Moses und Jesus, abschließt. Der Kern der Botschaft, nach Muhammads Tod 632 im Koran (s. S. 132 f.) fixiert, besteht in der Hingabe an den Willen Gottes als dem Allmächtigen und Barmherzigen. Die Muslime sehen in dem einen Gott ihren Schöpfer und Richter und wissen sich vor diesem verantwortlich. Die Erfüllung

M2 Ausbreitung des Islam bis um 750

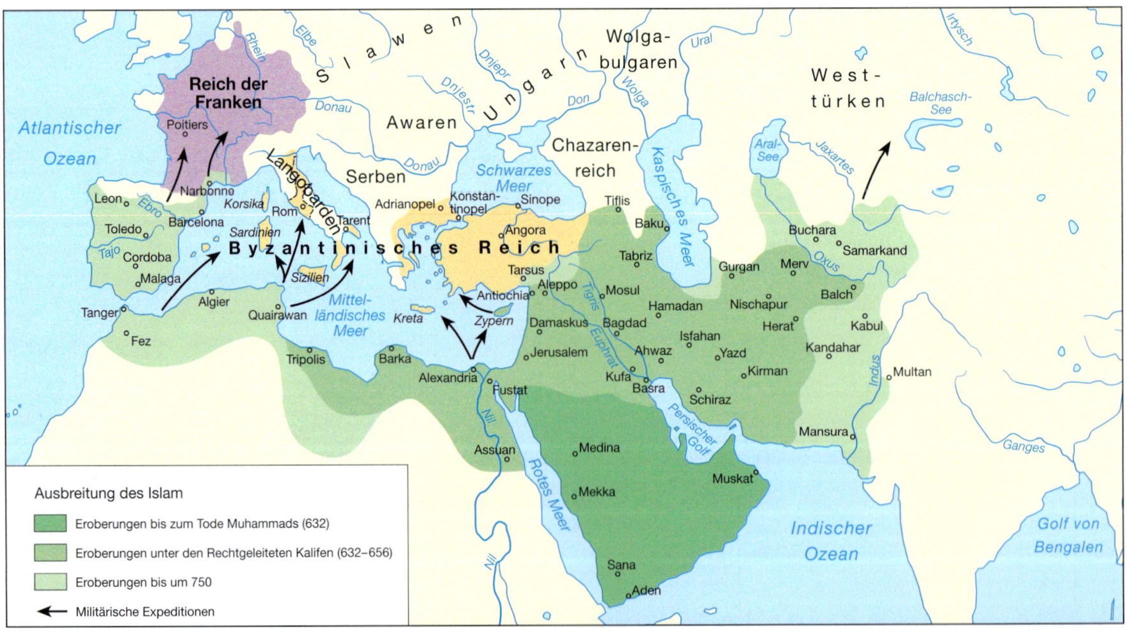

kultischer Pflichten und die Ausübung von Barmherzigkeit und Rechtlichkeit sind zentrale Anforderungen. Ähnlich wie im Judentum entwickelte sich auf der Grundlage des Korans eine Gesetzesreligion, die eine eigene Kultur ausformte.

Internettipp
http://religion.orf.at/projekt03/religionen/islam/re_is_fr_entstehung.htm
Die Website vom ORF bietet Lexikon, Biografien, Informationen zur Entstehung und Geschichte des Islam und Links.

Expansion und innere Spaltung Nach dem Tode Muhammads im Jahre 632 sagten sich viele Stämme von Medina los. **Abu Bakr** (Reg. 632–634), von der Gemeinde zum neuen Anführer, dem **Kalifen***, gewählt, konnte die abtrünnigen Stämme wieder an die Umma binden und weitere unterwerfen. Unter seinem Nachfolger **Umar** (Reg. 634–644) richteten sich die kriegerischen Expeditionen (M 3–M 7) gegen die Großmächte Byzanz und Persien. Die Byzantiner mussten sich nach ihrer Niederlage am Flusse Yarmuk im heutigen Jordanien 636 zurückziehen und verloren Palästina und Syrien. 638 nahmen die Araber Jerusalem ein. 642 folgte Ägypten. Das Perserreich der Sassaniden war nach dem militärischen Erfolg der Muslime bei Quadisiya 637 geschwächt und wurde ab 642 mit dem Sieg bei Nihawand von ihnen eingenommen. Nach dem Tode Umars führte **Uthman** als Kalif (Reg. 644–656) die Expansion fort. Bis zu seiner Ermordung konnten die Muslime ihre Herrschaft über ganz Persien und bis nach Armenien ausdehnen sowie die nordafrikanische Küste bis Sizilien besetzen. Im Innern kam es zu Spannungen und zu einem **Bürgerkrieg um das Kalifat:** Im Kampf um die Macht wurde zunächst **Ali** (Reg. 656–661), der Schwiegersohn des Propheten, zum Kalifen ernannt. Von seinem gewaltsamen Tod nahm die **Spaltung der Muslime in Sunniten* und Schiiten*** ihren Ausgang. Die Schiiten erkennen nur Ali bzw. seine Nachfahren als rechtmäßige Führer der Gläubigen, als **Imame**, an. Nach der Ermordung Alis setzte sich die Familie der Umaiya durch. Sie begründete die **Dynastie der Umaiyaden** und bestimmte Damaskus zur neuen Hauptstadt. Im Jahre 711 stießen die Umaiyaden über Nordafrika bis nach Spanien, 712 bis ins heutige Usbekistan und bis zum Indus vor. Als sie im Jahre 750 die Macht an die neue **Dynastie der Abbasiden** abgeben mussten, war die Expansion im Wesentlichen abgeschlossen (M 2).

Kalif
Arab. *chalifa*, „Stellvertreter" oder „Nachfolger"; Titel der Nachfolger Muhammads als religiöses und weltliches Oberhaupt des Islamischen Reiches

Schiiten
Abgeleitet von *Schiat Ali*, d. h. Partei Alis. Die Führer der Gläubigen bei den Schiiten heißen Imame.

Sunniten
Abgeleitet von *sunna*, arab. Brauch, Gewohnheit; im islamischen Sinne Worte und Taten des Propheten Muhammad. Die Sunna wurde überliefert durch die Gefährten und in den sogenannten Hadithen schriftlich fixiert. Die Sunniten, d. h. 90 % der Muslime, orientieren sich in Theorie und Praxis an der Sunna. Koran und Hadith (s. S. 132 f.) sind die beiden grundlegenden Quellen des islamischen, d. h. des religiösen Rechtes.

1 Referieren Sie anhand einer Ereignisskizze und unter Bezugnahme auf die Karte M 2 Entstehung und Ausbreitung des Islams.

M3 Sure 4,95, geoffenbart zu Medina

Und nicht sind diejenigen Gläubigen, welche (daheim) ohne Bedrängnis sitzen, gleich denen, die in Gottes Weg streiten mit Gut und Blut. Gott hat die, welche mit Gut und Blut streiten, im Rang über die, welche (daheim) sitzen, erhöht. Allen hat Gott das Gute versprochen; aber den Eifernden hat er vor den (daheim) Sitzenden hohen Lohn verheißen.

Der Koran, übers. von Max Henning, Reclam, Stuttgart 1991, S. 104

M4 Der Theologe Hans Küng erklärt die Bedeutung des Begriffes Dschihad im Koran, 2004

Das arabische Wort *Dschihad* meint nicht die beiden deutschen Worte „Heiliger Krieg", sondern deckt ein weites Bedeutungsfeld ab. Es bedeutet zunächst nur „Anstrengung" und wird an manchen Stellen des Korans als moralisches „Sichabmühen" auf dem Wege Gottes verstanden […]. Die Wortkombination „Heiliger Krieg" kommt im Koran nicht vor: Krieg kann in islamischer Auffassung nie heilig sein. Aber an anderen Stellen wird das Wort *Dschihad* als gewaltsamer „Kampf" verstanden im Sinne einer kriegerischen Auseinandersetzung: „Ihr müsst an Gott und seinen Gesandten glauben und mit eurem Vermögen und in eigener Person um Gottes Willen euch abmühen", wofür unmittelbar das Eingehen in das Paradies versprochen wird. […] Während die Jünger Jesu von Botschaft, Verhalten und Geschick ihres Messias her auf die Gewaltlosigkeit verpflichtet sind, so die Nachfolger des Propheten Muhammad von vornherein, falls nötig, auf eine kämpferische Auseinandersetzung, die auch Gewaltanwendung nicht scheut. So lässt sich kaum in Abrede stellen, dass der Islam vom Ursprung her einen kämpferischen Charakter hat, auch wenn sich die Aufforderungen zum Kampf zunächst auf die polytheistischen Mekkaner und den Muslimen feindlich gesonnene arabische Stämme und so auf eine ganz bestimmte historische Situation beziehen, in der die neue muslimische Gemeinschaft bedroht ist.

Hans Küng, Der Islam, Piper, München 2004, S. 710 f.

M5 Der Religionshistoriker James Turner Johnson über die Entwicklung des *Dschihad*-Konzepts, 2002

Für den Krieg wird im Koran nie das Wort *Dschihad* verwendet, sondern immer der Ausdruck „*qital*" (Kampf). Die spezifische Anbindung der Idee des *Dschihad* an den Krieg stammt [...] aus der Zeit nach der Niederschrift des Korans [...] Ende des achten Jahrhunderts. Diese Lehre vertritt zunächst die Auffassung, wonach die islamische Gemeinschaft *(Umma)* eine zugleich religiöse und politische Einheit bildet, die nur von einem Führer geleitet werden kann, der in der Nachfolge des Propheten Muhammad steht. [...] Jene Gemeinschaft bewohnt ein bestimmtes Gebiet, die *Dar-al-islam*. Dieses Gebiet sei dadurch gekennzeichnet, dass es in Einklang mit dem göttlichen Gesetz regiert werde. Schon aus der Definition ergab sich, dass es ein Gebiet des Friedens sei, denn die Unterwerfung unter das Gesetz Gottes bringe Frieden mit sich. Die gesamte übrige Welt wurde mit dem „Gebiet des Krieges" *(Dar-al-harb)* gleichgesetzt, das nach dieser Vorstellung wesensgemäß mit sich selbst und mit der *Dar-al-islam* im Krieg liegt. Nach dieser Beschreibung rührt jeder Konflikt aus der *Dar-al-harb* her. [...]

Dementsprechend stellten die frühislamischen Rechtsgelehrten eine Definition auf, wonach es zwei Formen des *Dschihad* gibt. Die erste ist eine offensive, expansionistische Form. Über sie wird vom Kalifen/Iman mit der ihm zukommenden Autorität entschieden. Sie gilt als kollektive Pflicht der gesamten Gemeinde und wird von der Gemeinschaft als ganzer geführt. Die zweite Form ist eine durch die Notlage ausgelöste Reaktion zur Verteidigung der *Dar-al-islam* gegen eine bestimmte Aggression von Seiten der *Dar-al-harb*. Sie wird als individuelle Pflicht derjenigen aufgefasst, die in unmittelbarer Nachbarschaft des Angriffsorts wohnen und sich mit Waffen dagegen wehren können. [...]

Den Rechtsgelehrten (ging es) in erster Linie um die offensive Form des *Dschihad:* die Festschreibung der ausschließlichen Befugnis des Kalifen/Imam, diese Form des *Dschihad* auszurufen; die Klärung der angemessenen Häufigkeit [...] und schließlich die Aufstellung der Regeln für das Führen dieser Form des *Dschihad*. Dazu gehörten auch die Angaben darüber, wer getötet werden dürfe und wer nicht, welches die richtigen Mittel des Kampfes seien sowie Vorkehrungen, durch den der Feind den Konflikt vermeiden dürfe, indem er die Herrschaft des Islams anerkenne usw. Nach dieser Vorstellung war der offensive *Dschihad* also eine in hohem Maße strukturierte, von Regeln geleitete Tätigkeit der islamischen Gemeinschaft als ganzer. [...]

Die Lehre vom defensiven *Dschihad* war eine Reaktion auf die Bedingungen an der Grenze zwischen den Gebieten des Kriegs und des Islam, und sie bot eine Möglichkeit, Grenzgebiete zu verteidigen, ohne zu warten, bis ein zentralisiertes Heer einberufen und an den Ort des Geschehens befördert wurde. Da ein solcher *Dschihad* alle normalen Regeln des Gemeinschaftslebens außer Kraft setzte, war er jedoch seinerseits eine Gefahr für die Einheit der *Umma*. Da es sich um eine Ausnahmereaktion auf eine offensichtliche und unmittelbare Notlage handelte, sahen die Rechtsgelehrten darin keinen Bestimmungsgrund für ein normales, dauerhaftes Muster des muslimischen Lebens. Der Maßstab war die Norm des offensiven *Dschihad* und dafür galten die Begriffe der gut organisierten, richtig regierten Gemeinschaft als ganzer, in deren Rahmen die notwendigen Kriege gegen den *Dar al-harb* in geordneter Weise stattfinden konnten, ohne die inneren Verhältnisse der Gemeinschaft zu stören.

James Turner Johnson, Religion und Gewalt, in: NZZ Nr. 51, 2002, S. 51

1 **Arbeiten Sie anhand von M 3 bis M 5 Bedeutung, Geltung und Entwicklung des Begriffes Dschihad für das Mittelalter heraus. Ziehen Sie dazu auch Sure 9,29 aus M 6 (Z. 11 ff.) heran.**

2 **Diskutieren Sie über die Problematik religiös motivierter Gewalt. Ziehen Sie Vergleiche zum Christentum.**

M6 Abu Yusuf (731–798), Rechtsgelehrter und Oberrichter des Kalifen Harun ar-Raschid (Reg. 786 bis 809), über die Stellung von Nicht-Muslimen

Lass das Land, welches Gott dir als Beute gewährt hat, in den Händen seiner Bewohner, und auferlege ihnen, nach Maßgabe ihrer Möglichkeit, die Kopfsteuer *(dschizya)* und verteile sie unter die Muslime. Sie sollen das Land bebauen, denn sie verstehen mehr davon und sind uns darin überlegen. Keiner, weder du noch die Muslime bei dir, darf sie als Beute betrachten und sie verteilen, weil zwischen dir und ihnen Friede geschlossen wurde und du von ihnen, nach Maßgabe ihrer Möglichkeit, Kopfsteuer erhebst. Gott hat das für uns und für euch in seinem Buch klar dargelegt: „Kämpft gegen diejenigen, die nicht an Gott und den jüngsten Tag glauben und nicht verbieten, was Gott und sein Gesandter verboten haben, und nicht der wahren Religion angehören – von denen, die die Schrift erhalten haben – (kämpft gegen sie), bis sie kleinlaut aus der Hand Tribut entrichten" [Koran, Sure 9,29]. Wenn du ihnen also die Kopfsteuer auferlegst, so hast du keine Ansprüche gegen sie und keine Rechte über sie. Hast du dir überlegt, was den Muslimen nach uns bliebe, wenn wir sie als Sklaven nähmen und sie verteilten? [...] Die Muslime werden von der Arbeit jener Menschen zehren, solange sie leben; doch wenn wir und sie dahingegangen sind, werden unsere Söhne für immer von ihren Söhnen zehren, solange sie leben, denn sie sind die Diener der Muslime, solange der Islam siegreich ist. Auferlege ihnen also die Kopfsteuer, aber mache sie nicht zu Sklaven und verbiete den Muslimen, sie zu unterdrücken, ihnen Schaden zuzufügen oder ihren Besitz zu verzehren, es sei denn im erlaubten Ausmaß.

Bernard Lewis (Hg.), Der Islam von den Anfängen bis zur Eroberung von Konstantinopel, Bd. 2, übers. v. H. Fähndrich, Artemis, Zürich 1982, S. 279

1 Analysieren Sie die Anweisungen und die Argumentation Umars und ordnen Sie diese in den historischen Kontext ein.
2 Beurteilen und bewerten Sie die Argumentation.

M7 Der Historiker Heinz Halm fasst Ursachen für die Expansion zusammen, 2000

Die rasche Expansion des Herrschaftsgebietes der muslimischen Araber ist ein erklärungsbedürftiges Phänomen. Monokausale Begründungen indes sind nicht angebracht; insbesondere ist der Hinweis auf die neue Religion allein nicht geeignet, Impuls und Erfolge der Eroberungen hinreichend zu erklären.

Einen Missionsauftrag – vergleichbar etwa dem christlichen „Gehet hin und lehret alle Völker und taufet sie…“ (Matth. 28,19) – kennt der Koran nicht; die Expansion der *Umma* hatte auch, wie gleich zu zeigen sein wird, keineswegs den Zweck, die Unterworfenen zum Islam zu bekehren. Die Eroberungen entsprangen weder einem vorgefassten Plan, noch unterlagen sie einer zentralen Lenkung. Die historische Forschung der letzten Jahre (Noth, Donner) hat gezeigt, dass die Eroberungen eher zufällig in Gang kamen: das ursprüngliche politische Ziel der *Umma*, die „endgültige Durchsetzung des islamischen Monopols auf der arabischen Halbinsel“ (Noth), führte zunächst zur Einbeziehung der christlichen arabischen Vasallen der Byzantiner bzw. Perser an beiden Rändern der Syrischen Wüste; erst die leichten Erfolge brachten die getrennt und unabhängig operierenden Trupps muslimischer Kämpfer dazu, durch Verträge mit den Sesshaften die *Umma* nach Syrien und Mesopotamien auszuweiten. Nach muslimischem Sprachgebrauch „öffnete“ Gott dem Islam die Länder; die Phase der Eroberungen heißt daher „Öffnungen“ *(futuh)*. Die wenigen […] Schlachten brachen den Widerstand der Heere der jeweiligen Zentralmacht (Byzanz, Perserreich), während die Städte durch Verträge friedlich den Herrn wechselten.

Erklärbar wird der rasche Wechsel der Herrschaft einmal durch die fehlende Loyalität der Untertanen ihren ehemaligen Oberherren gegenüber. Weitaus die meisten Bewohner Syriens, Palästinas und Ägyptens waren monophysitische Christen[1], für die die herrschende […] byzantinische Reichskirche[2] ein bedrückender Gegner war; die koptische Kirche[3] gewann erst infolge ihrer Privilegierung durch die neuen muslimischen Herren ihre führende Stellung in Ägypten zurück. Zum zweiten bot die von den Arabern praktizierte Regelung des Herrschaftswechsels den Unterworfenen zumindest keine Nachteile und führte zu einer „günstige(n) Konstellation konvergierender Interessen“ (Noth), die als Hauptgrund für die schnelle Eroberung gelten darf.

Heinz Halm, Der Islam, Geschichte und Gegenwart, C.H.Beck, München [3]2001, S. 25 f.

1 Diese glauben, dass Christus nur eine göttliche Natur hat und nicht Gott und Mensch (zwei Naturen) zugleich ist.
2 Diese vertrat die Zweinaturenlehre.
3 Christliche altorientalische Kirche Ägyptens, die sich auf den Apostel Markus zurückführt und ein eigenes Oberhaupt hat

1 Untersuchen Sie, welche Ursachen Halm für die rasche Expansion der Muslime anführt und wie er die einzelnen Faktoren bewertet.
2 Erläutern Sie das von ihm angesprochene Vertragskonzept.
3 Beurteilen und bewerten Sie seine Sicht der Eroberung.

M8 Muhammad und seine Anhänger ziehen nach Mekka, Miniatur aus dem Siyer-i Nabi Istanbul, zweite Hälfte 16. Jh.

1 Beschreiben Sie die Miniatur.
2 Ordnen Sie diese in den historischen Zusammenhang ein und untersuchen Sie die Bedeutung der Komposition.
3 Stellen Sie die Intention des Künstlers heraus.

2 Politische, wirtschaftliche und soziale Strukturen im 8. bis 13. Jahrhundert

Politische Herrschaft

Nach der Phase der Eroberung folgte unter der Herrschaft der Abbasiden die **Konsolidierung islamischer Herrschaft**. Die ersten vier Kalifen hatten sich als Stellvertreter Muhammads verstanden und waren noch durch die Weggefährten Muhammads berufen worden. Sie werden auch die **Rechtgeleiteten Kalifen** genannt. Bereits die Umaiyaden hatten das Prinzip der erblichen Nachfolge eingeführt und dem Kalifat monarchische Züge gegeben. Diese Ansätze setzten sich unter den Abbasiden, die die Umaiyaden 750 stürzten, fort. Die Abbasiden legitimierten sich durch ihre Abstammung von der Prophetenfamilie, der Sippe Haschim. Sie bildeten eine Dynastie und gründeten Bagdad als ihre Residenz, die zum glanzvollen Mittelpunkt der muslimischen Welt wurde. Sie bezeichneten sich als Herrscher der Gläubigen und Stellvertreter Gottes, der ihnen die Vollmacht gegeben habe, die muslimischen Untertanen zu schützen, staatliche Gesetze zu erlassen, der ***Scharia**** Geltung zu verschaffen und den Glauben zu bewahren. Die *Ulama*, die Rechts- und Schriftgelehrten, kontrollierten die rechtmäßige Auslegung und Anwendung der Scharia. Die weitere Festigung der Herrschaft erfolgte durch die Übernahme der persischen Verwaltungsstrukturen und die Duldung der übrigen Schriftbesitzerreligionen, der Juden, Christen und Zoroastrier*. Ein entscheidender Schritt zur **Islamisierung des großen Reiches** bestand in der Beteiligung der Neumuslime *(Mavali)* an den Staatsgeschäften. Als um die Mitte des 9. Jahrhunderts der Niedergang des abbasidischen Kalifats einsetzte, entstanden Gegenkalifate. In Spanien wurde das Kalifat von Córdoba 929 ausgerufen und in Ägypten 969 das Kalifat der Fatimiden*. Für die Herrscher der verschiedenen blühenden islamischen Teilreiche setzte sich allmählich der Titel **Sultan** durch. Nachdem 1258 die Abbasidenherrschaft in Bagdad durch den Einfall der Mongolen zerstört worden war, bezeichnete sich der Mamlukenherrscher* in Ägypten als Sultan und Kalif (Reg. 1250/1261–1517). Danach ging das Kalifat in der islamischen Welt auf die osmanischen Sultane über.

Scharia
Rechtsgrundsätze für alle Bereiche des täglichen Lebens, aus Koran und Sunna abgeleitet und insofern offenbartes Recht. Es entstanden verschiedene maßgebliche Rechtsschulen.

Zoroastrier
Anhänger der vermutlich um 1000 v. Chr. in Persien entstandenen Religion des Zoroastrismus; wichtigste Religion des Sassanidenreiches vom 3. bis 7. Jh.

Fatimiden
Schiitische Dynastie, die sich auf die Tochter Muhammads, auf Fatima, zurückführt. Sie herrschte in Ägypten von 969 bis 1171. Die Bildung eines Kalifates unter einer schiitischen Dynastie stellt eine Ausnahme dar.

Mamluken
Militärsklaven, nach sorgfältiger Ausbildung und Bekehrung zum Islam freigelassen. Generäle der Mamluken ergriffen 1250 in Ägypten die Macht. Die Mamlukenherrscher konnten 1260 die Mongolen in Palästina abwehren und in der Folge die letzten Stützpunkte der Kreuzfahrer in Syrien und Palästina erobern.

M 1 Mittelmeerhandel und Karawanenrouten nach Asien im 12. und 13. Jahrhundert

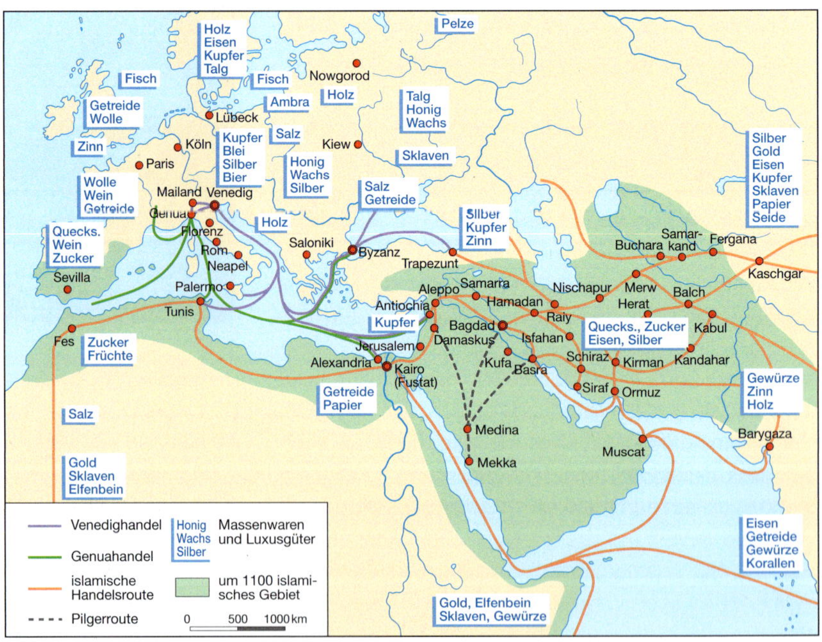

1 „Die islamische Welt fungierte als Drehscheibe für den Handel zwischen Asien und Europa." Belegen Sie diese These, indem Sie Handelswege und Warenströme auf der Karte M 1 untersuchen und erklären.

Wirtschaft und Gesellschaft Die Muslime eigneten sich in verschiedener Hinsicht das geistige und technische Erbe der Antike an und entwickelten es weiter. Die Steigerung der landwirtschaftlichen Erträge leitete ein Bevölkerungswachstum ein, durch das der **Binnen- und Fernhandel** angekurbelt wurde. Bis zum 15. Jahrhundert kontrollierten die muslimischen Staaten die großen Handelsrouten von Zentralasien bis nach Europa (M 1). Dabei war das Zusammenspiel von nomadisierenden Viehzüchtern, Landwirten, städtischen Kaufleuten, Handwerkern und regionalen Herrschern für die Unterhaltung und Sicherheit auf den Routen von großer Bedeutung. **Karawansereien** waren im Abstand von 30 Kilometern, etwa einer Tagesreise, eingerichtet und dienten zur Unterbringung von Reisenden, Waren und Tieren (M 2). In den Wüstenregionen bildete das Kamel ein wichtiges Transportmittel. Die gemeinsame Kultur bildete die Grundlage für einen **weitgehend einheitlichen Wirtschaftsraum**, in dem der freie Austausch zahlreicher Güter praktiziert werden konnte. In der Zeit zwischen dem 8. und 13. Jahrhundert erlebte der muslimische Kulturraum eine Blütezeit (M 4) und war hinsichtlich des Wohlstandes der Bevölkerung und des kulturellen Niveaus höher entwickelt als das christliche Europa, was sich vor allem in den Städten manifestierte (M 3–M 6).

Die **Untertanen** der muslimischen Herrscher waren persönlich frei, allerdings war die Sklaverei ein wichtiger Bestandteil der muslimischen Gesellschaft; die Versklavung von Musliminnen und Muslimen war jedoch verboten. Die Bauern lebten als Pächter auf den Gütern der Großgrundbesitzer, der *Notablen*, die sich zumeist in den Städten aufhielten und oft islamische Rechtsgelehrte, Kaufleute oder Literaten waren. Ein Feudalsystem wie in Europa (s. S. 77 ff.) gab es nicht, jedoch übernahmen die Notabeln wichtige herrschaftliche Aufgaben. Der Sultan vergab das Amt des **Wesirs**, einer Art Kanzler, des **Provinzgouverneurs** und des **Emirs**, seines Heerführers, an ihm genehme Notabeln. In den Kreis der Ulama konnten Bewohner der Städte bei entsprechender Bildung aufsteigen und wichtige städtische Ämter besetzen. Hier erfüllten die **Medresen** ***(Schulen)*** eine wichtige Bildungsaufgabe.

1 Erarbeiten Sie Gründe für die wirtschaftliche Blüte im islamischen Kulturraum des 8. bis 13. Jahrhunderts.

2 Entwerfen Sie eine Strukturskizze zur muslimischen Gesellschaftsordnung und vergleichen Sie mit der des mitteleuropäischen Europas.

M 2 Der restaurierte Chan Qansuh al-Ghauri in Kairo/Ägypten von 1504/05

M 3 Der Geograf al-Muqaddasi beschreibt die Stadt Fustat um 985

Al Fustat ist eine Metropole in jeder Hinsicht, denn in ihr befinden sich die Diwane, sie ist der Sitz der Fürsten der Gläubigen, sie liegt auf der Trennlinie zwischen dem Maghreb und den Wohnsitzen der Araber, ihr Gelände dehnt sich weit, sie hat viele Bewohner, ihr Gebiet ist blühend, ihr Name berühmt, ihr Ansehen gewaltig. So ist sie die Metropole Ägyptens, stellt Bagdad in den Schatten, ist der Stolz des Islams, der Handelsplatz der Menschen und prächtiger als die Stadt des Friedens (Bagdad). Sie ist die Schatzkammer des Maghreb und das Lagerhaus des Ostens und zur Festzeit glänzend. Es gibt keine Metropole, die volkreicher ist; in ihr leben viele große und angesehene Männer. Sie hat staunenswerte Waren und Spezialitäten, schöne Märkte und Läden, ganz zu schweigen von ihren Bädern. Ihre Kaufmannsherbergen haben Vornehmheit und Pracht. In den Ländern des Islams gibt es keinen größeren Raum als ihre Freitagsmoschee. Niemand putzt sich mehr als ihre Bewohner, und nirgends gibt es mehr Schiffe als an ihrem Ufer. Sie ist volkreicher als Nischapur, prächtiger als Basra und größer als Damaskus. In ihr gibt es feine Speisen, reine Zutaten und wohlfeile Süßigkeiten, viele Bananen und frische Datteln, reichlich Gemüse und Brennstoff, leichtes Wasser und gesunde Luft. Sie ist der Ursprungsort der Gelehrten, der Winter ist angenehm, ihren Bewohnern geht es gut, und sie befinden sich wohl, viel Gutes wird getan und reichlich Almosen gegeben. Der Koranvortrag ist schön, das Verlangen nach dem Guten klar und die Trefflichkeit des Gottesdienstes überall bekannt. Die Menschen sind vom Schaden

M4 Moscheekomplex des Sultans Qalawun mit Moschee, Mausoleum, Medrese und Krankenhaus, Kairo, vollendet 1293

durch Regen befreit und sicher vor dem Tumult der Übeltäter. Sie prüfen kritisch den Prediger und den Imam und geben nur einem guten den Vorzug, auch wenn sie viel Geld aufwenden müssen. Ihr Kadi ist stets ein angesehener Mann, der Marktaufseher ist wie der Emir, und sie stehen immer unter der Aufsicht des Herrschers und des Wesirs.

Gerhard Hoffmann (Hg.), Die Blütezeit der islamischen Welt, Piper, München 1994, S. 38 f., übers. von Holger Preißler

1 Analysieren Sie, welche städtischen Funktionen al-Muqadassi herausstellt und wie er das Lebensniveau in Fustat charakterisiert.
2 Ordnen Sie die Quelle in den historischen Kontext ein.
3 Erklären Sie anhand des Textes und des Schaubildes (M 7) die politischen Strukturen in einer islamischen Stadt.

M5 Ibn Abdun, Kadi in Sevilla im 12. Jh., über die Verantwortung des Kadis

Der Kadi gebe dem Wesir Empfehlungen, damit er den Herrscher gut berät und ihm eine glückliche Lösung strittiger Angelegenheiten vorschlägt, wenn er im Rat um seine Meinung gefragt wird. Er verpflichte ihn auch darauf, nötigenfalls seine Antwort aufzuschieben, sodass er die Frage noch mit ihm überprüfen und ihm Anweisung geben kann. Wenn die Lösung, die der Herrscher vorschlägt, gut ist, so hat der Wesir sie dann nur zu bestätigen, wenn nicht, äußert er seine Meinung mit Ehrerbietung und schlägt ihm vor, auch die des Kadis einzuholen: Beide, Kadi und Wesir, können sich zuvor auf gleiche Antwort und gleiche Meinung einigen. So wird der Kadi schließlich, indem er den Herrscher taktvoll berät, ihn zum Verzicht auf schlechtes politisches Verhalten bringen. Vom Kadi hängt dann das gute Regieren des Herrschers ab und von guter Regierung des Herrschers das Glück der Untertanen und des Landes, wobei der Wesir als Vermittler zwischen dem Kadi und dem Herrscher dient. Aus gutem Einverständnis zwischen beiden wird sich Gutes für den Staat und Gutes für diese und die andere Welt ergeben.

Stefano Bianca, Hofhaus und Paradiesgarten, Architektur und Lebensformen in der islamischen Welt, C. H. Beck, München 1991, S. 289

M6 Vergleich der politischen Strukturen der Stadt im christlichen und im islamischen Kulturkreis – Positionen der Forschung

a) Der Geograf Eugen Wirth, 2000:

Es gibt hier, von Ausnahmen abgesehen, keine „Bürger". Das soll nicht heißen, dass die Bewohner der orientalisch-islamischen Stadt durchweg „Untertanen" sind oder sich als solche fühlen. Aber man steht denen, die in der Stadt das Sagen haben, skeptisch bis ablehnend oder gar feindlich gegenüber, man entwickelt Gegenstrategien und man ist froh, wenn man möglichst ungeschoren davonkommt. Es gibt kein gesamtstädtisches Zusammengehörigkeitsgefühl und keine Solidarität der Stadtbewohner über die Quartiere, die Schichten und die Segmente der städtischen Gesellschaft hinweg. Das steht – wenn wir einmal stark vereinfachen und pauschal zusammenfassen wollen – in klarem Gegensatz zum „Bürger" in der abendländischen Stadt. […]
Die Bürger der abendländischen Stadt haben also cum grano salis teil an der Herrschaft, sie haben Mitspracherecht und gemeinsame Mit-Verantwortung. Demgegenüber sind die Bewohner der orientalischen Stadt von der Herrschaft ausgeschlossen – sie sind an ihr vielleicht auch gar nicht interessiert. Denn gerade ferne der Herrschaft hat sich bei den Menschen in der orientalischen Stadt etwas herausgebildet, was M. Naciri (1997) *citadinité* nennt – ein sehr komplexes und fassettenreiches Geflecht und Netzwerk von sozialen Interaktionsmustern und Solidaritäten. Das aber hat nur wenig mit „Herrschaft" oder „Staat", dagegen viel mit „Gemeinschaft" und „Zusammengehörigkeit" zu tun. […]

Eugen Wirth, Die orientalische Stadt im islamischen Vorderasien und Nordafrika, Bd. 1, von Zabern, Mainz 2000, S. 523 f.

b) Der Historiker Peter Feldbauer, 1995:

Der Grad städtischer Freiheit und Selbstverwaltung [war] vielfach wesentlich größer als gemeinhin angenommen, und in manchen Regionen sogar auf Dauer außergewöhnlich hoch. Die selbstbewussten Stadtnotablen von Städten wie Nischapur sparten nie mit Kritik an der Zentralgewalt und trugen untereinander heftige Konflikte um politische Positionen und wirtschaftlichen Einfluss aus. Sie vermieden jedoch die offene Auflehnung gegenüber dem Herrscher, da sie damit sowohl ihr hohes [...] gesellschaftliches Ansehen als auch, infolge der notwendigerweise entstehenden Instabilität, die Basis ihres ökonomischen Erfolgs aufs Spiel gesetzt hätten. Anders als die städtischen Oberschichten Westeuropas, deren Emanzipationskämpfe gegen Fürsten- und Adelsherrschaft sozialen und ökonomischen Aufstieg verhießen, konnten die gesellschaftlich und ideologisch privilegierten Stadtnotablen der islamischen Welt durch Konfrontation mit Kalifen und Sultanen meist mehr verlieren als gewinnen. Nicht besonders intensive Loyalitätsbindungen, sondern klares Kalkül bestimmten das Verhalten zur Zentralgewalt, wie sich beim Aufstieg neuer Dynastien erkennen lässt: Nur selten versäumten es die führenden Männer einer Stadt, vorausschauend mit dem mutmaßlichen neuen Herrscher in Verhandlungen zu treten. [...]
Unabhängige Administration und autonomes Bürgertum im westeuropäischen Sinn lassen sich infolge der unterschiedlichen soziopolitischen, ökonomischen und ideologischen Rahmenbedingungen selbstverständlich nicht konstatieren, obwohl städtische Selbstverwaltung und Autonomie nicht systematisch fehlten. [...] [Es] handelt [...] sich aber offensichtlich nicht um Mängel, sondern um Entwicklungsunterschiede. [...]

Peter Feldbauer, Die islamische Welt 600–1250, ein Frühfall von Unterentwicklung?, Promedia, Wien 1995, S. 457–459

1 Arbeiten Sie die zentralen Thesen von Wirth und Feldbauer heraus und vergleichen Sie diese miteinander.
2 Erläutern Sie den angesprochenen politischen Einfluss mittelalterlicher städtischer Eliten a) in Westeuropa und b) im islamischen Kulturraum.
3 Setzen Sie sich mit den Meinungen der beiden Autoren kritisch auseinander.

M 7 Strukturen der Stadtverwaltung in der mittelalterlichen islamischen Stadt

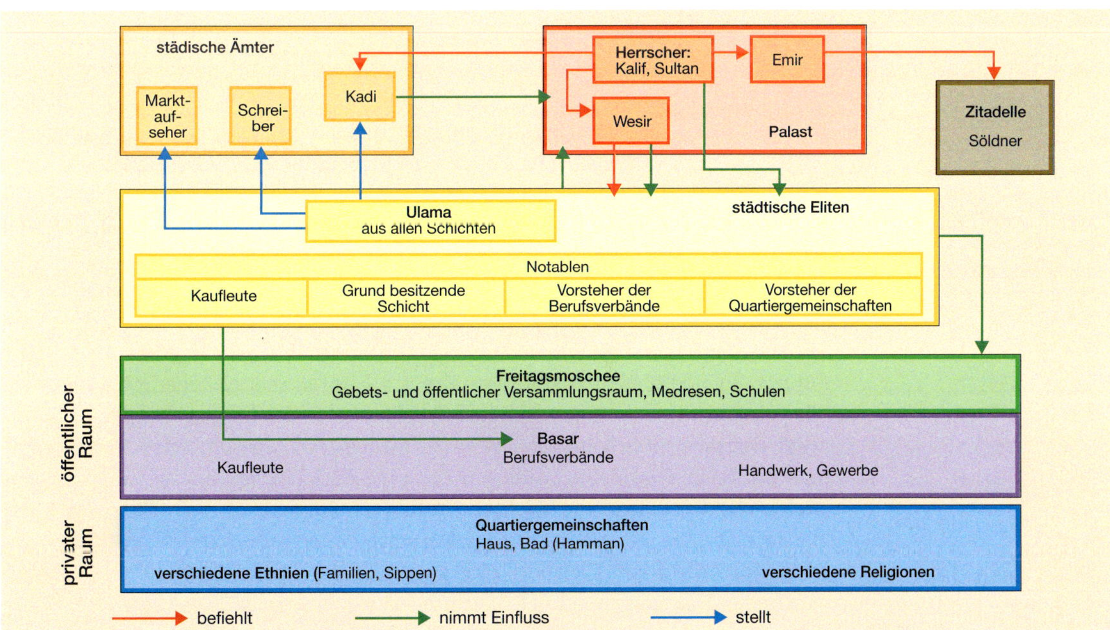

Bearbeitung der Verfasserin nach Ausführungen von Stefano Bianca, Hofhaus und Paradiesgarten, C. H. Beck, München 1991, S. 124–133

1 Erklären Sie mithilfe von M 5 und M 7, wie die städtischen Amtsinhaber mit Wesir und Sultan zusammenarbeiteten.
2 Erweitern Sie den Vergleich, indem Sie die Schaubilder zur Stadtverwaltung in der mittelalterlichen islamischen Stadt (M 7) und in der mittelalterlichen europäischen Stadt (M 9, S. 86) untersuchen.

3 Die Kreuzzüge – Kriege im Namen Gottes?

Seldschuken
Alttürkisches Herrschergeschlecht, andere Bezeichnung: Turkmenen; 1071 Sieg ihres Herrschers Alp Arslan über die Byzantiner bei Manzikert und Einnahme Jerusalems durch ihren General Atsiz; 1078 Eroberung von Syrien und Palästina, nach 1092 Thronwirren; daher 1098 erneute Eroberung Jerusalems durch die Fatimiden, die vor 1071 die Stadt beherrscht hatten.

M1 Peter der Einsiedler mit Kreuzfahrerinnen, englische Buchmalerei, um 1350

Von kirchlicher Seite war die Teilnahme von Frauen an den Kreuzzügen nicht gewünscht: Man sah sie physisch nicht in der Lage, die Reisestrapazen zu ertragen oder sich gar an Kampfeinsätzen zu beteiligen. Dennoch zogen auch Kreuzfahrerinnen ins Heilige Land – meist als Gefährtinnen ihrer Ehemänner, zum Teil auch allein. Zudem begleiteten Frauen als Wäscherinnen oder Prostituierte die Züge.

Nachfolge Christi *(imitatio christi)*
Dazu gibt das Matthäus-Evangelium den Beleg: „Wenn einer mir nachfolgen will, der verleugne sich selbst, nehme sein Kreuz auf sich und folge mir nach." (Matth. 16, 24)

Der Kreuzzugsgedanke

Im Jahre 1095 hielt **Papst Urban II.** während eines Konzils außerhalb der Stadt Clermont in Frankreich eine wortgewaltige Rede. Seine Ausführungen sind nur in vier späteren, unterschiedlichen Fassungen überliefert (M 4). Demnach rief er die Ritterschaft dazu auf, sich zu bewaffnen und Glaubensbrüdern im Orient zu Hilfe zu eilen. Papst Urban reagierte damit vermutlich auf ein Hilfegesuch des byzantinischen Kaisers Alexios (Reg. 1081–1118), der durch das Vordringen der muslimischen Seldschuken* bedrängt war. Auch kursierten Gerüchte von Übergriffen auf christliche Pilger. Wahrscheinlich bereits in dieser Rede – auf jeden Fall aber in späteren Briefen – propagierte der Papst als Ziel, das Grab Christi, das **Heilige Grab** in Jerusalem, zu befreien.
Dieses Ziel wurde zum zentralen Bestandteil des Kreuzzugsgedankens. Die **Jerusalemverehrung** spielte im Bewusstsein der Christen bereits seit Jahrhunderten im Rahmen der Pilgerfahrt eine große Rolle. Sowohl Pilger als auch Kreuzfahrer legten als Pilgerzeichen ein Kreuz an und ein Gelübde ab. Neu war jedoch, dass die Läuterung des Sünders durch den **bewaffneten Kampf** erfolgen konnte. In diesem Sinne verkündete der Papst den Nachlass der Sünden, einen vollkommenen Ablass (s. S. 155 f.). Ein solcher Kampf wurde als **Heiliger Krieg** angesehen, weil er angeblich auf dem Willen Gottes beruhte. Diese Vorstellung wurde mit der ritterlichen Aufgabe des Herrendienstes verknüpft. Der einflussreiche Zisterzienserabt und spätere Kreuzzugsprediger Bernhard von Clairvaux (um 1090–1153) bezeichnete Palästina als Eigentum des Herrn Jesu und forderte jeden Ritter des Herrn *(miles Christi)* auf, in den Kampf zu ziehen, um seinen obersten Herren wieder in sein Recht einzusetzen (M 2).

Beweggründe der Kreuzfahrer

Der Aufruf Papst Urbans fand großen Widerhall. Die **Gründe** dafür werden unterschiedlich diskutiert. Einige Historiker heben **soziale Faktoren** hervor. In der feudalen Gesellschaft Europas war die Macht der lokalen Herren gestärkt worden, während die Belastungen der niederen Ritter und Bauern drückender wurden. Auch gab es in Westeuropa einen Bevölkerungsanstieg. Die daraus entstandene Landknappheit führte z. B. beim französischen Adel zu Beschränkungen bei der Erbfolge und Heirat, was in Einzelfällen die Annahme des Kreuzes begünstigte. Einige Anführer des ersten Kreuzzuges erstrebten zudem eine eigene Herrschaft im Heiligen Land.
Entscheidend für die Teilnahme am Kreuzzug waren aber offenbar **religiöse Gründe**. Die Wende zum 12. Jahrhundert stellte eine Zeit des Umbruches dar. Im West- und Ostfrankenreich war die zentrale Königsgewalt geschwächt. Das byzantinische Reich durchlebte in dieser Zeit eine Periode der inneren und äußeren Schwäche. Die kaiserliche Macht im Westen war durch den Investiturstreit (s. S. 74) lange Zeit gelähmt. Alle diese Faktoren stärkten die **Autorität des Papsttums**, das mit dem Aufruf von Clermont eine aktive Rolle bei der Führung der Gläubigen anstrebte. Das ausgehende 11. Jahrhundert war eine religiös bewegte Zeit, in der viele Menschen vom Glauben an einen Heiligen Krieg, an den ritterlichen Dienst als *miles christi*, vom Ideal einer **Nachfolge Christi*** *(imitatio Christi)*, von Jerusalemsehnsucht und dem Buß- und Ablassgedanken erfasst wurden.

Der Verlauf des ersten Kreuzzuges

1096 traten verschiedene soziale Gruppen von Kreuzfahrern, begleitet von Frauen und Kindern (M 1), den Weg ins Heilige Land an. Als erste Gruppe brach der **Volkskreuzzug** auf, dessen teils schlecht, teils besser bewaffnete Teilnehmer aus allen Schichten der Bevölkerung stammten. Ein erster Haufen wurde 1096 bei Nikäa von den Seldschuken vernichtet, ein zweiter bereits in Ungarn aufgerieben. Bei der anderen Gruppe handelte es sich um mehrere wohlausgerüstete **Ritterheere**, deren hochadlige Fürsten aus Frankreich, Flandern und dem süditalienischen Normannenstaat kamen. In mehreren Schüben zogen sie bis Konstantinopel und vereinigten sich 1097 auf der kleinasiatischen Seite des Bosporus. Auf einem entbehrungsreichen Zug durch Anatolien und Syrien und unter hohen Verlusten gelangten sie **1099** nach **Jerusalem**. Im Juli nahmen sie die Stadt ein und töteten dabei fast alle muslimischen und jüdischen Bewohner in einem grausamen Blutbad – Schätzungen gehen von 20 000 Opfern aus (M 5). Die Eroberung Jerusalems war durch die Zersplitterung der islamischen Welt in rivalisierende Herrschaften im Nahen Osten möglich geworden, unmittelbare Reaktionen dieser Mächte auf die Hilferufe muslimischer Flüchtlinge blieben daher aus.

M2 Ein Kreuzfahrer begibt sich in den Schutz Gottes und nimmt als *miles christi* die Kreuzfahrt auf sich, englische Buchmalerei aus dem „Westminster Abbey Psalter", 1175

Judenpogrome vom Sommer 1096

Einige Gruppen des Volkskreuzzuges zerstörten zu Beginn ihres Aufbruches im Sommer 1096 in einer Serie von **Massakern** die blühenden rheinischen und lothringischen jüdischen Gemeinden und überfielen auch diejenigen in Regensburg und Prag. Damit kamen latente Spannungen gegenüber den Juden, die bei den Christen als Mörder Jesu angesehen wurden und deren teilweiser Wohlstand sozialen Neid hervorgerufen hatte, offen zum Ausbruch. Die Kreuzzügler bezogen die Forderung des Papstes, zunächst die Feinde Christi im eigenen Land zu bekämpfen, auf die Juden. Obwohl die geistlichen und weltlichen Stadtherren meist versuchten, die Juden zu schützen, wurden die jüdischen Gemeinden von **Rouen, Metz, Speyer, Mainz, Worms und Köln** vernichtet. Unter dem Eindruck der Bedrohung durch die Kreuzfahrer, die den Juden häufig nur die Wahl zwischen dem Tod oder der Taufe ließen, entstand in den jüdischen Gemeinden die Vorstellung des *kiddusch ha-schem**, der Selbstaufopferung zur Ehre Gottes, um der Zwangstaufe oder dem Tod durch Feindeshand zu entgehen. Infolge dieser Katastrophe stellten die Päpste die Juden zwar unter ihren Schutz und garantierten deren ungestörte Religionsausübung, ebenso intensivierten die weltlichen Herrscher ihre Schutzbeziehungen. Gleichzeitig wurden die Juden aber durch neue Gesetze von beiden Gewalten rechtlich stärker isoliert und benachteiligt. Das Verhältnis zwischen Juden und Christen blieb durch die Ausschreitungen im Zuge des ersten Kreuzzuges nachhaltig belastet und in der Folgezeit, als sich die Gemeinden zum Teil neu bildeten, wurden von den Christen verleumderische Legenden zur eigenen Entlastung bei erneuten Übergriffen erfunden, wie die Vorwürfe des **Ritualmordes***, des **Hostienfrevels*** oder der **Brunnenvergiftung** (s. S. 82).

kiddusch ha-schem
hebräisch: Heiligung des göttlichen Namens; die „Selbstopferung zu Ehren Gottes", d. h. Selbstmord

Ritualmordlegende
Christen beschuldigten fälschlicherweise die Juden, ein Christenkind getötet zu haben, um an ihm die Passion Christi nachzuvollziehen oder aber sein Blut zur magischen Entsühnung zu verwenden.

Hostienfrevellegende
Juden wurden verleumdet, im Beisein von Glaubensgenossen die Hostie „gemartert" zu haben, sodass Blut herausgetreten sei; nach dem Glauben der Christen war dies das Blut Christi.

Das Leben in den Kreuzfahrerstaaten

Als eine Folge des ersten Kreuzzuges entstanden christliche Herrschaften, die Kreuzfahrerstaaten: das Königreich **Jerusalem**, das Fürstentum **Antiochia** und die Grafschaften **Edessa** und **Tripolis**. Diese bildeten mit der Zeit jeweils eigene Dynastien aus und machten das westeuropäische Lehnssystem (s. S. 78 f.) zur Grundlage ihrer Herrschaft. Aus Landknappheit wurden auch Geldlehen ausgegeben. Die adlige Führungsschicht wurde im Laufe der Zeit durch Zuzug aus Europa ergänzt.

Die Kreuzfahrerstaaten waren von einer starken **ethnischen und konfessionellen Vielfalt** geprägt (M 6 a und b). Nach einigen Jahren setzten die Eroberer im Umgang mit den anderen Konfessionen ältere islamische Traditionen fort und übernahmen im Wesentlichen das ***Dhimmi*-System***. Hinsichtlich ihrer Rechte standen die übrigen christlichen Religionen, Muslime und Juden hinter den lateinischen Christen zurück, auch wenn sie ihre Religion weiter ausüben durften. Teilweise mussten Muslime christlichen Herren als Sklaven dienen. Die **Landwirt-**

Dhimmi
Schutzbefohlener, nichtmuslimischer Bewohner unter muslimischer Herrschaft; der Begriff bezog sich allerdings nur auf die Angehörigen einer Buchreligion (Jude, Christ, Zoroastrier). Ein Dhimmi musste der Obrigkeit eine Kopfsteuer entrichten (*dschizya*); dafür erhielt er insbesondere das Recht, seine Religion auszuüben.

schaft, Binnen- und Fernhandel sowie das **Geschäft mit den Pilgern** prägten die Wirtschaft, die durch Handelskontakte zur islamischen Welt und zu den oberitalienischen Adelsrepubliken Pisa, Genua und Venedig sowie durch die Eroberung und Sicherung eigener Küstenstädte blühte.
Zur Verteidigung der Herrschaften wurden **Ritterorden** gegründet. Diese Ritterschaft war in ihrer Lebensführung an die Regeln von Mönchsgemeinschaften gebunden. Als erster Orden wurde 1120 der Templerorden gegründet, später entstanden Johanniterorden und Deutscher Orden.

Das Ende der Kreuzfahrerstaaten

Der erste Kreuzzug von 1096 bildete den Auftakt für weitere, die die Herrschaft im Heiligen Land sichern sollten. Eine Wende trat durch den **Aiyubiden* Salah ad-Din** (in Europa „Saladin" genannt) ein. Als Sultan über Ägypten und Syrien (Reg. 1175–1193) propagierte er den *Dschihad* (s. S. 105 f.) und konnte 1187 Akkon und Jerusalem erobern. Die Kreuzzugsbewegung wurde auch durch Spannungen mit dem byzantinischen Reich geschwächt. 1204 führte der vierte Kreuzzug zur **Eroberung von Konstantinopel** durch ein Kreuzfahrerheer und zur **Gründung des lateinischen Kaiserreiches**, das erst 1261 von den Byzantinern zurückerobert werden konnte.
Durch weitere Kreuzzüge, Kriege und Vertragspolitik konnten die Kreuzfahrerstaaten Terrain zurückgewinnen, bis sich ihnen mit dem ägyptischen Mamlukenstaat (s. S. 108) unter dem Sultanat Baibars (Reg. 1260–1277) und seines Nachfolgers Qualawun (Reg. 1279–1290) eine starke Zentralmacht entgegenstellte, die Städte und Festungen der Kreuzfahrerstaaten zerstörte und die christlichen Bewohner vernichtete. 1291 fiel als letzte Festung **Akkon**. Die Verteidiger wurden getötet, Frauen und Kinder in die Sklaverei verkauft.

1 Erstellen Sie eine Zeittafel zur Geschichte der Kreuzzüge.
2 Begründen Sie das Urteil, durch den ersten Kreuzzug sei das Verhältnis zwischen Juden und Christen nachhaltig belastet worden.

M3 Kaiser Friedrich II. (Reg. 1220–1250) und Sultan al-Kamil (Reg. 1218 bis 1238) schließen den Vertrag von Jaffa, 2. Hälfte des 13. Jh.

Kaiser Friedrich II. (s. S. 91) verzichtete während des Kreuzzuges 1228 auf ein militärisches Vorgehen und schloss mit dem Sultan al-Kamil 1229 den Vertrag von Jaffa, der den Christen auf zehn Jahre die Herrschaft über Jerusalem und weitere Städte einräumte.

Aiyubiden
Ägyptisch-syrisches Herrschergeschlecht kurdischen Ursprungs, begründet von Salah ad-Din

M4 Der Benediktiner Robert von Reims hat die Ansprache von Papst Urban II., gehalten 1095 in Clermont, um 1107 aufgezeichnet

„Ihr Volk der Franken, ihr Volk nördlich der Alpen, ihr seid, wie eure vielen Taten erhellen, Gottes geliebtes und auserwähltes Volk, herausgehoben aus allen Völkern durch die Lage des Landes, die Katholizität des Glaubens und die Hochschätzung für die heilige Kirche. An euch richtet sich unsere Rede, an euch ergeht unsere Mahnung; wir wollen euch wissen lassen, welcher traurige Anlass uns in euer Gebiet geführt, welche Not uns hierher gezogen hat; sie betrifft euch und alle Gläubigen. Aus dem Land Jerusalem und der Stadt Konstantinopel kam schlimme Nachricht und drang schon oft an unser Ohr: Das Volk im Perserreich, ein fremdes Volk, ein ganz gottfernes Volk, eine Brut von ziellosem Gemüt und ohne Vertrauen auf Gott (Psalm 77,8), hat die Länder der dortigen Christen besetzt, durch Mord, Raub und Brand entvölkert und die Gefangenen teils in sein Land abgeführt, teils elend umgebracht; es hat die Kirchen Gottes gründlich zerstört oder für seinen Kult beschlagnahmt. Sie beflecken die Altäre mit ihren Abscheulichkeiten und stürzen sie um; sie beschneiden die Christen und gießen das Blut der Beschneidung auf die Altäre oder in die Taufbecken. Denen, die sie schändlich misshandeln und töten wollen, schlitzen sie den Bauch auf, ziehen den Anfang der Gedärme heraus, binden ihn an einen Pfahl und treiben sie mit Geißelhieben so lange rundherum, bis die Eingeweide ganz herausgezogen sind und sie am Boden zusammenbrechen. [...] Wem anders obliegt nun die Aufgabe, diese Schmach zu rächen, dieses Land zu befreien, als euch? Euch verlieh Gott mehr als den übrigen Völkern ausgezeichneten Waffenruhm, hohen Mut, körperliche Gewandtheit und die Kraft, den Scheitel eurer Widersacher zu beugen. [...]
Tretet den Weg zum Heiligen Grab an, nehmt das Land dort dem gottlosen Volk, macht es euch untertan! Gott gab dieses Land in den Besitz der Söhne Israels; die Bibel sagt, dass dort Milch und Honig fließen (2. Buch Moses 3,8). Jerusalem ist der Mittelpunkt der Erde, das fruchtbarste aller Länder, als wäre es ein zweites Paradies der Wonne. Der Erlöser der Menschheit hat es durch seine Ankunft verherrlicht, durch seinen Lebenswandel geschmückt, durch sein Leiden geweiht, durch sein Sterben erlöst, durch sein Grab ausgezeichnet. Diese Königsstadt also, in der Erdmitte gelegen, wird jetzt von ihren Feinden gefangen gehalten und von denen, die Gott nicht kennen, dem Heidentum versklavt. Sie erbittet und ersehnt Befreiung, sie erfleht unabläs-

sig eure Hilfe. [...] Schlagt also diesen Weg ein zur Vergebung eurer Sünden; nie verwelkender Ruhm ist euch im Himmelreich gewiss." Als Papst Urban dies und derartiges mehr in geistreicher Rede vorgetragen hatte, führte er die Leidenschaft aller Anwesenden so sehr zu einem Willen zusammen, dass sie riefen: „Gott will es, Gott will es!"

Arno Borst, Lebensformen im Mittelalter, Ullstein, Frankfurt/M. 1979, S. 318–320

1 Erarbeiten Sie, welche Forderung der Papst laut Überlieferung aufstellt und wie er sie begründet.
2 Erläutern Sie die Quelle im Hinblick auf zentrale Elemente des Kreuzzugsgedankens.
3 Analysieren Sie die Funktion stilistischer Mittel.
4 Beurteilen Sie die Darstellung Roberts.

M5 Die Einnahme Jerusalems im Jahre 1099

Wilhelm von Tyrus, aufgewachsen im Königreich Jerusalem und Kanzler König Balduins IV. von Jerusalem, berichtet 1169:

Es wurden aber in der Stadt so viele Feinde erschlagen und so viel Blut vergossen, dass die Sieger selber mit Ekel und Schrecken erfüllt werden mussten. Der größte Teil der Bevölkerung hatte sich in den Tempelhof geflüchtet [...]. Diese Flucht brachte den Leuten zwar keine Rettung; denn sogleich begab sich Herr Tankrad mit dem größten Teil des Heeres dorthin. Er brach mit Gewalt die Tempel ein und machte Unzählige nieder. Er soll auch eine unermessliche Menge von Gold, Silber und Edelsteinen weggenommen haben, nachher jedoch, als das Getümmel sich gelegt hatte, alles an den alten Platz zurückgebracht haben. Sofort gingen auch die übrigen Fürsten, nachdem sie niedergemacht hatten, was ihnen in anderen Stadtteilen unter die Hände gekommen war, nach dem Tempel, hinter dessen Einfriedung sich die Bevölkerung, wie sie (das) gehört, geflüchtet hatte. Sie drangen mit einer Menge von Reitern und Fußgängern hinein und stießen, was sie dort fanden, mit den Schwertern nieder, ohne jemand zu schonen, und erfüllten alles mit Blut. Es geschah sicherlich nach gerechtem Urteil Gottes, dass die, welche das Heiligtum des Herrn mit ihren abergläubischen Gebräuchen entweiht und dem gläubigen Volk entzogen hatten, es mit ihrem eigenen Blut reinigen und den Frevel mit ihrem Blut sühnen mussten. [...] Als endlich auf diese Weise die Ordnung in der Stadt hergestellt war, legten sie (die Franken) die Waffen nieder, wuschen sich die Hände, zogen reine Kleider an und gingen dann demütigen und zerknirschten Herzens, unter Seufzen und Weinen, mit bloßen Füßen an den ehrwürdigen Orten umher, welche der Erlöser durch seine Gegenwart heiligen und verherrlichen mochte, und küssten sie in großer Andacht. Bei der Kirche zu den Leiden und der Auferstehung des Herrn kamen ihnen sodann das gläubige Volk der Stadt und der Klerus, welche beide seit so vielen Jahren ein unverschuldetes Joch getragen hatten, voll Dankes gegen ihren Erlöser, der ihnen wieder die Freiheit geschenkt, entgegen und geleiteten sie unter Lobliedern und geistlichen Gesängen nach der vorgenannten Kirche.

Wolfgang Lautemann u. a. (Hg.), Geschichte in Quellen, Bd. 2, bsv, München ²1978, S. 369 f., übers. von E. u. R. Kausler

1 Analysieren Sie die dargestellten Vorgänge und ordnen Sie diese in den historischen Kontext ein.
2 Charakterisieren Sie die Perspektive des Autors.
3 Bewerten Sie das Verhalten der Kreuzfahrer.

M6 Das Leben in den Kreuzfahrerstaaten

a) Fulcher von Chartres, Kreuzritter und ab 1097 Kaplan Balduins I., berichtet um 1100 über das Leben der Christen im Heiligen Land:

Wir, die wir Abendländer waren, sind Orientalen geworden; dieser, der Römer oder Franke war, ist hier Galiläer oder Bewohner Palästinas geworden; jener, der in Reims oder Chartres wohnte, betrachtet sich als Bürger von Tyrus oder Antiochia. Wir haben schon unsere Geburtsorte vergessen; mehrere von uns wissen sie schon nicht mehr oder wenigstens hören sie nicht mehr davon sprechen. Manche von uns besitzen in diesem Land Häuser und Diener, die ihnen gehören wie nach Erbrecht; ein anderer hat eine Frau geheiratet, die durchaus nicht seine Landsmännin ist, eine Syrierin oder Armenierin oder sogar eine Sarazenin, die die Gnade der Taufe empfangen hat; der andere hat seinen Schwiegersohn oder seine Schwiegertochter bei sich oder seinen Schwiegervater oder seinen Stiefsohn; er ist umgeben von seinen Neffen oder sogar Großneffen; der eine bebaut Weingärten, der andere Felder; sie sprechen verschiedene Sprachen und haben es doch alle schon fertiggebracht, sich zu verstehen. Die verschiedensten Mundarten sind jetzt der einen wie der anderen Nation gemeinsam, und das Vertrauen nähert die entferntesten Rassen einander an.

Hagen Schulze/Ina Paul (Hg.), Europäische Geschichte, bsv, München 1994, S. 983., übers. von Hagen Thürnau

b) Der arabische Schriftsteller Usama ibn Munqidh (1095–1188), Emir von Schaizar, beschreibt in seinen Memoiren das Leben der „Franken":

Es gibt unter den Franken einige, die sich im Lande angesiedelt und begonnen haben, auf vertrautem Fuße mit den Muslimen zu leben. Sie sind besser als die anderen, die gerade neu aus ihren Heimatländern gekommen sind, aber jene sind eine Ausnahme und man kann sie nicht als Regel nehmen. Hierzu so viel: Einmal schickte ich einen Gefährten in ein Geschäft nach Antiochia, dessen Oberhaupt Todros (der Grieche) ibn as-Safi war, mit dem ich befreundet war und der in Antiochia eine wirksame Herrschaft ausübte. Er sagte eines Tages zu meinem Gefährten: „Ein fränkischer Freund hat mich eingeladen. Komm doch mit, dann siehst du ihre Gebräuche." „Ich ging mit", erzählte mein Freund, „und wir kamen zum Hause eines der alten Ritter, die mit dem ersten Zug der Franken gekommen waren. Er hatte sich von seinem Amt und Dienst zurückgezogen und lebte von den Einkünften seines Besitzes in Antiochia. Er ließ einen schönen Tisch bringen mit ganz reinlichen und vorzüglichen Speisen. Als er sah, dass ich nicht zulangte, sagte er: „Iss getrost, denn ich esse nie von den Speisen der Franken, sondern habe ägyptische Köchinnen und esse nur, was sie zubereiten. Schweinefleisch kommt mir nicht ins Haus!" Ich aß also, sah mich aber vor, und wir gingen. Später überquerte ich den Markt, als eine fränkische Frau mich belästigte und in ihrer barbarischen Sprache mir unverständliche Worte hervorstieß. Eine Menge Franken sammelten sich um mich und ich war schon meines Todes sicher: Da erschien der Ritter, erkannte mich, kam herbei und zu der Frau: „Was hast du mit diesem Muslim?" „Er hat meinen Bruder Urso getötet!", erwiderte sie. Dieser Urso war ein Ritter aus Apamea, der von einem Soldaten aus Hama getötet worden war. Er fuhr sie an: „Das hier ist ein Bürger, ein Kaufmann, der nicht in den Krieg zieht und sich nicht aufhält, wo man kämpft." Dann herrschte er die Menge an, die sich angesammelt hatte. Sie zerstreute sich und er nahm mich bei der Hand. So hatte die Tatsache, dass ich bei ihm gespeist hatte, zur Folge, dass mir das Leben gerettet wurde."

Francesco Gabrieli, Die Kreuzzüge aus arabischer Sicht, Weltbild, Augsburg 2000, S. 121 f.

1 **Erarbeiten Sie die in M 6 a und b dargestellten Erfahrungen zum Leben in den Kreuzfahrerstaaten.**
2 **Diskutieren Sie im Plenum den Charakter des kulturellen Austausches.**

M 7 Der Historiker Gerhard Armanski zur Bedeutung der Kreuzzüge, 1995

Aus dem Kontakt der Kreuzfahrer mit der überlegenen byzantinischen und arabischen Kultur ist viel Wesens gemacht worden, fast eine Art Ehrenrettung. Davon bleibt bei Lichte besehen nicht viel übrig. Der Westen weitete sein Weltbild und Handelsvolumen und bildete das Rittertum aus. Die meisten kulturellen Einflüsse (Philosophie, Medizin, Naturwissenschaft, Agrikultur, Dichtung) der muslimisch-arabischen Welt drangen jedoch nicht über den Nahen Osten nach Norden, sondern über Sizilien und das maurische Spanien. Die vorwiegend militärisch motivierte, dünne und rotierende Präsenz der Franken bot allenfalls dem Adel, den Ritterorden und den Handelsstädten eine Chance. Für die Masse der unteren Schichten sprang in der Regel wenig dabei heraus [...]. Die unterworfenen Muslime hatten ihrerseits keinen Anlass und wenig Möglichkeit, in einen Kulturaustausch mit den Eindringlingen aus dem Norden zu treten. Aus dem Blickwinkel der großen islamischen Reiche bildeten die fränkischen Staaten bloß ein Ärgernis am Rande. Das „Schreckgespenst der Kreuzfahrer", der Triumph (aus christlicher Sicht) und das Trauma (aus muslimischer) von Jerusalem allerdings stärkten ab etwa 1150 die Theorie und Praxis des *Dschihad*, die denn auch zur Rückeroberung Palästinas führte. Es waren der Militarismus und Chauvinismus des Westens, den die islamische Politik erfolgreich kopierte bzw. mit eigenen Antrieben verschmolz. Die zwischen den Gegnern Jahrhunderte lang tobenden Kämpfe führten indes zur Vernichtung der seit der Antike blühenden syrisch-palästinensischen Städtekultur.
Der kulturelle Ertrag blieb gering. Die attraktive Dichotomie der Welt, die in die mentale Grundausstattung der Anthropologie des Abendlandes eingehen sollte, bedurfte des Bildes vom barbarischen Heiden, der sich vom Augenschein nicht recht relativieren lassen wollte. Diesen Entwurf hatte die Kreuzzugsära befestigt. In ihm schlummerten die Umrisse des späteren rechtlosen Wilden und noch späterer jüdischer oder slawischer Untermenschen.

Gerhard Armanski, Es begann in Clermont, Centaurus, Pfaffenweiler 1995, S. 131 f.

1 **Analysieren Sie die Position Armanskis.**
2 **Setzen Sie sich kritisch damit auseinander und formulieren Sie ein eigenes Urteil.**

M 8 Die Kreuzzüge und die Entschuldigung des Papstes – eine aktuelle Debatte

2000 entschuldigte sich Papst Johannes Paul II. in seinem „Mea Culpa" für die Kreuzzüge und andere „Sünden", die die katholische Kirche in der Geschichte begangen hat. Zu der Frage, ob dies aus historischer Sicht gerechtfertigt ist, sagte der Historiker Michael Borgolte in einem Interview am 7. März 2000:
Mir erscheint sie [die Entschuldigung] aus historischen und auch aus religiösen Gründen problematisch. Gewiss ist die Aktion gerechtfertigt, wenn sie zum Frieden und zur Annäherung der Religionen und Kulturen beitragen soll. Andererseits kann man Geschichte nicht nur nicht ungeschehen machen, es ist auch fragwürdig, sie an heutigen Maßstäben zu messen. So haben die Kreuzzüge aus römischer Perspektive Anteil gehabt am Aufstieg des Papsttums zu einer universalen Macht; diese Zielsetzung hat die römische Kirche aber längst aufgegeben und damit auch die Prämissen der Kreuzzugszeit revidiert. [...] Die Judenpogrome in Mainz 1096, das Blutbad von Jerusalem 1099 oder die Plünderungen von Konstantinopel 1204 sind doch nicht von Päpsten angeregt worden, sondern überwiegend unkontrollierbare Aktionen entfesselter Menschengruppen gewesen.

Michael Borgolte, Geschichte lässt sich nicht ungeschehen machen, Gespräch mit dem Tagesspiegel, 7. März 2000, zit. nach: www2.tagesspiegel.de/archiv

1 **Diskutieren Sie über die Thesen Borgoltes zum „Mea Culpa" des Papstes.**

4 Al-Andalus – Baustein europäischer Kultur?

Mauren
(spätgriech. *mauroi* = „Schwarze", phöniz. *mauharin* = „Westliche"): römischer Name für die Bewohner der Atlasregion in Nordafrika. Nach der arabischen Eroberung der Iberischen Halbinsel wurde der Name von den christlichen Spaniern ohne Unterschied auf Araber, Berber und andere Muslime angewendet (*span. los moros*).

Das Kalifat von Córdoba

Im Jahre 711 landeten muslimische Truppen aus Nordafrika unter dem Berberoffizier Tariq ibn Ziyad im Auftrag des arabischen Gouverneurs der Provinz Ifriqija, Musa ibn Nusair, bei Gibraltar. In der anschließenden Schlacht am Fluss Guadalete wurde der Westgotenkönig Roderich (Reg. 710–711) besiegt. Von 712 bis 715 eroberten Tariq und Musa, der mit weiteren Truppenkontingenten gefolgt war, das Westgotenreich, wobei es nicht zu einer dauerhaften Besetzung Nordspaniens kam. Auf diese Weise konnten sich nördlich der Flüsse Duero und Ebro kleinere christliche Fürstentümer bilden. Einige Jahrzehnte lang war die Herrschaft im arabisch-muslimischen Teil, der **al-Andalus** genannt wurde, durch Rivalitäten und Fehden zwischen den arabischen Heerfürsten wenig stabil.
Erst der Umaiyadenprinz Abd ar-Rahman (Reg. 756–788), der aus dem Irak vor seinen abbasidischen Verfolgern flüchten musste und sich mit seiner Streitmacht sowie durch Verhandlungen 756 in al-Andalus durchsetzen konnte, gründete einen islamischen Staat, das **Emirat von Córdoba**. Neben militärischer Stärke bedingten eine kluge Diplomatie und Wirtschaftspolitik sowie die Pflege der Kultur- und Handelsbeziehungen zur muslimischen Welt den Reichtum des Landes. Seine Blütezeit erreichte Córdoba unter **Abd ar-Rahman III.** (Reg. 912–961), der Córdoba 929 zum Kalifat erhob, sowie unter seinem Sohn und Nachfolger **Al-Hakam II.** (Reg. 912–961). In dieser Zeit bestand Frieden im Innern sowie Sicherheit nach außen. Die christlichen Reiche wurden nicht nur militärisch kontrolliert, sondern sie huldigten den beiden Kalifen sogar und brachten ihrer Herrschaft Bewunderung entgegen. Christen und Juden erhielten als *Dhimmis* Religionsfreiheit, zahlten dafür die entsprechenden Steuern und durften ihre internen Angelegenheiten weitgehend selbst regeln. Viele Christen traten freiwillig zum Islam über; diejenigen, die sich lediglich kulturell arabisierten, wurden **Mozaraber** genannt. Juden wie Christen konnten bedeutende Ämter am Hofe einnehmen. Großartige Bauwerke der Hauptstadt Córdoba wie die Moschee und die **Palaststadt Medina az-Zahra** legen noch heute Zeugnis ab von einer der bedeutendsten Kulturen in Europa (M 1 und M 5). Nur Konstantinopel, Bagdad sowie Chang-An, die Hauptstadt des fernen chinesischen Reiches, waren weltweit mit Córdoba vergleichbar. Al-Hakam II. förderte in besonderem Maße Wissenschaft und Künste. Er ließ ein Schulwesen für alle Bevölkerungsschichten aufbauen und eine Bibliothek, die 400 000 Bände beherbergte, einrichten.
Nach seinem Tod konnte Muhammad ibn Abi Amir (Reg. 977–1003), genannt **al-Mansur**, d. h. der „Siegreiche", als Günstling der Sultanin für deren unmündigen Sohn Hisham die Herrschaft an sich ziehen. Al Mansur und dessen Sohn Abd al-Malik (Reg. 1002–1008) regierten mithilfe berbischer Söldner und führten etwa fünfzig Kriegs- und Beutezüge gegen die christlichen Reiche. Al-Mansur war aber auch ein geschickter Diplomat, sodass die christlichen Fürsten bereitwillig mit ihm paktierten. Jedoch ließ er einen Teil der Bibliothek al-Hakams verbrennen, insbesondere Bücher mit philosophischen und wissenschaftlichen Inhalten, die er als nicht vereinbar mit dem Islam erachtete.

M 1 Betsaal der Mezquita, Große Moschee von Córdoba, 785 unter Abd ar-Rahman I. begonnen, unter Hakam II. 962–966 erweitert, Fotografie, 2000

Internettipp
www.schaetze-der-welt.de/denkmal.php?id=128
Der SWR bietet ein „interaktives Bilderbuch" zu Córdoba.

Die Herrschaft der Taifa-Könige

Nach der Regierungszeit Abd al-Maliks zerfiel das Reich aufgrund eines Bürgerkrieges und löste sich in eine Vielzahl von Klein- und Kleinststaaten, den **Taifa*-Königreichen**, auf. Waren einst die christlichen Fürsten in Nordspanien dem Kalifen tributpflichtig gewesen, so kehrte sich jetzt das Abhängigkeitsverhältnis, zumindest in den Grenzregionen, um. Die Taifa-Könige zahlten Schutzgebühren an die christlichen

Taifa
arab. *ta'ifa* = Fraktion

M 2 Alhambra, Comarespalast, entstanden unter Muhammad V., Fotografie von 2006

Internettipp
www.planet-wissen.de
(Stichwort: Maurische Kultur)
Seite des SWR zur maurischen Kultur in Andalusien

Reconquista
Span. Rückeroberung; Bezeichnung für die Kriege christlicher Heere im mittelalterlichen Spanien und Portugal zur Eroberung des muslimischen Teils der Iberischen Halbinsel

Sufis
Muslimische Mystiker; die Bewegung der Sufis wird Sufismus genannt. Als einer der größten Sufis gilt Ibn al-Arabi (1165–1240), der in Andalusien aufwuchs.

M 3 Maurischer Würdenträger, Ausschnitt einer Deckenbemalung auf Leder in der Sala de la Justicia der Alhambra, 14. Jh.

Alhambra
Arab. *Al-hamra* = die Rote, da der Palast der Nasridenherrscher im Abendlicht rötlich schimmert

Könige. Insgesamt wechselten jedoch ständig die Allianzen, auch über die religiösen Grenzen hinweg. Die Epoche der Taifa-Könige war eine Zeit des Austausches und der kulturellen Blüte, da die einzelnen Höfe sich als **Mäzene der Künste und Wissenschaften** profilierten. Das 11. und 12. Jahrhundert brachte eine Blüte der arabischen und hebräischen Dichtkunst hervor. Ethnische Herkunft, Religion und Sprache waren vielfältig. Arabisch dichtende Goten gab es ebenso wie arabisch philosophierende Juden. Das dialektale Umgangsarabisch war die von allen verstandene Alltagssprache. Zusätzlich wurde auch mozarabisch, d.h. romanisch gesprochen – sowohl von Christen als auch von Muslimen.

Die Reconquista

Als der christliche König Alfons VI. von Kastilien im Jahre 1085 Toledo erobern konnte, riefen die Taifa-Könige die Berber-Dynastie der **Almoraviden** aus Nordafrika zu Hilfe. Im Jahre 1089 übernahm diese die Herrschaft in al-Andalus und machte es zur Provinz ihres Reiches. Für die Geschichte der Iberischen Halbinsel wurden nun zwei Strömungen bestimmend: Auf der einen Seite vertraten die Almoraviden einen strengen Islam, getragen von asketischen Kriegermönchen, die auf der Einhaltung der Regeln der *Scharia* bestanden und den *Dschihad* gegen die christlichen Herrscher betrieben. Auf der anderen Seite nahm der europäische Kreuzzugsgedanke in Spanien die Form der **Reconquista*** an. Die christlichen Staaten sahen sich als legitime Erben des ehemaligen Westgotenreiches, das sie im Kampf gegen die Sarazenen wieder erobern wollten. Man betrachtete in beiden Lagern die bisherigen Nachbarn, zuvor sowohl Gegner als auch Verbündete, nun in erster Linie als Feinde, die es zu unterwerfen galt. Die Almoraviden wiesen 1128 die Mozaraber aus, bald danach die Juden. Sie verfolgten den Theologen al-Ghazali und die **Sufis***. Im Jahre 1147 wurden die Almoraviden in Afrika durch eine weitere Berber-Dynastie, die **Almohaden**, gestürzt. Gleichzeitig büßten sie ihre Macht in al-Andalus ein. Die christlichen Fürsten nutzten die Schwäche der islamischen Gegner und dehnten ihre Herrschaft weiter aus. Die Almohaden, ebenfalls organisiert als militärisch-religiöse Bruderschaft, erkämpften sich die Herrschaft in al-Andalus, nahmen 1171 Sevilla als neue Hauptstadt ein und konnten ihre Macht stabilisieren. Ihr Ziel war es, dem Islam in al-Andalus in seiner „ursprünglichen“ Form wieder Geltung zu verschaffen und die strikte Einhaltung von Geboten und Verboten unter Berufung auf den Koran und die Sunna durchzusetzen. Im Unterschied zu den Almoraviden förderten sie unter dem Kalifen Yusuf I. Dichtung und Wissenschaft, u.a. den größten Philosophen jener Zeit, **Ibn Rushd**. Gleichzeitig führten sie den *Dschihad* gegen die christlichen Staaten fort. Im Jahre 1212 kam es zur entscheidenden Auseinandersetzung: Auf Ersuchen des kastilischen Königs hatte Papst Innozenz III. zum Kreuzzug auf der Pyrenäenhalbinsel aufgerufen und Zehntausende Krieger aus dem christlichen Europa folgten diesem Appell. Die vereinigten Heere der Könige von Aragon, Kastilien, Leon und Navarra besiegten diejenigen der Almohaden in der **Schlacht von Las Navas de Tolosa.**

Der Nasridenstaat von Granada

Durch den Sieg bei Las Navas de Tolosa war ein Wendepunkt eingetreten. In den folgenden Jahren konnten die christlichen Reiche die muslimische Herrschaft fast ganz von der Iberischen Halbinsel verdrängen. Als letzter muslimischer Staat bildete sich im Jahre 1237 das **Sultanat von Granada** unter der Dynastie der **Nasriden**. Durch die Anerkennung eines Vasallitätsverhältnisses zu Kastilien und die Zahlung hoher Tribute konnte dieser muslimische Staat eine Zeitlang bestehen und eine neue Blütezeit erleben. Der Ausbau und die Vollendung der **Alhambra*** (M 2, M 3) und ein erneuter Aufschwung der Wissenschaften und Bildung fielen in die Zeit Muhammads V. (Reg. 1354–59; 1362–91). Danach zerfiel Granada, bis es 1492 unter den katholischen Königen Isabella von Kastilien (Reg. 1474–1504) und Ferdinand von Aragon (Reg. 1479–1516) eingenommen werden konnte. Der Kapitulationsvertrag sicherte den **Mudejaren*** zunächst freie Religionsausübung zu. Doch wurden diese Rechte bereits 1502 aufgehoben. **Taufe oder Exil** lauteten nun die Alternativen. Die meisten wählten die Taufe und praktizierten heimlich ihren alten Glauben weiter; deshalb wurden sie *Morisken*, kleine Mauren, genannt. Auch die **Juden** wurden vor diese Entscheidung gestellt: Wer sich nicht taufen lassen wollte, wurde **1492 ausgewiesen**. In den folgenden Jahren überprüfte die **Inquisition*** die Gesinnung und unterdrückte jede aus dem Islam oder Judentum stammende religiös motivierte Lebensweise. Verlangt wurde die völlige Assimilation an die christliche Gesellschaft. 1565 folgte die Enteignung der Morisken von Granada, nach der Niederschlagung ihres Aufstandes deren zwangsweise Umsiedlung. 1609 wurden alle Morisken aus Spanien deportiert.

Mudejaren
Unter christlicher Herrschaft lebende Muslime

Inquisition
Gerichtliche Untersuchung; Vorgehen der katholischen Kirche gegen Ketzer; ursprünglich Sache der Bischöfe; seit dem 13. Jahrhundert unter päpstlicher Hoheit und in einer zentralen Behörde organisiert mit beauftragten Inquisitoren

1 Erarbeiten Sie anhand des Darstellungstextes und der Karten (M 4) ein Strukturschema zu den Epochen der Geschichte von al-Andalus und erläutern Sie deren Besonderheiten.
2 Erklären Sie das islamische Dhimmi-System und seine Bedeutung für das Zusammenleben der Kulturen in Andalusien.

M 4 Phasen islamischer Herrschaft in Spanien vom 8. bis zum 15. Jahrhundert

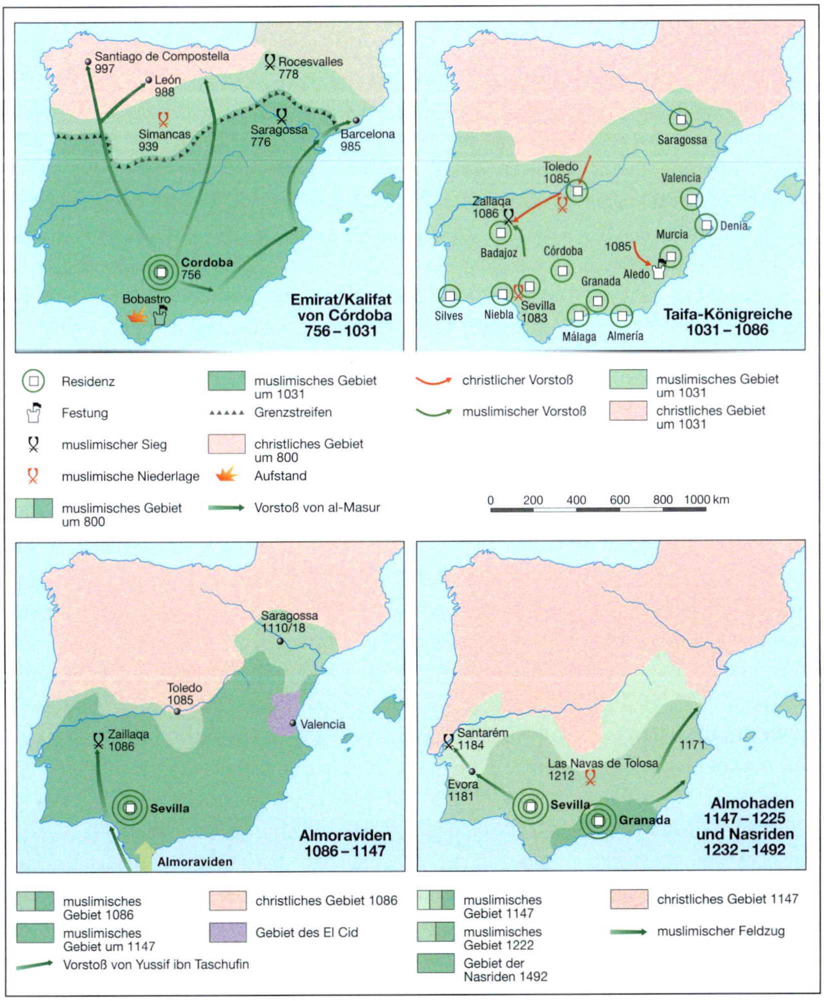

M5 Die Kulturphilosophin Sigrid Hunke über Córdoba, 1960

Aber als „die Stadt der Städte" galt dem Andalusier Córdoba. Weit an […] (den) grünen Ufern (des Guadalquivirs) hingedehnt mit ihren achtundzwanzig Vorstädten, war sie zur Zeit Abd ar-Rahmans des Großen um die Mitte des 10. Jahrhunderts schon der bebauten Fläche nach die größte Stadt des Westens einschließlich des gesamten Europas. Außer den Wohnungen der Wesire und Beamten besaß Córdoba 113 000 Wohnhäuser, 600 Moscheen, 300 Bäder, 50 Hospitäler, 80 öffentliche Schulen, 17 höhere Lehranstalten und Hochschulen (die im 9. Jahrhundert durchschnittlich allein 4000 Studenten der Theologie vereinten) und 20 öffentliche Bibliotheken, die Hunderttausende von Büchern enthielten – in einer Zeit, in der keine Stadt Europas außer Konstantinopel mehr als 30 000 Einwohner zählte, keine Gemeinde ein Krankenhaus oder eine höhere Schule besaß, nirgends eine nur nennenswerte Bibliothek oder gar ein öffentliches Bad sich befand. In einer Zeit, in der die Straßen der Städte ungepflastert und mit dem schwimmenden Abfall und Kot höchst unhygienisch waren. Und während es geschehen konnte, dass noch die „Kölnische Zeitung" vom 28. März des Jahres 1819 die Beleuchtung der Straßen durch Gaslaternen als „aus theologischen Gründen verwerflich" anprangerte, „da die göttliche Ordnung und Finsternis nicht vom Menschen zerstört werden darf", waren Córdobas Straßen, auf die insgesamt 80 000 Läden mündeten, um 950 nicht nur höchst fortschrittlich gepflastert und regelmäßig durch Ochsenkarren gereinigt, sondern auch des Nachts von Laternen erhellt, die an den Hauswänden befestigt waren. Erst zweihundert Jahre später, 1185, schloss als erste Stadt des Abendlandes Paris sich dem arabischen Vorbild wenigstens in der Straßenpflasterung an, ein Beispiel, das im übrigen Europa erst Mitte des 13. Jahrhunderts Schule machte […].

Sigrid Hunke, Allahs Sonne über dem Abendland. Unser arabisches Erbe, Fischer, Frankfurt/M. 1990, S. 305 ff. (© DVA, Stuttgart, 1960)

1 Analysieren Sie die Ausprägungen des zivilisatorischen Niveaus von Córdoba.

2 Ordnen Sie die beschriebene Entwicklung mithilfe des Darstellungstextes in die Geschichte von al-Andalus ein und erklären Sie deren Ursachen.

M6 Der Historiker Raimund Allebrand über den Einfluss der maurischen Epoche auf die spanische Geschichte, 2000

Was der Islam hinterlassen hat, ist für den heutigen Besucher Spaniens unschwer zu erkennen: berühmte Bauwerke, die ihresgleichen nicht allein in Europa suchen, sondern auch in der islamischen Welt. Entsprechend konzentriert sich das Interesse an maurischer Zivilisation nicht selten auf architektonische Leistungen. Während somit Hufeisenbögen und Stuckgewölbe, Gartenanlagen und Wasserspiele als Inbegriff maurischer Lebensart sofort ins Auge springen, lassen sich langfristige Wirkungen der islamischen Epoche auf die spanische Kultur an dieser Stelle nur andeuten, will man sich nicht in Aufzählungen verlieren.

Nach philologischer Auskunft gehen schätzungsweise 20 Prozent des spanischen Wortschatzes mehr oder minder direkt auf das Arabische zurück. Dabei wurden die Wortstämme latinisiert und phonetisch bis zur Unkenntlichkeit verfremdet; dennoch verrät eine Vielzahl von Tätigkeitswörtern und Eigennamen, vor allem aber Ortsnamen und geografische Bezeichnungen von Flüssen, Tälern und Bergzügen unschwer ihre Herkunft, ferner Tier- und Pflanzennamen sowie Fachbegriffe und Spezialvokabular zahlreicher Handwerkszweige bis hin zu Gegenständen des täglichen Gebrauchs. Die arabischsprachige Vergangenheit ist in jeder spanisch geführten Konversation von nur einigen Dutzend Wörtern stets lebendig. Zahlreiche Städte verdanken einer Jahrhunderte lang wandernden Front den Namenszusatz *de la frontera* (an der Grenze).

Das Streben nach Territorialgewinn als direkte Folge der politischen Konfrontation mit dem Islam bestimmt bis zur Gegenwart Landschaftsbild und Sozialstruktur in großen Teilen der Halbinsel. In Westandalusien etwa ist das Panorama von Großgrundbesitz geprägt, der auf die Verteilung riesiger Ländereien an den kastilischen Adel zurückgeht und Besitzverhältnisse etablierte, die sich bis in unsere Tage kaum verändert haben […]. Als ehemalige Bewohner extremer Trockenzonen (arabische Halbinsel, Atlas-Gebiet etc.) entwickelten die Muslime eine ausgefeilte Bewässerungstechnik. In al-Andalus verbreitete juristische Traditionen der Wasserzuteilung finden teilweise bis heute Anwendung (z. B. in Valencia). […] Der weiträumig betriebene Bewässerungsfeldbau konnte große Städte ernähren und wurde auch späterhin an zahlreichen Orten beibehalten; anders im Hochtal von Granada, dessen kompliziertes Kanalsystem nach der Eroberung vernachlässigt wurde und zusehends verfiel, mit verheerenden Folgen für die Landwirtschaft. Aber auch in weiten Landstrichen mit Trockenfeldbau werden Wein und Oliven, Weizen und Baumwolle bis heute auf Parzellen angebaut, die schon von den Mauren kultiviert wurden. Eine große Zahl von Nutzpflanzen ist erst seit islamischer Zeit auf der Halbinsel heimisch, von den Mauren bevorzugte Gemüsesorten finden sich bis heute auf dem iberischen Speisezettel. Typisch spanische Süßspeisen, Konfekt und Gebäck (*turrones, polverones* etc.), nicht selten auf Mandelbasis, haben ihr ursprüngliches Rezept in arabischen Kochbüchern, die der Vernichtung anheimfielen. […]

Die Mauren brachten die später berühmten arabischen Hengste auf die Iberische Halbinsel; Harmonien der andalusischen Musik fanden Eingang in die spanische Volkstradition. Als Vermächtnis augenfällig ist jedoch in erster Linie die Baukunst. Das mediterrane Haus mit Innenhof *(patio)*, wie es in Spanien bis heute selbst den Grundriss größerer Mietblocks prägt, geht zurück auf eine nach innen offene, typisch maurische Bauweise. Im Bereich der ornamentalen Innengestaltung (Kachel, Mosaik, Stuckatur) ist der in Andalusien geprägte Stil von einer geometrischen Präzision und geradezu abstrakten Klarheit, die man im östlichen Islam vergeblich sucht. Diese bestechende Originalität maurischer Ästhetik fand ihr Echo im christlichen Bereich der Iberischen Halbinsel.

Raimund Allebrand, Al-Andalus, Islam im Westen Europas, in: Matices Nr. 27, Herbst 2000, S. 11–13

M7 Arnold Hottinger zur ersten Übersetzerschule[1] von Toledo unter Erzbischof Raimund und seinem Nachfolger Johannes (1130–1187), 2007

Von höchster Bedeutung für die gesamte Kultur Europas sollten die Übersetzungen arabischer Texte der Philosophie und Naturwissenschaften werden, die in der seit 1085 kastilischen Stadt Toledo und auch schon zuvor in Barcelona durch die Zusammenarbeit von jüdischen und muslimischen Fachleuten mit christlichen Gelehrten entstanden. Die arabischen Texte gingen zu bedeutenden Teilen auf griechische Originale zurück, die schon zwei Jahrhunderte zuvor in Bagdad ins Arabische übersetzt worden waren. Die hellenistische Medizin, Astronomie, Botanik, Geometrie, Mathematik und Philosophie (vor allem Aristoteles mit den Kommentaren des arabischen Philosophen Ibn Ruschd, lateinisch Avorroes) gelangten auf diesem Umweg über das Arabische zum ersten Mal an die Hochschulen von Paris, Oxford und Oberitalien. Sie bildeten die Grundlage für die Scholastik des Mittelalters.

1 König Alfons X., der Weise, König von Leon und Kastilien (Reg. 1252–1284), rief um 1250 die zweite Übersetzerschule von Toledo ins Leben. Diesmal waren jüdische, muslimische und christliche Gelehrte beteiligt, literarische und wissenschaftliche Texte ins Spanische zu übersetzen.

Arnold Hottinger, Ein Gott und drei Religionen, in: Damals 9/2007, S. 31

1 Erarbeiten Sie anhand von M 6 und M 7 die langfristigen Auswirkungen der Geschichte Andalusiens auf Spanien und Europa.

M8 Der Züricher Romanist Georg Bossong über den „Mythos al-Andalus", 2007

Aber die Idee von al-Andalus als einem Ort des Miteinanders, der *convivencia*[1], ist mehr als ein Mythos; sie war zumindest zeitweise konkrete historische Realität. Die besondere Kraft dieses Ideals speist sich gerade daraus, dass es eben nicht nur gedankliches Konstrukt ist, [...] sondern pralle Lebenswirklichkeit. Im Zeitalter der Taifa-Königreiche entstand eine andalusische Kultur, ein andalusisches Lebensgefühl, das die Religionsgrenzen überstieg und ein – keineswegs immer harmonisches, aber doch insgesamt kooperatives – Zusammenleben von Muslimen, Juden und Christen ermöglichte. Die Reflexion über al-Andalus ist keine Debatte im Elfenbeinturm, vielmehr ist sie angesichts der weltweiten Bedrohung durch die Konfrontation zwischen den drei monotheistischen Religionen hochaktuell.
Das maurische Spanien war ein Höhepunkt der islamischen Zivilisation, gerade dort, wo es die Grenzen der islamischen Zivilisation überschritten hat. Mehr als irgendwo sonst in der islamischen Welt gab es in al-Andalus Ansätze zur Überwindung engstirniger Dogmen, der Unterdrückung der Frau, der Ausgrenzung anderer Religionen. Mehr als irgendwo sonst gab es ein Denken und Empfinden, das aus dem Korsett einer erstarrten Offenbarungsreligion hinausführte. Mehr als irgendwo sonst durchdrangen sich islamische, jüdische und christliche Kultur in einer fruchtbaren Symbiose. Wenn die islamische Welt dem Beispiel Spaniens gefolgt wäre [...], dann hätte die Geschichte einen anderen Verlauf genommen. Das al-Andalus der Taifa-Zeit wurde zerrieben zwischen christlichem und islamischen Fundamentalismus. Die Konfrontation zwischen den Religionen hat die Oberhand behalten, es kam zu einem gnadenlosen Kampf zwischen einem europäisch radikalisierten Christentum und einem afrikanisch radikalisierten Islam; Kreuzzug stand gegen Dschihad. [...]
Die Idee von al-Andalus ist in das Räderwerk der Geschichte geraten. Nur einen kurzen Moment lang hatte die *convivencia*, das kooperative, auf gegenseitige Befruchtung angelegte Zusammenleben von Angehörigen der drei monotheistischen Religionen, eine reale Chance. Die Vernichtung von al-Andalus durch islamische wie christliche Intoleranz hatte katastrophale Folgen. In der spanischen Volksseele hat sie tiefe, jahrhundertelang schwärende Wunden hinterlassen. Für den Islam war die Abkehr von der Aufklärung, wie sie in al-Andalus angelegt war, eine Katastrophe, denn fehlende Rationalität ermöglicht bis heute immer wieder die Wiederbelebung eines ungezähmten, gewaltbereiten Ur-Islam. Die Vernichtung von al-Andalus war eine Tragödie, deren Ursachen und Auswirkungen wir stets vor Augen haben sollten, wenn wir über das Verhältnis der drei monotheistischen Religionen nachdenken. Hilft die Rückbesinnung auf die Werte von al-Andalus auf dem Weg zum Frieden zwischen Christen, Juden und Muslimen?

Georg Bossong, Das maurische Spanien, C. H. Beck, München 2007, S. 120ff.

1 Spanischer Begriff für das Zusammenleben der Kulturen und Religionen in al-Andalus zur Zeit der Taifa-Königreiche

1 Analysieren Sie Bossongs Position und wesentliche Argumente gegenüber der „Idee von al-Andalus".
2 Diskutieren Sie seine abschließende Frage.

5 Das Osmanische Reich – ein islamisches Großreich auf dem Weg in die Moderne?

M1 Eskortiert von den Janitscharen erwartet Sultan Murat III. (Reg. 1575 bis 1595) an den Mauern von Konstantinopel die Ankunft der Safawiden, osmanische Miniaturmalerei, 1592

Istanbul
Erst seit 1930 heißt Konstantinopel offiziell Istanbul.

Janitscharen
Seit dem 14. Jahrhundert wurden im Rahmen der „Knabenlese" christliche Jungen im Alter von 10 bis 14 Jahren rekrutiert. Sie wurden im Palast und in den Provinzen islamisch erzogen, sorgfältig für den Staats- und Militärdienst ausgebildet und erhielten Zugang zu den höheren Staatsämtern bis hin zum Amt des Großwesirs. Auf diese Weise entstand eine enge Bindung an die Politik des Sultans. Nach 1650 wurde dieser Brauch aufgegeben.

Internettipp
www.tuerkenbeute.de
Die Seite des Landesmuseums Karlsruhe präsentiert Exponate und Informationen zur „Karlsruher Türkenbeute", einer Sammlung osmanischen Kunsthandwerks.

Vom turkmenischen Emirat zum Osmanischen Reich

Das Osmanische Reich entwickelte sich um 1300 allmählich aus dem Stammesgebiet eines islamisierten Turkvolkes: Seldschuken (s. S. 112) waren im 11. Jahrhundert bis nach Anatolien vorgedrungen und hatten dort das Reich der Rum-Seldschuken gegründet. Dieses zerfiel um 1250 in verschiedene Emirate (Kleinfürstentümer). **Osman** (Reg. ca. 1281–1326), einer dieser Emire, wurde zum **Begründer der osmanischen Dynastie**. Seine Nachfolger weiteten den osmanischen Einfluss aus. 1453 eroberte Sultan Mehmed II. (Reg. 1451–1481) Konstantinopel. Das bedeutete das Ende des Byzantinischen Reiches und erhob das Osmanische Reich zu einer **Großmacht**. Konstantinopel, seitdem auch **Istanbul*** genannt, wurde zur neuen Hauptstadt. Nach den Eroberungen Ägyptens und der arabischen Halbinsel mit den heiligen Stätten Mekka und Medina übernahmen die türkischen Sultane ab 1517 den Titel des Kalifen und konnten sich als die höchste geistliche und weltliche Autorität der Sunniten betrachten. Unter Sultan Süleyman I. (Reg. 1520–1566) erlebte der hoch entwickelte Vielvölkerstaat eine **kulturelle Blütezeit**. Die überlegene Großmachtstellung konnte bis zum Ende des 17. Jahrhundert weiter ausgebaut werden (M 2), jedoch führte 1683 der zweite Versuch, Wien zu erobern, zu einer Niederlage der Osmanen, was den allmählichen Machtverfall des Großreiches anzeigte.

Der osmanische Staat

Innerhalb des osmanischen Staates hatte das **stehende Heer** großen Einfluss. Das Provinzialaufgebot bestand aus muslimischen Untertanen, die für ihre Dienste als gepanzerte Reiter zu ihrer militärischen Ausstattung und für ihren persönlichen Unterhalt *Timare*, d. h. bewirtschaftete Landgüter, erhielten. Die zweite Säule bestand aus den Janitscharen* als Fuß- und Elitesoldaten der Zentraltruppe. In der ersten Hälfte des 16. Jahrhunderts zählten zur Armee etwa 200 000 Provinzsoldaten sowie 20 000 Janitscharen.

Die Macht des **Sultans** war kaum beschränkt. Er hatte die Kontrolle über den Boden und bestimmte über Leben und Tod, war jedoch an die Prinzipien des Religionsgesetzes gebunden. Der Herrscher entwickelte auch ein **eigenes weltliches Recht**, *Kanun* genannt. Die Führung der staatlichen Politik lag beim **Großwesir**. Ihm zur Seite standen die obersten Finanzbeamten, Richter, Heerführer und der Staatskanzler. Ab der Zeit Süleymans I. bildeten diese den Reichsrat, den **großherrlichen Diwan**, an dessen Beratungen der Sultan selbst nur noch selten teilnahm.

Der Staat war nach **Provinzen**, *Wilajets*, geleitet von Großgouverneuren, *Beglerbegs*, gegliedert. Die Wilajets waren in kleinere Verwaltungseinheiten, *Sandschaks*, geführt von Sandschakbegs, unterteilt. Beglerbegs und Sandschakbegs hatten sowohl die politische als auch militärische Hoheit inne.

Wirtschaft und Gesellschaft

Die Grundlage der Ökonomie bildete die **Landwirtschaft**. Der im Staatsbesitz befindliche Boden wurde einerseits zur Bezahlung der Soldaten und Beamten vergeben. Andererseits wurde er als Staatsdomäne des Sultans genutzt. Die **Bauern** waren als Pächter zwar an die Scholle gebunden, jedoch im Übrigen **persönlich frei**. Fernhandel, Handel und Handwerk konzentrierten sich auf die städtischen Zentren und waren wirtschaftlich von geringer Bedeutung. Kaufleute, Handwerker und Bauern waren zu Abgaben verpflichtet, wohingegen die Schicht der Herrschenden, die Beamten und Soldaten, aus steuerfreien Personen bestand. Abgaben und Steuern wurden in der Regel von Steuerpächtern eingezogen. Ein einflussreiches Bürgertum sowie eine Aristokratie gab es im Osmanischen Reich nicht. Die nichtmuslimischen Religionsgemeinschaften waren als ***Millets**** in Glaubens- und Religionsfragen autonom, vom Militärdienst befreit und verfügten über eine eigene Gerichtsbarkeit. **Sklaven** wurden meist als Haussklaven oder in der Landwirtschaft eingesetzt, jedoch war die Sklaverei nach 1850 offiziell verboten.

Millets
arab. *Milla* = Religionsgemeinschaft; Minderheiten waren entsprechend ihrer Religionszugehörigkeit (Juden oder Christen) als Millets organisiert und anerkannt. Die orthodoxen Christen stellten das größte Millet. Schiiten und andere muslimische Richtungen besaßen dagegen keinen besonderen Status.

Ursachen des Niedergangs

Da der osmanische Staat auf dem Timarsystem (s. S. 122) beruhte, konnte er mit dem Ende der Expansion das stetig wachsende Heer nicht mehr angemessen mit Land versorgen. Weil in der Folge die Timare verkleinert und von den Bauern größere Abgaben gefordert wurden, kam es mit der Zeit zu starken **Krisensymptomen**. Einerseits verließen die Bauern wegen drückender Abgaben die Timare, andererseits konnten und wollten Reitersoldaten ihren Dienst wegen zu geringer Mittel nicht mehr ausüben. Aus der Gruppe der Steuerpächter entstand eine neue Schicht von Großgrundbesitzern, die sich teils auf illegale Weise Land aneigneten, hohe Provinzämter übernahmen und als sogenannte **Talfürsten** zu einer Gefahr für die Zentralgewalt wurden. Seit dem 17. Jahrhundert wurden auch die Janitscharen zu einem Risikofaktor, da sie zur Wahrung ihrer Privilegien häufig revoltierten und Herrscher ein- und absetzten. Die Krise wurde durch unfähige Sultane verschärft. Der osmanische Staat verharrte in **veralteten Strukturen**, während gleichzeitig um 1760 von England aus die Industrialisierung (s. S. 250 ff.) einsetzte, durch die

M2 **Das Osmanische Reich 1326 bis in die Zeit seiner größten Ausdehnung 1683**

M3 Fortschrittliche Frauenvereine propagierten eine neue Kleidung, hier trägt eine Frau den Yasmak, einen leichten Gazeschleier, undatierte Fotografie

Tanzimat
Türkische Bezeichnung für Anordnungen; Periode der Reformen zwischen 1839–1876

M4 Enver Pascha, jungtürkischer Kriegsminister während des Ersten Weltkriegs, Fotografie, um 1915

Das Eiserne Kreuz zeigt die Verbundenheit mit dem preußisch-deutschen Militär.

Jungtürken
Bezeichnung für die Oppositionsbewegung gegen das autoritäre Regime Abdülhamids II. mit einer nationalistischen und einer liberalen Richtung: die Nationalisten erstrebten einen republikanischen, zentralistischen und laizistischen türkischen Nationalstaat. Die Liberalen setzten sich für die konstitutionelle Monarchie, föderale Strukturen und den Islam als Staatsreligion ein. Beide Richtungen wurden vom Sultan scharf bekämpft.

Französische Revolution von 1789 (s. S. 205 ff.) Signale für eine Demokratisierung ausgesandt und das Zeitalter des Nationalismus (s. S. 288 ff.) eingeläutet wurden. Die technischen Errungenschaften und der Industriekapitalismus führten im Zeitalter des Imperialismus ab 1870 zu einer Expansion der europäischen Mächte (s. S. 307 ff.).

Reformversuche im Osmanischen Reich

Gegenüber diesen europäischen Entwicklungen geriet das Osmanische Reich machtpolitisch immer stärker ins Hintertreffen und mit Beginn des 19. Jahrhunderts in immer größere Abhängigkeit von den europäischen Großmächten. Solange die europäischen Großmächte eine Gleichgewichtspolitik verfolgten, waren sie daran interessiert, **„den kranken Mann am Bosporus“** – diese Formulierung des russischen Zaren Nikolaus I. wurde ab 1828 zu einem geflügelten Wort – am Leben zu erhalten.
In dieser Situation kam es im Osmanischen Reich zu Reformversuchen. 1826 ließ Sultan Mahmud II. (Reg. 1808–1839) die Janitscharen blutig unterdrücken und ausschalten. Gleichzeitig wurde das Timarsystem abgeschafft. Nach dem Verlust Griechenlands im griechischen Unabhängigkeitskampf 1830 sowie vor dem Hintergrund der Anerkennung der Autonomie Ägyptens begann unter Sultan Abdülmecid I. (Reg 1839–1861) die Reformperiode der **Tanzimat*** – entscheidend vorangetrieben durch den **Großwesir Mustafa Reschit Pascha** (Reg. 1815–1869) und eingeleitet durch das Reformedikt von Gülhane von 1839. In der Folgezeit wurde das Heer nach europäischem Vorbild reformiert und eine allgemeine Dienstpflicht für fünf Jahre eingeführt. Anstelle des Steuerpachtsystems wurden Steuersätze festgelegt. Die Provinzialverwaltung zentralisierte man nach französischem Muster, um den Einfluss mächtiger Lokalherren zu beschneiden. 1856 wurde das Reformedikt von Gülhane durch ein weiteres großherrliches Edikt bekräftigt und erweitert (M 5). Ausdrücklich garantierte der Friedensvertrag von Paris 1856, der den Krimkrieg (1853–56) beendete, den Fortbestand des Osmanischen Reiches mit dem Hinweis auf das Reformwerk.

Folgen der Reformen

Diese **Öffnung nach Europa** war jedoch mit wirtschaftlichen Zugeständnissen verbunden. Den europäischen Mächten wurden Handelsprivilegien eingeräumt, so dass der osmanische Markt mit europäischen Billigwaren überschwemmt wurde, was beispielsweise zum Zusammenbruch der anatolischen Seidenwarenproduktion führte. Zunehmende Verschuldung durch Kriege oder Modernisierungsmaßnahmen, aber auch Misswirtschaft und Korruption führten 1875 zum **Staatsbankrott**, der nur mithilfe der europäischen Großmächte überwunden werden konnte, wodurch die ungleichen Wirtschaftsbeziehungen jedoch keineswegs beseitigt wurden.
Im Jahre 1876 verkündete Sultan Abdülhamid II. (Reg. 1876–1908) die **erste osmanische Verfassung**, ausgearbeitet von dem reformbereiten und in Europa geschulten Großwesir Midhat Pascha. Dieser wollte die europäischen Mächte angesichts der Unabhängigkeitsbestrebungen der osmanischen Balkanprovinzen auf seine Seite ziehen. Der Versuch misslang. Auf dem **Berliner Kongress von 1878** verlor das Osmanische Reich fast alle seine europäischen Besitzungen: Serbien, Rumänien und Montenegro wurden unabhängig, Bulgarien autonom und Bosnien sowie Herzegowina wurden von Österreich besetzt. Der Sultan setzte daraufhin die Verfassung 1878 wieder außer Kraft, wurde aber durch die nun im Land entstehende **jungtürkische Bewegung*** 1908 zur Wiedereinsetzung der Verfassung gezwungen und musste dem Parlament größere Rechte zugestehen.
Der nationalistische Flügel der Jungtürken setzte Mehmed V. (Reg. 1909–1918) als Sultan ein und übernahm die Regierung. Diese Krise nutzten Österreich, um Bosnien und Herzegowina zu annektieren, und Bulgarien, um sich zum unab-

hängigen Königreich zu erklären (M 7). Die Jungtürken etablierten nach den territorialen Verlusten in den Balkankriegen von 1912/13 ein autoritäres Regime, das an der Seite des Deutschen Reiches in den **Ersten Weltkrieg** eintrat, mit Enver Pascha als General an der Spitze. Durch die Niederlage der Mittelmächte (s. S. 318 ff.) gehörte das Osmanische Reich 1918 zu den **Verlierern des Krieges**, was sein Ende herbeiführte.

1 Entwerfen Sie ein Schaubild zu den politischen und sozialen Strukturen des Osmanischen Reiches im 16./17. Jahrhundert.
2 Erklären Sie die Redewendung vom „kranken Mann am Bosporus" und erläutern Sie die Reformen der Tanzimatperiode.

M 5 „Großherrliches Handschreiben" vom 18. Februar 1856 aus der Regierungszeit Abdülmecids I.

Wenn auch der Wohlstand und Reichtum unseres Landes und Volkes stetig in Zunahme begriffen ist, so ist es doch unser gerechter Wunsch, die nützlichen Reformen, die wir bisher erlassen und verkündet haben, von Neuem zu bekräftigen und zu vermehren, damit unser ruhmvolles Reich zu jener Vollkommenheit gelangt, welche seinem Glanz und seiner hervorragenden Stellung unter den zivilisierten Staaten gebührt. Durch die lobenswerten patriotischen Bemühungen aller unserer Untertanen und die wohlwollende Unterstützung und Förderung seitens der Großmächte, welche unsere edlen und aufrichtigen Verbündeten sind, wurden mithilfe Gottes die erhabenen Rechte unseres ruhmvollen Reiches im Ausland im hohen Maße gekräftigt. Da infolgedessen diese Epoche für unser ruhmvolles Reich der Beginn einer Periode der Wohlfahrt sein wird, so machen es uns die hochherzigen Gefühle, die wir für unser Volk hegen, zur Pflicht, fortwährend jene Mittel zu vervollkommnen, die auch im Innern die Macht unserer erhabenen Herrschaft stärken und den Wohlstand unserer kaiserlichen Länder und das vollkommene Glück aller Klassen unserer Untertanen, die vor unseren gerechten und väterlichen Augen gleich und untereinander durch die innigen Bande der Vaterlandsliebe verbunden sind, zur Folge haben werden.

1. Die Sicherheiten, welche allen Untertanen ohne Unterschied der Religion und Sekte, durch das Schreiben von Gülhane und die nützlichen Reformen zur Sicherheit ihres Lebens und Vermögens und zum Schutze der Ehre versprochen und gewährt worden sind, werden hiermit erneuert und bestätigt; es werden wirksame Maßregeln ergriffen werden, damit diese Sicherheiten ihre volle und ganze Wirksamkeit äußern. [...]

8. Da der Kultus jeder Religionsgemeinschaft und Sekte, die in unseren wohlbehüteten Ländern vorhanden sind, frei ausgeübt wird, kann niemand unserer Untertanen an der Ausübung jener Religion, der er angehört, gehindert oder wegen dieser Ausübung gedrückt oder verfolgt werden. Niemand wird gezwungen, seine Religion oder seinen Glauben zu wechseln.

9. Die Wahl und Ernennung der Beamten und Angestellten unseres erhabenen Reiches ist von unserer kaiserlichen Genehmigung und Sanktion abhängig. Da allen unseren Untertanen ohne Unterschied der Nationalität die Staatsämter zugänglich sind, so werden sie gemäß den Vorschriften, die für alle Gültigkeit haben werden, in jenen Ämtern angestellt, für die sie befähigt und geeignet sind. [...]

15. Wie die Gleichheit der Steuern eine Gleichheit der übrigen Lasten im Gefolge hat, so rufen gleiche Rechte auch gleiche Pflichten hervor. Daher werden die Christen und die übrigen nichtmuslimischen Untertanen ebenso wie die muslimische Bevölkerung sich jenen Bestimmungen unterwerfen müssen, die in letzter Zeit für die Beteiligung am Militärdienst erlassen worden sind. [...]

17. Da die Gesetze über den Kauf, Verkauf und Besitz von Liegenschaften für alle Untertanen gleich sind, so wird auch den Ausländern gemäß den Vereinbarungen, die zwischen unserer hohen Regierung und den fremden Staaten getroffen werden, die Erlaubnis zum Besitz von Liegenschaften erteilt, wenn sie die Gesetze unseres Staates und die ortspolizeilichen Vorschriften befolgen und dieselben Steuern zahlen wie die eingeborene Bevölkerung. [...]

18. Die allen unseren Untertanen auferlegten Steuern und Abgaben werden aufgrund desselben Titels ohne Rücksicht auf die Klasse und Religion erhoben.

Andreas Meier (Hg.), Der politische Auftrag des Islam, Peter Hammer Verlag, Wuppertal 1994, S. 60 ff.

1 Analysieren Sie M 5 im Hinblick auf die von der Regierung propagierten Zielsetzungen und angestrebten Neuerungen.
2 Erläutern Sie die einzelnen Punkte vor dem Hintergrund der bisherigen gesellschaftlichen und staatlichen Strukturen des Osmanischen Reiches.
3 Beurteilen Sie, ob und inwieweit europäische Demokratievorstellungen in dem Handschreiben zum Ausdruck kommen.

M6 Der Historiker Udo Steinbach über die Bedeutung der Tanzimat, 2003

Dem wachsenden äußeren Druck, dem sich seit 1798, dem Jahr der Besetzung Ägyptens durch französische Truppen unter Napoleon, auch Frankreich anschloss, und der anhaltenden inneren Schwäche suchte die Hohe Pforte[1] seit dem Beginn des 19. Jahrhunderts durch Reformen zu begegnen. Begonnen wurde die Serie durch einschneidende Reformen des Militärwesens, die das Ziel hatten, die osmanische Armee an europäischen Vorbildern auszurichten. Die Janitscharen machten den Versuch, die Maßnahmen zu verhindern und setzten 1907 den fortschrittlichen Sultan Selim III. (seit 1789) ab. Nach kurzem Zwischenspiel setzte Mahmut II. (1808–1839) das Werk fort, wobei es ihm gelang, das herkömmliche Janitscharenkorps auszuschalten. Neben die Reform des Heerwesens traten in den folgenden Jahrzehnten Reformen im Bereich der Verwaltung, des Rechtswesens und der Schulbildung. Insgesamt sollten sich diese als nicht weitreichend genug erweisen. Sie waren nur punktuell und führten nicht zu einer Ablösung der alten Ordnung, sondern zu einer politischen, gesellschaftlichen und kulturellen Zweigleisigkeit, die es den Gegnern der „Verwestlichung" immer wieder ermöglichte, den Modernisierungsprozess zu blockieren.

Die Reformmaßnahmen sollten nicht nur eine Stärkung des Reiches bewirken. Sie waren zugleich darauf gerichtet, ihm ein Erscheinungsbild zu geben, das es den europäischen Mächten erleichtern würde, es als einen Teil Europas zu sehen und mithin die ständige Konfrontation abzubauen. In dieser Richtung sollte insbesondere die Neuordnung wirken, die am 3. 11. 1839 als Tazimat-i Hayriye (Heilsame Neuordnung) erlassen und im Februar 1856 durch das Hatt-i Hümayun, das „Großherrliche Handschreiben", ergänzt und bekräftigt wurde. [...] Die (darin) verkündeten Prinzipien sollten insgesamt eine Etappe auf dem Weg des Reiches in Richtung auf eine freiheitlich-bürgerliche Gesellschaftsordnung markieren. Ein weiterer Meilenstein hätte schließlich die 1876 von Sultan Abdülhamid II. (1876–1909) proklamierte Verfassung sein sollen.

Gerade aber das Schicksal dieser Verfassung, die schon 1878 [...] vom Sultan widerrufen und unter dem Druck der „Jungtürken" erst nach 1908 wieder in Kraft gesetzt wurde, macht deutlich, dass alle Maßnahmen den inneren und äußeren Druck nicht mindern konnten.

Udo Steinbach, Geschichte der Türkei, München ^{3}2003, S. 17 f.

1 Bezeichnung für die Regierung des Osmanischen Reiches, benannt nach der Eingangspforte zum Sultanspalast

1 Arbeiten Sie heraus, wie Steinbach die Bedeutung der Reformen beurteilt.
2 Setzen Sie sich mit seiner Sicht, auch mit Blick auf die spätere Republik Türkei, auseinander.

M7 Französische Karikatur aus der Zeitung „Le Petit Journal" vom 18. Oktober 1908

1 Analysieren Sie die Karikatur mithilfe der Methodenseite S. 244 f.
2 Beurteilen Sie die Intention des Zeichners.

6 Die Türkei – ein Teil Europas?

Die Entstehung der modernen Türkei

Die Siegermächte des Ersten Weltkrieges legten im Juni 1920 dem Osmanischen Reich den **Friedensvertrag von Sèvres** als „Diktat“ vor, den der Sultan Mehmed VI. unterzeichnete. Der Vertrag sah nur noch einen türkischen Rumpfstaat in Zentralanatolien vor, ohne Zugang zum Mittelmeer und ohne Souveränität. Er beinhaltete auch die Internationalisierung der Meerengen, die Besetzung Istanbuls, den Fortbestand der wirtschaftlichen Abhängigkeit von England und Frankreich sowie die militärische Entmachtung.

Die sogenannte Große Nationalversammlung, die weitgehend aus Vertretern des letzten osmanischen Parlamentes bestand und in Ankara tagte, lehnte diesen Vertrag ab. Unter der Führung von **General Mustafa Kemal*** (M 2) kämpfte sie für einen souveränen türkischen Nationalstaat in den Grenzen des geschlossenen türkischen Siedlungsraumes und organisierte den militärischen Widerstand. In Ostanatolien wurden die Armenier besiegt und mit dem bolschewistischen Russland kam es noch 1921 zu einer vertraglichen Abmachung hinsichtlich der türkischen Grenze Ostanatoliens. In demselben Jahr gaben die Franzosen ihr Interesse an Kilikien und die Italiener an Südwestanatolien auf. England hielt sich militärisch zurück. Griechenland hingegen erhob weiterhin Anspruch auf Thrakien und Teile Westanatoliens. Im August 1922 kam es zum entscheidenden türkischen Sieg über die griechischen Truppen unter der Führung von Mustafa Kemal. 1923 wurde im **Vertrag von Lausanne** die moderne Türkei in den heutigen Grenzen als souveräner Nationalstaat durch die Siegermächte des Ersten Weltkrieges anerkannt (M 1). Kurz darauf wurde die Republik mit **Ankara** als neuer Hauptstadt ausgerufen. Die Nationalversammlung wählte Mustafa Kemal zum Präsidenten und Ismet Pascha zum Ministerpräsidenten. 1924 folgten die Verabschiedung einer Verfassung und die Abschaffung des Kalifates.

Mustafa Kemal
(ab 1934 Beiname Atatürk = „Vater der Türken“, 1881–1938)
Türkischer Militär und Politiker; nach einer militärischen Ausbildung nimmt Atatürk 1908/09 an der jungtürkischen Revolution gegen den herrschenden Sultan teil. Für seine militärischen Verdienste im ersten Weltkrieg erhält er den Ehrentitel Pascha. Aus Widerstand gegen den Vertrag von Sèvres (1920), der die Zerstückelung des Osmanischen Reiches vorsieht, nimmt er am Befreiungskampf für eine unabhängige Türkei teil. Im Oktober 1923 proklamiert Atatürk die Republik und wird bis zu seinem Tod 1938 ihr Staatspräsident.

M 1 Vom Osmanischen Reich zur Türkei

M2 Mustafa Kemal Pascha als Führer der Befreiungsarmee, Fotografie, um 1935

Die Bildung des türkischen Nationalstaates hatte ihren Preis. Im Hinblick auf die postulierte Einheit von Sprache und Nation wurden die Interessen anderer nationaler Minderheiten übergangen. Bereits im Ersten Weltkrieg 1915 war es unter der osmanischen Regierung zu einem Genozid an den christlichen Armeniern, die in Teilen mit dem Kriegsgegner Russland sympathisiert hatten und zum Teil aufständisch waren, gekommen. Die verbündete deutsche Regierung hatte davon gewusst und war nicht eingeschritten. Im Unabhängigkeitskrieg war es zu erneuten Vertreibungen von Armeniern an der russischen Grenze gekommen. Auch vereinbarten Griechenland und die Türkei im Anschluss an den Vertrag von Lausanne einen Transfer großer Bevölkerungsteile, der teilweise gewaltsam vollzogen wurde: Etwa 1,2 Millionen Griechen mussten türkisches Gebiet und ca. 400 000 Türken Nordgriechenland verlassen. Die größte ethnische Minderheit, die Kurden, die im türkischen Staat verblieb, wurde in der Folgezeit unterdrückt, musste ihre Identität verleugnen und sich der türkischen Kultur völlig anpassen.

Die Präsidentschaft Mustafa Kemals

Mustafa Kemal wurde während seiner Präsidentschaft (Reg. 1923–1938) zur prägenden Gestalt der neuen Republik. Er herrschte auf der Grundlage eines **Einparteiensytems**, indem er sich auf die von ihm gegründete Republikanische Volkspartei (CHP) stützte. In den Jahren 1924–1934 setzte er, auch unter dem Einsatz von Gewalt, Reformen nach europäischem Vorbild durch (M 6).

Laizismus
Strikte Trennung von religiösen und staatlichen Institutionen innerhalb eines Staates

Bereits mit der Abschaffung des Kalifates war der Weg zu einem **laizistischen Staat*** beschritten. Die Scharia wurde außer Kraft gesetzt und ein neues säkulares Recht auf der Basis des schweizerischen Zivilrechtes, des deutschen Handelsrechtes und des italienischen Strafrechtes erarbeitet. Nach dem neuen Zivilrecht waren Einehe und Ziviltrauung vorgeschrieben. Eine allgemeine und unentgeltliche Schulpflicht wurde eingeführt, das Schul- und Erziehungswesen dem Staat unterstellt. Alle *Medresen* (Islam-Schulen) wurden geschlossen. Der Islam wurde durch eine staatliche Behörde, das *Diyanet*, überwacht und verwaltet. Die Befreiung der türkischen Frau aus den traditionellen Zwängen war das besondere Anliegen Atatürks. Die Verschleierung der Frau im öffentlichen Raum wurde verboten. Die Frau erhielt 1934 das aktive und passive Wahlrecht, sie wurde in Schulbildung und Berufsausbildung dem Manne gleichgestellt. Auf vielen weiteren Ebenen kam es zu grundlegenden Umwälzungen: Europäische Kleidung wurde propagiert, der Fez, die offizielle Kopfbedeckung im Osmanischen Reich, verboten, der gregorianische Kalender und ab 1928 das lateinische Alphabet eingeführt. 1934 beschloss das Parlament die Annahme von Familiennamen und verlieh deshalb dem Präsidenten feierlich den Namen **Atatürk**, Vater der Türken. Der Ministerpräsident Ismet nahm den Nachnamen Inönü, nach dem Ort seines militärischen Sieges im Unabhängigkeitskrieg, an (M 5).

M3 Mustafa Kemal spricht im Parlament in Ankara, undatierte Fotografie

Die sechs Pfeile im Logo der Republikanischen Volkspartei symbolisieren die sechs kemalistischen Prinzipien.

Im Jahre 1931 formulierte Mustafa Kemal die Prinzipien seiner Gesellschafts- und Staatsdoktrin. Programmatisch nannte er **sechs Kernpunkte**: Republikanismus, Nationalismus, Laizismus, Etatismus, Reformismus und Populismus, die 1937 in die Präambel der Verfassung der Türkei aufgenommen wurden (M 3). Mit „Etatismus" ist die staatliche Lenkung der Wirtschaft gemeint, mit dem Begriff „Populismus" die Aktivierung und Beteiligung des Volkes an der Politik; Politik soll Ausdruck des Volkswillen sein. Atatürk sah als ehemaliger General in der Armee die Wächterin über die kemalistischen Prinzipien. Falls die Regierung dagegen verstoße, müsse die Armee eingreifen. Außenpolitisch verfolgte Atatürk einen friedlichen Kurs. 1923 erklärte sich die Türkei für territorial saturiert und suchte den Ausgleich mit den Nachbarstaaten. Ismet Inönü, dem Nachfolger Atatürks, gelang es, die Türkei aus dem Kriegsgeschehen des Zweiten Weltkrieges herauszuhalten, sodass die Türkei auch zum Refugium für deutsche Exilanten wurde.

Die Entwicklung bis zur Gegenwart

Nach dem Zweiten Weltkrieg entschied sich die Türkei in der Zeit des Kalten Krieges für ein enges **Bündnis mit dem Westen**, indem sie Hilfen aus dem amerikanischen Marshallplan (s. S. 485) in Anspruch nahm und 1952 der NATO beitrat. Innenpolitisch erforderte dies einen Prozess der **Demokratisierung** und die Einführung einer **marktwirtschaftlichen Ordnung**. 1950 kam es zu den ersten freien Wahlen und zu einem Sieg der neuen Oppositionspartei, der Demokratischen Partei (DP). Im Laufe der folgenden Jahrzehnte entwickelte sich ein **Parteienpluralismus**, der in seinem breiten Spektrum von kommunistischen über die kemalistischen bis hin zu islamisch-fundamentalistischen Gruppierungen die tiefgreifenden Unterschiede und den dynamischen Wandel in der Gesellschaft spiegelte. Die führenden Militärs sahen sich als Wächter der kemalistischen Prinzipien gegenüber linken und rechten Tendenzen, übernahmen 1960, 1971 und 1980–1983 vorübergehend die Macht und etablierten seit 1962 das Organ des Nationalen Sicherheitsrates, durch das ihnen verfassungsgemäß eine Kontrolle über das politische Geschehen eingeräumt wurde.

Nach der Militärherrschaft wurden 1962 und 1983 neue Verfassungen eingeführt, die auf den kemalistischen Prinzipien des Laizismus, Nationalismus und Republikanismus basieren. Turgut Özal, der Vorsitzende der von ihm gegründeten **Mutterlandspartei (ANAP)**, förderte von 1983 bis 1993 die Rückkehr zur Demokratie und den Aufbau einer Marktwirtschaft nach europäischem Muster. Er forcierte auch die Anbindung an die EG mit dem 1987 gestellten Antrag auf Vollmitgliedschaft. 1995 fand die neu entstandene **Islamische Wohlfahrtspartei** (RP) mit Necmettin Erbakan an der Spitze bei den Wählern die stärkste Resonanz. Nachdem Erbakan 1996 der erste islamistische Ministerpräsident geworden war, führte das Militär seinen Sturz herbei; die RP wurde durch das Verfassungsgericht verboten. Als das Land 2001 in eine schwere Finanzkrise stürzte, schenkten die Wähler in der vorgezogenen Neuwahl der **gemäßigt islamischen Partei für Gerechtigkeit und Entwicklung (AKP)** unter Parteichef Recep Tayyip Erdogan das größte Vertrauen. Im Unterschied zur RP bekennt sich die AKP zu Laizismus, Meinungsfreiheit, Marktwirtschaft und Offenheit gegenüber dem Westen. Die Regierung Erdogan, die die EU-Mitgliedschaft verfolgt, änderte viele Gesetze und bekämpfte Verhaltensweisen, die bisher einer Mitgliedschaft im Wege standen: Todesstrafe und Folter wurden abgeschafft, der Einfluss des Militärs im Nationalen Sicherheitsrat beschnitten. Die 1978 entstandene **Kurdische Arbeiterpartei (PKK)**, die die Gründung einer unabhängigen Kurdenrepublik erstrebt, hat ihren terroristischen Aktivitäten seit dem Jahre 2002 abgeschworen. Damit können Wege gesucht werden, den Interessen der kurdischen Bevölkerung im staatlichen Rahmen der Türkei zu entsprechen. So wurde in einem ersten Schritt der Gebrauch der kurdischen Sprache, auch in den Medien, zugelassen.

Im Jahre 2005 stimmte die EU ergebnisoffenen **Beitrittsverhandlungen** mit der Türkei zu (M 4, M 7). Der Anpassungsprozess der Türkei an die Aufnahmekriterien der EU (s. S. 600 f.) soll seitens der EU weiter gefördert werden. Bei den Parlamentswahlen 2007 errang die AKP die absolute Mehrheit und stellt seitdem mit Abdullah Gül auch den Präsidenten der Republik Türkei.

Türkei und Europa
1947 Mitglied im Europarat
1963 Assoziierungsabkommen mit der damaligen EWG
1987 Beitrittsantrag zur EG
1995 Zollunion zwischen EU und Türkei
1996 Einführung des europäischen Wirtschaftsrechtes in der Türkei
1999 Die Türkei erhält den Status des Beitrittskandidaten
2005 Eröffnung von ergebnisoffenen Beitrittsverhandlungen mit der EU; frühestmöglicher Beitritt 2015, geknüpft an
a) die Erfüllung der Beitrittskriterien,
b) die wirtschaftliche und politische Situation der EU

M4 Zeichnung von Erkan Akyol in der „Milliyet Gazetesi" vom 14. 12. 2002

Internettipp
www.bpb.de/themen/KSGKMH,0,0,T%FCrkei_und_EU.html
Dossier der Bundeszentrale für politische Bildung über den geplanten EU-Beitritt der Türkei

1 Skizzieren Sie den Entstehungsprozess der modernen Türkei. Erstellen Sie eine Mindmap zu den kemalistischen Reformen und erläutern Sie die sechs kemalistischen Prinzipien.
2 Erstellen Sie eine Chronologie zur Entstehung und Entwicklung der modernen Türkei.
3 Recherchieren Sie den aktuellen Stand der Beitragsverhandlungen zwischen EU und Türkei.

M5 Türkisches Plakat zur neuen Republik Türkei, um 1933. Übersetzung: „Der siegreiche Oberbefehlshaber der Westfront im Befreiungskrieg Inönü bringt Frieden und Sieg aus Lausanne" (Überschrift). „Mit Festen sind wir zu dir gekommen, o du schönes Land" (links vom Betrachter aus). „Wickle Halbmond und Stern auf, liebe und hege sie gut an deiner Brust" (rechts vom Betrachter aus).

1 Beschreiben und analysieren Sie das Plakat.
2 Diskutieren und bewerten Sie das Verhältnis von weiblicher und männlicher Rolle im Bild.

M6 Aus einer Rede Mustafa Kemals vom Oktober 1927

Verschiedene Nationen unter einem allgemeinen und gleichen Namen vereinigen, diesen verschiedenen Gruppen dieselben Rechte verleihen, sie den gleichen Bedingungen unterwerfen und so einen mächtigen Staat gründen, das ist ein glänzender und anziehender politischer Standpunkt. Aber er ist trügerisch. Es ist schon ein nicht zu verwirklichendes Ziel, es zu unternehmen, die verschiedenen auf der Erde bestehenden türkischen Stämme in einem Stamme zu vereinigen und so alle Grenzen zu unterdrücken. Hier liegt eine Wahrheit vor, die die Jahrhunderte und die Menschen, die in diesen Jahrhunderten gelebt haben, in düsteren und blutigen Ereignissen klargestellt haben.

Man sieht in der Geschichte nicht, wie die Politik des Pan-Islamismus[1] oder des Turanismus[2] hätte Erfolg haben oder wie sie auf dieser Erde ein Gebiet zu ihrer Durchführung hätte finden können. Was die Folgen des Ehrgeizes anbetrifft, einen Staat zu organisieren, der von der Idee der Weltherrschaft geleitet ist und sich auf die ganze Menschheit ohne Unterschied der Rassen erstreckt, so weist die Geschichte hierfür Beispiele auf. Für uns kann von Eroberungsgelüsten nicht die Rede sein. [...]

Das politische System, das wir als klar und völlig durchführbar betrachten, ist die nationale Politik. [...] Damit unsere Nation ein glückliches, starkes und dauerhaftes Leben leben kann, ist es nötig, dass der Staat eine ausschließlich nationale Politik verfolgt und dass diese Politik restlos mit unserer inneren Organisation übereinstimmt und sich auf diese stützt. Wenn ich von nationaler Politik spreche, so möchte ich dem den folgenden Sinn geben: Innerhalb unserer nationalen Grenzen an dem wirklichen Glück und Wohlergehen der Nation und des Landes arbeiten, indem wir uns vor allem, um unsere Existenz zu erhalten, auf unsere Macht stützen. [...] Das Volk nicht dazu bringen, unwirkliche Ziele zu verfolgen, welche diese auch sein mögen, wodurch ihm nur Unheil widerfahren könnte, und von der zivilisierten Welt eine zivilisierte menschliche Behandlung, eine auf Gegenseitigkeit beruhende Freundschaft erwarten.

Mustafa Kemal Pascha, Die neue Türkei, 1919–1927, Rede gehalten in Ankara vom 15.–20. Oktober 1927 vor den Abgeordneten und Delegierten der Republikanischen Volkspartei, Verlag K. F. Kohler, Leipzig 1928, S. 2–4

1 Streben nach Vereinigung aller islamischen Völker
2 Streben nach Vereinigung aller Turkvölker

1 Arbeiten Sie die Programmatik der Rede heraus.
2 Erläutern Sie diese im historischen Kontext.
3 Bewerten Sie die Bedeutung seiner Aussagen für die weitere türkische Geschichte. Sie können dabei auch Vergleiche zu anderen zeitgenössischen Politikern Atatürks ziehen.

M7 Der EU-Beitritt der Türkei – Eine Debatte

a) Der Historiker Heinrich August Winkler über den möglichen EU-Beitritt der Türkei, 2002:

Die EU steht vor einer doppelten Herausforderung: Sie heißt Erweiterung und Vertiefung. Eine Erweiterung, die deutlich über Europa hinausgreift, gerät zwangsläufig in Konflikt mit dem Ziel, die Einigung zu vertiefen. Vertiefung heißt: Weiterentwicklung der EU zur politischen Union. Eine politische Union verlangt ein europäisches Wir-Gefühl. Dieses setzt gemeinsame Erfahrungen und Prägungen voraus. Solche Erfahrungen gab es in der Europäischen Wirtschaftsgemeinschaft (EWG), aus der die Europäische Union hervorgegangen ist. Es wird sie auch in einer erweiterten EU geben – solange diese nicht wesentlich über Europa hinausgreift.

Eine EU, die auch die Türkei umfasst, könnte an ein europäisches Wir-Gefühl nicht mehr appellieren. Dazu sind die kulturellen Prägungen der Türkei und Europas zu unterschiedlich. Die Unterschiede haben etwas mit Christentum und Islam zu tun. Es heißt kein Werturteil fällen, sondern eine Tatsache feststellen, wenn man darauf hinweist, dass der (von den Christen immer wieder missachtete) Gedanke der Gleichheit aller Menschen geistlichen Ursprungs ist. Und nur im christlichen Okzident hat sich die Trennung von christlicher und weltlicher Gewalt, die Urform der Gewaltenteilung, in einem Jahrhunderte währenden Prozess vollzogen. In der islamisch geprägten Türkei ist diese Trennung erst im 20. Jahrhundert und mit sehr viel staatlicher Gewalt durchgesetzt worden. Das Militär als der Machtfaktor, der die Säkularisierung mit Zwangsmitteln garantiert: So etwas gibt es in keiner westlichen Demokratie. Solange das Militär die politische Funktion ausübt, die es in der Türkei seit Kemal Atatürk innehat, ist die Türkei keine westliche Demokratie.

[...] Der Charakter der Europäischen Union würde sich als Folge eines Beitritts der Türkei dramatisch verändern. Vielleicht hätte die EU noch als Wirtschaftsgemeinschaft und als loser Staatenbund eine Zukunft. Das Projekt einer politischen Union aber wäre preisgegeben; die europäische Idee wäre tot. Über die Folgen sollte man sich keine politischen Illusionen machen. In einem Europa, das kein Gefühl seiner eigenen Identität hervorzubringen vermag, wird der Nationalismus wieder sein Haupt erheben. Der Nationalismus befriedigt Identitätsbedürfnisse. Aber er würde es auf eine Weise tun, die für Europa verheerend wäre.

Die Frage eines türkischen Beitritts zur EU ist allzu lange nur unter den Gesichtspunkten technokratischer und militärstrategischer Zweckmäßigkeit erörtert worden. Sie ist aber ein Problem von historischer Bedeutung. Über das künftige Verhältnis zwischen der Türkei und Europa darf man nicht ohne Rücksicht auf die Geschichte und die Zukunft Europas entscheiden.

Heinrich August Winkler, Soll Europa künftig an den Irak grenzen?, in: Frankfurter Allgemeine Zeitung vom 11. Dezember 2002, Nr. 288, S. 10

b) Der Politik- und Kulturwissenschaftler Dieter Oberndörfer über Winklers Thesen, 2007:

Winklers pauschale Abqualifizierung des Wegs türkischer Demokraten nach Europa offenbart die typische Denkstruktur der romantischen Geschichtswissenschaft, der Leitwissenschaft des Nationalstaats und Nationalismus Europas. Die Substanz der Nation, ihre Identität, wurde in ihrer Geschichte erfunden. Sie musste gegen Gefährdung durch Fremde und Fremdes verteidigt werden. Die Politik hat das geschichtliche „Erbe" vor fremder Neuerung zu schützen. Hierbei tritt Europa an die Stelle der Nation. Europa muss vor Fremden geschützt werden. [...]

Mit der Geschichte als unfehlbarem Lehrmeister wird der Historiker selbst zum Sachkundigen für alle Fragen der aktuellen Politik. Er wurde zuerst zum Gralshüter der Nation, jetzt zum Pater patriae Europas. [...]

Türkische Demokraten müssen die Glorifizierung der Geschichte Europas als eines Hortes von Demokratie und Humanität und die Absage an ihre eigene Kultur- und Demokratiefähigkeit als überheblichen und provinziellen Geschichtshorizont wahrnehmen. Sie wissen, dass die von der christlichen Inquisition aus Spanien vertriebenen Juden in der osmanischen Türkei aufgenommen und ihnen dort religiöse Freiheit eingeräumt wurde. Von Klassikern der politischen Theorie des 17. und 18. Jahrhunderts wie Jean Bodin oder Charles de Montesquieu wurde das Osmanische Reich als Beispiel für eine in den meisten Staaten Europas damals nicht mögliche Koexistenz von Moslems, Juden und Christen gesehen. In der Zeit der nationalsozialistischen Barberei hat die von Winkler so sehr verteufelte kemalistische Türkei vielen deutschen Wissenschaftlern Zuflucht und Unterhalt gewährt. Gegenüber heutigen Mängeln der Demokratie und der Religionsfreiheit in der Türkei, die ihren Ausschluss von Europa rechtfertigen soll, sei darauf hingewiesen, dass noch vor wenig mehr als 25 Jahren katholische Militärdiktaturen Spanien und Portugal im Griff hatten. Religiöse Freiheit wurde von ihnen nicht einmal anderen christlichen Konfessionen gewährt. [...] Die politischen und kulturellen Defizite der Freiheit auf der Iberischen Halbinsel konnten jedoch dort in kurzer Zeit behoben werden und wurden nicht zur Barriere für die Aufnahme in die Europäische Wirtschaftsgemeinschaft (EWG). Ähnliches lässt sich heute in den Staaten Osteuropas beobachten. Ihre Geschichte der Unfreiheit unter dem Kommunismus und häufig auch aus der Zeit des Zweiten Weltkriegs bildete zu Recht kein Hindernis für ihre Aufnahme in die EU. [...]

Die Aufnahme der Türkei hätte [...] weltgeschichtliche Bedeutung. Dieses Europa stünde symbolisch für die Möglichkeit einer Koexistenz von Menschen unterschiedlicher Religion und Weltanschauung im demokratischen Verfassungsstaat. [...] Ihre weitere Verweigerung wäre Brennstoff für den islamischen Fundamentalismus und antiwestliche orthodoxe muslimische Theologen. Sie wäre der Beweis, dass Demokratie und Menschenrechte eine christlich-europäische Veranstaltung sind und alle Beteuerungen ihres universalen Geltungsanspruchs nichts als christlich-europäische Heuchelei sind.

Dieter Oberndörfer, Die Furcht vor der Türkei, in: Siegfried Frech und Mehmet Öcal (Hg.), Europa und die Türkei, Wochenschau, Schwalbach/Ts. 2006, S. 189ff.

1 Analysieren Sie, wie Winkler aus historischer Sicht in der Frage des EU-Beitritts der Türkei argumentiert.

2 Erarbeiten Sie die Gegenposition Oberndörfers.

3 Setzen Sie sich mit den Argumentationen auseinander und formulieren Sie dazu Ihren eigenen Standpunkt.

7 Methoden der Koranauslegung

M1 Der Prophet Muhammad empfängt auf dem Berg Hira die Offenbarung vom Engel Gabriel, osmanische Buchmalerei, 16. Jh.

Sure 38, 29, geoffenbart zu Mekka
(Der Koran ist) eine von uns zu dir hinabgesandte, gesegnete Schrift (und wird von den Menschen verkündet), damit sie sich über die Verse Gedanken machen, und damit diejenigen, die Verstand haben, sich mahnen lassen.

Der Koran, übersetzt, kommentiert und eingeleitet von Rudi Paret, Directmedia, Berlin 2001, S. 803

Sira
Arab. „Leben des Propheten", traditionelle Biografie des Propheten; die bedeutendste und älteste ist diejenige von Ibn Ishak, die um 750 entstand.

Der Koran

Der Koran, das heilige Buch des Islam, beinhaltet die vom Propheten Muhammad verkündeten Offenbarungen (s. S. 104) Das Wort *quran* hat die Bedeutung „Rezitation". Die Offenbarung ist nach islamischer Überlieferung ausschließlich mündlich erfolgt, vom Engel Gabriel an den Propheten (M 1) und von diesem an seine Zuhörer. Nach islamischer Tradition gab eine Kommission, unter Mitwirkung von Muhammads Schreiber Zaid ibn Tabit, auf Befehl des Kalifen Uthmann (Reg. 644–656) eine **schriftliche Fassung des Koran** um 653 heraus, die in allen wesentlichen Punkten der Verkündigung Muhammads entsprechen soll. Diese Auffassung wird von der modernen Koranforschung geteilt. Der Koran ist das einzige Dokument, das mit einiger Sicherheit aus der Zeit Muhammads selbst stammt, während die älteste ***Sira**** des Propheten ungefähr 120 Jahre nach seinem Tode verfasst wurde und die wichtigen großen Sammlungen der Aussprüche des Propheten, die ***Hadithe***, im 9. Jahrhundert entstanden sind.

Seit der Zeit Uthmans besteht die Einteilung in **114 Suren**, die in abnehmender Länge geordnet sind: Die Anordnung der Suren folgt somit weder der chronologischen Reihenfolge der Offenbarung, noch ergibt sie einen fortlaufenden, zusammenhängenden Text, sondern jede Sure ist für sich zu betrachten. Man versuchte deshalb bereits in den Anfängen, genauere Hinweise zu Zeit, Ort und Anlass der Offenbarung beizufügen. Eine Grobeinteilung erfolgt nach mekkanischen Suren vor und medinensischen Suren nach der *Hidschra*, die die moderne Forschung in wesentlichen Zügen bestätigt hat. Die heutige gedruckte Standardversion beruht auf der **Kairoer Ausgabe** von Gelehrten der Azhar-Universität aus dem Jahre 1923.

Für die große Mehrheit der Muslime enthält der Koran **Gottes unmittelbares Wort**; Gott redet stets in der ersten Person – im *Pluralis majestatis*, wobei er sich entweder an den Propheten oder direkt an die Gläubigen wendet. Das Arabische des Korans weist Besonderheiten auf und gilt den gläubigen Muslimen deshalb als eine Sprache Gottes, der kunstvolle Text in Reimprosa als Beweis für seine göttliche Herkunft. Diese literarische Form lässt sich kaum in eine andere Sprache übertragen. Die Rezitation des Korans gilt als besondere Kunst.

Im Islam gibt es keine religiösen Institutionen, die den Koran verbindlich auslegen. Jedoch gibt es einflussreiche Gelehrte, an deren Meinung sich die Gläubigen für ihre Glaubenspraxis orientieren. Auch bildeten sich immer wieder Gruppierungen, die für sich eine Deutungshoheit beanspruchen, um bestimmte politische Ziele durchzusetzen.

1 Formulieren Sie auf der Grundlage des Darstellungstextes einen Lexikonartikel zum Stichwort „Koran".

M2 Der Schriftsteller und Orientalist Navid Kermani über die traditionelle Koraninterpretation, 2002

Gerade gegenüber dem interpretatorischen „Positivismus" islamischer Fundamentalisten, die sich auf eine wahre und eindeutige Lesart des Korans berufen, muss die Offenheit des koranischen Textes betont werden. Anders als etwa in der älteren christlichen Theologie haben muslimische Gelehrte die Offenheit und Unergründlichkeit der Offenbarung fast durchweg als Merkmal der Göttlichkeit herausgestellt und hervorgehoben – die Ansicht, man kenne selbstverständlich die einzige wahre Bedeutung eines Verses, ist erst im 20. Jahrhundert gebräuchlich geworden und wird gleichermaßen von muslimischen Fundamentalisten wie westlichen Experten vertreten. […] Der Andalusier Ibn Arabi[1], Großmeister der mystischen Koranexegese und gewiss der faszinierendste Hermeneutiker, den die muslimische Welt hervorgebracht hat, schreibt in seinen „Mekkanischen Offenbarungen", dass ein jeder im Koran das finde, was er zu finden bestrebt sei. Für ihn ist die Offenheit des Korans – dass er unter vielfachen Perspektiven gesehen und erlebt werden kann und in der Interaktion zwischen Hörer und Text immer neue Aspekte und Resonanzen offenbart, ohne jemals aufzuhören, er selbst, die göttliche Rede, zu sein – Merkmal seiner himmlischen Natur. Die Offenheit der Bedeutungen ist für ihn eine wesentliche Eigenschaft des Textes, nicht im Sinne einer Beliebigkeit, sondern weil Gott durch den Koran mit den Menschen spricht und jeder Mensch anders ist, anders den Text aufnimmt und versteht.

Die Radikalität, mit der Ibn Arabi die Offenheit des Korans und die Subjektivität des Verstehens theoretisch untermauerte, ist nicht repräsentativ für die islamische Gelehrsamkeit. Aber auch die Orthodoxie hob die Pluralität möglicher Interpretationen immer hervor. In der Buntheit der Erklärungsmöglichkeiten, den „Gesichtern" *(wudschuh)* des Korans, erblickten die Theologen des Islams – ähnlich wie ihre jüdischen Kollegen, die von den *panim*, den „Gesichtern" der Thora sprachen – geradezu einen Vorzug des heiligen Buches selbst, einen Beweis seines inneren Reichtums, der ihm innewohnenden Ergiebigkeit. Ein Korankommentar des zehnten und elften Jahrhunderts führt zu jedem Vers sehr viel mehr Deutungen an, von denen er eine zwar als sinnvoll nahelegt, die er aber nicht für absolut wahr beansprucht – „und Gott weiß es besser", steht am Ende einer jeden Auslegung.

Navid Kermani, Die Offenheit der Offenbarung – Über die vielen Arten, den Koran zu lesen, in: NZZ Nr. 51, 2./3. März 2002, S. 89 f.

1 Ibn Arabi (1165–1240): islamischer Mystiker

M3 Der Islamwissenschaftler Nasr Hamid Abu Zaid plädiert für eine historisch-kritische Koranauslegung, 2003

Indem der Koran Stück für Stück, sozusagen in Raten, offenbart wurde, reagierte er auf die Bedürfnisse und Forderungen der Gemeinde. Da er Antworten auf die Fragen der Gemeinde gab, entwickelte sich langsam der gesetzliche Charakter des Korans und spiegelte auf diese Weise das dialektische Verhältnis von Gottes Wort und den menschlichen Interessen wider. […]

Der Koran ist eine „Botschaft", die Gott den Menschen durch den Propheten Muhammad offenbart hat. Muhammad ist der Bote Gottes und selbst ein Mensch. Der Koran sagt das ganz klar. Eine Botschaft stellt eine kommunikative Verbindung zwischen einem Sender und einem Empfänger mittels eines Codes her. Da Gott als Sender des Korans nicht der Gegenstand einer wissenschaftlichen Untersuchung sein kann, ist die Analyse des kulturhistorischen Kontextes des Korans der einzige Zugang zur Entdeckung der Botschaft. Die Analyse solcher Fakten kann zu einem wissenschaftlichen Verständnis des Korans führen. Es bedarf keines weiteren Beweises, dass der Koran ein kulturelles Produkt ist. Doch die Angelegenheit ist viel komplizierter, denn gleichzeitig hat der Koran auch eine Kultur hervorgebracht. Der Koran entstand also erstens als Text innerhalb einer soziokulturellen Realität, nahm die konkrete Form des Arabischen an, und zweitens entstand dann allmählich eine neue Kultur.

Die Botschaft des Islam wäre vollkommen folgenlos geblieben, hätten die Menschen, die sie als erste empfingen, sie nicht verstehen können. Sie verstanden den Islam in ihren Lebensumständen, und durch ihr Verständnis und ihre Anwendung des Islam veränderte sich ihre Gesellschaft. Man sollte die Auffassung der ersten Generation von Muslimen und der folgenden Generationen aber keineswegs für endgültig oder absolut halten. Der Text des Korans gestattet einen endlosen Decodierungsprozess. […]

Der Koran, der zuvor im Licht seines historischen, kulturellen und sprachlichen Kontextes decodiert worden ist, muss nämlich im Code des kulturellen und sprachlichen Kontextes des Interpreten abermals neu gedeutet werden. So paradox es klingen mag: Gerade wenn die Botschaft des Islam für die gesamte Menschheit unabhängig von Zeit und Raum gültig sein soll, ist eine Vielfalt der Interpretation unvermeidlich. Wenn der Text auch ein historisches Faktum von göttlichem Ursprung ist, so ist seine Interpretation doch absolut menschlich.

Nasr Hamid Abu Zaid, Spricht Gott nur Arabisch?, in: www.zeit.de/2003/05/Abu_Zaid?page=all, S. 4 f.

1 Informieren Sie sich im Internet genauer über die Autoren.
2 Arbeiten Sie heraus, wie die Autoren die jeweilige Koranauslegung charakterisieren.
3 Stellen Sie die jeweiligen Interpretationsprozesse vergleichend als Kommunikationsmodelle dar, indem sie diese als Strukturschemata visualisieren.
4 Diskutieren Sie die Methoden vor dem Hintergrund einer politischen Instrumentalisierung des Korans.

M4 Koranhandschrift, Kairuan, 9. Jh.

8 Islamischer Fundamentalismus

M 1 Die beiden Türme des World Trade Center in New York brennen nach dem Anschlag am 11. September 2001

Ajatollah
Arab. *ayat allah* „Zeichen Gott"; höchster Würdenträger der schiitischen Geistlichkeit; durch Khomeini zugleich zum höchsten Staatsamt erhoben

Al-Qaida
Arab. *al-qaida*; wörtlich: Basis

Mudschahidin
Kämpfer für den Dschihad; die USA unterstützten die Mudschahidin in Afghanistan im Kampf gegen die UdSSR zwischen 1979 und 1989

Abdallah Azzam
Palästinensischer Theologe (1941 bis 1989); Begründer des islamischen Dschihad in seiner modernen Form, zentrale Figur des muslimischen Widerstandes im Afghanistan der achtziger Jahre

Taliban
Islamistische Gruppe der Mudschahidin in Afghanistan; sie kontrollierte das Land von 1996 bis 2001; seit 2006 erstarkt sie wieder.

Internettipp
www.bpb.de/themen/EHOBOY
Dossier der Bundeszentrale für politische Bildung zum Thema „Islamismus"

www.qantara.de/webcom/show_article.php/_c-638/_nr-17/_p-1/i.html
Islamismus-Dossier auf der von Goethe-Institut, BPB und DW geförderten Seite

Der geschichtliche Hintergrund

Ab 1970 gewannen in der muslimischen Welt politische Vorstellungen an Bedeutung, die die **Rückbesinnung auf die islamischen Fundamente** forderten. Deren Befürworter verlangten die Einheit von Religion und Staat und die Geltung der Scharia. Entschieden wandten sie sich gegen Formen der Verwestlichung. Sie propagierten den Dschihad zur Ausdehnung islamischer Herrschaft und griffen Israel mit antisemitischen Parolen an. Ausdruck dieser Entwicklung war 1979 die **iranische Revolution** und als Folge die Gründung der islamischen Republik Iran, in der die schiitische Geistlichkeit die Kontrolle über den Staat übernahm. Der antiwestliche Kurs ihres Führers **Ajatollah Khomeini** (Reg. 1979–1989) führte dazu, dass der Westen den irakischen Diktator **Saddam Hussein** (Reg. 1979–2003) im Krieg gegen Iran mit Waffenlieferungen und Finanzmitteln massiv unterstützte. Dieser **erste Golfkrieg**, den Sadam Hussein 1980 vom Zaun gebrochen hatte, endete für beide Parteien mit dem Waffenstillstand von 1988 in einem wirtschaftlichen und finanziellen Desaster und ohne territoriale Gewinne. 1990 beanspruchte und besetzte der hochgerüstete Irak das kleine Emirat Kuweit. Eine vom UN-Sicherheitsrat beauftragte Kriegsallianz unter Führung der USA befreite Kuweit im **zweiten Golfkrieg** von 1991, beließ Saddam Hussein jedoch an der Macht und unterwarf ihn strenger Abrüstungsauflagen, die er nicht überzeugend erfüllte. Deshalb blieben die durch die UN verhängten Wirtschaftssanktionen in Kraft, was jedoch eine Verelendung der irakischen Bevölkerung bewirkte.

Das islamistische Terrornetzwerk Al-Qaida

Der saudische Multimillionär **Osama bin Laden** unterstützte ab 1980 den Kampf der Mudschahidin* in Afghanistan und stand dort unter dem Einfluss des Theologen Abdallah Azzam*. Bin Laden baute ab 1996 die Terrororganisation **Al-Qaida*** (M 2) auf, der zahlreiche Selbstmordattentate und Bombenanschläge gegen US-amerikanische, westliche und jüdische Einrichtungen zugeschrieben werden. Er plant auch den Sturz der saudischen Monarchen, weil diese die Präsenz amerikanischer Truppen im Land der Heiligen Stätten Mekka und Medina gestatten. Al-Qaida hat keine feste Struktur, sondern besteht vermutlich aus einem internationalen Geflecht verschiedener islamistischer Terrorzellen. Auf die am **11. September 2001** mit entführten Passagierflugzeugen verübten Attentate auf das World-Trade-Center (M 1) und das amerikanische Verteidigungsministerium reagierten die USA und ihre Verbündeten mit einem „Krieg gegen den Terror", der sich gegen einzelne Terrororganisationen, aber auch gegen Staaten richtete, die Terroristen unterstützten. Erstes Ziel waren das Talibanregime* in **Afghanistan**, das bin Laden schützte, und die Al-Qaida-Führung, die sich in Afghanistan verbarg (M 3). Das Talibanregime wurde beseitigt, jedoch wurden bin Laden und der Führer der Taliban, Mullah Omar, nicht gefasst. Anfang 2002 verschärfte sich der Ton des amerikanischen Präsidenten George W. Bush gegenüber Saddam Hussein, dem er unterstellte, Massenvernichtungswaffen zu produzieren und mit Al-Qaida im Bunde zu stehen. Beides hat sich im Nachhinein nicht bestätigt. Das Regime Saddam Husseins wurde im **dritten Golfkrieg**, geführt von den USA und ihren Verbündeten, im Jahre 2003 gestürzt und der Irak besetzt. Dieser ist seitdem durch fast tägliche Terroraktionen, die teilweise auf Verbindungen zur Al-Qaida hindeuten, und bürgerkriegsähnliche Zustände destabilisiert. Auch in Europa ereigneten sich verheerende Anschläge, 2004 in Madrid und 2005 in London; hier ist der Bezug zur Al-Qaida noch unklar. Die Attentate von London wurden von in Großbritannien aufgewachsenen jungen Männern pakistanischer Herkunft verübt.

M2 Erklärung der „Internationalen Front für den Heiligen Krieg gegen die Juden und Kreuzfahrer" vom 23. Februar 1998

Niemand mehr kann heute drei Wahrheiten bestreiten […]:
1. Seit mehr als sieben Jahren besetzt Amerika das heiligste der muslimischen Gebiete (die arabische Halbinsel), plündert seine Reichtümer, erteilt seinen Regierenden Befehle, demütigt seine Bewohner, versetzt seine Nachbarn in Angst und macht seine Stützpunkte zu Speerspitzen im Kampf gegen benachbarte muslimische Völker. […]
2. Trotz der gewaltigen Zerstörungen, die das irakische Volk durch die Koalition der Juden und Kreuzfahrer erlitten hat, und trotz der riesigen Zahl von Opfern, die an eine Million heranreicht, trotz all dem versuchen die Amerikaner immer noch, die schrecklichen Massaker zu wiederholen. […]
3. Soweit die Kriegsziele der Amerikaner religiös und wirtschaftlich sind, nützen sie auch dem kleinen Staat der Juden und der Besetzung Jerusalems, ganz zu schweigen von den Morden an Muslimen. […]
All diese Ereignisse und Verbrechen sind Teil einer Kriegserklärung der Amerikaner an Gott und seinen Propheten, und die gelehrten Ulamas aller Schulen aus allen muslimischen Jahrhunderten stimmen darin überein, dass der Heilige Krieg eine individuelle Pflicht ist. […] Folglich und entsprechend dem Befehl Gottes teilen wir allen Muslimen das folgende Urteil mit: Die Amerikaner und ihre Verbündeten zu töten, ob Zivilisten oder Soldaten, ist eine Pflicht für jeden Muslim, der es tun kann, in jedem Land, wo er sich befindet, bis die al-Aksa-Moschee und die große Moschee in Mekka von ihnen befreit sind, bis ihre Armeen alle muslimischen Gebiete verlassen, mit gelähmten Händen, gebrochenen Flügeln, unfähig, einen einzigen Muslim zu bedrohen, entsprechend seinem Befehl, gelobt sei Er! {Bekämpfet die Götzendiener insgesamt, wie sie euch bekämpfen insgesamt und wisset, dass Allah mit den Gottesfürchtigen ist} (Koran 9,36). […(weitere Koranzitate)] Wir rufen die muslimischen Ulama, ihre Anführer, ihre jungen Leute und ihre Soldaten auf, die amerikanischen Soldaten des Satans und ihre Verbündeten, Ausgeburten des Satans, anzugreifen und zu verjagen; dann vielleicht werden sie sich besinnen.
Osama bin Laden, Anführer der Organisation Al-Qaida

Gilles Kepel u.a. (Hg.), Al-Qaida, Texte des Terrors, Piper, München 2006, S. 85 ff.

1 Arbeiten Sie mit Bezug auf das Feindbild heraus, welche Dschihadlehre bin Laden verbreitet.
2 Vergleichen Sie diese mit der klassischen Dschihadlehre (s. S. 105 f.). Bewerten Sie die Unterschiede.
3 Diskutieren Sie über die religiöse Rechtfertigung des Terrors durch die islamischen Fundamentalisten.

M3 Aus der Rede des US-Präsidenten George Bush vor dem Kongress am 20. September 2001

Die Amerikaner fragen: „Wer hat unser Land angegriffen?" Die von uns gesammelten Beweise weisen alle auf eine Reihe lose verbundener Terrororganisationen hin, die als Al-Qaida bekannt sind. Es sind die gleichen Mörder, die wegen der Bombenanschläge auf die amerikanischen Botschaften in Tansania und Kenia angeklagt wurden und für den Bombenangriff auf die U.S.S. Cole verantwortlich sind. […]
Die Terroristen praktizieren eine Randform des islamischen Extremismus, die von muslimischen Gelehrten und der großen Mehrheit der muslimischen Kleriker abgelehnt wird – eine Randbewegung, die die friedlichen Lehren des Islams pervertiert. Die Terroristen haben Weisung, Christen und Juden zu töten, alle Amerikaner zu töten und keine Unterscheidung zu treffen zwischen Militär und Zivilisten, einschließlich Frauen und Kindern. […]
Die Amerikaner fragen: „Warum hassen sie uns?" Sie hassen […] eine demokratisch gewählte Regierung. Ihre Führung ist eine selbst ernannte Führung. Sie hassen unsere Freiheiten – unsere Religionsfreiheit, unser Recht auf freie Meinungsäußerung, unser freies Wahlrecht und Versammlungsrecht und die Freiheit, kontroverse Meinungen zu vertreten. […] Wir lassen uns nicht von ihrer angeblichen Frömmigkeit täuschen. Wir hatten schon vorher mit solchen Leuten zu tun. Sie sind die Erben aller mörderischen Ideologien des 20. Jahrhunderts. Indem sie Menschenleben für ihre radikalen Visionen opfern – und dabei alle Werte mit Ausnahme des Willens zur Macht aufgeben – folgen sie dem Weg des Faschismus, des Nationalsozialismus und des Totalitarismus. […] Wir werden alle uns zur Verfügung stehenden Mittel einsetzen – alle Mittel der Diplomatie, alle nachrichtendienstlichen Mittel, alle polizeilichen Instrumente, alle Möglichkeiten der finanziellen Einflussnahme und alle erforderlichen Waffen des Krieges, um das Netzwerk des weltweiten Terrors zu zerschlagen und zu besiegen. […] Wir werden die Finanzquellen der Terroristen austrocknen, sie gegeneinander ausspielen, sie von Ort zu Ort jagen, bis es keinen Ort der Zuflucht oder der Ruhe mehr für sie gibt. Und wir werden Staaten verfolgen, die ihnen Hilfe oder Unterschlupf gewähren. […] Vielen Dank.

http://amerikadienst.usembassy.de (Download vom 12.2.2008)

1 Analysieren Sie Bushs Rede hinsichtlich seiner Position und Argumentation. Nutzen Sie dazu den Volltext im Internet.
2 Beurteilen Sie die Argumentation Bushs vor dem Hintergrund der Entwicklung im Irak und in Afghanistan.
3 Erarbeiten Sie zentrale Fragen, die sich für Sie im Hinblick auf die Ursachen und die Bekämpfung des Terrorismus ergeben. Wählen Sie Themen zur Recherche und Bearbeitung aus.

Die islamische Welt und Europa

Zentrale Begriffe

Zusammenfassung

Mit den ersten Verkündigungen Muhammads ab 610 entwickelte sich die Religion des Islam. Nach der Hidschra 622 gründete Muhammad das Gemeinwesen von Medina. Unter der Führung der Rechtgeleiteten Kalifen (Reg. 632–661) und der darauffolgenden Dynastie der Umaiyaden (Reg. 662–750) erfolgte bis zum Jahre 750 die Expansion. Unter den Abbasiden (Reg. 750–1258) kam es zu einer Symbiose zwischen den arabischen Stämmen und den antiken Kulturen des Orients, der griechisch-römischen und persischen, deren Bewahrer, Vermittler und Erben die Muslime wurden. Von großer Bedeutung war dabei das durch den Kalifen Umar (Reg. 634–644) eingeführte Dhimmikonzept, eine vormoderne Form der Toleranz gegenüber den Schriftreligionen der Juden, Zoroastrier und Christen. Dieses trug wesentlich zur Akzeptanz der Eroberer seitens der unterworfenen Bevölkerung bei. Der islamische Kulturraum erlebte in der Zeit der Abbasiden eine kulturelle Blüte. Diese hoch entwickelte Zivilisation manifestierte sich auch in der Geschichte von al-Andalus (711–1492). Dabei kam es zu einem bereichernden Zusammenleben zwischen Muslimen, Christen und Juden. Die andalusische Kultur hinterließ bleibende Spuren auf der Pyrenäenhalbinsel und bildet daher einen Baustein der Kultur Spaniens, ja Europas.

Die Zeit der Kreuzzüge (1095–1291) belastete das Verhältnis zwischen Muslimen, Juden und Christen nachhaltig, auch wenn es Phasen eines friedlichen kulturellen Austausches in den Kreuzfahrerstaaten gegeben hat. Unter dem Einfluss des religiös begründeten Konzeptes der Kreuzzugsbewegung kam es zu Gewaltexzessen durch die Kreuzfahrer, so 1099 in Jerusalem. Auf muslimischer Seite wurde der durch das religiöse Recht legitimierte Dschihad propagiert, sodass die Kreuzfahrerstaaten durch die Mamlukensultane bis zum Jahre 1291 zurückerobert, ihre christlichen Städte geschleift und viele Bewohner getötet wurden. Durch das Eingreifen der Almoraviden ab 1086 und der Almohaden ab 1147 und unter dem Einfluss der Kreuzzugsbewegung gewannen auch in al-Andalus im 11. und 12. Jahrhundert die Feindbilder des Dschihad und der Reconquista an Boden. Der endgültige Sieg der christlichen Königreiche führte nach 1492 zur Vertreibung der Juden, Mauren und Moriscos.

Mit der politischen und technisch-industriellen Modernisierung des Westens gerieten islamische Staaten im Zeitalter des Imperialismus in immer größere Abhängigkeit von Europa. Die Modernisierung wurde zu einem Vorbild für das Osmanische Reich (1361–1920), das mit den Tanzimatreformen (1839–1876) einen Prozess der Anpassung an das politische und wirtschaftliche Modell des Westens einleitete. Dieser Weg wurde im Nachfolgestaat des Osmanischen Reiches, der Türkei, seit 1924 durch Kemal Atatürk fortgesetzt und nach 1945 von den politischen Kräften der Türkei durch die Einbindung in die NATO und den Aufnahmeantrag in die EU weiter verfolgt.

Ab 1970 jedoch wandten sich viele Muslime in anderen islamischen Staaten vom westlichen Vorbild ab und propagierten die Ideen des Islamismus zur Lösung ihrer politischen, sozialen und wirtschaftlichen Probleme. Vor diesem Hintergrund bildeten sich auch gewaltbereite islamistische Terrorgruppen wie beispielsweise in den Neunzigerjahren das Terrornetzwerk Al-Qaida.

M1 **Das sunnitische Kalifat als monarchisches System und wichtige Kalifate zwischen 661 und 1924**

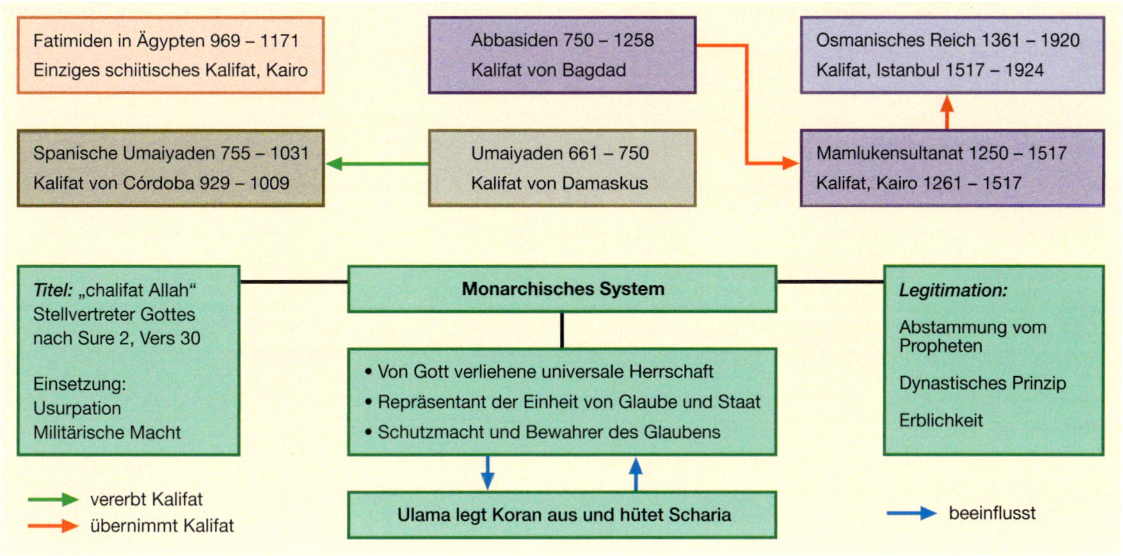

Zeittafel

610 Erste Verkündigung Muhammads
622 Hidschra, Beginn der muslimischen Zeitmessung
630 Kaaba und Mekka werden zentrales Heiligtum
632–661 Zeit der Rechtgeleiteten Kalifen
632–750 Expansion der Araber im eurasischen Raum
638 Eroberung Jerusalems
653 Schriftliche Niederlegung des Korans
651–661 Bürgerkrieg um die Nachfolge Muhammads, Beginn der Spaltung der Muslime in Sunniten und Schiiten
662–750 Umaiyaden-Dynastie
750–1258 Abbasiden-Dynastie
756–1031 Herrschaft der Dynastie der Umaijaden in al-Andalus
929 Ausrufung des Kalifates von Córdoba durch Abd ar-Rahman III.
1031–1085 Herrschaft der Taifa-Könige
1085–1212 Herrschaft der Almoraviden und Almohaden
1095 Kreuzzugsaufruf Papst Urbans II.
1096 Judenpogrome
1099 Eroberung Jerusalems
1187 Rückeroberung Jerusalems durch Saladin
1237 Ausrufung des Königreichs von Granada unter der Dynastie der Nasriden
1263–1291 Rückeroberung der Kreuzfahrerstaaten durch Mamluken
1281 Beginn der Herrschaft Osmans, des Gründers der Dynastie der Osmanen
1453 Eroberung Konstantinopels durch die Osmanen, Konstantinopel wird Hauptstadt
1492 Kapitulation von Granada und Ausweisung der Juden
1501 Vertreibung der Mauren aus Kastilien
1517 Übernahme des Kalifates durch den osmanischen Sultan
1520–1566 Blütezeit des Osmanischen Reiches unter der Regierung von Sultan Süleyman I.
1609–1611 Vertreibung der Moriscos aus Spanien
1683 Niederlage der osmanischen Truppen vor Wien, allmählicher Niedergang des Osmanischen Reiches
1839–1876 Tanzimatperiode: Reformen im Osmanischen Staat
1914 Eintritt in den Ersten Weltkrieg an der Seite der Mittelmächte
1920 Friede von Sèvres, Auflösung des Osmanischen Reiches
1923 Friedensvertrag von Lausanne, völkerrechtliche Anerkennung der Türkei
1923 Wahl Mustafa Kemals („Atatürk“) zum Präsidenten der Türkei
1924 Abschaffung des Kalifates
1924–1934 Kemalistische Reformen
1952 Türkei wird Mitglied der NATO
1987 Türkei beantragt Vollmitgliedschaft für die EU
1996 Aufbau von Al-Qaida durch Bin Laden
2001 Anschläge von Al-Qaida auf das World Trade Center und das Pentagon
2001 USA und Verbündete reagieren mit einer Militärintervention in Afghanistan gegen die Taliban und Al-Qaida
2002 Sieg der AKP bei den Parlamentswahlen in der Türkei
2003 Dritter Golfkrieg gegen den Irak Saddam Husseins
2003 Wahl Recip Erdogans zum türkischen Ministerpräsidenten
2004/5 Anschläge in Madrid und London
2005 Aufnahme von Beitrittsverhandlungen der EU mit der Türkei

Anwendungsaufgabe

M2 Der Orientwissenschaftler Gernot Rotter zur Frage „Der Islam – friedlich oder kriegerisch?", 2001

Nach den Terroranschlägen vom 11. September in den Vereinigten Staaten hört man eine Mahnung immer wieder: Nicht der Islam sei für den Terror verantwortlich zu machen, denn tatsächlich sei der Islam eine friedliche Religion. Friedlicher als andere Religionen? Christentum, Judentum und Islam sind historisch und religionsphänomenologisch Geschwisterreligionen. Elohim, Deus, Allah sind Namen für ein und denselben transzendentalen Bezugspunkt der drei Religionen, die Abraham als ihren mythischen Urvater ansehen. Während jedoch Jesus als Aufrührer am Kreuz endete, waren Moses und Mohammed prophetische Staatsgründer und Staatsmänner und führten als solche Kriege. Eine Maxime wie „Gebt dem Kaiser, was des Kaisers ist, und Gott, was Gottes ist!" enthält weder das Alte Testament noch der Koran. Diese enthalten dafür Aufforderungen, gegen die Ungläubigen zu kämpfen. Ganz frei von solchen Aufrufen ist jedoch auch das Neue Testament nicht. So liest man beim Evangelisten Matthäus (10, 34): „Ich bin nicht gekommen, Frieden zu bringen, sondern das Schwert."

Das Alte Testament ist voll von Aufforderungen Gottes an die Juden zum Kampf gegen die Ungläubigen, wie z. B. die Philister (die Namensgeber Palästinas!), und bei extremistischen Siedlern Israels erinnert man sich heute gerne dieser Aufrufe, ganz abgesehen davon, dass man das Alte Testament als Bodenkataster für die eigenen Gebietsansprüche missbraucht. Das Christentum verlor seine Unschuld, als es im 4. Jahrhundert in Byzanz und später in Rom Staatskirche wurde. In seinem Namen wurden fortan Kriege gefochten, Kreuzfahrer entsandt, Muslime und Juden durch die Inquisition verfolgt, „Hexen" verbrannt, „Heiden" gewaltsam bekehrt oder erschlagen usw. Der Dreißigjährige Krieg zwischen Katholiken und Protestanten von 1618 bis 1648 raffte in manchen Regionen Europas über die Hälfte der Bevölkerung hin.

Es war die Erfahrung dieses Krieges, die bei uns zur Aufklärung beitrug und die Erkenntnis reifen ließ, dass Staat und Religion strikt zu trennen seien. Obwohl sich diese Erkenntnis bis heute weitgehend durchgesetzt hat, genügt ein Blick nach Nordirland, wo sich Protestanten und Katholiken bekriegen, oder auch in die USA, wo Christen mit dem Hinweis auf die Bibel Abtreibungsärzte erschießen, um zu erkennen, dass auch das Christentum bis heute zur Begründung von Gewalt missbraucht wird.

Und der Islam? Mohammed sah sich der Feindschaft der heidnischen Mekkaner gegenüber, gegen die er nach seiner erzwungenen Auswanderung nach Medina zum Dschihad aufrief. Die Mekkaner wurden vor die Wahl gestellt, sich zu bekehren oder getötet zu werden. In dieser Zeit, als Mohammed bereits Staatsmann war, entstanden Koranverse wie dieser: „Er (Gott) ist es, der seinen Gesandten mit der Rechtleitung und der wahren Religion geschickt hat, um ihr zum Sieg zu verhelfen über alles, was es (sonst) an Religion gibt – auch wenn es den Ungläubigen zuwider ist." (Sure 9, 33). Die Kalifen sind dieser Devise treu geblieben und haben die islamische Herrschaft mit dem Schwert vom Atlantik bis zum Indus ausgedehnt. Leben und Besitz von Christen und Juden wurden dabei weitgehend geschont, und sie durften ihren Glauben weiter ausüben, solange sie bereit waren, die politische Herrschaft des islamischen Staates anzuerkennen.

Mit der Zeit machte die Definition des Dschihad einen bemerkenswerten Wandel durch, indem man zwischen dem Großen Dschihad und dem Kleinen Dschihad unterschied. Mit ersterem war das Bemühen um die eigene Läuterung, mit letzterem der Kampf mit der Waffe gegen einen angreifenden Ungläubigen gemeint. Die meisten heutigen Ulama definieren den bewaffneten Dschihad als nur im Verteidigungsfalle legitimiert. Nicht geklärt ist freilich, wann ein solcher Verteidigungsfall gegeben ist.

Wir müssen uns bewusst werden, dass alle drei abrahamitischen Religionen den Virus der Gewalt in sich tragen, der jederzeit ausbrechen kann. Die Trennung von Religion und Staat ist gewiss ein vorbeugendes Mittel dagegen. Langfristig jedoch muss es darum gehen, die friedfertigen Aspekte der einzelnen Weltreligionen als für sie maßgeblich in den Vordergrund zu rücken, sodass es Gewalttätern schwerer fällt, sich zur Legitimation ihres Tuns auf Gott zu berufen. Das ist eine eminent politische Aufgabe. Der Westen tut gut daran, zu betonen, er führe keinen Krieg gegen den Islam. Das genügt aber nicht: Er muss seine Nah- und Mittelostpolitik, die in der islamischen Welt oft genug als von Heuchelei und eigener Profitsucht geprägte Bevormundung wahrgenommen wird, gründlich überdenken.

Gernot Rotter, Der Islam – friedlich oder kriegerisch, in: E+Z Entwicklung und Zusammenarbeit, 2001, www.inwent.org/E+Z/1997-2002/ez1101-4.htm (Download vom 31. Juli 2008)

1 Analysieren Sie die Ausführungen Rotters.
2 Erläutern Sie diese im Hinblick auf das Christentum und den Islam anhand der Geschichte der Expansion, der Kreuzzüge und Andalusiens.
3 Setzen Sie sich kritisch mit Rotters Argumentation, insbesondere mit seinen Schlussfolgerungen auseinander: Nehmen Sie dabei Bezug auf weitere historische Beispiele des Längsschnittes aus Neuzeit und Zeitgeschichte.

Epochenbezüge

M3 Die politische Differenzierung der islamischen Welt in der Gegenwart (Stand: 2008)

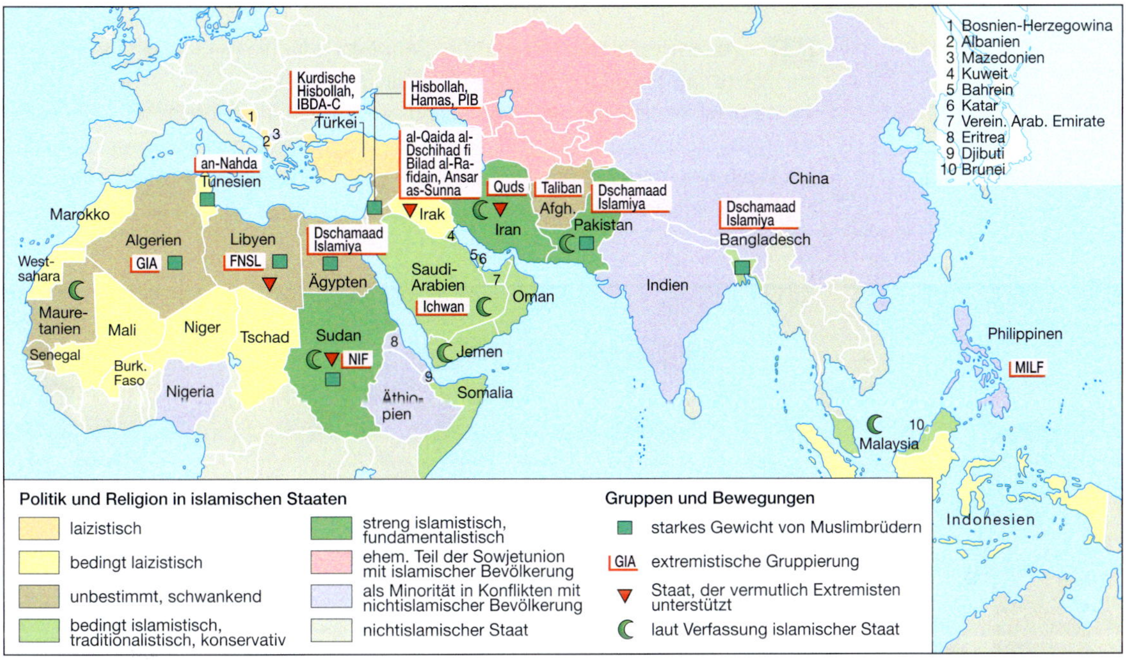

Präsentationsvorschläge

Thema 1:

Die Eroberung von Konstantinopel 1203/04 – eine gezielte Ablenkung des vierten Kreuzzuges?

Halten Sie ein foliengestütztes Referat, in dem Sie auf den Kreuzzugsgedanken, die Vorgeschichte des vierten Kreuzzuges und das Scheitern der ursprünglichen Planung eingehen. Behandeln Sie sodann die Eroberung Zaras und die Ablenkung des Kreuzzuges nach Konstantinopel bis zur Errichtung des lateinischen Kaiserreiches. Beurteilen Sie abschließend die Beweggründe der Teilnehmer und die Auswirkungen des Unternehmens.

Literaturtipp

Nicolas Jaspert, Die Kreuzzüge, WBG, Darmstadt [3]2006
Ralph Johannes Lilie, Christen gegen Christen. Die Eroberung Konstantinopels 1203/04, in: Hans Jürgen Kotzur, Kein Krieg ist heilig. Die Kreuzzüge, Zabern, Mainz 2004, S. 155–165

Internettipp

de.wikipedia.org/wiki/vierter Kreuzzug

Thema 2 (fächerverbindend):

Die Wissenschaften in der islamischen Welt des Mittelalters – unser arabisches Erbe?

Bereiten Sie eine Power-Point-Präsentation im Hinblick auf ausgewählte Fachgebiete (z. B. Medizin, Astronomie oder Mathematik) vor.

Literaturtipp

Pierre Benoît u. a., Die Araber als Vermittler?, in: Michel Serres (Hg.), Elemente einer Geschichte der Wissenschaften, Suhrkamp, Frankfurt/M. 1994, S. 269–314
Siegrid Hunke, Allahs Sonne über dem Abendland, Fischer, Frankfurt/M. [9]1999
Alberto Ventura, Reis und Papier, in: Francesco Gabriel (Hg), Mohammed in Europa, Augsburg 1997, S. 153–179
Günter Kettermann, Atlas zur Geschichte des Islam, WBG, Darmstadt 2001, S. 40–43

Internettipp

http://lexikon.meyers.de (Stichwort: arabische Wissenschaften)

Thema 3 (Geschichte global):

Die Türkei – auf dem Weg zu einem demokratischen Staat?

Erarbeiten Sie unter dieser Fragestellung in Kleingruppen eine Präsentation zu einem der folgenden Aspekte:

- Die Verfassungsentwicklung
- Die Situation der Menschenrechte
- Die Rolle der Religion im Staat
- Das Kurdenproblem

Diskutieren Sie in einer Podiumsdiskussion mit Teilnehmern aus den verschiedenen Arbeitsgruppen.

Literaturtipp

Udo Steinbach, Geschichte der Türkei, C. H. Beck, München [3]2003
Martin Strohmeier u. a., Die Kurden. Geschichte, Politik, Kultur, C. H. Beck, München [2]2003
Siegfried Frech, Mehmed Özal, Europa und die Türkei, Wochenschau, Schwalbach 2006

Internettipp

Lutz Richter-Bernburg, Islamisches Religionsgesetz und säkularer Humanismus:
www.buergerimstaat.de/2_3_03/human.htm
www.bpb.de (Stichwort: Türkei)

4 Die Frühe Neuzeit: Wege in die moderne Welt

M1 „America sive Novus Orbis" (dt. „Amerika oder die Neue Welt"), Kupferstichkarte von Theodor de Bry, Frankfurt am Main 1596.
Die Karte bildet den aktuellen Wissensstand ihrer Entstehungszeit exakt ab. Sie enthält die Ergebnisse der Entdeckungsfahrten, die seit 1492 – der Entdeckung Amerikas durch Christoph Kolumbus – durchgeführt worden waren. In den Ecken sind Christoph Columbus, Amerigo Vespucci, Ferdinand Magellan und Francisco Pizarro dargestellt.

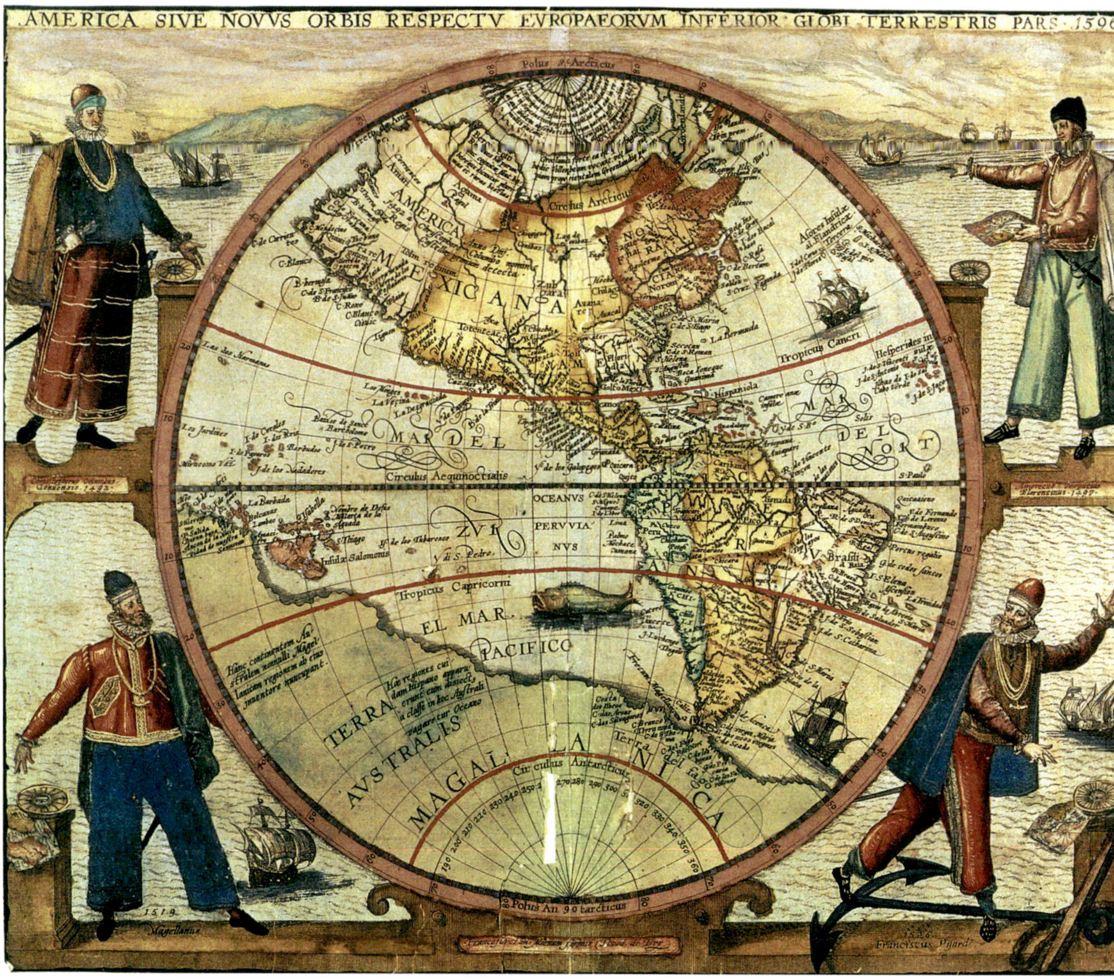

1524/1… Bauernaufstä…

Seit 1500 Eroberung und Kolonisation Amerikas

15… Worms… Reichs…

um 1450 Gutenberg erfindet den Buchdruck

1492 Kolumbus „entdeckt" Amerika

1517 Beginn de… Reformati…

1300–1550 Reiche der Azteken, Maya und Inka

1300–1600 Renaissance und Humanismus

1450–1550 Beginn der Neuzeit

1300 | 1350 | 1400 | 1450 | 1500

„Es ist eine Lust zu leben!" – Der Ausruf des Humanisten Ulrich von Hutten aus dem Jahre 1518 spiegelt das Lebensgefühl vieler Wissenschaftler und Künstler im 15./16. Jahrhundert wider. Sie schwärmten vom Beginn eines neuen, „goldenen" Zeitalters, in dem – vor allem durch die Wiederentdeckung der Antike – die Studien blühen und die Geister sich regen würden. Eine neue Epoche, in der endlich das „finstere Mittelalter" überwunden wurde!
Begann um 1500 tatsächlich eine neue Zeit? Ungeachtet verschiedener Periodisierungsmodelle (s. S. 60 ff.) besteht unter den Historikern weitgehend Einigkeit, dass die Zeit um 1500 eine entscheidende Zäsur zwischen Mittelalter und Neuzeit darstellt. Sie bezeichnen die Epoche vom 16. bis zum 18. Jahrhundert daher als „Frühe Neuzeit". In diesem Zeitraum vollzogen sich tief greifende Umwälzungen, die einen Übergang vom Mittelalter zur Neuzeit kennzeichnen: In der Wirtschaft bildeten sich frühkapitalistische Produktions- und Vertriebsformen heraus, mit dem Durchbruch von Renaissance und Humanismus wandelte sich das Welt- und Menschenbild, die Europäer entdeckten ihnen zuvor unbekannte neue Kontinente und Kulturen, ihre Eroberungen und ihre Kolonisationspolitik leiteten die „Europäisierung" der Erde ein, die Reformation beendete die kirchliche und religiöse Einheit des europäischen Mittelalters, die konfessionelle Spaltung führte zu erbitterten Glaubenskriegen und der mittelalterliche „Personenverbandsstaat" wandelte sich in einen „institutionellen Flächenstaat". Kennzeichen der Frühen Neuzeit sind jedoch nicht nur die Umbrüche und Neuerungen, sondern auch das Fortwirken alter Traditionen und Strukturen der mittelalterlichen Gesellschaft.

1 Welche politischen, wirtschaftlichen, sozialen, kulturellen Veränderungen um 1500 sprechen für den Beginn einer neuen Zeit?
2 In welchen Bereichen wirkten alte, mittelalterliche Traditionen und Strukturen fort?
3 Stellen die drei Jahrhunderte zwischen Reformation und Französischer Revolution eine historische Einheit dar, die die Bezeichnung einer eigenen Epoche – die „Frühe Neuzeit" – verdient?
4 Lässt sich von der Frühen Neuzeit – mit Blick auf die Welt um 2000 – als „Beginn der Moderne" sprechen?

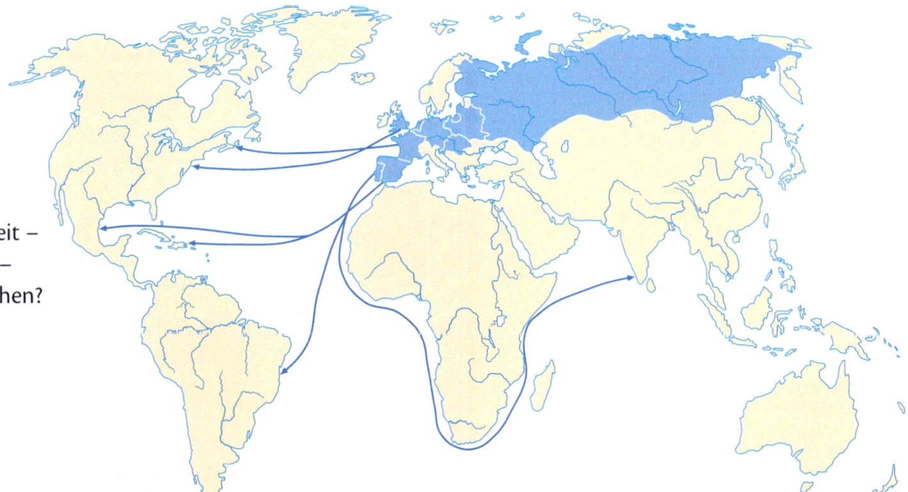

1555 Augsburger Religionsfrieden
1618–1648 Dreißigjähriger Krieg
1648 Westfälischer Frieden
1756–1763 Siebenjähriger Krieg
1661–1715 Regierungszeit Ludwigs XIV.
1740–1786 Regierungszeit Friedrichs II.
1650–1800 Aufklärung

0 1600 1650 1700 1750 1800

1 Europa und die Welt um 1500

1.1 Krise und Wandel: vom Spätmittelalter zur Frühen Neuzeit

Grundbedingungen des Wirtschaftens um 1500

In der Übergangszeit vom Mittelalter zur Neuzeit wurde Europa von ökonomischen und sozialen Krisen erschüttert. Naturkatastrophen, Missernten, Hungersnöte sowie zahlreiche Kriege führten zum wirtschaftlichen Niedergang und zu erheblichen Bevölkerungsverlusten. Das größte Elend lösten **Pestepidemien*** aus. Die Sterblichkeitsrate lag bis etwa 1470 über der Geburtenrate, sodass in manchen Gegenden Mitteleuropas ganze Siedlungen entvölkert wurden.
Schneller als ländliche Gebiete überwanden die im Mittelalter entstandenen bzw. gewachsenen **Städte** (s. S. 81 ff.) diese Krise. Da sie aufgrund eines immensen Bedarfes an Arbeitskräften, steigender Löhne und niedriger Lebensmittelpreise viele ländliche Bewohner anzogen, konnten die Städte ihre Bevölkerungsverluste schnell ausgleichen. Darüber hinaus hatte die Dezimierung durch die Pestepidemien in der städtischen Oberschicht eine Konzentration von Besitz und Barvermögen in den Händen Weniger zur Folge. Lebenshunger und Luxusbedürfnis der reichen Überlebenden steigerten die Nachfrage nach hochwertigen Produkten. Davon profitierten vor allem die städtischen Handwerker, die durch Spezialisierungen im Arbeitsprozess ihre Produktivität steigerten und neue Arbeitskräfte einstellen konnten.
Durch die **Entdeckung neuer Seewege** und die europäische Expansion in Asien, Afrika und Amerika (s. S. 152 ff.) wurden seit Ende des 15. Jahrhunderts andere Kontinente für den europäischen Warenaustausch erschlossen. Entscheidend für das Aufblühen von Handel und Handwerk war auch die aufkommende **Geldwirtschaft**, die den umständlichen Tauschhandel (Ware gegen Ware) ersetzte. Die neuen Bankhäuser ermöglichten einen ganzjährigen Handel mit Währungen, Wertpapieren und Waren auf Kredit. Infolge dieser Veränderungen entwickelten sich

Pest
Während der Großen Pest (1347 bis 1351) führte die aus Asien über den Schwarzmeerraum nach Europa eingeschleppte Seuche zu einer Dezimierung der europäischen Bevölkerung um fast ein Drittel. Nach weiteren Pestepidemien in London (1665) und Frankreich (1720/21) erlosch der „Schwarze Tod", den viele Zeitgenossen als Strafe Gottes für die Sünden der Menschen sahen. Das erst 1894 entdeckte Pesterreger-Bakterium befiel vor allem Ratten und wurde durch Flöhe auf den Menschen übertragen. Die Ausbreitung der Pest begünstigten die engen Handelsbeziehungen und v. a. die mangelhaften hygienischen Verhältnisse in den dicht bevölkerten Städten.

Internettipp
www.uni-muenster.de/FNZ-Online/wirtschaft/grundstrukturen/gliederung.htm
Sehr informative Seite der Westfälischen Wilhelms-Universität Münster zu den wirtschaftlichen Grundstrukturen in der Frühen Neuzeit. Weitere Themen: Theorien der Frühen Neuzeit, soziale Ordnung, politische Ereignisse, Strukturen von Recht und Herrschaft, Wissenskultur und Kommunikation, europäische Expansion; mit Glossar und kommentierter Linksammlung

M1 Geld- und Wechselgeschäfte in einem Florentiner Bankhaus, später kolorierter Holzschnitt, 1490

– ausgehend von den oberitalienischen Stadtstaaten – seit dem 15. Jahrhundert neue Wirtschaftsformen in den europäischen Städten, die zu Keimzellen des wirtschaftlichen Wandels wurden.

Neue Wirtschaftsformen

Um 1500 gab es zwei Organisationsformen, die in größeren Mengen Produkte für den regionalen und vor allem überregionalen Absatzmarkt herstellten: den Verlag und die Manufaktur. Beim **Verlagssystem**, das sich seit dem 14. Jahrhundert herausbildete, arbeiteten kleine Bauern oder Landarbeiter in ihren Wohngebäuden – oft im Nebenerwerb –, indem sie spannen, webten oder Metall verarbeiteten. Den Absatz der Produkte überließen sie Verleger-Kaufleuten, die häufig auch die Rohstoffe bereitstellten. **Manufakturen**, die im 17. Jahrhundert entstanden, waren zentralisierte Produktionsstätten in eigenen Gebäudekomplexen, in denen die Beschäftigten in Arbeitsteilung Produkte herstellten, vor allem Seiden-, Porzellan- und Glasprodukte. Die Beschaffung der Rohstoffe und der Arbeitsgeräte lag in der Hand des Unternehmers.

Die Herausbildung der neuen Produktions- und Arbeitsformen wird in der Geschichtswissenschaft auch **Protoindustrialisierung** genannt, bei der es sich um eine Vorform der Industrialisierung des 19./20. Jahrhunderts handelt, die moderne Merkmale des Wirtschaftens wie Marktorientierung, Spezialisierung und Arbeitsteilung aufwies. Insgesamt betrachtet waren Spätmittelalter und Frühe Neuzeit Jahrhunderte des **Handelskapitalismus** oder des zirkulierendes Kapitals. Damit sind jene Kapitalbestände gemeint, die sich durch Investitionen in Handelsunternehmungen, nicht jedoch in feste Produktionsstätten (Verlag, Manufaktur, Bergwerk) aufbauten und vermehrten. Die mächtigen Fernkaufleute und ihre durch Geld und Gewinnstreben gekennzeichnete Wirtschaftsweise bestimmten das ökonomische Geschehen im frühneuzeitlichen Europa (M 4). Die großen städtischen **Handelshäuser** besaßen in allen wichtigen europäischen Städten Vertretungen und waren darüber hinaus häufig auch als Verleger, Bankier oder im Bergbau tätig. Zu den berühmtesten Vertretern gehören das Handels- und Bankhaus **Fugger*** in Augsburg und die **Medici** in Florenz.

Neu, geradezu revolutionär war, dass die kapitalistische Handhabung des Geldes nicht ständisch gebunden war. Die Macht der großen Handelsherren beruhte nicht auf Geburt, sondern auf ererbtem oder selbst geschaffenem Reichtum, auf Können und Risikobereitschaft – und Glück. Hatten die Handwerker der städtischen Zünfte ihr gewerbliches Streben zunächst nur auf ein „standesgemäßes" Auskommen konzentriert, wurden jetzt auch sie vom Gewinnstreben der Fernhändler beeinflusst. Dem „großen Geld" stand allerdings die große Masse der Tagelöhner, der ledigen Gesellen, Lehrlinge, Gehilfen und Gesindekräfte gegenüber. In den großen Gewerbe- und Handelsstädten wurden die sozialen Unterschiede durch den Frühkapitalismus vertieft.

1358 schlossen sich Genossenschaften städtischer Fernkaufleute zur **Hanse** zusammen. Bis zur Verlagerung der Fernhandelswege im Gefolge der Entdeckungsreisen und bis zum Aufstieg Englands und der Niederlande zu Seehandelsmächten im 16. und 17. Jahrhundert beherrschte die Hanse die Wirtschaft Nordeuropas. In ihrer Blütezeit gehörten ihr 160 Städte an.

1 Erläutern Sie, warum die Städte die Krise um 1500 schneller überwanden.
2 Erklären Sie mithilfe des Schaubildes (M 3, S. 144) und des Darstellungstextes die Grundzüge der Wirtschaftsweise eines Handelsunternehmens um 1500.
3 Diskutieren Sie, inwieweit das Fernhandelshaus der Fugger „modern" war. Vergleichen Sie es mit heutigen Unternehmen.

M2 Jakob Fugger und sein Hauptbuchhalter Matthäus Schwarz, Miniatur, nach 1520

Um über die weitverzweigten Handelsverbindungen stets auf dem Laufenden zu sein und um durch die Gegenüberstellung von Soll und Haben Kredite genau planen zu können, arbeiteten die Fugger mit der „doppelten Buchführung", die sich um 1300 in den oberitalienischen Handelshäusern entwickelt hatte.

Die Fugger
Hans Fugger, dem Stammvater und Gründer des Handelshauses, gelang der Aufstieg vom einfachen Dorfweber zum Verlagskaufmann in Augsburg, wo er sich 1367 niederließ und das Bürgerrecht erwarb. Sein Enkel Jakob Fugger (1459–1525) schuf das große Vermögen und die Weltstellung des Handels- und Bankhauses mit zahlreichen Niederlassungen in ganz Europa. Entscheidend für den wirtschaftlichen Erfolg war das Engagement im Silber- und Kupferbergbau. Durch eine aggressive Geschäftspolitik erlangten die Fugger das europäische Monopol für Kupfer. Mit seiner Kapitalkraft beeinflusste das Handelshaus auch die Politik. Bereits 1511 zum Grafen und damit in den Reichsadel erhoben, verschaffte Jakob Fugger finanzschwachen Fürsten Kredite, beteiligte sich 1517 am Ablasshandel und finanzierte 1519 maßgeblich die Wahl Karls V. zum König und späteren Kaiser. Parallel stiftete er in Augsburg die Fuggerei, die erste große und heute noch existierende Sozialsiedlung im Reich.

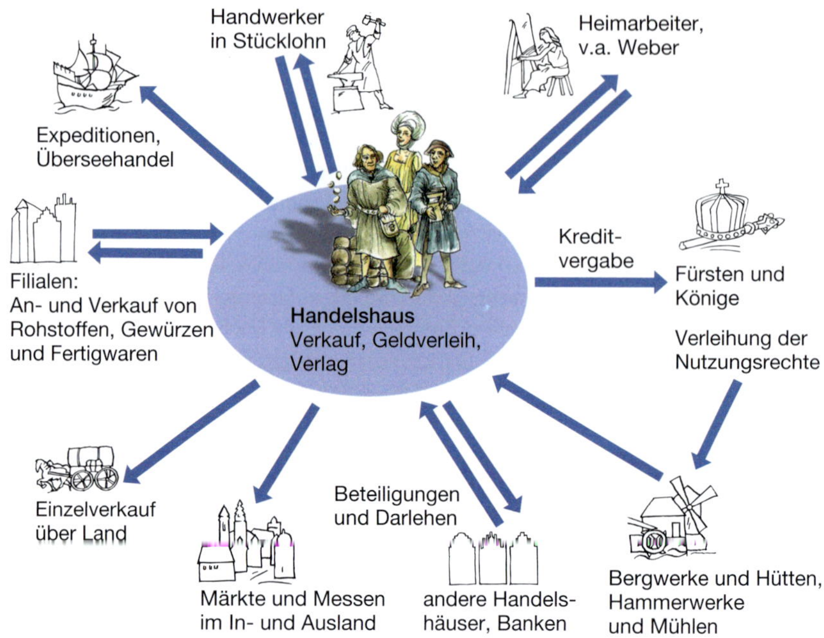

M3 Aufbau einer Handelsgesellschaft um 1500

M4 Eine neue Wirtschaftsmentalität? – Korrespondenz einer Handelsgesellschaft

Auszüge aus den Schreiben der Geschäftsleitung der Ravensburger Handelsgesellschaft an die Vertreter in Spanien, Frankreich und den Niederlanden um 1450. – Die Gesellschaft war ein Zusammenschluss von Kaufleuten aus den Reichsstädten in Oberschwaben und am Bodensee. Sie umfasste um 1450 etwa 70 bis 80 Gesellschafter. Mit ihrem breiten Warensortiment beherrschte sie den Handel mit Südwesteuropa; Bank- und Geldgeschäfte betrieb sie nicht.

[Über den Verkauf von Safran:]

– Da seid nun daran, dass er flugs hinauskomme. Fändet ihr einen, der sogleich damit bis Nürnberg (von Lyon) durchfahren würde, das wäre die Kunst. Denn, wer als Erster wird vor Ort sein, der wird das Seine schaffen.

– Kehret allen Fleiß vor, damit ihr das Geld nicht schlafen lasst; denn wie wenig man gewinnt, es ist besser, als es schlafen zu lassen.

– Alte Ware schiebt von der Hand, sei es mit Gewinn, sei es um Hauptgut, denn je länger alte Ware liegt, je böser es wird.

– Verhaltet euch zuvorkommend zu unseren Kunden und seid nicht zu hart im Verkaufen, besonders wenn man Gewinn macht.

– Uns dünkt, dass ihr etliche neue Kunden sehr beladen habt. [...] Und das Größte, das uns wunder nimmt, dass ihr das Gut zu gleichem Preis denen gegeben habt, die nie von uns gekauft haben. [...] Ist früher nie gewesen, denn damit macht Ihr [...] die besten [Kunden] unlustig. [...] Und, liebe Freunde, seht darein; seid nicht so gierig, viel zu verkaufen und dass es richtig sei.

– Doch sei nicht zu hitzig beim Verkaufen, dass du uns keine bösen Schulden machst, denn die Gewinne sind sonst schmal, und mit einer bösen Schuld wäre der Gewinn eines halben Jahres weg.

– Borget niemanden etwas, Ihr habt denn Sicherheit.

[Über die Behandlung von Lehrlingen und jungen Kaufleuten:]

– Darum, so tue jedermann sein Bestes, und Ihr jungen Leute seid Euren Obern gehorsam und willig in allen redlichen Sachen. So sollt Ihr Alten ihnen auch ein rechtes Vorbild tragen in allen Dingen, es sei mit Frauen, Kleidung, Zehrung. Dann seid Ihr schuldig, die Jungen zu unterweisen mit Rechnungen, Briefe abschreiben lassen. Heißt sie an Feiertagen in das Scriptori sitzen und rechnen, Briefe lesen, nicht dass sie spazieren gehen. Ist unsere ernstliche Meinung. Wer aber nicht gehorsam sein wollte, den sendet heraus; denn wir wollen es nicht leiden. Wer sich wohl anlässt, den braucht zu Großem; wer aber nicht will, den lasst man einen Esel sein. Du, Jung Hillesun, uns dünkt, Du seiest gar lass [= faul]. Hans Hinderofen, blase ihm den Staub von den Ohren. Wo denkst Du hin, was meinst Du, dass aus dir werde, willst Du nicht emsig sein? Sei es bei Tag und Nacht, so wird ein rechter Mann aus Dir. Ihr habt viele junge Leute drinnen, die unterweiset mit Treue, so kann man Euch desto besser schonen und dann eine Weile herauslassen.

Aloys Schulte, Geschichte der Großen Ravensburger Handelsgesellschaft 1380–1530, Bd. 1, Franz Steiner, Wiesbaden 1964, S. 125–128 und 141 f.

1 Analysieren und interpretieren Sie M 4 im Kontext der wirtschaftlichen Wandlungen um 1500.

1.2 Die Entstehung moderner Staaten in Europa am Beginn der Neuzeit

Die Staaten Europas zu Beginn des 16. Jahrhunderts

Zu Beginn des 16. Jahrhunderts waren in **Westeuropa** – im territorialen Vergleich zum Mittelalter – schon erste Züge der heutigen Staatenwelt zu erkennen, denn Spanien, Frankreich und England entsprachen hinsichtlich ihrer Größe und inneren Geschlossenheit bereits weitgehend der gegenwärtigen Erscheinungsform. Als Königreiche wurden sie von nahezu unumstrittenen Dynastien beherrscht, die um 1500 das Lehnswesen mit seinen persönlichen Bindungen zwischen dem Herrn und seinen Vasallen (s. S. 77 ff.) durch den sogenannten **institutionellen Flächenstaat** abgelöst hatten. In ihm wirkte das königliche Herrschaftssystem in einem geschlossenen Territorium durch eigene Institutionen und Beamte, die in seinem Sinne Recht sprachen, Steuern erhoben und Gehorsam erzwingen konnten. Der mittelalterliche **Personenverbandsstaat** – gekennzeichnet durch Herrschaftsbeziehungen zwischen Adligen, die auf Burgen und Landsitzen lebten, Recht setzten, zu Gericht saßen, Fehden austrugen oder Kriege führten, und ihren meist bäuerlichen Untertanen (s. S. 77 ff.) , war zurückgedrängt worden.
In **Osteuropa** existierten mit dem Königreich Polen und dem Zarentum Moskau Mächte, die es in dieser territorialen Gestalt heute nicht mehr gibt. So hatte das Königreich Polen durch seine dynastische Verbindung mit dem Großfürstentum Litauen flächenmäßig und machtpolitisch einen später nicht mehr erreichten Status. Auf der Apenninenhalbinsel im **Süden** Europas, dem heutigen Italien, befand sich eine Vielzahl von Herzogtümern, Republiken und Königreichen, die teilweise durch auswärtige europäische Mächte beherrscht wurden.

Wer herrschte im Deutschen Reich?

Am buntesten sah die historische Landkarte zu Beginn der Neuzeit in der Mitte Europas (s. Methodenseite S. 150 f.) aus. Das Deutsche Reich – das **Heilige Römische Reich Deutscher Nation** (s. S. 66 ff.) – war von der Idee und vom Anspruch her das größte europäische Imperium. Ideell in den mittelalterlichen Vorstellungen vom Kaisertum verwurzelt, galt das Reich als gottgewollt und der deutsche König in der Nachfolge fränkischer Könige und als Herrscher über das Deutsche Reich, Burgund und Italien als einzig berechtigter Anwärter auf die Kaiserwürde. Der kaiserliche Machtanspruch erstreckte sich über die gesamte Christenheit und begründete damit den Vorrang gegenüber anderen Königreichen. Anspruch und Wirklichkeit der deutschen Könige und Kaiser des Spätmittelalters stimmten jedoch nicht überein. Im Gegensatz zu den weitgehend geschlossenen Königreichen Westeuropas wie Spanien, Frankreich und England war das Reich durch ein lockeres Gefüge von relativ selbstständigen Territorien und durch den Dualismus von Königtum und Fürstenherrschaft gekennzeichnet (s. S. 73 ff.). Der **Kaiser**, als oberster Wahrer von Frieden und Recht durchaus anerkannt, war in der politischen Praxis angewiesen auf die Mitwirkung der **Reichsstände** (Kurfürsten, Fürsten und Städte), die auf den **Reichstagen** vertreten waren (M 1, S. 175; M 6). Bereits im Hochmittelalter hatten die Kaiser den Fürsten wichtige Reichsrechte übertragen und mit der „Goldenen Bulle" von 1356 das Wahlkönigtum festgeschrieben (s. S. 90 ff.). Der Kaiser verfügte faktisch über keine Herrschaftsinstrumente, um eigenständig Reichsangelegenheiten zu regeln. Seit Mitte des 15. Jahrhunderts wurde deshalb verstärkt eine **Reichsreform*** zur Stärkung der Zentralgewalt angemahnt. Nach langwierigen Verhandlungen zwischen Kaiser und Reichsständen wurden 1495 vom Reichstag ein **Ewiger Landfrieden**, die Einführung des „Gemeinen Pfennigs" als **Reichssteuer**, die Schaffung eines **Reichskammergerichts** und fünf Jahre später eine **Kreisverfassung** sowie die Einsetzung eines **Reichsregiments** verabschiedet. Die Reformen werden in der Geschichtswissenschaft

Beschlüsse der Reichsreform

„Ewiger Landfrieden" (1495)
- Verbot von Privatrache und Fehde ohne zeitliche Begrenzung unter Androhung der Reichsacht

Reichskammergerichtsordnung (1495)
- Einrichtung des Reichskammergerichtes als oberste rechtliche Institution des Reiches unter Vorsitz des Kaisers
- Zuständigkeiten: Reichsacht, Landfriedensbruch, alle fiskalischen Klagen, Besitzstreitigkeiten, Berufungsinstanz für alle Stadt- und Landgerichtsurteile
- Ernennung des Kammerrichters (Präsidenten) durch den Kaiser
- Vorschlagsrecht der Reichsstände zur Besetzung der sechzehn „Urteiler" (Assessoren)

Reichssteuer (1495)
- Erhebung des „Gemeinen Pfennigs" als dauerhafte allgemeine Reichssteuer von jedem Reichsangehörigen

Kreisverfassung (1500)
- Einteilung des Reiches in sechs (ab 1512 zehn) Kreise
- Zuständigkeiten: Durchsetzung des Landfriedens, Stellung von Truppenkontingenten, Einziehen von Steuern, Münzüberwachung

Reichsregiment (1500)
- Einsetzung eines Regierungskollegiums unter Vorsitz des Kaisers, bestehend aus 20 Mitgliedern (Kurfürsten und Vertretern der Reichskreise)
- Zuständigkeiten: Erledigung der Reichsangelegenheiten, Vertretung des Reiches nach innen und außen, Einberufung des Reichstages

Internettipp

www.dhm.de/ausstellungen/heiliges-roemisches-reich/rundgang.html
Seite des Deutschen Historischen Museums Berlin zur Ausstellung „Heiliges Römisches Reich Deutscher Nation"

www.inforadio.de/static/dyn2sta_article/210/139210_article.shtml
Eine Gesprächssendung von InfoRadio mit zwei Museumsdirektoren über die Ausstellung „Das Heilige Römische Reich Deutscher Nation"

unterschiedlich bewertet, da einige Beschlüsse in der Umsetzung scheiterten. Die Erhebung des „Gemeinen Pfennigs“ wurde 1499 aufgegeben, weil kein eigenes Beamtentum für die Einziehung zur Verfügung stand. Das Fehlen einer Reichssteuer führte zu Finanzierungsproblemen des Reichsregiments, das sich bereits nach zwei Jahren erfolgloser Tätigkeit auflöste. Dagegen erwies sich die Kreisverfassung als beständige und entwicklungsfähige Institution zur Durchsetzung regionaler Ordnungsaufgaben. Auch die Einrichtung des Reichskammergerichtes wird grundsätzlich positiv beurteilt, da sie ein entscheidender Schritt zu einer modernen Rechtsprechung war.

1 Erläutern Sie den Unterschied zwischen Personenverbandsstaat und institutionellem Flächenstaat.
2 Vergleichen Sie die Staaten Westeuropas mit dem Deutschen Reich. Nutzen Sie auch die Karte auf der Methodenseite (s. S. 150 f.).
3 Nennen Sie die Ergebnisse der Reichsreform und bewerten Sie diese vor dem Hintergrund der historischen Entwicklung des Deutschen Reiches. Beziehen Sie auch das Strukturschema M 1 auf S. 175 ein.

M5 Die Ordnung der Reichsstände

Das „Heilige Römische Reich mit seinen Gliedern“, Holzschnitt von Hans Burgkmair d. Ä., 1511, spätere Kolorierung. Auf den Flügelspannen sind die Wappen der sieben Kurfürsten und des Podestà (Bürgermeisters) von Rom, auf den Flügelfedern die Wappen der Herzöge und Markgrafen angeordnet.

1 Beschreiben Sie anhand von M 5 den Aufbau des Deutschen Reiches und analysieren Sie die politische Symbolik der Abbildung.

M6 Der Reichstag – Vorläufer des Bundestages?

Der Historiker Winfried Schulze schreibt 1987:

Schließlich ist noch eine Institution zu beachten, die bislang schon mehrfach erwähnt wurde und gewissermaßen vorausgesetzt wurde: Das ist der Reichstag, die Versammlung aller reichsunmittelbaren Stände des Reiches durch den Kaiser zur Beratung wichtiger politischer Fragen der allgemeinen Reichspolitik. Man hat in der älteren verfassungsgeschichtlichen Forschung den Reichstag sehr weit in das späte Mittelalter zurückverlegen wollen und dabei übersehen, dass es sich dabei um höchst verschiedenartig zusammengesetzte Versammlungen handelte. Noch Kaiser Friedrich III., der Vater Maximilians, pflegte nur jene Stände zu „Hoftagen“ einzuladen, die ihm genehm waren und mit deren Zustimmung zu seiner Politik er rechnen konnte. Wer nicht kam, unterlag keiner Verpflichtung durch die Stände, die sich getroffen und eventuell Beschlüsse gefasst hatten. Die Ausbildung des Reichstags als eines Verfassungsorgans ist vielmehr ein relativ später Vorgang, der ungefähr mit der Königswahl Maximilians begann. In dieser Zeit gewann der Reichstag seine endgültige Form, d. h. die drei Kurien [Kurfürsten, übrige Reichsfürsten, Reichsstädte]. Jeder Reichsstand wurde zur Teilnahme eingeladen, der seit 1497 verfasste Abschied wurde in steigendem Maße verbindlich für alle anderen Reichsstände, auch wenn sie nicht persönlich am Reichstag teilgenommen hatten. Die Tatsache, dass die Zeitgenossen erst sehr spät den heute vertrauten Namen „Reichstag“ verwendeten, zeigt, dass die Festigung der Institution ein relativ später Vorgang ist. Erst im Jahr 1471 findet sich der erste Nachweis der Bezeichnung Reichstag.

Winfried Schulze, Deutsche Geschichte im 16. Jahrhundert, Suhrkamp, Frankfurt/M. 1987, S. 62 f.

1 Beschreiben Sie anhand von M 6 die politische Struktur des Reiches.
2 Erörtern Sie auf der Grundlage von M 6 und M 1, S. 175, ob und inwiefern der Reichstag als Vorläufer eines modernen Verfassungsorgans bezeichnet werden kann.

1.3 Neues Denken: Renaissance und Humanismus

Wandel des Menschenbildes

Die Zeit um 1500 markiert für die meisten Historiker nicht nur den Übergang vom Mittelalter zur Neuzeit, sondern auch den Beginn der Moderne (s. S. 60 ff.). Die moderne Welt entstand über mehrere Jahrhunderte in einem vielschichtigen Prozess, der bis in die Gegenwart reicht und sich besonders in den Veränderungen des Menschenbildes manifestiert. Im Mittelalter verstanden sich die Menschen als Teil einer festgefügten Ordnung, die die Ungleichheit der Menschen festschrieb. Das irdische Leben galt vielen als Bestrafung für den Sündenfall und als Prüfstein für das ewige Leben (s. S. 64 ff.). Dieses mittelalterliche Welt- und Menschenbild begann sich bereits im 14. Jahrhundert zu wandeln. Ausgangspunkt des geistigen Aufbruchs waren die oberitalienischen Stadtstaaten, vor allem Mailand, Pisa, Venedig und Florenz, die sich im Spätmittelalter ihre kommunale Freiheit erkämpft und zu europäischen Handels- und Gewerbezentren entwickelt hatten. Das politische Selbstbewusstsein und die wirtschaftliche Stärke der städtischen Oberschicht bildeten die geistige und materielle Basis für eine dauerhafte Förderung von Bildung und Kultur. Von Oberitalien breiteten sich um 1500 die Gedanken der **Renaissance** (dt.: Wiedergeburt) und des **Humanismus** (von lat. *humanus* = menschlich) auch nördlich der Alpen aus. Das französische Wort „Renaissance" bezeichnete seit dem 16. Jahrhundert zunächst die Wiederentdeckung und Pflege der griechisch-römischen Sprache, Kunst und Wissenschaft sowie ein neues Bildungsideal. Erst im 19. Jahrhundert verwendeten es Historiker als Epochenbegriff für die Zeit des Übergangs vom Mittelalter zur Neuzeit, in der sich der Mensch aus der mittelalterlichen Ständegesellschaft löste.

Das Diesseits stand nun im Zentrum und mit ihm der *„uomo universale"*, der eigenverantwortliche, schöpferische und vielseitig gebildete Mensch, der sich unabhängig von kirchlichen Dogmen in freier Selbstbestimmung entwickeln sollte. Die Humanisten als Vertreter dieses neuen Menschenbildes konzentrierten wie die antiken Vorbilder ihre Studien auf Geschichte, Rhetorik, Philologie und Philosophie und stellten sie den bereits geachteten Fakultäten der Theologie, Jurisprudenz und Medizin gleich. Wissenschaftliche Bildung sollte von der kirchlichen Theologie getrennt und der Mensch mit seinen Erfahrungen als das vollkommenste Geschöpf Gottes in den Mittelpunkt gerückt werden. Die Hinwendung zu den antiken Sprachen und klassischen Schriften bedeutete jedoch keine Ablehnung des christlichen Glaubens; die Humanisten wollten Christentum und Kirche von den „Verirrungen" des Mittelalters befreien und mit der Antike verbinden. Dass die Europäer die griechisch-römische Kultur wiederentdecken konnten, verdanken sie auch arabisch-islamischen und jüdischen Gelehrten des 10.–12. Jahrhunderts, die eine Vielzahl griechischer Texte zunächst ins Arabische und dann ins Lateinische übersetzt hatten (s. M 7, S. 121). Antikenbegeisterung und Humanismus waren aber Kennzeichen einer sozialen Elite. Große Teile der Bevölkerung blieben davon unberührt.

Künstler und Kunstwerke

Das neue Menschenbild veränderte vor allem die Kunst. Auch der Künstler – Maler, Bildhauer, Architekt – verstand sich nun als *„uomo universale"*, der seine Werke als individuelle Schöpfung sah. Auf der Grundlage von genauen Naturbeobachtungen und Erkenntnissen der Anatomie wurden Menschen mit individuellen Charakterzügen realistisch dargestellt. Als bedeutendster Künstler gilt hier der Universalgelehrte **Leonardo da Vinci** (M 8 und M 9). Die radikalste Veränderung im Bereich des künstlerischen Ausdrucks war der Übergang zur **Zentralperspektive**: Die Bilder zeigten jetzt eine Wirklichkeit, die vom Maler geplant und nach einem System

M 7 Bibliothek von San Marco in Florenz, 1. Hälfte des 15. Jh., Fotografie, 1999

Die Bibliothek wurde im Auftrag von Cosimo dei Medici erbaut und war die erste öffentliche Bibliothek Europas.

M 8 Leonardo da Vinci, Selbstbildnis, 1515

M 9 Menschliches Maß nach Leonardo da Vinci, um 1490

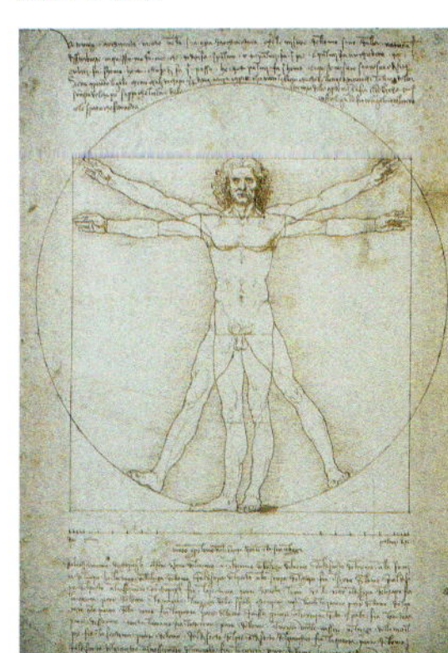

mathematisch festgelegter Bezugpunkte konstruiert und gestaltet ist (M 11). Der Architekt Filippo Brunelleschi verhalf der neuen Architektur durch die Übernahme antiker Formen und des Zentralbaus zum Durchbruch.

Von Kopernikus zu Galilei
Nikolaus Kopernikus (1473–1543) revolutionierte auf der Grundlage seiner Beobachtungen und Berechnungen das in der Antike nach Aristoteles und Ptolemäus entwickelte Bild des Universums: Nicht die Erde sei Mittelpunkt (geozentrisches Weltbild), sondern die Sonne, um die die Erde und die anderen Planeten kreisten (heliozentrisches Weltbild). Die „kopernikanische Wende" war jedoch eher die wissenschaftliche Leistung des Johannes Kepler (1571–1630): Er wies nach, dass sich die Planeten nicht kreisförmig, sondern in elliptischen Bahnen um die Erde bewegten. Galileo Galilei (1564–1642) bewies die Richtigkeit des kopernikanischen Systems. Aufgrund seiner Forschungen mit einem selbst konstruierten Fernrohr schloss er, dass die Zahl der Sterne unendlich groß und das Weltall grenzenlos sein müsse. Als Galilei seine Erkenntnisse veröffentlichte, wurde er 1633 von der römischen Inquisition angeklagt und unter Androhung der Folter zum Widerruf seiner „Ketzereien" gezwungen. Seine Leistungen erkannte die katholische Kirche erst 1979 an.

Politische Theorie

Die Gedanken der Renaissance beeinflussten auch die **politische Philosophie**. In Auseinandersetzung mit der griechischen Polis und der Römischen Republik (s. S. 12 ff.) entwickelten die Humanisten eine neue Staatstheorie. Politik wurde nun als eine rational zu betreibende Strategie verstanden, die nüchtern die eigenen Interessen definierte und verfolgte. Der bedeutendste Vertreter dieser Theorie war der florentinische Diplomat und Staatstheoretiker **Niccolò Machiavelli** (1469–1527), der in seinem berühmten Werk „Il Principe" (dt. „Der Fürst") auf der Grundlage seiner Analyse der innerstädtischen Konflikte in seiner Heimatstadt Florenz und der europäischen Auseinandersetzungen um die Vorherrschaft auf der Apenninenhalbinsel die Bedingungen erfolgreicher Machtpolitik untersucht (M 10).

Naturwissenschaften

Humanismus und Renaissance waren nicht nur eine kulturelle Blütezeit, sondern bildeten auch die Grundlagen der „neuen Wissenschaften" – ein Begriff, der in der Mitte des 16. Jahrhunderts in Italien entstand. Erst das humanistische Ideal der moralisch-geistigen Autonomie des Menschen, der Glaube an die Möglichkeit **vernunftbestimmter Erkenntnis** sowie die Wiederentdeckung der Antike wurden die Basis des wissenschaftlich-technischen Aufbruchs in der Frühen Neuzeit. Empirische Beobachtung, mathematische Methoden und kritische Überprüfung wurden in dieser Zeit erstmals zur Grundlage allen Wissens. Europa entwickelte in dieser Zeit eine zivilisatorische Dynamik, die dem Kontinent eine Überlegenheit gegenüber anderen Kulturen verschaffte wie der chinesischen, die Europa während des Mittelalters in Wissenschaft und Technik weit voraus war.

1 Erarbeiten Sie eine Definition der Begriffe „Renaissance" und „Humanismus".
2 Stellen Sie in arbeitsteiliger Gruppenarbeit bedeutende Naturforscher und wissenschaftliche Entdeckungen der Frühen Neuzeit in Kurzreferaten vor.
3 Diskutieren Sie, inwiefern im 16./17. Jahrhundert die Grundlagen für die Entdeckungen im 20./21. Jahrhundert gelegt wurden.

M 10 Aus der Schrift „Der Fürst" von Niccolò Machiavelli, 1513

Kap. 18: Wie rühmlich es für einen Fürsten ist, die Treue zu halten und redlich, ohne Falsch, zu leben, sieht jeder ein. Nichtsdestoweniger lehrt die Erfahrung, dass [...] die Fürsten Großes ausgerichtet haben, die es mit der Treue nicht genau nahmen [...]; und schließlich haben sie die Oberhand gewonnen über die, welche es mit der Redlichkeit hielten. [...] Ein kluger Fürst kann und darf demnach sein Wort nicht halten, wenn er dadurch sich selbst schaden würde oder wenn die Gründe weggefallen sind, die ihn bestimmten, es zu geben. Wenn alle Menschen gut wären, wäre diese Vorschrift nicht gut; da sie aber schlecht sind und dir die Treue nicht halten würden, brauchst du sie ihnen auch nicht zu halten. [...] So muss der Fürst Milde, Treue, Menschlichkeit, Redlichkeit und Frömmigkeit zur Schau tragen und besitzen, aber wenn es nötig ist, imstande sein, sie in ihr Gegenteil zu verkehren. Es ist wohl zu beachten, dass ein Fürst, zumal ein neuer, nicht alle Tugenden befolgen kann, die den guten Ruf der Menschen begründen, da er oft genötigt ist, gegen Treue, Barmherzigkeit, Menschlichkeit und Religion zu verstoßen, um seine Herrschaft zu behaupten. Deshalb muss er verstehen, sich zu drehen und zu wenden nach dem Winde und nach den Wechselfällen des Glückes, und am Guten festhalten, soweit es möglich ist, aber im Notfall vor dem Schlechten nicht zurückschrecken.

Niccolò Machiavelli, Il Principe, in: Opere, hg. v. M. Bonfantini, Mailand 1954, S. 49 ff., 56 ff., in: Geschichte. Dauer und Wandel, hg. Franz-Josef Schütz, Cornelsen, Berlin 1993, S. 292 f.

1 Erarbeiten Sie Machiavellis Kriterien erfolgreicher Politik.
2 In der Gegenwart bezeichnet „Machiavellismus" eine Machtpolitik, die keine Skrupel bei der Wahl ihrer Mittel kennt. Beurteilen Sie dieses Begriffsverständnis.

M 11 Das letzte Abendmahl

Das letzte Abendmahl, das Jesus mit seinen Jüngern abgehalten hat, bevor er gekreuzigt wurde, ist ein häufiges Motiv in der Kunst des christlichen Abendlandes.

a) Buchmalerei aus dem Kloster Reichenau, um 1000

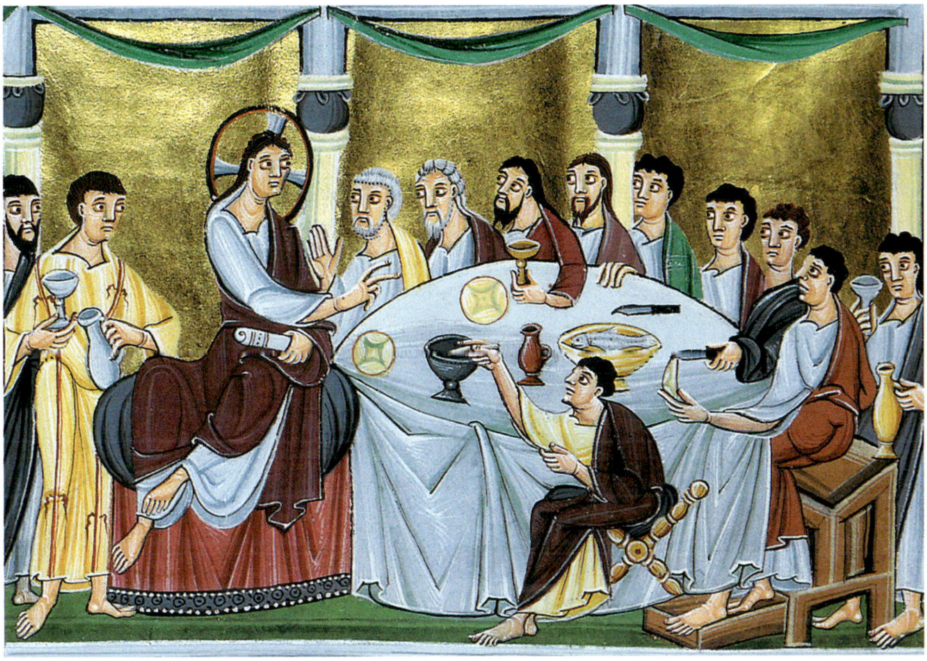

b) Mailänder Abendmahl, Wandgemälde von Leonardo da Vinci im Kloster Santa Maria delle Grazie in Mailand, 1495–1497

1 Beschreiben und vergleichen Sie die Bilder. Berücksichtigen Sie den historischen Kontext.

Interpretation von Geschichtskarten

In unserer Lebenswelt sind Karten ein alltägliches Medium für eine bessere räumliche Orientierung. Die Vorzüge kartografischer Darstellungen liegen auf der Hand: Karten sind anschaulich, übersichtlich, sie reduzieren Tatsachen und Erscheinungen auf das Wesentliche. Die Geschichtswissenschaft unterscheidet zwischen historischen Karten und Geschichtskarten. **Historische Karten** wie antike, mittelalterliche und frühneuzeitliche, aber auch Postrouten- und Reisekarten, alte Stadtpläne und Propagandakarten sind Quellen der Vergangenheit und entsprechen im Gegensatz zu den Geschichtskarten nicht dem heutigen Anspruch an Wissenschaftlichkeit und Gestaltung. Unter **Geschichtskarten** versteht man maßstäblich verkleinerte, vereinfachte und verebnete sowie durch verschiedene Zeichen kodierte Raummodelle. Sie stellen aus heutiger Sicht historische Sachverhalte aus Politik, Wirtschaft, Kultur und Gesellschaft in einem häufig begrenzten geografischen Raum und zu einer bestimmten Zeit dar. Dem Verwendungszweck entsprechend werden zum Beispiel Wand-, Atlas-, Schulbuch- oder digitale Karten hergestellt. Die verwendeten Zeichen sind äußerst vielfältig und werden in der Legende erklärt: Farbgebung, Symbole, Schrifttypen und Signaturen wie Punkte, Linien oder Pfeile. Für die Analyse unterscheidet man hinsichtlich der dargestellten Zeit zwischen **statischen** (Zustand) und **dynamischen** (Entwicklung), hinsichtlich des Kartentyps zwischen **topografischen** und **thematischen Geschichtskarten**. **Interaktive Karten** im Internet oder auf CD-ROMs erweitern die Möglichkeiten der Kartennutzung: Detailausschnitte können gewählt, Datenbanken durch das Anklicken des räumlichen Objekts geöffnet, weitere verknüpfte Informationen sichtbar gemacht werden. Bei der Analyse muss berücksichtigt werden, dass es sich bei Geschichtskarten um eine stark abstrahierende Darstellung handelt. Sie deutet die zugrunde liegende historische Wirklichkeit durch die Wahl des Kartenausschnittes und der Zeichen. Der Erfolg der Kartenarbeit ist daher von der Methodenkompetenz des Nutzers abhängig.

Arbeitsschritte für die Interpretation

1. Formale Merkmale
- Welchen Titel trägt die Karte?
- Welche Zeichen werden in der Legende verwendet und was bedeuten sie?

2. Karteninhalt
- Welcher Gegenstand wird thematisiert?
- Welche Zeit stellt die Karte dar?
- Handelt es sich um eine statische oder dynamische Karte?
- Welchen Raum erfasst die Karte?
- Handelt es sich um eine topografische oder thematische Karte?

3. Interpretation
- Welche Einzelinformationen lassen sich ablesen?
- Welche Beziehungen bestehen zwischen den Einzelinformationen?
- Welche weitergehenden Schlüsse lassen sich ziehen?

4. Kartenkritik
- Welche kartografischen Informationen fehlen?
- Welche thematischen, zeitlichen und räumlichen Aspekte werden unter- bzw. übergewichtet, welche fehlen?

5. Fazit
- Welche Gesamtaussage lässt sich formulieren?

Übungsaufgabe mit Lösungshinweisen

M1 **Das Heilige Römische Reich um 1550 (Ausschnitt)**

1 Interpretieren Sie die Karte mithilfe der genannten Arbeitsschritte.

1. Formale Merkmale
- Kartentitel: Das Heilige Römische Reich um 1550 (Ausschnitt)
- Farbgebung: Darstellung des Reichsgebietes in Flächenfarben: fünf Fürstengeschlechter mit ihren Linien; lila → geistliche Gebiete; rot → Reichsstädte
- Signatur(en): rote Linie → Grenze des Heiligen Römischen Reiches

2. Karteninhalt
- Gegenstand: politische Struktur des Deutschen Reiches
- Zeit: 1550 → Epoche: Frühe Neuzeit
- Zeitebene: statische Karte, mit Ausnahme der Darstellung der Wettinischen Lande (vor und nach 1547)
- Raum: Mitteleuropa
- Kartentyp: thematische Karte → Politikgeschichte

3. Interpretation
- geografische Ausdehnung des Deutschen Reiches: deckt den größten Teil Mitteleuropas ab; umfasst neben den Kernbereichen (z. B. Sachsen, Brandenburg, Bayern) auch die Niederlande, Hzm. Lothringen, Freigft. Burgund, die Schweiz, Savoyen sowie Teile Norditaliens
- Struktur des Reiches: politisches Gebilde mit vielen regionalen – weltlichen wie geistlichen – Kleinstaaten → Fehlen eines „Kernraumes" königlicher Herrschaft
- Herrschaft von fünf mächtigen Fürstengeschlechtern im Reich → Konkurrenz um politischen Vorrang und die Königsherrschaft
- Struktur der einzelnen Territorialherrschaften: z. T. keine geschlossenen Gebiete
- Verteilung der einzelnen Herrschaftszentren: im Innern des Reiches → Konzentration der geistlichen Gebiete, der Reichsstädte sowie der territorialen Zerstückelung (v. a. im Nordwesten); an den Rändern des Reiches → große Flächenstaaten (z. B. Kgr. Böhmen)
- Fürstengeschlecht mit dem größten Machtbereich: Habsburger

4. Kartenkritik

Kartografische Aspekte:
- Unübersichtlichkeit: Auflösung der Karte in kaum erkennbare Gebiete mit zahlreichen selbstständigen Kleinstaaten ohne Bezeichnung
- Bezeichnung für größeres Gebiet im Südwesten fehlt → Hzm. Savoyen
- Legende: Erläuterungen zu den Abkürzungen der Staatsformen fehlen
- Ausschnitt: einzelne Reichsgebiete im Nordwesten und Süden fehlen

Fehlende thematische, räumliche und zeitliche Aspekte:
- Kennzeichnung des Herrschergeschlechtes, aus dem der deutsche König und Kaiser stammte
- Besitzungen der Fürstenhäuser außerhalb des Reichsgebietes (z. B. Habsburger in Österreich-Ungarn)
- Aussagen über Ursachen und Folgen der territorialen Zersplitterung

5. Fazit

Die thematische Karte zeigt einen Ausschnitt der politischen Struktur des Deutschen Reiches zu Beginn der Frühen Neuzeit. Das Reich war ein politisches Gebilde mit zahlreichen regionalen – weltlichen und geistlichen – Machtzentren, in dem mächtige Fürstengeschlechter ihre Herrschaft ausübten und ein Kernraum königlicher Herrschaft fehlte. Die Habsburger waren das Fürstenhaus mit dem größten Machtbereich. Im Innern des Reiches, v. a. im Nordwesten, konzentrieren sich die geistlichen Gebiete die Reichsstädte; gleichzeitig ist die territoriale Zerstückelung hier am größten.

1.4 Entdeckung und Eroberung: Europäisierung der Erde

Entdeckung und Eroberung
Die großen Entdeckungsfahrten der Neuzeit begannen mit der Erkundung der Westküste Afrikas durch portugiesische Seefahrer. Ihren Höhepunkt erreichten sie mit der Entdeckung des Seeweges nach Indien 1497/98 durch Vasco da Gama und der ersten Weltumsegelung Fernão de Magalhães 1519–1522. Bereits 1492 hatte Christoph Kolumbus auf dem Westweg über den Atlantik Indien zu erreichen versucht und dabei die Küste Amerikas wiederentdeckt. Der „neue" Kontinent erhielt seinen Namen jedoch nach dem weniger bedeutenden italienischen Seefahrer Amerigo Vespucci, der als Erster zu Recht vermutete, dass es sich bei dem entdeckten Land nicht um Asien handelte. Die Entdeckungsfahrten dienten der Expansion und der Machtsteigerung einzelner europäischer Staaten und führten durch Eroberung, Missionierung und Kolonialisierung zur Europäisierung der Erde.

Entdeckungsfahrten und ihre Voraussetzungen

Die europäische Expansion in der Frühen Neuzeit unterschied sich von früheren Eroberungen durch ihren globalen Charakter. Um 1500 begannen die Europäer, die traditionellen Grenzen der Mittelmeerwelt zu überwinden und ihren Herrschaftsanspruch über die entdeckten Gebiete und Völker in Amerika, Afrika sowie Asien durchzusetzen. Den Auftakt der Expansion bildeten im 15. Jahrhundert die großen Entdeckungsfahrten der **Portugiesen** und **Spanier**: die Erkundung der Westküste Afrikas, die „Entdeckung" Amerikas und die Erschließung des Seeweges nach Indien. Nach dem Machtzerfall der iberischen Staaten folgten im 16. und 17. Jahrhundert **England**, die **Niederlande** und **Frankreich**. Zudem wurde seit dem Ende des 16. Jahrhunderts die Erkundung und Eroberung Sibiriens durch **Russland** vorangetrieben.
Wesentliche Voraussetzungen und Motive für die Entdeckungsfahrten nach Übersee waren die Entwicklung neuer hochseetauglicher Schiffstypen und Navigationsinstrumente, eine genauere Kartografie sowie Abenteuerlust, der Kreuzzugsgedanke (s. S. 112 ff.) und wirtschaftliche Interessen. Die Entwicklung eines stabilen Wirtschaftsgefüges in Europa zu Beginn der Frühen Neuzeit (s. S. 142 ff.) steigerte den Bedarf an Edelmetallen, v. a. für die Münzherstellung, sowie an Luxuswaren wie Seide und Gewürzen. Da der Landweg in den Orient von den seit Mitte des 15. Jahrhunderts in den Nahen Osten und auf den Balkan vordringenden Osmanen kontrolliert wurde, suchten die Europäer nach Möglichkeiten, Asien auf dem Seeweg zu erreichen.

Teilung der Welt

Nach den Eroberungen in Übersee begannen Portugal und Spanien, ihre weltweiten Interessensphären voneinander abzugrenzen und 1494 im **Vertrag von Tordesillas*** die außereuropäischen Gebiete unter sich aufzuteilen. Mit Gutachten, Verträgen und päpstlichen

M 12 „Die Ankunft der Spanier unter Cortez in Veracruz 1519", Freskogemälde des Mexikaners Diego Rivera (1886–1957), fertiggestellt 1951

Edikten wurde der Rechtsanspruch der Europäer auf die „Neue Welt" begründet und die Eroberung die **Konquista** damit legitimiert. Zu den bekanntesten Rechtfertigungen gehört das 1513 vom spanischen Juristen Palacios Rubios veröffentlichte Gutachten, das sogenannte **Requerimiento***.

Vertrag von Tordesillas
Das unter Vermittlung des Papstes Alexander VI. zwischen Portugal und Spanien am 7. Juni 1494 geschlossene Abkommen beinhaltet die vertragliche Abgrenzung der überseeischen Besitzungen. Die Trennlinie verlief – von Pol zu Pol – 370 Meilen westwärts der Kapverdischen Inseln. Amerika fiel mit Ausnahme Brasiliens an Spanien und Portugal sicherte sich Brasilien, Afrika und Asien mit Ausnahme der Philippinen.

Requerimiento
In seinem 1513 verfassten Gutachten argumentiert der spanische Jurist Palacios Rubios, Gott habe als Schöpfer der Welt durch den Papst als seinen Stellvertreter die entdeckten Länder den spanischen Königen geschenkt. Die Urbevölkerung müsse die neuen Herren daher anerkennen und sich zum Christentum bekehren lassen; weigere sie sich, sei mit Krieg und Versklavung zu drohen. Bereits unter Zeitgenossen löste diese Argumentation Widerspruch aus.

Koloniale Herrschaftssysteme

Die Eroberung des Aztekenreiches durch den Spanier **Hernán Cortés** (1485–1547) ist ein Beispiel für die brutale Vorgehensweise der Europäer in Amerika (M 12). In den Jahren 1519 bis 1521 unterwarf Cortés' Armee die Azteken und vernichtete eine blühende Hochkultur. Beim Aufbau der spanischen Kolonialherrschaft in **Mittel- und Südamerika** wurden die Überseegebiete als Vizekönigreiche eigenständige Teilreiche, die der spanischen Krone unterstellt waren. Die eingesetzten Vizekönige waren Amtspersonen ohne Erbrechte, die abberufen werden konnten. Die Praxis der Kolonialherrschaft basierte auf zwei Säulen: Das System des **Repartimiento** teilte den Siedlern eine bestimmte Anzahl von Indios zum Arbeitseinsatz zu. Die **Encomienda** (Schutzauftrag) verpflichtete sie gleichzeitig, die Indios angemessen unterzubringen, zu versorgen und zu entlohnen sowie in christlicher Religion zu unterweisen. Auf dieser Basis ließen die Spanier die Ureinwohner und später auch afrikanische Sklaven auf Plantagen und in Silberbergwerken zwangsweise arbeiten.
Neben Franzosen im nördlichen Bereich, dem heutigen Kanada, siedelten im **Osten Nordamerikas** insbesondere englische, mittel- und nordeuropäische Einwanderer als unabhängige Bauern, die die indianischen Ureinwohner vertrieben. Die entstandenen 13 Kolonien erkämpften sich Ende des 18. Jahrhunderts die Unabhängigkeit vom Mutterland England und gründeten die „Vereinigten Staaten von Amerika" (s. S. 198 ff.). In **Asien** trafen die Europäer auf sehr hoch entwickelte Kulturen, denen sie nur in der Seefahrt und in der Militärtechnik überlegen waren. Daher beschränkte sich die europäische Expansion hier auf die Errichtung von Stützpunkten in Küstennähe sowie eine weitgehend friedliche Zusammenarbeit mit den einheimischen Eliten. Bis ins 19. Jahrhundert blieben die Europäer in Asien eine kleine Minderheit, die z. B. in China und Japan strikten Beschränkungen unterworfen war (s. S. 371 ff.).

Rückwirkungen des Kolonialismus

Die **Rückwirkungen des Kolonialismus auf Europa** werden von Zeitgenossen und Historikern unterschiedlich bewertet (M 15 a und b). Der Zustrom der amerikanischen Edelmetalle beschleunigte zunächst die Inflation und verschärfte die sozialen Spannungen. Mittelfristig kamen neue Nahrungs- und Genussmittel wie Rohrzucker, Tabak, Kakao und die Kartoffel in die „Alte Welt". Der wirtschaftliche Schwerpunkt Europas verschob sich langfristig vom Mittelmeer und von Mitteleuropa in die Anrainerstaaten des Atlantiks. Zentren der Weltwirtschaft wurden zunächst Lissabon und Sevilla, dann Antwerpen und Amsterdam, im 18. Jahrhundert London. Die Gewinne aus dem Kolonialhandel förderten in England den Durchbruch der Industriellen Revolution (s. S. 250 ff.). Die Übersee-Expansion schuf neue Konflikte zwischen den Europäern. Die „jüngeren" Kolonialmächte England und die Niederlande weigerten sich, die Aufteilung der Welt zwischen Portugal und Spanien zu akzeptieren. Die Auseinandersetzungen zwischen den europäischen Großmächten wurden dabei auch in den Kolonien ausgetragen.

1 Nennen Sie wesentliche Voraussetzungen und Motive der Entdeckungsfahrten nach Übersee sowie die beteiligten europäischen Staaten.
2 Vergleichen Sie die kolonialen Herrschaftssysteme in Mittel- und Südamerika, im Osten Nordamerikas sowie in Asien.
3 Erläutern Sie die Folgen des Kolonialismus für Europa.

M 13 Philipp Baldaeus, „Beschreibung der ostindischen Küsten von Malabar und Koromandel", Kupferstich des Titelblatts, Amsterdam 1672

M 14 Zum 500-jährigen Jubiläum der „Entdeckung" Amerikas durch Kolumbus, 1992

a) Offizielles spanisches Symbol

b) Ein verfremdetes Symbol aus Lateinamerika zum gleichen Anlass

1 Beschreiben und deuten Sie M 14 a und b.

M 15 Die Folgen der europäischen Expansion

a) Der Historiker Reinhard Wendt, 2000:

Der Aufbau formeller Kolonialherrschaft wurde immer wieder von Widerstand begleitet. In den Kernzonen war er zwar nicht erfolgreich, doch das Schwarz-Weiß-Bild von den einheimischen Opfern, die der Willkür kolonialer Täter wehrlos ausgeliefert gewesen seien, lässt sich nicht aufrechterhalten. Manche Bevölkerungsgruppen entdeckten durchaus Vorteile in einer Kooperation mit den Europäern. Da die vorkoloniale Zeit keineswegs frei von Gewalt und Unterdrückung war, fanden Spanier und Portugiesen immer wieder Verbündete. Von den ökonomischen Möglichkeiten, die Kontakte mit dem Westen boten, profitierten auch Einheimische. Für manche mag das Christentum plausiblere Antworten auf geistliche Probleme gegeben haben als vorkoloniale Glaubensvorstellungen. Westliches Wissen erwies sich nicht selten auch für einheimische Interessen als nützlich. [...]
Am anderen Ende der Skala ist das Aussterben amerikanischer Völker zu beklagen, die dem Zusammenstoß mit den Europäern nichts entgegenzusetzen hatten. Versklavung, Arbeitszwang, Ausbeutung in Bergwerken und landwirtschaftlichen Betrieben, der Zusammenbruch gesellschaftlicher und familiärer Strukturen, die eigene Machtlosigkeit und die der Götter, an die man geglaubt hatte – all das trug zur Vernichtung zahlreicher indianischer Ethnien bei. Man nimmt heute an, dass 1492 zwischen 35 und 45 Millionen Menschen auf dem Gebiet des späteren Spanisch-Amerika lebten. Bis 1650 sank die Zahl der Indianer auf etwas mehr als 4 Millionen. Die Zahl der brasilianischen Urbevölkerung wird für 1500 auf knapp 2,5 Millionen geschätzt und für 1570 auf 800 000. Bei aller Unmenschlichkeit, die man Konquistadoren, Grundbesitzern und Bergwerksbetreibern attestieren muss, lässt sich dieses massenhafte Sterben nicht allein auf Gewalt, Mord oder Krieg zurückführen, zumal die Spanier ein ökonomisch bestimmtes Interesse an der Arbeitskraft und nicht am Tod der Indianer hatten. Entscheidend für die demografische Katastrophe waren Krankheiten wie Pocken, Pest, Typhus, Malaria, Gelbfieber, Grippe, Masern, Mumps oder Diphtherie, die Europäer und Afrikaner eingeschleppt hatten und gegen die das Immunsystem der Indianer wehrlos war.

Reinhard Wendt, Seit 1492: Begegnung der Kulturen, in: Anette Völker-Rasor (Hg.), Frühe Neuzeit, Oldenbourg, München 2000, S. 81 f.

b) Ignacio Ramonet, Herausgeber der Zeitschrift „Le monde diplomatique", 2000:

An der Schwelle zum Jahr 2000 – jenem mythischen Datum, das so lange für unsere Zukunft stand und heute unsere Gegenwart ist – scheint es an der Zeit, den aktuellen Zustand der Welt zu überprüfen. Ein zentrales Phänomen springt ins Auge: Der Dynamik der Globalisierung kann sich kein Staat dieser Erde entziehen. [...]
Die Erde erlebt eine neue Ära der Eroberungen, die an die Zeit der großen Entdeckungen und des Kolonialismus erinnert. Damals ging die Expansionsbewegung von souveränen Staaten aus, heute sind es Großunternehmen und Konzerne, Industrie- und Finanzgruppen, die sich daranmachen, die Welt zu beherrschen. Nie zuvor waren die Herren der Welt ein so enger Zirkel und nie zuvor hatten sie so viel Macht. Geografisch sind diese Herren im strategischen Dreieck USA–Europa–Japan zu Hause.

Le monde diplomatique (dt. Ausg.) vom 17. Dezember 1999, S. 1

1 Erarbeiten Sie die zentralen Thesen aus M 15 a und erörtern Sie auf dieser Grundlage die Folgen der Expansion für die amerikanischen Völker.
2 Diskutieren Sie die Verbindung, die Ramonet in M 15 b zwischen Kolonialismus und Globalisierung zieht.

2 Die Konfessionalisierung Europas: Reformation und Glaubenskriege

Die Krise der spätmittelalterlichen Kirche

Die von **Martin Luther*** 1517 in Deutschland eingeleitete Reformation war nicht der erste Versuch, die spätmittelalterliche Kirche zu erneuern. So hatte der englische Theologe **John Wyclif** (um 1330–1384) bereits im 14. Jahrhundert den Allein- und Unfehlbarkeitsanspruch des Papstes, den hierarchischen Aufbau der Kirchenorganisation und die Heiligen- und Reliquienverehrung verurteilt. Die zentrale Forderung Wyclifs, die Bibel müsse alleinige Grundlage des Glaubens sein, und seine erste Bibelübersetzung (1383) ins Englische hatten Vorbildfunktion für Luther.
Das Scheitern der auf dem **Konstanzer Konzil** 1415 verabschiedeten „Reform des Hauptes und der Glieder" am Widerstand des Papsttums verstärkte die Forderung nach einer Erneuerung der Kirche: Seit Mitte des 15. Jahrhunderts hatte sich in Mitteleuropa eine neue **Frömmigkeitsbewegung** entwickelt, die vor allem die **Verweltlichung des Klerus** kritisierte. Päpste, Kardinäle und Bischöfe missbrauchten ihre geistlichen Ämter für politische Zwecke und führten wie weltliche Fürsten Kriege. Nach Auffassung vieler Zeitgenossen befand sich die Kirche auch moralisch in einer Krise. Missbilligt wurden in erster Linie die mangelnde theologische Ausbildung und die unchristliche Lebensweise der Kleriker, der Niedergang der Klosterdisziplin sowie die kostspieligen Repräsentationsbedürfnisse des Papstes. In den Mittelpunkt der Kritik rückte zu Beginn des 16. Jahrhunderts die Ablasspraxis. Die Kirche ließ Sündenstrafen nicht mehr durch Gebete, Fasten und andere Bußtaten, sondern verstärkt durch Geldzahlungen oder den Kauf eines Ablassbriefes abgelten. Die Ablasseinnahmen wurden von Papst und Bischöfen zur Deckung ihres gestiegenen Finanzbedarfes verwendet, so auch für den Neubau des Petersdoms in Rom.

Martin Luther: Ablassthesen und eine neue Theologie

Vor dem Hintergrund dieser zunehmenden Kirchenkritik löste Luther mit der Veröffentlichung seiner berühmten 95 Thesen am 31. Oktober 1517 eine christliche Erneuerungsbewegung – die Reformation (lat. *reformatio* = Umgestaltung, Erneuerung) – aus, die nicht nur Religion und Kirche entscheidend veränderte, sondern auch die politischen Strukturen in Europa erheblich beeinflusste. In seinen Thesen wandte sich Luther nicht nur gegen die gottlose und ketzerische Praxis des Ablasshandels, sondern bezweifelte das gesamte mittelalterliche strafende Bußwesen. An den Beginn seiner Überlegungen stellte er die Frage, wie der Mensch als Sünder vor dem gerechten Gott bestehen könne. Gequält von der Furcht vor dem Zorn des strafenden Gottes und vom Gedanken an die Sündhaftigkeit des Menschen, schloss Luther auf der Grundlage der Bibel, dass Gottes Gerechtigkeit nicht Strafe, sondern Erbarmen sei. Das Erbarmen Gottes lasse den Sünder durch vergebende Gnade gerecht werden und ihn damit an der Erlösung teilhaben. Voraussetzung der Erlösung sei der Glaube, dessen Grundlage allein die Bibel, das Wort Gottes, sei. Daher trügen sowohl die priesterliche Vermittlung des Heils als auch Wallfahrten, Heiligenverehrung oder Ablassbriefe nicht zur Erlösung bei.
Ausgehend von der Kritik an der Ablasspraxis entwickelte Luther in den folgenden Jahren eine neue Theologie (s. M 3, S. 63). Nach seiner Auffassung bestand die Freiheit des Christen darin, dass er keinen Mittler zwischen sich und Gott benötige, da der Mensch durch die Taufe zum Verkünder von Gottes Wort werde (Lehre vom „Priestertum aller Gläubigen"). Die Gemeinde gewann für die Glaubensvermittlung eine neue Bedeutung. Sie sollte das Recht erhalten, Prediger selbst zu

M 1 Martin Luther (1483–1546), Porträt von Lucas Cranach d. Älteren, 1529

Der in Eisleben geborene Sohn eines Kleinunternehmers brach 1505 ein Jurastudium ab, um Augustinermönch zu werden. Nach seinem Theologie-Studium an der Universität Wittenberg lehrte er dort ab 1512 als Professor für Altes und Neues Testament. 1517 veröffentlichte er seine 95 Thesen über die Kritik am Ablasshandel und behauptete später, Papst und Konzilien könnten sich irren, wofür er vom Papst gebannt wurde. Auch auf dem Reichstag zu Worms 1521 widerrief er diese Auffassungen nicht, woraufhin ihn der Kaiser unter die Reichsacht stellte. Der sächsische Kurfürst ließ Luther daraufhin zum Schein auf die Wartburg „entführen", wo er bis 1522 das Neue Testament aus dem Griechischen ins Deutsche übersetzte. Zusammen mit dem bis 1534 übersetzten Alten Testament entstand die „Lutherbibel", die für die Entwicklung der neuhochdeutschen Schriftsprache eine maßgebliche Bedeutung erlangte.

Internettipp

www.martinluther.de
Die Seiten der Stiftung Luther-Gedenkstätten Sachsen-Anhalt präsentieren unter der Rubrik „Wissenswertes" u. a. eine Animation zu „Luthers Zeit" sowie ein Luther-Spiel.

www.historicum.net/themen/reformation
Reformationsportal von historicum.net mit Einführungstexten, Quellen, Glossar und Links

M2 „Im Höllenrachen", Holzschnitt, Matthias Gerung zugeschrieben, vor 1536, spätere Kolorierung

Die Auseinandersetzungen zwischen Katholiken und Reformatoren wurden auch mithilfe von satirischen Flugblättern ausgetragen, deren Bildsprache oft von drastischer Schärfe war. Der dargestellte Holzschnitt zeigt Nonnen und Mönche, die im Maul eines Teufels tafeln, der auf einem Ablassbrief sitzt.

wählen. Als von der Bibel nicht gerechtfertigt verwarf Luther die Kirchenhierarchie, Mönchtum und Zölibat, Wallfahrten und Reliquienverehrung, Latein als Gottesdienstsprache und fünf der sieben Sakramente (bestehen blieben nur Taufe und Abendmahl). Folgerichtig rief er zur Reform der Kirche im Deutschen Reich und zu deren Bruch mit der römischen Papstkirche auf.

Reformation im Reich

Mit dem **Wormser Edikt** vom Mai 1521, das über Luther nicht nur die Reichsacht verhängte, sondern jedem verbot, den Geächteten zu unterstützen oder zu beherbergen, seine Schriften zu lesen oder zu drucken, erlangte die Reformation eine reichsrechtliche Dimension. Luthers Schriften fanden jedoch – unterstützt durch den Buchdruck – eine weite Verbreitung und Zustimmung im Reich. Seine neue Theologie entwickelte sich zu einer reformatorischen Massenbewegung, die alle Stände erfasste. Warum wurde Luthers Reformation jedoch zum politischen Ereignis? Seine Behauptung, dem unseligen Wirken des Papstes, des „Antichristen", müsse ein Ende bereitet werden, bedeutete nicht nur eine offene Kampfansage an die römische Kurie. Seine neue Theologie beinhaltete auch einen radikalen Angriff auf den Klerus als privilegierten Stand (M 2).

Die **Städte** wurden als Zentren von Wirtschaft und Bildung zu Schrittmachern der Reformation. Luthers Lehre vom „Priestertum aller Gläubigen" sollte die schon lange in der Kritik stehende Ausnahmestellung von Kirche und Klerus in der städtischen Gemeinschaft beseitigen. Die **Landbevölkerung** verband die reformatorischen Ideen mit Forderungen nach einer Verbesserung ihrer sozialen, wirtschaftlichen und politischen Lage, die sich seit dem Ende des 15. Jahrhunderts erheblich verschlechtert hatte. Geistliche und weltliche Landes- und Grundherren waren allerdings nicht zur Verringerung der Abgaben oder zur Gewährung genossenschaftlicher Selbstbestimmung bereit. In Thüringen verkündete **Thomas Müntzer** (1486–1525) daher eine Theologie, die den Umsturz der bestehenden Ordnung rechtfertigte. Müntzer wandte sich vom strengen Schriftprinzip Luthers ab, weil er überzeugt war, dass sich Gott den Menschen direkt mitteile. Die Fürsten setzten jedoch den Forderungen der Bauern (M 9) ihren Herrschaftsanspruch entgegen. Bei der Niederschlagung der **Bauernaufstände*** 1524/25 kooperierten lutherische und altgläubige Obrigkeiten, gestützt auf Luthers Plädoyer gegen die Bauern.

Die Bauernaufstände 1524/25
- Vorläufer: Aufstände Ende des 15. Jh. („Bundschuh" und „Armer Konrad")
- Beginn der Erhebung im Schwarzwald (Sommer 1524)
- Ausbreitung der Aufstände nach der Veröffentlichung der „Zwölf Artikel" im Februar 1525 (M 9)
- Zentren der Erhebungen: Franken, Südwestdeutschland, Thüringen
- April 1525: Luther kritisiert in seiner „Ermahnung zum Frieden" die Fürsten und Herren und ruft beide Seiten – Obrigkeit und Bauern – zum Frieden auf
- Niederlage der Aufständischen unter Müntzer bei Frankenhausen (Thüringen), besiegt von einem Heer des Landgrafen von Hessen und des Herzogs von Sachsen (15. Mai 1525)
- Befürwortung der Niederschlagung durch Luther in seiner Schrift „Wider die mörderischen Rotten" (Mai 1525)
- Folgen: Tod von ca. 100 000 aufständischen Bauern, Hinrichtung Müntzers

Reformation und frühmoderne Staatlichkeit

Auch viele **Reichsfürsten** sympathisierten mit Luthers Auffassungen, da sie seine Kritik an der Papstkirche teilten und seine Forderung nach einer starken Obrigkeit unterstützten. Darüber hinaus nutzten sie die Reformation als Legitimation für die **Säkularisierung** (Verweltlichung) von Kirchenbesitz sowie als Instrument frühmoderner Staatlichkeit, um sich gegen päpstliche, aber auch kaiserliche Einflussnahme abzugrenzen. In einigen Territorien, wie Sachsen, Hessen, Braunschweig-Lüneburg und Mecklenburg, begannen die Landesherren auf der Grundlage von Luthers Empfehlungen, das Kirchenwesen neu zu organisieren*.

Gegen den Versuch des Kaisers, das Wormser Edikt durchzusetzen, erhoben auf dem Reichstag von Speyer 1529 die lutherischen Reichsstände förmlich Protest („Protestanten") und legten ein Jahr später auf dem Reichstag in Augsburg ihr Glaubensbekenntnis, die „Confessio Augustana" (M 3), vor. Ein theologischer Konsens zwischen den Anhängern der alten Kirche, der katholischen Seite, und den Lutheranern, der evangelischen Seite, war ungeachtet des Engagements Karls V. jedoch nicht zu erzielen. Nachdem die evangelischen Reichsstände den Reichstag verlassen hatten, entschied sich der Kaiser für ein hartes Durchgreifen und deklarierte jeden Widerstand gegen das Wormser Edikt als Landfriedensbruch. Aus der Sicht des Kaisers verband sich die lutherische Ketzerei mit der traditionellen Opposition der Reichsstände gegen die Autorität des Reichsoberhauptes.

Der Augsburger Religionsfrieden

Der Konflikt wurde mit militärischen Mitteln ausgetragen und mündete schließlich 1555 im **Augsburger Religionsfrieden**. Darin wurde die im Passauer Vertrag von 1552 erfolgte reichsrechtliche Anerkennung der evangelisch-lutherischen Konfession bestätigt. Die evangelischen Landesfürsten durften die säkularisierten Kirchengüter behalten. Die freie Wahl des Glaubens blieb allerdings auf die Reichsstände beschränkt. Die Untertanen mussten das Bekenntnis ihres Landesherrn annehmen oder konnten unter Aufgabe von Hab und Gut auswandern (lat. *cuius regio, eius religio* = wessen Herrschaft, dessen Glauben). Einzelnen Reichsstädten, sogenannten „bikonfessionellen" Städten wie z.B. Augsburg, wurde die Koexistenz beider Konfessionen ermöglicht.
Der Augsburger Religionsfrieden stellte keinen Ausgleich im Glaubensstreit dar, er entsprach ungeachtet seiner Schwächen vielmehr den Vorstellungen von einer weltlichen Friedensordnung. Obgleich er die Glaubensspaltung besiegelte und erneut die territoriale Gewalt der Fürsten gegenüber dem Kaiser stärkte, stellte er doch gleichzeitig den ersten Versuch dar, im frühneuzeitlichen Europa die Existenz zweier unterschiedlicher Konfessionen in einem politischen System zu legalisieren (vgl. dagegen das Dhimmi-Konzept im mittelalterlichen al-Andalus, s. S. 112 ff.). Nach seinem Vorbild wurden im 16. und 17. Jahrhundert in allen konfessionell gespaltenen Staaten Religionsfrieden geschlossen. Im Deutschen Reich blieb der Augsburger Religionsfrieden nach seiner Bestätigung im Westfälischen Frieden von 1648 bis zur Auflösung des Heiligen Römischen Reiches Deutscher Nation 1806 in Kraft.

M3 Titelblatt der ersten deutschen Ausgabe der Augsburger Konfession, 1530

Das „Augsburger Bekenntnis" wurde von Philipp Melanchthon verfasst. Der Text enthält eine Darlegung der Übereinstimmungen der Lehre Luthers mit altkirchlichen Dogmen, eine Erklärung des reformatorischen Verständnisses des Evangeliums und eine Aufstellung kirchlicher Missstände. Er ist bis heute Grundlage der lutherischen Lehre und Kirchen in aller Welt.

M4 Staaten und Konfessionen um 1570

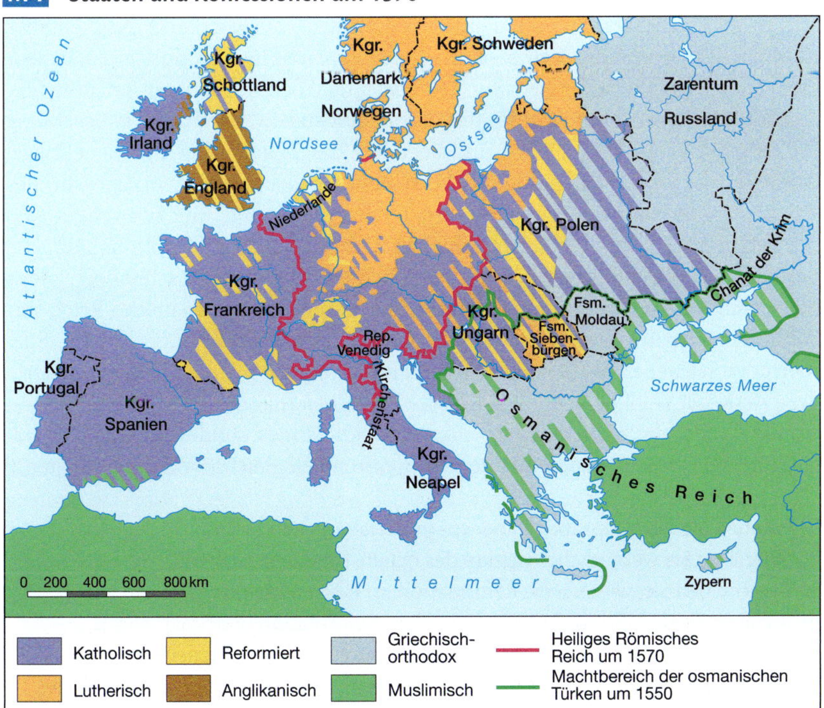

Reformation in den Territorien des Deutschen Reiches

- Schaffung einer „Landeskirche", an der Spitze der Landesherr in der Funktion eines „Notbischofs", d.h. des obersten Kirchenherrn
- Übertragung von bisher kirchlichen Aufgaben wie Kranken- und Armenpflege sowie Bildungswesen an den Staat
- Überprüfung („Visitationen") von Klöstern, Pfarreien und Schulen durch staatliche Kommissionen
- Beschlagnahmung des Vermögens (v.a. Grundbesitz) der Kirchengemeinden und der aufgelösten Klöster (Säkularisation) und Verwendung für die Besoldung der Pfarrer, für Schulen, Universitäten und Armenpflege
- Einrichtung einer staatlichen Zentralbehörde (Konsistorium), in dem Territorium zuständig für die Ausbildung der Geistlichen und die Kirchenaufsicht
- Entstehung des „landesherrlichen Kirchenregiments"

M5 „Raubende Soldateska", Radierung von Hans Ulrich Franck, um 1646, spätere Kolorierung

Dreißigjähriger Krieg (1618–48)
- Kontrahenten: die protestantischen Fürsten („Union"), unterstützt von Frankreich und Schweden, sowie die katholischen Fürsten („Liga"), unterstützt vom Kaiser und vom habsburgischen Spanien
- Anlass: Rücknahme politischer und konfessioneller Freiheiten der Protestanten in Böhmen (Prager Fenstersturz, 1618)
- Verlauf:
  - Böhmisch-Pfälzischer Krieg (1618–28): Niederlage der Protestanten
  - Niedersächsisch-Dänischer Krieg (1623–29): erneuter Sieg über die Protestanten; Rückgabe des von Protestanten beschlagnahmten Besitzes der Katholiken
  - Schwedischer Krieg (1630–35): Eintritt Schwedens in den Krieg zur Sicherung seiner Hegemonialinteressen im Ostseeraum
  - Prager Frieden (1635): Kompromiss zwischen Kaiser und protestantischen Reichsfürsten
  - Schwedisch-Französischer Krieg (1635–48): Eintritt Frankreichs in den Krieg; wechselnder Erfolg der Kriegsparteien; Beginn von Friedensverhandlungen (1644)
  - Westfälischer Frieden von Münster und Osnabrück (24.10.1648)

Reformation und Herrschaft in Europa Auch in anderen europäischen Staaten wirkten Reformatoren, die Luthers Kirchenkritik teilten. Zu ihnen gehörte neben **Ulrich Zwingli** (1484–1531) in Zürich vor allem **Johannes Calvin** (1509–1564) in Genf. Während Luther vorrangig im Deutschen Reich und Skandinavien an Einfluss gewann, fand Calvins Lehre in Schottland, Frankreich, England, den Niederlanden, Ungarn und Polen zahlreiche Anhänger. Calvin ging in seiner Prädestinationslehre (lat. *praedestinatio* = Vorbestimmung) über Luther hinaus. Der Kern seiner Lehre besteht in der Überzeugung, Gott habe das Schicksal eines jeden Menschen vorbestimmt. Nur wer sich um ein gottgefälliges Leben durch strenge Lebenssitten und ein hohes Arbeitsethos bemühe, könne auf die Gnade Gottes bauen und sei zur ewigen Seligkeit auserwählt. Der Calvinismus wurde Mehrheitskonfession in den seit 1581 von Spanien unabhängigen Niederlanden und in einer Reihe Schweizer Kantone. In Frankreich gestand der König den Protestanten („Hugenotten") erst nach erbitterten Bürgerkriegen 1598 im Edikt von Nantes die eingeschränkte Religionsfreiheit zu. In England wurde mit der Herausbildung der anglikanischen Kirche ein konfessioneller Sonderweg zwischen Protestantismus und Katholizismus eingeschlagen.

Die rasche Ausbreitung des Protestantismus in Europa initiierte ungeachtet aller Widerstände in der alten, katholischen Kirche einen Erneuerungsprozess, der mit der Einberufung des **Konzils von Trient** (1545–1563) eingeleitet wurde. Vorkämpfer dieser Gegenreformation war neben einer Reihe von Reformpäpsten vor allem der neu gegründete Jesuitenorden. Dessen Gründer, der Spanier Ignatius von Loyola (1491–1556), forderte programmatisch die innere Reform der Kirche, die Festigung des Glaubens, die Unfehlbarkeit der Kirche, den Kampf gegen jede Art des Ketzertums und die Mission in Übersee. Zentren der Gegenreformation wurden Italien und Spanien und im Deutschen Reich Bayern.

Der Dreißigjährige Krieg In vielen Ländern führte die Konfessionalisierung zu Religions- und Bürgerkriegen. Der längste und grausamste auf dem Gebiet des Reichs war der **Dreißigjährige Krieg*** (1618–1648), der sich in seinem Verlauf zu einem europäischen Krieg ausweitete, in dem religiöse Konflikte zugunsten des Kampfes um Gebiete, Macht und Einfluss zurücktraten (M 5). Der **Westfälische Frieden** von 1648 bestätigte den Augsburger Religionsfrieden von 1555 und dehnte ihn auf die Calvinisten aus. Er schuf die Voraussetzung für religiöse Toleranz im Reich und beendete das Zeitalter der Glaubenskriege. Außerdem regelte er endgültig das Verhältnis der deutschen Zentralgewalt, des Kaisers, zu den Partikulargewalten, den Territorialgewalten, und zwar zugunsten der Letzteren. Die Landesfürsten erhielten nicht nur die volle Landeshoheit, sondern auch das Recht, mit ausländischen Mächten Bündnisse zu schließen, sofern diese nicht gegen Kaiser und Reich gerichtet waren. Für das Deutsche Reich war damit der Weg zu einem monarchischen Einheitsstaat, wie er in Frankreich, Spanien oder Schweden bereits existierte, endgültig versperrt. Außenpolitisch sicherte der Friede auf der Ebene der europäischen Machtverhältnisse als Ordnungsprinzip nicht mehr die Einheit des christlichen Abendlandes, sondern eine auf Verträgen und Völkerrecht basierende Regelung prinzipiell gleichberechtigter Staaten.

1 Nennen Sie die Missstände in der spätmittelalterlichen Kirche.
2 Skizzieren Sie wesentliche Aspekte der neuen Theologie Luthers.
3 Beschreiben Sie, wie sich die Reformation im Reich auswirkte.
4 Erklären Sie den Zusammenhang zwischen Reformation und Staatlichkeit.
5 Beurteilen Sie die Bestimmungen des Augsburger Religionsfriedens.
6 Erläutern Sie die Bedeutung des Westfälischen Friedens für die Entwicklung des Deutschen Reiches.

M6 Luther vor dem Reichstag in Worms, Gemälde von Anton von Werner, 1877

1 Beschreiben Sie die auf dem Gemälde dargestellten Protagonisten im Glaubensstreit. Interpretieren Sie die Intention des Malers.

M7 Geschichte kontrovers Rede Martin Luthers auf dem Reichstag zu Worms vom 18. April 1521

[...] Allergnädigster Kaiser, durchlauchtigste Fürsten! Mir waren gestern durch Eure allergnädigste Majestät zwei Fragen vorgelegt worden, nämlich ob ich die genannten, unter meinem Namen veröffentlichten Bücher als meine Bücher anerkennen wollte, und ob ich dabei bleiben wollte, sie zu verteidigen, oder bereit sei, sie zu widerrufen. Zu dem ersten Punkt habe ich sofort eine unverhohlene Antwort gegeben, zu der ich noch stehe und in Ewigkeit stehen werde: Es sind meine Bücher, die ich selbst unter meinem Namen veröffentlicht habe [...]. Hinsichtlich der zweiten Frage bitte ich aber Euer allergnädigste Majestät und fürstliche Gnaden dies beachten zu wollen, dass meine Bücher nicht alle den gleichen Charakter tragen. Die erste Gruppe umfasst die Schriften, in denen ich über den rechten Glauben und rechtes Leben so schlicht und evangelisch gehandelt habe, dass sogar meine Gegner zugeben müssen, sie seien nützlich, ungefährlich und durchaus lesenswert für einen Christen. [...]

Die zweite Gruppe greift das Papsttum und die Taten seiner Anhänger an, weil ihre Lehren und ihr schlechtes Beispiel die ganze Christenheit sowohl geistlich wie leiblich verstört hat. Das kann niemand leugnen oder übersehen wollen. Denn jedermann macht die Erfahrung, und die allgemeine Unzufriedenheit kann es bezeugen, dass päpstliche Gesetze und Menschenlehren die Gewissen der Gläubigen aufs jämmerlichste verstrickt, beschwert und gequält haben, dass aber die unglaubliche Tyrannei auch Hab und Gut verschlungen hat und fort und fort auf empörende Weise weiter verschlingt, ganz besonders in unserer hochberühmten deutschen Nation. [...] Wollte ich also diese Bücher widerrufen, so würde ich die Tyrannei damit geradezu kräftigen und stützen, ich würde diese Gottlosigkeit für ihr Zerstörungswerk nicht mehr ein kleines Fenster, sondern Tür und Tor auftun, weiter und bequemer, als sie es bisher je vermocht hat. [...] Darum bitte ich um der göttlichen Barmherzigkeit willen, Eure allergnädigste Majestät, durchlauchtigste fürstliche Gnaden oder wer es sonst vermag, er sei höchsten oder niedersten Standes, möchte mir Beweise vorlegen, mich des Irrtums überführen und mich durch das Zeugnis der prophetischen oder evangelischen Schriften überwinden. Ich werde völlig bereit sein, jeden Irrtum, den man mir nachweisen wird, zu widerrufen, ja, werde der Erste sein, der meine Schriften ins Feuer wirft. [...]

Weil denn Eure allergnädigste Majestät und fürstlichen Gnaden eine einfache Antwort verlangen, will ich sie ohne Spitzfindigkeiten und unverfänglich erteilen, nämlich so: Wenn ich nicht mit Zeugnissen der Schrift oder mit offenbaren Vernunftgründen besiegt werde, so bleibe ich von den Schriftstellen besiegt, die ich angeführt habe, und mein Gewissen bleibt gefangen in Gottes Wort. Denn ich glaube weder dem Papst noch den Konzilien allein, weil es offenkundig ist, dass sie öfters geirrt und sich selbst widersprochen haben. Widerrufen kann und will ich nichts, weil es weder sicher noch geraten ist, etwas gegen sein Gewissen zu tun. Gott helfe mir, Amen.

www.glaubensstimme.de/reformatoren/luther/luther33.html (Download vom 13.12.2007)

M8 Geschichte kontrovers Kaiser Karl V. schrieb am 19. April 1521

Ihr wisst, ich stamme ab von den allerchristlichsten Kaisern der edlen deutschen Nation, von den katholischen Königen Spaniens, den Erzherzögen Österreichs, den Herzögen von Burgund, die alle bis zum Tod treue Söhne der römischen Kirche gewesen sind, immer Verteidiger des katholischen Glaubens, der heiligen Zeremonien, Gesetze, Anweisungen und der heiligen Gebräuche – zur Ehre Gottes, Mehrung des Glaubens und zum Heil der Seelen. Nach ihrem Heimgang haben sie uns dank angestammten Rechts die genannten heiligen katholischen Verpflichtungen als Erbe hinterlassen, um ihnen gemäß zu leben [...].

Aus diesem Grund bin ich fest entschlossen, alles aufrechtzuerhalten, was meine genannten Vorgänger und ich bis zur Stunde aufrechterhalten haben: besonders aber, was meine genannten. Vorgänger verordnet haben sowohl auf dem Konstanzer Konzil[1] als auf anderen: Denn es ist gewiss, dass ein einzelner [Ordens-]Bruder irrt mit seiner Meinung, die gegen die ganze Christenheit steht, sowohl während der vergangenen tausend und mehr Jahre als auch in der Gegenwart; andernfalls wäre die ganze genannte Christenheit immer im Irrtum gewesen und würde es [noch heute] sein. Und nachdem wir die hartnäckige Antwort gehört haben, die Luther gestern in unser aller Gegenwart gegeben hat, erkläre ich Euch, dass es mich reut, so lange gezögert zu haben, gegen den genannten Luther und seine falsche Lehre vorzugehen; und ich bin fest entschlossen, ihn ferner nicht mehr zu hören [...] und gegen ihn vorzugehen wie gegen einen notorischen Häretiker; Euch aber ersuche ich, dass Ihr Euch in dieser Sache als gute Christen erweist, wie Ihr es ja zu tun gehalten seid und wie Ihr es mir versprochen habt.

Heiko Oberman (Hg.), Kirchen- und Theologiegeschichte in Quellen, Bd. 3, Neukirchner Verlag, Neukirchen ⁴1994, S. 61 f.

1 Es beendete 1418 das Große Schisma (zwei Päpste in Avignon und Rom); der Kirchenreformer Jan Hus wurde 1415 wegen Ketzerei zum Tode verurteilt.

1 **Analysieren und vergleichen Sie M 7 und M 8 hinsichtlich der Positionen und Argumentationen der Autoren im Glaubensstreit.**

M9 Aus den Zwölf Artikeln (März 1525)

Sebastian Lotzer, Kürschnergeselle und Laienprediger, und Christoph Schappeler, Stadtpfarrer in Memmingen, legten die Beschwerden aufständischer Bauern schriftlich nieder. Der gedruckte Text fand weite Verbreitung:

Der Erste Artikel. Erstens ist unsere demütige Bitte und Begehren, auch unser alle Wille und Meinung, dass wir von nun an Gewalt und Macht haben wollen, dass eine ganze Gemeinde ihren Pfarrer selbst erwählt und prüft. [...] Derselbe erwählte Pfarrer soll uns das heilige Evangelium lauter und klar predigen ohne jeden menschlichen Zusatz [...].

Der Zweite Artikel. Zweitens, weil der rechte Zehnte im Alten Testament eingesetzt und im Neuen erfüllt ist, wollen wir den berechtigten Kornzehnten gerne geben. [...] Davon soll dem Pfarrer, der von der ganzen Gemeinde gewählt wird, der gebührende und genügende Unterhalt, ihm und den Seinen, gegeben werden. Was übrig bleibt, soll man den Bedürftigen, die in demselben Dorf vorhanden sind, zuteilen, je nach Lage und Willen der Gemeinde. [...]

Der Dritte Artikel. Drittens ist es bisher Brauch gewesen, dass sie uns für ihre Leibeigenen gehalten haben [...]. Aus der Schrift ergibt sich, dass wir frei sind, deshalb wollen wir es auch sein. [...]

Der Vierte Artikel. Viertens ist bisher üblich gewesen, dass kein armer Mann die Erlaubnis erhielt, Wildbret, Geflügel oder Fische in fließenden Gewässern zu fangen, was [...] dem Wort Gottes nicht gemäß [erscheint]. [...]

Der Fünfte Artikel. Fünftens sind wir auch belastet und geschädigt, was die Holznutzung [des Waldes] anbetrifft, denn unsere Herrschaften haben sich die Wälder alle allein angeeignet. [...] Was es an Wald gibt [...], das soll, weil jene es nicht gekauft haben, der ganzen Gemeinde gehören. [...]

Der Sechste Artikel. Sechstens wird uns eine schwere Last aufgebürdet durch die Dienstleistungen, die von Tag zu Tag mehr und täglich umfangreicher werden. Wir begehren deshalb, uns nicht so hart zu beschweren, sondern uns so zu belassen, wie unsere Vorfahren gedient haben.

Der Siebente Artikel. Siebentens, dass wir uns künftig von einer Herrschaft nicht mehr belasten und schädigen lassen wollen. [...] Wenn aber der Herr weitere Dienste benötigt, soll der Bauer gehorsam sein, allerdings nur zu einer Zeit, die ihm selbst keinen Nachteil bringt, und gegen angemessene Entlohnung.

Der Achte Artikel. Achtens werden viele dadurch belastet, dass Güter die Zinsen nicht erbringen können und die Bauern das Ihre einbüßen und verlieren. Wir begehren, dass die Herrschaften diese Güter von ehrbaren Leuten besichtigen lassen und nach Billigkeit einen Zins vom Ertrag erheben [...].

Der Neunte Artikel. Neuntens sind wir belastet und geschädigt durch die großen Frevel, dass man stets neue Gesetze macht [...]. Es ist unsere Meinung, dass man nach altem geschriebenem Strafmaß strafen soll, wonach die Sache verhandelt wird, und nicht nach Gunst.

Zit. nach: Günther Franz, Quellen zur Geschichte des Bauernkrieges, Wiss. Buchgesellschaft, Darmstadt 1963, S. 174–179

1 **Ordnen Sie die Zwölf Artikel (M 9) nach sozialen, politischen und wirtschaftlichen Forderungen.**

2 **Erörtern Sie die Folgen, die eine Durchsetzung der Forderungen für die frühneuzeitliche Ordnung bedeutet hätte.**

3 **Diskutieren Sie, ob die Forderungen der Bauern als „revolutionär“ oder „reformerisch“ bezeichnet werden können.**

3 Staat und Gesellschaft im 17. und 18. Jh.

3.1 Anspruch und Wirklichkeit der absoluten Monarchie

Die Idee der „absoluten Monarchie“

Die Religionskriege im 16. und 17. Jahrhundert hatten Mittel- und Westeuropa in eine politische, wirtschaftliche und soziale Krise gestürzt sowie zu einer Schwächung der Königsmacht in den beteiligten Ländern geführt. Auf die Zeitgenossen übte daher die Vorstellung einer staatlichen Ordnungsmacht eine große Faszination aus. Dieses Bedürfnis nach einer starken Zentralgewalt, die Konfliktlösungen durchsetzen konnte, veranlasste Philosophen und Staatsmänner, eine durch den Staat zu schaffende und zu überwachende Ordnung zu entwickeln. Immer mehr Menschen glaubten an die Vorstellung, der Staat sei eine über den Interessen der Bevölkerung, insbesondere über den religiösen Parteien stehende Kraft, die über eine eigene, nicht weiter ableitbare Begründung – die **Staatsräson*** – verfüge.
Der französische Philosoph und Staatsrechtler **Jean Bodin** (1529–1596) entwickelte die Theorie, der Monarch habe als Repräsentant des Staates eine deutlich über alle Untertanen hinausgehobene Stellung und müsse von den Gesetzen losgelöst herrschen (lat. *legibus absolutus*), um der Ordnungskraft „Staat“ und deren Interessen wirkungsvoll zu dienen. Zum Wesensmerkmal des modernen Staates erklärte er die Souveränität (M 1). Dagegen begründete der englische Philosoph **Thomas Hobbes** in seinem Werk „Leviathan“ (1651) das Recht des Fürsten auf absolute Souveränität mit der Lehre des Gesellschaftsvertrages, wonach alle Menschen freiwillig einen Vertrag miteinander schlössen, in dem sie auf alle Rechte und Freiheiten verzichteten und dem Monarchen das Recht übertrügen, mit unbeschränkter Machtfülle zu herrschen (M 3).

Staatsräson
Der Begriff Staatsräson (frz. *raison* = Vernunft, Einsicht) wurde von dem Florentiner Beamten Guicciardini geprägt und bezeichnet nach Niccolò Machiavelli ein Prinzip, nach dem das Staatswohl Maßstab und Ziel staatlichen Handelns ist und Vorrang vor allem anderen hat, selbst wenn es gegen Recht und Moral verstößt.

Internettipp
www.teachsam.de/geschichte/ges_buergzeitalt/ges_aufl/hobbes/hobbes0.htm
Einstiegsseite zu Thomas Hobbes mit Links zu Texten von und über Hobbes und seine Staatstheorie; z. T. mit Leitfragen bzw. Arbeitsaufträgen

„Absolutismus“ – ein Epochenbegriff in der Kritik

Die europäischen Fürsten bedienten sich dieser Theorien und leiteten aus ihnen eine umfassende Legitimation ihrer uneingeschränkten Herrschaft ab. Die Idee der „absoluten Monarchie“ wurde zum Inbegriff fürstlichen Herrschaftswillens und Machtstrebens. Die Geschichtswissenschaft sprach daher seit dem 19. Jahrhundert vom „Zeitalter des Absolutismus“, das vom Ende des Dreißigjährigen Krieges (1648) bis zum Beginn der Französischen Revolution (1789) datiert wird, und formulierte eine Reihe von Kennzeichen des „Absolutismus“ als **Staatsform***. Aufgrund der politischen, verfassungsrechtlichen, wirtschaftlichen und sozialen Unterschiede in den europäischen Staaten lehnt die moderne Forschung jedoch den Epochenbegriff „Absolutismus“ zunehmend als ungenaue und in Teilen unzutreffende Verallgemeinerung ab. Einige Historiker haben die Vorstellung von einer unumschränkten Machtausübung unter Ausschaltung aller der Zentralisierung entgegenstehenden Kräfte relativiert (Gerhard Oesterreich). Andere erklärten den Absolutismus kurzerhand zum „Mythos“ (Nicholas Henshall) und argumentierten am Beispiel Ludwigs XIV., dass programmatischer Anspruch und tatsächliche Realisierung weit auseinanderklafften. Grundsätzlich sollte bei der historischen Untersuchung von Staat und Gesellschaft im 16. und 17. Jahrhundert die Frage im Mittelpunkt stehen, inwieweit die europäischen Monarchen in der Lage waren, ihren theoretischen Anspruch auf absolute Machtausübung in der Herrschaftspraxis umzusetzen.

„Absolutismus“ als idealtypische Staatsform
meint einen starken Monarchen an der Spitze, der unabhängig von ständischer Mitwirkung und gesetzlichen Schranken die uneingeschränkte Herrschaft anstrebt. Als Kennzeichen dieser Staatsform gelten:
- zentrale Verwaltung mit einem nur dem Herrscher unterstellten Beamtenapparat,
- stehendes Heer,
- staatliche Lenkung der Wirtschaft (Merkantilismus),
- Einbindung der Kirche in das Staatswesen,
- Intensivierung des höfischen Lebens und Bau repräsentativer Schlossanlagen im Stil des Barock.

Modell und Vorbild eines „absolutistischen“ Staates ist Frankreich unter Ludwig XIV. (s. S. 163 ff.).

1 Erläutern Sie, mit welchen Theorien die europäischen Fürsten ihre uneingeschränkte Herrschaft legitimierten.
2 Erklären Sie, warum die moderne Forschung „Absolutismus“ als historischen Epochenbegriff ablehnt. Nehmen Sie Stellung.

M 1 Jean Bodin über die Stellung des Monarchen im Staat, 1576

Wie aber ist nun derjenige zu beurteilen, der vom Volk die absolute Gewalt bis an sein Lebensende übertragen erhalten hat? Hier sind zwei Fälle zu unterscheiden. Ist ihm die absolute Gewalt schlechthin, also nicht in der Eigenschaft als Amtsträger, als bloßer Kommissar oder auf Widerruf übertragen, so besteht kein Zweifeln, dass er dann souveräner Monarch ist und sich als solcher bezeichnen darf. Denn dann hat sich das Volk seiner souveränen Gewalt zu seinen Gunsten begeben, seine ganze Macht, Autorität, Vorrangstellung und sämtliche Hoheitsrechte sind auf ihn und [sozusagen] in ihn hinein übertragen, also ganz, wie wenn jemand sein gesamtes Eigentum mitsamt dem Besitz verschenken würde. [...]

Überträgt das Volk dagegen seine Gewalt jemandem auf Lebenszeit in der Eigenschaft als Beamter oder Vertreter oder auch nur, um die bloße Ausübung seiner Befugnisse einem anderen zu überlassen, dann ist dieser nicht Souverän, sondern nur schlichter Beamter, Stellvertreter, Regent, Gouverneur, Wahrer und Verwalter fremder Machtbefugnisse. [...] „Souveränität", die einem Fürsten unter Auflagen und Bedingungen verliehen wird, ist also eigentlich weder Souveränität noch absolute Gewalt [...].

Daraus folgt, dass das Hauptmerkmal des souveränen Fürsten darin besteht, der Gesamtheit und den Einzelnen das Gesetz vorschreiben zu können, und zwar, so ist hinzuzufügen, ohne auf die Zustimmung eines Höheren oder Gleichberechtigten oder gar Niedrigeren angewiesen zu sein. Denn wenn der Fürst kein Gesetz ohne die Zustimmung eines über ihm Stehenden erlassen darf, dann ist er in Wirklichkeit Untertan.

Jean Bodin, Sechs Bücher über den Staat, übers. v. Bernd Wimmer, C.H. Beck, München 1981, S. 205 ff.

1 Erläutern Sie den Begriff der „Souveränität" bei Bodin.

M 2 Titelkupfer der Erstausgabe des „Leviathan" von Thomas Hobbes, 1651

M 3 Thomas Hobbes über die fürstliche Souveränität, 1651

Die Absicht und Ursache, warum die Menschen sich bei allem ihrem natürlichen Hange zur Freiheit und Herrschaft dennoch entschließen konnten, sich gewissen Anordnungen, welche die bürgerliche Gesellschaft erfordert, zu unterwerfen, lag in dem Verlangen, sich selbst zu erhalten und ein bequemeres Leben zu führen oder [...] aus dem elenden Zustande eines Krieges aller gegen alle gerettet zu werden. Dieser Zustand ist aber notwendig wegen der menschlichen Leidenschaften mit der natürlichen Freiheit so lange verbunden, als keine Gewalt da ist, welche die Leidenschaften durch Furcht vor Strafe gehörig einschränken kann. [...]

Um aber eine allgemeine Macht zu gründen, [...] ist der einzig mögliche Weg hierzu der: dass jedweder alle seine Macht oder Kraft einem oder mehreren Menschen übertrage, wodurch der Wille aller gleichsam in einen Punkt vereinigt wird; sodass dieser Mensch oder diese eine Gesellschaft eines jeden Einzelnen Stellvertreter werde und ein jeder die Handlungen jener so betrachte, als habe er sie selbst getan, weil sie sich dem Willen und Urteile jener freiwillig unterworfen haben. Dies fasst aber noch etwas mehr in sich als Übereinstimmung und Eintracht; denn es ist eine wahre Vereinigung in eine Person und beruht auf dem Vertrage eines jeden mit einem jeden, wie wenn ein jeder zu einem jeden sagte: „Ich übergebe mein Recht, mich selbst zu beherrschen, diesem Menschen oder dieser Gesellschaft unter der Bedingung, dass du ebenfalls dein Recht über dich ihm oder ihr abtretest." Auf diese Weise werden alle Einzelnen eine Person und heißen Staat oder Gemeinwesen. [...] Dies macht das Wesen eines Staates aus, dessen Definition folgende ist: Staat ist eine Person, deren Handlungen eine große Menge Menschen, kraft der gegenseitigen Verträge eines jeden mit einem jeden, als ihre eigenen ansehen, damit dieselbe nach ihrem Gutdünken die Macht aller zum Frieden und zur gemeinschaftlichen Verteidigung anwende.

Zit. nach: Arnold Bergstraesser/Dieter Oberndörfer (Hg.), Klassiker der Staatsphilosophie, Bd. 1, Stuttgart 1975, S. 166 ff.

1 Stellen Sie die Rechte und die Pflichten des souveränen Herrschers bei Bodin und Hobbes (M 1 und M 3) zusammen. Wo liegen jeweils die Grenzen der Fürstensouveränität?

2 Erläutern Sie, was Hobbes unter Staat versteht. Nehmen Sie Stellung.

3.2 Das Modell Frankreich

Entmachtung des Adels

Die Selbstdarstellung des französischen Königs Ludwig XIV. (Reg. 1661–1715), des „Sonnenkönigs", verkörperte alle Ansprüche eines absoluten Herrschers und begründete das Vorbild für den europäischen Fürstenstaat (M 4, M 7 und M 8). Bereits während der Regierungszeit seines Vorgängers, Ludwig XIII. (Reg. 1614–1643), war die Monarchie entscheidend gestärkt worden. Der König hatte den Rat der Generalstände nicht mehr einberufen und das Mitwirkungsrecht der vom Adel beherrschten Parlamente, der sogenannten „Gerichtshöfe" in Paris und den Provinzen, bei der Gesetzgebung begrenzt. Der Versuch des Adels, nach dem Tod Ludwigs XIII. im „Aufstand der Fronde" die alte Machtstellung wiederherzustellen, scheiterte 1652 nicht nur an der militärischen Stärke der Krone, sondern auch an der Uneinigkeit innerhalb der Opposition. Ludwig XIV. blieb stets bewusst, dass die Revolte des Adels, die ihn als Minderjährigen zeitweilig aus Paris vertrieben hatte, die Monarchie erheblich gefährdet hatte. Seit seiner Alleinregierung 1661 betrieb er daher die Entmachtung des Adels. Er band die Adligen an seinen neuen **Hof von Versailles** (M 5), stattete sie mit bezahlten Hofämtern aus, untersagte ihnen jede weitere wirtschaftliche Betätigung und machte sie zu Statisten eines kostspieligen Hofzeremoniells.

Aufwertung des Bürgertums

Die Entmachtung des Adels wurde besonders deutlich auf der zentralen wie auf der regionalen Regierungsebene. Besaßen die Adligen vormals ein natürliches Vorrecht auf die höchsten Staatsämter, ersetzte Ludwig XIV. das Amt des Ersten Ministers durch mehrere Ministerien bzw. Staatssekretariate und besetzte diese sukzessive mit bürgerlichen Verwaltungsfachleuten. Dem König nun direkt unterstellt, betreuten

M 4 Ludwig XIV., Gemälde von Pierre Mignard (1612–1695), Öl auf Leinwand, um 1664

M 5 Das Schloss von Versailles und der Waffenplatz, Ausschnitt eines Gemäldes von Pierre-Denis Martin, 1722.
Im Vordergrund mündet die Straße von Paris auf den Waffenplatz von Versailles. Das erste Tor führt zum „Hof der Minister" mit den flankierenden Ministerflügeln; es schließen sich der „Königshof" und der „Marmorhof" an – Letzterer mit dem Hauptgebäude des Schlosses, in dem sich der Spiegelsaal und die königlichen Gemächer befinden.

M6 Ludwig XIV. und die Mitglieder des Staatsrates, Kupferstich, 1682

diese sowohl einzelne Provinzen als auch Sachressorts und hatten ein Zutrittsrecht zum obersten Beratungs- und Entscheidungsgremium, dem Staatsrat (frz. *Conseil d'État du Roi*). Zu einem wesentlichen Instrument der Zentralisierungsbestrebungen wurden die ausschließlich vom König eingesetzten **Intendanten**, die mit entsprechenden Vollmachten als Beauftragte des Staatsrates in die Provinzen gesandt wurden, um adlige Gouverneure und örtliche Behörden zu kontrollieren sowie königliche Erlasse durchzusetzen. Die auf Zeit eingesetzten Intendanten entstammten dem Bürgertum und waren zu strikter Loyalität verpflichtet. Allerdings war die Durchsetzungskraft des Verwaltungsapparates mit nur ca. 1000 Beamten bei einer Bevölkerung von ca. 20,5 Millionen Einwohnern aufgrund der Strukturunterschiede in den einzelnen Provinzen und der begrenzten Kommunikationsmöglichkeiten in der Realität faktisch beschränkt. Auch Ämterhandel und -erblichkeit, die Steuererhebung durch überwiegend private „Steuerpächter" sowie Sonderrechte des Adels, der Städte und der Kirche erschwerten die Durchsetzung der königlichen Zentralverwaltung.

Kirchenpolitik

Auch in der Kirchenpolitik stieß der König mit seinem Anspruch auf das politische Machtmonopol an seine Grenzen. Der Monarch wollte eine katholische Staatskirche mit königlichem Weisungsrecht bei Ernennungen von Bischöfen und Äbten durchsetzen. Wegen des vehementen Widerstandes des Papstes kam es zu einer langwierigen Auseinandersetzung zwischen Paris und Rom, an deren Ende Ludwig XIV. einlenken und sein Ziel einer vom Papst unabhängigen, vom König gelenkten Staatskirche aufgeben musste. Auch bei dem Versuch, die protestantischen **Hugenotten** für die katholische Kirche zurückzugewinnen, scheiterte Ludwig XIV. Nach seiner Auffassung beeinträchtigten religiöse Minderheiten die Einheit der Religion und damit den allumfassenden Machtanspruch des Königs. 1685 hob er das Edikt von Nantes aus dem Jahre 1598 auf, das den Hugenotten Religionsfreiheit garantiert hatte. Als Folge verließ eine Viertelmillion Menschen das Land. Diese Religionspolitik schwächte neben dem Ansehen des Königs im In- und Ausland auch die Wirtschaft, da sich unter den Glaubensflüchtlingen viele hoch spezialisierte Handwerker und Kaufleute befanden.

Heerespolitik

Eine der wichtigsten Machtstützen Ludwigs XIV. war die Armee. Sie diente nicht nur zur Sicherung der Vormachtstellung Frankreichs in Europa, sondern auch zur Durchsetzung der königlichen Herrschaftsansprüche im Inland. Ludwig XIV. verzichtete auf die Anwerbung von Söldnern und baute stattdessen ein **stehendes Heer** auf, das einheitlich bewaffnet und uniformiert in Kasernen untergebracht war und seinem direkten Oberbefehl unterstand. Die Truppenstärke stieg unter seiner Herrschaft um das Zehnfache auf 400 000 Mann. Die größte Armee Europas hatte ihren Preis: Sie entzog der Wirtschaft dringend benötigte Arbeitskräfte und verschlang in Friedenszeiten ein Drittel, im Krieg über zwei Drittel des Staatshaushaltes, was zu ständigen Steuererhöhungen führte.

Neue Wirtschaftspolitik: Merkantilismus

Die Diskrepanz zwischen dem absoluten Machtanspruch und der Realität zeigte sich am deutlichsten in der Wirtschafts- und Finanzpolitik Ludwigs XIV.: Aufwändige Hofhaltung, enorme Militärausgaben und Ludwigs Verweigerung einer sparsamen Haushaltsführung waren die Ursachen einer ständigen Illiquidität. Der französische Finanzminister **Jean Baptiste Colbert**, vom König mit umfangreichen Vollmachten ausgestattet, initiierte eine staatlich gelenkte Wirtschaftspolitik, den **Merkantilismus***. Kerngedanke Colberts war die Sicherung ständig wachsender Staatseinnahmen

Merkantilismus
(lat. *mercari* = Handel treiben) ist ein Sammelbegriff für wirtschaftspolitische Bestrebungen der europäischen Staaten des 17. und 18. Jh. Sein Ziel war es, durch eine staatlich gelenkte Wirtschaft Reichtum und Macht des Landes zu steigern. Die benötigten Güter sollten im eigenen Land, u. a. mithilfe importierter Rohstoffe, hergestellt und durch Exporte Gewinne erzielt werden, während der Import von Fertigwaren beschränkt werden sollte, um eine aktive Handelsbilanz (Devisenüberschüsse) zu gewährleisten.
Wesentliche Instrumente:
- Förderung von Manufakturen (auf Handarbeit und Arbeitsteilung beruhende, technisch aufwändige Großbetriebe, in denen hochwertige Güter, z. B. Kristallwaren und Waffen, produziert wurden);
- Verbesserung und Ausbau der Verkehrswege (Straßen-, Brücken- und Kanalbau);
- Ausbau von Wirtschafts- und Kriegsflotten zur Förderung und Sicherung von Rohstoffimport und Handel;
- Gründung von Kolonien unter Einbeziehung von Handelsgesellschaften

Kritikpunkte:
- einseitige Ausrichtung auf den Export von Fertigwaren;
- Insolvenz vieler kleiner Handwerksbetriebe, die der Konkurrenz der Manufakturen nicht gewachsen waren;
- Verarmung der Bauern, die ihre Erzeugnisse zu niedrigen Festpreisen verkaufen mussten.

durch steigende Steuer- und Zolleinkünfte sowie die Förderung der gewerblichen Produktion und des Handels. Colberts Wirtschaftspolitik konsolidierte zunächst die Herrschaftsposition Ludwigs XIV. und sicherte Frankreichs Position als führende Wirtschaftsmacht Europas auf Jahrzehnte. Langfristig erwies sie sich jedoch als kontraproduktiv: Andere europäische und deutsche Fürsten erhoben nach dem Beispiel Frankreichs hohe Schutzzölle auf importierte Fertigwaren und exportierte Rohstoffe, um einheimische Manufakturen zu sichern. Strukturelle Unterschiede zwischen den französischen Provinzen sowie die Erweiterung des Territoriums um ein Sechstel durch die Expansionspolitik Ludwigs XIV. verhinderten zudem die Durchsetzung eines einheitlichen Zollgebietes und Steuersystems. Eine solide Finanzpolitik und ein ausgeglichener Staatshaushalt blieben unerreichbare Ziele bei stetig steigenden Ausgaben. Zur Aufbesserung seines Staatshaushaltes war der König auf Kredite finanzkräftiger Adliger und Bürger angewiesen. Diese verlangten neben Zinsen weitere Gegenleistungen, z. B. einflussreiche Positionen, was zu einem regen Ämterhandel führte.
Obwohl Ludwigs Staat hinsichtlich der politischen Theorie, der Verwaltungs-, Heeres- und Wirtschaftspolitik sowie höfischen Repräsentation vielen europäischen und deutschen Fürsten als Vorbild diente, konnte die glänzende Fassade von Versailles ungeachtet steigender Staatseinnahmen und ständiger Steuererhöhungen dauerhaft nicht über die Verschuldungskrise hinwegtäuschen. Das politische und wirtschaftliche Erbe Ludwigs XIV. war letztlich auch Ausgangspunkt der Französischen Revolution (s. S. 205 ff.).

Internettipp
www.chateauversailles.fr/en
Französisch- und englischsprachige Seite des Schlosses von Versailles mit Informationen zu Architektur, Geschichte und Biografien

www.historicum.net/themen/franzoesische-revolution/einfuehrung/hintergruende
Informationen von historicum.net zu Monarchie und Absolutismus im Frankreich des 18. Jh.

www.pompadour.historicum-archiv.net
Schöne Website über Madame Pompadour und ihre Zeit, die im Rahmen eines Seminars an der Ludwig-Maximilians-Universität München entstand

1 Erörtern Sie am Beispiel Ludwigs XIV., ob die Anwendung des Begriffes „Absolutismus“ gerechtfertigt ist.
2 Vergleichen Sie die Herrschaft des französischen Königs mit der Königsherrschaft im Mittelalter.

M7 Ludwig XIV. in seinen zwischen 1666 und 1672 verfassten „Memoiren“ über das Sonnensymbol

Das Ringelstechen […] war zunächst nur als angenehme Belustigung geplant worden. […] Damals wählte ich zum ersten Mal die Devise, die ich seitdem immer beibehalten habe und die du an so vielen Orten erblickst. Ich war der Meinung, dass sie sich nicht bei irgendetwas Untergeordnetem und Gewöhnlichem aufhalten, sondern gewissermaßen die Pflichten eines Herrschers darstellen und mich selber ständig an ihre Erfüllung mahnen sollte. Man wählte daher als Figur die Sonne, die in den Spielregeln dieser Kunst die vornehmste von allen ist und durch ihre Einzigartigkeit, durch den Glanz, der sie umgibt, durch das Licht, das sie anderen, sie wie ein Hofstaat umgebenden Sternen mitteilt, durch die gleichmäßige Gerechtigkeit, mit der sie dieses Licht allen Zonen der Erde zuteilt, durch das Gute, das sie allerorten bewirkt, indem sie unaufhörlich auf allen Seiten Leben, Freude und Tätigkeit weckt, durch ihre unermüdliche Bewegung, die gleichwohl als ständige Ruhe erscheint, durch ihren gleichbleibenden und unveränderlichen Lauf, von dem sie sich nie entfernt und niemals abweicht, sicher das lebendigste und schönste Sinnbild eines großen Herrschers darstellt.

Zit. nach: Geschichte in Quellen, Bd. 3, bearb. v. Fritz Dickmann, bsv, München 1966, S. 428

M8 Regimentsfahne mit dem Sonnenemblem Ludwigs XIV., 1680.

Ludwigs Wahlspruch „*Nec pluribus impar*“ lautet frei übersetzt „Niemand kann sich mit ihm messen“.

1 Interpretieren Sie die Herrschaftsauffassung Ludwigs XIV. (M 7 und M 8).
2 Vergleichen Sie diese mit der von Bodin (s. S. 162, M 1).

3.3 Die europäische Aufklärungsbewegung

M9 „Aufklärung", neu kolorierte Radierung von Daniel Chodowiecki, 1791

Internettipp
www.br-online.de/br-alpha/kant-fuer-anfaenger/index.xml
Einführung in die Philosophie Kants anhand eines fiktiven Gesprächs der Studentin Sophie mit Immanuel Kant persönlich

Was ist Aufklärung?

„Aufklärung ist der Ausgang des Menschen aus seiner selbst verschuldeten Unmündigkeit." Dieser berühmte Satz des deutschen Philosophen **Immanuel Kant** enthält das Leitmotiv des aufklärerischen Denkens: „Sapere aude! Habe Mut, dich deines eigenen Verstandes zu bedienen!" (s. S. 63, M 4). Die Aufklärer – freie Schriftsteller, Philosophen, Pastoren, Lehrer, Professoren, Staatsmänner, Verwaltungsbeamte in ganz Europa – waren überzeugt, dass der Mensch sein Leben nach den Regeln der Vernunft gestalten könne und solle, statt sich unkritisch an Vorurteilen und Traditionen zu orientieren. Bereits in der griechischen Antike sind ähnliche Denkansätze bei Sokrates zu finden, der die Auffassung vertrat, der Mensch könne durch den Gebrauch der Vernunft zur Weisheit kommen.

Wegbereiter der Aufklärung, die Mitte des 17. Jahrhunderts begann und im 18. Jahrhundert zur vorherrschenden gesamteuropäischen Geistesbewegung wurde, waren Renaissance und Humanismus, in denen sich bereits Tendenzen zur Säkularisierung und Verwissenschaftlichung des Denkens gezeigt hatten (s. S. 147 ff.), sowie die naturwissenschaftliche Revolution des 17. Jahrhunderts. Mit fundamentalen astronomischen und physikalischen Entdeckungen hatten Kopernikus, Kepler und Galilei das alte Weltbild infrage gestellt und damit das überkommene, kirchlich geprägte Denken erschüttert. Nachdem der englische Philosoph Francis Bacon Erfahrung und Induktion zur Grundlage wissenschaftlicher Untersuchung erklärt und der Physiker Isaac Newton die Gesetze der Schwerkraft formuliert hatte, konnte die Welt zunehmend rational erklärt werden.

Die Aufklärer erhoben den Anspruch, ein neues Zeitalter einzuleiten, in dem das „Licht der Vernunft" anstelle unbewiesener Glaubenssätze sowie kirchlicher und fürstlicher Bevormundung herrschen solle (M 9). Die kritische Vernunft sollte zum Maßstab allen Handelns (**Rationalismus**) und die Erfahrung zum Maßstab des Erkennens (**Empirismus**) werden. Ziel war der selbstbewusste, kritische Bürger. Die Aufklärer ermunterten die Menschen nicht nur zu Kritik und geistiger Freiheit, sie forderten auch Toleranz gegenüber Andersdenkenden und -gläubigen, die Gleichheit der Menschen, die freie Entwicklung von Produktion und Handel sowie eine breite und staatlich kontrollierte Schulbildung. Sie waren überzeugt, dass jeder Einzelne zu Mündigkeit und Humanität erzogen werden könne (M 11 und M 12).

M10 „Der Schlaf der Vernunft gebiert Ungeheuer", Radierung von Francisco de Goya, 1796

Legitimation des Verfassungsstaates

Auch die Grundlagen für den modernen Verfassungsstaat wurden von den Aufklärern gelegt. Im Rahmen der Auseinandersetzung um die Frage, wie legitime, d. h. rechtmäßige, politische Herrschaft begründet und nach welchen Regeln sie ausgeübt werden könne, entwickelten sie Prinzipien, die bis heute Gültigkeit haben. Sie führten in der Staatslehre das Prinzip der **Gewaltenteilung** (Trennung von Exekutive, Legislative und Judikative), die Bindung des Gesetzgebers an **Grund- und Menschenrechte** sowie das Prinzip der **Volkssouveränität** (Recht der gewählten Volksvertreter zur Gesetzgebung) ein.

Diese Prinzipien richteten sich zum einen gegen den Anspruch der Monarchen, ihre Herrschaft beruhe auf dem Gottesgnadentum. Eine sakrale Begründung politischer Herrschaft wurde abgelehnt und deren Ausübung an rationale und für jeden Einzelnen, also auch für den Herrscher, verbindliche Normen gebunden. Zum anderen dienten diese Grundsätze zur Begrenzung des absoluten Machtanspruchs der Monarchen und sollten den Untertanen bestimmte Freiheitsrechte garantieren.

Verbreitung und Folgen der Aufklärung Bücher, Zeitschriften, moralische Wochenschriften, Zeitungen, Schulprogrammschriften, selbst Kalender und andere alltägliche Gebrauchsschriften wurden in allen europäischen Ländern zu Medien der Aufklärungsbewegung. Man traf sich in gelehrten Gesellschaften, sogenannten Patriotischen Vereinigungen und Kaffeehäusern, um über gemeinsame Interessen und Ziele zu sprechen. Auch Frauen engagierten sich in diesen Gesellschaften und traten als Gastgeberinnen literarischer Salons auf. Wer sich nicht in Vereinen oder Salons organisieren konnte, schrieb Briefe. Das 18. Jahrhundert wurde nicht zuletzt durch die Schreibfreudigkeit der Aufklärer zu einem Jahrhundert der Briefkultur. Diese rege Kommunikation sorgte für die Verbreitung ihrer Ideen über den Kreis der Gebildeten hinaus.

1 Erarbeiten Sie eine Definition des Begriffes „Aufklärung".
2 Nennen Sie die wesentlichen Prinzipien zur Legitimation des Verfassungsstaates und erklären Sie, inwiefern diese bis heute Gültigkeit haben.
3 Vergleichen Sie die Abbildungen M 9 und M 10 und erläutern Sie, welche Erwartungen bzw. Vorstellungen jeweils mit den Begriffen „Aufklärung" bzw. „Vernunft" verbunden werden.

M 11 „Verbesserte Erziehung", Radierung und Kupferstich, Daniel Chodowiecki, 1801

M 12 Aus dem Buch „Emile" von Jean-Jacques Rousseau (1712–1778) über die Erziehung, 1762

Ob man meinen Zögling zum Soldaten, zum Geistlichen oder zum Justizdienst bestimme, ist mir ziemlich gleich. Vor der Berufswahl der Eltern bestimmt die Natur ihn zum Menschen. Leben als Mensch ist die Kunst, die ich ihn lehren will. Ich gestehe ein: Wenn er aus meinen Händen kommt, wird er weder Rechtsgelehrter noch Soldat noch Priester sein, sondern ausschließlich Mensch. Alles, was ein Mensch sein muss, wird er im Notfall ebenso gut sein wie jeder andere; und wenn ihn das Schicksal zwingen sollte, seinen Platz im Leben zu wechseln, wird er auch im neuen Berufe an seinem Platz sein. [...]

Man ist nur darauf bedacht, sein Kind zu bewahren; aber das ist nicht genug. Man muss es auch lehren, sich selbst zu bewahren, wenn es erwachsen ist, die Schläge des Schicksals zu ertragen, dem Überfluss und der Dürftigkeit Trotz zu bieten und, wenn es sein muss, auf den Eisfeldern Islands und den glühenden Felsen Maltas zu leben. Man mag alle Vorsicht anwenden, seinen Tod zu verhüten, es muss dennoch sterben. Und wäre der Tod auch nicht das Ergebnis der Fürsorge, sie wäre dennoch übel am Platze. Es handelt sich weniger darum, den Tod zu verhindern, als leben zu lernen.

Leben, das ist nicht nur Atmen, das ist Handeln; das heißt Gebrauch machen von unsern Organen, unsern Sinnen, unsern Fähigkeiten, kurz: Leben heißt alle Teile von uns selbst gebrauchen, die uns das Gefühl unserer Existenz geben. Der Mensch, der am längsten gelebt hat, ist nicht derjenige, der die meisten Jahre zählt, sondern derjenige, der das Leben am meisten als solches empfunden hat. Mancher ist im hundertsten Jahre begraben worden, der schon bei der Geburt starb. Für ihn wäre es ein Gewinn gewesen, wenn er als Kind gestorben wäre, vorausgesetzt, dass er wenigstens bis zu dieser Zeit gelebt hätte.

Unsere ganze Weisheit besteht in knechtischen Vorurteilen. Alle unsere Gewohnheiten sind Abhängigkeit, Einschränkung und Zwang. Der bürgerliche Mensch wird in der Sklaverei geboren, lebt und stirbt darin. Bei seiner Geburt steckt man ihn in eine Windel, nach seinem Tode schließt man ihn in einen Sarg ein. Solange er das menschliche Antlitz trägt, ist er durch unsere Einrichtungen gebunden.

Man sagt, dass manche Hebammen behaupten, sie könnten durch Drücken dem Kopf des neugeborenen Kindes eine hübschere Form geben, und man duldet das! Unsere Köpfe sind also vom Schöpfer schlecht geformt! Und sie müssen erst von außen durch die Hebammen und von innen durch die Philosophen geformt werden! Die Karaiben[1] sind um die Hälfte glücklicher als wir.

Zit. nach: Jean-Jacques Rousseau, Emile oder Über die Erziehung, dt. Übersetzung, Schöningh, Paderborn ³1963, S. 17 ff.

1 indianische Sprachfamilie in Mittelamerika

1 Arbeiten Sie die pädagogischen Prinzipien und Ziele Rousseaus heraus.
2 Erläutern Sie deren Zusammenhang mit der Philosophie der Aufklärung.
3 Diskutieren Sie anhand von Rousseau die Ideen der Aufklärung zur Erziehung. Vergleichen Sie diese mit Vorstellungen in der Gegenwart.

3.4 Der „aufgeklärte Absolutismus“: das Beispiel Preußen

Herrschaftsauffassung und Reformpolitik im 18. Jh.

„Sie müssen nur wissen, dass der geringste Bauer, ja, was noch mehr ist, der Bettler eben sowohl ein Mensch ist, wie Seine Majestät sind, (...) es mag sein ein Prinz, der wider einen Bauer klagt, oder auch umgekehrt, so ist der Prinz vor der Justiz dem Bauer gleich und bei solchen Gelegenheiten muss pur nach der Gerechtigkeit verfahren werden, ohne Ansehen der Person.“ Diese Äußerung des preußischen Königs Friedrich II. (Reg. 1740–1786) aus dem Jahr 1779 ist charakteristisch für das veränderte Selbstverständnis vieler Monarchen seit Mitte des 18. Jahrhunderts. In vielen europäischen und deutschen Staaten folgten die Herrscher aufklärerischen Ideen. Die Vorstellung vom Gottesgnadentum wurde ersetzt durch die Theorie vom Gesellschaftsvertrag, nach dem der Fürst auf das Gemeinwohl verpflichtet sei und im Interesse des Gesamtstaates vernunftgeleitet zu regieren habe. Im Sinne dieser Herrschaftsauffassung verstanden sich die „aufgeklärten Monarchen“, die sich häufig auch als Philosophen und Schriftsteller betätigten, nicht mehr als Eigentümer des Staates, sondern als ein Staatsorgan, dessen primäre Aufgabe es ist, das Wohl seiner Untertanen zu sichern. Aus dieser Verpflichtung leiteten die Herrscher weitgehende politische, wirtschaftliche und soziale **Reformen*** ab, die sich an der Staatsräson und dem Vernunftprinzip orientierten.

In der Geschichtswissenschaft nennt man diese Herrschaftsform **„aufgeklärten Absolutismus“**. Diese Bezeichnung ist jedoch aufgrund ihrer gegensätzlichen Begriffsinhalte strittig: Einige Historiker sind der Auffassung, dass es zwischen den theoretischen Zielen der Aufklärung und der realen Regierungsweise absoluter Monarchen unüberwindbare Gegensätze gebe, weshalb sie den Terminus ablehnen und ihn z. B. durch „Reformabsolutismus“ ersetzen. Die Motivation der Herrscher für ihre aufgeklärte Reformpolitik ist dagegen unumstritten. Die Monarchen versuchten, den rasanten ökonomischen, politischen und kulturellen Fortschritt

Bereiche aufgeklärter Reformpolitik im 18. Jh.

Religionspolitik:
- Toleranz
- Abschaffung geistlicher Sonderrechte
- Säkularisierung von Klöstern
- staatliche Kontrolle der Kirche nach protestantischem Vorbild

Rechtspolitik:
- Herstellung von Rechtsgleichheit und -sicherheit
- Kodifikation und Vereinheitlichung des Rechts

Wirtschaftspolitik:
- Abbau ständischer Privilegien nach Maßgabe staatlicher Nützlichkeit, z. B. Verringerung von Steuerprivilegien, Beschneidung der Zunftautonomie
- erste Ansätze zur Bauernbefreiung

M 13 Die Tafelrunde von Sanssouci, Gemälde von Adolf Menzel, 1850 (Ausschnitt).
In der Mitte der Tafel sitzt Friedrich II., links im Profil ist der französische Philosoph Voltaire zu erkennen.

in der Frühen Neuzeit für sich nutzbar zu machen, indem sie sich an die Spitze der Modernisierung setzten. Ihre Reformmaßnahmen zielten auf die Stärkung und Sicherung der monarchischen Gewalt sowie auf die Bewahrung der ständischen Gesellschaftsstruktur. Während in Frankreich, einem Land mit einer großen Aufklärungsbewegung, die Könige an den Traditionen der absoluten Monarchie festhielten und schließlich zur Entstehung einer revolutionären Stimmung im Lande beitrugen (s. S. 160 ff.), erzielte der aufgeklärte Absolutismus in anderen europäischen Staaten beachtliche Erfolge.

M 14 Die Auspeitschung lediger Mütter, Kupferstich von Daniel Chodowiecki, 1782

Friedrich II. – ein „aufgeklärter Herrscher"?

Der preußische König **Friedrich II.** (Reg. 1740–1786) verfolgte im Gegensatz zu seinem Vater, dem „Soldatenkönig" Friedrich Wilhelm I. (Reg. 1713–1740), künstlerische und wissenschaftliche Interessen. Er setzte sich mit den politischen Theorien der Aufklärung auseinander (M 17), korrespondierte mit bekannten Philosophen wie dem Franzosen Voltaire (M 13), verfasste Abhandlungen über Geschichte und Politik in französischer Sprache, spielte Flöte und komponierte. Nach dem strengen und asketischen Regierungsstil Friedrich Wilhelms I. hofften viele, der junge König werde als ein „Philosoph auf dem Thron" regieren, doch sie wurden enttäuscht. Friedrich II. erklärte sich zwar zum „ersten Diener des Staates", dessen Politik auf das Wohl des Landes gerichtet sei, er forderte von seinen Untertanen jedoch strikten Gehorsam und regierte in der ersten Phase seiner Regierungszeit bis 1763 aufgrund seiner kriegerischen Außenpolitik (s. S. 172 f.) unter permanentem Ausnahmezustand. Diese Ambivalenz zeigte sich auch in den vielfältigen Reformen des Königs und verdeutlicht damit die angesprochene Problematik des Begriffs „aufgeklärter Absolutismus".

Rechtspolitik

Unmittelbar nach seinem Regierungsantritt humanisierte Friedrich II. das Strafrecht: Die Prügelstrafe in der Armee wurde eingeschränkt, der Brauch, Kindsmörderinnen zu „säcken", d. h. sie in einen ledernen Sack einzunähen und im Fluss zu ertränken, ebenso wie die Folter im Strafverfahren verboten. Auch die Organisation des Justizwesens reformierte Friedrich: Er ließ eine Prozessordnung ausarbeiten, das „Corpus Juris Fridericianum" (1781), das die Verfahren verkürzen sollte, aber die Richter auch verpflichtete, alle streitenden Parteien selbst anzuhören; der Instanzenweg vom niederen zum höherem Gericht wurde zudem klar gegliedert. Ziele seiner Rechtsreformen, die im **Allgemeinen Landrecht für die preußischen Staaten*** niedergelegt wurden, waren die Vereinheitlichung des Rechts in Preußen sowie die Gleichheit aller Untertanen vor dem Gesetz.

Allgemeines Landrecht für die preußischen Staaten (1794)
Das von Friedrich II. 1779 in Auftrag gegebene und ab 1794 gültige Gesetzbuch enthielt Bestimmungen zum Zivil-, Straf- und Staatsrecht und verwies einleitend auf eine Reihe allgemeingültiger Normen, wozu z. B. die Glaubens- und Gewissensfreiheit zählte. Grundsätzlich wurden die königliche Gewalt eingeschränkt und die Rechte des Einzelnen sowie die unabhängige Stellung der Richter gesichert. Die Vorrangstellung des Adels wurde dagegen nicht beseitigt, sondern festgeschrieben. Dennoch ist das Allgemeine Landrecht die erste moderne Kodifikation in Deutschland. Es blieb mit wenigen Ausnahmen (in der preußischen Rheinprovinz galt seit 1815 der französische Code civil) bis zur Einführung des Bürgerlichen Gesetzbuches (BGB) im Jahr 1900 in Kraft.

Die ständische Gesellschaftsordnung blieb von diesen Veränderungen jedoch unberührt. Auch weiterhin waren dem Adel die Offiziersstellen sowie die Verwaltungs- und Regierungsämter vorbehalten. Auf dem Land verfügten die adligen Gutsbesitzer nach wie vor über die Polizeigewalt und die einfache Gerichtsbarkeit in den dörflichen Gemeinden. Ihre Herrschaft stützte sich im Rahmen des guts- und grundherrschaftlichen Systems auf die verschiedenen Dienste und Abgaben der Bauern. Friedrich II. scheiterte 1748 mit seinem Reformversuch, die Frondienste der Bauern zu begrenzen, am Widerstand des preußischen Adels. Lediglich auf den Staatsgütern konnte der König die Lebensbedingungen der Bauern verbessern, indem er sie aus der Leibeigenschaft entließ.

Religionspolitik

Auch die Religionspolitik Friedrichs II. folgte aufklärerischen Prinzipien. Mit seiner Forderung „Die Religionen müssen alle toleriert werden (...), denn hier muss ein jeder nach seiner Façon selig werden" knüpfte Friedrich unmittelbar an die von seinen Vorgängern

M 15 „Der König überall", Gemälde von Robert Warthmüller, 1886

Friedrich II. ermunterte die Bauern zum Anbau der in Deutschland noch unbekannten Kartoffel und setzte sich für fortschrittliche Methoden in der Landwirtschaft ein.

Internettipp

www.preussen-chronik.de/_/person_jsp/key=person_friedrich+ii.+von_preu%25dfen.html
Die Seite des RBB informiert über die Biografie Friedrichs II. und die Geschichte Preußens vom 17. Jahrhundert bis zur Nachkriegszeit.

www.preussen.de/de/geschichte/1740_friedrich_ii..html
Friedrich II. – präsentiert von seinen Nachkommen: Seite der „Generalverwaltung des vormals regierenden preußischen Königshauses"

www.preussen-geschichte.de
Private Seite mit Informationen zur preußischen Alltagsgeschichte

praktizierte religiöse Toleranz an. Der Große Kurfürst (Reg. 1640–1688) hatte die Einwanderung der französischen **Hugenotten** und sein Vater die der Salzburger Protestanten ermöglicht. Mit dieser Religionspolitik, deren Grundsatz die Duldung der Konfessionen war, förderten die preußischen Könige in erster Linie das Staatswohl, denn von den Einwanderern, die vor allem in den dünn besiedelten östlichen Provinzen angesiedelt wurden, versprachen sie sich wirtschaftliche Impulse und die Steigerung der Steuereinnahmen. Die religiöse Toleranz erleichterte auch die Integration der von Friedrich II. in drei Kriegen (s. S. 172 f.) eroberten, vorwiegend katholischen Provinz Schlesien in den preußischen Staat.

Kultur- und Bildungspolitik

In der zweiten Phase seiner Regierungszeit widmete sich Friedrich II. der Schulpolitik. Während des Siebenjährigen Krieges (1756–1763) war er auf die katastrophalen ländlichen Schulverhältnisse aufmerksam geworden: In Preußen mangelte es den Schulmeistern an ausreichender Qualifikation und Besoldung, und der Erlass seines Vaters von 1717 über die allgemeine Schulpflicht wurde von der Landbevölkerung weitgehend ignoriert, da Kinder unentbehrliche und billige Arbeitskräfte waren. Zur Beseitigung der Missstände im Schulwesen ordnete Friedrich II. die Einrichtung neuer Schulen an, erließ 1763 ein „**General-Landschul-Reglement**", das neben der Pflicht zum regelmäßigen Schulbesuch für Kinder zwischen dem fünften und 14. Lebensjahr nicht nur die Bedingungen für die Ausbildung, die Anstellung und Bezahlung der Lehrer, sondern auch konkrete Unterrichtsinhalte und Stundenpläne enthielt. Gegen den vehementen Protest der Kirche setzte sich der Monarch für konfessionsunabhängige Unterrichtsinhalte ein und veranlasste 1767 die Herstellung neuer Landschulbücher mit naturwissenschaftlichen Erkenntnissen. Für die höheren Schulen in den Städten setzte er neben Griechisch und Latein auch Unterricht in der deutschen Sprache, in Mathematik, Philosophie, Logik, Metaphysik und Geschichte durch. Eine umfassende Volksaufklärung war für Friedrich II. jedoch undenkbar.

1 Erörtern Sie arbeitsteilig am Beispiel der Rechts-, Kultur- und Bildungspolitik, ob Friedrich II. als ein „aufgeklärter Monarch" bezeichnet werden kann.

M 16 Blick auf das kleine Forum in Berlin mit Königlicher Bibliothek, Opernhaus und Hedwigskathedrale, Ölgemälde von Carl Traugott Fechhelm, 1785

Bereits kurz nach seinem Regierungsantritt 1740 begann Friedrich II., Pläne eines „Forum Friderizianum" in der Mitte Berlins umzusetzen: „Großartige Bauten von bühnenhafter Wirkung" zur Förderung von Kunst und Wissenschaften sollten die ungebrochene Kraft des Staates demonstrieren.

M 17 Aus dem politischen Testament Friedrichs II. von Preußen, 1752

In einem Staate wie Preußen ist es durchaus notwendig, dass der Herrscher seine Geschäfte selbst führt. Denn ist er klug, wird er nur dem öffentlichen Interesse folgen, das auch das seine ist. Ein Minister dagegen hat, sobald seine eigenen Interessen infrage kommen, stets Nebenabsichten. Er besetzt alle Stellen mit seinen Kreaturen, statt verdienstvolle Leute zu befördern, und sucht sich durch die große Zahl derer, die er an sein Schicksal kettet, auf seinem Posten zu befestigen. Der Herrscher dagegen wird den Adel stützen, die Geistlichkeit in die gebührenden Schranken weisen, nicht dulden, dass die Prinzen von Geblüt Ränke spinnen, und das Verdienst ohne jene eigennützigen Hintergedanken belohnen, die die Minister bei allen ihren Handlungen hegen.

Ist es aber schon notwendig, dass der Herrscher die inneren Angelegenheiten seines Staates selber lenkt, um wie viel mehr muss er dann seine äußere Politik selbst leiten, die Allianzen, die ihm zum Vorteil gereichen, seine Pläne selber entwerfen und in bedenklichen und schwierigen Zeitläuften seine Entschlüsse fassen. [...]

Eine gut geleitete Staatsregierung muss ein ebenso fest gefügtes System haben wie ein philosophisches Lehrgebäude. Alle Maßnahmen müssen gut durchdacht sein, Finanzen, Politik und Heerwesen auf ein gemeinsames Ziel steuern: nämlich die Stärkung des Staates und das Wachstum seiner Macht. Ein System kann aber nur aus einem Kopfe entspringen; also muss es aus dem des Herrschers hervorgehen. Trägheit, Vergnügungssucht und Dummheit: Diese drei Ursachen hindern die Fürsten an ihrem edlen Berufe, für das Glück der Völker zu wirken [...].

Der Herrscher ist nicht zu seinem hohen Rang erhoben, man hat ihm nicht die höchste Macht anvertraut, damit er in Verweichlichung dahinlebe, sich vom Mark des Volkes mäste und glücklich sei, während alles darbt. Der Herrscher ist der erste Diener des Staates. Er wird gut besoldet, damit er die Würde seiner Stellung aufrechterhalte. Man fordert aber von ihm, dass er werktätig für das Wohl des Staates arbeite und wenigstens die Hauptgeschäfte mit Sorgfalt leite. Er braucht zweifellos Gehilfen. Die Bearbeitung der Einzelheiten wäre zu umfangreich für ihn. Aber er muss ein offenes Ohr für alle Klagen haben.

Zit. nach: Hagen Schulze/Ina Ulrike Paul (Hg.), Europäische Geschichte. Quellen und Materialien, bsv, München 1994, S. 506 f.

1 Erarbeiten Sie, was nach Friedrich II. Aufgaben und Eigenschaften des Herrschers sein sollen.
2 Vergleichen Sie diese Herrschaftsauffassung mit der Bodins (M 1).

M 18 Der Machtanspruch des Königs

a) Johann Gottlieb Geyser, Balance des Frédéric, Kupferstich und Radierung, um 1780 (Ausschnitt)

b) Aus einem Ausstellungskatalog zum Hintergrund des Bildes, 1986:

Der Stich ist eine Allegorie auf die Aufhebung des von der Küstriner Regierung und dem Kammergericht in Berlin über den Wassermüller Arnold gefällten Urteils durch den König. Vor der im Hintergrund sichtbaren Pommerziger Krebsmühle, um deren Nutzung nach der Anlage eines Karpfenteiches es im Streit zwischen dem Landrat von Gersdorff und dem Müller ging, verkündet der König durch Machtspruch das Urteil zugunsten Arnolds, der auf dem Bild mit seinen Angehörigen vor dem Monarchen kniet. Die Richter, die nach bestem Wissen zu handeln meinten, ziehen sich vor der Autorität des Königs zurück. Friedrich hatte am 11. Dezember 1779 dem Minister von Zedlitz zu verstehen gegeben: „Denn Ich will, dass in Meinen Landen einem jeden, er sei vornehm oder gering, prompte Gerechtigkeit widerfahren, und nicht zum saveur[1] eines Größeren gedrückt, sondern einem jeden ohne Unterschied des Standes und ohne alles Ansehen der Person eine unparteiische Justiz administriret werden soll [...]."

Friedrich Benninghoven u. a. (Hg.), Friedrich der Große, Nicolai, Berlin 1986, S. 282

1 frz. Geschmack, hier: Gefallen

1 Informieren Sie sich über die Hintergründe zum „Müller-Arnold"-Fall.
2 Erklären Sie die Problematik dieses Rechtsstreits.

3.5 Die Politik der europäischen Großmächte im 18. Jahrhundert

Europäisches Gleichgewicht bezeichnet ein politisches Grundprinzip, das die Aufrechterhaltung bzw. Wiederherstellung des Kräftegleichgewichts der europäischen Mächte beinhaltet. Erstmals verwendet wurde der Begriff, als die Einheit des mittelalterlichen Europas durch die Glaubensspaltung und den aufkommenden Nationalismus gesprengt wurde. In der Renaissance wurde die Idee eines annähernden Mächtegleichgewichts in Europa unter der Bezeichnung „aequilibrium" aufgegriffen und – verbunden mit der Idee der Staatsräson – bis zum Ende des 19. Jh. zum Leitmotiv europäischer Außenpolitik. Seit Ende des 17. Jh. wurde der Gleichgewichtsgedanke von England im Rahmen der außenpolitischen Maxime „balance of power" um den Aspekt des Fünf-Mächte-Europas (Pentarchie) erweitert und so zum Instrument gegen die Vormachtstellung einer einzelnen Macht auf dem europäischen Festland, z. B. gegen die französischen Hegemoniebestrebungen unter Ludwig XIV. und Napoleon.

Internettipp
http://geschichtsverein-koengen.de/Aufklaerung.htm
Private Seite zum europäischen Mächtesystem um 1740

Das Fünf-Mächte-System

In Europa zeichnete sich nach Beendigung von zwei großen Kriegen am Beginn des 18. Jahrhunderts eine neue Mächtekonstellation ab. Im Spanischen Erbfolgekrieg (1701–1713/14) war es einer großen Allianz aus England, den Niederlanden, Österreich, Preußen und Portugal gelungen, das französische Streben nach Vorherrschaft zu stoppen. Während der Friedensverhandlungen 1713 präsentierte England seine neue außenpolitische Leitidee zur Lösung künftiger Konflikte: Das europäische Staatensystem müsse in einem annähernden Mächtegleichgewicht, der **„balance of power"***, gehalten werden. Im Ergebnis des Nordischen Krieges (1700–1721) wurde Schweden, seit dem Dreißigjährigen Krieg (s. S. 158) führende Macht im Ostseeraum, von Russland verdrängt und Preußen gewann das bis dahin schwedische Vorpommern, wodurch es die Vormachtstellung in Norddeutschland erlangte. Nach diesen beiden Kriegen kristallisierte sich in Europa ein System heraus, das ungeachtet wechselnder Bündnissysteme in seinen Grundzügen bis zum Ende des Ersten Weltkrieges stabil blieb: das Europa der **„Fünf Mächte" (Pentarchie)** mit den alten Großmächten Frankreich, England und Österreich sowie den Aufsteigern Russland und Preußen. Angesichts dieser neuen Konstellation kam es in Europa auch im 18. Jahrhundert zu mehreren kriegerischen Konflikten, die den Herrschern zur Verteidigung bzw. Verbesserung der eigenen Position innerhalb eines relativ stabilen Gleichgewichtssystems dienten. Prägnantes Beispiel sind die beiden **Schlesischen Kriege** (1740–1742 und 1744–1745). Nur wenige Monate nach seiner Machtübernahme nutzte Friedrich II. den Tod des habsburgischen Kaisers Karl VI. im Jahr 1740, um völkerrechtswidrig in das österreichische Schlesien einzumarschieren. Den Überfall rechtfertigte er mit der günstigen Lage des wirtschaftlich starken Schlesiens sowie mit seinem Ehrgeiz und dem Verlangen, von sich reden zu machen. Als Ergebnis der Schlesischen Kriege, in denen Preußen von Frankreich und Österreich von England unterstützt wurde, musste das geschlagene Österreich Schlesien an Preußen abtreten. Von nun an bestimmte der **preußisch-österreichische Dualismus** die deutsche und europäische Geschichte bis ins 19. Jahrhundert.

M 19 Der Siebenjährige Krieg 1756–1763 in Europa und Übersee

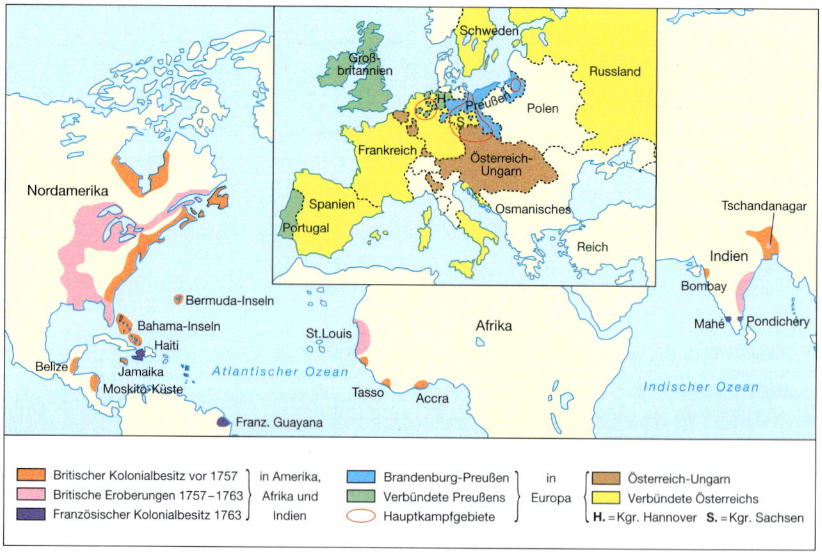

Der Siebenjährige Krieg – ein erster globaler Konflikt?

Die endgültige Entscheidung über Schlesien fiel erst im **Siebenjährigen Krieg** (1756–1763) (M 19). Von Anfang an war dieser militärische Konflikt von der französisch-englischen Rivalität um die Vorherrschaft auf den Weltmeeren und die Kolonien in Indien und Nordamerika bestimmt. Bereits 1754 kam es zu Gefechten im nordamerikanischen Ohio-Tal. In Europa führte dieser Kolonialkrieg zu einem Umsturz der Bündnisse: England scheiterte mit dem Versuch, das Bündnis mit Österreich zu erneuern, da sich die Habsburger-Monarchie für die angestrebte Rückeroberung Schlesiens Unterstützung vom alten „Erzfeind“ Frankreich versprach. Daraufhin verbündete sich England 1756 mit Preußen in der Westminster-Konvention (M 21), worauf Maria Theresia von Österreich im Mai mit Frankreich, Russland und zahlreichen deutschen Reichsfürsten eine antipreußische Militärallianz bildete, gegen die Friedrich II. mit seinem Einfall in Sachsen im Herbst 1756 den Krieg in Europa eröffnete. Nach verlustreichen Schlachten, in denen ca. 231 000 österreichische, russische und preußische Soldaten fielen, setzte der preußische König die Annexion Schlesiens endgültig durch. Damit war der Aufstieg Preußens zur europäischen Großmacht gesichert. In Übersee erlangte England die Vorherrschaft über Frankreich, das den größten Teil seines Besitzes in Indien und Nordamerika abtreten musste. Entsprechend der neuen außenpolitischen Maxime Englands, der „balance of power“, sollte die Kolonialmacht Frankreich zwar erhalten bleiben, zu Vergeltungsschlägen aber nicht in der Lage sein. Mit dem Siebenjährigen Krieg hatte sich das europäische Mächtesystem der Pentarchie etabliert. Erschüttert wurde es erst Ende des 18. Jahrhunderts durch die Französische Revolution und die sich anschließende Expansionspolitik Napoleons (s. S. 205 ff.).

1 Stellen Sie die wesentlichen Aspekte (Ursachen, Bündnissysteme, Verlauf, Ergebnisse) des Siebenjährigen Krieges in einem Schaubild dar.
2 Diskutieren Sie, ob und inwiefern es sich beim Siebenjährigen Krieg um einen globalen Konflikt handelt.

M 20 Maria Theresia und Friedrich II. beim Schachspiel unter Aufsicht des Kriegsgottes Mars, zeitgenössische Allegorie auf den Siebenjährigen Krieg

M 21 Die „balance of power“, 1762

In der Unterhausdebatte vom 9. Dezember 1762 kommentiert der englische Abgeordnete William Pitt, Außenminister 1756–1761, den Antrag, die Westminster-Konvention zwischen England und Preußen von 1756 aufzukündigen und mit Frankreich einen Sonderfrieden abzuschließen:

Man hat triumphierend behauptet, der gegenwärtige Krieg in Deutschland habe das Machtgleichgewicht (balance of power) über den Haufen geworfen […]. Diese Behauptung sei so weit entfernt, auch nur die geringste tatsächliche Begründung für sich zu haben, dass seines Erachtens selbst die oberflächlichsten politischen Beobachter kaum der Belehrung darüber bedürften, dass dieses Gleichgewicht schon lange vor Ausbruch des gegenwärtigen Krieges umgestürzt worden sei. […] Seit der Zeit der Großen Allianz gegen Frankreich[1] ist die militärische Macht der Holländer zu Wasser und zu Lande nahezu ausgelöscht worden, während eine andere Macht, an die man damals in Europa noch kaum dachte, sich erhoben hat, nämlich Russland, das seiner eigenen Bahn folgt, außerhalb aller anderen Systeme, aber nach dem Maße der von ihnen ausgehenden Anziehungskraft zu jedem von ihnen gravitiert. Eine weitere Macht erhob sich in Europa, gleichfalls gegen jede menschliche Voraussicht, mit dem Hause Brandenburg, und die atemberaubenden Erfolge Seiner Majestät von Preußen beweisen, dass er zum natürlichen Schutzherrn der deutschen Libertät gegen das Haus Österreich bestimmt ist. Wir sind gewöhnt, mit Ehrfurcht auf dieses Haus zu blicken, und das Phänomen einer zweiten Großmacht in Deutschland war für uns etwas derart Neues, dass er [Friedrich II.] einige Zeit Anlehnung an Frankreich suchen musste. Als aber Frankreich und Österreich sich vereinigten, fanden sich Großbritannien und Preußen. Das sind die großen Ereignisse, die das Gleichgewicht in Europa seit der Zeit der großen Allianz gegen Frankreich vollkommen verändert haben […].

Zit. nach: Wolfgang Lautemann/Manfred Schlenke (Hg.), Geschichte in Quellen, Bd. 3, bsv, München ³1982, S. 708 f.

1 Österreich, England, die Niederlande und mehrere Fürsten des Deutschen Reiches schlossen 1701 die gegen Frankreich gerichtete Haager Allianz zur Regelung der spanischen Erbfolge.

1 Analysieren Sie, welche Position der Autor zum Antrag über die Aufkündigung der Westminster-Konvention einnimmt und wie er sie begründet.
2 Überprüfen Sie Pitts Argumentation mithilfe des Darstellungstextes.

Die Frühe Neuzeit: Wege in die moderne Welt

Zentrale Begriffe

Ablass → S. 155
Absolutismus → S. 161 ff.
Aufklärung → S. 166
Frühe Neuzeit → S. 141
Frühkapitalismus → S. 143
Heiliges Römisches Reich Deutscher Nation → S. 145
Handelskapitalismus → S. 143
Humanismus → S. 147
Kolonialismus → S. 153
Konfessionalisierung → S. 158
Manufakturen → S. 164
Merkantilismus → S. 164
Protoindustrialisierung → S. 143
Rationalismus → S. 166
Reformation → S. 155 ff.
Renaissance → S. 147
Staatsräson → S. 161
Souveränität → S. 161

Zusammenfassung

Unabhängig von allen Periodisierungsmodellen (s. S. 61) nimmt die Zeit um 1500 in Europa eine besondere Stellung ein, haben doch viele Charakteristika der Moderne hier ihren Ursprung. Auf wirtschaftlichem Gebiet bildeten sich frühkapitalistische Produktions- und Arbeitsformen (Manufaktur, Verlag) heraus, die – vorangetrieben von Unternehmerfamilien und Handelsgesellschaften – das Aufbrechen der feudal-ständischen Gesellschaft bewirkten und als Vorformen der Industrialisierung des 19./20. Jahrhunderts gelten. Neue geistige Bewegungen wie Renaissance und Humanismus revolutionierten das bisher von der katholischen Kirche beherrschte mittelalterliche Welt- und Menschenbild. Zum Ideal wurde der umfassend gebildete Mensch, der sein Leben selbstbewusst und vernünftig gestaltet. Dieses humanistische Ideal, der Glaube an die Möglichkeit vernunftbestimmter Erkenntnis sowie die Wiederentdeckung der Antike, beeinflussten vor allem Kunst und politische Philosophie und waren die Basis des wissenschaftlich-technischen Aufbruchs in der Frühen Neuzeit. Zur Erweiterung des geistigen Horizonts trugen auch Kopernikus' heliozentrisches Weltbild, die europäischen Entdeckungsfahrten sowie die damit verbundenen Eroberungen und Kolonialisierungen in der „Neuen Welt" bei.
Im Kontext der frühmodernen Staatsbildung, speziell der Ablösung des mittelalterlichen Personenverbandsstaates durch den institutionellen Flächenstaat, bedeutete die Reformation einen tief greifenden Umbruch in Kirche und Staatlichkeit, da mit der Herausbildung mehrerer Konfessionen die religiöse Einheit des europäischen Mittelalters zerbrach. Die konfessionelle Spaltung Europas führte zu erbitterten Glaubenskriegen, die Mittel- und Westeuropa in eine politische, wirtschaftliche und soziale Krise stürzten. Das Bedürfnis vieler Zeitgenossen nach einer starken Zentralgewalt, die Konflikte friedlich löste, griffen zahlreiche Gelehrte auf. In ihren Staatstheorien begründeten sie die Notwendigkeit eines starken Monarchen, der eine deutlich über alle Untertanen hinausgehobene Stellung einnehmen und von den Gesetzen losgelöst herrschen müsse. Europäische Fürsten bedienten sich dieser Theorien und leiteten aus ihnen eine umfassende Legitimation ihrer uneingeschränkten Herrschaft ab. Das Beispiel des französischen Königs Ludwig XIV., des Inbegriffes eines absoluten Monarchen, ist allerdings zugleich ein Beleg für die Diskrepanz zwischen programmatischem Anspruch und Realisierung. In anderen europäischen Staaten setzte sich das Modell des „aufgeklärten Absolutismus" durch. Herrscher wie der preußische König Friedrich II. übernahmen die Ideen der Aufklärung und wollten ihr Handeln nach Prinzipien der Vernunft gestalten. Letztlich wurden die Prinzipien der Aufklärung – Freiheit des Individuums, Gewaltenteilung und Volkssouveränität – geistige Wegbereiter der Französischen Revolution, die das Ende der Frühen Neuzeit markiert.

M1 **Die politische Struktur des Heiligen Römischen Reiches in der Frühen Neuzeit**

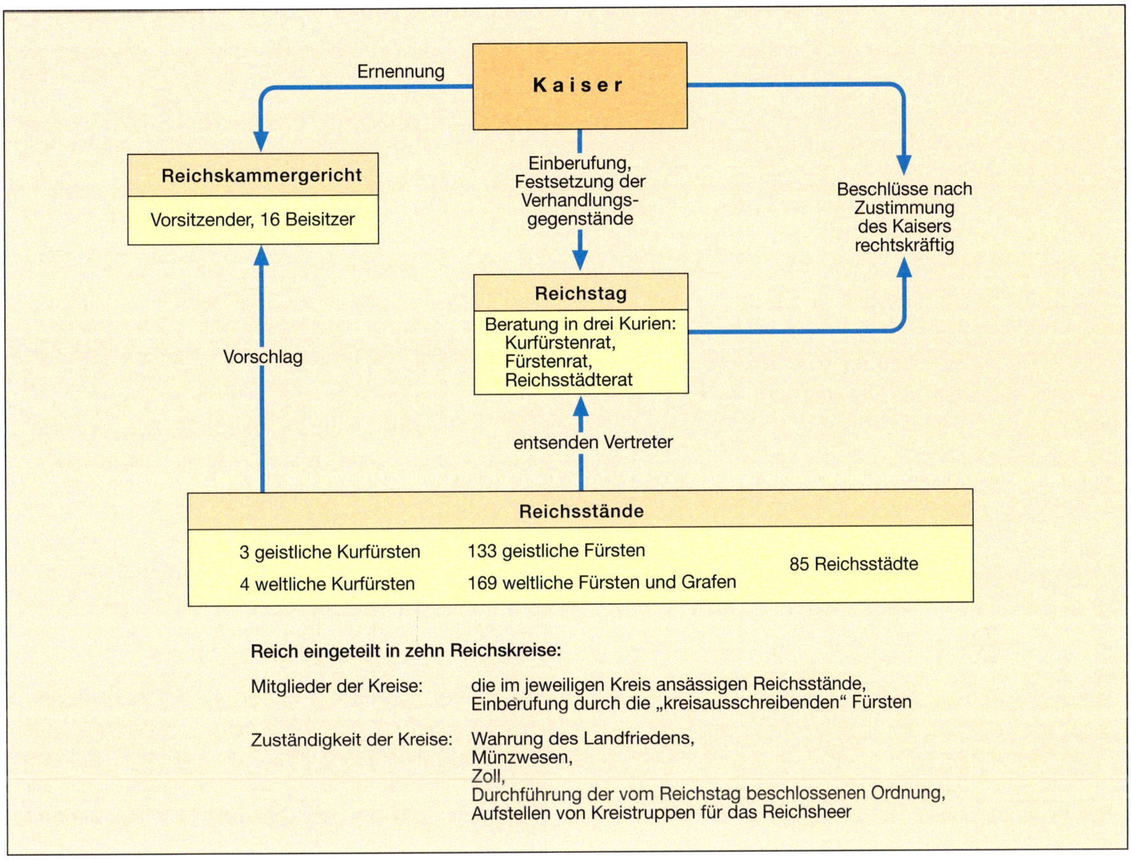

Zeittafel

14./15. Jh. Renaissance in Italien
14. Jh.–1521 Blütezeit der aztekischen Hochkultur im Gebiet des heutigen Mexiko
um 1450 Erfindung des Buchdrucks mit beweglichen Lettern durch Gutenberg
1492 Kolumbus „entdeckt“ Amerika
1494 Vertrag von Tordesillas: Aufteilung überseeischer Kolonien zwischen Spanien und Portugal
1495 Reichsreform
1517 95 Thesen Martin Luthers: Beginn der Reformation
1519–1521 Cortéz erobert Mexiko für Spanien: Zerstörung der Kultur der Azteken
1521 Mit dem Wormser Edikt verhängt Karl V. die Reichsacht gegen Luther
1524/25 Bauernaufstände im Reich
1530 Augsburger Bekenntnis
1532–1536 Die Spanier erobern Peru und zerstören das Reich der Inka
1555 Augsburger Religionsfrieden
1576 Jean Bodin, *Les six livres de la république*
17./18. Jh. Aufklärungsbewegung in Europa
1618–1648 Dreißigjähriger Krieg in Europa; endet mit dem Westfälischen Frieden
1633 Prozess gegen Galileo Galilei
1651 Thomas Hobbes, *Leviathan*
1661–1715 Ludwig XIV., König von Frankreich
1740–1786 Friedrich II., König von Preußen
1762 Jean-Jacques Rousseau, *Emile*
1756–1763 Siebenjähriger Krieg

Anwendungsaufgabe

M2 Aus einer Vorlesung des Dominikaners und Theologieprofessors Francisco de Vitoria, 1538

Es gibt sieben unbegründete und sieben oder acht begründete und rechtmäßige Titel [für die Unterwerfung der Eingeborenen], die man vorbringen könnte.

Der erste könnte lauten: Der Kaiser ist der Herr der Welt. Der Kaiser ist aber nicht Herr der Welt. Beweis: Herrschaft kann nur auf natürlichem oder göttlichem oder menschlichem Recht beruhen, aber nach keinem dieser hat er Anspruch auf die Weltherrschaft. [...]

Der zweite Rechtstitel, auf den man sich beruft [...], wird auf den Papst zurückgeführt. Man sagt nämlich, der Papst sei Herr der ganzen Welt auch in zeitlichen Dingen, infolgedessen habe er auch die spanischen Könige zu Fürsten der Eingeborenen einsetzen können, und so sei es dann geschehen. [...] Ich antworte hierauf ganz kurz mit folgenden Thesen: Erstens ist der Papst nicht weltlicher und zeitlicher Herr des Erdkreises, wenn man von Herrschaft und staatlicher Gewalt an sich spricht. [...] Drittens hat der Papst zeitliche Gewalt nur zugunsten der geistlichen Dinge, d.h. soweit es zur Verwaltung der geistlichen Angelegenheiten erforderlich ist. [...] Über die Ungläubigen aber hat er keine geistliche Gewalt, demnach auch keine weltliche. [...] Aus dem Gesagten wird klar, dass die Spanier bei ihrer ersten Fahrt in die Länder der Eingeborenen keinerlei Rechte besaßen, deren Gebiete in Besitz zu nehmen.

Man könnte sich noch auf einen anderen Titel stützen, auf das Recht der Entdeckung, und dies war ursprünglich auch der einzige, auf den man sich berief. [...] Aber über diesen dritten Titel brauchen wir nicht viele Worte zu verlieren, da [...] die Eingeborenen die rechtmäßigen Herren waren, nach öffentlichem wie privatem Recht. [...]

Als vierter Rechtstitel wird der Fall vorausgesetzt, dass die Eingeborenen den christlichen Glauben nicht annehmen wollen, selbst wenn er ihnen dargeboten wird und sie inständig ermahnt werden, ihn zu ergreifen. [...]

Antwort: 1. Ehe die Eingeborenen etwas über den christlichen Glauben gehört hatten, waren sie auch nicht wegen ihres Nichtglaubens an Christus der Sünde des Unglaubens verfallen. [...] 5. Ich bin nicht hinreichend sicher, ob der christliche Glaube [...] den Eingeborenen so vorgetragen und verkündet worden ist, dass sie bei Sündenstrafe zum Glauben verpflichtet wären. [...] Ich habe jedenfalls nichts von Zeichen oder Wundern oder von Beispielen so frommen Lebenswandels gehört, dagegen viel von Ärgernis, wüsten Taten und vielfacher Ruchlosigkeit. [...]

6. Selbst wenn der Glaube den Eingeborenen noch so oft mit einleuchtenden Gründen gepredigt wäre, und sie wollten ihn nicht annehmen, dürfte man sie doch nicht mit Krieg überziehen oder ihrer Güter berauben.

Zit. nach: Wolfgang Lautemann/Manfred Schlenke (Hg.), Geschichte in Quellen, Bd. 3, bsv, München ³1982, S. 82 ff.

M3 Pedro Alvares Cabral ergreift Besitz von Brasilien im Namen Portugals am 22. April 1500, Stich aus dem 19. Jh.

1 Analysieren Sie M 2 im Hinblick auf die Position und Argumentation des Autors gegenüber dem Rechtsanspruch der Spanier auf die Länder der „Neuen Welt".

2 Ordnen Sie die Quelle in den historischen Zusammenhang ein, indem Sie die spanische Kolonialherrschaft in Mittel- und Südamerika charakterisieren.

3 Erörtern Sie auf der Grundlage Ihrer Arbeitsergebnisse die rechtliche Stellung der amerikanischen Ureinwohner. Beziehen Sie in Ihre Argumentation auch die Forderungen brasilianischer Indianer vom April 2007 nach Umsetzung des verfassungsgemäßen Rechtes auf alle traditionell von ihnen besiedelten Gebiete ein.

Epochenbezüge

M4 **Die Entwicklung der europäischen Kolonialreiche bis 1763**

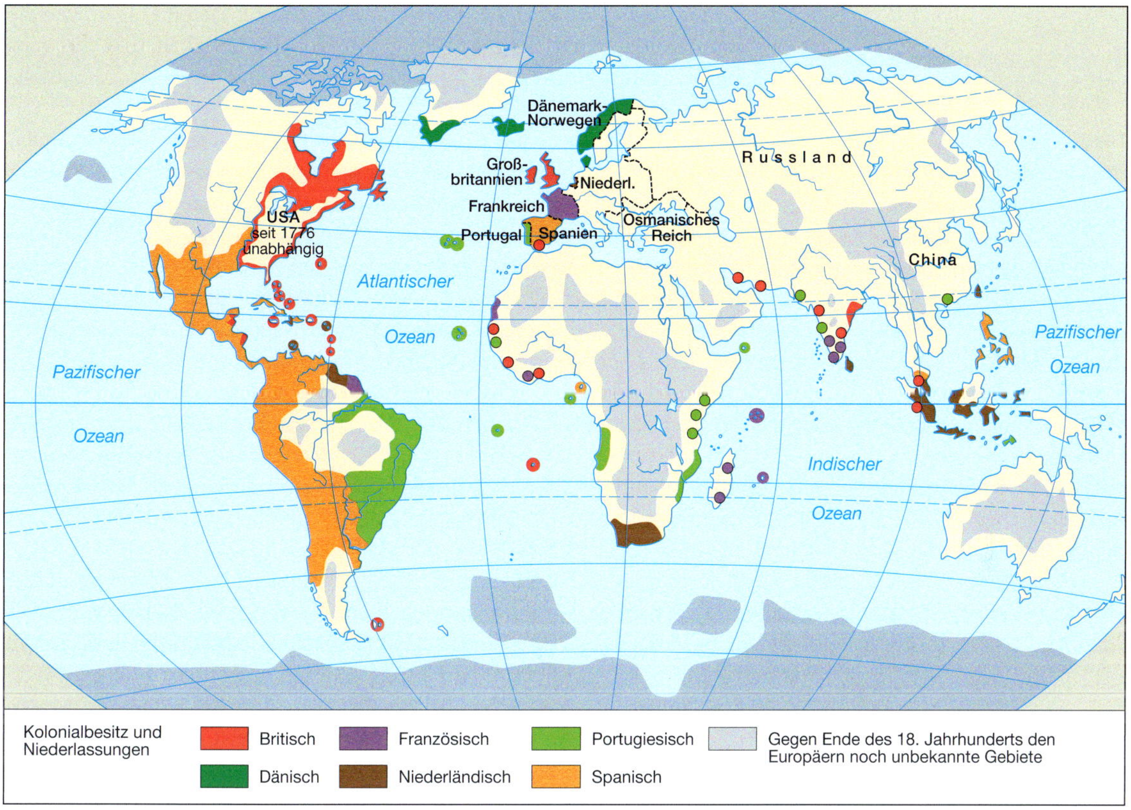

Präsentationsvorschläge

Thema 1:
Die Bauernaufstände – eine frühbürgerliche Revolution?
Bereiten Sie einen Vortrag über die Ursachen, den Verlauf und die Ergebnisse der Bauernaufstände vor.

Literaturtipp
Peter Blickle, Der Bauernkrieg, München [2]2002

Internettipp
www.historicum.net/themen/bauernkrieg/einfuehrung/

Thema 2 (fächerverbindend):
Die Kunst der Renaissance – Mittelalterliche Tradition oder Aufbruch in die Moderne?
Bereiten Sie eine folien- oder powerpoint-gestützte Präsentation über die Veränderungen in der Malerei zwischen Mittelalter und Moderne an ausgewählten Beispielen vor.

Literaturtipp
Peter Burke, Die europäische Renaissance. Zentren und Peripherie, München 1998

Thema 3 (Geschichte global):
Die indianischen Hochkulturen vor der „Entdeckung" durch die Europäer
Arbeiten Sie am Beispiel der Maya, Inka oder Azteken einen Vortrag über die Kulturen der amerikanischen Indianer aus.

Literaturtipp
Catherine Julien, Die Inka, München [4]2007
Hanns J. Prem/Ursula Dyckerhoff, Das alte Mexiko, München 1986
Berthold Riese, Die Maya. Geschichte, Kultur, Religion, München [6]2006

Internettipp
www.indianer-welt.de/meso/index.htm

Warum eroberten nicht die Inka Spanien?

Die Entdeckung, Eroberung und Kolonialisierung der Neuen Welt im 15.–17. Jahrhundert führten zur Europäisierung der Erde (s. S. 152 ff.). Deren Folgen, wie die Zerstörung der indigenen Kulturen, die politische Abhängigkeit und die wirtschaftliche Ausbeutung durch die Europäer, sind mitverantwortlich für aktuelle Probleme der betroffenen Länder.

Zu einem Symbol der europäischen Expansion in Übersee wurde die Gefangennahme des letzten unabhängigen Inka-Königs Atahualpa durch den Spanier Pizarro 1532 in der peruanischen Stadt Cajamarca (M 2 a, b und c). Die Faktoren, die Pizarro in die Lage versetzten, mit etwa 200 Soldaten auf fremdem Territorium Atahualpa mit seinem Heer von ca. 80 000 Soldaten zu unterwerfen und in der Folge das Inka-Reich zu kolonisieren, sind identisch mit den Voraussetzungen vergleichbarer Siege über andere Zivilisationen der Neuen Welt: Die Spanier verfügten über eine überlegene Militärtechnik mit Kanonen und Waffen aus Stahl, Kenntnisse in Schiffbau und Navigation, eine zentralistische politische Ordnung, die die neuesten wissenschaftlichen Erkenntnisse für ihre Dienste nutzte, sowie eine Schriftsprache zur effektiven Verwaltung und schnellen Verbreitung von Informationen. Sie setzten Pferde ein und profitierten langfristig von der Dezimierung der einheimischen Bevölkerung als Folge eingeschleppter Infektionskrankheiten europäischer Herkunft.

Warum jedoch, fragt der amerikanische Evolutionsbiologe Jared Diamond in diesem Kontext, verfügten die Europäer und nicht die Völker der Neuen Welt über diese Voraussetzungen? Zur Beantwortung vergleicht Diamond die eurasischen und indigenen Gesellschaften im Jahr 1492 (M 3) und untersucht deren Entwicklung in den Jahren zuvor (M 4 a und b). Er weist nach, dass die Eroberung Amerikas durch die Europäer die Kollision zweier langer, zumeist getrennter Entwicklungen darstellte. Erst die Aufdeckung der „eigentlichen Ursachen“ für den Sieg der Europäer über die Indios führt zur Beantwortung der Frage, warum die Geschichte diesen und nicht den umgekehrten Verlauf nahm, warum nicht die Indios Europa eroberten.

1492 „Entdeckung“ Amerikas durch Kolumbus
1494 Aufteilung der Welt zwischen Spanien und Portugal im Vertrag von Tordesillas durch Papst Alexander VI.
1497 Entdeckung des östlichen Seeweges nach Indien durch Vasco da Gama
1500 Landung Pedro Cabrals an der Küste Brasiliens
1519–1521 Eroberung des Azteken-Reiches durch Hernán Cortés
1531–1533 Eroberung des Inka-Reiches durch Francisco Pizarro

M 1 **Amerika und Europa, Karikatur aus Südamerika, 1992**

Der Text auf dem Schild heißt übersetzt: „Die amerikanischen Ureinwohner entdecken die neue Welt ...!“ Der amerikanische Häuptling sagt: „Hey! Das wird ein großartiger Ort sein, sobald wir diese Leute beseitigt, sie ihres Landes beraubt und ihre Kultur zerstört haben!“

M2 Die Begegnung zwischen dem Inka-Herrscher Atahualpa und den Spaniern

a) Pedro Pizarro, ein Vetter Francesco Pizarros, folgte diesem 1530 nach Peru und diente ihm als Page. 1572 schreibt er in einem Augenzeugenbericht:

Sobald Don Francisco Pizarro sah, dass Atahualpa sich der Plaza näherte, schickte er den Mönch Vicente de Valverde [...], Hernando de Aldana [...] und den Dolmetscher Don Martinillo zu ihm hin. Sie sollten ihn im Namen Gottes und des Königs auffordern, sich dem Gesetze Jesu Christi und dem Dienst S.M. zu unterwerfen; der Marqués [F. Pizarro] würde ihn wie einen Bruder halten und es nicht dulden, dass ihm Leid oder Schaden in seinem Land zustoße.

Als der Mönch vor Atahualpas Sänfte stand, teilt er ihm mit, wozu er gekommen sei, und predigte ihm das heilige Evangelium; der Dolmetscher übersetzte. Atahualpa verlangte es zu sehen, der Mönch reichte ihm das verschlossene Buch hinauf. Der Inca mühte sich vergebens, es zu öffnen, und warf es auf den Boden. Atahualpa rief Aldana zu, er solle näherkommen und ihm sein Schwert geben. Aldana zog es aus der Scheide, zeigte es ihm, wollte es ihm aber nicht geben. Da rief Atahualpa, sie seien Räuber und Schurken, und er werde sie alle töten.

Lieselotte und Theodor Engl, Die Eroberung Perus in Augenzeugenberichten, dtv, München 1975, S. 98

b) Der peruanische Chronist Guaman Poma de Ayala (um 1550–um 1615) beschreibt die Begegnung 1615:

Da begannen Don Francisco Pizarro und Don Diego de Almagro durch den Dolmetsch Felipe [...] zu ihm zu sprechen. Er sagte ihm, er sei Botschafter und Gesandter eines großen Herrschers und er solle sein Freund werden, nur deshalb sei er gekommen. Der Inca verfolgte mit großer Aufmerksamkeit, was Don Francisco Pizarro und dann der Dolmetsch Felipe, der Indio, sagten, und antwortete mit großer Majestät, dass es wohl wahr sein möge, dass sie aus so fernen Ländern als Botschafter gekommen seien, und er glaube auch, dass sie von einem großen Herrscher kämen, doch er müsse keine Freundschaften schließen, denn auch er sei ein großer Herrscher in seinem Reich.

Nach dieser Antwort brachte Fray Vicente sein Anliegen vor, er trug in der rechten Hand ein Kreuz und in der linken das Brevier. Und er sagte zu Atahualpa Inca, auch er sei ein Botschafter und Gesandter eines anderen Herrschers, der ein großer Freund Gottes sei, und er solle nun dessen Freund werden und das Kreuz anbeten und an das Evangelium Gottes glauben und sonst nichts anbeten, denn alles andere sei Blendwerk. Atahualpa Inca antwortete und sagte, er müsse nichts anbeten als die Sonne, die niemals stirbt [...]. Darauf fragte der Inca Fray Vicente, wer ihm das gesagt hätte. Fray Vicente antwortete, das Evangelium, das Buch habe es ihm gesagt, und Atahualpa sagte: „Gib es mir, das Buch, damit es selbst es mir sage." Und so gab er es ihm, und er nahm es in die Hände, und begann, die Blätter des Buches genau zu betrachten. Darauf sagte der Inca, mit großer Majestät auf seinem Thron sitzend: „Warum sagt es mir nichts und spricht nicht zu mir, dieses Buch?" Und Inca Atahualpa schleuderte das Buch aus seinen Händen.

Da stimmte Fray Vicente ein Geschrei an und sagte: „Hierher, Caballeros, auf sie, diese heidnischen Indios sind gegen unseren Glauben!" [...]

Und sogleich feuerten die Caballeros ihre Hakenbüchsen ab und begannen das Scharmützel, und die Soldaten töteten Indios wie Ameisen, und da sie erschrocken waren wegen der Hakenbüchsen und wegen des Lärms der Schellen und der Waffen und zum ersten Mal nie gesehene Menschen sahen, und da der Platz von Cajamarca voller Indios war, stürzten sie die Einfriedungsmauern des Platzes von Cajamarca um. [...] [U]nd es starben so viele Indios, dass man sie nicht zählen konnte. [...] Und so ergriffen Don Francisco und Don Diego de Almagro besagten Atahualpa Inca und zerrten ihn von seinem Thron herab, ohne ihn zu verletzen, und er wurde in Fesseln und von Spaniern bewacht bei dem Hauptmann Don Francisco Pizarro gefangen gehalten.

Emir Rodríguez Monegal (Hg.), Die neue Welt. Chroniken Lateinamerikas von Kolumbus bis zu den Unabhängigkeitskriegen, Suhrkamp, Frankfurt/M. 1982, S. 219 ff.

c) Federzeichnung des Guaman Poma de Ayala, Peru, um 1600

M3 Der amerikanische Evolutionsbiologe Jared Diamond vergleicht die eurasischen und indianischen Gesellschaften im Jahr 1492, 2006

Beginnen wir mit der Nahrungserzeugung, einem wichtigen Bestimmungsfaktor lokaler Bevölkerungsgröße und gesellschaftlicher Komplexität, die somit einen der eigentlichen Faktoren hinter dem Eroberungsgeschehen darstellt. Der auffallendste Unterschied zwischen amerikanischer und eurasischer Nahrungserzeugung zeigte sich in der Bedeutung großer domestizierter Säugetiere [...], die in Eurasien zu den wichtigsten Lieferanten von tierischem Eiweiß (Fleisch und Milch), Wolle, Häuten und Fellen, zum Haupttransportmittel für Personen und Güter, zum unverzichtbaren Mittel der Kriegsführung und (als Zugtiere und Düngerlieferanten) zum wertvollen Helfer in der Landwirtschaft wurden. Bevor im Mittelalter Wasser- und Windmühlen die eurasischen Säugetiere ablösten, waren diese neben menschlicher Muskelkraft zudem wichtige Lieferanten von „industrieller" Energie, beispielsweise beim Drehen von Schleifsteinen und bei der Wasserförderung aus Brunnen. Demgegenüber besaßen Nord- und Südamerika nur eine einzige große domestizierte Säugetierart, das Lama/Alpaka, dessen Verbreitungsgebiet auf einen kleinen Teil der Anden und die Küste Perus beschränkt war. Zwar diente es als Fleisch-, Woll- und Fell-Lieferant sowie als Lasttier, es ließ sich aber nicht melken, trug niemals einen Reiter, zog weder Karren noch Pflug, spendete keine Energie und fand auch keine kriegerische Verwendung. [...] Eurasien und Nord- und Südamerika unterschieden sich auch im Hinblick auf die Erzeugung pflanzlicher Nahrung voneinander, wenngleich der Unterschied hier weniger ausgeprägt war als bei tierischer Nahrung. In Eurasien war die Landwirtschaft im Jahr 1492 weit verbreitet. Nur in wenigen Gebieten lebten noch Jäger und Sammler, die weder Anbaupflanzen noch Haustiere besaßen. [...] Auch in Nord- und Südamerika wurde vielerorts Landwirtschaft betrieben, doch verglichen mit Eurasien war ein viel größerer Teil des Landes von Jägern und Sammlern bewohnt. [...] In jenen Teilen Nord- und Südamerikas, in denen die Landwirtschaft schon länger existierte, wies sie fünf schwerwiegende Nachteile gegenüber ihrem eurasischen Pendant auf: starke Abhängigkeit von Mais, einer eiweißarmen Pflanze (im Gegensatz zu Eurasiens diversen eiweißreichen Getreidearten); mühsames Einpflanzen der Saat von Hand (statt Breitsaat); Feldbestellung per Hand (statt durch Pflügen mithilfe von Zugtieren, wodurch eine einzelne Person ein viel größeres Stück Land bearbeiten kann und die Bestellung fruchtbarer, aber harter Böden und Soden ermöglicht wird ...); Fehlen von tierischem Dünger zur Ertragssteigerung; Verrichtung landwirtschaftlicher Tätigkeiten wie Dreschen, Mahlen und Bewässern ausschließlich mit menschlicher (statt tierischer) Muskelkraft. All diese Unterschiede lassen darauf schließen, dass die eurasische Landwirtschaft im Jahr 1492 durchschnittlich mehr Kalorien und Eiweiß pro investierter Arbeitsstunde erzeugte als die indianische.

Diese Unterschiede sind von großer Bedeutung für die Erklärung der Ungleichheit eurasischer und indianischer Gesellschaften. Die wichtigsten unmittelbaren Faktoren, die aus ihnen resultierten, waren Unterschiede in Bezug auf Krankheitserreger, Technik, politische Organisationsformen und Schrift. [...] Den unmittelbarsten Zusammenhang zwischen einzelnen Faktoren gab es bei Krankheitserregern und Landwirtschaft. Zu den Infektionskrankheiten, von denen eurasische Gesellschaften mit hoher Bevölkerungsdichte regelmäßig heimgesucht wurden und gegen die viele Eurasier folglich eine Immunabwehr entwickelten oder erbliche Abwehrkräfte besaßen, zählte das ganze Spektrum der verheerendsten Krankheiten der Geschichte: Pocken, Masern, Grippe, Pest, Tuberkulose, Fleckfieber, Cholera, Malaria und einige weitere. [...] Die Unterschiede in Bezug auf Krankheitserreger waren paradoxerweise das Resultat von Unterschieden in der Ausstattung mit ansonsten äußerst nützlichen Haustieren. Die meisten der Mikroben, auf deren Konto Infektionskrankheiten in Gesellschaften mit hoher Bevölkerungsdichte gehen, entwickelten sich im Laufe der Evolution aus Vorläufern, die Auslöser von Infektionskrankheiten bei Haustieren waren, mit denen bäuerliche Bevölkerungen ab der Zeit vor etwa 10 000 Jahren in dauerndem innigem Kontakt standen. Da Eurasien mit zahlreichen Haustierarten gesegnet war, entwickelten sich dort entsprechend viele derartige Mikroben, während in Nord- und Südamerika weder Haustiere noch von diesen übertragene Mikroben stark vertreten waren. [...] Abgesehen von Krankheitserregern und technischem Entwicklungsstand unterschieden sich die eurasischen und indianischen Gesellschaften auch in der politischen Organisation. Im ausgehenden Mittelalter war der größte Teil der Fläche Eurasiens unter kleineren und größeren Staaten aufgeteilt. Etliche davon, so die Staaten der Habsburger, der Osmanen und der Chinesen, [...] waren vielsprachige Gebilde, deren Ursprung in der Eroberung anderer Staaten lag und die wir deshalb gemeinhin als „Reiche" bezeichnen. [...] Zwei Reiche in Nord- und Südamerika, das der Azteken und das der Inkas, ähnelten ihren eurasischen Pendants in Bezug auf Größe, Bevölkerungszahl, Vielsprachigkeit, offizielle Religion und den Ursprung in der Eroberung kleinerer Staaten. Neben ihnen existierten in der Neuen Welt keine weiteren politischen Gebilde, die in der Lage waren, Mittel und Kräfte für öffentliche Bauten oder Kriege in einem solchen Umfang zu mobilisieren, wie es viele eurasischen Staaten vermochten. [...] In allen übrigen Regionen Amerikas ging der politische Zusammenschluss der Bewohner nicht über die Ebene von Stammesgemeinschaften oder Jäger-Sammler-Gruppen hinaus.

Jared Diamond, Arm und Reich. Die Schicksale menschlicher Gesellschaften, aus dem Amerikanischen von Volker Englich, Fischer Taschenbuchverlag, Erweiterte Neuausgabe, Frankfurt/M. 2006, S. 438 ff.

M4 Die eurasischen und indianischen Gesellschaften vor 1492

a) Entwicklungsschritte im globalen Vergleich

Die Tabelle fasst eine große Zahl komplexer historischer Informationen vereinfacht zusammen.

Entstehung/Einführung von	Eurasien[1]			Amerika vor Ankunft der Europäer		
	Fruchtbarer Halbmond[2]	China	England	Anden	Amazonas	Mesoamerika
Pflanzendomestikation	8500 v. Chr.	um 7500 v. Chr.	3500 v. Chr.	um 3000 v. Chr.	3000 v. Chr.	um 3000 v. Chr.
Tierdomestikation[3]	8000 v. Chr.	um 7500 v. Chr.	3500 v. Chr.	3500 v. Chr.	?	300 v. Chr.
Dörfer	3000 v. Chr.	um 7500 v. Chr.	3000 v. Chr.	3100–1800 v. Chr.	6000 v. Chr.	1500 v. Chr.
Häuptlingsreiche	5500 v. Chr.	4000 v. Chr.	2500 v. Chr.	um 1500 v. Chr.	1 n. Chr.	1500 v. Chr.
Kupfer-/Bronzewerkzeuge	4000 v. Chr.	2000 v. Chr.	2000 v. Chr.	1000 v. Chr.	–	–
Staaten	3700 v. Chr.	2000 v. Chr	500 n. Chr.	1 n. Chr.	–	300 v. Chr.
Schrift	3200 v. Chr.	um 1300 v. Chr.	43 n. Chr.	–	–	600 v. Chr.
Eisenwerkzeuge	900 v. Chr.	500 v. Chr.	650 v. Chr.	–	–	–

Nach: Jared Diamond, a. a. O., S 448

1 Festland von Europa und Asien
2 Fruchtbare Steppenlandschaft auf dem Gebiet der heutigen Staaten Jordanien, Irak, Syrien und Türkei
3 In den Zahlen nicht enthalten ist der Hund, der sowohl in Eurasien als auch in Nord- und Südamerika früher domestiziert wurde als Tiere, die als Nahrungslieferanten dienten.

b) Unterschiede in Landwirtschaft und Schrift

Neben Eurasiens früherem Start und seinen Tier- und Pflanzenarten trug auch die leichtere Ausbreitung von Tieren, Pflanzen, Ideen, Techniken und Menschen zur Beschleunigung der dortigen Entwicklungen bei. Die Ursache liegt in verschiedenen geografischen und ökologischen Faktoren. [...] Anders als in Eurasien mit seiner relativ konstanten Breite entlang der gesamten Ost-West-Ausdehnung verengt sich die Neue Welt in Mittelamerika und besonders in Panama zu einem Nadelöhr. Nicht zuletzt waren Nord- und Südamerika auch durch Gebiete, die sich für landwirtschaftliche Zwecke oder eine dichte menschliche Besiedlung nicht eigneten, stärker gegliedert. [...] Einige Konsequenzen dieser inneramerikanischen Barrieren verdienen besondere Erwähnung. So fand die Landwirtschaft vom Südwesten der USA und vom Mississippital nie den Weg zu den heutigen amerikanischen Kornkammern in Kalifornien und Oregon, deren indianische Bewohner Jäger und Sammler blieben, weil es ihnen schlichtweg an geeigneten Anbaupflanzen und Haustieren mangelte. [...] Ebenso bemerkenswert wie die Auswirkungen der Barrieren auf die Ausbreitung von Anbaupflanzen und Haustieren waren ihre Folgen in anderen Bereichen der menschlichen Zivilisation. Alphabete, deren Ursprung letztendlich im östlichen Mittelmeerraum lag, wurden von allen komplexen Gesellschaften in Eurasien – außer in einigen Regionen Ostasiens, in den sich Ableger des chinesischen Schriftsystems etablierten – übernommen, von England bis nach Indonesien. Demgegenüber fanden die Schriftsysteme Mesoamerikas, die einzigen der Neuen Welt, nie den Weg zu den Zivilisationen im Andenhochland und im Osten der USA, wo sie womöglich auf fruchtbaren Boden gefallen wären. Das in Mesoamerika erfundene Rad, das dort als Spielzeug Verwendung fand, erhielt nie Gelegenheit, sich mit dem in den Anden domestizierten Lama zusammenzutun, um der Neuen Welt zu Fortbewegung auf Rädern zu verhelfen.

Jared Diamond, a. a. O., S. 452 ff.

1 Analysieren Sie die Karikatur M 1 (s. auch Methodenseite S. 244 f.). Formulieren Sie einen eigenen Titel.
2 Vergleichen Sie die Darstellungen der Spanier und der Inka über die Begegnung zwischen Pizarro und Atahualpa (M 2 a, b und c).
3 Werten Sie M 3 und M 4 a–b aus, indem Sie die Untersuchungsergebnisse des Autors in einer Tabelle kriterienorientiert gegenüberstellen.
4 Stellen Sie die verschiedenen Ursachen in einer bzw. mehreren Kausalketten grafisch dar und präsentieren Sie Ihr Schaubild im Kurs.
5 Diskutieren Sie die unmittelbaren und langfristigen Folgen der europäischen Expansion für die Zivilisationen in der Neuen Welt (s. S. 152 ff.).

Von der National- zur Weltgeschichte

Die Historikerin Ursula Lehmkuhl und der Historiker Peer Schmidt begründen am Beispiel der Frühen Neuzeit, warum eine Ausweitung der nationalen Geschichtsschreibung auf eine globalhistorische Perspektive notwendig ist (2006):

Die weltpolitische Wende des Jahres 1989 mit dem Fall der Mauer und dem Ende der bipolaren Weltordnung hat die Rahmenbedingungen für Politik, Wirtschaft, Gesellschaft und Kultur stark verändert. Manche der seitdem deutlich werdenden Umwälzungen waren allerdings bereits vor diesem Epochenjahr spürbar. So hat nicht erst das Ende der Blockkonfrontation die Einsicht wachsen lassen, dass am Ende des 20. Jahrhunderts keine Macht mehr den Anspruch erheben kann, kulturelle Standards mit universalem Anspruch definieren zu können. Stattdessen müssen wir heute erkennen, dass die gegenwärtige Welt in eine Reihe von Kulturräumen mit jeweils eigenen historischen Erfahrungen aufgefächert ist.

Verbunden sind diese Weltregionen durch einen die Kontinente umspannenden Austausch von Kapital und Gütern, der von den Nationalstaaten kaum mehr zu kontrollieren ist und für den man heute den Begriff „Globalisierung“ verwendet. Er bezeichnet aber nicht nur rein ökonomische Erscheinungen. Dieser Prozess erfasst die Individuen selbst, die von der raschen Ausbreitung von Informationen und sich angleichenden Lebensstilen betroffen sind. Die transnationale, d. h. über die Staaten hinweggreifende Vernetzung der Weltregionen hat in solchem Maße zugenommen, dass heute immer häufiger von der Entwicklung einer Weltgesellschaft gesprochen wird.

Sich mit den Problemen von Multipolarität, Globalisierung und Internationalisierung zu befassen, gehört zu den drängenden Aufgaben unserer Zeit. Dieser Herausforderung muss sich auch die Geschichtswissenschaft stellen. Dies gilt insbesondere für die Frühneuzeitforschung, die hier eine besondere Rolle spielen kann, wirft doch die aktuelle Auseinandersetzung mit den Erscheinungen und Folgen der globalen Weltordnung die Frage nach deren Ursprüngen auf.

Die Anfänge der Globalisierung reichen bis ins Spätmittelalter zurück, als sich der Prozess der europäischen Expansion anbahnte, der am Ende des 16. Jh. einen ersten Abschluss fand. Die europäischen seefahrenden Nationen – v. a. Portugal, Spanien, Holland, England sowie in geringerem Maße Frankreich – segelten nunmehr regelmäßig auf den Weltmeeren und verbanden damit die Kontinente. Diese Fahrten und die Begegnungen mit den als fremdartig empfundenen Kulturen hatten unmittelbare geistige und materielle Folgen für das frühneuzeitliche Europa. So entstand aus der Debatte um die Natur des amerikanischen Ureinwohners das moderne Völkerrecht, das die spanischen Dominikaner Francisco de Vitoria (1483–1546), Domingo de Soto (1495–1560) und Francisco Suarez (1548–1617) („Schule von Salamanca“) entwickelten. Dabei erkannten sie unter Verweis auf antike Vorbilder an, dass auch nichteuropäische, „heidnische“ Völker prinzipiell eine sittliche Ordnung aufwiesen. [...]

Die in der Frühen Neuzeit einsetzende Vernetzung wurde sehr stark von wirtschaftlichen Aspekten beeinflusst. Im ökonomischen Bereich ist z. B. die Edelmetallproduktion aus dem kolonialen Iberoamerika zu nennen – Silber aus Mexiko und Peru/Bolivien sowie v. a. zwischen 1690 und 1750 brasilianisches Gold; Iberoamerika war der größte Edelmetallproduzent der Frühen Neuzeit. Das aus Amerika stammende Silber und Gold verblieb aber nicht vollständig in der europäischen Wirtschaft, vielmehr benötigten die europäischen Überseehändler das amerikanische Edelmetall zur Bezahlung asiatischer Waren, z. B. für Gewürze und Textilien. Ferner gelangte über die sog. Manilaflotte amerikanisches Edelmetall von Mexiko aus nach Asien. Insbesondere in China wurde der mexikanische Silberpeso seit dem 17. Jh. zur Leitwährung. So entstand bereits in der Frühen Neuzeit ein erster Handels- und Kapitalaustausch über die Kontinente hinweg, der an die wirtschaftliche Vernetzung von heute denken lässt. [...] Der seit der Frühen Neuzeit angelegte, erst in jüngster Zeit aber für alle sichtbare Prozess der Globalisierung zwingt dazu, sich mit der Geschichte und Kultur anderer Weltregionen auseinanderzusetzen. [...]

Damit ist nun auch die Frage angesprochen, welche neuen Perspektiven sich aus der derzeitigen Debatte über „Globalisierung“ für die Beschäftigung mit der Frühen Neuzeit ergeben. Zunächst wäre die bislang gebrauchte Begrifflichkeit der „außereuropäischen“ Geschichte zu verabschieden, da sie viel zu eurozentristisch ist. „Außer-Europa“ – das ist im Grunde die gesamte Welt! Daher wäre diese Bezeichnung, die bislang gleichsam als Dach gebraucht wurde, durch den Begriff „Weltgeschichte“ zu ersetzen, in dem freilich Europa nur noch einen Teil darstellt.

Zeitlich zeigt diese Skizze bereits auf, dass zwar die Frühneuzeitforschung hier in besonderer Weise angesprochen ist, dass sie jedoch über übliche Periodisierungsgrenzen hinweg in sehr viel engeren Verbund mit der Erforschung der nachfolgenden Jahrhunderte tritt. [...] Bei der Beschäftigung mit anderen Weltreligionen kann es nicht mehr nur um den Kulturkontakt gehen, der seit den 1970er-Jahren besonders intensiv behandelt wurde. Vielmehr wird es zukünftig auch darauf ankommen, die Entwicklung der Kulturräume in vergleichender Perspektive zu erforschen.

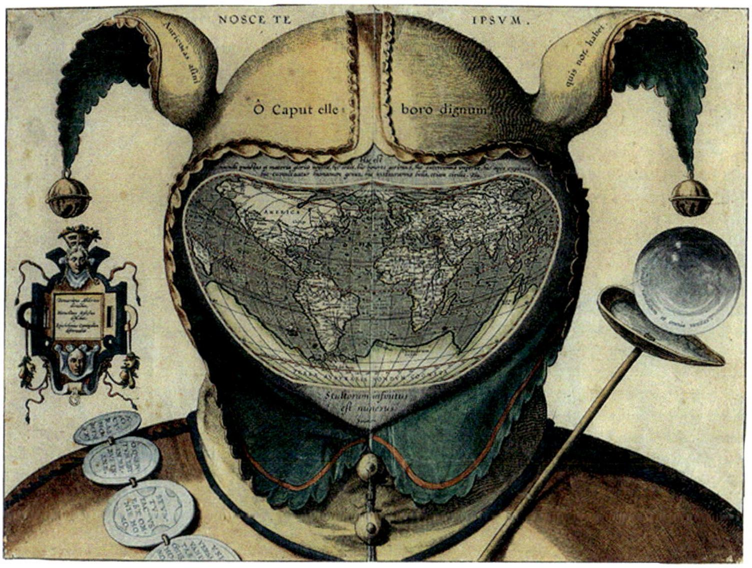

M 1 Die Welt unter der Narrenkappe, anonymer Kupferstich, um 1600

In der Regel standen die Humanisten den Mitteilungen über die Entdeckungsfahrten interessiert und aufgeschlossen gegenüber. Der unbekannte Künstler dieses Stichs hat jedoch dem neuen Weltbild eine Narrenkappe übergestülpt. In dieser Welt, so der Schriftzug auf ihr, streben wir nach Ruhm, Ehre und Macht, hier sorgen wir für Unruhe und brechen Kriege vom Zaun. Über der Darstellung steht „Nosce te ipsum" (Erkenne dich selbst).

Dabei ist man inzwischen auch von der anfangs etwas triumphalistischen Darstellung der europäischen Expansion unter dem Stichwort „Europäisierung der Erde" abgerückt. Ebenso vermeidet man die Verurteilung, wie sie zum Beispiel in den Begriffen der „Ausbeutung" und des „Kolonialismus" enthalten ist, Letzterer ein Terminus, der ohnehin äußerst problematisch für die Frühe Neuzeit ist. Stattdessen wird man sich vielmehr den Widerständen gegen die Europäer widmen, oder aber man fragt – wie im Falle Amerikas – nach dem Fortleben der indianischen Kulturen unter den Bedingungen der europäischen Kolonialherrschaft. Insgesamt richtet sich heute das Augenmerk vor allem auch auf die mitgestaltende und eigenständige Rolle der Völker, mit denen die Europäer seit dem 15. und 16. Jh. in Kontakt kamen.

Inhaltlich ist z.B. generell danach zu fragen, warum einige Kulturen eine gewisse Resistenz gegenüber westlichen Werten entwickelten. Welche Faktoren erweisen sich im interkulturellen Vergleich als modernitätsfördernd und welche als hemmend? War die Individualisierung, die wir für die okzidentale Welt als so zentral diskutieren, wirklich nur ein auf Europa und die USA beschränktes Phänomen? [...]

Für die Frühneuzeitforschung, die sich gerade in den letzten Jahrzehnten verstärkt um eine europäische Perspektive bemüht hat, ergibt sich hiermit ein weiteres Spannungsfeld: Dieses entwickelt sich zwischen lokal- und regionalgeschichtlichen Studien einerseits [...] und der Einbeziehung globaler Strukturen andererseits. Sicherlich muss sich die künftige Forschung weiterhin der eigenen, insbesondere der lokalen und regionalen Geschichte widmen. Dieses Bedürfnis tritt gerade auch angesichts der Zunahme weltgeschichtlicher Institutionen und Strukturen im Hinblick auf die Entwicklung und Stabilisierung der eigenen Identität in kultureller und politischer Hinsicht sehr deutlich hervor. Des Weiteren muss die Forschung sich vergegenwärtigen, dass dabei kaum „allgemeine" Ergebnisse zu erwarten sind. Bei generalisierenden Aussagen zur Entwicklung der frühneuzeitlichen Gesellschaft und dem daraus folgenden Weg in die Moderne muss einem klar sein: Der Allgemeinheitsanspruch, der aus der ausschließlichen Beschäftigung mit der eigenen nationalen Geschichte abgeleitet wird, lässt sich nicht mehr halten.

Ursula Lehmkuhl/Peer Schmidt, Globalisierung, in: Anette Völker-Rasor (Hg.), Frühe Neuzeit, Oldenbourg, München 2006, S. 307–314, hier S. 310–312

1 Nach Auffassung der Autoren muss sich auch die Geschichtswissenschaft mit den Problemen von Multipolarität, Globalisierung und Internationalisierung auseinandersetzen. Dies gelte insbesondere für die Frühneuzeitforschung. Erarbeiten Sie, wie die Autoren ihre Forderung begründen.

2 Nehmen Sie Stellung zum Fazit der Autoren: „Der Allgemeinheitsanspruch, der aus der ausschließlichen Beschäftigung mit der eigenen nationalen Geschichte abgeleitet wird, lässt sich nicht mehr halten."

Zur Aktualität des 19. Jahrhunderts

Fremdheit und Nähe

Vielen Menschen ist heute die Welt des 19. Jahrhunderts fremd geworden. Denn seitdem haben sich die Lebensverhältnisse und Lebensformen derart stark verändert, dass kaum noch Ähnlichkeiten zwischen unserer Gegenwart und der Vergangenheit vor zwei Jahrhunderten erkennbar sind. Der Historiker Paul Nolte hat diesen tief greifenden Wandel anschaulich beschrieben: „Gegenüber einer Gesellschaft, die durch Telefon und Kühlschrank, U-Bahnen und Warenhäuser, Werbung und Mode geprägt ist, [...] erscheint die Modernisierung des 19. Jahrhunderts inzwischen als geradezu rückständig: mit ihren ersten Fabriken, mit ihren Bürgern, die gerade aus der Kutsche in die Eisenbahn umstiegen, mit ihren patriarchalisch-traditionellen Verhaltensformen." Doch so fern uns diese Zeit in vielerlei Hinsicht gerückt zu sein scheint, im 19. Jahrhundert wurden entscheidende Fundamente für unsere moderne Zivilisation gelegt. Diese Aktualität der Epoche lässt sich exemplarisch am Beispiel der bürgerlichen Revolutionen, der Industrialisierung und des Nationalismus verdeutlichen.

Bürgerliche Revolutionen

Die Bedeutung der bürgerlichen Revolutionen des ausgehenden 18. und beginnenden 19. Jahrhunderts für die Gegenwart lässt sich an der **Geschichte der Menschenrechte** aufzeigen. Die Einsicht, dass es Rechte gibt, die dem Menschen angeboren, zu seinem Wesen gehören und daher unveräußerlich und unabdingbar sind, gibt es schon seit der Antike – z. B. im christlichen Denken. In der Frühen Neuzeit konnten während der Revolutionen Englands im 17. Jahrhundert wichtige Menschenrechte durchgesetzt werden: Die **Habeas-Corpus-Akte** von 1679 schützte die Menschen vor willkürlicher Verhaftung und sicherte die persönliche Freiheit. Und die **Bill of Rights** von 1689 garantierte ebenfalls die persönliche Freiheit sowie das Eigentum der Bürger. Aber erst die aufklärerischen Naturrechtsdenker des 18. Jahrhunderts verhalfen der Forderung zum Durchbruch, dass sich alle Herrschaftsverhältnisse an der „natürlichen Vernunft" und damit an den Menschenrechten auszurichten haben. Diese Erkenntnis bildete die Voraussetzung dafür, dass umfassende Menschenrechtskataloge zentrale Bestandteile des Staats- und Verfassungsrechts werden konnten. Die Verankerung der Menschenrechte in der **Unabhängigkeitserklärung der Vereinigten Staaten** im Jahre 1776, also während der Amerikanischen Revolution, und die **Erklärung der Menschen- und Bürgerrechte** in der Französischen Revolution von 1789 sind Marksteine bei der Bindung staatlich-politischen Handelns an die Menschenrechte. Dabei ging es um den Schutz der Menschen vor willkürlicher politischer Gewalt bzw. um die Beschränkung staatlicher Macht, also um die Forderung nach Meinungsfreiheit, Versammlungs- und Vereinigungsfreiheit oder auch Glaubens-, Gewissens- und Bekenntnisfreiheit. Alle diese Rechte sichern dem Individuum einen persönlichen Freiheitsraum und schützen ihn vor staatlicher Bevormundung. Für diese Rechte kämpften auch die Bürger in den europäischen Revolutionen der Jahre 1848/49.

Die bitteren Erfahrungen mit den totalitären Diktaturen im 20. Jahrhundert, die Millionen von Menschen aufgrund ihrer politischen, religiösen und moralischen Überzeugungen oder ihrer „Rasse" ermordet haben, verdeutlichen, wie wichtig der Kampf um die Einhaltung der Menschenrechte für ein menschenwürdiges Leben in Freiheit und Selbstbestimmung ist. Diese Erkenntnis liegt auch dem **Grundgesetz der Bundesrepublik Deutschland** zugrunde, das nicht nur mit einem umfangreichen Menschenrechtskatalog beginnt, sondern auch in Artikel 79 des-

sen Abschaffung oder Veränderung ein für allemal verbietet. Und die Umgestaltung der ehemaligen kommunistischen Staaten Osteuropas in Demokratien nach westlichem Vorbild seit dem Zusammenbruch des Sowjetimperiums 1989/90 führte überall zur Aufnahme umfangreicher Menschenrechtskataloge in die neuen Verfassungen.
Die Freiheits- und Gleichheitsforderungen der Menschenrechtskataloge waren und sind ein wesentlicher Bestandteil der Idee einer bürgerlichen Gesellschaft. Sie entstand in den Diskussionen der Aufklärung und prägte die politisch-sozialen Auseinandersetzungen der bürgerlichen Revolutionen im 18. und 19. Jahrhundert. Einige Historiker vertreten die Auffassung, dass der Gesamtentwurf einer bürgerlichen Gesellschaft zwar im 18. Jahrhundert entwickelt worden sei. Er könne jedoch bis in die Gegenwart hinein Gültigkeit beanspruchen und stelle ein umfassendes, bis heute nicht vollständig verwirklichtes Projekt einer modernen Gesellschaft dar (M 2).

Industrialisierung

Die Bundesrepublik Deutschland wie auch die übrigen europäischen Länder sowie Japan und die USA sind längst keine klassischen Industriegesellschaften mehr. In der zweiten Hälfte des 20. Jahrhunderts nahm in diesen Ländern den Anteil der industriellen Produktion ab, während immer mehr Menschen in den Bereichen Handel, Transport, Kommunikation und Dienstleistungen Beschäftigung fanden. Nicht die Fabrik und der Fabrikarbeiter prägen die gegenwärtige Arbeitswelt, sondern das Büro und der Angestellte. In den führenden Industrienationen mehren sich daher die mahnenden Stimmen derer, die befürchten, dass der Wandel ihrer Gesellschaften zu **Dienstleistungs-, Informations- und Wissensgesellschaften** mit einem internationalen Bedeutungsverlust einhergehen könne. Tatsächlich konnten Europa, Japan und die USA im beginnenden 21. Jahrhundert zwar ihre wirtschaftliche und wissenschaftlich-technologische Vorrangstellung aufrechterhalten. Es zeichnet sich jedoch ab, dass andere Länder, allen voran China und Indien, ihre Entwicklungsrückstände überwinden und zu Weltwirtschaftsmächten aufsteigen.
Die **erfolgreiche Industrialisierung** Europas, Japans und der USA auf kapitalistischer, marktwirtschaftlicher Grundlage war die Basis für ihren bisherigen Erfolg. Dadurch überwanden sie während des 19. Jahrhunderts nicht nur Notlagen wie Seuchen, Agrar- und Hungerkrisen sowie Überbevölkerung, sondern sicherten ihrer Bevölkerung auch einen bis dahin unbekannten materiellen Wohlstand. Darüber hinaus erlaubte die ökonomische Rationalität des modernen Industriekapitalismus den Industrienationen eine weitreichende Kontrolle internationaler Märkte und erweiterte ihre machtstaatlichen wie auch militärischen Handlungsspielräume. Der **Aufstieg von China oder Indien** zu führenden weltpolitischen und weltwirtschaftlichen Akteuren im ausgehenden 20. und beginnenden 21. Jahrhundert ist ebenfalls das Ergebnis erfolgreicher Industrialisierungspolitik. Die außerordentliche Dynamik ihrer Volkswirtschaften, die sich in hohen Wachstumsraten niederschlägt, verdanken diese Länder vor allem der Einführung marktwirtschaftlicher Prinzipien.
Wer die gegenwärtige weltpolitische Lage angemessen untersuchen will, muss sich also mit der Industrialisierung und damit auch mit der Geschichte des 19. Jahrhunderts beschäftigen. Die Analyse der deutschen Industrialisierung öffnet dabei den Blick auf ein Land, das zunächst zu den Nachzüglern gehörte, aber bis zum Beginn des 20. Jahrhunderts zu einer der führenden Industrienationen aufstieg. Dieser beschleunigte Wandel wurde von Anfang an begleitet von kontroversen Debatten über Chancen und Risiken der Industriegesellschaft. Hoffnungen und Zukunftsängste prägen auch die Diskussion über die Globalisierung der Ge-

M1 Ein deutscher Militär beobachtet Kapitän Engelhard im Flug über Johannisthal, Fotografie, 1910.

Der Flughafen Johannisthal bei Berlin wurde 1909 als erster deutscher Flugplatz eröffnet und gilt als Wiege der deutschen Luftfahrt. Hier starteten auch die US-amerikanischen Luftfahrtpioniere, die Gebrüder Wright. Für die Fortschritte der Flugzeugtechnik interessierte sich von Anbeginn das deutsche Heer.

genwart. Vielleicht kann die Kenntnis von Gewinnern und Verlieren, Licht- und Schattenseiten der Industrialisierung in der Vergangenheit die aktuelle, hoch emotionalisierte Auseinandersetzung über die Gestaltung der globalisierten Welt etwas versachlichen helfen.

Nation und Nationalismus

Die Begriffe „Nation", „Nationalstaat" und „Nationalismus" wecken nach wie vor starke – positive wie negative – Gefühle. Das zeigte die Vereinigung des geteilten Deutschland am 3. Oktober 1990. Sie hatte bei deutschen wie ausländischen Politikern, Schriftstellern und Publizisten nicht nur Hoffnung und Freude, sondern auch Ängste hervorgerufen. Die Skeptiker befürchteten, das größer und mächtiger gewordene Deutschland könne ähnlich wie das Deutsche Reich von 1870/71 auf Kosten anderer Staaten die Vorherrschaft in Europa anstreben und dadurch Unruhe, vielleicht sogar Unfrieden stiften. Sind die Deutschen, fragten sich einige Pessimisten, nach den bitteren Erfahrungen mit dem übersteigerten Nationalismus des „Dritten Reiches" zwischen 1933 und 1945 wirklich vor einem Rückfall in nationalstaatliche Macht- und Gewaltpolitik sicher?

Die Optimisten argumentierten, dass die Außenpolitik der alten Bundesrepublik Deutschland diese Befürchtungen nachhaltig zerstreut habe. Tatsächlich hatte sich dieser Staat vor 1989/90 als verlässlicher und berechenbarer Partner in der westlichen Staatengemeinschaft erwiesen. Auch das vereinigte Deutschland blieb ein weltoffenes und nach Europa ausgerichtetes Land, das sich den Werten und Normen des demokratischen Westens verpflichtet fühlt.

Diese Debatte wird nur verständlich, wenn man die neuere deutsche Geschichte kennt. Die nationalsozialistische Diktatur in Deutschland hat durch ihre beispiellose Gewalt-, Kriegs- und Vernichtungspolitik die besondere Gefährlichkeit nationaler Ideologie verdeutlicht und dadurch den Nationalismus in Verruf gebracht. Ist der Nationalismus stets mit Aggression und Krieg verbunden? Oder sind nationale Gefühle grundsätzlich mit demokratischen politischen Ordnungen und einer friedlichen Außenpolitik zu vereinbaren? Um sich ein nüchternes und sachliches Urteil über Nation, Nationalstaat und Nationalismus zu bilden, sollte man bis ins 19. Jahrhundert zurückgehen, als die moderne Idee der Nation die Massen ergriff und mobilisierte. Kein anderes Denk- und Verhaltensmuster hat die Menschen seitdem so fasziniert und ihr Handeln bestimmt wie der Nationalismus. Seine historische Analyse kann nicht nur einseitigen und stark verallgemeinernden politischen Werturteilen entgegenwirken, sondern auch das Bewusstsein schärfen für die **Vielfalt und Widersprüchlichkeit nationaler Bewegungen und Institutionen**.

1 Diskutieren Sie die These, im 19. Jahrhundert seien entscheidende Fundamente unserer modernen Zivilisation gelegt worden.

M2 Die Idee der bürgerlichen Gesellschaft – eine bis heute nicht voll eingelöste Utopie?

Dazu schreibt der Historiker Jürgen Kocka 1990:

Im späten 18. und um die Wende zum 19. Jahrhundert beschleunigte sich der längst in Gang befindliche historische Wandel in auffälliger Art und Weise. Die Französische Revolution war nur das Zentrum und die spektakulärste Variante miteinander verknüpfter, epochaler, politischer und gesellschaftlicher Umwälzungen, die westlich wie östlich des Rheins der seit Jahrhunderten existierenden Welt des Feudalismus und der ständischen Gesellschaft einen Stoß versetzten, von dem sie sich nie mehr erholte. Die Konflikte waren hart, es gab Gewinner und Verlierer. Gewerbefreiheit und Marktwirtschaft setzten sich durch, der Kapitalismus gewann an Dynamik, die er ja bei allen inneren Veränderungen bis heute nicht verloren hat. Die in England begonnene Industrialisierung schickte sich an, auf den Kontinent auszustrahlen – in kapitalistischer Form. Sie setzte einen immer weiter ausgreifenden, seitdem nie für länger unterbrochenen, immer neue Zerstörungen und Innovationen hervorbringenden Wachstums- und Wandlungsprozess in Gang, in dessen Verlauf sich das Verhältnis der Menschen zur Natur radikal änderte: als erfolgreicher, den Wohlstand ungemein mehrender, Freiheit und Macht der Menschen vergrößernder Fortschritt wie auch als bisher nicht steuerbarer Prozess, der das menschliche Zerstörungspotenzial gewaltig gesteigert hat und heute die Ressourcen zu verzehren droht, denen er sich mit verdankt. Die Aufklärung wurde praktisch und half, überlieferten Ungleichheitsmustern, Herrschaftsformen und ihren Legitimationen den Boden zu entziehen: Die Säkularisierung schwächte die Macht religiöser Weltdeutungen und ihrer institutionellen Träger, der Kirchen. Im Programm einer bürgerlichen Gesellschaft wurde der überkommenen Herrschaft von Privilegien und Absolutismus der Kampf angesagt und ein lange utopisches, im Grunde bis heute nicht voll eingelöstes Modell entworfen, gemäß dem sich die Gestaltung der sozialen Beziehungen und die Durchsetzung des allgemeinen Wohls leistungsgerecht, in geregeltem Wettbewerb und offenen Diskussionen, vernünftig und friedlich, in eigener Regie der mündigen Individuen und ihrer Vereinigungen vollziehen sollte. Die Hochschätzung von Arbeit und Leistung, Respekt gegenüber Bildung und Wissenschaft, ein neues Familienideal und systematisierte Strategien der Lebensführung, wohl auch ein neues Verhältnis zur Zeit, zur Erfahrung der Vergangenheit und zur Erwartung der Zukunft – all dies kennzeichnete die Kultur, mit der das neue, aufsteigende Bürgertum Reichtum, Ansehen und Einfluss beanspruchte, sich gegen die überkommene Maßgeblichkeit des herrschenden Adels wandte und zugleich nach unten hin, gegenüber dem Volke abgrenzte. Der die politische Macht teilende und systematisch begrenzende, zunächst nicht demokratische, aber langfristig demokratisierbare und sozial ausstattungsfähige Rechts- und Verfassungsstaat löste die traditionale oder absolutistische Herrschaft kleiner Eliten ab: zunächst als Idee und in der Praxis nur unvollkommen, aber gleichwohl als zukunftsweisende Innovation, die bis heute nirgends überholt und noch längst nicht überall realisiert ist. Die Zeit der Nationalstaaten brach an und der Nationalismus stieg auf, dessen mobilisierende und potenziell aggressive Dynamik bis heute nicht zur Ruhe gekommen ist. Die Landkarte Europas wurde in blutigen Kriegen gründlich verändert, von Napoleon und seinen Bezwingern. Die expansionslüsterne Dynamik Europas gewann eine neue Qualität, die langfristig auf Weltherrschaft drängte. Die politische Mobilisierung breiter Bevölkerungsschichten begann, weitgehend auf Männer beschränkt, zunächst punktuell, bald in auf Dauer gestellten sozialen Bewegungen, sehr viel später im Rahmen zunehmend demokratisierter Institutionen, zu denen das verbreiterte Wahlrecht, politische Massenparteien und immer neue Mechanismen gehörten. Zunehmende Disziplinierung und fortschreitende Emanzipation gingen Hand in Hand.

Doch Alteuropa verschwand nicht in wenigen Jahren. Überkommenes lebte überall fort, in spannungs- und konfliktreichen Mischungen mit dem Neuen. Nach Art und Dauer dieser Symbiose von Altem und Neuem unterschieden sich die Länder und Regionen zutiefst. Deshalb und aus anderen Gründen gab es sehr verschiedene Wege in die Moderne. Es verbietet sich, einen davon als Normalweg auszuzeichnen und alle anderen als Abweichungen zu beschreiben.

Jürgen Kocka, Weder Stand noch Klasse. Unterschichten um 1800, Verlag J. H. W. Dietz Nachf., Bonn 1990, S. 25 f.

1 Fassen Sie die wesentlichen Merkmale des Gesamtentwurfs der bürgerlichen Gesellschaft zusammen.

2 Erläutern Sie die Bedeutung der Zeit des ausgehenden 18. und beginnenden 19. Jahrhunderts für die Entstehung und Durchsetzung der bürgerlichen Gesellschaft.

3 Diskutieren Sie die These, dass das „Programm einer bürgerlichen Gesellschaft […] ein lange utopisches, im Grunde bis heute nicht voll eingelöstes Modell" sei.

5 Die großen Revolutionen: politische und gesellschaftliche Umbrüche

M1 Revolutionäre Spielkarten der französischen Republik, Radierung, 1793/94

1640–1660 Englische Revolution

1688/89 Glorious Revolution

1689 Bill of Rights

1640–1660, 1688/89 Englische Revolutionen

1600 | 1620 | 1640 | 1660 | 1680 | 1700 | 1720

„Was ist aber diese große Aufgabe unserer Zeit? Es ist die Emanzipation. Nicht bloß die der Irländer, Griechen, Frankfurter Juden, westindischen Schwarzen und dergleichen gedrückten Volkes, sondern es ist die Emanzipation der ganzen Welt, absonderlich Europas, das mündig geworden ist.“ Der Dichter Heinrich Heine formulierte diese Einschätzung 1828 und wurde in den folgenden Jahren Zeuge, wie sich 1830 vor allem in Frankreich und erneut 1848 – diesmal in großen Teilen Europas – das Ringen um Emanzipation in revolutionären Erhebungen äußerte. Entscheidende Etappen für den neuzeitlichen Kampf um Menschen- und Bürgerrechte waren die englischen Revolutionen im 17. sowie die Amerikanische und Französische Revolution im 18. Jahrhundert.
Der Sinngehalt des Wortes „Revolution“, so der Historiker Reinhart Koselleck, variiert von „blutigen politischen und sozialen Umsturzbewegungen bis hin zu wissenschaftlich einschneidenden Neuerungen.“ Er bezieht sich mit dieser Begriffsbestimmung auf länger andauernde Prozesse wie die Industrielle Revolution ebenso wie auf politische und soziale Umwälzungen von kürzerer Dauer. Revolutionen sind in besonderem Maße offene historische Situationen. Über ihren Ausgang entscheiden oft gesellschaftliche Gruppen, die noch kurz zuvor von der politischen Herrschaft ausgeschlossen oder nur gering beteiligt waren. In der Auseinandersetzung mit Revolutionen, bei der Erörterung der Legitimität gewaltsamer Umbrüche sollte – so eine Feststellung der Philosophin Hannah Arendt – stets mitbedacht werden, „dass Art und Gang einer Revolution von dem Regime bestimmt sind, dem sie ein Ende bereiten“.

1 Welchen Anteil hatten die Revolutionen bei der Formulierung und Durchsetzung der Menschen- und Bürgerrechte?
2 Welche Bedeutung hatten sie für die politische Grundlegung unserer bürgerlichen Gesellschaft, für die Durchsetzung von Volkssouveränität, Parlamentarismus und Demokratie?
3 Wer waren die Träger, wo die Schauplätze der Revolutionen?
4 Wo liegen Gemeinsamkeiten und Unterschiede der großen Revolutionen?

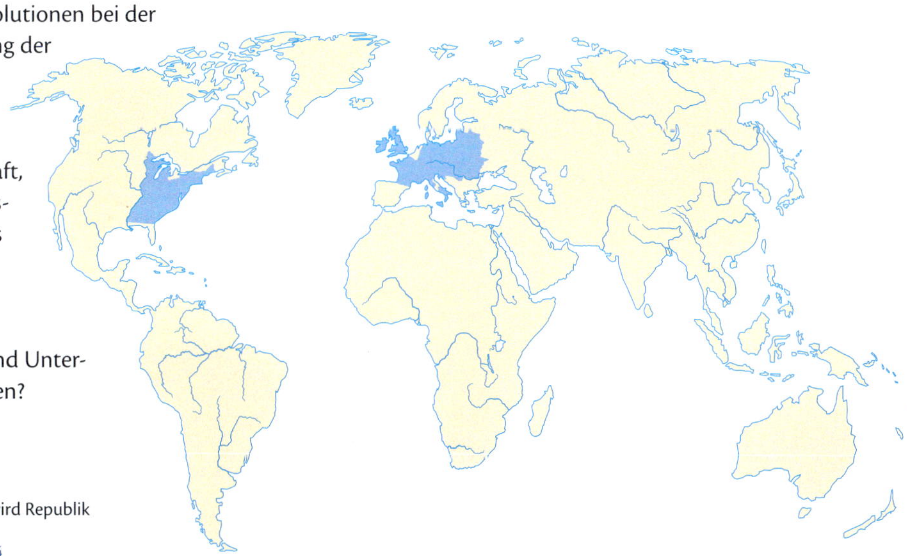

1773 Boston Tea Party
1775–1783 Amerikanischer Unabhängigkeitskrieg
1776 Unabhängigkeitserklärung der USA
1789 Sturm auf die Bastille; Erklärung der Menschen- und Bürgerrechte
1791 Erste französische Verfassung
1792 Frankreich wird Republik
1793–1794 Terrorherrschaft des Sicherheits- und Wohlfahrtsausschusses
1795–1799 Herrschaft des Direktoriums
1830 Revolutionen in Paris, Brüssel, in einigen deutschen Staaten und Polen
1848 Februarrevolution in Paris; Märzaufstände in Wien und Berlin; Oktoberrevolution in Wien
1849 Reichsverfassungskampagne in Sachsen, in der Pfalz und in Baden

1773–1787 Amerikanische Revolution
1789–1799 Französische Revolution
1799–1815 Herrschaft Napoleon Bonapartes
1848/49 Revolution in europäischen Staaten

1760 1780 1800 1820 1840 1860 1880 1900

1 Die Revolutionen Englands im 17. Jahrhundert

Revolution
Das vom lateinischen *„revolvere* = zurückwälzen, zurückkehren" abgeleitete Substantiv gehörte ursprünglich zur Fachsprache der Astronomie und bezeichnete die Vollendung des Umlaufs eines Planeten, die Rückkehr zu seinem Ausgangspunkt – also dem Wortsinn gemäß einen Kreislauf.

Internettipp
www.bbc.co.uk/history/british/civil_war_revolution/
Englischsprachige Seite der BBC zu Bürgerkrieg und Revolution in England

Zum Revolutionsbegriff

Der Begriff „Revolution"* stammt ursprünglich aus der Fachsprache der Astronomie (M 1), wurde jedoch schon früh in die politische Sprache übertragen. Seit der Spätantike bezeichnete er die Wiederherstellung eines früheren, meist als besser angesehenen Zustands einer Gesellschaft oder einer staatlichen Ordnung. „Revolution" drückte ursprünglich also genau das Gegenteil der heutigen Begriffsbedeutung aus: nicht den Durchbruch zu etwas Neuem, sondern die Rückkehr zum „Altbewährten". Diesen Vorgang nennen wir heute „Restauration".
Das moderne Verständnis von Revolution bahnte sich seit dem ausgehenden 17. Jahrhundert an. Seitdem definierten Lexika den Begriff als plötzliche oder gewaltsame Transformation der politischen Ordnung eines Staates. Seit der Mitte des 18. Jahrhunderts galten Revolutionen in der Philosophie und Geschichtsschreibung der Aufklärung als zentrale Elemente historischen Fortschritts. Im modernen Verständnis, das sich aufgrund der Erfahrungen der Französischen Revolution herausbildete (s. S. 205 ff.), bedeutet eine „Revolution" eine **grundlegende Umgestaltung** der gesellschaftlichen Struktur, der politischen Organisation sowie der kulturellen Wertvorstellungen mit dem Ziel, Emanzipation, Freiheit und Volkssouveränität – zumindest in Ansätzen – zu verwirklichen. Die revolutionären Ereignisse vollziehen sich dabei in einem bestimmten geografischen Bereich innerhalb eines kurzen Zeitraums und oftmals unter Gewaltanwendung. Im Gegensatz zur Revolution stehen **Reformen**, bei denen sich die Neuordnung, Verbesserung und Umgestaltung von politischen und sozialen Verhältnissen *innerhalb* der bestehenden Ordnung vollziehen.

Rebellion, Bürgerkrieg oder Revolution?

Die „Glorious Revolution" in England, durch die 1688/89 König Jakob II. abgesetzt und einige Rechte des Parlaments festgeschrieben wurden, war das erste politische Ereignis, das viele Zeitgenossen als Revolution bezeichneten. Vorderhand verstanden sie darunter im traditionellen Sinne eine Rückkehr zu früheren Verhältnissen. Doch manche sahen bereits den einmaligen Charakter der Ereignisse, die etwas grundlegend Neues hervorgebracht hatten.

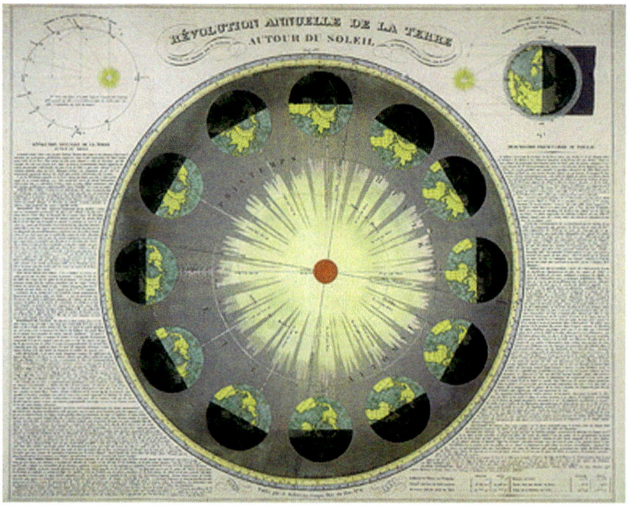

M 1 Révolution annuelle de la terre autour du soleil („Jährliche Bewegung der Erde um die Sonne"), kolorierter Stahlstich, nach der Zeichnung von H. Nicollet, 1837

Diese unterschiedliche Bewertung setzt sich bis in die Gegenwart fort. Die folgende Darstellung unterteilt die Ereignisse der englischen Geschichte im 17. Jahrhundert in die „Englische Revolution" (1640–1660) und die „Glorious Revolution" (1688/89). Diese Periodisierung ist in der Geschichtsschreibung verbreitet, aber nicht unumstritten. So bezeichnete der bedeutende Historiker Leopold von Ranke (1795–1886) die Krisenperiode und Entscheidungsphase der neueren englischen Geschichte von 1640 bis 1689 insgesamt als Revolution. Andere Historiker bestreiten dagegen den revolutionären Charakter der Ereignisse und verwenden stattdessen die Bezeichnungen „Rebellion", „Bürgerkrieg" oder „Interregnum".

Ursachen der englischen Revolutionen

Der offenen Konfrontation von Parlament und Krone in England in den 1640er-Jahren lagen zwei wesentliche Ursachen zugrunde: Zum einen spitzten sich die Auseinandersetzungen zwischen König und dem Parlament um die nicht klar definierten königlichen **Prärogativrechte*** zu, zum anderen wurden diese politischen Konflikte durch **religiöse Gegensätze** überlagert und verstärkt. Hinzu kamen grundlegende strukturelle Probleme des Staates, die vor allem eine Folge der Preisinflation des 16. und 17. Jahrhunderts waren und zu einem Rückgang der Staatseinnahmen führten. Hatten sich diese Probleme bereits unter Elisabeth I. (Reg. 1558–1603) gezeigt, verschärften sie sich unter ihren Nachfolgern Jakob I. (Reg. 1603–1625) und Karl I. (Reg. 1625–1649). Der Versuch der Krone, den Rückgang der Steuereinnahmen durch die Erschließung anderer Einnahmequellen auszugleichen, führte schließlich zu Konflikten mit den adligen Führungsschichten.

Prärogative
lat. Vorzug, Vorrecht; Rechte des Monarchen, über die er ohne Beteiligung des Parlamentes verfügen kann

Krone und Parlament

Zu Beginn des 17. Jahrhunderts verfügte die englische Krone weder über ein stehendes Heer noch über eine landesweite Bürokratie. Zur langfristigen Durchsetzung ihrer Politik war sie daher auf die Kooperationsbereitschaft der adligen Führungsschichten des Landes angewiesen. Das englische Parlament im 18. Jahrhundert war nichts anderes als das Herrschaftsinstrument des Adels. Im Oberhaus *(„House of Lords")* saßen die Mitglieder des hohen Adels, die *„Peers"*, im Unterhaus *(„House of Commons")* dominierten Angehörige des mittleren Adels, die *Gentry*. Der Monarch benötigte bei der Gesetzgebung die Zustimmung des Parlaments. Auch die Erhebung von Steuern zur Finanzierung außerordentlicher Unternehmungen – dies waren vor allem Kriege – musste vom Unterhaus bewilligt werden.

M2 König Karl I. mit Reitknecht und Page, Ölgemälde von Anthonis van Dyck, um 1635

Absolutismus nach kontinentalem Vorbild?

Die Versuche Karls I., der chronischen Finanznot Herr zu werden, verschärften die bestehenden Konflikte. Das Parlament verweigerte seine Zustimmung zur Erhebung neuer Steuern. Stattdessen verfasste es in der **„Petition of Right"** von 1628 Beschwerden gegen den König und bestand auf seinen Rechten. Die Abgeordneten hatten an Selbstvertrauen gewonnen und die Steuerbewilligung mit einer Stärkung des Parlaments verknüpft. Karl I. unterzeichnete zwar dieses wichtige Dokument der englischen Verfassungsgeschichte, löste jedoch ein Jahr später das Parlament auf und ging zu einem „persönlichen Regiment" über. Dass der Monarch in den 1630er-Jahren ohne die Mitwirkung des Parlaments regierte und ohne dessen Bewilligung Steuern eintrieb, erweckte den Eindruck, Karl I. erstrebe eine absolute Herrschaft nach kontinentalem Vorbild.

Religionspolitik

Diese Befürchtung wurde durch die Religionspolitik Karls I. noch verstärkt. Den **Puritanern*** war die Reformation in England nicht weit genug gegangen. Sie bemühten sich um die Durchsetzung einer aktiven protestantischen Außenpolitik, um eine streng diszi-

Puritaner
Reformiert-calvinistische Bewegung in England, die die reformierte anglikanische Staatskirche von katholischen Resten befreien wollte. Die Puritaner forderten anstelle der Bischöfe „Presbyter" (Gemeindeälteste) und traten für eine strikte Trennung von Staat und Kirche, für Gewissensfreiheit und für ein einfaches gottgefälliges Leben ein.

Anglikanische Staatskirche
Auf Betreiben Heinrichs VIII. (Reg. 1509–1547) wurde in England die Reformation mithilfe von Parlamentsgesetzen durchgeführt. Hintergrund waren weniger Heinrichs religiöse Überzeugungen als Streitigkeiten zwischen ihm und dem Papst in Rom über die Rechtmäßigkeit der königlichen Ehen. 1534 erklärten die Bischöfe Englands, dass sie in Heinrich und nicht im Papst das Oberhaupt der englischen Kirche sahen. Damit hatte sich die englische Kirche von Rom losgesagt und eine eigenständige Landeskirche gebildet.

Presbyterianer
griech. *presbyteros* = Ältester; zuerst vor allem in Schottland verbreitete Richtung der Protestanten, die eine calvinistische Kirchenverfassung unter besonderer Berücksichtigung der Gemeindeältesten verwirklichen wollten

plinierte Gesellschaft und die Entfernung katholischer Reste innerhalb der **anglikanischen Staatskirche***. Die Kirchenpolitik Karls I., die vor allem der von ihm 1633 eingesetzte Erzbischof von Canterbury, Wilhelm Laud, umsetzte, wollte dagegen die Autorität der Geistlichen gegenüber den Laien stärken sowie Bestandteile der katholischen Riten wieder übernehmen. Karl und Laud hofften, obwohl sie keine Katholiken waren und die Eigenständigkeit des Anglikanismus betonten, letztlich auf eine Aussöhnung mit Rom. Der puritanischen Opposition galten beide dagegen als „Papisten“, die dem Papst ergeben wären, die englischen Freiheiten unterminierten und auf eine Willkürherrschaft zielten. Die Weigerung Karls I., gegen die katholische Großmacht Spanien militärisch vorzugehen, wurde zusätzlich als Zeichen einer Rekatholisierung Englands gewertet.

Die Englische Revolution 1640–1660

Der äußere Anlass zur Revolution ergab sich aus dem Versuch Karls I. und William Lauds, dem mit England seit 1603 in Personalunion verbundenen presbyterianischen* Schottland 1637 ein neues Gebetbuch aufzuzwingen. Die Schotten lehnten sich dagegen auf, und es kam 1639 zu militärischen Auseinandersetzungen, in denen England unterlag. Um Mittel für die Fortführung des Krieges zu erhalten, berief Karl I. ein Parlament ein, das am 13. April 1640 zusammentrat. Dies war notwendig geworden, weil das Regieren ohne Parlament nur für elf Jahre möglich war. Zudem hatten sich viele Bürger in den Jahren 1629 bis 1640 geweigert, die nicht bewilligten Steuern zu zahlen. Da das neu berufene Parlament die vom König erhoffte rasche Bewilligung von Geldern verweigerte, wurde dieses **„Kurze Parlament“** vom König wieder aufgelöst. Als die Wiederaufnahme des Krieges gegen Schottland ebenfalls erfolglos verlief, sah sich Karl I. abermals zur Einberufung eines Parlaments gezwungen, das am 3. November 1640 eröffnet wurde.

Das „Lange Parlament“

An dieses **„Lange Parlament“** wurde der König „gefesselt“: Zunächst hatte er den Schotten aufgrund eines Vertrages täglich einen hohen Betrag zu zahlen, der ohne parlamentarische Bewilligung nicht aufzubringen war; später unterzeichnete er ein Gesetz, wonach die Auflösung dieses Parlaments nur mit dessen Zustimmung erfolgen konnte. Das „Lange Parlament“ beschloss 1641 Reformgesetze, die dem König die Möglichkeit einer autoritären Herrschaft nehmen sollten. So wurden Gerichtshöfe, die in besonderem Maße der monarchischen Machtdurchsetzung gedient hatten, abgeschafft. Das Einziehen bestimmter Steuern wurde verboten. Für die folgenden, tiefer gehenden Eingriffe in die traditionelle Ordnung gab es vor allem zwei Gründe: eine sich aus dem Puritanismus ergebende, durch die neuen Veränderungsmöglichkeiten beschleunigte religiöse Dynamik und das Misstrauen gegenüber Karl I. Dies zeigte sich, nachdem sich im Herbst 1641 die katholischen Iren gegen die nunmehr eindeutig unter dem Einfluss eines unduldsamen Protestantismus stehende englische Herrschaft erhoben hatten. Das Parlament beschloss am 5. März 1642 eine Milizverordnung, die dem König die Kommandogewalt über das gegen die Iren aufzustellende Heer (eines seiner wichtigsten Prärogativrechte) entzog, und setzte diese Verordnung ohne seine Zustimmung in Kraft. Im Juni 1642 verabschiedete das Parlament die weitreichenden **„Nineteen Propositions“** (M 7). Die **zunehmende Radikalisierung**, insbesondere die durch die Puritaner drohende Abschaffung der anglikanischen Staatskirche, führte zum Zerfall der anfänglich geschlossenen Opposition gegen Karl I. Die religiös-revolutionäre Dynamik äußerte sich in Bilderstürmerei und in Angriffen gegen Bischöfe. Diese wurden im Februar 1642 aus dem Oberhaus ausgeschlossen und im September von ihrem Amt suspendiert. Zahlreiche gemäßigte Abgeordnete sahen die überlieferte Ordnung in Gefahr, wodurch die Position des Monarchen gestärkt wurde.

Die Bürgerkriege

Die Auseinandersetzungen zwischen „Parlamentariern" und „Royalisten" eskalierten zum Bürgerkrieg. Der erste Bürgerkrieg (1642–1646) endete mit einem Sieg der Parlamentspartei. Auf seinem Höhepunkt in den Jahren 1643/44 stand rund ein Achtel der erwachsenen männlichen Bevölkerung (ca. 150 000 Mann) unter Waffen. Im Frühjahr und Sommer 1648 kam es zu einem zweiten Bürgerkrieg, der aber von der Parlamentsarmee rasch beendet wurde. Für den weiteren Verlauf der Englischen Revolution waren die Bürgerkriege aus mehreren Gründen von entscheidender Bedeutung: 1. Sie machten aufseiten der Parlamentspartei die **Armee** zu einem immer selbstbewusster und selbstständiger werdenden **Machtzentrum neben dem Parlament**. 2. Die besondere Wichtigkeit religiöser Motivation beim Kampf gegen den König führte dazu, dass in diesem 1644 umgebildeten Heer und vor allem in der Kavallerie unter der Führung Oliver Cromwells Mitglieder unabhängiger Kongregationen und Sektierer eine Heimstatt fanden. Der sich ausbildende Gegensatz zwischen Presbyterianern und **Independenten*** fiel weitgehend mit dem Gegensatz zwischen Parlamentsmehrheit und Armee zusammen. Die Presbyterianer erstrebten eine hierarchisch geordnete Nationalkirche. Die Independenten betonten dagegen die Autonomie der einzelnen Gemeinden. 3. Innerhalb der Armee bildete sich – aufgrund der großen Zahl von Independenten und Sektenmitgliedern in ihren Reihen – die religiöse Gewissensfreiheit als neues, unverrückbares Ziel heraus. 4. Mit dem Hinweis auf die besonders von den kleinen Leuten in den Kriegen erbrachten Opfer erhob sich die Forderung nach einer demokratischen Neuordnung, die von der sich vorwiegend aus den Londoner Handwerkern rekrutierenden Partei der **„Levellers"*** vertreten wurde. Die „Diggers"* forderten die Aufhebung des Privateigentums an Grund und Boden. 5. Die materiell und rechtlich nachteilige Behandlung der Soldaten durch die Parlamentsmehrheit nach Beendigung des Großen Bürgerkriegs führte nicht nur zur militärischen Besetzung Londons im Sommer 1647. Sie bewirkte auch eine politische Radikalisierung der Armee: Einzelne Truppenteile wählten „agitators", die als ihre Sprecher auftraten, und die von außen kommenden politisch-ideologischen Einflüsse der „Levellers" fanden hier einen günstigen Nährboden. 6. Dieser Radikalisierungsprozess wurde durch den Ausbruch des zweiten Bürgerkriegs, der in der Armee als frevelhafte Auflehnung des Königs gegen das Gottesurteil des ersten Bürgerkriegs betrachtet wurde, noch gefördert.

Die „Revolution in der Revolution"

Der militärische Sieg der Parlamentsarmee in den Bürgerkriegen brachte nicht die Lösung der Konflikte, sondern eine „Revolution in der Revolution". Im Dezember 1648 schloss die Armee zahlreiche presbyterianische Abgeordnete gewaltsam aus dem Parlament aus. Das „gesäuberte" Unterhaus beschloss, Karl I. vor Gericht zu stellen. Dabei berief es sich auf das zukunftsweisende Prinzip der **Volkssouveränität**: Es erklärte das Volk zum Ursprung aller Gewalt, sich selbst aber zu dem für das Volk handelnden Organ mit alleiniger Gesetzgebungskompetenz. So verschaffte sich das Parlament die Legitimationsgrundlage für einen Prozess gegen den König und damit gegen die „Heiligkeit" und „Unantastbarkeit" des Monarchen. Der wegen Verrats an seinem Volk angeklagte König – nun offiziell Charles Stuart genannt – wurde zum Tode verurteilt und am 30. Januar öffentlich hingerichtet (M 4). Damit wurde erstmals der revolutionäre Grundsatz, dass auch Könige unter dem Recht stehen und für Verbrechen zur Rechenschaft gezogen werden, angewendet. Die förmliche Abschaffung der Monarchie und des Oberhauses erfolgten im März. Ein Gesetz vom 19. Mai 1649 erklärte England zu einem **„Commonwealth"** (dt. „Gemeinwohl") und führte damit die **Republik** ein. Auf religiöse Konformität wurde weitgehend verzichtet. Die Independenten hatten sich zunächst durchgesetzt.

M3 Englischer Kupferstich zum ersten Bürgerkrieg, um 1642

1 Deuten Sie die Bildelemente.

Independenten
engl. *independent* = unabhängig; Gruppierung der radikalen Puritaner, die sich im England des 16. Jh. herausgebildet hatte und völlige Unabhängigkeit von der anglikanischen Staatskirche und Autonomie für die einzelnen Gemeinden forderte

Levellers
dt. „Gleichmacher"; königs- und adelsfeindliche politische Gruppierung vor allem von Handwerkern, forderte umfassende bürgerliche und religiöse Freiheiten; wurde seit 1649 unterdrückt

Diggers
dt. „Graber", nannten sich auch *true Levellers* („wahre Gleichmacher"); radikale Abspaltung der Levellers unter Gerrard Winstanley, die nicht nur eine Änderung des Wahlrechts (wie die Levellers), sondern einen Anteil an den Gemeindeweiden zur freien Bewirtschaftung forderte

Internettipp
www.british-civil-wars.co.uk
Detaillierte englischsprachige Informationen zum Bürgerkrieg

M4 Die Hinrichtung Karls I. 1649, zeitgenössischer Kupferstich

Das Regime Cromwell und das Protektorat

Die Republik bestand nur vier Jahre. Der vor allem in der Armee verbreitete Chiliasmus* erwies sich für eine Stabilisierung der Republik in zweifacher Hinsicht als Nachteil. Einerseits vergrößerte er die ohnehin bestehenden Gegensätze zwischen Parlament und Heer, andererseits förderte er den Gedanken, durch die Herrschaft einer geistlichen Elite der „Erwählten“ das Gottesreich vorzubereiten. Auf ihn stützte sich denn auch der Anführer des Parlamentsheeres, der Landadlige **Oliver Cromwell*** (1599–1658; M 5), nachdem er am 20. April 1653 die Vertreter des „Langen Parlaments“ auseinandergejagt und damit die letzte Verbindung mit der alten Verfassungsordnung und den Anfängen der Revolution zerstört hatte. Cromwell beseitigte das Parlament vor allem deshalb, weil es ein Wahlgesetz vorbereitete, das keine ausreichenden Sicherungen gegen die Wahl von Monarchisten und Presbyterianern enthielt. Da bei freien Wahlen aufgrund der Stimmung in der Bevölkerung eine Mehrheit für das Revolutionsregime schwer zu erlangen war, schien es Cromwell angebrachter, ein nominiertes Parlament einzuberufen.

Chiliasmus
griech. *chilio* = tausend; Lehre von einer tausendjährigen Herrschaft Christi auf Erden vor dem Ende der Welt; bezeichnet religiös-politische Bewegungen, die den Ausbruch eines Friedensreiches auf Erden erwarten

Der Macht des Militärs entsprechend erfolgte 1653 die Organisation des Staates als **Protektorat***. Die Entscheidungsgewalt lag bei dem „Lordprotektor“ Oliver Cromwell. Der Oberbefehlshaber des seit Jahren siegreichen parlamentarischen Heeres versuchte auf der Grundlage einer geschriebenen Verfassung (zunächst des *„Instrument of Government“*, seit 1657 der *„Humble Petition and Advice“*), konstitutionell zu regieren. Zwei unüberwindliche Hindernisse standen dem jedoch entgegen: zum einen die Existenz einer großen, teuren und weithin verhassten Armee, zum anderen das Festhalten an dem Prinzip der Gewissensfreiheit und an einer, wenngleich eingeschränkten, religiösen Toleranz, die vor allem in der Zeit starken Anwachsens radikaler Sekten wie der Quäker als gesellschaftliche Bedrohung empfunden wurde.

Protektorat
lat. *protegere* = „schützen“; hier: ein unter Schutzherrschaft des Protektors stehendes Gebiet; im modernen Völkerrecht seit dem 19. Jh. die Schutzherrschaft eines Staates oder einer Staatenmehrheit über einen anderen Staat

Nach Cromwells Tod 1658 zerfiel das Heer in rivalisierende Fraktionen. Eine äußerst verworrene Phase der militärischen Anarchie wurde von dem mit seinen Truppen aus Schottland anrückenden General Monk überwunden und endete schließlich in der Rückberufung des „Langen Parlaments“ und in der **Restauration der Monarchie**. Der älteste Sohn Karls I. wurde am 8. Mai 1660 als Karl II. zum König proklamiert. Der „Kreis“ der Revolution hatte sich geschlossen: Der Monarchie war die Republik, dieser die Diktatur Cromwells gefolgt, die nun in die Wiederherstellung der Monarchie mündete.

Die „Glorious Revolution“ von 1688/89

Bei der „Glorreichen Revolution“ ging es wiederum um das zentrale Problem der **Machtverteilung zwischen Krone und Parlament**. Diesmal konnte verwirklicht werden, was der vorhergehenden Revolution nicht dauerhaft gelungen war. Die Restauration der Monarchie von 1660 im Verfassungszustand von 1641 entsprach durchaus den Interessen der seit zwei Jahrzehnten in feindliche Lager gespaltenen politischen Elite des Landes. Das unveränderte Spannungsverhältnis zwischen dem Souveränitätsanspruch der Krone und dem Anspruch einer selbstbewussten Elite auf politische Mitwirkung führte abermals zur Eskalation.
Wie schon 1640, als der Puritanismus die treibende Kraft war, spielte die **Religion** eine wesentliche Rolle. War England bereits unter der Regentschaft Karls II. (Reg. 1660–1685) von einem erneuten Bürgerkrieg bedroht, so forderte dessen 1669 zum Katholizismus übergetretener Bruder und Thronfolger **Jakob II.** (Reg. 1685–1688) durch seine Toleranzpolitik gegenüber Katholiken und protestantischen *Dissenters** die anglikanische Staatskirche heraus. Mit Eingriffen in lokale Machtstrukturen provozierte er zudem den energischen Widerstand regionaler Eliten. Sein Versuch, ein stehendes Heer aufzubauen, verstieß gegen den seit dem Ende Cromwells herrschenden Grundsatz *„no standing armies“* und weckte so die Furcht vor einer umfassenden monarchisch-katholischen Offensive.

Intervention von außen

War die englische Monarchie in der Revolution der Jahrhundertmitte mithilfe der Intervention Schottlands gestürzt worden, so wurde die Revolution von 1688 in noch viel stärkerem Maße von außen herbeigeführt. **Wilhelm von Oranien**, Neffe und Schwiegersohn Jakobs II., hatte als militärischer Oberbefehlshaber der Niederlande und erblicher Statthalter der meisten niederländischen Provinzen ein vitales Interesse, die Rekatholisierung Englands und dessen Bündnis mit dem Frankreich Ludwigs XIV. zu verhindern. Von englischen Hochadligen zum Eingreifen aufgefordert, landete er am 5. November 1688 mit holländischen Truppen an der Südwestküste Englands. Wilhelms Erfolg nach seiner Landung war im Wesentlichen der Kopflosigkeit Jakobs II. und der Desertation einiger führender Offiziere des Königs zu verdanken. Die englischen Oberschichten waren nach den Erfahrungen der Jahrhundertmitte von großer Revolutionsfurcht erfüllt. Nach der **Flucht Jakobs II.** nach Frankreich bestanden unter ihnen zwar erhebliche Differenzen in der Frage der Thronbesetzung, Einmütigkeit herrschte jedoch in dem Bestreben, einen sich ankündigenden Radikalisierungsprozess zu verhindern und die Revolution zu beenden.

Declaration of Rights

Am 22. Januar 1689 trat das Convention Parliament* zusammen. Es brachte einen Kompromiss zustande, der die gemeinsame Herrschaft von Wilhelm und seiner Frau Maria, der Tochter Jakobs II., vorsah. In Gegenwart des designierten Königspaars verlasen Vertreter von Ober- und Unterhaus am 13. Februar 1689 die „Declaration of Rights“, in der die neben dem dynastischen Wechsel wichtigsten Ergebnisse dieser Revolution zusammengefasst waren und die als **„Bill of Rights“** (M 8) den „Rang eines Grundgesetzes der englischen konstitutionellen Monarchie erhielt“ (Peter Wende).

M5 Oliver Cromwell (1599–1658), kolorierter Kupferstich von Coenrad Waumans, um 1640

Der Staatsmann und Heerführer Cromwell entstammte dem englischen Landadel und war streng puritanisch erzogen worden. Nach seinem Jurastudium übernahm er zunächst die Bewirtschaftung der väterlichen Güter, bevor er 1628 in das Parlament gewählt wurde. Das englische Volk galt ihm als göttlich auserwählt, daher kämpfte er mit religiösem Fanatismus und brutalen Mitteln gegen seine religiösen und politischen Gegner, z. B. gegen Iren und Schotten.

Dissenters
lat. *dissentire:* nicht übereinstimmen; Gemeinden, die sich von der Amtskirche getrennt hatten

Convention Parliament
lat. *convenire* = zusammenkommen; Parlament, das immer dann einberufen wurde, wenn die Thronfolge unklar war

M6 „Die ‚Deklaration der Rechte' der Engländer in Anwesenheit des designierten Königspaares am 13.2.1689", Quarzrelief von Paul Landowski am Denkmal der Reformation in Genf, um 1916

Wirkung der englischen Revolutionen

Dass sich die Entwicklung Englands vom kontinentalen Europa fundamental zu unterscheiden begann, war eine Errungenschaft der Glorreichen Revolution und der sich daran anschließenden Gesetzgebung im 17. Jahrhundert. Lassen sich die beiden englischen Revolutionen auch nicht präzise trennen, so kann man dennoch feststellen, „dass die Revolution der Jahrhundertmitte vor allem die Entwicklung und Ausbreitung moderner Ideen förderte; die von 1688 dagegen leistete ihren Beitrag vornehmlich zur englischen Verfassungsentwicklung und zur konkreten Gestaltung der englischen Politik" (H.-C. Schröder). Die nahezu gewaltfreie Glorreiche Revolution legte den Grundstein für die Umwandlung Englands in eine vom Parlament geschaffene und kontrollierte Monarchie und gilt daher als **Epochenwende** in der englischen Verfassungsgeschichte.
Die frühe Vorrangstellung des Parlaments bedingte jedoch auch eine verzögerte Demokratisierung Englands. Die politischen Freiheiten, die das parlamentarische System mit sich brachte, ließen lange übersehen, dass nur ein begrenzter, wenn auch wachsender Teil der Bevölkerung daran teilhatte. Die englischen Revolutionen waren religiös-politische und keine soziale Revolutionen: Sie hatten weder in der Gesellschaftsstruktur noch in der Verteilung des Eigentums grundlegende Veränderungen bewirkt und damit auch nicht die Vorherrschaft des Adels beseitigt.

1 Erläutern Sie anhand von M 1 und des Darstellungstextes den Bedeutungswandel des Begriffs „Revolution".
2 Skizzieren Sie die Ursachen der englischen Revolutionen.
3 Erklären Sie, welche Wirkungen die Bürgerkriege auf den weiteren Verlauf der Revolution hatten.
4 Charakterisieren Sie anhand von M 6 das Verhältnis von Krone und Parlament.

M7 Aus den neunzehn „Propositionen" des Langen Parlaments vom Juni 1642

1. Die Lords und die sonstigen Mitglieder des *Privy Council*[1] Eurer Majestät sowie die hohen Beamten und Staatsminister [...] sollen aus dem *Privy Council* bzw. ihren Ämtern und Stellungen entfernt werden mit Ausnahme derer, die von beiden Häusern des Parlaments bestätigt werden. Alle, die an ihre Stelle treten, bedürfen gleichfalls der Bestätigung durch beide Häuser des Parlaments. [...]

2. Die bedeutendsten Angelegenheiten des Königreichs dürfen nicht von privaten, unbekannten und unvereidigten Ratgebern verhandelt und beschlossen werden, sondern alle Angelegenheiten, die die Öffentlichkeit angehen und für die der hohe Gerichtshof des Parlaments [...] zuständig ist, dürfen nur im Parlament besprochen, verhandelt und beschlossen werden und nicht irgendwo anders. [...] Solche Staatsangelegenheiten, die sich für Euer Majestät *Privy Council* eignen, sind von Mitgliedern des Adels und anderen, die von Zeit zu Zeit für diesen Platz mit Zustimmung beider Häuser des Parlaments ausgewählt werden, zu erörtern und zu beschließen. [...]

5. Eine Heirat der Kinder des Königs darf [...] ohne Zustimmung des Parlaments nicht vereinbart oder geschlossen werden. [...]

6. Die Gesetze gegen Jesuiten, Priester und papistische Widerspenstige sind strikt durchzuführen. [...]

8. Eure Majestät wolle einer Reform der Kirchenverfassung und der Liturgie nach dem Rat der beiden Häuser des Parlaments zustimmen. [...]

9. Bis zur gesetzlichen Regelung wolle sich Eure Majestät mit der von den *Lords*[2] und *Commons*[3] getroffenen Ordnung des Militärs zufriedengeben. [...]

15. Festungen und Burgen des Königreichs sollen dem Kommando der Männer anvertraut werden, die Eure Majestät mit Zustimmung des Parlaments ernennen werden.

1 (Geheimer) Staats- und Kronrat
2 Mitglieder des Oberhauses *(House of Lords)*
3 Mitglieder des Unterhauses *(House of Commons)*

Zit. nach: Udo Margedant, Englands Weg zum Parlamentarismus, Frankfurt/M. 1979, S. 57 f.

1 Erarbeiten Sie aus M 7 die Rechte, auf die das Parlament zu Beginn des Bürgerkriegs beharrte. Welche politischen Ziele verfolgte es damit?

M8 Aus der „Bill of Rights" vom 13. Februar 1689

Die in Westminster versammelten geistlichen und weltlichen Lords und Gemeinen [...] legten am 13. Tag im Februar im Jahr unseres Herrn 1689 Ihren Majestäten, zu der Zeit genannt und bekannt unter dem Namen und Titel Wilhelm und Maria, Prinz und Prinzessin von Oranien, die in eigener Person anwesend waren, eine gewisse geschriebene Erklärung vor [...]:

Die angemaßte Befugnis, Gesetze oder die Ausführung von Gesetzen durch königliche Autorität ohne Zustimmung des Parlaments aufzuheben, ist gesetzwidrig. Die angemaßte Befugnis, von Gesetzen oder der Ausführung von Gesetzen durch königliche Autorität zu dispensieren, wie sie kürzlich beansprucht und ausgeübt wurde, ist gesetzwidrig.

Die Errichtung des früheren außerordentlichen Gerichtshofes für kirchliche Rechtsfälle sowie alle anderen Kommissionen und Gerichtshöfe ähnlicher Natur sind gesetzwidrig und gefährlich.

Steuern für die Krone oder zum Gebrauch der Krone unter dem Vorwand eines Prärogativs ohne Erlaubnis für längere Zeit oder in anderer Weise als erlaubt oder bewilligt wurde zu erheben, ist gesetzwidrig.

Es ist das Recht des Untertans, dem König Bittschriften einzureichen, und jede Untersuchungshaft sowie Verfolgung wegen solch einer Petition ist gesetzwidrig.

Es ist gegen das Gesetz, es sei denn mit Zustimmung des Parlaments, eine stehende Armee im Königreich in Friedenszeiten aufzustellen oder zu halten. Den protestantischen Untertanen ist es erlaubt, Waffen zu ihrer Verteidigung gemäß ihrer Stellung und wie es das Gesetz gestattet zu führen.

Die Wahl von Parlamentsmitgliedern soll frei sein. Die Freiheit der Rede und der Debatten und Verhandlungen im Parlament darf von keinem Gerichtshof oder sonst wie außerhalb des Parlaments angefochten oder infrage gestellt werden.

Eine allzu hohe Bürgschaft darf nicht gefordert werden. Auch dürfen keine übermäßigen Geldstrafen auferlegt oder grausame und ungewohnte Strafen vollzogen werden [...].

Um allen Beschwerden abzuhelfen sowie zur Besserung, Stärkung und Erhaltung der Gesetze sollen Parlamentssitzungen häufig gehalten werden [...].

Im vollen Vertrauen, dass seine Hoheit der Prinz von Oranien seine diesbezügliche Erklärung erfüllen und sie gegen Verletzung ihrer hiermit zugesicherten Rechte sowie gegen alle sonstigen Angriffe auf ihre Religion, Rechte und Freiheiten schützen wird, beschließen die zu Westminster versammelten geistlichen und weltlichen Lords und Gemeinen, dass Wilhelm und Maria, Prinz und Prinzessin von Oranien, König und Königin von England sein und als solche erklärt werden sollen.

Zit. nach: Geschichte in Quellen, Bd. 3, bearb. von Fritz Dickmann, München [3]1982, S. 495

1 Analysieren Sie M 8 im Hinblick auf die Einschränkung der königlichen Macht und die genannten „bürgerlichen" Rechte.

2 Erörtern Sie auf der Grundlage des Darstellungstextes und M 8 die These, die „Glorious Revolution" habe in England zum Sieg des Parlamentarismus geführt.

2 Die Amerikanische Revolution

Zur Bedeutung der Amerikanischen Revolution

Von Anfang an haben der Unabhängigkeitskampf der britischen Kolonien in Nordamerika und ihre Erfolge bei der Gründung eines republikanischen Staates in den 1770er-/80er-Jahren viele Europäer zutiefst beeindruckt. Während die deutsche Debatte ohne praktische Schlussfolgerungen blieb, erörterten Schriftsteller und Politiker in Frankreich, ob und inwieweit das republikanische **Verfassungsmodell Amerikas** als Vorbild für eigene Veränderungen tauglich sei. Die Erklärung der Menschen- und Bürgerrechte, mit der die Französische Revolution 1789 die moderne bürgerliche Gesellschaft auf eine unanfechtbare Grundlage stellte, war von der Amerikanischen Revolution beeinflusst. Von 1776 bis 1785 schickten die Amerikaner den in Europa bekannten und beliebten Aufklärer und Staatsmann Benjamin Franklin (1706–1790) als Gesandten und Propagandisten ihrer Werte nach Frankreich. Und der französische Politiker und Staatstheoretiker Condorcet (1743–1794) veröffentlichte bereits vor 1789, ausgehend vom Beispiel der USA, grundlegende Prinzipien der Menschenrechte.

Staat und Gesellschaft in den Kolonien

An der Ostküste der USA entstanden vom ausgehenden 16. Jahrhundert bis zur Mitte des 18. Jahrhunderts 13 **englische Kolonien** (M 1). Als Siedler kamen nicht nur Kaufleute, Händler oder Landwirte. Manche Auswanderer wie Puritaner oder Quäker erhofften sich Schutz vor politischer oder religiöser Verfolgung, andere suchten der Armut in der alten Heimat zu entkommen und sich in Amerika eine neue, bessere Existenz aufzubauen. Die Wirtschaft der von den Puritanern geprägten nördlichen Kolonien beruhte auf Fischerei, Schiffbau und Überseehandel. In ihren Hafenstädten entwickelte sich ein kapitalkräftiges Bürgertum. Die mittleren Kolonien

M 1 Entstehung der USA 1763–1795

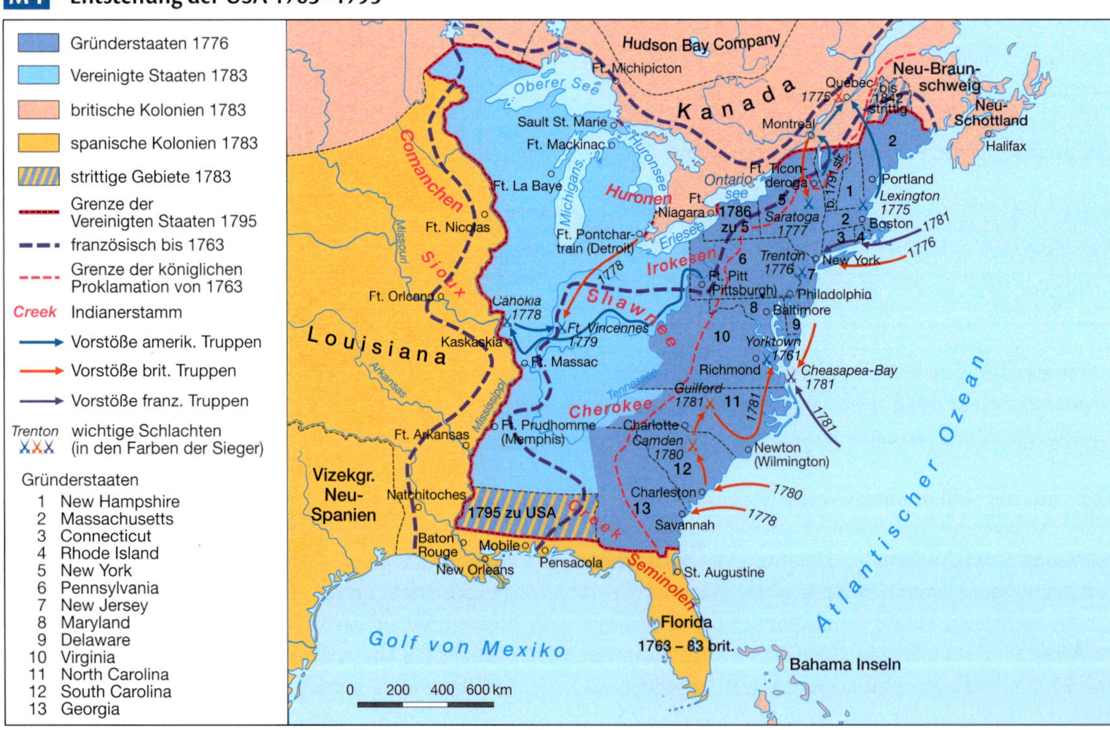

um Pennsylvania galten als Kornkammern Nordamerikas. Im Süden dominierte der Plantagenanbau von Tabak, Reis, Baumwolle und Indigo, für den seit dem 17. Jahrhundert Sklaven aus Westafrika importiert wurden. Politisch bestimmend waren hier meist anglikanische oder katholische Großgrundbesitzer. Zwischen den früh erschlossenen Küstenregionen und dem Indianerland im Westen entstand eine Grenzzone, die ***Frontier***, die durch den Zuzug von Siedlern ständig nach Westen vorrückte. Opfer der Erschließung des Landes wurde die indianische Urbevölkerung.

Wie für die Engländer des Mutterlandes galten auch für die freien Einwohner der Kolonien die Rechtsgarantien der Magna Charta* und der „Bill of Rights" (s. S. 196 f.). Sie hatten Anspruch auf eine unabhängige Rechtsprechung und die Unverletzlichkeit des Eigentums. Die **Volksvertretungen** *(„Assemblies")* der Kolonien wirkten an der Gesetzgebung und der Steuerbewilligung mit. Der Machtausgleich zwischen Monarch und Parlament, den die Glorious Revolution (1688) im Mutterland herbeigeführt hatte, stärkte auch in den Kolonien die Stellung der Volksvertretungen gegenüber den vom König berufenen Gouverneuren.

Magna Charta Libertatum, 1215
lat. „Große Urkunde der Freiheit": mit dieser Urkunde musste der englische König Johann I. (Reg. 1199 bis 1216) 1215 die Rechte des Adels und der Kirche bestätigen. Sie band ihn an das alte Recht und räumte dem Adel sowohl das Widerstandsrecht als auch die Mitwirkung bei der Festsetzung der Steuern ein. Sie wurde eine der wichtigsten Grundlagen des englischen Verfassungsrechts.

Der Steuerstreit

Seit Beginn der Besiedlung waren die wirtschaftlichen Ziele des Mutterlandes klar formuliert: Die Kolonien mussten Gewerbe und Handel Englands mit Rohstoffen versorgen und Fertigprodukte abnehmen. Zudem waren sie Siedlungsraum für die wachsende Bevölkerung des Mutterlandes. Um die englische Wirtschaft vor Konkurrenz zu schützen, verbot die Londoner Regierung 1699 den Kolonien den Export von Wolle und Wollerzeugnissen. 1750 unterband sie zudem mit dem „Iron Act" deren Stahlproduktion. Diese einseitigen Handels- und Schifffahrtsgesetze behinderten die wirtschaftliche Entwicklung der Kolonien.

Zur Entfremdung zwischen den Kolonien und Großbritannien trugen auch die Auseinandersetzungen mit Frankreich bei. Nach dem Siebenjährigen Krieg (1756–1763) musste Frankreich Kanada an Großbritannien abtreten (s. S. 172). Damit entfiel die Bedrohung der Kolonien durch die Franzosen und die mit ihnen verbündeten Indianerstämme. Das durch den Krieg finanziell erschöpfte Mutterland wollte die Kolonien an der Tilgung der Schuldenlast beteiligen und deren Wirtschaft noch mehr als bisher den eigenen Interessen nutzbar machen. Zudem verbot die britische Regierung jede weitere Erschließung von Indianerland und stationierte Truppen an der Siedlungsgrenze, um Konflikte zu verhindern. Gegen die Proteste der amerikanischen Kolonien führte Großbritannien 1764 neue Ein- und Ausfuhrzölle ein. Zur Finanzierung der Stationierungskosten wurde 1765 die im Mutterland schon seit Langem auf sämtliche Drucksachen und Dokumente erhobene **Stempelsteuer** auch in den Kolonien eingeführt. Der Widerstand gegen diese Versuche, erstmals eine direkt nach London fließende Steuer zu erheben, war aber so groß, dass das Londoner Parlament das Gesetz wieder zurückzog. Obwohl das Parlament seine legislative Oberhoheit über die Kolonien betonte, scheiterte auch 1768 der Versuch, neue Importzölle einzuführen. Die amerikanischen Siedler machten geltend, dass die Steuerpolitik gegen den Grundsatz des „Common Law" verstoße, nach dem Steuern nur mit Zustimmung der Betroffenen auferlegt werden können. Schließlich waren sie selbst nicht im Londoner Parlament vertreten und betrachteten daher die britischen Steuerpläne als Bedrohung ihrer traditionellen Selbstverwaltung. Die Kolonisten beriefen sich dabei auf die „Rechte jedes freien Engländers" in der Tradition der Englischen Revolution.

M2 „Bloody Massacre in Boston", 5. März 1770, zeitgenössische kolorierte Radierung von Paul Revere

Englische Soldaten unter Captain Thomas Preston feuern auf Kolonisten. Der Künstler Revere gehörte den „Sons of Liberty" an.

Der Bruch mit dem Mutterland

Seit 1770 entstanden in den Neuenglandkolonien *„Committees of Correspondence"*, die den Widerstand gegen das englische Mutterland organisierten. Einen Boykott britischer Waren be-

M3 „Boston Tea Party", 16. Dezember 1773, kolorierte Lithografie, 1846.
Aus Protest gegen Importzölle und Teemonopol werfen als Indianer verkleidete Kolonisten die Teeladung britischer Schiffe im Hafen von Boston ins Wasser.

antwortete London mit der Verstärkung militärischer Präsenz und der Kompetenzerweiterung der britischen Zollverwaltung. 1770 gab es bei Demonstrationen in Boston die ersten Toten (M 2). Als das englische Parlament der in finanzielle Schwierigkeiten geratenen Ostindien-Kompanie das Monopol für den Teeimport in die Kolonien erteilte, betrachtete man dies als neuen Versuch, die Wirtschaft der Kolonien dem britischen Diktat zu unterwerfen. Mitglieder der radikalen *„Sons of Liberty"** enterten aus diesem Anlass am 16. Dezember 1773 Schiffe der Ostindien-Kompanie im Hafen von Boston und vernichteten Teile der Teeladung (*„Boston Tea Party"*, M 3). Die britische Regierung schloss daraufhin den Hafen und hob die Verfassung und Selbstverwaltung von Massachusetts, das die britische Wirtschafts- und Steuerpolitik am radikalsten bekämpfte, auf.

„Sons of Liberty"
Bezeichnung junger Kolonisten, die seit der „Stamp Act" von 1665 Widerstand gegen das englische Mutterland leisteten.

Im September 1774 traten Delegierte aller Kolonien – mit Ausnahme Georgias – zum **ersten Kontinentalkongress** in Philadelphia zusammen. Sie erklärten die Eingriffe Großbritanniens in die Verfassung der Kolonien ebenso für rechtswidrig wie die Steuergesetze und die Stationierung von Soldaten in Friedenszeiten. Der Kongress beschloss, den Handel mit dem Mutterland einzustellen und britische Waren zu boykottieren. Zugleich bat man aber König George III. (1760–1829) um Schutz gegen die Gesetzesbrüche von Parlament und Regierung. Noch wollte die Mehrheit der Amerikaner keine vollständige Trennung vom Mutterland, sondern lediglich Autonomie.

M4 George Washington (1732–1799), Ölgemälde von Rembrandt Peale, 1795

Washington war von 1775 bis 1783 Oberbefehlshaber der Kontinentalarmee, 1787 Präsident des Verfassungskonvents in Philadelphia und von 1789 bis 1797 erster Präsident der USA.

Zum offenen Konflikt kam es, als die Volksvertretungen von Massachusetts das von der britischen Regierung erlassene Auflösungsdekret nicht anerkannten und sich neu konstituierten. Im Februar 1775 befahl das Londoner Parlament dem Gouverneur, diese Rebellion zu beenden. Im April gab es erste Gefechte zwischen amerikanischen Milizen und der britischen Armee. Der **zweite Kontinentalkongress** übernahm im Mai 1775 die Regierungsfunktionen für die Kolonien und ernannte **George Washington*** zum Oberbefehlshaber der Streitkräfte. Aus einem Konflikt um Wirtschafts- und Steuerfragen war ein Kampf um Grundsatzfragen von Recht und Verfassung geworden. Die führenden amerikanischen Politiker – ob Großgrundbesitzer aus dem Süden oder Angehörige des Wirtschaftsbürgertums des Nordostens – standen in der Tradition englischen Verfassungs- und Rechtsdenkens und nahmen das in ihm verankerte Widerstandsrecht gegen illegale Akte der Obrigkeit für sich in Anspruch. Sie sahen in ihrem Kampf gegen Parlament und Regierung in London eine Parallele zur Glorreichen Revolution, die die Freiheitsrechte der Engländer gesichert hatte. Nicht weil sich die Amerikaner als eigenständige Nation fühlten, sondern weil sie gleichberechtigte Untertanen der britischen Krone sein wollten, war es zum Konflikt gekommen. Erst die im Januar 1776 erschienene Streitschrift „Common Sense" des britisch-amerikanischen Publizisten **Thomas Paine*** mit ihrer Polemik gegen die britische Obrigkeit bewirkte, dass sich der Gedanke einer völligen Ablösung vom Mutterland bei der Mehrheit durchsetzte. Der Konflikt geriet jetzt zu einer kolonialen Befreiungsrevolution mit antimonarchistischen Zügen.

M5 Thomas Paine (1737–1809), anonymes Porträt, um 1780

Mit der im Januar 1776 erschienenen Schrift „Common Sense" des kurz zuvor aus England eingewanderten Paine wurde die Forderung nach Unabhängigkeit zur zentralen Losung. Innerhalb von nur drei Monaten wurden 120 000 Exemplare von „Common Sense" verkauft.

Die Staatsgründung

Die **Unabhängigkeitserklärung** (M 8), die der Kontinentalkongress am **4. Juli 1776** verkündete, begründete die Trennung vom Mutterland mit dem Widerstandsrecht und der Naturrechtsphilosophie der europäischen Aufklärung. Zwischen 1776 und 1780 gaben sich die Einzelstaaten republikanische Grundordnungen und 1781 verabschiedete der Kongress die erste Verfassung der USA. Die ***„Articles of Confederation"*** betonten die Souveränität der Einzelstaaten und verzichteten auf eine starke zentrale Exekutive. Aus den britischen Kolonien war ein lockerer Staatenbund geworden.
Nach schweren Rückschlägen gewannen die zunächst schlecht bewaffneten und ausgebildeten amerikanischen Soldaten die Oberhand über die britischen Truppen. Entscheidend für ihren Sieg war, dass sie das Hinterland der von den Briten besetzten Hafenstädte beherrschten. Hinzu kam, dass sich Frankreich und Spanien auf ihre Seite stellten und sie wirtschaftlich und militärisch unterstützten. 1781 konnten die Amerikaner die durch die französische Flotte vom Nachschub abgeschnittenen Briten bei Yorktown zur Kapitulation zwingen. 1783 erkannte das kriegsmüde Großbritannien im **Frieden von Paris** die Unabhängigkeit der USA an.

Die Verfassung

Die Amerikanische Revolution war mehr als eine koloniale Befreiungsrevolution. „Der ‚Unabhängigkeitskrieg' nach außen war unauflöslich verquickt mit der ‚Amerikanischen Revolution' im Innern" (Hans-Ulrich Wehler). Die monarchische Regierung wurde zunächst umgangen und dann beseitigt; revolutionäre Ausschüsse und Provinzialkongresse übten 1775/76 fast überall die Macht aus. Den eigentlichen revolutionären Akt verkörperte vor allem die Verfassunggebung in den amerikanischen Einzelstaaten, bei der von Anfang an das **Prinzip der Volkssouveränität** die Grundlage bildete. Alle Gewalt ging, wie die ***„Virginia Bill of Rights"*** (M 7) vom 12. Juni 1776 erklärte, vom Volk aus.
Diesem Grundsatz wurde auch praktisch Rechnung getragen. Die ersten Einzelstaatenverfassungen waren noch von den normalen Parlamenten ausgearbeitet und verabschiedet worden. In Massachusetts dagegen wurde die Ausarbeitung der Verfassung einer besonderen verfassunggebenden Versammlung anvertraut. Alle männlichen Einwohner durften an sämtlichen mit der Verfassunggebung zusammenhängenden politischen Akten teilnehmen. Der Verfassungsentwurf wurde allen Gemeinden zur Annahme vorgelegt, wobei die Zustimmung von zwei Dritteln erforderlich war. Mit der Verfassung von Massachusetts aus dem Jahre 1780 wurde die Idee vom Volk als der konstituierenden Gewalt zum ersten Mal in der Geschichte verwirklicht.
Innovativ war die Amerikanische Revolution auch darin, dass sie das **Prinzip des Bundesstaats** einführte. Gegenüber der bis dahin bekannten lockeren staatenbündischen Organisationsform, wie sie die Vereinigten Staaten zunächst mit den *„Articles of Confederation"* von 1781 übernahmen, wurde mit der **Verfassung von 1787**

Internettipp
www.usconstitution.net
Aktuelle und historische Verfassungstexte der USA in englischer Sprache
www.verfassungen.de
Aktuelle und historische Verfassungstexte der USA und zahlreicher weiterer Länder – meist in deutscher Übersetzung
http://usa.usembassy.de/geschichte-revolution.htm
Seite der Amerikanischen Botschaft mit einem deutschen Einführungstext zum Thema „Revolutionszeit und die neue Nation" und weiterführenden englischsprachigen Links

M6 Die Verfassung der USA von 1787

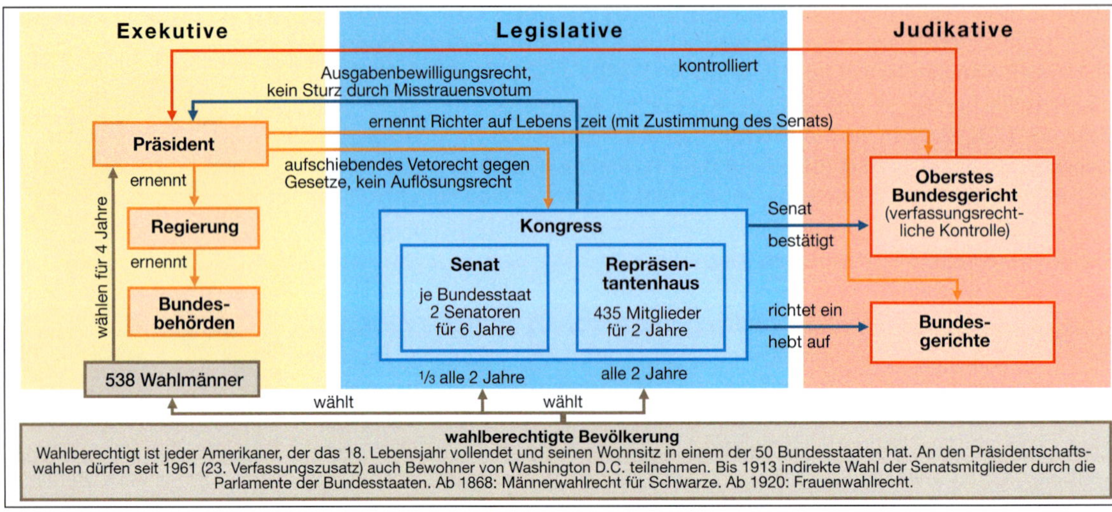

(M 6) eine bis dahin einzigartige Trennung der Kompetenzen zwischen Bund und Einzelstaaten vollzogen. Neu war auch die in der *„Northwest Ordinance"* von 1787 geschaffene Möglichkeit, hinzukommende Territorien nach einer Übergangsphase als gleichberechtigte Mitgliedsstaaten in die Union aufzunehmen.

Die Verfassung schuf ein System der Gewaltenteilung und wechselseitigen Kontrolle (*„checks and balances"*) zwischen Exekutive, Legislative und Judikative (M 9). Im Herbst 1789 wurde ein **Grundrechtekatalog** (*„Bill of Rights"*) als Zusatz in die Verfassung aufgenommen, dem als Vorlage die *Virginia Bill of Rights* (M 7) gedient hatte. Er garantierte jedem Amerikaner Glaubens-, Rede-, Presse- und Versammlungsfreiheit sowie die Unverletzlichkeit der Person, der Wohnung und das Recht auf Verteidigung.

Einschränkung der Menschen- und Bürgerrechte

Die proklamierten Bürger- und Menschenrechte blieben in der Verfassung jedoch auf die freien männlichen Bürger beschränkt. Ausgeschlossen von der politischen Teilhabe waren Sklaven, die als Eigentum eines weißen Herrn keine Rechte besaßen, Frauen, die indianische Urbevölkerung und in den meisten Staaten die im Vergleich zu Europa eher kleine Gruppe von besitzlosen Männern. Dabei war in den Verfassungsversammlungen der Gemeinden und Staaten erörtert worden, ob es rechtens sei, Frauen und Sklaven von den Menschen- und Bürgerrechten auszuschließen. Die relativ frühe politische Gleichberechtigung der Frauen in einigen amerikanischen Bundesstaaten hat hier eine ihrer Wurzeln. Auch die Lage der Sklaven verbesserte sich durch die Amerikanische Revolution nicht, obwohl einige nördliche Staaten in den 1780er-Jahren Gesetze zur Abschaffung der Sklaverei beschlossen. In Massachusetts sowie durch Bundesgesetz im Nordwest-Territorium wurde sie sofort aufgehoben. Allerdings hatte die Sklaverei in diesen Gebieten ökonomisch kaum eine Rolle gespielt. Dagegen stieg zwischen 1790 und 1810 die Zahl der auf den Plantagen in den Südstaaten eingesetzten Sklaven von 700 000 auf 1,2 Millionen.

1 Beschreiben Sie anhand der Karte M 1 die geografische Situation der englischen Kolonien in Nordamerika vor der Revolution. Erläutern Sie die politischen Verhältnisse.
2 Erläutern Sie die Ursachen der Amerikanischen Revolution.
3 Skizzieren Sie den Verlauf des Konflikts zwischen England und den 13 nordamerikanischen Kolonien, indem Sie ihn begründet in Phasen untergliedern.

M7 Aus den „Bill of Rights" der Kolonie Virginia vom 12. Juni 1776

Im Mai 1776 stellte Virginia seiner Verfassung eine „Bill of Rights" voran, deren Kerninhalte 1791 als Zusatzartikel 1 bis 10 Eingang in die US-Verfassung fanden:

I. Dass alle Menschen von Natur aus gleich frei und unabhängig sind und bestimmte angeborene Rechte besitzen, die sie ihrer Nachkommenschaft durch keinen Vertrag rauben oder entziehen können, wenn sie eine staatliche Verbindung eingehen, nämlich das Recht auf den Genuss des Lebens und der Freiheit, auf die Mittel zum Erwerb und Besitz von Eigentum, das Streben nach Glück und Sicherheit und das Erlangen beider.

II. Dass alle Gewalt im Volke ruht und folglich von ihm abgeleitet ist, dass die Behörden seine Bevollmächtigten und Diener sind und ihm zu aller Zeit verantwortlich.

III. Dass eine Regierung eingesetzt ist oder eingesetzt sein sollte zum allgemeinen Wohle, zum Schutz und zur Sicherheit des Volkes, der Nation oder der Gemeinde; dass von all den verschiedenen Regierungsformen diejenige die beste ist, die fähig ist, den höchsten Grad von Glück und Sicherheit hervorzurufen, und die am wirksamsten gegen die Gefahr schlechter Verwaltung gesichert ist; und dass die Mehrheit einer Staatsgemeinde ein unzweifelhaftes, unveräußerliches und unverletzliches Recht hat, eine Regierung zu reformieren, zu verändern oder abzuschaffen, wenn sie diesen Zwecken unangemessen oder entgegengesetzt befunden wird [...].

V. Dass die gesetzgebenden und vollziehenden Gewalten eines Staates getrennt und von der richterlichen unterschieden werden sollen. [...]

VI. Dass die Wahlen der Mitglieder, die als Vertreter des Volkes in der Versammlung dienen sollen, frei sein sollten und dass alle Menschen, die genügend ihr dauerndes Interesse an der Allgemeinheit und ihre Bindung an die Staatsgemeinde nachweisen können, das Recht zur Wahl haben, dass ihnen ihr Eigentum nicht zu öffentlichen Zwecken besteuert oder genommen werden kann ohne ihre eigene Einwilligung oder die der so gewählten Volksvertreter; dass sie ferner durch kein Gesetz gebunden werden können, dem sie nicht in gleicher Weise im Interesse der Allgemeinheit zugestimmt haben. [...]

VIII. Dass bei allen hochnotpeinlichen oder peinlichen Prozessen jedermann das Recht hat, nach Ursache und Natur seiner Anklage zu fragen, seinen Anklägern und deren Zeugen gegenübergestellt zu werden, Zeugen zu seinen Gunsten herbeizurufen und eine sofortige Untersuchung durch einen unparteiischen Gerichtshof aus zwölf Leuten seiner Nachbarschaft zu verlangen, ohne deren einmütige Zustimmung er nicht schuldig befunden werden kann. [...]

IX. Dass keine übermäßige Bürgschaft verlangt werden, keine übermäßigen Geldbußen und auch keine grausamen oder ungewöhnlichen Strafen auferlegt werden sollten. [...]

XII. Dass die Pressefreiheit eines der stärksten Bollwerke der Freiheit ist und nur durch despotische Regierungen beschränkt werden kann.

XIII. Dass eine wohlgeordnete Miliz, die aus dem Volke gebildet und im Waffendienst geübt ist, die natürliche und sichere Verteidigung eines freien Staates ist; dass man stehende Heere in Friedenszeiten, als für die Freiheit gefährlich, vermeiden sollte; und dass auf alle Fälle die militärische Gewalt in strenger Unterordnung unter der zivilen stehen und von dieser geleitet werden sollte. [...]

XVI. Dass die Religion oder die Ehrfurcht, die wir unserem Schöpfer schulden, und die Art, wie wir uns dieser Pflicht entledigen, nur durch unsere Vernunft und Überzeugung bestimmt werden kann, nicht durch Machtspruch oder Gewalt; und dass daher alle Menschen zur freien Religionsausübung gleicherweise berechtigt sind, entsprechend der Stimme ihres Gewissens, und dass es die gegenseitige Pflicht aller ist, christliche Milde, Liebe und Barmherzigkeit aneinander zu üben.

Zit. nach: Wolfgang Lautemann (Bearb.), Geschichte in Quellen, Bd. 4, bsv, München 1981, S. 107–109

1 **Analysieren Sie die grundlegenden Aussagen der „Virginia Bill of Rights".**

2 **Vergleichen Sie diese mit Ihren Vorstellungen heute und erklären Sie Unterschiede.**

M8 Die Unabhängigkeitserklärung vom 4. Juli 1776

Folgende Wahrheiten erachten wir als selbstverständlich: dass alle Menschen gleich geschaffen sind; dass sie von ihrem Schöpfer mit gewissen unveräußerlichen Rechten ausgestattet sind; dass dazu Leben, Freiheit und das Streben nach Glück gehören; dass zur Sicherung dieser Rechte Regierungen unter den Menschen eingerichtet werden, die ihre rechtmäßige Macht aus der Zustimmung der Regierten herleiten; dass, wenn irgendeine Regierungsform sich für diese Zwecke als schädlich erweist, es das Recht des Volkes ist, sie zu ändern oder abzuschaffen und eine neue Regierung einzusetzen und sie auf solchen Grundsätzen aufzubauen und ihre Gewalten in der Form zu organisieren, wie es zur Gewährleistung ihrer Sicherheit und ihres Glücks geboten zu sein scheint. Gewiss gebietet die Vorsicht, dass seit Langem bestehende Regierungen nicht um unbedeutender und flüchtiger Ursachen willen geändert werden sollten, und demgemäß hat noch jede Erfahrung gezeigt, dass die Menschen eher geneigt sind zu dulden, solange die Übel noch erträglich sind, als sich unter Abschaffung der Formen, die sie gewöhnt sind, Recht zu verschaffen. Aber wenn eine lange Reihe von Missbräuchen und Übergriffen, die stets das gleiche Ziel verfolgen, die Absicht erkennen lässt, sie absolutem Despotismus zu unterwerfen, so ist es ihr Recht, ist es ihre Pflicht, eine solche Regierung zu beseitigen und sich um neue Bürgen für ihre zukünftige Sicherheit umzutun. Solchermaßen ist das geduldige Ausharren dieser Kolonien gewesen und solchermaßen ist jetzt die Notwendigkeit, welche sie treibt, ihre früheren Regierungssysteme zu ändern. Die Geschichte des gegenwärtigen Königs von Großbritannien ist die Geschichte wiederholten Unrechts und wiederholter Übergriffe, die alle auf die Errichtung einer absoluten Tyrannei über die Staaten zielen. [Es folgt eine Aufzählung von 18 Hauptvorwürfen gegen den britischen König.] In jenem Stadium dieser Bedrückungen haben wir in den untertänigsten Ausdrücken um Abhilfe ersucht; unser wiederholtes Ersuchen ist lediglich durch wiederholtes Unrecht beantwortet worden. Ein Fürst, dessen Charakter durch jede Handlung in solcher Weise gekennzeichnet ist, kann als ein Tyrann bezeichnet werden, der als Herrscher über ein freies Volk ungeeignet ist.

Auch haben wir es nicht unterlassen, unserer britischen Brüder hinlänglich eingedenk zu sein. Wir haben sie von Zeit zu Zeit von den Versuchen ihrer gesetzgeberischen Gewalt in Kenntnis gesetzt, eine gesetzwidrige Rechtsprechung über uns zu errichten. Wir haben sie an die näheren Umstände unserer Auswanderung und unserer Siedlung hier erinnert. Wir haben an ihr natürliches Gerechtigkeitsgefühl und ihre natürliche Hochherzigkeit appelliert und sie bei den Banden unserer gemeinsamen Herkunft beschworen, diese Übergriffe zu missbilligen, die unvermeidlich zum Abbruch unserer Verbindungen und Beziehungen führen müssten. Auch sie sind der Stimme der Gerechtigkeit und der Blutsverwandtschaft gegenüber taub geblieben. Wir müssen uns daher mit der Notwendigkeit abfinden, welche unsere Trennung gebietet [...].

Daher tun wir, die Vertreter der Vereinigten Staaten von Amerika, versammelt in einem allgemeinen Kongress, an den Obersten Richter der Welt betreffs der Rechtlichkeit unserer Absichten appellierend, im Namen und kraft der Autorität des rechtlichen Volkes dieser Kolonien, feierlich kund und erklären, dass diese Vereinigten Kolonien freie und unabhängige Staaten sind und es von Rechts wegen sein sollen; dass sie von jeglicher Treuepflicht gegen die britische Krone entbunden sind und dass jegliche politische Verbindung zwischen ihnen und dem Staate Großbritannien vollständig gelöst ist, [...] und dass sie als freie und unabhängige Staaten Vollmacht haben, Kriege zu führen, Frieden zu schließen, Bündnisse einzugehen, Handel zu treiben und alle anderen Akte und Dinge zu tun, welche unabhängige Staaten von Rechts wegen tun können.

A. Rock, Dokumente der amerikanischen Demokratie, Limes, Wiesbaden [2]1953, S. 102ff.

1 Analysieren Sie die wichtigsten Argumente, mit denen die amerikanischen Kolonien ihre Trennung vom englischen Mutterland begründeten.
2 Erläutern Sie das Staatswesen, das die Verfasser der Erklärung anstrebten.

M9 James Madison (1751–1836) über das Prinzip der „checks and balances", 1788

Zu den Haupteinwänden, welche die achtenswerten Gegner der Verfassung vorbringen, gehört die ihr angelastete Verletzung jenes politischen Grundsatzes, der besagt, dass die gesetzgebende, die vollziehende und richterliche Gewalt deutlich voneinander getrennt sein müssen. [...]

Schon bei oberflächlicher Betrachtung der britischen Verfassung werden wir bemerken, dass gesetzgebende, vollziehende und richterliche Gewalt keineswegs gänzlich voneinander getrennt und unterschieden sind. Der Träger der vollziehenden Gewalt bildet einen integrierenden Bestandteil der gesetzgebenden Autorität. Er allein hat das Recht, mit fremden Souveränen Verträge abzuschließen, die nach ihrem Abschluss mit gewissen Einschränkungen Gesetzeskraft erlangen. Alle Mitglieder des richterlichen Zweiges der Regierung werden von ihm ernannt, können auf Antrag der beiden Häuser des Parlaments von ihm abgesetzt werden und bilden, wenn es ihm beliebt, sie zu konsultieren, ein ihm verfassungsmäßig zustehendes Ratskollegium. Ein Zweig der gesetzgebenden Körperschaft stellt aufgrund der Verfassung ein zweites, größeres Ratskollegium für den Träger der vollziehenden Gewalt dar. Der gleiche Zweig ist jedoch andrerseits in Fällen von Hochverrat der einzige Träger der richterlichen Gewalt, während er in allen übrigen Fällen die höchste Berufungsinstanz darstellt. Die Richter sind wieder so eng mit der gesetzgebenden Körperschaft verbunden, dass sie häufig an deren Beratungen teilnehmen, wenn ihnen auch keine gesetzgebende Stimme zusteht.

Aus diesen Tatsachen, von denen Montesquieu ausging, kann mit voller Klarheit Folgendes geschlossen werden: Wenn Montesquieu sagt, „es kann keine Freiheit geben, wo gesetzgebende und vollziehende Gewalt in ein und derselben Person oder in ein und derselben Körperschaft vereinigt sind oder wo die richterliche Gewalt von der gesetzgebenden und von der vollziehenden Gewalt getrennt ist", so meint er damit keineswegs, dass die drei Zweige der Regierung untereinander auf ihre spezifische Tätigkeit nicht ein gewisses Maß von Einfluss ausüben oder einander nicht wechselseitig kontrollieren sollten. [...] Wenn wir die Verfassungen unserer Einzelstaaten betrachten, so finden wir, dass [...] in keiner einzigen von ihnen die drei Zweige der Regierung absolut getrennt sind.

Zit. nach: Alexander Hamilton u. a., Der Föderalist. Artikel 47, hg. von Felix Ermacora, Manzsche Verlagsbuchhandlung, Wien 1958, S. 277ff.

1 Erklären Sie, was mit dem Prinzip „checks and balances" gemeint ist. Überprüfen Sie seine Verwirklichung anhand des Verfassungsschaubilds (M 6).
2 Erörtern Sie, inwiefern nach Madison das Prinzip der Gewaltenteilung in der amerikanischen Verfassungswirklichkeit vollständig umgesetzt wird.

3 Die Französische Revolution

3.1 Zu den Ursachen der Französischen Revolution

Gewichtung der Ursachen

Die Ursachen der Französischen Revolution und deren Gewichtung sind in der historischen Forschung noch immer umstritten. Weitgehend einig zeigt sich die Geschichtswissenschaft inzwischen in der Ablehnung monokausaler Erklärungsversuche; stattdessen wird ein **komplexes Ursachenbündel** für den Ausbruch der Revolution verantwortlich gemacht (M 3). Im Wesentlichen sind es drei Problemkomplexe, die man bei der Suche nach den Ursachen der Revolution zu beachten hat: die politische Krise des Ancien Régime*, die Folgen der Aufklärung und die wirtschaftliche und soziale Lage der Bevölkerung.

Ancien Régime
dt. alte Regierungsform; Bezeichnung für das vorrevolutionäre Frankreich bzw. die politische und gesellschaftliche Situation anderer europäischer Staaten vor 1789

Die Krise des Ancien Régime

Die Krise des Ancien Régime zeigte sich deutlich in der enormen Schuldenlast des französischen Staates (M 2). Schon seit dem Siebenjährigen Krieg (1756–1763), der für Frankreich mit einem erheblichen Territorialverlust in Indien und Nordamerika endete (s. S. 172 f.), stand eine Finanzreform auf der Tagesordnung. In der Auseinandersetzung um diese Reform war bereits die Rede von der „Nation", dem „Staat" und dem „Volk" anstelle vom „Monarchen" und seinen „Untertanen". Frankreichs außenpolitische Misserfolge bewirkten einen Legitimitätsverlust der absolutistischen Regierungsweise in der Bevölkerung. Die Schuldenkrise wurde zudem durch das kostspielige Engagement Frankreichs im amerikanischen Unabhängigkeitskrieg verschärft. Reformvorschläge mehrerer vom König bestellter und wieder entlassener Finanzminister zur Sanierung der Staatsfinanzen und Liberalisierung der Wirtschaft scheiterten am Widerstand des Adels, des hohen Klerus, aber auch der bürgerlichen Eliten aus dem **Dritten Stand***. Klerus und Adel zeigten sich nicht bereit, durch die Aufgabe von Privilegien, etwa ihrer weitgehenden Steuerbefreiung, zur Sanierung der maroden Staatsfinanzen beizutragen. Die Adligen ließen vor allem über das Pariser „Parlément"* seit den 1770er-Jahren alle Reformgesetze scheitern. Die zur Umgehung der Parlamente im Februar 1787 einberufene **Notabelnversammlung*** zeigte sich ebenfalls widerständig. In ihr wurden deutlich antiabsolutistische und regierungskritische Stimmen laut. Nachdem Premierminister Loménie de Brienne im Mai die Versammlung der Notabeln aufgelöst hatte, begann die Phase der „Pré-Révolution", die auch als „Revolte des Adels" bezeichnet wird. Schließlich gab der König den aufsässigen Parlamenten und dem öffentlichen Druck nach und verkündete die Einberufung von **Generalständen*** für den 5. Mai 1789. An eine Revolution dachte zu diesem Zeitpunkt noch niemand.

Dritter Stand
franz. *Tiers État*: Sammelbegriff nach dem Staatsrecht des Ancien Régime für die gesamte politische Bevölkerung, die nicht den privilegierten Ständen Klerus und Adel angehörten; zugleich die Vertretung dieser Bevölkerung auf den Generalständen

Parlamente
franz. *Parléments*; die dreizehn mit Adligen besetzten Gerichtshöfe waren oberste Appellationsinstanzen; ohne die „Registrierung" vom Pariser „parlément" konnte kein Gesetz wirksam werden

Notabelnversammlung
1787 zur Absicherung von Reformen und höheren Steuern einberufen, setzte sich aus 144 vom König ausgewählten Personen zusammen, die überwiegend dem Hochadel entstammten

Generalstände
franz. *États généraux*; die beratende Vollversammlung der drei Stände Geistlichkeit, Adel und Dritter Stand war zuletzt 1614 einberufen worden

Aufklärung

Die Frage nach dem Beitrag der Aufklärung (s. S. 166 ff.) zum Ausbruch der Revolution diskutierten schon die Zeitgenossen leidenschaftlich. Viele von ihnen sahen in ihr eine entscheidende Voraussetzung der Revolution bzw. in der Revolution ihre Verwirklichung. Gegner der Revolution bemühten häufig die schlichte wie falsche Behauptung, die Revolution sei ein Werk der Verschwörung von Aufklärern und Freigeistern. Die Aufklärung war keine direkte Ursache der Revolution, sondern vielmehr „Katalysator und Symptom einer zunehmenden Autoritätskrise" (Hans-Ulrich Thamer) des Ancien Régime. Dabei waren es nicht die philosophischen Traktate Voltaires, Montesquieus oder Rousseaus, sondern ihre populären Verschnitte, die Ummünzung der Aufklärungsphilosophie in einfache Schlagworte wie „Freiheit", „Gleichheit", „Glück" oder „repräsentative Regierung", die mit der

Internettipp
www.historicum.net/themen/franzoesische-revolution
Umfangreiches Themenportal zur Französischen Revolution von „Historicum.net – Geschichtswissenschaften im Internet e.V."
mit Einführung, Zeitleiste, Biografien, Bildergalerien und Literaturtipps

M 1 „Die Lage der Bauern", zeitgenössischer Stich zur Lastenverteilung zwischen den einzelnen Ständen, 1789.
Die Inschrift auf dem Stein lautet: die Kopfsteuer, das Steuerwesen und die Fronarbeit(en).

politischen Legitimationskrise der alten Ordnung eine „einzigartige Durchsetzungschance" (Michel Vovelle) erhielten. Die erhobenen Forderungen nach individueller Freiheit und rechtlicher wie politischer Gleichheit aller Menschen sowie die Idee der Volkssouveränität wurden von der Aufklärung vorbereitet. Eine allmähliche Auflösung des christlich-religiösen Weltbildes, ein Wandel in der Mentalität der Bevölkerung, der sich bis in das ländliche Frankreich hinein feststellen ließ, rührten an der religiösen Begründung der sozialen und politischen Ordnung des Ancien Régime. Die Amerikanische Revolution (s. S. 198 ff.) bereitete dabei die französischen Ereignisse mit vor, indem sie die praktische Umsetzung aufklärerischer Ideen zeigte.

Wirtschaftskrise

Die Krise des politischen Systems wurde in den Jahren 1788/89 überlagert von einer Wirtschaftskrise, die die bestehenden sozialen Gegensätze der französischen Gesellschaft weiter zuspitzte (M 1). Durch witterungsbedingte Missernten stiegen seit dem Frühjahr 1789 die Getreidepreise an. Die Brotpreise erreichten in den Monaten Juni/Juli 1789, kurz vor der neuen Ernte, den Höchststand des Jahrhunderts. Die Teuerungskrise beschleunigte die Verarmung auf dem Land und schürte in der städtischen Bevölkerung die Angst vor dem Hunger. Die wirtschaftliche Not löste Unruhen der bäuerlichen und städtischen Unterschichten aus, die heftigsten ereigneten sich in Paris im April 1789. Mit dem Charakter traditioneller Teuerungs- und Brotkrawalle richteten sie sich sowohl gegen die königliche Regierung als auch gegen die Grund- und Landbesitzer. Die Aufstände waren zwar „noch keine Aktionen einer politischen Volksbewegung, sondern Ausdruck eines uralten Denkens und Handelns, das von der Vorstellung des ‚gerechten Preises' und der Fürsorgepflicht des ‚guten Königs' ausging" (Hans Ulrich Thamer). Doch die Unruhen, bei deren Niederschlagung Hunderte starben, trugen zur Entstehung einer revolutionären Grundstimmung bei.

1 Skizzieren Sie die Ursachen der Revolution.
2 Formulieren Sie die Stellungnahme eines Zeitgenossen zum Ständestaat. Beziehen Sie sich auf M 1 und den Darstellungstext.
3 Erörtern Sie den Einfluss der Amerikanischen auf die Französische Revolution. Berücksichtigen Sie auch M 3.

M2 Entwicklung der Einnahmen und Ausgaben des französischen Haushalts 1520–1780

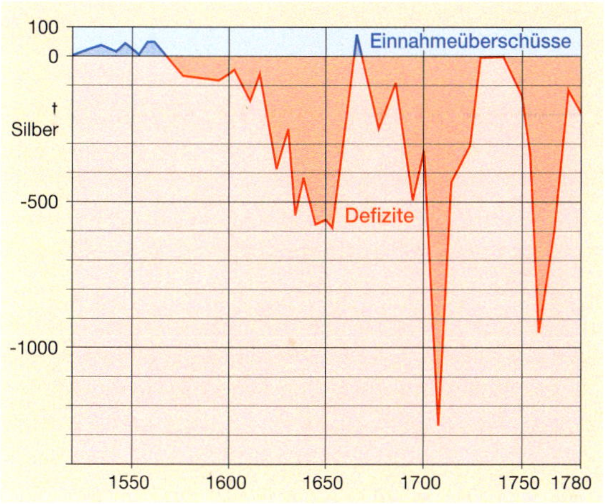

M3 Der Historiker Axel Kuhn über die Ursachen der Französischen Revolution, 1999

Es ist eine Binsenweisheit, dass sich komplexe[1] politische Phänomene wie die Französische Revolution nicht auf eine Ursache zurückführen lassen. Doch sollte die Ablehnung monokausaler[2] Erklärungen nicht als Alibi benutzt werden, sich einer Stellungnahme ganz zu entziehen. In Frankreich führten unzufriedene Massen, eine ökonomisch erstarkte bürgerliche Klasse mit politisch versierten Wortführern und die Zwangslage eines bankrotten Staates zu einer revolutionären Situation, in der der König und seine Berater durch halbherzige und widersprüchliche Reformen die Chance zur evolutionären Veränderung von Staat und Gesellschaft verspielten.

Lange Zeit hat ein Grundthema die Diskussion der Revolutionsursachen bestimmt: der Aufstieg des Bürgertums. Es gehört auch zu den immer wiederholten, doch deshalb noch nicht zutreffenden Stereotypen[3], dass in Deutschland keine Revolution ausbrach, weil dort das Bürgertum im Unterschied zu Frankreich zu schwach gewesen sei. Offenkundig ist es jedoch ein Fehler anzunehmen, dass Revolutionen von zielbewussten Bewegungen gemacht werden. [...] Die Logik der Konflikte im vorrevolutionären Frankreich unterlag aber nie der Kontrolle einer Klasse oder parteiähnlichen Gruppierung, auch wenn eine solche sich später im revolutionären Prozess in den Mittelpunkt stellte. Die Konflikte zeitigten Folgen, die vorher nicht beabsichtigt worden waren. In der Vorgeschichte der Revolution war keine revolutionäre Regie vorhanden.

[...] Bauernunruhen und städtische Unruhen waren ein wichtiger Bestandteil der [...] Französischen Revolution. Sie waren sozusagen ein Vehikel für die Durchsetzung bürgerlicher Interessen. Es ist auch nicht zu übersehen, dass sich die bäuerlichen Ziele in der Französischen Revolution nicht wesentlich von denen früherer Aufstände unterschieden. Die Bauern (und dasselbe gilt für die städtischen Unterschichten) nahmen an der Revolution teil, ohne zu den radikalen Visionen einer neuen Gesellschaft zu stehen. Stattdessen kämpften sie wie immer für handfeste Ziele – Ziele, die sich aus ihrer lokalen Situation ergaben. Sie übten aber damit Druck auf die Abgeordneten aus und zwangen diese im Laufe der Revolution, je nach politischem Standort mehr oder weniger, auf sie einzugehen. Es ist also auch eine irrige Vorstellung anzunehmen, traditionelle Volksunruhen müssten sich in ihrem Charakter ändern, damit es zu einer Revolution kommt.

Innerhalb des ganzen Ursachenbündels sind also unruhige Massen und revolutionsbereite Bürger zwar notwendige Voraussetzungen der Revolution, aber nicht hinreichend für sie. Von entscheidender Bedeutung waren vielmehr der Zustand des Staatsapparates und die internationale Situation, in der er Frankreich zu vertreten hatte. Die revolutionäre Krise brach aus, als sich die Unfähigkeit des alten Regimes zeigte, die sich aus der internationalen Situation ergebenden Herausforderungen zu meistern. Im Wettbewerb mit England hatte Frankreich im 18. Jahrhundert militärische Niederlagen einstecken müssen. Das Land hatte früher fast ganz Europa beherrscht und trat nun in einer dynamischen internationalen Entwicklung immer mehr in den Schatten der Handelsmacht England. Frankreich entschied sich dafür, im amerikanischen Unabhängigkeitskrieg den Wettbewerb mit England um die Führungsrolle fortzusetzen, auch um den Preis des finanziellen Zusammenbruchs. Um die Wichtigkeit dieses Faktors zu verstehen, muss man sich den absolutistischen Staat von einer kleinen Privilegiertenschicht regiert vorstellen, die ihre eigenen Interessen über die der Bevölkerung setzte. Dazu brauchte sie Instanzen, die die Eintreibung der Steuern und die Rekrutierung von Soldaten gewährleisteten. War diese Kontrollfunktion nicht mehr gegeben, dann konnte sich der Staatsapparat auch nicht mehr gegen rebellierende Untertanen zur Wehr setzen.

Wenn es also stimmt, dass Revolutionen nicht mit gesetzmäßiger Notwendigkeit ausbrechen, so stimmt es doch auch, dass diese Revolution in Frankreich ausbrechen musste angesichts des Zustandes der sozialökonomischen Verhältnisse und der Unfähigkeit des absolutistischen Staates zu Reformen.

Axel Kuhn, Die Französische Revolution, Reclam, Stuttgart 1999, S. 39–41

1 komplex: verwickelt, vielfältig und doch einheitlich
2 monokausal: von nur einer Ursache ausgehend
3 Stereotype: feststehende, unveränderliche, ständig wiederkehrende und formelhafte Antwort

1 Analysieren Sie M 3 unter den Aspekten Ursachen, Ziele und Träger der Französischen Revolution.
2 Nehmen Sie Stellung zum Fazit Kuhns.

3.2 Das Ende der Feudalherrschaft

Die Generalstände von 1789
– *Zusammensetzung*
Adel: 270
Klerus: 291
Dritter Stand: 578

– *Repräsentierte Bevölkerung*
In der Bevölkerung umfasste der Erste Stand (Klerus) damals ca. 120 000 Personen, der Zweite Stand (Adel) ca. 350 000 Personen, der Dritte ca. 24 Mio. Menschen, darunter über 20 Mio. Bauern.

– *Information der Deputierten*
In Vorbereitung der Wahlen zu den Generalständen formulierten die Gemeinden nach altem Brauch Beschwerdehefte *(Cahiers de doléances)*, in denen die wichtigsten Missstände aufgezählt wurden, die dem König mit der Bitte um Abstellung vorgelegt werden sollten als Bedingung für die Bewilligung neuer Steuern. Ca. 60 000 dieser Beschwerdehefte sind überliefert.

Eine oder drei Revolutionen?

Mit Blick auf die Ereignisse im Sommer 1789 fragt der Historiker Michel Vovelle „War es eine Revolution oder waren es drei?" Drei Ereignisse prägten diese Zeit: die Verfassungsrevolution in Versailles bzw. Paris, die Revolution der städtischen Unter- und Mittelschichten und schließlich die Revolution der Bauern auf dem Lande. Die beteiligten Bevölkerungsgruppen handelten jeweils aus unterschiedlichen Motiven. Doch erst die **Verschränkung dieser drei Teilrevolutionen** ermöglichte die Errungenschaften, die die Gesellschaftsordnung in Frankreich von Grund auf veränderten.

Die Verfassungsrevolution

Als die **Generalstände*** am 5. Mai 1789 in Versailles zusammentraten, verlangten die Vertreter des Dritten Standes als Erstes einen neuen Abstimmungsmodus. Die alten Generalstände hatten nach Ständen abgestimmt; Adel und Klerus konnten dabei den Dritten Stand, dessen reale Bevölkerungsstärke bei diesem Wahlmodus nicht repräsentiert wurde, leicht überstimmen. Der von 300 auf knapp 600 Delegierte erweiterte Dritte Stand von 1789 forderte deshalb die Abstimmung „nach Köpfen". So hätte er die Mehrheit über die privilegierten Stände erlangt und zudem seinen Anspruch, als größte Gruppe die Nation zu repräsentieren (M 1), verdeutlicht. Als diese Forderung auf Widerstand des Königs und großer Teile des Adels stieß, erklärte sich der Dritte Stand am 17. Juni 1789 in einem revolutionären Akt zur **Nationalversammlung**, der das **Recht auf die Gesamtrepräsentation** der Franzosen zustehe.
Die Versuche des Königs, das Zusammentreten der Nationalversammlung zu verhindern, scheiterten. Die Abgeordneten trafen sich am 20. Juni 1789 im Ballhaus von Versailles und leisteten dort den Eid, erst wieder in ihre Provinzen zurückzukehren, wenn das Königreich eine Verfassung habe (M 2). Bei der „königlichen Sitzung" der Stände drei Tage später erfuhr der König erneut die Entschlossenheit des Dritten Standes. Dessen Abgeordneten hielten sich nicht an das übliche Ritual und behielten in Anwesenheit des Königs ihre Kopfbedeckung auf. Ludwig XVI. versprach zwar Reformen, diese sollten aber weder an der ständischen Struktur der Gesellschaft etwas ändern noch die Privilegien des Adels und des Klerus antasten. Zudem drohte er mit Gewalt. Am 9. Juli erklärte sich die Nationalversammlung zur **Verfassunggebenden Versammlung** *(„Assembleé Nationale Constituante")*. Der König gab nach und forderte die Abgeordneten der beiden privilegierten Stände auf, gemeinsam mit dem Dritten Stand zu tagen.
Diese Vorgänge waren der Kern der Verfassungsrevolution. Die Erhebung der Versammlung des Dritten Standes zur Verfassunggebenden Nationalversammlung bedeutete den **Umsturz der alten Herrschaftsordnung**. Die oberste politische Macht, die Souveränität, sollte nicht mehr bei einem König „von Gottes Gnaden", sondern bei der Gesamtheit der Nation liegen.

Die Munizipalrevolution

In den Städten, vor allem in der Hauptstadt Paris, war die Stimmung wegen der wirtschaftlichen Krise seit 1788 äußerst gespannt. Steigende Brotpreise und bedrohliche Truppenkonzentrationen mobilisierten kleinbürgerliche Unterschichten, vor allem Gesellen, Tagelöhner, kleine Handwerker und Händler, und nährten allgemeine Ängste in der Bevölkerung. Die heimliche Entlassung des beliebten Finanzministers Necker und die Einberufung einer neuen, konservativen Regierung durch den König verstärkten diese politische Unruhe bis zum Ausbruch spontaner Gewalt. Auf der Suche nach Getreide, Waffen und Munition plünderten und zerstörten protestierende Gruppen Zollstationen und Klöster.

M 1 Titelblatt der Flugschrift „Was ist der Dritte Stand?" („Qu'est-Ce Que Le Tiers Etat?") von Emmanuel Joseph Sieyès, 1789

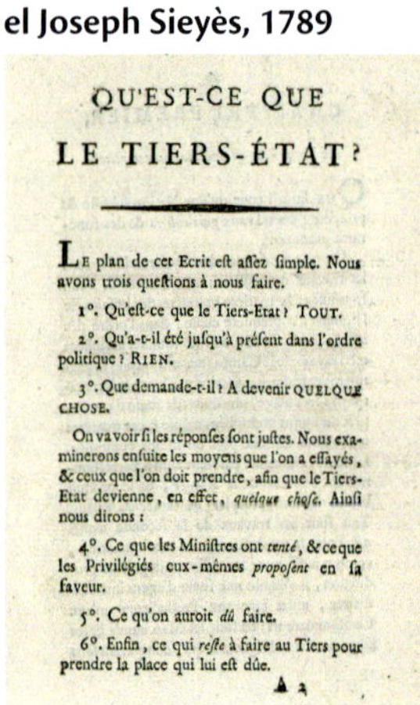
QU'EST-CE QUE
LE TIERS-ÉTAT?

LE plan de cet Ecrit eſt aſſez ſimple. Nous avons trois queſtions à nous faire.

1°. Qu'eſt-ce que le Tiers-Etat? TOUT.

2°. Qu'a-t-il été juſqu'à préſent dans l'ordre politique? RIEN.

3°. Que demande-t-il? A devenir QUELQUE CHOSE.

On va voir ſi les réponſes ſont juſtes. Nous examinerons enſuite les moyens que l'on a eſſayés, & ceux que l'on doit prendre, afin que le Tiers-Etat devienne, en effet, *quelque choſe*. Ainſi nous dirons:

4°. Ce que les Miniſtres ont *tenté*, & ce que les Privilégiés eux-mêmes *propoſent* en ſa faveur.

5°. Ce qu'on auroit *dû* faire.

6°. Enfin, ce qui *reſte* à faire au Tiers pour prendre la place qui lui eſt dûe.

A 2

In dem im Januar 1789 veröffentlichten Flugblatt forderte der Geistliche Abbé Sieyès politische Freiheit und Souveränität für die Nation. Seine Frage schien einfach, die Antwort war revolutionär: „Was ist der Dritte Stand? Alles. Was ist er bisher in der staatlichen Ordnung gewesen? Nichts. Was will er? Etwas darin werden."

M2 **Der Schwur im Ballhaus in Versailles am 20. Juni 1789, anonymes zeitgenössisches Gemälde nach der Federzeichnung von Jacques-Louis David (1748–1825) von 1791.** David, selbst Revolutionär und Mitglied des Jacobinerclubs (s. S. 216 ff.), wurde von diesem 1790 beauftragt, den „Ballhausschwur“ in einem großen Wandgemälde darzustellen, doch beendete er das Gemälde nie.

1 David hatte weder an der Sitzung im Ballhaus teilgenommen noch stützte er sich in seiner Darstellung auf vorliegende Augenzeugenberichte. Seine Darstellung zeigt die Interpretation der Ereignisse durch den Künstler. Beschreiben Sie das Gemälde und interpretieren Sie die Intention Davids.

Am 14. Juli belagerten und eroberten die Aufständischen die alte Pariser Stadtfestung, die **Bastille**, um sich mit Waffen zu versorgen. Militärisch war der Sturm auf die mit nur wenig Personal besetzte Bastille ohne Bedeutung, umso größer war jedoch die Symbolkraft dieses Ereignisses (M 4). Die Unruhen bekamen nun auch aus der Sicht der Regierung eine politische Dimension.
Der Herzog von Liancourt brachte dies dem französischen König gegenüber zum Ausdruck, indem er den Sturm auf die Bastille nicht mehr als eine Revolte, einen traditionellen „Brotkrawall“, sondern als eine Revolution bezeichnete. Von den Aufständischen wurden die „Sieger der Bastille“ zu Helden und die Toten zu Martyrern verklärt. Sie wurden während der Revolution in jährlichen **Gedenktagen** geehrt. Zum Nationalfeiertag erklärte das französische Parlament den 14. Juli allerdings erst 1880 (s. S. 220 f.).
Ähnliche Aufstände wie in Paris ereigneten sich ebenfalls in anderen französischen Städten. Man spricht in diesem Zusammenhang auch von einer **„Munizipalrevolution“*** , denn die politischen Folgen dieser städtischen Unruhen waren die Absetzung der alten königlichen Magistrate und die Bildung neuer bürgerlicher Stadträte in vielen Städten. Diese organisierten zum Schutz des Erreichten und zur Abwehr weiterer Übergriffe der Unterschichten meist eigene Bürgermilizen.
Der König erkannte unter dem Druck dieser allgemeinen Mobilisierung und Politisierung die Nationalversammlung formal an, zog seine Truppen zurück und setzte am 16. Juli den entlassenen Finanzminister Necker wieder in sein Amt ein. Die gegenrevolutionäre Partei des höfischen Adels zerfiel und zahlreiche Adlige emigrierten, um vom Ausland gegen die Revolution zu arbeiten. Die Macht in Paris übernahmen ein bürgerlicher Wahlmännerausschuss und die Bürgermiliz, die bald als **Nationalgarde** fest installiert wurde. Der König ließ sich im Pariser Rathaus von der neuen Stadtregierung unter Bailly empfangen und zeigte sich öffentlich mit der blau-weiß-roten **Kokarde** (M 3).

Munizipalrevolution
lat. *municipium:* autonome Stadtgemeinde

M3 **Kokarde, 1789**

Seit 1789 war die Kokarde das Abzeichen der französischen Revolutionäre. Im Innenkreis ist die Aufschrift „Égalité. Liberté“ zu sehen. Diese beiden Tugenden wurden erst 1791 um die „Fraternité“ erweitert.

M4 „Das Erwachen des Dritten Standes", anonymes koloriertes Flugblatt (Kupferstich), 1789. Im Hintergrund ist die Schleifung der Bastille zu sehen.

1 Interpretieren Sie die politische Bedeutung des 14. Juli 1789 in diesem Flugblatt.

Die Revolution der Bauern

Auf dem **Land** hatten die Missernte von 1788 und der Mangel an Beschäftigung die Spannungen zwischen den Bauern und den Abgaben einfordernden Grundherren verschärft. Gerüchte über ein angebliches Komplott der emigrierenden Aristokratie gegen die Reformbemühungen der Nationalversammlung führten Ende Juli 1789 zur **„Großen Angst"** *(grande peur)* der Bauern, die sich in Angriffen auf Adelssitze und vor allem grundherrliche Archive entlud. Dabei zerstörten die Bauern Urkunden über Grundrechte und Abgaben, übernahmen Gemeindeverwaltungen und weigerten sich, Abgaben zu bezahlen. Bis auf wenige Ausnahmen (Bretagne, Elsass, Lothringen) wurde in kurzer Zeit ganz Frankreich von dieser ländlichen Aufruhrbewegung erfasst.

Im Bürgertum und bei der Nationalversammlung löste die Revolution der Bauern Furcht aus. Einerseits gehörte ein großer Teil der Abgeordneten selbst zu den Besitzenden und forderte daher eine rasche Wiederherstellung der „alten Ordnung" mit militärischen Mitteln. Andererseits brauchte die Nationalversammlung die bäuerliche Revolution zur Durchsetzung ihrer Ziele. Militärische Aktionen gegen die Bauern hätten daher die gesamte Revolution gefährdet.

Internettipp
www.zum.de/psm/frz_rev/frz_abfe.php
Der vollständige Text des Dekrets zur Abschaffung der Feudalität

Die Aufhebung der Privilegien

Die Abgeordneten der Nationalversammlung reagierten schnell: In der Nachtsitzung vom 4. auf den 5. August 1789 gaben die reformorientierten Abgeordneten der beiden oberen Stände in „einer eigentümlichen Atmosphäre der Panik, des Selbstverzichts und der großen Gebärde" (Hans-Ulrich Thamer) alle steuerlichen Privilegien auf und verzichteten auf die feudalen Abgaben. Der erste Artikel des Abschlussdekrets lautete: „Die Nationalversammlung vernichtet die Feudalordnung völlig".

Bei der Beseitigung der Feudalrechte ging die Nationalversammlung zunächst unterschiedlich vor. Wurden die „persönlichen Rechte", wie etwa die Jagdprivilegien des Adels, die grundherrliche Gerichtsbarkeit und die Ämterkäuflichkeit unwiderruflich abgeschafft, so sollten „sächliche Rechte" wie Grundbesitz lediglich durch Geldzahlungen der Bauern abgelöst werden können. Diese Unterscheidung wurde in den folgenden Monaten durch eine Reihe von Gesetzen festgeschrieben und war für die betroffenen Bauern außerordentlich ungünstig. Bauernunruhen und -revolten erzwangen drei Jahre später die vollständige und entschädigungslose Aufhebung der Feudallasten. Doch bereits der Beschluss in der Nacht des 4. August hatte das Ende des Ancien Régime besiegelt.

1 Untersuchen Sie die drei Teilrevolutionen, indem Sie Träger, Motive und Ergebnisse in einer Tabelle gegenüberstellen.
2 Nehmen Sie Stellung zu der Frage: „War es eine Revolution oder waren es drei?"

M5 Aus dem Beschluss der Nationalversammlung zur Aufhebung der feudalen Privilegien vom 11. August 1789

Art. 1. Die Nationalversammlung vernichtet das Feudalwesen völlig. Sie dekretiert, dass von den Feudal- wie Grundzinsrechten und -pflichten sowohl jene, die sich aus unveräußerlichem Besitz an Sachen und Menschen und aus persönlicher Leibeigenschaft herleiten, als auch jene, die an ihre Stelle getreten sind, entschädigungslos aufgehoben werden; alle übrigen werden für ablösbar erklärt, die Summe sowie die Art und Weise der Ablösung wird die Nationalversammlung festlegen. Die durch dieses Dekret nicht aufgehobenen Abgaben sollen dessen ungeachtet bis zu ihrer Rückzahlung wieder erhoben werden. [...]

Art. 11. Alle Bürger sollen, ohne Unterschied ihrer Geburt, freien Zugang zu allen kirchlichen, zivilen und militärischen Ämtern und Würden haben; niemand, der einem Erwerbsberuf nachgeht, soll dadurch seines Adelsprädikats verlustig gehen. [...]

Art. 16. Die Nationalversammlung ordnet an, dass zum Gedächtnis dieser zum Wohle Frankreichs gefassten Beschlüsse eine Medaille geprägt und in allen Pfarrgemeinden und Kirchen des Königreiches zum Dank ein Tedeum gesungen werden soll.

Art. 17. Die Nationalversammlung erklärt König Ludwig XVI. feierlich zum Wiederhersteller der französischen Freiheit.

Walter Grab (Hg.), Die Französische Revolution. Eine Dokumentation, Nymphenburger, München 1973, S. 33–36

1 Erläutern Sie die Zielsetzung des Gesetzes.

M6 Petition der Bauern der Provinz Haute-Marche an die Nationalversammlung, 8. Mai 1790

An unsere in der Nationalversammlung tagenden Herren! Ehrerbietigst unterbreiten Ihnen die armen Bauern und Pächter der Provinz Haute-Marche ihre Vorhaltungen. Sie verleihen darin der Hoffnung Ausdruck, sich als Bürger einiger kleiner Anteile an dieser großartigen Wiedergeburt des Königreichs erfreuen zu können, wo durch die Dekrete der erlauchten Nationalversammlung die Freiheit angekündigt worden ist. [...]

Es ist wahr, dass die Dekrete der erlauchten Nationalversammlung die Bittsteller ermächtigen, sich loszukaufen. Wie dem aber auch sei: Gewiss ist, dass sie trotz dieser Beschlüsse gezwungen sein werden, in Knechtschaft weiterzuleben, ohne sich loskaufen zu können. Und zwar deshalb, weil die erlauchte Nationalversammlung für den Loskauf von den Abgaben, die angeblich den Grundherren der Lehen geschuldet sind, einen außerordentlich hohen Preis festgesetzt hat. [...] Und das umso mehr, als die erlauchte Nationalversammlung durch ihre Dekrete den Bittstellern Fesseln angelegt hat, indem sie bestimmte, dass sich dort, wo die Abgaben gemeinschaftlich entrichtet werden, eine einzelne Person nicht loskaufen darf, falls die anderen dazu nicht in der Lage sind; es sei denn, dass derjenige, der sich freikaufen möchte, die ganze Ablösesumme für die gesamten Abgaben entrichtet. Dieser Paragraf führt den schlüssigen Beweis, dass die Unglückseligen stets unter dem Joch der Knechtschaft verbleiben werden, da sie außerstande sind, die Ablösesumme für die gesamten Abgaben aufzubringen.

Zit. nach: Walter Markov, Revolution im Zeugenstand. Frankreich 1789–1799, Bd. 2, Fischer TB, Frankfurt/M. 1987, S. 135 f.

1 Analysieren Sie die Petition hinsichtlich der Lage der Bauern.
2 Setzen Sie die Petition in Beziehung zum Beschluss der Nationalversammlung (M5).

3.3 Menschen- und Bürgerrechte

M1 Erklärung der Menschen- und Bürgerrechte, Schmuckdarstellung, um 1789

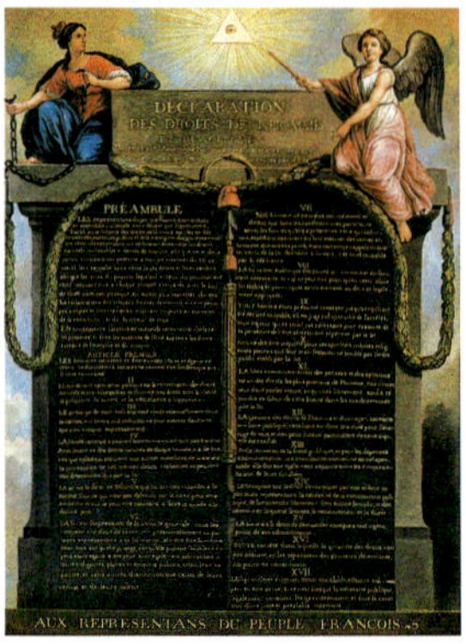

Die Erklärung der Menschen- und Bürgerrechte

Als Grundlage der neuen Ordnung in Frankreich wurde am 26. August 1789 in der Nationalversammlung die **Erklärung der Menschen- und Bürgerrechte** (M 1, M 3) verlesen, die der neuen Verfassung vorangestellt werden sollte. Vorbild waren die Menschenrechtserklärungen der amerikanischen Einzelstaaten, besonders Virginias (s. S. 203 f.). Die Erklärung der Menschen- und Bürgerrechte war ein **Meilenstein auf dem Weg zur modernen bürgerlichen Gesellschaft**. Die alte Ständeordnung wurde beseitigt, der König blieb nicht länger Eigentümer des Staates. Als Ursprung der staatlichen Souveränität galt nun die Nation; die Gesetze sollten den **allgemeinen Willen** *(volonté générale)* zum Ausdruck bringen. Die Menschenrechtserklärung garantierte die **zivile Gleichberechtigung** der Bürger, Steuergleichheit, die Meinungs-, Presse- und Glaubensfreiheit sowie das Privateigentum.

Die Verfassung von 1791

Das schwierigste Problem bei den Verfassungsberatungen bestand darin, die politische Rolle des Königs neu zu definieren und die Gewaltenteilung mit dem Prinzip der Volkssouveränität zu verbinden. Die Verfassung von 1791 (M 2) sprach die gesetzgebende Gewalt einer einzigen Kammer zu, der Nationalversammlung als Vertreterin des souveränen Volkes. Der König war nun zu einem Organ der Verfassung geworden, die seine Regierungsfähigkeit stark einschränkte. Das Parlament wurde nach einem **indirekten Zensuswahlrecht*** gewählt, die Forderung nach politischer Gleichheit damit nicht in die Praxis umgesetzt. Nur „Aktivbürger", die einen bestimmten Betrag an direkten Steuern zahlten, durften die Wahlmänner wählen, die wiederum mehr Steuern aufzubringen hatten. Frauen (s. S. 222 ff.) und männliche „Passivbürger" (ca. 40 % aller erwachsenen Männer) blieben damit von den politischen Entscheidungsprozessen ausgeschlossen. Indem ein gesichertes materielles Einkommen und eine angemessene Erziehung als Voraussetzungen für das Recht auf politische Teilnahme galten, blieb der großen Mehrheit der französischen Bevölkerung die aktive wie passive Beteiligung an den Wahlen vorenthalten.
Die Verfassung von 1791 machte Frankreich zwar zu einer **konstitutionellen Monarchie**, sie zog aber nicht wirklich die politischen Konsequenzen aus der Menschenrechtserklärung. Mit der Verfassung hatten sich die Interessen der gemäßigten bürgerlichen Oberschichten sowohl gegenüber den Monarchisten als auch gegenüber den radikaleren demokratischen Strömungen durchgesetzt. Die Mehrheit der Abgeordneten verband mit der Verfassung die Hoffnung, die Revolution

Zensuswahlrecht
Ungleiches Wahlrecht, bei dem das Wahlrecht bzw. die Gewichtung der Stimmen vom Besitz oder der Steuerleistung abhängt

M2 Die französische Verfassung von 1791

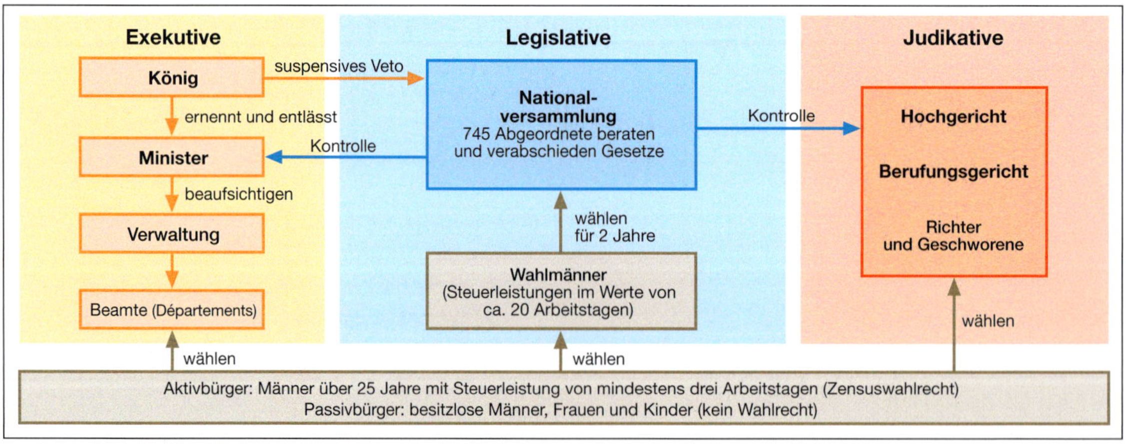

beenden zu können. Für die demokratische Opposition in der Verfassunggebenden Versammlung dagegen war der Verfassungskompromiss keineswegs befriedigend. Ihre heftige Kritik entzündete sich vor allem an der Erblichkeit der Monarchie, der fortgesetzten Existenz des Hofes und am Zensuswahlrecht.

1 Analysieren Sie das Verfassungsschaubild (M 2) hinsichtlich des Kräfteverhältnisses von Exekutive und Legislative. Nutzen Sie dazu auch die Hinweise auf S. 316 f.
2 Definieren Sie den Begriff „konstitutionelle Monarchie".

M3 Erklärung der Menschen- und Bürgerrechte vom 26. August 1789

Art. 1. Frei und gleich an Rechten werden die Menschen geboren und bleiben es. Die sozialen Unterschiede können sich nur auf das gemeine Wohl gründen.

Art. 2. Der Zweck jedes politischen Zusammenschlusses ist die Bewahrung der natürlichen und unverlierbaren Menschenrechte. Diese Rechte sind Freiheit, Eigentum, Sicherheit und Widerstand gegen Bedrückung.

Art. 3. Jegliche Souveränität liegt im Prinzip und ihrem Wesen nach in der Nation; keine Körperschaft und kein Einzelner kann eine Autorität ausüben, die sich nicht ausdrücklich von ihr herleitet.

Art. 4. Die Freiheit besteht darin, alles tun zu können, was anderen nicht schadet. Also hat die Ausübung der natürlichen Rechte bei jedem Menschen keine anderen Grenzen als die, den anderen Mitgliedern der Gesellschaft den Genuss der gleichen Rechte zu sichern. Diese Grenzen können nur durch das Gesetz bestimmt werden.

Art. 5. Das Gesetz hat nur das Recht, Handlungen zu verbieten, die der Gesellschaft schädlich sind. Was nicht durch das Gesetz verboten ist, darf nicht verhindert werden, und niemand kann gezwungen werden, etwas zu tun, was das Gesetz nicht befiehlt.

Art. 6. Das Gesetz ist der Ausdruck des Gemeinwillens. Alle Bürger haben das Recht, persönlich oder durch ihre Vertreter an seiner Schaffung mitzuwirken. [...] Alle Bürger sind vor seinen Augen gleich. Sie sind in der gleichen Weise zu allen Würden, Stellungen und öffentlichen Ämtern zugelassen, je nach ihrer Fähigkeit und ohne andere Unterschiede als ihre Tüchtigkeit und Begabung.

Art. 7. Niemand kann angeklagt, verhaftet oder gefangen gehalten werden in anderen als den vom Gesetz festgelegten Fällen und in den Formen, die es vorschreibt [...], aber jeder Bürger, der durch ein Gesetz gerufen oder erfasst wird, muss augenblicklich gehorchen; durch Widerstand macht er sich schuldig.

Art. 8. Das Gesetz darf nur unbedingt und offensichtlich notwendige Strafen festsetzen und niemand darf bestraft werden, es sei denn kraft eines bereits vor seinem Delikt erlassenen, veröffentlichten und legal angewandten Gesetzes.

Art. 9. Jeder wird so lange als unschuldig angesehen, bis er als schuldig erklärt worden ist [...].

Art. 10. Niemand darf wegen seiner Überzeugungen behelligt werden, vorausgesetzt, dass ihre Betätigung die durch das Gesetz gewährleistete öffentliche Ordnung nicht stört.

Art. 11. Die freie Mitteilung seiner Gedanken und Meinungen ist eines der kostbarsten Rechte des Menschen. Jeder Bürger darf sich also durch Wort, Schrift und Druck frei äußern; für den Missbrauch dieser Freiheit hat er sich in allen durch das Gesetz bestimmten Fällen zu verantworten.

Art. 12. Die Sicherung der Menschen- und Bürgerrechte macht eine öffentliche Gewalt notwendig; diese Gewalt wird demnach zum Nutzen aller eingesetzt, nicht aber zum Sondervorteil derjenigen, denen sie anvertraut ist.

Art. 13. Für den Unterhalt der öffentlichen Gewalt und für die Ausgaben der Verwaltung ist eine allgemeine Steuer vonnöten; sie ist gleichmäßig auf alle Bürger zu verteilen nach Maßgaben ihres Vermögens.

Art. 14. Die Bürger haben das Recht, selbst oder durch ihre Vertreter die Notwendigkeit einer öffentlichen Auflage zu prüfen [...].

Art. 15. Die Gesellschaft hat das Recht, von jedem öffentlichen Beauftragten ihrer Verwaltung Rechenschaft zu fordern.

Art. 16. Eine Gesellschaft, deren Rechte nicht sicher verbürgt sind und bei der die Teilung der Gewalten nicht durchgeführt ist, hat keine Verfassung.

Art. 17. Da das Eigentum ein unverletzliches und heiliges Recht ist, darf es niemandem genommen werden, es sei denn, dass die gesetzlich festgestellte öffentliche Notwendigkeit es augenscheinlich verlangt, und nur unter der Bedingung einer gerechten und im Voraus zu entrichtenden Entschädigung.

Walter Markov u. a. (Hg.), Die Französische Revolution. Bilder und Berichte 1789–1799, Institut für marxistische Studien, Berlin 1989, S. 566 ff.

1 Unterscheiden Sie in einer Gegenüberstellung die Menschenrechte von den Bürgerrechten.
2 Erörtern Sie exemplarisch an drei Rechten, inwiefern in ihnen Kritik am Ancien Régime zum Ausdruck kommt.

3.4 Von der Monarchie zur Republik: die Radikalisierung der Revolution

M1 Maximilien de Robespierre (1758–1794), Gemälde, um 1790

Der Rechtsanwalt Robespierre wurde 1789 für den Dritten Stand in die Nationalversammlung gewählt. Er war führendes Mitglied des Jakobinerklubs und seit 1793 über den Wohlfahrtsausschuss maßgeblich für den „Terreur“ verantwortlich. 1794 wurde er hingerichtet.

M2 Georges-Jacques Danton (1759–1794), Gemälde von Constance Charpentier, um 1790

Danton, Rechtsanwalt, Mitglied der Bergpartei und seit 1792 Justizminister, war anfänglich an der Organisation der „Terreur“ beteiligt. Nach seinem Eintreten für einen gemäßigten Kurs wurde er jedoch angeklagt und hingerichtet.

Revolution der Gleichheit?

Mit Inkrafttreten der Verfassung am 3. September 1791 war die Phase der „Verfassungsrevolution“ zu einem Abschluss gebracht worden. Ob die folgende Phase der Revolution – die Jahre 1791 bis 1794 – einen in sich geschlossenen Zeitraum darstellt, ist dagegen in der Forschung umstritten. Seit Oktober 1791 herrschte ein neues, aus freien Wahlen hervorgegangenes Parlament. Manche Historiker sprechen für diese Zeit von einer **Revolution der Gleichheit**. Andere unterteilen diese Phase noch einmal in eine Zeit der **Radikalisierung des Revolutionsprozesses** (1791–1793) und eine davon abgesetzte Zeit der Schreckensherrschaft (1793–1794), die **„Terreur“**. In diesen Bezeichnungen zeigen sich vor allem die unterschiedlichen Bewertungen von Gewalt im Revolutionsprozess.

Ursachen der Radikalisierung

Vier Ursachen führten hauptsächlich zur Radikalisierung des Revolutionsprozesses. Zum einen hatte sich die Zusammensetzung des nun nach dem Zensus der neuen Verfassung von 1791 gewählten Parlaments geändert, wobei dieses zunehmend unter den Druck der Volksbewegung und der Volksgesellschaften geriet. Zweitens arbeiteten König und Hof weiterhin gegen die Umsetzung der neuen Verfassung. Drittens verschärfte der rasche Werteverfall des von der Regierung ausgegebenen und nur unzureichend über die verstaatlichten Kirchengüter gedeckten Papiergeldes („Assignaten“) die wirtschaftliche Krise. Und viertens führte vor allem der Krieg des revolutionären Frankreichs gegen die Monarchien Europas zu einer Zunahme der Spannungen zwischen den verschiedenen gesellschaftlichen und politischen Gruppen.

Politische Klubs

Wie sehr sich die städtische Volksbewegung inzwischen politisiert und radikalisiert hatte, zeigte sich in der Organisation auch der kleinbürgerlichen Pariser Bevölkerung in politischen Gesellschaften und Klubs. Zunächst hatten sich vor allem Abgeordnete des Dritten Standes außerhalb der Nationalversammlung in Debattierklubs organisiert. Der bekannteste war der „Bretonische Klub“ um **Maximilien de Robespierre*** (1758–1794), **Vicomte de Mirabeau** (1754–1792) und **Marquis de La Fayette** (1757–1834), der nach dem Umzug der Nationalversammlung von Versailles nach Paris sein Quartier im Kloster St. Jaques nahm und sich seitdem als **Jakobinerklub** bezeichnete. Nach einem missglückten Fluchtversuch des Königs und seiner Familie im Juni 1791 spaltete sich die gemäßigte Mehrheit (La Fayette u. a.) vom Jakobinerklub ab und bildete den Klub der **Feuillants** (M 5). Daneben entwickelten sich auch politische Klubs der Bevölkerung, z. B. der **Cordelier-Klub**, in dem populäre demokratische Redner wie **Jean-Paul Marat** (1744–1793) oder **Georges Jacques Danton*** (1759–1794) auftraten. Vor allem der Jakobinerklub verstand es, in der Provinz gleichartige Klubs ins Leben zu rufen, und erreichte dadurch bereits Ansätze einer Parteiorganisation.

Die „Legislative“

Das zweite gewählte Parlament der Französischen Revolution – die Legislative *(Assemblée Nationale Législative)* – wurde im Oktober 1791 eröffnet. Da die Mitglieder der alten Verfassunggebenden Versammlung nicht wieder wählbar waren, bestand diese Gesetzgebende Nationalversammlung aus neuen, meist jüngeren Abgeordneten, wodurch vor allem die Linke im Parlament gestärkt wurde (M 5). Die Abgeordneten entstammten als Folge des Zensuswahlrechts der etablierten Bürgerschicht und waren ausschließlich Anhänger der Verfassungsrevolution.

Der Nationalversammlung gelang es jedoch nicht, die politischen Verhältnisse zu stabilisieren. Zu stark lastete auf ihr der Druck durch Krieg, Konterrevolution, Wirtschaftskrise und eine radikalisierte Volksbewegung.

Krieg und Revolution

Ein weiterer Faktor, der die Radikalisierung der Revolution beschleunigte, war der sich abzeichnende Krieg mit den Mächten des europäischen Ancien Régime. Er sollte „die politischen Optionen verhärten und die sozialen Spannungen zuspitzen" (Michel Vovelle). Seit dem Herbst 1791 arbeiteten der König, die Feuillants und die als Girondisten bezeichneten gemäßigten Jakobiner bewusst auf einen Krieg hin, allerdings mit jeweils unterschiedlichen Zielen:

- Der **König** hoffte, dass durch eine – von ihm erwartete – Niederlage Frankreichs auch die Revolution besiegt und die alten Verhältnisse wiederhergestellt würden.
- Die **Feuillants** wollten von den wirtschaftlichen Problemen ablenken und im Krieg die Jakobiner innenpolitisch zähmen.
- Die gemäßigte Linke, die **Girondisten**, beabsichtigte, in einem erfolgreichen Krieg die rechten und linken Gegner der liberalen Verfassungsrevolution auszuschalten, den erreichten Zustand zu stabilisieren und die Revolution in Europa auszubreiten.

Wenn auch in den Hauptstädten der europäischen Großmächte Besorgnis wegen eines möglichen Übergreifens der „revolutionären Prinzipien" herrschte, so beobachtete man die Geschehnisse im revolutionären Frankreich doch zunächst mit einer gewissen Zufriedenheit: Die Revolution schien die außenpolitischen Handlungsmöglichkeiten Frankreichs zu lähmen. Seit dem Sommer 1791 wuchs jedoch auch bei den europäischen Monarchen die Bereitschaft zum Krieg. Die französischen Emigranten unter der Führung des jüngsten Bruders des Königs, des Comte d'Artois, drängten, die Revolution durch eine militärische Intervention von außen niederzuwerfen. In der **„Pillnitzer Erklärung"** vom 27. August 1791 stellte der österreichische Kaiser Leopold II. eine Intervention in Frankreich in Aussicht, falls sich andere europäische Mächte diesem Schritt anschließen würden. In Frankreich wurde diese Erklärung als Einmischung in die inneren Angelegenheiten verstanden. Die an einem Krieg interessierten politischen Gruppen nutzten sie als Möglichkeit, das Parlament und die Bevölkerung zu mobilisieren. Im April 1792 erfolgte schließlich die französische Kriegserklärung an Österreich.

Internettipp
http://kriegundfrieden.zdf.de/ZDFde/inhalt/24/0,1872,2027608,00.html?dr=1
ZDF-Seite mit Informationen zu den Revolutionskriegen

Die Abschaffung der Monarchie

Nach anfänglichen Niederlagen der französischen Armee, einer undurchsichtigen Haltung der Generäle und des Königs und dem Kriegseintritt Preußens am 11. Juli 1792 verschärfte sich die innenpolitische Situation rasch. Die Legislative erließ das Dekret „Das Vaterland ist in Gefahr". Innerhalb weniger Tage eilten 15 000 Freiwillige zu den Waffen. Damit erweiterte sich die soziale Zusammensetzung der Nationalgarde, die zunächst nur wohlsituierten Bürgern zugänglich gewesen war, und breite Volksschichten wurden in die nationale Verteidigung einbezogen. Der König nutzte sein Vetorecht gegen einige für die Landesverteidigung notwendige Gesetze. Der die alliierten Kriegstruppen gegen Frankreich befehlende Herzog von Braunschweig drohte am 25. Juli von Koblenz aus mit dem Einmarsch, der Zerstörung der Stadt Paris und der Bestrafung ihrer Bevölkerung („Braunschweiger Manifest").

In dieser Stimmung der Bedrohung von außen und einer Radikalisierung der Konflikte im Inneren kam es am 10. August 1792 in Paris zum **Aufstand der Sektionen*** gegen die Monarchie. Forderungen nach Absetzung des Königs waren zuvor von der Legislative, in der die Gironde die Mehrheit hatte, wiederholt abge-

Internettipp
www.elysee.fr/elysee/elysee.fr/allemand/die_symbole_der_republik/die_marseillaise/die_marseillaise.20715.html
Seite des Elysée-Palastes mit Informationen zu den Symbolen der Republik

Sektionen *(Sections)*
Pariser Wahlbezirke, die zusammen mit der städtischen Selbstverwaltung (Pariser „Commune") zu wichtigen Verbündeten der radikalisierten Volksbewegung wurden.

Föderationsbewegung
Aus dem Wunsch der Gemeinden und Provinzen zur überregionalen und nationalen Vereinigung und Verbrüderung war eine breite Föderationsbewegung der neu gebildeten Nationalgarden entstanden. Um dieser spontanen Volksbewegung entgegenzukommen und sie gleichzeitig zu kanalisieren, veranstaltete die Regierung ein nationales Föderationsfest am ersten Jahrestag des Bastille-Sturms. Am 14. Juli 1790 versammelten sich etwa 300 000 Zuschauer, um dem Aufmarsch von etwa 50 000 Bewaffneten – Verbände der regulären Linientruppen und Föderierte aus ganz Frankreich – auf dem Pariser Marsfeld, wo sie einer sorgfältig inszenierten Feier beiwohnten, in der die Eintracht aller Teile der Nation beschworen wurde.

Bergpartei
Die Gruppe der radikalen Jakobiner im Konvent wurde infolge ihrer Sitzplätze in den oberen Reihen des Sitzungssaals als „Bergpartei" (Montagne) bezeichnet.

M3 Zwei Sansculotten, Zeichnung, um 1791

Die Sansculotten (wörtlich: ohne Kniehosen), die politisierten kleinbürgerlichen Schichten, benannten sich nach der langen Beinkleidung der Handwerker und Arbeiter, die im Gegensatz zu den vom Adel bevorzugten Kniehosen stand. Die Sansculotten prägten seit dem Sturm auf die Tuilerien 1792 zunehmend das politische Geschehen in Paris. Ihre wichtigsten Ziele waren die Verteidigung der Republik, die Durchsetzung von Formen direkter Demokratie, eine stärkere Kontrolle der Wirtschaft und sozialpolitische Maßnahmen für die Mittel- und Unterschichten.

lehnt worden. Verstärkt durch die „Föderierten"*, die zum dritten Jahrestag des Sturms auf die Bastille aus der Provinz nach Paris gekommen waren, stürmten die Sektionsmitglieder die **Tuilerien**, das Stadtschloss des Königs. Die königliche Familie wurde gefangen gesetzt und die Legislative gezwungen, Neuwahlen zu einem **Nationalkonvent** nach einem allgemeinen und gleichen Männerwahlrecht auszurufen. Die Exekutivfunktionen übernahm ein provisorischer Vollzugsrat mit Danton als Justizminister an der Spitze.
Noch im September 1792 wurde durch die militärischen Misserfolge eine Welle der Lynchjustiz gegen vermutete Verräter der Revolution ausgelöst. Ihr fielen in Paris weit über 1000 Personen, vor allem Insassen der Gefängnisse, zum Opfer.
Der neue Nationalkonvent trat am 21. September 1792 erstmals zusammen. Der Konvent erklärte die **Abschaffung der Monarchie** in Frankreich und die **Errichtung der „unteilbaren Republik"**. Gleichzeitig wurde die Abkehr vom christlichen Kalender und die Einführung einer neuen revolutionären Zeitrechnung bestimmt. Der König wurde angeklagt und am 21. Januar 1793 öffentlich unter der Guillotine hingerichtet, nachdem ihn der Konvent mit knapper Mehrheit wegen „Verschwörung gegen die Freiheit" zum Tode verurteilt hatte.

Soziale und ökonomische Probleme

Die mit ganzer Wucht aufbrechenden sozialen und ökonomischen Probleme verschärften den Radikalisierungsprozess zusätzlich: Die Assignaten fielen im Februar 1793 auf etwa die Hälfte ihres Nennwerts. Die starke Inflation verteuerte die Lebensmittel. Dies führte zu Tumulten, Plünderungen, eigenmächtigen Preisfestsetzungen durch das Volk und zu der Forderung nach staatlicher Preisregulierung. Die Gironde als dominierende Partei des Konvents machte sich mit ihrer Ablehnung einer ökonomischen Intervention sowie ihrer Kritik an den Septembermorden bei der Pariser Bevölkerung verhasst. Die radikalen Jakobiner, die inzwischen die Verwirklichung der politischen und sozialen Gleichheit anstrebten, nutzten diese Unzufriedenheit im Machtkampf mit der Gironde. Am 2. Juni 1793 kam es zu einer Belagerung des Konvents durch 80 000 mit Kanonen ausgerüsteten Nationalgardisten. Unter dem Druck der Straße beschlossen die Abgeordneten die Verhaftung von 29 girondistischen Abgeordneten und zwei ihrer Minister, die im Oktober auf der Place de la Révolution hingerichtet wurden. Dies bedeutete eine schwere Niederlage für das junge parlamentarische System.

Bürgerkrieg

Neben Krieg und sozialer Krise eröffnete sich im Frühjahr 1793 für den Konvent ein weiteres Problemfeld. Ein Aufstand im westfranzösischen Departement Vendée, der sich zunächst an der Aushebungspraxis zur Revolutionsarmee entzündet hatte, weitete sich zu einer Rebellion in großen Teilen Frankreichs aus und nahm eine gegenrevolutionäre Stoßrichtung an. Im Herbst 1793 beteiligten sich zwei Drittel der Departements an der Revolte, die nach der gewaltsamen Entmachtung der Gironde im Konvent vor allem eine föderalistische Erhebung gegen den Dirigismus der „Pariser" Revolution war. Die Niederschlagung der Unruhen erfolgte durch ein massives Aufgebot an Truppen des Konvents.

Jakobinerdiktatur und Terreur

Mit dem Sturz der Gironde am 2. Juni 1793 begann die Herrschaft der Jakobiner. Über die linke Fraktion der Jakobiner, die **Bergpartei*** *(Montagne)*, setzten die **Sansculotten*** (M 3) ihre radikalen Forderungen im Nationalkonvent immer deutlicher durch: Kontrolle des Nahrungsmarktes, Festsetzung von Höchstpreisen für Getreide und Mehl, Verbannung der Emigranten und Verkauf ihrer Güter und der restlichen Nationalgüter in kleinen Parzellen an die Bauern, teilweise Verstaatlichung von rüstungsrelevanten Produktionszweigen und Einrichtung von Nationalwerkstätten sowie Ausnahmegesetze zum Schutz der Republik.

Der Konvent hatte bereits vor der Entmachtung der Gironde Parlamentsausschüsse zur Behandlung bestimmter Aufgabenbereiche eingesetzt. Dem wichtigsten, dem **Wohlfahrtsausschuss** *(Comité du salut public)*, wurde im April 1793 de facto die Regierung übertragen. Bereits im März hatte der Konvent gegen die Stimmen der Gironde die Einrichtung eines **Revolutionstribunals** beschlossen. Dieses Sondergericht sollte ohne Berufungsmöglichkeit alle konterrevolutionären Bestrebungen aburteilen. Hinzu kamen neu eingerichtete **Revolutionsausschüsse**, die als Überwachungsausschüsse vor Ort Personen aufgrund des Verdachts der Republikfeindlichkeit festnehmen konnten. Zusammen mit einem umfangreichen Apparat von Polizeispitzeln bildeten sie die Grundlage der „Schreckensherrschaft" *(Terreur)*, die bis 1794 Zehntausende von Todesopfern forderte.

Die Terreur begann mit der Wahl des jakobinisch bestimmten Wohlfahrtsausschusses unter der Führung von Robespierre durch den Rumpfkonvent (ohne die Gironde) am 27. Juli 1793. Die im Juni 1793 ebenfalls im Restparlament verabschiedete und in einem anschließenden Volksreferendum angenommene demokratische Verfassung wurde am 10. August 1793, dem ersten Jahrestag des Sturzes der Monarchie, noch feierlich verkündet, im Oktober jedoch vom Konvent per Dekret „bis zum Frieden" ausgesetzt (M 6). Mit einem weiteren Dekret zur Revolutionsregierung vom 4. Dezember war die Institutionalisierung der **Revolutionsdiktatur** abgeschlossen. Robespierre rechtfertigte sie als einen „Despotismus der Freiheit gegen die Tyrannei" (M 7).

Die Terreur hatte zur Folge, dass der innenpolitische Widerstand gegen die Revolution unterdrückt, die Währung stabilisiert und die Nation zumindest territorial zusammengehalten werden konnte. Inwieweit diese Erfolge die Schreckensherrschaft rechtfertigen können, war schon unter den Zeitgenossen – auch unter den Sansculotten – umstritten (M 8).

Das Ende der Jakobinerherrschaft

Unumstritten war und ist, dass sich der Wohlfahrtsausschuss 1794 nur noch zum eigenen Machterhalt auf den Terror stützte. Nach Suspendierung der Verfassung wurde der Terror durch „Notstandsgesetze" legalisiert, die nun auch die linke Opposition der Sansculotten unterdrückten. In den Monaten Juni und Juli 1794 fielen mehr als 16 000 Männer und Frauen den Hinrichtungen zum Opfer. Die Pressefreiheit wurde eingeschränkt, die politischen Klubs und die Sektionsversammlungen aufgelöst, die politische Kultur der Revolution unterdrückt.

Das Terrorgesetz vom 10. Juni 1794, das auch die Konventsmitglieder selbst bedrohte und die Kritiker Robespierres dem Revolutionstribunal auslieferte, ließ sich nicht mehr mit der äußeren Bedrohung rechtfertigen. Denn mit der Kampagne von 1794 begannen nun die großen militärischen **Erfolge der Revolutionstruppen**. Aus Angst vor der eigenen Verhaftung formierte sich deshalb im Konvent und in den Ausschüssen eine Opposition gegen Robespierre. Am 27. Juli, dem 9. Thermidor des Revolutionskalenders, wurde er verhaftet und am nächsten Tag mit 21 seiner engsten Anhänger guillotiniert.

1 Fassen Sie die Ursachen der Radikalisierung der Revolution zusammen. Nehmen Sie eine begründete Gewichtung vor.
2 Diskutieren Sie, ob die Bezeichnung „Revolution der Gleichheit" für die Phase von 1791 bis 1794 gerechtfertigt ist.

Internettipp
www.revolution.historicum-archiv.net/etexte/einfuehrung/verlauf/radikalisierung.html
Sehr informative Seite von historicum.net zur Terrorherrschaft mit Links zu Biografien einzelner Protagonisten

M4 Anonymes Flugblatt, Ende 1794.

Robespierre guillotiniert den Henker. Zu seinen Füßen die Verfassungen von 1791 und 1793; auf der Grabespyramide steht die Aufschrift: „Hier ruht ganz Frankreich".

1 Interpretieren Sie, welche Bilanz des Terrors das Flugblatt zieht.

M5 Politische Gruppierungen in den Nationalversammlungen

Verfassunggebende Nationalversammlung *(Assemblée Nationale Constituante)* 17.6.1789 ca. 800 Mitglieder der bisherigen Ständeversammlung[1] 1. Phase der Revolution: Verfassungsentwurf für eine konstitutionelle Monarchie; Verwaltungs- und Justizreform; Säkularisation	**Demokraten (Jakobiner)** vertreten stärker die Interessen des Volkes, Anhänger Rousseaus (z. B. Robespierre)	**Konstitutionelle** vertreten die Interessen der Großbürger, Anhänger Montesquieus (z. B. La Fayette, Abbé Sieyès)	**Monarchisten** für eine starke Exekutivgewalt des Königs, absolutes Veto gegenüber der Volksversammlung (z. B. Mirabeau)	**Aristokraten** für die Beibehaltung der überkommenen Privilegien
Gesetzgebende Nationalversammlung *(Assemblée Législative)*[2] 1.10.1791 ca. 750 Mitglieder	**Jakobiner (136)** **Radikale Jakobiner** vertreten die Interessen des Kleinbürgertums	**Girondisten** u. a. Abgeordnete der Gironde, vertreten das mittlere Besitzbürgertum	**Unabhängige (345)** unbestimmte Masse, ohne feste Meinung	**Konstitutionelle (264)** (Feuillants) für die Aufrechterhaltung der konstitutionellen Monarchie
Nationalkonvent *(Convention Nationale)*[3] 21.9.1792 ca. 749 Mitglieder bei Zusammentritt, aber Zahl ständig wechselnd 2. Phase der Revolution: Abschaffung der Monarchie; Herrschaft der Konvente	**Der „Berg" (140)** (Les Montagnards) Radikale Jakobiner, Vertreter eines politischen und wirtschaftlichen Egalitarismus (z. B. Robespierre, St. Just)	**Die „Ebene"** (Les Marais) unentschieden; neigen bis zum Sturz Robespierres mehr und mehr nach links		**Girondisten (160)** finden sich durch die zunehmende Radikalisierung am rechten Rand des Spektrums der Parteiungen wieder

1 Von den 1139 Vertretern der Generalstände blieben 800; der Rest ging nach Hause. Die Größen der einzelnen Gruppierungen beruhen auf grober Schätzung. Es gab Überschneidungen.
2 Wahlbeteiligung gering. Selbst in Paris stimmten von 81 000 Wahlberechtigten 74 000 nicht ab. Auf Antrag Robespierres durfte kein Mitglied der Verfassunggebenden Versammlung in die Gesetzgebende gewählt werden. Die Mehrheit der Abgeordneten war unter 30 Jahre alt.
3 Von 5 Mio. Stimmbürgern stimmten nur etwa 500 000 ab. In Paris war die Stimmabgabe öffentlich.

Nach: H. D. Schmid, Fragen an die Geschichte, Bd. 3, Cornelsen, Berlin ³1980, S. 125

1 Untersuchen Sie anhand des Schemas arbeitsteilig die Entwicklung der politischen Gruppierungen in den drei Volksvertretungen der Revolution von 1789 bis 1792.

M6 Die französische Verfassung von 1793

Obwohl die im Juni 1793 vom Konvent verabschiedete und vom Volk ratifizierte Verfassung nie praktiziert wurde, ist sie ein wichtiges Dokument für das Demokratieverständnis der Jakobiner.

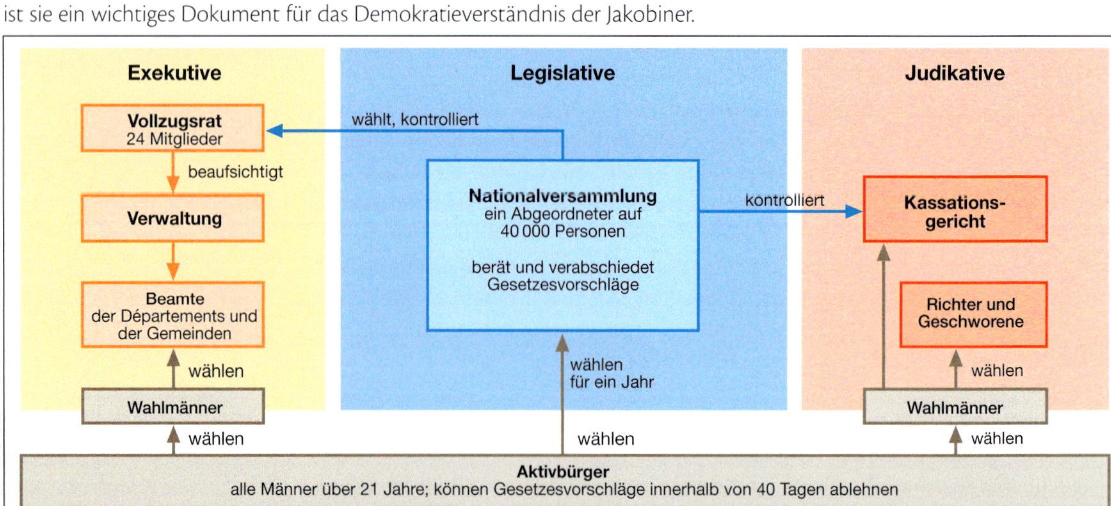

1 Analysieren und vergleichen Sie die Schaubilder der Verfassungen von 1791 (M 2, S. 212) und 1793 (M 6).
2 Erörtern Sie, ob und inwiefern sich die Umsetzung des demokratischen Ideals der Französischen Revolution in den Verfassungen widerspiegelt.

M7 Maximilien de Robespierre vor dem Nationalkonvent über die Grundsätze der politischen Moral, 5. Februar 1794

Was ist also das grundlegende Prinzip der demokratischen Regierung oder der Volksregierung, das heißt, was ist die wichtigste Kraft, die sie unterstützen und antreiben soll? Es ist die Tugend! Und ich meine damit die öffentliche Tugend, die in Griechenland und Rom so viele Wunder vollbracht hat und die noch weit Erstaunlicheres im republikanischen Frankreich vollbringen soll. Ich meine jene Tugend, die nichts anderes ist als die Liebe zum Vaterland und zu seinen Gesetzen. [...]

Hierauf würde sich die Darlegung unserer Theorie beschränken, wenn ihr das Schiff der Republik nur bei Windstille zu steuern hättet. Aber der Sturm wütet und im Augenblick stellt euch die Revolution eine andere Aufgabe. [...]

Wenn in friedlichen Zeiten der Kraftquell der Volksregierung die Tugend ist, so sind es in Zeiten der Revolution Tugend und Terror zusammen. Ohne die Tugend ist der Terror verhängnisvoll, ohne den Terror ist die Tugend machtlos. Der Terror ist nichts anderes als die unmittelbare, strenge und unbeugsame Gerechtigkeit; er ist also eine Emanation[1] der Tugend; er ist nicht so sehr ein besonderer Grundsatz als vielmehr die Folge des allgemeinen Grundsatzes der Demokratie, angewandt auf die dringendsten Bedürfnisse des Vaterlandes. [...] Bezwingt ihr die Feinde der Freiheit durch den Terror, so werdet ihr in eurer Eigenschaft als Gründer der Republik das Recht dazu haben. Die Revolutionsregierung ist der Despotismus der Freiheit gegen die Tyrannei.

Zit. nach: Maximilien de Robespierre, Ausgewählte Texte, übers. v. Manfred Unruh, Merlin, Hamburg 1971, S. 311ff. und 585ff.

1 Emanation: Ausströmung, Ausstrahlung

1 Erläutern Sie, was Robespierre unter „Tugend" und „Terror" versteht.
2 Erörtern Sie die These „Ohne die Diktatur des Wohlfahrtsausschusses wäre die Revolution zusammengebrochen."

M8 Der Historiker Hans-Ulrich Thamer über kontroverse Bewertungen der Herrschaft der Jakobiner und Sansculotten, 2006

Über die Bedeutung der Herrschaft der Jakobiner und Sansculotten haben Geschichtsforschung und Publizistik schon immer sehr kontrovers geurteilt, und in vielen Fällen haben bei diesem Urteil politische Präferenzen eine wichtige Rolle gespielt. Hatte eine neojakobinische und marxistische Geschichtsschreibung im 20. Jahrhundert, vor allem in den 1950er- bis 1970er-Jahren, die zweite Phase der Revolution von 1792 bis 1794 als „Revolution der Gleichheit" ([Albert] Soboul) als höchste Stufe und aus gesellschaftlicher wie aus politischer Perspektive fortgeschrittenstes Stadium der Revolution besonders positiv bewertet, so hat die liberale Gegenposition von [Francois] Furet und anderen den Dirigismus und die Politik der Terreur in der Jakobinerzeit als Beleg für ihre These vom Abgleiten der Revolution von ihrem historischen Weg angesehen und dieser Phase im Unterschied zu den Jahren 1789 bis 1791, den eigentlichen Jahren der Neugründung eines nationalen Verfassungsstaates, eine geringe Innovationsleistung zugesprochen. Dieses Urteil hat sich mit der Wende der Geschichtsforschung hin zu einer mentalitäts- und kulturgeschichtlichen Perspektive seit mehr als zwanzig Jahren relativiert und damit die Kontroverse entschärft. Denn es gilt als unumstritten, dass die politische Radikalisierung in den Jahren 1792 bis 1794 zu einer tieferen Zäsur im soziokulturellen Leben der Franzosen, zu einem besonders scharfen Bruch in ihren mentalen Befindlichkeiten wie in ihrem politischen Denken geführt, auf diese Weise die Ansätze einer demokratischen politischen Kultur erst verstärkt und dadurch das Verhalten und Bewusstsein der Menschen tief geprägt hat. Der Gegensatz zwischen den beiden Phasen nimmt sich darum [...] nicht mehr so dramatisch aus.

Hans-Ulrich Thamer, Die Französische Revolution, C. H. Beck, München 2006, S. 89f.

1 Analysieren und diskutieren Sie Thamers Schlussfolgerung hinsichtlich einer Bewertung der Herrschaft der Jakobiner und Sansculotten.
2 Erörtern Sie die Aussage des jakobinischen Bürgermeisters von Paris, Jérôme Pétions, vor dem Hintergrund der Radikalisierung der Revolution ab 1791: „Die Bourgeoisie und das Volk haben gemeinsam die Revolution gemacht. Allein ihre Einheit kann sie bewahren."

Weiterführende Arbeitsanregung

3 Stellen Sie in Kurzvorträgen wichtige Akteure der Revolution vor (erste Informationen finden Sie z. B. unter www.historicum.net/themen/franzoesische-revolution/biographien).

Symbole und Feste – die Erinnerung an die Französische Revolution

M1 Parade zum französischen Nationalfeiertag, Fotografie, 1998

Der 14. Juli, der Jahrestag des Sturms auf die Bastille, ist seit 1880 nationaler Feiertag in Frankreich. Seitdem erinnern alljährlich eine Militärparade auf den Champs-Élysées sowie zahlreiche Feuerwerke und Bälle im ganzen Land an den Beginn der Revolution von 1789. Bereits 1790 brachte die französische Bevölkerung durch Feste und das Pflanzen von Freiheitsbäumen ihre Revolutionsbegeisterung zum Ausdruck. Zur Kanalisierung dieser spontanen Volksbewegung organisierte die Regierung ein Föderationsfest zur Feier der nationalen Einheit (M 2). Fortan waren Feiern und Volksfeste ein wichtiger Bestandteil revolutionärer Kultur. Von der Regierung vereinnahmt, dienten sie der Legitimation der neuen politischen Ordnung, die auch einer neuen Symbolik bedurfte. Den Bürgern sollte die Übereinstimmung von aktueller Herrschaftsform und dem Weltbild sowie den Grundwerten der Gesellschaft vermittelt werden.

Die Gesellschaft des 18. Jahrhunderts war von der christlichen Religion und ihren Symbolen geprägt, sie bildete die Legitimationsgrundlage des Ancien Régime. Die französischen Revolutionäre versuchten daher, die Herrschaft der Könige „von Gottes Gnaden" zu brechen, indem sie den Einfluss des Christentums zurückdrängten und ihm eine eigene Weltanschauung entgegensetzten: eine republikanische Kultur, einen „Kult der Vernunft". Der christliche Kalender wurde durch einen republikanischen Kalender, christliche Feiertage wurden durch revolutionäre Feste ersetzt (M 3). In aufwändig inszenierten Massenfeiern mit Aufmärschen, Gesängen, Reden, Schauspielen und Schwüren gedachte man der Revolution und bekannte sich zur Republik. Zahlreiche Symbole wurden eingesetzt, so standen Freiheitsbäume für eine „Rückkehr zur Natur" nach Rousseau, für die „natürlichen Rechte" aller Menschen. Häufig wurden sie mit der roten Jakobinermütze geschmückt – als Zeichen für den Anspruch des Volkes auf politische Freiheit. Farblich wurden die Feste dominiert von der Trikolore und viele Teilnehmer drückten ihr Bekenntnis zur Revolution durch blau-weiß-rote Bekleidung aus. Seit 1792 gehörte zu jedem politischen Fest auch die „Marseillaise", die als Kriegslied der französischen Rheinarmee 1792 (s. S. 228 ff.) entstanden war, bald zur Erkennungsmelodie der Revolution und später zur Nationalhymne Frankreichs wurde.

Auch in der Gegenwart stellt sich die Frage nach Funktion und Wirkung politischer Inszenierungen: Wer sind die Initiatoren und wen wollen sie erreichen? Welche Mittel werden verwendet, welche ideologischen, ethischen und politischen Bezüge werden hergestellt? Sind Formen der Demagogie, Manipulation und Suggestion erkennbar? Welche Medien begleiten die Feierlichkeiten?

M2 Französisches Föderationsfest am ersten Jahrestag des Bastillesturms auf dem Champs de Mars 1790, Radierung von Isidore Stanislas Helman, 1790, spätere Kolorierung

M3 Die Nationalfeiertage

Aus der Stellungnahme des jakobinischen Schriftstellers und Mitglieds des Ausschusses für Volksbildung, Marie-Joseph Chéniers, vor dem Konvent am 5. November 1793:

Die erste [...] Aufgabe bei der Durchsetzung der moralischen Erziehung ist die Einrichtung von Nationalfeiertagen. Hier muss die Einbildungskraft ihre unerschöpflichen Schätze einbringen, um in der Bürgerseele alle freimütigen Empfindungen zu wecken und die großen republikanischen Leidenschaften zu entfesseln [...]. Die Freiheit ist die Seele unserer Nationalfeiertage. [...] Die Gesamtheit unserer bürgerlichen Feste muss eine jährlich neue und erinnerungsreiche Komposition der Französischen Revolution darstellen. [Wir müssen] in Zukunft die unsterblichen Augenblicke heiligen, in denen die verschiedenen Tyranneien vor dem Atem der Nation in den Staub sanken und die großen Schritte der Vernunft ihren Ursprung hatten, die Europa befreien und bis ans Ende der Welt vorstoßen werden. Schließlich aber müsst ihr frei von Vorurteilen und würdig der Repräsentation des französischen Volkes auf den Trümmern des gestürzten Aberglaubens die einheitliche Weltreligion gründen [...], deren einziges Dogma die Gleichheit ist, deren Kanzelredner unsere Gesetze bilden und deren Hohepriester die Beamten sind, und die den Weihrauch der großen Gemeinschaft nur auf dem Altar des Vaterlandes der gemeinsamen Mutter und Gottheit entzündet.

Wolfgang Lautemann/Manfred Schlenke (Hg.), Geschichte in Quellen: Amerikanische und Französische Revolution, bsv, München 1981, S. 380 f.

1 **Fassen Sie die Begründung Chéniers für die Einrichtung nationaler Feiertage zusammen.**

2 **Erläutern Sie die Bedeutung der Feiertage für das revolutionäre Frankreich (M 2, M 3).**

M4 Aus dem Programm für die Revolutionsfeste zur 200-Jahr-Feier 1989

Dienstag, 21. März: An diesem Tag wird überall in Frankreich ein Baum der Freiheit gepflanzt. Mit diesem Akt knüpfen wir an die Tradition der symbolischen Feierlichkeiten der Revolution an. Die ganze Nation beweist durch das Pflanzen des Baumes der Freiheit ihre Verbundenheit mit den revolutionären Werten. Der 21. März ist ebenfalls für die Schüler aller Schulen in Frankreich der Tag der 200-Jahr-Feier. An diesem Tag werden überall die Grundwerte unserer Demokratie in Erinnerung gerufen, kommentiert und diskutiert.
Donnerstag, 4. Mai: Am Nachmittag wird der erste Gang der Generalstände nach Versailles rekonstruiert. Die 1400 Teilnehmer ziehen von der Kirche Nôtre Dame bis zur Kathedrale Saint Louis zur Musik der republikanischen Garde.
8. Juli: Gemeinsam feiern Amerikaner und Franzosen ihren Kampf für die Unabhängigkeit und nationale Souveränität mit einer großen Orchesterparade und Fanfaren [...].
13. Juli: Heute wird die Oper der Bastille eingeweiht. Nach dem Konzert im Großen Saal versammeln sich mehrere Orchester auf dem Platz der Bastille, um den größten Ball der Welt zu eröffnen.
14. Juli: Von 21 Uhr bis Mitternacht findet der große Parademarsch „Zur Ehre der Marseillaise" statt. [...] In dieser bunten und grandiosen Szene vereinigen sich 9000 Teilnehmer aus verschiedenen Provinzen und Nationen, Truppen, Tambourine, Fahnen und Künstler, um gemeinsam das Föderationsfest zu feiern [...].
Der August wird von der Erinnerung an eines der grundlegenden Werke der Französischen Revolution beherrscht: der Erklärung der Menschen- und Bürgerrechte.

Mission officielle du Bicentenaire de la Révolution française et des droits de l'homme (Hg.), Le Programme du Bicentenaire, Paris 1988, übers. v. Berit Pleitner. Zit. nach: Geschichte lernen 60/1997, S. 64.

1 **Erläutern Sie die historische Bedeutung der einzelnen Gedenktage.**

2 **Die Feierlichkeiten zum 200. Jahrestag der Revolution waren in Frankreich sehr umstritten. Verfassen Sie aus der Sicht eines Gegners einen Zeitungskommentar. Thematisieren Sie dabei Ereignisse der Revolution, die das offizielle Festprogramm nicht berücksichtigt.**

M5 „Eine Party Europas"? Der Nationalfeiertag 2007

Auch wenn Frankreich mit einer Militärparade seinen Nationalfeiertag begehe, sei es „Frieden, den wir feiern wollen", sagte Staatspräsident Sarkozy. „Es ist eine Party. Es ist die Party Europas." Eröffnet wurde die Parade von den fast 900 EU-Soldaten, die wegen unterschiedlicher Marsch-Traditionen eine Woche lang den Gleichschritt üben mussten. [...] Eine Formation von Kampfjets sorgte für rot-weiß-blaue Streifen am Himmel – entsprechend den Farben der französischen Nationalflagge. [...] Sarkozy brach mit mehreren Traditionen des Bastille-Tages: Er verzichtete auf das jeweils im Fernsehen ausgestrahlte große Interview mit dem Staatspräsidenten und verweigerte Massenbegnadigungen [...]. Neu ist in diesem Jahr auch ein kostenloses Open-Air-Konzert. Sarkozy buchte die vier Jungs von Tokio Hotel, die neben dem französischen Kultpopper Michel Polnareff und Nelly Furtado vor einer halben Million Menschen unter dem Eiffelturm auftreten werden. Das Konzert sei eine Botschaft für das neue Frankreich, erklärt der Elysée-Palast. Sarkozy sagte, der Nationalfeiertag solle ein Feiertag für die Menschen werden. Am Vorabend hatte Sarkozy seine Unterstützung für eine gemeinsame europäische Verteidigungspolitik betont.

www.nzz.ch/nachrichten/wissenschaft/sarkozy_drueckt_nationalfeiertag_seinen_stempel_auf_1.527979.html (Download vom 3. 9. 2008)

1 **Erklären Sie, welche „Botschaft für das neue Frankreich" 2007 von den Feierlichkeiten zum Jahrestag der Revolution ausgehen sollte.**

3.5 Frauen in der Französischen Revolution

M1 Olympe de Gouges (1748–1793), zeitgenössisches Porträt

Olympe de Gouges, eigentlich Marie Gouze, war eine Revolutionärin, Frauenrechtlerin, Schriftstellerin und Autorin von Theaterstücken. 1793 wurde sie als „Konterrevolutionärin" angeklagt und hingerichtet.

Internettipp
www.univie.ac.at/igl.geschichte/europa/FR/Arias/Arias_Index1.htm
Informative Seite der Universität Wien zu Frauenklubs in der Französischen Revolution mit biografischen Angaben

Geburtsstunde der modernen Frauenbewegung?

Frauen haben in den politisch-gesellschaftlichen Auseinandersetzungen der Französischen Revolution eine wichtige Rolle gespielt. Einigen Forschern gilt die Revolution daher als Geburtsstunde der modernen Frauenbewegung. Frauen, die sich am revolutionären Geschehen beteiligten, waren wie die Männer vom Wunsch nach Freiheit und Gleichheit bestimmt. Doch um diese zu erlangen, mussten Frauen – gleich welchen Standes – zudem gegen die Herrschaft der Männer aufbegehren. Bereits bei der Einberufung der Generalstände beanspruchten sie in Beschwerdebriefen („Cahiers") **rechtliche Gleichstellung, bessere Bildungschancen, eine Reform der Ehegesetzgebung und politische Mitbestimmung.**
Die meisten Männer, selbst aus den radikalen politischen Lagern, begegneten den frauenrechtlichen Forderungen mit Widerstand, den sie mit traditionellen Natur- und Weltbildern zu rechtfertigen suchten (M 5). Und auch die politisch aktiven Frauen selbst hegten unterschiedliche Vorstellungen von der Gleichheit der Geschlechter. Manche der frühen „Feministinnen" sahen ihre Aufgabe beim Aufbau einer neuen Gesellschaft in der Sorge für Haus und Familie oder in karitativem Engagement. Andere Frauen verfolgten radikalere Ziele und forderten gleiche politische Rechte, eine offizielle Genehmigung ihrer Bewaffnung oder die Gleichheit der Kleidung. Die in der historischen Forschung erst in den letzten Jahrzehnten wiederentdeckte **Olympe de Gouges*** (M 1, M 4) formulierte 1791 den Grundsatz: „Die Frau wird frei geboren und bleibt dem Mann ebenbürtig in allen Rechten".

Formen des Engagements

Frauen spielten eine oft entscheidende Rolle bei den Erhebungen mit ökonomischer Motivation. Während der sogenannten Brotunruhen beteiligten sich vor allem Frauen aus den ärmeren Bevölkerungsschichten an Ladenplünderungen und Marktkrawallen. Legendär geworden ist der erfolgreiche **Marsch der Frauen der Pariser Märkte nach Versailles am 5. und 6. Oktober 1789** (M 2). Die Frauen drangen in die Nationalversammlung ein und schickten eine Abordnung zum König. Der Monarch gab dem Druck der Frauen nach, ließ Brot nach Paris schaffen und unterzeichnete endlich auch die Menschenrechtserklärung. Mit ihrer Sorge um das materielle Leben allein lässt sich jedoch das aktive politische Engagement von Frauen nicht erklären. Sie organisierten sich in politischen Klubs und Gesellschaften, hielten öffentliche Reden, besuchten politische Versammlungen und publizierten Broschüren und

M2 „A Versailles! A Versailles!" Zug der Pariser Marktfrauen nach Versailles am 5. Oktober 1789, zeitgenössische kolorierte Radierung

Druckschriften. Neben den etwa 60 **revolutionären Frauenklubs**, die sich zwischen 1789 und 1793 im ganzen Land bildeten, existierten auch gemischte Vereinigungen wie die „Brüderliche Gesellschaft beider Geschlechter". Der Zugang zu den weitaus meisten politischen Klubs blieb allerdings nur Männern vorbehalten.

Frauen in der revolutionären Bildsprache Ein besonderes Charakteristikum der Position von Frauen während der Französischen Revolution war die enorme Bedeutung, die ihnen in der revolutionären wie der gegenrevolutionären **Bildpropaganda** zukam. Frauenbilder wurden als Symbole für die höchsten Werte der Revolution gebraucht: für Freiheit, Nation, Verfassung, Republik, Natur (M 3). Die **symbolische Verweiblichung der Nation** und ihrer neuen Grundwerte stand vermutlich im Zusammenhang mit der Entmachtung und späteren Enthauptung des Königs, dessen Person und Bild zuvor als Symbole für die Nation gedient hatten. Mit der Zurückdrängung der Frauen aus der aktiven politischen Teilhabe 1793 ging auch ihre Präsenz in der revolutionären Ikonografie allmählich zurück. Im April 1793 wurden Frauen vom Waffendienst ausgeschlossen und die relativ zahlreichen Frauen, die sich zu den Revolutionstruppen gemeldet hatten, entlassen. Im Frühjahr 1794 folgte das Verbot der politischen Frauenklubs.

M 3 „La Liberté", Gemälde von Nanine Vallain, 1793/94. Weibliche Verkörperung der Freiheit mit Lanze, Freiheitsmütze, Erklärung der Menschen- und Bürgerrechte von 1789. Noch während der Entstehung des Gemäldes erfolgte das Verbot der politischen Frauenklubs durch den von Jakobinern beherrschten Konvent. Das Tragen der roten Bürgermütze, des Symbols des zur politischen Teilhabe berechtigten Bürgers, wurde Frauen untersagt.

Erfolge und Niederlagen Hatte die Erklärung der Menschen- und Bürgerrechte vom 26. August 1789 allen Menschen Freiheit und rechtliche Gleichheit garantiert, so machte die bürgerliche Befreiung durch die Französische Revolution vor den Frauen noch Halt. Einige bleibende rechtliche Verbesserungen für Frauen brachte die Revolution durch die Reform des Eherechts mit der Einführung der Zivilehe, mit der Festsetzung des Heiratsalters auf 21 Jahre für beide Geschlechter sowie mit dem Recht auf Ehescheidung. Die 1793 auch Frauen zugestandene Verfügungsgewalt über das Familieneigentum wurde ihnen allerdings 1804 im *Code civil** wieder genommen. Im Bereich der Bildung führte das 1793 erlassene „Gesetz über den öffentlichen Unterricht" auch für Mädchen den obligatorischen Besuch von Primarschulen ein. Die Forderungen nach rechtlicher Gleichstellung, vor allem nach gleicher politischer Partizipation, wurden jedoch abgewehrt.

Code civil
Französisches Gesetzbuch zum Zivilrecht, das durch Napoléon Bonaparte 1804 mit dem Ziel einer Rechtsvereinheitlichung eingeführt wurde (s. S. 226)

1 Stellen Sie in einem Kurzvortrag Olympe de Gouges' Leben und Werk vor. Informationen finden Sie unter www.dadalos.org/deutsch/Menschenrechte/Grundkurs_MR3/frauenrechte/woher/portraets/olympe_de_gouges.htm
2 Analysieren Sie das Gemälde „La Liberté" (M 3).
3 Vergleichen Sie das Gemälde mit der Abbildung (M 2) hinsichtlich der Rolle der Frau in der revolutionären Ikonografie. Berücksichtigen Sie auch Anlass und Funktion der beiden Abbildungen.

M4 Aus der „Erklärung der Rechte der Frau und Bürgerin" von Olympe de Gouges von 1791

MANN, bist du fähig, gerecht zu sein? Es ist eine Frau, die dich danach fragt; wenigstens dieses Recht wirst du ihr nicht nehmen. Sag mir – wer hat dir die unumschränkte Macht gegeben, mein Geschlecht zu unterdrücken? Deine Kraft? Deine Talente? Betrachte den Schöpfer in seiner Weisheit; durchwandre die Natur in ihrer ganzen Größe, der du dich vergleichen zu wollen scheinst, und nenne mir, wenn du es wagst, das Beispiel dieser tyrannischen Macht.

Der Mann allein hat sich aus dieser Ausnahme ein Prinzip zurechtgestümpert. Bizarr, blind, von Wissenschaften aufgeblasen und degeneriert, will er in diesem Jahrhundert der Aufklärung und des durchdringenden Denkens mit krassester Unwissenheit als Despot einem Geschlecht befehlen, das mit allen intellektuellen Fähigkeiten begabt ist; er will die Revolution genießen und will seine Rechte auf Gleichheit einfordern, um nicht noch mehr sagen zu müssen.

Erklärung der Frauen- und Bürgerinnenrechte, von der Nationalversammlung in ihren letzten Sitzungen oder in der nächsten Legislaturperiode zu beschließen.

Präambel

Die Mütter, die Töchter, die Schwestern, Vertreterinnen des Volkes, verlangen, als Nationalversammlung eingesetzt zu werden. In Erwägung, dass die Unkenntnis, das Vergessen oder die Verachtung der Frauenrechte die einzigen Ursachen öffentlichen Unglücks und der Verderbtheit der Regierungen sind, haben sie beschlossen, die natürlichen, unveräußerlichen und heiligen Rechte der Frau in einer feierlichen Erklärung darzulegen, damit diese Erklärung ständig allen Mitgliedern der Gesellschaft gewärtig sei und sie ohne Unterlass an ihre Rechte und Pflichten erinnere; damit die Handlungen der Gewalt der Frauen und die der Gewalt der Männer in jedem Augenblick mit dem Zweck jeder politischen Einrichtung verglichen werden können und dadurch mehr geachtet würden; damit die Ansprüche der Bürgerinnen, fortan auf einfache und unbestreitbare Grundsätze gegründet, sich immer auf die Erhaltung der Verfassung, der guten Sitten und das Glück aller richten mögen. Demnach erkennt und erklärt das in den Schmerzen der Mutterschaft an Schönheit wie an Mut überlegene Geschlecht in Gegenwart und unter dem Schutz des Höchsten Wesens folgende Frauen- und Bürgerinnenrechte […].

In: Autorinnengruppe Wien (Hg.): Das ewige Klischee. Zum Rollenbild und Selbstverständnis bei Männern und Frauen, Boehlau, Wien 1981, S. 50ff.

M5 Aus der Begründung des Pariser Sicherheitsausschusses über ein prinzipielles Verbot der Frauenklubs, Oktober 1793

Die häuslichen Aufgaben, zu denen Frauen von Natur aus bestimmt sind, gehören selbst zur allgemeinen Ordnung der Gesellschaft. Diese soziale Ordnung resultiert aus dem Unterschied, der zwischen Mann und Frau besteht. Jedes Geschlecht ruft nach der ihm eigenen Art von Beschäftigung, bewegt sich in diesem Kreis, den es nicht überwinden kann. Denn die Natur, die dem Menschen diese Grenzen gesetzt hat, befiehlt gebieterisch und hält sich an kein Gesetz. Der Mann ist stark, robust, mit einer großen Energie, mit Kühnheit und Mut geboren. Er meistert die Gefahren, die Rauheit der Jahreszeiten durch seine Konstitution. Er widersteht allen Elementen. Er ist für die Künste wie für die schweren Arbeiten geeignet. Und da er fast ausschließlich für die Landwirtschaft, den Handel, die Schifffahrt, die Reisen, den Krieg bestimmt ist, zu all jenem also, was nach Kraft, Intelligenz und Kompetenz verlangt, so scheint auch er allein zu jenen tief gehenden und ernsthaften Meditationen geeignet, die eine große Anstrengung des Geistes und lange Studien voraussetzen, denen Frauen nicht nachgehen können. Welches ist der der Frau eigentümliche Charakter? Die Sitten und die Natur selbst haben ihr Aufgaben zugesprochen: die Erziehung der Menschen zu beginnen, den Geist und das Herz der Kinder auf die öffentlichen Tugenden vorzubereiten, sie von früh an zum Guten hinzulenken, ihr Gemüt zu entfalten, […] neben den Sorgen um den Haushalt. […] Wenn die Frauen all diese Aufgaben erfüllen, haben sie sich um das Vaterland verdient gemacht. […] Erlaubt es die Sittsamkeit einer Frau, sich in der Öffentlichkeit zu zeigen und gemeinsam mit den Männern zu kämpfen, im Angesicht des Volkes über Fragen zu diskutieren, von denen das Wohl der Republik abhängt? Im Allgemeinen sind Frauen kaum zu hohen Vorstellungen und ernsthaftem Nachdenken fähig.

Zit. nach: Susanne Petersen, Brot und Kokarden – Frauenalltag in der Revolution, in: Viktoria Schmidt-Linsenhoff (Hg.), Sklavin oder Bürgerin? Französische Revolution und Neue Weiblichkeit 1760–1830, Jonas, Marburg 1989, S. 35f.

1 Erarbeiten Sie das Frauen- und Männerbild, das den Quellen M 4 und M 5 zugrunde liegt.
2 Fassen Sie die Argumente zusammen, die in M 5 gegen eine politische Tätigkeit von Frauen vorgebracht werden und bewerten Sie diese.
3 Formulieren Sie die „Erklärung der Menschen- und Bürgerrechte" vom 26. August 1789 (M 3, S. 213) so um, dass sie den Vorstellungen von Marie Olympe de Gouges in M 4 entsprechen würde.

3.6 Vom Direktorium zur Kaiserherrschaft Napoleons

Die Thermidorianer-Reaktion

Die vierte Phase der Revolution von 1794 bis 1799 ist gekennzeichnet durch die Restauration der Macht des Besitzbürgertums. Nach dem Datum der Verhaftung Robespierres am 27. Juli 1794 (9. Thermidor im Revolutionskalender) spricht man auch von der Phase der Thermidorianer-Reaktion. Diese Reaktion brachte – positiv ausgedrückt – die Rückkehr zur gemäßigten Verfassungsrevolution von 1789 bzw. 1791, kritisch gesehen die Abwehr der unter der Jakobinerherrschaft eingeleiteten sozialen Revolution und die erneute Einschränkung der politischen Rechte der Unterschichten. Die Phase endet mit dem Staatsstreich Napoleons am 9. November 1799 (18. Brumaire im Revolutionskalender) und der berühmten Proklamation des neuen Herrschers vom 15. Dezember: „Bürger, die Revolution ist auf die Grundsätze gebracht, von denen sie ausgegangen ist, sie ist beendet."

Das Direktorium

Nach dem Sturz Robespierres war die politische Lage in Frankreich sehr instabil. Zwar gelang die Ausarbeitung und Verabschiedung einer **neuen Verfassung** durch den Nationalkonvent am 22. August 1795. Sie sah ein **Direktorium von fünf Männern** als Exekutive vor und bildete zwischen dem Oktober 1795 und dem November 1799 die konstitutionelle Grundlage der französischen Politik. Das Wahlrecht wurde wieder an das Einkommen gebunden und die während der Jakobinerherrschaft verbürgten sozialen Grundrechte wurden abgeschafft. Das Direktoratsregime, das in vielerlei Hinsicht eine Rückkehr zu den liberalen Anfängen der Revolution darstellte, beruhte jedoch auf einer zu schmalen Basis. In der notleidenden Bevölkerung der Hauptstadt, die besonders durch den nach dem Thermidor beschleunigten Abbau der staatlichen Wirtschaftsregulierung hart getroffen wurde, fand es keine Stütze. In Paris kam es im Mai unter dem Motto „Brot und die Verfassung von 1793" zu einem letzten großen Aufstand der Sansculotten, der mit militärischer Gewalt niedergeschlagen wurde. Außerdem lebte nach dem Fall Robespierres der royalistische Widerstand wieder auf. Ein erster Putschversuch in Paris wurde im Oktober 1795 von dem noch wenig bekannten General **Napoleon Bonaparte*** militärisch unterdrückt.

Das Direktoratsregime versuchte, seine Macht einerseits durch den Ausschluss von Abgeordneten der Rechten und Linken, andererseits durch permanente Kriegsführung sowie die Ausplünderung anderer Länder zu erhalten. Der Krieg, so urteilt der Historiker Rolf Reichardt, war „von nationaler Verteidigung über revolutionäre Missionierung in Eroberung und Ausbeutung umgeschlagen". Als im Sommer 1799 die royalistische Opposition in der Armee und der jakobinische Widerstand in den Städten erneut anwuchsen, inszenierten führende Thermidorianer um den Abbé Sieyès am 18. Brumaire einen **Staatsstreich** des inzwischen populären Generals Napoleon Bonaparte. Unter Androhung militärischer Gewalt erklärte Napoleon das Direktorium für aufgelöst und sich zum ersten Konsul einer aus drei Konsuln bestehenden provisorischen Regierung. Die Direktorialverfassung von 1795 war außer Kraft gesetzt.

Napoleon Bonaparte – der Erbe der Revolution?

Die neue, von Napoleon erlassene autoritäre Konsulatsverfassung vom 24. Dezember 1799 legte die unbeschränkte Exekutivgewalt in die Hand der Regierung. Sie sah zwar nominell ein Zweikammernsystem vor, doch die Befugnisse der beiden Kammern waren drastisch eingeschränkt. Napoleon war als Erster Konsul auf zehn Jahre ernannt und stand an der Spitze der Regierung. Nach und nach baute er seine Machtstellung aus, indem er seine beiden Mitkonsuln an den Rand drängte. Seine Herrschaft

M1 Napoleon als Erster Konsul, anonymes Gemälde, um 1800

Napoleon Bonaparte (1769–1821)
Napoleon, ein aus Korsika stammender französischer Offizier, schlug unter dem Direktorium als Brigadegeneral einen Aufstand von Königstreuen nieder. 1796 siegte er als Oberbefehlshaber der französischen Truppen gegen die österreichischen Heere, 1798 befehligte er den erfolgreichen Feldzug gegen Ägypten. 1799 stürzte er das Direktorium und regierte als Erster Konsul fast allein bis zu seiner Kaiserkrönung 1804. Nach der Dreikaiserschlacht von Austerlitz 1805 gegen Österreich und Russland bestimmte er bis zur Völkerschlacht von Leipzig 1813 die europäische Politik. Nach der französischen Niederlage wurde er 1815 auf die Insel Elba und – nach kurzer Rückkehr auf das Schlachtfeld – endgültig von den Engländern auf die Insel St. Helena verbannt, wo er 1821 starb.

Internettipp

www.historicum.net/themen/napoleon-bonaparte
Umfangreiches Themenportal von historicum.net

www.arte.tv/de/Die-Welt-verstehen/Napoleon/1206630,CmC=1209758.html
Arte-Seite über Napoleon

http://dl.lib.brown.edu/napoleon/
Seite der Brown-University (USA) mit Napoleon-Karikaturen

M2 Titelblatt einer deutschen Ausgabe des Code civil, Düsseldorf 1810

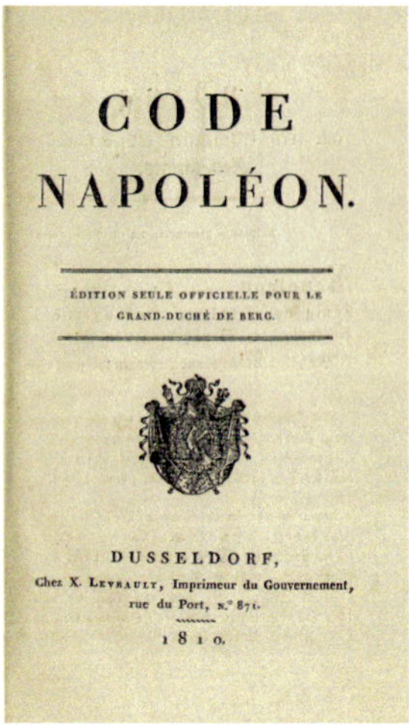
CODE NAPOLÉON.

ÉDITION SEULE OFFICIELLE POUR LE GRAND-DUCHÉ DE BERG.

DUSSELDORF,
Chez X. LEVRAULT, Imprimeur du Gouvernement,
rue du Port, n.° 871.
1810.

sicherte er dabei geschickt durch Volksabstimmungen, die durch eine wirkungsvolle **Propaganda** (M 4) gesteuert wurden. Das Konsulat ließ sich Napoleon 1802 auf Lebenszeit übertragen und dieses schließlich 1804 durch Senatsbeschluss und Plebiszit in ein **erbliches Kaisertum** umwandeln.

Napoleons Machtbasis war die **Armee**. Seine hohe Akzeptanz in der Bevölkerung beruhte vor allem auf seinen militärischen Leistungen. Er baute das französische Imperium über Europa aus. Außerdem galt er als ein General der Revolution. Durch die Niederschlagung des Royalistenaufstandes in Paris 1795 war er des Verdachts konterrevolutionärer Absichten enthoben.

Napoleon gelang es, die politischen Verhältnisse in Frankreich zu beruhigen. Neben seiner Währungs- und Steuerreform trugen die Einkünfte aus den besetzten Ländern zu einer zügigen **Sanierung der Staatsfinanzen** bei. Den Streit mit der katholischen Kirche, der den Jakobinern viel innerfranzösischen Widerstand eingebracht hatte, löste Napoleon durch ein **Konkordat** mit dem Papst. Er forderte die Emigranten zur Rückkehr nach Frankreich auf und stellte ihnen die Rückgabe des noch nicht verkauften Landes in Aussicht. Die stärkste politische Wirkung ging von Napoleons **Rechtspolitik** aus, die zentrale Grundsätze der liberalen Phase der Revolution kodifizierte und dadurch vor allem das französische Zivilrecht vereinheitlichte. In diesem auch **„Code Napoléon“** genannten „Code civil des Francais“ von 1804 (M 5) wurden die Gleichheit vor dem Gesetz, die Freiheit des Eigentums und die Trennung von Kirche und Staat durch die Einführung der Zivilehe anerkannt. Das Zivilprozessbuch von 1806 und das Strafprozessbuch von 1810 schrieben die Prinzipien der mündlichen und öffentlichen Gerichtsverhandlungen vor und schafften den schriftlichen Inquisitionsprozess ab. Über die Einführung in den besetzten Gebieten (s. S. 229) wirkten diese Gesetzbücher weit über Frankreich hinaus und beeinflussten die Rechtsentwicklung in ganz Europa.

1 Arbeiten Sie anhand des Darstellungstextes und M 4 die Ursachen für Napoleons Popularität heraus.
2 Stellen Sie in einem Schaubild die Phasen der Französischen Revolution mit den Trägern der Revolution bzw. der Gegenrevolution und ihren politischen Zielen dar.

M3 Napoleon über Republik und Freiheit, 1797

a) Vertrauliche Äußerung des Generals Bonaparte gegenüber dem französischen Gesandten in der Toskana, Miot de Melito vom 1. Juni 1797:

Glauben Sie vielleicht, dass ich eine Republik begründen will? Welcher Gedanke! […] Das ist eine Wahnvorstellung, in die die Franzosen vernarrt sind, die aber auch wie so manche andere vergehen wird. Was sie brauchen, das ist Ruhm, die Befriedigung ihrer Eitelkeit, aber von Freiheit verstehen sie nichts. […] Die Nation braucht einen Führer, einen durch Ruhm hervorragenden Führer, aber keine Theorien über Regierung, keine großen Worte, keine Reden von Ideologen, von denen die Franzosen nichts verstehen. Man gebe ihnen ihre Steckenpferde, das genügt ihnen, sie werden sich damit amüsieren und sich führen lassen, wenn man ihnen nur geschickt das Ziel verheimlicht, auf das man sie zumarschieren lässt.

Miot de Melito, Mémoires I (übersetzt von Wilhelm A. Fleischmann), Schweizerbart, Stuttgart 1866, S. 163 f.

b) Tagesbefehl Napoleons an seine Soldaten (Italien, 14. Juli 1797):

Soldaten, heute ist die Jahresfeier des 14. Juli. […] Ihr seid […] ganz dem Ruhm jenes Namens verbunden, der durch eure Siege neuen Glanz empfangen hat. Soldaten, ich weiß, ihr seid tief betrübt über die Leiden, die dem Vaterland drohen; aber das Vaterland kann nicht ernstlich gefährdet werden. Hier stehen die Männer, die es zum Triumph über das verbündete Europa geführt haben. Berge trennen uns von Frankreich; ihr würdet sie mit Adlerflügeln überqueren, wenn es nötig sein sollte, um die Verfassung aufrechtzuerhalten, die Freiheit zu verteidigen, die Regierung und die Republik zu schützen.

Walter Markov, Revolution im Zeugenstand, Bd. 2, Fischer, Frankfurt/M. 1987, S. 697 f.

1 Untersuchen Sie anhand von M 3 die Einstellung Napoleons zur Demokratie bzw. sein politisches Selbstverständnis.
2 Diskutieren Sie die These, Napoleon habe die Revolution sowohl vollendet als auch beendet.

M4 „Napoleon überschreitet den großen St. Bernhard-Pass", Gemälde von Jacques-Louis David, 1800/1801.
In den Fels am Boden eingemeißelt sind die Namen „Napoleon", „Hannibal" und „Karolus Magnus" (Karl der Große). Der Überlieferung nach hat Napoleon die Alpen nicht auf dem Rücken eines edlen Pferdes überquert, das den Strapazen der eisigen Kälte auf dem Übergang kaum gewachsen gewesen wäre, sondern auf einem Maultier. Er trug dabei auch nicht seine Paradeuniform, sondern einen gewöhnlichen Waffenrock.

1 Interpretieren Sie die Aussage des Gemäldes.
2 Vergleichen Sie das Bild mit M 4 auf S. 163.

M5 Aus dem Code civil (Code Napoléon), 1804

1. Die Freiheit

Der Staatsbürger hat mit seiner Großjährigkeit die Freiheit, über seine Person zu verfügen. Er kann daher seinen Wohnsitz wählen, wo es ihm gut dünkt. [...]
Wir bezeichnen es als Naturrecht, dass wir den Menschen als moralisches Wesen behandeln, d. h. als ein vernunftbegabtes und freies Wesen, das dazu bestimmt ist, mit anderen vernunftbegabten und freien Wesen zusammenzuleben.

2. Die Rechtsgleichheit

Nachdem unsere Verfassung die Rechtsgleichheit eingeführt hat, muss jeder, der sie wieder abschwört und die abgeschafften Vorrechte der Geburt wieder einführen will, als Frevler gegen unseren Gesellschaftsvertrag gelten und kann nicht Franzose bleiben.

3. Die Gewalt des Familienvaters als Vorbild

Der Ehemann schuldet seiner Frau jeglichen Schutz, die Ehefrau schuldet dem Manne Gehorsam.
Die Frau kann vor Gericht erscheinen nur mit Ermächtigung ihres Mannes, auch wenn sie selbst einen Beruf ausübt. In Dingen, die ihr Geschäft betreffen, ist sie selbstständig.
Das Kind ist in jedem Alter verpflichtet, Vater und Mutter Ehre und Achtung zu erweisen. Das Kind verbleibt in der elterlichen Gewalt bis zur Großjährigkeit oder bis zur Heirat.

4. Von dem Eigentum

Eigentum ist das Recht, eine Sache auf die unbeschränkte Weise zu benutzen und darüber zu verfügen, vorausgesetzt, dass man davon keinen durch die Gesetze oder Verordnungen untersagten Gebrauch mache.
Niemand kann gezwungen werden, sein Eigentum abzutreten, wenn es nicht des öffentlichen Wohls wegen und gegen eine angemessene und vorgängige Entschädigung geschieht.

Code Napoléon. Einzige offizielle Ausgabe für das Großherzogtum Berg, Düsseldorf 1810

1 Fassen Sie die Bestimmungen des Code civil zusammen.
2 Vergleichen Sie mit der „Erklärung der Menschen- und Bürgerrechte" (M 3, S. 213).
3 Prüfen Sie, ob der Code civil bereits eine Rechtsgleichheit von Mann und Frau vorsieht.

3.7 Die Folgen der Revolution in Europa

M 1 Französisches Schmuckplakat aus dem ersten Koalitionskrieg (1792–1797), 1792

1 Beschreiben und deuten Sie die einzelnen Bildelemente.

Export der Revolution nach Europa

Hatte Frankreich 1792 den Krieg gegen die europäischen Monarchien als Abwehrkampf gegen die antirevolutionäre Politik und Propaganda der konservativen Großmächte begonnen und seinen Kampf zu einem ideologischen Kreuzzug für „Freiheit, Gleichheit, Brüderlichkeit" (M 1) erklärt, so veränderte sich mit den Verhältnissen in Frankreich selbst (Jakobinerherrschaft und Direktorium) auch die **französische Außen- und Kriegspolitik**. Sie wurde nationalistischer. Unter Napoleon begann seit 1804 eine Phase imperialer Europapolitik, die die bisher geltenden Regeln der Gleichgewichtspolitik (s. S. 172) missachtete und die französische Hegemonie durchsetzte. Der **Herrschaftsbereich Napoleons** gliederte sich in Staaten, in denen Mitglieder der Familie Napoleons regierten, abhängige Vasallenstaaten, die von Napoleons Gnaden noch selbstständig blieben und Verbündete (M 2). Für viele europäische Staaten bedeutete erst die geografische Ausdehnung der Herrschaft Napoleons den Zusammenbruch des Ancien Régime und die konkrete Auseinandersetzung mit Vorstellungen staatlicher Ordnung, die – wenngleich sie unter Napoleon auch nicht mehr demokratisch waren – doch in vielen Punkten Forderungen der Revolution transportierten.

Die Koalitionskriege und die Neuordnung Europas

Insgesamt führten die europäischen Mächte **fünf Koalitionskriege** gegen Napoleon. Am Ende des ersten (1792–1797) wurden die linksrheinischen Gebiete an Frankreich angeschlossen und zu vier französischen Departements erklärt. Als Ergebnis des zweiten Koalitionskrieges (1799–1802) betrieb Napoleon vor allem eine **territoriale Umgestaltung** des Heiligen Römischen Reiches Deutscher Nation. Zur Entschädigung der Fürsten, die ihre linksrheinischen Besitzungen verloren hatten, wurden – wie im **Reichsdeputationshauptschluss von 1803** festgelegt – 112 selbstständige

M 2 Europa unter napoleonischer Herrschaft

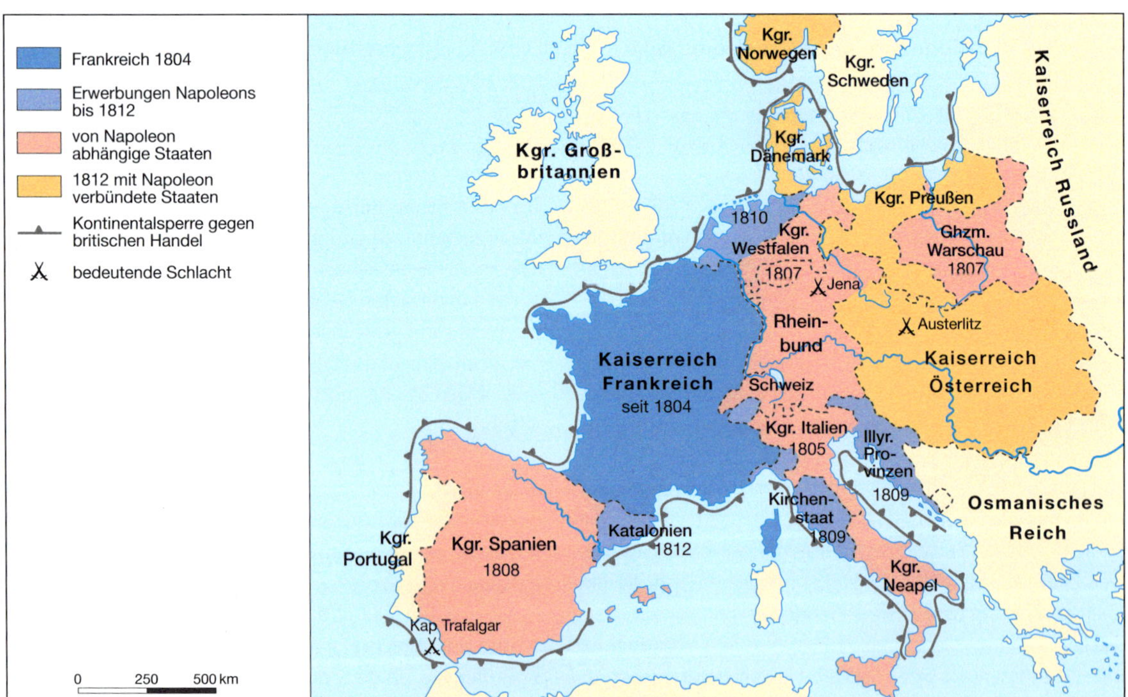

Reichsstände (geistliche Fürsten, Reichsritter, Reichsstädte) aufgehoben (s. S. 231). Vor allem **Baden, Württemberg und Bayern** profitierten von diesem Kompensationsgeschäft und wurden nun zu Parteigängern Napoleons.
Der dritte Koalitionskrieg (1805) brachte die vollständige **Auflösung des Reiches**. Im Frühjahr 1806 traten 16 süd- und westdeutsche Staaten formell aus dem Reich aus (was reichsrechtlich eigentlich nicht möglich war) und schlossen sich in Paris unter dem Protektorat Napoleons zum **„Rheinbund“** zusammen. Franz II. legte daraufhin am 6. August 1806 die Kaiserkrone nieder und löste damit das Alte Reich auf. Der vierte, vor allem von Preußen angestrengte Koalitionskrieg (1806/07) brachte den **Zusammenbruch Preußens** und der fünfte (1809) den **Österreichs**.

Internettipp
www.zeit.de/online/2006/34/zeitgeschichte-franzosen?page=all
Zeit-Artikel von Eckart Klessmann: „Die Franzosen sind da – wie die Deutschen den Alltag unter Napoleon erlebten“ (18. 8. 2006)
www.napoleon.historicum-archiv.net/themen/aussenpolitik/satellitenstaaten.html
Seite über Napoleons Außenpolitik von historicum.net mit Informationen zu Satellitenstaaten, Rheinbund, Reichsdeputationshauptschluss

Der „Modellstaat“ Westfalen

Napoleon wollte die Rheinbundstaaten von der Überlegenheit des französischen Systems und dessen Übertragbarkeit auf die deutschen Verhältnisse überzeugen. In dem sogenannten Modellstaat Westfalen, der von seinem Bruder Jerôme (seit 1807) regiert wurde, setzte er daher **grundlegende Reformen** durch. Die Einführung des Code Napoléon bedeutete für das Königreich Westfalen das Ende der geburtsständigen Privilegienordnung. Der Adel verlor seine Steuerfreiheit, die Befreiung von Abgaben und Militärdienst, den privilegierten Gerichtsstand und andere Vorrechte. Allerdings ließen alle diese gesetzgeberischen Maßnahmen die materielle Stellung des Adels unberührt. Während die privilegierten Stände ihre Vorrechte einbüßten, wurden durch die Bauernbefreiung den unterprivilegierten Gruppen bisher vorenthaltene Rechte zuerkannt. Die Leibeigenen gewannen persönliche Freiheit und Freizügigkeit. In den Städten erhielten alle Bewohner das gleiche Bürgerrecht. Ein Emanzipationsgesetz (1808) gewährte den Juden im Königreich die bürgerliche und staatsbürgerliche Gleichheit.

Deutsche Demokraten: die Mainzer Republik

Bereits vor den Koalitionskriegen gab es in einzelnen deutschen Staaten Versuche, die Errungenschaften der Französischen Revolution einzuführen. Als französische Truppen 1792 auf deutsches Gebiet vordrangen und Speyer, Worms und Mainz besetzten, begannen Mainzer Demokraten damit, ihre Stadt zu einer **Republik** auf der Grundlage der **Volkssouveränität** umzugestalten. Sie engagierten sich in politischen Klubs, gründeten Zeitungen und verfassten Flugschriften. Zum ersten Mal in der deutschen Geschichte wählten die Mainzer 1793 auf der Grundlage eines allgemeinen, gleichen und direkten Männerwahlrechts ein Landesparlament, den Rheinisch-Deutschen Nationalkonvent. Am 18. März beschloss dieses Parlament die Unabhängigkeit vom Heiligen Römischen Reich Deutscher Nation und drei Tage später den Anschluss an die französische Republik. Preußische Truppen belagerten jedoch die Stadt und besetzten sie nach deren Kapitulation am 23. Juli. Der Konvent löste sich auf; das republikanische Experiment war gescheitert.

M3 Napoleon nach seiner Ankunft in Fontainebleau am 31. März 1814, Ölgemälde von Paul Delaroche, 1840

Am 31. März 1814 kapitulierte Paris, am 6. April unterzeichnete Napoleon seine Abdankungsurkunde in Fontainebleau.

1 Vergleichen Sie das Gemälde mit M 1, S. 225.

Niederlage der „Grande Armée“ in Russland

Die vollständige Vernichtung der Armee Napoleons im Winter 1812 in dem Eroberungsfeldzug gegen **Russland** – 400 000 Soldaten der „Grande Armée“ waren in Russland gefallen, 100 000 gefangen genommen – eröffnete die realistische Chance einer Widerstandsbewegung in den von Frankreich besetzten oder abhängigen Staaten. Nun gelang einer von Preußen und Russland ausgehenden Koalition, der sich Österreich und schließlich auch der Großteil der Rheinbundstaaten anschlossen, die militärische Überwindung Napoleons, u. a. in der **Völkerschlacht bei Leipzig 1813**. Im Jahr 1814 eroberten die Verbündeten schließlich Paris und beendeten so Napoleons Herrschaft.

Langfristige Folgen

Am Ende waren auf dem europäischen Kontinent die napoleonische Politik und die Übertragung des „Code civil“ sowie der Grundstrukturen der französischen Administration auf die eroberten Staaten folgenreicher als die Revolution im engeren Sinne. Dennoch prägte auch die Revolution selbst die europäische Politik des 19. Jahrhunderts nachhaltig. Die Idee der Menschenrechte und die Forderung nach „Freiheit, Gleichheit, Brüderlichkeit“ blieben seither Maßstäbe, an denen sich die Politik messen lassen musste. Die Angst vor revolutionärer Einforderung dieser Rechte blieb bei den europäischen Regierungen durch das gesamte 19. Jahrhundert präsent. Revolutionsfurcht wurde zu einem wichtigen Faktor in der europäischen Politik.

1 Erläutern Sie die Auswirkungen der Französischen Revolution auf Europa.
2 Erörtern Sie die These des Historikers Hans-Ulrich Thamer: „Der Export der Revolution nach Europa war und blieb ein ambivalentes Unterfangen, das stets zwischen Besatzung und Befreiung oszillierte.“

M4 Veränderungen in Mitteleuropa zwischen 1789 und 1815

a) Vor 1789

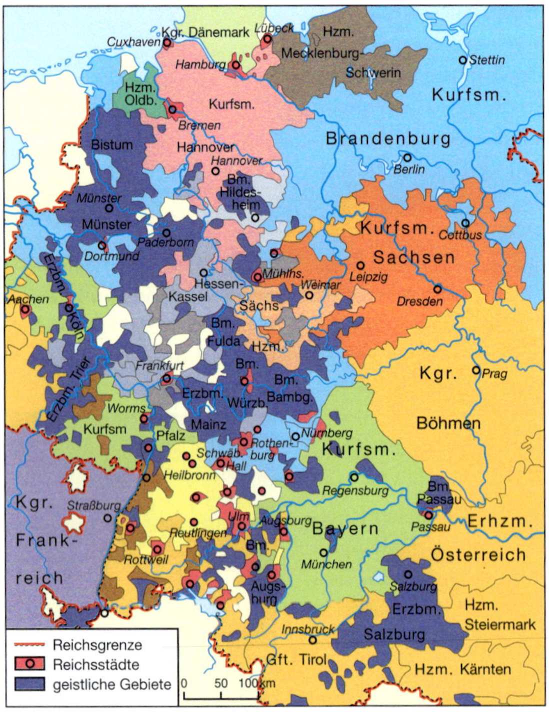

b) Zwischen 1806 und 1815

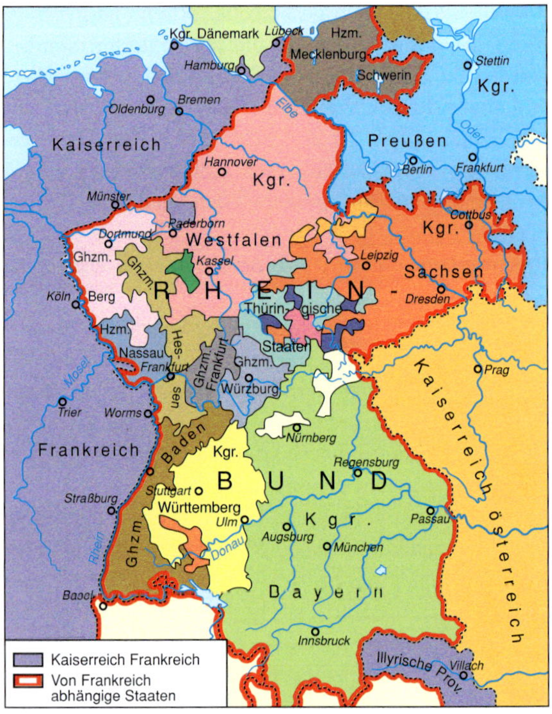

1 Beschreiben Sie anhand von M2 und M4a, b die territorialen Veränderungen der Koalitionskriege.

4 Die Revolution von 1848/49

4.1 Zwischen Restauration und Aufbruch

Folgen der napoleonischen Herrschaft

Napoleons imperiale Politik veränderte die territoriale und politische Ordnung Mitteleuropas und leitete einen tief greifenden gesellschaftlichen Wandel ein. Das Heilige Römische Reich Deutscher Nation erwies sich nach fast tausendjähriger Geschichte als zu schwerfällig und reformunfähig, um sich dem französischen Hegemoniestreben und seiner Auflösung im Jahr 1806 entgegenzustellen. Napoleon überzog Europa mit Krieg, doch breiteten sich mit seiner Herrschaft Anfang des 19. Jahrhunderts auch ein neuer Geist der Freiheit und der Wille zur Veränderung in Europa aus – geprägt von den Ideen der Französischen Revolution. Andererseits wuchs der Widerstand gegen die imperiale französische Fremdherrschaft, nicht nur bei den europäischen Monarchen, sondern auch im Rheinbund, wo Napoleon zunächst begeistert begrüßt worden war. In Teilen Europas entstand ein nationales Bewusstsein, das zum Sieg der antinapoleonischen Koalition in der Völkerschlacht bei Leipzig 1813 beitrug, in die viele deutsche Freiwillige mit der Hoffnung auf „Einheit und Freiheit" gezogen waren.

Reformen in den Rheinbundstaaten

Napoleon versprach sich von der Bildung des Rheinbundes 1806 vor allem militärische Unterstützung für die Ausdehnung seiner Vorherrschaft über Europa. Doch bedeutete die französische Herrschaft nicht nur drückende Kriegskontributionen für die Vasallenstaaten, sondern auch eine Modernisierung von Staat und Gesellschaft. **Mediatisierung*** und **Säkularisation*** führten zu einer territorialen Vereinheitlichung im Südwesten Deutschlands. Die Orientierung am „Code Napoléon", der in den linksrheinischen Gebieten bis zur Einführung des Bürgerlichen Gesetzbuches 1900 geltendes Recht war, sicherte **Rechtsgleichheit** und **bürgerliche Freiheitsrechte**. Die Abschaffung des Zunftzwanges und der Binnenzölle bewirkten eine Liberalisierung der Wirtschaft. Die Auflösung des Feudalsystems, Reformen im Bildungswesen und die Zentralisierung der Verwaltung trugen ebenfalls zur Modernisierung bei. In einigen Rheinbundstaaten wurden Verfassungen erlassen, die den Wandel vom feudalen Stände- zum bürgerlich-liberalen Staat förderten.

Reformen in Preußen

Mit der Auflösung des Reiches und der militärischen Niederlage im vierten Koalitionskrieg gegen die „Grande Armée" 1806 verlor Preußen seine Vormachtstellung in Deutschland und wurde zu einer „Macht dritten Ranges". Die preußische Regierung erkannte, dass nur durch Reformen ein Wiedererstarken Preußens möglich sei. Mit dem Oktoberedikt von 1807 leitete der preußische König ein umfangreiches Reformwerk* ein, das einer „Revolution von oben" gleichkam. Hauptziel der führenden Reformpolitiker **Freiherr vom Stein** (1757–1831) und **Fürst von Hardenberg** (1750–1822) war die Stärkung der staatlichen Macht und Durchsetzungskraft, vor allem durch die Reform von Verwaltung und Militär. Zudem sollte die feudalistische Ständeordnung durch eine Gesellschaft rechtsgleicher Bürger abgelöst werden. Obwohl die versprochene Verfassung nie in Kraft trat, bewirkte das Reformwerk eine **Liberalisierung des preußischen Obrigkeitsstaates** und trug zur Entstehung eines preußischen Nationalbewusstseins bei. Die Mehrheit des preußischen Adels lehnte die vom Gedankengut der Französischen Revolution beeinflussten Reformen ab und verteidigte erbittert und teilweise erfolgreich seine Privilegien. Auch die Bauernbefreiung gelang nur teilweise, weil die meisten Bauern

M1 Napoleon, kolorierte Radierung von Thomas Rowlandson, 1814

Auf Napoleons Gesicht sind die Opfer des russischen Feldzugs von 1812 dargestellt. Seine Schulterklappe ist eine Hand, die nach Deutschland greift. Eine Spinne knüpft ihr Netz vom Rhein bis an die Oder.

Mediatisierung und Säkularisation
Eine vom Reichstag des Heiligen Römischen Reichs Deutscher Nation eingesetzte Deputation (Ausschuss) befasste sich mit der Gebietsentschädigung für alle linksrheinischen Gebiete, die Österreich im Namen des Reiches 1801 (Friede von Lunéville) an Frankreich abtreten musste. Der Reichsdeputationshauptschluss von 1803 bestimmte die Säkularisation, d. h. die Beseitigung von Bistümern, Abteilen und Klöstern in Form von Enteignung von Kirchengut und Eingliederung in weltliche Fürstentümer. Begleitet wurde die Maßnahme von der Mediatisierung, d. h. der Unterstellung bisher reichsunmittelbarer Stände wie Reichsstädte, Grafschaften und Gebiete der Reichsritter unter die Landeshoheit eines anderen weltlichen Reichsstandes. So verloren vier freie Reichsstädte und 112 Reichsstände ihre Selbstständigkeit, ca. drei Millionen Deutsche wechselten den Herrscher. Gewinner dieser territorialen „Flurbereinigung" im Südwesten Deutschlands, die die kleinstaatliche Zersplitterung teilweise aufhob, waren vor allem Bayern, Baden, Württemberg und Preußen.

Die Preußischen Reformen
Bauernbefreiung (1807–11)
- Oktoberedikt (1807)
  - Aufhebung der Erbuntertänigkeit
  - Recht auf freien Eigentumserwerb
  - Freiheit der Berufswahl
- Regulierungsedikt (1811):
  - Bauern werden zu Eigentümern der Höfe, die sie bewirtschafteten, indem sie die ehemaligen Gutsherren entschädigen.
  - Abschaffung von Zwangsgesindedienst, Heiratserlaubnisgebühren u. a.
  - Abschaffung von Fron- und Naturaldiensten gegen finanzielle Ablöse durch die Bauern

Heeresreform (ab 1807)
- Erneuerung des Offizierskorps, Wegfall des Adelsprivilegs
- Bildung der Landwehr und des Landsturms
- Allgemeine Wehrpflicht (1813/14)

Städtereform (1808)
- Einführung der lokalen Selbstverwaltung

Verwaltungsreform (1808)
- Schaffung der fünf klassischen Ministerien (Inneres, Auswärtiges, Finanzen, Krieg und Justiz)
- Staatskanzler als Vorsitzender des Ministerrates

Bildungsreform (ab 1809)
- Einführung des dreigliedrigen Schulsystems unter staatlicher Aufsicht
- Modernisierung der Lehrerausbildung
- Universitätsreform

Wirtschaftsreform
- Einführung der Gewerbefreiheit (1810)

Emanzipations-Edikt (1812)
- Bürgerliche Gleichstellung der Juden

Internettipp
http://de.wikipedia.org/wiki/Preu%C3%9Fische_Reformen

www.preussen-chronik.de

eine Entschädigung für ihre ehemaligen Gutsherren nicht aufbringen konnten. So entstand ein gesellschaftliches Spannungsfeld mit revolutionärem Zündstoff. Dennoch erreichten die Reformer ein wichtiges Ziel: Das wachsende Nationalbewusstsein und die Heeresreform mobilisierten Kräfte für den „Befreiungskrieg“ gegen Napoleon, der 1813 die französische Vorherrschaft in Europa beendete.

Der Wiener Kongress

Nach dem Sturz Napoleons versammelten sich im Herbst 1814 bis 1815 in Wien die Monarchen und Staatsmänner der europäischen Großmächte England, Russland, Österreich, Preußen und Frankreich, um die politische Neuordnung Europas zu regeln. Die Beratungen unter der Federführung des österreichischen Staatskanzlers Fürst Klemens von Metternich (1773–1859) waren vor allem von drei Prinzipien bestimmt: Die politischen Verhältnisse vor der Französischen Revolution sollten wiederhergestellt werden (**Restauration**, lat. *restaurare* = wiederherstellen). In ihr sollte sich die **Legitimität** der Herrschaft aus der Tradition der Fürstenhäuser und dem Gottesgnadentum ableiten. Untereinander vereinbarten die Fürsten Solidarität im Kampf gegen revolutionäre National- und Freiheitsbewegungen. Zur Absicherung dieser Grundsätze schlossen sie sich in der **„Heiligen Allianz“** zusammen, die ein Interventionsrecht bei revolutionären Bedrohungen vorsah.
Eine vollständige territoriale Restauration war jedoch nicht möglich, da Napoleons Politik die Landkarte Europas entscheidend verändert hatte. Die **Gründung des Deutschen Bundes** (M 2) im Juni 1815 auf dem Gebiet des ehemaligen Reiches sollte ein europäisches Mächtegleichgewicht herstellen (s. S. 172) und jedes Hegemoniestreben künftig verhindern. Der Deutsche Bund war ein loser Zusammenschluss von anfangs 35 Fürstenstaaten und vier freien Städten, deren Vertreter in der Bundesversammlung in Frankfurt am Main gemeinsame Maßnahmen für die äußere und innere Sicherheit beraten sollten. Unterschiedliche Interessen erschwerten jedoch eine Beschlussfassung; zudem existierte keine gemeinsame Exekutive zur Durchsetzung vereinbarter Maßnahmen, sodass der Staatenbund schwach und kaum handlungsfähig blieb. Die Deutsche Bundesakte regelte die Beziehungen der Einzelstaaten zueinander und schrieb zugleich deren weitgehende innenpolitische Souveränität fest. In allen Mitgliedsstaaten war die Verabschiedung von Verfassungen vorgesehen. Dieses Versprechen wurde jedoch von den Regierungen meist nicht eingelöst. Stattdessen wurde der Deutsche Bund zu einem Instrument der Restaurationspolitik Metternichs bei der Abwehr nationalistischer Bestrebungen und der Unterdrückung jeglicher politischer Opposition. Die Hoffnungen derer, die in den „Befreiungskriegen“ gegen Napoleon für Freiheit und Einheit gekämpft hatten, wurden enttäuscht.

Protest und Repression

Die Ergebnisse des Wiener Kongresses führten mittelfristig zu einer Stabilisierung der Fürstenherrschaft in Europa. Doch die Ideen der Französischen Revolution, die Hoffnung auf individuelle Freiheitsrechte, Volkssouveränität und nationale Selbstbestimmung ließen sich nicht mehr zurückdrängen. Vor allem unter den Studenten war liberales Gedankengut verbreitet. Sie organisierten sich in Burschenschaften* und forderten immer lauter Freiheit und einen deutschen Nationalstaat. Ihre Opposition gegenüber den Fürsten demonstrierten über 500 Teilnehmer aller deutschen Universitäten 1817 beim **Wartburgfest** (M 3). Die Reaktion der Fürsten ließ nicht lange auf sich warten: Die Ermordung des konservativen Schriftstellers von Kotzebue durch den Studenten Karl Ludwig Sand im März 1819 bot den Anlass zu **scharfen Unterdrückungsmaßnahmen** gegen jede politische Opposition im Deutschen Bund. Mit den **„Karlsbader Beschlüssen“** (M 6) wurde ein staatliches Überwachungs- und Zensursystem gegen vermeintliche „Demagogen“* geschaffen.

Burschenschaften
Unter dem Eindruck der Befreiungskriege gegen Napoleon schlossen sich seit 1815 viele Studenten aus Enttäuschung über die politische Entwicklung in Burschenschaften zusammen. Ihr Ziel war der Kampf für politische Freiheit und nationale Einheit Deutschlands. Als Bundesfarben wählten sie die Farben der Uniform des ehemaligen „Freikorps Lützow“, in dem viele Studenten am Krieg gegen Napoleon teilgenommen hatten: schwarz-rot-gold.

Politische und wirtschaftliche Krisen (1830–1848) In den 1830er-Jahren breitete sich eine revolutionäre Bewegung in weiten Teilen Europas aus. Zunächst brach in Frankreich im Juli 1830 eine Revolution aus (M 4), in deren Verlauf die Bourbonenherrschaft gestürzt und Louis Philippe, der „Bürgerkönig", an die Spitze einer konstitutionellen Monarchie gewählt wurde. Infolge der französischen Entwicklungen erreichte Belgien im selben Jahr seine Unabhängigkeit von den Niederlanden. In Italien kam es 1831 zu Aufständen für nationale Selbstbestimmung und Freiheit, die allerdings von Österreich blutig niedergeschlagen wurden. Der erfolglose polnische Freiheitskampf gegen die russische Fremdherrschaft fand in Westeuropa breite Unterstützung. Emigranten aus Polen wurden begeistert empfangen und als Freiheitskämpfer gefeiert. Auch im Deutschen Bund kam es vereinzelt zu Protestbewegungen. 1832 versammelten sich etwa 30 000 Menschen beim **Hambacher Fest**, um ihren Forderungen nach nationaler Einheit, nach Einlösung der Verfassungsversprechen von 1815, nach Pressefreiheit und Demokratie lautstark Ausdruck zu verleihen (s. S. 300 ff.). 1833 stürmten Studenten die **Frankfurter Hauptwache**, um eine Revolution auszulösen – allerdings vergeblich. Erfolglos blieb auch der Versuch des Schriftstellers **Georg Büchner**, mit seiner Flugschrift „Der Hessische Landbote" (M 7) die Bauern zur Erhebung gegen den Adel zu bewegen. Die deutschen Regierungen reagierten auf die Proteste teilweise mit Reformen – in einigen Staaten wurden Verfassungen erlassen –, teilweise mit verstärkter Repression: Pressezensur und Versammlungsver-

M 3 Wartburgfest 1817, anonymer Holzstich, koloriert, um 1880

Am 4. Jahrestag der Völkerschlacht bei Leipzig verbrennen Burschenschaftler vor der Wartburg Symbole der reaktionären Fürstenherrschaft.

Demagogen
griech. *demagogos* = Volksführer; im antiken Griechenland ein einflussreicher Redner in Volksversammlungen; im neuzeitlichen Sprachgebrauch Volksverführer, Aufwiegler

M 2 Der Deutsche Bund 1815–1866

1 „Österreich wuchs aus Deutschland heraus, Preußen nach Deutschland hinein". Erläutern Sie diese Aussage zum Wiener Kongress anhand der Karte.

2 Erschließen Sie mögliche künftige politische Konfliktfelder, die sich aus der territorialen Neuordnung Mitteleuropas ergeben könnten.

M4 „Die Freiheit führt das Volk an", Ölgemälde von Eugène Delacroix, 1830

Allegorie auf die Julirevolution 1830 in Frankreich mit Selbstbildnis des Malers. Die epochale Bedeutung der Pariser Julirevolution empfanden bereits die Zeitgenossen: Metternich sah sein politisches Lebenswerk als zerstört an, Heinrich Heine sprach ein Jahrzehnt später von „jener Julirevolution, welche unsere Zeit gleichsam in zwei Hälften auseinandersprengte".

Vormärz
Zeitabschnitt zwischen dem Ende des Wiener Kongresses 1815 und der Märzrevolution von 1848/49

Internettipp
www.demokratiegeschichte.eu/index.php?id=10
Die Seite des Instituts für geschichtliche Landeskunde der Universität Mainz informiert ausführlich über das Hambacher Fest.

bot wurden verschärft, Berufsverbote erteilt, Vereine verboten, Verdächtige verhaftet. Die oppositionelle Bewegung des **Vormärz*** war noch keine Massenbewegung, durch ihren zunehmend sozialrevolutionären Charakter gewann sie jedoch an Kraft.

Die Krise des politischen Systems ging mit wirtschaftlichen Krisen einher, die zu großer sozialer Not und gesellschaftlichen Spannungen führten. Außer in England, das 1848 nicht von der Revolution erfasst wurde, befand sich die Industrielle Revolution auf dem Kontinent noch im Anfangsstadium, allerdings mit zunehmender Dynamik (s. S. 257 f.). Durch den Übergang von der Agrar- zur Industriegesellschaft geriet das traditionelle Handwerk in eine Krise, da es sich in Konkurrenz zur Fabrikproduktion immer weniger behaupten konnte. Die steigende Arbeitslosigkeit wurde durch ein enormes Bevölkerungswachstum in der ersten Hälfte des 19. Jahrhunderts verschärft. Es kam zu „Hungerkrawallen" und „Maschinenstürmen" wie dem Aufstand der schlesischen Weber 1844 (M 5). Die einsetzende Landflucht führte zum Überangebot an Arbeitskräften in den Städten und drückte die Löhne in den Fabriken. Es bildete sich ein Industrieproletariat, das in großem Elend lebte (s. S. 268 ff.).

Diese wirtschaftliche Strukturkrise fiel mit der ersten modernen „Welthandelskrise" zusammen, deren Folgen ein Konjunkturrückgang und Massenentlassungen waren. Dazu kam in den 1840er-Jahren eine Krise der Landwirtschaft von europaweiter Dimension. Missernten infolge der sich über Europa ausbreitenden Kartoffelfäule führten zu enormen Teuerungsraten. Neben Irland waren auch viele deutsche Regionen, allen voran Oberschlesien, betroffen. Die Verzweiflung der hungernden Unterschichten in Stadt und Land entlud sich im Frühjahr 1848 in Streikwellen und Agrarrevolten. Die Verbindung von politischer Unzufriedenheit mit wirtschaftlichen Krisen und sozialer Not besaß jene revolutionäre Sprengkraft, die zur Revolution 1848 führte und der die monarchischen Obrigkeitsstaaten Europas nicht standhalten konnten.

1 Fassen Sie die wesentlichen Ergebnisse des Wiener Kongresses zusammen.
2 Skizzieren Sie die Ursachen, die im Vormärz zu einer revolutionären Stimmung führten.

M5 Weberaufstand und Abhilfe, Karikatur aus der Zeitschrift „Fliegende Blätter", 1848. Die Erfindung des mechanischen Webstuhls, billige Textilimporte aus England und ein Überangebot an Arbeitskräften drückten die Preise für Textilien. Die Weber in Schlesien konnten mit ihren in Handarbeit hergestellten Produkten nicht konkurrieren und gerieten zunehmend ins Elend. 1844 kam es zu einer „Hungerrevolte" von mehr als 3000 Lohnwebern, die sich rasch ausbreitete. Preußische Truppen schlugen den Aufstand blutig nieder. Der Weberaufstand war für viele zeitgenössische Schriftsteller Anlass zur Kritik an den sozialen Verhältnissen. Die bekannteste literarische Verarbeitung der Ereignisse ist Gerhart Hauptmanns Drama „Die Weber" (1893).

1 Interpretieren Sie die Karikatur mithilfe der Methodenseite (s. S. 244 f.).

Das Elend in Schlesien.

Hunger und Verzweiflung.

Offizielle Abhülfe.

M6 Die „Karlsbader Beschlüsse", 1819

a) Aus dem Universitätsgesetz

§ 1. Es soll bei jeder Universität ein mit zweckmäßigen Instruktionen und ausgedehnten Befugnissen versehener [...] landesherrlicher Bevollmächtigter [...] von der Regierung [...] angestellt werden. [...]

§ 2. Die Bundesregierungen verpflichten sich gegeneinander, Universitäts- und andere öffentliche Lehrer, die durch erweisliche Abweichung von ihrer Pflicht oder Überschreitung der Grenzen ihres Berufes, durch Missbrauch ihres rechtmäßigen Einflusses auf die Gemüter der Jugend, durch Verbreitung verderblicher, der öffentlichen Ordnung und Ruhe feindseliger oder die Grundlagen der bestehenden Staatseinrichtungen untergrabender Lehren, ihre Unfähigkeit zur Verwaltung des ihnen anvertrauten wichtigen Amtes unverkennbar an den Tag gelegt haben, von den Universitäten und sonstigen Lehranstalten zu entfernen [...]. Ein auf solche Weise ausgeschlossener Lehrer darf in keinem andern Bundesstaate bei irgendeinem öffentlichen Lehrinstitut wieder angestellt werden.

§ 3. Die seit langer Zeit bestehenden Gesetze gegen geheime oder nicht autorisierte Verbindungen auf den Universitäten sollen in ihrer ganzen Kraft und Strenge aufrechterhalten und insbesondere auf den seit einigen Jahren gestifteten, unter dem Namen der allgemeinen Burschenschaft bekannten Verein [...] ausgedehnt werden [...]. Die Regierungen vereinigen sich darüber, dass Individuen, die nach Bekanntmachung des gegenwärtigen Beschlusses erweislich in geheimen oder nicht autorisierten Verbindungen geblieben oder in solche getreten sind, bei keinem öffentlichen Amte zugelassen werden sollen.

b) Aus dem Pressgesetz

§ 1. Solange der gegenwärtige Beschluss in Kraft bleiben wird, dürfen Schriften, die in der Form täglicher Blätter oder heftweise erscheinen, desgleichen solche, die nicht über 20 Bogen im Druck stark sind, in keinem deutschen Bundesstaate ohne Vorwissen und vorgängige Genehmhaltung der Landesbehörden zum Druck befördert werden.

c) Aus dem Untersuchungsgesetz

Art. 2. Der Zweck [der Außerordentlichen Zentral-Untersuchungskommission des Dt. Bundes] ist gemeinschaftliche, möglichst gründliche und umfassende Untersuchung und Feststellung des Tatbestandes, des Ursprungs und der mannigfachen Verzweigungen der gegen die bestehende Verfassung und innere Ruhe, sowohl des ganzen Bundes als einzelner Bundesstaaten, gerichteten revolutionären Umtriebe.

E. R. Huber (Hg.), Dokumente zur deutschen Verfassungsgeschichte, Bd. 1, Kohlhammer, Stuttgart ³1978, S. 100ff.

1 Formulieren Sie die Zielsetzung der Beschlüsse.
2 Erläutern Sie deren gesellschaftliche Auswirkungen.

M7 Georg Büchner, „Der hessische Landbote", 1834

Dieses Blatt soll dem hessischen Lande die Wahrheit melden, aber wer die Wahrheit sagt, wird gehängt, ja sogar der, welcher die Wahrheit liest, wird durch meineidige Richter vielleicht gestraft. Darum haben die, welchen dies Blatt zukommt, Folgendes zu beachten:

1. Sie müssen das Blatt sorgfältig außerhalb ihres Hauses vor der Polizei verwahren;
2. sie dürfen es nur an treue Freunde mitteilen;
3. denen, welchen sie nicht trauen wie sich selbst, dürfen sie es nur heimlich hinlegen;
4. würde das Blatt dennoch bei einem gefunden, der es gelesen hat, so muss er gestehen, dass er es eben dem Kreisrat habe bringen wollen;
5. wer das Blatt nicht gelesen hat, wenn man es bei ihm findet, der ist natürlich ohne Schuld.

FRIEDE DEN HÜTTEN!
KRIEG DEN PALÄSTEN!

Im Jahre 1834 siehet es aus, als würde die Bibel Lügen gestraft. Es sieht aus, als hätte Gott die Bauern und Handwerker am fünften Tage und die Fürsten und Vornehmen am sechsten gemacht und als hätte der Herr zu diesen gesagt: „Herrschet über alles Getier, das auf Erden kriecht" und hätte die Bauern und Bürger zum Gewürm gezählt. Das Leben der Vornehmen ist ein langer Sonntag: Sie wohnen in schönen Häusern, sie tragen zierliche Kleider, sie haben feiste Gesichter und reden eine eigene Sprache; das Volk aber liegt vor ihnen wie Dünger auf dem Acker. Der Bauer geht hinter dem Pflug, der Vornehme aber geht hinter ihm und dem Pflug und treibt ihn mit den Ochsen am Pflug, er nimmt das Korn und lässt ihm die Stoppeln. Das Leben des Bauern ist ein langer Werktag: Fremde verzehren seine Äcker vor seinen Augen, sein Leib ist eine Schwiele, sein Schweiß ist das Salz auf dem Tische des Vornehmen.

Georg Büchner, Werke und Briefe, Frankfurt/M. 1953, S. 171

1 Analysieren Sie M 7 hinsichtlich der zentralen Forderung Büchners, der Argumentationsstruktur des Textes und der verwendeten sprachlichen Mittel.
2 Informieren Sie sich über die Biografie Büchners sowie über die Wirkung seiner Flugschrift.
3 Erläutern Sie auf der Grundlage des Darstellungstextes, M 6 und M 7 die politische und soziale Situation im Deutschen Bund zur Zeit des Vormärz. Berücksichtigen Sie dabei insbesondere
a) die Ziele und Mittel restaurativer Politik;
b) die Ziele und Mittel der oppositionellen Bewegung des Vormärz.
4 Leiten Sie aus der politischen, gesellschaftlichen und wirtschaftlichen Situation des Vormärz Aufgaben für die Revolution ab.

4.2 1848 – eine europäische Revolution

M1 „Verkauf der Wahrheit, Revolution in Wien 1848", Ausschnitt aus einem Gemälde von Johann Nepomuk Höfel, 1848

Straßenhändler in Wien verkaufen Flugschriften, Zeitungen und Broschüren. Lose auf dem Boden liegende Pflastersteiner erinnern an Barrikadenkämpfe.

Revolution 1848 – die europäischste aller Revolutionen?

Die Revolution von 1848/49 war ein gesamteuropäisches Ereignis. Der Historiker Jürgen Kocka bezeichnet sie sogar als „europäischste aller Revolutionen zwischen 1789 und 1989". Erneut kam die **Initialzündung aus Frankreich**: Die Februarrevolution in Paris löste einen **revolutionären Flächenbrand** aus, der im Frühjahr 1848 die deutschen und italienischen Staaten, das geteilte Polen, die Habsburgermonarchie und die Donaufürstentümer Moldau und Walachei erfasste. Auch im übrigen Europa geriet das politische Leben in Bewegung. Mit Reformen konnten in Belgien, Dänemark, Großbritannien, Norwegen, Schweden, in den Niederlanden und der Schweiz Revolutionen verhindert werden. In Russland und Spanien behaupteten sich die alten Mächte durch gewaltsame Unterdrückung der politischen Opposition. Begünstigt durch das Zusammenwachsen des Kontinents zu einem Kommunikationsraum verbreitete sich die revolutionäre Bewegung schneller und weiter als 1789 und 1830: Die sich entwickelnde Massenpresse wie Zeitschriften und Zeitungen, Flugblätter und Plakate ließen einen größeren Teil der Bevölkerung am politischen Leben teilhaben (M 1). Zudem ermöglichten die Erfindung des Telegrafen sowie der Ausbau des Eisenbahnnetzes eine immer schnellere Verbreitung von Informationen auch über Landesgrenzen hinweg.

Gemeinsame Ursachen und Ziele

Die Ursachen der Revolution glichen sich in den meisten europäischen Ländern, daraus ergaben sich gemeinsame Forderungen und Ziele: Das liberale Bürgertum kämpfte um politische Mit- und nationale Selbstbestimmung, die Bauern für die vollständige Beseitigung feudaler Strukturen, Handwerker und Arbeiter für die Linderung der sozialen Not.

Die Unzufriedenheit entlud sich im Frühjahr 1848 zunächst in einer „Kette hauptstädtischer Revolutionen" (Rüdiger Hachtmann), die sich gegenseitig beeinflussten. Ihren Ausgang nahmen die Ereignisse mit dem Aufstand gegen den französischen „Bürgerkönig" Louis Philippe in Paris, in dessen Verlauf zum dritten Mal die Monarchie gestürzt und am 24. Februar die Zweite Französische Republik ausgerufen wurde. Eine provisorische Regierung, gebildet aus bürgerlichen Republikanern und Sozialisten, erfüllte innerhalb kürzester Zeit die revolutionären Forderungen nach Einführung des allgemeinen Wahlrechts sowie nach Presse-, Vereinigungs- und Versammlungsfreiheit. In einer Kettenreaktion folgte der französischen Februarrevolution eine Vielzahl paralleler, sich wechselseitig stützender Aufstände in **Wien**, **Pest** (Ungarn), **Mailand**, **Venedig** und **Berlin**. In Wien eskalierte der Kampf um politische Freiheit, als am 13. März regierungstreue Soldaten auf demonstrierende Arbeiter und Studenten schossen und damit gewaltsame Straßenkämpfe auslösten. Der Kaiser entließ noch am selben Tag den verhassten Staatskanzler Metternich und versprach, eine Verfassung zu bewilligen. Der Erfolg der Revolution in Wien erschütterte die gesamte Habsburgermonarchie. So verlangten jetzt auch die Volksgruppen der Italiener, Tschechen und Ungarn nach einer Verfassung, die ihnen die Autonomie gewähren sollte. Nach einer Erhebung in Pest erhielt Ungarn weitgehende staatliche Autonomie unter dem Dach der österreichischen Krone, und in Norditalien riefen Venedig und Mailand die Republik aus.

In Preußen versprach der König am 18. März in Berlin, die Forderungen der Revolutionäre zu erfüllen (s. S. 238). Überall in Europa fielen die alten Regime „scheinbar wie Kartenhäuser in sich zusammen, den Revolutionären die Macht über Nacht in den Schoß" (Rüdiger Hachtmann).

Der Sieg der Gegenrevolution Die Anfangserfolge der bürgerlichen Revolutionäre konnten langfristig nicht verteidigt werden. Die Truppen der europäischen Monarchen mussten sich zwar zunächst von den Revolutionsschauplätzen zurückziehen; sie wurden jedoch nicht aufgelöst, sondern konnten im Hintergrund neue Kräfte sammeln. Der **konsequente Einsatz des Militärs** schon im Sommer 1848 fügte den Revolutionären bittere Niederlagen zu. Der österreichische Feldmarschall Windischgrätz schlug Mitte Juni in Prag großstädtische Barrikadenkämpfe der tschechischen Nationalbewegung nieder. Die blutige Niederwerfung des Pariser Juniaufstandes durch die französische Nationalgarde (M 2) läutete das Ende der Revolutionen in Europa ein, nachdem Frankreich nur wenige Monate vorher den Impuls für die Erhebung gegen die alten Mächte gegeben hatte. In Preußen und Österreich siegte die Gegenrevolution im Herbst 1848. Die Revolution in Ungarn wurde durch das österreichische Militär im Verbund mit russischen Soldaten im August 1849 niedergeschlagen. In Italien beendete die Intervention der französischen Armee die Revolution. Die konzertierte militärische Reaktion der europäischen Herrscher war zwar entscheidend für das Scheitern der Revolution, aber auch Differenzen innerhalb und zwischen den revolutionären Bewegungen Europas trugen dazu bei. Im Frühjahr 1848 bekämpften alle gesellschaftlichen Gruppen gemeinsam die alten, konservativen Kräfte, doch bald traten Interessenkonflikte offen zutage. Nach den ersten Erfolgen sah das liberale Bürgertum seine Ziele erreicht und die Revolution als beendet an. Es fürchtete die sozialrevolutionären und zum Teil radikaldemokratischen Forderungen der besitzlosen Schichten, die ihre wirtschaftliche Stellung bedrohten. Die Revolution verlor außerdem an Schubkraft, da sich die traditionell eher monarchisch gesinnten Bauern nach der Erfüllung ihrer Forderungen von den Revolutionsschauplätzen zurückzogen. Zudem wurde aus den einzelnen europäischen Revolutionen keine internationale Bewegung. Die Begeisterung und Unterstützung für die nationalen Befreiungskämpfe einzelner Völker endete, wenn eigene nationale Interessen gefährdet waren (s. S. 240).

M 2 Barrikadenkämpfe in der Rue Soufflot, Ausschnitt aus einem Gemälde von Horace Vernet, 1848

Der Aufstand der Pariser Arbeiterschaft vom 23. bis 27. Juni hatte Züge eines Klassenkampfes, der die sozialen Spannungen in der Gesellschaft offen zutage treten ließ. Die liberale Regierung setzte aus Furcht vor Chaos und Anarchie die Nationalgarde gegen die Aufständischen ein. Die blutigen Kämpfe zwischen ca. 50 000 Männern und Frauen, überwiegend aus der Pariser Unterschicht, und 80 000 Soldaten kosteten etwa 3000 Revolutionären und 1600 Armeeangehörigen das Leben. Mehr als 11 000 Aufständische wurden verhaftet, 5000 Aufständische in die Kolonien deportiert.

1 Erklären Sie den Zusammenhang von Kommunikation und Revolution.
2 Erläutern Sie den Charakter von 1848 als „europäische Revolution".

M 3 Zur europäischen Dimension der Revolution

Revolution, Revolutionsabwehr und Gegenrevolution verbanden 1848 Europa zu einer Einheit. In der Revolution und durch sie wuchs der Kontinent zu einem Kommunikations- und Handlungsraum zusammen und erreichte eine neue, zuvor nicht gekannte Informationsdichte [...]. Die Möglichkeiten, sich zu informieren, verbesserten sich für alle Bevölkerungskreise mit der Revolution schlagartig, und der Wille, sie zu nutzen, ebenfalls. Nie zuvor hatte ein so eng geknüpftes Informationsnetz Europa überzogen, das im Grundsatz niemanden mehr ausschloss.

Die Europäisierung der Information ermöglichte die Revolutionierung Europas. Ausgelöst hatte diesen Prozess die Pariser Februarrevolution. [...] Anders als 1789 trug Frankreich seine Revolution 1848 nicht mit Waffengewalt über die eigenen Grenzen hinweg nach Europa. Viele hatten das erhofft und noch mehr befürchtet. Der Wille Frankreichs zur revolutionären Missionierung, der das alte Europa ein halbes Jahrhundert zuvor hatte zusammenbrechen lassen, war erloschen unter dem Druck der ungeheuren militärischen Opfer, die Napoleon dem Land auferlegt hatte.

Die Französische Revolution überschritt 1848 nicht die Staatsgrenzen, gleichwohl blickte man überall in Europa nach Paris [...]. Im Februar siegte in Paris die politische Revolution, bereits vier Monate später, im Juni 1848, unterlag dort die soziale Revolution. Beides, Sieg und Niederlage, war von gesamteuropäischer Bedeutung. Europa bildete seine Vorstellungen an dem, was in Paris geschah, doch waren es eigenständige Revolutionen, mit je eigenen Ursachen, Zielen und Verlaufsformen, die 1848 den größten Raum des europäischen Kontinents erschütterten.

Heinz-Gerhard Haupt/Dieter Langewiesche, Die Revolution in Europa. Reform der Herrschafts- und Gesellschaftsordnung – Nationalrevolution – Wirkungen, in: Dieter Dowe u. a. (Hg.), Europa 1848. Revolution und Reform, Dietz, Bonn 1998, S. 11–41, hier S. 13 f.

1 Erläutern Sie anhand von M 3 und des Darstellungstextes die Wirkung der Französischen Revolution von 1789 im Vergleich zur Februarrevolution von 1848.

4.3 Die Revolution von 1848/49 in den deutschen Staaten

M1 Studenten und Kinder verteidigen am 18. März 1848 die Barrikade an der Kronen-, Ecke Friedrichstraße in Berlin, Lithografie, 1848

Die Revolution beginnt in Süddeutschland

Die revolutionäre Bewegung griff von Frankreich zunächst auf die südwestdeutschen Staaten über. Bei Volksversammlungen und Massendemonstrationen, auf Flugblättern und in Petitionen verbreiteten die Revolutionäre ihre „Märzforderungen“: Presse- und Versammlungsfreiheit, ein gesamtdeutsches Parlament und konstitutionelle Verfassungen, Schwurgerichte und Volksbewaffnung. Aus Furcht vor einer weiteren Radikalisierung und einem gewaltsamen Umsturz reagierten die meisten Monarchen mit Zugeständnissen: Sie setzten liberale Regierungen ein, versprachen bürgerliche Freiheiten und eine gesamtdeutsche Volksvertretung. Der Bundestag in Frankfurt hob die repressiven „Karlsbader Beschlüsse“ auf und erklärte die Farben der nationalliberalen Bewegung Schwarz, Rot und Gold zu den Farben des Bundes. Viele bürgerliche Liberale sahen damit ihre Ziele erreicht und die Revolution als beendet an.

Bevor die Revolution jedoch die Hauptstädte Wien und Berlin erreichte, hatten sich Anfang März die großen sozialen Spannungen in Bauernaufständen entladen. Von Thüringen bis Baden, aber auch in der preußischen Provinz Schlesien stürmten bewaffnete Bauern die Schlösser der Grundherren. Sie vernichteten Urkunden und Schuldbücher und verlangten die Aufhebung drückender Feudallasten wie des adligen Jagdrechts oder des Zehnten. Bis Mitte April setzten die rebellierenden Bauern ihre wichtigsten Forderungen in Baden und Württemberg, bis Juni auch in Bayern durch. Die preußische Regierung verfügte im Mai 1848 die Aufhebung der letzten Feudalbindungen und die Reduzierung der Ablösezahlungen. Die Aufstände der Landbevölkerung waren spontane Reaktionen auf ihre Notlage und hatten damit weniger politischen als vielmehr sozialrevolutionären Charakter. Der größte Teil der Landbevölkerung wandte sich deshalb nach Erfüllung der wesentlichen Forderungen von der Revolution ab und blieb königstreu.

Revolution in Berlin

Entscheidend für den Fortgang der Revolution wurden die Ereignisse in Wien (s. S. 236) und Berlin. In der preußischen Hauptstadt wuchs unter dem Eindruck der Agrarrevolten und der Ereignisse in Südwestdeutschland die bürgerliche Protestbewegung, unterstützt von Handwerkern und Arbeitern. Nach heftigen Straßenkämpfen zwischen Protestierenden und eingesetzten Heerestruppen kündigte König Friedrich Wilhelm IV. (Reg. 1840–1859) am 13. März Reformen an. Die Situation in Berlin eskalierte jedoch, als am 18. März bei einer Großkundgebung vor dem Schloss, bei der das Volk dem König seine Dankbarkeit erweisen wollte, plötzlich Schüsse aus den Reihen des Militärs fielen. Aus der entstandenen Panikstimmung entwickelten sich blutige Barrikadenkämpfe, bei denen über 200 Menschen – meist Arbeiter und Handwerker – starben. Am nächsten Morgen gab der König erneut nach: Er befahl den Abzug des Militärs, entschuldigte sich bei „seinen Berlinern“ und huldigte den Toten, die auf dem Schlossplatz aufgebahrt worden waren. Er schien sich an die Spitze der revolutionären Bewegung zu stellen, indem er eine liberale Regierung einsetzte, eine verfassunggebende Versammlung einberief und versprach, „Preußen solle künftig in Deutschland“, in einem deutschen Nationalstaat, „aufgehen“. Doch das Militär und der größte Teil des preußischen Adels blieben erbitterte Gegner der Revolution.

Der Weg zur Paulskirche

Die liberalen Wortführer der Revolution versuchten nun, die in den „Märzunruhen“ erzielten Erfolge politisch umzusetzen. Der Schauplatz der Ereignisse verlagerte sich nach Frankfurt am Main. Dort versammelten sich am 31. März Landtagsabgeordnete aller deutschen Staaten zu einem Vorparlament, das die Wahl zu einer Nationalversammlung vorbereiten sollte. Das Ansinnen radikaldemokratischer Vertreter, bereits vor dem Zusammentritt der Nationalversammlung die Revolution voranzutreiben, lehnte die liberale Mehrheit ab. Sie wollte der Arbeit eines künftigen Parlaments nicht vorgreifen und eine politische Neuordnung in Vereinbarung mit den Fürsten erreichen. Diese „Spaltung in radikale Demokraten auf der einen und Liberale sowie gemäßigte Demokraten auf der anderen Seite wuchs sich zu einer unüberbrückbaren Kluft aus" (Rüdiger Hachtmann) und schwächte die revolutionäre Bewegung.

Anfang Mai wurde das erste deutsche Parlament gewählt. Wahlberechtigt waren in den meisten deutschen Staaten nur „selbstständige" Männer über 25. Als „unselbstständig" von der Wahl ausgeschlossen waren die unterbäuerlichen Schichten, wie Tagelöhner und Landarbeiter, sowie die in der Mehrzahl demokratisch gesinnten unterbürgerlichen Schichten, z. B. Handwerksgesellen, Dienstboten. Als die Nationalversammlung am 18. Mai in der Frankfurter Paulskirche zusammentrat, entsprach ihre Zusammensetzung nicht der sozialen Gliederung der deutschen Bevölkerung. Die meisten kamen aus akademischen Berufen, waren Verwaltungsbeamte, Juristen oder Universitätsprofessoren. Nur vier Abgeordnete vertraten das Handwerk, Arbeiter waren ungeachtet ihrer maßgeblichen Rolle bei der Märzrevolution überhaupt nicht vertreten. Im Laufe der Debatten bildeten sich Fraktionen* mit unterschiedlicher politischer Zielsetzung. Hier schlossen sich Liberale und Demokraten, Konservative und Katholiken zu Interessenvertretungen zusammen, die zu Vorläufern politischer Parteien wurden.

Die Aufgaben des ersten deutschen Parlaments

Wichtigste Aufgabe der Paulskirchenversammlung war die Ausarbeitung einer Verfassung für einen künftigen deutschen Nationalstaat. Besonders kontrovers wurden die Staatsform (Monarchie oder Republik), das Staatsoberhaupt (Erb- oder Wahlkaisertum) und die Festlegung der Grenzen diskutiert. Zunächst erarbeitete die Versammlung einen **Grundrechtekatalog**, der am 27. Dezember 1848 verkündet wurde. Er verlieh den erkämpften bürgerlichen Freiheits- und Eigentumsrechten Verfassungsrang und verpflichtete die gesamte Nation auf gemeinsame Grundwerte. Die Forderung der Demokraten, auch soziale Rechte aufzunehmen, scheiterte an der Ablehnung der bürgerlich-liberalen Mehrheit. Im Oktober 1848 begannen die Beratungen über die politische Grundordnung. Das im März 1849 verabschiedete Verfassungswerk (M 4) war geprägt von der bürgerlich-liberalen Mehrheit im Parlament. So entstand ein föderaler Bundesstaat mit Zweikammersystem und einem erblichen Monarchen an der Spitze. Am 28. März wählte die Nationalversammlung den preußischen König Friedrich Wilhelm IV. zum deutschen Kaiser, der die Krone des Parlaments am 3. April 1849 als „imaginären Reif aus Dreck und Letten" (=Lehm) jedoch ablehnte.

Als besonders schwierig erwies sich die territoriale Frage. Der erste Paragraf der Verfassung („das deutsche Reich besteht aus den Gebieten des bisherigen deutschen Bundes") beinhaltete große Sprengkraft, da der Deutsche Bund eben kein rein deutsches Gebilde war. Die Nationalversammlung spaltete sich über alle Fraktionsgrenzen hinweg an der Frage, ob ein deutscher Nationalstaat ohne Österreich („kleindeutsche" Lösung) oder unter Einbeziehung aller zum Deutschen Bund gehörenden österreichischen Gebiete („großdeutsche" Lösung) entstehen solle. Die von einer Parlamentsmehrheit favorisierte großdeutsche Lösung war für die Habsburgermonarchie nicht hinnehmbar, da sie de facto deren Auflösung bedeutet hätte. Schließlich votierte eine knappe Mehrheit für die kleindeutsche Lösung ohne Österreich.

M2 Einzug der Abgeordneten in die Frankfurter Paulskirche, Lithografie nach Zeichnung von J. Ventadour, um 1848

Die Beratungen der Paulskirchenversammlung über die Grundrechte wurden sehr aufmerksam verfolgt. Viele Bürger versuchten, in Petitionen und Flugschriften Einfluss auf die Formulierung der Grundrechte zu nehmen. Diese trugen zum Entstehen einer deutschen Nation bei, da sie alle Deutschen auf einen gemeinsamen Wertekatalog verpflichteten.

Fraktionen in der Paulskirche

Die Fraktionen benannten sich nach dem Versammlungsort, an dem sie sich außerhalb des Parlaments über eine gemeinsame politische Linie verständigten.

- Café Milani (12 %): „Rechte", konservativ
- Casino, Landsberg, Augsburger Hof (34 %): „rechtes Zentrum", konstitutionell-liberal
- Augsburger Hof (11 %): liberale Mitte
- Württemberger Hof, Westendhall (13 %): „linkes Zentrum", parlamentarisch-liberal
- Deutscher Hof, Donnersberg (15 %): „Linke", demokratisch
- Bei keiner Fraktion: 34 %

„Links" und „rechts" wurden erst in Zusammenhang mit der Revolution 1848 zu politischen Kategorien, zunächst bezogen sich die Begriffe nur auf die Sitzordnung im Parlament.

Internettipp

www.documentarchiv.de/nzjh/verfdr1848.htm

Der vollständige Text der Paulskirchen-Verfassung

Die Schleswig-Holstein-Frage
Die Herzogtümer Schleswig und Holstein wurden in Personalunion regiert. Dabei unterstand Schleswig völkerrechtlich der dänischen Krone, während Holstein Mitglied des Deutschen Bundes war. Die aus der Revolution hervorgegangene provisorische Regierung Schleswigs votierte für die Zugehörigkeit zu einem deutschen Nationalstaat. Es kam zu einem deutsch-dänischen Krieg, den preußische Truppen im Auftrag der Nationalversammlung führten. Im Waffenstillstand von Malmö lenkte Preußen auf internationalen Druck und gegen den Willen der Nationalversammlung ein, obwohl es siegreich aus der Auseinandersetzung hervorgegangen war: Schleswig verblieb bei Dänemark. Die Folge war eine Welle nationaler Empörung in Deutschland.

oktroyieren
aufdrängen, aufzwingen; ein Gesetz, eine Verfassung durch landesherrliche Verfügung, ohne Zustimmung des Parlaments, in Kraft setzen

M3 „Wat heulste'n kleener Hampelmann? – Ick habe Ihr'n Kleenen 'ne Krone jeschnitzt, nu will er se nich!", Lithografie von Ferdinand Schröder, 1849.
Heinrich von Gagern, Vorsitzender der Nationalversammlung, bietet dem preußischen König die Krone an.

Die Nationalitätenfrage entzweit die Revolutionäre

Die Debatte um die Grenzen eines deutschen Nationalstaats zeigte, dass die Gemeinsamkeit der Nationalbewegungen rasch endete, wenn sie mit nationalen Sonderinteressen kollidierte. Zu Konflikten kam es, wo in gemischt besiedelten Gebieten (s. S. 233) die Grenzen nach dem Nationalitätenprinzip gezogen werden sollten. Die Nationalversammlung beschloss, auch Provinzen, die nicht zum Deutschen Bund gehörten, aber einen überwiegenden deutschen Bevölkerungsanteil aufwiesen, in den deutschen Nationalstaat aufzunehmen: Ost- und Westpreußen, Posen und Schleswig*. So führte die Auseinandersetzung um Schleswig zum Deutsch-Dänischen Krieg. In der „Polendebatte" um die Provinz Posen stießen die Freiheitsforderungen der polnischen Bevölkerung auf die Ablehnung der Mehrheit des deutschen Parlaments, ebenso wie der Wunsch der tschechischen Bevölkerung in Böhmen, nicht in einen deutschen Nationalstaat integriert zu werden.

Das Scheitern der Revolution

Während die Abgeordneten in der Frankfurter Nationalversammlung um eine Verfassung stritten, sammelten sich seit Herbst 1848 die Kräfte der Gegenrevolution. In Wien war es im Oktober zu einer „zweiten Revolution" gekommen, die jedoch von kaiserlichen Truppen blutig niedergeschlagen wurde. Auch in Preußen hatte die Reaktion neue Kräfte gesammelt, während die Nationalversammlung in Frankfurt beriet: Die scheinbare Solidarität des preußischen Königs mit den Revolutionären war einer offen reaktionären Politik gewichen. Im November 1848 marschierte das preußische Militär in Berlin ein und entwaffnete die Bürgerwehren. Das preußische Parlament wurde am 5. Dezember aufgelöst und eine Verfassung oktroyiert*. Diese wies liberale Elemente auf und besänftigte Teile des Bürgertums, andere resignierten.

Als der preußische König im April 1849 die ihm von der Nationalversammlung angebotene Kaiserkrone ablehnte, war das Paulskirchenparlament in seinem Ringen um einen einheitlichen Nationalstaat gescheitert. Auch die Anerkennung der Verfassung durch 28 deutsche Staaten konnte am Zusammenbruch des Werkes der Nationalversammlung nichts mehr ändern. Zudem zogen sich viele Abgeordnete der Paulskirche angesichts der militärischen Stärke der Gegenrevolution resigniert von der politischen Bühne zurück oder wurden von inzwischen eingesetzten konservativen Landesregierungen abberufen. Nur eine kleine Gruppe radikaler Demokraten bildete in Stuttgart ein **„Rumpfparlament"**, das jedoch am 18. Juni 1849 vom württembergischen Militär aufgelöst wurde. Auch die **„Reichsverfassungskampagne"** im Mai und Juni 1849, die die Durchführung der Verfassung zum Ziel hatte und vor allem in Baden, in der Pfalz und in Sachsen erneut zu bewaffneten Aufständen führte, wurde von preußischen Truppen niedergeschlagen. Die kurze Phase des deutschen Parlamentarismus war beendet, und mit der Wiederherstellung des Deutschen Bundes 1851 wurde auch die Hoffnung auf einen deutschen Nationalstaat zunichte gemacht.

1 Erläutern Sie, wie sich die Ereignisse in Europa gegenseitig beeinflussten.
2 Nennen Sie die Gründe für das Scheitern der Revolution.
3 Diskutieren Sie mögliche Handlungsalternativen des Parlaments, die ein Scheitern der Revolution hätten verhindern können.

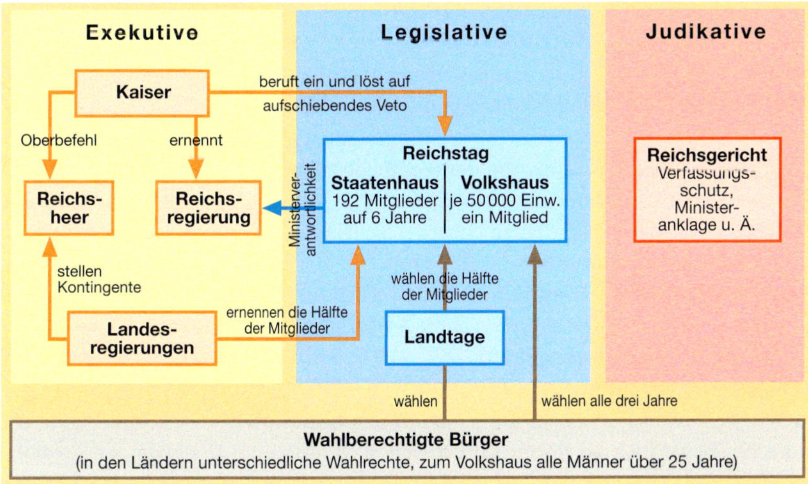

M4 Die Verfassung der deutschen Nationalversammlung vom 28. März 1849

1 Analysieren Sie das Verfassungsschaubild mithilfe der Methodenseite (s. S. 316 f.) und beschreiben Sie demokratische und die Demokratie einschränkende Elemente.

M5 Der Frankfurter Historiker Lothar Gall über die Revolution von 1848 und ihre Folgen, 1998

SPIEGEL: Herr Professor Gall, Sie haben der Frankfurter Ausstellung zum 150. Geburtstag der Revolution von 1848/49 den optimistischen Titel „Aufbruch zur Freiheit“ gegeben. Wurden damals nicht eher die Weichen zur deutschen Katastrophe gestellt?

Gall: Nein, man sollte die deutsche Geschichte nicht als Einbahnstraße ins Dritte Reich sehen. [...] Wesentliche Elemente unseres Gemeinwesens, die Garantie von Grundrechten, der Parlamentarismus, die demokratische Legitimation politischen Handelns, gehen auf 1848 zurück.

SPIEGEL: Aber steht das Scheitern der Revolution nicht doch am Beginn jenes Weges, der zum Kaiserreich Wilhelms II. und später zu Adolf Hitler führte?

Gall: Sicher hat die Wiederherstellung der alten Machtverhältnisse manche verhängnisvolle Entwicklung begünstigt. Aber die Menschen sind nicht bloße Marionetten der Geschichte. Jede Generation trägt ihre eigene Verantwortung.

SPIEGEL: Gab es denn in den Jahren nach 1849 noch eine reelle Chance für die Demokratie?

Gall: Ja, durchaus, denn in den Köpfen blieben die Ideen von 1848 lebendig. Und seit Ende der 1850er-Jahre erlebten ihre Hauptträger, die Liberalen, wieder einen großen Zuwachs an Bedeutung und Einfluss ...

SPIEGEL: ... bis Bismarck 1862 preußischer Ministerpräsident wurde.

Gall: Auch danach. Gerade Bismarck musste – zum Schrecken seiner Standesgenossen – viele Forderungen der Revolution von 1848 umsetzen, um sich politisch zu behaupten. Allerdings: Das dunkelste Kapitel der deutschen Geschichte, die Entwicklung eines schließlich mörderischen Antisemitismus, wäre bei einem Erfolg der ersten deutschen Demokratie vielleicht gar nicht erst aufgeschlagen worden. [...]

SPIEGEL: Kann sich die Bundesrepublik trotz alledem auf 1848 berufen?

Gall: Ja. Ich glaube, die Identität der Deutschen sollte im Bekenntnis zu den Ideen und Ordnungsprinzipien liegen, die 1848 formuliert worden sind: Menschenrechte und Demokratie, vor allem.

SPIEGEL: Und die Nation?

Gall: Die Idee der Nation hat ja zwei Seiten: die dunkle eines militanten und gegenüber allen Andersdenkenden intoleranten und expansiven Nationalismus und diejenige, die darauf zielt, die verschiedenen Gruppen einer Gesellschaft über gemeinsame Ideen zusammenzuführen, sie in einem gemeinsamen Willensbildungsprozess zu einem freien Gemeinwesen zu vereinigen. [...]

SPIEGEL: Hatte die Revolution unter diesen Umständen je eine Chance?

Gall: Ich glaube, ja. Im März 1848 waren die Träger der alten Ordnung fast vollständig zurückgewichen. Und auch im Sommer behielten die Revolutionäre noch die Oberhand, während in der Frankfurter Paulskirche an der Verfassung gearbeitet wurde. Die Situation kippte erst endgültig, als sich die Führungsschichten der beiden deutschen Großmächte Österreich und Preußen von ihrem Schrecken erholten, ihre Bataillone wieder sammelten und zum Gegenschlag, zur Gegenrevolution, ausholten.

Der Spiegel, Nr. 7, 1998

1 Erarbeiten Sie die zentralen Thesen Galls.
2 „1848 begann in Deutschland eine neue Zeit“. Diskutieren sie diese These des ehemaligen Bundespräsidenten Roman Herzog.

4.4 Revolution und Emanzipation der Juden in Europa

M 1 Kokarde mit den Tugenden der Französischen Revolution von 1789 „Égalité, Liberté, Fraternité", 1848

Emanzipation
lat. *emancipatio*; der dem römischen Recht entstammende Begriff bezeichnete die förmliche Entlassung des Sohnes aus der väterlichen Gewalt bzw. die Freilassung von Sklaven. Heute bedeutet Emanzipation allgemein die Befreiung mündiger, selbstbestimmter Individuen oder sozialer Gruppen aus rechtlicher, sozialer oder politischer Abhängigkeit. Auf Juden wurde der Begriff erstmals in den 1820er-Jahren angewendet und konnte „sowohl einen einmaligen Akt der rechtlichen Gleichstellung als auch einen Prozess im Sinne der Rechtserweiterung und der allmählichen Realisierung von Freiheit bezeichnen" (Reinhard Rürup).

Ghetto
Begriff für aufgezwungene, begrenzte und abgeschlossene jüdische Stadtviertel; die Einrichtung des Ghettos in Rom verfügte Papst Paul IV. im Jahr 1555.

Rechtliche Gleichstellung

In der Geschichte der europäischen Juden waren Revolutionen wichtige Zäsuren, die häufig Emanzipation*, aber auch antijüdische Ausschreitungen zur Folge hatten. Die Französische Revolution markierte den Beginn der rechtlichen Gleichstellung: 1791 verabschiedete die Nationalversammlung ein Gesetz, das erstmals die volle Emanzipation der Juden in einem christlichen Staat festschrieb. Im Februar 1848 bekleideten bereits zwei jüdische Politiker Ministerämter in der neunköpfigen provisorischen Regierung in Paris. In Deutschland und Italien brachte die Revolution 1848 die formale Rechtsgleichheit der jüdischen Bevölkerung, in Russland war sie Ergebnis der Februarrevolution von 1917.
Allerdings kam es sowohl zu Beginn der Revolution von 1789 in Frankreich als auch 1848 im Elsass und in Lothringen zu Angriffen auf Leben und Eigentum jüdischer Bewohner. So sind in europäischen Ländern, die 1848 von der Revolution erfasst wurden, in 180 Orten antijüdische Ausschreitungen bekannt. Oft hatten die nationalen Oppositionsbewegungen einen antijüdischen Unterton, in dem sich traditionelle religiöse Vorurteile mit Vorwürfen über die angeblich destruktive Rolle der Juden in Wirtschaft und Gesellschaft verbanden (M 3).

Europäische Unterschiede

Gesellschaftliche Emanzipation und Integration der Juden in den europäischen Staaten waren am Vorabend der Revolution so unterschiedlich entwickelt wie ihre politische, wirtschaftliche und soziale Situation. Die Lebensverhältnisse umfassten sowohl die Existenz in einer traditionellen jüdischen Gemeinschaft als auch die weitgehende Assimilation in die nichtjüdische Welt, in der die Religionszugehörigkeit Privatsache war. Volle Rechtsgleichheit für Juden galt am Vorabend der Revolution von 1848 nur in Frankreich, Holland und Belgien. Die Habsburgermonarchie beließ es dagegen bei den Toleranzedikten Josephs II. vom Ende des 18. Jahrhunderts, die Gewerbefreiheit und den freien Zugang zu Schulen und Hochschulen gewährleisteten. Im Rheinbund und in Preußen wurde die zu Beginn des 19. Jahrhunderts eingeleitete Emanzipation im Zuge der Restaurationspolitik des Wiener Kongresses 1815 zurückgenommen. Vor 1848 war die volle Gleichstellung der Juden in keinem deutschen Staat gesetzlich verankert.

Revolution und Emanzipation

Wie stark Emanzipation und Integration der Juden von Erfolg oder Niederlage der liberalen und demokratischen Bewegung abhingen, zeigte sich in Italien und den deutschen Staaten. In den Jahren 1848/49 wurden die Juden in den meisten italienischen Staaten rechtlich gleichgestellt. In Rom fielen im April 1848 die Mauern des jüdischen Ghettos* und in der Republik Venedig gehörten der neuen provisorischen Regierung zwei jüdische Politiker an.
Nach der Niederlage der Revolution wurde die rechtliche Gleichstellung weitgehend rückgängig gemacht. So errichtete man beispielsweise in Rom wieder die Ghettomauern.
Einige kleine deutsche Staaten hatten 1848 bereits vor den Märzunruhen die rechtliche Gleichstellung der Juden gewährt; nach den raschen Anfangserfolgen der Revolutionen schien die Emanzipation auch in Österreich und Preußen in greifbarer Nähe. Zum endgültigen Durchbruch führte die Verabschiedung der Grundrechte in der Paulskirche am 10. Dezember 1848. Artikel V besagte: „Durch das religiöse Bekenntnis wird der Genuss der bürgerlichen und staatsbürgerlichen Rechte weder bedingt noch beschränkt. Den staatsbürgerlichen Pflichten darf dasselbe keinen Abbruch tun."

Die Revolution von 1848 war ein wichtiger Meilenstein auf dem Weg zur Emanzipation deutscher Juden, die rechtlich mit der Reichsgründung 1871 schließlich vollständig verwirklicht wurde. Zunächst wurde jedoch mit dem Scheitern der Revolution die rechtliche Gleichstellung in den meisten deutschen Staaten zurückgenommen. Die oktroyierte Verfassung in Preußen von 1850 bestätigte sie, schloss aber zugleich Juden von Ämtern in Verwaltung und Justiz sowie von einer Universitäts- oder Offizierslaufbahn aus. In Österreich führte die Aufhebung der Verfassung 1851 zu völliger Rechtsunsicherheit für die Juden.

Politische Partizipation

In der Revolution von 1848 wurden Juden von „Objekten" der Politik zu aktiven Mitgestaltern und Entscheidungsträgern, die im Kampf um Demokratisierung der Gesellschaft eine wichtige Rolle spielten. In der sich rasch entwickelnden politischen Öffentlichkeit waren sie zahlreich vertreten. Jüdische Schriftsteller, Journalisten und Verleger leisteten einen maßgeblichen Beitrag zur Entwicklung der politischen Publizistik. In den rund 40 Staaten des Deutschen Bundes erlangten Juden während der Revolution zwar keine Ministerämter wie in Paris und Venedig, doch waren jüdische Politiker in mehreren Landesparlamenten und verfassunggebenden Versammlungen vertreten. Auch der deutschen Nationalversammlung in der Frankfurter Paulskirche gehörten mehrere jüdische Abgeordnete an. Die prominentesten waren der Hamburger Jurist Gabriel Riesser (M 2) und der Königsberger Arzt Johann Jacoby, die für eine umfassende gesellschaftliche Emanzipation der Juden kämpften. Doch nur etwa neun Prozent der jüdischen Bevölkerung beteiligten sich in den Reihen der Radikaldemokraten und Sozialisten aktiv am revolutionären Geschehen. Die Mehrheit war konservativ oder gemäßigt liberal eingestellt und stand der Revolution skeptisch bis ablehnend gegenüber.

1 Erläutern Sie den Zusammenhang zwischen rechtlicher Gleichstellung der Juden und der Revolution von 1848.

M2 Gabriel Riesser (1806–1863), Kreidelithografie von Moritz Oppenheim, um 1848

Riesser war Mitglied des „Vorparlaments", Vertreter der Liberalen in der Nationalversammlung, Mitglied mehrerer Ausschüsse und zweiter Vizepräsident der Versammlung. Dem einer traditionellen jüdischen Familie in Hamburg entstammenden Juristen blieb nach seiner Promotion 1826 lange Zeit die Anstellung als Privatdozent ebenso versagt wie die Ausübung seines Anwaltsberufs, da er sich nicht taufen ließ. Erst 1860 wurde er im Stadtstaat Hamburg als erster jüdischer Richter Deutschlands an das Hamburger Obergericht berufen.

Internettipp
www.gabrielriesser.de
Sehr informative Seite vom Leo Baeck Institut

M3 Der Historiker Andreas Reinke zu den Gründen antisemitischer Unruhen zu Beginn der Revolution von 1848, 2007

Es waren unterschiedliche Interessen und Motive, die sich in den antijüdischen Krawallen des Revolutionsjahres 1848/49 artikulierten. Ihre Dominanz im vorwiegend ländlichen Raum hat zu der These geführt, diese Ausschreitungen primär vor dem Hintergrund der zunehmenden Verarmung weiter Teile der ländlichen Bevölkerung, ausgelöst durch Agrarreformen und Missernten in den der Revolution vorhergehenden Jahren zu analysieren. Der drohenden Verarmung suchten zahlreiche kleine Bauern durch die Aufnahme von Krediten zu entgehen – und wandten sich hierbei in vielen Fällen auch an jüdische Kreditgeber. Für diese Sichtweise spricht, dass sich die Ausschreitungen nicht nur gegen Juden richteten, sondern gegen alle, die als Kreditgeber auftraten: ehemalige Grundherren, wohlhabende Pfarrer und Institutionen, die für die grassierende Armut augenscheinlich verantwortlich waren, also Steuerämter und deren Repräsentanten. Das Beispiel Baden allerdings macht auch deutlich, dass den Krawallen auch eine explizit antijüdische Komponente innewohnte. Hier waren in den ersten Monaten des Jahres 1848 Initiativen auf den Weg gebracht worden, die eine vollständige staatsbürgerliche Gleichstellung der Juden verlangten. Auch wenn hiervon zunächst die lokalbürgerliche Gleichstellung, die Juden die Teilnahme am Bürgernutzen (Allmende und Wohlfahrt) ermöglicht hätte, ausgenommen war, lösten diese Initiativen entsprechende Befürchtungen in Teilen der nichtjüdischen Bevölkerung aus. Dies zeigte sich nicht zuletzt daran, dass Juden in mehreren der von Krawallen betroffenen Ortschaften gezwungen wurden, entsprechende Erklärungen abzugeben, auf eine Teilnahme an der Bürgernutzung zu verzichten. In anderen Orten taten sie dies aus Furcht vor möglichen Ausschreitungen. Zumindest in einigen Regionen also waren die Vorgänge bestimmt von der Furcht vor den Folgen einer weitgehenden Gleichstellung der Juden.

Andreas Reinke, Geschichte der Juden in Deutschland 1781–1933, Wissenschaftliche Buchgesellschaft, Darmstadt 2007, S. 46

1 Analysieren Sie M 3 hinsichtlich der Ursachen für die antisemitischen Unruhen zu Beginn der Revolution.

„Kritik mit dem Zeichenstift" – Karikaturen als historische Quelle

Schon in der Antike und im Mittelalter gab es satirische und verzerrende Darstellungen von Personen und Vorgängen, doch schaffte erst die europäische Neuzeit die Bedingungen, unter denen sich Absichten und Wirkungsmöglichkeiten der Karikatur voll entfalten konnten. Die Karikatur braucht die Öffentlichkeit, an deren Entstehung der Buchdruck ab etwa 1500 maßgeblich beteiligt war. Sie erlebte ihre erste Blüte während der Reformation und im Bauernkrieg, fand ihren eigentlichen Charakter aber erst im 17. Jahrhundert durch die städtische Kultur Italiens. Von dem italienischen Wort *„caricare"* in der Bedeutung von „übertreiben, verzerren" erhielt sie auch ihren Namen. Die Französische Revolution löste dann einen weiteren Aufschwung der Karikatur aus. Die Erfindung der Lithografie am Ende des 18. Jahrhunderts trug entscheidend zur besseren Verbreitung der Karikaturen bei. So kann das gesamte 19. Jahrhundert mit seinen politischen und sozialen Revolutionen und Kämpfen als die Epoche der Karikatur bezeichnet werden.
Karikaturen stehen immer in Bezug zu realen Personen, Ereignissen oder Zuständen – und damit zur Geschichte. Indem der Karikaturist Personen oder Zustände überzeichnet, gibt er sie der Lächerlichkeit preis und kritisiert sie. Dies funktioniert aber nur, wenn die Verzerrung die Wirklichkeit noch wiedererkennen lässt und nicht zur reinen Erfindung wird. Außerdem sollte die Absicht schnell erkennbar sein. Während uns dies heute bei tagespolitischen Ereignissen meist gelingt, müssen wir bei Karikaturen aus anderen Epochen erst den historischen Kontext erschließen.

Arbeitsschritte für die Interpretation

1. Formale Merkmale
- Wer ist der Zeichner bzw. Auftraggeber?
- Wann ist die Karikatur entstanden?
- Wo, wann und von wem wurde die Karikatur veröffentlicht?
- Gibt es einen Titel bzw. einen Zusatzkommentar?

2. Bildinhalt
- Welche Gestaltungsmittel (Schrift, Personen, Gegenstände, Symbole, Farbgebung, Komposition, Proportionen) sind in der Karikatur verwendet worden?
- Was bedeuten sie?

3. Historischer Kontext
- Auf welche Personen, Ereignisse, Konflikte oder Epoche bezieht sich die Karikatur?

4. Interpretation
- Welche Absichten bzw. Ziele verfolgt der Karikaturist bzw. sein Auftraggeber?
- Welche Zielgruppe wird angesprochen?
- Für wen ergreift der Karikaturist Partei?
- Welche vermutliche Wirkung sollte bei dem (zeitgenössischen) Betrachter erzielt werden?

5. Fazit
- Welche Gesamtaussage lässt sich formulieren?

Übungsaufgabe mit Lösungshinweisen

M1 „Rundgemälde von Europa im August 1849", Federlithografie von Ferdinand Schröder, erschienen 1849 in den „Düsseldorfer Monatsheften"

1 Interpretieren Sie die Karikatur mithilfe der genannten Arbeitsschritte.

1. Formale Merkmale
- Karikaturist: Ferdinand Schröder (1818–1857), bekannter Zeichner und Augenarzt,
- gehörte dem linken Flügel der Frankfurter Nationalversammlung an
- Entstehungsdatum: Abschluss der Karikatur um die Jahresmitte 1849
- Erscheinungsort: Satirische „Düsseldorfer Monatshefte"
- Titel: Rundgemälde von Europa im August 1849

2. Bildinhalt
- Personen: Im Zentrum der preußische König Friedrich Wilhelm IV. mit Pickelhaube, unter seinem Schutz König Ernst August I. von Hannover und Friedrich August II. von Sachsen, davor König Maximilian II. von Bayern als Bierkrug und der württembergische König Wilhelm I. als Kasperlefigur
  Louis Napoleon Bonaparte – wie Friedrich Wilhelm mit einem Besen ausgestattet
  Soldat mit Doppeladler auf der Pickelhaube repräsentiert die österreichisch-ungarische Doppelmonarchie
  Der dänische König Friedrich VII. als freudig hüpfender General
  Die englische Königin Victoria im Wagen des Merkur
- Symbole: erloschene Kerzen (Warschau, Licht der Freiheit); zerfetzte Fahne (Auflösung des Frankfurter Parlaments) oder durchgestrichene Fahne (Niederlage der Republik Venedig); Besen („Säuberung"); Pulverfass (angespannte Situation in Belgien und den Niederlanden), Jakobinermütze mit Aufschrift Helvetia und Liktorenbündel (Schweiz als Bundesstaat, Verweis auf die Römische Republik)
- Komposition: Ihrer Macht im Sommer 1849 entsprechend sind Reaktionäre groß, Revolutionäre klein dargestellt

3. Historischer Kontext
- Epoche bzw. historisches Thema: Sieg der Reaktion über die Revolution in Europa im Sommer 1849

4. Interpretation
- Aussageabsicht: Antimonarchische Kritik am Sieg der Reaktion von Frankreich bis Polen, von Italien bis Dänemark. Die Niederlage der Revolution ist endgültig: Der preußische König „fegt" gut gelaunt die letzten Aufständischen in Baden zusammen, die in die Schweiz flüchten. Der ebenfalls zufriedene Louis Napoleon Bonaparte lässt die Aufständischen ins Ausland verschiffen. Der österreichische Soldat holt, unterstützt von einem russischen Kosaken, zum entscheidenden Schlag gegen den deutlich kleineren und schutzlosen Ungar aus. Königin Victoria, von revolutionären Erhebungen in England verschont geblieben, beobachtet das Geschehen auf dem europäischen Kontinent, ignoriert dabei die bettelnden Iren, deren Erhebung 1848 blutig niedergeschlagen wurde.

5. Fazit
- Die Karikatur beschreibt die politische Situation im Sommer 1849 in Europa, nachdem die letzten revolutionären Erhebungen von den europäischen Mächten militärisch niedergeschlagen worden waren. Schröder kritisiert den Sieg der Reaktion von Frankreich bis Polen, von Italien bis Dänemark und spiegelt damit die europäische Perspektive der Zeitgenossen auf die Niederlage der Revolution wider.

Die großen Revolutionen – politische und gesellschaftliche Umbrüche

Zentrale Begriffe

Zusammenfassung

Revolutionen markieren in Europa und Nordamerika vom 17. bis zum 19. Jahrhundert entscheidende Stationen in der langen Phase des politischen, gesellschaftlichen und wirtschaftlichen Wandels vom alteuropäischen Ancien Régime zur bürgerlich-kapitalistischen Gesellschaft der Moderne. Die Revolutionen in England, Amerika und Frankreich waren von grundlegender Bedeutung bei der Formulierung und Durchsetzung der Menschen- und Bürgerrechte, der Volkssouveränität, des Parlamentarismus und der Demokratie.
Bereits in der Englischen Revolution zwischen 1640 und 1660 waren die Souveränität des Parlaments und die politischen Freiheitsrechte des Einzelnen als Grundlage einer modernen Staats- und Gesellschaftsordnung Gegenstand der Auseinandersetzungen zwischen Parlament und Krone. Die „Glorious Revolution" begründete mit der „Bill of Rights" von 1689 den Parlamentarismus als Gegenmodell zur absoluten Monarchie. Der englische Monarch stand fortan unter der Kontrolle eines frei gewählten und weitgehend souveränen Parlaments.
In der Amerikanischen Revolution beriefen sich die aufständischen Kolonisten in ihrem Streben nach Unabhängigkeit zunächst auf die Freiheitsrechte, die bereits im englischen Mutterland gewährt wurden. Die erfolgreiche Verfassungsrevolution demonstrierte die Möglichkeit der revolutionären Begründung einer stabilen Republik. Sie brachte 1776 mit der „Virginia Bill of Rights" die erste Proklamation der Bürger- und Menschenrechte hervor, wenn auch zunächst auf die freie männliche Bevölkerung beschränkt.
Die Prinzipien der Revolutionen in England und Amerika erfuhren ihre Universalisierung und Radikalisierung 1789 in Frankreich. Die Französische Revolution wurde zum „Motor des Verfassungswandels und der Entstehung liberaler politischer Kulturen. Sie wurde zum Laboratorium der Moderne, indem sie in der kurzen Zeitspanne eines Jahrzehnts die unterschiedlichsten Verfassungsformen entwickelte, die für das 19. und 20. Jahrhundert wirkungsmächtig werden sollten, von der konstitutionellen Monarchie über die Republik bis zur bonapartistischen Diktatur" (Hans-Ulrich Thamer). Im Namen der Freiheit verbreiteten die Revolutionsarmee und die napoleonischen Heere die Ideen der Revolution in Europa.
Sie bildeten die ideelle Basis der revolutionären Bewegung, die 1848 weite Teile des Kontinents erfasste. Dabei bedingten sich die Europäisierung der Kommunikation und die Revolutionierung Europas gegenseitig. Die Revolution von 1848/49 markiert in zahlreichen Staaten die „Epochenschwelle zur Moderne" (Rüdiger Hachtmann). Obwohl nach raschen Anfangserfolgen in Paris, Wien, Budapest, Mailand, Venedig und Berlin die Revolution scheiterte, blieben Errungenschaften wie die Abschaffung des Feudalismus erhalten. Die Ideen von Freiheit und politischer Mitbestimmung als Individualrecht waren nun dauerhaft im Bewusstsein der Bevölkerung verankert.

M1 **Die Geschichte der Menschen- und Bürgerrechte**

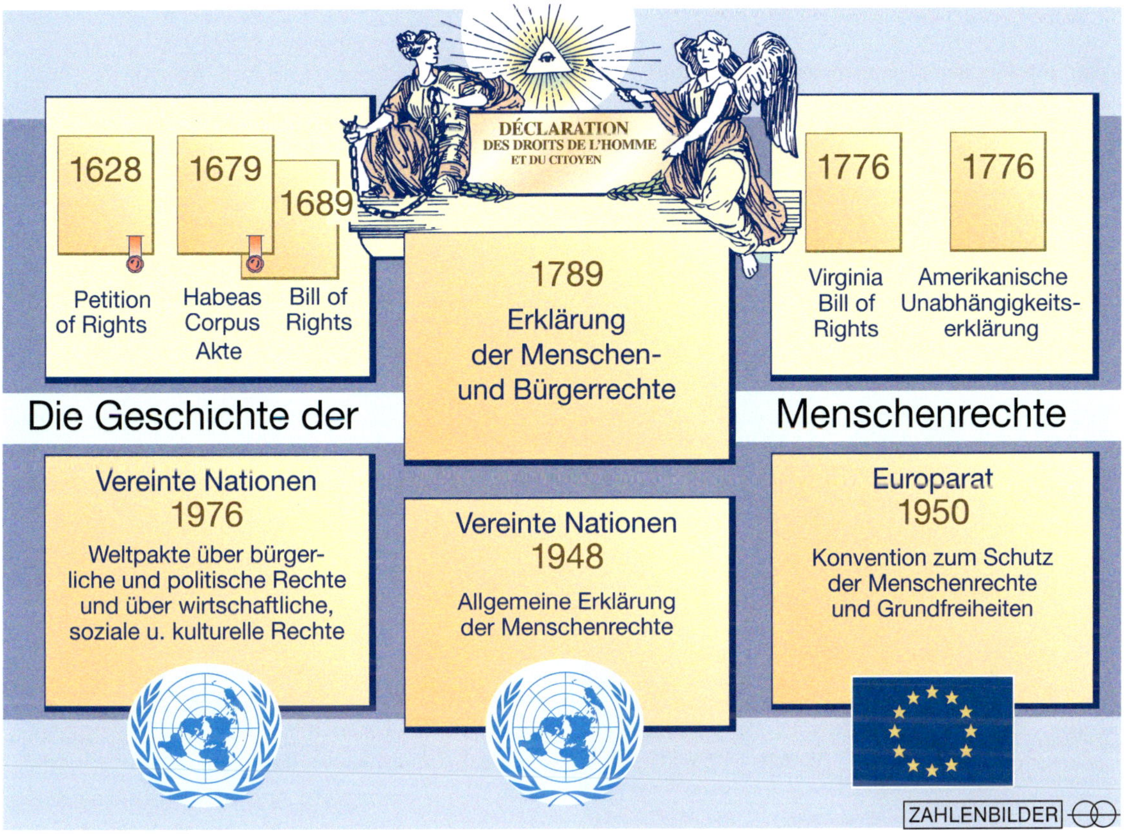

Zeittafel

1642–1660, 1688/89
Englische Revolutionen
1642–1648 Bürgerkriege zwischen Krone, Parlament und Armee
1649–1660 Republik unter Cromwell
1660 Restauration der Monarchie
1688/89 Glorious Revolution
1689 Declaration of Rights

1773–1787
Amerikanische Revolution
1773 Boston Tea Party
1775–1783 Amerikanischer Unabhängigkeitskrieg
1776 Virginia Bill of Rights (Unabhängigkeitserklärung der USA)
1783 Anerkennung der Souveränität der USA durch Großbritannien
1787 Bundesstaatliche Verfassung der USA

1789–1799
Französische Revolution
1789 Sturm auf die Bastille;
Erklärung der Menschen- und Bürgerrechte
1791 Erste französische Verfassung (konstitutionelle Monarchie)
1792 Krieg Frankreichs gegen Österreich und Preußen;
Abschaffung der Monarchie, Frankreich wird eine Republik
1793–1794 Terrorherrschaft des Sicherheits- und Wohlfahrtsausschusses
1795–1799 Herrschaft des Direktoriums
1799 Staatsstreich Napoleon Bonapartes
1804 Krönung Bonapartes zum „Kaiser der Franzosen" (Napoleon I.)

1814/15 Wiener Kongress, Ende der napoleonischen Herrschaft
1830 Julirevolution in Paris, Brüssel, einigen deutschen Staaten und Polen

1848/49
Revolution in den europäischen Staaten
1848 Annahme der deutschen Reichsverfassung;
Ablehnung der Kaiserkrone durch Friedrich Wilhelm IV.;
Februarrevolution in Paris;
Märzrevolutionen in Wien und Berlin;
Oktoberrevolution in Wien
1849 Reichsverfassungskampagne in Sachsen, in der Pfalz und in Baden
1861 Wiederherstellung des Deutschen Bundes

Anwendungsaufgabe

M2 „Straßenkampf. Französische Revolution", Aquarell von Rudolf Schlichter, um 1912

M3 Der Historiker Reinhard Rürup über die langfristigen Folgen der Revolution von 1848, 1992

„Eine Revolution ist ein Unglück, aber ein noch größeres Unglück ist eine verunglückte Revolution", notierte Heinrich Heine. Dass eine Revolution in jedem Falle ein Unglück ist, kann mit guten Gründen bestritten werden, doch sollte man Heines Warnung vor jeder Revolutionsromantik – „Solange wir die Revolution in den Büchern lesen, sieht das alles sehr schön aus …" – ernst nehmen. Wie groß das Unglück einer „verunglückten" Revolution ist, hängt nicht nur von der Gegenrevolution, sondern auch von der politischen Traditionsbildung ab. Auch eine gescheiterte Revolution kann, wie die internationale sozialistische Bewegung am Beispiel der Pariser Commune gezeigt hat, für die unterlegene Sache eine Quelle der Kraft und der Ermutigung werden. Sie kann aber auch die gegenteilige Wirkung haben, und dafür ist die politisch-historische Verarbeitung der Revolution von 1848 in Deutschland lange Zeit ein bemerkenswertes Beispiel gewesen. Immer wieder ist versucht worden, die Geschichte der Revolution dafür zu benutzen, dem deutschen Volk das Gefühl seiner politischen Unmündigkeit zu vermitteln, seiner Unfähigkeit, das eigene Schicksal verantwortlich zu gestalten. Das ‚Professorenparlament', der angebliche Doktrinarismus der Liberalen und Demokraten, der tatenarme ‚Idealismus', der mangelnde Sinn für die Macht, aber auch die bloß zerstörerische Wirkung des Radikalismus – all das waren ‚Lehren' der Revolution, die dazu dienten, jeden Gedanken an eine Wiederholung des gescheiterten Versuchs zu ersticken, die Überlegenheit der alten Herrschaftseliten hervorzuheben und den Bürger für die Fortdauer des Obrigkeitsstaates zu präparieren. Dass die Revolution auch Erfolge hatte, dass keineswegs alle ihre Errungenschaften rückgängig gemacht wurden, dass nur durch sie auch Preußen zu einem Verfassungsstaat wurde, dass auch die Verfassungsarbeiten der Paulskirche nicht verloren waren, dass mit der Revolution positive Traditionen begründet wurden, dass schließlich nicht nur theoretisiert, sondern auch gehandelt, gekämpft und gelitten wurde – all das geriet weitgehend in Vergessenheit. Die Revolution wurde verdrängt und es hat lange gedauert, bis sie in ihrem vollen Umfang wiederentdeckt wurde.

Reinhard Rürup, Deutschland im 19. Jahrhundert, 1815–1871, Vandenhoeck & Ruprecht, Göttingen 1992, S. 196 f.

1 Analysieren Sie M 3 hinsichtlich der politisch-historischen Verarbeitung der Revolution von 1848 in Deutschland.
2 Ordnen Sie die Quelle in den historischen Zusammenhang ein, indem Sie die wesentlichen Ergebnisse der Revolution von 1848 in Deutschland zusammenfassen.
3 Vergleichen Sie Rürups Argumentation mit der von Lothar Gall (M 5, S. 241).
4 Nehmen Sie begründet Stellung zu folgender These des ehemaligen Bundespräsidenten Roman Herzog aus dem Jahr 1998: „Das Jahr 1848 war nicht nur der bleibende Anfang der deutschen Demokratiegeschichte, es war auch eine entscheidende Wendemarke auf dem Weg zum modernen, demokratischen Europa."

Epochenbezüge

M4 Schauplätze der Revolution im Frühjahr 1848 in Europa

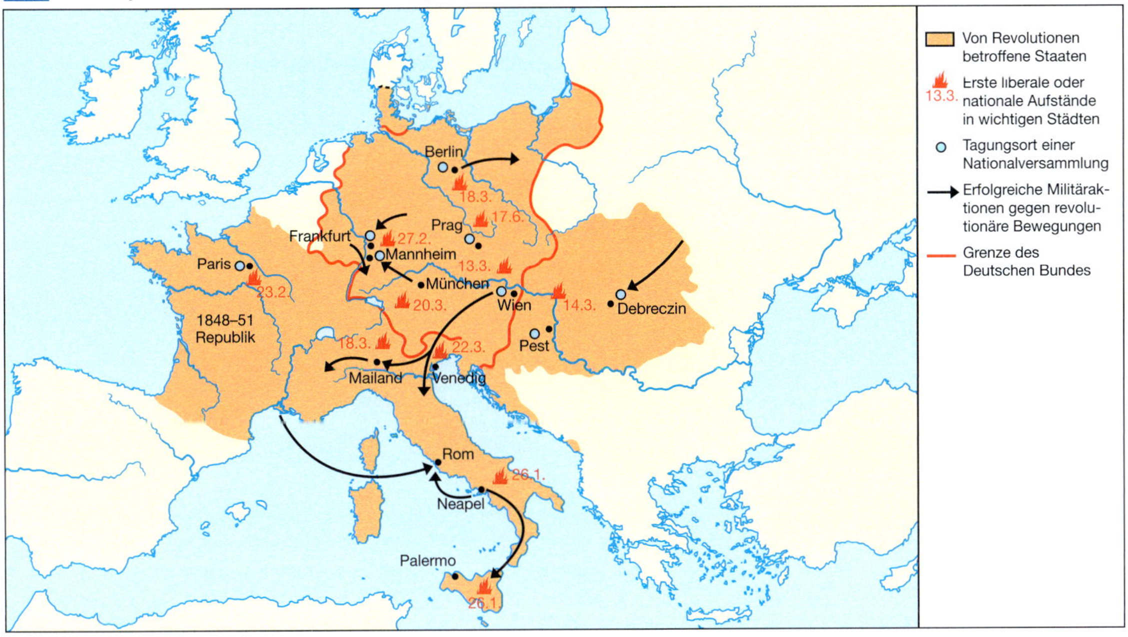

Präsentationsvorschläge

Thema 1:

Revolutionen im Vergleich

Bereiten Sie eine folien- oder powerpoint-gestützte Präsentation vor, in der Sie zwei Revolutionen auf Gemeinsamkeiten und Unterschiede sowie auf eventuelle Zusammenhänge untersuchen. Berücksichtigen Sie in Ihrem Vergleich Ursachen, Träger und Schauplätze der Revolutionen. Benutzen Sie zeitgenössische Abbildungen.

Literaturtipp

Peter Wende (Hg.), Große Revolutionen der Geschichte. Von der Frühzeit bis zur Gegenwart, München 2000

Rüdiger Hachtmann, Epochenschwelle zur Moderne. Einführung in die Revolution von 1848/49, Tübingen 2002

Lothar Gall (Hg.), 1848 – Aufbruch zur Freiheit, Ausstellungskatalog, Berlin 1998

Internettipp

www.british-civil-wars.co.uk
www.authentichistory.com/antebellum/revolution/index.html
www.historicum.net/themen/franzoesische-revolution
www.zum.de/Faecher/G/BW/Landeskunde/rhein/geschichte/1848/index.htm

Thema 2 (fächerverbindend):

Das „Junge Deutschland" – die Zeit des Vormärz im Spiegel der Literatur

Bereiten Sie eine Präsentation über die literarische Strömung des „Jungen Deutschlands" vor. Berücksichtigen Sie politische Zielsetzungen, bevorzugte literarische Formen und Wirkung dieser literarischen Gruppe. Stellen Sie Leben und Werk eines ihrer Vertreter vor.

Literaturtipp

Christoph Nonn, Das 19. und 20. Jahrhundert, Paderborn 2007

Florian Vaasen (Hg.), Vormärz, Stuttgart 2000

Bernd Witte (Hg.), Vormärz: Biedermeier, Junges Deutschland, Demokraten 1815–1848 (Deutsche Literatur. Eine Sozialgeschichte, hg. v. Horst A. Glaser, Bd. 6), Reinbek bei Hamburg 1980

Internettipp

www.literaturwelt.com/epochen/vormaerz.html
www.erlangerliste.de/ressourc/epoc_7a.html

Thema 3 (Geschichte global):

Menschen- und Bürgerrechte

Bereiten Sie einen Vortrag über die Bedeutung von Revolutionen bei der Formulierung und Durchsetzung von Menschen- und Bürgerrechten vor.

Literaturtipp

Christine Schulz-Reiss, Nachgefragt: Menschenrechte und Demokratie, Bindlach 2008

Internettipp

www.unhchr.ch/udhr/lang/ger.htm
www.staatsvertraege.de/emrk.htm
www.verfassungen.de/
www.kompass.humanrights.ch/cms/front_content.php

Entstehung und Wandel der modernen Industriegesellschaft

M1 Die Stadtbahnanlagen an der Jannowitzbrücke, Entwurf für ein Wandgemälde von Julius Jacob und Wilhelm Herwarth, um 1891 (Ausschnitt).

Der Entwurf ist im Auftrag der Berliner Eisenbahndirektion entstanden. Vermutlich sollte damit ein neues Verwaltungsgebäude ausgestaltet werden. Dargestellt sind die von der Reichsbahndirektion errichtete Hochbahntrasse und eine neue, 1881 bis 1884 mit Schienen für die Pferdebahn gebaute Brücke.

1764
Erfindung der ersten industriellen Spinnmaschine („Spinning Jenny")

1763–1784
Verbesserung der Dampfmaschinentechnik

Um 1760
Agrarrevolution in England

1776
Adam Smith veröffentlicht „The Wealth of Nations"

1785
Erfindung des mechanischen Webstuhls

Erste Eisen
deutschen L

Um 1770 Beginn der Industriellen Revolution in England

1750 1760 1770 1780 1790 1800 1810 1820 18

Als der Fabrikantensohn Friedrich Engels im Jahre 1845 die englische Stadt Manchester besuchte, gelangte er nach seinem Besuch zu dem Schluss, dass die „Industrie" mit ihrer Arbeitsteilung und dem Einsatz von Dampfkraft und Maschinen „die Welt aus ihren Fugen" heben würde. Er erlebte die Auswirkungen der Industriellen Revolution, des Umbruchprozesses von der vorindustriellen, traditionellen Wirtschaft zur modernen Industriewirtschaft. Im historischen Rückblick stellt die Industrielle Revolution einen so tiefen Einschnitt im Leben der Menschen dar, dass sie aus heutiger Sicht nur noch mit der Neolithischen Revolution vor etwa 10 000 Jahren verglichen werden kann, als die Menschheit von der jagenden und sammelnden zur sesshaften Lebensweise der Viehzüchter, Bäuerinnen und Bauern überging.

Die Industrielle Revolution setzte in der zweiten Hälfte des 18. Jahrhunderts in England ein und breitete sich von dort aus auf immer mehr Länder aus. Zentrales Merkmal war ein Wirtschaftswachstum, das alle bisherigen Vorstellungen sprengte. Seit Adam Smith wird es als Steigerung des Sozialprodukts pro Kopf der Bevölkerung definiert. Verbunden war die Entwicklung aber auch mit strukturellen Veränderungen, die erstmals in der Geschichte ein dauerhaftes, sich selbst erhaltendes, „modernes" Wirtschaftswachstum herbeiführten.

1. Welche Ursachen und Vorbedingungen lösten die Industrialisierung bzw. die Industrielle Revolution aus?
2. Welche Merkmale (Strukturen, Prozesse, Ereignisse) kennzeichneten den Verlauf der Industrialisierung?
3. Wie wirkte sich die Entwicklung der Industriewirtschaft auf die Gesellschaft, also auf das Zusammenleben der Menschen aus?

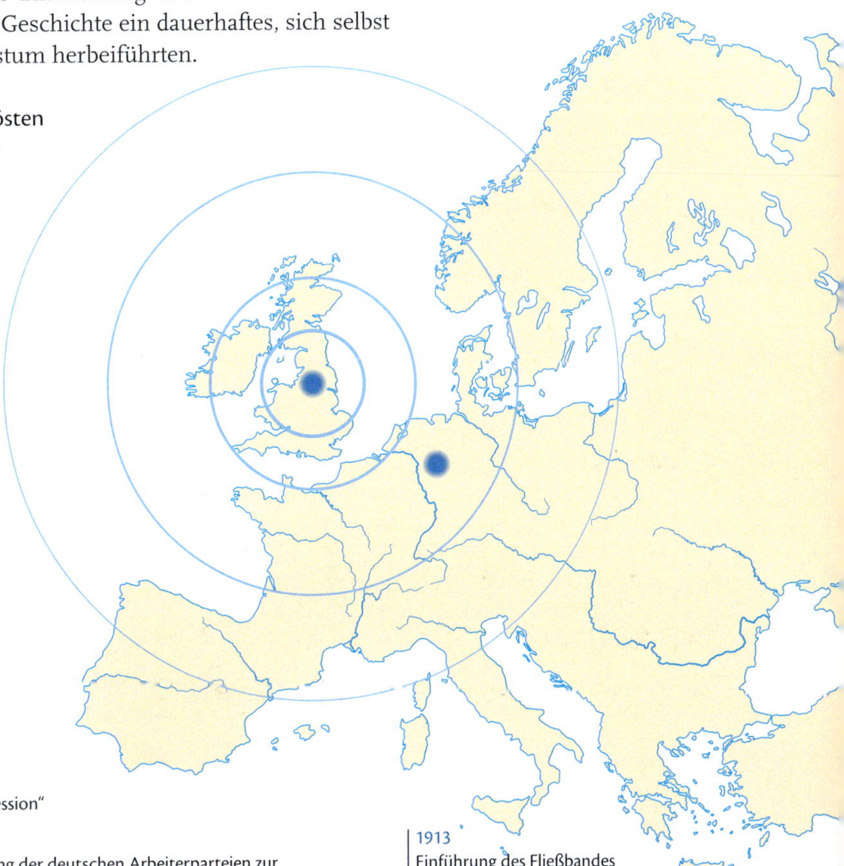

ng der
nbewegung,
politischen
ewegung

1869
Gründung der „Sozialdemokratischen Arbeiterpartei"

1844
Aufstand der schlesischen Weber

1847/48
Veröffentlichung des „Kommunistischen Manifests" von Karl Marx und Friedrich Engels

1873–1895
„Große Depression"

1875
Vereinigung der deutschen Arbeiterparteien zur „Sozialistischen Arbeiterpartei" (ab 1891: SPD)

1878–1890
Unterdrückung der deutschen Sozialdemokraten durch das Sozialistengesetz

1913
Einführung des Fließbandes

1917
Oktoberrevolution in Russland

1929–1933
Weltwirtschaftskrise

Beginn der Industriellen Revolution in Deutschland

Um 1890 Beginn der „zweiten" Industriellen Revolution: Nutzung der Elektrizität als Energiequelle

1850 1860 1870 1880 1890 1900 1910 1920 1930

1 Die Industrialisierung: Begriffe, Probleme, Grundzüge

M 1 Dampfmaschine von Watt, Modell, 20. Jh.

M 2 Daimlers erstes Automobil, Fotografie, 1886

Im Fond Gottlieb Daimler, am Steuer sein Sohn Adolf.

Internettipp
www.deutsches-museum.de/sammlungen/ausgewaehlte-objekte/meisterwerke-iii/dampfmaschine
Das Deutsche Museum München informiert über die Erfindung und Weiterentwicklung der Dampfmaschine als einer Triebfeder der Industriellen Revolution.

Begriffe

Die Industrialisierung veränderte das Leben der Menschheit von Grund auf. Für den Historiker Eric J. Hobsbawm ist sie „die gründlichste Umwälzung menschlicher Existenz in der Weltgeschichte, die jemals in schriftlichen Dokumenten festgehalten wurde." Andere Forscher sprechen von dem bedeutendsten Einschnitt in der Menschheitsgeschichte seit der Sesshaftwerdung im Neolithikum (Jungsteinzeit).
Um das Neuartige der Modernisierungsvorgänge in Wirtschaft und Gesellschaft der vergangenen beiden Jahrhunderte zu betonen, erschien einigen Wissenschaftlern das Wort **„Industrialisierung"** zu schwach. Sie bevorzugten den Begriff **„Industrielle Revolution"**, weil er den revolutionären Charakter des industriellen Wachstums- und Strukturwandels besser zur Geltung bringe. Allerdings wird der Begriff in der Geschichtsschreibung nicht einheitlich benutzt. Einige Historiker wollten ihn für die Phasen des beschleunigten wirtschaftlichen Wachstums reservieren, die der modernen Industriewirtschaft zum Durchbruch verhalfen. Andere Forscher, die ihr Augenmerk besonders auf die durch wissenschaftlich-technische Neuerungen ausgelösten Veränderungen in der Produktionsweise richteten (M 4 a, b), unterscheiden **drei Industrielle Revolutionen** voneinander: Bestimmten mechanische Webstühle, Dampfschiffe, Kohle- und Eisentechnologie im Wesentlichen die „erste" Industrielle Revolution (M 1), kennzeichneten die Einführung der Chemie- und Elektroindustrie sowie die Erfindung des Verbrennungsmotors die „zweite" (M 2). Mit der Einführung der Raumfahrt und der Computertechnologie begann die „dritte" Industrielle Revolution (M 3). In der neueren Geschichtsschreibung werden die Begriffe „Industrialisierung" und „Industrielle Revolution" weitgehend gleichrangig behandelt.
Eine angemessene **Definition** der Begriffe „Industrialisierung" bzw. „Industrielle Revolution" muss daher eine Vielzahl von Entwicklungen in den Blick nehmen. Das gilt für die Definition, die der Historiker Jürgen Kocka 2001 vorgeschlagen hat. Nach seiner Auffassung ist Industrialisierung durch folgende Merkmale bestimmt: „durch erhebliches, dauerhaftes, wenngleich schwankendes und kurzfristig oftmals unterbrochenes Wachstum des Sozialprodukts, und zwar trotz gleichzeitig rasch wachsender Bevölkerung auch pro Kopf; durch den Anstieg der Investitionsquote; durch technisch-organisatorische Neuerungen (zunehmend auf wissenschaftlicher Grundlage), die zur Erschließung neuer Energiequellen und zur Verbesserung der Zweck-Mittel-Relation in allen Wirtschaftssektoren führten; durch die Anwendung von Maschinen, die Durchsetzung der Fabrik und das Wachstum der Fabrikindustrie relativ zu Handwerk und Heimgewerbe im sekundären Sektor; durch eine typische Verschiebung des Gewichts zwischen den Wirtschaftssektoren auf dem Weg vom ‚Agrarland' zum ‚Industriestaat', wie es um 1900 in Deutschland hieß."
Für ein umfassendes Verständnis der Industrialisierung reicht jedoch die Analyse des andauernden Wachstums oder der Durchsetzung zentralisierter maschineller Produktion in der Fabrik nicht aus. Es müssen auch die Eigentums- und Verkehrsverhältnisse sowie das Verhältnis von Staat und Markt in einem Land berücksichtigt werden. Um die soziale Form zu charakterisieren, die eine erfolgreiche Industrialisierung in den vergangenen beiden Jahrhunderten begünstigt hat, greifen Historiker häufig auf den Begriff „Kapitalismus" zurück. Er kann den Begriff der „Industrialisierung" nicht ersetzen, ihn aber erweitern. Bis zum Zusammenbruch des kommunistischen Systems 1989/90 haben die marxistischen Historiker der Sowjetunion oder der DDR den Kapitalismusbegriff benutzt, um die westlichen

Industriestaaten zu kritisieren und abzuwerten. Die neuere Forschung hat das Wort „Kapitalismus“ bzw. „Industriekapitalismus“ jedoch von dieser politischen Instrumentalisierung befreit und für eine ideologiefreie Verwendung plädiert (M 5).

Regionale Ungleichheiten

Die Herausbildung des Industriekapitalismus vollzog sich in Europa weder flächendeckend noch zeitgleich (M 7). In England begann die Industrialisierung früher als in anderen Ländern; dafür holte Deutschland in der zweiten Hälfte des 19. Jahrhunderts seinen Entwicklungsrückstand sehr rasch auf. Aber auch innerhalb der Staaten gab es große Unterschiede und Ungleichzeitigkeiten bei der Durchsetzung industrieller Wirtschaftsformen. Bis in die Gegenwart hinein stehen in demselben Land hochindustrielle Regionen überwiegend agrarisch geprägten Gebieten gegenüber. Man denke etwa an das Ruhrgebiet und Mecklenburg-Vorpommern. Hinzu kommen starke regionale Ungleichheiten innerhalb desselben Wirtschaftszweiges. Die Entwicklung der Montanindustrie an der Saar und an der Ruhr bietet dafür ein eindrucksvolles Beispiel. Die Bergwerks- und Hüttenbetriebe im Ruhrgebiet, wo es bis weit ins 19. Jahrhundert keine industrielle Tradition gab, erlebten seit den 1850er-Jahren eine Blütezeit. Während das Ruhrrevier die Führungsrolle im Bergbau und in der Schwerindustrie übernahm, fiel das Saargebiet zurück, obwohl es über eine lange Erfahrung in der Kohle- und Eisengewinnung verfügte.

Phasen

Die Industrialisierung war und ist kein kontinuierlicher Wachstumsprozess, sondern wird bis heute durch Konjunkturschwankungen und Krisen geprägt. Außerdem vollzog sich das industrielle Wachstum in allen Industriestaaten ungleichmäßig. Um Entstehung, Verlauf und Folgen der Industrialisierung genauer analysieren und die Entwicklungen in verschiedenen Ländern besser miteinander vergleichen zu können, gliedern die Historiker das industriewirtschaftliche Wachstum in verschiedene Phasen. So kann man nach den **Führungs- bzw. Leitsektoren*** fragen, die die Industrialisierung in einem bestimmten Zeitraum prägten. Der Historiker Dieter Ziegler unterscheidet für Europa drei Phasen:

1) die Phase der Baumwollindustrie von den Sechzigerjahren des 18. Jahrhunderts bis in die Vierzigerjahre des 19. Jahrhunderts **(leichtindustrielle Phase)**,
2) die Phase des Eisenbahnbaus von den Dreißiger-/Vierzigerjahren des 19. Jahrhunderts bis in die Achtzigerjahre des 19. Jahrhunderts **(schwerindustrielle Phase)** und
3) die Phase der elektrotechnischen Industrie seit den Achtziger-/Neunzigerjahren des 19. Jahrhunderts bis zum Ausbruch des Ersten Weltkrieges **(Phase der „neuen“ Industrien)**.

Es gibt aber auch Periodisierungen der Industrialisierungsgeschichte, die andere wirtschaftliche, soziale oder rechtliche Gesichtspunkte berücksichtigen. So unterscheidet der Historiker Jürgen Kocka auf der Grundlage seiner bereits erwähnten Definition (s. S. 252) folgende drei Phasen: Einer vor- bzw. frühindustriellen Anfangsphase folgte die wachstumsintensive Durchbruchs- und Expansionsphase, die eigentliche Industrielle Revolution. Sie wurde abgelöst von der Hochindustrialisierung (M 6).

1 Arbeiten Sie die wichtigsten Veränderungen heraus, die den Übergang von der traditionalen Agrar- zur modernen Industriegesellschaft im 19. Jahrhundert prägten.
2 Erläutern Sie die Problematik der Begriffe „Industrialisierung“, „Industrielle Revolution“ und „Kapitalismus“. Nutzen Sie hierfür auch die Materialien M 4 und M 5.

M 3 Computer-Rechenzentrum, Frankreich, Fotografie, 1968

Führungs- bzw. Leitsektoren
Branchen, die im Vergleich zu anderen Industriebereichen einen Entwicklungsvorsprung besaßen und das gesamtwirtschaftliche Wachstum beschleunigten

Internettipp
www.bpb.de/publikationen/2OR8C7,0,Voraussetzungen_der_Industrialisierung_Entwicklung_der_Technik.html
Einen Überblick über technische Entwicklungen als Voraussetzung für die Industrialisierung sowie über gesellschaftliche und wirtschaftliche Rahmenbedingungen bietet die Bundeszentrale für politische Bildung.

M4 Geschichte kontrovers Die Bedeutung technischer Innovationen für die Industrialisierung

a) Der englische Historiker David S. Landes, 1983:

Der Ausdruck „Industrielle Revolution" bezeichnet normalerweise den Komplex technologischer Neuerungen, die dadurch, dass sie die menschliche Geschicklichkeit durch Maschinen und die menschliche und tierische durch die mechanische Kraft ersetzen, den Übergang vom Handwerk zum Fabriksystem bewirken und somit die Geburtsstunde der modernen Wirtschaft einleiten. In diesem Sinne hat die Industrielle Revolution, wenn auch in unterschiedlicher Weise, eine Anzahl von Ländern bereits verändert; andere Gesellschaften sind mitten im Wandel begriffen, und bei wieder anderen kündigt er sich an. [...] Das Kernstück der Industriellen Revolution war eine miteinander verzahnte Folge technologischer Umwandlungen. Die materiellen Fortschritte fanden auf drei Gebieten statt. Erstens traten mechanische Anlagen an die Stelle der menschlichen Fertigkeiten; zweitens ersetzte die unbeseelte Kraft – insbesondere der Dampf – die menschliche und tierische Kraft; und drittens wurden, speziell im Bereich der metallurgischen und chemischen Industrie, die Verfahren der Erzeugung und der Verarbeitung der Rohstoffe wesentlich verbessert.

David S. Landes, Der entfesselte Prometheus. Technologischer Wandel und industrielle Entwicklung in Westeuropa von 1750 bis zur Gegenwart, dtv, München 1983, S. 15

b) Der englische Historiker Eric J. Hobsbawm, 1980:

Das Neue lag nicht in den Neuerungen selbst, sondern in der Entschlossenheit praktisch begabter Männer, die vorhandene und verfügbare Naturwissenschaft und Technologie anzuwenden, und in dem ausgedehnten Markt, der für Waren offen war, während Preise und Kosten rapide sanken. Kurz: Das Neue war in der konkreten Situation begründet, die das Denken der Menschen dazu veranlasste, praktische Probleme zu lösen. Und von dieser Situation ging der entscheidende Impuls zur ersten, bahnbrechenden Industriellen Revolution aus. Sie machte es einer unternehmenden, nicht besonders gebildeten oder feinsinnigen und nicht besonders reichen Gruppe von Geschäftsleuten und Fachhandwerkern möglich, in einer prosperierenden Wirtschaft die Chancen der technischen Innovation zu nutzen. Mit anderen Worten: Diese besondere Situation reduzierte die Grundvoraussetzungen an fachlichem Können, an Kapital, an umfangreichen Geschäften oder Regierungsorganisationen und Planungen, ohne die eine Industrialisierung nicht auskommt, auf das Minimum.

Eric J. Hobsbawm, Industrie und Empire I: Britische Wirtschaftsgeschichte seit 1750, 9. Aufl., Suhrkamp, Frankfurt/M. 1980, S. 60

1 Fassen Sie die Definition der Industriellen Revolution von Landes (M 4 a) zusammen.
2 Erläutern Sie die Kritik, die Hobsbawm in M 4 b an der Definition von Landes (M 4 a) übt.

M5 Der Historiker Jürgen Kocka über den Begriff des „Kapitalismus", 2001

Mit „Kapitalismus" ist zunächst einmal Marktwirtschaft gemeint, also etwa: die Individualisierung der Eigentumsrechte und die Individualisierung der Zuschreibung von Folgen ökonomischen Handelns; die prinzipiell dezentrale Wahrnehmung von ökonomischen Entscheidungen in den dafür zuständigen Unternehmen [...]; die wichtige Rolle des Preismechanismus und des Gewinnmotivs; Investition und Akkumulation [...]; zukunftsgerichtete Rentabilitätsorientierung und -kontrolle; die Ausdifferenzierung des wirtschaftlichen Handelns [...] mit der Folge der Entstehung eines zunehmend autonomen, nach eigener „Logik" funktionierenden Teilsystems „Wirtschaft" [...].
Kapitalismus gab es [...] lange vor der Industrialisierung, im Fernhandel der Kaufleute, dem „protoindustriellen", von Kaufleuten und Verlegern organisierten Heimgewerbe mit Exportorientierung, in der Großlandwirtschaft, die ihre Produkte nach kapitalistischen Gesetzen überregional vermarktete, wenngleich sie im Innern noch oft feudal strukturiert blieb. Zum allgemeinen Steuerungsprinzip der Wirtschaft wurde der Kapitalismus aber erst mit der Industrialisierung, die er nun ebenso zu überleben scheint wie seine größte Herausforderung: den Sozialismus des 19. und den Kommunismus des 20. Jahrhunderts. Man braucht kein Bewunderer des Kapitalismus zu sein, um es angesichts dieser Erfahrungen für erforderlich zu halten, das Interesse an der Geschichte der Industrialisierung des 19. Jahrhunderts intensiver als bisher mit dem Interesse an der Geschichte des Kapitalismus zu verknüpfen, und zwar explizit. Damit richtet sich der Blick genauer auf die Geschichte der gesamtgesellschaftlichen Arbeitsteilung und Rollendifferenzierung (statt primär auf die Unternehmen), auf die Geschichte der Märkte und ihrer Institutionen (statt primär auf die Produktion), auf die bisher unterbelichtete Rolle der Kaufleute (statt primär auf die gewerblich-industriellen Unternehmer), auf Vertrieb und Konsum (statt primär auf Produktion), auf die Geschichte der Bedürfnisse und den zunehmend diskutierten Aufstieg der Konsumgesellschaft, die zwar erst das 20. Jahrhundert tief greifend prägte, aber schon im 18. (England) und 19. (Mitteleuropa) Jahrhundert entstand. Fragt man nach der konfliktreichen Durchsetzung des Kapitalismus, richtet sich der Blick auf oft übersehene soziale Proteste [...]; auf die Durchsetzung der Lohnarbeit und Prozesse der Klassenbildung auch außerhalb des gewerblich-industriellen Bereichs; schließlich erneut auf die Arbeiterbewegung mit ihrer kapitalismuskritischen Stoßrichtung.

Jürgen Kocka, Das lange 19. Jahrhundert. Arbeit, Nation und bürgerliche Gesellschaft, Klett-Cotta, Stuttgart 2001 (= Gebhardt. Handbuch der deutschen Geschichte, 10. völlig neu bearb. Aufl., Bd. 13), S. 56–58

1 Erarbeiten Sie die wichtigsten Argumente Kockas für die Verwendung des Kapitalismusbegriffs.

M6 Der Historiker Jürgen Kocka über den Verlauf der Industrialisierung in Deutschland, 2001

Da waren (1) die vorindustriellen Jahrzehnte mit proto- und frühindustriellen Elementen vom späten 18. Jahrhundert bis in die 1840er-Jahre: manche sprechen auch von „Frühindustrialisierung" oder [...] einer „Vorbereitungsphase" für die nachfolgende Industrialisierung. Die Wirtschaft blieb im Grunde vorindustriell, das Gewerbe fast durchweg handwerklich und heimgewerblich organisiert, nur langsam wachsend. Doch die durch Französische Revolution und napoleonische Herausforderung angestoßenen Modernisierungsreformen in großen Teilen Deutschlands haben die rechtlich-politischen Grundlagen für die spätere Industrialisierung gelegt. Sie brachten sie einen Sprung vorwärts auf dem in Deutschland fast überall Jahrzehnte dauernden Weg der Beendigung der Feudal- und der Zunftordnung, der Herstellung von Gewerbe-, Niederlassungs- und Wanderfreiheit, der Überwindung staatlicher Zersplitterung zugunsten größerer Zollgebiete und damit der Herausbildung von überregionalen Märkten. Gleichzeitig liefen die Reformen auf eine Zähmung des Absolutismus und eine Limitierung fürstlich-staatlicher Eingriffswillkür hinaus, mit der Folge verbesserter Rechtssicherheit und erweiterter Spielräume der Privatleute für wirtschaftliche Entfaltung. Die Agrarreformen des Jahrhundertbeginns stießen eine lange Phase des Landesausbaus und der Verbesserung landwirtschaftlicher Anbaumethoden an. [...] Erste Fabriken entstanden seit den 1780er-Jahren [...]. Einzelne Dampfmaschinen wurden von mechanischen Werkstätten seit 1815 gebaut.

Da war (2) die Durchbruchsphase der Industrialisierung, die Industrielle Revolution im engeren Sinn, von den 1840er-Jahren bis 1873. [...]

Im folgenden Vierteljahrhundert wurde nicht nur die rechtliche Grundlegung der Industrialisierung zu Ende gebracht. Die Reste feudaler und ständisch-zünftischer Einschränkungen, beispielsweise die zum Teil in den 1840er-Jahren neu verstärkten Niederlassungs- und Wanderungsbarrieren, fielen in den 60er-Jahren, ein industrialisierungsfreundliches Handels- und Wirtschaftsrecht entstand. Der Zollverein von 1834, der Norddeutsche Bund von 1866 und die Reichsgründung von 1871 brachten ein einheitliches Zollgebiet (ohne Österreich) hervor, das die Entwicklung großflächiger Märkte, anders als die frühere „Kleinstaaterei", nicht mehr hemmte. Die landwirtschaftliche Produktion nahm trotz Rückgangs des Anteils (nicht der absoluten Zahl) der landwirtschaftlich Beschäftigten weiter kräftig zu, nun weniger durch Landesausbau als durch die Verbesserung der landwirtschaftlichen Methoden. Rasch kam die verkehrsmäßige Erschließung des Landes voran, durch den Bau der Eisenbahnen, aber auch neuer Straßen und Kanäle. Auch die Telegrafie rückte die einzelnen Teile des Landes näher zusammen. Im gewerblichen Sektor drang die Industrie rasch auf Kosten des nun schrumpfenden Heimgewerbes und schneller als das (ebenfalls expandierende) Handwerk vor, die Zahl der in Fabriken, Bergwerken und anderen zentralen Betrieben arbeitenden Personen nahm sprunghaft zu, auf das Sechsfache zwischen 1835 und 1873. Während der Textilbereich weiter die meisten Menschen beschäftigte, gewannen die bis dahin nur kleinen Branchen des Bergbaus, der Hüttenindustrie und der Metallverarbeitung rasch an Umfang und Gewicht. Sie waren, neben dem Eisenbahnbau, die Führungssektoren der Zeit, in denen die modernsten und größten Unternehmen entstanden [...].

Die Phase der Industriellen Revolution endete mit einem beispiellosen Gründer-Boom seit 1866/67. Doch auch als diese Hochkonjunktur im Gründerkrach von 1873 zusammenbrach und einer tiefen Depression Platz machte, zeigte sich, dass die Industrialisierung damit nicht abbrach [...].

(3) Die Phase von 1873 bis 1914 lässt sich mit dem Begriff der „Hochindustrialisierung" überschreiben. Nach einer Phase ungleichmäßig verlangsamten Wachstums und sinkender Preise 1873–1896 folgte 1896–1913 eine stürmische Aufstiegsphase mit leicht inflationärer Tendenz. Der industrielle Ausbau setzte sich fort, jetzt im Rahmen des Nationalstaats unter maßgeblicher Beteiligung der an Zahl, Umfang und Bedeutung wachsenden Großunternehmen und mit kräftiger Tendenz zu neuen Formen der Organisation, z. B. in Kartellen und Verbänden. Die Rolle der Wissenschaft wurde immer wichtiger, die staatlichen Eingriffe in die Marktwirtschaft nahmen wieder zu, seit den 80er-Jahren begann der Aufstieg des Sozialstaats. „Organisation" wurde zum Schlagwort der Zeit, die die Mechanismen des Marktes zwar nicht verdrängte, aber doch ergänzte. [...] Schon in den 1870er-Jahren verwandelte sich Deutschland – erstmals – aus einem Agrarexport- in ein Agrarimportland. Bis 1914 wurde Deutschland dann [...] eindeutig zum „Industriestaat", der zudem den Vorsprung der einige Jahrzehnte vorher mit der Industrialisierung beginnenden westeuropäischen Staaten durch sein auffallend schnelles Wachstum eingeholt hatte. Doch darf man darüber nicht vergessen, dass auch am Vorabend des Ersten Weltkriegs in Deutschland noch ein Drittel aller Erwerbstätigen in der Landwirtschaft beschäftigt waren und auch im gewerblichen Sektor nur eine Minderheit der gewerblichen Arbeiter und Angestellten in Großbetrieben (1907 22 % in Betrieben mit 200 und mehr Beschäftigten), die allermeisten dagegen in kleinen und mittleren Handwerks- und Industriebetrieben tätig waren.

Jürgen Kocka, Das lange 19. Jahrhundert. Arbeit, Nation und bürgerliche Gesellschaft, Klett-Cotta, Stuttgart 2001 (= Gebhardt. Handbuch der deutschen Geschichte, 10. völlig neu bearb. Aufl., Bd. 13), S. 50–53

1 a) Analysieren Sie M6 im Hinblick auf die zentralen Merkmale der drei unterschiedlichen Phasen der Industrialisierung. Tragen Sie Ihre Ergebnisse in eine Tabelle ein.
b) Erörtern Sie die Vor- und Nachteile der Periodisierung von Ziegler (Darstellungstext, S. 253) und Kocka.

M7 Die Industrialisierung in Mitteleuropa bis 1914

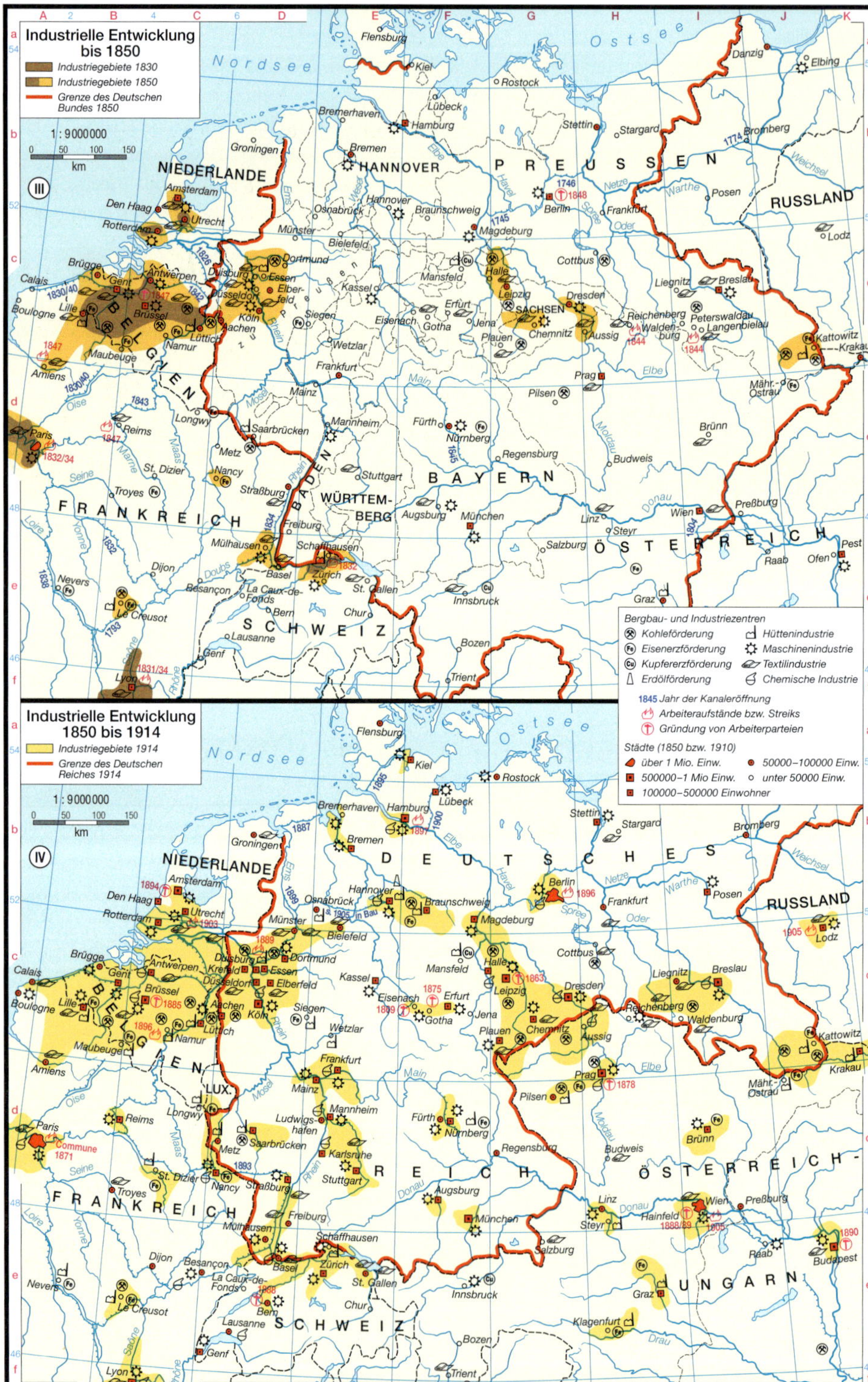

1 a) Untersuchen Sie mithilfe der Karten die regionalen Schwerpunkte der Industrialisierung in Mitteleuropa für die Zeit bis 1850 und von 1850 bis 1914.
b) Vergleichen Sie die regionalen Schwerpunkte miteinander: Welche Veränderungen lassen sich feststellen?

2 Die Anfänge der Industrialisierung

Pionierland England

Die Industrialisierung begann im England des ausgehenden 18. Jahrhunderts und erfasste im beginnenden 19. Jahrhundert den westlichen Teil des europäischen Kontinents sowie Nordamerika. Während der zweiten Hälfte des 19. Jahrhunderts strahlte sie auf Osteuropa und Japan aus. Im 20. Jahrhundert entfaltete sie ihre Wirksamkeit in der gesamten Welt – dieser Prozess dauert bis in die Gegenwart an.

Die Beantwortung der Frage, warum England eine Pionierrolle im Industrialisierungsprozess einnahm, ist also eng verknüpft mit den **Ursachen** der Industriellen Revolution. Historiker nennen mehrere begünstigende Umstände und Vorgänge, die unabhängig voneinander das englische Wirtschaftswachstum beschleunigt haben. Zu den wichtigsten gehörten die schnellen **Fortschritte in der Landwirtschaft** (M 4, M 6), die die stark **wachsende Bevölkerung** ernähren und ihr einen gewissen Wohlstand garantieren konnte. Die Bevölkerungszunahme und die Tatsache, dass die Landbevölkerung nicht an die Scholle gebunden war, sondern in den Städten nach neuen Betätigungsfeldern suchte, sorgten sowohl für ein großes **Angebot an Arbeitskräften** als auch für eine **steigende Güternachfrage** auf dem englischen Binnenmarkt. England besaß außerdem große und leicht abzubauende Kohlevorkommen, kurze und kostengünstige Verkehrswege und ausreichend Kapital zum Investieren. Hinzu kam, dass der Staat den Unternehmern durch innere Reformen die für ihre Betätigung notwendigen Freiräume verschaffte. Zudem erlaubte die relativ **offene Gesellschaftsstruktur** des Königreiches flexible Reaktionen auf die unterschiedlichsten wirtschaftlichen Herausforderungen.

Aufsehenerregende Erfindungen wie die Dampfmaschine von Watt (1765/69) oder die Spinnmaschinen von Hargreaves („Spinning Jenny“, 1764) und Arkwright (1769) beschleunigten das englische Wirtschaftswachstum. Mit der Mechanisierung der Baumwollspinnerei, die zum ersten Führungssektor in der englischen Industriegeschichte aufstieg, begann das Zeitalter der **Massenproduktion im Textilgewerbe**. Für die Entfesselung der Wirtschaftskräfte noch bedeutsamer wurde jedoch das Vordringen des Energieträgers Kohle und der damit einhergehende Ausbau der Eisenindustrie. Die Verbilligung und Verbesserung des Eisens sowie die Modernisierung der Produktionsverfahren schufen die Voraussetzungen für die Entstehung einer leistungsfähigen Maschinenindustrie und später für den Eisenbahnbau. Damit wirkte die **Eisenindustrie** in viele andere Wirtschaftszweige hinein und veränderte vom Verkehrswesen bis zum individuellen Reisen alle Bereiche des gesellschaftlichen Lebens.

„Nachzügler“ Deutschland

Im Vergleich zu England war Deutschland ein „Nachzügler“ in der Industrialisierungsgeschichte (M 7 a–d). Es war noch im Stadium der Frühindustrialisierung, als in England seit den 1770er-Jahren die Industrielle Revolution einsetzte (s. M 6, S. 255). Die Unterschiede erklären sich aus **verschiedenartigen Ausgangssituationen**. Bis zum Ende des Heiligen Römischen Reiches Deutscher Nation im Jahre 1806 war Deutschland in 300 zum Teil ausgesprochen kleine Territorialstaaten zersplittert. Eine Vielzahl von Zollschranken, abweichende Maß-, Münz- und Gewichtssysteme, Handelsmonopole sowie schlecht erschlossene Verkehrsverbindungen hemmten die wirtschaftliche Expansion. Trotz mancher Fortschritte bei der Agrarproduktion blieb die deutsche Landwirtschaft weit hinter den Leistungen der englischen zurück. Es überwogen ertragsschwache Kleinbetriebe (ca. 70–80 % aller Höfe), deren Betreiber oft einem Nebenerwerb nachgehen mussten, um ihre Existenz zu sichern. Die Abhängigkeiten der bäuerlichen Bevölkerung von ihren **Gutsherren**

M1 Spinnerei in England, Stahlstich, ca. 1830

M2 Ein englisches Lied von Humphrey Hardfeatures, ca. 1820, über das Wachstum der Eisenindustrie:

Since cast iron has got all the rage,
And scarce anything's now made without it;
And I live in this cast iron age,
I mean to say something about it.
There's cast-iron coffins and carts,
There's cast-iron bridges and boats,
Corn factors with cast-iron hearts,
That I'd hang up in cast-iron coats.
We have cast-iron gates and lamp posts,
We have cast-iron mortars and mills too;
And our enemies know to their cost
We have plenty of cast-iron pills too.
We have cast-iron fenders and grates,
We have cast-iron pokers and tongs, sir;
And we shall have cast-iron plates,
And cast-iron small clothes, ere long sir.

Ulrich Wengenroth, Die Industrielle Revolution. Chancen und Risiken des technischen Wandels, Tübingen 1994, S. 56

M3 Adam Smith (1723–1790), zeitgenössischer Kupferstich

Der schottische Moralphilosoph und Volkswirtschaftler begründete die klassische Nationalökonomie (Volkswirtschaftslehre). Er lehnte die merkantilistischen Wirtschaftslehren, d. h. eine vom Staat bestimmte Wirtschaft, ab. Stattdessen legte er die Grundlagen für den Wirtschaftsliberalismus. Er setzte auf einen offenen Markt und den freien Wettbewerb, die nicht nur die Produktion anregen und den Wohlstand aller vergrößern, sondern auch den Interessenausgleich zwischen allen Menschen von selbst regeln sollten.

Internettipp
www.lsg.musin.de/geschichte/Material/Quellen/adam_smith_freihandel.htm
Adam Smith über den Freihandel, ein Auszug aus den „Untersuchungen über Natur und Ursache des Wohlstandes der Nationen" (1776) auf der Website des Louise-Schröder-Gymnasiums München

waren häufig noch so stark, dass dadurch die zur Bildung freier Arbeitsmärkte notwendige individuelle Mobilität eingeschränkt war. Feudale Abgaben, staatliche Steuern und große Unterschiede bei der Verteilung des Wohlstandes behinderten die Entstehung von Massenkaufkraft, die der gewerblichen Wirtschaft hätten zugute kommen können. Auch war die deutsche Gesellschaftsstruktur nicht so offen wie in England. Starre Standesschranken und konservative Grundeinstellungen engten den Spielraum für innovatorisches Denken und Handeln ein. Und im Handwerk bildete das Festhalten an der überkommenen Zunftverfassung ein zentrales Hindernis für individuelles Erfolgsstreben und wirtschaftliche Neuerungen. Im Gegensatz zu England gängelten die absolutistischen deutschen Fürsten mit ihren merkantilistischen Konzepten (s. S. 164 f.) die wirtschaftliche Entwicklung durch massive Eingriffe und Beschränkungen; staatsfreie Märkte für Kapital, Boden und Waren konnten sich daher nur schwer entfalten.

Staatliche Reformen

Erst im Verlauf des 19. Jahrhunderts wurden diese Hemmnisse für eine dynamische Industriegesellschaft und -wirtschaft allmählich beseitigt. Dabei nahm der Staat eine herausragende Rolle ein. Durch die **Liberalisierung** der Agrar- und Gewerbeverfassung, den Abbau von Zollschranken oder die Vereinheitlichung des Rechts- und Finanzwesens schuf er die Voraussetzungen zur Entfesselung einer modernen Wirtschafts- und für den Übergang zur modernen Marktgesellschaft.

Entscheidende Grundlagen dafür wurden in den preußischen Reformen während der ersten beiden Jahrzehnte des 19. Jahrhunderts gelegt, die das Überleben und den Wiederaufbau des von den napoleonischen Armeen besiegten Landes garantieren sollten (s. S. 232). Bei ihren Wirtschafts- und Gesellschaftsreformen orientierten sich Staat und Bürokratie Preußens auch am englischen Vorbild. Die Reformbeamten, die sich seit 1807 an die Modernisierung des preußischen Staates begaben, kannten nicht nur die englische Entwicklung. Auch „die Bibel des Kapitalismus", Adam Smiths Buch über den „Wohlstand der Nationen" (*„The Wealth of Nations"*, M 8) hatte bei den Reformkräften in Deutschland begeisterte Aufnahme gefunden. Die Leitbegriffe dieses Werks, allen voran „Besitzindividualismus", „Leistungsprinzip", „Arbeitsteilung", „freie Märkte" und „Konkurrenz", prägten daher die Wirtschafts- und Gesellschaftsreformen auf dem Kontinent.

Das zeigte sich am preußischen **Oktoberedikt von 1807** (M 9), das eine Mischung aus politischem Manifest und national-ökonomischem Programm darstellte. An die Stelle einer gebundenen Ständegesellschaft, die jedem Menschen eine feste, durch Geburt und Recht erworbene soziale Position zuwies, sollte nun eine mobile Marktgesellschaft treten. Dazu passten auch die Ablösung sozialer Abhängigkeitsverhältnisse auf dem Land und der Erlass der **Gewerbefreiheit** im Jahre 1810. Die Reformbürokratie wollte vor allem durch die Einführung der allgemeinen Gewerbefreiheit die Wirtschaftskraft des Landes stärken und damit zugleich die Steuereinnahmen des Staates erhöhen. Am Ideal einer Gesellschaft freier Wirtschaftssubjekte waren zudem die Bemühungen ausgerichtet, die die Macht der Zünfte brechen und die traditionellen Begrenzungen gewerblicher Produktion aufheben sollten. Die Reformer wollten damit alle kreativen Energien des Landes mobilisieren und eine dynamische Konkurrenzwirtschaft begründen, die den Wohlstand der Einwohner und die Macht des Staates garantierte.

Der Staat beseitigte zum einen die rechtlichen Hindernisse, die den Wirtschaftsaufschwung behinderten. Zu diesem Zweck schuf er Bedingungen für die Entstehung freier Arbeits-, Kapital- und Bodenmärkte. Zudem wollten die Reformer infrastrukturelle Voraussetzungen schaffen, die eine Verbindung einzelner Wirtschaftsfaktoren ermöglichten. Mithilfe staatlicher Investitionen wurde das Verkehrsnetz erweitert und leistungsfähiger gemacht. Durch die Abschaffung von

Zollschranken wurde der Binnenmarkt ausgebaut – ein Prozess, der mit dem 1834 gegründeten **Zollverein** seinen vorläufigen Höhepunkt erreichte. Staatliche Gewerbeschulen und -akademien wurden errichtet, mit denen Preußen seinen technologischen Rückstand gegenüber der englischen Industriekonkurrenz aufzuholen hoffte.

Internettipp
http://hgisg.geoinform.fh-mainz.de/intro/
Historisch-geographisches Internetportal für alle deutschen Länder von 1820 bis 1914. In der Rubrik „Multimedia" finden sich ausführliche Informationen zum deutschen Zollverein.

1 Vergleichen Sie die unterschiedlichen Ausgangsbedingungen für die Industrialisierung in England und Deutschland im ausgehenden 18. und beginnenden 19. Jahrhundert. Arbeiten Sie dabei besonders heraus, welche Strukturen und Prozesse fördernd oder hemmend auf die Industrialisierung wirkten.

M4 Der Historiker Barrington Moore über den Wandel in der britischen Landwirtschaft, 1969

Die Historiker stimmen weitgehend darin überein, dass der Zeitraum von ungefähr 1688 bis zum Ende der napoleonischen Kriege das goldene Zeitalter der großen Landgüter war. [...] Noch niemand hat die grundsätzliche Bedeutung der Einhegungen[1] bestritten, oder dass unzählige Bauern ihre Rechte auf das Gemeinland der Dörfer verloren, als die großen Gutsherren diese Ländereien vereinnahmten. Es war ein Zeitalter, in dem die landwirtschaftliche Technik verbessert wurde, z. B. durch stärkeren Einsatz von Düngemitteln, durch Einführung neuer Getreidearten und durch Fruchtwechsel. Die neuen Anbaumethoden konnten auf den Feldern, die der gemeinsamen Bewirtschaftung unterlagen, nicht zur Anwendung gelangen; sie waren für den Landwirt, der über ein geringes [...] Kapital verfügte, nur schwer zu verwirklichen. Zweifellos ist es zum großen Teil auf die höheren Gewinne und geringeren Kosten der größeren Besitze zurückzuführen, dass die Durchschnittsgröße der landwirtschaftlichen Betriebe zunahm. [...]
[Der „Land-Kapitalist" rechtfertigte] das von ihm verursachte Elend mit der Berufung auf den Gewinn, den er, zugleich mit dem Erwerb immensen persönlichen Profits, der Gesellschaft einbrachte. Ohne diese Vorstellungen [...] wäre es unmöglich, die Rücksichtslosigkeit der Einhegungsbewegung zu verstehen. [...] Steigende Lebensmittelpreise [durch wachsende Nachfrage] und [...] auch die Schwierigkeit, Arbeitskräfte zu finden, waren offenbar die Hauptfaktoren, die die Grundherren anreizten und zugleich zwangen, ihren Grundbesitz zu vergrößern und seine Bewirtschaftung zu rationalisieren. [...] [Diese nach kommerziellen Grundsätzen geführten großen Güter zerstörten] in weiten Teilen Englands das mittelalterliche bäuerliche Gemeinwesen. [...] Der Bodensatz der kleinen Leute auf dem Lande wurde auf diese Weise weggefegt; sie vergrößerten entweder das neue Heer von Tagelöhnern, das noch eine Zeit lang benötigt wurde, um Hecken, Gräben und Wege anzulegen oder neue Bewirtschaftungsmaßnahmen durchzuführen, die noch nicht maschinell bewältigt werden konnten, oder sie stießen zu den armseligen Arbeitern in den [...] Städten. [...]
Aber in der Regel waren nur die Jungen, die Unverheirateten und die dörflichen Handwerker bereit, von zu Hause wegzugehen – und nur die Angehörigen dieser Kategorien wollten die neuen Arbeitgeber in der Industrie haben. Männer mittleren Alters, die Familie hatten, waren für eine Umschulung weniger geeignet und konnten sich auch nicht so leicht vollständig aus dem ländlichen Milieu des Lebens auf dem Land lösen. Sie blieben da, wo sie waren, und nahmen Zuflucht zu ihrem „letzten Recht" – dem Recht auf Armenfürsorge.

Barrington Moore, Soziale Ursprünge von Diktatur und Demokratie. Die Rolle der Grundbesitzer und Bauern bei der Entstehung der modernen Welt, Suhrkamp, Frankfurt/M. 1974, S. 43–45, S. 47–48

1 Unter Einhegungen (enclosures) verstand man die Umgestaltung von Gemeindeland oder offener Feldmark in abgeschlossene Einheiten privaten Landbesitzes oder die Aufteilung von ehemals der Gemeinde gehörendem, aber nicht bebautem Land und seine Überführung in Privatbesitz. Die Grenzziehungen wurden durch Hecken, Bäume und Wege markiert. Vor allem reiche Landlords schafften sich so große zusammenhängende Flächen, die rationell bearbeitet und genutzt werden konnten.

1 a) Beschreiben Sie anhand von M 4 den Wandel in der englischen Landwirtschaft. Berücksichtigen Sie auch das Bild M 6.
b) Untersuchen Sie die gesellschaftlichen und wirtschaftlichen Folgen dieses Wandels.

M5 Der Historiker Hagen Schulze über die Ursachen der englischen Industrialisierung, 1998

Man mag sich fragen, weshalb [sich die Industrielle Revolution] ein halbes Jahrhundert fast ausschließlich in England abspielt, bevor die Industrialisierungswelle auf den Kontinent überschwappt und im Laufe des 19. Jahrhunderts langsam von West nach Ost rollt. Technische und wissenschaftliche Neuerungen, einen blühenden Überseehandel gibt es auch in Frankreich, hohe Kapitalinvestitionen sowie ein dichtes Kanalsystem in Holland. Die österreichischen Niederlande sind reich an Kohle- und Eisenerzvorkommen, in Schweden ist die Eisenverarbeitung weit fortgeschritten. Aber nur in England trifft dies alles zusammen, und anderes kommt hinzu. Im Unterschied zum europäischen Festland, wo Handel und Wandel noch ganz in das Zwangskorsett einer merkantilistischen Staatswirtschaft eingeschnürt sind, herrscht im England des 19. Jahrhunderts eine liberale Wirtschaftspolitik, die die Freizügigkeit von Kapital und Arbeit begünstigt. Das Banken- und Kreditsystem ist hochentwickelt, und innerstaatliche Zollbarrieren, die im übrigen Europa den Handel behindern, entfallen.

Der vielleicht wichtigste Vorteil Englands liegt aber nicht in der Geografie, auch nicht in der Politik. Immerhin verfügt Frankreich am Vorabend der großen Revolution über das höchste Bruttosozialprodukt Europas und die zahlreichste Bevölkerung, und sein Außen- und Kolonialhandel kommt dem Englands ungefähr gleich. Worin sich aber England vom übrigen Europa unterscheidet, ist die herrschende Einstellung zu Geld und Besitz. Für einen vermögenden Engländer liegt es nahe, sein Kapital in expandierenden Industriezweigen anzulegen; einem vergleichsweise hohen Risiko der Unternehmer und Kapitalseigner stehen hohe Profiterwartungen gegenüber. Ganz anders auf dem Kontinent; Besitz ist hier traditionell nahezu identisch mit Investitionen in ländliches Grundeigentum, städtischen Grund- und Immobilienbesitz, Ämterkauf und Renten. Die Gewinne aus dieser Anlageform sind bescheiden, sie liegen zwischen einem und fünf Prozent pro Jahr, aber sie sind verhältnismäßig sicher; Kapitalrisiken bestehen kaum, das Vermögen bleibt in der Familie und mehrt sich langsam, aber stetig von Generation zu Generation.

Nun ist Reichtum, der auf Land- und Ämterbesitz beruht, historisch gesehen ein Merkmal der Aristokratie. Was Adlige davon abhält, in Industrie und Handel zu investieren, ist vor allem die Furcht vor Prestigeverlust. Abgesehen von einigen wenigen Industriezweigen, für die Landbesitz die Voraussetzung ist, wie Bergbau, Eisenverhüttung, Papier- und Glasfabrikation, und abgesehen vom Kolonialhandel ist jede Kommerzialisierung des adligen Kapitalbesitzes mit einem erheblichen Statusrisiko verbunden [...]. Neben die soziale Minderwertigkeit des Gelderwerbs aus Handel und Industrie tritt die Furcht vor Investitionsrisiken, die einen von Generationen erworbenen Reichtum zerstören können. Und dasselbe gilt auch für die Besitzbürger Kontinentaleuropas, solange sie keinen größeren Wunsch hegen, als nach adligen Maßstäben zu leben, und deshalb mit ihrem Besitz auf adlige Weise umzugehen suchen.

In England dagegen herrscht eine wesentlich größere Durchlässigkeit zwischen den Ständen. Einerseits erbt nur der älteste Sohn den Titel und den damit verbundenen Besitz des Vaters; die Nachgeborenen sind häufig auf bürgerlichen Erwerb angewiesen. [...] In dieser vergleichsweise offenen Gesellschaft tritt bürgerliches, kaufmännisches Erwerbsverhalten in den Vordergrund und damit die Neigung, Kapital in expandierenden Industriezweigen anzulegen.

Die Bereitschaft der Besitzenden auf dem europäischen Festland, sich im agrarischen Sektor zu engagieren, führt also dazu, dem Handel und der Industrie das Kapital zu entziehen, das für einen industriellen und kapitalistischen Aufschwung im Stile Englands dringend notwendig wäre. Tatsächlich liegt das Verhältnis zwischen privatem Kapital, das in Grundbesitz, Ämtern und Renten angelegt ist, und dem Handels- und Industriekapital in Frankreich um 1780 bei ungefähr achtzig zu zwanzig Prozent, in England um dieselbe Zeit dagegen bei etwa vierzig zu sechzig Prozent.

Das alles erklärt hinreichend, weshalb es zuerst in England zu einer Umwälzung der industriellen Verhältnisse und damit zu einem Wirtschaftswachstum kommt, das sich, wenn auch durch Krisen unterbrochen, selbstständig und auf die Dauer fortsetzt – ein Vorgang, der in demselben Maße auf die Länder des europäischen Kontinents übergreift, in dem dort vergleichbare politische, wirtschaftliche, gesellschaftliche sowie, nicht zuletzt, geistige Voraussetzungen bestehen oder geschaffen werden.

Hagen Schulze, Phoenix Europa. Die Moderne. Von 1740 bis heute (Siedler Geschichte Europas Bd. 4), Siedler Verlag, Berlin 1998, S. 62–64

1 **Stellen Sie die Gründe für die industrielle Pionierrolle Englands in einer Übersicht zusammen.**

M6 Erfindungen in der englischen Landwirtschaft, Kupferstich, 18. Jahrhundert

M7 Die wirtschaftliche Entwicklung in England und Deutschland während des 19. Jahrhunderts

a) Steinkohleförderung (in Mio. Tonnen)

Jahr	Großbritannien	Deutschland
1820	17,7	1,3
1830	22,8	1,8
1840	34,2	3,2
1850	50,2	5,1
1860	81,3	12,3
1870	112,2	26,4
1880	149,3	47,0
1890	184,5	70,2
1900	228,8	109,3
1910	268,7	152,8

b) Roheisenproduktion (in Mio. Tonnen)

Jahr	Großbritannien	Deutschland
1820	0,374	0,085
1830	0,688	0,110
1840	1,419	0,190
1850	2,285	0,210
1860	3,888	0,529
1870	6,059	1,261
1880	7,873	2,468
1890	8,031	4,100
1900	9,104	7,550
1910	10,173	13,111

c) Verbrauch an Rohbaumwolle (in 1000 Tonnen)

Jahr	Großbritannien	Deutschland
1839	173	9
1849	286	16
1859	443	48
1869	426	67
1879	522	123
1889	709	225
1899	799	295
1909	827	448

M7a–c: Brian R. Mitchell, European Historical Statistics 1750–1970, McMillan, London 1975, S. 360, 392, 428

d) Kapazität aller Dampfmaschinen (in 1000 PS)

Jahr	Großbritannien	Deutschland
1840	620	40
1850	1290	260
1860	2450	850
1870	4040	2480
1880	7600	5120

David S. Landes, Der entfesselte Prometheus, dtv, München 1983, S. 211

1 Vergleichen Sie die Entwicklungsdaten Deutschlands und Englands (M7a–d).

M8 Der schottische Philosoph und Volkswirtschaftler Adam Smith über den Wohlstand der Nationen, 1776

Der Einzelne ist stets darauf bedacht, herauszufinden, wo er sein Kapital [...] so vorteilhaft wie nur irgend möglich anlegen kann. Und tatsächlich hat er dabei den eigenen Vorteil im Auge und nicht etwa den der Volkswirtschaft. Aber gerade das Streben nach seinem eigenen Vorteil ist es, das ihn ganz von selbst oder vielmehr notwendigerweise dazu führt, sein Kapital einzusetzen, wo es auch dem ganzen Lande den größten Nutzen bringt. Wenn er es vorzieht, die nationale Wirtschaft anstatt die ausländische zu unterstützen, denkt er eigentlich nur an die eigene Sicherheit, und wenn er dadurch die Erwerbstätigkeit so fördert, dass ihr Ertrag den höchsten Wert erzielen kann, strebt er lediglich nach eigenem Gewinn. Und er wird in diesem wie auch in vielen anderen Fällen von einer unsichtbaren Hand geleitet, um einen Zweck zu fördern, den zu erfüllen er in keiner Weise beabsichtigt hat. Auch für das Land selbst ist es keineswegs immer das Schlechteste, dass der Einzelne ein solches Ziel nicht bewusst anstrebt, ja gerade dadurch, dass er das eigene Interesse verfolgt, fördert er häufig das der Gesellschaft nachhaltiger, als wenn er wirklich beabsichtigt, es zu tun. [...] Der Einzelne vermag ganz offensichtlich aus seiner Kenntnis der örtlichen Verhältnisse weit besser zu beurteilen, als es irgendein Staatsmann oder Gesetzgeber für ihn tun kann, welcher Erwerbszweig im Lande für den Einsatz seines Kapitals geeignet ist und welcher einen Ertrag abwirft, der den höchsten Wertzuwachs verspricht. Ein Staatsmann, der es versuchen sollte, Privatleuten vorzuschreiben, auf welche Weise sie ihr Kapital investieren sollten, würde sich damit nicht nur, höchst unnötig, eine Last aufbürden, sondern sich auch gleichzeitig eine Autorität anmaßen, die man nicht einmal einem Staatsrat oder Senat, geschweige denn einer einzelnen Person anvertrauen könnte.

Adam Smith, Der Wohlstand der Nationen, dtv, München 1978, S. 369 ff.

1 Analysieren Sie M8 im Hinblick auf den Zusammenhang zwischen Staat und Privatwirtschaft.
2 Diskutieren Sie die These von Adam Smith, dass gleichsam „eine unsichtbare Hand“ im Wirtschaftsprozess das „allgemeine Wohl“ am besten garantiere.

M9 Aus dem preußischen „Oktoberedikt“ von 1807

Nach eingetretenem Frieden hat Uns die Vorsorge für den gesunkenen Wohlstand Unserer getreuen Unterthanen, dessen baldigste Wiederherstellung und möglichste Erhöhung vor Allem beschäftigt. Wir haben hierbei erwogen, dass es, bei der allgemeinen Noth, die Uns zu Gebot stehenden Mittel übersteige, jedem Einzelnen Hülfe zu verschaffen, [...] und dass es eben sowohl den unerlässlichen Forderungen der Gerechtigkeit als den Grundsätzen einer wohlgeordneten Staatswirthschaft gemäß sey, Alles zu entfernen, was den Einzelnen bisher hinderte, den Wohlstand zu erlangen, den er nach dem Maaß seiner Kräfte zu erreichen fähig war; Wir haben ferner erwogen, dass die vorhandenen Beschränkungen theils in Besitz und Genuss des Grund-Eigenthums, theils in den persönlichen Verhältnissen des Land-Arbeiters Unserer wohlwollenden Absicht vorzüglich entgegenwirken und der Wiederherstellung der Kultur eine große Kraft seiner Tätigkeit entziehen [...]. Wir wollen daher beides auf diejenigen Schranken zurückführen, welche das gemeinsame Wohl nöthig macht, und verordnen daher Folgendes:

Freiheit des Güter-Verkehrs

§ 1. Jeder Einwohner Unsrer Staaten ist, ohne alle Einschränkung in Beziehung auf den Staat, zum eigenthümlichen und Pfandbesitz unbeweglicher Grundstücke aller Art berechtigt; der Edelmann also zum Besitz nicht blos adelicher, sondern auch unadelicher, bürgerlicher und bäuerlicher Güter aller Art, und der Bürger und Bauer zum Besitz nicht blos bürgerlicher, bäuerlicher und anderer unadelicher, sondern auch adelicher Grundstücke, ohne dass der eine oder der andere zu irgend einem Güter-Erwerb einer besonderen Erlaubnis bedarf, wenn gleich, nach wie vor, jede Besitzveränderung den Behörden angezeigt werden muss. Alle Vorzüge, welche bei Güter-Erbschaften der adeliche vor dem bürgerlichen Erben hatte, und die bisher durch den persönlichen Stand des Besitzers begründete Einschränkung und Suspension[1] gewisser gutsherrlichen Rechte, fallen gänzlich weg. In Absicht der Erwerbsfähigkeit solcher Einwohner, welche den ganzen Umfang ihrer Bürgerpflichten zu erfüllen, durch Religions-Begriffe verhindert werden, hat es bei den besonderen Gesetzen sein Verbleiben.

Freie Wahl des Gewerbes

§ 2. Jeder Edelmann ist, ohne allen Nachtheil seines Standes, befugt, bürgerliche Gewerbe zu treiben; und jeder Bürger oder Bauer ist berechtigt, aus dem Bauer- in den Bürger- und aus dem Bürger- in den Bauer-Stand zu treten. [...]

Auflösung der Guts-Unterthänigkeit[2]

§ 10. Nach dem Datum dieser Verordnung entsteht fernerhin kein Unterthänigkeits-Verhältnis, weder durch Geburt noch durch Heirath noch durch Uebernehmung einer unterthänigen Stelle noch durch Vertrag.

§ 11. Mit der Publikation der gegenwärtigen Verordnung hört das bisherige Unterthänigkeits-Verhältnis derjenigen Unterthanen und ihrer Weiber und Kinder, welche ihre Bauerngüter erblich oder eigenthümlich, oder erbzinsweise, oder erbpächtlich besitzen, wechselseitig gänzlich auf.

Zit. nach: Sammlung der für die Königlich-preußischen Staaten erschienenen Gesetze und Verordnungen von 1806 bis zum 27ten Oktober 1810, Berlin 1822, S. 170–173

1 Suspension: Außerkraftsetzung
2 Die Guts- oder Erbuntertänigkeit war eine besondere Form der Leibeigenschaft in den östlichen Provinzen.

1 Fassen Sie die Maßnahmen zusammen, die zur Neuordnung des Wirtschaftssystems durchgesetzt werden sollten (M 9).

2 Vergleichen Sie die Bestimmungen des Oktoberedikts mit der Wirtschaftstheorie von Adam Smith (M 8).

M 10 Karikatur aus den „Fliegenden Blättern", 1848

„Sie sehen, Herr Gränzwächter, daß ich nix zu verzolle hab', denn was hinte auf'm Wagen ist, hat die Lippi'sche Gränz noch nit überschritten, in der Mitt' ist nix, und was vorn drauf is, ist schon wieder über der Lippischen Gränze drüben."

3 Die Entwicklung der Industriewirtschaft

Wirtschaftlicher Strukturwandel

Ein zentrales Merkmal der Industrialisierung war das Wachstum der gewerblichen Produktion insgesamt. Das Gewerbe* gewann immer stärkere Bedeutung für die Volkswirtschaft, während die Landwirtschaft an Gewicht verlor (s. S. 283). Gleichzeitig begann mit der Industrialisierung ein tief greifender Strukturwandel innerhalb der gewerblichen Wirtschaft, durch den der Fabrikbetrieb zum vorherrschenden Teil des Wirtschaftssystems aufstieg.

Obwohl zu Beginn der Industrialisierung im Gewerbe die traditionellen handwerklichen Produktionsformen vorherrschten, gab es um 1800 in Deutschland bereits moderne Formen der Massenproduktion. An erster Stelle ist dabei das **Verlagssystem** zu nennen, das etwa einer Million Menschen (45 % der im Gewerbe Beschäftigten) Arbeit und Brot sicherte. Im Verlagssystem stellten rechtlich selbstständige Kleinproduzenten in ihrem eigenen Haus bzw. ihrer Wohnung oder in kleinen Betriebsstätten mit vorindustriellen, also handwerklichen Techniken überwiegend Textil-, aber auch Metallwaren her. Produktion und Vertrieb wurden von Verlegerkaufleuten gesteuert, die sich an überregionalen oder internationalen Märkten orientierten. Im Verlagssystem gab es die unterschiedlichsten Abhängigkeitsverhältnisse. Die Heimarbeiter besaßen teilweise eigene Werkzeuge oder beschafften sich die Rohmaterialien selbst, teilweise stellten die Verlegerkaufleute das Arbeitsgerät und die zur Produktion notwendigen Materialien (s. S. 143).

Die Bedeutung des Verlagssystems für die Entstehung kapitalistischer Wirtschaftsweisen darf nicht unterschätzt werden. Nicht die Manufaktur, sondern das Verlagswesen bereitete schon in der Frühen Neuzeit den Boden für eine dezentrale Produktion, die sich ausschließlich am Markt, d. h. nicht am Eigenverbrauch, ausrichtete und nach kommerziellen Gesichtspunkten organisiert war.

Seit 1770 nahm aber auch die Zahl der **Manufakturen** zu, in denen mehr als 100 000 Arbeiter Güter herstellten. Unter einer Manufaktur versteht man einen Großbetrieb, in dem mit handwerklichen Methoden, aber bereits mit einem gewissen Grad an Arbeitsteilung zumeist Luxusartikel, selten auch Waren für den täglichen Bedarf hergestellt wurden. Diese Betriebsform ermöglichte nicht nur eine Steigerung der Produktivität, sondern erlaubte auch eine bessere Kontrolle der Arbeitskräfte. Anders als in den zahlreichen Heimbetrieben, in denen die Arbeiter ihre Arbeitszeit und Arbeitsintensität selbst bestimmten, konnten diese in der Manufaktur durch eine direkte Aufsicht, die Zerlegung der Arbeit in einzelne Schritte und die Vergütung mit Geldlöhnen besser überwacht und gesteigert werden.

Um in der Industriewirtschaft* konkurrenzfähig zu bleiben, mussten viele Betriebe in größere, kapitalintensivere und technisch leistungsfähigere Betriebsformen überführt werden, zu denen die **Fabrik** gehörte. Ähnlich wie die Manufaktur zeichnet sich die Fabrik dadurch aus, dass ein Unternehmer oder später auch Manager die gesamte Produktion zentral steuert. Die Herstellung der Güter und Waren wird arbeitsteilig organisiert. Mit zunehmender industrieller Konkurrenz wuchs vor allem aber der Zwang zur Rationalisierung und damit zum Einsatz von Maschinen sowie zur Übernahme wissenschaftlich-technischer Innovationen, die den Produktionsprozess veränderten. Der verstärkte Einsatz maschineller Produktionsweisen machte die Überlegenheit der Fabrik aus. In ihr herrscht nicht mehr die arbeitsteilige Handarbeit vor, sondern Maschinen bestimmen immer mehr die Organisation der Arbeit (M 1 a, b).

Gewerbe
Im 18. Jahrhundert galten alle gewinnbringenden und auf Dauer angelegten Tätigkeiten als Gewerbe. Doch allmählich setzte sich ein enger Begriff durch, der auch heute von vielen Wirtschaftswissenschaftlern bevorzugt wird. Danach wird Gewerbe als der Teil der wirtschaftlichen Produktion definiert, der sich mit der veredelnden Weiterverarbeitung von Rohstoffen beschäftigt. Die Erzeugung von Rohmaterialien in der Landwirtschaft und die Güterverteilung (Handel) gehören nach dieser Definition nicht zum Gewerbe. Doch wird gelegentlich die Förderung von Rohstoffen außerhalb der Landwirtschaft, z. B. im Bergbau, zu den Gewerben gerechnet.

Internettipp
www.kpm.de/manufaktur/historie/default.aspx
Die Königliche Porzellanmanufaktur Berlin informiert auf ihrer Homepage über die Geschichte des Unternehmens und der Porzellanherstellung vom 18. Jahrhundert bis heute.

Industrie
Der Begriff „Industrie" umfasst nach heutigem Verständnis nur einen bestimmten Teil der gewerblichen Produktion. Hauptmerkmal der Industrie ist die Fertigung von Gütern und Waren in Fabrikbetrieben. Ausgeschlossen bleiben dabei die handwerklichen, also alle kleingewerblichen Betriebsformen.

Konjunktur
Periodisch wiederkehrende Schwankungen einer Volkswirtschaft oder der Weltwirtschaft. Ein Konjunkturzyklus besteht in der Regel aus vier Phasen:
1. Aufschwung (Gewinne, Investitionen und Beschäftigung steigen);
2. Hochkonjunktur (hohe Gewinne und Vollbeschäftigung);
3. Abschwung (sinkende Gewinne und Investitionen, mehr Arbeitslose);
4. Konjunkturkrise oder Depression (wenig Investitionen, hohe Arbeitslosigkeit).

Protektionismus
Bezeichnung für wirtschaftspolitische Maßnahmen eines Staates zur Abwehr ausländischer Konkurrenz; die Prinzipien liberaler Freihandelspolitik werden zum Teil aufgegeben. Neben der Setzung von technischen Normen, die Importgüter erfüllen müssen, sind Zölle das wirksamste Instrument, um die heimische Wirtschaft und ihren Absatz zu schützen. Schutzzölle können zum Ziel haben:
1. als vorübergehende Maßnahme den Aufbau eigener Wirtschaftszweige vor zu früher Konkurrenz abzuschirmen und
2. ausländische Konkurrenz eigener, bereits entwickelter Wirtschaftszweige zu bekämpfen.

Kartelle
Zusammenschluss juristisch und wirtschaftlich weitgehend selbstständig bleibender Unternehmen der gleichen Wirtschaftsstufe zur Marktbeherrschung durch Wettbewerbsbeschränkung

Staat und Wirtschaft

Voraussetzung kapitalistischen Wirtschaftens war und ist der **Markt**, der Angebot und Nachfrage vermittelt. Hier treten Produzenten und Konsumenten miteinander in Kontakt und handeln die Bedingungen aus, unter denen die Ware den Besitzer wechselt. Der Theorie nach beruht der Tausch auf Freiwilligkeit und offener Konkurrenz; Zwang – privat oder staatlich organisiert – gilt als ausgeschlossen. Es gab im 19. Jahrhundert jedoch auch Situationen, in denen sich der Staat gezwungen sah, die Freiheit der Märkte einzuschränken. Das geschah nach der **Gründerkrise** (M 3), die durch den Zusammenbruch der Wiener Kreditanstalt 1873 eingeleitet wurde und bis 1879 dauerte. Bis in die 1890er-Jahre hinein folgten weitere konjunkturelle Störungen des Wirtschaftswachstums. Historiker haben daher die Jahre 1874 bis 1895 insgesamt als **„Große Depression"** bezeichnet. Die Wurzeln für diese Krise lagen im Wesentlichen in der Überhitzung der **Konjunktur*** während der „Gründerjahre" zwischen 1871 und 1873, als zahlreiche Firmen entstanden. Die Depression war allerdings keine Zeit ununterbrochenen Produktionsrückganges. Auch während dieser Phase stieg die Produktion insgesamt weiter an, nur eben wegen sinkender Preise nicht mehr so stark wie in den Vorjahren und mit zeitweiligen Einbrüchen. Die Krise führte zu einer wirtschaftspolitischen Umorientierung: War die preußische und später die deutsche Handelspolitik der 1860er- und beginnenden 1870er-Jahre ganz auf den Freihandel ausgerichtet gewesen, verstärkten sich jetzt die Bestrebungen zum **Protektionismus*** und zur **Schutzzollpolitik**. Dabei wirkten die Interessen der von der Einfuhr billigen Eisens bedrohten Schwerindustrie und der Landwirtschaft zusammen. Mit den Zollgesetzen von 1879 führte der Staat Zölle auf Eisen und Industriewaren sowie auf Getreide ein; auch die Textilzölle wurden erhöht. Die gestiegenen Zölle konnten zwar nicht die englische Konkurrenz ausschalten, verbesserten aber die Wettbewerbslage der einheimischen Industrie und förderten deren weiteren Ausbau.

Angesichts des steigenden Exports und des ausbaufähigen Inlandsmarktes forderte die Großindustrie statt Schutzzöllen Zollmauern, um die durch die gewaltige Produktionssteigerung sinkenden Preise durch Ausschluss der ausländischen Konkurrenz aufzufangen und die überhöhten Gewinne zu verteidigen, die vor allem durch die Zusammenschlüsse zu **Kartellen*** ermöglicht wurden. Der Ausbau der Industrie wurde in Deutschland wie auch in anderen europäischen Ländern nicht nur durch die Privatinitiative von Unternehmern, sondern auch vom Staat vorangetrieben. Die staatseigenen Manufakturen, die aus der Zeit des Merkantilismus stammten, bildeten einen verhältnismäßig großen Sektor staatlich beherrschter Wirtschaft. Der preußische Staat verstärkte seine Position in der Wirtschaft, indem er nach 1875 die damals ertragreichen Eisenbahnen verstaatlichte. Länder und Gemeinden beteiligten sich am Ausbau der staatlichen Bergwerke und Eisenbetriebe. Die Städte übernahmen immer mehr Elektrizitätswerke, Gas- und Wasserwerke, Straßenbahnen und Schlachthäuser oder errichteten eigene Betriebe. Am Vorabend des Ersten Weltkrieges besaß das Deutsche Reich daher ein **gemischtes Wirtschaftssystem**, in dem das öffentliche Eigentum kaum hinter dem privaten zurückblieb. Ganz in Staatseigentum waren übergegangen: Post, Telefon, Telegraf (mit Ausnahme der Überseekabel) und Eisenbahnen. Fast vollständig in Gemeinde- oder gemischtwirtschaftlichem Eigentum standen Gas- und Wasserwerke, Straßenbahnen, Kraftwerke. Überdies gab es mehrere starke Staatsbanken; das Sparkassenwesen lag in den Händen der Kommunen.

1 Erläutern Sie, welche Bedeutung das Verlagssystem, die Manufakturen und die Fabrik für die Industrialisierung hatten.
2 Charakterisieren Sie am Beispiel der „Großen Depression" das Verhältnis von Staat und Markt.

M 1 Mensch und Fabriksystem

a) Eisenwalzwerk („Moderne Cyklopen")[1], Gemälde von Adolph Menzel, 1875

b) Der Maler Adolph Menzel beschreibt das Bild in einem Brief an den Kunsthistoriker Max Jordan, 1876:

In einem großen Eisenwerke neuer Konstruktion mit fast durchgehend verschiebbaren Wänden, welche trübes Tageslicht allseitig einlassen, blickt man auf die erste Walze eines langen Walzstranges, welche aus dem benachbarten Dampfhammer die Luppe (das weiß glühende Eisenstück) eben aufgenommen hat.

Dieselbe ist bereits durch die erste Öffnung der Walze gegangen und wird durch fünf Arbeiter in Empfang genommen, um von ihnen wieder zurückgeschoben und beim erneuten Durchgang durch die Walze unterstützt zu werden: Zwei von ihnen packen sie mit großen Sperrzangen an, zwei andere hantieren mit mächtiger Eisenstange auf sie los, ein fünfter kommt mit seinem Instrument herzu, während die hinter der Maschine aufgestellten Werkleute dem Eisen die Richtung geben.

Der ganze Mittelgrund des Bildes ist mit solchen und ähnlichen Maschinen bei voller Tätigkeit der Mannschaft, mit Transmissionen, gangbarem Zeug, Schwungrad und Kranen erfüllt; links fährt ein Arbeiter einen im Erkalten begriffenen Eisenblock auf dem Handkarren heran, hinter ihm wird eine rot glühende Eisenbahnschiene gereckt, und im Hintergrunde sieht man den Dirigenten zwischen den Walzen und dem in der Tiefe links von zahlreichen Leuten bedienten Hochofen beobachtend vorübergehen.

Der Schichtwechsel steht bevor: Während links drei Arbeiter halbnackt beim Waschen sind, verzehren rechts im Vordergrunde drei andere das Mittagsbrot, das ihnen ein junges Mädchen im Korbe gebracht hat.

Zit. nach: Ralph Erbar, „Der Schichtwechsel steht bevor", in: Praxis Geschichte 6/1999, Westermann, Braunschweig, S. 54

1 Zyklopen: einäugige Riesen der antiken Mythologie. Die Zyklopen galten einerseits als mit den Göttern nahe verwandt, andererseits als Wilde. Ihnen wurde von den Griechen der klassischen Zeit die Errichtung vieler monumentaler Bauten zugeschrieben.

1 Beschreiben Sie die auf dem Gemälde dargestellten Auswirkungen des modernen Fabriksystems auf die Menschen.

2 Begründen Sie, warum der (später hinzugefügte) Untertitel „Moderne Cyklopen" bereits eine Interpretation des Gemäldes ist.

3 Diskutieren Sie unter Berücksichtigung von M 1 b, ob es sich bei Menzels Gemälde (M 1 a) um eine verherrlichende, realistische oder sozialkritische Darstellung des Arbeitsprozesses handelt.

M2 „Unter dem Auge der Uhr", Reklame für Stechuhren, 1922

1 a) Beschreiben Sie anhand von M2, wie sich der Umgang mit der Zeit im Verlauf der Industrialisierung ändert.
b) Stellen Sie sich vor, dass die Uhr in M2 auf fünf vor zwölf stünde. Wie veränderte sich dadurch die Aussage des Bildes?

M3 Der Historiker Gordon A. Craig über die „Gründerkrise", 1989

In den ersten drei Jahren des neuen Reichs [...] war eine große Zahl von Menschen aus allen Schichten so sehr von dem Drange besessen, Reichtum anzuhäufen und seine Früchte zu genießen, dass sie darüber die Verschmutzung der sozialen Umwelt aus den Augen verloren, die damit einherging. Dies war die Gründerzeit, benannt nach den großen Finanzjongleuren, die auf der Basis von Papier und wenig sonst riesige Unternehmen „gründeten" und Millionen Deutsche zu einem verzückten Tanz um das goldene Kalb verleiteten, an dessen Ende Erschöpfung und – für viele – finanzieller Ruin standen.

Die wesentlichen Ursachen für diese Entwicklung sind im Sieg über Frankreich und der daraus resultierenden Vereinigung Deutschlands zu suchen, die bei vielen Fabrikanten und Spekulanten überschwängliche Erwartungen weckte, und namentlich in gewissen Bedingungen des mit dem besiegten Feinde geschlossenen Friedens. Die französische Regierung wurde gezwungen, Deutschland die Provinzen Elsass und Lothringen abzutreten – die mit ihren reichen Vorkommen an Minette-Erzen[1] und Kalisalzen und ihrer hoch entwickelten Textilindustrie beträchtlich zum Wirtschaftswachstum Deutschlands in den folgenden Jahren beitrugen, wenn dies auch nicht sofort deutlich wurde – und eine Kriegsentschädigung von fünf Milliarden Francs plus Zinsen zu zahlen [...]. Die Reichsregierung behielt von dem gezahlten Betrag weniger als die Hälfte, und davon wurde ein guter Teil in Bauvorhaben und militärische Anschaffungen investiert, die ihrerseits die Wirtschaft stimulierten. Der Rest floss in die einzelnen Bundesstaaten und von da aus durch örtliche Bauprogramme, durch den Eisenbahnbau, die Rückzahlung von Kriegsanleihen und die Gewährung von Renten an Witwen, Waisen und Invaliden weiter in private Hände. Der Effekt dieser bedeutenden Vermehrung des frei dem Markt zuströmenden Kapitals wurde noch verstärkt durch die Währungsreform von 1871, durch die weitere 762 Millionen Mark hinzukamen. Diese beträchtliche Kaufkraftzunahme musste zwangsläufig zu einer Überhitzung der Konjunktur führen.

Die Spekulationswelle, die folgte, war unter dieser Bedingung einer überquellenden Liquidität vermutlich unvermeidbar, aber sie wurde durch einige besondere Umstände noch gefördert. Der jüngste Krieg hatte das deutsche Eisenbahnnetz stark belastet und zu einem überdurchschnittlich raschen Verschleiß der Anlagen und Gerätschaften geführt. So vieles musste instandgesetzt oder neu angeschafft werden, und so viele neue Bahnlinien wurden sowohl in Nord- und Süddeutschland als auch in den von Frankreich annektierten Gebieten neu projektiert, dass Maschinen- und Werkzeugfabriken und andere mit dem Eisenbahnbau befasste Unternehmen mit Aufträgen überhäuft wurden.

Die zur Befriedigung dieser Nachfrage erforderliche Expansion kam der Schwerindustrie allgemein zugute, während sie gleichzeitig das Augenmerk der Öffentlichkeit auf das in den Eisenbahnen liegende Wachstumspotenzial lenkte. Dies erklärt, warum es dem rührigsten Unternehmer jener Boomjahre, dem Baron Bethel Strousberg, so leichtfiel, Geldgeber zur Unterstützung seiner grandiosen Pläne für neue Bahnlinien in Polen, Rumänien und Osteuropa zu gewinnen. Überdies schien die Tatsache, dass die wirtschaftliche Expansion in einem Bereich Gewinne abwarf, zu beweisen, dass Expansion in jedem Bereich Gewinn bringen würde, dass die Größe an sich der Schlüssel zum Erfolg war. Hier kamen die Gründer zum Zug. Begünstigt durch die Liberalisierung der Gesetze, welche die Errichtung von Kapitalgesellschaften regelten, verfuhren sie nach dem Prinzip, ein bescheidenes Unternehmen, etwa eine Schuhfabrik oder eine Brauerei, zu kaufen und in eine Aktiengesellschaft umzuwandeln. [...] [D]ann wurden zahllose Aktien verkauft, deren Kurs bei dem die Zeit beherrschenden psychologischen Klima gewöhnlich anstieg. Zwischen 1871 und 1873 wurden 726 neue Gesellschaften dieser Art gegründet; im Zeitraum von 1790 bis 1870 waren es nur 276 gewesen; ihr vermeintlicher Erfolg regte neue Investitionen und immer fragwürdigere Expansionsprojekte an. [...] Diese grenzenlose Wachstumszuversicht war an der Tagesordnung; sie ergriff alle Zweige der Produktion, und die Kapitaleigner trösteten sich, wenn ihnen Zweifel an der finanziellen Solidität ihrer Unternehmen kamen, mit dem Gedanken, dass sie sich im Notfall immer auf die Hilfe der Banken würden verlassen können, die ebenfalls eine erstaunliche Blütezeit erlebten (41 Neugründungen seit 1871) und zu den Hauptakteuren auf dem Kapitalmarkt und an den Wertpapierbörsen gehörten.

Eine ähnlich umfassende und „demokratische" Spekulationswut hat es wohl nirgendwo mehr gegeben bis zu den Tagen des New Yorker Börsenfiebers von 1928. Das Land antwortete damit, dass es sich einem Rausch des Luxus und des Genusses hingab und das so leicht verdiente Geld so schwelgerisch wie möglich wieder hinauswarf, um zu beweisen, dass man es hatte. [...]

Aber dem fiebernden Patienten wurde eine Rosskur verabreicht. Am 7. Februar 1873 erhob sich Eduard Lasker im Reichstag und enthüllte in einer dreistündigen Rede die Hintergründe des von ihm sogenannten „Strousberg-Systems", indem er aufzeigte, dass es auf einen Betrug an den kleinen Geldgebern im Interesse skrupelloser Drahtzieher angelegt war. Lasker legte auch bloß, dass hochrangige Politiker und Beamte, darunter Hermann Wagener, langjähriger Berater Bismarcks, bei der Vergabe von Eisenbahnkonzessionen, von denen sie profitierten, ungesetzliche Praktiken zugelassen hatten. Diese Vorwürfe erschütterten nachhaltig das Vertrauen des Publikums und lösten eine Aktienschwemme an der Börse aus. Der Boom verpuffte in einem gigantischen Zusammenbruch. Wie die Bereicherung demokratisch gewesen war, so war es nun auch der Bankrott; er machte keinen Unterschied zwischen Würdenträgern [...] und bescheidenen Existenzen [...]. In der Endabrechnung litten vermutlich die Besitzer kleinerer Vermögen, die den Spekulanten ihre Ersparnisse anvertraut hatten, am meisten [...].

Nicht alles wurde von der Bankrottwelle von 1873 fortgespült. Die Aktiengesellschaft blieb auch nach 1873 die vorherrschende Unternehmensform, und die Banken spielten eine zunehmend wichtigere Rolle in der Wirtschaft und bereiteten den Weg für das Zeitalter des Finanzkapitalismus. Das Phänomen der Größe blieb nicht Episode. Unter den Hunderten von Unternehmen, die in der Gründerzeit entstanden, waren es die Großen, die überlebten und diejenigen schluckten, denen dies nicht beschieden war. Ganz besonders augenfällig war dieser Prozess in der Bankwelt, wo vor allem die Deutsche Bank und die Dresdner Bank als Folge des Krachs ihre relative Wettbewerbsposition stark verbessern konnten und wo sich die Anfänge jener Konzentrationsbewegung nachweisen lassen, die bis 1914 zu einer Vorherrschaft von vier Großbanken, darunter den beiden eben erwähnten, im deutschen Finanzwesen führen sollte. Weitgehend dieselbe Tendenz zeigte sich in der Metall- und der Bauindustrie und in weiteren Wirtschaftszweigen. [...]

Abträglicher und auf lange Sicht ernster waren andere Folgen des Krachs von 1873. Es war bei der großen Zahl der Personen, die schwerwiegende Verluste erlitten hatten, nur natürlich, dass die Forderung erhoben wurde, die Schuldigen zu benennen, und wie bereits angedeutet wurde, richtete sich der Blick prompt auf die Nationalliberalen. Waren sie es denn nicht gewesen, die größere Freiheiten für die Aktiengesellschaften eingeführt hatten, Freiheiten, die in der Folge so schändlich missbraucht wurden? Es wurde der Partei nicht als Verdienst angerechnet, dass einer ihrer Führer, Eduard Lasker, es gewesen war, der den Boom als faulen Spekulationszauber angeprangert hatte. [...] Es ist kaum daran zu zweifeln, dass dieser Vorwurf [...] der Partei schadete und ihre Position schwächte, als es zur Kollision mit Bismarck kam.

Eine verhängnisvolle Folge des Finanzkrachs war es, dass gewisse antisemitische Gefühle, die es in Deutschland seit Langem gegeben hatte, die sich aber seit 50 Jahren nicht mehr laut geäußert hatten, nun an die Oberfläche drangen. [...] Der Krach von 1873 fügte dem Klischee [des raffgierigen und prinzipienlosen Juden] noch einen Aspekt hinzu, indem man die Juden mit der Börse und mit der Verfügung über ein nicht durch Arbeit verdientes Kapital identifizierte.

Gordon A. Craig, Deutsche Geschichte 1866–1945. Vom Norddeutschen Bund bis zum Ende des Dritten Reiches, C.H. Beck, München 1989, S. 80–86

1 Minette-Erze = bestimmte Eisenerze

1 Analysieren Sie M 3 hinsichtlich der Ursachen und Folgen der Gründerkrise.

M 4 Sparer versammeln sich vor der Wiener Volksbank kurz vor deren Zusammenbruch, Gemälde von Christian Ludwig Bokelmann, 1877

4 Gesellschaftlicher Wandel und „soziale Frage"

M1 Thomas Robert Malthus (1766–1834), Porträt, 1834

Der Pfarrer und Professor für Geschichte und Ökonomie war ein entschiedener Gegner des Sozialismus. Die Veränderung der Eigentumsverhältnisse, wie sie die Sozialisten anstrebten, galt ihm als Irrweg. Stattdessen ermahnte er seine Zeitgenossen zur Enthaltsamkeit. Wenn die Menschen nicht die Bevölkerungsvermehrung drastisch einschränkten, so seine Überzeugung, seien Elend, Hunger und Seuchen mit der Folge steigender Sterblichkeit die Folge.

Bevölkerungsentwicklung

„Die Bevölkerung hat die dauernde Neigung, sich über das Maß der vorhandenen Lebensmittel hinaus zu vermehren" – diesen Satz formulierte der Engländer **Thomas Robert Malthus*** 1798 in dem viel beachteten Buch „Essay on the Principles of Population". Er stellte ein Missverhältnis zwischen Bevölkerung und Nahrungsmittelvorräten fest und führte es darauf zurück, dass sich die Bevölkerung in geometrischer Reihe (1, 2, 4, 8 usw.) vermehrte, während die Nahrungsmittelproduktion nur in arithmetischer Reihe (1, 2, 3, 4 usw.) wuchs. Wenn dieses „Gesetz" die Wirklichkeit angemessen beschrieb, steuerte Europa auf eine Übervölkerungskatastrophe unbekannten Ausmaßes zu. Diese Befürchtung teilten mit Malthus viele Zeitgenossen.
Bereits während der zweiten Hälfte des 18. Jahrhunderts hatte ein enormes Bevölkerungswachstum eingesetzt, als die Gesellschaften Europas noch überwiegend agrarischen Charakter besaßen. Bis zu diesem Zeitpunkt war die Bevölkerungszahl über vier Jahrhunderte hinweg mehr oder weniger stabil geblieben. Die Historiker sprechen daher von einem „stehenden" Bevölkerungswachstum, das sich durch eine hohe Sterblichkeitsquote – besonders bei Säuglingen und Müttern – sowie durch eine hohe Geburtenziffer auszeichnete. Die **rasche Bevölkerungszunahme seit 1750**, die zunächst die ländlichen Unterschichten („agrarische Bevölkerungswelle") und mit einem gewissen Abstand dann auch die städtischen Unterschichten („industrielles Bevölkerungswachstum") betraf, muss auf ein ganzes Ursachenbündel zurückgeführt werden: Von zentraler Bedeutung waren dabei weniger medizinische als vielmehr bedeutende Fortschritte im Ausbau der Landwirtschaft, die einer immer größeren Zahl von Menschen Nahrung und damit eine gesicherte materielle Existenzgrundlage garantierte. Mit der Industrialisierung eröffneten sich vielen Menschen neue Erwerbschancen in der gewerblichen Wirtschaft. Hinzu kam das allmähliche Ansteigen des allgemeinen Lebensstandards aufgrund einer verbesserten gesamtwirtschaftlichen Lage. Außerdem wurden die in der alten ständisch-feudalen Gesellschaft geltenden strengen Heiratsbeschränkungen immer mehr gelockert, wodurch die Geburtenrate anstieg.
Warum aber blieb die von Malthus vorausgesagte Übervölkerungskatastrophe im 19. Jahrhundert trotz des sprunghaften Bevölkerungswachstums – die deutsche Bevölkerung stieg von 24,4 Millionen Menschen im Jahre 1800 auf 64,9 Millionen Menschen im Jahre 1910 – aus? Es gab zu Beginn des 19. Jahrhunderts durchaus noch Hungersnöte, doch die Nahrungssituation verbesserte sich entgegen Malthus' Erwartungen immer stärker. Reformen der Agrarverfassung, die Modernisierung der Anbaumethoden und die Mechanisierung der Landwirtschaft bewirkten eine enorme Produktivitätssteigerung. Moderne Transportmittel wie die Eisenbahn ermöglichten schnelle Einfuhren von Nahrungsmitteln aus Gebieten mit Nahrungsmittelüberschuss in Mangelregionen. Mit der Industriellen Revolution entwickelten Forschung und Industrie neue Verfahren zur Konservierung von Nahrungsmitteln, die dadurch länger transport- und lagerfähig waren.

Pauperismus

Allerdings überstieg noch im beginnenden 19. Jahrhundert das Bevölkerungswachstum die Fähigkeit der überlieferten Agrargesellschaft, für die immer größere Anzahl von Menschen ausreichende Nahrung bereitzustellen. **Massenverarmung**, Pauperismus (lat. *pauper*=arm), entwickelte sich zum allgemeinen Kennzeichen der Zeit und bestimmte von der Mitte der 1820er-Jahre bis 1848 die gesellschaftspolitische Debatte. Im Jahre 1846 definierte Brockhaus' Real-Enzyklopädie den Pauperismus daher konsequent als „neuerfundenen Ausdruck für eine höchst bedeutsame und unheilvolle Erscheinung, die man in Deutschland durch die Worte ‚Massenarmut oder Armentum' wiederzugeben versucht hat. Es handelt sich dabei nicht um die natürliche Armut, wie sie als Ausnahme infolge physischer, geistiger oder sittlicher Gebrechen oder zufälliger Unglücksfälle immerfort Einzelne befallen mag; auch nicht um die vergleichsweise Dürftigkeit, bei der doch eine sichere Grundlage des Unterhalts bleibt. Der Pauperismus ist da vorhanden, wo eine zahlreiche Volksklasse sich durch die angestrengte Arbeit höchstens das notdürftige Auskommen verdienen kann ... und dabei immer noch sich in reißender Schnelligkeit ergänzt und vermehrt."

Die moderne Geschichtswissenschaft betrachtet den Pauperismus jedoch nicht länger als Krise der entstehenden modernen Industriegesellschaft, sondern als eine **„Krise alten Typs"**. Sie trägt alle typischen Eigenschaften von Wirtschaftskrisen der vorindustriellen Gesellschaft und wurde durch den Bevölkerungsanstieg zusätzlich verschärft. In den Krisen der Agrargesellschaften hatten schlechte Getreideernten zu Ernährungsengpässen und Hungerunruhen geführt. Im Verlauf der Industrialisierung verbesserte sich jedoch die Situation der Bevölkerung zunehmend, weil der Markt den wirtschaftlichen Austausch immer effektiver regeln konnte. Zwar kennt auch die moderne Industriegesellschaft Konjunkturschwankungen und Krisen, aber diese sind nicht mehr Hungerkrisen wegen Missernten, sondern wirtschaftliche Wachstumsstörungen.

Arbeiter bzw. Industriearbeiter
In der kapitalistischen Industrieproduktion führt der Arbeiter persönlich frei und ohne Besitz von Produktionsmitteln in einem Vertragsverhältnis mit einem Unternehmer gegen Lohn fremdbestimmte Arbeit aus. Viele Arbeiter entwickelten im 19. Jahrhundert das Bewusstsein, als Klasse zusammenzugehören. Sie verstanden sich als Proletariat, dessen Situation durch Reformen oder Revolution zu verbessern sei.

Industriegesellschaft

Die Industrialisierung hat die sozialen Beziehungen der Menschen grundlegend verändert. Führungsgruppen der alten Ständegesellschaft wie Adel und Geistlichkeit verloren zunehmend ihre politischen und gesellschaftlichen Vorrechte. In dem Maße, wie die Landwirtschaft zugunsten von Gewerbe und Industrie zurückgedrängt wurde, nahm nicht nur die Zahl der bäuerlichen Bevölkerung ab, diese soziale Schicht erlebte darüber hinaus einen einschneidenden Funktionsverlust. Gleichzeitig stiegen neue gesellschaftliche Gruppen und Schichten auf: An erster Stelle sind dabei die **Industriearbeiterinnen und -arbeiter*** zu nennen, die meist gegen kargen Lohn in der Fabrik als dem neuen Ort der gewerblichen Produktion arbeiteten.

Mit dem Wandel von der Agrar- zur Industriegesellschaft wuchsen die wirtschaftliche Bedeutung und das soziale Ansehen der **Unternehmer***. Diese Wirtschaftsbürger, zu denen Fabrikanten, Bankiers, Großkaufleute und Manager zählten, bildeten zunehmend die neue Elite nicht nur in Wirtschaft und Gesellschaft, sondern auch in der Politik.

Im „Kommunistischen Manifest" hat Karl Marx 1848 vorhergesagt, dass sich mit der Durchsetzung des Industriekapitalismus die Klassengegensätze verschärfen würden: „Die ganze Gesellschaft spaltet sich mehr und mehr in zwei große feindliche Lager, in zwei große, einander direkt gegenüberstehende Klassen: **Bourgeoisie und Proletariat**." Wenngleich diese Prognose, die Marx aus seinen Erfahrungen mit dem Frühkapitalismus entwickelte, nicht Wirklichkeit wurde, sprechen doch viele Historiker der industriekapitalistisch organisierten Gesellschaft des 19. Jahrhunderts Klassencharakter zu. Diese Forscher vertreten die Auffassung, dass damals die Unterscheidung und die Spannungen zwischen Unternehmern (Bourgeoisie) und Arbeitern (Proletariat) die gesellschaftlichen Herrschaftsverhältnisse und Konflikte deutlich bestimmt hätten. Der von Marx geprägte **Klassenbegriff*** findet allerdings unter den heutigen Historikern kaum noch Anhänger. Für Marx waren Klassenstrukturen rein wirtschaftlich bestimmt. Dabei unterschied er zwischen denjenigen, die über die Produktionsmittel verfügten (Bourgeoisie), und den Nichtbesitzern von Produktionsmitteln (Arbeiter), die nur ihre Arbeitskraft zum Verkauf anbieten können. Die moderne Geschichtswissenschaft bevorzugt

Unternehmer
Person, die einen Gewerbebetrieb leitet, d. h. als wirtschaftliches „Unternehmen" führt. In der Industriellen Revolution kam den Unternehmern eine immer größere Bedeutung zu. In dieser Phase waren sie in der Regel sowohl Eigentümer als auch Leiter (Manager) der Fabrik. Sie entschieden über Investitionen, Einstellung und Entlassung der Arbeiter. Später wurden die Rolle des Kapitalbesitzers und die des Unternehmers von verschiedenen Personen oder Personengruppen wahrgenommen, so in der Aktiengesellschaft, die von „Managern" geleitet wird.

Klasse(n)
Bezeichnung für gesellschaftliche Großgruppen etwa seit Ende des 18. Jahrhunderts, deren Angehörige durch Besitz bzw. Nichtbesitz von Produktionsmitteln und durch die sich daraus ergebenden gemeinsamen bzw. entgegengesetzten Interessen gekennzeichnet sind. Während des 19. Jahrhunderts beschleunigte sich in den Industriestaaten ein Prozess der Klassenbildung zwischen Unternehmern (Bourgeoisie) und Arbeitern (Proletariat). Wenn sich diese Klassenunterscheidung und Klassenspannungen in einer Gesellschaft deutlich ausprägen, spricht man von einer Klassengesellschaft.

„Soziale Frage"
So bezeichnen Historiker und Sozialwissenschaftler die Notlage und die ungelösten Probleme vor allem der Industriearbeiter speziell in den frühen Phasen der Industrialisierung. Hauptmerkmale sind unsichere Arbeitsplätze, häufige Arbeitslosigkeit, niedrige Löhne bei langen Arbeitszeiten, Wohnungselend sowie fehlende Absicherung bei Krankheit, Invalidität und Tod. Verstärkt wurden die Probleme durch die Trennung von der alten Lebenswelt beim Umzug in die Städte und die ungewohnte Fabrikarbeit. Lösungsversuche kamen von einzelnen Reformern und den Kirchen, besonders aber vom Staat (Sozialgesetzgebung) und von den Arbeitern selbst (Organisation und Selbsthilfe).

dagegen den **Klassenbegriff** von Max Weber (1864–1920), dem Gründervater der deutschen Soziologie. Nach Weber hingen die Lebenschancen und -risiken der Menschen in der Industriegesellschaft nicht nur vom Eigentum bzw. Nichtbesitz von Produktionsmitteln ab, sondern auch von den Marktchancen des Einzelnen oder gesellschaftlicher Gruppen. Zwar befanden sich in seinen Augen die Besitzer von Produktionsmitteln im Unterschied zu den abhängig Beschäftigten in einer überlegenen Machtposition und seien dadurch in der Lage, über die Arbeiter eine umfassende Herrschaft auszuüben. Doch hätten diese die Chance, durch besondere fachliche Qualifikationen ihre Marktchancen und damit ihre wirtschaftliche Lage sowie ihr soziales Ansehen zu verbessern.

„Soziale Frage"

Mit der Industrialisierung stieg der Anteil der Lohnarbeiter in der erwerbstätigen Bevölkerung dramatisch an. Das industrielle Wachstum reichte aber im 19. Jahrhundert lange Zeit nicht aus, um die Arbeiter von materieller Not zu befreien. Elend (M 4 a, b) und Rechtlosigkeit der Arbeiter entwickelten sich als „soziale Frage"* zum zentralen Problem der Industriegesellschaft.
Sehr rasch machten die Arbeiter die Erfahrung, dass sie als Einzelne nichts gegen die Unternehmer ausrichten konnten. Um ihr Los zu verbessern, mussten sie ihre Marktposition stärken und Koalitionen bilden. Schlossen sie sich zusammen und vertraten ihre Interessen gemeinsam, fanden sie in der Öffentlichkeit Gehör. Eines der wirksamsten Mittel war dabei die zeitlich befristete Arbeitsniederlegung, der Streik. „Alle Räder stehen still, wenn dein starker Arm es will" – dieser Slogan der späteren **Arbeiterbewegung** wurde seit den 1860er-Jahren in zahlreichen Einzelaktionen angewandt. Darüber hinaus kam es seit den 1840er-Jahren zu ersten Zusammenschlüssen der deutschen Arbeiterschaft, um ihre politischen Forderungen gewichtiger äußern zu können. Arbeiter nutzten dabei besonders die Gelegenheit zu Vereinsgründungen. Die bedeutendste Gründung war die der „Allgemeinen Deutschen Arbeiterverbrüderung".
Durch den Zusammenschluss des 1863 von Ferdinand Lassalle ins Leben gerufenen „Allgemeinen Deutschen Arbeitervereins" mit der 1869 von Wilhelm Liebknecht und August Bebel gegründeten „Sozialdemokratischen Arbeiterpartei" zur **„Sozialistischen Arbeiterpartei"** im Jahre 1875 begann eine neue Phase in der deutschen Arbeiterbewegung: Sie formierte sich jetzt in Parteien und versuchte sowohl mit außerparlamentarischen Mitteln als auch durch die Mitarbeit in den Parlamenten, politische Entscheidungen zu beeinflussen. Darüber hinaus schlossen sich Mitte des 19. Jahrhunderts die Buchdrucker und Zigarrenarbeiter, dann weitere Handwerksgesellen und Facharbeiter zu **Gewerkschaften** zusammen, um ihre Interessen besser gegenüber den Arbeitgebern durchzusetzen und durch gegenseitige Hilfe ihre Lebensbedingungen zu verbessern. Unter der Führung von Carl Legien bildeten 1890 die sozialistischen Gewerkschaften als Dachverband die Freien Gewerkschaften. Außerdem gab es Gründungen der Liberalen und ab 1895 die christlichen Gewerkschaften. Anders als bei den Arbeiterparteien besaß in den Gewerkschaften die soziale Absicherung am Arbeitsplatz Vorrang vor politischen Forderungen.

M2 Karl Marx (1818–1883), Gemälde, um 1870

Der deutsche Philosoph und Volkswirtschaftler begründete mit Friedrich Engels den wissenschaftlichen Sozialismus. Nach dem Verbot der „Rheinischen Zeitung", deren Chefredakteur er war, emigrierte er 1843 nach Paris. 1845 wurde er aus Paris ausgewiesen und siedelte nach Brüssel über. 1848 kehrte er nach Deutschland zurück, emigrierte jedoch nach der gescheiterten Revolution 1848/49 nach London, wo er bis zu seinem Tod lebte. Unter seiner Mitwirkung wurde in London 1864 die Erste Internationale gegründet.

Lösungsvorschläge

Die Unterschiede zwischen den verschiedenen politischen Strömungen und Parteien lassen sich am ehesten an ihren abweichenden Lösungsvorschlägen zur Bewältigung der „sozialen Frage" verdeutlichen. Im **„Kommunistischen Manifest"** und seinem Buch „Das Kapital" (1867) erklärte **Karl Marx*** den Sozialismus zum gesellschaftspolitischen Ziel, der die bürgerliche Gesellschaft mit ihren kapitalistischen Produktionsbedingungen ablösen sollte. Für Marx und seinen Mitstreiter Friedrich Engels* war der Kapitalismus mit seiner Garantie des Privateigentums an Produktionsmitteln die Ursache für das soziale Elend der Arbeiter. Zur Lösung der „sozialen Frage" forderten sie die Abschaffung des Privateigentums an Produktionsmitteln und deren Vergesellschaftung, also die **sozialistische Revolution**. Der Sozialismus sollte nicht nur die Klassenunterschiede beseitigen und gleiche Eigentumsverhältnisse für alle bieten, sondern auch einen neuen Menschen schaffen, der als kulturelles Leitbild die klassenlose Gesellschaft des Kommunismus bestimmte.

Bei ihrer Gründung verzichtete die „Sozialistische Arbeiterpartei" im „Gothaer Programm" zunächst auf einen revolutionären marxistischen Weg. Als Bismarck jedoch die Sozialdemokratie mit dem Sozialistengesetz unterdrückte (s. S. 302), radikalisierten die deutschen Sozialisten ihr Programm. Im „Erfurter Programm" von 1891 forderte die neue **„Sozialdemokratische Partei Deutschlands" (SPD)** mit Marx und Engels die Vergesellschaftung der Produktionsmittel. Allerdings bezweifelte schon bald der Revisionist Eduard Bernstein die Theorien von Marx und Engels und trat für ein revidiertes Parteiprogramm ein, das schrittweisen Reformen den Vorzug vor revolutionären Zielen einräumte. Dagegen machte sich Rosa Luxemburg (s. S. 384) für einen revolutionären Aktionismus stark. Sie wollte durch Generalstreiks die sofortige Revolution durchsetzen. Der SPD-Theoretiker Karl Kautsky vermittelte in diesem Konflikt und fand die Kompromissformel, dass die Sozialdemokratie eine revolutionäre, aber keine Revolution machende Partei sei. Seitdem war der **Reformismus** die beherrschende Strömung in der SPD, die dabei auch von den Gewerkschaften unterstützt wurde.

Die **Liberalen** vertraten andere Vorstellungen zur Verbesserung der Lage der Arbeiter. Sie bevorzugten soziale Reformen, worunter Politiker wie Friedrich Hakort und Hermann Schulze-Delitzsch vor allem bessere Bildungschancen für die Unterschichten und wirtschaftliche Selbsthilfevereine wie Versicherungs- oder Konsumvereine verstanden. Führende Wirtschaftswissenschaftler wie Gustav Schmoller und der von ihm 1872/73 mit hohen Beamten und einzelnen Unternehmern gegründete „Verein für Sozialpolitik" schlugen dagegen vor, dass sich der Staat als Schiedsrichter in den Konflikt zwischen den Klassen einmischen und vermitteln solle. Die „Kathedersozialisten" (lat. = Pult, Kanzel) forderten darüber hinaus politische Rechte für die Arbeiter.

In den **christlichen Kirchen** traten einzelne Geistliche für ein soziales Engagement ihrer Konfessionen ein. In der evangelischen Kirche regte 1848 Johann Hinrich Wichern die Gründung des „Central-Ausschusses für die Innere Mission" an, der überall in Deutschland Einrichtungen für eine evangelische Sozialarbeit schuf. Auf katholischer Seite rief Adolph Kolping 1849 den ersten „katholischen Gesellenverein" ins Leben. Dieses Kolpingwerk umfasste 1864 als Heimstätte familienloser Männer bereits 420 Vereine und 60 000 Mitglieder. Der Mainzer Erzbischof Freiherr von Ketteler trat öffentlich für Sozialreform, Koalitions- und Streikrecht ein und prägte das Sozialprogramm der katholischen Zentrumspartei von 1870 ebenso mit wie die päpstliche Sozialenzyklika „Rerum Novarum" von 1891. Dort forderte der Vatikan eine gerechte Eigentumsordnung im Rahmen christlicher Ethik, verlangte vom Staat Maßnahmen zum Arbeitsschutz sowie die Garantie des Streik- und Koalitionsrechtes. Weil die Kirche aber die Gleichheitsforderungen der Arbeiterbewegung nicht übernahm, kam es nicht zu einer breiten Aussöhnung zwischen Arbeiterbewegung und Kirche.

Auch einige **Unternehmer** ergriffen Initiativen zur Lösung der „sozialen Frage". Ihre Vorschläge zielten auf die Einrichtung betrieblicher Unterstützungskassen für den Krankheitsfall, die Altersvorsorge und bei Unfällen und Invalidität. Überdies verringerten in manchen Unternehmen betriebliche Konsumvereine und Betriebswohnungen die Lebenshaltungskosten der Arbeiter, übernahmen Kinder-

M3 Friedrich Engels (1820–1895), Gemälde von G. Tscherbakow, um 1880

Der Kaufmann und Industrielle war der engste Weggefährte von Karl Marx und theoretischer Mitbegründer des Marxismus sowie ein wichtiger Organisator der Arbeiterbewegung.

Sozialismus
Im liberal-kapitalistischen Gesellschaftssystem der Industrialisierung entstand der Sozialismus als Antwort auf die „soziale Frage". Den verschiedenen Richtungen des Sozialismus geht es um Steuerung des Marktes, um den Abbau bzw. die Beseitigung einer sozial ungleichen, als ungerecht empfundenen Verteilung von Besitz (häufig um die Beseitigung des Privatbesitzes an Produktionsmitteln), um eine am Wohl des Ganzen orientierte Gesellschaftsordnung und um die demokratische Gleichberechtigung der Unterprivilegierten. Die Frage nach Reform oder Revolution der bestehenden Ordnung bestimmte von Anfang an die Überlegungen, Vorschläge und Forderungen der Sozialisten.

gärten die Betreuung der Arbeiterkinder. Allerdings verlangten die Unternehmer in patriarchalischem Stil für ihre Bemühungen als Gegenleistung absoluten Gehorsam und wurden daher von der Arbeiterbewegung scharf kritisiert.

Sozialstaat
Der Sozialstaat ist ein Interventionsstaat: Durch gezielte Eingriffe seiner Organe in die kapitalistische Wirtschaft versucht er, unerwünschte Folgen der „freien Marktwirtschaft" zu korrigieren. Ein wesentlicher Bereich des Interventionsstaates ist die Sozialpolitik, die das materielle Wohl und die soziale Sicherheit der Bürgerinnen und Bürger zum Gegenstand hat. Daher wird häufig vom Interventions- und Sozialstaat im Zusammenhang gesprochen. Dieser hat sich mit der „Großen Depression", der Weltwirtschaftskrise 1873–1895, herausgebildet. In Deutschland erhielt er vor allem durch die Sozialgesetzgebung der 1880er-Jahre seine ersten, auch für andere Staaten vorbildhaften Formen.

Sozialstaat

Die mit der Industrialisierung stark zunehmende Schicht von Proletariern, ein Heer von ungelernten und angelernten Arbeitern, besaß keinerlei Absicherung gegen die Risiken von Krankheit, Unfall, Invalidität und Armut im Alter. Wurden sie krank oder arbeitsunfähig, standen sie praktisch vor dem Nichts. Außerdem gab es im kaiserlichen Deutschland weder gesetzliche Mindestlöhne noch Höchstarbeitszeiten. Bei Frauen- und Kinderarbeit, die extrem schlecht bezahlt wurde, aber für viele Familien zum Überleben notwendig war, drängte der Staat immerhin Auswüchse zurück. Er schränkte die Kinderarbeit ein, ließ seit 1878 staatliche Fabrikinspektoren das Verbot der Nacht- und Sonntagsarbeit für Jugendliche unter 16 Jahren ebenso kontrollieren wie das Verbot der Kinderarbeit bis zum zwölften Lebensjahr. Die Arbeitsschutzgesetzgebung wurde ausgebaut.
Das ständige Anwachsen und die Wahlerfolge der sozialistischen Arbeiterbewegung in der zweiten Hälfte des 19. Jahrhunderts sowie deren radikale Opposition gegen die bestehende politische und gesellschaftliche Ordnung nährte bei den besitzenden Schichten die Furcht vor einem revolutionärem Umsturz. Auf diese Herausforderungen der jungen kapitalistischen Industriegesellschaft reagierte der deutsche Staat in den 1870er-Jahren zum einen mit der Unterdrückung der Arbeiterbewegung (Sozialistengesetz). Zum anderen begann der Staat mit der Einführung der Sozialversicherung, der Krankenversicherung, der Unfallversicherung sowie der Invaliden- und Rentenversicherung (M 6 a, b). Die Arbeitslosenversicherung wurde erst in der Zeit der Weimarer Republik beschlossen. Bismarck, der 1881 das umfassende Programm zur **Einrichtung einer staatlichen Sozialversicherung** ankündigte, wollte damit „dem Geist der Unzufriedenheit und der Ausbreitung der sozialistischen Bewegung" den Boden entziehen.

Internettipp
www.ballinstadt.de/de/AW_bis_1900.php
Schöner und informativer Webauftritt des Auswanderermuseums Hamburg mit Informationen rund um die Geschichte der Auswanderung aus Deutschland seit 1700

Internettipp
www.auswandererbriefe.de/regionalebriefe.html
Die Seite des John-F.-Kennedy-Instituts für Nordamerika-Studien der Freien Universität Berlin bietet Abschriften von Briefen deutscher Auswanderer nach Amerika und Unterrichtsmaterialien dazu

Migration und Verstädterung

In Deutschland versuchten seit Beginn der 1830er-Jahre zahlreiche Menschen, durch die Auswanderung in die Vereinigten Staaten von Amerika, aber auch nach Brasilien, Kanada, Argentinien oder Australien ihre soziale Lage zu verbessern. Die Regierungen ließen diese **Auswanderung** zu, um soziale Spannungen zu entschärfen. Höhepunkt der ersten Auswanderungswelle war das Jahr 1847, als der Pauperismus unerträgliche Ausmaße angenommen hatte.
Stärker noch als die Auswanderung hat die mit der Industrialisierung einsetzende **Binnenwanderung** die europäischen Gesellschaften verändert. Diese Binnenwanderungen dienten im Deutschland des 19. Jahrhunderts weniger dazu, durch Veränderung des Wohn- und Arbeitsortes den eigenen sozialen Status zu verbessern („Chancenwanderung"), sondern waren das Ergebnis von Schwankungen des Arbeitsmarktes. Im Gegensatz zur Gegenwart fehlten im 19. Jahrhundert sowohl wirksame soziale Sicherungssysteme als auch funktionierende Formen organisierter Arbeitsvermittlung; viele Menschen suchten daher in anderen Regionen nach Arbeit. Wer auf dem Lande keine Arbeit fand, zog in die nächstgelegene Stadt, und wenn an diesem gewerblichen oder industriellen Standort keine Beschäftigung zu finden war, wanderte man weiter von Ort zu Ort.
Die rasche Bevölkerungszunahme und die Binnenwanderung mündeten in die Verstädterung bzw. die **Urbanisierung** (M 7, M 8 a, b): Verstädterung meint erstens die Vergrößerung der Städte im 19. und 20. Jahrhundert. Immer mehr Menschen zogen in die stark anwachsenden Städte. Zweitens verstehen die Historiker unter Urbanisierung veränderte Lebensformen in den Großstädten wie die individuelle

Gestaltung des eigenen Lebens, ein verbessertes Bildungsangebot, neue und vermehrte kulturelle Entfaltungsmöglichkeiten, besondere Formen des intellektuellen Austauschs, aber auch eine besondere Empfindlichkeit für Reize, die nicht nur durch ein größeres Warenangebot oder von der Reklameflut ausgelöst wurden, sondern auch schlicht mit der Tatsache zu tun haben, dass der Stadtmensch einer immer größeren Anzahl von fremden Menschen begegnete. Eine Folge der Verstädterung bestand außerdem in der Auflösung gewachsener regionaler, familiärer und konfessioneller Bindungen. Weitere Folgen der Urbanisierung waren Wohnungsnot und Slumbildung.

Internettipp
www.berlin-institut.org/online-handbuchdemografie/bevoelkerungsdynamik/auswirkungen/urbanisierung/entwicklung-von-urbanisierung.html
Die Entwicklung der Urbanisierung von den Anfängen bis heute erläutert Prof. Jürgen Baehr, Universität Kiel, auf der Website des Berliner Instituts für Bevölkerungsentwicklung.

Internettipp
www.umdenken.de
Das Online-Angebot der Landeszentrale für Umweltaufklärung Rheinland-Pfalz (LZU)

Urbanisierung und Umweltgefährdung

Seit der Industrialisierung veränderte sich das Verhältnis des Menschen zu seiner Umwelt. Schon die Zeitgenossen erkannten, dass eine intensive Nutzung der natürlichen Ressourcen Mensch und Natur schaden konnte. Ein Beispiel dafür ist die zunehmende **Wasserverschmutzung** durch industrielle Abwässer. Die durch tierische und menschliche Exkremente, durch Abfälle aus Haushalten und Schlachthöfen sowie durch industrielle Abwässer verunreinigten Flüsse, Bäche und Brunnen stellten eine kaum zu unterschätzende Gefahr für die Gesundheit dar (M 5). Hinzu kamen die starke Verschmutzung der Straßen und Gassen sowie der damit verbundene Gestank und die katastrophalen hygienischen Zustände. Bei einer Choleraepidemie in Hamburg in den 1890er-Jahren gab es in nur zwei Monaten 18 000 Kranke und 7600 Tote. Die Kanalisation der Städte, die um 1900 weitgehend realisiert war, sowie eine verbesserte Stadtplanung gehörten zu den ersten und wichtigsten Maßnahmen zur Verminderung der Umweltbelastungen.
Auch das Problem der **Luftverschmutzung** existierte bereits im 19. Jahrhundert: Verantwortlich dafür waren noch nicht die Autos, da Deutschland bis 1914 ein weitgehend autofreies Land blieb. Klagen über den Gestank der Auspuffgase und deren Auswirkungen auf die Atmosphäre beherrschten die Umweltdiskussion erst im 20. Jahrhundert. Umso mehr beschäftigten sich Medizin und Naturwissenschaft während der Industriellen Revolution mit der Luftverschmutzung durch Rauchschäden, die durch den Einsatz der Kohle zunahmen. Filter sollten verhindern, dass Schadstoffe in die Luft gelangten, möglichst hohe Schornsteine den Rauch weitflächig verteilen und die Schadstoffe verdünnen. Dadurch wurde das Problem jedoch nicht gelöst, sondern allenfalls auf andere Regionen verteilt. Bei Konflikten um den Vorrang von Naturschutz oder industriellem Wachstum trug oft die Industrie den Sieg davon. Denn qualmende Schornsteine galten im 19. Jahrhundert auch als Zeichen für wirtschaftlichen Fortschritt und Wohlstand.

1 Fassen Sie die Entstehung der „sozialen Frage" und die Vorschläge zu ihrer Lösung zusammen.

M4 Lebensverhältnisse von Arbeiterfamilien zu Beginn des 20. Jahrhunderts

a) Der Arbeitstag einer Textilarbeiterin, 1909:

Wenn der Morgen grau heraufdämmert, so eilen wir Spulerinnen mit unseren kleinen Kindern in Scharen durch die Gassen, um die Kleinen tagsüber unterzubringen. Da trägt eine Mutter zwei Kinderchen in einem Bett verpackt, eine andere fährt einen Karren, aus dem ein paar verschlafene Köpfchen hervorgucken; da läuft neben der Frau, die das Jüngste auf dem Arm hat, der Mann, dem zwei ältere Sprösslinge auf den Schultern hocken. Man könnte meinen, die Kinder werden zum Verkauf auf den Markt gebracht. Die aus dem Schlaf gerissenen Kleinen schreien und jammern oft herzbrechend, die Mütter seufzen, manch eine schilt wohl auch, wenn das Weinen zu laut wird, obgleich ihr selbst die Tränen nahe sind.
Sind die Kinder versorgt, so laufen die Mütter hastig zur Fabrik, um an surrenden Maschinen ein Stück Brot zu verdienen. Kaum haben wir den Fabriksaal betreten, so heißt es: schuften! [...]
Um halb zwölf Uhr mittags geht es im Laufschritt, marsch, marsch nach Hause, um das berühmte Proletarieressen, Kartoffeln und Hering, zu richten. [...] Um halb ein Uhr geht es

dann wieder im Trab in die Fabrik, wo wir müde und gehetzt bis halb sechs oder halb sieben schanzen. [...] Nach Arbeitsschluss eilen wir aufs Neue durch die Gassen, um unsere Kinder zusammenzuholen.
Sind alle daheim, so wird für die ganze Familie eine Brühe zurechtgemacht, die mit Kaffee nur den Namen gemein hat; vielleicht ist für den Mann ein Stück Hering oder ein Teller Suppe vom Mittagessen übrig geblieben. Sobald wir gegessen haben und die Kinder zu Bett gebracht sind, beginnt für uns Frauen die Quälerei von Neuem. Mit einem Eimer auf dem Kopf, einem anderen in der Hand, hasten wir eine viertel oder eine halbe Stunde weit an den Bach, um zu waschen. Gar manchmal wird es zwölf Uhr und noch später, bis wir damit fertig sind.

Der Textilarbeiter, Nr. 6, 1909

b) Arbeiterwohnung in Berlin, Fotografie, 1908

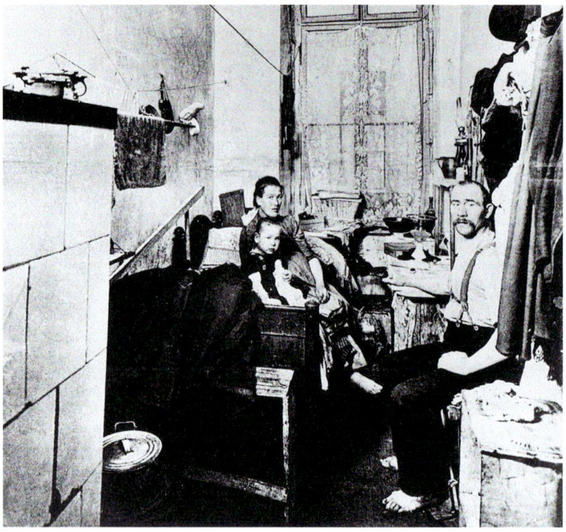

1 Beschreiben Sie M 4 b. Charakterisieren Sie, davon ausgehend, die Lebensverhältnisse von Arbeitern im kaiserlichen Deutschland.

2 Beschreiben Sie den Arbeitstag einer Textilarbeiterin (M 4 a). Vergleichen Sie mit den Anforderungen eines heutigen Arbeitstages.

Weiterführende Arbeitsanregung

3 Die Industrialisierung hat nicht nur die Geschlechter- und Familienverhältnisse nachhaltig verändert. Darüber hinaus entstand in der zweiten Hälfte des 19. Jahrhunderts die – bürgerliche und proletarische – Frauenbewegung. Organisieren Sie ein Projekt:
a) Untersuchen Sie die Geschlechterverhältnisse in bürgerlichen und proletarischen Familien im Zeitalter der Industrialisierung.
b) Analysieren Sie Entstehung und Ziele der bürgerlichen und proletarischen Frauenbewegung in Deutschland.

Literaturtipp

Volker Berghahn, Das Kaiserreich 1871–1914. Industriegesellschaft, bürgerliche Kultur und autoritärer Staat, Klett-Cotta, Stuttgart 2003 (= Gebhardt. Handbuch der deutschen Geschichte, 10. völlig neu bearb. Aufl., Bd. 16), S. 121–138
Gisela Bock, Frauen in der europäischen Geschichte. Vom Mittelalter bis zur Gegenwart, C. H. Beck, München 2000
Ute Frevert, Frauen-Geschichte. Zwischen bürgerlicher Verfassung und neuer Weiblichkeit, edition suhrkamp, Frankfurt/Main 1986
Volker Ullrich, Die nervöse Großmacht 1871–1918. Aufstieg und Untergang des deutschen Kaiserreichs, S. Fischer, Frankfurt/M. 1997, S. 313–339

M 5 Wirtschaftliche Interessen und Umweltschutz: Fischsterben in der Nahe, 1905

1905 berichtete eine Zeitung über ein Fischsterben in dem Fluss Nahe bei der Stadt Sobernheim (heute Rheinland-Pfalz). Artikel und Leserbriefe beschäftigten sich mit der Frage, ob die Abwässer der nahe gelegenen Leimfabrik Caesar & Ewald verantwortlich für das Fischsterben waren und welche Konsequenzen daraus zu ziehen seien. Aus dem Artikel:

Ein widerlicher Anblick bot sich am Himmelfahrtstage den zahlreichen Spaziergängern dar, die ihre Schritte nach den jenseits der Nahe gelegenen Waldanlagen gelenkt hatten [...]. In kalkmilchartiger Färbung floss das Wasser der Nahe langsam dahin – die lange Dürre hatte das Nahebett nahezu trocken gelegt – und Tausende und Abertausende toter und sterbender Fische, darunter Hechte und Forellen bis zu 3 Pfund [...], trieben in der Flut. Viele Leute machten sich diesen Umstand zunutze und holten die Tiere heraus, um sie zum Verspeisen mit nach Hause zu nehmen – ein nicht unbedenkliches Unterfangen, war es doch dem Urteilsfähigen sofort klar, dass die armen Tiere nur einer Vergiftung zum Opfer gefallen sein konnten. [...] Die Angelegenheit ist der Staatsanwaltschaft zur näheren Untersuchung übergeben worden. Hoffentlich gelingt es dieser, hier endlich einmal Wandel zu schaffen. Ist doch der Gedanke nicht abzuweisen, dass auch die nicht eingegangenen Fische infolge des Kalkwassers krank und der menschlichen Gesundheit leicht von Schaden sein können. Außerdem ist der Flusslauf durch die Kalk- bzw. Rückstände in Form eines grau-weißen stinkenden Niederschlags auf eine lange Strecke derart besudelt, dass ein Bad im Flusse nur unter Überwindung eines großen Ekelgefühls möglich ist.

Aus einem Leserbrief (der zunächst Argumente aufzählt, warum die Fabrik nicht Verursacher des Fischsterbens gewesen sein kann):

Wollte man aber auch annehmen, dass durch die Zufuhr der Abwässer ein Teil der Fische einginge, so steht die Stadt Sobernheim vor der Frage, ob sie unter allen Umständen die Fischzucht hochhalten[1] und der Industrie die Wege verlegen will, oder ob es ratsamer ist, einen Teil der Fische zugrunde gehen zu lassen und der Industrie die Wege zu bahnen. Bei Beantwortung dieser Frage müssen folgende Tatsachen in Betracht gezogen werden: Die Fischereipacht bringt der Stadt jährlich zirka 200 Mark ein. Die Firma Caesar

& Ewald zahlt jährlich, abgesehen von sonstigen Ausgaben, allein an Arbeitslöhnen durchschnittlich 35 000 Mark. Die Firma muss den Betrieb einstellen, wenn sie ihre Abwässer nicht mehr los wird. Wollen wir also nur eine Bevölkerung haben, die Landwirtschaft treibt und möglichst dafür sorgen, dass die Spaziergänger an dem klaren Spiegel der Nahe sich erfreuen können, so müssen wir die Industrie lahmlegen. Wollen wir aber, was tatsächlich der Fall ist, der ärmeren Bevölkerung Unterhalt verschaffen, dieselbe vor dem Auswandern schützen und damit den Verkehr und die Geschäfte heben, so ist es nicht zu umgehen, auf die Industrie Rücksicht und die Unannehmlichkeiten, welche sie mit sich bringt, mit in den Kauf zu nehmen.

Zit. nach: Jens Flemming/Klaus Saul/Peter-Christian Witt (Hg.), Quellen zur Alltagsgeschichte der Deutschen 1871–1914, WBG, Darmstadt 1997, S. 56ff.

1 Vom Fischsterben war auch die städtische Forellenzucht betroffen.

1 Arbeiten Sie die einzelnen Argumentationsschritte des Leserbriefschreibers heraus und nehmen Sie Stellung dazu.
2 Entwerfen Sie ein Antwortschreiben aus der Perspektive des Stadtrats.

b) Der prassende Altersrentner, Farblithografie aus dem sozialdemokratischen Satireblatt „Der wahre Jakob", 1891

1 Arbeiten Sie, ausgehend von der Karikatur (M 6 b), heraus, wie die SPD die Sozialversicherung beurteilte.

M6 Die Entstehung des deutschen Sozialstaats

a) Die Sozialversicherungsgesetze 1883/1884/1889

	Krankenversicherung (1883)	Unfallversicherung (1884)	Invaliditäts- und Alterssicherung (1889)
Betroffene	Arbeiter (ohne Familienangehörige; seit 1900 einbezogen), ausgenommen Land- und Forstarbeiter	Arbeiter	Arbeiter Angestellte bis 2000 Mark Verdienst jährlich, Familienangehörige nicht mit einbezogen
Leistungen	Freie ärztliche Behandlung: Krankengeld in Höhe der Hälfte des ortsüblichen Tageslohnes bei Erwerbsunfähigkeit	Kosten für ein Heilverfahren Rente für Dauer einer Erwerbsunfähigkeit Rente in Höhe von ⅔ des Verdienstes bei völliger Erwerbsunfähigkeit	Invalidenrente bei dauernder oder länger als 1 Jahr währender Erwerbsunfähigkeit Altersrente ab 70. Lebensjahr Lohnklasse 1: 106 Mark jährl. Lohnklasse 4: 191 Mark jährl.
Dauer	Krankengeld für 13 Wochen	Heilverfahren und Rente ab 14. Woche	Wartezeit: Invalidenrente: 5 Beitragsjahre Altersrente: 30 Beitragsjahre
Beitragszahler	⅔ Versicherter ⅓ Arbeitgeber	Arbeitgeber	½ Arbeitnehmer ½ Arbeitgeber staatlicher Zuschuss von 50 Mark jährlich pro Rente
Träger	Ortskrankenkassen	Berufsgenossenschaften, gegliedert nach Gewerbegruppen	Landesversicherungsanstalten

Jost Cramer/G. Zollmann, Der Staat und die soziale Frage, in: Wirtschaft und Gesellschaft, Bd. 2, Klett, Stuttgart o. J., M 102

1 Erläutern Sie Finanzierung, Leistungen und Leistungsempfänger der bismarckschen Sozialversicherung (M 6 a).

M7 Bevölkerungs- und Städtewachstum in Preußen/Deutschland 1816–1910

	Jahr	Gesamteinwohnerzahl (in 1000)	Davon Stadtbevölkerung (in %)	Von der Stadtbevölkerung lebten in Gemeinden mit … Einwohnern (in %)				
				Unter 2000	2000 bis 5000	5000 bis 20 000	20 000 bis 100 000	Über 100 000
Preußen	1816	10 320	27,9	–	–	4,2	4,1	1,8
	1849	16 331	28,1	–	–	8,5	4,8	3,3
	1871	24 640	37,2	62,8	12,3	11,9	7,8	5,4
	1910	40 167	61,5	38,4	10,2	14,1	14,7	22,4
Deutsches Reich	1871	41 010	36,1	63,9	12,4	11,2	7,7	4,8
	1910	64 926	60,0	40,0	11,2	14,1	13,4	21,3

Jürgen Reulecke, Geschichte der Urbanisierung in Deutschland, Suhrkamp, Frankfurt/M. 1985, S. 202

M8 Städtewachstum im Industriezeitalter 1865 und 1905

a) Der Plärrer in Nürnberg, Fotografie, 1865

b) Der Plärrer in Nürnberg, Fotografie, 1905

1 Analysieren und interpretieren Sie das Bevölkerungs- und Städtewachstum in Preußen und Deutschland im 19. Jahrhundert (M 7).

2 Beschreiben und vergleichen Sie die Fotografien (M 8 a, b) von 1865 und 1905 anhand folgender Kriterien:
a) Begriffsverständnis von „Straße", „Platz" und „Haus",
b) Charakterisierung des Weichbildes der Stadt.
c) Erläutern Sie anhand der Fotografien den Begriff der Urbanisierung. Charakterisieren Sie dabei sowohl den Begriff der Verstädterung als auch den des städtischen Lebensstils.

5 Industrialisierung und Globalisierung

Technologischer Wandel

Das stetige Wirtschaftswachstum im Deutschen Reich nach der Gründerkrise hatte seinen Grund zum einen im verstärkten Kapitaleinsatz und in der Zunahme der Arbeitskräfte in der Industrie, zum anderen in den neu entwickelten Technologien einzelner Industriezweige. In der **Montan- und Schwerindustrie** (M 1 a, b) konnten durch Verbesserungen der Bergbautechnik große Zuwächse erzielt werden. Das bisher zur Stahlerzeugung untaugliche phosphorhaltige Eisenerz Lothringens wurde 1879 durch ein neues Verfahren (Thomas-Verfahren) verwertbar. Die Stabeisen- und Stabstahlproduktion fand in der neuen Stahlbetonbauweise ab 1885 in Hoch- und Tiefbau Absatz. Die Stahlqualität wurde durch die Erfindung des rostfreien Stahls bei Krupp 1912 verbessert.

Der technologische Wandel bewirkte außerdem den Durchbruch Deutschlands in der **Elektrotechnik** (M 3). Elektrisches Licht, Telefon und Elektromotor hielten Einzug in das Alltagsleben. Außerdem profitierte die chemische Industrie vom wissenschaftlich-technischen Fortschritt. Die Farbwerke entwickelten nun Kunststoffe (Bakelit, Zellophan, Kunstseide), Explosivstoffe (Sicherheitssprengstoffe seit 1885), Kunstdünger und Arzneimittel. Vor dem Ersten Weltkrieg erbrachte die deutsche **Chemieindustrie** 80 % der Weltproduktion. Die Entwicklung von Verbrennungsmotoren (Viertaktbenzin- und Dieselmotor) leitete dabei nicht allein das Zeitalter des Individualverkehrs, sondern auch eine neue Ära der Schifffahrt und der Flugzeuge ein. Benzin- und Elektromotoren ermöglichten überdies die Umstellung mancher Maschinen von Handbetrieb auf mechanische Antriebskräfte. Der elektrische Kran, der früher von Hand gesteuert wurde, ist ein eindrucksvolles Beispiel dafür.

Internettipp
www.planet-wissen.de/pw/Artikel,,,,F0EF0836C9521D22E0340003BA5E0905,,,,,,,,,,,,.html
Die Geschichte der Stahlherstellung und -industrie dokumentiert „Planet Wissen", die Website des Jugendradios von SWR, WDR und BR alpha.

Internettipp
www.ieap.uni-kiel.de/plasma/ag-piel/vorl/kap30/kap30.html
„Eine kleine Geschichte der Elektrizität", ihrer Entdeckung und Erforscher stellt das schön gestaltete Vorlesungsskript des Physikers Prof. Alexander Piel, Universität Kiel (1999) vor.

Rationalisierung der Arbeit

Ein entscheidender Schritt bei der **Rationalisierung, Mechanisierung** und **Automatisierung** der Fabrikproduktion war die Einführung des **Fließbandes** im ausgehenden 19. und beginnenden 20. Jahrhundert. Es erlaubte die Zerlegung der Fertigung in eine zusammenhängende Folge maschineller Vorgänge und kleiner Arbeitsschritte. Für die Ausführung der einzelnen manuellen Arbeiten benötigten die Unternehmer keine teuren Facharbeiter, sondern es genügten billigere, angelernte Arbeiter. Allerdings mussten für die mechanisierten Arbeiten zum Teil sehr teure Spezialmaschinen entwickelt und angeschafft werden. Um die Kosten für den Einsatz dieser Maschinen möglichst niedrig zu halten bzw. die Arbeitsproduktivität zu erhöhen, ließen die Unternehmer Arbeitsabläufe, -zeiten und -leistungen wissenschaftlich untersuchen. Die Ergebnisse dieser Analysen mündeten in detaillierte Planung der Arbeitsabläufe. Die Arbeiter erhielten genaue Vorgaben, welche Leistungen sie in bestimmten Zeiten zu erbringen hatten. Dieses System der Arbeitsorganisation, das nach der Jahrhundertwende in Deutschland auf zunehmendes Interesse stieß, wird **Taylorismus*** genannt. Die Fließbandarbeit beschleunigte die Produktion und schuf durch die Serienproduktion mit austauschbaren Einzelteilen die Voraussetzungen für die Herstellung von Massenartikeln: zunächst einfachere Produkte wie Gewehre oder Schuhe, später Nähmaschinen, Fahrräder, Schreibmaschinen und Autos.

Einige deutsche Unternehmer beschafften sich die zur Mechanisierung ihrer Produktion nötigen Kenntnisse in den USA, die auf diesem Gebiet einen Vorsprung besaßen. So führte die Amerika-Begeisterung von Werner von Siemens zur immer stärkeren Rationalisierung seines Betriebes nach 1870. Der „amerikanische Saal" der Firma Siemens diente der Serienfertigung bestimmter Torpedos und

Taylorismus
Der amerikanische Ingenieur und Betriebswirtschaftler Frederic Winslow Taylor (1856–1915) begründete eine Methode zur Erhöhung der Produktivität der physischen Arbeit in der industriellen Fertigung. Sie wird nach ihm benannt oder auch als *scientific management* bzw. wissenschaftliche Betriebsführung bezeichnet. Die Arbeitstätigkeit wird dabei mittels Zeit- und Bewegungsstudien exakt analysiert und so der optimale Bewegungsablauf festgelegt. Jedem kleinen Arbeitsschritt wird eine exakte Zeit vorgegeben. So lassen sich die Gesamtdauer einer bestimmten Arbeit berechnen und gleichzeitig Rationalisierungsreserven erschließen. Zusätzlich soll die Produktivität durch leistungsorientierte Lohnformen wie z. B. den Akkordlohn gesteigert werden. Der Taylorimus hat eine wesentliche Rationalisierung der Industriearbeit bewirkt. Kritisiert wurde er wegen seines mechanistischen Menschenbildes, das im Arbeiter wesentlich eine Maschine sieht.

Technische Erfindungen 1850–1910

1850–1860
Petroleumlampe, Drucktelegraf, Bessemerverfahren zur Stahlerzeugung, Stahlformguss, Ozeanschiff aus Stahl, Kathodenstrahlen, Akkumulator, Dampfpflug

1860–1870
Gasmotor, Rotationsdruckmaschine, Telefon, Milchzentrifuge, Eisenbeton, Dynamo, Ammoniak-Soda-Verfahren, Siemens-Martin-Verfahren, Dynamit, Schreibmaschine, Zellulose, künstliches Indigo

1870–1880
Otto-Motor, Phonograph, Pressglas, Edisons Glühbirne, Edison-Sprechmaschine, Luftdruckbremse, Kältemaschine, elektrische Eisenbahn

1880–1890
Dampfturbine, elektrische Straßenbahn, Daimler-Verbrennungsmotor, Kunstseide, Gasglühlicht, nahtlose Röhren, elektrischer Schmelzofen, Motorrad, Benz-Automobil, Trockenbatterie

1890–1900
Farbfotografie, Dieselmotor, Filmaufnahmegerät, drahtlose Telegrafie, erster Kunststoff, Radium, lenkbares Luftschiff, Stickstoff aus der Luft, Luftreifen

1900–1910
Rasierklinge, Staubsauger, Ultramikroskop, erster Motorflug, autogenes Schweißen, Turbo-Transformation, Neonlicht, Farbfilm, Betonguss, synthetischer Kautschuk

Internettipp
www.dadalos-d.org/globalisierung
Einen „Grundkurs Globalisierung" zur aktuellen Globalisierungsdiskussion bietet der UNESCO-Bildungsserver D@dalos an.

Telegrafengeräte. Siemens erkannte zudem, dass die Mechanisierung und Automatisierung der Fertigung eine entscheidende Bedingung für die **Massenproduktion** war. Das Unternehmen sei „namentlich seit einem Jahr", schrieb er 1872, „eifrig bestrebt, wie die Amerikaner alles mit Spezialmaschinen zu machen"; das habe sich „auch schon brillant bewährt". Und er fügte hinzu: „Jetzt sind wir alle davon überzeugt, dass in der Anwendung der amerikanischen Arbeitsmethode unser künftiges Heil liegt, und dass wir in diesem Sinne unsere ganze Geschäftsleitung ändern müssen. Nur Massenfabrikation darf künftig unsere Aufgabe sein, darin können wir künftig jedes Bedürfnis befriedigen und jede Konkurrenz überwinden!"

Internationaler Vergleich

Die Technisierung und Mechanisierung der Produktion beschleunigte nicht nur den Übergang Deutschlands von einer Agrargesellschaft zum Industriestaat, sondern trug auch dazu bei, dass das Deutsche Reich bis zum Ersten Weltkrieg seine Stellung unter den Industrienationen verbesserte (M 2 a, b).
Lange Zeit konnte das industrielle Pionierland Großbritannien seine wirtschaftliche Führungsrolle behaupten. Aufgrund enormer Produktionssteigerungen holte jedoch das Deutsche Reich an der Wende vom 19. zum 20. Jahrhundert gegenüber England auf. In diesem Wettlauf konnte Frankreich, dessen Industrieproduktion im Vergleich zu England und Deutschland stagnierte, nicht mithalten. Trotz hoher Wachstumsraten blieb auch Russland eine führende Position unter den Industrienationen versagt. Der Siegeszug der Industrialisierung führte überdies dazu, dass Europa und die USA die Weltwirtschaft zu Beginn des 20. Jahrhunderts beherrschten, während andere Kontinente ins Hintertreffen gerieten.

Globalisierung

Nach einer **Definition** der Historiker Jürgen Osterhammel und Niels P. Petersson aus dem Jahre 2003 lässt sich Globalisierung bestimmen „als der Aufbau, die Verdichtung und die zunehmende Bedeutung weltweiter Vernetzung". Dieser Prozess beschleunigte sich mit der Industrialisierung (M 4, M 5). Unter ihrem Einfluss verbesserten sich die Produktions-, Transport- und Kommunikationskapazitäten derart, dass die weltweite Verflechtung des Wirtschaftslebens bisher unbekannte Ausmaße annahm (s. S. 330 ff.). Außerdem verwies das starke Wachstum die neuen Industrien besonders in der zweiten Hälfte des 19. Jahrhunderts auf den internationalen Güteraustausch. Längst nicht alle produzierten Güter konnten auf dem Binnenmarkt abgesetzt werden, sondern fanden Abnehmer im Ausland. Auch bei der Beschaffung von Rohstoffen oder Maschinen und anderen Produkten, wie z. B. Halbfabrikaten, waren viele Unternehmen immer stärker auf ausländische Zulieferer angewiesen. Der internationale Güteraustausch wurde dabei überwiegend zwischen den industrialisierten Ländern abgewickelt, weil nur sie genügend Tauschgüter anzubieten hatten. Das Schwergewicht der Weltwirtschaft lag bis zum Ersten Weltkrieg in Europa. In den letzten Friedensjahren bestanden 51 % der Weltwirtschaft im Güteraustausch zwischen den Industriemächten, und die damals führenden Industrienationen, England und Deutschland, waren einander die besten Kunden.
Da die Industriemächte immer stärker auf ausländische **Absatz- und Rohstoffmärkte** angewiesen waren, nahm auch die Konkurrenz unter ihnen zu. Aufgrund seines Industrialisierungsvorsprunges konnte Großbritannien lange Zeit den Welthandel unangefochten beherrschen. Doch je mehr Staaten das britische Modell nachahmten und gleichzogen, desto heftiger wurden die internationalen Verteilungskämpfe um Rohstoff- und Exportmärkte. Das zeigte sich nicht zuletzt in dem Bestreben der europäischen Mächte, Besitzungen bzw. wirtschaftliche oder politische Einflusssphären in der außereuropäischen Welt zu erwerben. Dabei be-

saß das britische Empire mit seinem riesigen Kolonialreich einen deutlichen Vorsprung. Frankreich und Deutschland verstärkten in der zweiten Hälfte des 19. Jahrhunderts mit dem entsprechenden „Säbelrasseln" ihre Bemühungen, sich einen Anteil an den noch nicht verteilten Stücken des „Weltkuchens" zu sichern. Insofern hingen Industrialisierung und Imperialismus eng miteinander zusammen (s. S. 307 ff.).

1 Begründen Sie die These des Darstellungstextes (S. 278), dass die Technisierung und Mechanisierung der Produktion den Übergang Deutschlands von einer Agrargesellschaft zum Industriestaat beschleunigte und außerdem dazu beitrug, dass das Deutsche Reich bis zum Ersten Weltkrieg seine Stellung unter den Industrienationen verbesserte.
2 Erläutern Sie den Zusammenhang von Industrialisierung und Imperialismus.

M1 Maschinen in der Eisenindustrie

a) Stielhämmer im Eisenwerk Maffei bei München (die 1837 erworbenen Hämmer waren bis zu ihrem Abriss um 1900 in Betrieb), Fotografie, um 1900

b) Hammerschmiede im Eisenwerk Maffei Mitte der 1920er-Jahre, Fotografie, um 1925

1 Diskutieren Sie anhand dieser beiden Bilder (M 1 a, b) die These des Statistikers Ernst Engel aus dem Jahre 1875, dass Maschinen überall „Glück und Segen" gebracht hätten.

M2 Die internationale Stellung der Industrienationen 1880–1938

a) Gesamtes Industriepotenzial der Mächte im Vergleich 1880–1938 (Großbritannien: 1900 = 100)

	1880	1900	1913	1928	1938
Großbritannien	73,3	[100]	127,2	135	181
Vereinigte Staaten	46,9	127,8	298,1	533	528
Deutschland	27,4	71,2	137,7	158	214
Frankreich	25,1	36,8	57,3	82	74
Russland	24,5	47,5	76,6	72	152
Österreich-Ungarn	14	25,6	40,7	–	–
Italien	8,1	13,6	22,5	37	46
Japan	7,6	13	25,1	45	88

Paul Kennedy, Aufstieg und Fall der großen Mächte. Ökonomischer Wandel und militärischer Konflikt von 1500 bis 2000, S. Fischer, Frankfurt/M. 1989, S. 311

b) Relative Anteile an der Welt-Industrieproduktion 1880–1938 (in %)

	1880	1900	1913	1928	1938
Großbritannien	22,9	18,5	13,6	9,9	10,7
Vereinigte Staaten	14,7	23,6	32,0	39,3	31,4
Deutschland	8,5	13,2	14,8	11,6	12,7
Frankreich	7,8	6,8	6,1	6,0	4,4
Russland	7,6	8,8	8,2	5,3	9,0
Österreich-Ungarn	4,4	4,7	4,4	–	–
Italien	2,5	2,5	2,4	2,7	2,8

Paul Kennedy, Aufstieg und Fall der großen Mächte. Ökonomischer Wandel und militärischer Konflikt von 1500 bis 2000, S. Fischer, Frankfurt/M. 1989, S. 311

1 Erläutern Sie die wirtschaftliche Stellung Deutschlands unter den Industriestaaten im ausgehenden 19. und beginnenden 20. Jahrhundert (M 2 a und b). Nutzen Sie die auf S. 282 f. erläuterten Arbeitsschritte.

M3 Kraft und Energie durch Elektrifizierung, zeitgenössische Anzeige zur Elektrizität, 1904/05

1 a) Erläutern Sie die Überschrift über der Anzeige (M 3) „Kraft und Energie durch Elektrizität". Beziehen Sie auch die Schlagzeile „Lebenskraft und Lebensfreude!" in Ihre Überlegungen mit ein.
b) Überprüfen Sie, ausgehend von M 3, wo auch heute noch im Alltagsdenken und in der Alltagssprache das Symbol der Elektrizität eine Rolle spielt.

2 Diskutieren Sie, inwieweit die moderne Computertechnologie unser heutiges Denken und Sprechen beeinflusst.

M4 Die Historiker Jürgen Osterhammel und Niels P. Petersson über Globalisierungserfahrungen und Weltwirtschaft in der zweiten Hälfte des 19. Jahrhunderts, 2003

Für viele Menschen wurde Globalisierung zuerst durch die Auswirkungen weltwirtschaftlicher Verflechtungen zur Alltagserfahrung. Spätestens seit den 1880er-Jahren war alltagssprachlich von einer Weltwirtschaft die Rede. In den Jahren bis zum Ersten Weltkrieg erfolgte noch einmal ein gewaltiger Schub weltwirtschaftlicher Vernetzung. Man kann die Weltwirtschaft der Jahrhundertwende entweder als ein multilaterales, nicht in kleinere Einheiten auflösbares System beschreiben oder eher die je nach dem sozialen und geografischen Ort sehr unterschiedlichen Formen und Auswirkungen weltwirtschaftlicher Einbindung betonen. [...] Wichtig sind die folgenden drei Punkte:

(1) Die interkontinentalen Ströme von Arbeitskraft, Kapital und Gütern waren aufeinander bezogen und bedingten einander gegenseitig. Europäische Kapitalexporte finanzierten den Ausbau der weltwirtschaftlichen Infrastruktur – und britische Privatleute legten über Jahrzehnte hinweg jedes Jahr 5 bis 7 % des britischen Sozialprodukts in ausländischen Staatspapieren, Eisenbahnaktien etc. an. Dieser Kapitalexport wirkte nicht nur in Form einer weltweiten Nachfrage nach Lokomotiven, Kanalisationsröhren und Generatoren wieder nach Europa zurück, sondern schloss auch immer neue Gebiete an die Weltwirtschaft an, in denen Europäer siedelten und vor allem Agrarprodukte für den Export produzierten. Das Zinseinkommen der Kapitalexporteure deckte unterdessen deren Handelsbilanzdefizit, wirkte sich also als Nachfrage nach Importwaren aus. Industrieunternehmen reagierten auf die geografische Ausweitung ihrer Absatzgebiete, indem sie in Produktionsanlagen investierten, die nur durch einen Absatz im Weltmaßstab auszulasten waren, oder sie etablierten Zweigwerke im Ausland und verwandelten sich in multinationale Konzerne.

(2) Zwischen 1870 und 1914 wuchsen untereinander nur lose verbundene Handelsnetze, deren Zentrum zumeist in London lag, zu einem geschlossenen System zusammen. Wichtigstes Anzeichen dafür ist, dass der Ausgleich von Handels- und Zahlungsbilanzen nun multilateral erfolgte. Das Bild einer „halbierten", auf die Nordhalbkugel beschränkten Globalisierung vernachlässigt nicht nur die Auswirkungen weltwirtschaftlicher Einbindung auf außereuropäische Völker, sondern auch die Bedeutung des multilateralen Zahlungsausgleichs für nur dem Anschein nach bilaterale Exportgeschäfte.

(3) Der Systemzusammenhang der Weltwirtschaft konnte nur dank einer ausgefeilten Infrastruktur funktionieren, deren Existenz von nationalstaatlicher Initiative abhing. Die Verkehrs- und Kommunikationsinfrastruktur war zwar zu einem weitaus größeren Teil, als man sich das heute vorstellen kann, privat finanziert, doch der grenzüberschreitende Bahn-, Post- und Telegrafenverkehr erforderte es, dass Regierungen sich über technische Standards und Modalitäten wie die ungehinderte Durchleitung von Telegrafensignalen einigten. Wie sehr die Globalisierung vor 1914 auf staatlich geschaffenen Voraussetzungen beruhte, zeigt das Beispiel des internationalen Währungssystems. Seit den 1870er-Jahren standen alle wichtigen Handelswährungen in einem festen Verhältnis zum Gold, sodass weltumspannende Handels- und Anlagegeschäfte nahezu ungefährdet von Kursschwankungen und Inflationsrisiken abgeschlossen werden konnten. Unter den Bedingungen des Goldstandards waren so wichtige wirtschaftspolitische Richtungsentscheidungen wie die Festlegung auf Währungsstabilität, niedrige Staatsausgaben und einen freien Kapitalverkehr praktisch durch das Währungssystem vorgegeben.

Jürgen Osterhammel, Niels P. Petersson, Geschichte der Globalisierung. Dimensionen, Prozesse, Epochen, C. H. Beck, München 2003, S. 65 ff.

1 **Arbeiten Sie mithilfe von M 4 die zentralen Merkmale der Globalisierungsprozesse in den Jahrzehnten vor dem Ersten Weltkrieg heraus.**

M5 Der Historiker Cornelius Torp über deutsche Vor- und Nachteile im Globalisierungsprozess, 2005

Als die globale Ökonomie vor dem Ersten Weltkrieg ihre Belle Epoque erlebte, war die Wirtschaft des Deutschen Kaiserreichs hochgradig in sie integriert. Das gilt vor allem auch für den Welthandel, von dem Deutschland als die zweitgrößte Handelsnation vor 1914 einen kontinuierlich wachsenden Anteil auf sich vereinigen konnte und damit dem an Boden verlierenden Großbritannien zunehmend seine Führungsrolle streitig machte. Umgekehrt gewann der Außenhandel auch für die deutsche Volkswirtschaft immer mehr an Bedeutung: Da sowohl Einfuhr als auch Ausfuhr schneller als das Bruttosozialprodukt anstiegen, erreichte die deutsche Weltmarktverflechtung mit einer Exportquote von 15,8 % und einer Importquote von 19,2 % im Jahrfünft vor dem Weltkrieg ein bislang unbekanntes Ausmaß. Das bedeutete auf der einen Seite, dass die deutsche Wirtschaft mehr als jemals zuvor vom Bezug von Nahrungsmitteln, Rohstoffen und industriellen Halb- und Fertigprodukten aus dem Ausland abhängig war. Auf der anderen Seite bildete der Export für die deutsche Industrie einen Nachfragefaktor von entscheidendem Gewicht.

Während die deutsche Volkswirtschaft langfristig und als Ganzes massiv von ihrer Einbindung in den Weltmarkt profitierte, wirkte diese sich kurz- und mittelfristig sehr unterschiedlich auf verschiedene Gruppen innerhalb des deutschen Nationalstaates aus. Zu den Gewinnern der Globalisierung gehörten jene Teile der deutschen Industrie – allen voran der Maschinenbau, die chemische und die Elektroindustrie, aber nicht nur sie –, die auf den Import von Rohstoffen und Vorprodukten angewiesen waren und die einen Großteil ihrer Erzeugnisse im Ausland absetzten. Häufig bildete die Exportnachfrage die Grundlage für eine Ausweitung des Produktionsvolumens, die [...] auch deutlich sinkende Stückkosten zur Folge hatte; vielfach gewann der Weltmarkt als Absatzgebiet sogar eine größere Bedeutung als der Binnenmarkt. Dass Dienstleistungsbereiche wie der Außenhandel und die Schifffahrt ein unmittelbares Interesse am Ausbau der internationalen Handelsbeziehungen hatten, erscheint selbstverständlich. Dasselbe gilt aber auch, solange man einen reinen Verbraucherstandpunkt unterstellt, für die Konsumenten, für die das durch den internationalen Konkurrenzdruck verursachte Sinken der Preise für Nahrungsmittel und andere Verbrauchsgüter einen erheblichen Anstieg ihres Realeinkommens bedeutete.

Zu den Verlierern der Globalisierung zählte dagegen eindeutig die deutsche Landwirtschaft. Wenn sie sich auch das Weltmarktangebot an günstigen Futter- und Düngemitteln zunutze machen konnte, standen für sie doch ganz die negativen Auswirkungen der Herausbildung eines globalen Marktes für Agrarprodukte im Vordergrund. Trotz erheblicher Produktivitätsfortschritte waren große Teile der deutschen Landwirtschaft am Ende des 19. Jahrhunderts ihrer billiger produzierenden internationalen Konkurrenz in einem freien Weltmarktwettbewerb nicht gewachsen. Das gilt in besonderem Maße für die getreidebauende Landwirtschaft, die sich seit der Mitte der 1870er-Jahre einem säkularen Preisverfall für ihre Erzeugnisse ausgesetzt sah, mit Abstrichen aber auch für die Viehzucht. So gut wie alle deutschen Agrarproduzenten, die über den Subsistenzbedarf hinausgehende Mengen produzierten, besaßen daher ein gemeinsames Interesse an einem breit gestaffelten agrarischen Schutzsystem. Ebenfalls von protektionistischen Maßnahmen profitieren mussten auch jene Industriebranchen, in denen es eine starke Importkonkurrenz gab oder die, wie das etwa in besonderer Weise für die hochgradig kartellierte und vertikal integrierte Schwerindustrie galt, Organisationsformen ausgebildet hatten, welche eine effektive Preisdifferenzierung zwischen Binnen- und Weltmarkt erlaubten. Nicht selten deckten sich die unterschiedlichen außenhandelspolitischen Interessenlagen innerhalb der Industrie aber auch nicht mit den Grenzen zwischen den verschiedenen Branchen, sondern spalteten diese [...] in sich diametral gegenüberstehende Lager.

Cornelius Torp, Die Herausforderung der Globalisierung. Wirtschaft und Politik in Deutschland 1860–1914, Vandenhoeck & Ruprecht, Göttingen 2005, S. 355 ff.

1 Untersuchen Sie mithilfe von M5 die Auswirkungen der Globalisierung auf das Deutsche Reich in den Jahrzehnten vor dem Ersten Weltkrieg:
a) Unterscheiden Sie dabei zwischen Gewinnern und Verlierern.
b) Erläutern Sie, warum nur bestimmte Wirtschaftsbereiche von der Globalisierung profitierten.

Interpretation von Statistiken

M1 Karikatur von Erik Liebermann

Historiker und Wirtschaftswissenschaftler benutzen verschiedene Indikatoren, um wirtschaftliche Entwicklungen zu messen. Wer das relative Gewicht der einzelnen Hauptsektoren (Landwirtschaft, Industrie und Gewerbe, Dienstleistungen) in einer Volkswirtschaft bestimmen will, kann die Wertschöpfung oder die Zahlen der Beschäftigten in den jeweiligen Bereichen miteinander vergleichen. Der sektorale Wandel einer Volkswirtschaft lässt sich erfassen, wenn die entsprechenden Daten über einen längeren Zeitraum miteinander verglichen werden. Aber auch für die Untersuchung wirtschaftlichen Wachstums müssen statistische Größen, z. B. das Sozialprodukt, herangezogen werden. Kurzum: Moderne Wirtschaftsgeschichte kommt ohne die Auswertung von Statistiken nicht aus. Sie können als Zahlentabellen oder als Diagramme, d. h. in grafischer Form, dargestellt werden. Die grafische Umsetzung von Daten macht eine Statistik „lesbarer", d. h. sie erhöht die Anschaulichkeit einer Zahlenreihe.
Mit der Herausbildung der Statistik als Wissenschaftsdisziplin im 18. Jahrhundert und der amtlichen Statistiken in der ersten Hälfte des 19. Jahrhunderts setzte eine engmaschige, kontinuierliche amtliche Datenerhebung für viele Bereiche der Gesellschaft ein. Diese amtlichen Statistiken werden durch Erhebungen von halbamtlichen und privaten Einrichtungen ergänzt, seit dem Zweiten Weltkrieg vor allem durch Meinungsumfragen.
Die Fülle der Daten zwingt zur sorgfältigen Auswahl der für die Fragestellung relevanten Statistiken. Häufig verbinden Historiker in einem Schaubild mehrere Entwicklungslinien miteinander und stellen dadurch Verbindungen zwischen Phänomenen her, die in der Praxis zunächst einmal nichts miteinander zu tun haben müssen. Dabei greifen sie in der Regel auf ein Vorwissen zurück, das sie aus der Analyse und Interpretation anderer Quellengattungen gewonnen haben.

Arbeitsschritte für die Interpretation

1. Einordnung
- Wo wurde die Statistik veröffentlicht?
- Wer ist Autor bzw. der Auftraggeber?
- Wann und aus welchem Anlass ist die Statistik erschienen?
- Was wird thematisiert?

2. Inhalt der Statistik
- Welche Einzelaspekte werden beleuchtet?
- Welche Zahlenwerte sind aufgeführt?
- Welche Kategorien werden in Beziehung gesetzt?
- Welche Einzelinformationen lassen sich aus der Statistik ablesen (Schwerpunkte, Ausschläge, regelhafte Verläufe)?
- Welche Zusammenhänge ergeben sich aus den Datenreihen?

3. Historischer Kontext
- Auf welche historische Epoche bzw. welchen Zeitraum bezieht sich die Statistik?
- Auf welchen geografischen Raum bezieht sich die Statistik?

4. Aussageabsicht
- Welche Intention verfolgte der Autor bzw. Auftraggeber?
- Worüber gibt die Statistik keine Auskunft?
- Gibt es Hinweise auf Manipulationen des Zahlenmaterials?

5. Fazit
- Welche Gesamtaussage lässt sich formulieren?

Übungsaufgabe mit Lösungshinweisen

M2 Beschäftigtenanteile der volkswirtschaftlichen Hauptsektoren in Deutschland 1800–1907 (in %)

Jahr	Landwirtschaft	Industrie und Gewerbe	Dienstleistungen
1800	61,8	21,3	16,9
1825	59,0	22,0	19,0
1846	56,8	23,6	20,4
1855	53,9	25,4	20,4
1861	51,7	27,3	21,0
1871	49,3	28,9	21,8
1882	42,2	35,6	22,2
1895	36,6	38,9	24,8
1907	34,0	40,0	16,0

M3 Beschäftigtenanteile im gewerblichen Sektor der deutschen Wirtschaft 1800–1913 (in %)

Jahr	Verlag	Handwerk	Industrie
1800	43	50	7
1835	43	46	11
1850	39	45	16
1873	21	46	33
1900	5	35	60
1913	4	34	62

Beide Tabellen aus: Toni Pierenkemper, Umstrittene Revolutionen. Die Industrialisierung im 19. Jahrhundert, Fischer Taschenbuch, Frankfurt/M. 1996, S. 96 und 95

1 Interpretieren Sie die beiden Tabellen anhand der genannten Arbeitsschritte.

1. Einordnung
- Autor: Toni Pierenkemper (geb. 1944), Wirtschaftshistoriker
- Erscheinungsdatum: 1996, Autor beruft sich auf andere wissenschaftliche Veröffentlichungen aus den Jahren 1973, 1982, 1987
- Anlass und Erscheinungsort: wissenschaftliche Veröffentlichung über die Geschichte der Industrialisierung im 19. Jh.
- Thema: Untersuchung der Beschäftigtenanteile in wirtschaftlichen und gewerblichen Sektoren der deutschen Wirtschaft 1800–1913

2. Inhalt der Statistik
- Einzelthemen: Entwicklung der Beschäftigten in den volkswirtschaftlichen Hauptsektoren (M 2) und im gewerblichen Sektor (M 3)
- Zahlenwerte: Zeitangaben (Jahreszahlen) und Prozentangaben, keine absoluten Zahlen
- Kategorien, die in Beziehung gesetzt werden: Jahreszahlen zu Beschäftigtenanteilen; Beschäftigte in Landwirtschaft, Industrie und Gewerbe und Dienstleistungen (M 2); Beschäftigte im Verlagswesen, Handwerk und Industrie (M 3)
- Einzelinformationen: Die Zahl der Beschäftigten in der Landwirtschaft nimmt stark ab (M 2); die Zahl der Beschäftigten in Industrie und Gewerbe nimmt stark zu (M 2); die Zahl der im Dienstleistungsbereich Beschäftigten nimmt leicht zu (M 2); die Zahl der Beschäftigten im Verlagswesen nimmt dramatisch ab (M 3); die Zahl der Beschäftigten im Handwerk nimmt leicht ab (M 3); die Zahl der in Industriebetrieben Beschäftigten nimmt dramatisch zu (M 3).
- Zusammenhänge: Die relative Bedeutung des Agrarbereichs nimmt ab, die des gewerblichen Bereiches nimmt zu (M 2); innerhalb des industriellen/gewerblichen Bereiches nimmt die Bedeutung der Industrie in dem Maße zu, wie die des Verlagswesens abnimmt, während das Handwerk an Gewicht verliert, aber eine starke Position behält (M 3).

3. Historischer Kontext
- Zeitraum/Epoche: Industrialisierung im 19. Jahrhundert
- Geografischer Raum: Deutschland

4. Aussageabsicht
- Intention: Der Autor will seine Forschungsergebnisse mit empirischem Zahlenmaterial absichern, d. h. Belege für seine These anführen; die wissenschaftliche Seriosität soll verdeutlicht werden.
- Hinweise auf Manipulationen: keine

5. Fazit

Industrialisierung bedeutet sektoralen Wandel: Die Bedeutung der Agrarproduktion ging im 19. Jahrhundert deutlich zurück; der industrielle Sektor wuchs stark an; die Dienstleistungsproduktion konnte ihren Anteil an der Gesamtproduktion leicht verbessern; die Betriebsform des Verlags spielte zu Beginn des 19. Jahrhunderts eine starke Rolle, verlor aber gegen Ende des Jahrhunderts rasch an Bedeutung, während sich das Handwerk durchaus behaupten konnte. Von dieser Gesamtentwicklung profitierte die Industrie.

Entstehung und Wandel der Industriegesellschaft

Zentrale Begriffe

Zusammenfassung

Die Industrialisierung auf kapitalistischer, marktwirtschaftlicher Grundlage hat das Leben, Arbeiten und Wirtschaften der Menschen nachhaltig verändert. Hauptmerkmal der modernen Industriegesellschaft ist ein bis dahin unvorstellbar dauerhaftes und sich selbst tragendes Wirtschaftswachstum. Dieses wurde erstens durch Fortschritte im naturwissenschaftlichen Denken ermöglicht, die in technische Innovationen umgesetzt werden konnten und eine immer größere Beherrschung der Natur durch den Menschen mit sich brachten. Neue Antriebs- und Arbeitsmaschinen, wie die Dampfmaschine, ersetzten zunehmend menschliche und tierische Arbeitskraft, die Kenntnis chemischer Prozesse erleichterte die massenweise Ausbeutung natürlicher Rohstoffe. Die ständige Ausdehnung der Produktion wäre zweitens ohne die Durchsetzung des Fabriksystems nicht denkbar gewesen, das besser als alle anderen Produktionsformen die Chance zur maschinellen und arbeitsteiligen Herstellung von Gütern und Waren bot. Zur Steigerung der Produktion trugen aber auch spezialisierte und geregelte Lohnarbeit sowie rationaler Kapitaleinsatz durch marktwirtschaftlich kalkulierende Unternehmer bei. Drittens beschleunigten neuartige Kommunikationsmöglichkeiten sowie die Modernisierung der Verkehrswege und -mittel, allen voran die Eisenbahn und später das Automobil, die Entstehung nationaler und übernationaler Märkte, die immer stärker das wirtschaftliche Denken und Handeln bestimmten. Mit der Industrialisierung verloren viertens althergebrachte Bindungen und Lebensweisen der traditionellen Agrargesellschaft an Bedeutung. Die Entfesselung der modernen Wirtschaftsgesellschaft, die heute längst keine Klassengesellschaft mehr ist, sondern eine mobile Berufs- und Leistungsgesellschaft, verlangte von den Menschen Flexibilität und Innovationsbereitschaft in einem bisher unbekannten Ausmaß.

Die Herausbildung der modernen Industriewirtschaft vollzog sich weder flächendeckend noch zeitgleich. Sie begann im 18. Jahrhundert in England, von dort ausgehend breitete sie sich im 19. Jahrhundert nach Kontinentaleuropa aus und erfasste schließlich die ganze Welt. Zudem nahm die Industrialisierung keinen gradlinigen Verlauf, sondern durchlief unterschiedliche Phasen. Als in England in den 1870er-Jahren die Industrielle Revolution einsetzte, war Deutschland noch im Stadium der Frühindustrialisierung. Die Entwicklungsstufe der Industriellen Revolution dauerte in Deutschland von den späten 1840er-Jahren bis 1873. Obwohl es auch danach immer wieder Wachstumsstörungen und Konjunkturkrisen gab, gelten die folgenden dreieinhalb Jahrzehnte bis zum Ersten Weltkrieg als Periode der Hochindustrialisierung, in der Deutschland endgültig zum Industriestaat wurde. Industrialisierung bedeutete nicht nur wirtschaftlichen, sondern auch gesellschaftlichen Wandel. Immer weniger Menschen arbeiteten und lebten von und in der Landwirtschaft, immer mehr Menschen fanden ihr Auskommen in Gewerbe und Industrie. Begleitet wurden diese Veränderungen durch zunehmende räumliche Mobilität der Bevölkerung, die die Verstädterung beschleunigte. Obwohl die erfolgreiche Industrialisierung langfristig den Wohlstand breiter Schichten der Gesellschaft verbesserte, gab es in ihrer Geschichte auch Schattenseiten. An erster Stelle ist dabei die „soziale Frage" zu nennen, die sich in unsicheren Arbeitsplätzen, häufiger Arbeitslosigkeit, niedrigen Löhnen bei langen Arbeitszeiten oder Wohnungselend niederschlug und im 19. Jahrhundert zu intensiven Reformdiskussionen wie auch vielfältigen Reformbemühungen führte.

M 1 **Voraussetzungen Industrieller Revolutionen im Wirkungszusammenhang**

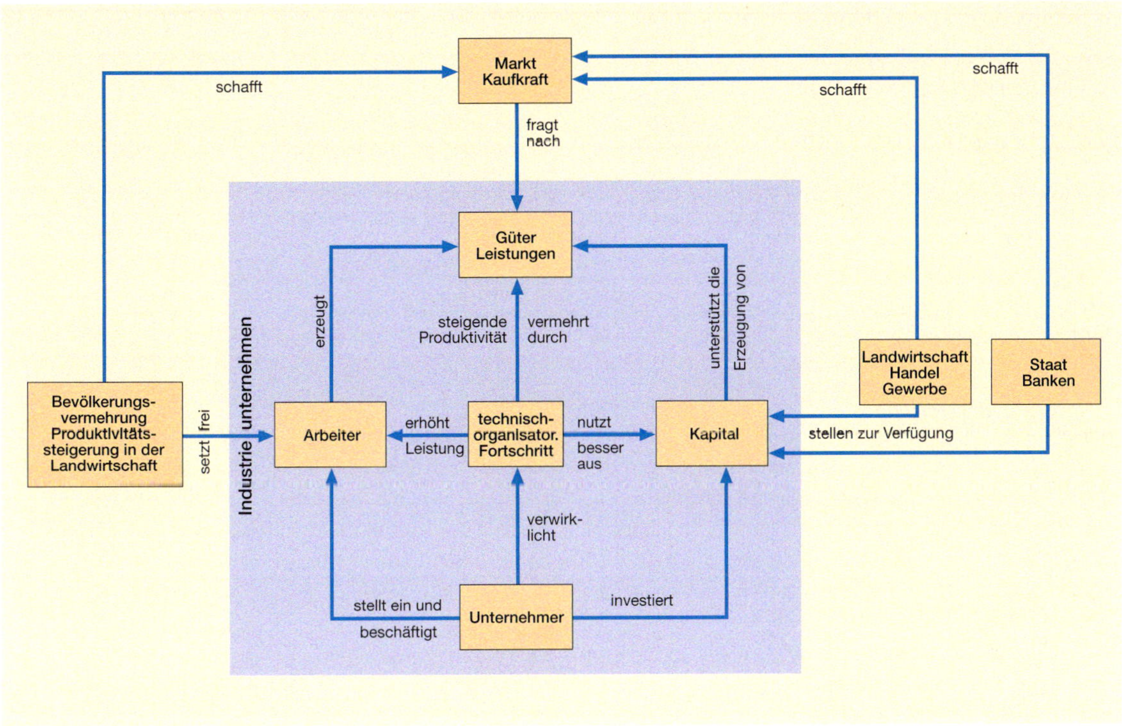

Zeittafel

um 1700 Übergang von Holzkohle zu Koks bei Verarbeitung von Eisenerz
um 1760 Agrarrevolution in England
1763–1784 Verbesserung der Dampfmaschinentechnik
1764 Erfindung der ersten industriellen Spinnmaschine („Spinning Jenny")
um 1770 Beginn der Industriellen Revolution in England
1776 Erscheinungsjahr von Adam Smiths Buch „The Wealth of Nations"
1785 Erfindung des mechanischen Webstuhls
seit 1806 Preußisch-rheinbündische Reformen, z. B. Bauernbefreiung, Gewerbefreiheit
1808 Anfänge der Gasbeleuchtung in England
1834 Entstehung eines Binnenmarkts durch den Deutschen Zollverein
1838 Entstehung der englischen Chartistenbewegung, der ersten politischen Arbeiterbewegung
um 1840 Beginn der Industriellen Revolution in Deutschland
1844 Aufstand der schlesischen Weber
1848 Veröffentlichung des „Kommunistischen Manifests" von Karl Marx und Friedrich Engels
1851 Eröffnung der ersten Weltausstellung in London
1855/56 Entwicklung des „Bessemer-Verfahrens" zur Massenerzeugung von Stahl
1869 Gründung der „Sozialdemokratischen Arbeiterpartei" durch August Bebel und Wilhelm Liebknecht
1869/70 Entstehung des ersten gewerkschaftlichen Zentralverbandes in Deutschland
um 1870 Beginn der Nutzung des Erdöls als Energieträger
1876 Erfindung des Telefons durch Alexander Graham Bell
1877 Erfindung des Verbrennungsmotors durch Nikolaus August Otto
1873–1895 „Große Depression": erste moderne weltwirtschaftliche Krise
1875 Vereinigung der deutschen Arbeiterparteien zur „Sozialistischen Arbeiterpartei" (ab 1891: SPD)
1878–1890 Unterdrückung der deutschen Sozialdemokraten durch das Sozialistengesetz
1879 Erfindung der Glühlampe (Thomas Alva Edison), des Zweitakters (Karl Benz) und der Elektrolok (Werner von Siemens)
um 1890 Beginn der „zweiten" Industriellen Revolution: Nutzung der Elektrizität als Energiequelle
1893 Erfindung des Dieselmotors durch Rudolf Diesel
1903 Erfindung des Flugzeugs durch die Gebrüder Wright
1913 Einführung des Fließbandes zur Massenproduktion von Autos in den USA durch Henry Ford
1917 Oktoberrevolution in Russland: Beginn der planwirtschaftlichen Industrialisierung
1929–1933 Weltwirtschaftskrise

Anwendungsaufgabe

M2 Der Volkswirtschaftler und Politiker Friedrich List über den Eisenbahnbau, 1838

Durch den Eisenbahntransport, wie dies ganz klar aus den Wirkungen des Dampfboottransports in England und Nordamerika sich abnehmen lässt, kommt rasche Bewegung und neues Leben in die stillstehende und träge Masse. Es ist dem Arbeiter nun ebenso gut wie den mittleren und höheren Ständen möglich, zu seiner Bildung oder zur Verbesserung seiner Lage zu reisen. [...] Das Beispiel größerer Anstrengung, höheren Verdienstes und größerer Genüsse reizt zur Nacheiferung, und Mehrleistung wird zur Gewohnheit. Erscheinungen, wie z. B. die des Hollandgehens in Westfalen, des Ernte-Laufens der Weingärtner am Fuß der Schwäbischen Alb nach der Donau usw., werden nun allgemein. Seit man auf den Dampfbooten für einen Schilling von Irland nach England fährt, kommen die Irländer zu Hunderttausenden nach dem letzteren Lande, um zur Heu- und Erntezeit oder in den Minen und Fabriken oder bei neuen Bauten Handlangerdienste zu verrichten. Der Taglöhner, der kleine Bauer und Handwerker in den Dörfern und in den Landstädten, dem es oft Wochen lang an Arbeit fehlt, wird seine Zeit nicht mehr im Müßiggange verbringen, sondern sich nach entfernten Städten oder Gemeinden begeben, wo für den Augenblick eine außergewöhnliche Zahl von Arbeitern gesucht wird; und die Lage einer großen Zahl von Gewerbsleuten und Arbeitern wird dadurch bedeutend verbessert werden, dass sie sich mit ihren Familien auf dem Lande ansiedeln und für die Stadt arbeiten oder die Woche über in die Stadt auf Arbeit gehen und den Sonntag im Kreise ihrer Familien zubringen. Ein momentaner Stillstand einzelner Fabriken oder ganzer Fabrikationszweige oder eine Reduktion ihrer Arbeiter wird bei Weitem nicht so verderblich auf diesen Stand wirken, wie bisher, da der Arbeitslose nun viel leichter in entfernten Gegenden einen neuen Brotherrn aufsuchen kann.

Wäre die Nationalökonomie, die uns lehrt, wie die Reichtümer erworben, verteilt und konsumiert werden, eine Wissenschaft, die uns auch unterrichtete, wie die produktiven Kräfte erzeugt, aus dem Todesschlaf erweckt und groß gezogen oder eingeschläfert, gelähmt oder getötet werden, so würde sie uns schon längst den Wert einer mit dem Ackerbau und den Bedürfnissen einer großen Nation im richtigen Verhältnis stehenden Fabrikationskraft für den allgemeinen Wohlstand des Volkes, den Reichtum und die Macht der Nation und für die Pflege der Wissenschaften und der Volksbildung überhaupt kennengelernt haben. Alsdann würden wir auch längst schon von den Systembauern der politischen Ökonomie über die zweckmäßigsten Mittel, eine kräftige und gesunde Fabrik-Industrie emporzubringen, und dass die Heranziehung eines tüchtigen Standes von Arbeitern eines kräftigsten dieser Mittel sei, belehrt worden sein. Polytechnische Schulen, Preise, Vergünstigungen und Auszeichnungen wirken nur auf den Fabrik-Unternehmer und den Werkführer; nirgends und nie wird aber ein Fabrikzweig zur Blüte gelangen, wo diese beiden eines geschickten, einsichtsvollen, fleißigen, fertigen und durch und durch eingeübten Standes von Arbeitern ermangeln. Weise Regierungen und einsichtsvolle Fabrikanten werden also vor allem trachten, die Klasse der Arbeiter zu veredeln, wie der Gärtner die Bäume veredelt. Sie werden einheimische Arbeiter nach fremden Ländern schicken, wo die verschiedenen Fabrikzweige im höchsten Flore stehen, oder fremde, durch ausgezeichnete Leistungen sich empfehlende Arbeiter in ihren Dienst ziehen.

Friedrich List, Das deutsche National-Transport-System in volks- und staatswirtschaftlicher Beziehung, Altona und Leipzig 1838, S. 9

M3 Eisenbahnbrücke über den Rhein bei Ehrenbreitstein, Gemälde von Paul Fr. Meyerheim, 1875

1 Erarbeiten Sie die Grundgedanken Friedrich Lists in Bezug auf den Eisenbahnbau und charakterisieren Sie seinen Standpunkt in wirtschaftlicher und politischer Hinsicht.

2 Ordnen Sie den Text in seinen historischen Kontext ein und erläutern Sie in diesem Zusammenhang die unterschiedliche Ausgangslage der Industrialisierung in England und Deutschland.

3 Erörtern Sie, inwieweit List die Bedeutung der Eisenbahn für die wirtschaftliche Entwicklung Deutschlands richtig eingeschätzt hat.

Epochenbezüge

M4 **Internationale Handelsströme 1875–1914**

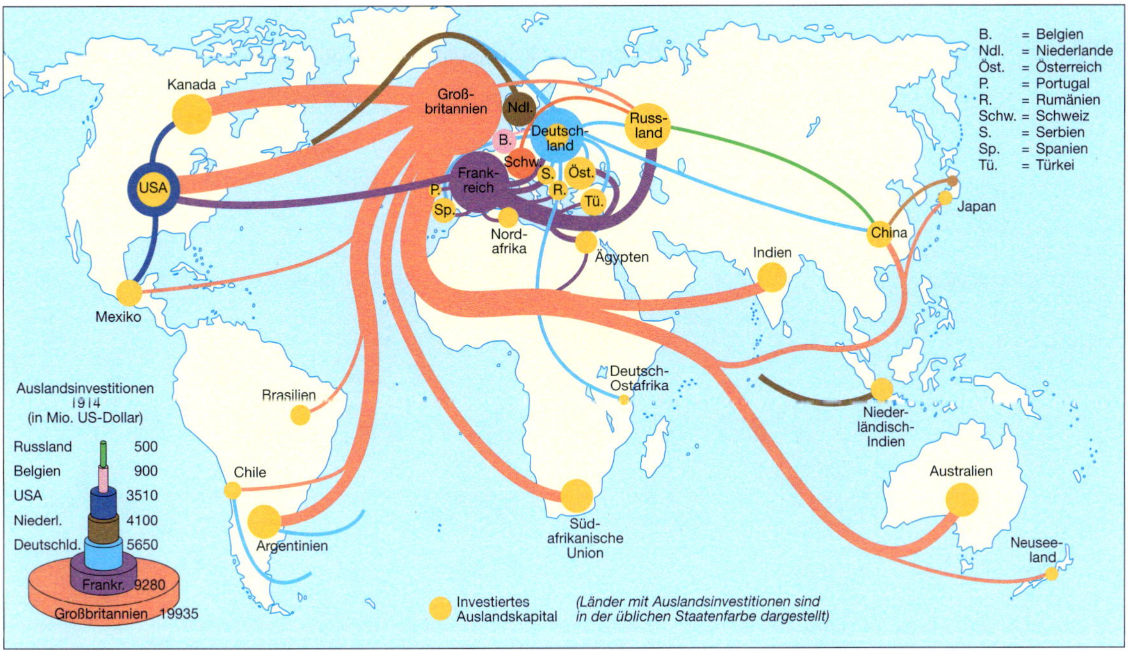

Präsentationsvorschläge

Thema 1:
Warum Europa? – Entstehung und Entstehungsbedingungen der Industrialisierung im 18. und 19. Jahrhundert

Bereiten Sie einen Vortrag über die Ursachen der Industriellen Revolution in England sowie Ausbreitung und Verlauf der Industrialisierung auf dem europäischen Kontinent vor.

Literaturtipp

Felix Butschek, Industrialisierung. Ursachen, Verlauf, Konsequenzen, Wien 2006
Hubert Kiesewetter, Das einzigartige Europa. Zufällige und notwendige Faktoren der Industrialisierung, Göttingen 1996

Internettipp

http://de.wikipedia.org/wiki/Industrielle_Revolution
www.zum.de

Thema 2 (fächerverbindend):
Umweltbelastungen infolge der Industrialisierung

Die industrialisierte Lebenswelt brachte von Anfang an Belästigungen und Schädigungen durch Lärm, Geruch, Ruß, Rauch und giftige Abwässer hervor, die von Betroffenen heftig beklagt wurden.
Bereiten Sie eine folien- oder powerpoint-gestützte Präsentation über Folgen und Lösungsversuche vor.

Literaturtipp

Franz-Josef Brüggemeier, Michael Toyka-Seid (Hg.), Industrie-Natur. Lesebuch zur Geschichte der Umwelt im 19. Jahrhundert, Frankfurt/M. 1995
Wilhelm Raabe, Pfisters Mühle. Ein Sommerferienheft, Stuttgart 1996
Frank Uekötter, Umweltgeschichte im 19. und 20. Jahrhundert, München 2007

Internettipp

www.umweltgeschichte.de

Thema 3 (Geschichte global):
Industrialisierung und Arbeitswanderung

Die Industrialisierung wurde und wird begleitet durch Wanderungsbewegungen. Untersuchen Sie am Beispiel der Arbeitsmigration die internationalen Wanderungsbewegungen der Europäer im 19. Jahrhundert.

Literaturtipp

Klaus J. Bade, Europa in Bewegung. Migration vom späten 18. Jahrhundert bis zur Gegenwart, München 2000
Klaus J. Bade u. a. (Hg.), Enzyklopädie Migration in Europa. Vom 17. Jahrhundert bis zur Gegenwart, Paderborn 2007
Saskia Sassen, Migranten, Siedler, Flüchtlinge. Von der Massenauswanderung zur Festung Europa, Frankfurt/M. 1997

Internettipp

www.imis.uni-osnabrück.de
www.historisches-museum-bremerhaven.de

7 Nationen und Nationalismus in Europa

M1 **Das heutige Europa, Karikatur aus dem Züricher „Nebelspalter“ Nr. 45, 1887**

- 1806 Auflösung des Heiligen Römischen Reiches Deutscher Nation, Gründung des Rheinbundes
- 1807 Beginn der preußischen Reformen
- 1813/14 Befreiungskriege der deutschen Staaten gegen Napoleon
- 1814/15 Wiener Kongress: Neuordnung der europäischen Staatenwelt, Gründung des Deutschen Bundes
- 1817 Wartburgfest der deutschen Burschenschaften
- 1819 Karlsbader Beschlüsse
- 1830 Julirevolution in Frankreich
- 1832 Hambacher Fest
- 1834 Gründung des Zollvereins unter Führung Preußens
- 1848/49 Revolutionen in Europa

1808–1814 Spanischer Unabhängigkeitskampf gegen die napoleonische Herrschaft

1821–1829 Unabhängigkeitskrieg Griechenlands gegen osmanische Herrscha

1800 | 1810 | 1820 | 1830 | 1840 | 1850

Wenn Olympia-Sieger geehrt werden, erklingt die Nationalhymne des Landes, dessen Staatsangehörigkeit der Goldmedaillen-Gewinner besitzt. Für die drei Medaillengewinner werden bei der Siegerehrung die Nationalflaggen ihrer Herkunftsländer aufgezogen. Vor jedem Fußballländerspiel stellen sich beide Nationalmannschaften auf, während die Nationalhymnen ihrer Staaten gespielt oder gesungen werden. Erst dann beginnt das Fußballspiel.
Diese Beispiele verdeutlichen, dass nationales Denken und Fühlen die Gegenwart nach wie vor stark prägen. Sportler kämpfen bei internationalen Wettbewerben nicht nur für sich selbst oder ihre Mannschaften, sie vertreten auch ihre Nationen. Sportliche Erfolge erhöhen das Prestige einer Nation.
Die Geschichte moderner Nationalstaaten und des modernen Nationalismus begann im ausgehenden 18. Jahrhundert. Während des 19. Jahrhunderts entwickelte sich der Nationalismus zu einer mächtigen Integrations- und Expansionsideologie. In dem Maße, wie ältere Bindungen religiöser, ständischer und lokaler Art an Wirkung verloren, drang er in die entstandenen Freiräume ein und entfaltete dabei auch aggressive Züge. Der Nationalismus des 19. Jahrhunderts, schreibt der Historiker Jürgen Kocka, „definierte Zugehörigkeiten und Abgrenzungen, motivierte zu Engagement, Hingabe und Hass, begründete Sinn und erfüllte oftmals die Funktionen einer mächtigen Ersatzreligion“. In der ersten Hälfte des 20. Jahrhundert führte der Nationalismus schließlich von Europa ausgehend in zwei Weltkriege und in die Katastrophe.

1 Wie entstand der moderne Nationalismus, welche Formen nahm er an und wie wirkte er sich auf Politik und Gesellschaft der europäischen Staaten aus?
2 Welche Wechselwirkungen bestanden zwischen Imperialismus und Nationalismus?
3 War der Erste Weltkrieg, die „Urkatastrophe“ des 20. Jahrhunderts (George F. Kennan), eine Folge des entfesselten Nationalismus der europäischen Nationalstaaten?

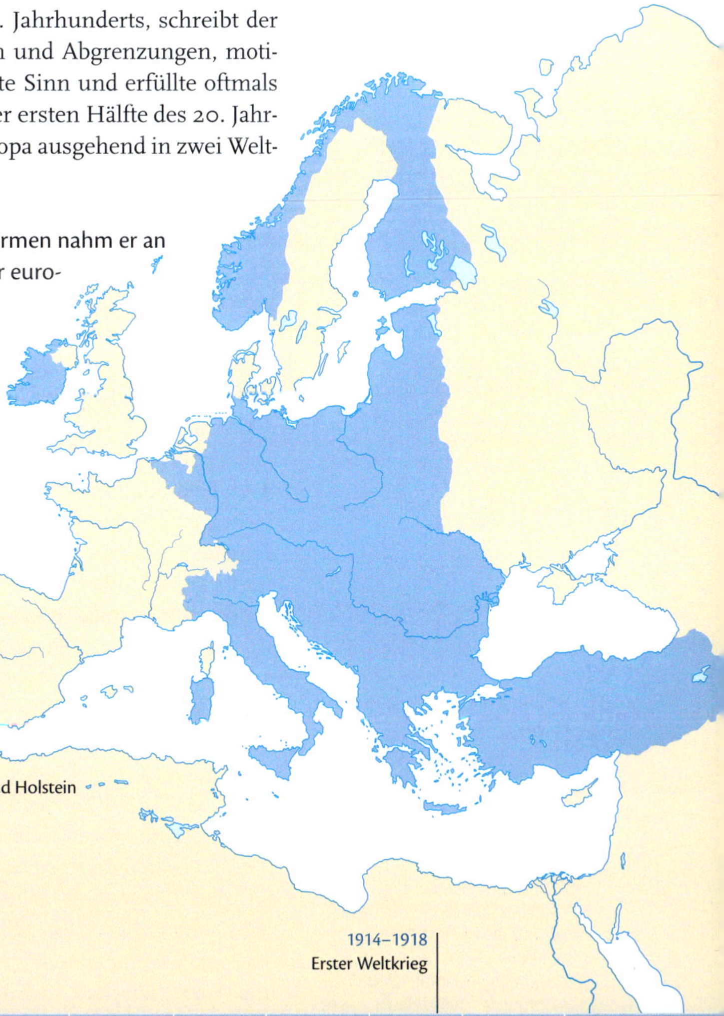

1863 Polnischer Aufstand gegen die russische Herrschaft
1864 Deutsch-Dänischer Krieg um Schleswig und Holstein
1866 Deutscher Krieg zwischen Preußen und Österreich um Schleswig und Holstein
1866/67 Gründung des Norddeutschen Bundes
1870/71 Deutsch-Französischer Krieg
1871 Deutsche Reichsgründung
1878 Berliner Kongress
1878–1890 Sozialistengesetz
1914–1918 Erster Weltkrieg

-1861 Nationalstaatsgründung Italiens
1871–1890 Bismarck deutscher Reichskanzler
ab 1890 Weltmachtpolitik Wilhelms II.

1870 1880 1890 1900 1910 1920

1 Nation und Geschichte

Internettipp
www.das-parlament.de/2004/39/Beilage/002.html
„Nation und Nationalismus in der deutschen Geschichte" vom Mittelalter bis ins 19. Jahrhundert – ein Beitrag der Historikerin Prof. Ute Planert für die Zeitschrift „Das Parlament"

Nation und Nationalismus

Nationen sind keine natürlichen Größen, die es schon immer gegeben hat. Gefühle nationaler Zusammengehörigkeit entstanden in den unterschiedlichsten Gesellschaften vielmehr unter bestimmten historischen Bedingungen, und sie konnten ganz unterschiedliche Erscheinungsformen annehmen. Nationen und Nationalismus waren das Ergebnis komplizierter geschichtlicher Prozesse, in denen sich Gruppen der Gesellschaft zusammenfanden und sich das Bewusstsein einer nationalen Gemeinschaft herausbildete. Die moderne Geschichtswissenschaft bezeichnet daher Nationen als **gedachte Ordnungen** (M 2).

Internettipp
www.iablis.de/iablis_t/2005/buschinger05.html
Mit der Verwendung des Begriffs „Nation" im Mittelalter, vor allem in der Dichtung, setzt sich die französische Historikerin Prof. em. Danielle Buschinger (Universität Amiens) in IABLIS, Jahrbuch für Europäische Prozesse, auseinander.

Vormoderne Vorstellungen

Die Wandelbarkeit der Idee der Nation und des auf sie bezogenen Handelns, des Nationalismus, lässt sich an der deutschen Geschichte verdeutlichen. Im **Mittelalter** bezeichnete der Begriff der „Nation" eine Rechtsgemeinschaft, der jemand aufgrund seiner Geburt angehörte. Die mittelalterlichen und die frühneuzeitlichen Universitäten gliederten sich in *nationes*. Das waren Zusammenschlüsse von Lehrern und Studenten aus bestimmten Regionen oder Landschaften.

In der **Frühen Neuzeit** dachten die Menschen außerdem an einzelne Stammesgruppen (Baiern, Sachsen) und die sie beherrschende Adelsschicht, wenn von Nationen die Rede war. Darunter verstanden die Zeitgenossen politische Einheiten, die einen gemeinsamen Mittelpunkt, einen König oder ein Reich, besaßen. Das Wort „Nation" tauchte um 1500 auch im offiziellen Titel „Heiliges Römisches Reich Deutscher Nation" auf. Dieses Reich war ein Zusammenschluss selbstständiger und bündnisfähiger Reichsfürsten aus verschiedenen Territorien oder Völkern, die sich gemeinsame Institutionen (Kaiser, Reichstag, Reichsgericht) schufen. Neben diesen politischen Bedeutungen von Nation gab es bereits ein kulturell gefärbtes Nationenverständnis, das auf gemeinsamer Sprache und Geschichte beruhte.

Einen wichtigen Beitrag zur Entwicklung und Verbreitung nationaler Identität leisteten in der Frühen Neuzeit die Humanisten (s. S. 147), die sich auch für die deutsche Geschichte und deren literarisches Erbe interessierten. So gab Conrad Celtis (1459–1509), vom Kaiser mit dem Rhetoriklehrstuhl an der Universität von Wien belohnt, die älteste Druckfassung der „Germania" heraus, in der der Römer Tacitus (um 55 – nach 116 n. Chr.) die einfache, ehrliche und kraftvolle Lebensart der Germanen pries. Der Elsässer Jakob Wimpfeling (1450–1528) verfasste 1501 auf dieser Grundlage die erste deutsche Geschichte, die er ebenfalls „Germania" nannte. Sie lässt das Bemühen erkennen, die Anfänge der deutschen Geschichte als ebenso alt und ehrwürdig wie die italienische darzustellen. Und bei dem Reichsritter Ulrich von Hutten (1488–1523) weitete sich der entdeckte Nationalstolz dann zu einer leidenschaftlichen Kampfansage gegen die römische Kurie, ihre Herrschsucht und Geldgier aus. Die von ihm beeinflussten Humanisten verstanden die wenig später beginnende Auseinandersetzung zwischen dem Reformator Martin Luther (1483–1546) und dem Papst (s. S. 155 ff.) auch als patriotischen Kampf gegen Rom.

Dieses vormoderne Nationalbewusstsein prägte vom hohen Mittelalter bis ins 18. Jahrhundert aber lediglich das Denken und Handeln einer schmalen Elite, des sozial und politisch herrschenden Adels. Die große Masse der Bevölkerung war dagegen fest eingebunden in die **„natürlichen Ordnungen"** des Lebens, in Familie und Verwandtschaft, Dorf und Pfarrei, Kirche und Religion sowie in das von einem Fürsten regierte Territorium. Diese Bindungen bestimmten die unter-

Internettipp
www.lwl.org/LWL/Kultur/Aufbruch/themen_start/politik/nation/definitionen/index2_html
Definitionen des Begriffs „Nation" im 18. Jahrhundert mit Links zu historischen Quellentexten

M1 Karikatur von Gerhard Mester, 1999

schiedlichsten Loyalitätsgefühle der Menschen: regionales Zusammengehörigkeitsbewusstsein, Stammesstolz, Heimatgefühl oder Royalismus, d.h. die Treue zu einem bestimmten Königs- oder Herrscherhaus.

Moderner Nationalismus

Der moderne Nationalismus entstand im ausgehenden 18. und beginnenden 19. Jahrhundert, als die Amerikanische und die Französische Revolution die Grundlagen der feudalständischen Ordnung erschütterten und der bürgerlichen Gesellschaft zum Durchbruch verhalfen (s. S. 188 ff.). Für diesen Nationalismus galt die **Nation oder der Nationalstaat als oberster Wert**, als allgemein verbindliche Sinn- und Rechtfertigungsinstanz politischen Handelns. Der Einzelne sollte sich zuallererst als Mitglied einer nationalen Lebensgemeinschaft verstehen. Allerdings konnte die eigene Nationalität durchaus unterschiedlich bestimmt werden, sei es durch die Gleichheit der Sprache oder Kultur, sei es durch Abstammung oder die Zugehörigkeit zu einem Volk.

Der moderne Nationalismus vermittelte ein Stück Lebenssinn in Gegenwart und Zukunft und war dadurch in der Lage, ein Volk oder eine große Bevölkerungsgruppe zu mobilisieren. Nationale Gefühle konnten und können die Integration und Solidarität in einer Gesellschaft dadurch stärken, dass sie einer Gemeinschaft ihre Zusammengehörigkeit bewusst machen und diesem Gefühl einen besonderen Stellenwert zuschreiben. Mit dem Argument, die Interessen der Nation oder des Nationalstaates besäßen Vorrang vor allen anderen Normen und Werten, ließen sich die Mitglieder einer Gesellschaft auf ein gemeinsames Ziel einschwören. Diese Hochschätzung des Nationalen konnte aber derart übersteigert werden, dass der Nationalismus zum Religionsersatz wurde. Die Nation erhielt dann gewissermaßen religiöse Weihen, sie erschien als etwas Heiliges. Ein solcher Nationalismus konnte leicht in ein rauschhaftes Gemeinschafts- und Solidaritätserlebnis münden, das den Zusammenhalt und die Selbstbehauptung der Nation von Opfern bis hin zum Tod abhängig macht. Auch hat die geschichtliche Erfahrung gezeigt, dass ein derart extremer Nationalismus häufig mit nationalem Sendungsbewusstsein nach außen verbunden war und in Aggression und Krieg umschlagen konnte.

Internettipp
www.zeit.de/reden/die_historische_rede/200109_historisch_renan
Die berühmte Rede „Was ist eine Nation?" von Ernest Renan (1882) bei Zeit online

Internettipp
www.bundestag.de/dasparlament/2004/39/beilage/005.html
In „Die Deutschen – eine Nation?" geht Thilo Ramm in der Zeitschrift „Das Parlament" (2004) der Frage nach, was die Deutschen heute mit Renans Aussagen über die Nation anfangen können.

Zusammenfassend lässt sich der moderne Nationalismus durch drei Merkmale definieren: Erstens erklärte er die Nation zum höchsten gesellschaftlichen Wert. Zweitens wurde die **Selbstbestimmung der Nation** im Nationalstaat angestrebt. Und drittens legitimierte er seine besondere Wertschätzung der Nation **säkular**, d. h. weltlich; religiöse Begründungen spielten in den meisten Ländern nur noch eine untergeordnete Rolle.

Nationalstaat

Ähnlich wie der moderne Nationalismus ist auch der moderne Nationalstaat keine natürliche Größe, sondern das Ergebnis bestimmter historischer Entwicklungen. Das zeigt sich an der deutschen Geschichte: Seit 1870/71 lebten die Deutschen in einem Nationalstaat (s. S. 301 ff.), der mit der Niederlage Deutschlands 1945 und der Gründung der Bundesrepublik Deutschland und der DDR 1949 unterging (s. S. 517 ff.). Die deutsche Teilung endete 1990 mit der Entstehung des zweiten deutschen Nationalstaates (s. S. 571 ff.).
Bei der Definition des Begriffes „moderner Nationalstaat“ greifen Historiker in der Regel auf Gedanken des Staatsrechtlers Georg Jellinek (1851–1911) zurück. Grundlage des Nationalstaates war nach seiner Auffassung die **Identität von Staatsgebiet, Staatsvolk und Staatsgewalt**. In der neueren Geschichtsforschung wird allerdings auch der **Kultur** ein gewichtiger Stellenwert zugesprochen, um den modernen Nationalstaat von älteren Formen des Territorialstaates in der Frühen Neuzeit abzugrenzen. Der Historiker Jürgen Kocka argumentiert 2001, dass die nationale Kultur einen „gedachten, gewollten, praktizierten und erfahrbaren Zusammenhang“ zwischen Mitgliedern einer Nation stifte, „in dem kollektives Gedächtnis und historische Erinnerung, meist auch verbindende Sprache, Bilder und Kommunikation, gemeinsame Bildung und Normen zentral sind, und der durch staatliche Anstrengung (vor allem über das Bildungssystem) mit hergestellt wird“. Nationale Kultur in diesem Sinn umfasst soziale Schichten, Klassen und Gruppen. Sie integriert und toleriert – innerhalb bestimmter Grenzen – Abweichungen von der gesellschaftlichen Norm. Gleichzeitig gewinnt sie ihre Identität und ihre Integrationskraft durch die Abgrenzung von Anderem und durch Ausgrenzung von ‚Fremdem‘ aller Art (M 4).

1 Fassen Sie die wesentlichen Aspekte der Begriffe Nation, Nationalismus und Nationalstaat in einer Definition zusammen.
2 Diskutieren Sie auf der Grundlage Ihrer Ergebnisse die These des französischen Religionswissenschaftlers, Orientalisten und Schriftstellers Ernest Renan (1823–1892): „Die Nationen sind nichts Ewiges. Sie haben einmal angefangen, sie werden enden.“

M2 Der Soziologe M. Rainer Lepsius über die Nation als „gedachte Ordnung“, 1990

Die Nation ist zunächst eine gedachte Ordnung, eine kulturell definierte Vorstellung, die eine Kollektivität von Menschen als eine Einheit bestimmt. Welcher Art diese Einheit sein soll, ergibt sich aus den Kriterien für die Bestimmung der nationalen Kollektivität in der Ordnungsvorstellung der Nation. Sind dies ethnische Kriterien, so bestimmt sich eine Nation als ethnische Abstammungseinheit; sind dies kulturelle Kriterien, so stellt sich die Nation als Sprachgemeinschaft dar. Sind es Kriterien staatsbürgerlicher Rechtsstellung, so ist die Nation eine Einheit von Staatsbürgern. Je nach den Kriterien und ihrer Mischung ergeben sich unterschiedliche Kollektivitäten von Menschen, die untereinander einen nationalen Solidaritätsverband formen sollen. Die Eigenschaften, die in einer gedachten Ordnung der Nation Geltung gewinnen, begründen daher unterschiedliche Arten von Nationen. Die Nation ist daher keineswegs eine naturwüchsige und eindeutige Ordnung des sozialen Lebens, sie ist über die Zeit veränderlich und an die realen Machtkonstellationen der geschichtlichen Entwicklung anpassungsfähig.

M. Rainer Lepsius, Nation und Nationalismus in Deutschland, in: ders., Interessen, Ideen und Institutionen, Westdeutscher Verlag, Opladen 1990, S. 233

1 Erläutern Sie, wie Lepsius seine These, die Nation sei eine „gedachte" Ordnung, begründet.

M3 Nationalismus und Modernisierung

a) Der Historiker Dieter Langewiesche über die Entstehung des modernen Nationalismus, 1994:

Nationalismus ist ein Geschöpf der Moderne. Als die alteuropäische Welt von der Amerikanischen und der Französischen Revolution in ihren Fundamenten erschüttert wurde und in der napoleonischen Ära dann vollends zerbrach, da gehörte nicht nur die Idee der Selbstbestimmung zu dem neuen Demokratieideal, das seitdem die Welt verändert. Nationalismus gehörte auch dazu. Denn von Beginn an suchten die Menschen ihre neuen Ansprüche im Gehäuse der eigenen Nation zu verwirklichen. Die revolutionären Ideale forderten zwar universelle Geltung, doch ihr zentraler Handlungsraum war und blieb die einzelne Nation. Hoffnungen auf internationale Solidarität gab es zwar immer wieder, doch stets zerstob die Sehnsucht nach einem „Völkerfrühling" angesichts der überlegenen Kraft, die von den nationalen Leitbildern ausging. [...]

Die neue, in ihrem Ursprung revolutionäre Legitimität der modernen Nation erwies sich gegenüber allen anderen Ordnungsmodellen, überlieferten wie auch künftigen, als konkurrenzlos überlegen. Wer sich diesem Zwang zur Nationalisierung nicht einfügen konnte, ging unter. So auch die drei übernationalen Großreiche, die sich dem Zeitalter des Nationalismus und seinem Partizipationsverlangen zu versperren suchten: das osmanische, das habsburgische und das russische. Der Wille zur Nation und zum Nationalstaat, unlösbar verbunden mit der Forderung nach politischer und sozialer Demokratisierung, schwächte sie in einem langsamen Prozess, bis sie schließlich unter der Last der militärischen Misserfolge im Ersten Weltkrieg abrupt zusammenbrachen.

Dieter Langewiesche, Nationalismus im 19. und 20. Jahrhundert: zwischen Partizipation und Aggression, in: ders., Nation, Nationalismus, Nationalstaat in Deutschland und Europa, C. H. Beck, München 2000, S. 35 f. (ursprünglich erschienen 1994)

b) Der Historiker Dieter Langewiesche über die Modernität des Nationalismus im 19. Jahrhundert, 1992:

Wer sich zur modernen Idee der Nation bekannte, richtete eine Kampfansage an die überlieferte Ständegesellschaft mit ihrem dichten Geflecht an Privilegien und Ausgrenzungen. Auch wo ein gemeinsamer Staat bereits bestand, wie in Frankreich, wirkte die Idee der Nation als ein egalitärer Zukunftsentwurf. Er versprach jedermann – Frauen wurden noch nicht in das Egalitätsversprechen einbezogen – politische und rechtliche Gleichberechtigung. Und er säkularisierte den Glücksanspruch des Individuums. Denn „Nation" als Zukunftsverheißung akzeptierte nicht mehr die Zwänge einer vermeintlich gottgefügten weltlichen Ordnung. Sie gab sich auch nicht mehr damit zufrieden, auf die Egalität des Jenseits vertröstet zu werden. Deshalb war das Zukunftsmodell „Nation" eine potenziell revolutionäre Kraft. Dies gilt für alle Staaten, die unter den Einfluss des modernen Nationalismus gerieten. Nirgendwo überlagerten sich die Probleme jedoch so massiv und wurden deshalb so brisant wie in Deutschland.

Dieter Langewiesche, Reich, Nation und Staat in der jüngeren deutschen Geschichte, in: Historische Zeitschrift, Oldenbourg Verlag, Bd. 254, 1992, S. 343 ff.

c) Der Historiker Peter Alter über Wesen und Funktion des modernen Nationalismus, 1985:

Nationalismus liegt dann vor, wenn die Nation die gesellschaftliche Großgruppe ist, der sich der Einzelne in erster Linie zugehörig fühlt, und wenn die emotionale Bindung an die Nation und die Loyalität ihr gegenüber in der Skala der Bindungen und Loyalitäten oben steht. Nicht der Stand oder Konfession, nicht eine Dynastie oder ein partikularer Staat, nicht die Landschaft, nicht der Stamm und auch nicht die soziale Klasse bestimmen primär den überpersonalen Bezugsrahmen. Der Einzelne ist auch nicht länger, wie das z. B. noch die Philosophie der Aufklärung postulierte, in erster Linie Mitglied der Menschheit und damit Weltbürger, sondern fühlt sich vielmehr als Angehöriger einer bestimmten Nation. Er identifiziert sich mit ihrem historischen und kulturellen Erbe und mit der Form ihrer politischen Existenz. Die Nation (oder der Nationalstaat) bildet für ihn den Lebensraum und vermittelt ihm ein Stück Lebenssinn in Gegenwart und Zukunft.

Peter Alter, Nationalismus, Suhrkamp, Frankfurt/M. 1985, S. 14 f.

1 Soziale Großgruppen verspüren tendenziell das grundsätzliche Bedürfnis nach Abgrenzung von anderen, fremden Sozialgruppen, vor allem aber nach einem festen Zusammenhalt. Die Geschichte kennt die unterschiedlichsten Formen von Loyalitätsgefühlen. a) Erörtern Sie, von welchen Loyalitätsgefühlen die Menschen vor der Französischen Revolution geprägt wurden. b) Untersuchen Sie, wie die Entstehung des modernen Nationalismus die Loyalitätsgefühle der Menschen verändert hat (M 3 a–c).

2 Fassen Sie die zentralen Merkmale des modernen Nationalismus (M 3 a–c) zusammen.

3 Erarbeiten Sie die unterschiedlichen Wirkungen des Nationalismus in verschiedenen Ländern (M 3 b).

4 Bilanzieren Sie die Bedeutung des Nationalismus im 19. Jahrhundert: Stellen Sie dazu dessen positive bzw. negative Aspekte im Modernisierungsprozess gegenüber (M 3 a–c).

M4 Grundzüge der Nationalstaatsbildung – das deutsche Beispiel im 19. Jahrhundert

Bis zum Ende des 18. Jahrhunderts lässt sich von einer deutschen Nation nur in sehr eingeschränktem Sinn, vom deutschen Nationalismus kaum und von einem Nationalstaat in Deutschland schon gar nicht sprechen, wenngleich die Ideen von Nation, Nationalismus und Nationalstaat im Denken der deutschen Spätaufklärung vorhanden waren und die Revolutionen in Nordamerika und Frankreich erstmals moderne Nationen und Nationalstaaten hervorgebracht hatten. Der deutsche Nationalismus entstand, zunächst als Minderheitsphänomen unter den bildungsbürgerlichen Eliten und einigen städtischen Aktivbürgern, unter dem Einfluss vor allem der Französischen Revolution und ihres Erben Napoleon, in Auseinandersetzung mit dessen Expansion und Aggression, in dem langen Krieg, der von der Mitte der 1790er-Jahre bis 1815 Europa mit Unterbrechungen überzog. Bis ca. 1840 wurde er aus einem Minderheits- zu einem Massenphänomen, in Gestalt einer in sich vielfältig differenzierten Nationalbewegung, deren soziale Reichweite gleichwohl begrenzt blieb.

Von den 1840er-Jahren bis in die 1870er-Jahre reichte die Phase der deutschen Nationalstaatsgründung, in der die Nationalbewegung in enger Allianz mit liberalen, demokratischen und zunächst auch sozialistischen Strömungen gegen den völker- und staatsrechtlichen Status quo auf die Errichtung eines deutschen Nationalstaats in Gestalt eines liberalen, mehr oder weniger demokratischen Verfassungs- und Rechtsstaats drängte – vergeblich in der Revolution von 1848/49, aber mit erheblichem Erfolg im Reichsgründungsjahrzehnt, das allerdings den Nationalstaat nur durch drei Kriege, unter der Regie des preußischen Obrigkeitsstaats und in „kleindeutscher" Ausdehnung hervorbrachte, d.h. durch verfassungs-, macht- und ideenpolitische Kompromisse mit einem großen, sich national umorientierenden Teil der alten Eliten, um den Preis der Exklusion der Deutschen im Habsburgerreich und um den Preis eines tiefen Gegensatzes zu Frankreich, der die internationale Politik bis in den Ersten Weltkrieg hinein (und darüber hinaus) belasten sollte. Die Errichtung des Nationalstaats trieb die Nationsbildung voran, aber grenzte auch neue, randständige, nicht voll einbezogene Außenseiter aus, die man nun als „innere Reichsfeinde" bezeichnete. Sie verbreiterte die soziale Basis des Nationalen (hin zu den staatstragenden Schichten), doch wandten sich bisherige soziale Trägerschichten auf der Linken ab. Nationalismus und Staatsmacht rückten nun erstmals zusammen. Das änderte den Inhalt des nationalen Glaubens und verschaffte ihm zusätzliche Durchsetzungskraft.

Von den 1870er-Jahren bis zum Ersten Weltkrieg schritt die ökonomische, kulturelle, soziale und politische kleindeutsche Nationsbildung unter dem Dach und dem Einfluss des sich machtvoll entfaltenden, wenngleich in vielem unvollkommen bleibenden Nationalstaats kräftig voran. Der Nationalismus verlor nicht seine integrierende Funktion, er bewies sie vielmehr auch gegenüber den zum Zeitpunkt der Reichsgründung teils abseitsstehenden, teils abgestoßenen Bevölkerungsteilen: gegenüber dem katholischen Deutschland und teilweise gegenüber der Arbeiterschaft. Aber seine trennenden, ausgrenzenden, aggressiven Wirkungen traten nun schärfer hervor: gegenüber ethnischen und politischen Minderheiten im Innern, gegenüber den als Feinden wahrgenommenen Fremden draußen – dies im nun anschwellenden imperialistischen Kampf um Geltung und Einfluss auch außerhalb Europas, an dem das Deutsche Reich nach Bismarck mit großem Aufwand und wenig Erfolg teilnahm. In Reaktion auf tiefe soziale Spannungen im Innern, in Antwort auf den verunsichernden rapiden Wandel der Zeit, verstärkt durch ein ideologisches Klima der Überhöhung von Konflikten zwischen den Nationalstaaten im Zeitalter des Imperialismus, entwickelte sich nun der immer schon auf die Seelen der Menschen zielende Nationalismus in einigen seiner Erscheinungsformen zu einer veritablen „Polit-Religion" mit intolerantem Absolutheitsanspruch weiter, zum „integralen Nationalismus". Er konnte sich mit den Fundamentalismen der Zeit paaren, vor allem mit dem sich naturwissenschaftlich gebenden Rassismus und dem damit verwandten Antisemitismus. Spätestens jetzt wurde der Nationalismus zum belastenden Problem, das mit in den Weltkrieg führte.

Jürgen Kocka, Das lange 19. Jahrhundert. Arbeit, Nation und bürgerliche Gesellschaft, Klett-Cotta, Stuttgart 2001 (= Gebhardt. Handbuch der deutschen Geschichte, 10. völlig neu bearb. Aufl., Bd. 13), S. 84–86

1 **Charakterisieren Sie die deutsche Nationalstaatsentwicklung im 19. Jahrhundert, indem Sie mithilfe von M4 die einzelnen Phasen und deren zentrale Merkmale herausarbeiten.**

M5 Schützenscheibe, Gemälde von Lorenz Kaim, 1862

2 Das Europa der Nationen: ein Vergleich

Typen der Nationenbildung

Die europäischen Nationen bzw. Nationalstaaten sind nicht nur zu verschiedenen Zeiten gegründet worden, sie haben auch unterschiedliche Entstehungsgeschichten. Drei Grundformen lassen sich dabei herausarbeiten: Zum einen gibt es die Nationen, deren **Selbstverständnis durch moderne Revolutionen** geprägt wurde. Das gilt für Frankreich und England, wo die Idee der demokratischen Nation in der Glorreichen Revolution von 1688/89 (s. S. 190 ff.) und der Französischen Revolution von 1789 (s. S. 205 ff.) durchgesetzt und weiterentwickelt worden ist. Da Franzosen und Engländer jeweils in einem Staat zusammenlebten, fielen Staat und Nation zusammen. Dagegen mussten in Deutschland und Italien die sich **kulturell und sprachlich nahestehenden Einwohner** erst einen gemeinsamen Nationalstaat erkämpfen, der durch die Vereinigung bisher staatlich getrennter Teile ins Leben gerufen wurde. Das geschah 1870/71 in der deutschen Reichsgründung und zwischen 1859 und 1870 mit der Einigung des zersplitterten Italiens. Außer diesen den Staat stärkenden (Frankreich und England) und den staatsbildenden (Deutschland und Italien) Formen gab es – drittens – die staatszersetzenden bzw. sich von ihm abtrennenden Varianten (M 1). Dabei organisierten sich aus **zerfallenden Großreichen oder Vielvölkerstaaten** neue Nationalstaaten. Die nationalen Bewegungen der slawischen Völker in Mittel- und Südosteuropa beschleunigten die Auflösung des Osmanischen und des Habsburgerreiches. 1829/30 hatte sich zuerst Griechenland befreit, 1878 folgten Serbien und Rumänien, 1908 wurde Bulgarien endgültig unabhängig. Seit dem Auseinanderbrechen Österreich-Ungarns nach dem Ersten Weltkrieg 1918 entstand von der Ostsee bis zur Adria ein breiter Staatengürtel aus den baltischen Staaten, Polen, der Tschechoslowakei, Ungarn, Jugoslawien und Österreich (M 5 a).
Diese Typologie hat der Historiker Theodor Schieder ausgearbeitet und zu einem Phasenmodell weiterentwickelt, das die europäischen Nationalstaatsgründungen zeitlich einordnen soll. Es bietet wertvolle Orientierungshilfen für eine vergleichende Analyse des Europa der Nationen (M 5 b, c).

Internettipp
http://eeo.uni-klu.ac.at/index.php/Nation
Die Stichworte „Nation" und „Typen der Nation" erläutert ein Online-Lexikon der Universität Klagenfurt.

Internettipp
www.koerber-stiftung.de/frames/frames.php?param=http://www.koerber-stiftung.de/koerber-forum/nachberichte/berichte/2008-02-18.html
In seinem Vortrag über „Nationalstaat und Nationalismus" zeigt der Historiker Hans-Ulrich Wehler an Fallbeispielen der englischen, amerikanischen und französischen Revolutionen die Ideengeschichte der Nation auf und geht auf die Verbindung zwischen dem gemeinhin positiv besetzten Konzept des Nationalstaats und einem gefährlichen extremen Nationalismus ein. Mitschnitt der Rede als Audiofile (MP3) durch die Körber-Stiftung.

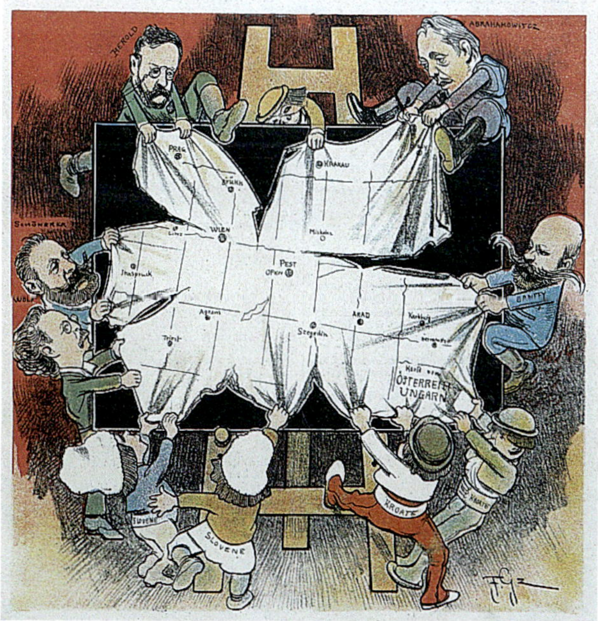

M 1 „Die schlimmen Buben in der Schule", Karikatur aus der Zeitschrift „Die Glühlichter", 19. Januar 1899

1 Interpretieren Sie die Karikatur. Nutzen Sie dazu die Methodenseite S. 244 f.

M2 Des Knaben Wunderhorn, Titelblatt der ersten Ausgabe, 1806

Zu ihrer Sammlung „alter deutscher Lieder“ wurden die beiden Herausgeber, die romantischen Dichter Clemens von Brentano und Achim von Arnim, durch Herder angeregt.

Internettipp
www.grimms.de/contenido/cms/front_content.php?idcat=23
Das politische Wirken der Brüder Grimm, dargestellt von der Brüder Grimm-Gesellschaft Kassel

Staats- und Kulturnation

Eine andere Typologie der Nationen, die in kaum einer neueren Veröffentlichung fehlt, hat der Historiker Friedrich Meinecke 1908 vorgeschlagen. Er unterschied zwischen Staats- und Kulturnationen: „Man wird [...] die Nationen einteilen können in Kulturnationen und Staatsnationen, in solche, die vorzugsweise auf einem irgendwelchen **gemeinsam erlebten Kulturbesitz** beruhen, und solche, die vorzugsweise auf der vereinigenden Kraft einer **gemeinsamen politischen Geschichte** und Verfassung beruhen.“ In der Geschichtsschreibung wird üblicherweise Frankreich als Paradebeispiel für eine Staatsnation angeführt. Deutschland gilt dagegen als eine klassische Kulturnation. Die konkrete historische Wirklichkeit war jedoch vielfältiger und widersprüchlicher.

Wenn das gebildete Bürgertum im staatlich stark zersplitterten „Heiligen Römischen Reich Deutscher Nation“ des ausgehenden 18. Jahrhunderts von „Nation“ sprach, dachte es tatsächlich an eine Kulturnation, die in gemeinsamer Geschichte und Sprache wurzelte. Die Sprache repräsentiere, argumentierte 1784 der Theologe und Philosoph Johann Gottfried Herder (1744–1803), „alle Eigenheiten der Völker in ihrem praktischen Verstande, in ihren Phantasien, Sitten und Lebensweisen.“ Darüber hinaus forme sie dieses Volk immer wieder aufs Neue: „Wer in derselben Sprache erzogen ward, wer sein Herz in sie schütten, seine Seele in ihr ausdrücken lernte, der gehört zum Volk dieser Sprache.“ Aus dem Bemühen heraus, die Existenz und Einheit der deutschen Nation bzw. den deutschen Nationalgeist in der sprachlichen Überlieferung aufzuzeigen, veröffentlichte Herder Volkslieder. In der gleichen Absicht sammelten die Gebrüder Grimm Volksmärchen (M 2, M 3).

Im beginnenden 19. Jahrhundert wandelte sich das kulturelle Nationalbewusstsein zunehmend in einen **politischen Nationalismus**. Dieser sah sein Ziel zunächst nicht vorrangig in der Schaffung eines einheitlichen Nationalstaats, sondern forderte eine grundlegende politische Reform der Einzelstaaten des 1815 gegründeten Deutschen Bundes. Die Herrschaft der Monarchen sollte eingeschränkt, die politischen und sozialen Privilegien des Adels sollten beschnitten und die Nation, also die Gemeinschaft der rechtlich gleichgestellten Staatsbürger, sollte an den politischen Entscheidungen beteiligt werden.

In den Befreiungskriegen von 1813/14 und 1815, die Preußen und die anderen deutschen Staaten gegen die napoleonische Herrschaft führten (s. S. 226 f.), forderten die meist jungen Patrioten eine einheitliche Staatsnation nach franzö-

M3 „Die Brüder Jacob und Wilhelm Grimm bei der Märchenerzählerin Dorothea Viehmann in Niederzwehren“, undatierter Holzstich nach einem Gemälde von Louis Katzenstein, spätere Kolorierung

sischem und englischem Vorbild. Der Wunsch nach nationaler Einheit verband sich mit der Sehnsucht nach nationaler Größe. Deutschland sollte wieder ein Machtfaktor in der europäischen Politik werden. Obwohl in der Franzosenfeindlichkeit der Befreiungskriege eine Tendenz zur Verabsolutierung der eigenen Nation angelegt war, behielt der deutsche Nationalismus bis zur Reichsgründung 1870/71 im Wesentlichen seine freiheitliche Tendenz. Diese drückte sich in der Formel „Einheit und Freiheit" aus.
Politische Forderungen nach nationaler Mitbestimmung und Freiheit waren in der Revolution 1848/49 (s. S. 231 ff.) eng verknüpft mit dem Verlangen nach nationaler Einheit bzw. einem einheitlichen deutschen Nationalstaat. Zwar scheiterte die Nationalbewegung bei dem Versuch, einen demokratisch-parlamentarischen Nationalstaat zu gründen. Die Revolution offenbarte jedoch, dass sich der Nationalismus mit seinem Bestreben, eine deutsche Nation und einen deutschen Nationalstaat zu schaffen, nicht mehr unterdrücken ließ.
Das europäische Geburtsland für den modernen politischen Nationalismus war jedoch **Frankreich**. In der Französischen Revolution (s. S. 205 ff.) entstand 1789 die demokratische Idee von der selbstbestimmten Nation. Indem das französische Volk unter Führung des aufstrebenden Bürgertums die Kontrolle der bisher vom König und dem Adel ausgeübten Macht im Staate beanspruchte, sah es sich als allgemeinen Stand an und erklärte sich zur Nation. Von ihr sollte nun alle Macht ausgehen. Nach diesem Verständnis war die Nation eine politische und soziale Gemeinschaft rechtsgleicher Staatsbürger, die durch ihre Vertretungsorgane die Zukunft des Landes mitgestalteten. Dieser Nationalgedanke verband sich in den Kriegen des revolutionären und später auch des napoleonischen Frankreich mit einem nationalen Überlegenheitsgefühl und Sendungsbewusstsein. Die französischen Truppen zogen in den Kampf, um die Ideale der Revolution „Freiheit, Gleichheit, Brüderlichkeit" zu verbreiten und die Völker vom „Tyrannenjoch" zu befreien.

M4 Französische Briefmarke mit dem Kopf der Marianne, der Personifikation Frankreichs

Seit der Französischen Revolution gilt Marianne zugleich als Symbol der Freiheit; zum Zeichen trägt sie die phrygische Mütze der Jakobiner auf dem Kopf.

Integraler Nationalismus

Im letzten Drittel des 19. Jahrhunderts veränderte der Nationalismus sein Gesicht. Der Historiker Heinrich August Winkler hat diesen Funktionswandel als Umschlag „vom liberalen zum reaktionären Nationalismus" bezeichnet. Tatsächlich verloren demokratisch-liberale Vorstellungen von der Nation an Gewicht, während antiliberale Ideen an Bedeutung gewannen. Der neue Nationalismus forderte zudem die Abkehr vom Freihandel bzw. den Schutz der nationalen Wirtschaft. Diese Form des „extremen", „radikalen" oder „integralen" Nationalismus erstarkte sowohl in Deutschland wie in Frankreich. Der Begriff des integralen Nationalismus wurde von dem französischen Schriftsteller Charles Maurras (1868–1952) geprägt. „Du bist nichts, Dein Volk ist alles" – mit dieser Parole könnte man die zentrale Forderung dieser Spielart des Nationalismus charakterisieren, der auch vor Gewalt gegenüber Andersdenkenden nicht zurückschreckte.
Diese Form des Nationalismus entstand in Frankreich nach der Niederlage gegen Deutschland 1870/71. Viele konservativ-monarchistisch eingestellte Franzosen verziehen den republikanischen Politikern nicht, dass sie die Revanche gegen die deutschen Sieger zurückstellen wollten. In der 1882 gegründeten, 1889 verbotenen *Ligue des patriotes* und der 1898 ins Leben gerufenen *Ligue de la patrie française* organisierten sich die politisch rechts stehenden Nationalisten. Unter ihnen waren viele Persönlichkeiten der intellektuellen Elite Frankreichs. Anders als in Deutschland entwickelte sich der integrale Nationalismus in Frankreich jedoch nie zu einer vorherrschenden Kraft. Der auf den revolutionären und demokratischen Traditionen beruhende politische Nationalismus blieb für das politische Denken und Handeln der Franzosen prägend.

Internettipp
www.bpb.de/themen/O03NXA,0,0,Nationale_Symbole.html
Der Linguist Elmar Elling über die Vielfalt und Bedeutung nationaler Symbole

Internettipp
www.schule-bw.de/unterricht/faecher/geschichte/materialien_und_medien/nationalismus/kaiserreich-imperialismus/06_nationalismus_nach_reichseinigung.htm
Kurze Darstellung des deutschen Nationalismus im Kaiserreich beim Landesbildungsserver Baden-Württemberg mit weiterführenden Links zu den Themen Nation und Nationalismus

In Deutschland schien mit der Gründung des Deutschen Reiches 1870/71 die Nationalbewegung am Ziel ihrer Wünsche angelangt. Zur Enttäuschung der Liberalen war dieser Nationalstaat allerdings keine demokratisch-parlamentarische Ordnung, sondern ein autoritärer Obrigkeits- und Machtstaat. Die deutsche Nationalidee wurde seitdem immer stärker von konservativen, adlig-großbürgerlichen Führungsschichten des Reiches bestimmt und in eine emanzipations- und demokratiefeindliche politische Ideologie umgewandelt. Der neue Nationalismus identifizierte die bestehende Gesellschaftsordnung mit der Nation und erklärte die Zustimmung zu Macht und Autorität sowie die Unterordnung des Einzelnen unter die größere und wichtigere Gemeinschaft des Reiches zur nationalpolitischen Tugend. In der Zeit des Wilhelminischen Kaiserreiches (1890–1918) wurde dieser Nationalismus radikalisiert und nach außen gewendet. Der Hinweis auf nationale Größe und Überlegenheit des Reiches diente nun auch der ideologischen Untermauerung imperialistischer Politik (s. S. 307 ff.).

1 Erläutern Sie den Begriff „integraler Nationalismus".
2 Diskutieren Sie, ausgehend vom Darstellungstext, die These des Politikwissenschaftlers und Publizisten Christian Graf von Krockow: „Weder zum Guten noch zum Bösen bezeichnet Nationalismus ein deutsches Privileg."

M5 Nationalstaatsbildung in Europa während des 19. und beginnenden 20. Jahrhunderts

a) Nationalstaatsgründungen in Europa

b) Der Historiker Theodor Schieder über Typen und Phasen europäischer Nationalstaatsgründungen, 1965:

In der ersten Etappe bildet sich der moderne Nationalstaat in England und Frankreich durch eine innerstaatliche Revolution, in der die Gemeinschaft der Bürger einen bereits bestehenden Staat auf bestimmte politische Werte und am Ende auf den Volkswillen, die *volonté générale* im Sinne Rousseaus, die Nation als Willensgemeinschaft neu gründet. Das subjektive Bekenntnis zu dem auf diese Weise neu geschaffenen Staat bleibt das einzige Merkmal einer politischen Nationalität, nicht etwa Sprache, Volksgeist oder Nationalcharakter. […]

Die zweite Phase steht im Zeichen der Entstehung von Nationalstaaten aus staatlich getrennten Teilen von Nationen, die ihre politische Zerrissenheit überwinden wollen. Der nationalrevolutionäre Akt gestaltet nicht einen vorhandenen Staat um, sondern will einen neuen schaffen. Dies ist die Stunde der nationalen „Einheitsbewegungen", wie z.B. in Deutschland und in Italien. Bei ihnen erscheint die Nation als eine vor dem Staat gegebene, entweder historisch oder kulturell oder als sozialer Verband begründete Größe. […]

In der dritten Phase geht es wiederum um ein anderes Problem. Mit ihr haben wir den Schwerpunkt unserer Betrachtung von Westeuropa und Mitteleuropa nach Osteuropa verlegt. Während die Großstaatsbildungen in Westeuropa durch die nationaldemokratische Revolution national bestimmt worden sind, allerdings in eigentümlicher Verknüpfung mit imperialen Herrschaftssystemen außerhalb Europas, die wie in Großbritannien den nationalen Kernstaat niemals davon isoliert betrachten lassen, während in die Herrschaft über Mitteleuropa Kleinstaaten und Großstaaten sich teilen, ist Osteuropa das Feld der großen imperialen Imperiums- und Reichsbildungen gewesen. […] Die nationalitären Bewegungen in Osteuropa, in ihrer Tradition und Herrschaft sehr verschiedenen Charakters, entfalten sich im Bereich dieser Großstaaten, die für sie als die großen „Gefängnisse der Völker" erscheinen. Das politische Bewusstsein dieser Bewegungen und der sie tragenden Völker wird nicht im und am Staat entwickelt, sondern durch die Gegnerschaft gegen den bestehenden Staat geprägt.

Theodor Schieder, Typologie und Erscheinungsformen des Nationalstaats in Europa (Erstveröffentlichung 1965), in: ders., Nationalismus und Nationalstaat. Studien zum nationalen Problem im modernen Europa, hg. v. Otto Dann und Hans-Ulrich Wehler, Vandenhoeck & Ruprecht, Göttingen 1991, S. 69–71

c) Der Historiker Christoph Nonn zur Typologie Schieders, 2007:

Theodor Schieders Typologie der Bildung von Nationalstaaten lässt sich in Einzelheiten durchaus kritisieren. Schieder selbst wies bereits daraufhin, dass sich im polnischen Beispiel die Typen des sezessionistischen und unifizierenden Nationalismus überschneiden. Auch die italienische Einigung, die gegen Österreich erkämpft wurde und erst mit dem Gewinn Südtirols aus der Konkursmasse des Habsburgerreichs 1919 abgeschlossen war, hatte teilweise sezessionistische Züge. Nicht immer und überall lassen sich die tatsächlichen historischen Entwicklungen in das Schema von drei Phasen pressen, die zeitlich und geografisch eine Abfolge bilden. Die Unabhängigkeitserklärung Griechenlands vom Osmanischen Reich schon 1830 war eindeutig eine sezessionistische Nationalbewegung des osteuropäischen Typs, fand aber vor den Vereinigungen Deutschlands und Italiens in Mitteleuropa statt. Norwegen spaltete sich 1905 von Schweden, Irland 1922 von Großbritannien ab: Beide Fälle lassen sich zwar von der Chronologie her, nicht aber räumlich zum sezessionistisch-osteuropäischen Typ zählen. Die Abspaltung Belgiens von den Niederlanden 1831 passt sogar weder zeitlich noch von der Geografie her ins Schema. Allerdings ist im belgischen Fall auch fraglich, ob es sich dabei wirklich um eine Nationalbewegung handelt. Denn das Motiv der Abspaltung war ein primär religiöses, und die Einheit des neuen Staates wurde seit den 1840er-Jahren immer wieder durch Gegensätze zwischen Flamen und Wallonen infrage gestellt, die sich zwar durch die katholische Religion, nicht aber durch die Sprache vereint fühlten. So sehr Ausnahmen von der Regel Schieders Schema hier und dort modifizieren mögen, so analytisch hilfreich und treffend erscheint es doch im Ganzen.

Christoph Nonn, Das 19. und 20. Jahrhundert. Orientierung Geschichte, UTB, Paderborn 2007, S. 216

1 Analysieren Sie M 5 a mithilfe der Methodenseite S. 150 f.
2 Stellen Sie mithilfe von M 5 b, c und des Darstellungstextes eine Tabelle zusammen, in der Sie die europäischen Nationalstaatsgründungen im 19. und beginnenden 20. Jahrhundert bestimmten Typen und Phasen der Nationenbildung zuordnen. Arbeiten Sie die jeweils wichtigsten Merkmale dieser Typen und Phasen heraus.
3 Erörtern Sie die Kritik an der Typologie Schieders (M 5 b).

Weiterführende Arbeitsanregung

4 **Arbeitsteilige Gruppenarbeit:** Untersuchen und beschreiben Sie die Nationalstaatsgründungen in Polen, Irland, Belgien und Italien. Ordnen Sie diese in die Typologie und das Phasenmodell Schieders (M 5 b) ein. Präsentieren Sie Ihre Ergebnisse im Plenum.

Literaturtipp

Die Zeit, Welt- und Kulturgeschichte. Epochen, Fakten, Hintergründe in 20 Bdn., Bd. 12: Zeitalter des Nationalismus, Zeit-Verlag, Hamburg 2006

3 Nationalbewegung und Reichsgründung in Deutschland

Der Deutsche Zollverein
Die Gründung des Deutschen Zollvereins im Jahre 1834 förderte entscheidend die Entstehung sowohl eines einheitlichen größeren Wirtschaftsraumes als auch der Marktwirtschaft. Das vorindustrielle Deutschland bildete weder geografisch noch politisch und wirtschaftlich eine Einheit. Der 1815 gegründete Deutsche Bund war bis 1866 in 39 souveräne Wirtschaftsgebiete zersplittert, die keine gemeinsame Wirtschaftspolitik kannten. Die größeren Staaten wie Preußen und Österreich waren sogar zusätzlich, ihrer historischen Zusammensetzung entsprechend, von Zollgrenzen durchzogen. So gab es in Preußen 67 lokale Zolltarife. Diese handels- und zollpolitische Zersplitterung des Deutschen Bundes verhinderte die Entwicklung eines überregionalen Wirtschaftslebens und von Märkten, die für den Absatz von Waren aus der Fabrikproduktion groß genug waren. Das änderte sich mit der Entstehung und dem Ausbau des Zollvereins, wobei nach und nach die vollständige Zollunion erreicht wurde. Der Wirtschaftsverkehr zwischen den Mitgliedern wurde seitdem nicht mehr durch Zollschranken behindert. Voraussetzung dafür war jedoch der Ausbau des innerdeutschen Verkehrsnetzes. Niederlassungsfreiheit und eine gemeinsame Währung wurden jedoch erst mit der Reichsgründung 1870/71 eingeführt.

Internettipp
www.zeit.de/2002/42/A-Jahn_neu?page=all
Die Historikerin Karen Hagemann über Turnvater Ludwig Jahn als ein Vorvater des deutschen Nationalismus in der Wochenzeitung „Die Zeit" (2002)

Nation und Kommunikation

Der deutsch-amerikanische Politikwissenschaftler Karl W. Deutsch hat die Nationenbildung einmal als einen Prozess beschrieben, bei dem sich die Kommunikation zwischen Menschen in einem größeren geografischen Gebiet verdichtet. „Eine Nation ist", argumentierte er, „ein Volk im Besitze eines Staates. Um einen Staat in Besitz zu nehmen, müssen einige Mitglieder dieses Volkes den Hauptteil der Führungskräfte dieses Staates stellen, und eine größere Zahl von Volksangehörigen muss sich mit diesem Staat irgendwie identifizieren und ihn unterstützen." Unter „Volk" verstand er dabei keine ethnische Gruppe, sondern eine **Kommunikationsgemeinschaft**: „Ein Volk [...] ist ein ausgedehntes Allzweck-Kommunikationsnetz von Menschen. Es ist eine Ansammlung von Individuen, die schnell und effektiv über Distanzen hinweg und über unterschiedliche Themen und Sachverhalte miteinander kommunizieren können. Dazu müssen sie [...] gewöhnlich eine Sprache und immer eine Kultur als gemeinsamen Bestand von gemeinsamen Bedeutungen und Erinnerungen [...] teilen."

Wirtschaftliche Integration

Diese Definition, die die Nationenbildung als die Entstehung und Ausbildung eines größeren Kommunikationsraumes begreift, ist bei der Analyse der deutschen Nationalstaatsentwicklung hilfreich. Sie lenkt den Blick darauf, dass das Bewusstsein nationaler Zusammengehörigkeit in breiteren Teilen der deutschen Bevölkerung bereits vor der Gründung des Deutschen Reiches 1870/71 durch wachsende überregionale wie überstaatliche Verbindungen und Organisationsnetze in Deutschland gestärkt worden war. So förderte der 1834 gegründete **Deutsche Zollverein*** nicht nur die Entstehung einer Marktwirtschaft, sondern auch die wirtschaftliche Integration zwischen verschiedenen Regionen und Ländern. Landwirte, Kaufleute und Industrielle knüpften ein immer dichteres Netz von persönlichen und organisatorischen Verbindungen über die Einzelstaaten des Deutschen Bundes – eines Staatenbunds, der 1815 nach dem Wiener Kongress von 39 souveränen Fürsten gegründet worden war – hinweg. Außerdem erweiterten sie ihre Forderungen nach wirtschaftlicher und politischer Freiheit zunehmend durch die Forderung nach nationaler Einheit.

Gesellschaftliche Integration

Aber auch das Engagement der **deutschen Nationalbewegung** trug entscheidend dazu bei, dass die deutsche Nation lange vor der Reichsgründung in den Köpfen einer immer größeren Zahl von Menschen existierte. An der Wende vom 18. zum 19. Jahrhundert war die Idee der Nation lediglich in einer kleinen Bildungselite verbreitet. Pfarrer und Lehrer, Professoren und Studenten sowie Beamte aus den unterschiedlichsten deutschen Territorien betrachteten sich als Angehörige einer kulturellen Gemeinschaft. Um das nationale Kulturerbe zu erfassen, sammelten sie Volkslieder, Märchen und Sagen oder schrieben historische Werke, Wörterbücher und Grammatiken. Seit den 1840er-Jahren entstanden im Deutschen Bund nationale Massenbewegungen mit jeweils etwa hunderttausend Mitgliedern. Hierzu gehörten besonders die Turner- und Sängerbewegung sowie die Freireligiösen Gemeinden. Sie kämpften für die nationale Einheit und schufen durch ihre überregionalen, überstaatlichen organisatorischen Verflechtungen nationale Verbindungen.
Ein wichtiges Ereignis in der Geschichte des deutschen Nationalismus war das **Hambacher Fest**, auf dem sich im Mai 1832 etwa 30 000 Menschen auf einer Burg-

ruine in der Pfalz trafen. Stürmisch forderten die zahlreichen Redner nationale Einheit, Pressefreiheit und zum Teil auch Demokratie für Deutschland (M 5, M 6).
War die deutsche Nationalbewegung bis zur Revolution 1848/49 (s. S. 231 ff.) vornehmlich eine städtische Bewegung, nahm danach die Zahl der Vereine auf dem Land und in kleinen Landstädten stark zu. Auch das muss als Zeichen dafür gewertet werden, dass die politische Nationsbildung rasch voranschritt. Denn über solche Vereine fand die ländliche Bevölkerung Anschluss an die Nationalbewegung, deren Ziele und Aktionsformen.

Die Reichsgründung 1870/71 Ohne die Vorarbeit des Deutschen Zollvereins und der deutschen Nationalbewegung wäre die Reichsgründung 1870/71 sicherlich nicht möglich gewesen. Der wirtschaftliche und gesellschaftliche Prozess der Nationsbildung mündete jedoch nicht automatisch in einen Nationalstaat (M 1). Die Entscheidung für die kleindeutsche Lösung, d. h. den endgültigen Ausschluss Österreichs aus Deutschland, wurde maßgeblich gefällt durch die **militärischen Siege Preußens** zwischen 1866 und 1870 (M 7). Eine herausragende Bedeutung bei der Entstehung und politischen Gestaltung des Deutschen Reiches kam außerdem dem preußischen Ministerpräsidenten **Otto von Bismarck*** zu (M 2, M 7), auf den die **Reichsverfassung*** zugeschnitten war (s. S. 316 f.).

Verfassung
Grundgesetz eines Staates, das Vorrang vor allen anderen Gesetzen oder Verordnungen besitzt; wird in der Regel in einer schriftlichen Urkunde bzw. einem schriftlichen Dokument fixiert. Die Verfassung legt die politisch-staatliche Grundordnung fest, regelt also die Herrschaftsausübung sowie die Rechte und Pflichten der Bürger. In ihr werden festgeschrieben: Staatsform, Funktion und Kompetenzen der Staatsorgane, das Verhältnis der Gewalten (Exekutive, Legislative, Judikative) sowie Mitbestimmungsrechte des Volkes (Wahlrecht, Organisation, Zusammensetzung und Befugnisse der Volksvertretung).

M 1 **Deutschland von 1834 bis 1871**

M2 Otto von Bismarck (1815–1898), Fotografie, 1859

Bismarck entstammte einer adligen Rittergutsbesitzer- und Offiziersfamilie. Nach seinem Jura-Studium, der Tätigkeit als Regierungsreferendar und seinem Freiwilligen-Dienst im Potsdamer Gardejägerbataillon übernahm er die Bewirtschaftung der pommerschen Familiengüter. Als konservativer Abgeordneter des preußischen Landtags bekämpfte er 1848/49 die Revolution. Von 1862 bis 1890 war er preußischer Ministerpräsident und Minister des Auswärtigen, von 1871 bis 1890 zusätzlich deutscher Reichskanzler.

Internettipp
www.planet-wissen.de
Unter dem Suchwort „Bismarck" finden sich umfangreiche Informationen zu seinem Leben, Kulturkampf und Sozialistengesetz, bereitgestellt von WDR, SWR und BR alpha

Nach der Reichsgründung mussten die verschiedenen **Rechts- und Wirtschaftsordnungen** vereinheitlicht werden. Dabei konnte Bismarck auf die vom Zollverein und Norddeutschen Bund geleisteten Vorarbeiten aufbauen. Wichtige Schritte auf dem Weg zur wirtschaftlichen und rechtlichen Einheit waren die Verabschiedung des Handelsgesetzbuches (1865), des Strafgesetzbuches (1872) und des Bürgerlichen Gesetzbuches (1900).
Auf Bismarcks Politik ist es maßgeblich zurückzuführen, dass das Deutsche Reich kein freiheitlich-parlamentarischer Nationalstaat, sondern ein autoritärer Macht-, Obrigkeits- und Militärstaat (M 4) war. Die durch Kriegsdiplomatie herbeigeführte Reichseinigung sollte im Inneren durch einen aggressiven Reichsnationalismus abgesichert werden. Die Hauptantriebskraft dieses Nationalismus bestand in der Vorstellung, die Nation müsse alle Kräfte mobilisieren, um Weltmacht zu werden. Eine wesentliche Bedingung dafür war die innere Geschlossenheit des Reiches. Diese erschien den Anhängern des Reichsnationalismus bedroht durch Katholiken und Sozialisten sowie nationale Minderheiten und die Juden (M 9).

Ausgrenzung von „Reichsfeinden"

Um die Autonomie des Staates gegen jeden geistlichen Einfluss durchzusetzen und weil er bei der katholischen Zentrumspartei eine reichsfeindliche Haltung vermutete sowie deren Verbindung mit den preußischen Polen und den Elsässern beargwöhnte, bekämpfte Bismarck die **katholische Kirche**. Unterstützung fand er bei den Liberalen, die in der Zentrumspartei die Gegenaufklärung und den Sachwalter des Papstes erblickten. Der alte preußische Kanzelparagraf wurde auf das Reich ausgedehnt und das Behandeln staatlicher Angelegenheiten in aufwieglerischer Weise im geistlichen Amt zum Straftatbestand erhoben, 1871 der Jesuitenorden in Deutschland verboten und 1875 die obligatorische Zivilehe eingeführt. Widersetzliche Geistliche konnten aus dem Reich verbannt werden. Obwohl damit der Staat alle Mittel ausschöpfte, geriet diese Machtprobe mit der katholischen Kirche – auch **Kulturkampf** genannt – zu einer schweren Niederlage Bismarcks und der Liberalen. So waren zwar 1876 alle preußischen katholischen Bischöfe verhaftet oder ausgewiesen und ein Viertel der Pfarreien verwaist. Aber in den Landtags- und den Reichstagswahlen 1873/74 konnte das Zentrum seine Sitze verdoppeln und wurde 1881 sogar die stärkste Partei im Reichstag. 1879/80 legte Bismarck den Kulturkampf in Form eines Kompromisses bei: Die Kirchengesetze wurden gemildert (Abschaffung des Kulturexamens, Zulassung der Orden mit Ausnahme der Jesuiten); Kanzelparagraf und Zivilehe hingegen blieben erhalten.
Beim Kampf gegen die **Sozialdemokratie** verfolgte Bismarck eine Doppelstrategie: Verbote sollten die Handlungsmöglichkeiten der Partei beschränken und sozialpolitische Maßnahmen (s. S. 272) die Anhänger der Partei mit der bestehenden Ordnung versöhnen. Nach der Vereinigung der Sozialdemokratischen Arbeiterpartei mit dem Allgemeinen Deutschen Arbeiterverein 1875 (s. S. 270) erblickte Bismarck in den Sozialisten die stärkste Gefahr für das neue Reich, wobei er die von der Sozialdemokratie ausgehende Revolutionsgefahr überschätzte. Zwei – der Sozialdemokratie nicht anzulastende – Attentate auf Kaiser Wilhelm I. im Mai und Juni 1878 nutzte Bismarck zur Auflösung des Reichstages und zur Durchsetzung des sogenannten **Sozialistengesetzes**. Das Gesetz verbot alle Vereine, Versammlungen und Druckschriften, „welche durch sozialdemokratische, sozialistische oder kommunistische Bestrebungen den Umsturz der bestehenden Staats- und Gesellschaftsordnung bezwecken". Außerdem ermöglichte es die Ausweisung sozialistischer Agitatoren aus Orten und Bezirken und verschärfte polizeiliche Kontrollen. Dennoch wies das Sozialistengesetz Lücken auf. Es war befristet, musste daher immer wieder verlängert werden und berührte weder das aktive noch das passive Wahlrecht. Die Sozialdemokratie konnte deswegen ihre Kan-

M3 **Bildpostkarte der Nordseeinsel Borkum, um 1910**

Bereits seit dem Ende des 19. Jahrhunderts wurde die jüdische Bevölkerung in einigen Kurbädern offen diskriminiert und dadurch ferngehalten. Besonders aggressive Beispiele für diesen „Bäderantisemitismus" sind die Nordseebäder Borkum, Langeoog sowie das Ostseebad Zinnowitz. In Borkum intonierte die Kurkapelle täglich und unbekümmert von entsprechenden Verboten das „Borkum"-Lied, dessen letzte Strophe endet: „An Borkums Strand nur Deutschtum gilt, nur deutsch ist das Panier / Wir halten rein den Ehrenschild Germanias für und für! / Doch wer dir naht mit platten Füßen, mit Nasen krumm und Haaren kraus / der soll nicht deinen Strand genießen, der muss hinaus! Der muss hinaus!"

didaten zur Wahl stellen, ihre gewählten Vertreter repräsentierten die Partei im Reichstag. Das bis 1890 geltende Gesetz schwächte die sozialistische Arbeiterbewegung nicht, sondern stärkte sie. Sozialdemokratische Abgeordnete vertraten die Interessen ihrer Partei weiterhin im Reichstag, die Zahl ihrer Wähler stieg stetig an. Mit 1 427 000 Stimmen erhielt die Sozialdemokratie 1890 mehr als jede andere Partei. Die Sozialdemokraten führten ihre Parteiarbeit in der Illegalität in vielfältiger Form weiter: Ausweichmöglichkeiten boten Vereine für Sport, Bildung, Gesang, Musik, Wandern und Unterstützungsvereine. Die staatliche Unterdrückung förderte aber gleichzeitig die Radikalisierung der Partei, spontane Aktionen und Streiks nahmen zu.

Auch die **nationalen Minderheiten** im kaiserlichen Deutschland, allen voran Polen, Dänen, Elsässer und Lothringer, wurden ausgegrenzt (M 9). Eine Sprachpolitik, die das Deutsche für alle zur Schul-, Geschäfts- und Amtssprache erhob, missachtete die nationalen Eigenarten. Polen und Dänen wehrten sich gegen die **Germanisierungspolitik** und wollten das Reich verlassen, die Lothringer ihr französisch geprägtes Leben bewahren. Weil die Verfassung keinen Minderheitenschutz kannte, verschärfte sich im letzten Drittel des 19. Jahrhunderts die Nationalitätenproblematik, als sich ein aggressiver Nationalismus ausbreitete.

Dieser verstärkte seit den 1890er-Jahren zudem einen bereits bestehenden **Antisemitismus** in breiten Teilen auch der bürgerlichen Bevölkerungsgruppen. Obwohl durch die Reichsverfassung rechtlich gleichgestellt, blieben Juden im kaiserlichen Deutschland sozialen Diskriminierungen ausgesetzt (M 3 und M 8, S. 314).

M4 **Junge in preußischer Uniform mit Eisernem Kreuz und Pickelhaube, Fotografie, um 1915**

Militärische Prachtentfaltung durch Paraden und Uniformen, militärisches Gehabe in Schule und Verwaltung idealisierten den Offizier und die Armee als „Schule der Nation".

1 Überprüfen Sie mithilfe des Darstellungstextes die These: Die Geschichte der modernen deutschen Nation begann nicht erst mit der Gründung des Deutschen Reiches an der Jahreswende 1870/71, sondern bereits im ausgehenden 18. Jahrhundert.

M5 Der Zug der 30 000 Oppositionellen zum Hambacher Schloss am 27. Mai 1832, anonymer kolorierter Kupferstich, 1830er-Jahre

M6 Aus der Rede von Philipp Jakob Siebenpfeiffer auf dem Hambacher Fest 1832

Und es wird kommen der Tag, der Tag des edelsten Siegstolzes, wo der Deutsche vom Alpengebirg und der Nordsee, vom Rhein, der Donau und der Elbe den Bruder im Bruder umarmt, wo die Zollstöcke und die Schlagbäume, wo alle Hoheitszeichen der Trennung und Hemmung und Bedrückung verschwinden samt den Konstitutiönchen, die man etlichen mürrischen Kindern der großen Familie als Spielzeug verlieh; wo freie Straßen und freie Ströme den freien Umschwung aller Nationalkräfte und Säfte bezeugen; wo die Fürsten die bunten Hermeline feudalistischer Gottstatthalterschaft mit der männlichen Toga deutscher Nationalwürde vertauschen und der Beamte, der Krieger, statt mit der Bedientenjacke des Herrn und Meisters mit der Volksbinde sich schmückt.

[...] wo jeder Stamm, im Innern frei und selbstständig, zu bürgerlicher Freiheit sich entwickelt und ein starkes selbst gewobenes Bruderband alle umschließt zu politischer Einheit und Kraft; wo die deutsche Flagge, statt Tribut an Barbaren zu bringen, die Erzeugnisse unseres Gewerbefleißes in fremde Weltteile geleitet.

[...] wo das deutsche Weib, nicht mehr die dienstpflichtige Magd des herrschenden Mannes, sondern die freie Genossin des freien Bürgers, unsern Söhnen und Töchtern schon als stammelnden Säuglingen die Freiheit einflößt.

[...] wo der Bürger nicht in höriger Untertänigkeit den Launen des Herrschers, [...] sondern dem Gesetze gehorcht und auf den Tafeln des Gesetzes den eigenen Willen liest und im Richter den frei erwählten Mann seines Vertrauens erblickt;

[...] es lebe das freie, das einige Deutschland! Hoch leben die Polen, der Deutschen Verbündete! Hoch leben die Franken, der Deutschen Brüder, die unsere Nationalität und Selbstständigkeit achten!

Hoch lebe jedes Volk, das seine Ketten bricht und mit uns den Bund der Freiheit schwört!

Vaterland – Volkshoheit – Völkerbund hoch!

Das Nationalfest der Deutschen zu Hambach, beschr. V. J. G. A. Wirth, Landau 1832, S. 34 ff.

1 Analysieren Sie die Rede Siebenpfeiffers und ordnen Sie die zentralen Forderungen in das politische Spektrum der Zeit ein.

M7 Der Historiker Jörg Fisch über die Gründung des Deutschen Reiches 1870/71, 2002

Die einzigartige Stellung Otto von Bismarcks [...] in der Geschichte der nationalen Einigung Deutschlands ergab sich daraus, dass er die Lehren aus den Vorgängen in Italien und den Erfahrungen mit dem preußisch-österreichischen Dualismus zog und die Frage der Einigung konsequent als Machtfrage behandelte. Zunächst gelang es ihm, den Deutschen Bund, und mit ihm Österreich, 1864 in einen Krieg gegen Dänemark hineinzuziehen [...]. Dänemark versuchte, das überwiegend deutschsprachige Schleswig-Holstein (Holstein gehörte zum Deutschen Bund) stärker zu integrieren und verletzte dadurch internationale Vereinbarungen. Der Deutsche Bund errang einen raschen Sieg und eroberte Schleswig-Holstein. Über der Frage der Behandlung der eroberten Gebiete provozierte Bismarck 1866 den Bruch zwischen Preußen und Österreich. Der Dualismus, der die deutsche Frage so lange blockiert hatte, sollte nun gewaltsam aufgelöst werden.

Die Entscheidung fiel weit rascher und eindeutiger, als irgendjemand erwartet hatte. Die kleineren norddeutschen Staaten schlossen sich überwiegend Preußen an; die mittelgroßen norddeutschen und die süddeutschen Staaten hielten zu Österreich. Preußen warf die feindlichen norddeutschen Staaten nach Kriegsbeginn (15. Juni) in kürzester Zeit nieder und konzentrierte sich dann auf Österreich, dessen Heer es schon am 3. Juli beim böhmischen Königgrätz eine kriegsentscheidende Niederlage beibrachte.

Damit hatte Preußen innerhalb des – inzwischen aufgelösten – Deutschen Bundes freie Hand für eine kleindeutsche Lösung. Durch den Krieg war aber die deutsche Frage wesentlich zu einer europäischen geworden. Je länger die Auseinandersetzungen dauerten und je umfangreicher die Machtverschiebungen zugunsten Preußens wurden, umso größer wurde die Wahrscheinlichkeit eines Eingreifens der Großmächte, insbesondere Frankreichs, das traditionell Wert auf ein zersplittertes Deutschland legte. Bismarck setzte deshalb, gegen heftigen Widerstand König Wilhelms I. und der Militärs, einen geradezu blitzartigen Friedensschluss mit Österreich durch, um Frankreich jeden Vorwand für eine Einmischung zu entziehen. Schon am 26. Juli wurde der

Vorfriede von Nikolsburg geschlossen, bestätigt am 23. August durch den Definitivfrieden von Prag.
Bismarck verzichtete darauf, die kleindeutsche Einigung konsequent zu Ende zu führen. Ein Zusammenschluss unter preußischen Vorzeichen wäre im Süden wenig populär gewesen und hätte, mehr oder weniger erzwungen, zu ähnlichen Problemen wie im italienischen Süden führen können. Nördlich des Mains annektierte Preußen mit Hannover, Kurhessen, Nassau und Frankfurt einen Teil der unterworfenen Staaten. Die übrigen sowie die Bundesgenossen schloss es im von ihm dominierten Norddeutschen Bund zusammen, der nun nicht mehr wie der Deutsche Bund staatenbündisch, sondern bundesstaatlich aufgebaut war und einen wirklichen Nationalstaat bildete, ohne dessen Namen zu führen. Die Staaten südlich des Mains blieben selbstständig. Doch sie wurden so eng an den Norddeutschen Bund gekettet, dass die Weichen in Richtung Anschluss unwiderruflich gestellt waren. Bayern, Württemberg, Baden und Hessen-Darmstadt mussten mit Preußen Militärbündnisse abschließen. Sie waren außerdem Mitglieder des Zollvereins, der zentralisiert wurde und politische Strukturen in Form eines Parlaments und einer Exekutive erhielt. Trotz alledem war noch nicht einmal das Minimalprogramm einer kleindeutschen Einigung verwirklicht. Deren Abschluss war mehr als zuvor zu einer außenpolitischen Frage geworden, zu deren Lösung Frankreich den Schlüssel in der Hand hielt [...]. Es war klar, dass Napoleon III. für seine Zustimmung zu einem deutschen Nationalstaat einen Preis verlangen würde [...]. [...] Die Wahrscheinlichkeit einer gewaltsamen Lösung [war] groß. Dazu kam es im Zusammenhang der spanischen Thronfolgekrise von 1870. Die regierenden spanischen Generäle boten dem Erbprinzen Leopold von Hohenzollern-Sigmaringen, dem Angehörigen einer katholischen Seitenlinie der preußischen Dynastie, den Thron an. Bismarck förderte die Kandidatur unter der Hand. Trotzdem lehnte Leopold schließlich ab. Doch Frankreich verlangte nun einen förmlichen preußischen Verzicht auf alle Zeiten – ein Ansinnen, das Preußen von sich wies. Das führte am 19. Juli zur französischen Kriegserklärung.
Die Frage, in welchem Umfang Bismarck Frankreich bewusst zum Krieg provoziert hat, ist bis heute umstritten. 1870 aber war in den Augen der Welt Frankreich der Angreifer. Das machte ein Eingreifen Großbritanniens und Russlands gegen Preußen weniger wahrscheinlich, und es bewog die süddeutschen Staaten zum sofortigen Kriegseintritt an Preußens Seite.
Die preußisch-deutsche Armee zeigte sich erneut überlegen. Sie warf das kaiserliche Frankreich bis zum 2. September nieder, benötigte dann allerdings noch bis zum Februar, um das republikanische Frankreich, dessen Widerstandskraft nicht zuletzt durch die deutsche Forderung nach Elsass-Lothringen angestachelt wurde, zu besiegen. In dieser Zeit erfolgte, durch den Beitritt der süddeutschen Staaten, die Ausweitung des Norddeutschen Bundes zum Deutschen

M8 Kaiserproklamation in Versailles, Gemälde von Anton von Werner, Öl auf Leinwand, 1885 (3. Fassung zu Bismarcks 70. Geburtstag)

1 Beschreiben und interpretieren Sie die Wernersche Darstellung der Kaiserproklamation.

Reich, das am 18. Januar 1871 in Versailles gewissermaßen von außen ausgerufen wurde. Die kleindeutsche Einigung war zu ihrem Abschluss gelangt. Sie hatte sich durch zwei Besonderheiten ausgezeichnet.

1. Die Einigung war das Resultat von drei Kriegen. Damit war sie in der Tat nach Bismarcks berühmtem Ausspruch mit „Eisen und Blut" herbeigeführt worden. [...]

2. An der Wiege des deutschen Nationalstaats stand keine Einigung, sondern eine potenzielle Teilung: der Ausschluss Österreichs und damit vor allem der deutschsprachigen österreichischen Gebiete vom Nationalstaat, obwohl deren Bewohner sich bislang in nicht geringerem Maße als Deutsche verstanden hatten als die Deutschen des neuen Reiches. [...] Unter außenpolitischen Gesichtspunkten war die kleindeutsche Lösung wahrscheinlich die einzige, die einige Aussicht auf Duldung seitens der Großmächte hatte.

Jörg Fisch, Europa zwischen Wachstum und Gleichheit 1850–1914 (= Handbuch der Geschichte Europas, Bd. 8), UTB, Stuttgart 2002, S. 80–82

1 **Beschreiben Sie den Entstehungsprozess des ersten deutschen Nationalstaats 1870/71, indem Sie die wichtigsten Phasen sowie deren zentrale Ereignisse herausarbeiten.**

2 **Der Historiker Jörg Fisch wählte als Überschrift für das Kapitel, dem der Text (M 7) entnommen ist: „Einheit durch Teilung: Die Bildung des preußisch-kleindeutschen Nationalstaats 1848–1871". Erläutern Sie diese Formulierung.**

M 9 Der Historiker Hans-Peter Ullmann über die nationalstaatliche Integration verschiedener Bevölkerungsgruppen im Kaiserreich, 1999

Das Deutsche Reich war ein Nationalstaat, und die Integration war sein drängendstes Problem, stand doch die Bevölkerung nicht einmütig hinter ihm: Während die einen den neuen Staat positiv sahen, lehnten andere ihn ab; und viele hatten seine Existenz noch kaum zur Kenntnis genommen. Für die Anhänger der Nationalbewegung war ein lange erstrebtes Ziel erreicht, zwar nur in kleindeutschem Rahmen, im Bündnis mit Preußen und deshalb um den Preis erheblicher Abstriche an liberalen Prinzipien. Dennoch fiel die Zustimmung zum Nationalstaat, misst man sie fürs Erste an den Ergebnissen der Reichstagswahlen vom März 1871, in den südwest- und norddeutschen Hochburgen der Nationalliberalen breit aus. Zu den entschiedenen Befürwortern zählten auch die Freikonservativen, während Teile der Linksliberalen ihm gegenüber Vorbehalte hegten. Das galt nicht minder für viele Katholiken, denen der preußisch-protestantische Charakter des Reichs Sorgen bereitete, sowie für die meisten Konservativen in Preußen, denen die Einigung als Sieg der bürgerlich-liberalen Nationalbewegung erschien. Zwei größere Gruppen der Bevölkerung lehnten den kleindeutschen Nationalstaat ab. Da gab es erstens politische Minderheiten deutscher Nationalität: Großdeutsche, zu denen Teile der süddeutschen Liberalen, die zwar national, aber nicht preußisch eingestellt waren, sowie süddeutsche Konservative zählten, die noch am Alten Reich und am habsburgischen Kaisertum hingen; Partikularisten wie die Welfen in Hannover oder die bayerischen Patrioten, die einen dynastischen, einzelstaatlichen Patriotismus pflegten; sozialdemokratische Arbeiter, die nichts gegen einen deutschen Nationalstaat hatten, wohl aber, teils in demokratischer, teils in großdeutscher Tradition, etwas gegen dessen kleindeutsch-preußische Variante. Dann gab es zweitens nichtdeutsche ethnische Minderheiten. Sie wollten dem Kaiserreich nicht angehören, weil er ein deutscher Nationalstaat war, und beriefen sich dabei auf eben die Idee, die ihm zugrunde lag: das Nationalitätsprinzip. Zu diesen nationalen Minderheiten gehörten jene, die polnisch sprachen und von denen sich immer mehr zur polnischen Nation rechneten. Die meisten lebten in den preußischen Ostprovinzen. Hinzu kamen Elsässer und Lothringer im Westen und Dänen im Norden. Diese Minderheiten waren weder sozial oder politisch homogen, noch nahmen sie eine einheitliche Haltung zum neu gegründeten Nationalstaat ein. Auch steuerte die preußisch-deutsche Nationalitätenpolitik zwischen Integration und Assimilation, zwischen Nachsicht und Repression keinen gleichbleibenden Kurs. Denn die an ihr beteiligten politischen Akteure und Institutionen zogen nicht an einem Strang, der Einfluss gesellschaftlicher Kräfte wuchs, und die Rahmenbedingungen wandelten sich.

Hans-Peter Ullmann, Politik im Deutschen Kaiserreich 1871–1918, Oldenbourg, München 1999, S. 1 f.

1 **Stellen Sie mithilfe von M 9 die zentralen Integrationsprobleme des ersten deutschen Nationalstaates zusammen.**

2 **Vorschläge für die Projektarbeit: Erarbeiten Sie zu folgenden Themen Präsentationen in Einzel- oder Gruppenarbeit.**
a) Mehrheiten und Minderheiten – Nationalitäten im Deutschen Kaiserreich
b) Zwischen Kulturkampf und Sozialistengesetz – Bismarcks Innenpolitik
c) Zwischen Integration und Ausgrenzung: Juden im deutschen Kaiserreich

Literaturtipp

Volker R. Berghahn, Das Kaiserreich 1871–1914. Industriegesellschaft, bürgerliche Kultur und autoritärer Staat, Klett-Cotta, Stuttgart 2006 (= Gebhardt. Handbuch der deutschen Geschichte, 10. völlig neu bearb. Aufl., Bd. 16), S. 161–194

Die Zeit, Welt- und Kulturgeschichte. Epochen, Fakten, Hintergründe in 20 Bdn., Bd. 12: Zeitalter des Nationalismus, Zeit-Verlag, Hamburg 2006, S. 77–93

4 Nationalismus, Imperialismus und deutsche Weltpolitik

Imperialismus

Die Gründung von Kolonialreichen* und Imperien beschränkte sich nicht auf die Epoche des Hochimperialismus, die Historiker auf den Zeitraum zwischen 1880/90 und 1914 datieren, und sie war keineswegs eine spezifisch deutsche Erscheinung. So sicherten sich die europäischen Seemächte Spanien, Portugal, Holland, England und Frankreich im Zeitalter der Entdeckungen vom 16. bis zum 18. Jahrhundert Kolonien besonders in Amerika, Vorder- und Hinterindien, Australien und Ozeanien (s. S. 152 ff.). Seit den 1880er-/90er-Jahren erhielt die Eroberung, Annexion und Durchdringung überseeischen Besitzes durch die europäischen Staaten jedoch eine neue, imperialistische Qualität: Territoriale Expansion sowie die Ausdehnung der nationalen Einflusssphären wurden nun zur alles beherrschenden Richtschnur außenpolitischen Handelns. Es entstand ein regelrechter **Wettlauf um die Aufteilung der Welt** (M 3). Koloniale Herrschaft galt als eine Frage des nationalen Prestiges. Es genügte nicht mehr, europäische Großmacht zu sein. Als Weltmacht musste man Kolonien besitzen.

Motive

Der moderne Imperialismus* unterschied sich von der bisherigen kolonialen Ausbreitung europäischer Mächte nicht nur durch neue Expansionsformen, sondern vor allem in der **Dynamik**, der **Aggressivität** und der **politisch-ökonomischen Programmatik**. Der Wettbewerb zwischen den europäischen Mächten um Macht und Einfluss beschleunigte das Tempo imperialer Ausbreitung. Die Konkurrenz zwischen den europäischen Staaten, die bald in eine unerbittliche Rivalität zwischen ihnen mündete, wurde auf der ganzen Welt ausgetragen. Dabei spielten wirtschaftliche Überlegungen eine erhebliche Rolle. Es ging allerdings nicht mehr – wie beim Kolonialismus früherer Zeiten – um die Öffnung der Welt bzw. die Liberalisierung der Weltmärkte und die Durchsetzung einer Freihandelspolitik. Abgesehen von Großbritannien bestimmte in der zweiten Hälfte des 19. Jahrhunderts vielmehr der Protektionismus, d. h. die wirtschaftliche Abschottung, zunehmend die Wirtschaftspolitik der europäischen Staaten. Besonders Zölle sollten dabei den Aufbau eigener Wirtschaftszweige schützen und ausländische Konkurrenz bekämpfen. Mit dieser Politik ging ein Denken einher, das die Weltwirtschaft als ein System konkurrierender protektionistischer Nationalwirtschaften verstand. Die Gewinnung von **Rohstoffquellen und Absatzmärkten** sowie von Räumen für die **Ansiedlung** eines angeblichen Bevölkerungsüberschusses waren neben dem **nationalen Prestige** die Hauptargumente, die von nationalistischen und imperialistischen Verbänden, Parteien und Regierungen mit großer Massenwirkung propagiert wurden.

Ein weiteres Motiv imperialistischer Politik war die Ablenkung von innenpolitischen Spannungen. Man wich sozialen und politischen Konflikten, z. B. zwischen Arbeitnehmern und Unternehmern, Demokraten und Anhängern des monarchischen Obrigkeitsstaates, aus. Für diesen Aspekt ist der Begriff **„Sozialimperialismus"** geprägt worden. Der immer größere technologische, ökonomische, politisch-organisatorische und damit auch militärische Abstand zwischen den europäischen Staaten, die mitten im Prozess der Industrialisierung standen, und den Völkern und Staaten Asiens sowie Afrikas diente als Anlass für Intervention. Dabei nahmen wissenschaftlicher Forschungsdrang, zivilisatorisches Sendungsbewusstsein oder religiöse Missionsaufgaben einen ebenso großen Stellenwert ein wie nationalistisches Machtstreben und ökonomische Interessen.

Kolonialismus
„Kolonisation" bezeichnet im Kern einen Prozess der Landnahme eines Gebietes durch eine expandierende Gesellschaft über ihren angestammten Lebensraum hinweg. Der Historiker Jürgen Osterhammel beschreibt drei wesentliche Merkmale des Kolonialismus:
1) Eine gesamte Gesellschaft wird ihrer historischen Eigenentwicklung beraubt, fremdgesteuert und auf die – vornehmlich wirtschaftlichen – Bedürfnisse und Interessen der Kolonialherren hin umgepolt.
2) Die Kolonisatoren sind unwillig, den unterworfenen Gesellschaften kulturell entgegenzukommen. Begründet wurde dies im 19. Jh. durch angeblich unüberwindliche „rassische" Hierarchien.
3) Seit dem 16. Jh. wurde Kolonisation mit einer religiösen Missionspflicht begründet. Im 19. Jh. leiten Kolonisatoren daraus ein weltliches Mandat zur „Zivilisierung" der „Barbaren" oder „Wilden" ab.

Imperialismus
Im neuzeitlichen Verständnis zunächst die Ausdehnung der Herrschaft eines Staates über andere Länder durch Eroberung, Annexion und Durchdringung; eine seiner Formen ist der Kolonialismus. Mit Bezug auf die Zeit seit der Hochindustrialisierung bedeutet Imperialismus ein ausgeprägtes, in verschiedenen Formen auftretendes, zugleich wirtschaftliches und politisches Ausnutzungs- und Abhängigkeitsverhältnis zwischen industriell weit fortgeschrittenen und wirtschaftlich wenig entwickelten Staaten und Regionen (besonders in Afrika und Asien). Vor allem die Zeit zwischen 1880 und 1918 gilt als Epoche des Imperialismus.
Die Kolonien werden dabei von den Imperien nicht als Zweck an sich, sondern auch als Pfänder im globalen Machtspiel angesehen. Die Großmächte des 19. Jh. setzen sie zum Austarieren der internationalen Machtbalance ein, während im „kolonialistischen Denken" Kolonien als dauerhaft „erworben" oder „anvertraut" betrachtet werden.

„Boxer"-Aufstand
Erhebung der Anhänger eines Geheimbundes (chin. *k'üan-fei* = Faust-Rebellen) in China 1900/01, die sich gegen jene Konzessionen und Gebietsabtretungen wandte, die die Mandschu-Dynastie den europäischen Mächten Deutschland, Großbritannien und Frankreich sowie den USA und Japan zugestanden hatte. Der Aufstand wurde durch ein internationales Expeditionskorps niedergeschlagen.

Internettipp
www.dhm.de/lemo/html/kaiserreich/aussenpolitik/kolonien/index.html
Die deutsche Kolonialpolitik zwischen 1871 und 1914 auf den Seiten des Deutschen Historischen Museums Berlin

Hegemonie
Vormachtstellung eines Staates innerhalb einer Staatengruppe. Die Hegemonie stützt sich in der Regel auf militärische Überlegenheit, die eine politische Führungsrolle begründet und absichert. Sie kann sich aber auch nur auf das wirtschaftliche Gebiet beziehen. Hegemonialansprüche können durch das Streben nach einem Mächtegleichgewicht ausgeglichen werden.

Gleichgewicht der Mächte
Prinzip bei der Gestaltung der internationalen Beziehungen, das auf ein Gleichgewicht von Staaten mit vergleichbarer Militär- und/oder Wirtschaftskraft setzt. Dadurch soll im internationalen Staatensystem die Vorherrschaft eines Staates verhindert werden, s. auch S. 172 ff.

Folgen

Die Rivalität der europäischen Mächte führte zu einer Verschärfung des imperialen Zugriffs auf die Welt. Es ging nicht mehr um einzelne koloniale Stützpunkte, sondern um eine flächendeckende Ausdehnung. Der damit notwendig werdende Aufbau von Kolonialverwaltungen bewirkte, vor allem in Afrika und Südasien, eine stärkere **Unterwerfung der einheimischen Bevölkerung**. Diese unterstanden viel direkter als vorher der Herrschaft der Europäer. Andere Gebiete – z. B. China, Persien, Afghanistan, das Osmanische Reich – unterlagen einer indirekten, aber nicht weniger fühlbaren politischen und wirtschaftlichen Abhängigkeit von den europäischen Großmächten. So entstand bis zum Ersten Weltkrieg ein weit gefächertes Netz imperialer Kontrolle über weite Regionen der Erde. Sie brachte den betroffenen Menschen in den Kolonien oft erniedrigende Bestimmungen, verschärfte Ausbeutung, aber auch gewaltsame Unterdrückung, die bis zur kriegerischen Vernichtung großer Volksgruppen führen konnte (M 4 a, b).
Mit der realen Weltherrschaft Europas wurden europäische Konflikte auch in die außereuropäische Welt verlagert. Ob durch diese Verschiebung der Spannungen nach Übersee die Konfliktbereitschaft in Europa wirklich gemildert wurde, ist eine Frage, die abschließend nicht beantwortet werden kann. Den heftigen Interessengegensätzen der Kolonialmächte in den eroberten Gebieten standen auch zahlreiche Vereinbarungen über die Abgrenzung von Interessensphären, sogar gemeinsame Aktionen gegenüber. So gab es z. B. eine gemeinsame militärische Aktion aller Großmächte einschließlich Japans und der USA gegen den „Boxer"-Aufstand* in China 1900/01. Zu Kriegen wegen kolonialer Konflikte kam es nur zwischen europäischen und außereuropäischen Staaten (1898 Spanien gegen USA; 1899–1902 Großbritannien gegen die südafrikanischen Burenrepubliken; 1904/05 Russland gegen Japan). Die europäischen Mächte schreckten offensichtlich davor zurück, in den Kolonien untereinander in kriegerische Auseinandersetzungen zu geraten, da die Folgen für sie in Europa nicht kalkulierbar waren.

„Saturierter" Nationalstaat

Seit der Reichgründung 1870/71 besaß Deutschland eine **„halbhegemoniale* Stellung"** in Europa. Es war zu schwach, um die europäische Vorherrschaft zu übernehmen. Und es war gleichzeitig zu stark, als dass die europäischen Machtverhältnisse gegen seinen Willen hätten verändert werden können.
Bismarck war in erster Linie bestrebt, den „Albtraum feindlicher Bündnisse" gegen das Deutsche Reich zu verhindern. Nach dem Sieg über Frankreich 1870 musste er davon ausgehen, dass der westliche Nachbar versuchen würde, den neuen internationalen Status quo zu verändern. Frankreich, das während Jahrhunderten dem Reich und den deutschen Einzelstaaten überlegen gewesen war, fühlte sich vor allem durch die militärische Niederlage gegen Deutschland gedemütigt.
Für Bismarck war daher die **Sicherung von Ruhe und Frieden** in Europa die Lebens- und Überlebensbedingung des Deutschen Reiches. Er suchte die mit der Reichgründung in Europa geschaffene machtpolitische Situation zur Grundlage für ein neues **Gleichgewicht der Mächte*** zu machen. Um dieses Ziel zu erreichen, erklärte er immer wieder Deutschland zum „saturierten" Staat, der keine expansiven Wünsche mehr hege. Zweitens schloss er konsequent **defensive Bündnisse** mit möglichen Gegnern, um einen Kriegsfall auszuschließen. Drittens betrieb er erfolgreich Frankreichs Isolierung, damit es keine Angriffsbündnisse gegen Deutschland schließen konnte. Dafür sollten die Gegensätze zwischen den europäischen Großmächten genutzt werden (M 5).

Deutsche Weltmachtpolitik

Am 15. Juni 1888 bestieg **Wilhelm II.*** den deutschen Kaiserthron. Konflikte zwischen dem impulsiven jungen Monarchen und dem vorsichtigen alten Reichskanzler, der 1890 entlassen wurde, waren absehbar. Weil Wilhelm II. selbst regieren wollte, war er nicht länger bereit, Bismarck die Regierungsgeschäfte zu überlassen. Auch in der Außenpolitik sollten neue Akzente gesetzt, Deutschlands Macht besser zur Geltung gebracht werden. Hatte Bismarck die Empfindlichkeiten der europäischen Staaten durch machtpolitische Zurückhaltung besänftigt, beunruhigte Wilhelm II. die Großmächte zunehmend durch vollmundige Sprüche, säbelrasselnde Reden und lautstarke Machtansprüche.

Der Amtsantritt Wilhelms II. fiel in die Zeit des „Hochimperialismus". Die Kenntnis dieses Hintergrundes ist unerlässlich zum Verständnis des Politikwandels im Reich, der mehr war als nur ein Wechsel der Personen mit ihren unterschiedlichen Temperamenten. Anders als Bismarck trat der neue Kaiser für eine deutsche Weltmachtpolitik ein. Die Ziele dieser Politik hat der Historiker Andreas Hillgruber einmal treffend so charakterisiert: Mit der **Forderung nach Weltgeltung** verband Wilhelm II. den „Anspruch des erst spät in den Kreis der Großmächte eingetretenen Reiches, nicht nur in Europa zu den entscheidenden Mächten zu gehören, sondern auch in der Welt eine ebenbürtige Stellung neben den sich etablierenden Imperien, vor allem auch neben England, einzunehmen, das als Vorbild und Maßstab stimulierend wirkte." Für seinen **„Neuen Kurs"** einer deutschen Weltmachtpolitik (M 6), die er mit der Forderung nach einem „Platz an der Sonne" für Deutschland verband, fand der Kaiser die Unterstützung des Bürgertums sowie nationalistischer und imperialistischer Vereine wie der Deutschen Kolonialgesellschaft von 1887 (vorher Kolonialverein), des Alldeutschen Verbandes von 1891 oder des Flottenvereins von 1898. Diese ehrgeizige Politik verhinderte aber ein Gelingen der neuen Außenpolitik, die ein Bündnis mit England gegen Frankreich und Russland anstrebte, und mündete in die Selbstisolierung des Reiches (M 7 a–c).

Mit dem Bau einer riesigen Flotte wollte das Deutsche Reich den Durchbruch zur Weltmacht erreichen und mögliche Angreifer abschrecken. Mit der Flotte sollte auch entweder Großbritannien zu deutschen Bedingungen in ein Bündnis gezwungen oder zusammen mit Russland das britische Weltreich „aus den Angeln" gehoben werden, sodass das Deutsche Reich dessen koloniales Erbe antreten könnte. Der Staatssekretär im Reichsmarineamt, Alfred von Tirpitz, legte dazu 1898 den Plan einer deutschen **„Risikoflotte"**, die zwei Drittel der englischen Stärke erreichen sollte, vor. Kaiser, Großindustrie, imperialistische Vereine und Reichstagsmehrheit unterstützten den Plan. England erblickte im energischen deutschen Flottenbau einen Angriff auf seine Seeherrschaft und näherte sich daraufhin Frankreich und Russland an.

Radikalisierung des Nationalismus

Die wilhelminische Weltpolitik beruhte auf einer grundlegenden **Neubewertung der Reichsgründung** und ihrer Bedeutung für die deutsche Nation. Dabei wurde – entgegen der nach 1871 weit verbreiteten Auffassung, dass die Gründung des Deutschen Reiches den Höhepunkt und die Vollendung der preußisch-deutschen Geschichte darstellte – der durch Bismarck geschaffene Nationalstaat nicht mehr als Abschluss, sondern lediglich als **Ausgangspunkt der nationalen Entwicklung** angesehen.

Die Einschwörung der Bevölkerung auf die Erringung und Behauptung einer politischen und kulturellen Weltmachtstellung des deutschen Volkes durch Politik und konservative Parteien wie Verbände befriedigte Sehnsüchte nach nationaler Größe. Die Identifikation mit der Nation sollte dabei Verunsicherungen und Belastungen ausgleichen, die die Modernisierung von Wirtschaft und Gesellschaft

M 1 Wilhelm II. (1859 bis 1941), Fotografie, 1908

Wilhelm II. war von 1888 bis 1918 Deutscher Kaiser und König von Preußen. Weil er seine Machtansprüche nach innen energisch anmeldete („persönliches Regiment") und nach außen Deutschlands Macht stärker zur Geltung bringen wollte, geriet er rasch in einen Konflikt mit Reichskanzler Bismarck, den er deswegen 1890 entließ. Mit seiner unberechenbaren und aggressiv-expansionistischen Außenpolitik isolierte er das Deutsche Reich in Europa zunehmend. Während des Ersten Weltkrieges überließ er der Obersten Heeresleitung die militärische und politische Führung. Er floh 1918 in die Niederlande, von wo aus er für die Wiederherstellung der Monarchie in Deutschland kämpfte.

M 2 „Im Dreadnougth-Fieber", Karikatur aus „Der wahre Jacob" vom 22. Juni 1909

Der Begriff *„Dreadnought"* (wörtlich: „nichts fürchtend") bezeichnete einen neu entwickelten Typ von Großkampfschiffen.

Internettipp
www.dhm.de/ausstellungen/tsingtau/katalog/auf1_22.htm
Ein Aufsatz des Historikers Wolfgang J. Mommsen über die Antriebskräfte des deutschen Imperialismus, präsentiert auf einer Seite des Deutschen Historischen Museums Berlin über die Sonderausstellung „Tsingtau – ein Kapitel deutscher Kolonialgeschichte in China 1897–1914"

für viele Menschen mit sich brachte. Mit der Ausbreitung und Intensivierung nationaler Gefühle ging die Radikalisierung des Nationalismus bzw. seine Umdeutung zum integralen Nationalismus (s. S. 297) einher. Das nationale Denken und Handeln verlor damit zunehmend seine liberale und emanzipatorische Ausrichtung, dagegen gewannen aggressiv-expansionistische und imperialistische Elemente mehr und mehr an Gewicht.

Der neue **Radikalnationalismus** dachte völkisch und rassenbiologisch; dementsprechend definierte er die Nation als ethnische Abstammungsgemeinschaft. Nach innen stemmte sich dieser Nationalismus allen politisch-sozialen Demokratisierungs- und Liberalisierungsbestrebungen entgegen, nach außen forderte er die aggressive und militärische Vertretung deutscher Interessen. Der extreme Nationalismus organisierte sich in den 1890er-Jahren. Den Kern bildete dabei der **Alldeutsche Verband** (M 8).

1 Charakterisieren Sie die deutsche Weltmachtpolitik Wilhelms II.
2 Erläutern Sie mithilfe der Karte M 3 die These, der moderne Imperialismus habe zu einem regelrechten Wettlauf um die Aufteilung der Welt geführt

M 3 **Die Aufteilung der Welt im Zeitalter des Imperialismus**

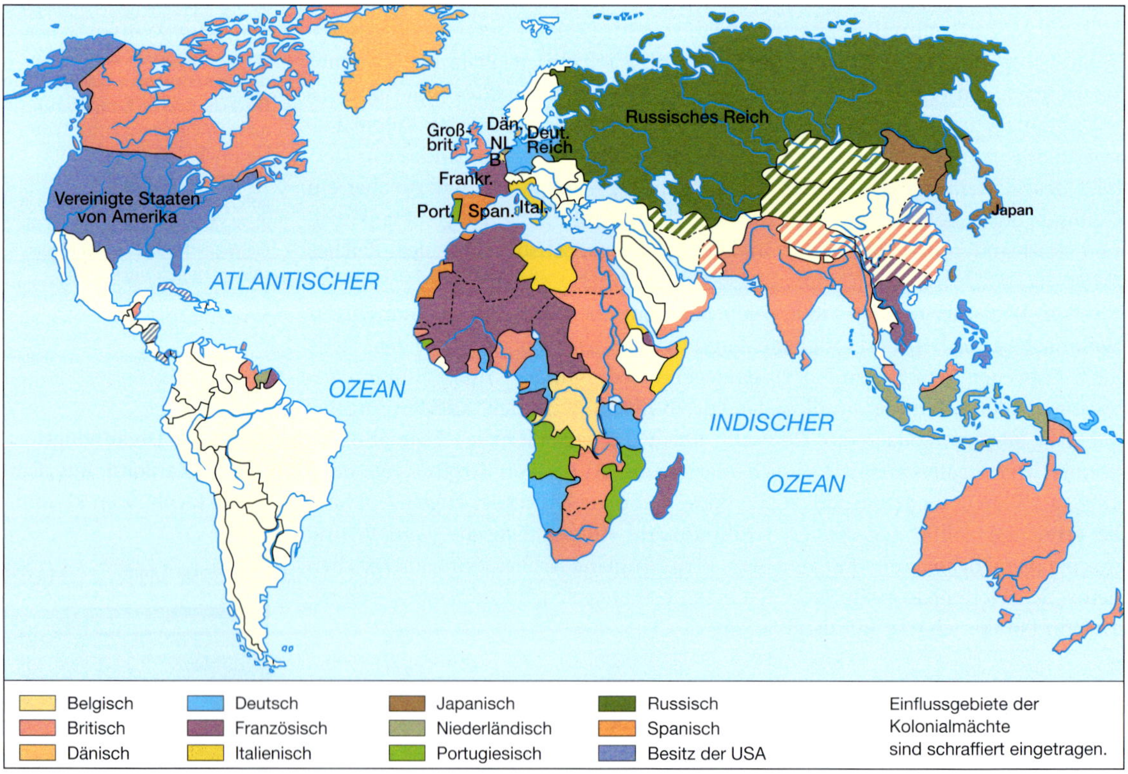

M4 Formen imperialistischer Herrschaft

a) „Zur ostafrikanischen Sklavenbefreiung", Karikatur auf Carl Peters, aus „Der wahre Jacob", 1889.

Der Begleittext zur Karikatur lautet: „Es kann den schwarzen Einwohnern Ostafrikas ganz Wurst sein, ob sie von den Arabern als Sklaven malträtiert oder von Dr. Peters & Co. als Lohnsklaven ausgebeutet werden." Carl Peters war einer der führenden deutschen Kolonialisten in Afrika und seit 1885 Reichskommissar für Deutsch-Ostafrika.

b) Aus der „Chinesenordnung" für Tsingtao vom 14. Juni 1900:

B. Allgemeine Vorschriften zur Aufrechterhaltung der Sicherheit und Ordnung.

§ 5. Zwischen 9 Uhr abends und Sonnenaufgang darf kein Chinese die Straße betreten, ohne eine brennende Laterne zu tragen oder sich vortragen zu lassen.

§ 6. Jede chinesische Bekanntmachung oder Proklamation, die an Häusern oder sonst wie öffentlich auf der Straße angeheftet werden soll, bedarf der Genehmigung des Kommissars für Chinesenangelegenheiten. Die Erlaubnis zur Anheftung ist zu versagen, falls der Inhalt die Ruhe und Ordnung zu gefährden geeignet ist.

§ 7. Jede Versammlung oder Beratung zu anderen als religiösen Zwecken bedarf der ausdrücklichen Genehmigung des Kaiserlichen Gouverneurs. Die Erlaubnis ist beim Kommissar für Chinesenangelegenheiten durch den Veranstalter der Versammlung und den Hausbesitzer, in dessen Hause die Versammlung abgehalten werden soll, einzuholen.

§ 8. Der Genehmigung des Kaiserlichen Gouverneurs bedürfen ferner:

a) öffentliche Durchzüge durch die Straßen des Stadtgebietes mit Ausnahme von Hochzeits- und Leichenzügen,

b) das Abbrennen von Feuerwerkskörpern,

c) Theateraufführungen und provisorische Theaterbauten. Dem Gesuche sind die Einzelheiten sowie die Namen der aufzuführenden Stücke beizufügen.

§ 9. Alle Bittschriften, Eingaben und Gesuche mit Ausnahme von Eingaben an das Gericht sind an den Kaiserlichen Gouverneur zu richten und in der Kanzlei des Kommissars für chinesische Angelegenheiten abzugeben.

Horst Gründer (Hg.), „...da und dort ein junges Deutschland gründen". Rassismus, Kolonien und kolonialer Gedanke vom 16. bis zum 20. Jahrhundert, dtv, München [3]2006, S. 245 f.

1 a) Analysieren Sie die Folgen der deutschen Kolonialherrschaft für die chinesische und afrikanische Bevölkerung (M 4 a, b).
b) Deuten Sie die Kritik des Karikaturisten an imperialistischer Herrschaft (M 4 a).

Weiterführende Arbeitsanregung

2 Informieren Sie sich mithilfe eines historischen Handbuches über die Kolonialkriege gegen Herero und Nama (1904–1907) sowie die Niederschlagung des Maji-Maji-Aufstandes (1905–1907). Stellen Sie am Beispiel dieser Kolonialkriege Ursachen und Folgen imperialistischer Herrschaft für die Kolonialvölker dar.

Literaturtipp
Thoralf Klein u. Frank Schumacher (Hg.), Kolonialkriege. Militärische Gewalt im Zeichen des Imperialismus, Hamburger Edition, Hamburg 2006

M5 Der Historiker Jörg Fisch über Konzeption und Probleme der Außenpolitik Bismarcks, 2002

Eine Politik der bloßen Erhaltung des Status quo musste, was ihre Glaubwürdigkeit betraf, auf eine weitere Schwierigkeit stoßen. Deutschlands kontinuierlich wachsendes wirtschaftliches und demografisches Gewicht in Europa schien die Annahme stabiler, ausgeglichener Verhältnisse Lügen zu strafen. Auf die Dauer ließen sich politische Auswirkungen solcher Gewichtsverlagerungen kaum vermeiden.

Die neue Politik musste vor allem Russland und Österreich-Ungarn betreffen, da sich Großbritannien in Friedenszeiten traditionell aus kontinentalen Bindungen heraushielt. Bismarck versuchte, durch lockere Neutralitätsabsprachen in Form des sogenannten Dreikaiserbundes beide Kontinentalmächte an Deutschland zu binden. Doch wurde schon während der Balkankrise 1878 deutlich, dass die Interessen der beiden nicht miteinander vereinbar waren und Deutschland somit Prioritäten setzen musste. Bismarck entschied sich 1879 für ein Bündnis mit der Donaumonarchie, die ihm verlässlicher und gefügiger als Russland schien. Er ergänzte diese Allianz 1882 durch Italien und 1883 durch ein geheimes Abkommen mit Rumänien, während er zugleich den Dreikaiserbund weiterpflegte. Nach heftigen Auseinandersetzungen mit Österreich-Ungarn lehnte Russland allerdings 1887 eine Erneuerung ab, sodass sich Bismarck auf die Aushilfe des bilateralen sogenannten Rückversicherungsvertrages verwiesen sah, der mit den Verpflichtungen gegen Österreich nicht wirklich vereinbar war. Als sein Nachfolger Graf Leo von Caprivi (1890–1894) den Rückversicherungsvertrag 1890 nicht mehr erneuerte, war das weniger ein Bruch mit der bismarckschen Tradition als die logische Konsequenz aus ihr. Das deutsch-österreichische Bündnis musste Russland geradezu in ein Bündnis mit Frankreich zwingen, wie es dann 1892 auch abgeschlossen wurde und 1894 in Kraft trat.

Damit stand Deutschland auf dem Kontinent in der schwächeren Mächtekonstellation. Ein wirkliches Gegengewicht ließ sich nur durch ein engeres Zusammengehen mit Großbritannien schaffen. Einflussreiche Kräfte in beiden Staaten versuchten es um die Jahrhundertwende herbeizuführen. Letztlich aber war es unvereinbar mit einer neuen Tendenz, die seit den Neunzigerjahren in Deutschland aufkam und zu deren Repräsentant [...] Kaiser Wilhelm II. wurde: der Forderung nach sogenannter Weltpolitik.

Jörg Fisch, Europa zwischen Wachstum und Gleichheit 1850–1914 (= Handbuch der Geschichte Europas, Bd. 8), UTB, Stuttgart 2002, S. 95 f.

1 **Erläutern Sie Konzeption und Problematik der bismarckschen Außenpolitik.**

M6 Der Historiker Jörg Fisch zur Weltpolitik des Deutschen Reiches, 2002

Ein Zusammengehen mit Großbritannien hätte Deutschland eine sichere Rückendeckung für seine kontinentale Politik verschafft. Aber das hätte von ihm als Gegenleistung die Anerkennung der britischen Weltstellung und damit, weltweit gesehen, die Position des Juniorpartners, der außerhalb Europas wenig zu sagen hatte, verlangt. Hinter der Weltpolitik standen indessen gerade Forderungen nach gleichberechtigter Stellung Deutschlands, das, seinem wirtschaftlichen und militärischen Gewicht entsprechend, aus einer europäischen Großmacht zu einer Weltmacht werden sollte. Bismarck hatte solchen Tendenzen, wohl ohne es zu beabsichtigen, bereits Vorschub geleistet, durch den Erwerb von Kolonien in Afrika und Ozeanien 1884/85. Die Ziele, die er damit verfolgte, sind bis heute umstritten. Doch steht fest, dass er Deutschlands Zukunft nicht in einem Kolonialreich sah, sondern die überseeischen Gebiete eher widerwillig übernahm. In der Tat erwies sich das deutsche Kolonialreich als in jeder Hinsicht unrentabel. Es hatte weder strategische Bedeutung, noch nahm es Siedler oder Kapital auf, noch warf es Gewinne ab. 1912 stammten gerade 0,4 % der deutschen Importe aus den Kolonien, und 0,5 % der Exporte gingen dorthin, und lediglich 23 500 Deutsche lebten in ihnen. Aber sie beflügelten die Phantasie derer, die von einem weltumspannenden Reich träumten.

Man kann den deutschen Versuch, Weltpolitik zu betreiben, der von einer breiten mittelständischen, national orientierten Öffentlichkeit getragen wurde, nicht von vornherein als illegitim bezeichnen. [...] Nur musste sich die deutsche Politik bewusst sein, dass sie als Herausforderer antrat gegen ein Land, für das es nicht nur um wichtige Grundlagen seines Wohlstands ging, sondern auch um die Sicherheit seiner Nahrungsmittelversorgung, musste es doch mehr als die Hälfte seines Bedarfs aus Übersee einführen. Das Dilettantische an der deutschen Politik lag darin, dass sie diesen existenziellen Charakter der Auseinandersetzung nicht wirklich zur Kenntnis nehmen wollte. Aus dem Dilettantismus wurde eine Überschätzung der eigenen Kräfte, als die deutsche Regierung es nicht für nötig hielt, sich für die Auseinandersetzung mit England eine solide kontinentale Basis zu schaffen. [...]

Großbritannien stand deutschen Aktivitäten in Übersee durchaus mit einem gewissen Wohlwollen gegenüber, sowohl was den Kolonialerwerb als auch was den Aufbau einer Flotte betraf. [...] Doch die britische Kompromissbereitschaft hielt sich im Rahmen einer vorausgesetzten Stellung Deutschlands als Juniorpartner. Darauf wollte sich Deutschland nicht einlassen. Erschwerend wirkte sich noch aus, dass Kaiser Wilhelm II. nach der Entlassung Bismarcks (1890) immer wieder unkoordiniert in die Außenpolitik eingriff, mit wenig substanziellen Reden und Aktionen, die aber oft provozierend wirkten.

Zum eigentlichen Stein des Anstoßes und zur Herausforderung für die Briten wurde der 1898 begonnene deutsche Schlachtflottenbau. Deren Initiator [...], Marineminister Admiral Alfred von Tirpitz, wollte die nach der britischen größte Flotte der Welt aufbauen [...]. Der deutsche Flottenbau, auf den die Briten mit einem raschen Ausbau ihrer Marine antworteten, setzte ein förmliches Wettrüsten in Gang. Er erhielt solche Priorität, dass dafür sogar Abstriche bei der Landrüstung in Kauf genommen wurden. Der Glanz einer erhofften Weltstellung blendete die deutsche Führung so stark, dass sie ihre ganz überwiegend durch die Lage in Europa bestimmte strategische Situation aus dem Auge verlor. Geblendet war allerdings nicht nur die Führung. Die neue Politik war in breiten Kreisen so populär, dass ein Verzicht auf sie innenpolitisch kaum durchsetzbar gewesen wäre.
Die Vernachlässigung der kontinentalen Verhältnisse ging noch weiter, indem es Deutschland versäumte oder nicht für nötig hielt, seine imperiale Politik durch die Gewinnung neuer Bundesgenossen auf dem Kontinent abzusichern. Dafür wäre wohl nur Russland infrage gekommen, dem erhebliche Zugeständnisse insbesondere auf dem Balkan hätten gemacht werden müssen, die wiederum zulasten Österreichs gegangen wären. Stattdessen näherten sich die Briten dem französisch-russischen Bündnis an, bis 1907 die informelle Dreierallianz perfekt war. Deutschland hatte sich damit in die Isolation manövriert, weil es sowohl eine Vormachtstellung in Europa als auch eine mit Großbritannien paritätische Weltstellung anstrebte. Diese selbst herbeigeführte Isolation wurde in Deutschland überwiegend als Einkreisung wahrgenommen.
Die neue Situation wurde Deutschland auch immer wieder durch von ihm selbst provozierte Krisen vor Augen geführt, wenn es jeweils im Alleingang seine Interessen durchzusetzen versuchte. Das war etwa in Südafrika und in besonders markanter Weise in den beiden Marokkokrisen von 1905/06 und 1911 der Fall, als Deutschland gegen französische Versuche intervenierte, sich in Marokko die Vormachtstellung zu sichern. Es traf beide Male auf eine geschlossene diplomatische Abwehrfront und musste sich mit weitgehend symbolischen Zugeständnissen zufriedengeben.
Die Isolation [...] führte zu einer Aufwertung des letzten noch sicheren Rückhalts der deutschen Außenpolitik, des Bündnisses mit der Donaumonarchie. Zu dieser Bindung bestand kaum noch eine Alternative, sodass schließlich der stärkere Bundesgenosse vom schwächeren abhängig wurde oder sich jedenfalls abhängig fühlte. Weil Deutschland die Habsburgermonarchie um jeden Preis halten wollte, glaubte es sie auch um jeden Preis stützen und sich infolgedessen für Ziele, die nicht die seinen waren, einsetzen zu müssen. Das war erstmals 1908/09 der Fall, als Deutschland die Annexion Bosnien-Herzegowinas durch die Donaumonarchie mittels eines Ultimatums an Russland absicherte. Und es war im Juli 1914 wieder der Fall, als Deutschland Österreich-Ungarn nicht nur bedingungslose Unterstützung gegen Serbien zusagte, sondern auch zu entschiedenem Handeln drängte.

Jörg Fisch, Europa zwischen Wachstum und Gleichheit 1850–1914, UTB, Stuttgart 2002 (= Handbuch der Geschichte Europas, Bd. 8), S. 96–98

1 Erläutern Sie die Konzeption, Durchführung und Problematik der Weltpolitik des wilhelminischen Deutschland. Vergleichen Sie mit Bismarcks Politik.

M7 Die Bündnissysteme des Deutschen Reiches

a) Die wichtigsten europäischen Bündnisse vor dem Ersten Weltkrieg:

1879 Zweibund zwischen Deutschland und Österreich-Ungarn (bis 1918 in Kraft)

1881 Dreikaiserbündnis: Deutschland, Österreich-Ungarn und Russland (jeweils auf drei Jahre; Neutralitätsabkommen)

1882 Dreibund: Deutschland, Österreich-Ungarn und Italien

1883 Rumänien tritt dem Dreibund bei

1887 Dreikaiserbündnis wegen Schwierigkeiten auf dem Balkan nicht erneuert, an dessen Stelle tritt der **Rückversicherungsvertrag** zwischen Deutschland und Russland

1887 Orientdreibund zwischen Großbritannien, Österreich-Ungarn, Italien mit dem Ziel der Erhaltung des Status quo

1890 Rückversicherungsvertrag zwischen Deutschland und Russland wird nicht erneuert.

1894 Handelsvertrag mit Russland: Russland erleichtert die Einfuhr deutscher Industriewaren, Deutschland senkt den Einfuhrzoll für russisches Getreide.

1894 Russisch-französischer Zweibund auf der Grundlage der Militärkonvention von 1892

1891–1901 Erfolglose Bündnisverhandlungen zwischen England und Deutschland

1902 Bündnis zwischen Großbritannien und Japan, Neutralitätsabkommen zwischen Frankreich und Italien

1904 Entente cordiale zwischen **Großbritannien** und **Frankreich**. Koloniale Spannungen werden bereinigt: Ägypten als britische, Marokko als französische Einflusssphäre anerkannt.

1907 Entente zwischen **Großbritannien** und **Russland**: Spannungen in Afghanistan und Persien werden abgebaut, damit kann sich Russland wieder mehr der Balkanpolitik zuwenden.

b) Bismarcks Bündnissystem 1879–1890

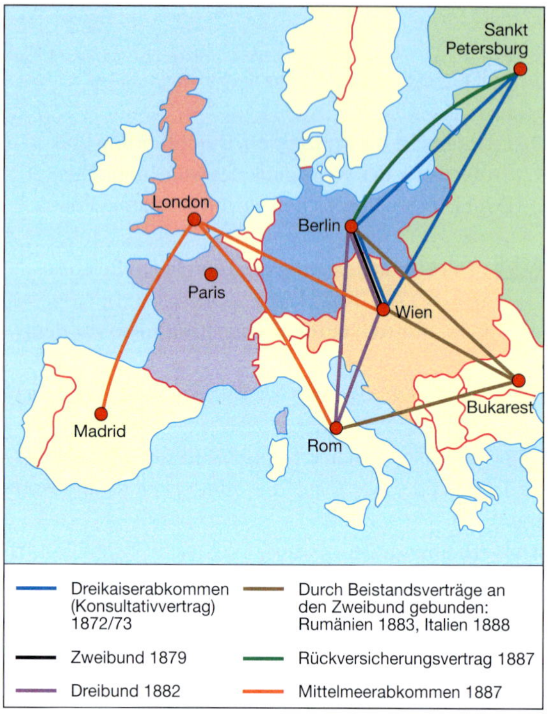

c) Europäisches Bündnissystem vor dem Ersten Weltkrieg

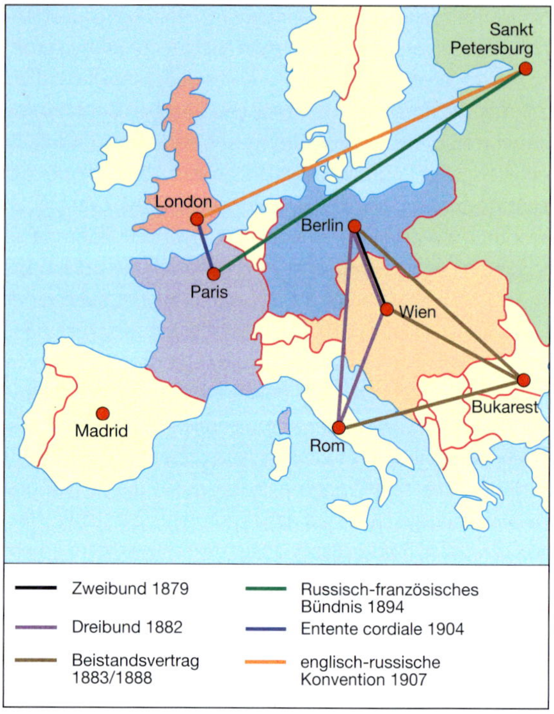

1 a) Beschreiben und vergleichen Sie die dargestellten Bündnissysteme (M 7 b, c).
b) Zeigen Sie mithilfe von M 6, M 7 und M 8 die Ursachen für die Selbstisolation Deutschlands vor 1914 auf.

M8 Auszug aus dem Entwurf des alldeutschen Staates, 1912

Unter dem Pseudonym Daniel Frymann skizzierte der Vorsitzende des Alldeutschen Verbandes, Justizrat Heinrich Claß (1868–1953), in der Schrift „Wenn ich der Kaiser wär'. Politische Wahrheiten und Notwendigkeiten" seine Vorstellungen von den Grundsätzen eines Staates:

Wir brauchen die freie Presse für unser nationales Leben, eine Presse von Deutschen für Deutsche in deutschem Geiste geschrieben […]. Dabei muss des unverjährbaren Verdienstes gedacht werden, das in diesen schweren Zeiten die sog. Nationale Presse sich um unser Volk erworben hat, sie hat die Fahne des deutschen Gedankens hochgehalten, mit gesundem Instinkte die Ideale unseres Blutes vertreten und es verstanden, männlich und tapfer nach oben wie nach unten ihre Unabhängigkeit zu wahren. […] Möglich, dass die Unterdrückung der sozialistischen Presse und das, was ich nachher hinsichtlich der Fernhaltung des Judentums vom öffentlichen Leben vorschlagen werde, schon genügt, um unser Pressewesen gesunden zu lassen […].

Eine Gesundung unseres Volkslebens, und zwar aller seiner Gebiete, kulturell, moralisch, politisch, wirtschaftlich, und die Erhaltung der wiedergewonnenen Gesundheit ist nur möglich, wenn der jüdische Einfluss entweder ganz ausgeschaltet oder auf das Maß des Erträglichen, Ungefährlichen zurückgeschraubt wird. […]

Dass heute die Grenzen vollständig und rücksichtslos gegen jede weitere jüdische Einwanderung gesperrt werden, ist unbedingt geboten, genügt aber längst nicht mehr. Ebenso selbstverständlich ist es, dass die fremden Juden, die noch kein Bürgerrecht erworben haben, schnellstens und rücksichtslos bis auf den letzten Mann ausgewiesen werden – aber auch das genügt nicht. […] Die Forderung muss sein: Die landansässigen Juden werden unter Fremdenrecht gestellt […].

Den Juden bleiben alle öffentlichen Ämter verschlossen.

Zum Dienst in Heer und Flotte werden sie nicht zugelassen.

Sie erhalten weder aktives noch passives Wahlrecht. Der Beruf der Anwälte und Lehrer ist ihnen versagt; die Leitung von Theatern desgleichen. […]

Banken, die nicht rein persönliche Unternehmen Einzelner sind, dürfen keine jüdischen Leiter haben.

Ländlicher Besitz darf in Zukunft weder in jüdischem Eigentum stehen, noch mit solchen Hypotheken belastet werden.

Als Entgelt für den Schutz, den die Juden als Volksfremde genießen, entrichten sie doppelte Steuern wie die Deutschen [...].

Entschlossene Kampfpolitik gegen die Polen durch die Enteignung und die Einführung des Parzellierungsverbotes [...], Ausdehnung der Kampfgesetze auf alle vom polnischen Ansturm gefährdeten Landesteile, besonders auf Oberschlesien [...] muss man verlangen, dass die Erwählten des polnischen Volkes nur als Sachwalter in den Parlamenten sitzen, also kein Stimmrecht haben, sondern nur Gehör verlangen können in den Fragen, an denen ihre Volksgenossen oder ihre Heimat beteiligt sind. [...] Wenn man erwägt, dass [in Elsass-Lothringen] die Zahl der französisch Sprechenden seit 1871 stetig gewachsen ist [...], dann wird man kaltblütig aussprechen: [...] Öffentlich hat jeder Großjährige zu erklären, ob er sich offen und rückhaltlos zum Deutschen Reiche bekennt und für sich und die Seinen zur Bewährung dessen die Verpflichtung eingeht, die französische Sprache weder im Hause, noch außerhalb zu gebrauchen, noch aus Frankreich eingeführte Zeitungen, Zeitschriften oder Bücher zu beziehen. Wer diese Verpflichtung verweigert, hat gegen das Deutsche Reich optiert und muss in kurzer Frist das Land verlassen. [...]

Wenn jetzt Ordnung in unserem Vaterlande geschafft wird, soll man auch der Dänen gedenken und auch sie vor eine neue, entscheidende Option stellen: Wer sich nicht rückhaltlos zum preußischen Staate bekennt, muss über die Grenze. Die dänische Sprache muss von einem bestimmten Zeitpunkt aus Schule, Kirche, Gericht und Verwaltung verschwinden; nur bis dahin werden dänische Zeitungen mit deutschem Nebentext geduldet.

Zur Förderung der deutschen Besiedlung ist dem Staate ein Recht auf Enteignung dänischen Grundbesitzes zu verleihen, entsprechend dem gegenüber den Polen geschaffenen. [...]

Bei der Erörterung des Wahlrechts ist bereits ausgeführt worden, dass die politischen Bestrebungen der Frauen nicht als berechtigt und nützlich angesehen werden können [...]. Die Stärke der Frau ist der Instinkt – die deutsche Frau wird, wenn sie ihres Volkstums bewusst ist und stolz auf seine Geschichte, seine Größe, seine Taten, aus ihrem Instinkt den Kindern nach Stimmung und Gefühl ihr Vaterland so wert machen, dass sie, zum Denken erwacht, nicht anders können, als es lieben [...].

[Es] ist geboten, dass alle am öffentlichen Leben Interessierten umdenken lernen und verlangen, dass wir tätige äußere Politik treiben, sagen wir ruhig aggressive [...].

Entweder wir finden, dass es uns gut geht, dass wir täglich wohlhabender werden und Platz genug auf lange, lange Zeit haben, dann lassen wir den Dingen ihren Lauf und beschränken uns weiter auf die Defensive, d. h. wir verteidigen uns, wenn andere einen Angriff wagen [...]. Oder wir bemerken, dass nicht nur im Inland der wirtschaftliche Kampf ums Dasein sich täglich verschärft, sondern dass auch der Absatz nach außen immer schwieriger wird [...]. Dann werden wir finden, dass den aus diesen Umständen sich ergebenden Bedürfnissen einer nahen Zukunft das heutige Deutschland mitsamt seinen Kolonien nicht Genüge tut, so dass wir Land erwerben müssen [...].

Jede Ausdehnung in Europa ist von vornherein nur durch siegreiche Kriege herbeizuführen. [...] Haben wir nun gesiegt und erzwingen wir Landabtretungen, so erhalten wir Gebiete, in denen Menschen wohnen, Franzosen oder Russen, also Menschen, die uns feind sind, und man wird sich fragen, ob solch ein Landzuwachs unsere Lage verbessert [...].

[...] Mit anderen Worten, an einen Angriffskrieg zur Wegnahme fremden Landes zum Zwecke der Evakuierung sollten wir nicht denken, uns aber daran gewöhnen, eine solche Maßregel für zulässig zu halten als Antwort auf einen gegnerischen Angriff; ein Raubkrieg widerspricht unseren Begriffen [...]. Einem Verteidigungskrieg in diesem Sinne darf auch ein von deutscher Seite angriffsweise geführter gleich geachtet werden, den wir unternehmen müssten, um den Gegnern zuvorzukommen [...].

Es ist einer der schönsten Züge des deutschen Volkscharakters, dass die Mannestreue sich über alle Stürme einer schweren Entwicklung erhalten hat, obwohl sie durch das Unrecht und den Druck von oben oft auf harte Proben gestellt worden ist; bei genauem Hinsehen wird man finden, dass sie in unseren Zeiten wieder neugeboren oder jedenfalls aufgefrischt worden ist durch die herrliche Persönlichkeit des ersten Wilhelm und seine wundervolle Vornehmheit, durch seine Treue zu seinen Getreuen. Das Bedürfnis lebt heute in den Besten unseres Volkes, einem starken, tüchtigen Führer zu folgen; alle, die unverführt geblieben sind von den Lehren undeutscher Demokratie, sehnen sich danach, nicht weil sie knechtisch gesinnt wären oder charakterschwach, sondern weil sie wissen, dass Großes nur bewirkt werden kann durch die Zusammenfassung der Einzelkräfte, was sich wiederum nur durch die Unterordnung unter einen Führer erreichen lässt. Ein Glück für unser Volk, wenn in dem Träger der Krone dieser Führer ihm erstünde.

Harry Pross (Hg.), Die Zerstörung der deutschen Politik. Dokumente 1871–1933, Fischer Taschenbuch, Frankfurt/M. 1983, S. 136–142

1 **Informieren Sie sich anhand eines Lexikons über die politische Biografie des Vorsitzenden des Alldeutschen Verbandes, Heinrich Class.**

2 **a) Analysieren Sie M 8 im Hinblick auf die wichtigsten Forderungen des Alldeutschen Verbandes zur Gestaltung von Staat und Gesellschaft.**
b) Erläutern Sie mithilfe von M 8 Begriff und Wesen des integralen Nationalismus.

Interpretation von Verfassungsschaubildern

Eine Verfassung bestimmt den gesetzlichen Rahmen eines Staates, indem sie die Staatsform, den organisatorischen Aufbau, die Aufgaben und die Beziehungen der einzelnen Institutionen sowie die Rechte der Bevölkerung festlegt. Verfassungsschaubilder bieten dabei eine Möglichkeit, die häufig umfangreichen und komplizierten Gesetzestexte grafisch und für den „Leser" damit vereinfacht und übersichtlich darzustellen. Die folgenden Arbeitsschritte fördern die Fähigkeit, Verfassungsschaubilder angemessen zu analysieren und zu interpretieren.
Als Vorläufer moderner Verfassungen gelten die Analysen bestehender Staats- und Regierungsformen in der griechischen Antike, wie sie z. B. Aristoteles formulierte (s. S. 18). Die moderne Verfassungsentwicklung begann in Europa im 17. Jahrhundert mit der in England verabschiedeten Bill of Rights (s. S. 197). Erstmals wurden die Rechte des Einzelnen gegenüber dem Staat sowie die Gewaltenteilung festgeschrieben.
Die am 16. April 1871 vom Reichstag verabschiedete Verfassung des Deutschen Reiches glich inhaltlich weitgehend der Verfassung des Norddeutschen Bunds von 1867 und resultierte aus den Verträgen, die der Bund unter Führung Preußens infolge der militärischen Erfolge im Deutsch-Französischen Krieg von 1870 mit dem Großherzogtum Baden und Hessen sowie dem Königreich Bayern und Württemberg zur Vorbereitung auf die Reichsgründung geschlossen hatte. Die Verfassung, die am 4. Mai 1871 in Kraft trat, existierte faktisch bis zum 9. November 1918 (Abdankung des Kaisers) und wurde formalrechtlich erst durch die Weimarer Reichsverfassung vom 14. August 1919 aufgehoben.

Arbeitsschritte für die Interpretation

1. Historische Einordnung
- Für welchen Staat gilt die Verfassung?
- Wann und durch wen wurde die Verfassung verabschiedet und wann wurde sie in Kraft gesetzt?
- Wie lange war die Verfassung gültig?

2. Verfassungsorgane
- Welche Verfassungsorgane sind dargestellt?
- Wie sind die Organe zusammengesetzt und welche Aufgaben bzw. Befugnisse besitzen sie?

3. Machtverteilung
- Welche Auskunft gibt das Schaubild über die staatliche Machtverteilung, die Machtkonzentration und -beschränkung?
- Wie wird die Gewaltenteilung umgesetzt?

4. Rechte des Volkes
- Wer darf wen wie oft wählen?
- Welche Rechte werden der Bevölkerung garantiert?

5. Struktur des Staates
- Um welche Staatsform handelt es sich?
- Beinhaltet die Verfassung föderative oder/und zentralistische Elemente?

6. Kritik
- Worüber gibt das Schaubild keine Auskunft?

Übungsaufgabe mit Lösungshinweisen

M1 Die Verfassung des Deutschen Reiches von 1871

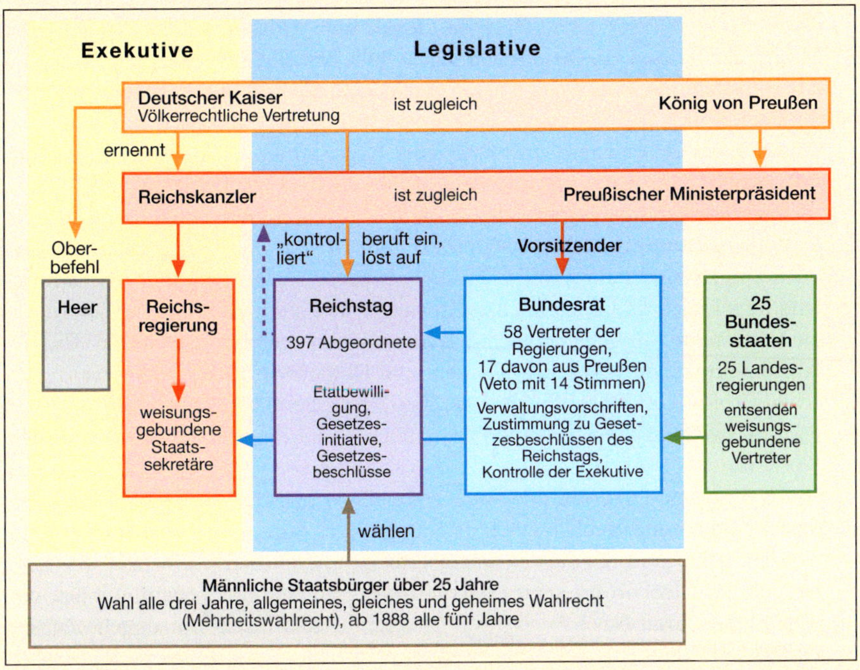

1 Interpretieren Sie das Verfassungsschaubild mithilfe der genannten Arbeitsschritte.

1. Historische Einordnung
- Staat: Deutsches Reich
- Verabschiedung: 16. April 1871, durch den Reichstag
- Inkraftsetzung: 4. Mai 1871
- Gültigkeitsdauer: blieb faktisch bis zum 9. November 1918 in Kraft; formalrechtlich aufgehoben mit der Weimarer Reichsverfassung vom 14. August 1919

2. Verfassungsorgane

Verfassungsorgane: Deutscher Kaiser, Reichskanzler, Reichsregierung (Exekutive), Landesregierungen der 25 Bundesstaaten, Reichstag, Bundesrat (Legislative), keine Judikative

Zusammensetzung und Aufgaben bzw. Befugnisse der Institutionen (exemplarisch):
- Deutscher Kaiser: zugleich König von Preußen; Aufgaben: Ernennung des Reichskanzlers, Oberbefehl über das Heer, Einberufung und Auflösung des Reichstages
- Reichstag: 397 Abgeordnete; Aufgaben: Etatbewilligung, Gesetzesinitiative und -beschlüsse, „Kontrolle“ des Reichskanzlers
- Bundesrat: 58 Vertreter der Landesregierungen (17 aus Preußen); Aufgaben: Verwaltungsvorschriften für das Reich, Zustimmung zu Gesetzesbeschlüssen des Reichstages, Kontrolle der Exekutive (Reichsregierung)

3. Machtverteilung und -kontrolle
- stärkste verfassungsrechtliche Stellung der Exekutive (Kaiser und Reichskanzler)
- Kaiser: fehlende demokratische Legitimation als Staatsoberhaupt; seine Macht war zwar an die Verfassung gebunden, seine Befugnisse entsprechen jedoch z. T. den Befugnissen eines vorkonstitutionellen Monarchen (vgl. Aufgaben bzw. Befugnisse)
- Reichskanzler: leitet zwar Regierungsgeschäfte, eine politische Verantwortung bestand jedoch nur dem Kaiser und nicht dem demokratisch gewählten Reichstag (Legislative) gegenüber; war allerdings auf politische Mehrheiten angewiesen, da ohne die Zustimmung des Parlaments kein Gesetz in Kraft treten konnte

4. Rechte des Volkes
- Wahlberechtigung: Die Abgeordneten des Reichstages wurden alle drei Jahre (ab 1888 alle fünf Jahre) nach dem allgemeinen, geheimen, gleichen und direkten Mehrheitswahlrecht für männliche Staatsbürger über 25 Jahre gewählt.

5. Struktur
- Staatsform: konstitutionelle Monarchie
- Staatsaufbau: föderaler Aufbau (Bundesstaat), da Einzelstaaten über den Bundesrat an der Gesetzgebung des Reiches beteiligt waren; keine gleichberechtigte Stellung der Bundesstaaten, weil der preußische Ministerpräsident zugleich Reichskanzler war und den Vorsitz im Bundesrat innehatte sowie Preußen im Bundesrat mit 17 von 58 Stimmen über eine Sperrminorität (Veto mit 14 Stimmen) verfügte

6. Kritik

Fehlende Aspekte:
- Organe: die 25 Landesparlamente als Bestandteil der Legislative
- Gewährung von Grundrechten (Hinweis: Da die Verfassungen der Bundesstaaten bereits eigene Grundrechtskataloge beinhalteten, wurden auf Bundesebene keine Grundrechte festgeschrieben.)

5 Der Erste Weltkrieg

M1 „Auf der Marokkokonferenz wird die Friedenspfeife mit solchem Eifer geraucht, dass die Gefahr einer allgemeinen Explosion nicht ausgeschlossen ist", Karikatur aus „Der wahre Jacob", 1906

Internettipp
www.stmuk.bayern.de/blz/web/erster_weltkrieg/1.html
Das europäische Bündnissystem am Vorabend des Ersten Weltkrieges wird auf den Seiten der Bayerischen Landeszentrale für politische Bildungsarbeit erläutert.

Neue Bündniskonstellationen

Im Zeitalter des Hochimperialismus (s. S. 309 f.) nahmen die Rivalitäten zwischen den europäischen Mächte dramatisch zu. Die entscheidende Rolle bei der Gestaltung der internationalen Beziehungen fiel dabei einigen wenigen Großmächten zu. Hierzu gehörten die Seemacht Großbritannien, die Kontinentalmächte Frankreich, das Deutsche Reich, Österreich-Ungarn und Russland. Nach seiner Nationalstaatsgründung 1860 erhob auch Italien Anspruch auf den Status einer Großmacht. Diese Mächte schlossen sich in den Jahrzehnten vor dem Ersten Weltkrieg (1914–1918) zu **zwei feindlichen Bündnisblöcken** zusammen, dem **Dreibund** aus Deutschland, Österreich-Ungarn und Italien sowie der ***Triple Entente*** (frz. Dreier-Bündnis) aus Russland, Frankreich und England. Begleitet und teilweise auch vorangetrieben wurde die Verfestigung dieser Allianzen durch ein immer stärkeres Wettrüsten. Um die Jahrhundertwende verschärfte die deutsche Flottenrüstung die Konkurrenz zwischen Großbritannien und dem Deutschen Reich. Seit 1911/12 verlagerte sich der Rüstungswettlauf auf die Vorbereitung eines Landkrieges zwischen den beiden Blöcken.

Die Weltmachtpolitik und die damit verbundene Marinerüstung des Deutschen Reiches trugen maßgeblich zur Entstehung dieser Bündnissysteme bei. Großbritannien, das sich durch die deutsche Politik herausgefordert fühlte, gab seine außenpolitische Isolierung, seine „splendid isolation", auf, und begann mit der Aufrüstung der Royal Navy. Auch die 1904 vereinbarte britisch-französische ***Entente cordiale*** (frz. herzliches Einvernehmen) richtete sich gegen Deutschland, das sich aus englischer Sicht anschickte, die Vormacht auf dem europäischen Kontinent zu werden. Und mit Russland, das nach seiner Niederlage im japanisch-russischen Krieg (1904/05) geschwächt war, kam 1907 ein **britisch-russischer Interessenausgleich** zustande. Da das Zarenreich bereits 1894 ein Bündnis mit Frankreich abgeschlossen hatte, bildete sich die aus England, Frankreich und Russland bestehende Dreier-Entente. Ihr stand der 1879 vereinbarte **Zweibund** zwischen den beiden zentraleuropäischen Mächten Deutschland und Österreich-Ungarn gegenüber. Mit dem Beitritt Italiens 1882 erweiterte sich der Zweibund zu einem **Dreibund** (s. M 7 c, S. 314).

Marokkokrisen 1905/06 und 1911

Wie stark sich zu Beginn des 20. Jahrhunderts das Konfliktpotenzial in Europa verschärft hatte, zeigen die beiden Marokkokrisen. Die Entente cordiale hatte Marokko dem französischen Einflussgebiet zugesprochen. Dagegen bestand das Deutsche Reich darauf, dass der Zugang zu diesem Land allen interessierten Mächten offenstehen müsse. Um diesen Anspruch vor der Weltöffentlichkeit zu demonstrieren, landete der deutsche Kaiser 1905 in Tanger und bekräftigte die Unabhängigkeit Marokkos. Auf der von Deutschland durchgesetzten **Konferenz von Algeciras** (1906) wurden zwar die Souveränität Marokkos und die Handelsfreiheit vereinbart. Aber Frankreich kontrollierte die Polizei und die marokkanische Staatsbank. Das Deutsche Reich musste auf der Konferenz erkennen, dass es international isoliert war, denn es fand für seine Politik keine Unterstützung und konnte außerdem die Entente cordiale nicht sprengen.

Als Frankreich 1911 die marokkanische Stadt Fès besetzte, um einen Aufstand der einheimischen Bevölkerung niederzuschlagen, entsandte Deutschland das Kanonenboot „Panther" nach Agadir. Berlin wollte mit diesem **„Panthersprung"** Kompensationen von Frankreich in anderen Teilen Afrikas erzwingen und ging dafür das Risiko eines Krieges ein. Die Pariser Regierung, die den Vorgang als ungerechtfertigte und erpresserische Provokation betrachtete, suchte jedoch nach einer diplomatischen Lösung. Der deutsch-französische Vertrag vom 11. November 1911 (Marokko-Kongo-Vertrag) regelte einen umfangreichen Gebietsaustausch in Äquatorialafrika und sicherte Frankreich die volle politische Handlungsfreiheit in Marokko. Dennoch verstärkte auch diese zweite deutsche Machtdemonstration in Marokko die deutsche Isolation und festigte das englisch-französische Bündnis.

Krisenherd Balkan

In kaum einer Region Europas waren die nationalistischen Strömungen so stark wie auf dem Balkan. Das Konfliktpotenzial, das von nationalen, um Freiheit und Unabhängigkeit kämpfenden Bewegungen ausging, wurde verstärkt durch den Zusammenbruch des Osmanischen Reiches. Dessen Auflösung wollten die europäischen Großmächte, allen voran Russland und Österreich-Ungarn (M 2), für Machtverschiebungen zu ihren Gunsten nutzen. Das Zarenreich suchte seine Macht auf dem Balkan auszudehnen, um einen Zugang zum Mittelmeer zu bekommen. Für Österreich-Ungarn war ein ihm freundlich gesonnenes Hinterland wichtig, damit es die Nationalitäten im eigenen Vielvölkerstaat im Zaum halten konnte (s. M 4, S. 329). Die Personalunion des österreichischen Kaisers und des ungarischen Königs (kaiserliche und königliche Monarchie: k. u. k.) war die entscheidende Klammer, die die **österreichisch-ungarische Doppelmonarchie** seit der Reichsreform von 1867 zusammenhielt. Nach der Jahrhundertwende bahnte sich eine Dreiteilung der Monarchie an, als 1905 die Tschechen als dritte dominierende Gruppe im Reich anerkannt wurden. Doch der für die Entstehung des Ersten Weltkrieges entscheidende Konflikt war der zwischen Österreich-Ungarn und den südslawischen Völkern, besonders mit Serbien, das seit 1903 großserbische Träume hegte. Russland unterstützte die serbischen Expansionswünsche, die auf die Schaffung eines südslawischen Staates (ohne Bulgarien) zielten. Die Verwirklichung der Pläne des österreichischen Thronfolgers Franz Ferdinand hätte jedoch das Ende dieser großserbischen Träume bedeutet, da sie die Gliederung des Vielvölkerstaates in einen deutschen, ungarischen und slawischen Teil vorsahen.

In den Jahren 1912/13 kam es in der Balkanregion zu zwei Kriegen, an denen die unterschiedlichsten Staaten teilnahmen. In diesen **Balkankriegen** ging es um die Verteilung von ehemals osmanischen Territorien. Im Ersten Balkankrieg nahmen die Bundesgenossen Serbien, Montenegro, Bulgarien und Griechenland den Türken 1912 fast deren gesamten europäischen Besitz bis auf das Gebiet zwischen Adrianopel und Istanbul ab, um dann im Zweiten Balkankrieg 1913 über die Beute aneinanderzugeraten.

Nach dem Ersten Balkankrieg verhinderte Österreich-Ungarn durch die Gründung Albaniens, dass Serbien einen Zugang zum Mittelmeer erhielt. Aus dem Zweiten Balkankrieg ging Serbien – und damit Russland – jedoch gestärkt hervor. 1913 versuchte Bulgarien, Serbien einen Teil der Kriegsbeute abzujagen. Doch Bulgarien musste sich in diesem Krieg, in dem es auch die Türkei und Rumänien zum Gegner hatte, geschlagen geben. Es verlor mehr, als es zuvor gewonnen hatte, während das mit Russland eng verbundene Serbien sein Gebiet verdoppeln konnte und zur Regionalmacht aufstieg. Die Feindschaft zwischen Serbien und Russland einerseits und Österreich-Ungarn andererseits war größer als je zuvor.

M 2 „Balkan Troubles“, Karikatur aus der englischen Satire-Zeitschrift „The Punch“, 1908

Julikrise 1914 und Kriegserklärungen

Zu den Ursachen des Ersten Weltkrieges gehören nicht nur imperialistische Machtinteressen, Wettrüsten, feindliche Bündnissysteme und aggressive Nationalbewegungen, sondern auch eine allgemeine **Kriegsbereitschaft** und schwere Fehler verantwortlicher Politiker. Der **Mord am österreichischen Thronfolger Franz Ferdinand** am 28. Juni 1914 im bosnischen Sarajewo durch den Angehörigen einer großserbischen

Internettipp
www.lescheminsdelamemoire.net
Internetportal der EU zu den Kriegen in Europa im 20. Jahrhundert. Auf den Seiten zum Ersten Weltkrieg Informationen über Verlauf und „Heimatfront“ sowie zu Orten des Krieges.

M3 Postkarte von 1914

Internettipp
www.arte.tv/de/geschichte-gesellschaft/der-erste-weltkrieg/584572.html
Der Erste Weltkrieg als Schwerpunktthema bei Arte (2005) mit umfangreichen, zum Teil interaktiven Begleitmaterialien

Internettipp
www.dhm.de/lemo/html/wk1/index.html
Ausführliche Darstellung des Ersten Weltkriegs vom Deutschen Historischen Museum Berlin

Geheimorganisation hätte nicht mit Notwendigkeit den Krieg zur Folge haben müssen. Österreich-Ungarn wollte den Mord an seinem Thronfolger zum Anlass nehmen, Serbien, das die verantwortliche Geheimorganisation geduldet hatte, mit kriegerischen Mitteln auszuschalten. Weil aber hinter Serbien die Schutzmacht Russland stand, musste es ein russisches Eingreifen zu verhindern suchen. Das schien nur durch ein gemeinsames Vorgehen mit Deutschland möglich. Eine entsprechende Anfrage beantwortete das Deutsche Reich am 5. Juli mit dem sogenannten **Blankoscheck**, einer Zusicherung eines gemeinsamen Vorgehens auch für den Angriffsfall, der vom Zweibund nicht gedeckt war: Das Defensivbündnis wurde ohne Not zum Offensivbündnis erweitert. Ermutigt durch die deutsche Zusage, stellte Österreich-Ungarn Serbien ein Ultimatum zur Bestrafung der Mörder Franz Ferdinands. Unter dem Eindruck der Zusicherung der französischen Bündnistreue (Frankreichs Blankoscheck) beschloss nun Russland, Serbien zu unterstützen. Obwohl Serbien das Ultimatum bis auf eine Nebensache akzeptierte, erklärte Österreich-Ungarn ihm am 28. Juli den Krieg. Tags darauf ordnete Russland die Mobilmachung gegen Österreich-Ungarn an. Weil Kaiser Wilhelm II. die russische Mobilmachung als Bedrohung Deutschlands empfand, stellte er Russland das Ultimatum, diese zurückzunehmen, und an Frankreich das Ultimatum, in einem deutsch-russischen Konflikt neutral zu bleiben. Als beide erfolglos blieben, **erklärte Deutschland am 1. August Russland und am 3. August Frankreich den Krieg**.
In diesem Zweifrontenkrieg galt für die deutsche Oberste Heeresleitung (OHL) der Schlieffenplan, der eine rasche Niederwerfung Frankreichs durch einen Vormarsch über Belgien vorsah, ehe ein russischer Angriff abgewehrt werden sollte. Als England erfolglos die Wahrung der belgischen Neutralität forderte, war Deutschland am 4. August auch mit **England** im Kriegszustand. Die Bündnisverpflichtungen weiteten diesen Konflikt zum Weltkrieg aus. **1917** traten die **USA** in den Krieg ein, und zwar aufseiten der Entente, die Frankreich und Großbritannien (neben anderen) gegen die Mittelmächte Deutschland, Österreich-Ungarn und Bulgarien vereint hatte; die USA entschieden den Krieg auf diese Weise zugunsten der Franzosen und Briten.

Kriegsziele

Die heute kaum nachvollziehbare Kriegsbereitschaft der Regierungen, die sich in einer allgemeinen Kriegsbegeisterung der Massen in Europa spiegelte, hing damit zusammen, dass nun zum Teil lang gehegte Pläne realisierbar schienen. Für **Frankreich** bot der Krieg die Gelegenheit, Elsass-Lothringen zurückzubekommen, das Saarland hinzuzugewinnen und Einfluss auf das linke Rheinufer zu erhalten. **Russland** ließ sich von der Entente seinen seit Jahrzehnten gewünschten Einfluss auf dem Balkan und die Meerengen zusichern. **England** wollte seine Seeherrschaft wiederherstellen und die deutschen Kolonien übernehmen, während **Österreich-Ungarn** den Krieg zur Befriedung seiner Nationalitätenkonflikte und zur Annexion Serbiens, Montenegros und Rumäniens zu nutzen gedachte. Nachdem die **Reichsregierung** unter von Bethmann Hollweg sich angesichts des angeschlagenen Zweibunds entschlossen hatte, zur Sicherung der deutschen Großmachtstellung auch einen Krieg in Kauf zu nehmen, tat das Reich den Schritt vom kalkulierten Risiko der Konfliktverschärfung zum Präventivkrieg, um sich in der Zweifrontenlage militärische Vorteile vor allem gegenüber Russland zu verschaffen. Die Anfangserfolge führten bald zur Ausweitung der Kriegsziele, die zunächst keine Gebietserweiterungsabsichten beinhaltet hatten. Die deutsche Halbhegemonie in der Mitte Europas sollte nach den Vorstellungen der Militärs im Septemberprogramm durch einen Vasallenstatus von Belgien und Polen für immer gesichert und die Kolonien vermehrt werden.

Da die Krieg führenden Mächte das Erreichen ihrer Kriegsziele als Voraussetzung für die Beendigung des Krieges ansahen, erwiesen sich diese Ziele als wesentliches Hindernis auf dem Weg zu Waffenstillstand und Frieden.

Kriegsschulddebatte

Bis in die Gegenwart hinein diskutieren die Historiker kontrovers über die Entstehung des Ersten Weltkrieges. Im Mittelpunkt stand dabei lange Zeit die Frage nach der Schuld bzw. Verantwortung der am Krieg beteiligten Nationen für den Kriegsausbruch 1914. Mit besonderer Energie und Leidenschaft haben sich deutsche Publizisten und Historiker während der **Weimarer Zeit** mit der im Versailler Friedensvertrag verankerten Anklage* beschäftigt, nach der Deutschland den Ersten Weltkrieg bewusst und zielstrebig entfesselt habe. Das Auswärtige Amt betrachtete diesen Kriegsschuldvorwurf als eine politische Angelegenheit ersten Ranges und richtete im Jahre 1919 ein Kriegsschuldreferat ein, das bis in die 1930er-Jahre hinein zahlreiche Publizisten finanzierte. Sie hatten die Aufgabe, Deutschland vom Vorwurf der Kriegsurheberschaft freizusprechen. Unterstützt wurde diese Propagandakampagne auch von vielen Historikern. Sie alle verband die Überzeugung, dass das Deutsche Reich im Versailler Vertrag zu Unrecht mit der „Schmach" der Kriegsschuld belastet worden sei und dass dieser Friedensvertrag deswegen revidiert werden müsse.
Auch **nach 1945** blieben die deutschen Historiker bei ihrer Auffassung, dass Deutschland nicht der alleinige Urheber des Ersten Weltkrieges gewesen sei. Bei der Interpretation des Kriegsausbruches 1914 griffen viele Forscher auf die in den 1920er-Jahren von dem englischen Politiker David Lloyd George formulierte These zurück, dass alle Mächte 1914 in den Krieg „hineingeschlittert" seien. Als eine entscheidende Ursache dafür galten das Wettrüsten und die starke Orientierung der Politik an militärtechnischem Denken. Diese Deutung schien in besonderer Weise dazu geeignet, den in der alliierten Öffentlichkeit weit verbreiteten Vorwurf zu entkräften, die preußisch-deutsche Geschichte habe sich über Jahrhunderte hinweg durch einen extremen Nationalismus, Imperialismus und vor allem durch übersteigerten Militarismus ausgezeichnet. Das gelte für den Nationalsozialismus, nicht jedoch für die Zeit davor. Offen und einhellig gestanden die Geschichtswissenschaftler dagegen die deutsche Verantwortung für den Zweiten Weltkrieg ein, obwohl sie diese anfangs fast ausschließlich der Person Hitlers und seinem engsten Führungskreis anlasteten.

Artikel 231 des Versailler Vertrages vom 28. Juni 1919:
Die alliierten und assoziierten Regierungen erklären und Deutschland erkennt an, dass Deutschland und seine Verbündeten als Urheber für alle Verluste und Schäden verantwortlich sind, die die alliierten und assoziierten Regierungen und ihre Staatsangehörigen infolge des ihnen durch den Angriff Deutschlands und seiner Verbündeten aufgezwungenen Krieges erlitten haben.

Fischer-Kontroverse

Im Jahre 1961 löste der Historiker **Fritz Fischer** eine heftige Debatte über den Ausbruch des Ersten Weltkrieges aus. Er vertrat in seinen Arbeiten die These, dass Deutschland durch seine Risikopolitik nicht nur die Julikrise 1914 verschärft habe und daher ein beträchtliches Maß an Verantwortung für den Weltkrieg trage, sondern auch ein expansives Kriegszielprogramm vertreten habe. Die **Gegner Fischers** verteidigten dagegen die deutsche Politik gegen den Vorwurf überzogener Aggressivität und Machtansprüche. In ihren Augen trug das wilhelminische Reich keine besondere Schuld an der Katastrophe von 1914. Außerdem versuchten sie, dem Eindruck entgegenzuwirken, dass es eine Verbindung zwischen dem kaiserlichen Deutschland und dem Nationalsozialismus gebe. Denn Fischer sprach von einer Kontinuität sowohl der Eliten als auch der Ziele. Die traditionellen agrarischen, industriellen, politischen und militärischen Führungsschichten hätten durchgehend eine illusionäre Groß- und Weltmachtpolitik bevorzugt, die Europa zweimal in verheerende kriegerische Abenteuer getrieben habe. Waren für Fischer die Unterschiede zwischen den historischen Situationen 1914 und 1939 nur gradueller Art, sahen

Internettipp
www.zeit.de/1998/11/Unerschrocken_ein_Tabu_gebrochen?page=all
Volker Ulrich schreibt anlässlich des 90. Geburtstags von Fritz Fischer in der Wochenzeitung „Die Zeit" über die Fischer-Kontroverse (1998).

seine Kontrahenten überhaupt keine Parallelen: Die wilhelminische Außenpolitik sei grundsätzlich defensiv gewesen, während das NS-Regime eine offensive Eroberungs- und Kriegspolitik betrieben habe.

Internettipp
www.erster-weltkrieg.clio-online.de/_Rainbow/documents/texteZZF/gkracht.pdf
Klaus Große Kracht, Zentrum für Zeithistorische Forschung Potsdam, über die Kriegsschuldfrage in der Forschung (2004)

Aktuelle Diskussion

Seit Mitte der 1960er-Jahre nahm in der Geschichtswissenschaft die Bereitschaft zu, die Thesen Fischers zu überprüfen. Und seit den 1980er-Jahren verlor die Frage nach der Schuld bzw. Verantwortung am Kriegsausbruch 1914 immer mehr an politischer Sprengkraft. Die Diskussion versachlichte sich zunehmend. Zudem traten andere Themen, z. B. die Frage nach den Kriegserfahrungen der „kleinen Leute", in den Vordergrund. Heute lehnen Historiker sowohl die Unschulds-These als auch die These vom deutschen Angriffs- und Eroberungskrieg ab. In der modernen Kriegsursachenforschung gibt es **unterschiedliche Deutungen**, die eine **Vielzahl struktureller Gründe innenpolitischer wie internationaler Art** für die Entstehung des Ersten Weltkrieges herausarbeiten (M 5 a, b).

Nationaler Existenzkampf

„Der jetzige Krieg", notierte der französische Botschafter in St. Petersburg am 20. August 1914, „ist ein Krieg auf Leben und Tod, in welchem jeder Kämpfende seine nationale Existenz aufs Spiel setzt." Der Erste Weltkrieg bedeutete den Zusammenbruch des Staatensystems nicht nur deshalb, weil an ihm, wie hundert Jahre zuvor in den napoleonischen Kriegen, alle Großmächte beteiligt waren. Vielmehr empfanden und erlebten ihn alle beteiligten Staaten und Völker als existenziellen Überlebenskampf. Die Kriegsziele beider Seiten, wie unterschiedlich sie im Detail auch waren, liefen auf eine Zerstörung der bisherigen internationalen Ordnung hinaus. Dem Deutschen Reich ging es nicht nur um territoriale Gewinne, sondern um die Hegemonie in Europa als Ausgangsstellung für die Erringung einer Weltmachtposition; die gegnerische Koalition wollte die europäische Großmachtstellung des Deutschen Reiches für immer zerstören, da es sich in ihren Augen als notorischer Friedensstörer erwiesen hatte. Das einzige Kriegsziel, das zählte, war also die **vollständige Unterwerfung der feindlichen Nation.**

Völkerkrieg

Zu Beginn des Krieges gab es in allen Ländern eine große Kriegsbegeisterung. Als sich jedoch der ursprünglich erwartete kurze Krieg in einen langen Krieg mit unabsehbarem Ende verwandelte, setzte auf allen Krieg führenden Seiten eine gezielte **Kriegspropaganda** ein. Sie versuchte, der Bevölkerung zu suggerieren, dass es nicht nur um politische Interessen, sondern um kollektive nationale Wertesysteme gehe: um das „Wesen" der eigenen Nation gegen das als bedrohlich empfundene Fremde, um Zivilisation gegen Barbarei, um Germanen gegen Slawen. Auf diese Weise hofften die Regierungen, den „Durchhaltewillen" des eigenen Volkes zu stärken und den Kampfwillen der feindlichen Truppen und der Zivilbevölkerung zu lähmen. Tatsächlich entwickelte dieser Kriegspatriotismus eine ungeheure Integrationskraft, der die Spannungen innerhalb der Völker verdeckte und stattdessen die Gräben zwischen den Nationen vertiefte. Seit den Religionskriegen des 16./17. Jahrhunderts (s. S. 155 ff.) war die Bevölkerung nicht mehr in solchem Maße in das Kriegsgeschehen als Kämpfende und Leidende einbezogen worden – und das bedeutete: **Nationalisierung, Fanatisierung der Massen** in völlig neuen Dimensionen.

M 4 Das Maschinengewehr, Christopher R. W. Nevison, Öl auf Leinwand, 1915

Fortschrittskritik

Der Erste Weltkrieg erschütterte den seit dem 18. Jahrhundert weit verbreiteten Glauben an den unaufhaltsamen Fortschritt der Menschheit nachhaltig. Giftgasangriffe und Materialschlachten, das grauenvolle Ausharren in den Schützengräben und die Millionen Toten lösten nach der anfänglichen Kriegsbegeisterung einen großen **„Zivilisationsschock“** aus. Alle Hoffnungen auf die Leistungen von Industrie, Technik und Wissenschaft zur Verbesserung des menschlichen Daseins schienen sich als Illusion zu erweisen. Wissenschaftlich-technische Innovationen und die industrielle Massenproduktion zeigten auf einmal ihre Schattenseiten. Erfindungen wie das Maschinengewehr (M 4) oder die massenhafte Herstellung von Rüstungsgütern verlängerten nicht nur den Krieg, sondern steigerten auch die Zerstörungskraft des Militärs. Der Krieg stellte daher sowohl den Glauben an die Glück verheißenden Wirkungen der modernen Industriezivilisation als auch den Glauben an die Humanität der Menschen überhaupt infrage.

Totalisierung des Krieges

Der Erste Weltkrieg trug von Anfang an Züge eines totalen Krieges*. Die Krieg führenden Nationen aktivierten jedes Mitglied ihrer Gesellschaften für den Kampf an Front und „Heimatfront“, wodurch die **Trennung von Militär und Zivilbereich ins Wanken geriet**. Im Verlauf des Krieges wurde praktisch die gesamte männliche und weibliche Zivilbevölkerung in den Krieg einbezogen, sei es in den Rüstungsfabriken, sei es an den „normalen“ Arbeitsplätzen, an denen Frauen die Männer ersetzten, die zum Militär einberufen worden waren. Verstärkt richtete sich zudem auch der Luftkrieg von deutscher wie alliierter Seite gegen die Zivilbevölkerung (M 6) – wenn auch aus technischen Gründen noch nicht der Zerstörungsgrad der Angriffe aus dem Zweiten Weltkrieg erreicht wurde. Mit ideologisierten Feindbildern wurde diese Art der Kriegführung dabei als Kampf der jeweiligen „Zivilisation“ gegen die „Barbarei“ des Gegners begründet.

„Industrialisierter“ Krieg

Ermöglicht wurde die „totale Mobilmachung“ aller gesellschaftlichen Kräfte erst durch die Industrialisierung, die zugleich die Kriegführung „industrialisierte“. Die Industrialisierung des Tötens lässt sich an den **Materialschlachten** verdeutlichen, die ohne Kenntnis der Strategie des Stellungskrieges nicht zu verstehen ist. Dabei sollte der Gegner ausgeblutet und zermürbt werden. Stabil ausgebaute Gräben und Gefechtsstände bildeten die Verteidigungslinien. Stacheldrahtverhaue sicherten sie. Die Soldaten kämpften mit neuartigen Waffen der Kriegstechnik wie Maschinengewehren, Handgranaten oder Minen. Die Materialschlacht war das neue Mittel, mit dem die Verantwortlichen in den Generalstäben die gegnerische Verteidigung zu überwinden suchten. Möglich machte das die Industrie mit ihrer schier ununterbrochenen Waffenproduktion.

Zum Symbol der Materialschlacht wurde die **„Hölle von Verdun“**. Für diese französische Festung sollte nach den Plänen der Obersten Heeresleitung die Hauptmacht des gegnerischen Heeres verbluten. Im Dauerfeuer trommelten die Geschütze ihre Granaten auf die französischen Stellungen. Sie sollten so lange beschossen werden, bis jeder Widerstand endete. Im anschließenden Sturmlauf hoffte man, das Gelände so gut wie kampflos zu besetzen. Häufig kamen dabei nicht mehr als 50 oder 100 Meter Geländegewinn heraus, oft gar nichts, bezahlt jedoch mit gewaltigen Opfern. 280 000 Deutsche und 315 000 Franzosen fielen vom Februar bis Dezember 1916 allein vor Verdun, wurden verwundet oder vermisst; in der Schlacht an der Somme von Juli bis November desselben Jahres verloren Deutsche und Briten jeweils 500 000 Soldaten, die Franzosen 200 000 Soldaten.

Die Kriegsparteien mobilisierten eine bis dahin unbekannte Anzahl von Soldaten für ihren Kampf. Im Jahre 1914 gab es auf beiden Seiten etwa 10 Millionen, später etwa 74 Millionen Soldaten, die eine gigantische „Kriegsmaschine“ bedienten. Artillerie und Maschinengewehre, Schlachtkreuzer und Unterseeboote sowie die

Merkmale des „totalen Krieges“ (nach Stig Förster, 2003)

1. Totale Mobilisierung
Alle gesellschaftlichen und materiellen Ressourcen eines Staates werden für die Kriegführung in Anspruch genommen.

2. Totale Kriegsziele
Die totale Mobilisierung erfordert, eine existenzielle Bedrohung von außen glaubhaft zu machen. Totale Kriegsziele variieren zwischen bedingungsloser Kapitulation und physischer Vernichtung.

3. Totale Kriegsmethoden
Die Mittel der Kriegführung werden erweitert, das Kriegsvölkerrecht missachtet. Häufig wird die systematische Kriegführung gegen die Zivilbevölkerung als Mittel eingesetzt, den Widerstandswillen des Gegners zu brechen.

4. Totale Kontrolle
Totale Kriegsanstrengungen erfordern die vollständige Kontrolle durch politische und militärische Behörden, da der enorme organisatorische Aufwand keine zivilen Nischen mehr erlaubt.

Internettipp
www.verdun-somme-1916.de
Ein Projekt des Historischen Seminars der Universität Düsseldorf über die Verdun-Somme-Schlacht 1916

ersten Panzer und Bomberflugzeuge führten zu einer Vernichtung von Menschen und Material, die alle bisherigen Vorstellungen überstieg. Zu den besonders grausamen Kampfmitteln gehörte das erstmals 1915 eingesetzte Giftgas. Im Bewusstsein der Zeitgenossen machte es den tiefen Fall zivilisatorischer Werte deutlich.

Internettipp
www.digada.de/wk1/uebersichtwk1.htm
Feldpostbriefe aus dem Ersten Weltkrieg bietet das Digitale Archiv Hessen-Darmstadt mit einer übersichtlichen Darstellung der Ereignisgeschichte.

Kriegserinnerung

Der Erste Weltkrieg war ein Schlüsselerlebnis in der europäischen Geschichte des 20. Jahrhunderts. Sein Ende bedeutete nicht den Beginn eines dauerhaften Friedens in Europa. Der Krieg blieb im Gegenteil ein Mittel der Politik. Der Zweite Weltkrieg (s. S. 437 ff.) übertraf den Krieg von 1914 sogar noch an Gewalt, Brutalität, Menschenverachtung und Zerstörungskraft. Zeitgenossen und Historiker haben daher immer wieder gefragt, ob Menschen aus der Geschichte lernen können. Auf diese Frage gibt es keine einfachen Antworten. Allerdings sollte man sich stets bewusst sein, dass sich die Erinnerung an vergangene Ereignisse wandeln kann. Die Auseinandersetzung mit dem Ersten Weltkrieg in der Zwischenkriegszeit ist ein eindrucksvolles Beispiel dafür, dass Kriegserfahrungen nicht notwendig zur Ächtung, sondern auch zur Verherrlichung kriegerischer Gewalt führen können.

Unmittelbar nach Kriegsende 1918 überwogen Erbitterung über das Grauen und Entsetzen des Krieges sowie tief empfundene Friedenssehnsucht. Sie verdichtete sich in der politisch-moralischen Forderung **„Nie wieder Krieg!“**. Doch allmählich wichen diese pazifistischen Einstellungen dem Vergessen und der Gleichgültigkeit gegenüber dem Leid. Verklärungen der Kameradschaft in den Schützengräben oder des soldatischen Heldentums begünstigten die **neuerliche Idealisierung von Krieg und Gewalt**, an die die Nationalsozialisten anknüpfen konnten. Der deutsche Schriftsteller und überzeugte Pazifist Kurt Tucholsky hat diesen Wandel 1922 beschrieben: „Schmerzen werden vergessen. So hat die Nation die Scheußlichkeit des Krieges verwunden. Freundliche Lappalien wachsen über diese Regionen der Erinnerung, und die Äußerlichkeiten bleiben: ein Teemädchen in Baranowitschi, die Geschichte mit den zwei Schweinen in Flandern, der verzögerte Feldpostbrief, der Krach mit dem Bataillonsführer wegen des Hanseatenkreuzes – das wird behalten. Aber der Schmerz, der Schmerz ist fast vergessen. Und da nur ein beschränkter Teil aller Erfahrungen vererbt wird (denn wie weise wären wir sonst!), so ist noch gar nicht gesagt, dass nicht die nächste Generation mit frisch-dämlicher Begeisterung, die Geschäfte der Börsen und der Ämter besorgend, die Knarre wieder auf den Buckel nimmt.“

Internettipp
www.erster-weltkrieg.clio-online.de/portal/alias__Rainbow/lang__de/tabID__40208180/DesktopDefault.aspx
„Keiner fühlt sich mehr als Mensch“ – Volltext eines Sammelbandes über Erlebnis und Wirkung des Ersten Weltkrieges, hg. u.a. von Gerhard Hirschfeld, Direktor der Bibliothek für Zeitgeschichte (1993).

1 Skizzieren Sie den Weg in den Ersten Weltkrieg. Berücksichtigen Sie auch Bündniskonstellationen, Krisen und Kriegsziele.
2 Erläutern Sie, worin sich der Erste Weltkrieg von früheren kriegerischen Auseinandersetzungen unterscheidet.

M5 Moderne Deutungen des Kriegsausbruchs 1914

a) Die Interpretation des Historikers Jost Dülffer, 2003:

Internationale Krisen wurden also mehr oder weniger intensiv von militärischen Maßnahmen begleitet. Konkrete Absichten, nunmehr aktiv einen großen Krieg zu provozieren, standen aber jeweils nicht im Vordergrund.
Wohl aber war die Sorge um die eigene Position im Staatensystem entscheidend. Mit sehr unterschiedlichen Argumenten und aus verschiedenen Gründen glaubte man bei allen beteiligten europäischen Großmächten, in der Zukunft gegenüber einer gegnerischen Koalition im Kriege schlechter dazustehen. War es in Frankreich die Sorge um die innenpolitische Möglichkeit, die dreijährige Dienstpflicht und das Bündnis mit Russland beizubehalten, so waren es in Großbritannien Befürchtungen über irische Unruhen, in Russland revolutionäre Umbrüche bei einem autokratischen System, in Österreich-Ungarn die Nationalitätenfragen und im Deutschen Reich der Widerspruch von industrieller Modernisierung und rückständigem politischen System, der sich nicht zuletzt in der Frage von Rüstungsfinanzierung nie-

derschlug. Darüber hinaus sahen sich die Staatsführungen unter innenpolitischem Erfolgsdruck, den sie zum Teil selbst erzeugt hatten und an den sie auch glaubten. Die […] Dynamik des Zwangs zu sichtbaren und auf die Bevölkerung integrativ wirkenden weltpolitischen Erfolgen wies vielfach nur geringe oder gar keine öffentlich verwertbaren Erfolge auf. Das galt zumal für das Deutsche Reich, wo man nach weit verbreiteter Auffassung immer wieder zurückgesteckt und sich als schwächlich erwiesen hatte. Und je mehr man während derartiger Krisen in militärischen Kategorien dachte und sich entsprechend verhielt, desto mehr mussten auch militärische Erwägungen zu Erfolgen kommen. Während man überall nach außen den Optimismus eines kurzen und siegreichen Krieges zur Schau trug, beherrschte doch die Sorge vor einem „Sprung ins Dunkle" – so Theobald von Bethmann Hollweg – viele der führenden Politiker in Berlin und Wien, in Paris, London und St. Petersburg. Dieser Sprung wurde in der Julikrise 1914 gewagt – und endete in der Katastrophe des Weltkriegs.

Jost Dülffer, Der Weg in den Krieg, in: Gerhard Hirschfeld, Gerd Krumeich, Irina Renz (Hg.), Enzyklopädie Erster Weltkrieg, Schöningh, Paderborn 2003, S. 240

b) Die Interpretation des Historikers Jörg Fisch, 2002: Sucht man […] nach strukturellen Ursachen für den Krieg, so liegen sie auf einer allgemeineren Ebene. Das System benötigte zu seinem Funktionieren keinen tatsächlich geführten Krieg – aber es benötigte den Krieg der Möglichkeit nach. Die Souveränität der Staaten war das oberste Prinzip, und zu ihr gehörte, innerhalb gewisser Schranken, das Recht, und sogar die Bereitschaft, den Krieg als Mittel der Politik einzusetzen. Das Risiko, ja die Möglichkeit und zuweilen sogar die Wahrscheinlichkeit eines Krieges wurde von allen Beteiligten in Kauf genommen, nicht zuletzt deshalb, weil die möglichen Folgen eines Krieges zu wenig erwogen wurden. So gesehen war der Weltkrieg kein unentrinnbares Verhängnis der Epoche; er war nicht die unvermeidliche Auflösung eines in den vorangegangenen Jahrzehnten geschürzten Knotens, auch wenn gerade in dieser Zeit die Auffassung, der Krieg gehöre gewissermaßen zum moralischen Haushalt der Menschheit, die ohne ihn degenerieren würde, weit verbreitet war – freilich nicht bei den Massen, die ihn schließlich auskämpften und in ihm starben. Aber man hatte andererseits auch nicht wirklich versucht, diese Möglichkeit zu bannen. Hierin äußerte sich die Unfähigkeit Europas, die potenziell destruktiven Wirkungen der Industriellen Revolution zu bändigen – eine Unfähigkeit, die 1939 noch bekräftigt wurde.

So gesehen ist der Erste Weltkrieg in der Tat, mit dem berühmten Wort George F. Kennans, die „Urkatastrophe des 20. Jahrhunderts", weil der Krieg inzwischen eine solche Zerstörungsgewalt gewonnen hatte, dass er alle früheren Kämpfe in den Schatten stellen musste. Aber er war nicht der notwendige Abschluss einer zum Untergang verurteilten Epoche. Daran ändert auch die Tatsache nichts, dass Prophezeiungen eines großen und verheerenden Krieges gerade in den letzten Jahren vor 1914 verbreitet waren.

Jörg Fisch, Europa zwischen Wachstum und Gleichheit 1850–1914, UTB, Stuttgart 2002, S. 358 f.

1 Arbeitsteilige Gruppenarbeit: a) Analysieren Sie arbeitsteilig M 5 im Hinblick auf die Ursachen des Ersten Weltkrieges.
b) Präsentieren Sie Ihre Ergebnisse im Plenum.
c) Nehmen Sie zu den Deutungen Stellung.
d) Vergleichen Sie die modernen Deutungen mit der Kriegsschulddebatte nach 1918 sowie mit der Fischer-Kontroverse (S. 321 f.).

M 6 Lens wird mit Bomben belegt, Radierung von Otto Dix, 1924

1 Beschreiben Sie das Bild und erläutern Sie die Neuartigkeit der Kriegführung im Ersten Weltkrieg.

Nationen und Nationalismus in Europa

Zentrale Begriffe

Zusammenfassung

Der moderne Nationalismus entstand im ausgehenden 18. und beginnenden 19. Jahrhundert. Mit den bürgerlichen Revolutionen dieser Zeit, allen voran der Amerikanischen und der Französischen Revolution, verloren alte Bindungen an Bedeutung, neue Formen der Gruppenidentität mussten gefunden werden. Ältere Loyalitäts- und Zugehörigkeitsgefühle etwa zu einem Adelsherrn, einem städtischen Gemeinwesen oder einer Fürstendynastie bestanden zwar weiter, wurden aber zunehmend ersetzt durch die nationale Gemeinschaft, mit der sich der Einzelne identifizierte und die ihm Sicherheit und Geborgenheit vermittelte. Die Entstehung der bürgerlichen Gesellschaft ging also einher mit der Hochschätzung der Nation. Die Idee der Nation, die seitdem als zentraler gesellschaftlicher Wert galt, war nicht länger religiös, sondern weltlich geprägt. Und die Staatsbürger wollten die Geschicke der Nation fortan in die eigene Hand nehmen.

Im 19. Jahrhundert wandelte sich der Nationalismus von einem Elite- zu einem Massenphänomen. Hatte im 18. Jahrhundert lediglich eine schmale Bildungselite nationale Ideen vertreten, gewann während der ersten Hälfte des 19. Jahrhunderts der Nationalismus immer breitere Unterstützung über das gebildete und besitzende Bürgertum hinaus. Eine organisierte politische Nationalbewegung bildete sich in Deutschland heraus. Sänger und Turner, Studenten und Professoren, Landwirte und Industrielle, Städter und ländliche Bevölkerungsgruppen knüpften ein immer dichteres Netz von Personen und Organisationen über die Einzelstaaten des Deutschen Bundes hinweg. In der zweiten Jahrhunderthälfte wuchs der Nationalismus schließlich zu einem Massenphänomen heran.

Der moderne Nationalismus in Europa war keine einheitliche Bewegung. Die Anhänger der Idee der Kulturnation betrachteten die Nation als Gemeinschaft, die in gemeinsamer Sprache und Geschichte wurzelte. Dagegen verstanden die Verfechter der Staatsnation diese als politische und soziale Gemeinschaft rechtsgleicher Staatsbürger, die durch ihre Vertretungsorgane die Zukunft des Landes mitgestalteten. Der moderne Nationalismus vertrat sowohl liberale und emanzipatorische Ideen als auch emanzipations- und demokratiefeindliche politische Ideologien. Und die Geschichte des Hochimperialismus von den 1880er-Jahren bis 1914 verdeutlicht, dass ein extremer Nationalismus mit Fremdenfeindlichkeit nach innen und nationalem Sendungsbewusstsein nach außen verbunden war und überdies in Aggression und Krieg umschlagen konnte. Sicherlich ist der Erste Weltkrieg auf eine Vielzahl unterschiedlicher Ursachen zurückzuführen, zu denen jedoch auf jeden Fall Imperialismus und Nationalismus gehörten. Denn wenn sich in einer Nation das Bewusstsein des Anders- und Besonderseins mit der Geringschätzung anderer Völker verband, diente dieses Nationalbewusstsein oft zur Legitimation für die gewaltsame Ausweitung der territorialen Grenzen und die Unterjochung fremder Völker.

Mit der Reichsgründung 1870/71 schien das Ziel der deutschen Nationalbewegung erfüllt zu sein. Die Freude über den deutschen Nationalstaat wurde allerdings gedämpft: Zum einen konnte die nationale Einigung nur unter Führung Preußens erreicht werden, während die österreichische Bevölkerung ausgeschlossen blieb. Zum anderen musste die Nationalbewegung auf die Durchsetzung ihres liberal-demokratischen gesellschaftspolitischen Programms verzichten. Der junge Nationalstaat war kein demokratisch-parlamentarischer Staat, sondern ein autoritärer Obrigkeits- und Machtstaat.

M1 **Strukturschema: Imperialismus**

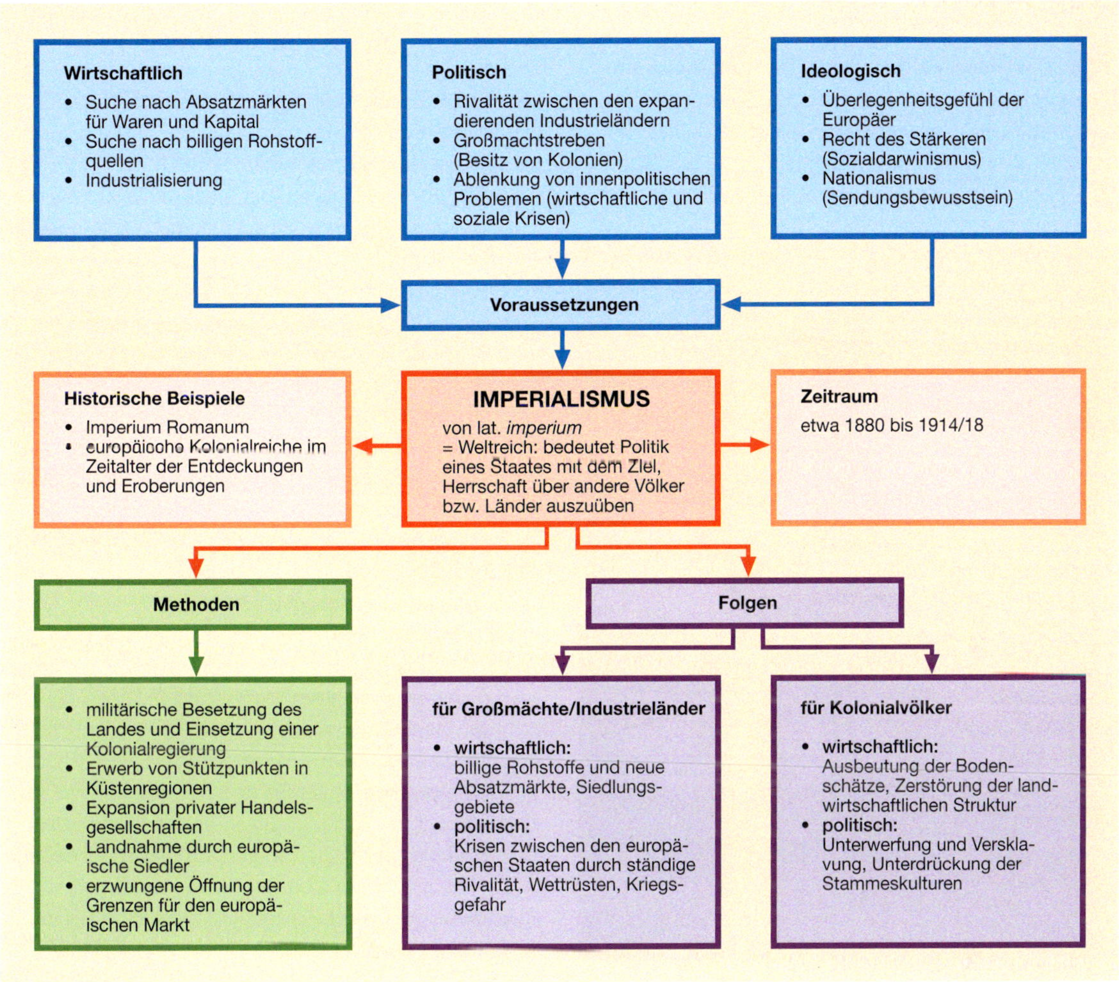

Zeittafel

1806 Auflösung des Heiligen Römischen Reiches Deutscher Nation; Gründung des Rheinbundes
1807 Beginn der preußischen Reformen
1813/14 Befreiungskriege der deutschen Staaten gegen Napoleon
1814/15 Wiener Kongress: Neuordnung der europäischen Staatenwelt; Gründung des Deutschen Bundes
1817 Wartburgfest der deutschen Burschenschaften
1819 Karlsbader Beschlüsse
1821–1829 Unabhängigkeitskrieg Griechenlands gegen osmanische Herrschaft
1830 Julirevolution in Frankreich
1832 Hambacher Fest
1834 Gründung des Zollvereins unter Führung Preußens
1848/49 Revolutionen in Europa
1859–1861 Nationalstaatsgründung Italiens
1863 Polnischer Aufstand gegen die russische Herrschaft
1864 Deutsch-Dänischer Krieg um Schleswig und Holstein
1866 Deutscher Krieg zwischen Preußen und Österreich um Schleswig und Holstein
1866/67 Gründung des Norddeutschen Bundes
1870/71 Deutsch-Französischer Krieg
1871 Deutsche Reichsgründung; Krönung von König Wilhelm I. von Preußen zum deutschen Kaiser
1871–1890 Bismarck deutscher Reichskanzler
1871–1880 Kulturkampf Bismarcks gegen die katholische Kirche
1878–1890 Sozialistengesetz
1878 Berliner Kongress
ab 1890 Weltmachtpolitik Wilhelms II.
1914–1918 Erster Weltkrieg

Anwendungsaufgabe

M2 Das Niederwald-Denkmal bei Rüdesheim am Rhein, Schulwandbild, Farblithografie, um 1890. Das Niederwald-Denkmal wurde 1877–83 als deutsches Nationaldenkmal zur Erinnerung an die Reichsgründung von 1871 erbaut. Mit einer Höhe von 38,18 m zählt es zu den größten Denkmälern des 19. Jahrhunderts in Deutschland.

1 Beschreiben Sie die einzelnen Elemente des Niederwald-Denkmals und deren Aussage. Stellen Sie dazu eigene Recherchen an.

2 Vergleichen Sie das Niederwald-Denkmal mit anderen Nationaldenkmälern, z. B. der Siegessäule in Berlin (1873), dem Hermanns-Denkmal im Teutoburger Wald (1875), dem Kyffhäuser-Denkmal in Thüringen (1896) oder dem Völkerschlacht-Denkmal in Leipzig (1913). Berücksichtigen Sie dabei folgende Aspekte: Aussehen, Größe und Lage des Denkmals; Auftraggeber, Funktion und Entstehungsanlass; Darstellung; Gestaltungsmittel; Wirkung.

M3 Die Vielgestaltigkeit und Widersprüchlichkeit des Nationalismus – Thesen des Historikers Dieter Langewiesche, 1994

Nationalismus umfasst in dem Bild, das hier entworfen wird, beides und setzt beides frei: Partizipation und Aggression. Wenngleich natürlich in unterschiedlichen Dosierungen in den verschiedenen Gesellschaften und zu unterschiedlichen Zeiten. Es gab und gibt Entwicklungen, aber sie sind nicht einlinig. Und kein Staat, keine Gesellschaft hat eindeutig gradlinige Entwicklungen von dem einen Pol zum anderen mitgemacht. Wichtig sind vielmehr die Mischungsverhältnisse, die unterschiedlichen und – das ist ausschlaggebend – die wechselnden Annäherungen an den einen oder den anderen Pol. [...]

In dieser Definition als Integrationsideologie ist die Außenabgrenzung als konstitutives Merkmal enthalten. Das ist wichtig. Denn Nationsbildung vollzieht sich stets als ein doppelseitiger Prozess: nach innen Integration, nach außen Abgrenzung. Beides ist doppelbödig. Auch die Außenabgrenzung hat eine Innenseite. Sie besteht darin, die Nation als Partizipationsgemeinschaft zusammenzuschweißen und handlungsfähig zu machen. Im Gegenbild erkennt sich die Nation, entwirft sie eine Vorstellung von sich selbst. Selbstbild durch Gegenbild, nicht selten gesteigert zum Feindbild. Doch nicht nur der Blick auf die Außengrenze, auch der Wille zur Integration verbindet Partizipation mit Aggression. Denn die Forderung nach Integration hat historisch immer auch bedeutet, denjenigen Bevölkerungsgruppen, die man nicht als integrationswillig ansieht, die Vollmitgliedschaft in der angestrebten nationalen Gemeinschaft vorerst zu verwehren oder sie sogar auf Dauer auszuschließen, wenn sie als grundsätzlich integrationsunfähig gelten. Nationsbildung als Integrationsprozess darf also in der historischen Betrachtung nicht auf Partizipation verengt werden. Die schwierige Aufgabe des Historikers besteht vielmehr darin, den anderen Pol, die Aggression auch nach innen, in allen Phasen der geschichtlichen Entwicklung zu sehen und seine jeweilige Kraft in der konkreten historischen Situation zu gewichten. [...]

Es führt in die Irre, eine ausschließlich emanzipatorische, noch unschuldige nationale Gesinnung der Frühzeit scharf abzugrenzen von einem entarteten Nationalismus späterer Zeiten. Es ist wichtig, die Veränderungen herauszuarbeiten, den zeitweisen Wandel etwa von einer linken zu einer rechten Kampfbewegung. Doch ein spezifisches Gemisch von Partizipation und Aggression kennzeichnet die Berufung auf die Nation als Letztwert gesellschaftlicher Legitimität zu allen Zeiten.

Dieter Langewiesche, Nationalismus im 19. und 20. Jahrhundert: zwischen Partizipation und Aggression, in: ders., Nation, Nationalismus, Nationalstaat in Deutschland und Europa, C. H. Beck, München 2000, S. 39 ff. (ursprünglich erschienen 1994)

1 Erklären Sie, inwiefern die Nationsbildung durch die beiden Pole Integration und Abgrenzung konstituiert wird.

2 Zeigen Sie diese These anhand der konkreten deutschen Geschichte auf.

Epochenbezüge

M4 **Nationalstaatsbildung und Sprachgruppen in Europa bis 1913**

Präsentationsvorschläge

Thema 1:

Freiheitsstreben oder Aggression – Formen und Ziele des deutschen Nationalismus vom 18. Jahrhundert bis zum Ersten Weltkrieg

Bereiten Sie einen Vortrag vor, in dem Sie den deutschen Nationalismus in Phasen unterteilen. Analysieren Sie für jede dieser Phasen, welche Freiheitsvorstellungen die nationale Idee prägten. Untersuchen Sie außerdem, ob sich der Nationalismus mit fremdenfeindlichen oder aggressiven Bestrebungen nach außen verbunden hat.

Literaturtipp

Dieter Langewiesche, Nation, Nationalismus, Nationalstaat in Deutschland und Europa, C. H. Beck, München 2000, S. 35–54

Jürgen Kocka, Das lange 19. Jahrhundert. Arbeit, Nation und bürgerliche Gesellschaft, Klett-Cotta, Stuttgart 2001 (= Gebhardt. Handbuch der deutschen Geschichte, 10. völlig neu bearb. Aufl., Bd. 13), S. 80–97

Thema 2 (fächerverbindend):

Der Erste Weltkrieg in der Kunst

Erstellen Sie eine Präsentation über die Darstellung des Ersten Weltkrieges in der Malerei, Literatur oder im Film. Untersuchen Sie die Werke nach selbst gewählten Aspekten und stellen Sie einzelne Beispiele vor.

Literaturtipp

Karl Kraus: Die letzten Tage der Menschheit (EA 1918)

Ernst Jünger: In Stahlgewittern (EA 1920)

Jaroslav Hašek: Der brave Soldat Schwejk (tschechische EA 1923)

Arnold Zweig: Romanzyklus „Der große Krieg der weißen Männer“ (1927–1957)

Erich Maria Remarque: Im Westen nichts Neues (EA 1929)

Edlef Köppen: Heeresbericht (EA 1930)

Internettipp

www.dhm.de/lemo/html/wk1/kunst/index.html

www.art-ww1.com/d/visite.html

Thema 3 (Geschichte global):

1917 – ein weltgeschichtliches Epochenjahr?

Skizzieren Sie die Folgen des Ersten Weltkrieges für Europa und die Welt. Konzentrieren Sie sich dabei auf das Jahr 1917, in dem die USA in den Krieg eintraten und in Russland die Oktoberrevolution die Kommunisten an die Macht brachten.

Literaturtipp

Edgar Wolfrum, Cord Arendes, Globale Geschichte des 20. Jahrhunderts, W. Kohlhammer, Stuttgart 2007, S. 28–50

Christoph Nonn, Das 19. und 20. Jahrhundert, Schöningh, Paderborn 2007, S. 11–34

Internettipp

www.dhm.de/lemo/home.html

Kommunikation in der Welt um 1900

Die Entwicklung der modernen Fernkommunikation ist ein entscheidender Faktor im globalhistorischen Prozess der zunehmenden Vernetzung transregionaler Interessen-, Erfahrungs- und Handlungsräume. Vollzog sich dieser Prozess zunächst über große Zeiträume überaus langsam und unbeständig, beschleunigte er sich ab dem 16. Jahrhundert immens und gewann seit der Mitte des 19. Jahrhunderts eine historisch neuartige Qualität. Hierzu trug wesentlich die Revolutionierung der Kommunikations-, Transport- und Verkehrssysteme im Zuge der Industrialisierung bei.

Die Einführung der Telegrafie auf elektrischer Grundlage bildete dabei eine Zäsur von welthistorischer Bedeutung. Mit der Nutzung der Elektrizität für Kommunikationszwecke verdichtete sich der Austausch der Weltregionen ab der zweiten Hälfte des 19. Jahrhunderts derart, dass am Beginn des 20. Jahrhunderts die meisten politischen und wirtschaftlichen Systeme global vernetzt waren. Zwar hatte sich bereits durch die Einführung der Dampfschifffahrt im überseeischen Verkehr die Nachrichtenübermittlung erheblich verbessert und verkürzt, doch erst die elektrische Telegrafie mittels interkontinentaler Seekabel ermöglichte eine weltweit funktionierende, schnelle Kommunikation. Benötigte die Übermittlung eines Briefes mit dem Postdampfer um 1900 etwa sieben Tage, betrug die Übertragungszeit für eine telegrafische Nachricht per Seekabel nur vier Minuten.

M1 „The Rhodes Colossus striding from Cape Town to Cairo", Karikatur aus der englischen Satirezeitschrift „The Punch" vom 10. 12. 1892

M 2 **Das Weltkabelnetz 1905** (über Kontinente führende Kabel sind nur in Auswahl verzeichnet; Ortsnamen bezeichnen Ausgangs- und Zielorte von Telegrammen bzw. Plätze, an denen Nachrichtensignale technisch verstärkt wurden)

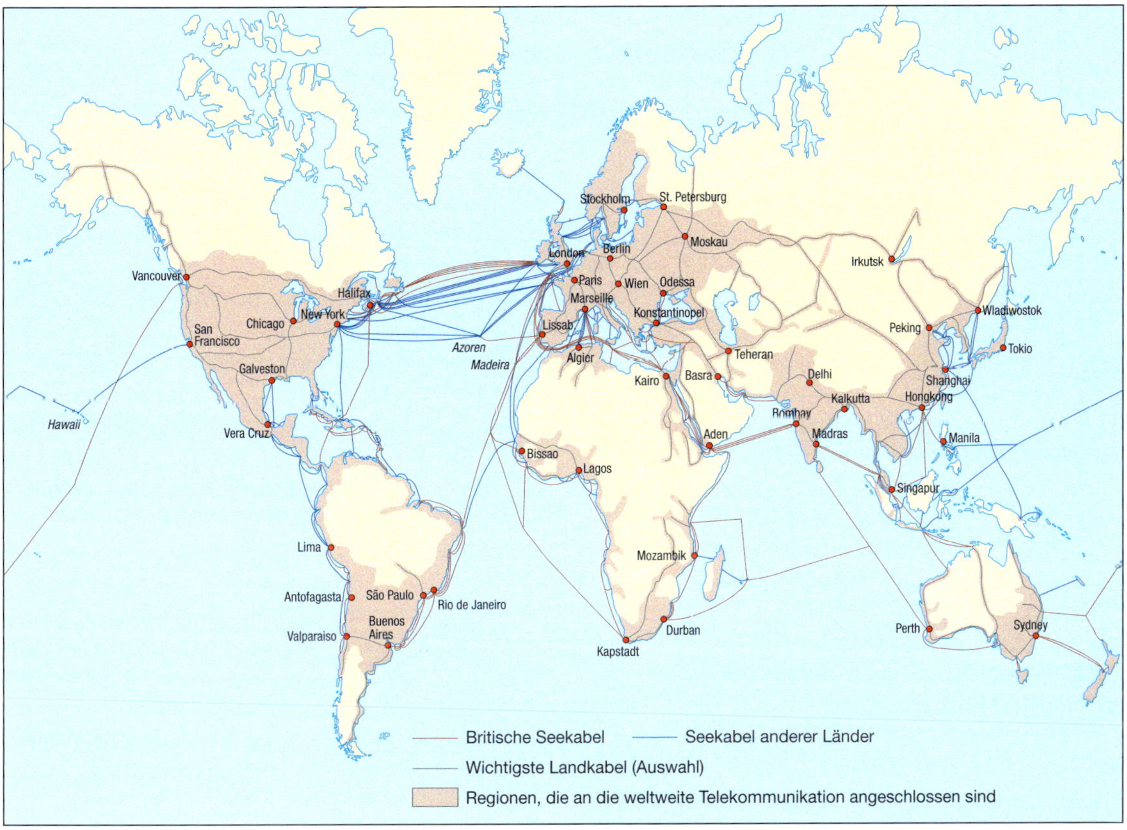

Die Erfindungen und Fortschritte in der Kommunikation (M 3), insbesondere die Entstehung des telegrafischen Weltnetzes um 1900 (M 2), riefen bei Zeitgenossen unterschiedliche Reaktionen hervor (M 6 a, b und c). Die transregionalen Kabelverbindungen dienten von Beginn an vorrangig dem Telekommunikationsbedarf von Finanz- und Börsenplätzen sowie der Beschleunigung des Nachrichtenwesens (M 7). Darüber hinaus erlaubten sie die Durchdringung und Kontrolle alter und neuer Kolonial-, „Schutz-“ und Einflussgebiete (M 1) und die Ausbreitung „westlicher“ kultureller Muster. Teilweise rief dies in den Kolonien heftigen Widerstand hervor, der häufig auch zur Zerstörung von Kommunikationssystemen führte. Die Ambivalenz der modernen Kommunikation seit dem 19. Jahrhundert zeigte auch die Nutzung der Telegrafie sowohl für die staatliche Verbrechensbekämpfung als auch für die organisierte Kriminalität (M 7).
Die Zeit um 1900, so lautet die These einiger Historiker, sei eine Epoche des weltweiten Austauschs gewesen, dessen Ausmaß erst wieder seit den 1970er-Jahren erreicht wurde. Viele Aspekte unserer heutigen globalen Welt lassen sich dabei bereits um 1900 beobachten. So stellt sich mit Blick auf die damalige wie heutige Zeit die Frage: Hat die weltweite Kommunikation die Grenzen und Konflikte zwischen den Menschen und Nationen eher verringert oder befördert?

M3 Entwicklungen in der Kommunikationstechnik um 1900 (Auswahl)

1837 Schreib-Telegraf (Samuel Morse, USA)
1866 Erste Telegrafie-Verbindung über den Atlantik
1876 Telefon (Alexander Graham Bell/Elisha Gray, USA)
1881 Erstes öffentliches Fernsprechamt in Berlin
1887 Grammofon (Emil Berliner, USA)
1888 Elektromagnetische Funk- und Radiowellen (Heinrich Hertz, Deutschland)
1889 Automatische Fernsprechvermittlung (Almon Brown Strowger, USA); Münzfernsprecher (William Gray, USA)
1891 Kinematograf (Thomas Alva Edison, USA); Telefonkabel zwischen England und Frankreich
1896 Drahtlose Telegrafie (Guglielmo Marconi, Italien) Empfänger für Funksignale (Alexander Stepanowitsch Popow, Russland)
1899 Drahtlose Telegrafie-Verbindung zwischen England und Frankreich (Guglielmo Marconi, Italien)
1901 Telegrafie-Übertragung per Funk über den Atlantik (Guglielmo Marconi, Italien)
1902 Bild-Telegrafie (Arthur Korn, Deutschland)
1906 Vakuumröhre zur Verstärkung schwacher Radiowellen (Lee de Forest, USA)

M4 Verlegung des Transatlantikkabels 1866, Holzstich, spätere Kolorierung, 1877.
Das 1865 verlorengegangene Kabel wird dabei zunächst gehoben, bevor das neue Kabel verlegt wird.

M5 Internationale Seekabelverbindungen

Bei der Verlegung der ersten Seekabel standen die Wissenschaftler und Ingenieure im 19. Jahrhundert nicht nur vor technischen Problemen. Die erste Verbindung über das offene Meer zwischen Dover und Calais im Jahr 1850, die die Anbindung Englands an das europäische Festlandstelegrafennetz gewährleisten sollte, hielt nur wenige Stunden. Ein Fischer hatte das Kabel mit seinem Netz versehentlich hochgezogen und mit einem Beil getrennt, weil er glaubte, er habe eine bis dahin unbekannte Art von Seetang, scheinbar mit Gold gefüllt, entdeckt. Ein Jahr später gelang dann die erneute Verlegung

Nachdem eine erste telegrafische Verbindung über den Atlantik zwischen Europa und den Vereinigten Staaten im Jahr 1866 hergestellt worden war, erfolgte bis zum Ende des 19. Jahrhunderts sukzessive der Aufbau eines weltumspannenden Seekabelnetzes. Die Reihenfolge der angeschlossenen Erdteile entsprach deren Bedeutung im Rahmen der sich zunehmend entwickelnden weltwirtschaftlichen Verflechtungen. Nach Indien, China und Japan folgten Australien, Südamerika und zuletzt Afrika. Als im Jahr 1902 die Überbrückung des Pazifiks gelang, konnte nach einer rund 40-jährigen Aufbauzeit das weltumspannende Telegrafennetz in Betrieb genommen werden. Es war nun möglich, Nachrichten zwischen Weltmetropolen und Handelsplätzen innerhalb weniger Minuten auszutauschen. Daher kann das telegrafische Weltnetz als ein Symbol für die Entstehung der einen, global vernetzten Welt gesehen werden.

Originalbeitrag des Verfassers

M6 Zeitgenössische Stimmen zur Bedeutung des Telegrafen

a) Aus einem Brief des US-amerikanischen Hauptfinanziers des Transatlantikkabels Cyrus Fields an seinen Bruder, 1866:

[Der Telegraf] bringt die Länder der Welt zusammen. Er verbindet die getrennten Hemisphären. Er vereint entfernte Nationen [...]. Ein Meereskabel ist keine Eisenkette, die kalt und tot in den eisigen Tiefen des Atlantiks begraben ist. Es ist eine lebendige Verbindung aus Fleisch und Blut, die getrennte Teile der menschlichen Familie vereint, und die stets von Liebe und Zärtlichkeit durchpulst ist. Diese starken Bande tragen dazu bei, die menschliche Rasse in Frieden und Einmütigkeit zu einen [...]. Es scheint, als wäre diese Meeresnymphe, die sich aus den Wellen erhebt, geboren worden, um vom Frieden zu künden.

b) Aus einer Rede des New Yorker Geschäftsmanns W. E. Dodge, 1868:

Wenn Armee und Marine, Diplomatie, Wissenschaft, Literatur und Presse ihr spezielles Interesse an der Telegrafie bekunden, dann muss das der Handel mindestens im selben

Maß tun, aber ich kann nicht behaupten, dass die neue Technik nur Gutes gebracht hat. [...] Es werden Zweifel laut, ob der Telegraf tatsächlich ein so guter Freund der Händler ist, wie dies weithin angenommen wird. Heute werden Berichte über die wichtigsten Weltmärkte täglich veröffentlicht, und unsere Kunden werden ständig telegrafisch kontaktiert. Statt einiger weniger Lieferungen pro Jahr muss der Händler nun permanent auf Trab sein und sein Geschäft kontinuierlich steigern. Er muss ständig mit seinen entfernten Partnern in Kontakt bleiben, erfährt innerhalb von Wochen die Ergebnisse von Lieferungen, die er vor einigen Jahren monatelang nicht erfahren hätte, und lässt die Erträge in Waren investieren, deren Wert wohlbekannt ist, und die schon vor ihrer Ankunft weiterverkauft werden. So wird er ständig auf Trab gehalten und findet keine Zeit für Ruhe und Entspannung.

c) Sir John Pender, Vorsitzender der Guttapercha Company[1], 1894:

Die Telegrafie hat oftmals den Abbruch der diplomatischen Beziehungen und damit Dauerkriege verhindert. Sie stellt ihre Bedeutung für Frieden und Glück auf der Welt immer wieder unter Beweis [...]. Es besteht kein Anlass für böse Gefühle oder auch nur den kleinsten Grund zur Klage. Das Kabel hat das Übel der Missverständnisse, die zum Krieg führten, bereits im Keim erstickt.

M 5 a bis c zit. nach: Tom Standage, Das Viktorianische Internet, Midas Verlag, St. Gallen/Zürich 1999, S. 100, 182 f. und 176

1 1845 wurde zur Vermarktung des kautschukartigen Rohstoffes Guttapercha die Guttapercha Company in London gegründet. Ihr erster Auftrag war es, ein Seekabel zwischen England und Frankreich zu isolieren.

M 7 Die Historikerin Susanne Popp über die Auswirkungen der Kommunikation um 1900, 2005

Infolge der massiven Ausweitung und Vernetzung, Intensivierung und Beschleunigung des Nachrichtenverkehrs konnten im letzten Viertel des 19. Jahrhunderts ungleich mehr und ungleich aktuellere Nachrichten als je zuvor aus weit entfernten Weltregionen in die „westliche" Welt bzw. in die Gesellschaften gelangen, die an die internationalen Telegrafennetze angeschlossen waren. Das neuartige Erleben von Aktualität führte zusammen mit der Entwicklung wesentlich leistungsfähigerer Druck- und Satzverfahren in der zweiten Hälfte des 19. Jahrhunderts zu einem Gründungsboom von Tageszeitungen, die nicht von ungefähr häufig den Begriff „Telegraph" im Titel führten, sowie von Börsenzeitungen, Nachrichtenagenturen und Pressekonzernen.

In diesem Kontext veränderte sich nicht zuletzt auch die Kriegsberichterstattung in den öffentlichen Medien. So wurde beispielsweise im Zuge des Krimkrieges (1853–1856) im Auftrag der französischen und britischen Regierung ein Telegrafennetz bis zur Krim ausgebaut, damit die jeweiligen Regierungen direkt mit den Kommandanten der Streitkräfte auf dem Schlachtfeld kommunizieren konnten. Auch Berichte über eine mangelhafte medizinische Versorgung der Verwundeten gelangten über die Presse an die Öffentlichkeit, was dann in Großbritannien zu Protestdemonstrationen und zur Gründung von Organisationen zur professionellen Kriegsverwundetenpflege führte.

Es ist unbestritten, dass die politische und wirtschaftliche Überlegenheit der „westlichen Moderne" in der Welt des 19. und 20. Jahrhunderts auch darauf gründete, dass die neuen Mittel zur Fernkommunikation die Durchdringung und Kontrolle alter wie neuer Kolonial-, „Schutz-" und Einflussgebiete wie auch die Ausbreitung „westlicher" kultureller Muster höchst wirksam unterstützten. Ebenso ist bekannt, dass die wirtschaftliche und politische Vernetzung der Welt von Beginn an stets auch heftige Bewegungen der regionalen Abschottung und des Widerstandes hervorbrachte, der sich mitunter auch direkt gegen die neuen Transport- und Telekommunikationssysteme richtete.

Schließlich wurde die Fernkommunikation seit dem 19. Jahrhundert sowohl für die staatliche Verbrechensbekämpfung als auch vonseiten der organisierten Kriminalität genutzt. Dieser Problemkreis besteht in der Gegenwart fort. Längst haben kriminelle und terroristische Organisationen das Internet als nützliche Plattform erkannt.

Originalbeitrag der Autorin

1 Ordnen Sie die Befunde, die Sie der Karte M 2 entnehmen können, in die Geschichte der Industrialisierung ein (siehe Kapitel 6, S. 250 ff.).
2 Erläutern Sie mithilfe von M 2, M 3 und M 5 die Entstehung des Weltkabelnetzes um 1900.
3 Untersuchen Sie arbeitsteilig anhand von M 6 und M 7 die Hoffnungen und Ängste der Zeitgenossen sowie die Folgen der „Weltverkabelung" um 1900.
4 Analysieren und interpretieren Sie M 1. Erläutern Sie mithilfe von M 7 den Zusammenhang von Kommunikation und Kolonialismus um 1900.
5 Diskutieren Sie im Plenum, ausgehend von Ihren Arbeitsergebnissen, inwiefern die Nutzung der Elektrizität für die Kommunikation eine Zäsur von welthistorischer Bedeutung ist.
6 Vergleichen Sie an ausgewählten Beispielen die heutige Kommunikation mit der um 1900. Stellen Sie Ihre Ergebnisse in Form einer Präsentation vor.

Globalisierung und Nationsbildung

Die Historiker Jürgen Osterhammel und Niels P. Petersson über Globalitätserfahrungen um die Jahrhundertwende, 2006:

Nicht erst mit der Erfindung des Internets, sondern bereits in den Jahrzehnten vor dem Ersten Weltkrieg wurde für einen schnell wachsenden Teil der Weltbevölkerung der Planet zum Erfahrungs- und Handlungsraum. Dies war in hohem Maße eine Folge der Verbreitung kommunikativer Fähigkeiten. Die USA, das Entstehungsland einer Massenpresse, hatten seit jeher an der Spitze der Literalitätsstatistik gestanden. Nach etwa 1870 fiel auch überall in Europa, sogar in rückständigen Gebieten wie Spanien, Russland und dem Balkan, der Anteil männlicher wie weiblicher Analphabeten an der Bevölkerung. Am Vorabend des Krieges war dafür gesorgt, dass die Rekruten aller Seiten ihre Instruktionen lesen und ihren Familien Feldpostkarten schicken konnten. Die Alphabetisierung Japans stand derjenigen Frankreichs oder Deutschlands nur geringfügig nach. In den kolonisierten Teilen der Welt (selbstverständlich mit Ausnahmen der Dominions[1] und einiger Länder Lateinamerikas) blieb die Mehrheit illiterat, doch waren bis 1900 überall moderne Bildungsschichten entstanden, die der englisch-, französisch- oder spanischsprachigen Presse Nachrichten aus aller Welt zu entnehmen vermochten. In China, Japan, der osmanischen Türkei und Ägypten blühte ein Pressewesen in den – nun oft sprachreformerisch vereinfachten – Traditionssprachen auf. Der Beruf und Sozialtypus des Journalisten gewann universale Verbreitung.
Im Bewusstsein nicht nur der Eliten zeigte sich um die Jahrhundertwende eine grundlegende Transformation der Dimensionen des Lebens und Denkens, vor allem der Erfahrung von Raum und Zeit. 1884 einigten sich 25 Staaten auf das System einer in Zeitzonen aufgeteilten, am Meridian von Greenwich ausgerichteten Weltzeit; bis 1913 fand dieses System allgemeine Verbreitung. Die westliche Welt war damals längst chronometrisch durchdrungen; stetig verbreitete sich das Einheitsregiment der mechanischen Zeit. Zugleich wurden in der Zusammenschau der Messergebnisse von weltweit installierten Wetterstationen zum ersten Mal systematische Zusammenhänge innerhalb eines „Weltklimas“ beobachtbar. Die „Holzkrise“ der Jahrhundertwende ist ein frühes Beispiel für Besorgnis über die Endlichkeit natürlicher Ressourcen und führte zu ersten Klagen über eine globale „Raubwirtschaft“.
Auch die Überwindbarkeit des Raumes wurde immer mehr zu einer Selbstverständlichkeit: im Großen durch die transkontinentale Dampferreise, die für die Führungselite der Weltwirtschaft ebenso unentbehrlich war (aber nach dem Schiffbruch der Titanic 1912 mit verminderter Zuversicht angetreten wurde) wie für die Unterklasse chinesischer Kontraktarbeiter, im Kleinen durch die neuen Gerätschaften Fahrrad (erst seit den 1880er-Jahren in Europa massenhaft verbreitet!), Trambahn, Omnibus und Automobil. 1903 staunte die Welt über den ersten Motorflug, und 1913 hielt sich ein Flugzeug mit acht Personen bereits zwei Stunden in der Luft. Zu dieser Zeit endete auch die Epoche der europäischen geografischen Entdeckungen. Als Roald Amundsen 1911 den Südpol erreichte, war jeder Teil des Globus bereist und kartografiert. Nur die allerhöchsten Berge widerstanden dem Ansturm europäischer Alpinisten.
Eine solche Beherrschung von Raum und Zeit wirkte auf die Denk- und Gefühlslage der Epoche zurück. Die Gegenwart wurde nun von vielen als ein Zusammenhang weltweit simultan stattfindender Ereignisse verstanden, als globale Gleichzeitigkeit statt als das im Augenblick unmittelbar Präsente. In Politik und Wirtschaft, Wissenschaft und Kunst bestand weitgehende Einigkeit darüber, dass Beherrschbarkeit des Raumes und globale Gleichzeitigkeit fundamentale Veränderungen des menschlichen Zusammenlebens mit sich bringen würden. Die Verfügbarkeit des Globalen wurde immer öfter als Ausgangspunkt transnationaler Kooperation und Solidarität gedeutet. Je leichter Raum allerdings überwindbar erschien, desto weiter war auch der Horizont, den man nach möglichen Feinden und Konkurrenten absuchte. [...]
Globalitätsprozesse im 19. Jahrhundert erfassten keineswegs bereits zusammenhängende, nationalstaatlich integrierte Volkswirtschaften, die sie vernetzt und unter Anpassungsdruck gesetzt hätten. Globalisierung verlief vielmehr parallel und simultan zur Nationsbildung. In welcher Weise haben sich die beiden Prozesse gegenseitig beeinflusst? Wichtig sind vor allem die politischen Reaktionen auf die Konsequenzen weltwirtschaftlicher Verflechtung. Diese kamen zuerst von „Globalisierungsverlierern“: Deutsche Landwirte sahen sich durch billige Getreide- und Fleischimporte aus Übersee bedroht. Amerikanische Farmer verlangten eine Abwendung der USA vom Goldstandard, der die Preise und damit die Last ihrer Schulden stabil hielt. Kanadische Einwanderer der ersten Stunde wandten sich gegen den Zuzug weiterer ungelernter Arbeitskräfte. All diese Gruppen verlangten vom Staat Hilfe beim Schutz ihrer Interessen. Die meisten Staaten mit der Ausnahme Großbritanniens kehrten nach 1878 zum Protektionismus zurück (die USA hatten ihn nie aufgegeben), und es gab erste Beschränkungen der Einwanderung, die sich in einer Zeit des aufsteigenden Rassismus zuerst gegen asiatische Migranten richteten. So entstanden fast gleich-

M 1 **Chinesenviertel („Chinatown") in San Francisco, USA, Fotografie, um 1900**

zeitig mit dem Zusammenwachsen der Weltwirtschaft – und teils als Reaktion darauf – die ersten Ansätze zum modernen Interventionsstaat, der durch Zoll- und bald auch Sozialpolitik Globalisierung im „nationalen" Sinne zu steuern suchte. Sein politisches Programm ging nicht auf Cobden[2] oder Marx zurück, sondern auf den schwäbisch-amerikanischen Publizisten Friedrich List (1789–1846), einen weltweit einflussreichen Kritiker von Globalisierung *avant la lettre*[3].

Die neuen Zollmauern waren nicht hoch genug, um die gerade erst geschaffene Weltwirtschaft ernsthaft zu gefährden. Vielmehr war die Rückkehr zum Protektionismus Indiz wie Ursache einer politischen Klimaveränderung. Die nun überall spürbare Ökonomisierung der Politik steht in scharfem Kontrast zur Stimmung der Jahrhundertmitte. Sie war zuallererst eine Politisierung von Globalität. Deren Konsequenzen wurden nun nicht mehr fraglos als Schicksal akzeptiert, sondern wandelten sich zu einem Thema organisierter Interessengruppen, die in den parlamentarisierten Ländern des Westens Einfluss auf politische Entscheidungen zu gewinnen suchte. Die letzten Jahrzehnte des „langen" 19. Jahrhunderts (ca. 1789–1914) waren nicht nur eine Zeit der Globalisierung, sondern zugleich auch eine der Territorialisierung, d. h. des Bemühens um die Anbindung sozialer Beziehungen an genau umgrenzte politisch-territoriale Räume, in der Regel an Nationalstaaten. Weltwirtschaftliche Integration sollte nun der Macht des Staates zugute kommen, politische Legitimität durch die Bevorzugung einheimischer Interessen gesichert werden. Damit wurde die politische Kontrolle über weltweite Verflechtungen von einem Thema der Globalisierungsverlierer zu einem offensiv vertretenen Ziel national- und machtstaatlicher Politik.

1 Als Dominion wurden ab Anfang des 20. Jahrhunderts offiziell die sich selbst verwaltenden Kolonien des Britischen Reiches bezeichnet.
2 Richard Cobden (1804–1865), englischer Unternehmer und führende Figur der englischen Freihandelsbewegung
3 frz. wörtlich „vor dem Buchstaben"; im übertragenen Sinn: seiner Zeit voraus sein

Jürgen Osterhammel, Niels P. Petersson, Geschichte der Globalisierung. Dimensionen, Prozesse, Epochen, C. H. Beck, München ^{3}2006, S. 63–70

1 Skizzieren Sie die Entwicklungen, durch die sich um die Jahrhundertwende ein verstärktes Bewusstsein globaler Erfahrungs- und Handlungsräume herausbildete.
2 Erklären Sie den Zusammenhang von Globalisierung und Nationsbildung, wie er im Text dargestellt wird.
3 Vergleichen Sie die Argumente der Globalisierungsgegner um 1900 mit denen der heutigen Globalisierungsgegner. Informationen dazu finden Sie z. B. unter www.globalisierung-online.de oder www.attac.de.

Das 20. Jahrhundert: Zeitalter der extremen Gegensätze

Historische Zäsuren

Bücher über ganze Epochen der Geschichte beginnen und enden oft mit Ereignissen, die die Welt grundlegend verändert haben. Das gilt auch für Gesamtdarstellungen über das 20. Jahrhundert. Sie setzen in der Regel mit dem Jahr **1914** ein, in dem der Erste Weltkrieg ausbrach. Und sie hören mit dem Fall der Berliner Mauer auf, der die weltgeschichtlichen Veränderungen der Jahre **1989/90** symbolisiert. Weil diese Zeitspanne weniger als einhundert Jahre umfasst, wird das vergangene Jahrhundert als **das „kurze" 20. Jahrhundert** bezeichnet.

Wenn die Historiker den Ersten Weltkrieg in Anlehnung an eine Formulierung des amerikanischen Diplomaten George F. Kennan als **„Urkatastrophe des 20. Jahrhunderts"** bezeichnen, dann meinen sie vor allem den Krieg als Ganzes und dessen Folgen. Er führte zum Untergang großer Reiche (Osmanisches Reich, Habsburger Monarchie), zur Entstehung des kommunistischen Machtsystems, zum Aufkommen faschistischer Bewegungen und zu einer bis dahin nicht gekannten Instabilität der bürgerlich-liberalen Ordnung. Der Untergang des alten Europa wurde zusätzlich unterstrichen durch den Machtverlust der europäischen Staaten zugunsten der USA und der Sowjetunion. Hinzu kam, dass der Erste Weltkrieg die Zweifel am bürgerlichen Fortschrittsglauben verstärkte, obwohl viele Menschen das 20. Jahrhundert durchaus mit positiven Erwartungen begrüßt hatten. Das 19. Jahrhundert wurde in Rückblicken und Kommentaren oft als ein Zeitalter der Wissenschaft und Technik, des Fortschritts und des Friedens gelobt. Die Grausamkeiten des Krieges zwischen 1914 und 1918 zerstörten jedoch bereits kurz nach dessen Ausbruch nicht nur das Vertrauen, das in die Wissenschaft und die Industriezivilisation als Träger einer besseren, moderneren Welt gesetzt worden war, sondern auch den Glauben an die Humanität des Menschen überhaupt.

Als in den Jahren 1989/90 das Sowjetimperium zusammenbrach, war die kommunistische Utopie endgültig entzaubert. Ihre zeitweilige Faszination beruhte auf der Verheißung, dass eine herrschaftsfreie, klassenlose Gesellschaft ohne privates Eigentum an Produktionsmitteln und ohne das Konkurrenzprinzip der Marktgesellschaft möglich sei. Doch die westlichen Demokratien und Marktgesellschaften erwiesen sich gegenüber den kommunistischen Diktaturen und Planwirtschaften als attraktiver und überlegen.

Viele Völker feierten die Jahre **1989/90** als **große Jahre in der Geschichte von Freiheit und Demokratie**. In Osteuropa konnten die Menschen endlich die kommunistische Herrschaft abschütteln und ihren eigenen Weg in die Zukunft bestimmen. Dabei orientierten sie sich an den marktwirtschaftlich organisierten, offenen Gesellschaften des Westens mit ihren liberal-demokratischen Institutionen der politischen Entscheidungsfindung.

Mit dem Zusammenbruch des Sowjetsystems löste sich auch die Struktur des **Ost-West-Konfliktes** mit seiner bipolaren Weltordnung auf. Der Systemkonflikt zwischen den westlichen Demokratien mit ihrer Führungsmacht USA auf der einen Seite und den kommunistischen Diktaturen unter der Herrschaft der Sowjetmacht auf der anderen Seite, der sich über Jahrzehnte zum Kalten Krieg zugespitzt hatte, bestimmte nicht länger die internationalen Beziehungen.

Krieg und Frieden

Der Historiker Eric Hobsbawm hat das 20. Jahrhundert einmal als „Zeitalter der Extreme“ bezeichnet. Ein Beispiel für die extremen Gegensätze der Epoche ist das Verhältnis von Krieg und Frieden. Die erste Jahrhunderthälfte war geprägt durch **zwei Weltkriege**, die ein bis dahin ungeahntes Ausmaß an Grausamkeit entfalteten. Dass sich das Zeitalter der Weltkriege zwischen 1914 und 1945 zu einer Ära der Massenkriege und Massenmorde entwickelte, lag nicht nur an der Zerstörungskraft modernster Waffentechnik. Diese Kriege schienen darüber hinaus existenzielle Überlebenskämpfe der beteiligten Staaten und Völker zu sein. Das Bewusstsein, der Krieg sei ein Kampf auf Leben und Tod, in dem jeder Kämpfende seine nationale Existenz aufs Spiel setze, beschleunigte die Entgrenzung der Kriegsziele und Kriegsmittel. Bereits der Erste Weltkrieg trug Züge eines totalen Krieges, in dem die Krieg führenden Nationen jedes Mitglied ihrer Gesellschaften für den Kampf an Front und „Heimatfront“ aktivierten. Dadurch geriet die Trennung zwischen Militär- und Zivilbereich zunehmend ins Wanken.

Im Zweiten Weltkrieg, der für die meisten Krieg führenden Gesellschaften ein totaler Krieg war, nahm die Kriegführung andere, brutalere Formen an: Diese Brutalisierung steigerte sich mit dem Überfall des nationalsozialistischen Deutschland auf die Sowjetunion 1941. Die Mittel in diesem ideologischen Vernichtungskrieg gegen den „jüdischen Bolschewismus“ im Osten reichten von der totalen Unterdrückung und Ausplünderung der sowjetischen Völker einschließlich des Hungertodes und der Verschleppung der Zivilbevölkerung zur Zwangsarbeit ins Deutsche Reich bis zu systematischem Massenmord und Genozid. Die Grenze zwischen Zivilbevölkerung und Militär war endgültig aufgehoben.

Die Geschichte des 20. Jahrhunderts war aber auch durch Versuche geprägt, den Frieden mit neuen Mitteln zu bewahren und zu sichern. Nach dem Ersten Weltkrieg schufen die Siegermächte 1919 auf der Pariser Friedenskonferenz ein System kollektiver Sicherheit. Das Instrument dafür war der **Völkerbund**. Er sollte die durch die Pariser Verträge geschaffene internationale Ordnung garantieren, internationale Zusammenarbeit fördern und Vertragstreue sichern sowie militärische Konflikte verhindern. Doch das Misstrauen, die Ablehnung, ja Hassgefühle zwischen Angehörigen gerade benachbarter Völker waren zu groß und zu sehr durch historisch entstandene nationale Feindbilder geprägt, als dass die Regierungen auf im Völkerbund beschlossene einvernehmliche Regelungen vertrauten. Die Staaten setzten nach wie vor auf Machtpolitik.

Nach dem Zweiten Weltkrieg riefen 50 Staaten die **UNO** ins Leben. Besser als der gescheiterte Völkerbund sollte sie ein **System kollektiver Sicherheit** begründen, das eine friedlichere und bessere Welt garantierte. „Wir, die Völker der Vereinten Nationen“, heißt es gleich im ersten Satz der Charta, sind „fest entschlossen, die kommenden Generationen vor der Geißel des Krieges zu bewahren, die zweimal zu unseren Lebzeiten unsägliches Leid über die Menschheit gebracht hat“.

Demokratie und Diktatur

Charakteristisch für das „Zeitalter der Extreme“ war auch die Auseinandersetzung zwischen Demokratie und Diktatur. Die Demokratien hatten sich gegen totalitäre Herausforderungen von Kommunisten und Faschisten bzw. Nationalsozialisten zu wehren. Einige bestanden die Bewährungsprobe, einige nicht und entwickelten sich zu modernen Diktaturen.

Ein Lehrstück für die Gefährdungen einer Demokratie in einer Epoche tief greifender krisenhafter Umbrüche ist die **Weimarer Republik** (1919–1933). Ihre Geschichte verdeutlicht eindrucksvoll, dass liberal-demokratische Verfassungsstaaten nicht immer stabile, fest gefügte Ordnungen, sondern auch umstritten und umkämpft sind. Für die Zerstörung dieser „Demokratie ohne Demokraten“, „Repu-

M 1 „Jahrhundertschritt“, Bronzeskulptur von Wolfgang Mattheuer, 1984

1 Beschreiben Sie die Skulptur und deuten Sie ihre Aussage.

blik ohne Republikaner" gibt es ein ganzes Bündel von Ursachen: Hierzu zählen die Belastungen der jungen Republik durch die militärische Niederlage Deutschlands im Ersten Weltkrieg ebenso wie die Staatsschulden aus den Kriegsanleihen, Gebietsabtretungen und Reparationszahlungen an die Siegermächte. Viele Zeitgenossen betrachteten den Versailler Vertrag als Demütigung und Niederhaltung der Deutschen. Aber auch die Inflation zu Beginn der Republik und die hohe Arbeitslosigkeit während der 1929 ausbrechenden Weltwirtschaftskrise haben das Vertrauen vieler Menschen in die Demokratie zerstört. Hinzu kam die Verdrossenheit über die vielen Parteien und die häufigen Regierungswechsel sowie die Enttäuschung über das Scheitern eines Ausgleiches zwischen Kapital und Arbeit.
Nachdem die Nationalsozialisten am 30. Januar 1933 in die Regierung berufen worden waren, errichteten sie eine moderne Diktatur. Sie nahm den Bürgern jede Möglichkeit zur Beteiligung an politischen Entscheidungen und schaffte die bürgerlich-liberalen Freiheitsrechte ab. Die politische Entmündigung ging mit der zunehmenden Entrechtung der Staatsbürger einher. Die von der NS-Propaganda verkündete „Nationale Revolution" gipfelte in einer bis dahin beispiellosen Entfesselung von Gewalt nach innen und außen: Die Nationalsozialisten brachen nicht nur den Zweiten Weltkrieg vom Zaun, der Millionen von Menschen das Leben kostete, sondern sie setzten auch ihre rassistische Vernichtungsideologie um, die in den **Völkermord an den Juden** mündete.
Nach der vollständigen militärischen Niederlage Deutschlands im Zweiten Weltkrieg gerieten die Gebiete östlich der Elbe unter sowjetischen Einfluss und die dort lebenden Deutschen erneut unter ein diktatorisches Regime. Die Bürger der 1949 gegründeten DDR mussten ihr politisches und gesellschaftliches Leben nach dem Muster der Sowjetunion ausrichten. In der DDR übernahm die kommunistische Partei, die Sozialistische Einheitspartei Deutschlands (SED), die alleinige Macht. Zur Durchsetzung und Sicherung ihres Machtmonopols wandte sie mehrere, sich ergänzende Methoden an. Hierzu gehörten Terror oder die Androhung von Terror, die „Gleichschaltung" aller politischen und gesellschaftlichen Organisationen außerhalb der SED und der Presse sowie die Etablierung einer neuen, auf den Kommunismus eingeschworenen Elite in Staat, Kultur und Wirtschaft. Die zentral vom Staat gelenkte Wirtschaft, in der Angebot, Preisfestsetzung und Verteilung der Güter nach gesamtwirtschaftlichen Plänen vorgenommen wurde (Planwirtschaft), entwickelte sich in der Praxis zu einer Mangelwirtschaft.
Dagegen erhielt die ebenfalls 1949 gegründete Bundesrepublik Deutschland eine demokratische Ordnung und wurde in die westliche Staatengemeinschaft integriert. Die Verfassung dieses Staates, das Grundgesetz, garantierte den Staatsbürgern die Gleichheit vor dem Gesetz, parlamentarisch-demokratische Formen der politischen Mitsprache sowie die unbedingte Einhaltung der Menschen- und Bürgerrechte. Die Verfassung erklärte bestimmte Rechte und Prinzipien für unabänderlich: die Geltung der Grundrechte, Rechtsstaatlichkeit, Sozialstaatlichkeit, Gewaltenteilung und freie Wahlen, die den Kern des Grundgesetzes bilden. Die soziale Marktwirtschaft, in der Produktion, Wirtschaftskreislauf, Preisbildung und Konsum über den freien Markt geregelt wurden und die den Bürgern bestimmte soziale Sicherheiten bot, war die Grundlage für die Entstehung einer erfolgreichen Wohlstandsgesellschaft.

Neue Herausforderungen

Seit den 1990er-Jahren bildet sich allmählich eine neue Weltordnung heraus, die sich grundlegend von der bipolaren Ordnung des Ost-West-Konfliktes unterscheidet. Diese schrieb ein bestimmtes Verhalten vor, nämlich die Gefolgschaft gegenüber dem jeweiligen Block und seiner Vormacht, und belohnte diese mit Schutz und positiven Sanktionen wie Auslandshilfe und Exportgarantien. Die internationale Politik wird im

M 2 Blinde Macht, Gemälde von Rudolf Schlichter, Öl auf Leinwand, 1937

1 Erläutern Sie den Titel des Bildes „Blinde Macht".
2 Erörtern Sie, welche Erfahrungen aus der Geschichte des 20. Jahrhunderts den Maler Rudolf Schlichter zu seinem Bild angeregt haben könnten.

beginnenden 21. Jahrhundert zwar maßgeblich von der einzigen verbliebenen **Weltmacht**, den **USA**, bestimmt. Doch das muss nicht so bleiben: Regionale Großmächte wie China oder Indien können zu Weltmächten aufsteigen. Außerdem hat Russland seine Schwäche nach dem Zusammenbruch der Sowjetunion überwunden und strebt vor allem wegen seiner Rohstoffvorkommen eine neue Machtposition an. Das internationale System der Zukunft dürfte dann durch **Multipolarität** gekennzeichnet sein. Eine solche Welt, in der es mehrere Machtzentren gibt, muss nicht notwendig friedlicher sein als die alte, bis 1989/90 existierende Welt des Ost-West-Gegensatzes. Nach wie vor gibt es starke Ungleichheiten zwischen Arm und Reich. Sie können auf nationaler und internationaler Ebene Unruhen oder sogar Kriege hervorrufen. Das zu verhindern ist eine Aufgabe, die alle Regierungen, aber auch Nichtregierungsorganisationen angeht.

1 Erläutern Sie mithilfe des Darstellungstextes die These, dass das 20. Jahrhundert ein Zeitalter der extremen Gegensätze gewesen sei.

8 Der Kampf der Ideologien – die Zeit zwischen den Weltkriegen

M 1 Guernica, Ölgemälde von Pablo Picasso, 1937
Picassos Bild entstand als Reaktion auf die Zerstörung der spanischen Stadt Guernica durch die deutsche Fliegerabteilung Legion Condor und italienische Kampfflieger während des Spanischen Bürgerkrieges am 26. April 1937. Spreng-, Splitter- und Brandbomben, insgesamt 31 Tonnen Munition gingen auf Guernica nieder. Etwa 80 Prozent aller Gebäude wurden zerstört. Die Zahl der Opfer kann nur geschätzt werden. Neuere Untersuchungen gehen von 200 bis 300 Toten aus. Unstrittig jedoch ist, dass Guernica eine der ersten Städte war, die durch einen Bombenangriff zerstört wurde – ohne Rücksicht auf die Zivilbevölkerung. Der Angriff verstieß damit eindeutig gegen das Kriegsvölkerrecht.

1917
Oktoberrevolution in Russland

1918
Gründung der zweiten polnischen Republik

1919
Versailler Vertrag und Pariser Vorortverträge

1921
Ablehnung des Beitritts der USA zum Völkerbund durch den US-Kongress; Gründung der Kommunistischen Partei in China

1922
Vertrag von Rapallo zwischen Sowjetrussland und Deutschem Reich; Gründung der Sowjetunion (UdSSR); Stalin wird Generalsekretär der KPdSU; „Marsch auf Rom" durch Mussolini

1924
Tod Lenins, Stalin wird Nachfolger

1925
Vertrag von Locarno

1926
Eintritt Deutsch… in den Völkerbu…

1918–1921 Bürgerkrieg in Russland

1917 1919 1921 1923 1925 19…

Die Zeit zwischen den Weltkriegen war geprägt von harten politisch-ideologischen Auseinandersetzungen. Ein sozioökonomisch wie politisch-historisch begründeter Dauerkonflikt zwischen demokratischen, autoritären und totalitären Regimen, zwischen liberalem, konservativem und revolutionärem Politikverständnis spitzte sich in dieser Zeit dramatisch zu. Dieser fand nicht mehr länger nur innerhalb der Nationen, sondern auch zwischen ihnen statt.

Will man die wesentlichen Zusammenhänge dieser Epoche erfassen, darf man daher nicht länger an der herkömmlichen Trennung von Außen- und Innenpolitik, Diplomatie- und Nationalgeschichte festhalten. Die Konstellationen hatten sich grundlegend verändert: Anders als in den bis ins 19. Jahrhundert hineinreichenden Kabinettskriegen bekämpften sich im 20. Jahrhundert nicht länger Regierungen und Herrscher. Stattdessen standen sich seit den bevölkerungs- und wirtschaftspolitischen, sozialen und politischen Umwälzungen im Gefolge der industriellen und politischen Revolutionen des 18. und 19. Jahrhunderts ganze Völker gegenüber. Der Zeithistoriker und Politikwissenschaftler Karl-Dietrich Bracher bilanziert: „Es sind nun Staaten, die sich als Nationen verstehen, deren Außenpolitik im Zeichen der Tendenz zur Demokratisierung, des zunehmenden Gewichts der öffentlichen Meinung, der Parlamente, Parteien und Interessengruppen maßgebend von der Innenpolitik bestimmt oder beeinflusst ist. Innere Bewegungen, Strömungen, Stimmungen, Ideologien gewinnen an Bedeutung auch für die zwischenstaatlichen Beziehungen.“

1 Welche politischen Ideologien bestimmten das staatlich-politische Handeln bzw. die gesellschaftspolitischen Diskussionen während der Zwischenkriegszeit?

2 Wie prägten die unterschiedlichen politischen Ideologien und die von ihnen bestimmten Macht- und Herrschaftsstrukturen die inneren Verhältnisse der verschiedenen Staaten?

3 Beeinflussten die unterschiedlichen politischen Ideologien und die von ihnen geprägten Macht- und Herrschaftsstrukturen die Außenpolitik der verschiedenen Staaten?

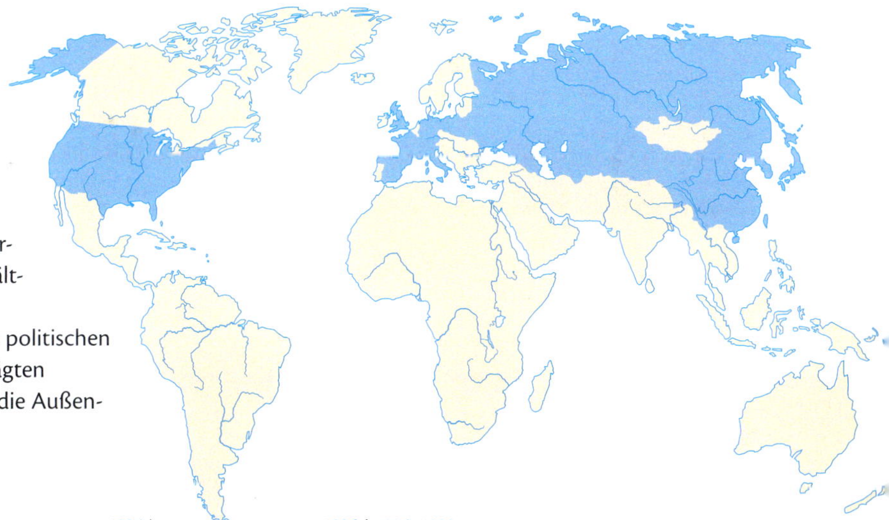

1929 n der twirt- skrise

1931 Japanischer Überfall auf die Mandschurai

1933 Beginn der New Deal-Politik in den USA; Austritt Japans und Deutschlands aus dem Völkerbund

1934 Nichtangriffspakt zwischen Deutschland und Polen; Eintritt der Sowjetunion in den Völkerbund

1935/36 Überfall Italiens auf Äthiopien

1936 Volksfront-Regierung in Frankreich; Achse Berlin–Rom, ein Jahr später erweitert um Japan

1936–1938 Schauprozesse und Massenterror in der UdSSR

1937 „Quarantäne-Rede“ Roosevelts; Josip Broz (Tito) wird Generalsekretär der KPJ

1939 Hitler-Stalin-Pakt

1936–1939 Spanischer Bürgerkrieg

1937–1945 Chinesisch-Japanischer Krieg

1939–1945 Zweiter Weltkrieg

1929 | 1931 | 1933 | 1935 | 1937 | 1939

1 Der gefährdete Friede

Pariser Friedenskonferenz
„Dass die Besiegten zu mündlichen Verhandlungen nicht zugelassen wurden, war [...] zugleich ein Anzeichen dafür, dass das alte europäische Staatensystem als Konsens- und Gleichgewichtsordnung durch den Krieg zerstört worden war und dass [...] an eine Restauration der inneren und äußeren Ordnung dieser Staatenwelt nicht gedacht war. [...] Das demokratische Selbstbestimmungsrecht trat an die Stelle der monarchischen Solidarität, der ethnisch begründete und territorial geschlossene Nationalstaat an die des künstlich konstruierten Fürstenstaates."

Gunther Mai, Europa 1918–1939. Mentalitäten, Lebensweisen, Politik zwischen den Weltkriegen, Stuttgart 2001, S. 204

Internettipp
www.dhm.de/lemo/html/weimar/versailles/index.html
Das Deutsche Historische Museum präsentiert den Text des Versailler Vertrages und zeitgenössische Kommentare.

http://digi.ub.uni-heidelberg.de/diglit/kla1919/0001
Die satirische Zeitschrift „Der Kladderadatsch" aus dem Jahre 1919 in digitalisierter Form mit Karikaturen zum politischen Zeitgeschehen

Internettipp
www.deutsche-und-polen.de/_/ereignisse/ereignis_jsp/key=ein_neues_polen_1919.html
„1919 – ein neues Polen": Informationen zur Entstehung der zweiten Republik im Rahmen einer Sendung des RBB „Deutsche und Polen"

Pariser Friedenskonferenz

Am 18. Januar 1919 begann die Pariser Friedenskonferenz*. Sie wollte nach dem Ende des Ersten Weltkrieges durch eine grundlegende Neugestaltung Europas eine dauerhafte Friedensordnung schaffen. An den Friedensverhandlungen waren allein die 27 Siegerstaaten beteiligt, wobei die USA, Großbritannien und Frankreich die Entscheidungen maßgeblich bestimmten. Die besiegten Staaten durften an den mündlichen Verhandlungen nicht teilnehmen, sondern konnten lediglich in schriftlichen Noten zu den Friedensbedingungen Stellung nehmen. Das Ergebnis der Friedensverhandlungen waren die sogenannten **Pariser Vorortverträge**, die die Sieger 1919/20 in der Umgebung von Paris mit den Besiegten abschlossen (M 4 a–e). Einer dieser Friedensverträge war der **Versailler Vertrag** mit Deutschland, der nach der Annahme durch die Nationalversammlung im Juni 1919 von der deutschen Regierung unterzeichnet wurde.

Instabile Staatenordnung

Die auf der Pariser Friedenskonferenz geschaffene internationale Ordnung war von Anfang an gefährdet. Eine zentrale Ursache für die Instabilität der neuen Friedensordnung war der **Widerspruch zwischen nationalem Selbstbestimmungsrecht und europäischer Sicherheitsordnung**. Die Friedensverträge beruhten einerseits auf den Grundsätzen des Selbstbestimmungsrechts und der Gleichberechtigung der Völker, die in internationalen Gremien und mithilfe internationaler Abkommen einen friedlichen Interessenausgleich organisieren sollten. Damit die Kriegsverlierer den Frieden in Europa in Zukunft nicht mehr stören konnten, beschnitten die Siegerstaaten andererseits einseitig die Rechte der ehemaligen Kriegsgegner. Diese mussten außerdem territoriale Verluste, die Vielvölkerreiche sogar ihre Auflösung hinnehmen. Aus den Verliererstaaten gingen neue selbstständige Nationalstaaten wie Polen, Tschechoslowakei, Ungarn und Jugoslawien hervor, die durch ethnische und kulturelle Spannungen sowie wirtschaftlich-soziale Ungleichheiten geprägt waren. Deswegen sorgte die Verwirklichung des Selbstbestimmungsrechts in Ost- und Südosteuropa für eine **Verschärfung der Nationalitätenkonflikte** statt für mehr Gerechtigkeit. Aber auch die europäischen Großmächte waren keineswegs mit der Nachkriegsordnung zufrieden. Besonders die Verliererstaaten, allen voran Deutschland, versuchten von Anfang an, das in ihren Augen ungerechte internationale System zu verändern.

Nationalitätenkonflikte

Ein **Beispiel** für die Gefährdung des Friedens durch Nationalitätenkonflikte war **Polen**. Weil Russland, Österreich und Preußen das Land 1772, 1793 und 1795 schrittweise unter sich aufgeteilt hatten, besaßen die Polen seit dem ausgehenden 18. Jahrhundert keinen selbstständigen Staat. Auf der Pariser Friedenskonferenz gaben die westlichen Alliierten der polnischen Delegation nur vage Empfehlungen zur Ostgrenze des **1918 gegründeten neuen polnischen Staates**. Das führte zu militärischen Konflikten nicht nur mit der Roten Armee, sondern auch mit der litauischen, weißrussischen und ukrainischen Unabhängigkeitsbewegung. In diesen bewaffneten Kämpfen um die Ostgrenze errangen die polnischen Streitkräfte nur Teilerfolge. So konnten sie von Weißrussland und der Ukraine nur die westlichen Territorien, von Litauen lediglich das Wilnaer Gebiet unter ihre Kontrolle bringen. Für die Gestaltung der Westgrenze machte die Pariser Friedenskonferenz zwar genaue Vorschriften und Auflagen, dennoch konnte diese erst nach harten, zum Teil gewaltsamen Auseinandersetzungen zwischen Polen und Deutschen – es gab 1919 bis

M 1 Mittel- und Osteuropa 1914 und 1920

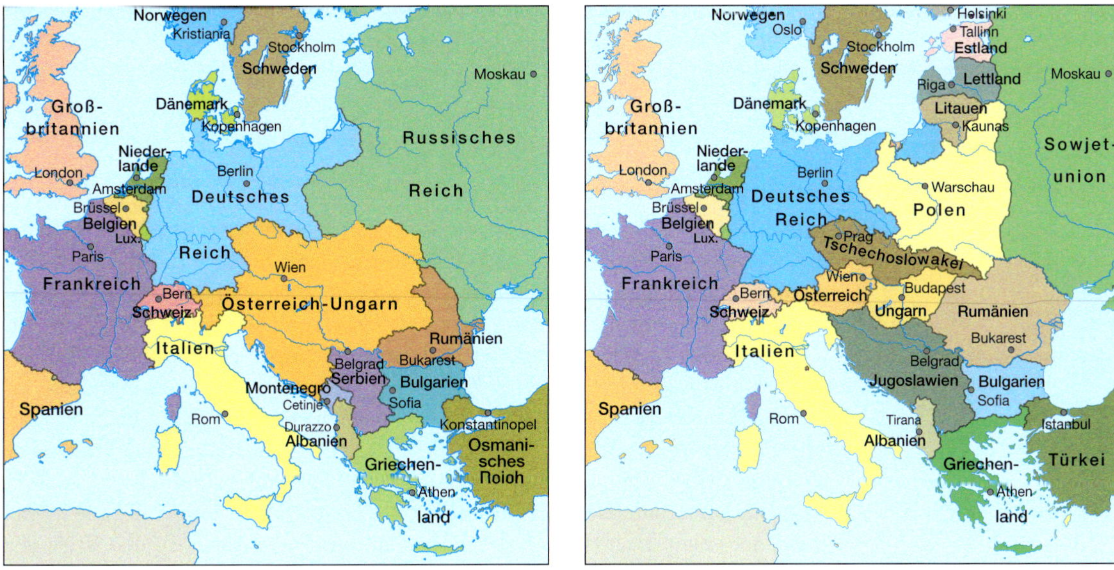

a) 1914 **b)** 1920

1921 drei polnische Aufstände gegen die deutschen Behörden – festgelegt werden. Der unabhängige polnische Staat besaß durch diese Grenzziehung zahlreiche **nationale Minderheiten** innerhalb seines Staatsgebietes, von denen einige gewaltsam unter polnische Verwaltung gezwungen wurden. Das verschärfte die ohnehin **schwierigen Integrationsprobleme**. Denn Polen musste nicht allein seine Minderheiten in den jungen Staat eingliedern, sondern auch, bedingt durch seine Teilungsgeschichte, unterschiedliche Rechts-, Verwaltungs- und Bildungssysteme einander angleichen. Zudem bestand zwischen den einzelnen Landesteilen ein wirtschaftliches Gefälle. All dies erschwerte die friedliche Integration des Landes in das europäische Staatensystem. Bis auf Rumänien und Lettland war der junge Staat ringsum von **feindlichen Nachbarn** umgeben. Diese arbeiteten allerdings keineswegs „nur“ auf Grenzkorrekturen hin. In Berlin und Moskau nahmen Hitler und Stalin im Zweiten Weltkrieg die Existenz nationaler deutscher bzw. russischer Minderheiten zum Vorwand für die erneute Zerschlagung des polnischen Staates.

Deutsche Revisionspolitik

Ein weiterer Grund für die Instabilität der in Paris geschaffenen Friedensordnung bestand darin, dass Japan, Italien und Deutschland von Anfang an die Revision dieses internationalen Systems betrieben. In Deutschland war die Revisionspolitik außerordentlich populär (s. S. 391). Die Überzeugung, dass der Versailler Vertrag von 1919 möglichst vollständig aufgehoben, d. h. revidiert werden müsse, teilte in der Weimarer Republik (1918/19–1933) die überwiegende Mehrheit der deutschen Bevölkerung. Nahezu alle Parteien sowie ausnahmslos alle Reichsregierungen richteten ihre Außenpolitik an dem Ziel der Revision des Friedensvertrages aus. Deutschland sollte ähnlich wie vor dem Ersten Weltkrieg (1914–1918) wieder eine einflussreiche Stellung unter den europäischen Mächten und darüber hinaus in der Welt einnehmen. Für Sozialdemokraten und viele liberale Politiker waren dabei die Wiederherstellung der deutschen Großmachtposition und die friedliche Verständigung mit den europäischen Mächten untrennbar miteinander verknüpft. Die Konservativen und die nationale Rechte bzw. die traditionellen Eliten – allen voran der Adel und hier vor allem die Rittergutsbesitzer, der alte Beamtenapparat, die Justiz, das

Internettipp
www.dhm.de/lemo/html/weimar/index.html
Informationen des Deutschen Historischen Museums zur Weimarer Republik

M2 Gustav Stresemann (1878–1929), Fotografie, um 1927

Der nationalliberale deutsche Politiker und Gründer der Deutschen Volkspartei (Nov. 1918) war 1923 Reichskanzler. Von 1923 bis 1929 gestaltete er als Außenminister die deutsche Außenpolitik. 1926 erhielt er gemeinsam mit seinem französischen Amtskollegen Aristide Briand den Friedensnobelpreis.

Literaturtipp

Sehr lesenwert ist die kenntnisreiche, knappe und gut geschriebene politische Biografie von Eberhard Kolb, Gustav Stresemann, C. H. Beck, München 2003.

Internettipp

www.km.bayern.de/blz/web/700106/5.asp
Landeszentrale für politische Bildung Bayern über „Gustav Stresemann – Republikaner aus Vernunft"

www.stmuk.bayern.de/blz/web/100083/08.html#dok1
Informationen der Landeszentrale für politische Bildung Bayern über die Präsidialkabinette am Ende der Weimarer Republik

www.dhm.de/lemo/html/weimar/verfassung/kabinette/index.html
Das Deutsche Historische Museum über die Kabinette der Weimarer Republik von 1919 bis 1933

Militär – träumten sich zurück in die „gute alte Zeit" der wilhelminischen Weltpolitik, als sich Deutschland am Wettlauf um die Aufteilung der Erde beteiligte, um zu einer Macht von globaler Bedeutung aufzusteigen. Einige Repräsentanten der radikalen Rechten, wie der General Erich Ludendorff und die Nationalsozialisten, forderten einen nationalen Alleingang Deutschlands bei der Überwindung der Versailler Friedensordnung, wobei sie den Einsatz militärischer Gewalt nicht ausschlossen.

Die politische Rechte gewann jedoch bis 1929 keinen Einfluss auf die Regierungspolitik der Weimarer Republik (s. S. 386 ff.). Von 1923 bis 1929 gestaltete vielmehr der liberale Außenminister **Gustav Stresemann*** (1878–1929) die Außenpolitik. Sein Ziel bestand darin, friedlich und kooperativ die Fesseln deutscher Politik abzustreifen. Er erreichte nicht nur den Ausgleich mit Frankreich (Verträge von Locarno), sondern auch, dass die Reparationsverpflichtungen Deutschlands im Dawes-Plan (1924) und im Young-Plan (1930) reduziert wurden. Besonders der Beitritt Deutschlands zum Völkerbund als Instrument einer internationalen Kooperation am 10. September 1926 krönte die erfolgreichen Jahre republikanischer Außenpolitik Deutschlands, das einen ständigen Sitz im Völkerbundsrat (s. S. 345) erhielt. Damit hatte Deutschland endgültig die moralische und politische Isolierung der ersten Nachkriegsjahre überwunden und war wieder in den Kreis der führenden europäischen Mächte zurückgekehrt.

Allerdings war die Außenpolitik Stresemanns, der internationale Entspannung und wirtschaftliche Stabilisierung zur Grundlage deutscher Revisionspolitik machte, in Deutschland immer umstritten gewesen. Zwar erhielten seine internationalen Verträge im Reichstag die erforderlichen Mehrheiten. Besonders bei den Deutschnationalen und den noch weiter rechts stehenden politischen Kräften stießen sie jedoch auf zum Teil scharfe Ablehnung: Die politische Rechte brandmarkte Stresemanns Politik als Erfüllungspolitik und Ausverkauf nationaler Interessen. Es wirkte sich auf die deutsche Außenpolitik daher sehr verhängnisvoll aus, dass diese extrem nationalistischen Kräfte seit 1929 politisch immer stärker wurden und ihr prominenter Gegenspieler, Stresemann, am 3. Oktober 1929 starb. Seit seinem Tod, vor allem aber seit dem Beginn der **Präsidialkabinette** 1930 (s. S. 406) zeichnete sich in der Außenpolitik ein deutlicher Wandel ab. Der Begriff „Verständigungspolitik" verschwand nunmehr aus dem Wortschatz der deutschen Regierung. Während der Weltwirtschaftskrise setzte sich eine Politik des wirtschaftlichen Nationalismus durch: Deutschland konzentrierte sich außenpolitisch auf eine Verstärkung seines Einflusses in Mittel- und Südosteuropa im Sinne einer Großmachtpolitik und schlug auch gegenüber Frankreich und Polen wieder einen schärferen Ton an. Der – schließlich an internationalen Widerständen gescheiterte – Versuch einer Zollunion mit Österreich 1931 war ein deutliches Indiz dafür, dass Deutschland nicht mehr gewillt war, langwierige internationale Verhandlungen zu führen, um seine Interessen mit denen anderer Mächte abzustimmen, sondern einseitig seine Machtpolitik durchzusetzen gedachte.

Die rücksichtslose Revisionspolitik der autoritären Regierungen Brüning, von Papen und von Schleicher zwischen 1930 und 1933 darf nicht mit der **nationalsozialistischen Politik** gleichgesetzt werden. Für das NS-Regime (1933–1945) war die Revision des Versailler Vertrages nicht mehr ein Ziel an sich, sondern die Voraussetzung für die Verwirklichung weiter reichender Expansionsabsichten. Die nationalsozialistische Propaganda knüpfte an das Versailles-Trauma der deutschen Bevölkerung an und täuschte Kontinuität vor. Das eigentliche Ziel der nationalsozialistischen Politik bestand aber darin, den rassenideologischen Vernichtungskrieg besonders gegen die europäischen Juden zu führen und im Osten „Lebensraum" für die Deutschen zu erobern. Die Nationalsozialisten wollten nicht die Revision von Versailles, sondern Krieg (s. S. 442 ff.).

Völkerbund Die Pariser Friedenskonferenz wollte eine internationale Ordnung schaffen, die eine Wiederholung der Katastrophe des Weltkrieges verhindern sollte. Zu diesem Zweck verabschiedete die Vollversammlung Ende April 1919 die Satzung des Völkerbundes, der als Grundlage für ein **System der kollektiven Sicherheit** gedacht war. Der Völkerbund sollte die durch die Pariser Verträge geschaffene internationale Ordnung garantieren sowie die internationale Zusammenarbeit fördern, die internationale Vertragstreue sichern und militärische Konflikte verhindern. 1920 nahm seine Organisation konkrete Gestalt an. Alle Mitglieder besaßen eine Stimme in der Vollversammlung, die einmal im Jahr zusammentreten sollte. Daneben gab es einen Rat, dem als ständige Mitglieder Großbritannien, Frankreich, Italien und Japan angehörten. Die nicht ständigen Mitglieder wurden von der Vollversammlung gewählt. Rat und Vollversammlung konnten jede Frage auf die Tagesordnung setzen, die den Frieden in der Welt berührte. Beschlüsse durften in beiden Gremien nur einstimmig gefasst werden. Der Rat verfügte über ein ständiges Sekretariat, das die laufenden Geschäfte erledigte und seinen Sitz in Genf hatte.

Die Mitgliedstaaten des Völkerbundes mussten sich auf folgende **Grundsätze** verpflichten: Verzicht auf den Krieg als Mittel der Politik, Anerkennung des internationalen Rechts, Beschränkung der eigenen Rüstung auf ein Maß, das für die nationale Sicherheit notwendig ist, Anerkennung der territorialen Integrität aller anderen Länder. Außerdem hatten sie sich den Schiedsverfahren zu stellen und die Urteilssprüche der internationalen Gerichtshöfe anzuerkennen. Gegen Friedensbrecher sah die Satzung Sanktionen vor, die vom Abbruch der Handelsbeziehungen bis zu gemeinsamen militärischen Aktionen reichen sollten.

Der Völkerbund erfüllte die in ihn gesetzten Hoffnungen jedoch nicht (M 5). Das Misstrauen der Regierungen, die Ablehnung, ja Hassgefühle zwischen Angehörigen gerade benachbarter Völker waren zu groß und zu sehr durch historisch entstandene nationale Feindbilder geprägt, als dass die Regierungen darauf vertraut hätten, im Völkerbund einvernehmliche Regelungen zum Ausgleich ihrer jeweiligen Interessen zu erreichen. Die Mittel der Zeit vor 1914 behielten ihre Gültigkeit: zwei- und mehrseitige Wirtschaftsverträge, politische Bündnisse, Militärallianzen, die eben nicht allein die Verhältnisse zwischen den Vertragspartnern betrafen, sondern sich oft gegen andere richteten, die nicht am Vertrag beteiligt waren. Das Scheitern des Völkerbundes in den 1930er-Jahren war eine Folge dieser Politik, aber auch der Tatsache, dass wichtige Staaten wie die USA oder die neue Sowjetunion ihm nicht oder sehr spät beitraten.

Internettipp
http://de.wikipedia.org/wiki/Völkerbund
mit weiterführenden Links

www.documentarchiv.de/wr/vv01.html
Satzung des Völkerbundes bei dokumentarchiv.de; Art. 1 bis 26 des Versailler Vertrages

www.bpb.de/publikationen/ECX5HO,0,0,Vom_V%F6lkerbund_zu_den_Vereinten_Nationen.html
„Vom Völkerbund zu den Vereinten Nationen" – Beitrag aus der Online-Ausgabe der Zeitschrift „Aus Politik und Zeitgeschichte" der Bundeszentrale für politische Bildung

1 Erörtern Sie mithilfe des Darstellungstextes die Gründe für die Instabilität der auf der Pariser Friedenskonferenz geschaffenen internationalen Ordnung.

M3 „Der Völkerbund ... und wie er in Wirklichkeit aussieht", Karikatur von Arpad Schmidhammer, 1920

M4 Zentrale Inhalte der Pariser Friedensverträge („Vorortverträge") von 1919/20

a) Versailler Vertrag mit dem Deutschen Reich:
- Abtretung aller Kolonien an den Völkerbund
- Abtretung von etwa 10 Prozent des deutschen Territoriums, vor allem von Elsass-Lothringen an Frankreich, von Posen und Westpreußen, später auch von Oberschlesien an Polen, obwohl hier eine Volksabstimmung stattfand, die zugunsten Deutschlands ausging
- Das Saarland wird unter Völkerbundverwaltung gestellt; nach 15 Jahren: Volksabstimmung. Die saarländischen Kohlegruben fallen an Frankreich.
- Anerkennung der Unabhängigkeit Österreichs
- Besetzung des linken Rheinufers durch alliierte Truppen für fünfzehn Jahre
- Entmilitarisierung des Rheinlandes
- Abrüstung der Streitkräfte bis auf ein Heer von 100 000 Soldaten und 15 000 Marinesoldaten
- Auslieferung des Kriegsmaterials an die Alliierten
- Auslieferung des Kaisers und noch zu benennender Generäle und Politiker als Kriegsverbrecher an die Alliierten (wurde nicht durchgeführt; Anklagen wurden nur vor deutschen Gerichten erhoben, die Urteile endeten mit Freisprüchen, Verfahrenseinstellungen und wenigen Freiheitsstrafen)
- § 231 bezeichnet das Deutsche Reich und seine Verbündeten als Urheber des Ersten Weltkriegs, es wird daher zur Wiedergutmachung aller Kriegsschäden der Alliierten verpflichtet. Als Sachlieferungen werden festgesetzt: alle großen Handelsschiffe, die Fischfangflotte, Lokomotiven, Eisenbahnen u. a. Als Kriegsschuld werden 1920 in Boulogne 269 Milliarden Goldmark festgesetzt, zahlbar in 42 Jahresraten (bis 1932 mehrmalige Herabsetzung, 1932 Ende der Leistungen).

b) Vertrag von St. Germain-en-Laye mit Österreich:
- Auflösung Österreich-Ungarns; Anerkennung der neuen (den Siegerländern zugerechneten) Staaten Tschechoslowakei, Polen, Ungarn, Jugoslawien
- Abtretung von Südtirol und anderen kleinen Gebieten an Italien und Jugoslawien
- Verbot des Namens „Deutsch-Österreich" und des Anschlusses an das Deutsche Reich
- In der Tschechoslowakei dürfen sich die Sudetendeutschen nicht an Österreich anschließen.
- Abrüstung auf ein Heer von 30 000 Soldaten
- Entschädigungen; Kriegsverbrecherregelungen

c) Vertrag von Neuilly mit Bulgarien:
- Abtretung thrakischer Gebiete an Griechenland
- Abrüstung auf ein Heer von 20 000 Soldaten
- Entschädigungen

d) Vertrag von Trianon mit Ungarn:
- Abtretung von rund zwei Dritteln des ungarischen Gebiets: Slowakei an die Tschechoslowakei; West-Ungarn (Burgenland) an Österreich; Kroatien an Jugoslawien; Banat an Jugoslawien und Rumänien, Siebenbürgen an Rumänien
- Abrüstung auf ein Heer von 35 000 Soldaten

e) Vertrag von Sèvres mit der Türkei:
- Internationalisierung der Meerengen
- Gebietsabtretungen: ägäische Inseln, Smyrna, thrakische Gebiete an Griechenland; Syrien, Kilikien an Frankreich; Irak, Palästina und die Schutzherrschaft über Arabien an Großbritannien (Zypern, Ägypten bleiben britisch); Rhodos, Dodekanes an Italien
- Türkisch-Armenien wird selbstständiger Staat (1919/20 türkisch bzw. sowjetisch besetzt)
- Abrüstung, Entschädigungen

Zusammengestellt vom Verfasser

1 Skizzieren Sie den Wandel der europäischen Staatenwelt, der durch die Friedensverträge 1919/20 eintrat. Ziehen Sie auch eine Geschichtskarte heran, die die territorialen Veränderungen in Europa nach dem Ersten Weltkrieg darstellt.

M5 „This League of Nations Bridge was designed by the President of the USA", britische Karikatur zum Völkerbund, 1920er-Jahre

1 Übersetzen Sie den Tafeltext der Karikatur und arbeiten Sie heraus, welche Kritik der Karikaturist an der vom amerikanischen Präsidenten Wilson initiierten Völkerbund-Konstruktion zum Ausdruck bringt.

M6 Autoritäre Regierungssysteme in Osteuropa

In zahlreichen Ländern Osteuropas setzten sich während der Zwischenkriegszeit autoritäre Herrschaftsstrukturen unterschiedlicher Spielart durch:

1920	Ungarn: Nach der Rätediktatur Béla Kuns (1919) Wahl Miklós Horthys zum Reichsverweser; autoritärer Kurs, Abbau demokratischer Rechte
1924	Litauen: Militärputsch, Errichtung einer Einparteienherrschaft (Anton Smetona)
1925	Albanien: Achmed Zogu geht aus inneren Kämpfen als Sieger hervor; autoritäres Regime, 1928 Annahme des Königstitels
1926	Polen: Jósef Pilsudski erringt die Macht (Militärputsch); das parlamentarische System bleibt als Fassade bis 1934 bestehen.
1929	Jugoslawien: König Alexander I. setzt die Verfassung außer Kraft und errichtet eine „Königsdiktatur".
1930	Rumänien: König Carol II. beginnt mit seinem „persönlichen Regiment"; 1938 nach Parteienverbot und Verfassungsaufhebung „Königsdiktatur".
1933	Österreich: Staatstreich von Engelbert Dollfuß (von Nationalsozialisten 1934 ermordet); Parteienverbot, Einführung einer korporativen Verfassung; Bekämpfung von Nationalsozialisten und Sozialisten
1934	Estland und Lettland: In beiden Ländern ergreifen die Führer von Agrarparteien, Konstantin Päts und Karl Ulmanis, die Macht und errichten ein autoritäres Regime.
1934	Bulgarien: Nach Offiziersputsch Diktatur Kimon Georgiews (scheitert 1935); Zar Boris III. errichtet 1937 autoritäres Regime mit parlamentarischer Fassade.
1936	Griechenland: Nach wiederholtem Wechsel von Republik und Monarchie Staatsstreich des Generals Metaxas; Errichtung einer Diktatur

Weiterführende Arbeitsanregung

1 Analyse der Herausbildung und Funktionsweise autoritärer Regierungsformen im Osten Europas in arbeitsteiliger Gruppenarbeit:
a) Untersuchen Sie die Entstehung und politischen Ziele der autoritären Regime im Osten Europas.
b) Arbeiten Sie die zentralen Merkmale autoritärer Herrschafts- und Machtstrukturen heraus. Überprüfen Sie dabei die folgende Definition aus: Die Zeit, Das Lexikon in 20 Bänden, Bd. 1, Hamburg 2005, S. 503: „Autoritärer Staat, ein Staat, in dem alle politischen Machtbefugnisse auf einen einzigen Machtträger (Einzelperson, Partei und Ähnliches) konzentriert sind, der Entscheidungen ohne Kontrolle durch eine Volksvertretung trifft; die politische Opposition ist ausgeschaltet. Autoritäre Staaten können u.a. Monarchien, Präsidialdiktaturen, Militärregime oder bestimmte Einparteiensysteme sein."

Literaturtipp

Walther L. Bernecker, Europa zwischen den Weltkriegen 1914–1945, UTB, Stuttgart 2002 (= Handbuch der Geschichte Europas, Bd. 9), S. 231–265

Die Zeit, Welt- und Kulturgeschichte. Epochen, Fakten, Hintergründe in 20 Bänden, Bd. 13, Zeit-Verlag, Hamburg 2006, S. 281–333

Christoph Nonn, Das 19. und 20. Jahrhundert, UTB, Paderborn 2007, S. 167 ff.

Edgar Wolfrum, Cord Arendes, Globale Geschichte des 20. Jahrhunderts, Verlag W. Kohlhammer, Stuttgart 2007, S. 56 ff.

Geschichte als Kontroverse

M 1 Die Unterzeichnung des Friedensvertrages im Schloss von Versailles, Ölgemälde von William Orpen (1878–1931), 1919

Es gehört zu den zentralen Kompetenzen des Geschichtsunterrichts in der Oberstufe, verschiedene Deutungen von Vergangenheit fach- und sachgerecht zu analysieren, zu vergleichen und zu beurteilen. Die Auseinandersetzung mit kontroversen Texten in der Geschichtswissenschaft bzw. Öffentlichkeit zu historischen Ereignissen, Prozessen oder Epochen kann dazu einen entscheidenden Beitrag leisten. Der thematische Bogen reicht dabei z. B. von der Debatte über die Ursachen für den Untergang des Römischen Reiches (s. S. 44), die Bewertung des Investiturstreits (s. S. 74), die Verwendung des Begriffes „Absolutismus" (s. S. 161) bis hin zur berühmten Fischer-Kontroverse über die Frage der deutschen Verantwortung für den Kriegsausbruch 1914 (s. S. 321 f.), die Goldhagen-Debatte (s. S. 472) oder den Streit über die Bewertung der Stalin-Noten 1952 (s. S. 534).
Mithilfe der folgenden Arbeitsschritte können Sie diese und weitere Themen anhand kontroverser Texte – von Historikern, Journalisten, Publizisten oder Politikern verfasst – im Kurs diskutieren.

Arbeitsschritte für die Diskussion

1. Vorbereitung der Diskussion (Aufgabenverteilung)

1.1 Referatsgruppe mit zwei bis drei Kursteilnehmern:
- Vorbereitung auf die Vorstellung des historischen Gegenstandes (Skizzierung relevanter Aspekte) sowie der Historikerpositionen (Auswahl wesentlicher Gesichtspunkte der Quellenanalyse)
- Erstellung eines Handouts, das allen Kursteilnehmern zur Verfügung gestellt wird

1.2 „Moderatoren"-Gruppe mit zwei Kursteilnehmern:
- Vorbereitung auf die „Rolle" der Diskussionsleitung

2. Präsentation des Themas und der Historikerpositionen durch die Referatsgruppe

2.1 Vorstellung des historischen Gegenstandes:
- Über welches geschichtliche Ereignis, welchen Konflikt, welche historische Epoche bzw. Prozesse wird debattiert?

2.2 Vorstellung der Historikerpositionen:
- Formale Aspekte (Auswahl):
  - Wer sind die Autoren?
  - Wann sind die Text entstanden bzw. veröffentlicht worden?
  - Um welche Textart handelt es sich?
- Inhaltliche Merkmale (Auswahl):
  - Welche Positionen vertreten die Autoren?
  - Mit welchen Argumenten begründen sie ihre Positionen?

3. Durchführung der Diskussion unter Leitung der Moderatoren

3.1 Vergleich der Texte:
- Welche Aspekte sind für den Vergleich geeignet?
- Welche Unterschiede und Gemeinsamkeiten zeigen die Texte?

3.2 Bewertung der Historikerpositionen:
- Welche Position ist aus welchen Gründen überzeugender (z. B. aufgrund einer logischen und widerspruchsfreien Argumentation)?
- Werden Gesichtspunkte des Themas von den Autoren kaum oder gar nicht berücksichtigt?
- Welche Rolle spielt die Entstehungszeit der Texte? Welche Überzeugungen, Interessen oder Intentionen lassen die Autoren in die Texte einfließen?

3.3 Selbstständige Urteilsbildung (Unterscheidung zwischen Sach- und Werturteil):
- Welche Perspektiven und welche Betrachtungsebenen sind auf der Ebene des historischen Gegenstandes im Hinblick auf die Fragestellung für die Urteilsbildung geeignet? *(Sachurteil)*
- Welche begründete Stellungnahme lässt sich aus heutiger Perspektive zu der Fragestellung formulieren? *(Werturteil)*

Diskussion kontroverser Texte am Beispiel des Versailler Vertrages

M1 Der Historiker Peter Grupp, 1987

Die führenden Mächte auf der Pariser Friedenskonferenz waren in erster Linie an der Niederhaltung Deutschlands und der Sicherung der eigenen, schwer errungenen Vorteile interessiert und am Ende einer bis an die eigene Existenzbedrohung geführten kriegerischen Auseinandersetzung mit der Aufgabe überfordert, eine zukunftsweisende, Deutschland konstruktiv einbeziehende Friedensordnung zu entwerfen. Frankreich war sich des überlegenen Wirtschaftspotenzials Deutschlands durchaus bewusst und vorrangig an dessen Zerschlagung und weniger an seiner Integration interessiert, zumal in manchen deutschen Kreisen auf dieses Potenzial in recht auftrumpfender Weise verwiesen wurde. [...]

Schließlich scheiterten im Laufe des Jahres 1919 auch alle Versuche, auf den außenpolitischen Nebenschauplätzen weiterzumachen, „als ob nichts geschehen wäre", recht kläglich; bis zum Inkrafttreten des Friedensvertrages am 10. Januar 1920 hatten alle Gewinne aus dem Weltkrieg im Osten unter zunehmenden Druck der Entente aufgegeben werden müssen. Die routinemäßige Fortsetzung der alten Politik hatte sich als unmöglich erwiesen.

Die deutsche Außenpolitik befand sich damit auf einem Tiefpunkt. Alle Politikansätze, ob neu, ob traditionell, hatten versagt. Das Jahr 1919 hatte sich als eine harte „Schule der Realitäten" erwiesen. Nach und nach erst war deutlich geworden, wie gravierend der Sturz im Herbst 1918 tatsächlich gewesen war. Ein Jahr hatte es gedauert, bis alle Illusionen zerstoben waren. [...]

Zum eigentlichen Schaden für die Zukunft musste sich aber auswirken, dass die deutsche politische Führung zu keiner rechtzeitigen realistischen Analyse der wirklichen Lage fähig gewesen ist, dass Illusionen und übersteigerte Erwartungen in der Bevölkerung geweckt worden sind, dass Rhetorik die Ratio dominiert hat. Das Ergebnis war nicht nur eine schwankende und unsichere Politik in den folgenden vier Jahren; eine Konsequenz dieses anfänglichen Versagens war auch, dass der später unter Stresemann erfolgte Vorstoß zu einer konstruktiveren Außenpolitik in Deutschland psychologisch bereits stark vorbelastet gewesen ist. Die in der Zeit zwischen Waffenstillstand und Versailler Vertrag aufgenommene Hypothek hat entscheidend mit dazu beigetragen, dass die Entspannungspolitik der Locarnozeit den bekannten starken Widerständen begegnet ist; sie hat der verhängnisvollen außenpolitischen Wende in der Spätphase der Weimarer Republik den geistigen Boden bereitet.

Peter Grupp, Vom Waffenstillstand zum Versailler Vertrag, in: Karl-Dietrich Bracher/Manfred Funke/Hans-Adolf Jakobsen (Hg.), Die Weimarer Republik 1918–1933, Bundeszentrale für politische Bildung, Bonn 1987, S. 301 f.

M2 Der Historiker Eberhard Kolb, 2002

Bei der Beurteilung des Versailler Vertrags im historischen Rückblick müssen heute vor allem zwei Gesichtspunkte hervorgehoben werden, die im Deutschland der Zwischenkriegszeit angesichts der nahezu einmütigen, emotionsgeladenen Ablehnung des „Diktatfriedens" nicht ausreichend berücksichtigt wurden, sehr zum Schaden der deutschen Politik. Erstens: Gewiss ist zuzugeben, dass das Vertragswerk eine extreme Belastung für die junge Demokratie darstellte, und es kann bezweifelt werden, ob die Sieger sehr klug handelten, wenn sie die Folgen der Niederlage gerade jenen deutschen Politikern und Parteien aufbürdeten, die sich zu Wilsons Ideen einer Völkerverständigung bekannten. Aber so harte Bedingungen Deutschland auch auferlegt wurden – einzelne Bestimmungen des Friedensvertrags waren doch weniger rigoros ausgefallen, als es während der Verhandlungen im Bereich der Möglichkeiten gelegen hatte.

Der Vertrag besaß tatsächlich einen Kompromisscharakter, er war zwar nicht jener milde „Wilson-Friede", den man in Deutschland erträumt hatte – und den Wilson in dieser Form gar nicht beabsichtigte: „Der ‚Betrug' Wilsons war in Wirklichkeit der Selbstbetrug der Deutschen über den tatsächlichen Ausgang des Krieges" (Manfred Berg); aber er war auch nicht ein „karthagischer Friede"[1], wie ihn einflussreiche Politiker und große Teile der öffentlichen Meinung in den Siegerstaaten forderten.

Zweitens: Trotz des Versailler Vertrags behielt das Deutsche Reich den Status einer europäischen Großmacht und besaß auf längere Sicht die Möglichkeit, wieder einen aktiven Part in der europäischen Politik zu spielen, sogar mit größerer außenpolitischer Bewegungsfreiheit als vor 1914: Russland war aus Mitteleuropa abgedrängt und für lange Zeit mit seinen innenpolitischen Problemen beschäftigt, Südosteuropa aber konnte, bei behutsam-stetiger Politik, mit der Zeit zur wirtschaftlichen und politischen Einflusssphäre des Deutschen Reiches werden. Insofern ist Gerhard Ritter voll zuzustimmen, wenn er nach dem Ende des Zweiten Weltkriegs konstatierte: „Für eine kluge, besonnene und geduldige deutsche Politik, die für unseren Staat nichts anderes erstrebte, als ihn zur friedenssichernden Mitte Europas zu machen, eröffneten sich – auf lange Sicht – die besten Chancen. Dass wir sie verfehlt haben und in maßloser Ungeduld, in blindem Hass gegen das sogenannte Versailler System uns einem gewalttätigen Abenteurer in die Arme stürzten, ist [...] der verhängnisvollste Fehltritt unserer neueren Geschichte."

Eberhard Kolb, Die Weimarer Republik, Oldenbourg, München [6]2002, S. 36 f.

1 Gemeint ist hier die Zerstörung Karthagos durch die Römer 146 v. Chr.

1 Bearbeiten Sie die beiden Texte nach den genannten Arbeitsschritten.

Zu 2: Handout zur Präsentation

Geschichte als Kontroverse:
Der Friede von Versailles – eine verfehlte Chance? Das Vertragswerk im Urteil der Historiker

→ Historischer Gegenstand: Versailler Vertrag

Informationen zum historischen Kontext und wesentlichen Bestimmungen des Vertrages finden Sie auf S. 342 ff.

→ Historikerpositionen:

M 1

Formale Aspekte (Auswahl):
- Autor: Peter Grupp, Historiker
- Entstehungszeit: 1987
- Textart: wissenschaftlicher Aufsatz

Inhaltliche Aspekte (Auswahl):

Position:

Der Versailler Vertrag spiegelt sowohl die Überforderung der Siegermächte für den Entwurf einer zukunftsweisenden Friedensordnung als auch die Unfähigkeit der deutschen Regierung zu einer rechtzeitigen realistischen Lagebeurteilung wider. Damit bereitete er der verhängnisvollen Entwicklung in der Endphase der Weimarer Republik den geistigen Boden.

Argumentation:
- Siegermächte in Versailles (Z. 1 ff.):
• primär „an der Niederhaltung Deutschlands" interessiert
• überfordert mit der Aufgabe, eine zukunftsweisende, Deutschland konstruktiv einbeziehende Friedensordnung zu entwerfen
- Fortsetzung der deutschen „alten Politik" auf den „außenpolitischen Nebenschauplätzen" im Jahr 1919 scheitert (Z. 14 ff.):
• Aufgabe aller Gebietsgewinne im Osten auf Druck der Entente

→Tiefpunkt der deutschen Außenpolitik (Z. 22 f.)
- das Jahr 1919 als „harte Schule der Realitäten" (Z. 24 f.):
• Versagen aller Politikansätze
• langsame Erkenntnis darüber, „wie gravierend der Sturz im Herbst 1918" tatsächlich gewesen sei
- negative Auswirkungen für die Zukunft durch:
• Unfähigkeit der politischen Führung in Deutschland zu einer „rechtzeitigen realistischen Analyse der wirklichen Lage"
• Wecken von Illusionen in der Bevölkerung
- Ergebnis dieses „anfänglichen Versagens" (Z. 34 ff.):
• schwankende und unsichere Politik in den folgenden vier Jahren
• starke psychologische Vorbelastung der konstruktiveren Außenpolitik Stresemanns
- schwere Hypothek für die erste deutsche Demokratie:
• starke Widerstände gegen die „Entspannungszeit der Locarno-Politik"
• das Jahr 1919 habe der „verhängnisvollen außenpolitischen Wende in der Spätphase der Weimarer Republik den geistigen Boden bereitet"

Quelle: Peter Grupp, Vom Waffenstillstand zum Versailler Vertrag, in: Karl-Dietrich Bracher/Manfred Funke/Hans-Adolf Jakobsen (Hg.), Die Weimarer Republik 1918–1933, Bundeszentrale für politische Bildung, Bonn 1987, S. 301 f.

M 2

Formale Aspekte (Auswahl):
- Autor: Eberhard Kolb, Historiker
- Entstehungszeit: 2002
- Textart: Auszug aus einer wissenschaftlichen Monografie

Inhaltliche Aspekte (Auswahl):

Position:

Der Versailler Vertrag besaß ungeachtet seiner extremen Belastung für die junge deutsche Demokratie einen Kompromisscharakter zwischen mildem „Wilson-Frieden" und einem „karthagischen Frieden" und garantierte dem Deutschen Reich den Status einer europäischen Großmacht. Daher stellt das Nichtergreifen der Chancen, die das Vertragswerk der deutschen Politik bot, den verhängnisvollsten Fehltritt der neueren deutschen Geschichte dar.

Argumentation:
- Hervorhebung von zwei, im Deutschland der Zwischenkriegszeit angesichts der einmütigen Ablehnung des „Diktatfriedens" wenig berücksichtigten Gesichtspunkten (Z. 1–7):
- erster Gesichtspunkt:
• Vertragswerk habe „eine extreme Belastung für die junge Demokratie" und die deutschen Politiker, „die sich zu Wilsons Ideen der Völkerverständigung bekannten", dargestellt (Z. 7–12)
• aber: Vertrag habe „tatsächlich einen Kompromisscharakter" besessen, auch wenn er weder ein in Deutschland erträumter milder „Wilson-Friede" noch ein von einigen Kräften in den Siegerstaaten geforderter „karthagischer Friede" gewesen sei (Z. 17–25)
- zweiter Gesichtspunkt:
• Deutschland habe ungeachtet des Vertrages „den Status einer europäischen Großmacht" behalten (Z. 26 f.) und
• auf längere Sicht einen größeren außenpolitischen Handlungsspielraum „als vor 1914" bekommen (Z. 28–30)
- Zustimmung zur Auffassung Gerhard Ritters:
• das Nichtergreifen der Chance, die der Versailler Vertrag der deutschen Politik „auf lange Sicht" geboten habe, und der blinde Hass gegen das „Versailler System", der die Deutschen in die Arme eines „gewalttätigen Abenteurer" getrieben habe, sei „der verhängnisvollste Fehltritt unserer neueren Geschichte" (Z. 37–45)

Quelle: Eberhard Kolb, Die Weimarer Republik, Oldenbourg, München [6]2002, S. 36 f.

Zu 3: Durchführung der Diskussion unter Leitung der Moderatoren

3.1 Vergleich der Texte

Mögliche Vergleichsaspekte:
- Position der Autoren zum Versailler Vertrag
- Verhalten der deutschen Regierung 1919
- Bezug auf Wilsons 14-Punkte-Programm
- Auswirkungen auf die spätere Außenpolitik der Weimarer Republik
- Zusammenhang zwischen Vertragswerk und Aufstieg der NSDAP
- Argumentationsweise der Autoren

3.2 Bewertung der Historikerpositionen

Mögliche Aspekte:
- Begründete Stellungnahme zu den Auffassungen der Autoren, z. B. hinsichtlich der Überzeugungskraft der Argumentationen
- Erweiterung der Diskussion um wenig oder unberücksichtigte Gesichtspunkte, z. B.
• Rolle des Deutschen Reiches beim Abschluss des Friedens von Brest-Litowsk (1918)
• Belastungen der Weimarer Republik durch einzelne Vertragsbestimmungen wie territoriale Verluste oder Reparationsforderungen
• Instrumentalisierung des „Diktatfriedens" durch die rechten Parteien, insbesondere die NSDAP

3.3 Selbstständige Urteilsbildung (Unterscheidung zwischen Sach- und Werturteil)
- Mögliche Perspektiven: z. B. Sicht der Entente oder der deutschen Regierung
- Mögliche Betrachtungsebenen: z. B. militärische, ökonomische oder psychologische Ebene
- Transfer: Vergleich mit anderen Friedensordnungen bzw. -verträgen, z. B. Wiener Kongress (1815), Potsdamer Konferenz (1945)

2 Der Aufstieg der westlichen Führungsmacht: die USA

Demokratische Mission

Der Kampf der Ideologien begann bereits während des Ersten Weltkrieges (1914–1918). Mit den beiden weltgeschichtlichen Ereignissen des „Epochenjahres 1917“, der Oktoberrevolution in Russland und dem Kriegseintritt der Vereinigten Staaten von Amerika, deutete sich die bipolare Ordnung an, die das internationale System in der zweiten Jahrhunderthälfte prägen sollte (s. S. 478 ff.). Während Russland die Ideale der kommunistischen Staats- und Gesellschaftsordnung verkörpern wollte, verstanden sich die USA als Vorkämpferin für Marktwirtschaft und Demokratie.

Der Historiker Detlev Junker hat in seinem Buch „Power and Mission. Was Amerika antreibt“ (2003) den **Kriegseintritt der USA in den Ersten Weltkrieg** als eine **außenpolitische „Revolution“** bezeichnet: „Nur wenn man sich die außerordentliche politische Kraft der von den founding fathers (= Gründungsvätern) geheiligten Tradition vergegenwärtigt, auf keinen Fall militärisch und bündnispolitisch in Europa einzugreifen, kann man verstehen, dass der Eintritt der USA in den europäischen Krieg im April 1917 tatsächlich eine ‚Revolution‘ der amerikanischen Außenpolitik bedeutete. Und nur dann ist erklärbar, warum der amerikanische Präsident **Woodrow Wilson*** (Präs. 1913–1921) diese Revolution vor sich selbst und seinen Landsleuten mit einer revolutionären Doktrin rechtfertigen musste: mit der Verheißung, durch diesen Kriegseintritt das traditionelle, auf dem Prinzip des Gleichgewichts der Mächte aufgebaute, europazentrische Welt- und Staatensystem zu stürzen, eine bessere Weltordnung herbeizuführen und dem Fortschritt der Menschheit mit dem Versprechen zu dienen, diesen Krieg zum letzten aller Kriege zu machen *(a war to end all wars)*.“

Mit dem Argument, dass die Welt sicher gemacht werden müsse für die Demokratie, hatte Wilson in seiner Kriegsbotschaft vom 2. April 1917 seine Landsleute von der Notwendigkeit eines amerikanischen Kriegseintritts zu überzeugen versucht. Sein **liberal-demokratisches Friedensprogramm**, das bei den Zeitgenossen große Hoffnungen auf eine bessere und harmonischere Welt nährte, hat er in seinem **14-Punkte-Programm*** für den Weltfrieden aus dem Jahre 1918 präzisiert. Darin forderte er eine radikale Abkehr von der herkömmlichen europäischen Großmachtpolitik, die allgemeine Durchsetzung der liberalen Demokratie, die Achtung des Selbstbestimmungsrechts der Völker, die Schaffung eines Völkerbundes als Schiedsrichter zwischen den Nationen und Gerechtigkeit auch für die Kolonialvölker.

„Isolationismus“

Nach dem Ersten Weltkrieg wuchs in der amerikanischen Bevölkerung wie auch in der politischen Elite jedoch die Überzeugung, die USA sollten sich möglichst schnell aus Europa zurückziehen und ihre Außenpolitik an den Prinzipien George Washingtons (1732–1799, Präs. 1789–1797) aus der Gründerzeit der Vereinigten Staaten von Amerika orientieren. Handel treiben mit allen, sich politisch aber strikt aus den politischen „Händeln“ der Welt, mit Ausnahme der eigenen Hemisphäre, heraushalten – das wurde erneut die Leitlinie amerikanischer Außenpolitik. Wie stark diese Haltung war, zeigte sich 1921: Der amerikanische Kongress erklärte den Krieg gegen Deutschland für beendet und lehnte den Beitritt der USA zum Völkerbund ab. Wilsons Konzept, eine neue Ära internationaler Kooperation und kollektiver Sicherheitswahrung einzuleiten, in der die USA ihre außenpolitische Entscheidungs- und Handlungsfreiheit möglicherweise hätten einschränken müssen, war nicht mehrheitsfähig.

M1 Thomas Woodrow Wilson (1856–1924), offizielles Gemälde von William Orpen, ca. 1919

Der Universitätsprofessor gehörte der Demokratischen Partei an und war von 1913 bis 1921 US-Präsident. Er setzte sich für das Selbstbestimmungsrecht der Völker ein und erwirkte auf der Pariser Friedenskonferenz die Gründung des Völkerbundes. Der US-Kongress lehnte jedoch den Beitritt der USA zum Völkerbund ab. Wilson erhielt 1919 den Friedensnobelpreis.

Das 14-Punkte-Programm Wilsons:
- öffentliche Friedensverträge und Abschaffung der Geheimdiplomatie
- uneingeschränkte Freiheit der Meere für die Schifffahrt
- Freiheit der Weltwirtschaft und Gleichheit der Handelsbedingungen für alle Nationen
- Rüstungsbeschränkungen
- internationale Regelung aller kolonialen Ansprüche
- Räumung Russlands durch die Mittelmächte
- Wiederherstellung Belgiens
- Rückgabe Elsass-Lothringens
- Festlegung der italienischen Grenzen nach dem nationalen Prinzip
- freie und autonome Entwicklung für die Völker Österreich-Ungarns
- Räumung Rumäniens, Serbiens und Montenegros
- Unabhängigkeit der Türkei, Öffnung der Meerengen und Autonomie der nichttürkischen Völker des ehemaligen Osmanischen Reiches
- Errichtung eines unabhängigen polnischen Staates mit freiem Zugang zum Meer
- Gründung des Völkerbundes

Isolationismus und Monroe-Doktrin
Washingtons außenpolitische Maxime wurde 1823 ergänzt durch die Monroe-Doktrin. Nach dieser Erklärung von Präsident James Monroe (Präs. 1817–1825) bekundeten die USA ihren Willen, sich nicht in europäische Konflikte einzumischen. Aber sie erwarteten auch, dass der amerikanische Doppelkontinent nicht zum Ziel europäischer Großmachtpolitik werde. Aktueller Anlass der Doktrin, die bis Ende des 19. Jahrhunderts Richtschnur der US-Außenpolitik blieb, war die Gefahr, dass europäische Mächte in den Ländern Lateinamerikas intervenierten, die sich von spanischer Kolonialherrschaft befreit hatten. Hinzu kamen Versuche Russlands, seine pazifischen Stützpunkte von Alaska aus nach Süden auszubauen. Theodor Roosevelt (Präs. 1901–1909) erweiterte die Monroe-Doktrin 1904 um ein präventives Interventionsrecht der USA in den süd- und mittelamerikanischen Staaten.

In der amerikanischen Außenpolitik begann nun eine Phase, die in der Geschichtsschreibung häufig mit dem Begriff **„Isolationismus“*** charakterisiert wird. Diese Epochenbezeichnung trifft jedoch nur die halbe Wahrheit: Die USA blieben auf wirtschaftlichem Gebiet eng mit Europa verbunden. Und im pazifischen Raum weiteten sie sogar in der Zwischenkriegszeit ihren politischen und ökonomischen Einflussbereich aus, um für ihre Wirtschaft Absatzmärkte zu sichern (M 2).
Aus den politischen Verwicklungen Europas hielten sich die Vereinigten Staaten von Amerika allerdings heraus. Dabei blieb es auch, als in Deutschland seit 1933 die Nationalsozialisten unter Hitler eine aggressive Außenpolitik begannen. Die USA ließen sich weder 1935 durch den Einfall des faschistischen Italien in Äthiopien von ihrer Haltung abbringen, noch griffen sie in den 1936 beginnenden Spanischen Bürgerkrieg ein. Vielmehr verpflichtete sich die US-Regierung zur strikten politischen Neutralität. Das Land sollte nicht schon wieder in einen großen Krieg verwickelt werden.

Internationalismus

Erst seitdem Japan 1937 in China einmarschierte und das Deutsche Reich mit dem „Anschluss“ Österreichs 1938 immer aggressiver seine großdeutschen Pläne verwirklichte, gaben die USA ihre „isolationistische“ Politik allmählich auf. US-Präsident Franklin D. Roosevelt (Präs. 1933–1945; s. S. 450 f.) bereitete die Bevölkerung in seinen Reden darauf vor, dass ihr Land nicht auf Dauer neutral bleiben dürfe und könne. Der amerikanische Kongress bewilligte bereitwilliger Gelder und Maßnahmen zur Aufrüstung. Bei den US-Amerikanern setzte sich immer mehr die Erkenntnis durch, dass sich das Land gegen die expansionistische Macht- und Kriegspolitik Japans, Deutschlands und Italiens sowie erneut für eine Demokratisierung der Welt engagieren müsse (M 4 a–c). Als die Japaner am 7. Dezember 1941 den Stütz-

M 2 Die USA und die wirtschaftlichen Folgen des Ersten Weltkriegs

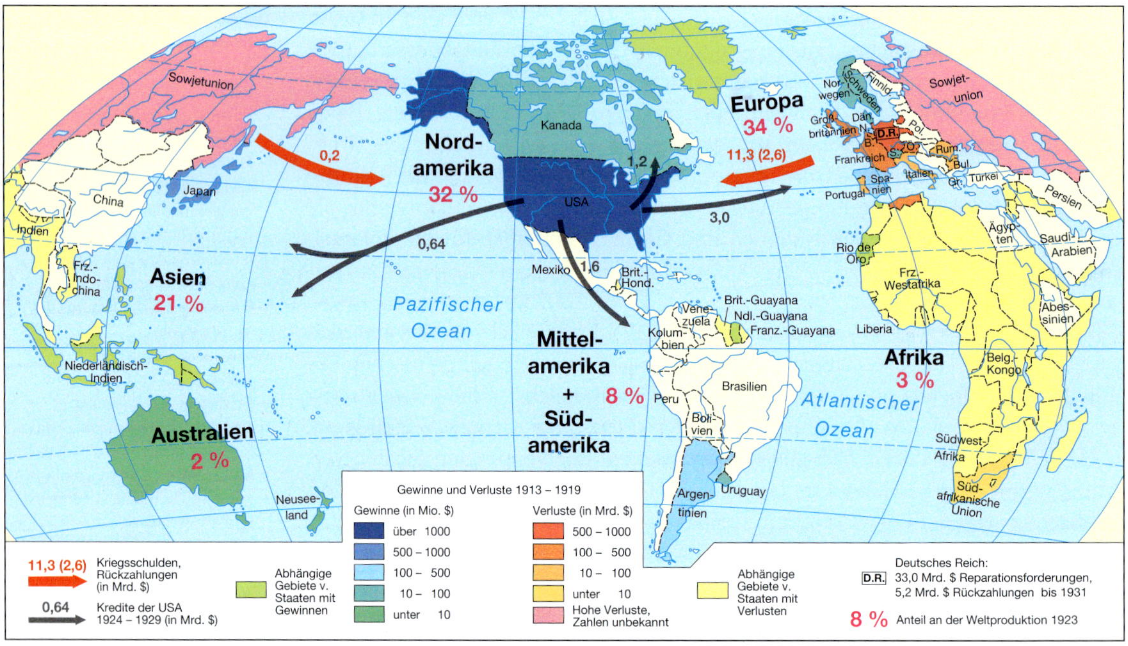

1 a) Erarbeiten Sie aus der Karte die ökonomischen Beziehungen zwischen den Staaten und erläutern Sie die besondere Rolle der USA. b) Für diese Karte wurde eine andere Darstellung als die übliche europazentrische gewählt. Diskutieren Sie die Vor- und Nachteile dieser Darstellungsform.

punkt der amerikanischen Pazifikflotte Pearl Harbor auf Hawaii überfielen, erklärten die USA den Japanern den Krieg. Drei Tage später folgte die deutsche Kriegserklärung an die USA – in der vergeblichen Hoffnung, dass die USA ihre Kräfte zwischen dem europäischen und dem pazifischen Kriegsschauplatz aufteilen müssten. England und die USA kamen jedoch überein, dass erst eine Entscheidung auf dem europäischen Kriegsschauplatz fallen müsste. Damit begann für Amerika der Zweite Weltkrieg (s. S. 450 f.), der den Aufstieg der USA von der führenden Industrienation zur Weltmacht beschleunigte.

New Deal

Der große **Börsenkrach** in New York im Jahre **1929** leitete eine tiefe **weltweite Wirtschaftskrise** ein. Sie begann im Oktober 1929 mit einem plötzlichen Sturz der Aktienkurse, der die amerikanischen Bankkunden 30 Mrd. Dollar kostete. Von 1929 bis 1933 fiel das Sozialprodukt von 104 Mrd. auf 56 Mrd. Dollar – gleichzeitig stieg die Arbeitslosigkeit von 1,5 Mio. auf 15 Mio. Der Verbrauch sank von 79 auf 49 Mrd. Dollar.
Die Wirtschaftskrise, deren Auswirkungen bis 1942 zu spüren waren, warf die Frage auf, ob der Staat an den Grundsätzen des Wirtschaftsliberalismus weiterhin strikt festhalten sollte. US-Präsident Franklin D. Roosevelt entschied sich bereits vor seiner Amtsübernahme 1933 für **staatliche Eingriffe in die Wirtschaft**, den „Interventionsstaat". In seinem umfangreichen Reformprogramm des „New Deal" („Neuverteilung der Spielkarten") setzte er in den 1930er-Jahren Maßnahmen zur Kontrolle der Banken, zur Unterstützung der Landwirtschaft und zur Hilfe für Arbeitslose durch. Staatlich finanzierte Projekte sollten einen neuen Wirtschaftsaufschwung bringen (M 5). Die Politik des New Deal orientierte sich maßgeblich an den wirtschaftspolitischen Ideen des britischen Wirtschaftswissenschaftlers John Maynard Keynes*.

1 Erläutern Sie mithilfe des Darstellungstextes, wie die USA auf die wirtschaftlichen und politischen Herausforderungen in der Zwischenkriegszeit reagiert haben. Arbeiten Sie die wichtigsten Probleme der Jahre zwischen 1918 und 1939 heraus und skizzieren Sie die amerikanischen Lösungsversuche.

M3 Arbeitslose vor einer Suppenküche in New York, Fotografie, Weihnachten 1931

Keynesianismus
Bezeichnung für eine bestimmte Wirtschaftspolitik, die von dem englischen Wirtschaftswissenschaftler John Maynard Keynes (1883–1946) entwickelt und Mitte der 1930er-Jahre vorgestellt und erprobt wurde. Der Staat erhält nach dieser Lehre die Aufgabe, Wirtschaftskrisen durch Steuerung der gesamtwirtschaftlichen Nachfrage zu begegnen. Ihm fällt also die Aufgabe zu, Schwankungen der privaten Nachfrage auszugleichen. Wenn z. B. Unternehmen und Haushalte zu wenige Güter kaufen, soll der Staat mit eigener Nachfrage, z. B. durch den Bau von Straßen, einspringen. Ausdrücklich empfiehlt der Keynesianismus dabei die Verschuldung des Staates *(„deficit spending")*.

M4 Die außenpolitischen Ziele der USA

a) US-Präsident Franklin D. Roosevelt am 5. Oktober 1937 in Chicago („Quarantäne-Rede"):

Ich bin gezwungen und Sie sind gezwungen, in die Zukunft zu blicken. Friede, Freiheit und Sicherheit von neunzig Prozent der Menschheit werden von den übrigen zehn Prozent gefährdet, durch die der Zusammenbruch aller Ordnung und allen Rechts im internationalen Leben droht.
Die Situation ist zweifellos für die ganze Welt von größter Bedeutung. Unglückseligerweise scheint die Epidemie der Gesetzlosigkeit sich auf der Welt auszubreiten.
Wenn eine Krankheit sich epidemisch ausbreitet, beschließt die Gemeinschaft, um sich vor Ansteckung zu schützen, die Patienten in Quarantäne zu legen. Der Krieg ist eine Seuche, ob er nun erklärt ist oder nicht. Er kann Staaten und Völker verschlingen, die vom ursprünglichen Schauplatz der Feindseligkeit weit entfernt sind.
Wenn die Zivilisation bestehen bleiben soll, müssen die Grundsätze des Friedensfürsten wieder hochgehalten werden. Das Vertrauen zwischen den Völkern muss wiederhergestellt werden.
Am allerwichtigsten ist, dass der Wille zum Frieden vonseiten der friedliebenden Völker so deutlich zum Ausdruck kommt, dass Völker, die vielleicht in Versuchung geraten, ihre Verträge und die Rechte anderer Völker zu verletzen, davon Abstand nehmen. Es müssen positive Bestrebungen vorhanden sein, den Frieden zu bewahren.

b) Franklin D. Roosevelt in seiner Jahresbotschaft am 6. Januar 1941:

Erstens haben wir uns zu einer allumfassenden Landesverteidigung verpflichtet. – Zweitens haben wir uns zur vollen Unterstützung aller jener standhaften Völker verpflichtet, die überall den Angreifern entschlossenen Widerstand leisten und hierdurch den Krieg von unserem Erdteil fernhalten. – Drittens haben wir uns aus Moralprinzipien und in der Sorge um unsere eigene Sicherheit dazu verpflichtet, niemals zu einem Frieden unser Einverständnis zu geben, der von den Angreifern diktiert und von Beschwichtigungspolitikern unterstützt wird. Wir wissen, dass ein dauernder Friede nicht um den Preis der Freiheit anderer Völker erkauft werden kann.

Für die Zukunft, die wir zu sichern versuchen, erhoffen wir eine Welt, die sich auf vier wesentliche menschliche Freiheitsrechte gründet.

Das erste ist die Freiheit der Rede und der Meinungsäußerung – überall in der Welt.

Das zweite ist die Freiheit für jeden, Gott auf seine Weise zu verehren – überall in der Welt.

Das dritte ist die Freiheit von Not – was, international gesehen, so viel heißt wie wirtschaftliche Abkommen, die der Bevölkerung jedes Landes gesunde Friedensverhältnisse sichern – überall in der Welt.

Das vierte ist die Freiheit von Furcht – was, international gesehen, so viel heißt wie eine die ganze Welt betreffende Abrüstung bis zu dem Grade und so gründlich, dass keine Nation in der Lage sein wird, einen Angriffsakt gegen ein Nachbarland zu begehen – überall in der Welt.

M 4 a und b zit. nach: Franklin D. Roosevelt, Links von der Mitte. Briefe, Reden, Konferenzen, hg. v. Donald Day, übers. v. Peter Stadelmayer/Christian Hübener, Frankfurter Hefte, Frankfurt/M. 1951, S. 377 f.

c) Americans will allways fight for liberty, Plakat, USA, 1943

1 Erläutern Sie mithilfe von M 4 a, b die Ziele der US-Regierung Ende der 1930er- und zu Beginn der 1940er-Jahre.

2 Erörtern Sie anhand von M 4 c das politische Selbstverständnis bzw. die Selbstdarstellung der USA im Zweiten Weltkrieg.

M5 Der Historiker Jürgen Heideking über die politischen Folgen des New Deal, 1996

Aus historischer Perspektive und vor dem Hintergrund der gleichzeitigen Ereignisse im Rest der Welt gesehen, fällt die Gesamtbewertung des New Deal aber dennoch positiv aus. Die Roosevelt-Administration beabsichtigte keine grundlegende, revolutionäre Umwälzung der amerikanischen Gesellschaft, und sie befand sich damit offenbar im Einklang mit der großen Mehrheit der Amerikaner. Zeitgenössische soziologische Untersuchungen lassen erkennen, dass das liberale Koordinatensystem von Individualismus, Eigeninitiative, Konkurrenz und Mobilität trotz der Depression weitgehend erhalten blieb. Es wurde auch ganz bewusst von der Unterhaltungsindustrie Hollywoods bestärkt, die sich 1934 eine Selbstzensur gegen die offene Darstellung von Sex, Gewalt und Unmoral verordnete und deren Produzenten bemüht waren, selbst realistische Gegenwartsschilderungen mit einem optimistischen Happy End zu versehen. Die Mehrzahl der Bürger hielt offensichtlich am American Dream fest und gab die Hoffnung nicht auf, dass sich wirtschaftliche Leistungskraft und Fortschritt mit einem hohen Maß an individueller Freiheit, demokratischer Mitbestimmung und föderaler Selbstverwaltung vereinbaren ließen. Die Verfassung bildete immer noch eine Schranke gegen den allmächtigen Zentralstaat, und die Aversion gegenüber einem bürokratischen Wohlfahrtssystem mit hohen Steuerlasten reichte bis weit in die Mittelschicht hinein. [...]

Entscheidend war aber, dass der New Deal den Amerikanern das Gefühl nahm, einem schicksalhaften Verhängnis hilflos ausgeliefert zu sein, und dass er ihnen eine überzeugende demokratische Alternative zu allen autoritären und totalitären Versuchungen bot. Im praktischen Handeln und im Denken der Menschen setzte sich die neuartige Vorstellung durch, dass die Bundesregierung im Interesse der Wohlfahrt aller Bürger das Recht haben musste, helfend, regulierend und kontrollierend in die Wirtschaftsabläufe einzugreifen. Damit einher ging die Anerkennung einer hervorgehobenen Stellung des Präsidenten und der bundesstaatlichen Exekutive insgesamt nicht nur in der Außenpolitik, sondern jetzt auch in Fragen der Innen-, Wirtschafts- und Sozialpolitik.

Jürgen Heideking, Geschichte der USA, bearb. v. Christoph Mauch, UTB, Tübingen [3]2003, S. 314 f.

1 Fassen Sie das Urteil des Historikers Heideking über den New Deal zusammen. Geben Sie die Argumente wieder, mit denen er seine Thesen stützt.

3 Entstehung und Entwicklung der östlichen Führungsmacht: die Sowjetunion

Russische Revolution

Seit 1917 entwickelte sich Russland, das 1922 in „Union der Sozialistischen Sowjetrepubliken" (UdSSR bzw. Sowjetunion) umbenannt wurde, zum weltpolitischen Gegenspieler der USA. Diese Auseinandersetzung war mehr als nur ein machtpolitischer und militärischer Konflikt zwischen zwei Weltmächten, sie war auch ein politisch-ideologischer Kampf um die beste Staats- und Gesellschaftsordnung.

Die russische Oktoberrevolution von 1917, aus der die Kommunisten als Sieger hervorgingen, mündete in einen **vollständigen Systemwechsel** (M5, M6). Zum ersten Mal gab es in der Welt einen **kommunistischen Staat**, die 400-jährige Zarenherrschaft war beendet. In den 1920er- und 1930er-Jahren errichteten die in der Partei der Bolschewiki organisierten kommunistischen Revolutionäre eine totalitäre Diktatur. Die Kommunistische Partei (KPdSU) und ihre allmächtige Bürokratie sicherten sich die alleinige Herrschaft über das Land. Außerdem trieben die neuen Herrscher die **Industrialisierung mit planwirtschaftlichen Methoden** voran und setzten die **Kollektivierung der Landwirtschaft** durch. Private Produktionsmittel, besonders landwirtschaftlich genutzter Boden, wurde dabei in genossenschaftlich bewirtschaftetes Gemein- oder Staatseigentum überführt. Dem Terror der Zwangskollektivierung und den politischen Säuberungen in Partei und Militär fielen Millionen Menschen zum Opfer. Um Kapital für die wirtschaftliche „Modernisierung von oben" im industriellen Sektor freizusetzen, wurde der größte Teil der Bevölkerung auf einem niedrigen Lebensstandard gehalten und der Investitionsgüterindustrie absoluter Vorrang eingeräumt, vor allem dem Rüstungsgütersektor. Ein ausschließlich technizistisches Entwicklungskonzept und der skrupellose Machtbehauptungswille der Führungselite lähmten die Kräfte der Gesellschaft und beschnitten die Rechte des Einzelnen. Aber auch die Selbstständigkeitsbestrebungen der zahlreichen Nationalitäten in dem Vielvölkerstaat wurden radikal unterdrückt.

Noch im Revolutionsjahr 1917 verkündete die neue Sowjetmacht unter **Wladimir I. Lenin*** den sofortigen Rückzug aus dem Krieg, trat für einen Frieden aller Seiten ohne Gebietsabtretungen und Kriegsentschädigungen ein sowie für die Befreiung aller Kolonialreiche. Um ein Ende der Kampfhandlungen und die Räumung der mittlerweile von deutschen, türkischen und finnischen Truppen besetzten Gebiete zu erreichen, musste Russland dem von der deutschen Heeresführung erzwungenen **Frieden von Brest-Litowsk** vom 3. März 1918 zustimmen. Das bolschewistische Russland verlor mit diesem Vertrag nicht nur weite Gebiete, sondern sah sich auch gezwungen, gegen die nationalen Unabhängigkeitsbestrebungen und die gegenrevolutionären Kräfte in den Randgebieten des Reiches zu kämpfen. In diesem **Bürgerkrieg** besiegten 1920 die „Roten" die politisch zersplitterten, gegenrevolutionären „Weißen" (M5).

Stalinismus

Nach dem Tode Lenins im Januar 1924 eskalierte in der Kommunistischen Partei der Machtkampf um dessen Nachfolge. Aus den Auseinandersetzungen ging **Josef W. Stalin*** als Sieger hervor. Nachdem er alle Konkurrenten ausgeschaltet hatte, war er von 1929 bis 1953 unumschränkter **Alleinherrscher** über Partei und Staat. Die Sowjetunion regierte er mit **Terror und Gewalt** (M7a, b). Eines der wichtigsten Herrschaftsmittel war der **Gulag** (M3). Diese Abkürzung (russ. *Glawnoje Uprawlenije Lagerej*) für die Hauptverwaltung des sowjetischen Straflagersystems diente als Bezeichnung für die Lager, in denen während der 1930er-Jahre und nach dem Zweiten Weltkrieg

M1 Wladimir Iljitsch Lenin (1870–1924), Fotografie, um 1920

Der russische Revolutionär und Politiker vertrat die Auffassung, dass die revolutionäre Umgestaltung seines Landes durch Berufsrevolutionäre erfolgen müsse, die eine Avantgarde der Arbeiterklasse darstellten. Entsprechend dieser marxistisch-leninistischen Lehre war der Berufsrevolutionär Lenin als Anführer maßgeblich an der Oktoberrevolution 1917 beteiligt. Nach der Revolution sorgte er für die Durchsetzung eines kommunistischen Herrschafts- und Gesellschaftssystems.

M2 Josef W. Stalin (1879–1953), Gemälde von Isaak Israilewisch Brodskij, 1937

Stalin schloss sich 1903 den Bolschewiki an und beteiligte sich an der russischen Oktoberrevolution 1917. Ab 1922 war er Generalsekretär der Kommunistischen Partei, seit Ende der 1920er-Jahre Alleinherrscher über das Sowjetreich. Kennzeichen seiner Innenpolitik waren brutale „politische Säuberungen" in Land und Partei, die Millionen von Menschen das Leben kosteten.

M3 Sowjetischer Gulag bei Workuta, nördlich des Polarkreises, Foto, ca. 1935

Hier herrscht zehn Monate im Jahr Winter mit Temperaturen um minus 50 Grad Celsius.

Komintern
Abkürzung für „Kommunistische Internationale". Diese Vereinigung aller kommunistischen Parteien wurde auf Anregung von Lenin im März 1919 in Moskau gegründet und bestand bis 1943. Sie entwickelte sich zu einem Instrument der sowjetischen Außenpolitik.

M4 Leo Trotzki (1879 bis 1940), Fotografie, 1916

Trotzki war einer der engsten Mitarbeiter Lenins und stand ab 1917 aufseiten der Bolschewiki. Er beteiligte sich nicht nur maßgeblich an der Vorbereitung der Oktoberrevolution 1917, sondern baute auch die Rote Armee auf. Nach dem Tod Lenins unterlag er im Machtkampf mit Stalin, der Trotzkis These von der „permanenten Revolution" ablehnte. Nach seiner Ausweisung 1929 wurde Trotzki im mexikanischen Exil im Auftrag Stalins 1940 ermordet.

Millionen von Menschen interniert wurden. Sie mussten dort Zwangsarbeit leisten, die häufig zum Tode führte. Zwar löste die UdSSR den Gulag 1956 offiziell auf, aber zahlreiche Straf- und Arbeitslager bestanden weiter. Der russische Schriftsteller Alexander Solschenizyn hat mit seinem literarisch-dokumentarischen Bericht „Der Archipel GULAG" (zuerst erschienen Paris 1973–1975) Name wie Praxis des Gulag der internationalen Öffentlichkeit bekannt gemacht.

Abschied von der Weltrevolution

Nach der Oktoberrevolution 1917 propagierten die kommunistischen Machthaber zunächst eine Außenpolitik, die sich grundlegend von den Prinzipien der „imperialistischen Großmächte" unterscheiden sollte. Nicht die wirtschaftlichen Interessen der Kapitalisten durften seitdem die russische Außenpolitik bestimmen, sondern die internationale Solidarität der Arbeiterklasse.
Weil Russland die bürgerliche Staats- und Gesellschaftsordnung der europäischen Großmächte infrage stellte, galt das kommunistische Land als Bedrohung und war nach dem Ersten Weltkrieg international isoliert. England, Frankreich, die USA, Japan und Italien intervenierten 1919/20 im russischen Bürgerkrieg aufseiten der „Weißen" – allerdings vergeblich. Obwohl die russischen Bemühungen scheiterten, 1918/19 die bolschewistische Revolution nach Deutschland und Österreich zu „exportieren", wuchs in Westeuropa die Furcht vor der „roten Gefahr". Dazu trug der Zusammenschluss der kommunistischen Parteien in der 1919 gegründeten **„Kommunistischen Internationale" (Komintern)*** ebenso bei wie die bereits 1906 von **Leo Trotzki*** verkündete Forderung nach der **„permanenten Revolution"**: Da der Agrarstaat Russland nach Trotzki unmöglich allein zum Sozialismus finden könne, müsse er die Unterstützung des internationalen Proletariats suchen und für die Weltrevolution kämpfen. Die europäischen Staaten hielten im Wesentlichen an der Ausgrenzung der Sowjetunion auch dann noch fest, als die UdSSR nach 1921 auf die Durchsetzung dieser Doktrin verzichtete und im Interesse der innenpolitischen Stabilisierung die Rückkehr in den Kreis der internationalen Diplomatie suchte. 1925 widersprach Stalin offiziell der Forderung nach einer Weltrevolution. Seine Politik diente dem „Aufbau des Sozialismus in einem Land".
Der Diktator betrieb während der Zwischenkriegszeit eine zwiespältige Außenpolitik. Zum einen verlangte die radikale Umgestaltung von Industrie und Landwirtschaft Ruhe und Sicherheit. Diese Ziele wollte die Sowjetführung erreichen mithilfe von Nichtangriffspakten, durch den Beitritt zum Völkerbund im Jahre 1934 und durch Bemühungen um bessere wirtschaftliche Beziehungen zum Westen. Ende der 1930er-Jahre ließ sich Stalin außerdem von den Nationalsozialisten umwerben, gegen die er noch 1935/36 auf dem III. Weltkongress der Komintern eine antifaschistische Einheitsfront ins Leben gerufen hatte. Kommunisten sollten danach gemeinsam mit Sozialdemokraten und bürgerlichen Parteien die Demokratie gegen den Faschismus verteidigen. Mit dem Abschluss des Hitler-Stalin-Paktes 1939 (s. S. 445), dem Einmarsch in Polen und Bessarabien 1939 und im Baltikum 1940 setzte die Sowjetführung zum anderen den Imperialismus des Zarenreiches fort, das in Zentral- und Ostasien, im Mittleren Osten und Südosteuropa seine Herrschaft ausgedehnt hatte.

1 Erläutern Sie anhand des Darstellungstextes die Grundprinzipien der Innen- und Außenpolitik Russlands bzw. der Sowjetunion seit 1917.

M5 Der Historiker Andreas Kappeler über die wichtigsten Entwicklungen der russischen Revolutionsgeschichte, 1997

Nach der Revolution von 1905 wurde der Erste Weltkrieg zu einer noch schwereren Belastungsprobe für das Zarenreich. Die Niederlagen gegen deutsche Truppen brachten Russland erstmals seit Jahrhunderten bedeutende territoriale Verluste. Die mit dem Krieg verbundene schlechte Lebensmittelversorgung der Städte erhöhte die sozialen Spannungen, und die inkompetente Politik von Zar und Regierung ließ die Autorität des Regimes rapide schwinden. In der letzten Februarwoche, nach dem Gregorianischen Kalender in der zweiten Märzwoche des Jahres 1917 brach in Russland das Ancien régime fast ohne Gegenwehr zusammen.

Die Februarrevolution war eine spontane Volksbewegung, die in der Hauptstadt Petrograd, wie St. Petersburg seit 1914 hieß, begann und in wenigen Tagen im ganzen Land siegte: Am 2. März 1917 dankte Nikolaus II. ab. Das entstandene Machtvakuum füllten zwei Institutionen, der Petrograder Sowjet (Rat) der Arbeiter- und Soldatendeputierten und die aus der letzten Duma (= Parlament) hervorgegangene Provisorische Regierung. Die bürgerlichen Grundrechte und die Gleichberechtigung aller Nationen und Religionen wurden proklamiert. Damit war Russland eine demokratische Republik. Die entscheidenden Probleme, die Agrarfrage, die Arbeiterfrage, die nationale Frage und die Frage nach Krieg oder Frieden wurden indessen aufgeschoben und einer später zu wählenden Verfassunggebenden Versammlung überlassen.

Die Doppelherrschaft von Provisorischer Regierung und Sowjet war instabil und stürzte von einer Krise in die nächste. Zur entscheidenden Triebkraft wurde im Laufe des Jahres 1917 die von Arbeitern und Bauern getragene soziale Revolution. Das Industrieproletariat organisierte sich in Gewerkschaften, Fabrikkomitees und Arbeitermilizen, besetzte Fabriken und forderte die Kontrolle der Arbeiter über die Betriebe. Die Bauern entfesselten im Sommer und Herbst eine spontane Agrarrevolution und brachten viele Güter des Adels gewaltsam in ihren Besitz. Infolge neuer militärischer Niederlagen mehrten sich Meutereien und Desertationen in der Armee. Organisationen der Nationalitäten, so erstmals der Ukrainer, erhoben Forderungen nach politischer Autonomie.

Im Herbst 1917 kulminierte die soziale und politische Krise: Die Stunde der Bolschewiki war gekommen. Ihr Führer Wladimir Lenin (1870–1924) hatte eine kleine, aber straff organisierte Partei von Berufsrevolutionären geschaffen. In seiner Imperialismustheorie hatte er die Möglichkeit einer sozialistischen Revolution im Agrarland Russland damit begründet, dass Russland das schwächste Glied in der Kette der kapitalistischen Staaten sei, von dem die Initialzündung für die Weltrevolution ausgehen werde. Als er im April 1917 aus der Emigration nach Petrograd zurückkehrte, verkündete er die Devise „Alle Macht den Sowjets!" und versprach eine radikale Lösung aller drängenden, von der Provisorischen Regierung aufgeschobenen Fragen.

Da die meisten anderen Parteien durch ihre Mitwirkung in der Provisorischen Regierung diskreditiert waren, erlangten die Bolschewiki im Herbst erstmals größeren Anhang und die Mehrheit in den wichtigsten Sowjets. Am 25. Oktober 1917 ergriffen sie in einem von Leo Trotzki (1879–1940) geleiteten militärischen Coup die Macht, ohne dass sie auf nennenswerten Widerstand gestoßen wären. Kurz darauf erließen sie Dekrete über den Frieden, über „Grund und Boden" (womit die entschädigungslose Aufteilung des Landes legalisiert wurde) und über die „Arbeiterkontrolle" sowie die Deklaration der Rechte der Völker Russlands, die das Selbstbestimmungsrecht bis zur Sezession verkündete. Die Machtfrage lösten sie, indem sie die frei gewählte Verfassunggebende Versammlung, in der die Partei der Sozialrevolutionäre die Mehrheit hatte, am 6. Januar 1918 auseinandertrieben. Nun hatte die bolschewistische Partei die alleinige Macht und konnte darangehen, die klassenlose und herrschaftsfreie kommunistische Gesellschaft zu errichten. Ob die vorgesehene Übergangsperiode der Diktatur des Proletariats eine Rätedemokratie oder eine Parteidiktatur sein würde, war noch nicht endgültig entschieden.

Zunächst ging es um die Sicherung der Macht. Noch immer war der Krieg im Gange, und deutsche Truppen rückten gegen Petrograd vor. Im „Schmachfrieden" von Brest-Litowsk vom 3. März 1918 und in folgenden Verträgen gingen weite Gebiete im Westen und Süden mit dem Baltikum und der Ukraine verloren. Die meisten nationalen Territorien der Peripherie erklärten ihre Unabhängigkeit. Gleichzeitig ergriffen gegenrevolutionäre russische Kräfte in den Randgebieten die Macht und führten einen von alliierten Interventionstruppen unterstützten Bürgerkrieg gegen die Bolschewiki, die sich auf den russischen Kern des Imperiums zurückgeworfen sahen. Schon im Jahre 1920 hatten die „Roten" jedoch den Bürgerkrieg gegen die politisch heterogenen „Weißen" gewonnen, zum einen dank der Kampfkraft der von Trotzki organisierten disziplinierten Roten Armee und dem Terror der Tscheka, der neuen politischen Polizei, zum anderen auch durch Konzessionen an Bauern und Nationalitäten, die sie gegenüber den sozialkonservativ und russisch-national gesinnten „Weißen" als das geringere Übel erscheinen ließen.

Andreas Kappeler, Russische Geschichte, C. H. Beck, München 1997, S. 33–35

1 Untersuchen Sie mithilfe von M 5 Verlauf und Ergebnisse der Revolution in Russland 1917:
a) Arbeiten Sie die wichtigsten Phasen der Revolutionsgeschichte heraus. b) Stellen Sie für jede Phase die zentralen Ereignisse, Vorgänge und Entscheidungen dar. c) Erläutern Sie die Folgen der Revolution.

M6 „Genosse Lenin reinigt die Erde von Unrat", Plakat von V. Denin, 1920

1 Erörtern Sie mithilfe der Karikatur Selbstverständnis und Ziele Lenins.

M7 Das stalinistische Herrschaftssystem

a) Der Historiker Jörg Baberowski beschreibt 2003 den Stalinismus:

Als Stalin am 5. März 1953 starb, endete auch der beinahe dreißigjährige Ausnahmezustand, den er und seine Gefolgsleute über die Sowjetunion verhängt hatten. Das Jahr 1953 war das Ende der stalinistischen Gewaltherrschaft, des Krieges, den die Bolschewiki seit den Zwanzigerjahren gegen die eigene Bevölkerung geführt hatten.

Stalinismus und Terror sind Synonyme. Der Kern der stalinistischen Herrschaft bestand in der unablässigen Ausübung exzessiver Gewalt. Die Bolschewiki vertrieben Hunderttausende Bauern aus ihren Dörfern und deportierten sie nach Sibirien. Sie führten drakonische Strafen in den Kolchosen und Fabriken des Landes ein, mit denen sie Bauern und Arbeiter zu eiserner Disziplin zwingen wollten. Mehrere Millionen Menschen starben während der Hungersnot des Jahres 1933.

Das Regime bekämpfte abweichendes Verhalten mit Feuer und Schwert, wer die Sprache der Bolschewiki nicht zu sprechen verstand, wer ihre Rituale und Glaubensbekenntnisse ablehnte, verwandelte sich in einen Feind. Das Regime verfolgte nicht nur den „Klassenfeind", es stigmatisierte ethnische Minderheiten und ließ sie deportieren, wo sie ihm als Feinde erschienen. Nicht einmal nach den Schrecken des Großen Terrors der Dreißigerjahre kam die sowjetische Gesellschaft zur Ruhe. Denn die Terrorisierung der Bevölkerung setzte sich auch in den Jahren des Zweiten Weltkrieges fort. Das zeigte sich nicht zuletzt in der menschenverachtenden Behandlung sowjetischer Soldaten und dem Strafensystem, mit dem das Regime Armee und Gesellschaft für den Krieg zu mobilisieren versuchte.

Nach dem Ende des Krieges wuchs der Terror über die Grenzen des sowjetischen Imperiums hinaus. Er verwüstete aber nicht nur die von der Roten Armee besetzten Nachbarländer. Auch im Inneren der Sowjetunion feierte die Gewalt ungeahnte Triumphe: Das Regime sperrte aus Deutschland zurückkehrende Kriegsgefangene und Zwangsarbeiter in Arbeitslager, es führte Krieg gegen Bauern und ethnische Minderheiten, die im Verdacht standen, äußeren Feinden zu dienen. Am Ende der Vierzigerjahre richtete sich die Maschinerie der Ausgrenzung gegen die jüdische Bevölkerung des Imperiums. Der Stalinismus war eine Zivilisation des Hasses und des Ressentiments. Er lebte von der Stigmatisierung und Vernichtung jener, die ausgeschlossen bleiben mussten. Die Zerstörungswut des Stalinismus kannte keine Grenzen, niemand konnte dem Terror entgehen. Nicht einmal die Partei war am Ende noch ein Ort der Zuflucht. Sie zerstörte sich selbst. Und es war Stalin, der die unablässige Destruktion ins Werk setzen ließ.

Jörg Baberowski, Der rote Terror. Die Geschichte des Stalinismus, Deutsche Verlags-Anstalt, München 2003, S. 7 f.

b) Folgen der Zwangskollektivierung: Lager im Wolgagebiet mit Flüchtlingen, die wegen einer Hungersnot ihr Gouvernement verließen, Fotografie 1921

1 Erläutern Sie mithilfe von M 7 a, b Grundlagen und Folgen des stalinistischen Herrschaftssystems.

4 Faschistische Regime: Italien und Spanien

Machtübernahme

Das erste Land, in dem nach dem Ersten Weltkrieg das liberale System vor einer Diktatur kapitulierte, war **Italien**. Als Ursachen für die faschistische* Machtübernahme im Jahre 1922 lassen sich folgende Punkte nennen:

– Italien befand sich im Jahr 1922 sowohl wirtschaftlich als auch politisch in einem Zustand völliger Zerrüttung. Der Krieg hatte den Mittelstand ruiniert, die kleinen Landbesitzer, die freien Berufe, die Angestellten in Industrie und Handel, die Rentiers, d.h. die künftige Klientel des Faschismus.

– Im parlamentarischen Vielparteiensystem der italienischen Monarchie waren nach 1918 die Partei der Sozialisten und die sogenannten Popolari (*Partito Popolare Italiano* – die christliche italienische Volkspartei) die stärksten Fraktionen. Die Sozialisten waren jedoch in sich zerrissen. Es gelang ihnen nicht, die mächtige Welle der Bauernunruhen und Streiks zu lenken, die sich in den ersten zwei Nachkriegsjahren über das Land bewegte. Auf der Konferenz von Livorno 1921 spalteten sich die Kommunisten von der Partei ab.

– Mit dem Eintritt Italiens in den Ersten Weltkrieg waren Hoffnungen auf große Gebietsgewinne verbunden gewesen. Das Land erhob Besitzansprüche auf Teile Tunesiens, die jugoslawische Adriaküste, Albanien, Korsika, Savoyen und Nizza. Als sich diese Hoffnungen auf territoriale Gewinne nicht erfüllten, war die Erbitterung über den „verstümmelten Sieg" groß. Zudem hatte Italien über 600 000 Gefallene im Krieg zu beklagen.

– Die italienischen Sozialisten unterschätzten die Leidenschaftlichkeit der nationalen und nationalistischen Gefühle in Italien nach Versailles. Diesen Fehler nutzte der Gegner mit einem beträchtlichen Sinn für die Bestrebungen und Stimmungen in der Bevölkerung: **Benito Mussolini***.

Mussolini hatte die *„Fasci di Combattimento"*, die faschistischen Kampfbünde, 1919 als Sammelbecken der Enttäuschten und Unzufriedenen gegründet. Diese politische Bewegung, deren politische Programmatik ursprünglich links orientiert war, wandelte sich 1920 in eine **faschistische Organisation**. Zu ihren Grundzügen gehörten Antiliberalismus, Antimarxismus sowie Antiklerikalismus. Von Anfang an setzte sie sich aus unterschiedlichen Gruppierungen zusammen, unter ihnen Nationalisten und abtrünnige Sozialisten um Mussolini, die über verschiedene Kampftaktiken stritten: Sollte der Faschismus auf die direkte Aktion setzen und den Führern der paramilitärischen Squadren, der Kampftruppen, den Einfluss sichern? Oder sollte er als eine organisatorisch gefestigte und zentralistisch gelenkte Partei den Kampf gegen das „System" führen? Mussolini gelang es gegen innere Widerstände, beide Konzeptionen zu einer Doppelstrategie von Gewalt und Legalität zu verbinden: Als 1921 der Durchbruch zur Massenbewegung erfolgte, weil sich auch bürgerliche Kreise den Faschisten anschlossen, leitete er die **Umwandlung in eine Partei** ein. Sie verfügte bei ihrer Gründung bereits über rund 300 000 Mitglieder. Bei den vorzeitigen Neuwahlen im Mai 1921 versuchte Ministerpräsident Giolotti, die Faschisten in einen „nationalen Block" einzubinden. Seine Strategie ging allerdings nicht auf. Sie ermöglichte vielmehr den Faschisten den Einzug ins Parlament, ohne dass sich diese an die parlamentarischen Spielregeln gebunden fühlten.

Im September 1922 nutzte Mussolini einen fehlgeschlagenen sozialistischen Generalstreik dazu, die Mobilmachung der faschistischen Schwarzhemden anzuordnen und zum **„Marsch auf Rom"** aufzurufen. Gleichzeitig signalisierte er dem Monarchen und der Armee Verhandlungsbereitschaft. In dieser Situation verweigerte König Viktor Emanuel III. dem Ministerpräsidenten Luigi Facta die Aus-

Faschismus
Der Begriff ist abgeleitet von dem lateinischen Wort „fasces", dem Rutenbündel, das die Macht römischer Beamter symbolisierte. Ursprünglich bezeichnete Faschismus die seit dem Ersten Weltkrieg in Italien aufkommende nationalistische, autoritäre und auf imperialistische Eroberungen zielende Bewegung unter Benito Mussolini. Der Begriff wurde bald auf andere extrem nationalistische und totalitäre Parteien und Bewegungen in Europa ausgedehnt (Deutschland: Nationalsozialismus; Spanien: Falange). Gemeinsame Merkmale sind ihre antidemokratische, antiparlamentarische, antiliberale und antimarxistische Ideologie. Die faschistische Ideologie verherrlicht zudem Kampf und Militarismus, fordert die Ausschaltung der Organisationen der Arbeiterbewegung sowie die Ausgrenzung „rassischer", nationaler oder religiöser Minderheiten. Ziel der Faschisten ist die Errichtung einer modernen Diktatur, in der alle individuellen und demokratischen Freiheiten aufgehoben sind und Opposition verboten ist. Mittel zur Durchsetzung politischer Macht sind Propaganda, Einschränkung der Meinungs- und Pressefreiheit, ein Überwachungs- und Terrorapparat sowie die Anwendung einer Sondergerichtsbarkeit.

Internettipp
www.shoa.de/content/view/143/96
Seiten der gemeinnützigen Initiative Shoa.de über die Geschichte des Faschismus und der faschistischen Bewegungen in verschiedenen europäischen Ländern

M 1 Benito Mussolini (1883–1945), vor dem Kollosseum, Plakat, 1936

Der italienische Politiker gründete 1919 eine faschistische Sammlungsbewegung. Zwischen 1925 und 1943 war er der „Duce", Führer, in der faschistischen Einparteiendiktatur Italiens und führte das Land als deutschen Bündnispartner 1940 in den Zweiten Weltkrieg. 1943 wurde Mussolini entmachtet und 1945 von italienischen Widerstandskämpfern erschossen.

Aus den zehn Geboten des italienischen Milizsoldaten:

1. Der Faschist [...] darf nicht an einen ewigen Frieden glauben.
2. Strafen sind immer verdient [...].
7. Gehorsam ist der Gott der Heere; ohne ihn ist kein Soldat denkbar; wohl aber Unordnung und Niederlagen [...].
8. Mussolini hat immer recht [...].
10. Eines muss dir über allem stehen: Das Leben des Duce.

Benito Mussolini, Der Geist des Faschismus, München 1943, S. 45

rufung des Belagerungszustandes und beauftragte Mussolini mit der Regierungsbildung. Das liberale System Italiens ging damit nach dem spektakulär inszenierten „Marsch auf Rom" ganz untheatralisch zugrunde.

Mussolinis Herrschaftssystem Da Mussolini einer Koalitionsregierung aus Faschisten, Liberalen, Popolari sowie unabhängigen Persönlichkeiten vorstand, schienen genügend Sicherungen gegen eine faschistische Diktatur eingebaut zu sein. Sie erwiesen sich jedoch bald als unwirksam. Die Umwandlung der faschistischen Squadren in eine staatliche Miliz, die nicht dem König, sondern Mussolini unterstellt wurde, konnte noch als Maßnahme zur Bändigung der „revolutionären" Kräfte in den eigenen Reihen interpretiert werden. Aber schon das Wahlgesetz vom November 1923 zeigte, dass der „Duce", wie Mussolini sich nennen ließ, mit seiner Partei das weiterhin bestehende Parlament beherrschen wollte: Die stärkste Partei erhielt automatisch zwei Drittel der Sitze, sofern sie mindestens 25 % der Stimmen bekam. Dass selbst Altliberale wie Giolotti diesem Gesetz zustimmten, zeigt, wie sehr Mussolinis Formeln von der „Normalisierung" und der Sicherung der Regierungsfähigkeit das Bürgertum beeindruckt hatten. Dies sowie der rechte Terror gegen politische Gegner sorgten für einen Stimmenanteil von 65 % für die faschistische Liste bei den Parlamentswahlen im April 1924.
Auch aus der „Matteotti-Krise" gingen die Faschisten gestärkt hervor. Die italienische Öffentlichkeit reagierte mit Abscheu und Empörung, als der populäre sozialistische Abgeordnete Giacomo Matteotti (1885–1924) durch einen Squadristen kurz nach der Wahl 1924 ermordet wurde. Allerdings fand sich die Opposition nur zu einem symbolischen Akt bereit: Sie zog aus dem Parlament auf den Aventin und brachte mit dieser Anknüpfung an die altrömische Tradition ihren Protest zum Ausdruck. Praktisch manövrierte sie sich mit diesem Schritt ins Abseits. Mussolini nutzte die Situation und entmachtete 1925 die Opposition ebenso wie die bisherigen Bündnispartner (Parteienauflösung, Verbot von Oppositionszeitungen, Rücktritt der nichtfaschistischen Regierungsmitglieder).
Dieser ersten Etappe der faschistischen Machtdurchdringung folgte die **Errichtung der faschistischen Diktatur** und eines Korporativsystems (M 3). Doch stimmten Anspruch und Wirklichkeit weniger überein, als es das Modell des „totalitären Staates" glauben machen sollte. Es gelang den Faschisten nicht, Militär, Kirche und Krone „gleichzuschalten". Diese politisch-gesellschaftlichen Machtzentren wahrten eine gewisse Selbstständigkeit und waren für den Duce lediglich Verbündete auf Zeit. Im damals bürokratisch noch wenig entwickelten Italien stieß zudem die Umsetzung der zentralistischen faschistischen Maßnahmen auf Schwierigkeiten. Der italienische Faschismus war zwar antisemitisch und setzte die Entrechtung, Enteignung und Vertreibung von Juden durch. In Italien setzte die Judenverfolgung jedoch erst 1938 ein und erfuhr niemals eine Systematisierung wie in Deutschland. Der organisierte Völkermord an den europäischen Juden war das historisch einzigartige Verbrechen des NS-Regimes.

Italienische Außenpolitik Die italienischen Faschisten strebten ein Großreich rund um die Adria (*„mare nostro"*, M 4) an. Mit diesem außenpolitischen Programm, das die Wiederherstellung der historischen „Größe Italiens" zum ideologischen Fundament der italienischen Außenpolitik erhob, knüpfte der Faschismus an die imperiale Tradition des alten Rom an.
Britische und französische Interessen im Mittelmeergebiet mahnten Mussolini bei der Verwirklichung seiner expansionistischen Pläne jedoch anfangs zur Vorsicht. Erst später verschafften ihm vier Ereignisse neue Handlungsspielräume:
1. Nach dem missglückten Putsch der Nationalsozialisten gegen die österrei-

chische Regierung unter Engelbert Dollfuß (1892–1934) konnte Italien 1934 international als Garant für die Unabhängigkeit Österreichs auftreten. 2. Nach der Einführung der allgemeinen Wehrpflicht in Deutschland sowie 3. nach der Unterzeichnung eines deutsch-britischen Flottenabkommens im Jahr 1935 (England hatte es in der Hoffnung auf Rüstungsbegrenzungen abgeschlossen) wurde Italien als möglicher Bündnispartner gegen das Deutsche Reich angesehen. 4. Ein Abkommen mit Frankreich über Kolonialkompensationen in Nordafrika ermöglichte den **Überfall Italiens auf Äthiopien im Oktober 1935**.
Das faschistische Italien legitimierte die Annexion des Landes damit, dass es zwischen 1889 und 1896 für kurze Zeit als „Abessinien" italienische Kolonie gewesen war. Die Äthiopier hatten dem mit modernsten Waffen, Giftgas und äußerster Brutalität geführten Angriff nichts entgegenzusetzen. Bereits 1934 hatte das Völkerbundmitglied Äthiopien die Grenzverletzungen der von Eritrea und Somalia aus operierenden italienischen Truppen beim Völkerbund angezeigt – ohne Folgen. Auch 1935 blieben die Beschlüsse des Völkerbundes halbherzig, weil vor allem England und Frankreich die Voten nicht mit wirksamen Sanktionen verbanden. Der Suezkanal, der entscheidend für den italienischen Nachschub war, wurde nicht gesperrt. Mussolinis Rechnung ging auf. Hinzu kam, dass sich das Deutsche Reich zunehmend um die Gunst Italiens bemühte, indem es Rom wirtschaftlich unter die Arme griff. Auf diese Weise hoffte Berlin, Italien aus der Siegerkoalition des Ersten Weltkriegs herauslösen und als Bündnispartner gewinnen zu können.

Spanien

In Spanien zeigte der Kampf der Ideologien besonders heftige Wirkung. In diesem Land waren die politisch-sozialen Verhältnisse geprägt durch eine extrem ungleiche Verteilung des Landbesitzes und große regionale Entwicklungsunterschiede, eine scharfe Klassenspaltung und heftige Auseinandersetzungen zwischen katholischer Kirche und militanten Kirchengegnern. Nach dem Rücktritt des Generals Miguel Primo de Rivera im Jahre 1930, der Spanien seit 1923 mit diktatorischen Vollmachten regiert hatte, herrschte im bürgerlich-konservativen Lager Verwirrung und Uneinigkeit. Dies nutzten Sozialisten, Republikaner und linksgerichtete Katalanen aus und einigten sich auf ein gemeinsames politisches Vorgehen. Nachdem sie bei den Gemeindewahlen vom April einen großen Sieg über die rechten und monarchistischen Kräfte erreichen konnten, der vom Offizierskorps akzeptiert wurde, verzichtete der König auf den Thron – Spanien wurde Republik. Auch die Wahlen zur Nationalversammlung im Juni 1931 brachten eine republikanisch-sozialistische Mehrheit. Gegen die Reformpolitik der republikanischen Regierung formierte sich jedoch die konservative Rechte, die bei Kirche und Militär Unterstützung fand und in Neuwahlen 1933 die Mehrheit errang. Republikaner, Sozialisten und Kommunisten bekämpften diesen Kurswechsel nach rechts durch Aufstände, Streiks und Unruhen. Sie gewannen die Wahlen 1936 und schlossen sich zu einer Volksfrontregierung zusammen. Dagegen organisierte die Rechte wiederum einen Militärputsch, der von General **Francisco Franco*** geleitet wurde. Aus dem dreijährigen, äußerst blutigen **Bürgerkrieg** (1936–1939), in dem die gegnerischen Parteien vom Ausland unterstützt wurden, gingen die national-faschistischen und konservativen Kräfte unter Franco als Sieger über das republikanische Lager hervor (M 5 a, b).

1 Skizzieren Sie Aufstieg und Herrschaftsstruktur des italienischen Faschismus.
2 Erläutern Sie, ausgehend vom Darstellungstext, die These, der Kampf der Ideologien habe in Spanien eine besonders heftige Wirkung gezeigt.

M2 Francisco Franco (1892–1975), undatierte Fotografie

Franco war 1934/35 Generalstabschef und beteiligte sich von Februar bis Juli 1936 maßgeblich an der Vorbereitung des Aufstandes gegen die Republik. Während des Spanischen Bürgerkrieges stieg er zum Führer der konservativen nationalspanischen Kräfte auf: Sie ernannten ihn zum Generalissimus und 1936 zum spanischen Staatschef. Nach seinem Sieg im Bürgerkrieg errichtete er eine Diktatur, die sich bis zu seinem Tod auf Militär, Kirche und Falange* stützte.

Falange (span. *Falange* = Stoßtrupp) 1933 gegründete Bewegung, die im Spanischen Bürgerkrieg unter Franco kämpfte. Die Diktatur des Franco-Regimes stützte sich auf die Falange als Einheitspartei. 1976/77 wurde sie aufgelöst.

M3 Der Historiker Wolfgang Wippermann über das Herrschaftssystem des italienischen Faschismus, 1983

Auch das durch das Gesetz von 1926 und die *Carta del Lavro* von 1927 eingeführte Korporativsystem[1] entsprach nicht den Vorstellungen der faschistischen Syndikalisten[2] von einer harmonischen und gleichberechtigten Zusammenarbeit von Arbeitgebern und Arbeitnehmern. Tatsächlich konnte von einer Gleichberechtigung der Vertreter der Arbeiterschaft und der Unternehmer in den zwölf verschiedenen Syndikaten, die wiederum zu Korporationen zusammengefasst waren, nicht die Rede sein. Die Unternehmer verfügten mit der „Confindustria" darüber hinaus über ein eigenes Vertretungsorgan, das über den Staatsapparat und den faschistischen Großrat die wirtschaftlichen und sozialen Interessen der Industrie geltend machen konnte. Auch in diesem Bereich kam es zu einem sehr labilen Gleichgewichtszustand. Einerseits konnte von einer Gleichschaltung der Industrie nicht die Rede sein, andererseits hatten die Industriellen den direkten Einfluss auf das politische Leben verloren und sahen sich in der Folgezeit zunehmend Eingriffen des Staates in das Wirtschaftsleben ausgesetzt.
Zusammenfassend wird man sagen können, dass der faschistische „stato totalitario" auf einem komplizierten und ambivalenten System wechselseitiger Kontrollen und Balancen basierte. […] Mussolinis Stellung hing wesentlich davon ab, ob es ihm gelang, die Unterstützung der aus sehr unterschiedlichen Kräften und Personen bestehenden faschistischen Partei und die auf plebiszitärem Wege gewonnene Zustimmung großer Teile der Bevölkerung zu erhalten und zu stärken. Das war mit ausschließlich repressiven Maßnahmen, von denen neben den Führern der organisierten Arbeiterschaft vor allem die nationalen Minderheiten, die Deutschen in Südtirol und die Slowenen und Kroaten in Istrien und Triest, betroffen waren, nicht zu erreichen. Bestand und Zusammenhalt des faschistischen Regimes konnten nur dann aufrechterhalten werden, wenn Mussolini Erfolge im Bereich der Wirtschafts- und Außenpolitik erzielte. Das war zunächst der Fall.

Wolfgang Wippermann, Europäischer Faschismus im Vergleich (1922–1982), Suhrkamp, Frankfurt/M. 1983, S. 34f.

1 Korporation: Zusammenschluss von Personen aus gleichem Stand oder Beruf; im korporativen Staat wird die politische Willensbildung von ständischen Körperschaften der Berufs- oder Volksgruppen getragen, nicht vom gewählten Parlament mit gleichem Stimmrecht für jeden Bürger
2 Syndikalismus: Bezeichnung für sozialrevolutionäre Bestrebungen mit dem Ziel, alle Produktionsmittel durch autonome Gewerkschaften zu übernehmen; die Gewerkschaften bilden anstelle von politischen Stellvertretern die Regierung, parlamentarische Bestrebungen werden abgelehnt

1 Arbeiten Sie die zentralen Merkmale des Herrschaftssystems des italienischen Faschismus heraus. Berücksichtigen Sie M 3 und den Darstellungstext, S. 359 ff.

M4 Expansion und Ziele des italienischen Faschismus zwischen den Weltkriegen

1 Arbeiten Sie mithilfe der Karte die Ziele und die tatsächliche Expansion Italiens in der Zwischenkriegszeit heraus.

M5 Verlauf und Ausgang des Spanischen Bürgerkrieges

a) Die Historiker Edgar Wolfrum und Cord Arendes über die europäische Dimension des Spanischen Bürgerkrieges, 2007:

Der innerspanische Bürgerkrieg besaß eine ausgeprägte gesamteuropäische Dimension. Spanien wurde zum ideologischen und militärischen Schlachtfeld, auf dem die europäischen Mächte aus unterschiedlichen politischen und wirtschaftlichen Interessen in den Konflikt eingriffen. Die Iberische Halbinsel wurde so zur Projektionsfläche der Hoffnungen wie der Ängste: Mindestens 35 000 Freiwillige, insbesondere Kommunisten und Sozialisten, aber auch Demokraten oder Anarchisten, kämpften zwischen 1936 und 1938 aufseiten der Republik, zumeist in den von der Kommunistischen Internationalen (Komintern) ins Leben gerufenen „Internationalen Brigaden". Die Sowjetunion unterstützte die Republik darüber hinaus mit Waffenlieferungen. Innerhalb der Brigaden kam es auch zu heftigen Kämpfen zwischen Kommunisten und Anarchisten u. a. um die ideologischen Führungspositionen. Die Brigaden wurden im Herbst 1938 auf Bitten der spanischen Regierung und unter Aufsicht des Völkerbundes offiziell aufgelöst.

Entscheidend für den Ausgang des Bürgerkrieges war das militärische Engagement Deutschlands und Italiens aufseiten der Faschisten. Die Ausweitung der Unterstützung mit Material und Soldaten führte auch zu einer Annäherung Deutschlands an Italien. Am 1. November 1936 sprach Mussolini in einer Rede erstmals von der „Achse Berlin-Rom". Ohne die Hilfe der ausländischen Mächte und der seit August 1936 auf Initiative Frankreichs betriebenen Politik der Nichteinmischung, der sich besonders auch Großbritannien anschloss, hätte keine der beiden Seiten den Sieg erringen können. Die Gewinner dieser Appeasement-Politik waren Deutschland und Italien, denen sie den Deckmantel für die Unterstützung Francos lieferte. Die in Picassos Gemälde „Guernica"[1] festgehaltene Bombardierung und völlige Zerstörung der für die Basken historisch und kulturell „heiligen" Stadt Guernica y Luno am 26. April 1937 durch Bomber der deutschen „Legion Condor" bildete dabei einen schrecklichen Höhepunkt. Mit bis zu 2000 Toten wurde der Angriff bereits vor dem Luftkrieg der Jahre 1940 bis 1945 zum Sinnbild militärischer Gewalt gegen eine wehrlose Zivilbevölkerung.

Franco gelang es, gestützt auf die alten Eliten – katholische Kirche, Armee, monarchietreues Besitzbürgertum –, sich bis zu seinem Tode im November 1975 an der Macht zu halten.

Edgar Wolfrum, Cord Arendes, Globale Geschichte des 20. Jahrhunderts, W. Kohlhammer, Stuttgart 2007, S. 76–78

1 Siehe M 1, S. 340

b) Der Historiker Wolfgang Wippermann über den Charakter der Diktatur Francos, 1983:

Für die Charakterisierung Franco-Spaniens als faschistisch spricht jedoch nicht nur die zunächst äußerst brutale und exzessive Anwendung des Terrors, sondern auch die innere Struktur des Regimes.

Während alle anderen Parteien verboten waren, blieb die Falange die offizielle Staatspartei, die von dem Caudillo (= Führer) genannten Franco geleitet wurde, der darüber hinaus als Generalissimus Oberbefehlshaber der spanischen Streitkräfte blieb. Als Staatschef führte er nicht nur ein dem faschistischen Vorbild entlehntes Korporativsystem ein, sondern verkündete auch am 17. Juni 1942, dass die ‚Abgeordneten' des spanischen Parlaments (*Cortes*) nicht mehr gewählt, sondern von ihm und den einzelnen Syndikaten, Gemeinden, Handelskammern und wissenschaftlichen Institutionen ernannt werden sollten. Parallel zur völligen Ausschaltung des Parlaments wurden die bürgerlichen Freiheitsrechte beseitigt und eine zunächst sehr rigide Pressezensur eingeführt. Mit unnachsichtiger Härte wandte sich das Regime gegen sozialistische und demokratische Kräfte sowie gegen die separatistischen Bestrebungen der nationalen Minderheiten im Baskenland und in Katalonien. Während die ursprünglich bei der JONS[1] vorhandenen antikapitalistischen Programmpunkte trotz der Kritik der Alt-Falangisten immer mehr eingeschränkt wurden, fehlte die antisemitische Zielsetzung. Allerdings hatten sich nach der Vertreibung durch die Inquisition[2] nur verschwindend wenige Juden wieder in Spanien angesiedelt. Die ohnehin schon sehr zurückhaltend formulierten nationalistischen und revisionistischen Forderungen der Falange wurden dagegen von Franco nicht verwirklicht, obwohl er dazu nach dem deutschen Sieg über Frankreich durchaus in der Lage gewesen wäre. Spanien war im April 1939 dem Antikominternpakt beigetreten, Franco lehnte jedoch 1940 die auf dem gemeinsamen Treffen in Hendaye von Hitler ultimativ vorgetragene Aufforderung ab, an der Seite Deutschlands am Zweiten Weltkrieg teilzunehmen. Die Entsendung einer Division, die nach der Farbe der Uniform der Falange „Blaue Division" genannt wurde, hatte einen eher symbolischen Charakter. Für die deutsche Kriegswirtschaft äußerst wichtig war dagegen die Lieferung von verschiedenen Rohstoffen. Die deutsche Flugzeugindustrie war auf das spanische Wolfram angewiesen. Ebenfalls bedeutungsvoll waren die Erdölexporte nach Deutschland, die Spanien selber aus den USA importierte.

Wolfgang Wippermann, Europäischer Faschismus im Vergleich 1922–1982, edition suhrkamp, Frankfurt/M. 1983, S. 120 f.

1 JONS = Abk. für „Juntas de Ofensiva Nacional Sindicalista", eine von dem Philosophiestudenten Ramiro Ledesma Ramos 1931 in Madrid gegründete faschistische Partei

2 Siehe S. 119

1 Der Spanische Bürgerkrieg – innerspanischer und europäischer Konflikt? Erörtern Sie, ob diese These den Charakter des Spanischen Bürgerkriegs trifft (M 5 a).

2 Arbeiten Sie die zentralen Merkmale der Franco-Herrschaft in Spanien heraus (M 5 b).

5 Die Bewahrung der Demokratie: Großbritannien und Frankreich

Politische Traditionen

Anders als in Deutschland, Italien, Spanien oder zahlreichen Ländern im Osten Europas, wo in der Zwischenkriegszeit faschistische bzw. autoritäre Diktaturen an die Macht kamen, behauptete sich in Frankreich und Großbritannien die moderne westliche Demokratie. Der Historiker Horst Möller führt diese Entwicklung auf die politischen Traditionen dieser Länder zurück, die für stabile Verhältnisse sorgten: Beide Staaten hatten den Weltkrieg gewonnen, also ihre Stärke bewiesen, in beiden Staaten war das existierende Herrschaftssystem nicht allein legal, sondern durch Geschichte und Wähler immer wieder legitimiert worden. Weder in Großbritannien noch in Frankreich wurde der demokratische Rechtsstaat – wie beispielsweise in Deutschland – infolge der Kriegsergebnisse und der Auswirkung der Weltwirtschaftskrise diskreditiert.

In **Großbritannien** ging es immer um Alternativen *innerhalb* des bestehenden Systems: Monarchie, Rechtsstaat, Parlamentarismus hatten sich in Jahrhunderten bewährt; Labour Party und die Gewerkschaften (engl. *Trade Unions*) als Vertretung der Arbeiterklasse wuchsen zur tragenden Kraft innerhalb des Zwei- bis Dreiparteiensystems heran und lösten darin die Liberalen ab. Mit der Integration dieser politischen und sozialen Opposition bewies das britische System trotz aller politischen Kämpfe seine Reformfähigkeit, die sich schließlich in der Regierungsübernahme durch einen Labour-Premier, Ramsay MacDonald, von Januar bis November 1924, manifestierte.

In **Frankreich** war das politische Denken wie in Deutschland weniger pragmatisch als in Großbritannien und traditionell stärker durch ideologische Elemente geprägt. Die aus der Niederlage der Monarchie 1871 hervorgegangene Dritte Republik hatte sich jedoch in Jahrzehnten politischer Bewährung ihre eigene Legitimität erworben. Ungeachtet der grundlegenden Gegensätzlichkeit des linken und des rechten Lagers galten die durch Revolutionen geschaffene Republik und die Ideen von 1789 als allgemeinverbindlich. Diesem mehrheitlich stabilen nationalen Grundkonsens entzogen sich nur kleine Gruppierungen.

Internettipp
www.historyworld.net/wrldhis/PlainTextHistories.asp?groupid=1171&HistoryID=ab07
Englische, private Seite zur Geschichte Großbritanniens 1914 bis 1931 mit dem Schwerpunkt Innenpolitik

Britische Innenpolitik

Die politisch stabilisierende und Konsens stiftende Rolle einer demokratisch-parlamentarischen Tradition, die seit Generationen gewachsen war, zeigte sich in Großbritannien während der Weltwirtschaftskrise zu Beginn der 1930er-Jahre. Im Jahre **1931** löste ein heftiger Streit um die Wirtschafts- und Sozialpolitik eine **Regierungskrise** aus. Im Mittelpunkt der Auseinandersetzung stand die Frage, ob die akute Finanznot des Staates durch rigorose Sparmaßnahmen, zu denen auch die Kürzung der Arbeitslosenunterstützung gehörte, behoben werden solle. Die Gewerkschaften protestierten gegen Lohnsenkungen, die Labour-Regierung selbst war gespalten. Premierminister MacDonald trat daher im August zurück, erhielt aber sogleich von König Georg V. den Auftrag zur Bildung einer Allparteienregierung – und nahm den Auftrag an. Innerhalb weniger Tage bildete er eine neue Regierung, das **„Nationale Kabinett“**, in dem neben MacDonald und weiteren kompromissbereiten Labour-Ministern auch Konservative und Liberale saßen. Die gesamte Labour Party ging dagegen in die Opposition und schloss MacDonald sowie die übrigen Labour-Minister aus der Partei aus.

MacDonald hatte in einer schwierigen Situation den Konflikt mit seiner eigenen Partei nicht gescheut. Diese Politik interpretierten die einen als eine verantwortungsbewusste staatspolitische Haltung, die dem Allgemeinwohl eine höhere moralische Bedeutung zusprach als dem Parteiinteresse. Kritiker warfen MacDonald dagegen Verrat an den Arbeiterinteressen vor. Die Wähler bestätigten jedoch mit großer Mehrheit im Oktober 1931 die Politik des „Nationalen Kabinetts“. Die Regierung errang 554 Unterhaus-Sitze (die meisten wurden von konservativen Abgeordneten repräsentiert), während die Labour Party nur noch 52 Wahlkreise gewann. Damit stützten die Wähler das parlamentarische System, die demokratischen Kräfte gingen gestärkt aus den Wahlen hervor. Denn kein einziger links- oder rechtsextremistischer Kandidat wurde ins Parlament gewählt. Trotz ihrer Agitation gegen die sozialen Einschnitte der Regierung stellten die Kommunisten keine ernsthafte Konkurrenz für die Labour Party dar. Und auf dem rechten Flügel des Parteienspektrums gelang der *British Union of Fascists* unter der Führung Sir Oswald Mosleys kein Einbruch in das Wählerreservoir der Konservativen Partei.

Französische Innenpolitik

In den 1920er-Jahren wechselten sich in Frankreich häufig Mitte-Rechts-Koalitionen des Nationalen Blocks und Koalitionen aus Radikaldemokraten und Sozialisten in der Regierung ab. Die radikalen Oppositionsparteien blieben bis 1932 jedoch relativ schwach. Anders als in Deutschland, wo während der Weltwirtschaftskrise die politische Rechte erstarkte, konnte in Frankreich die politische Linke in den 1930er-Jahren ihre Macht ausbauen. Trotz heftiger innenpolitischer Auseinandersetzungen, die teilweise gewaltsam ausgetragen wurden, hielten die Franzosen aber bis zum Zweiten Weltkrieg an den Grundprinzipien des liberal-demokratischen Verfassungsstaates fest (M 4).

Französische Außenpolitik

Frankreichs überragendes Interesse war seine **Sicherheit vor Deutschland**. Dieses Sicherheitsinteresse hatte sich im Deutsch-Französischen Krieg von 1870/71 und während des Ersten Weltkrieges (1914–1918) herausgebildet. Weil Frankreich Deutschland seitdem als wirtschaftlich und militärisch starken Rivalen betrachtete, zielte die französische Außenpolitik auf eine langfristige Schwächung Deutschlands. Deshalb setzten sich die französischen Vertreter auf der Pariser Friedenskonferenz für harte Bedingungen für den deutschen Nachbarn ein. Die unnachgiebige französische Haltung in der Reparationsfrage verhinderte bis zum Ende des „Ruhrkampfes“ 1923 eine Verbesserung nicht nur der deutsch-französischen, sondern auch der Beziehungen zwischen den europäischen Großmächten. Erst nach der Beilegung des Ruhrkampfes ergaben sich neue Chancen für einen wirtschaftlich-politischen Austausch (s. S. 396).

Die französische Politik verfolgte während der Zwischenkriegszeit das Ziel, Deutschland wirtschaftlich (Reparationen), territorial (Gebietsabtretungen, Unterstützung von Separationsbestrebungen im Rheinland) und militärisch (kleine Armee ohne offensive Bewaffnung) zu schwächen und international zu isolieren. Für die Isolierungspolitik benötigte Paris aber Bündnispartner, die nicht einfach zu finden waren. Großbritannien entzog sich den französischen Versuchen, als Juniorpartner für Frankreichs Sicherheit zu agieren. Russland kam wegen der bolschewistischen Revolution 1917 als Bündnispartner erst gar nicht infrage. Damit blieben nur die neu entstandenen ostmitteleuropäischen Staaten übrig. 1921 schloss Frankreich unter Einbeziehung Belgiens ein Militärbündnis mit Polen, dem weitere Bündnisse mit der Tschechoslowakei (1924), Rumänien (1926) und Jugoslawien (1927) folgten. Mithilfe dieser Verträge sollte ein Bündnissystem geschaffen werden, das die Erhaltung des territorialen Status quo in Europa garantierte, den Frankreich durch Deutschland und Russland gefährdet sah. Dass dieses Bündnissystem militärisch nahezu wertlos war, zeigt die Vorgeschichte und Geschichte des Zweiten Weltkriegs.

M 1 **Karl Arnold, Frankreich im Rheinland: „Es müssen noch viele verhungern, ehe ich satt werde“, Karikatur aus der deutschen satirischen Zeitschrift „Simplicissimus“, 1923**

M2 „Die Komödie des Elends", Karikatur aus der französischen Zeitschrift „Le Ruy Blas", 1921

„Prends garde, Madame, prends garde, elle se prépare jour et nuit" („Pass auf, Marianne, pass auf, Tag und Nacht bereitet sie sich vor")

1 Interpretieren und vergleichen Sie die Karikaturen M 1 und M 2.

Internettipp

www.br-online.de/bayern/einst-und-jetzt/70-jahre-muenchner-abkommen-DID1218209187123/muenchner-abkommen-70-jahre-29-september-1938-ID1218042823664.xml
Dossier des Bayerischen Rundfunks anlässlich des 70. Jahrestages des Münchner Abkommens, mit Wochenschaubildern von 1938, „Die Fahrt zur Konferenz"

www.dhm.de/lemo/html/nazi/aussenpolitik/muenchnerabkommen/index.html
Kurze, illustrierte Erläuterung zum Münchner Abkommen auf den Seiten des Deutschen Historischen Museums Berlin, mit Links zu Biografien der Beteiligten

Britische Außenpolitik Großbritannien musste während des Ersten Weltkrieges erkennen, dass sein Anspruch einer Kolonialmacht mit Weltgeltung bei gleichzeitigem Engagement auf dem europäischen Kontinent zur Überdehnung seiner Kräfte führte. Die **Kolonien** garantierten den Wohlstand der britischen Bevölkerung, die Finanzkraft der britischen Banken und den Großmachtstatus Großbritanniens. Alles dies wurde in der Zwischenkriegszeit durch die wachsende Konkurrenz mit der Industriemacht USA sowie durch die Unabhängigkeitsbestrebungen der „erwachenden" Kolonialvölker gefährdet. Auf dem europäischen Kontinent versuchte die britische Außenpolitik, das **„Gleichgewicht der Kräfte"** zu sichern (s. S. 308). Nur so erschien es möglich, die Vorherrschaft einer europäischen Kontinentalmacht zu verhindern und den britischen Großmachtstatus zu sichern. Hatte Großbritannien im Ersten Weltkrieg und bei den Pariser Friedensverhandlungen Frankreich gegen das Hegemoniestreben Deutschlands unterstützt, wollte die britische Außenpolitik in den 1920er-Jahren verhindern, dass sich Frankreich zu einem starken Konkurrenten auf dem Kontinent entwickelte. Deswegen gab es einen begrenzten britisch-französischen Gegensatz in der Deutschland- und Europapolitik, der bis 1939 nicht überwunden werden konnte. So ging die englische Politik auf Distanz zu Frankreich und zeigte viel Verständnis für deutsche Forderungen, auch in der Reparationsfrage.

Appeasement-Politik Ein zentrales Thema der historisch-politischen Auseinandersetzung über das Scheitern der durch die Pariser Friedenskonferenzen geschaffenen Staatenordnung ist die Frage, ob die Siegermächte die Entfesselung des Zweiten Weltkrieges durch das nationalsozialistische Deutschland hätten verhindern können. In dieser Debatte taucht immer wieder das Schlagwort „Appeasement" auf. Das Wort stammt aus dem Englischen und lässt sich mit „Beschwichtigung", „Beruhigung" übersetzen. Bis heute wird es benutzt, um eine Politik des ständigen Nachgebens gegenüber totalitären Staaten zu charakterisieren. Während der 1930er-Jahre diente der Begriff „Appeasement" als polemischer Vorwurf an die britische Außenpolitik zwischen 1933 und 1939. Die Kritik richtete sich besonders gegen den Versuch der Regierung Chamberlain seit 1937, den Frieden zu erhalten durch Zugeständnisse an Deutschland und Italien. Höhepunkt der Appeasement-Politik war das Münchner Abkommen vom September 1938 (M 3), die Besetzung der Tschechoslowakei durch deutsche Truppen 1939 (s. S. 444) markiert ihr Ende.
Spätestens im März 1939, als Hitler unter Androhung militärischer Gewalt von Polen die Wiedereingliederung Danzigs in das Deutsche Reich verlangte, wurde den Westmächten bewusst, dass der deutsche Diktator den Krieg wollte. Großbritannien, aber auch Frankreich rückten jetzt von ihrer Appeasement-Politik ab. Sie verkündeten, dass jeder militärische Angriff des Deutschen Reiches mit Gewalt beantwortet werden würde, und sie erneuerten ihre Garantieversprechen gegenüber Polen. Hatten die Westmächte aus Furcht vor einer Weltrevolution den sowjetischen Diktator Stalin noch 1938 von der Münchner Konferenz ausgeschlossen, nahmen Frankreich und Großbritannien nun Verhandlungen mit der Sowjetunion auf. Der Kreml hatte schon seit dem sowjetischen Beitritt zum Völkerbund 1934 versucht, sich durch internationale Diplomatie gegen die wachsende Stärke des nationalsozialistischen Deutschland abzusichern.

1 Erläutern Sie mithilfe des Darstellungstextes die Gründe, warum England und Frankreich während der Zwischenkriegszeit Demokratien blieben.
2 Skizzieren Sie auf der Grundlage des Darstellungstextes die Unterschiede und Gemeinsamkeiten der britischen und französischen Außenpolitik während der Zwischenkriegszeit.

M3 Aus der Debatte des britischen Unterhauses vom 3. bis 6. Oktober 1938 über das Münchner Abkommen

Der Labour-Führer Clement Attlee:

Wir alle fühlten Erleichterung, dass es diesmal nicht zum Krieg gekommen ist. Jeder von uns hat Tage der Angst durchlebt; wir können aber nicht das Gefühl haben, dass Frieden erreicht ist; wir haben eher das Gefühl, dass wir nur einen Waffenstillstand in einem Kriegszustand haben. [...] Wir dürfen nicht nur die dramatischen Ereignisse der letzten paar Wochen betrachten, die im Lande so viel Besorgnis ausgelöst haben, sondern den Kurs der Politik, die Jahr für Jahr verfolgt wurde und die uns aus einer Position des Friedens und der Sicherheit in die unsichere Lage heute geführt hat, in der der Krieg zwar abgewandt worden ist, die Bedingungen aber, die zu einem Krieg führen können, immer noch gegenwärtig sind. [...] Vor allem muss die Welt, wenn sie Frieden haben soll, zur Herrschaft des Rechts zurückkehren. [...] Obwohl diese Anstrengungen den unmittelbaren Krieg abgewendet haben, war die schließliche Wirkung der ganzen Episode, die Überzeugung in der Welt zu stärken, dass Gewalt, Gewalt allein sich durchsetzt. Das ist die Gefahr, die die Gemüter der Leute bewegt.

Zit. nach: Parliamentary Debates, House of Commons, Vol. 339, Spalte 511–543, übers. von B. J. Wendt.

Der konservative Abgeordnete Winston Churchill:

Ich will damit beginnen zu sagen, [...] dass wir eine totale und vollständige Niederlage erlitten haben [...]. Man muss diplomatische und korrekte Beziehungen haben, aber es kann niemals Freundschaft geben zwischen der britischen Demokratie und der Nazimacht, der Macht, die christliche Ethik mit den Füßen tritt, die ihren Kurs mit einem barbarischen Heidentum weitertreibt, die sich brüstet mit dem Geist der Aggression und Eroberung, die Stärke und perverse Freude aus Verfolgung schöpft und die, wie wir gesehen haben, mit erbarmungsloser Brutalität die Drohung mörderischer Gewalt benutzt. Diese Macht kann niemals ein verlässlicher Freund der britischen Demokratie sein.

Zit. nach: Parliamentary Debates, House of Commons, Vol. 339, Spalte 360f. und 370, übers. von B. J. Wendt

M4 Der Historiker Peter C. Hartmann über die französische Innenpolitik der 1930er-Jahre, 2003

Ab 1930 bekam Frankreich dann die Weltwirtschaftskrise zu spüren. Dazu kam die Instabilität, verursacht durch die Uneinigkeit der vielen sich gegenseitig bekämpfenden Parteien der Rechten wie der Linken [...]. Deshalb erschütterten ab 1932 schwere Krisen mit Preisverfall, Lohnsenkungen und Arbeitslosigkeit das Land. In dieser Situation verlor die weitgehend ohnmächtige Rechte bei den Wahlen im Frühjahr 1932 die Mehrheit, die an die „Linksunion" fiel. Wie 1924 übernahm jetzt wieder Herriot die Regierung, die aber schon vor dem Ende des Jahres 1932 vor allem von den Sozialisten wieder gestürzt wurde. Angesichts von 16 in der Kammer vertretenen Parteien folgten nun in etwas mehr als einem Jahr fünf Regierungen. Die Mehrheitsverhältnisse machten das Land praktisch unregierbar. In dieser Zeit erhielten die antiparlamentarischen Ligen Zuwachs, während Skandale die Menschen erbosten und Massendemonstrationen mit Toten und vielen Verletzten die Republik erschütterten. Nach dem Rücktritt von Daladier bildete G. Doumergue eine Regierung der nationalen Einheit, der nur die Sozialisten und Kommunisten die Zustimmung versagten. [...] Bei den Wahlen im Frühjahr 1936 erzielte nämlich die unter der Parole „Brot, Frieden, Freiheit" angetretene Volksfront (Radikalsozialisten, Sozialisten und Kommunisten) einen klaren Wahlsieg (380 Abgeordnete gegenüber 220 der Rechten). Dabei verschob sich auch innerhalb der Linken das Gewicht der Parteien (Sozialisten 149, Radikalsozialisten 106, Kommunisten 72 Abgeordnete). So kam es zur ersten Regierungsbildung unter sozialistischer Führung. Ministerpräsident wurde Leon Blum (1872–1950). Da die Kommunisten der Regierung fernblieben, bildete Blum ein Kabinett der zwei anderen Linksparteien. [...]
Noch bevor die neue Regierung ihr Amt antreten konnte, kam es zu einer gewaltigen Streikwelle mit systematischer Besetzung von Betrieben. Für die neue Regierung Blum bedeutete diese „soziale Explosion" eine schwere Anfangshypothek, da das Land damals praktisch gelähmt und die Versorgung gefährdet war. [Die Regierung verabschiedete] zahlreiche Gesetzesentwürfe, welche die Lebensbedingungen der Arbeiter grundlegend verbesserten (bezahlter Jahresurlaub, Senkung der Wochenarbeitszeit von 48 auf 40 Stunden, Schulgeldbefreiung, ermäßigte Ferienbahnkarten u. a.). Diese für weite Schichten der Bevölkerung positiven Maßnahmen, welche die Nachfrage im Inneren erhöhten, führten jedoch zur Geldentwertung und zur Minderung der Konkurrenzfähigkeit französischer Produkte auf dem Weltmarkt. [...] [Die von der rechten Opposition und den ihr nahestehenden Presseorganen heftigst attackierte Regierung geriet] bald in Schwierigkeiten, da die Inflation die Lohnerhöhungen verschlang, die Begeisterung verschwand und die Kommunisten zunehmend auf Distanz gingen. Als Blum im Februar 1937 eine Pause der Reformen angekündigt hatte, kam er durch blutige Unruhen [...] und durch Streiks immer mehr unter Druck, der noch durch die zunehmenden wirtschaftlichen Probleme verschärft wurde. Deshalb trat er nach nur wenig mehr als einem Jahr zurück. Nach dem endgültigen Scheitern der Volksfront bildete Daladier im April 1938 eine neue, mehrheitlich radikalsozialistische Regierung [...].

Peter C. Hartmann, Geschichte Frankreichs, C. H. Beck, München [3]2003, S. 86 bis 88

1 **Skizzieren Sie mithilfe von M 4 die zentralen Merkmale der innenpolitischen Entwicklung Frankreichs in den 1930er-Jahren.**

6 Chinesische Revolution und Modernisierung Japans

„Ungleiche Verträge“
China und Japan bezeichneten damit die Verträge, die ihnen im 19. Jh. von den westlichen Mächten aufgezwungen wurden. Entsprechende Verträge von 1858, 1860, 1864 und 1881 sahen Gebietsabtretungen Chinas an das zaristische Russland vor.

Guomindang (GMD)
Die „Nationale Volkspartei“ wurde 1912 zu Beginn der Republik China gegründet und war von 1928 bis 1949 Regierungspartei der Republik. Nach dem Sieg der Kommunisten flohen ihre Mitglieder nach Taiwan. Die Partei vertrat ein nationales und konservatives Programm. Eine ihrer wichtigsten Führungspersonen war Chiang Kaishek als Militärbefehlshaber und Regierungschef.

M1 Chiang Kaishek (1887–1975) mit General Zang Xueliang, Fotografie, 1936

Chiang Kaishek übernahm seit 1925 Führungsfunktionen in der Guomindang: 1926/27 war er Oberbefehlshaber des erfolgreichen Nordfeldzuges, ab 1928 Ministerpräsident der Nationalregierung in Nanking. Mithilfe deutscher Berater reformierte er die Armee und führte Feldzüge gegen die Kommunisten, mit denen er während des Zweiten Weltkrieges jedoch zeitweilig zusammenarbeitete. Der Politiker war eng verbunden mit der städtischen Wirtschafts- und Finanzwelt, hatte allerdings wenig Erfolg bei der Lösung sozialer Probleme. Nach der Vertreibung der Japaner kämpfte er im Bürgerkrieg gegen die Kommunisten. Nach deren Sieg zog er sich mit seinen Anhängern nach Taiwan zurück. Bis zu seinem Tod war er Präsident der Republik China in Taiwan.

Erneuerung Chinas

Die 1912 gegründete Republik China war 1917 aufseiten der späteren Siegermächte in den Ersten Weltkrieg eingetreten. Dabei spielte die Hoffnung eine große Rolle, dass sich das Land von der Kolonialherrschaft (M 7) befreien könne. Die Empörung war daher groß, als die Ergebnisse der Pariser Friedenskonferenz von 1919 bekannt wurden. In geheimen Absprachen hatten sich die Großmächte darauf geeinigt, den ehemaligen deutschen Kolonialbesitz in China an Japan zu übertragen.
Studenten, Intellektuelle und Teile der städtischen Bevölkerung gründeten daraufhin die **„Bewegung des 4. Mai 1919“**. Sie entwickelte sich zu einer breiten politisch-kulturellen Bewegung, die den Nationalismus förderte und sich an Streiks, Demonstrationen und Boykotten gegen japanische Waren beteiligte. Überzeugt davon, dass nur ein radikaler Bruch mit der Vergangenheit und eine grundlegende geistige Erneuerung die Modernisierung Chinas garantiere, suchten ihre Anhänger nach neuen unverbrauchten Ideen für ihre politische Arbeit. Daher verfolgten sie u. a. die Entwicklungen im kommunistischen Russland seit der Oktoberrevolution 1917 (s. S. 355) genau. Denn die russischen Revolutionäre versprachen nicht nur, dass ihre marxistisch-leninistische Lehre die Grundlage für eine erfolgreiche Industrialisierung und die Schaffung von Wohlstand ohne Klassengesellschaft und Ausbeutung sei. Darüber hinaus verzichtete Russland auf die Vorrechte aus den „ungleichen Verträgen“*, die der russische Zar dem chinesischen Kaiser im 19. Jahrhundert aufgezwungen hatte.
Besonders das russische Versprechen, den antiimperialistischen Kampf der unterdrückten Völker zu unterstützen, beeindruckte einige Mitglieder der „Bewegung des 4. Mai“. Vor allem in den Städten entstanden zahlreiche marxistische Studienzirkel. Im Sommer 1921 gründeten Intellektuelle in Shanghai die **Kommunistische Partei Chinas** (KPCh). Sie wollte nach dem Vorbild der Sowjetunion und unter direkter Anleitung der Kommunistischen Internationalen (Komintern; s. S. 356) das rückständige Agrarland China in eine sozialistische Industriegesellschaft umwandeln. Ihre Gegner in der 1912 gegründeten Nationalen Volkspartei, der **Guomindang*** (GMD), traten dagegen für die Demokratisierung und Industrialisierung Chinas nach westlichem Muster ein. Und die „Warlords“ in den verschiedenen Provinzen stemmten sich sogar gegen jede politische und gesellschaftliche Veränderung. Diese selbstherrlich regierenden Kriegsherren waren die Nachfolger der alten kaiserlichen Provinzgouverneure. Sie befehligten eigene Armeen und sicherten ihren Unterhalt aus der jeweils beherrschten Region. Um das politische Chaos und die Herrschaft der Warlords zu überwinden, arbeiteten KPCh und Guomindang zwischen 1923 und 1927 im Rahmen einer „Volksfront“ zusammen.

Innenpolitische Kämpfe

Unter **Chiang Kaishek***, seit 1925 führender Funktionär der Guomindang, zerbrach diese Einheitsfront: Er bekämpfte nicht nur die Warlords, sondern ging auch gewaltsam gegen die Kommunisten und ihre Anhänger vor, die nach seinen Befürchtungen zu viel Einfluss bei Arbeitern und Bauern bekommen könnten. Das **Blutbad von Shanghai** im Jahre **1927**, bei dem die Truppen Chiang Kaisheks Kommunisten und Gewerkschaftsmitglieder niedermetzelten, verschärfte die politischen Konflikte im Land und bewirkte eine politische Neuorientierung im Reich der Mitte:
– Die **Guomindang-Bewegung** entwickelte sich unter Chiang Kaisheks Führung zunehmend zu einer Partei, die sich auf die Grundbesitzer, die Militärs und das

Großbürgertum in den Hafenstädten stützte. Eine grundlegende Modernisierung – vor allem eine Agrarreform, die den besitzlosen Bauern Land gab und den hoch verschuldeten Pachtbauern ihre Lasten nahm – war mit diesen Kräften aber nicht durchzusetzen.

– Die **Kommunisten** Chinas verwarfen die Lehre der sowjetischen Kommunisten, nach der das Industrieproletariat die Hauptstütze der kommunistischen Bewegung sei. Dagegen erkannte **Mao Zedong***, der nach dem Massaker von Shanghai an die Spitze der Partei aufrückte, dass die Kleinbauern in dem kaum industrialisierten Land die Hauptkraft einer sozialen Revolution sein müssten. „Wer das Agrarproblem löst", argumentierte er, „wird die Bauern gewinnen; und wer die Bauern gewinnt, wird China gewinnen." Folgerichtig setzte die KPCh alles daran, das Vertrauen der Bauern zu erhalten. In der natürlichen Gebirgsfestung des Grenzgebietes zwischen Hunan und Kiangsi konnten sich Bauernkommunen zu größeren wehrhaften Bauernrepubliken („Sowjets") zusammenschließen; hier entstand die Rote Armee, eine von Offizieren ausgebildete Rebellenarmee.

Der „Lange Marsch"

1934 konnten die Bauernrepubliken im Kiangsi-Sowjetgebiet den Vernichtungsfeldzügen Chiang Kaisheks nicht länger widerstehen. Mao entschloss sich daraufhin zu der großen Flucht- und Ausweichbewegung, die als der „Lange Marsch" in die Geschichte eingegangen ist. Er dauerte ein volles Jahr und ging über 9700 Kilometer. Viele überlebten die Strapazen nicht.

Der „Lange Marsch" war nicht nur ein strategischer Rückzug, sondern auch ein – häufig mit brutaler Gewalt durchgeführter – Vorstoß kommunistischer Kader (= Führungskräfte) in neue Gebiete. Dort verteilten sie den Grundbesitz neu, gründeten Dorfkommunen, von denen aus sich „wandernde Sowjets" ausbreiten konnten. Bauernpartisanen schlossen sich häufig der Roten Armee an.

Dass die Rote Armee Mao Zedongs auf dem „Langen Marsch" zusammenhielt und ihr politischer Wille ungebrochen blieb, lag auch an dem Feind Japan (s. S. 371 ff.), den sie im Zweiten Weltkrieg außer den Truppen Chiang Kaisheks

M2 Mao Zedong im Gespräch mit armen Bauern, Fotografie, um 1930

Mao Zedong (alte Schreibweise Mao Tse-tung; 1893–1976) entstammte einer Bauernfamilie und war in seiner Jugend Lehrer und Hilfsbibliothekar. 1921 gehörte er zu den Mitbegründern der KPCh, war Mitglied des Zentralkomitees (ZK) Mitte der 1920er-Jahre und Agitator der Bauernbewegung in seiner Heimatprovinz Hunan. Nach einem fehlgeschlagenen Aufstand 1927 zog er sich in eine Guerrillabasis in der Provinz Jianxi zurück, wo er Vorsitzender der „Sowjetrepublik" wurde. Während des „Langen Marsches" fand er breite Anerkennung als Parteiführer. Er passte den Marxismus den chinesischen Verhältnissen an, indem er in den Bauern die treibende revolutionäre Kraft sah. Ab 1943 war er Vorsitzender des ZK der KPCh und besaß zu Beginn der Volksrepublik umfassende Macht. In der Kulturrevolution (1966–1976) entfesselte er eine Massenbewegung, der Hunderttausende zum Opfer fielen.

M3 China 1912 bis 1945

M4 Ausrufung der Volksrepublik auf dem Tiananmen-Platz durch Mao Zedong, Ölgemälde von Dong Xiwen (1914–1973), Kopie 1980 nach dem Original von 1953

Internettipp

www.bpb.de/themen/NC6ZUB,0,0,Mythos_Mao.html
„Mythos Mao", ein Beitrag des Publizisten Gregor Delvaux de Fenffe im Rahmen eines China-Dossiers der Bundeszentrale für politische Bildung

www.bpb.de/themen/1LWS7P,0,Politische_Geschichte_Chinas_19001949.html
„Politische Geschichte Chinas 1900 bis 1949", ein Beitrag von Thoralf Klein, Privatdozent am Historischen Seminar der Universität Erfurt, im Rahmen des gleichen China-Dossiers

www.planet-wissen.de/pw/Artikel,,,,,077B5724A05F132FE0440003BA5E08D7,,,,,,,,,,,,.html
Umfangreiche Informationen zur Geschichte Chinas unter Mao bietet „Planet Wissen", der Internetauftritt von WDR, SWR und BR alpha.

www.faz.net/s/Rub696FDA5A573541D99F69E4013CDA47CE/Doc~ECB1361F093454743AC09263C50B8D910~ATpl~Ecommon~SMed.html
„Der lange Weg zur Weltmacht": umfangreiches China-Dossier (1842–2008) der „Frankfurter Allgemeinen Zeitung"

besiegen wollte. Unterstützung erhielten die Kommunisten für ihren militärischen Kampf vor allem aus den ländlichen Regionen, wo sie durch ihre Agrarreformen (Pacht- und Steuersenkungen, Landumverteilungen) das Vertrauen der Bevölkerung gewonnen hatten. Bald verfügten sie über eine Massenbasis. Geschickt hatte es die kommunistische Führung verstanden, ihre Bewegung als nationale Interessenvertretung Chinas darzustellen und dadurch ihre Anziehungskraft erhöht.

In den Jahren **1942/43** durchlitten die Menschen in der Provinz Honan eine der größten **Hungerkatastrophen** der Geschichte. Ohnmächtig mussten sie die Unfähigkeit ihrer Zentralverwaltung erkennen, die Bevölkerung mit Nahrungsmitteln zu versorgen. Nach einer vorübergehenden Verhaftung Chiang Kaisheks durch seine eigenen Truppen erklärte er sich zu einer zweiten Einheitsfront zwischen Guomindang und Kommunisten bereit, um die Japaner, die bereits 1931 die rohstoffreiche Mandschurei besetzt und im Juli 1937 eine erneute Offensive auf das chinesische Kernland begonnen hatten, zu bekämpfen (s. S. 373). Das Bündnis hielt bis 1945, als die Japaner – geschwächt durch den Kampf mit den USA und aufgrund ihrer Kapitulation – aus China vertrieben wurden.

„Volksrepublik China"

Nach Kriegsende 1945 versuchte die Guomindang-Regierung, das Land wieder unter ihre Kontrolle zu bringen. Chiang Kaishek konnte dabei zunächst auf den Rückhalt von Industrie und Handel bauen. Auch die USA unterstützten ihn, wenngleich sie Selbstherrlichkeit und Korruption der Guomindang kritisierten. Die Sowjetunion hatte 1945 zwar noch einen Bündnis- und Freundschaftsvertrag mit der Nationalregierung geschlossen, um ihre eigenen territorialen Interessen in China zu sichern. Doch musste die sowjetische Führung spätestens 1948 einsehen, dass die KPCh den Sieg davontragen werde.

In dem verlustreichen **Bürgerkrieg** der Jahre von 1945 bis 1949 kam es darauf an, wer die von den Japanern geräumten Gebiete zuerst besetzen würde. Dass die Kommunisten, die im Norden im Vorteil waren, die militärische Auseinandersetzung gewannen, war in den ersten Bürgerkriegsjahren noch nicht abzusehen. Erst 1948 begann der Siegeszug der Roten Armee von Norden nach Süden: Nach der Eroberung des Landes fielen ihr die Städte zu. Im April 1949 überschritt die Mehrheit der kommunistischen Truppen den Yangzi, im Herbst war fast ganz China in ihren Händen. Chiang Kaishek floh 1949 mit zwei Millionen Anhängern und den

Kunstschätzen des Kaiserpalastes auf die Insel Taiwan, wo er die einheimische Elite blutig ausschaltete und eine Militärdiktatur errichtete. Und am 1. Oktober **1949** verkündete Mao Zedong in Peking vom Tor des Kaiserpalastes am Tiananmen-Platz die Errichtung der **sozialistischen Volksrepublik China** (M 4, M 8).

Öffnung Japans

Um 1542 kamen Portugiesen als erste Europäer nach Japan. Sie nahmen rege Handelsbeziehungen mit japanischen Kaufleuten auf, in deren Folge auch christliche Missionare das Land bereisten. Deren Missionserfolge unter der japanischen Bevölkerung wurden von den japanischen Herrschern zunächst geduldet. Zunehmend sahen sie jedoch die Christianisierung als Vorreiter für eine westliche Expansion nach Japan. Ein **Aufstand christlicher Bauern** in Shimabara (östlich von Nagasaki) in den Jahren 1637/38, der brutal niedergeschlagen wurde, bot daher den Anlass, Japan weitgehend von der Außenwelt abzuschotten. Kein Japaner durfte seitdem das Land verlassen und kein katholischer Christ japanischen Boden betreten. Der gesamte Außenhandel wie auch die diplomatischen Beziehungen mussten über die Hafenstadt Nagasaki abgewickelt werden.
Das änderte sich erst 1854, als eine US-amerikanische Flotte unter Commodore Matthew Perry die Öffnung von Vertragshäfen und damit die **Aufnahme des Handelsverkehrs** erzwang. Die in den folgenden Jahrzehnten mit westlichen Kolonialmächten abgeschlossenen „ungleichen Handelsverträge“, die westlichen Kaufleuten weitreichende Vorrechte einräumten, brachten Japan wenig Vorteile. Dagegen regte sich im Land schon bald heftiger Widerstand. Innere Machtkämpfe führten 1868 zur Wiederherstellung des Kaisertums, nachdem der *Tenno* (Kaiser) seit dem frühen 17. Jahrhundert nur noch nominelle Bedeutung als religiöses Oberhaupt ohne politischen Einfluss besessen hatte, während die eigentliche Regierungsgewalt bei den *Shoguns*, den militärischen Oberbefehlshabern, lag. Gemäß einer langen Tradition, nach der jeder neue Kaiser seiner Regierungszeit ein bestimmtes Motto gab, erhielt die bis 1912 dauernde Herrschaft von Kaiser Mutsuhito die Bezeichnung „meiji“, „Erleuchtete Regierung“. Während dieser **Meiji-Restauration** wurden die **Grundlagen für das moderne Japan** gelegt.

Internettipp
www.japanlink.de/gp/index.shtml
Private Seite von jungen Japanologen; unter der Rubrik „Geschichte“ finden sich Informationstexte zu einzelnen Epochen japanischer Geschichte von 550 bis heute sowie thematisch geordnete Beiträge (z. B. „Japanischer Militarismus“, „Mogoleninvasionen“), weitere Rubriken: Politik und Wirtschaft

www.japan-photo.de/history.htm
Bildergalerie zur japanischen Geschichte einer Bildagentur (Japan-Photo-Archiv), kurze Kommentare zu verschiedenen Perioden japanischer Geschichte als Einleitung zu Abbildungen von „Personen“ und zu „Ereignissen“

www.ruhr-uni-bochum.de/gj/material02.html
Vorlesungsreader mit Quellen in englischer und deutscher Übersetzung zur Vorlesung „Japan zwischen Tradition und Moderne, 1850–1945“ der Ruhr-Universität Bochum

Modernisierung und Industrialisierung

Entschlossen, sich nicht vom Westen kolonisieren zu lassen (M 9), beseitigte die Regierung die Vorrechte der Samurai („Krieger“) und modernisierte das Militärwesen. Vor allem aber stärkte sie die Zentralgewalt. Damit verfügten die Reformkräfte über das geeignete Instrument, um Gesellschaft und Wirtschaft von Grund auf zu erneuern. Nicht einzelne Unternehmer, sondern der Staat trieb mit großem Tempo und dirigistischen Methoden die Modernisierung voran. Er garantierte die freie Berufswahl, wandelte die Grundsteuern von Naturalabgaben in Geldsteuern um, hob die Bindung der Bauern an den Boden auf, entwickelte ein modernes Bankwesen, führte die Gewerbefreiheit und die allgemeine Schulpflicht ein. Ungeachtet aller Selbstständigkeitsbestrebungen holte Japan auch ausländische Experten ins Land, die bei der Modernisierung von Armee und Wirtschaft halfen. Darüber hinaus förderte der Staat den Eisenbahnbau und den Export. Obwohl Japan im Vergleich zu Großbritannien, den USA und Deutschland in seiner industriellen Entwicklung zurückblieb, war es doch das einzige nicht-westliche Land, das im ausgehenden 19. und beginnenden 20. Jahrhundert eine **Industrielle Revolution** durchlief.
Gestützt auf seine modernisierte Armee begann Japan mit einer **Expansionspolitik** (M 5), die bald zu militärischen Konflikten führte: 1894/95 besiegte es das kaiserliche China und sicherte sich damit die Vorherrschaft in Korea. 1905 fügten die Japaner den Russen im Russisch-Japanischen Krieg eine verheerende Niederlage in der Seeschlacht von Tsushima zu. Erneut ging es um die Vorherrschaft in Korea,

M5 Die japanische Expansion in Asien bis 1941

das von Japan 1910 annektiert wurde und bis 1945 japanische Kolonie blieb. Dieser erste Sieg eines asiatischen Staates über eine europäische Großmacht löste in Japan eine Welle nationaler Begeisterung aus.
Der Aufstieg der japanischen Wirtschaft setzte sich während des Ersten Weltkrieges fort. Japan profitierte von diesem Krieg, da die europäischen Großmächte die asiatischen Märkte vernachlässigen mussten, die jetzt den Japanern offenstanden. In den 1920er-, vor allem aber in den 1930er-Jahren schwächten jedoch **Krisen** die japanische Wirtschaft. Das Land verlor seine Exportmärkte in West- und Südostasien wieder, da die Europäer die japanische Konkurrenz verdrängen konnten. Dadurch verarmten die Bauern und die Arbeitslosigkeit stieg. Als Japan seine ständig wachsende Bevölkerung nicht mehr ausreichend ernähren konnte, bekamen nationalistische Kräfte erneuten Zulauf. Allen voran zeigte sich das Militär anfällig für einen **extremen Nationalismus**. Nach dieser Ideologie war die „Verwestlichung" des gesamtgesellschaftlichen Lebens verantwortlich für die Krise; eine Lösung erschien nur durch die Rückkehr zu den alten japanischen Tugenden der Disziplin, des Gehorsams und des Kampfes möglich. Der alte Kaisermythos und die Tradition des kriegerischen Samurai wurden reaktiviert. Die japanische Antwort auf die Weltwirtschaftskrise Ende der 1930er-Jahre bestand darin, dass ein **militaristischer Staat** errichtet wurde. Sein Ziel war die japanische Vorherrschaft über Ostasien.

Japan im Weltkrieg

Die erfolgreiche Modernisierung stärkte das politische Selbstbewusstsein Japans nachhaltig. Bereits im Ersten Weltkrieg vergrößerte das Land seine Kriegs- und Handelsmarine und konnte nach 1918 zur pazifischen Großmacht und drittgrößten Seemacht aufsteigen, nachdem die europäischen Siegermächte Japan bei den Pariser Friedensverhandlungen Gebiete in China überlassen hatten. Während der Zwischenkriegszeit betrieb Japan selbst imperialistische Expansionspolitik. Nach dem „Tanaka-Memorandum" von 1927, das 1931 in Hongkong veröffentlicht wurde, strebte der Inselstaat die Eroberung großer Teile Asiens an. Und 1937 proklamierte die Regierung die **„Neue Ordnung Ostasiens"**, in der die japanische Vorherrschaft gesichert werden solle. Dabei war auch von der „göttlichen Mission" Japans die Rede und dem Anspruch, die Neuordnung Ostasiens auch auf Indochina und die Südsee auszudehnen. Schon 1931 besetzten die Japaner die rohstoffreiche Mandschurei in China und proklamierten dort das abhängige **Kaiserreich Mandschukuo**. Im Juli 1937 trug Japan erneut eine militärische Offensive auf das chinesische Kernland vor, die in Asien den Zweiten Weltkrieg einleitete. Die japanischen Angriffe führten zu unermesslichen Leiden in der chinesischen Bevölkerung. Neben Kriegsverbrechen wie Menschenversuchen und chemisch-bakterieller Kriegführung blieb besonders das grausame **Massaker von Nanking im Dezember 1937** in Erinnerung. Japanische Soldaten vergewaltigten und ermordeten dort zehntausende chinesischer Zivilisten. Der Kriegsausbruch in Europa ermutigte die japanischen Militärs, den Krieg weiter auszudehnen. Der Sieg des Bündnispartners Deutschland über die Niederlande und Frankreich 1940 erleichterte Japan die Besetzung Niederländisch-Indiens (das heutige Indonesien) und Französisch-Indochinas (heute Laos, Kambodscha und Vietnam). In Südostasien drang Japan, das für seine Kriegführung Erdöl und andere Rohstoffe benötigte, bis ins ölreiche Birma vor und bedrohte sogar die britische Kolonialherrschaft in Indien.

Die japanische Expansion scheiterte an den USA, die im Juli 1941 die Erdölausfuhr nach Japan sperrten und dessen Rückzug aus den 1931 besetzten Gebieten verlangten. Als eine diplomatische Lösung dieses Konfliktes scheiterte, griffen japanische Truppen am 7. Dezember 1941 überraschend den Stützpunkt der US-amerikanischen Pazifikflotte **Pearl Harbor** an. Seit Mitte 1942 zeigte sich jedoch immer deutlicher, dass Japan den Kampfwillen und die Kampfkraft der USA unterschätzt hatte. Die Amerikaner konnten in verlustreichen Kämpfen den Krieg im Pazifik für sich entscheiden. Mit dem Abwurf der ersten **Atombomben auf Hiroshima und Nagasaki** im August 1945 (s. S. 617) endete für Japan das Abenteuer der „Neuen Ordnung Ostasiens" (M 10); für die Welt begann das Zeitalter der atomaren Bedrohung.

Internettipp
www.nankingatrocities.net/note/note.htm
Online-Dokumentation über das Nanking-Massaker, entstanden im Rahmen einer Master-Arbeit des Studiengangs Journalistik der University of Missouri-Columbia (engl.)

Internettipp
www.stern.de/wissenschaft/natur/543302.html
Dossier des Stern: „60 Jahre nach der Bombe" von Hiroshima/Nagasaki.

www.spiegel.de/wissenschaft/mensch/0,1518,352024,00.html
„Hiroshima-Serie" des „Spiegel" von 2005 anlässlich des 60. Jahrestages der Atombombenabwürfe auf Hiroshima und Nagasaki

1 Skizzieren Sie die unterschiedlichen Wege Japans und Chinas in die moderne Welt des 20. Jahrhunderts.

M 6 Hiroshima nach der Atombombenexplosion am 6. August 1945

M7 Einflussgebiete und Stützpunkte ausländischer Mächte in China bis 1912

Weiterführende Arbeitsanregung:

1 Untersuchen Sie, ausgehend von der Karte (M 7), in arbeitsteiliger Gruppenarbeit:
   a) die Etappen des Vordringens der imperialistischen Mächte nach China,
   b) die Interessen der imperialistischen Großmächte an China und, damit zusammenhängend,
   c) die Einflussgebiete und Stützpunkte der imperialistischen Mächte in China sowie
   d) die Formen imperialistischer Herrschaft in China.

2 Präsentieren Sie Ihre Ergebnisse in Referaten oder auf Wandzeitungen.

Literaturtipp

Die Zeit, Welt- und Kulturgeschichte. Epochen, Fakten, Hintergründe in 20 Bänden, Bd. 12, Zeitverlag, Hamburg 2006, bes. S. 352–380

Andreas Eckert, Kolonialismus, Fischer Taschenbuch, Frankfurt/Main 2006, bes. S. 37 ff.

Wolfgang Reinhard, Kleine Geschichte des Kolonialismus, Kröner, Stuttgart 1996, bes. S. 202 ff., 213 ff.

Thoralf Klein, Geschichte Chinas. Von 1800 bis zur Gegenwart, UTB, Paderborn 2007, S. 291–321

M8 Der Sieg der Kommunisten in China: Ansätze und Positionen der Forschung

Die Historikerin Patricia Buckley Ebrey referiert Positionen zum Sieg der KPCh (1996):

Der Aufstieg der Kommunistischen Partei ist eines der am eingehendsten erforschten Themen in der gesamten chinesischen Geschichte. Je länger sich die Historiker mit dem Leben in den Dreißiger- und Vierzigerjahren beschäftigen, desto mehr Fehler der Nationalisten fördern sie zutage: allgemeine Korruption innerhalb der Regierung, steigende Inflation, hoffnungslose Armut, eine Entfremdung der Bildungselite gegenüber dem Staat oder die Fortdauer der Herrschaft von Warlords. Die Fülle dieser Belege lässt den Sieg der Kommunisten als etwas Zufälliges erscheinen: Sie waren einfach gerade zur Stelle, als die Nationalisten die Unterstützung beim Volk verloren. Andererseits zeigten sich Wissenschaftler, die die lokalen Programme der Kommunisten untersucht haben, beeindruckt von der Art und Weise, wie sie sich die bedrückende Armut auf dem Land und die Invasion durch ausländische Mächte zunutze machten, indem sie die Dorfbewohner davon überzeugten, dass nur noch radikale Veränderungen etwas bewirken könnten und die Kommunistische Partei darauf am besten vorbereitet sei. Unter diesem Blickwinkel erscheint der Sieg der Kommunisten fast als vorherbestimmt, als das Ergebnis einer überlegenen Strategie und viel besserer organisatorischer Methoden. Und dann gibt es als Drittes Untersuchungen über die innere Parteipolitik der Kommunisten, die die überragende Bedeutung von Mao Zedong als Meistertaktiker gezeigt hat, der fast ohne fremde Hilfe aus der Partei eine schlagkräftige Waffe gemacht hatte, die nur noch auf sein Kommando hörte. Vermutlich haben alle drei Sichtweisen ihre Berechtigung. Wären die Nationalisten erfolgreicher gewesen, so wäre es der Kommunistischen Partei nicht gelungen, die Revolution nach China hineinzutragen; doch als die Revolution dann nach China kam, war sie zu einem großen Teil von den Ideen, Erfahrungen und der Persönlichkeit Mao Zedongs geformt.

Patricia Buckley Ebrey, China, übers. v. Udo Rennert, Campus, Frankfurt/M. 1996, S. 287

1 a) Fassen Sie die in M 8 vorgestellten Bewertungen des Aufstieges der Kommunisten seit den 1930er-Jahren zusammen.
b) Arbeiten Sie die Unterschiede zwischen den einzelnen Positionen heraus.
c) Charakterisieren Sie die Position, die Ebrey selbst vertritt.

2 Diskutieren Sie, welche der Thesen im Text Ihnen am ehesten einleuchtet. Begründen Sie Ihre Stellungnahme.

M 9 Chinesische Revolution und japanische Modernisierung – unterschiedliche Strategien im Umgang mit dem Westen

Der Historiker Jürgen Osterhammel schreibt dazu 1990:

Blickt man vom Schicksalsjahr 1931 zurück, so lässt sich ein Resümee ziehen: Die ostasiatischen Reiche waren in eine Welt hinein „geöffnet" worden, in welcher Europa politisch dominierte und kulturell den Ton angab. Sie hatten sich völlig unterschiedlich darauf eingestellt. Beide hatten dieser neuen Welt Widerstand entgegengesetzt. Japan hatte sich dabei als lernwilliger, wenngleich höchst wählerischer Schüler des Westens erwiesen, der ehrgeizig nach Gleichberechtigung strebte. Die treibende Kraft dabei war ein Teil der alten herrschenden Klasse selbst, der den Westen mit seinen eigenen Mitteln zu schlagen suchte. Diese Strategie führte zu einer beispiellosen sozialökonomischen Modernisierung. Sie führte aber auch in die weltpolitische Isolation. Erst entschied sich Japan gegen die Solidarität mit den anderen Völkern Asiens, namentlich mit China; dann entschied es sich gegen den Einklang mit der westlichen Staatengemeinschaft. Dieser Kurs scheiterte 1945.

Chinas Widerstand gegen den Westen war lange Zeit passiver Art geblieben. Erst um die Jahrhundertwende wurden sich größere Teile der Elite und um 1920 auch der neuen städtischen Arbeiterschaft des Ernstes der Lage bewusst (während die Bauernschaft nach wie vor wenig Einfluss auf die nationale Politik hatte). Der Zentralstaat war aber bereits zu schwach geworden, um eine Modernisierung „von oben" nach japanischem Vorbild durchsetzen zu können. Der Impuls zur Umwälzung konnte nur von außerhalb des bestehenden politischen Systems kommen. Eine solche revolutionäre Alternative war seit Langem keimhaft angelegt. Sie entwickelte sich deutlicher vor allem während der Zwanzigerjahre, setzte sich aber erst 1949 durch.

Um die Mitte des 19. Jahrhunderts standen China und Japan außerhalb der internationalen Ordnung. Um die Mitte des 20. erschütterte Weniges diese Ordnung so sehr wie der Aufstieg und Fall des japanischen Imperiums und die chinesische Revolution.

Jürgen Osterhammel, Chinesische Revolution und Modernisierung Japans, in: August Nitschke, Gerhard A. Ritter, Detlev Peuckert, Rüdiger vom Bruch (Hg.), Jahrhundertwende. Der Aufbruch in die Moderne 1880–1930, Bd. 1, Rowohlt, Reinbek bei Hamburg 1990, S. 483 f.

1 Erläutern Sie mithilfe von M 9 die unterschiedlichen Strategien Japans und Chinas, mit der politischen und kulturellen Vorherrschaft Europas bzw. des Westens umzugehen. Untersuchen Sie dabei sowohl die gesellschaftspolitischen als auch die außenpolitischen Folgen japanischer und chinesischer Politik.

M 10 „Wenn wir Hiroshima sagen" – ein Gedicht der japanischen Pazifistin Kurihara Sadako aus dem Jahre 1972

Wenn wir Hiroshima sagen
Kann es da eine sanfte Antwort geben wie
Ah, Hiroshima?
Wenn wir Hiroshima sagen,
kommt die Antwort zurück
Pearl Harbor.
Wenn wir Hiroshima sagen,
kommt die Antwort zurück
Massaker von Nanking.
Wenn wir Hiroshima sagen,
kommt die Antwort zurück
Frauen und Kinder
In einem Grab zusammengehäuft,
mit Benzin zu Tode verbrannt in Manila.[1]
Wenn wir Hiroshima sagen,
kommt ein Echo zurück von Blut und Flammen …

R. Hidake, The Price of Affluence, Tokyo 1984, übers. vom Verf.

1 Manila, die philippinische Hauptstadt, war wie der größte Teil Südostasiens von den Japanern besetzt.

1 Erörtern Sie, unter welchen Gesichtspunkten das Gedicht die japanische Vergangenheit im Zweiten Weltkrieg reflektiert.

Der Kampf der Ideologien – die Zeit zwischen den Weltkriegen

Zentrale Begriffe

Zusammenfassung

Die **USA** und **Russland** bzw. die Sowjetunion prägten die Weltpolitik im 20. Jahrhundert nachhaltig. Die Auseinandersetzung zwischen diesen beiden Mächten war stets auch ein Kampf zwischen unvereinbaren Ideologien: Obwohl die kommunistische Herrschaft, vor allem unter Stalin, auf brutaler Gewalt und Terror beruhte, stellte die Sowjetmacht die Vorzüge der kommunistischen Staats- und Gesellschaftsreform heraus und forderte andere Länder zur Nachahmung von Revolution und russischer Politik auf. Dagegen traten die Amerikaner als Vorkämpfer von liberaler Demokratie und Markwirtschaft auf. Bei der Neuordnung des europäischen Staatensystems nach dem Ersten Weltkrieg auf der Pariser Friedenskonferenz setzten die USA außerdem das nationale Selbstbestimmungsrecht durch. In Osteuropa sorgte das nicht für mehr Gerechtigkeit und Frieden, sondern für vermehrte Nationalitätenkonflikte. Darüber hinaus war der Friede in Europa von Anfang an bedroht durch die Machtinteressen der einzelnen Staaten. Besonders die Verlierer des Ersten Weltkrieges, allen voran Deutschland, fühlten sich von den Siegern diskriminiert und bestraft und strebten daher die Überwindung der in Paris geschaffenen Staatenordnung an.

Im Kampf der Ideologien, der die Innen- und Außenpolitik der europäischen Staaten während der Zwischenkriegszeit von 1918 bis 1939 bestimmte, hielten **Großbritannien** und **Frankreich** an demokratischen Grundsätzen fest. Trotz wirtschaftlicher Krisen und heftiger innenpolitischer Auseinandersetzungen blieben in diesen Ländern die extremen demokratiefeindlichen Strömungen auf der politischen Rechten wie der Linken relativ schwach.

In **Italien** scheiterte die Demokratie bereits 1922 und ein faschistisches Regime setzte sich durch. Die Faschisten, an deren Spitze der Duce Benito Mussolini stand, beseitigten die demokratische Ordnung und errichteten eine totalitäre Diktatur. Im Unterschied zu den Nationalsozialisten in Deutschland konnten die italienischen Faschisten nicht alle konkurrierenden Institutionen ausschalten, sondern mussten bei ihrer Machtausübung auf Monarchie, Kirche oder Armee Rücksicht nehmen. Außenpolitisch zielte die Herrschaft Mussolinis auf Expansion.

In **Spanien** kam es in den Jahren 1936–1939 zu einem blutigen Bürgerkrieg, in dem die national-faschistischen und konservativen Kräfte unter General Franco das republikanische Lager besiegten. Beide Lager wurden von anderen europäischen Staaten oder Gruppierungen unterstützt.

Politisch-ideologische Auseinandersetzungen gab es während der Zwischenkriegszeit nicht nur in Europa. In **China** bekämpften sich seit dem Ersten Weltkrieg die Kommunisten und die Anhänger der Nationalen Volkspartei, die eine Demokratisierung und Industrialisierung nach westlichem Vorbild anstrebten. Sie unterlagen 1949 den Kommunisten, die mit Mao Zedong an der Spitze die Volksrepublik ausriefen. Im Unterschied zur Sowjetunion betonte der Maoismus die Macht der Bauern im Agrarland China. **Japan** wandelte sich seit dem 19. Jahrhundert mithilfe durchgreifender Reformen zu einem modernen Industriestaat, wobei die Japaner viel vom Westen lernten. In den 1930er-Jahren distanzierte sich Japan jedoch vom Kurs der „Verwestlichung", extrem nationalistische und militaristische Kräfte setzten sich durch. Japan begann in Ostasien eine aggressive Expansionspolitik, die 1945 mit seiner Niederlage endete.

M1 **Die Weltwirtschaft in der Krise 1927–1932**

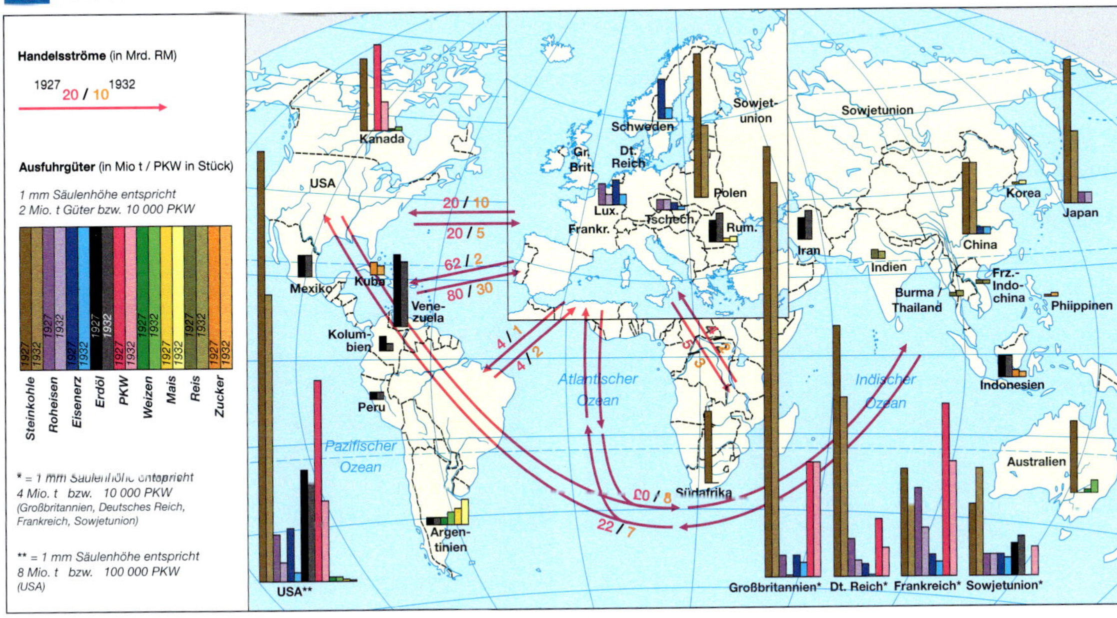

Zeittafel

1917 Oktoberrevolution in Russland
1918–1921 Bürgerkrieg in Russland
1918 Sonderfrieden von Brest-Litowsk zwischen dem Deutschen Reich und Russland
1919 Versailler Vertrag und Pariser Vorortverträge
1921 Ablehnung des Beitritts der USA zum Völkerbund durch den US-Kongress
1921 „Neue Ökonomische Politik" (NEP) in der Sowjetunion; Gründung der Kommunistischen Partei in China
1922 Vertrag von Rapallo zwischen Sowjetrussland und Deutschem Reich; Gründung der Sowjetunion (UdSSR)
1922 Stalin Generalsekretär der KPdSU in der Sowjetunion; „Marsch auf Rom" durch Mussolini in Italien
1923 Besetzung des Ruhrgebietes durch französische und belgische Truppen
1924 Tod Lenins, Nachfolge Stalins
1925 Vertrag von Locarno
1926 Eintritt Deutschlands in den Völkerbund
1926 Generalstreik in Großbritannien
1927 „Tanaka-Memorandum" zur Expansionspolitik Japans; Beginn der Zwangskollektivierung und der verstärkten Industrialisierung in der Sowjetunion
1929 Beginn der Weltwirtschaftskrise
1930 Räumung des Rheinlandes durch alliierte Truppen
1931 Bildung einer Allparteienregierung in Großbritannien
1931 Japanischer Überfall auf die Mandschurai
1933–1945 Franklin D. Roosevelt Präsident der USA
1933 New Deal-Politik in den USA; Austritt Japans und Deutschlands aus dem Völkerbund
1934 Nichtangriffspakt zwischen Deutschland und Polen
1934 Eintritt der Sowjetunion in den Völkerbund
1934 Bildung einer Regierung der „Nationalen Union" in Frankreich
1935/36 Überfall Italiens auf Äthiopien
1936–1938 Schauprozesse und Massenterror in der UdSSR
1936–1939 Spanischer Bürgerkrieg
1936 Volksfront-Regierung in Frankreich
1936 Achse Berlin–Rom, ein Jahr später erweitert um Japan
1937–1945 Chinesisch-Japanischer Krieg
1937 „Quarantäne-Rede" Roosevelts
1937 Josip Broz (Tito) Generalsekretär der KPJ
1939 Hitler-Stalin-Pakt, Beginn des Zweiten Weltkrieges

Anwendungsaufgabe

M2 **Architektur in demokratischen und totalitären Staaten – ein Vergleich**

a) Die nationalsozialistische Konzeption der „Welthauptstadt Germania", Modell

b) Die Glaskuppel des Deutschen Reichstags, Fotografie, 2007

1 Untersuchen Sie die Selbstdarstellung einer totalitären Diktatur und einer Demokratie am Beispiel Berliner Architektur:

a) Beschreiben Sie den NS-Entwurf für die „Welthauptstadt Germania" (M 2 a).

b) Erörtern Sie am Beispiel des NS-Entwurfs (M 2 a), welches Bild das NS-Regime von sich selbst besaß bzw. vermitteln wollte.

c) Beschreiben Sie die gläserne Reichstagskuppel der Gegenwart, das Symbol des wiedervereinigten Deutschland (M 2 b).

d) Erörtern Sie am Beispiel der von Sir Norman Foster entworfenen Reichstagskuppel (M 2 b), welches Bild die Bundesrepublik Deutschland nach der Wiedervereinigung von sich selbst besitzt bzw. vermitteln will.

Epochenbezüge

M3 Regierungsformen in Europa um 1926 und um 1937

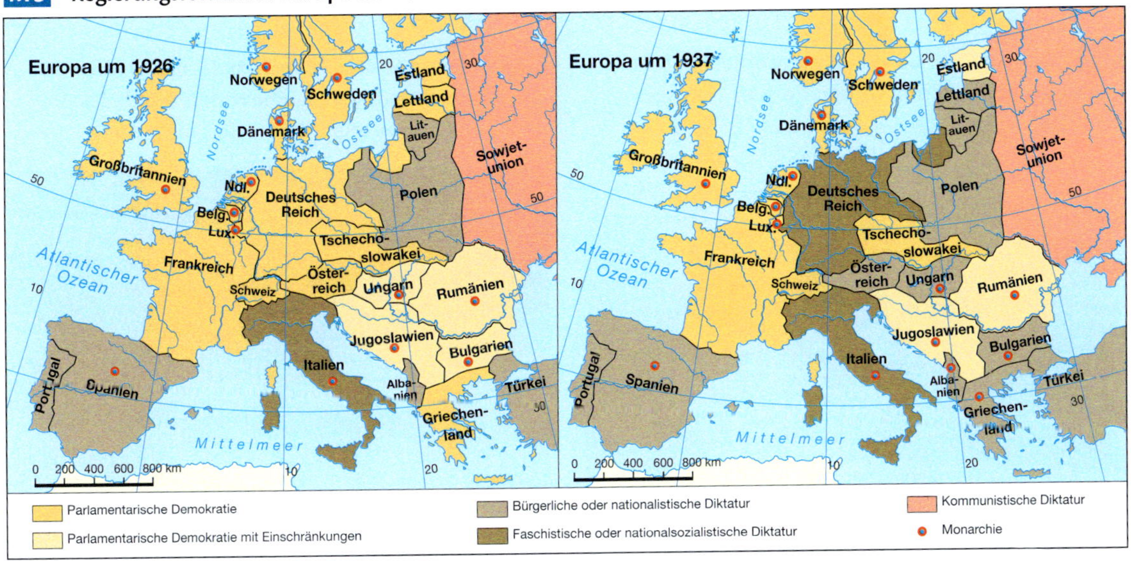

Präsentationsvorschläge

Thema 1:

Die Kunst des Friedensschließens – Die Problematik der Pariser Vorortverträge

Bereiten Sie einen Vortrag über die Pariser Friedenskonferenz bzw. die Pariser Vorortverträge vor. Erörtern Sie erstens die politischen Grundprinzipien der in Paris geschaffenen Staatenordnung. Prüfen Sie zweitens, ob sich diese Friedensordnung in der Praxis bewährt hat. Und beschäftigen Sie sich drittens mit dem Problem der Ursachen von Erfolg oder Misserfolg.

Literaturtipp

Eberhard Kolb, Der Frieden von Versailles, München 2005
Gunther Mai, Europa 1918–1939, Stuttgart 2001, S. 204 ff.
Horst Möller, Europa zwischen den Weltkriegen, München 1998, S. 18 ff., 40 ff.
Gottfried Niedhart, Der Erste Weltkrieg. Von der Gewalt im Krieg zu den Konflikten im Frieden, in: Wie Kriege enden. Wege zum Frieden von der Antike bis zur Gegenwart, Paderborn 2002, S. 187–211

Thema 2 (fächerverbindend):

Totalitäre Diktaturen im Europa der Zwischenkriegszeit – Unterschiede und Gemeinsamkeiten

Bereiten Sie eine folien- oder powerpoint-gestützte Präsentation über die Unterschiede und Gemeinsamkeiten der folgenden Diktaturen vor: Stalinismus in der Sowjetunion, Faschismus in Italien und Spanien, Nationalsozialismus in Deutschland. Konzentrieren Sie sich bei Ihrer Analyse auf folgende Aspekte: Ideologie, Massenpartei, Terrorsystem, Gewaltmonopol sowie Überwachung und Lenkung von Wirtschaft und Gesellschaft.

Literaturtipp

Christoph Nonn, Das 19. und 20. Jahrhundert, Paderborn 2007, S. 163–181
Wolfgang Wippermann, Totalitarismustheorien. Die Entwicklung der Diskussion von den Anfängen bis heute, Darmstadt 1997
Edgar Wolfrum, Cord Arendes, Globale Geschichte des 20. Jahrhunderts, Stuttgart 2007

Internettipp

www.wissen.de (umfangreiches Online-Lexikon)

Thema 3 (Geschichte global):

Weltmacht im Wandel – Die Außenpolitik der USA zwischen Idealismus und „Isolationismus"

Untersuchen Sie die außenpolitischen Orientierungen der USA vom Eintritt in den Ersten Weltkrieg 1917 bis zum Eintritt in den Zweiten Weltkrieg 1941. Erörtern Sie dabei auch die Folgen für Europa.

Literaturtipp

Stephan Bierling, Geschichte der amerikanischen Außenpolitik. Von 1917 bis zur Gegenwart, München 2003, S. 73–80
Detlef Junker, Power and Mission. Was Amerika antreibt, Freiburg 2003, S. 51 ff.
Klaus Schwabe, Weltmacht und Weltordnung. Amerikanische Außenpolitik von 1898 bis zur Gegenwart. Eine Jahrhundertgeschichte, Paderborn 2006, S. 81 ff.

Internettipp

http://rs6.loc.gov/fsowhome.html (Internetseite der Library of Cogress, Farm Security Administration: Office of War Information Collection, mit Bildern zur US-Geschichte 1935–1945 engl.)

9 Deutschland zwischen Demokratie und Diktatur

M1 Trauerzug für die Revolutionsopfer am Brandenburger Tor in Berlin, Fotografie vom 20. November 1918

M2 SA und andere NS-Verbände marschieren anlässlich der Machtübernahme Hitlers durch das Brandenburger Tor, Fotografie vom 30. Januar 1933

1914–1918 Erster Weltkrieg

1918 Ende der Monarchie in Deutschland, Novemberrevolution

1919 Wahlen zur Nationalversammlung, Versailler Vertrag

1922 Vertrag von Rapallo

1923 Hitler-Putsch

1924 Annahme des Dawes-Plans

1925 Vertrag von Locarno

1926 Aufnahme Deutschlands in den Völkerbund

1929 Young-Plan; Beginn der Weltwirtschaftskrise

1914 1916 1918 1920 1922 1924 1926 1928

Bei der Verabschiedung der Weimarer Verfassung im Jahre 1919 erklärte der Zentrumsabgeordnete und Reichstagspräsident Konstantin Fehrenbach, nun seien die Deutschen „das freieste Volk der Erde“ in der „demokratischsten Demokratie der Welt“. Doch bereits nach knapp vierzehn Jahren endete die Geschichte der ersten deutschen Demokratie. Im Januar 1933 übernahm der „Führer“ der NSDAP Adolf Hitler das Amt des Reichskanzlers. In einem atemberaubenden Tempo sicherten die Nationalsozialisten ihre Herrschaft ab und verwandelten Deutschland in eine totalitäre Diktatur.
Im Inneren nahm das NS-Regime den Bürgern jede Möglichkeit zur Beteiligung an politischen Entscheidungen wie auch zur Vertretung ihrer wirtschaftlichen und gesellschaftlichen Interessen. Die politische Entmündigung ging mit der zunehmenden Entrechtung der Staatsbürger einher. Die Polizei und besonders die Strafjustiz erhielten immer mehr Sondervollmachten, sodass staatlicher Willkür Tür und Tor geöffnet wurden.
Die Außenpolitik des NS-Regimes war seit der Regierungsübernahme auf Eroberung und Unterwerfung anderer Völker ausgerichtet, die Entfesselung des Zweiten Weltkrieges ein bewusster und planmäßiger Akt der Politik. Konsequent realisierten die Nationalsozialisten ihre auf Ausgrenzung und Tötung von Menschen zielende Ideologie, deren Grundpfeiler ein fanatischer Rassismus und Antisemitismus waren. Der NS-Rassenkrieg begann mit der sogenannten „Euthanasie“ und gipfelte während des Weltkrieges in der Vernichtung der deutschen und europäischen Juden. Dieses Verbrechen ist einzigartig in der Geschichte. Nie zuvor hatte, so der Historiker Eberhard Jäckel, „ein Staat mit der Autorität seines verantwortlichen Führers beschlossen und angekündigt [...], eine bestimmte Menschengruppe einschließlich der Alten, der Frauen, der Kinder und der Säuglinge möglichst restlos zu töten, und diesen Beschluss mit allen nur möglichen staatlichen Machtmitteln in die Tat“ umgesetzt

1 Welche Chancen besaß die erste deutsche Demokratie, welche Persönlichkeiten und Strukturen prägten sie und warum bzw. woran scheiterte die Weimarer Republik?
2 Wie gelangen den Nationalsozialisten der Aufstieg an die Macht und die Errichtung einer totalitären Diktatur?
3 Welche Ursachen, Ausmaße und Folgen besaßen Terror und Gewalt in der Innenpolitik sowie Eroberung, Krieg und Vernichtungspolitik in der Außenpolitik während der NS-Herrschaft?

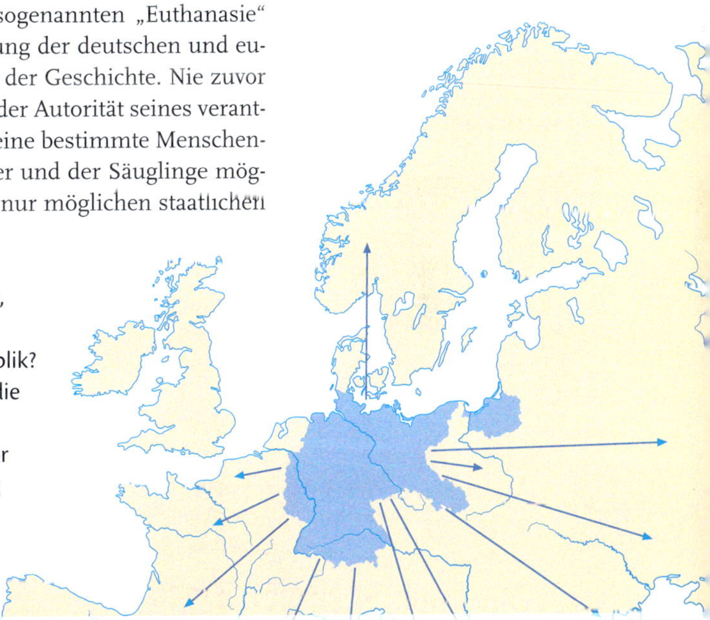

1933
Ernennung Hitlers zum Reichskanzler, Reichstagsbrand, Außerkraftsetzung der Grundrechte, „Ermächtigungsgesetz“

1934
Ermordung von SA-Chef Röhm

1935
„Nürnberger Gesetze“

1938
Besetzung Österreichs durch deutsche Truppen, Novemberpogrome (9./10. Nov.)

1939
Besetzung Tschechiens, Eingliederung als „Protektorat Böhmen und Mähren“ ins Reich; Hitler-Stalin-Pakt; Beginn des Zweiten Weltkriegs

1941
Einmarsch deutscher Truppen in die Sowjetunion, deutsche Kriegserklärung an die USA

1942
Wannsee-Konferenz

1944
Gescheitertes Attentat auf Hitler

1945
Bedingungslose Kapitulation der deutschen Wehrmacht (7.–9. Mai)

933 Präsidialkabinette unter Brüning, von Papen, von Schleicher
1939–1945 Zweiter Weltkrieg

1932 1934 1936 1938 1940 1942 1944 1946

1 Vom Kaiserreich zur Republik

Dolchstoßlegende
Nach Ansicht der Konservativen und Rechtsradikalen war die Revolution der Beginn des „nationalen Unglücks" für Deutschland, für das die „Novemberverbrecher", also Marxisten, Juden und Demokraten, verantwortlich seien. Sie hätten im Krieg Heer und Flotte planmäßig zersetzt. Die deutsche Armee sei nicht militärisch besiegt, sondern durch die Revolution von „hinten erdolcht" worden, wie der ehemalige Feldmarschall und spätere Reichspräsident Hindenburg 1919 vor einem Untersuchungsausschuss des Reichstages sagte. Damit war die „Dolchstoßlegende" geboren, die fortan zum Gedankengut aller Republikgegner gehörte. Verantwortlich für die deutsche Niederlage war aber nicht die innenpolitische Opposition, sondern entscheidend dafür war die militärische Überlegenheit der Gegner – wie auch Hindenburg und Erich Ludendorff, ehemaliger Stabschef der Obersten Heeresleitung, am 14. August 1918 gegenüber Kaiser Wilhelm II. eingeräumt hatten.

M 1 Friedrich Ebert (1871–1925), Fotografie, 1919

Der Sattler und Redakteur war seit 1912 für die SPD Mitglied des Reichstages, 1913–1919 Parteivorsitzender und ab 1916 auch Fraktionsvorsitzender. 1918 wurde er Vorsitzender des Rats der Volksbeauftragten. Seit 1919 bekleidete er das Amt des Reichspräsidenten. Der Reichstag verlängerte seine Amtszeit 1922.

Internettipp
www.dhm.de/lemo/html/weimar/revolution/index.html
Informationen zur Novemberrevolution von 1918 vom Deutschen Historischen Museum

Kriegsniederlage

Der Erste Weltkrieg endete für das Deutsche Reich mit einer Niederlage*. Sie wurde am 11. November 1918 mit der Unterzeichnung des **Waffenstillstandsvertrages** durch den Zentrumspolitiker Matthias Erzberger besiegelt. Das von den Kriegsgegnern Deutschlands ausgearbeitete Vertragswerk verpflichtete das Reich, innerhalb weniger Wochen die besetzten Gebiete in Frankreich, Belgien und Luxemburg einschließlich Elsass-Lothringens zu räumen. Außerdem musste sich die Armee hinter den Rhein zurückziehen, während die Alliierten das linke Rheinufer besetzten. Der Friedensvertrag von Brest-Litowsk (s. S. 355) zwischen Deutschland und Russland wurde aufgehoben.

Verfassungsreform

Nicht erst seit dem Waffenstillstand, sondern bereits in den letzten Kriegsmonaten, als sich die Niederlage Deutschlands abzeichnete, richteten sich alle Hoffnungen der Deutschen auf den amerikanischen Präsidenten Woodrow Wilson und die von ihm verkündeten **„14 Punkte"** (s. S. 351). Politische und militärische Führung sowie große Teile der Bevölkerung hegten die unrealistische Erwartung, dieses liberale Friedensprogramm garantiere einen milden Frieden. Voraussetzung für einen solchen Wilson-Frieden war die Demokratisierung des wilhelminischen Reiches. Um diese Forderung zu erfüllen, ernannte Wilhelm II. am 3. Oktober 1918 den **liberalen Prinzen Max von Baden** zum neuen Reichskanzler. Indem er die erste parlamentarische Regierung des Kaiserreiches bildete, der Abgeordnete der Mehrheitssozialdemokratie (MSPD), des Zentrums und der Fortschrittlichen Partei angehörten, vollzog er den Übergang von der konstitutionellen zur parlamentarischen Monarchie. Die sogenannten **Oktoberreformen** vom 28. Oktober sicherten diesen Demokratisierungsschub verfassungsrechtlich ab. Seitdem bedurften Reichskanzler und Reichsregierung des Vertrauens des Reichstages und nicht mehr des Kaisers. Der Monarch verlor überdies die Kommandogewalt über das Militär, die nun in den Händen eines dem Parlament verantwortlichen Ministers lag. Reichstag und Bundesrat mussten Kriegserklärungen und Friedensschlüssen zustimmen.

Ausrufung der Republik

Die Geschichte der parlamentarischen Monarchie dauerte jedoch nur bis zum Ausbruch der **Revolution** und dem **Sturz der Monarchie** am 9. November 1918. Am Beginn der Revolution standen die Befehlsverweigerungen der Matrosen auf einigen Geschwadern der deutschen Hochseeflotte. Die Mannschaften waren nicht bereit, den Heldentod zu sterben. Denn am 29. Oktober hatte die Admiralität das Auslaufen der Flotte befohlen, die in einem letzten Gefecht auf See ruhmreich und ehrenvoll untergehen sollte, statt den Feinden kampflos ausgeliefert zu werden. Es blieb jedoch nicht bei den Aktionen der Matrosen auf den Schiffen. Am 3. November solidarisierten sich die Arbeiter und Soldaten in Kiel, dem Heimathafen der Ostseeflotte. Von Kiel aus erfassten die Aufstände binnen weniger Tage das gesamte Reichsgebiet. Die mit der Bekämpfung der Aufstände beauftragten Militär- und Polizeieinheiten kapitulierten weitgehend widerstandslos oder liefen zu den Aufständischen über. Die deutschen Fürsten wurden vertrieben oder dankten ab (M 4). In den meisten Städten übernahmen Arbeiter- und Soldatenräte die Macht. Auf Massenkundgebungen forderte die kriegsmüde Bevölkerung eindringlicher denn je den sofortigen Frieden und die Abdankung des Kaisers. Den Thronverzicht des Kaisers verkündete am Mittag des 9. November eigenmächtig Max von Baden. Wilhelm II., der sich bereits am 29. Oktober in das militärische Hauptquartier im belgischen Städtchen

Spa begeben hatte, entzog sich der politischen Verantwortung durch die Flucht ins holländische Exil.
In Berlin übertrug Max von Baden ebenfalls am 9. November das Amt des Reichskanzlers an den Vorsitzenden der MSPD* **Friedrich Ebert***, der mit der Führungsspitze seiner Partei die Regierungsgeschäfte aufnahm. Die Sozialdemokraten hofften, kraft ihrer Regierungsämter die Revolution besser zähmen zu können. Als der Sozialdemokrat **Philipp Scheidemann*** am frühen Nachmittag von einem Balkon des Reichstages die **Republik** ausrief, kritisierte Ebert diesen Schritt. Doch die Dramatik der Ereignisse ließ keine langwierigen innerparteilichen Abstimmungen zu. Kurz nach Scheidemann verkündete der Spartakistenführer **Karl Liebknecht** vor dem Berliner Schloss die **Sozialistische Republik** Deutschland (M 5) und forderte: „Alle Macht den Arbeiter- und Soldatenräten!"

Mehrheitssozialdemokratische Partei Deutschlands (MSPD)
Bezeichnung für die Sozialdemokratische Partei Deutschlands (SPD) zwischen Mitte 1917 und 1919. Der veränderte Name wurde benutzt, um eine Abgrenzung von den „Unabhängigen Sozialdemokraten", der USPD, zu dokumentieren. Die Kriegsgegner in der SPD hatten sich während des Ersten Weltkrieges am 8. April 1917 nach ihrem Gründungsparteitag in Gotha von der Mutterpartei (SPD) abgespalten und eine eigene Partei, USPD, gegründet.

Ziele der Parteien

Die **MSPD** unter der Führung Eberts konzentrierte alle Energien darauf, die **parlamentarische Demokratie** durchzusetzen. Sozialistische Experimente lehnte sie ab. Die neue republikanische Ordnung sollte demokratisch legitimiert und der Sozialismus auf parlamentarischem Wege verwirklicht werden. Außerdem war sie bestrebt, die Revolution möglichst schnell abzuschließen. Aus ihrer Sicht konnten die unmittelbaren Nöte des Tages nur bewältigt werden, wenn das revolutionäre Chaos beseitigt war. Die Kriegswirtschaft musste auf Friedensproduktion umgestellt werden, Millionen von Soldaten waren in die Heimat zurückzuführen. Und angesichts der fortdauernden Seeblockade drohte ein weiterer Hungerwinter. Bei der Lösung dieser Probleme bedurfte die Regierung nach Auffassung Eberts und seiner Parteigenossen der Hilfe von Offizierskorps, Verwaltung und Wirtschaftsführern.
Dagegen kämpften der linke Flügel der **Unabhängigen Sozialdemokraten** (USPD) und der – bis zum 18. Dezember 1918 mit der USPD organisatorisch verbundene – **Spartakusbund** sowie die sogenannten **Revolutionären Obleute** der Berliner Großbetriebe für eine Fortsetzung der Revolution und die Errichtung einer **sozialistischen Räterepublik** nach sowjetischem Vorbild. Eine ihrer Hauptforderungen war die Herrschaft der Arbeiter in Betrieb und Kaserne durch ein Rätesystem*, durch die Volksbewaffnung und die Sozialisierung von Industrie und Boden.
Um diese Pläne abzuwehren, legte Ebert das Reichskanzleramt nieder und bildete mit dem gemäßigten Flügel der USPD am 10. November 1918 eine neue Regierung (M 6). Der sogenannte **Rat der Volksbeauftragten**, dem je drei Vertreter der beiden Parteien angehörten, wurde am gleichen Tag von 3000 Delegierten der Berliner Arbeiter und Soldaten als provisorische Regierung anerkannt. Der gleichzeitig auf Drängen der Linkssozialisten gewählte Aktionsausschuss, der „Vollzugsrat", sollte den Rat der Volksbeauftragten beaufsichtigen. Da jedoch auch dieses Gremium paritätisch mit Vertretern der MSPD und der USPD besetzt war, konnte die MSPD diese revolutionäre Gegenregierung leicht kontrollieren.
Die entscheidenden Weichen für die politische Zukunft Deutschlands stellte der **I. Rätekongress**, der vom 16. bis 20. Dezember 1918 in Berlin tagte. Alle deutschen Arbeiter- und Soldatenräte hatten Vertreter geschickt. Von den rund 500 Delegierten waren zwei Drittel in der MSPD organisiert, dem Spartakusbund gehörten weniger als ein Dutzend an. Mit überwältigender Mehrheit lehnte der Kongress den Antrag ab, das Rätesystem zur „Grundlage der Verfassung der sozialistischen Republik" zu erklären. Nicht ein Nationalkongress der Arbeiter- und Soldatenräte sollte über die Neuordnung Deutschlands entscheiden, sondern eine aus allgemeinen Wahlen hervorgegangene Nationalversammlung. Als Wahltermin setzten die Delegierten den 19. Januar 1919 fest. Bis dahin wurde der Rat der Volksbeauftragten als provisorische Revolutionsregierung im Amt bestätigt.

M2 Philipp Scheidemann (1865–1939), Fotografie, um 1920

Der Buchdrucker und Journalist war 1903–1918 für die SPD Reichstagsabgeordneter und seit 1913 einer der Führer der SPD-Fraktion. Der populäre Redner gehörte zum gemäßigten Flügel der SPD. Er bekleidete wichtige politische Ämter: 1918 Staatssekretär in der Regierung Max von Baden, 1918/19 Mitglied des Rats der Volksbeauftragten, 1919 Reichskanzler, 1919–1920 Mitglied der Weimarer Nationalversammlung und 1920–1933 des Reichstages, 1919–1925 Oberbürgermeister von Kassel. 1933 ging er ins Exil.

Rätesystem
Form der direkten Demokratie, bei der alle Menschen in den jeweiligen Basiseinheiten Räte als ihre Vertreter wählen, die ihnen direkt verantwortlich und jederzeit abwählbar sind. Im Gegensatz zum repräsentativen System, der parlamentarischen Demokratie, gibt es keine Gewaltenteilung, sodass die Räte gesetzgeberische, ausführende und rechtsprechende Kompetenzen besitzen.

M3 Rosa Luxemburg (1870–1919), Fotografie, um 1905

Die studierte Nationalökonomin gehörte zu den bedeutendsten Theoretikerinnen des linken Flügels der Sozialdemokratie. 1916 gründete sie den Spartakusbund mit. Weil sie öffentlich gegen den Krieg protestiert hatte, kam sie 1916 in „Schutzhaft" und wurde erst im November 1918 befreit. Die Mitbegründerin der KPD wurde am 15. Januar 1919 von Freikorpsmitgliedern ermordet.

Revolution und Arbeiterbewegung

Am 28. Dezember traten die Vertreter der USPD aus dem Rat der Volksbeauftragten aus. Damit protestierten sie gegen den Militäreinsatz, den Ebert bei Auseinandersetzungen mit Arbeitern im Dezember 1918 angeordnet hatte. Außerdem wollte der linke Flügel der USPD die revolutionäre Umgestaltung von Staat und Gesellschaft vorantreiben. Die Zusammenarbeit der MSPD mit den traditionellen Eliten in Armee, Bürokratie und Wirtschaft lehnte die USPD-Linke ab. Innerhalb der USPD gewannen die radikalen Kräfte immer mehr die Oberhand. Aus dem Zusammenschluss von Spartakusbund und „Bremer Linksradikalen" ging die **Kommunistische Partei Deutschlands** (KPD) hervor, die am 1. Januar 1919 in Berlin ihren Gründungsparteitag abhielt. Zusammen mit den Revolutionären Obleuten entfachte die KPD in Berlin zwischen dem 5. und 12. Januar den sogenannten Januar- oder Spartakusaufstand, der ebenso wie die Streiks und Aufstände im Frühjahr 1919 in verschiedenen Teilen Deutschlands durch Regierungstruppen niedergeschlagen wurde. Zu diesen Einheiten der Reichwehr zählten auch Freikorps, die von ehemaligen Offizieren aus eigener Initiative gegründet worden waren. Es waren auch Freikorpssoldaten, die am 15. Januar 1919 die Spartakusführer Karl Liebknecht und Rosa Luxemburg* ermordeten. Bei vielen Menschen, auch solchen, die die politischen Überzeugungen der Ermordeten nicht teilten, rief die Bluttat tiefe Empörung und Abscheu hervor. Der Mord an Rosa Luxemburg und Karl Liebknecht vertiefte die **Spaltung der sozialistischen Arbeiterbewegung** in eine staatsbejahend-parlamentarische und eine radikale gewaltbereite Richtung. Die USPD radikalisierte sich zunehmend, während die MSPD immer stärker und offener die Zusammenarbeit mit Offizierskorps und hoher Bürokratie vertiefte und die Kontakte zu den bürgerlichen Parteien intensivierte (M 7).

1 Skizzieren Sie mithilfe des Darstellungstextes den Weg Deutschlands vom Kaiserreich zur Republik in den Jahren 1918/19.

2 Karl Kautsky, einer der führenden Theoretiker der Sozialdemokratie, hat die SPD einmal als eine „revolutionäre, aber keine Revolution machende Partei" bezeichnet. Nach seiner Auffassung bestand die historische Mission der Arbeiterbewegung darin, die bürgerliche Revolution nachzuholen. Beurteilen Sie, ausgehend von diesem Zitat, das Verhalten von MSPD und USPD während der Revolution 1918/19.

M4 Der Historiker Wolfram Pyta über die Ursachen der Revolution, 2004

Warum konnte eine lokale Befehlsverweigerung zu einer revolutionären Lawine anwachsen, die die alte Ordnung unter sich begrub? Warum brach das Kaiserreich so sang- und klanglos zusammen, obwohl es sich gerade parlamentarisiert und seine Reformbereitschaft demonstriert hatte? Bei der Erforschung der Ursachen ist an erster Stelle das alle Volksschichten umfassende tiefe Verlangen nach einem raschen Frieden zu nennen. Die Friedenssehnsucht geriet zu einem Politikum in dem Moment, in dem die militärische Führung die kämpfende Truppe mit einem sinnlosen Opfergang provozierte. Und sie bedrohte den Bestand der alten Ordnung, weil die breiten Massen – und nicht nur die Frontsoldaten – immer stärker im Kaiser und König das Haupthindernis für einen raschen Frieden erblickten. Immer weitere Volkskreise machten Wilhelm II. für die Fortdauer des sinnlosen Sterbens und Leidens verantwortlich. Dadurch geriet die Monarchie selbst immer mehr zur Zielscheibe der Kritik. Für den durchschlagenden Erfolg der Soldatenrevolte fiel also der Umstand ins Gewicht, dass die revoltierenden Matrosen mit ihrer Parole der sofortigen Beendigung des Kriegs den Lebensnerv des Großteils der gesamten Bevölkerung in der Heimat trafen. Denn dort hatte sich ein tief sitzender Unmut vor allem über die sozialen Verwerfungen aufgestaut, die der Krieg nach sich gezogen hatte. Die für die Menschen alltägliche Erfahrung des Hungers gepaart mit Groll gegen die unter Kriegsbedingungen besonders krass ausfallenden sozialen Ungleichheiten setzte Energien frei, die bei entsprechender Steuerung in Richtung politische Systemveränderung gelenkt werden konnten.

Der Historiker Eberhard Kolb fasst das Urteil der historischen Forschung zusammen: „Es handelte sich dabei nicht um eine von revolutionären Zirkeln generalstabsmäßig geplante und durchgeführte Umsturzaktion, sondern um eine spontane Bewegung der kriegsmüden Massen, die eine sofortige Beendigung des Krieges erzwingen wollten. In der Tiefenströmung dieser Bewegung gelangte auch ein in breiteren Bevölkerungsschichten bis dahin eher latent existierender Wille zu einer umfassenderen Neugestaltung der politischen und sozialen Ordnung zum Durchbruch, der sich in den folgenden Monaten deutlicher artikulieren und an Dynamik gewinnen sollte." [...] Hinzu gesellte sich der Umstand, dass sich ein Teil der politisch geschulten Industriearbeiterschaft der Großbetriebe zusammen mit den aufbegehrenden Soldaten zum revolutionären Handeln aufschwangen, um das diffuse Unbehagen an der alten Ordnung zur Schaffung grundlegend neuer Verhältnisse zu nutzen.

Wolfram Pyta, Die Weimarer Republik, Leske + Budrich, Opladen 2004, S. 16 f.

1 **Arbeiten Sie mithilfe von M 4 die wesentlichen Ursachen für die Novemberrevolution 1918 heraus.**

M5 Aus der Rede Karl Liebknechts (Spartakusbund) vor dem Berliner Schloss vom 9. November 1918

Parteigenossen, ich proklamiere die freie sozialistische Republik Deutschlands [...], in der es keine Knechte mehr geben wird, in der jeder ehrliche Arbeiter den ehrlichen Lohn seiner Arbeit finden wird. Die Herrschaft des Kapitalismus, der Europa in ein Leichenfeld verwandelt hat, ist gebrochen [...] Wir müssen alle Kräfte anspannen, um die Regierung der Arbeiter und Soldaten aufzubauen und eine neue staatliche Ordnung des Proletariats zu schaffen, eine Ordnung des Friedens, des Glücks und der Freiheit unserer deutschen Brüder und unserer Brüder in der ganzen Welt. Wir reichen ihnen die Hände und rufen sie zur Vollendung der Weltrevolution auf.

Aus: Vossische Zeitung, 10. November 1918

M6 Aus dem Regierungsprogramm des Rates der Volksbeauftragten, 12. November 1918

Die Vollversammlung der Berliner Arbeiter- und Soldatenräte hatte am 10. November diese neue (vorläufige) Regierung aus SPD und USPD gewählt.

Die aus der Revolution hervorgegangene Regierung, deren politische Leitung rein sozialistisch ist, setzt sich die Aufgabe, das sozialistische Programm zu verwirklichen. Sie verkündet schon jetzt mit Gesetzeskraft Folgendes: [...] 2. Das Vereins- und Versammlungsrecht unterliegt keiner Beschränkung. [...] 3. Eine Zensur findet nicht statt. [...] 4. Meinungsfreiheit in Wort und Schrift ist frei. [...] 6. Für alle politischen Straftaten wird Amnestie gewährt. [...] 9. Die bei Beginn des Krieges aufgehobenen Arbeiterschutzbestimmungen werden hiermit wieder in Kraft gesetzt. [...] Die Regierung wird die geordnete Produktion aufrechterhalten, das Eigentum gegen Eingriffe Privater sowie die Freiheit und Sicherheit der Person schützen. – Alle Wahlen [...] sind fortan nach dem gleichen, geheimen, direkten, allgemeinen Wahlrecht aufgrund des proportionalen Wahlsystems für alle mindestens zwanzig Jahre alten männlichen und weiblichen Personen zu vollziehen. – Auch für die konstituierende Versammlung, über die nähere Bestimmung noch erfolgen wird, gilt gleiches Wahlrecht.

Aus: Deutscher Reichsanzeiger, Nr. 268, 12. November 1918

1 **Erläutern Sie, was das Regierungsprogramm des Rats der Volksbeauftragten unter Sozialismus versteht (M 6).**

2 **Vergleichen Sie die Sozialismusvorstellungen des Rats der Volksbeauftragten (M 6) mit dem Sozialismusbegriff Liebknechts (M 5).**

M7 Der Historiker Wolfram Pyta zieht eine Bilanz der Novemberrevolution 1918/19, 2004

Eine abgewogene Bilanz der revolutionären Umbruchperiode vom November 1918 bis zum Januar 1919 muss sowohl Grenzen wie auch Handlungsspielräume der unverhofft in das politische Zentrum gerückten Sozialdemokratie ausleuchten und vermessen. Die Grenzen setzten objektive Sachzwänge, ein geschlagenes Land vor einer Hungerkatastrophe zu bewahren und die Eingliederung der Millionen heimkehrender Soldaten in das Erwerbsleben zu vollziehen. In einer solchen Situation die Grundlagen des Wirtschaftens anzutasten, wäre einem politischen Abenteuer gleichgekommen. Auch war eine partielle Kooperation mit den Militärs unabdingbar, um die bedrohte Republik gegen Umsturzversuche von links zu schützen. Aber diese Feststellung bedeutet nicht, dass das Ausmaß der unvermeidlichen Zusammenarbeit eine derartige Größenordnung hätte annehmen müssen. Ein Rückgriff auf den militärischen Sachverstand von Freiwilligenverbänden musste nicht die Tolerierung von Gewaltexzessen der Freikorps nach sich ziehen. Der Verzicht auf eine grundlegende Umwälzung der Eigentumsverhältnisse schloss nicht aus, in einigen ausgewählten Fällen wie etwa im Bergbau Eingriffe in die Besitzstruktur vorzunehmen, ohne die wirtschaftliche Effizienz zu gefährden. So gelangt die Revolutionsforschung von heute zu dem Fazit: „Die Sozialdemokraten hätten bei stärkerem politischen Gestaltungswillen mehr verändern können und weniger bewahren müssen". [...] Zögerlichkeit und Unsicherheit der regierenden Sozialdemokraten erklären sich wohl daraus, dass sie Revolutionäre wider Willen waren, die unversehens von einer revolutionären Welle an die Spitze des Staatswesens gespült worden waren, in dem sie bislang eine eher geduldete Existenz gefristet hatten.

Wolfram Pyta, Die Weimarer Republik, Leske + Budrich, Opladen 2004, S. 30

1 **Erörtern Sie mithilfe des Textes von Pyta die Handlungsspielräume der Mehrheitssozialdemokratie und Eberts in der Revolution 1918/19.**

2 Die Weimarer Republik – Gestaltungskräfte und Entwicklungslinien

2.1 Verfassung und Parteiensystem

Nationalversammlung

Mit der Wahl zur Nationalversammlung am 19. Januar 1919 war die Revolution beendet. Nicht im politisch unruhigen Berlin, sondern in Weimar wurde die Nationalversammlung am 6. Februar eröffnet. Sie wählte am 11. Februar Friedrich Ebert zum ersten Reichspräsidenten, der noch am gleichen Tag den SPD-Abgeordneten Philipp Scheidemann zum Ministerpräsidenten ernannte und mit der Kabinettsbildung beauftragte. Die am 13. Februar ernannte Reichsregierung war eine Koalitionsregierung aus Mehrheitssozialdemokraten, der liberalen Deutschen Demokratischen Partei (DDP) und der katholischen Zentrumspartei. Sie bildeten die sogenannte **Weimarer Koalition**.

Nicht die radikale USPD, sondern die gemäßigte MSPD erhielt bei der Wahl zur Nationalversammlung die meisten Stimmen. Während die USPD lediglich 7,6 % (22 Mandate) der Wählerstimmen auf sich vereinigen konnte, erzielte die MSPD mit 37,9 % (165 Mandate) der Stimmen das höchste Wahlergebnis, das eine Partei bei reichsweiten Wahlen in der Geschichte der Weimarer Republik erreichte. Allerdings besaßen die bürgerlichen Parteien die Mehrheit in der Nationalversammlung. Stärkste politische Kraft war das Zentrum (19,7 %; 91 Mandate), dicht gefolgt von der DDP (18,5 %; 75 Mandate). Die nationalkonservative Deutschnationale Volkspartei (DNVP) kam auf 10,3 % (44 Mandate) der Stimmen und die liberale Deutsche Volkspartei (DVP) musste sich mit 4,4 % (19 Mandaten) begnügen. Dieses Wahlergebnis (M 9) bedeutete, dass Sozialdemokraten und bürgerlich-demokratische Parteien bei der Ausarbeitung der neuen Reichsverfassung zusammenarbeiten und einen Kompromiss schließen mussten.

M 1 MSPD-Plakat zur Wahl der Nationalversammlung, Januar 1919

M 2 DNVP-Wahlplakat, Januar 1919

M 3 DVP-Wahlplakat, Januar 1919

Verfassung

Die Weimarer Reichsverfassung, die am 31. Juli 1919 verabschiedet und am 11. August vom Reichspräsidenten Friederich Ebert unterzeichnet wurde, verknüpfte unterschiedliche Demokratiemodelle miteinander. Sie vereinigte Elemente der präsidialen, repräsentativen und plebiszitären Demokratie (M 4, M 7).

Der **Reichspräsident** besaß in der Weimarer Republik eine herausgehobene Stellung. Er wurde nicht von einem parlamentarischen Gremium berufen, sondern vom Volk direkt gewählt. Diese demokratische Legitimation durch Volkswahl sicherte ihm eine vom Parlament unabhängige Position. Gewählt war ein Kandidat, wenn er im ersten Wahlgang die absolute Mehrheit der abgegebenen Stimmen erhielt. War ein zweiter Wahlgang erforderlich, genügte die einfache Mehrheit. Die Amtszeit betrug sieben Jahre, der Präsident konnte unbegrenzt wiedergewählt werden. Die Verfassung garantierte dem Reichspräsidenten weitreichende Befugnisse, auf denen seine Machtfülle beruhte: Er konnte das Parlament jederzeit auflösen, ohne Rücksprache mit dem Parlament den Reichskanzler ernennen und dem Volk Gesetze des Reichstages zur Abstimmung vorlegen. Außerdem standen dem Präsidenten die Ausnahmebefugnisse des Artikels 48 der Weimarer Reichsverfassung zu. Bei einer erheblichen Störung oder Gefährdung der öffentlichen Sicherheit und Ordnung durfte er bestimmte Grundrechte außer Kraft setzen, Notverordnungen mit Gesetzeskraft erlassen und mit militärischer Gewalt einschreiten (sogenannte Diktaturgewalt). Die mächtige Position des Reichspräsidenten erklärt sich aus dem Misstrauen, das die Mehrheit der Abgeordneten in der Nationalversammlung gegenüber Demokratie, Parteien und Parlament hegte.

M4 Die Weimarer Reichsverfassung von 1919

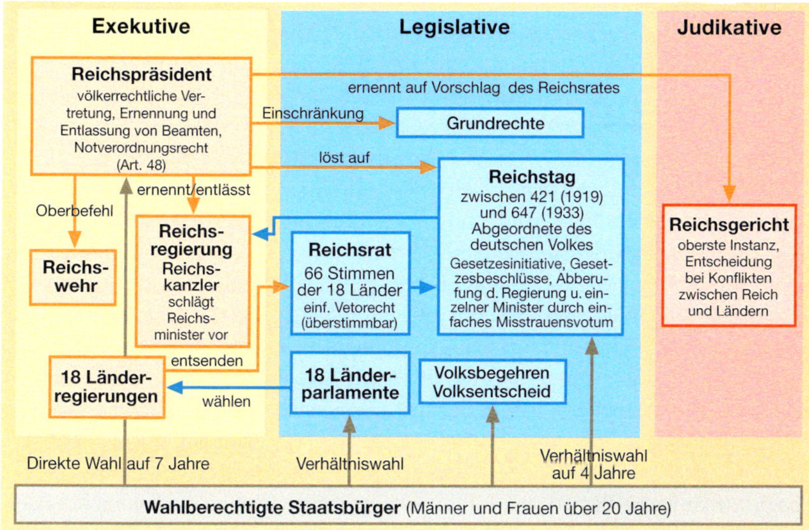

Dem Parlament dürfe nicht die gesamte Macht anvertraut werden, wolle man eine Entmündigung des Volkes bzw. einen „Parlamentsabsolutismus“ verhindern, argumentierten viele Mitglieder dieses Gremiums und auch namhafte Staatsrechtler. Dennoch stärkte die Verfassung gegenüber dem Kaiserreich die Stellung des Parlamentes, das für vier Jahre nach dem Verhältniswahlrecht gewählt werden sollte. Der **Reichstag** war nun die zentrale Institution bei der Gesetzgebung – bei ihm lag das Recht zur Gesetzesinitiative –, er entschied über Krieg und Frieden und konnte den Reichskanzler sowie die Reichsminister durch ein Misstrauensvotum zum Rücktritt zwingen. Der Verfassungshistoriker Hans Boldt hat die Stellung des Reichstages im politischen System der Weimarer Republik so beschrieben: „Die Reichsverfassung sah […] zwar keine parlamentarische Regierungsbildung, wohl aber den parlamentarischen Regierungssturz vor.“ Damit ist bereits die relativ schwache Stellung der **Reichsregierung** innerhalb der Verfassungsorgane angesprochen: Der Reichspräsident kontrollierte die Regierung, indem er den Reichskanzler und die Reichsminister ernannte. Der Reichstag besaß die Möglichkeit, die Regierung zu stürzen. Die Macht des Reichstages war durch die Aufnahme **plebiszitärer Elemente** in die Verfassung eingeschränkt worden. Durch Volksentscheide und Volksbegehren konnte die Bevölkerung direkt in den Gesetzgebungsprozess eingreifen. Dabei waren jedoch hohe Hürden zu überwinden. Zum Beispiel musste mindestens ein Zehntel der Stimmberechtigten ein Volksbegehren unterstützen. Der **Reichsrat**, die Vertretung der Länder, konnte die Gesetzgebung lediglich durch ein aufschiebendes Veto beeinflussen. Bei einem Konflikt zwischen Reich und Ländern hatte die Reichsregierung das Recht, mit Gewalt in den Ländern einzugreifen (Reichsexekution).

Die Weimarer Verfassung besaß einen umfangreichen **Grundrechtekatalog**, der nicht nur die traditionellen Menschen- und Bürgerrechte (s. S. 212 f.) umfasste, sondern weite Teile des politisch-sozialen und wirtschaftlichen Lebens ordnen sollte. Neben die liberalen Freiheitsrechte traten soziale Grundrechte und Grundpflichten, in denen der Einfluss der Arbeiter- und Rätebewegung deutlich wird. So waren in der Verfassung das Recht und die Pflicht zu arbeiten verankert (Art. 163). Anders als heute in der Bundesrepublik Deutschland konnten die Grundrechte in der Weimarer Republik jedoch nicht als unmittelbar geltendes Recht eingeklagt werden.

M5 Wahlplakat der Zentrumspartei, Januar 1919

M6 DDP-Wahlplakat, Januar 1919

Internettipp

http://weimarer-wahlen.de/de/index.html
Details zum Wahlverhalten im Deutschen Reich zwischen 1924 und 1933; der Focus liegt auf der Radikalisierung hin zum linken und rechten Rand des Parteienspektrums und dem daraus resultierenden politischen Kollaps der Weimarer Republik

www.wahlplakate-archiv.de/index.php/wahlplakate-archiv.html
Wahlplakate verschiedener Parteien der Weimarer Republik, nach Jahren geordnet

www.teachsam.de/geschichte/ges_deu_weimar_18-33/wei_parteien/wei_par0.htm
Informationsportal zu den Parteien der Weimarer Republik bei „teachsam", einem privaten Bildungsserver für „alle, die lehren und lernen"

Parteien

Die Weimarer Republik war ein Parteienstaat, obwohl die Verfassung die Aufgaben der Parteien nicht bestimmte – im Gegensatz zum Grundgesetz der Bundesrepublik Deutschland, das ihnen die Mitwirkung an der politischen Willensbildung zuweist. Die Parteien mobilisierten die Wähler, vermittelten zwischen den Bürgern und politischen Institutionen und wirkten über ihre Abgeordneten im Reichstag am politischen Entscheidungsprozess mit.

Welche gesellschaftlichen Interessen und politischen Ziele vertraten die Parteien in der Weimarer Republik? **MSPD** und **USPD** blieben die klassischen Arbeiterparteien, die ihre Mitglieder und Wähler vorwiegend aus den städtischen Industriegebieten rekrutierten. Während die Mehrheitssozialdemokraten für eine parlamentarische Republik und soziale Demokratie eintraten, verfolgten die Unabhängigen Sozialdemokraten eine marxistisch-revolutionäre Politik mit dem Ziel einer radikalen sozialistischen Umgestaltung von Staat und Gesellschaft. Auch die **KPD** verstand sich als Arbeiterpartei, geriet aber immer stärker in Abhängigkeit von der Sowjetunion, deren kommunistisch-diktatorische Herrschaftsordnung und deren planwirtschaftliches Wirtschaftssystem sie in Deutschland durchsetzen wollte.

Das protestantische Besitz- und Bildungsbürgertum vertraten die beiden liberalen Parteien. Die linksliberale **DDP** bekannte sich vorbehaltlos zur Weimarer Demokratie. Sie empfahl sich als Partner der SPD, gleichzeitig wollte sie aber liberales Korrektiv zur SPD sein und eine sozialistische Mehrheit verhindern. Der von Gustav Stresemann gegründeten Konkurrenzpartei, der rechtsliberalen **DVP**, gehörten überwiegend Anhänger der alten Nationalliberalen Partei an. Trotz kritischer Vorbehalte gegenüber der Republik erkannten sie den neuen demokratischen Staat als Tatsache an und betrieben auf dieser Grundlage eine betont nationale Politik.

Das **Zentrum** und seine bayerische Abspaltung, die **Bayerische Volkspartei** (BVP), repräsentierten die katholische Bevölkerung und setzten sich besonders für den Schutz der Kirche, ihrer Rechte und ihrer Schulaufsicht ein. Auf der politischen Rechten entstand die **DNVP**. Dieser Partei des protestantischen und agrarischen Konservativismus schlossen sich auch Mitglieder antisemitischer und völkischer Vereinigungen sowie rechtsstehende Kreise aus dem Bürgertum an. Aber auch Teile der kirchentreuen evangelischen Arbeiterschaft unterstützten diese republikfeindliche Kraft, die betont nationalistisch und militaristisch gesinnt war und die Interessen der Großagrarier und der Schwerindustrie vertrat.

Zur extremen politischen Rechten gehörte die 1919 gegründete Deutsche Arbeiterpartei (DAP), die 1920 in **Nationalsozialistische Deutsche Arbeiterpartei (NSDAP)** umbenannt wurde (s. S. 410 ff.).

1 Arbeiten Sie die zentralen Merkmale des politischen Systems der Weimarer Republik heraus. Ziehen Sie dazu auch das Verfassungsschaubild M 4 heran.

M 7 Aus der Weimarer Reichsverfassung (WRV) von 1919

Art. 1. Das Deutsche Reich ist eine Republik. Die Staatsgewalt geht vom Volke aus. [...]

Art. 20. Der Reichstag besteht aus den Abgeordneten des deutschen Volkes.

Art. 21. Die Abgeordneten sind Vertreter des ganzen Volkes. Sie sind nur ihrem Gewissen unterworfen und an Aufträge nicht gebunden.

Art. 22. Die Abgeordneten werden in allgemeiner, gleicher, unmittelbarer und geheimer Wahl von den über zwanzig Jahre alten Männern und Frauen nach den Grundsätzen der Verhältniswahl gewählt. [...]

Art. 25. Der Reichspräsident kann den Reichstag auflösen, jedoch nur einmal aus dem gleichen Anlass. Die Neuwahl findet spätestens am sechzigsten Tag nach der Auflösung statt. [...]

Art. 41. Der Reichspräsident wird vom ganzen deutschen Volke gewählt. [...]

Art. 48. Wenn ein Land die ihm nach der Reichsverfassung oder den Reichsgesetzen obliegenden Pflichten nicht erfüllt, kann der Reichspräsident es dazu mithilfe der bewaffneten

Macht anhalten. Der Reichspräsident kann, wenn im Deutschen Reiche die öffentliche Sicherheit und Ordnung erheblich gestört oder gefährdet wird, die zur Wiederherstellung der öffentlichen Sicherheit und Ordnung nötigen Maßnahmen treffen, erforderlichenfalls mithilfe der bewaffneten Macht einschreiten. Zu diesem Zwecke darf er vorübergehend die in den Artikeln 114, 115, 117, 118, 123, 124 und 153 festgesetzten Grundrechte ganz oder zum Teil außer Kraft setzen. Von allen gemäß Abs. 1 oder Abs. 2 dieses Artikels getroffenen Maßnahmen hat der Reichspräsident unverzüglich dem Reichstag Kenntnis zu geben. Die Maßnahmen sind auf Verlangen des Reichstags außer Kraft zu setzen. [...] Das Nähere bestimmt ein Reichsgesetz[1]. [...]

Art. 50. Alle Anordnungen und Verfügungen des Reichspräsidenten, auch solche auf dem Gebiet der Wehrmacht, bedürfen zu ihrer Gültigkeit der Gegenzeichnung durch den Reichskanzler oder den zuständigen Reichsminister. [...]

Art. 53. Der Reichskanzler und auf seinen Vorschlag die Reichsminister werden vom Reichspräsidenten ernannt und entlassen.

Art. 54. Der Reichskanzler und die Reichsminister bedürfen zu ihrer Amtsführung des Vertrauens des Reichstags. Jeder von ihnen muss zurücktreten, wenn ihm der Reichstag durch ausdrücklichen Beschluss sein Vertrauen entzieht. [...]

Art. 73. Ein vom Reichstag beschlossenes Gesetz ist vor seiner Verkündung zum Volksentscheid zu bringen, wenn der Reichspräsident binnen eines Monats es bestimmt. Ein Gesetz, dessen Verkündung auf Antrag von mindestens einem Drittel des Reichstags ausgesetzt ist, ist dem Volksentscheid zu unterbreiten, wenn ein Zwanzigstel der Stimmberechtigten es beantragt. Ein Volksentscheid ist ferner herbeizuführen, wenn ein Zehntel der Stimmberechtigten das Begehren nach Vorlegung eines Gesetzentwurfs stellt. [...]

Art. 109. Alle Deutschen sind vor dem Gesetze gleich. Männer und Frauen haben grundsätzlich dieselben staatsbürgerlichen Rechte und Pflichten. Öffentlich-rechtliche Vorrechte oder Nachteile der Geburt oder des Standes sind aufzuheben. [...]

Art. 114. Die Freiheit der Person ist unverletzlich. Eine Beeinträchtigung oder Entziehung der persönlichen Freiheit durch die öffentliche Gewalt ist nur aufgrund von Gesetzen zulässig. [...]

Art. 151. Die Ordnung des Wirtschaftslebens muss den Grundsätzen der Gerechtigkeit mit dem Ziele der Gewährleistung eines menschenwürdigen Daseins für alle entsprechen. In diesen Grenzen ist die wirtschaftliche Freiheit des Einzelnen zu sichern. Gesetzlicher Zwang ist nur zulässig zur Verwirklichung bedrohter Rechte oder im Dienst überragender Forderungen des Gemeinwohls. [...]

Art. 165. Die Arbeiter und Angestellten sind dazu berufen, gleichberechtigt in Gemeinschaft mit den Unternehmern an der Regelung der Lohn- und Arbeitsbedingungen sowie an der gesamten wirtschaftlichen Entwicklung der produktiven Kräfte mitzuwirken. Die beiderseitigen Organisationen und ihre Vereinbarungen werden anerkannt. Die Arbeiter und Angestellten erhalten zur Wahrnehmung ihrer sozialen und wirtschaftlichen Interessen gesetzliche Vertretungen in Betriebsarbeiterräten sowie in nach Wirtschaftsgebieten gegliederten Bezirksarbeiterräten und in einem Reichsarbeiterrat.[2]

Zit. nach: Ernst Rudolf Huber (Hg.), Dokumente der Novemberrevolution und der Weimarer Republik 1918–1932, Kohlhammer Verlag, Stuttgart ²1966, S. 129ff.

1 Das hier vorgesehene Reichsgesetz ist nie ergangen.
2 Die hier vorgesehenen Bezirksarbeiterräte und der Reichsarbeiterrat wurden nicht gebildet. Es entstanden lediglich die Betriebsarbeiterräte nach Maßgabe des Betriebsratsgesetzes vom 4. 2. 1920 (RGBl. S. 147).

1 **Charakterisieren Sie das Verhältnis von Reichstag, Reichsregierung und Reichspräsidenten (M 7, 8).**
2 **Beschreiben Sie die Funktion des Reichspräsidenten.**
3 **Vergleichen Sie die Stellung der Frauen in der Weimarer Reichsverfassung mit derjenigen im Grundgesetz.**
4 **Vergleichen Sie die Grundzüge der Weimarer Reichsverfassung (M 7, 8) mit der Reichsverfassung Bismarcks (M 1, S. 317)**

M8 Der Historiker Andreas Wirsching über Strukturprobleme des Weimarer Parteienstaates, 2000

Von der Demokratisierung des Wahlrechtes, der Einführung des Verhältniswahl- und Frauenwahlrechts und dem allgemeinen Mobilisierungs- und Politisierungsschub im Gefolge der Novemberrevolution vermochten zunächst alle Parteien zu profitieren. [...] Tatsächlich litt die Weimarer Republik durchgehend an der „Parteienprüderie" (Gustav Radbruch) der politischen Öffentlichkeit wie der parlamentarischen Eliten selbst, und im Rückblick wird deutlich, dass der Mobilisierungsschub des Jahres 1918/19, der sich im Wahlergebnis vom 19. Januar 1919 niederschlug, die Ausnahme bildete. Die aus dem Kaiserreich tradierten Strukturprobleme des deutschen Parteiensystems lebten demgegenüber auch in der Weimarer Republik fort.

Die Gründungsgeschichte des Kaiserreiches hatte das deutsche Parteiensystem langfristig geprägt. Infolge des preußisch-protestantisch dominierten, kleindeutschen Gründungskonsenses von 1870/71 wurde der traditionelle Dualismus zwischen Liberalismus und Konservativismus durch einen neuen Gegensatz überlagert, nämlich zwischen Anhängern jenes Gründungskonsenses und denjenigen, die sich im neuen Deutschen Reich nicht zu Hause fühlten: Linksliberale, Zentrumspartei und Sozialdemokratie, die als „Weimarer Koalition" zur Ausgestaltung der neuen Republik berufen waren, blickten daher auf eine Vergangenheit als quasi strukturelle Oppositionsparteien zurück. Darüber hinaus hatte die spezifisch deutsche Tradition des Konstitutio-

nalismus die Parteien im Allgemeinen geprägt. Die Vorstellung, der Staat, verkörpert im monarchischen Oberhaupt und in der „unpolitischen" Beamtenschaft, stehe über den Parteien und repräsentiere ihnen gegenüber allein das Allgemeininteresse, zog sich noch wie ein roter Faden durch die Verfassungsberatungen der Nationalversammlung und wirkte in der Weimarer Republik fort. Dies hatte zwei Konsequenzen: Zum einen waren die Parteien nicht an die Regierungsaufgabe gewöhnt, einen parlamentarisch fundierten interessenpolitischen Ausgleich zu schaffen und politisch zu gestalten; zum anderen blieb ein nicht unerheblicher Teil der Weimarer Politiker auf den Dualismus zwischen Regierung (Exekutive) und Parlament (Legislative) fixiert und begriff beide eben nicht im parlamentarischen Sinne als Gegenspieler. Die hieraus resultierende Distanz zu praktisch-politischer Verantwortung verband sich mit der Tendenz zur weltanschaulichen oder sozial gebundenen Prinzipientreue. Hinzu traten freilich die objektiven Sachprobleme, die aus der prekären sozialökonomischen Entwicklung der Weimarer Republik resultierten und die Kompromiss- und Koalitionsfähigkeit der Parteien auf das Äußerste strapazierten. [...] Die Tatsache, dass die vier Hauptströmungen der deutschen Parteiengeschichte in der Weimarer Republik alle gespalten blieben, bewirkte eine zusätzliche, dem System schädliche Konkurrenz: Während die eine Richtung einer politischen Strömung bereit war, pragmatische Politik zu betreiben und Kompromisse einzugehen, suchte die andere, sich häufig durch Prinzipientreue in den Augen der Wähler zu profilieren. Die Scheu, politische Verantwortung zu übernehmen, und die koalitionspolitische Unbeweglichkeit der Weimarer Parteien hingen freilich auch mit ihrer engen sozialen und geografischen Gebundenheit zusammen. Keiner der Parteien gelang es, ihre historisch determinierten Grenzen, seien sie weltanschaulicher, konfessioneller, sozialer oder interessenpolitischer Art, zu transzendieren. [...]
Allerdings konnte der Aufstieg des Nationalsozialismus nur in Verbindung mit der Krise des Parteiensystems und dem Niedergang der liberalen und konservativen Parteien erfolgen. Dass die Weimarer Republik einer geschlossenen Partei des liberalen und demokratischen Bürgertums, deren politisches Gewicht mit demjenigen der SPD oder dem Zentrum vergleichbar gewesen wäre, entbehrte, gehört zu ihren schwersten Belastungen und bildete das größte Hindernis für eine Konsolidierung des deutschen Parteiensystems. [...]
Die hiermit angedeuteten Strukturprobleme des Weimarer Parteiensystems bedingten [...] seine Funktionsschwäche. So schreckten auch die republikanisch orientierten Parteien der Weimarer Koalition, zumal angesichts der gewaltigen Sachprobleme, vor der Regierungsverantwortung zurück.

Andreas Wirsching, Die Weimarer Republik. Politik und Gesellschaft, Oldenbourg, München 2000, S. 15–19

1 **Erörtern Sie mithilfe des Textes von Wirsching, inwieweit die Parteien und das Parteiensystem der Weimarer Republik zum Scheitern der ersten deutschen Demokratie beigetragen haben.**

M9 Ergebnisse der Reichstagswahlen 1919–1933 (in % der abgegebenen gültigen Wählerstimmen)

	Jan. 1919	Juni 1920	Mai 1924	Dez. 1924	Mai 1928	Sept. 1930	Juli 1932	Nov. 1932	März 1933
KPD	–	2,1	12,6	9,0	10,6	13,1	14,3	16,9	12,3
USPD	7,6	17,9	0,8	0,3	–	–	–	–	–
SPD	37,9	21,7	20,5	26,0	29,8	24,5	21,6	20,4	18,3
Zentrum/BVP	19,7	18,2	16,6	17,3	15,2	14,8	15,7	15,0	13,9
DDP	18,5	8,3	5,7	6,3	4,9	3,8	1,0	1,0	0,9
DVP	4,4	13,9	9,2	10,1	8,7	4,5	1,2	1,9	1,1
DNVP	10,3	15,1	19,5	20,5	14,2	7,0	5,9	8,3	8,0
NSDAP	–	–	6,5	3,0	2,6	18,3	37,3	33,1	43,9
Sonstige	1,6	2,8	8,6	6,5	14,0	14,0	3,0	3,4	1,6

Statistisches Jahrbuch für das Deutsche Reich, Jg. 1933, S. 599

1 Analysieren Sie die Ergebnisse der Wahlen zur Nationalversammlung im Januar 1919. Welche Koalitionen boten sich an?

2 Verfolgen Sie die Stärke von KPD/USPD und NSDAP einerseits und SPD/Zentrum/DDP andererseits im Verlauf der Weimarer Republik.

2.2 Deutsche Außenpolitik im europäischen und internationalen Spannungsfeld

Vertrag von Rapallo

Das zentrale Ziel der Weimarer Außenpolitik war die **Revision des Versailler Vertrages** (s. S. 343 f.). Deutschland war daher bestrebt, die auf der Pariser Friedenskonferenz geschaffene machtpolitische Lage zu seinen Gunsten zu verändern, um ein gleichberechtigter Akteur im Konzert der europäischen Mächte zu werden. Eine Möglichkeit bestand für Deutschland darin, nach Bündnispartnern zu suchen, die seine Revisionspolitik unterstützten. Bündnisse mit anderen Staaten boten außerdem die Chance, die außenpolitische Isolation zu überwinden.
Diese außenpolitischen Interessen teilte Deutschland mit der Sowjetunion – trotz aller ideologischen Gegensätze zwischen der demokratischen Weimarer Republik und der kommunistischen Sowjetunion. Beide Staaten wollten nach 1919 ihre **außenpolitischen Handlungsspielräume erweitern**, die durch das Versailler System stark eingeengt worden waren, und **wieder zu Subjekten der internationalen Politik** werden. Deswegen schlossen sie 1922 – am Rande einer der vielen Konferenzen zur Regelung der Reparationsprobleme – den Vertrag von Rapallo. Reichskanzler Joseph Wirth und Außenminister Walter Rathenau (s. M 1, S. 395) vereinbarten darin mit dem sowjetischen Volkskommissar des Äußeren, Georgi W. Tschitscherin, die Wiederaufnahme diplomatischer Beziehungen, den gegenseitigen Verzicht auf Forderungen aus dem Krieg und die Förderung des bilateralen Handels. Eine sich anbahnende Zusammenarbeit auf militärischem Gebiet wurde im Vertragswerk zwar nicht festgeschrieben, im Geheimen aber durchgeführt.
Die Folgen des Vertrags für die internationalen Beziehungen waren zwiespältig: Deutschland und die Sowjetunion schienen ein Stück außenpolitischen Handlungsspielraums zurückgewonnen zu haben (M 3). Doch **im Westen** schürte der Vertrag die **Angst** vor einer Zusammenarbeit zwischen Deutschland, der potenziell stärksten Macht auf dem europäischen Kontinent, und dem revolutionären Sowjetstaat, dessen Politik nach Europa wie nach Asien ausstrahlte. Revolutionsfurcht war aber nur ein Aspekt der westlichen Kritik. Besonders Frankreich warnte vor der Gefahr eines revisionistischen Militärbündnisses gegen die Versailler Friedensordnung und verschärfte seine Außenpolitik gegenüber Deutschland (s. S. 365).

Verträge von Locarno

Eine andere Möglichkeit für Deutschland, politische Macht und Stärke zurückzugewinnen, waren vertragliche Bindungen mit den Westmächten, allen voran mit dem westlichen Nachbarn Frankreich. Nach der Ruhrkrise 1923 (s. S. 396) – in der die Franzosen zwar äußerlich gesiegt, aber von keinem wichtigen Land, wie z. B. England, Unterstützung erfahren hatten – wurde deutlich, dass ein starres Festhalten an den Bestimmungen des Versailler Vertrages keinen Frieden in Europa bringen würde. Es musste verhandelt werden.
Die Bemühungen um europäische Sicherheit und Entspannung führten 1925 zum Abschluss der Verträge von Locarno, die vor allem durch die Initiativen des deutschen Außenministers Gustav Stresemann und seines französischen Amtskollegen Aristide Briand (1862–1932) zustande kamen. In dem Vertragswerk erkannte Deutschland die Westgrenze an und sicherte die dauernde Entmilitarisierung des Rheinlandes zu. Damit kam es dem Sicherheitsinteresse Frankreichs und Belgiens entgegen. Durch die Anerkennung des Status quo an der deutschen Westgrenze sollte verhindert werden, dass Frankreich noch einmal wie bei der Ruhrbesetzung 1923 (s. S. 396) deutsches Territorium besetzen konnte. Kurzfristig lösten die Verträge in der französischen und deutschen Öffentlichkeit heftige

Internettipp
www.documentarchiv.de/wr/1922/rapallo-vertrag.html
Der deutsch-russische Vertrag von Rapallo (16. April 1922) im Wortlaut

www.walther-rathenau.de/rapallo.htm
Informationen über den Abschluss des Vertrags von Locarno bietet die Walther-Rathenau-Stiftung. Die Seite informiert ausführlich über Leben und Wirken des Politikers.

www.documentarchiv.de/wr/1925/locarno-vertrag.html
Der Vertrag zwischen Deutschland, Belgien, Frankreich, Großbritannien und Italien; ein Bestandteil der Verträge von Locarno (16. Oktober 1925); weitere Bestandteile des Vertragswerks können ebenfalls aufgerufen werden.

M 1 Plakat der Deutschnationalen Volkspartei (DNVP) zur Reichstagswahl 1928

M2 „Deutsche Voraussicht", französische Karikatur von 1925 als Reaktion auf die Verleihung des Friedensnobelpreises an Stresemann

Germania (mit phrygischer Mütze) fragt: „Was machst du denn da, mein Lieber?" Stresemann: „Ich tue meinen Friedenspreis an seinen Platz!"

nationalistische Gegenwehr aus: Stresemann wurde in Deutschland als „Erfüllungspolitiker" diffamiert, weil er die Ergebnisse des Weltkrieges im Westen anerkannte (M 4, M 5), während die Opposition in Frankreich die vorzeitige Räumung des zu Recht besetzten Ruhrgebiets und den anvisierten Eintritt Deutschlands in den Völkerbund – der 1926 vollzogen wurde – kritisierte. Mittelfristig aber brachten die Verträge Europa eine allgemeine Entspannung, die der britische Botschafter Lord d'Abernon so kennzeichnete: „Der erste und wichtigste Grund liegt darin, dass Locarno die Kriegsentente gegen Deutschland beendet. Er bringt Deutschland in das europäische Konsortium der Westmächte und räumt mit der alten diplomatischen Auffassung der Lage auf, die Deutschland als ‚den bösen Friedensstörer', den ‚Exponenten' des aggressiven Militarismus und den tollen Hund Europas betrachtete."

Obwohl Deutschland auch mit Polen und der Tschechoslowakei ein Abkommen schloss, das es verpflichtete, Streitfragen vor den Internationalen Gerichtshof zu bringen, thematisierten die Locarno-Verträge die deutschen Ostgrenzen nicht. Eine Revision dieser Grenzen, wenn auch nur auf friedlichem Wege, ließen die Verträge offen. Außenminister Stresemann, der zum Garanten einer deutsch-französischen Zusammenarbeit werden sollte und der die Verträge vor allem als Mittel zur Wiederherstellung der außenpolitischen Freiheit Deutschlands betrachtete, war genau an dieser Revisionsmöglichkeit gelegen: Die Bereitschaft, auf der einen Seite die mit dem Vertrag von Versailles geschaffenen Fakten wie die Abtretung von Elsass-Lothringen anzuerkennen, war auf der anderen Seite mit der Erwartung verbunden, andere Folgen des Vertrages könnten langfristig unter Duldung der Siegermächte revidiert werden. Auf lange Sicht und mit Blick auf die Völkerverständigung war Locarno also ein doppelbödiges Vertragswerk.

Internettipp
www.lexexakt.de/glossar/briandkellogpakttxt.php
Der Briand-Kellog-Pakt auf einer privaten Seite

www.km.bayern.de/blz/web/700106/9.asp
Die Online-Publikation „1926 – Deutschlands Beitritt zum Völkerbund" der Bayerischen Landeszentrale für politische Bildung

Europapolitik

Auf der Tagung des Völkerbundes im Herbst 1929 entwarf der französische Außenminister Briand die Vision einer „solidarischen Gemeinschaft" der europäischen Staaten. Stresemann stimmte in seiner letzten großen Rede vor dem Völkerbund diesem Plan nur teilweise zu. Er befürwortete einen europäischen Wirtschaftsraum, lehnte aber jede politische Integration Europas ab und blieb trotz seines Eintretens für eine Verständigungspolitik ein Verfechter des souveränen Nationalstaats. Briand initiierte zusammen mit dem amerikanischen Staatssekretär Kellogg auch ein internationales Vertragswerk zur Ächtung des Krieges. Diesen **Briand-Kellogg-Pakt** von 1928 unterzeichneten 15 Staaten, darunter auch Deutschland. Sie erklärten „einen offenen Verzicht auf den Krieg als Werkzeug nationaler Politik" und bekundeten ihren Willen, jede Veränderung der Beziehungen untereinander ausschließlich mit friedlichen Mitteln anzustreben.

Die spektakulärsten Erfolge seiner Politik erlebte Stresemann nicht mehr. Die vorzeitige Räumung des Rheinlandes erfolgte 1930. Auf der Konferenz von Lausanne 1932 wurden die Reparationen praktisch gestrichen, und auf der Konferenz in Genf im November 1932 wurde Deutschland militärisch wieder ein gleichberechtigter Staat, dessen Versöhnungsangebot allerdings eine Revision der Gebietsabtretungen nicht ausschloss.

1. Erläutern Sie die Grundzüge der deutschen Außenpolitik.
2. Bewerten Sie die Verträge von Rapallo und Locarno im Hinblick auf ihr zentrales Ziel, die Revision des Versailler Vertrages.
3. Vergleichen Sie die Außenpolitik der Weimarer Republik mit der des Kaiserreiches unter Bismarck und Wilhelm II.

M3 „Deutschland und Russland – ein Anfang", Karikatur von Erich Schilling, aus der deutschen Satirezeitschrift „Simplicissimus" vom 10. Mai 1922

1 Interpretieren Sie die Karikatur hinsichtlich ihrer Bewertung des Vertrags von Rapallo.

M4 Denkschrift von Oberstleutnant von Stülpnagel über die außenpolitische Lage, 20. Februar 1924

Frankreich will und wird immer die endgültige Zerstörung Deutschlands als Machtstaat wollen. Hat Frankreich nach Zerstückelung Deutschlands die unbestrittene Vormachtstellung auf dem europäischen Festland, so wird es den offenen Kampf mit England nicht mehr scheuen. [...] Deutschland ist für beide nur Objekt. England will Deutschland unter seinem Einfluss ‚verösterreichern', Frankreich will Deutschland zerstören. [...] Darüber hinaus ist es aber die Pflicht des Soldaten als der Wächter des nationalen Gewissens, dafür zu sorgen, dass eine unter dem Einfluss wirtschaftlicher und pazifistischer Ideen stehende Regierung die nationale Zukunft nicht um ein Linsengericht der physischen Saturierung des Volkes verrät. Die gleichen Befürchtungen für Deutschlands nationale Zukunft erweckt der von demokratischer Seite heute propagierte Gedanke einer europäischen Korporation der Völker, das heißt eines Föderativsystems sämtlicher europäischer Staaten. Auch er kann die gesunde nationale Entwicklung und Wehrhaftmachung des deutschen Volkes hemmen. An jeder Stärkung der pazifistisch-demokratischen Ideologie muss Deutschland sterben! Versailles war ein auf Lügen aufgebautes Unrecht, dies muss einst durch Gewalt unter wehrhafter Zusammenfassung aller nationalen Kräfte beseitigt werden oder – Frankreich gibt vorher nach, schafft das Unrecht aus der Welt, trifft Vereinbarungen mit uns, die unsere nationale Entwicklung nicht hemmen. Das ist aber nicht zu erwarten und wäre wieder (sic) den Sinn der deutsch-französischen Geschichte. Deutschland muss die auf die Dauer unüberbrückbaren Gegensätze zwischen England und Frankreich ausnutzen, sie nicht durch Opferung eigener Interessen mildern, sondern im Gegenteil dadurch verschärfen, dass in der Welt der Eindruck entsteht, es ist nicht Deutschlands, sondern Frankreichs Schuld, wenn der englische Vorschlag auf Völkerbund, Abrüstung und wirtschaftliche Befriedung nicht zur Ausführung kommt. Gelingt dies, wird die Entwicklung dahin gehen, dass England sein Ziel gegenüber Frankreich nur noch durch Waffengewalt an der Seite Deutschlands erreichen kann. Dies anzustreben, wäre die Pflicht der deutschen Diplomatie und ist die Aufgabe des Soldaten.

Zit. nach: Wolfgang Michalka, Gottfried Niedhart (Hg.). Die ungeliebte Republik. Dokumentation zur Innen- und Außenpolitik Weimars 1918–1933, München ³1984, S. 148 f.

1 Untersuchen Sie die Argumente, die die Gegner der Verständigungspolitik für ihre Haltung angeben.

M5 Die außenpolitischen Leitlinien Stresemanns

Auszüge aus einer Rede Stresemanns vor der „Arbeitsgemeinschaft deutscher Landsmannschaften in Groß-Berlin" am 14. Dezember 1925:

Wenn ein Außenminister seine Aufgabe nicht dahin auffasst, die täglichen Eingänge zu erledigen, sondern sich fragt, ob es Ausblicke für eine andere Stellung seines Landes in der Welt gibt, dann muss er sich zunächst die Frage vorlegen, welche Mittel ihm zur Verfügung stehen, um seinem Lande wieder Geltung zu verschaffen. Das Hauptmittel ist die materielle Macht, Armee und Flotte. Dass wir sie nicht besitzen, ist Ihnen bekannt, und schöne Träume von neuen Erfindungen, an die viele glaubten, haben sich als schön, aber doch nur als Träume erwiesen, wie uns von all denen bestätigt wird, die dafür die Verantwortung tragen. Dieses Mittel scheidet aus. Wir sind heute kaum in der Lage, unser Land zu verteidigen, geschweige denn auf unsere Macht zu pochen und dadurch zu versuchen, das Schicksal zu wenden. Wir hätten ein zweites Mittel, eine Außenpolitik zu treiben, die zu Erfolgen führte, das wäre ein einheitlicher nationaler Wille des deutschen Volkes, der über alle Parteien hinaus das Volk einte und es in großen Fragen so zusammenführte, dass seine Stimme als die eines 60-Millionen-Volkes in der Welt erschallt. [...]

Meine Herren, von diesen beiden Dingen scheidet das erste aus. Das zweite ist nur partiell anwendbar. Eine dritte Frage für die deutsche Außenpolitik ist die, ob Deutschland noch irgendwo eine Großmacht wäre und als Großmacht sich wieder in das Konzert der Mächte einschalten könnte, und diese einzige große Waffe unserer Außenpolitik sehe ich in unserer wirtschaftlichen Stellung, und zwar in unserer wirtschaftlichen Stellung als Konsumentenland, in unserer Stellung als großes Schuldnerland gegenüber anderen Nationen. Unsere Stärke besteht nicht in der Stärke unserer Industrie und unserer Produktion. Völker sind immer Egoisten. Für andere Völker Mitleid, Interesse oder Liebe zu haben, ist eine Krankheitsform, die sich auf Deutschland stets beschränkt hat. (Heiterkeit und Sehr gut!) Ich glaube, man wird am weitesten kommen, wenn man irgendein Verhältnis zu anderen Nationen auf gleich laufenden Interessen aufbaut. An unserer Produktion haben die anderen kein Interesse; aber sie haben ein Interesse daran, dass die aus den Fugen geratene Weltwirtschaft, die sich in einer Zerstörung der Währungen mit Ausnahme von zwei großen Ländern ausgesprochen hat, wieder in Ordnung kommt; und sie glauben nicht daran, dass sie wieder in Ordnung kommt, wenn Deutschland in den Abgrund hineingezogen wird. [...]

Meine Herren, das waren Gesichtspunkte, die uns veranlassen mussten, an uns die Frage zu richten, ob es nicht für uns möglich sei, politische Fragen auf wirtschaftlichem Wege zu lösen und unter dem Gedanken dieser unserer Machtstellung zu versuchen, den Dingen seit Versailles eine andere Wendung zu geben. [...]

Was bedeuten im Sinne der Regierung der Vertrag von Locarno und die angebahnte Verständigung? [...] Der wirtschaftlichen Verständigung musste eine politische Verständigung folgen. [...] Gewiss bedeutet der Verzicht auf Krieg auch den Verzicht, auf kriegerischem Wege Elsass-Lothringen wiederzugewinnen. Meine Herren, einen anderen Weg sehe ich aber auch nicht. [...]

Meine Herren, ich denke auch in Bezug auf die Ostfragen, wo das Selbstbestimmungsrecht der Völker in unerhörter Weise vergewaltigt worden ist, nicht an kriegerische Auseinandersetzungen. Was ich mir aber vorstelle, ist das, dass, wenn einmal Verhältnisse entstehen, die den europäischen Frieden oder die wirtschaftliche Konsolidierung Europas durch die Entwicklung im Osten bedroht erscheinen lassen, und wenn man zur Erwägung kommt, ob diese ganze Nichtkonsolidierung Europas nicht ihren Grund in unmöglichen Grenzziehungen im Osten mit hat, dass dann Deutschland auch die Möglichkeit haben kann, mit seinen Forderungen Erfolge zu erzielen, wenn es sich vorher mit den ganzen Weltmächten, die darüber zu entscheiden haben, politisch auf einen freundschaftlichen Verständigungsfuß und auf eine wirtschaftliche Interessengemeinschaft auf der anderen Seite gestellt hat. (Bravo!) Das ist meiner Meinung nach die einzig praktische Politik. [...]

Meine Herren, die Politik, die wir inauguriert haben, hat uns mindestens immer als eine Politik der Sicherung des deutschen Rheinlands gegen die Fortsetzung der französischen Rheinpolitik vor Augen gestanden, und da wir es nicht mit den Waffen schützen können, mussten wir es durch Verträge schützen.

Nun aber ein Wort über die Inkraftsetzung und über den Völkerbund. Auch hier bekämpfen wir Deutsche uns prinzipiell wie immer. Bist du für den Völkerbund oder gegen ihn? Das ist eine ganz falsche Fragestellung. Man muss vielmehr fragen: Ist es besser für Deutschland, draußen zu bleiben oder hineinzugehen? Der Völkerbund ist mir absolut nicht sympathisch. Seine Entstehung war gegen uns gerichtet. Seine Handlungen waren gegen uns. Auf ihm ruht das Verdikt, dass er in der oberschlesischen Frage Städte, die zu 92 % für Deutschland gestimmt haben, den Polen überwiesen hat. Wir hätten vom eigenen Standpunkt keine Veranlassung, große Sympathien mit ihm zu haben. Aber ich frage mich auch hier: nicht, ob mir die Menschen sympathisch sind oder nicht, sondern: nutzt oder schadet es? Da sehe ich die Dinge folgendermaßen: Alles, was das deutsche Volk auf dem Herzen hat, gerade an den noch ungelösten Fragen aus dem Weltkrieg, kann es nirgends besser anbringen als dort.

Zit. nach: Akten zur deutschen auswärtigen Politik 1918–1945. Serie B: 1925–1933. Band 1, 1, Vandenhoeck & Ruprecht, Göttingen 1966, S. 728–751

1 Arbeiten Sie aus der Rede Stresemanns die wesentlichen Motive, Ziele und Methoden seiner Außenpolitik heraus.

M6 „Europa-Probleme – Hier irrt Zeus. Die Rettung der Europa durch dieses Meer geht selbst über die Kräfte eines Stieres", Karikatur von Karl Arnold (1883–1953), aus dem „Simplicissimus", 9. Juli 1933. Titelblatt der viersprachigen Sonderausgabe zur Weltwirtschaftskonferenz. Die Tagung war auf Ersuchen der Reparationskonferenz vom Völkerbund für Juni/Juli 1933 einberufen worden.

1 Erläutern Sie, wie der Karikaturist Karl Arnold Europa im Juli 1933 betrachtet.

2.3 Die Demokratie in den Krisenjahren 1919–1923

Instabile Verhältnisse

Mit der Unterzeichnung des Versailler Vertrages und dem Inkrafttreten der Weimarer Reichsverfassung im Jahre 1919 begannen für die erste deutsche Demokratie unruhige Jahre, in denen die Existenz des jungen Staates mehr als einmal infrage gestellt war. Radikale Gegner auf der politischen Rechten und Linken bekämpften die demokratische Ordnung. Die Regierung musste eine Vielzahl unlösbar scheinender politisch-sozialer und wirtschaftlicher Probleme lösen. Außerdem beharrte Frankreich unerbittlich auf der strikten Erfüllung der Friedensbedingungen durch Deutschland. Dass die Weimarer Republik diese Gefahren der Jahre von 1919 bis 1923 gemeistert hat, zählt zu ihren entscheidenden Leistungen.

Spirale der Gewalt

Der Mord an den kommunistischen Politikern Rosa Luxemburg und Karl Liebknecht (s. S. 384) durch Mitglieder der Freikorps war der Auftakt für zahlreiche **politische Morde** (M 6, M 7), mit denen Anhänger der politischen Rechten die Republik destabilisieren und zu Fall bringen wollten. Der Hass der militanten Republikgegner richtete sich nicht nur gegen prominente Vertreter der Linken wie den sozialistischen bayerischen Ministerpräsidenten Kurt Eisner, der am 21. Februar 1919 ermordet wurde. Die Gewalt der antidemokratischen Freikorps traf auch die sogenannten „Erfüllungspolitiker" der Weimarer Republik. Indem diese Politiker die in Versailles vereinbarten Reparationszahlungen möglichst vollständig zu leisten versuchten, wollten sie deren Unerfüllbarkeit beweisen und damit eine Revision des Versailler Vertrages erzwingen. Herausragende Vertreter einer solchen Politik waren der Zentrumspolitiker und ehemalige Finanzminister Matthias Erzberger, den Attentäter der nationalistischen „Organisation Consul" am 26. August 1921 ermordeten. Mitglieder dieser Gruppe verübten ebenfalls den Mord an dem liberalen Außenminister Walther Rathenau* am 24. Juni 1922. Diese Bluttat galt jedoch nicht nur dem „Erfüllungspolitiker", sondern auch dem „deutschen Juden" Rathenau.

Mit der Verabschiedung des **Republikschutzgesetzes** im Juni 1922 demonstrierte die Regierung, dass sie zur kämpferischen Verteidigung der Demokratie entschlossen war. Republikfeindliche Handlungen konnten seitdem mit schweren Strafen belegt, republikfeindliche Versammlungen und Publikationen verboten werden.

Im Jahre 1920 formierte sich eine groß angelegte Verschwörung von rechts, die im **Kapp-Lüttwitz-Putsch** mündete. Anlass war die im Versailler Vertrag vorgeschriebene Verminderung der Reichswehr auf den Stand von 100 000 Mann und die damit verbundene Auflösung der Freikorps. Am 13. März 1920 besetzten Freikorpseinheiten das Berliner Regierungsviertel, setzten die Regierung ab und erklärten mit Wolfgang Kapp einen Rechtsextremisten zum Reichskanzler. Weil sich die Reichswehr weigerte, die Putschisten zu bekämpfen, floh die Regierung. Der Putsch scheiterte jedoch am Widerstand der Ministerialbürokratie im Reich und in den Ländern, die eine Zusammenarbeit mit den Putschisten verweigerte. Aber auch der von den Gewerkschaften und den sozialistischen Parteien ausgerufene Generalstreik trug maßgeblich dazu bei, dass die Verschwörer aufgaben.

Im Jahre 1923 scheiterte ein weiterer Umsturzversuch von rechts, der **Hitler-Putsch** (M 2). Gemeinsam mit anderen republikfeindlichen Organisationen versuchten Hitler und seine nationalsozialistischen Anhänger, am 8. November 1923 in München die Macht zu übernehmen. Während einer Rede des bayerischen Generalstaatskommissars Gustav Ritter von Kahr, der Bayern mit diktatorischen Vollmachten regierte, stürmten sie mit bewaffneten SA-Leuten den Münchener Bürgerbräukeller, riefen die „nationale Revolution" aus und erklärten die Reichs-

M 1 Walther Rathenau (1867–1922), Fotografie, um 1920

Rathenau, der Sohn des AEG-Gründers Emil Rathenau, war Industrieller, Schriftsteller und Politiker. Seit 1899 war Rathenau in leitenden Positionen für die AEG tätig. Im Ersten Weltkrieg organisierte er als Leiter der Kriegsrohstoffabteilung im preußischen Kriegsministerium die deutsche Kriegswirtschaft. Seit ihrer Gründung Mitglied der DDP, wurde Rathenau 1921 Wiederaufbauminister, 1922 deutscher Außenminister. Am 24. Juni 1922 erschossen ihn zwei antisemitisch eingestellte ehemalige Offiziere auf der Fahrt ins Auswärtige Amt.

M 2 Plakat zum Hitler-Putsch vom 8./9. November 1923

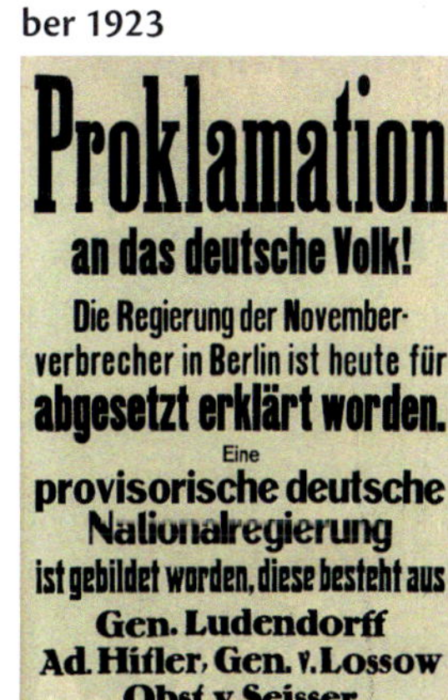

1 Arbeiten Sie die Absichten der Hitler-Putschisten heraus. Klären Sie dabei den Begriff der „Novemberverbrecher".

M3 Proklamation der Rheinischen Republik, Mainz, Plakat vom 22. Oktober 1923

M4 Antifranzösische Schießscheibe, um 1923

Internettipp

www.dhm.de/lemo/html/dokumente/cuno/index.html
Die Reichstagsansprache des Reichskanzlers Wilhelm Cuno anlässlich der Besetzung des Ruhrgebiets durch französische und belgische Truppen am 23. Januar 1923

www.bpb.de/themen/YJWUL0,0,0,Kampf_um_die_Republik_1919_1923.html#art0
Reinhard Sturm über den „Kampf um die Republik 1919–1923"

regierung für abgesetzt. Als sich seine wichtigsten Verbündeten jedoch von diesem Putschversuch distanzierten, konnte Hitler die Macht in Berlin nicht übernehmen. Sein Putschversuch brach endgültig am 9. November auf dem Marsch zur Feldherrnhalle im Feuer der Landespolizei zusammen. Die Beteiligten kamen vor Gericht; Hitler wurde zu fünf Jahren Festungshaft verurteilt, jedoch bereits nach neun Monaten entlassen. Während der Haft verfasste er den ersten Teil seines Buches „Mein Kampf". Im Februar 1925 fand die offizielle Neugründung der 1922 als republikfeindlich verbotenen NSDAP statt, etwa zur gleichen Zeit wurde das Verbot der NSDAP aufgehoben. Statt eines Umsturzes propagierte Hitler nun die legale Machtübernahme als Ziel der NSDAP.

Die **KPD** wollte 1920 den Widerstand gegen den Kapp-Putsch nutzen, um die in ihren Augen steckengebliebene Revolution weiterzutreiben (M 5). Mithilfe der Anhänger der nicht von der MSPD kontrollierten sozialistischen Arbeiterbewegung bauten die Kommunisten im Ruhrgebiet eine 50000 Mann zählende **„Rote Armee"** auf. Reichswehrtruppen rückten ins Revier ein und schlugen den Aufstand mit Waffengewalt nieder. Soldaten der Reichswehr entwaffneten auch in Sachsen und Thüringen die während des Kapp-Putsches entstandenen Selbstschutzeinheiten der Arbeiterschaft, die ihrerseits den bewaffneten Kampf gegen Reichwehr und Freikorps begonnen hatten. Und die preußische Polizei warf innerhalb weniger Tagen in erbitterten Kämpfen einen Aufstand gegen die parlamentarische Republik nieder, den die KPD im Frühjahr 1921 im mitteldeutschen Industriegebiet Merseburg-Halle-Mansfeld entfesselt hatte.

1923 scheiterte der letzte Versuch der KPD, in Deutschland einen revolutionären Umsturz einzuleiten. Die Kommunisten schlossen im Oktober in **Thüringen und Sachsen** Regierungsbündnisse mit der MSPD. Die KPD nutzte diese Situation, um bewaffnete Einheiten – sogenannte **Proletarische Hundertschaften** – für den Kampf gegen die Republik bzw. für eine proletarische Revolution nach sowjetischem Vorbild aufzubauen. Die Reichsregierung durchkreuzte durch schnelles und entschlossenes Auftreten die Pläne, einen „deutschen Oktober" zu entfesseln: Sie verhängte den Ausnahmezustand und übergab damit dem Militär die ausführende Gewalt. Gegen Sachsen leitete sie eine Reichsexekution ein und ließ Reichswehrtruppen einmarschieren. Die KPD trat den Rückzug an und nahm von ihren Aufstandsplänen Abstand.

Ruhrbesetzung und „Ruhrkampf"

Ende 1922 stellte die alliierte Reparationskommission einen deutschen Rückstand bei Holz- und Kohlelieferungen fest. Frankreich sah darin einen vorsätzlichen Bruch des Friedensvertrages und entsandte zur Kontrolle der Lieferungen eine Delegation nach Deutschland. Zu deren „Schutz" **besetzten im Januar 1923 französische und belgische Truppen das Ruhrgebiet**. In Wirklichkeit ging es Paris darum, die im Versailler Vertrag nicht gelungene dauerhafte Schwächung Deutschlands nachzuholen. Die Empörung über diesen Einmarsch einte die politischen Kräfte in Deutschland. Die Reichsregierung rief den passiven Widerstand aus: Beamte sollten die Anordnungen der Besatzungsmacht nicht befolgen. Gruben, Fabriken und Bahnen wurden stillgelegt, die Reparationszahlungen eingestellt. Diese Aktionen waren jedoch auf längere Zeit nicht durchzuhalten. Zum **Scheitern des passiven Widerstandes** trug die sich beschleunigende Inflation bei, die die deutsche Wirtschaft zusätzlich schwächte. Da im Rheinland und in der Pfalz separatistische Bewegungen entstanden, schien außerdem die Einheit Deutschlands bedroht. Und die Alliierten unter der Führung Großbritanniens erklärten sich nur dann zu Verhandlungen über die Reparationszahlungen und das Ende der Ruhrbesetzung bereit, wenn Deutschland seinen passiven Widerstand aufgebe. Das geschah im September 1923 unter der Regierung von Gustav Stresemann.

Inflation

Eine zentrale Gefahr für die innere Stabilität der Weimarer Republik war die wachsende Geldentwertung. Unter ihr litten besonders die bürgerlichen Mittelschichten, die große Teile ihrer Geldanlagen verloren. Dagegen profitierte die Industrie von der Inflation: Die Ausgaben für Investitionen waren leicht zu tilgen und die realen Arbeitslöhne blieben unter dem Stand von 1913.

Die Entwicklung der Inflation lässt sich eindrucksvoll am Brotpreis verdeutlichen. Mussten die Menschen im Dezember 1919 für 1 kg Brot 0,80 Mark bezahlen, kostete die gleiche Menge Brot im September 1923 1 515 000 Mark. Und im Dezember 1923 war für diese Menge Brot die astronomische Summe von 399 000 000 000 Mark zu bezahlen.

Die Ursachen der Inflation reichen bis in den Ersten Weltkrieg zurück. Der Staatshaushalt war bei Kriegsende durch die **hohen Kriegskosten** völlig verschuldet; der Wert der Mark war zwischen 1914 und 1918 um die Hälfte gesunken. Die Regierung finanzierte die **Umstellung auf die Friedenswirtschaft** durch die Aufnahme von immer mehr Krediten und brachte überdies immer mehr Papiergeld in Umlauf. Dadurch stiegen die Reichsschulden weiter an. Auch die hohen Reparationsforderungen der Alliierten beschleunigten die Geldentwertung. Während des Ruhrkampfs sanken die Einnahmen des Reiches; die Industrieproduktion ging zurück. Im Juli waren nur noch etwa 4 % der Ausgaben gedeckt. Am 16. November 1923 wurde die Inflation durch die **Einführung der Rentenmark** beendet, die sich zu einer stabilen Währung entwickelte. Eine 1923 gegründete Deutsche Rentenbank sorgte für die Deckung der neuen Währung.

Dollarnotierungen 1914–1923

Juli 1914	4,20 Mark
Januar 1919	8,90 Mark
Juli 1919	14,– Mark
Januar 1920	64,80 Mark
Juli 1920	39,50 Mark
Januar 1921	64,90 Mark
Juli 1921	76,70 Mark
Januar 1922	191,80 Mark
Juli 1922	493,20 Mark
1923	
Januar	17 972,– Mark
Juli	353 412,– Mark
August	4 620 455,– Mark
September	98 860 000,– Mark
Oktober	25 260 208 000,– Mark
15. Nov.	4 200 000 000 000,– Mark

Internettipp

www.geo.de/GEO/kultur/geschichte/55249.html?q=Drucker
„Inflation von 1923: die Stunde der Spekulanten", ein Beitrag von Ralf Berhorst aus: GEO-Epoche 27 (08/2007)

www.historisches-lexikon-bayerns.de/artikel/artikel_44730
Lexikonartikel zur „Inflation" mit Links zu wichtigen Fachbegriffen, Dokumenten und Abbildungen

1 Stellen Sie die Krisen der Weimarer Republik in den Jahren 1919 bis 1923 in einem Schaubild dar. Berücksichtigen Sie dabei auch die Reaktion der jungen Demokratie auf die jeweilige Krise.

2 Nehmen Sie Stellung zu der These des Historikers Wolfram Pyta: „Am Ende des Jahres 1923 hatte die Weimarer Republik das Schlimmste überstanden." Beziehen Sie in Ihre Wertung auch die Außenpolitik mit ein.

M5 Rundschreiben der kommunistischen Parteileitung zum Kapp-Putsch 1920

Werte Genossen!

Wie ihr wisst, ist die Regierung gestürzt. [...] Genossen! Was ist zu tun? Zunächst eins: Heraus aus den Betrieben! Auf zum Generalstreik über ganz Deutschland! Damit aber nicht genug. Das Proletariat muss sich seine Organe schaffen, mit denen es die volle Herrschaft übernehmen, halten und sichern kann. Darum gilt es als Zweites: Sofortige Versammlung in den Betrieben Wahl revolutionärer Arbeiterräte, wobei unbedingt erzielt werden muss, dass sich in ihnen, in den Räten, nicht ein Verräter befindet. Kein Anhänger der sogenannten Mehrheitspartei, kein Vertreter der bürgerlichen Demokratie darf gewählt werden! Nur von Neuem würden diese Verräter ihr schurkisches Spiel aufnehmen. Gewählt darf nur werden, wer sich voll und ganz zur Diktatur des Proletariats bekennt und bereit ist, unter Opferung seiner ganzen Person diese Diktatur durchzuführen. Es kommen also nur infrage Mitglieder der Kommunistischen Partei und, falls sie sich verpflichten, den Losungen und Parolen des Kommunismus zu folgen, die Anhänger des linken Flügels der U.S.P. Die so gewählten Arbeiterräte treten sofort zur Volksversammlung zusammen und bestimmen ihre Exekutive. Falls es gelingt, diese Maßnahmen einheitlich und möglichst über ganz Deutschland durchzuführen, werden die exekutiven Organe zur Landes- und Reichsexekutive zusammengefasst. Genossen! In allen größeren Orten Deutschlands sind die Arbeiter im Begriff, diese Maßnahmen durchzuführen.

Zit. nach: H. Spethmann, Zwölf Jahre Ruhrbergbau, Bd. 2, Hobbing, Berlin 1928, S. 80 f.

1 Untersuchen Sie Anlass und Ziel dieser KPD-Initiative.

M6 Aus Kurt Tucholsky, Das Buch von der deutschen Schande, 1921

E. J. Gumbel hat die politischen Mordtaten der Jahre 1918 bis 1920 kühl und sachlich gesammelt, alle, die von rechts und die von links, und er hat gleichzeitig ihre gerichtliche Aburteilung aufgezeichnet. [...] Das aktenmäßige Material

Gumbels versetzt uns in die Lage, klipp und klar festzustellen: Wie da – in den Jahren 1918 bis 1921 – politische Morde von deutschen Richtern beurteilt worden sind, das hat mit Justiz überhaupt nichts zu tun. Das ist gar keine.

Verschwendet ist jede differenzierte Kritik an einer Rechtsprechung, die Folgendes ausgesprochen hat: Für 314 Morde von rechts 31 Jahre 3 Monate Freiheitsstrafe sowie eine lebenslängliche Festungshaft. Für 13 Morde von links 8 Todesurteile, 176 Jahre 10 Monate Freiheitsstrafe.

Das ist alles Mögliche. Justiz ist das nicht.

Ganz klar wird das, wenn wir das Schicksal der beiden Umsturzversuche, Kapps und der Münchner Kommunisten, vergleichen, zweier Versuche, die sich juristisch in nichts unterscheiden: Die Kommunisten haben für ihren Hochverrat 519 Jahre 9 Monate Freiheitsstrafe erhalten. Eine Todesstrafe hat man vollstreckt. Die Kapp-Leute sind frei ausgegangen.

Hier kann ich nicht kritisch folgen. Ich weise es von mir, mich mit Männern – Staatsanwälten und Richtern – ernsthaft auseinanderzusetzen, die das fertigbekommen haben. Sie haben nicht gerichtet. Sie sind es. Sie sind es leider nicht.

Kurt Tucholsky, Gesammelte Werke, Bd. 1, Rowohlt, Reinbek 1960, S. 818

1 Arbeiten Sie heraus, von welcher Position aus Tucholsky die deutsche Justiz kritisiert.

M7 Aus einer statistischen Übersicht der politischen Morde, 1921

1921 veröffentlichte Professor Emil Gumbel (1891–1966) eine Broschüre mit dem Titel „Zwei Jahre politische Morde", die bereits 1922 in ihrer 5. Auflage unter dem fortgeschriebenen Titel „Vier Jahre Mord" erschien und in ihren Ergebnissen vom Reichsjustizministerium als korrekt bestätigt wurde.

a) Die Formen politischer Morde

„Tödlich verunglückt"	184	Als Repressalie erschossen	10
Willkürlich erschossen	73	Willkürlich erschossen	8
„Auf der Flucht erschossen"	45	Angebliches Standrecht	3
Angebliches Standrecht	37	Angebliche Notwehr	1
Angebliche Notwehr	9		
Im Gefängnis oder Transport gelyncht	5		
Angeblicher Selbstmord	1		
Summe der von Rechtsstehenden Ermordeten	354	Summe der von Linksstehenden Ermordeten	22

b) Die Sühne der politischen Morde

	Politische Morde begangen von Linksstehenden	Politische Morde begangen von Rechtsstehenden	Gesamtzahl
Gesamtzahl der Morde	22	354	376
– davon ungesühnt	4	326	330
– teilweise gesühnt	1	27	28
– gesühnt	17	1	18
Zahl der Verurteilungen	38	24	
Geständige Täter freigesprochen	–	23	
Geständige Täter befördert	–	3	
Dauer der Einsperrung je Mord	15 Jahre	4 Monate	
Zahl der Hinrichtungen	10	–	
Geldstrafe je Mord	–	2 Papiermark	

Aus: Die Zerstörung der deutschen Politik. Dokumente 1871–1933, neu hg. und kommentiert v. Harry Pross, Fischer TB, 1983, S. 145

1 Erläutern Sie mithilfe der Statistik die Tendenz der Rechtsprechung in politischen Fällen zu Beginn der Weimarer Republik und erörtern Sie den rechtlichen wie politischen Hintergrund dieser Tendenz. Berücksichtigen Sie dabei auch M 6.

2.4 Die relative Stabilisierung der Republik in den Jahren 1924–1929

Politik

Viele Historiker bezeichnen die Zeit von 1924 bis 1929 als Phase der relativen Stabilisierung in der Geschichte der ersten deutschen Demokratie. Auch während dieser Jahre gab es kleinere oder größere Krisen. Aber verglichen mit den vorangegangenen und nachfolgenden Krisenzeiten waren die 1920er-Jahre tatsächlich „Weimars beste Jahre" (Wolfram Pyta). Auch von den „Goldenen Zwanzigern" ist häufig die Rede, wobei sich dieser Begriff sehr stark auf gesellschaftliche und kulturelle Entwicklungen bezieht.

Die relative Stabilität der Weimarer Republik zeigte sich im Bereich der Außenpolitik. Es war das Verdienst von Außenminister Stresemann, dass Deutschland für einige Jahre eine **neue, kooperative Rolle in der internationalen Politik** übernahm (s. S. 391 f.). Doch auch in der Innenpolitik gab es hoffnungsvolle Entwicklungen. Die radikalen Parteien auf der politischen Rechten und Linken verloren an Gewicht und gerieten zeitweilig in die Isolation. Zwar wechselten die Regierungen häufig, aber die **parlamentarisch-parteienstaatliche Demokratie** funktionierte leidlich (M 7). Um das Zentrum, das allen Koalitionsregierungen angehörte, gruppierten sich die beiden liberalen Parteien. Dieser Bürgerblock wurde unterstützt bzw. erweitert entweder durch die nationalkonservative DNVP auf der Rechten oder die SPD auf der Linken. Die Gemeinsamkeiten dieser Koalitionen blieben allerdings begrenzt. Häufig konnten die weltanschaulichen und politisch-sozialen Unterschiede nur schwer oder gar nicht überbrückt werden. Die Parteien versagten gelegentlich ihren Ministern die Unterstützung, um sich gegenüber den Wählern stärker zu profilieren. Doch im größten Land des Reiches, in Preußen, konnte sich die Weimarer Koalition aus Sozialdemokraten, Liberalen und Zentrum bis 1932 behaupten.

Mit dem Tode von Reichspräsident Friedrich Ebert 1925 verlor die Weimarer Demokratie eine gewichtige Identifikationsfigur. Für die demokratische Legitimation der Republik bedeutete die Wahl des 78-jährigen ehemaligen Chefs der OHL, **Paul von Hindenburg**, zu seinem Nachfolger einen Rückschlag. Der Monarchist Hindenburg repräsentierte und stärkte die nationalen und konservativen Kräfte in Deutschland, die sich zurück in die „gute alte Zeit" des wilhelminischen Reiches sehnten. Eine schwere Belastung für die Weimarer Republik bestand außerdem darin, dass sich die **traditionell staatstragenden Eliten**, Beamte, Justiz, Reichswehr, Unternehmer und Großagrarier, nicht mit demokratischen Werten und Normen identifizieren konnten. Diese Gruppen blieben nach wie vor den Idealen des autoritären Obrigkeits- und Machtstaates des Kaiserreiches verhaftet.

Wirtschaft

Obwohl die Investitionen niedrig, die Arbeitslosenzahlen hoch blieben und der wirtschaftliche Aufschwung schwächer als der anderer Staaten war, **beschleunigte sich in den 1920er-Jahren das wirtschaftliche Wachstum** in Deutschland. Seit 1924 stieg die deutsche Industrieproduktion allmählich an und erreichte in den Jahren 1927–1929 wieder das Vorkriegsniveau. Deutschland schritt auf dem Weg vom Agrar- zum Industriestaat weiter voran. Anders als in der Zeit vor 1914 verschoben sich jetzt allerdings die Gewichte zwischen den einzelnen Wirtschaftssektoren langsamer zugunsten des industriellen Bereichs und des Dienstleistungssektors. 1933 arbeiteten 28,8 % der Beschäftigten in der Landwirtschaft, 40,6 % in der Industrie und 30,6 % im Dienstleistungsbereich. Die modernen Industrien der „zweiten" Industriellen Revolution, Chemie, Elektrotechnik und Teile des Maschinenbaus, standen trotz kriegsbedingter Verzerrungen nach wie vor an der Spitze der industriellen Produktion, während die Wachstumsraten der Industriezweige der „ersten" Industri-

Internettipp

www.fes.de/archiv
Die Website des „Archivs der Sozialen Demokratie" der Friedrich-Ebert-Stiftung bietet unter der Rubrik „Download-Angebote" Tondokumente aus der Weimarer Republik, z. B. Reichstagsreden zum Frauenwahlrecht und zu den Wahlen 1928 und 1930, sowie Plakate, Fotos und Textdokumente.

www.bpb.de/themen/502133,0,0,Zwischen_Festigung_und_Gef%E4hrdung_1924_1929.html#art0
„Zwischen Festigung und Gefährdung 1924–1929": Online-Version eines Beitrags von Reinhard Sturm, in: Informationen zur Politischen Bildung 261 (2003). Behandelt werden außenpolitische Erfolge, Wirtschaftsentwicklung, gesellschaftlicher Wandel, innenpolitische Entwicklungen und die „kulturelle Blüte".

M 1 George Grosz, Stützen der Gesellschaft, Gemälde, 1926

M2 Die Hufeisensiedlung Berlin Britz, Fotografie, um 2000

Die Siedlung entstand 1925 bis 1931 nach Plänen des Architekten Bruno Taut und ist eines der ersten Projekte des sozialen Wohnungsbaus.

ellen Revolution, der Montan- und Schwerindustrie, hinter denen der neuen dynamischen Industrien zurückblieben. Die Konsumgüterindustrie entwickelte sich uneinheitlich, ihr Wachstum verlief jedoch langsamer als das der Produktions- und Investitionsgüterindustrie. Obwohl Industriezweige wie Chemie, Elektrotechnik, Maschinenbau oder auch Optik erneut eine führende Stellung auf dem Weltmarkt erreichten, verlor Deutschland im internationalen Wettbewerb an Bedeutung. So sank der deutsche Anteil am Weltexport insgesamt zwischen 1913 und 1929 um ein Drittel.

Zwar bestimmten marktwirtschaftliche Regeln die deutsche Volkswirtschaft in der Weimarer Zeit. Aber der Staat griff stärker in den Wirtschaftsprozess ein als im Kaiserreich. Die Schwerpunkte **staatlicher Intervention** lagen auf dem Feld der Sozialpolitik und dem Ausbau der Infrastruktur. Besonders die Kommunen investierten im Vergleich zur Vorkriegszeit große Summen in den Bau von Wohnungen, Schulen, Krankenhäusern, Sport- und Grünanlagen. Die Reichsregierung unterstützte den Wiederaufbau der Handelsflotte, die Ausweitung der Energieversorgung und die Modernisierung des Verkehrnetzes. Der neue Wohlfahrtsinterventionismus stärkte die sozialstaatlichen Elemente in Verfassung- und Verfassungswirklichkeit. Die wichtigsten sozialpolitischen Neuerungen der Weimarer Zeit waren die Umwandlung der Armenpflege in eine moderne Sozialfürsorge, auf die es einen Rechtsanspruch gab, der Ausbau der Unfallversicherung, die Schaffung einer einheitlichen Rentenversicherung, Leistungsverbesserungen bei der Krankenversicherung und die Einführung der gesetzlichen Arbeitslosenversicherung 1927.

M3 Plakat der „Naturfreundejugend", die der SPD nahestand, 1929

Internettipp
www.daserste.de/zwanzigerjahre/default.asp
Schön gestaltete ARD-Dokumentation über Alltag und Kultur in den „Goldenen 1920er-Jahren"; Themenschwerpunkte: „Aufbruch im Chaos", „Tanz auf dem Vulkan", „Absturz aus der Moderne"; mit Hintergrundinformationen, Zeitzeugenberichten, Fotogalerie und interaktivem Quiz

Gesellschaft und Kultur

Der **Adel** behielt in der Weimarer Zeit hohes gesellschaftliches Ansehen und wirtschaftlichen Einfluss. Zu den Führungspositionen in Militär, Diplomatie und hoher Bürokratie besaßen Adlige nach wie vor einen privilegierten Zugang. Dennoch gewann das **Bürgertum** an Bedeutung. So ersetzten im politisch-staatlichen Bereich Parteipolitiker zunehmend die alten Führungsschichten, in den Unternehmen nahm die Zahl der angestellten Unternehmer, der Manager, zu. Allerdings erlebte der Mittelstand die 1920er-Jahre nicht als „Goldene Zwanziger". Die wirtschaftliche und soziale Situation der Mittelschichten, die erheblich unter der Inflation in den frühen 1920er-Jahren gelitten hatten, verschlechterte sich nicht stärker als die anderer Gruppen. Dennoch fühlte sich der alte Mittelstand, z. B. die selbstständigen Handwerker, benachteiligt durch die arbeiterfreundliche Sozialpolitik der Weimarer Zeit und forderte eine mittelstandsfreundliche Politik wie im Kaiserreich. Die Vertreter der mittelständischen Wirtschaft beklagten außerdem, dass sie in ihrer Existenz von Großkapital und Arbeiterschaft gleichermaßen bedroht würden. Der neue Mittelstand war in erster Linie besorgt über die allmähliche Angleichung ihrer Gehälter an die Arbeiterlöhne. Das galt besonders für die wachsende Zahl der Angestellten, die sich nach „unten", gegenüber der Arbeiterschaft, abgrenzen wollten. Zur Sorge um das sinkende Sozialprestige kam die Furcht vor sozialem Abstieg ins Proletariat hinzu. Unzufrieden mit den bestehenden Verhältnissen waren die **Bauern**, die vom Aufschwung der 1920er-Jahre kaum profitierten. Gewinner der staatlichen Sozialpolitik und steigender Löhne waren dagegen die **Lohnarbeiter**, deren Zahl in der Weimarer Zeit relativ konstant blieb. Außerdem erhöhte sich ihr politisches Gewicht beträchtlich, da ihre politisch-sozialen wie wirtschaftlichen Interessenvertreter, Sozialdemokratie und Gewerkschaften, in der Weimarer Demokratie einen großen Bedeutungszuwachs erfuhren.

Das **Verhältnis der Geschlechter** wandelte sich in der Weimarer Zeit. Die Verfassung erkannte die Gleichberechtigung von Mann und Frau als Grundrecht an, und die **Einführung des Frauenwahlrechtes 1918** brachte eine erhebliche Politisie-

M4 **Langweilige Puppen, Gemälde von Jeanne Mammen, Aquarell und Bleistift auf Papier, um 1927/30**

M5 **Berlin – 13 Uhr, Gemälde von Hans Baluschek, Pastell und Kreide auf Karton, 1931**

rung und Organisierung der Frauen mit sich. Der Trend zur Frauenerwerbstätigkeit setzte sich fort. Viele Frauen fanden im Dienstleistungsbereich als Stenotypistin, Sekretärin oder Verkäuferin eine Anstellung, die häufig als Notbehelf diente, um der Familie ein Zubrot zu verdienen oder Krisensituationen zu überwinden. Die Doppelbelastung der berufstätigen Frauen blieb bestehen. Der eigentliche Wandel betraf die „Entdeckung der modernen Frau“ (Ute Frevert). Neben das traditionelle Bild der Frau als Hausfrau und Mutter trat das der emanzipierten Frau, die sich nicht länger über ihren Mann definierte, sondern über ihre Leistungen in Beruf und Freizeit. Auch männliche Leitbilder und Rollenverständnisse veränderten sich. Durchsetzungsfähigkeit, Stärke, Unterdrückung von Schwäche und Gefühlen bestimmten nach wie vor das Männlichkeitsideal. Der soldatische Mann besaß immer noch große Anziehungskraft. Aber auch der partnerschaftliche Ehemann und der treu sorgende Familienvater entwickelten sich langsam zu akzeptierten Leitvorstellungen.

Die Einsicht, dass „Jugend“ eine eigene Lebensphase mit einem besonderen Lebensstil sei, hatte sich bereits vor der Jahrhundertwende durchgesetzt. In der Weimarer Zeit (M8) blieb das **Verhältnis zwischen den Generationen** ein zentrales Thema der gesellschaftspolitischen Auseinandersetzungen. Bei der Suche nach neuen Idealen für die Umgestaltung des gesamtgesellschaftlichen Lebens setzten unterschiedliche politische und kulturelle Gruppen große Hoffnungen auf die Jugendlichen, denen sie eine innovative Pionierrolle zuwiesen. Es entstand geradezu ein Jugendmythos, der besonders von der in „Bünden“ organisierten Jugendbewegung gepflegt und geprägt wurde. Gleichzeitig jedoch führte die Anerkennung einer wachsenden Bedeutung der Jugend zu deren stärkeren Bevormundung, Kontrolle und Disziplinierung.

Internettipp

www.zlb.de/projekte/kaestner/start.htm

Das Projekt der Zentral- und Landesbibliothek Berlin lässt die 1920er-Jahre in Berlin lebendig werden anhand der Schauplätze aus Erich Kästners Roman „Emil und die Detektive“.

www.georg-kolbe-museum.de/glamour.html

„Glamour! Das Girl wird feine Dame – Frauendarstellungen in der späten Weimarer Republik“. Informationen zu einer Ausstellung des Georg-Kolbe-Museums Berlin

M6 Industrielle Massenproduktion, zeitgenössisches Plakat

Die Industrialisierung hatte die Voraussetzungen für Massenproduktion und Massenkonsum geschaffen. Der Trend zur sogenannten **Massengesellschaft**, die für immer breitere Bevölkerungsschichten die Möglichkeiten des Konsums sowie die Teilhabe an Wohlstand und Kultur schuf, setzte sich auch in der Weimarer Zeit fort. Besonders Kino und Rundfunk entwickelten sich zunehmend zu Massenvergnügungen, die vielen offenstanden und sie am modernen „American way of life" zu beteiligen versprachen. Allerdings blieben viele Angebote der Industrie wie Autos oder moderne Haushaltsgeräte für zahlreiche Menschen unerschwinglich. Auch unterschied sich die Massenkultur des modernen Großstadtlebens weiterhin stark vom Alltagsleben des alten Mittelstands der Handwerker und Kleinhändler, der Studenten und Akademiker sowie der ländlichen Bevölkerung. Dieses wurde nach wie vor durch die traditionelle Vereinskultur mit ihren Gesangs- oder Kriegervereinen bestimmt. Nicht Aufgeschlossenheit gegenüber der modernen Welt, sondern die Abwehr bzw. Ablehnung moderner Entwicklungen sowie Nationalismus, Antiamerikanismus und Antisemitismus prägten diese überwiegend konservativen, teilweise rückwärtsgewandten Milieus.

1 Arbeiten Sie arbeitsteilig die zentralen a) politischen, b) sozialen, c) wirtschaftlichen und d) kulturellen Entwicklungen der Jahre zwischen 1924 und 1929 heraus und stellen Sie Ihre Ergebnisse im Kurs vor.
2 Diskutieren Sie, ob der Begriff der „relativen Stabilisierung" zur Charakterisierung der Jahre 1924–1929 geeignet ist.

M7 Die Reichsregierungen 1919–1932

Beginn	Koalition	Reichskanzler
10.11.1918	SPD-USPD	(Rat der Volksbeauftragten)
29.12.1918	SPD	(Rat der Volksbeauftragten)
13.2.1919	SPD-Z-DDP	Scheidemann (SPD)
21.6.1919	SPD-Z-(DDP)	Bauer (SPD)
27.3.1920	SPD-Z-DDP	Müller (SPD)
21.6.1920	Z-DDP-DVP	Fehrenbach (Z)
10.5.1921	SPD-Z-DDP	Wirth (Z)
26.10.1921	SPD-Z-DDP	Wirth (Z)
22.11.1922	Z-DDP-DVP	Cuno (parteilos)
13.8.1923	SPD-Z-DDP-DVP	Stresemann (DVP)
6.10.1923	SPD-Z-DDP-DVP	Stresemann (DVP)
30.11.1923	Z-DDP-DVP-BVP	Marx (Z)
3.6.1924	Z-DDP-DVP	Marx (Z)

Beginn	Koalition	Reichskanzler
15.1.1925	Z-DDP-DVP-DNVP	Luther (parteilos)
20.1.1926	Z-DDP-DVP-BVP	Luther (parteilos)
17.5.1926	Z-DDP-DVP	Marx (Z)
29.1.1927	Z-DDP-DVP-DNVP	Marx (Z)
29.6.1928	SPD-Z-DDP-DVP-BVP	H. Müller (SPD)
30.3.1930	Präsidialkabinett	Brüning (Z)
9.10.1931	Präsidialkabinett	Brüning (Z)
1.6.1932	Präsidialkabinett	von Papen (parteilos, vorher Z)
3.12.1932	Präsidialkabinett	von Schleicher (parteilos)
30.1.1933	DNVP-NSDAP	Hitler (NSDAP)

Z = Zentrum

1 „Der Ausgang der Reichstagswahlen und weniger der gestalterische Einfluss des Reichspräsidenten bestimmte zunehmend die Zusammensetzung der Reichsregierung", schreibt der Historiker Wolfram Pyta über die Jahre 1924 bis 1929. Überprüfen Sie diese These. Berücksichtigen Sie dabei M 9, S. 390.

M8 Der Historiker Peter Longerich über Jugend und Jugendbewegung in der Weimarer Zeit, 1995

[I]n der Weimarer Republik [lebten] mehrere Jugend-Generationen nebeneinander [...]: Die sogenannte Generation von 1914, also die Jugendlichen, die in den letzten Jahren des 19. Jahrhunderts geboren, durch die Jugendbewegung geprägt und von der Aufbruchstimmung bei Kriegsausbruch ergriffen wurden und anschließend die deprimierende Erfahrung des Grabenkrieges machen mussten; die in den ersten Jahren des neuen Jahrhunderts Geborenen, die während des Krieges vaterlos aufwuchsen; diejenigen, die etwa zwischen 1905 und 1910 geboren wurden und für die die Niederlage und die Unsicherheit der Nachkriegs- und Inflationszeit (eine Periode außerordentlich hoher Jugendkriminalität!) zur einschneidenden Erfahrung wurde; die in den Jahren nach 1910 Geborenen, die zunächst durch die Zeit relativer Stabilität geprägt wurden und – soweit es ihre begrenzten finanziellen Möglichkeiten erlaubten – am aufblühenden Freizeit- und Konsumangebot teilnahmen, um dann den Absturz der Wirtschaftskrise zu erleben; schließlich die Jahrgänge 1912 bis 1918, die unmittelbar nach dem Schulabschluss in die Arbeitslosigkeit fielen. Der „verlorenen Kriegsgeneration" folgten die „überflüssigen" Nachkriegsgenerationen. [...] Sie waren geprägt und aufgerüttelt durch den ungeheuerlichen Zivilisationsbruch des Ersten Weltkriegs [...]. Alle fünf Generationen hatten außerdem gemeinsam, dass sie den Schritt zur Gründung einer eigenen Existenz unter überwiegend miserablen wirtschaftlichen Bedingungen vollziehen mussten: Ihr Versuch, in einem überfüllten Arbeitsmarkt Fuß zu fassen, endete mit überdurchschnittlich häufiger Arbeitslosigkeit, sie fielen als Erste durch das relativ dünne Netz sozialer Sicherheit hindurch. [...]

Alle fünf Generationen, auch die jüngeren Frontsoldaten, waren in dem politischen System der Republik unterrepräsentiert; keine der etablierten politischen Parteien, deren weltanschauliche Grundlagen alle in der Welt vor 1914 lagen und deren Mitgliedschaft überaltert war, räumte jüngeren Parteimitgliedern ausreichende Mitwirkungsrechte ein. [...]

Statt dem Emanzipationsverlangen der Jugendlichen entgegenzukommen, reagierte der Weimarer Staat auf das „Jugendproblem" in erster Linie mit Betreuungs- und Kontrollmaßnahmen, mit der Verstärkung der Jugendfürsorge für die „auffälligen" und der Jugendpflege für die „normalen" Jugendlichen, mit dem Aufbau einer eigenständigen Jugendgerichtsbarkeit und mit verstärktem Jugendschutz [...]. Die Weimarer Gesellschaft versuchte auf diese Weise, die gerade während des Weltkrieges und der Nachkriegsjahre entstandenen Freiräume für Jugendliche wieder unter Kontrolle zu bekommen. [...]

Unter den Jüngeren entwickelte sich [...] aus der Distanz zur älteren Generation eine fundamentale Opposition gegenüber dem ganzen „System" des Weimarer Staates. Diese Oppositionshaltung wurde gestützt durch ein – aus der bürgerlichen Jugendbewegung des Kaiserreichs stammendes, von der bündischen Jugendbewegung der Weimarer Zeit aufgegriffenes – Jugendpathos, ein vage beschriebenes Sendungsbewusstsein der „jüngeren Generation"; die Vorstellung wurde verbreitet, dass „die Jungen" die trennenden politischen und sozialen Gegensätze, die schädliche „Parteipolitik" durch die Bildung einer gemeinsamen Front überwinden könnten. Hier wurde der Versuch unternommen, die tief greifenden gesellschaftlichen Konflikte der Weimarer Gesellschaft durch den Rückgriff auf eine biologische Kategorie, eben die Jugend, zu harmonisieren. Dieses Jugendpathos wurde insbesondere auch in den zahlreichen militant rechtsgerichteten Jugendorganisationen gepflegt, denen um 1930 über 300 000 Jugendliche angehörten.

Diese Jugendorganisationen boten durch ihre Mischung aus Militanz, Appell an den jugendlichen Idealismus und eine unentschiedene politische Ausrichtung der NSDAP hervorragende Anknüpfungspunkte: Mit der Hitlerjugend und der SA stellten die Nationalsozialisten Organisationen bereit, in denen sich jugendlicher Aktivismus nicht nur einfach austoben konnte, sondern gleichzeitig in den Dienst einer „Bewegung" (eben nicht einer Partei) gestellt wurde.

Hinzu kam, dass die in ihren Zielsetzungen diffuse Aufbruchstimmung, die von der Bewegung der „jungen Generation" verbreitet wurde, günstige Voraussetzungen für die ebenso nebulöse nationale Erneuerungspropaganda der NSDAP bot, die in ihrer Führungsriege zahlreiche Vertreter der jüngeren Frontgeneration (man denke an Hitler, Röhm, Göring, Heß) präsentieren konnte.

Peter Longerich, Deutschland 1918–1933. Die Weimarer Republik, Fackelträger, Hannover 1995, S. 187 ff.

1. **Arbeiten Sie die zentralen Erfahrungen und Probleme der Jugendlichen in der Weimarer Zeit heraus.**
2. **Erörtern Sie die gesellschaftspolitischen Orientierungen der Weimarer Jugend bzw. Jugendbewegung.**

Interpretation von Wahlplakaten

Plakate dienen der öffentlichen Information oder Werbung. Sie arbeiten mit „plakativen“ Gestaltungsmitteln: Das Dargestellte soll auffällig und schnell zu verstehen sein und möglichst lange in Erinnerung bleiben. Um die Aufmerksamkeit des Betrachters zu erlangen, muss der Inhalt dabei verdichtet und zugespitzt werden. Aufgrund ihres appellativen Charakters sind Plakate weniger dokumentarisch als andere Bildquellen, sie geben dafür jedoch Auskunft über die Absichten und Positionen des Auftraggebers. Deshalb sind politische Plakate eine wichtige historische Quelle.

Seit dem 16. Jahrhundert werden mit Verbreitung des Buchdrucks öffentliche Anschläge als Mitteilungen üblich, neue Druck- und Gestaltungstechniken ermöglichen seit dem 19. Jahrhundert eine vielfältige Verwendung. In Deutschland beginnt die große Zeit der politischen Plakate in der Weimarer Republik. Ermöglicht vor allem durch die Durchsetzung der Pressefreiheit und unterstützt durch neue künstlerische Ausdrucksformen kämpfen die Parteien in einer Zeit, in der es noch keine Rundfunk- und TV-Wahlspots gab, vor allem mit Plakaten um Wählerstimmen. Bis heute prägen in Wahlkampfzeiten Plakate der Parteien das Straßenbild. Auf einem politischen Plakat werden die Inhalte häufig auf einen kurzen prägnanten Text (Slogan) reduziert. Die Parteien wecken mit ihren Plakaten einerseits Hoffnungen, indem sie Konzepte zur Lösung politischer, sozialer und wirtschaftlicher Probleme anbieten, und andererseits Ängste und Befürchtungen, indem sie den politischen Gegner angreifen und Feindbilder heraufbeschwören. Darüber hinaus versuchen die Parteien, ihre Kandidaten „von ihrer besten Seite“ zu präsentieren. Die Wirkung von Plakaten auf das Wahlverhalten der Bürger ist umstritten, doch geben die Wahlplakate Aufschluss über das Selbstverständnis der Parteien und verweisen auf politische Grundhaltungen der Menschen in ihrer Zeit.

Arbeitsschritte für die Interpretation

1. Formale Merkmale
- Wer ist der Autor bzw. Auftraggeber?
- Wann ist das Plakat erschienen?
- Aus welchem Anlass wurde das Plakat veröffentlicht?
- Was wird auf dem Plakat thematisiert?

2. Inhaltliche Merkmale
- Welche Gestaltungsmittel (Schrift, Personen, Gegenstände, Symbole, Farbgebung, Perspektive, Komposition, Proportionen, Verhältnis Bild/Text) sind verwendet worden?
- Was bedeuten sie?

3. Historischer Kontext
- Auf welches Ereignis bzw. auf welche historische Epoche bezieht sich das Plakat?
- Auf welchen Konflikt spielt das Plakat an?

4. Beurteilung des Aussagegehaltes
- Welche Intention verfolgte der Auftraggeber?
- Welche Zielgruppe wird umworben?
- Wird auf Feindbilder zurückgegriffen?
- Welche vermutliche Wirkung soll (beim zeitgenössischen Betrachter) erzielt werden?

5. Fazit
- Welche Gesamtaussage lässt sich formulieren?

Übungsaufgabe mit Lösungshinweisen

M1 Plakat zur Reichstagswahl am 14. September 1930

Person:
Mann mit Arbeiterkleidung
→ repräsentiert die Arbeiterschaft
→ Betonung der Identität der SPD als Arbeiterpartei
→ dominante Position des Arbeiters

Schrift:
„Liste 1 SPD"
→ Hinweis auf Auftraggeber
→ Verweis auf Listenplatz

Gegenstand:
vergrößert dargestellte Listennummer
→ Metapher für einen Hammer

Schrift:
„GEGEN Bürgerblock und Hakenkreuz"
→ Verweis auf politische Gegner

Gegenstand:
Geldsack mit hoher Summe
→ symbolisiert die reiche Oberschicht

Symbol:
Hakenkreuzfahne
→ Emblem der NSDAP

1 Interpretieren Sie die Quelle mithilfe der genannten Arbeitsschritte.

1. Formale Merkmale
- Auftraggeber: SPD
- Erscheinungsdatum: 1930
- Anlass: Die Reichstagswahl am 14. September 1930
- Thema: Die innenpolitische Situation in der Endphase der Weimarer Republik

2. Bildinhalt
Person:
- Arbeiter (Arbeiterkleidung und -mütze; ernster, entschlossener Gesichtsausdruck) → repräsentiert die (selbstbewusste) Arbeiterschaft

Gegenstände bzw. Symbole:
- die Zahl 1 (Listenplatz der SPD) → Metapher für einen Hammer
- Geldsack mit einer sehr hohen Summe als Aufdruck → symbolisiert die reiche Oberschicht
- Hakenkreuzfahne auf dem Geldsack → Emblem der NSDAP → Verbindung verdeutlicht die Finanzierung der NSDAP durch die Großindustrie

Text:
- „Liste 1 SPD" → Verweis auf Listenplatz der SPD
- „GEGEN Bürgerblock und Hakenkreuz" → NSDAP und Bürgerblock-Parteien als politische Gegner

Farbgebung/Komposition:
- dominante Position des Arbeiters
- Positionierung des politischen Gegners am unteren Bildrand
- Dynamik und Aggressivität in der Darstellung der Handlung des Arbeiters

3. Historischer Kontext
Epoche: Zeit der Weimarer Republik
Ereignis: Wahlkampf im Vorfeld der Reichstagswahl
Hintergrund:
- Bruch der Großen Koalition („Weimarer Koalition") unter Reichskanzler Müller (SPD) im März 1930
- Brüning (Zentrum) wurde neuer Reichskanzler, stützte sich auf einen „Bürgerblock" (Zentrum, DVP, BVP, DNVP) und regierte nach der Auflösung des Reichstages mit Notverordnungen ohne Zustimmung des Parlaments (Art. 48 der Reichsverfassung)

Konflikt:
- Wahlkampf der Arbeiterpartei SPD gegen ihre politischen Gegner NSDAP und die Bürgerblock-Parteien

4. Aussageabsicht
Intention:
- Aufforderung zur Wahl der SPD
- Appell zum Kampf gegen die politischen Gegner der SPD
- Betonung der Identität der SPD als Arbeiterpartei

Zielgruppe:
- Mitglieder, Anhänger bzw. Sympathisanten der SPD, v. a. die Arbeiter
- Gegner der bürgerlichen Parteien, der NSDAP, aber auch der KPD

Wirkung:
- Konzentration auf die beiden wesentlichen politischen Positionen
- aggressive Gestaltung in der Darstellung des Arbeiters, der auf den Geldsack schlägt, soll entschlossene Abwehrhaltung verdeutlichen

5. Fazit
Das Plakat der SPD zur Reichstagswahl im September 1930 verweist auf die innenpolitische Situation in der Endphase der Weimarer Republik. Ein Arbeiter, der auf dem Plakat eine dominante Stellung einnimmt, schlägt mit der vergrößert dargestellten Listennummer der SPD auf einen Geldsack. Die Verbindung von Geldsack mit dem Schriftzug „Gegen Bürgerblock und Hakenkreuz" verdeutlicht die Finanzierung dieser Parteien durch die Großindustrie. Das Plakat ruft die sozialdemokratischen Mitglieder, Anhänger und Sympathisanten nicht nur zur Wahl der SPD bei der bevorstehenden Reichstagswahl, sondern auch zum Kampf gegen die politischen Gegner der Arbeiterpartei SPD, die Bürgerblock-Parteien und die NSDAP, auf.

2.5 Das Scheitern der Demokratie 1929–1933

Internettipp
www.deutschegeschichten.de/zeitraum/themaindex.asp?KategorieID=1002&InhaltID=1557
Ausführliche Informationen zur Weltwirtschaftskrise vom Geschichtsprojekt von Cine Plus Leipzig (Co-Produktion mit der Bundeszentrale für politische Bildung), mit Ton- und Filmdokumenten

www.br-online.de/wissen-bildung/collegeradio/medien/geschichte/weimar_scheiterte/hintergrund
Hintergrundwissen zum Scheitern Weimars bei BR-online im Rahmen einer Sendereihe für den Unterricht. Neben zahlreichen Texten zum Thema bietet die Seite Audiodokumente, häufig gestellte Fragen und Antworten, Glossar und Bildarchiv.

Wirtschaftskrise

Als im Oktober 1929 der New Yorker Börsenkrach die **Weltwirtschaftskrise** einleitete, hatte in Deutschland bereits ein Konjunkturabschwung begonnen. Seit 1928 nahmen die Investitionsneigung ab und die Arbeitslosigkeit zu. Besonders die Landwirtschaft litt unter sinkenden Agrarpreisen und Kostensteigerungen, die viele Höfe in finanzielle Bedrängnis brachten. Die Weltwirtschaftskrise, die 1931/32 ihren Höhepunkt erlebte und zum Zusammenbruch von Weltfinanz- und Welthandelssystem führte, verstärkte die wirtschaftliche Talfahrt der deutschen Volkswirtschaft. Wegen des dramatischen Produktionsrückgangs sank das deutsche Volkseinkommen innerhalb von drei Jahren auf weniger als die Hälfte. Die **Massenarbeitslosigkeit** stürzte viele Menschen in soziale Not, die das überforderte Sozialsystem kaum lindern konnte. Die Zahlen stiegen auf bis zu sechs Millionen Menschen, von denen viele mehrere Jahre arbeitslos blieben. Heutige Schätzungen gehen davon aus, dass wohl jede zweite deutsche Familie direkt oder indirekt von der Krise betroffen war und die meisten anderen fürchteten, ebenfalls in Mitleidenschaft gezogen zu werden.

Staatskrise

Die weltweite Wirtschaftskrise löste in Deutschland eine tief greifende Staatskrise aus. Sie äußerte sich im **Erstarken extremistischer, antiparlamentarischer Kräfte** von links und rechts, die mit gewalttätigen innenpolitischen Auseinandersetzungen einhergingen. Die politischen Gegner der Weimarer Republik auf der äußersten Linken und Rechten nutzten nicht nur den Reichstag für ihre antidemokratische Propaganda, sondern lieferten sich auch untereinander bürgerkriegsähnliche Straßen- und Saalschlachten. Gegen die militärisch organisierten Kampfverbände der Radikalen bildeten die Parteien der Weimarer Koalition halbmilitärische Organisationen.
Die **Delegitimierung der parlamentarisch-demokratischen Ordnung** zeigte sich darüber hinaus am Ende der „Großen Koalition" (SPD, Zentrum, DDP, DVP, BVP). Sie scheiterte an der Frage, welchen Prozentsatz Arbeitgeber bzw. Arbeitnehmer zur Arbeitslosenversicherung zu leisten hätten, wobei die widerstreitenden Parteien nur einen halben Prozentpunkt auseinanderlagen. Am 27. März 1930 trat der sozialdemokratische Reichskanzler Hermann Müller zurück. Bereits am nächsten Tag ernannte Reichspräsident Hindenburg den Zentrumspolitiker Heinrich Brüning zum Reichskanzler, der das erste Präsidialkabinett bildete. Diese **Präsidialkabinette** – unter Brüning, dem Zentrumsmitglied Franz von Papen und General Kurt von Schleicher – nutzten das Notverordnungsrecht des Reichspräsidenten, um gegen das gewählte Parlament zu regieren (M 6).

M 1 Karikatur von E. Schilling, Februar 1931

Die Zeichnung trägt die Unterschrift: „Nach den Erfahrungen der letzten Wochen ist verfügt worden, dass jeder Demonstrationszug seinen eigenen Leichenwagen mitzuführen hat."

Historische Diskussion

Die Krisen der 1930er-Jahre mündeten nicht zwangsläufig in die nationalsozialistische Diktatur. Wer das Scheitern Weimars bzw. den Aufstieg des Nationalsozialismus in seiner ganzen Komplexität erfassen will, muss alle krisenhaften Erscheinungen der Zeit in den Blick nehmen und vor diesem Hintergrund die Frage stellen, welche Handlungsspielräume und Möglichkeiten die Demokratie zu ihrer Bewältigung besaß. Unter Historikern besteht heute Einigkeit darin, dass alle Gebiete des gesellschaftlichen Lebens, Politik, Soziales, Wirtschaft und Kultur, untersucht werden müssen. Die Unterschiede in der wissenschaftlichen Diskussion betreffen die Frage, wie stark die Probleme in den einzelnen Wirklichkeitsbereichen zu gewichten sind (M 7 a–c).

1 Erklären Sie mithilfe des Darstellungstextes und des Verfassungsschaubildes M 4 (S. 387) die Entstehung und den Verlauf der Staatskrise der Weimarer Republik.

M2 **SPD-Plakat von 1930**

M3 **Zentrumsplakat von 1932**

M4 **KPD-Plakat von 1932**

M5 **NSDAP-Plakat von 1932**

1 Vergleichen Sie die Plakate M 2–M 5 hinsichtlich der Stellung der Parteien zur Weimarer Republik. Welche Gestaltungsmittel werden benutzt, um die Wähler anzusprechen?

M6 **Der Historiker Andreas Wirsching über die Politik der Präsidialregierungen 1930–1933, 2001**

Außenpolitisch setzte [Brüning] alles daran, die Westalliierten von der Zahlungsunfähigkeit der Deutschen zu überzeugen und so das Ende der Reparationen zu erzwingen. Innenpolitisch ordnete er diesem Ziel alles unter und zögerte auch nicht, die Wirtschaftskrise durch haushaltspolitische Sparmaßnahmen und eine extrem rigide Deflationspolitik noch weiter zu verschärfen; angesichts der zunehmenden Massenverelendung sollte damit gewissermaßen der empirische Nachweis für die Zahlungsunfähigkeit Deutschlands erbracht werden. […] Indem er den Reichstag weitgehend ausschaltete, wurde er zugleich völlig abhängig vom zunehmend unberechenbaren Willen des greisen Reichspräsidenten. Zwar hatte Brüning Ende 1931 / Anfang 1932 das ganze Gewicht seiner politischen Autorität in die Waagschale geworfen, um die Wiederwahl Hindenburgs zu sichern; doch dass diese Wahl mit den Stimmen der Sozialdemokratie zustande kam, hat Hindenburg selbst und mit ihm all jene, die sich schon längst auf eine „antimarxistische" Regierung festgelegt hatten, zutiefst gekränkt. Aus der Sicht Hindenburgs war dies ein Makel, der schleunigst zu korrigieren war und sei es durch die Auswechslung des Reichskanzlers selbst.

Die neue Regierung Franz von Papens freilich, die am 1. Juni 1932 ernannt wurde, mochte zwar ein Kabinett nach Hindenburgs Geschmack sein; gesellschaftlich und parlamentarisch war sie jedoch fast ohne Basis, und gegenüber der Masse der 19,5 Millionen Wähler Hindenburgs stellte sie eine Provokation dar. Der neue starke Mann des Kabinetts war Kurt von Schleicher, der die Regierungsbildung eingefädelt hatte und nun selbst das Reichswehrministerium übernahm. Durch die Praxis, immer ungehemmter ohne bzw. gegen den Reichstag zu regieren, schließlich auch durch den sogenannten „Preußenschlag" vom 20. Juli 1932, die gewaltsame Absetzung der in Preußen amtierenden Weimarer Koalition, trieb von Papen die Zerstörung des Weimarer Verfassungsgefüges weiter voran. Mehrere Versuche, die parlamentarische Basis der Regierung durch Neuwahlen zu stabilisieren, scheiterten im Verlauf des Sommers und Herbstes 1932. […]

Im November 1932 bestanden daher für die Regierung Papen nur noch zwei Alternativen: erstens der Versuch, durch die Einbeziehung der NSDAP doch noch eine parlamentarische Mehrheit zu gewinnen; dies scheiterte an Hitler, der die ganze Macht für sich forderte. Die zweite Möglichkeit bestand darin, den Reichstag erneut aufzulösen, aber ohne Neuwahlen auszuschreiben. Dies wäre einem staatsstreichartigen offenen Verfassungsbruch gleichgekommen. […] Hindenburg war […] dazu bereit, zusammen mit seinem Günstling von Papen für eine Übergangszeit die volle Präsidialdiktatur auszuüben und dabei als Garant der Verfassung zu agieren. Für Schleicher allerdings war diese Art der Diktatur ohne die geringste Massenbasis nicht akzeptabel. […] Er erzwang Papens Rücktritt und übernahm am 2. Dezember 1932 selbst das Reichskanzleramt. […]

[Schleicher] versuchte erneut, durch die Heranziehung zumindest eines Teils der NSDAP und weiterer gesellschaftlicher Kräfte wie der Gewerkschaften doch noch eine Massenbasis für die präsidiale Regierung zu gewinnen. Dieses sogenannte „Querfront"-Konzept verfolgte eine doppelte Zielsetzung: Verfassungs- und innenpolitisch setzte es auf eine stärkere gesellschaftliche Verankerung der Regierung bei gleichzeitiger Vermeidung des Verfassungsbruchs. Wirtschafts- und sozialpolitisch setzte es auf die Abkehr von der Deflationspolitik und auf die Krisenbekämpfung durch eine

stärker expansive Haushaltspolitik sowie Maßnahmen zur Arbeitsbeschaffung. Dafür wären einige Spitzenfunktionäre des Allgemeinen Deutschen Gewerkschaftsbundes zwar möglicherweise zu gewinnen gewesen, von der SPD jedoch kam eine scharfe Absage. Schon dieses Veto der SPD gegen eine Regierungsbeteiligung sozialdemokratischer Gewerkschaftsführer durchkreuzte die Pläne Schleichers.
Dramatischer verlief die Auseinandersetzung um eine Regierungsbeteiligung innerhalb der NSDAP. Nachdem die früheren Verhandlungen mit Hitler stets an dessen rigoroser „Alles oder Nichts"-Haltung gescheitert waren, hoffte Schleicher nun, die NSDAP spalten und einen Teil ihrer Mitgliedschaft an sich binden zu können. Eigentlich war der Dezember 1932 für solche Überlegungen nicht ungünstig, denn in der NSDAP herrschte nach den Reichstagswahlen vom 6. November 1932, bei denen sie deutliche Verluste erlitten hatte, eine gedrückte Stimmung. Doch Gregor Straßer, als Reichsorganisationsleiter nach Hitler der mächtigste Mann in der NSDAP und der Repräsentant ihres „linken" Flügels, lehnte das ihm von Schleicher am 4. Dezember 1932 angetragene Amt des Vizekanzlers ab. Zuvor war es innerhalb der Führungsgruppe der NSDAP zu heftigen Diskussionen gekommen, bei denen sich Hitler, der auf der Forderung nach einer Maximallösung beharrte, erneut durchgesetzt hatte. Straßer legte alle Parteiämter nieder und zog sich aus der Politik zurück, bevor er ebenso wie Schleicher am 30. Juni 1934 Hitlers Rachefeldzug zum Opfer fiel.
Schleichers Konzeption einer „Querfront" war damit schon im Vorfeld gescheitert. Zugleich aber schien die NSDAP Ende des Jahres 1932, nach weiteren Niederlagen bei Kommunalwahlen in Thüringen und Sachsen, fast am Ende zu sein. Aus dieser geradezu verzweifelten Situation wurde Hitler durch Franz von Papen gerettet. [...] In dem Vakuum, das die Zerstörung der Weimarer Reichsverfassung geschaffen hatte, fiel nun tatsächlich dem Handeln einzelner Personen eine Bedeutung zu, die sie in einer funktionierenden Demokratie niemals hätten erreichen können. Mit Hitler [...] knüpfte von Papen nun engere Kontakte. Beide fassten eine neue Regierung ins Auge, in der Hitler zwar als Kanzler amtieren, faktisch aber eine Art „Duumvirat" der beiden Protagonisten unter Ausschaltung von Schleichers etabliert werden sollte. Nachdem das Gespräch bekannt geworden war, erhielt von Papen sofort die Unterstützung der ostelbischen Agrarier, des Reichs-Landbundes sowie von Teilen des Unternehmerlagers. Gemeinsam machten die Beteiligten ihren Einfluss auf Hindenburg geltend [...]. Im Ergebnis verweigerte Hindenburg dem Reichskanzler sowohl den weiteren Rekurs auf Art. 48 WRV als auch die Vollmacht, den Reichstag ein weiteres Mal aufzulösen. Damit war das Schicksal Schleichers besiegelt und der Weg für von Papen und Hitler frei. Als Hitler am 30. Januar 1933 zum Reichskanzler berufen wurde, hatte er von [...] vorausgegangenen Entwicklungen profitiert. Das Verfassungsgefüge der Weimarer Republik war bereits zerstört [...]. Das Kalkül von Papens und seiner konservativen Partner, Hitler zu „zähmen", war hingegen zum Scheitern verurteilt.

Andreas Wirsching, Deutsche Geschichte im 20. Jahrhundert, C.H. Beck, München 2001, S. 51–55

1 **Arbeiten Sie heraus, welche Ziele die Präsidialregierungen verfolgten.**

2 **Beschreiben Sie die Folgen der Politik der Präsidialregierungen für das demokratisch-parlamentarische System Weimars.**

M7 Das Scheitern der Weimarer Demokratie in der historischen Diskussion

a) Der Historiker Eberhard Kolb, 2002:

Wie wurde Hitler möglich? War die „Machtergreifung" der Nationalsozialisten unter den gegebenen Bedingungen unvermeidlich? Diese Fragen, um die alle Erörterungen über das Scheitern Weimars kreisen, werden von der bisherigen Forschung auf recht unterschiedliche Weise beantwortet. Allerdings sind die in der wissenschaftlichen Diskussion zunächst dominierenden monokausalen Erklärungsversuche, in denen der Aufstieg des Nationalsozialismus und die Machtübertragung an Hitler auf eine einzige oder eine allein ausschlaggebende Ursache zurückgeführt wurden, inzwischen ad acta gelegt worden, denn alle derartigen einlinigen Deutungen haben sich als untauglich erwiesen. Die Historiker sind sich heute zumindest darin einig, dass das Scheitern der Republik und die nationalsozialistische „Machtergreifung" nur durch die Aufhellung eines sehr komplexen Ursachengeflechts plausibel erklärt werden können. Dabei sind vor allem folgende Determinanten[1] zu berücksichtigen: institutionelle Rahmenbedingungen, etwa die verfassungsmäßigen Rechte und Möglichkeiten des Reichspräsidenten, zumal beim Fehlen klarer parlamentarischer Mehrheiten; die ökonomische Entwicklung mit ihren Auswirkungen auf die politischen und gesellschaftlichen Machtverhältnisse; Besonderheiten der politischen Kultur in Deutschland (mitverantwortlich z. B. für die Republikferne der Eliten, die überwiegend der pluralistisch-parteienstaatlichen Demokratie ablehnend gegenüberstanden); Veränderungen im sozialen Gefüge, beispielsweise Umschichtungen im „Mittelstand" mit Konsequenzen u. a. für politische Orientierung und Wahlverhalten mittelständischer Kreise; ideologische Faktoren (autoritäre Traditionen in Deutschland; extremer Nationalismus verstärkt durch Kriegsniederlage; Dolchstoß-Legende und Kriegsunschuldspropaganda; „Führererwartung" und Hoffnung auf den „starken Mann", wodurch einem charismatischen Führertum wie dem Hitlers der Boden bereitet wurde); massenpsychologische Momente, z. B. Erfolgschancen einer massensuggestiven Propaganda infolge kollektiver Entwurzelung und politischer Labilität breiter

Bevölkerungssegmente; schließlich die Rolle einzelner Persönlichkeiten an verantwortlicher Stelle, in erster Linie zu nennen sind hier Hindenburg, Schleicher, Papen.

Eberhard Kolb, Die Weimarer Republik, 6. überarb. u. erw. Aufl., Oldenbourg, München 2002, S. 250

1 hier im Sinne von: Voraussetzungen

b) Der Historiker Hagen Schulze, 1982:

Woran ist also Weimar gescheitert? Die Antwort ist nicht mit letzter wissenschaftlicher Präzision zu geben, aber einiges lässt sich doch ausmachen: Die wichtigsten Gründe liegen auf dem Feld der Mentalitäten, der Einstellungen und des Denkens. In der Mitte des Ursachenbündels finden sich eine Bevölkerungsmehrheit, die das politische System von Weimar auf die Dauer nicht zu akzeptieren bereit war, sowie Parteien und Verbände, die sich den Anforderungen des Parlamentarismus nicht gewachsen zeigten. Die Ursachen für diese Defekte durften überwiegend in langfristigen, aus den besonderen Bedingungen der preußisch-deutschen Geschichte zu erklärenden Zusammenhängen zu suchen sein, verstärkt durch die Entstehungsbedingungen des Weimarer Staatswesens und seiner außenpolitischen Belastungen. Die Übertragung dieser ungünstigen Gruppenmentalitäten auf das Weimarer Regierungssystem wurde durch den Wahlrechtsmodus erheblich begünstigt; andere Merkmale der formalen Verfassungsordnung, wie ihr mangelnder normativer Charakter oder der Föderalismus, wirkten nur in zweiter Linie destabilisierend, während das starke präsidiale Moment daneben auch stabilisierende Komponenten enthielt, die allerdings letzten Endes nicht zum Zuge kamen. Die antirepublikanischen Tendenzen in Armee, Bürokratie und Justiz waren grundsätzlich beherrschbar, eine Frage des Machtbewusstseins von Parteien und Regierung. Die gesellschaftlichen und wirtschaftlichen Rahmenbedingungen waren hauptsächlich langfristig wirksam, indem sie auf die Mentalitäten von Bevölkerung und einzelnen Gruppen einwirkten; aktuelle ökonomische Krisen verstärkten die destabilisierenden Momente, verursachten sie aber nicht.
Lapidar lässt sich also schließen: Bevölkerung, Gruppen, Parteien und einzelne Verantwortliche haben das Experiment Weimar scheitern lassen, weil sie falsch dachten und deshalb falsch handelten. Auch auf dem Umweg über die Strukturanalyse gelangt man so zu dem Schluss, dass Weimar nicht schicksalhaft oder bedingt durch anonyme Sachzwänge scheitern musste – die Chance der Gruppen wie der Einzelnen, sich für Weimar zu entscheiden und dem Gesetz der parlamentarischen Demokratie zu gehorchen, nach dem man angetreten war, hat immer bestanden.

Hagen Schulze, Weimar. Deutschland 1917–1933, Siedler, Berlin [2]1982, S. 425

c) Der Historiker Detlev Peukert, 1987:

Der Untergang der Weimarer Republik ist auf vier zerstörerische Prozesse zurückzuführen, die einzeln wohl hätten gemeistert werden können:
– Die Verengung der Handlungsspielräume, derer die Ausgestaltung der Basiskompromisse bedurfte, transformierte die sozioökonomische Strukturkrise zur Destabilisierung des politischen und sozialen Systems der Republik.
– Die sukzessive Zurücknahme dieser Basiskompromisse trug darüber hinaus zum Legitimationsverlust der neuen Ordnung bei. Schon vor Ausbruch der Weltwirtschaftskrise befand sich das politische System der Republik in einer Krise, wie sich vor allem im kontinuierlichen Anhängerschwund der bisherigen liberalen und konservativen Parteien zeigte. Der Positionsverlust der rechten Mitte trieb diese in eine umso schärfere Konfrontation mit der Sozialdemokratie, die selber wiederum durch den kommunistischen Konkurrenzdruck in ihrer Handlungsfähigkeit blockiert wurde.
– Die Konzeption einer autoritären Wende, die die Repräsentanten der alten Eliten Anfang der Dreißigerjahre verfolgten, wollte [...] die Machtverhältnisse des Bismarckreiches restaurieren. Die Präsidialkabinette besaßen genügend Kraft, die verfassungsmäßige Ordnung zu zerstören, versagten aber [...]. Weder konnten sie das Abdriften der bisherigen Mitte-Rechts-Wählerschaft zu den Nationalsozialisten stoppen, noch konnten sie an eine dauerhafte Regierung ohne Massenbasis denken.
– Die nationalsozialistische Alternative profitierte von diesem fundamentalen Autoritätsverlust der alten Eliten und ihrer liberalen und konservativen Traditionsverbände gleich zweifach: Die NS-Bewegung konnte angesichts der Krise der Jahre 1930 bis 1933 die ganze Dynamik einer modernen totalitären Integrationspartei entfalten; und sie konnte Anfang 1933 die Schlüssel zur Macht aus den Händen jener alten Eliten entgegennehmen, die bei der Zerstörung der Republik nur allzu erfolgreich, zur Restaurierung der Vorkriegszustände jedoch zu schwach gewesen waren. So bot sich eine letzte, die radikalste Alternative an, als sich alle anderen Alternativen aufgebraucht hatten.

Detlev J. K. Peukert, Die Weimarer Republik. Krisenjahre der Klassischen Moderne, Suhrkamp, Frankfurt/M. 1987, S. 269 f.

1 **Untersuchen Sie mithilfe der Texte (M 7 a–c) die wichtigsten Ursachen für das Scheitern der Weimarer Demokratie: a) Stellen Sie dafür eine Tabelle zusammen, in der die zentralen Thesen der Historiker gegenübergestellt werden. b) Gewichten Sie, ausgehend von dieser Tabelle, die unterschiedlichen Ursachen.**

2 **Erörtern Sie Chancen, Belastungen und Scheitern der ersten deutschen Demokratie.**

3 Das nationalsozialistische Herrschaftssystem

3.1 Vorgeschichte und ideologische Grundlagen des Nationalsozialismus

M 1 Adolf Hitler in der Nacht zum 31. Januar 1933 bei seiner ersten Rundfunkansprache als Reichskanzler, Fotografie

Adolf Hitler und der Aufstieg der NSDAP
Der 1889 als Sohn eines Zollbeamten in Österreich geborene Adolf Hitler verließ 1905 die Schule ohne Abschluss und führte nach der Ablehnung durch die Kunstakademie jahrelang ein unregelmäßiges Leben ohne Ausbildung und Beruf, bis er sich 1914 als Kriegsfreiwilliger meldete. 1918 ging er nach München und kam durch seine Tätigkeit als Propagandabeauftragter des Heeres 1919 zur Deutschen Arbeiterpartei (DAP). 1920 wurde diese nach seinem Vorschlag in „Nationalsozialistische Deutsche Arbeiterpartei" (NSDAP) umbenannt. Hitler übernahm 1921 den Parteivorsitz, schaffte Mehrheitsbeschlüsse ab und setzte das Führerprinzip (s. S. 412) durch. Seine rhetorischen Fähigkeiten und spektakulär inszenierte Massenveranstaltungen machten ihn über die bayerischen Grenzen hinaus bekannt. Nach dem gescheiterten Putschversuch in München 1923 (s. S. 395 f.) und einem kurzen Gefängnisaufenthalt organisierte er den Neuaufbau der NSDAP, die bei den Reichstagswahlen 1930 den politischen Durchbruch schaffte. 1932 wurde die NSDAP stärkste Partei im Reichstag und Hitler am 30. Januar 1933 zum Reichskanzler ernannt. Unter seiner Führung erfolgte die Errichtung der NS-Diktatur sowie die Planung und Durchführung der nationalsozialistischen Kriegs- und Vernichtungspolitik. Unmittelbar vor der Kapitulation Deutschlands am Ende des Zweiten Weltkrieges beging Hitler am 30. April 1945 in Berlin Selbstmord.

Profiteur der Krise

Die Ernennung Hitlers zum Reichskanzler durch den Reichspräsidenten Paul von Hindenburg am 30. Januar 1933 markiert den Beginn der nationalsozialistischen Herrschaft in Deutschland. Wie jedes historische Phänomen hatte auch die Errichtung des NS-Staats eine Vorgeschichte. Um zu verstehen, wie der radikale Umbau der politischen und gesellschaftlichen Verhältnisse nach der nationalsozialistischen Machtübernahme möglich wurde, muss man neben den Ursachen für das Scheitern der Weimarer Republik auch die nationalsozialistische Ideologie berücksichtigen.
Entstehung und Aufstieg der NSDAP* waren Folgen tiefer gesellschaftlicher, ökonomischer und politischer Krisensymptome der Zwischenkriegszeit (s. S. 340 ff.), die die erste deutsche Demokratie erheblich belasteten. Dazu gehörten neben dem Sturz der Monarchie durch die Novemberrevolution 1918 und dem als Schmach empfundenen Versailler Vertrag von 1919 vor allem die weltweite Wirtschaftskrise Ende der 1920er-Jahre, die in der Weimarer Republik eine tief greifende Staatskrise auslöste. Der Nationalsozialismus bot in dieser Situation einfache politische Lösungen an: sowohl mit seinem radikalen Programm, das auf einer aggressiven und wirkungsvollen Ideologie beruhte, als auch mit der charismatischen Führungsgestalt **Adolf Hitlers***.

Nationalsozialismus und Faschismus

Der deutsche Nationalsozialismus bildete eine Variante des europäischen Faschismus (s. S. 359 ff.). Er nahm sich den italienischen Faschismus zum Vorbild und verband in seiner „Weltanschauung" die faschistischen Grundelemente – Antiparlamentarismus, Antiliberalismus und Antimarxismus – mit völkischen Auffassungen von imperialistischem Nationalismus, Antisemitismus und Rassismus aus dem 19. Jahrhundert. Dabei bestand das Prinzip der NS-Ideologie in der radikalen Vereinfachung der übernommenen Thesen und Argumente. Hitler, der seine Ansichten und Ziele bereits 1925 in seinem Buch „Mein Kampf" formuliert hatte, glaubte umso mehr Zustimmung zu erlangen, je stärker er die nationalsozialistischen Leitgedanken auf wesentliche Inhalte reduzierte (M 3 und M 4).

„Rassenlehre"

Im Mittelpunkt der nationalsozialistischen Ideologie stand die These vom „ewigen Kampf" zwischen „höher-" und „minderwertigen Rassen" um „Lebensraum". Ideengeschichtlich geht diese Auffassung auf den französischen Grafen Arthur Gobineau zurück, der den **„Rassegedanken"** 1853 zur fundamentalen Kategorie seiner wissenschaftlich nicht haltbaren Geschichtsbetrachtung erhob. Gobineau behauptete eine Hierarchie der menschlichen Rassen, wonach allein die „weiße Rasse" höher entwickelt und zu schöpferischen Kräften befähigt sei. Der Engländer Houston Stewart Chamberlain spitzte diese These zum „Arierkult" zu, indem er die „Arier", eine indogermanische Völkergruppe, zu einem höherwertigen Volk stilisierte. Den Arier-Begriff übernahmen die NS-Ideologen als Bezeichnung für die „germanische Herrenrasse".
Vermengt wurde dieser Rassismus mit dem **Sozialdarwinismus**, der eine missbräuchliche Interpretation der Darwin´schen Evolutionstheorie über die Weiterentwicklung der Arten durch den Prozess der natürlichen Auslese darstellt. Die Sozialdarwinisten bezogen die zunächst wertneutral formulierte Lehre vom

„Kampf ums Dasein" auf die menschliche Gesellschaft und folgerten daraus, nur die „stärkere menschliche Rasse" werde sich im Überlebenskampf durchsetzen. Aus einer Verbindung von Wissenschaftsgläubigkeit, Erbbiologie und Medizin wurde Ende des 19. Jahrhunderts die Lehre von der **Rassenhygiene** (M 4 b) entwickelt. Ihr lag der Glaube zugrunde, dass biologische Erkenntnisse über das Wesen des Menschen gesellschaftliche Prozesse beeinflussen könnten. Die von der modernen Rassenlehre ausgehende Biologisierung des Sozialen hatte einschneidende Folgen: Unter Berufung auf die Naturwissenschaften konnten christliche oder humanistische bzw. auf dem bürgerlichen Gleichheitspostulat beruhende Forderungen nach besonderer Hilfe für die Schwachen und Bedürftigen abgewehrt werden. Die Anhänger der Rassenhygiene brauchten nur auf die „schlechten" Erbanlagen dieser Menschen zu verweisen, die angeblich die Weiter- und Höherentwicklung des Volkes oder sogar der Menschheit bedrohten. In letzter Konsequenz gab die Rassenlehre damit das Recht der Individuen auf Unversehrtheit und Leben preis, zugunsten des vermeintlich höheren Wertes der „Volksgemeinschaft". Die Rassenhygiene war in Teilen der Wissenschaft vor 1933 als Eliteideologie tief verwurzelt. Aus diesen Eliten – Biologen, Genetikern, Medizinern, Kriminologen, Hygienikern, Psychiatern, Pädagogen und Juristen – rekrutierten sich nach 1933 die Expertenstäbe für die nationalsozialistische Vernichtungspolitik.

M 2 Plakat zur „antibolschewistischen Ausstellung" der NSDAP-Propagandaabteilung in Wien, 1939

Nationalsozialistischer Antisemitismus

Das rassistische Denken verband sich im ausgehenden 19. Jahrhundert mit dem Antisemitismus. Antijüdische Ausschreitungen gab es in Europa bereits seit dem Mittelalter (s. S. 82). Doch nun wurde die Ablehnung oder Bekämpfung der Juden nicht mehr mit religiösen oder sozialen Gründen gerechtfertigt, sondern mit dem Hinweis auf ihre „rassisch" bedingte Verderbtheit. Die Anhänger des modernen **Rassenantisemitismus** versuchten, anhand äußerer Merkmale eine jüdische Rasse zu konstruieren, die gegenüber der „arischen" bzw. germanischen minderwertig und kulturzersetzend sei, keine eigenen Leistungen vollbringe und nur an den geistigen wie materiellen Gütern höherstehender Rassen und Völker schmarotze. Der Rassenantisemitismus betrachtete daher „den Juden" als Feind der Menschheit (M 4 a).
Historisch neu und beispiellos am nationalsozialistischen Rassedenken und Antisemitismus aber war, dass diese Ideologie seit der NS-Machtübernahme zum Inhalt staatlicher Politik wurde. Dem antisemitischen Rassenwahn standen nun die Machtmittel eines diktatorischen Regimes zur Verfügung. Die biologistische Utopie einer nach den Prinzipien der Rassen- und Sozialhygiene durchgeformten Gesellschaft führte in ihrer Konsequenz zum staatlichen Massenmord.

Internettipp
www.mediaculture-online.de/NS-Propaganda.1260.0.html
Die Landesmedienanstalt Baden-Württemberg informiert über NS-Propaganda, v. a. im Film

www.dhm.de/lemo/html/nazi/index.html
Ausführliche und reich illustrierte Dokumentation über das NS-Regime vom Deutschen Historischen Museum Berlin

„Lebensraum"-Ideologie

Die Niederlage des Deutschen Reiches im Ersten Weltkrieg bewirkte keine radikale Abwendung vom **Imperialismus** (s. S. 307 ff.). Im Gegenteil: Die Vorstellungen des imperialistischen Zeitalters prägten auch noch in der Weimarer Zeit das Denken großer Teile des Bürgertums. Die Eroberung neuer Märkte, nationale Größe, Unterdrückung der wirtschaftlich Schwachen, Konkurrenz der Großmächte untereinander galten als zentrale Handlungsnormen der Außenpolitik, selbst wenn dies das Risiko eines Krieges einschloss. Aus diesen Überzeugungen formte sich auch die Gedankenwelt Hitlers und seiner Anhänger: Kampf, nicht Verständigung erschien ihnen als das eigentliche Lebensprinzip der internationalen Staatenwelt. Alle Bemühungen der deutschen Außenpolitik sollten auf die Revision des Versailler Friedens bzw. die Wiederherstellung der deutschen **Groß- und Weltmachtposition** ausgerichtet werden. Neu an den nationalsozialistischen Plänen war die Ausrichtung nach Osten: Nicht mehr die nach dem Ersten Weltkrieg verlorenen Kolonien in Afrika galt

Internettipp
www.br-online.de/wissen-bildung/collegeradio/medien/geschichte/ns3
Begleitmaterialien einer BR-Sendung zur NS-Lebensraumideologie

M3 Seite aus einem nationalsozialistischen Kinderbuch, 1936.

Die Texte lauten (links): „Der Deutsche ist ein stolzer Mann, der arbeiten und kämpfen kann. Weil er so schön ist und voll Mut, hasst ihn von jeher schon der Jud!"
(Rechts:) „Das ist der Jud, das sieht man gleich, der größte Schuft im ganzen Reich!
Er meint, dass er der Schönste sei, und ist so hässlich doch dabei!"

Internettipp
www.shoa.de/drittes-reich/wirtschaft-und-gesellschaft/128-volksgemeinschaft.html
Begriffsdefinition „Volksgemeinschaft" im Rahmen einer umfassenden Darstellung der NS-Zeit auf der Website von shoa.de

Führerprinzip
Im 20. Jh. ist die historische Bedeutung von Führer, Führerprinzip und Führerstaat untrennbar verbunden mit den Diktaturen des Faschismus (s. S. 359 ff.), insbesondere des Nationalsozialismus und der Figur Hitlers. Der Führer vereint in sich die oberste vollziehende, gesetzgebende und richterliche Gewalt und kennt keine Gewaltenteilung. Er bedarf keiner Legitimation und verlangt unbedingten Gehorsam. Seine Person wird fast kultisch verehrt („Führerkult"). Der Führerstaat funktioniert nach dem Führerprinzip: Autorität wird in der Staats- und Parteiorganisation von oben nach unten ausgeübt, Verantwortung von unten nach oben verlagert. Das Führerprinzip wird ergänzt durch die Ideologie der „Volksgemeinschaft".

es zurückzuerobern, sondern die Deutschen sollten sich – wie einst die Ordensritter (s. S. 70 f.) – auf den Marsch nach Osten, in das Gebiet der Sowjetunion, machen und dort „Lebensraum" für das deutsche Volk erobern (M 5, M 6).
Die Notwendigkeit einer aggressiven Außen- und Kriegspolitik begründeten die Nationalsozialisten mit ihrer Rassenideologie: Die besten Anlagen besaß aus nationalsozialistischer Sicht die „germanische Rasse". Die Slawen hingegen stempelte man zu einer den „Ariern" untergeordneten Rasse, die in Gebieten lebten, die zum „natürlichen Lebensraum" der deutschen Bevölkerung gehörten. Das angeblich biologistische Prinzip des Lebenskampfes wurde so zur Legitimation einer **expansionistischen Kriegspolitik** herangezogen und mit dem Begriff „Lebensraumpolitik" verharmlost (M 5).

„Nationaler Sozialismus" und „Volksgemeinschaft"

Ein weiteres wesentliches Element der NS-Ideologie war der **„nationale Sozialismus"**, der als Gegenkonzept zu demokratischen und sozialistischen Gesellschaftsordnungen entwickelt worden war. Für die Nationalsozialisten bestimmten nicht Klassengegensätze oder Interessenkonflikte die sozialen und politischen Auseinandersetzungen in Staat und Gesellschaft. Sie propagierten stattdessen das Ideal der „Volksgemeinschaft", in der alle individuellen Interessen und sozialen Gegensätze zugunsten einer auf der prinzipiellen Gleichheit aller „Volksgenossen" beruhenden „Kampfgemeinschaft" aufgehoben seien. Der Gegensatz zwischen Arbeitgebern und -nehmern sollte beseitigt, die unterschiedlichen Berufe und Stände sollten ihren Beitrag zum Nutzen der „Volksgemeinschaft" leisten und alle individuellen Bedürfnisse dem vom Führer formulierten „Volkswillen" untergeordnet werden (**Führerprinzip***, M 4 c). Gleichzeitig definierte sich die nationalsozialistische Volksgemeinschaft jedoch auch durch die radikale Ausgrenzung von Bevölkerungsgruppen, die nach nationalsozialistischem Verständnis „nicht arisch“ oder „entartet“ waren. Volksgemeinschaftsidee und „Führerprinzip“ ergänzten sich gegenseitig im nationalsozialistischen Staat; beide Elemente wurden vom NS-Staat genutzt, um das Verbot von Parteien und Gewerkschaften sowie die Verfolgung politischer und anderer Gegner zu legitimieren.

M4 Auszüge aus Hitlers Buch „Mein Kampf“, 1925

a) „Der Jude“:

Siegt der Jude mithilfe seines marxistischen Glaubensbekenntnisses über die Völker dieser Welt, dann wird seine Krone der Totenkranz der Menschheit sein, dann wird dieser Planet wieder wie einst vor Jahrmillionen menschenleer durch den Äther ziehen. Die ewige Natur rächt unerbittlich die Übertretung ihrer Gebote. So glaube ich heute im Sinne des allmächtigen Schöpfers zu handeln: Indem ich mich des Juden erwehre, kämpfe ich für das Werk des Herrn.

b) „Volk und Rasse“:

Schon die oberflächlichste Betrachtung zeigt als nahezu ehernes Grundgesetz all der unzähligen Ausdrucksformen des Lebenswillens der Natur ihre in sich begrenzte Form der Fortpflanzung und Vermehrung. Jedes Tier paart sich nur mit einem Genossen der gleichen Art. Meise geht zu Meise, Fink zu Fink, der Storch zur Störchin, Feldmaus zu Feldmaus, Hausmaus zu Hausmaus, der Wolf zur Wölfin usw. […]
Die Folge dieses in der Natur allgemein gültigen Triebes zur Rassereinheit ist nicht nur die scharfe Abgrenzung der einzelnen Rassen nach außen, sondern auch ihre gleichmäßige Wesensart in sich selber. […]
So wenig sie [= die Natur] aber schon eine Paarung von schwächeren Einzelwesen mit stärkeren wünscht, so viel weniger noch die Verschmelzung von höherer Rasse mit niederer, da ja andernfalls ihre ganze sonstige, vielleicht jahrhunderttausendelange Arbeit der Höherzüchtung mit einem Schlage wieder hinfällig wäre. Die geschichtliche Erfahrung bietet hierfür zahllose Belege. Sie zeigt in erschreckender Deutlichkeit, dass bei jeder Blutsvermengung des Ariers mit niedrigeren Völkern als Ergebnis das Ende des Kulturträgers herauskam. […] Den gewaltigsten Gegensatz zum Arier bildet der Jude.

c) „Führerprinzip“:

Die junge Bewegung ist ihrem Wesen und ihrer inneren Organisation nach antiparlamentarisch, d. h., sie lehnt im Allgemeinen wie in ihrem eigenen inneren Aufbau ein Prinzip der Majoritätsbestimmung ab, in dem der Führer nur zum Vollstrecker des Willens und der Meinung anderer degradiert wird. Die Bewegung vertritt im Kleinsten wie im Größten den Grundsatz der unbedingten Führerautorität, gepaart mit höchster Verantwortung. Die praktischen Folgen dieses Grundsatzes in der Bewegung sind nachstehende: Der erste Vorsitzende einer Ortsgruppe wird durch den nächsthöheren Führer eingesetzt, er ist der verantwortliche Leiter der Ortsgruppe. […]
Der völkische Staat hat, angefangen bei der Gemeinde bis hinauf zur Leitung des Reiches, keinen Vertretungskörper, der etwa durch Majorität beschließt, sondern nur Beratungskörper, die dem jeweilig gewählten Führer zur Seite stehen und von ihm in die Arbeit eingeteilt werden, um nach Bedarf selber auf gewissen Gebieten wieder unbedingte Verantwortung zu übernehmen, genau so wie sie im Größeren der Führer oder Vorsitzende der jeweiligen Korporation selbst besitzt.

d) Terror:

Hätte man zu Kriegsbeginn und während des Krieges einmal zwölf- oder fünfzehntausend dieser hebräischen Volksverderber so unter Giftgas gehalten, wie Hunderttausende unserer allerbesten deutschen Arbeiter aus allen Schichten und Berufen es im Felde erdulden mussten, dann wäre das Millionenopfer der Front nicht vergeblich gewesen. Im Gegenteil: Zwölftausend Schurken, zur rechten Zeit beseitigt, hätten vielleicht einer Million ordentlicher, für die Zukunft wertvoller Deutschen das Leben gerettet.

M4a–d: Adolf Hitler, Mein Kampf, Franz Eher Nachfolger, München 1942, S. 69 f., 31 ff., 378 und 501 f., 772

1 Analysieren Sie M 4 a, b und d im Hinblick auf das von Hitler entworfene Menschenbild.

2 Erläutern Sie, was Hitler unter dem „Führerprinzip“ versteht (M 4 c).

M5 „Lebensraum im Osten“

a) Aus Hitlers Buch „Mein Kampf“, 1925:

Wollte man in Europa Grund und Boden, dann konnte dies im Großen und Ganzen nur auf Kosten Russlands geschehen, dann musste sich das neue Reich auf der Straße der einstigen Ordensritter in Marsch setzen, um mit dem deutschen Schwert dem deutschen Pflug die Scholle, der Nation aber das tägliche Brot zu geben. […]
Wir Nationalsozialisten haben jedoch noch weiterzugehen. Das Recht auf Grund und Boden kann zur Pflicht werden, wenn ohne Bodenerweiterung ein großes Volk dem Untergang geweiht erscheint. Noch ganz besonders dann, wenn es sich dabei nicht um ein x-beliebiges Negervölkchen handelt, sondern um die germanische Mutter all des Lebens, das der heutigen Welt ihr kulturelles Bild gegeben hat. Deutschland wird entweder Weltmacht oder überhaupt

nicht sein. Zur Weltmacht aber braucht es jene Größe, die ihm in der heutigen Zeit die notwendige Bedeutung und seinen Bürgern das Leben gibt. Damit ziehen wir Nationalsozialisten einen Strich unter die außenpolitische Richtung unserer Vorkriegszeit. Wir setzen dort an, wo man vor sechs Jahrhunderten endete. Wir stoppen den ewigen Germanenzug nach dem Süden und Westen Europas und weisen den Blick nach dem Land im Osten. Wir schließen endlich ab die Kolonial- und Handelspolitik der Vorkriegszeit und gehen über zur Bodenpolitik der Zukunft.

Adolf Hitler, Mein Kampf, Franz Eher Nachfolger, München 1942, S. 154 und S. 741 f.

b) Aus Hitlers „Zweitem Buch", 1928:

Das 1928 verfasste Manuskript blieb zunächst unveröffentlicht und galt später als verschollen. 1958 wurde es wieder entdeckt und 1961 publiziert:

Je mehr aber ein Volk sich zu dem Glauben bekennt, dass es durch wirtschaftsfriedliche Betätigung allein sein Leben erhalten könne, umso mehr wird gerade seine Wirtschaft selbst dem Zusammenbruch ausgeliefert. Denn endgültig ist die Wirtschaft als eine rein sekundäre Angelegenheit im Völkerleben gebunden an die primäre Existenz des kraftvollen Staates. Vor dem Pflug hat das Schwert zu stehen und vor der Wirtschaft eine Armee. Indem man darauf in Deutschland verzichten zu können glaubt, muss die Ernährung des Volkes daran scheitern.

Sowie aber ein Volk überhaupt erst sein Leben mit dem Gedanken sättigt, durch wirtschaftsfriedliche Betätigung allein das tägliche Auskommen finden zu können, umso weniger wird es im Falle des Scheiterns dieses Versuches an eine gewaltsame Lösung denken, sondern im Gegenteil, es wird dann erst recht den leichtesten Weg einzuschlagen versuchen, der den Misserfolg der Wirtschaft behebt, ohne das Blut dabei riskieren zu müssen. Tatsächlich befindet sich Deutschland schon heute mitten in diesem Zustand. Auswanderung und Geburtenbeschränkung sind die von den Vertretern der pazifistischen Wirtschaftspolitik und der marxistischen Staatsauffassung angepriesenen Medizinen zur Rettung unseres Volkskörpers. Das Ergebnis der Befolgung dieser Ratschläge wird aber besonders für Deutschland von verhängnisvoller Bedeutung werden. Deutschland ist rassisch aus so ungleichwertigen Grundelementen zusammengesetzt, dass eine dauernde Auswanderung zwangsläufig die widerstandsfähigeren, kühneren und entschlosseneren Menschen aus unserem Volkskörper herauszieht. Es werden dies vor allem, wie die Wikinger von einst, die Träger des nordischen Blutes sein. Diese langsame Entnordung unseres Volkes führt zu einer Senkung unseres allgemeinen Rassenwertes und damit zu einer Schwächung unserer technischen, kulturellen und auch staatspolitischen, produktiven Kräfte. [...] Nur eine bewusst völkische Rassenpolitik könnte die europäischen Nationen davor bewahren, das Gesetz des Handelns an Amerika zu verlieren [...] Wenn aber das deutsche Volks statt dessen, neben einer vom Juden betriebenen planmäßigen Verbastardisierung mit minderem Menschenmaterial und einer dadurch bedingten Senkung des Rassenniveaus an sich, außerdem noch durch eine Fortsetzung der Auswanderung in hundert- und aberhunderttausenden von Einzelexemplaren die besten Blutsträger nehmen lässt, wird es langsam zu einem ebenso minderwertigen wie damit unfähigen und wertlosen Volk heruntersinken.

Hitlers „Zweites Buch". Ein Dokument aus dem Jahr 1928. Eingeleitet und kommentiert von Gerhard L. Weinberg. Mit einem Geleitwort von Hans Rothfels. Deutsche Verlagsanstalt, Stuttgart 1961, S. 124 f.

1 Erörtern Sie die Konsequenzen der „Lebensraum"-Ideologie (M 5 a und b).

M6 Heinrich der Löwe. Plakat einer populären Broschüre von R. Stahl, Braunschweig, 1930er-Jahre.

Die Nationalsozialisten stilisierten nach der Machtübernahme den welfischen Herzog Heinrich den Löwen (1129 bis 1195; Herzog von Sachsen seit 1142; s. S. 90) wegen seiner „Ostkolonisation" zur Heldenfigur.

3.2 Errichtung und Ausbau der nationalsozialistischen Diktatur

„Machtergreifung" oder Machtübertragung?

Hitlers Ernennung zum Reichskanzler war für Mitglieder und Anhänger der NSDAP ein Triumph. Die nationalsozialistische Propaganda stilisierte den 30. Januar 1933 zum Tag der „Machtergreifung" und feierte ihn als Beginn des **„Dritten Reiches"***. Unter Historikern besteht jedoch Einigkeit darüber, dass Hitler die Macht weder „ergriffen" noch im Rahmen einer „nationalen Revolution" an sich gerissen hat, auch wenn seine Ernennung zum Reichskanzler nicht durch eine demokratische Wahl legitimiert war. Vielmehr handelte es sich um eine Machtübertragung, die formal nicht gegen die Weimarer Verfassung verstieß. Reichspräsident Hindenburg hatte in der Tradition der Präsidialkabinette (s. S. 406 f.) Hitler den Auftrag zur Bildung einer Koalitionsregierung auf der Basis der NSDAP-DNVP-Mehrheit im Reichstag erteilt. Dass er damit einen erklärten Feind der liberalen und demokratischen Reichsverfassung zum Kanzler berief, bedeutete allerdings einen klaren Verstoß gegen den Geist von Weimar.
Der neuen Regierung – dem **„Kabinett der nationalen Konzentration"** – gehörten neben Hitler zwei weitere NSDAP-Mitglieder an: Wilhelm Frick als Reichsinnenminister und Hermann Göring als Minister ohne Geschäftsbereich, der zugleich kommissarischer preußischer Innenminister war. Die Nationalsozialisten stellten damit zwar den Kanzler und hatten sich mit zwei Innenministerien den Zugriff auf die Polizei gesichert, die deutschnationalen und rechtskonservativen Kräfte um Vizekanzler Franz von Papen glaubten jedoch, Hitler mit acht nicht-nationalsozialistischen Ministern „eingerahmt" zu haben. Papen ging „in einer nahezu unüberbietbaren Verblendung" (Joachim Fest) sogar davon aus, Hitler werde sich „zähmen" lassen. Diese Vorstellung erwies sich als folgenschwerer Irrtum. Bewusst ließ Hitler die Koalitionsverhandlungen scheitern und setzte noch am 31. Januar bei Hindenburg die Auflösung des Reichstags sowie Neuwahlen für den 5. März durch.

M1 „Was der König eroberte, der Fürst formte, der Feldmarschall verteidigte, rettete und einigte der Soldat", Postkarte, 1933

1 Interpretieren Sie die Postkarte im Kontext der nationalsozialistischen Deutung des 30. Januar 1933.

Drittes Reich
Mit diesem Propagandabegriff stellten die Nationalsozialisten eine Beziehung zum Heiligen Römischen Reich Deutscher Nation (962–1806) und zum Deutschen Kaiserreich (1871–1918) her und suggerierten damit eine Vollendung der deutschen Geschichte.

Märzwahlen 1933

Die Nationalsozialisten hofften auf die absolute Mehrheit bei den Reichstagswahlen am 5. März 1933. Im Wahlkampf verfolgten sie – unterstützt durch großzügige Spenden der Industrie – eine **Doppelstrategie**: Einerseits inszenierte Joseph Goebbels, seit 13. März 1933 „Reichsminister für Volksaufklärung und Propaganda", eine aufwändige **Propaganda*** in Rundfunk und Presse und warb unter der Bevölkerung für die „Nationale Erhebung". Andererseits bediente sich die NSDAP aller staatlichen Machtmittel bei der Bekämpfung und Ausschaltung ihrer politischen Gegner: Mit der **Notverordnung** vom 4. Februar wurde die Versammlungs- und Pressefreiheit aller nicht nationalsozialistischen Parteien erheblich eingeschränkt. Diese **staatliche Repression** wurde durch **Terror** ergänzt: Am 17. Februar sicherte sich Göring als kommissarischer preußischer Innenminister die Kontrolle über die dortige Polizei und verpflichtete deren Beamte auf den Schutz nationalistischer Verbände und Propaganda. Bei Überfällen von SA und SS griff die Polizei nun in der Regel nicht mehr ein. Auf Weisung Görings wurden sogar 50 000 Mann von SA, SS und „Stahlhelm" als Hilfspolizisten eingesetzt. Der Terror der „Braunhemden" eskalierte im Frühsommer derart, dass sogar Hitler zur Disziplin mahnte.

M2 Festnahme politischer Gegner, Fotografie, 6. März 1933

Abschaffung der Grundrechte

Einen Vorwand für die massive Verfolgung und Terrorisierung der Opposition bot den Nationalsozialisten der **Brand des Reichstages** am 27. Februar 1933. Bis heute ist die Frage der Täterschaft* ungeklärt. Unstrittig ist jedoch, wer vom Reichstagsbrand profitierte: Die NSDAP erklärte den Brand noch in der gleichen Nacht zum kommunistischen

Propaganda
lat. *propagare* = ausbreiten; ursprünglich ein Synonym für Werbung, bezeichnet der Begriff vor allem die schriftliche und mündliche Verbreitung politischer Lehren und Ideen unter werbender und einseitiger Beeinflussung der öffentlichen Meinung

Die Kontroverse um den Reichstagsbrand
- Noch im brennenden Gebäude nahm die Polizei den 24-jährigen niederländischen Kommunisten Marinus van der Lubbe fest. Von Anfang an bestand er auf seiner Alleintäterschaft. Im Dezember 1933 wurde er vom Reichsgericht Leipzig wegen Hochverrats zum Tode verurteilt und wenig später hingerichtet.
- Die NSDAP-Führung erklärte noch in der Brandnacht, die Brandstiftung sei der „Beginn eines kommunistischen Aufstands".
- Vertreter linker Gruppierungen behaupteten dagegen bereits 1933, die Nationalsozialisten seien die Brandstifter gewesen, um einen Vorwand für die geplante Verfolgung politischer Gegner zu inszenieren.
- Während für die These vom KPD-Aufstand bereits das Reichsgericht 1933 keine Belege fand, streitet die Geschichtswissenschaft bis heute um den oder die Täter. Dabei geht es auch um eine Bewertung der nationalsozialistischen Machteroberung:
- Während die Vertreter einer Alleintäterschaft die nach dem Reichstagsbrand eingeleitete Errichtung der NS-Diktatur für ein zufälliges Ereignis halten, gehen Vertreter einer NS-Mittäterschaft von einem planmäßigen und systematischen Herrschaftsaufbau aus.
- Ungeachtet der andauernden Kontroverse erfuhr van der Lubbe posthume Gerechtigkeit: 2007 hob die Bundesanwaltschaft das Urteil auf, weil die verhängte Todesstrafe auf „spezifisch nationalsozialistischen Unrechtsvorschriften" beruhte. Mit dieser Entscheidung wurde jedoch keine Aussage über die Täterschaft getroffen.

Internettipp
www.zlb.de/projekte/kulturbox-archiv/brand
Ein Forum der Zentral- und Landesbibliothek Berlin zum Reichstagsbrand

Aufstandsversuch und ließ über vorbereitete Listen über 4000 Kommunisten und Sozialdemokraten verhaften. Nur einen Tag später, am **28. Februar 1933**, wurde die **„Verordnung des Reichspräsidenten zum Schutz von Volk und Staat"** erlassen. Diese **„Reichstagsbrandverordnung"** setzte wesentliche Grundrechte der Weimarer Verfassung außer Kraft: Die Freiheit der Person, die Meinungs-, Presse-, Vereins- und Versammlungsfreiheit, das Post- und Telefongeheimnis sowie die Unverletzlichkeit von Eigentum und Wohnung wurden aufgehoben. Verdächtige Personen konnten fortan ohne Beweise, Anklage und Rechtsbeistand willkürlich verhaftet und inhaftiert, Straftaten wie Hochverrat oder Brandstiftung mit Todesstrafe geahndet werden. Darüber hinaus ermächtigte das Gesetz die Reichsregierung, in den Ländern vorübergehend die Befugnisse der oberen Behörden wahrzunehmen. Damit war die rechtliche Basis für die nationalsozialistische Machtübernahme in den Ländern gelegt. Dieser unerklärte Ausnahmezustand dauerte bis 1945.
Trotz der massiven Behinderung der Opposition erlangte die NSDAP bei den Reichstagswahlen am 5. März 1933 nicht die absolute Mehrheit. Obwohl sie ihren Stimmenanteil auf 43,9 % steigerte, verfügte sie nur zusammen mit der DNVP über eine regierungsfähige Mehrheit von 51,9 %. SPD und KPD konnten ihre Stimmenanteile – ungeachtet des Terrors und der Verfolgung – dagegen nahezu behaupten.

„Gleichschaltung" der Länder und Kommunen

Noch am Tag der Wahlen, am 5. März, begann die von Hitler geführte Reichsregierung damit, die Selbstverwaltungsrechte der Länder und Kommunen zu beseitigen. Dieser Prozess der „Gleichschaltung", wie die Durchsetzung diktatorischer Herrschaft bis zur kleinsten Dorfgemeinde hinunter oft allzu verharmlosend bezeichnet wird, erfolgte überall nach dem gleichen Muster. Die NS-Gauleitungen ließen die SA aufmarschieren und so den angeblichen „Unwillen der Bevölkerung" wegen unhaltbarer Zustände kundtun. Zum Anlass dafür nahmen die Nationalsozialisten häufig das Fehlen der NS-Flagge auf dem Rathaus. Unter Berufung auf die „Verordnung zum Schutz von Volk und Staat" befahl Reichsinnenminister Wilhelm Frick daraufhin zumeist telegrafisch die Einsetzung sogenannter **Staatskommissare**.
Am 31. März 1933 wurden mit dem „Gesetz zur Gleichschaltung der Länder mit dem Reich" die Landtage aufgelöst und nach den regionalen Stimmenverhältnissen der Reichstagswahl vom 5. März neu zusammengesetzt. Da die KPD- und SPD-Stimmen nicht gewertet wurden, verfügte die NSDAP in allen Parlamenten über eine Mehrheit. Am 7. April erfolgten mit einem „zweiten Gleichschaltungsgesetz" die **Auflösung der Landesregierungen** und die Einsetzung von **„Reichsstatthaltern"**, die häufig identisch mit den jeweiligen Gauleitern der NSDAP waren und nun die Landesgewalt übernahmen. Mit diesem Gleichschaltungsprozess entwickelte sich ein wesentliches Kennzeichen des NS-Staates: eine Überlagerung von Partei- und Staatsorganen (s. S. 420).
Diese Wechselwirkung einer „Gewalt von unten", die „oben" von der NS-Führung instrumentalisiert wurde, um auf der Reichsebene radikalere politische Maßnahmen durchzusetzen, sollte als Modell für die folgenden Jahre dienen. So gelang es den Nationalsozialisten, „die republikanische Verfassungsordnung, auch wenn sie formal erhalten blieb, umzustülpen und eine auf Volk, Rasse und Führer gegründete Diktatur zu errichten" (Michael Wildt). Wieder verfolgte die NS-Führung eine Doppelstrategie: Verfolgung und Terror wurden flankiert von propagandistischen Inszenierungen wie z. B. der feierlichen Eröffnung des neuen Reichstages am 21. März 1933 in Potsdam, die die bürgerlich-konservativen Kräfte für das NS-Regime gewinnen sollte (M 3).

Ermächtigungsgesetz

Die Nationalsozialisten benötigten das Vertrauen der bürgerlichen Parteien für die Zustimmung zum **„Gesetz zur Behebung der Not von Volk und Staat"**, das Hitler zwei Tage später dem Reichstag zur Abstimmung vorlegte. Dieses „Ermächtigungsgesetz" vom 23. März 1933 räumte der Reichsregierung das Recht ein, Gesetze ohne Zustimmung der Reichstagsabgeordneten und des Reichsrates zu erlassen und bedeutete faktisch die Selbstentmachtung des Parlaments und die Konzentration der Staatsgewalt auf die Exekutive (M 5). Nach einer emotionsgeladenen Debatte im Reichstag (M 6 a–c) wurde das Gesetz mit einer Zwei-Drittel-Mehrheit der Fraktionen der NSDAP, DNVP und der bürgerlichen Parteien gegen 94 Stimmen der SPD angenommen. 26 SPD-Parlamentarier sowie 81 kommunistische Abgeordnete, deren Mandate die NSDAP rechtswidrig annulliert hatte, waren bereits unmittelbar nach dem Reichstagsbrand geflohen oder verhaftet worden. Das Ermächtigungsgesetz, das 1943 auf „unbestimmte Zeit" verlängert wurde, hob die verfassungsmäßige Gewaltenteilung zwischen Legislative und Exekutive auf und bildete die rechtliche Grundlage für die systematische Zerschlagung der ersten deutschen Republik.

Auflösung von Gewerkschaften und Parteien

Die nächsten Schritte waren die Zerschlagung der Gewerkschaften und die Ausschaltung der Parteien. Die freien Gewerkschaften hatten noch bei den Betriebsratswahlen im März und April 1933 mehr als drei Viertel der Stimmen erhalten und versuchten, durch Loyalitätserklärungen gegenüber der NS-Regierung ihre drohende Auflösung zu verhindern. Um die Gewerkschaftsfunktionäre und Arbeiter zu täuschen, bestimmten die Nationalsozialisten den 1. Mai zum „Tag der nationalen Arbeit" und erklärten den Klassenkampf im Sinne der Volksgemeinschaftsideologie für überwunden. Bereits einen Tag später wurden die Gewerkschaftsbüros gestürmt, die Funktionäre verhaftet und das Eigentum beschlagnahmt. Die Regierung erklärte die freien Gewerkschaften für aufgelöst und bildete die **Deutsche Arbeitsfront (DAF)**, in der Arbeitnehmer wie Arbeitgeber zwangsvereinigt wurden (s. S. 425).

Im Sommer 1933 folgte die Auflösung der Parteien. Nach der Zerschlagung der KPD infolge der Reichstagsbrandverordnung wurde zunächst die SPD verboten. Reichsinnenminister Frick erklärte am 22. Juni 1933 die SPD zur „volks- und staatsfeindlichen Organisation", weil der Parteivorstand nach der gewaltsamen Auflösung der freien Gewerkschaften ins Exil nach Prag gegangen war und von dort zum Sturz des NS-Regimes aufgerufen hatte. Die bürgerlichen Parteien kamen einem Verbot zuvor, indem sie ihre Selbstauflösung beschlossen. Zuletzt löste sich am 5. Juli 1933 das Zentrum auf. Mit einem Konkordat* vom 20. Juli 1933 schloss der Vatikan als erste ausländische Macht mit der NS-Regierung einen Vertrag ab, in dem die katholische Kirche in Deutschland auf eine politische Tätigkeit verzichtete und im Gegenzug ihre Konfessionsrechte behielt. Am 14. Juli 1933 wurde das „Gesetz gegen die Neubildung von Parteien" erlassen, das Neu- und Wiedergründungen von Parteien mit Zuchthausstrafen bedrohte und die NSDAP zur einzig legalen Staatspartei erklärte. Den symbolischen Schlusspunkt im Prozess der Machtsicherung bildete der Tod Hindenburgs am 2. August 1934. Hitler hatte bereits einen Tag zuvor mit dem „Gesetz über das Staatsoberhaupt des Deutschen Reiches" die Ämter des Reichskanzlers und Reichspräsidenten vereinigt. Noch am Todestag Hindenburgs nahm Hitler den Titel „Führer und Reichskanzler" an und ließ die Reichswehr auf seine Person vereidigen.

1 Stellen Sie die Etappen der Errichtung der NS-Diktatur in einer Übersicht dar.
2 Erklären Sie anhand von Beispielen die Doppelstrategie der Nationalsozialisten.
3 Begründen Sie, warum die Reichstagsbrandverordnung und das Ermächtigungsgesetz als „Verfassungsurkunden" des NS-Staates bezeichnet werden können.

M 3 Der „Tag von Potsdam": Reichskanzler Hitler, Reichswehrminister von Blomberg und Reichspräsident von Hindenburg vor der Garnisonkirche in Potsdam, Fotografie vom 21. März 1933

Die feierliche Eröffnung des neuen Reichstages am 21. März 1933 war ein erster Höhepunkt der nationalsozialistischen Propaganda. Der unter der Regie von Goebbels organisierte „Staatsakt" in der Potsdamer Garnisonkirche, der Begräbnisstätte des preußischen Königs Friedrichs II. (s. S. 168 ff.), sollte die Verbindung von nationalkonservativem Traditionsbewusstsein und „nationalsozialistischer Bewegung" symbolisieren. Den Höhepunkt der Inszenierung bildete der Handschlag zwischen „altem" und „neuem" Deutschland, zwischen dem greisen Reichspräsidenten Hindenburg, der in seiner Uniform als kaiserlicher Feldmarschall auftrat, und Reichskanzler Hitler, der im schwarzen Frack erschien.

Konkordat
Vertragliche Vereinbarungen zwischen einem Staat und der katholischen Kirche, die besondere kirchliche Rechte, z. B. im Ehe- und Familienrecht, im Bildungswesen, bei der Erhebung von Kirchensteuern, der Finanzierung kirchlicher Aufgaben und der Besetzung von Ämtern, festlegen

M4 Adolf Hitler am 23. März 1933 während seiner Rede vor dem Reichstag zur Begründung des Ermächtigungsgesetzes. Hinter ihm sitzt Reichstagspräsident Hermann Göring, der die Abgeordneten mit einem Feldstecher beobachtet.

M5 „Gesetz zur Behebung der Not von Volk und Reich" (Ermächtigungsgesetz) vom 23. März 1933

1. Reichsgesetze können außer in dem in der Reichsverfassung vorgesehenen Verfahren auch durch die Reichsregierung beschlossen werden. Dies gilt auch für die in den Artikeln 85 II und 87 der Reichsverfassung bezeichneten Gesetze.

2. Die von der Reichsregierung beschlossenen Reichsgesetze können von der Reichsverfassung abweichen, soweit sie nicht die Einrichtung des Reichstags und des Reichsrats als solche zum Gegenstand haben. Die Rechte des Reichspräsidenten bleiben unberührt.

3. Die von der Reichsregierung beschlossenen Reichsgesetze werden vom Reichskanzler ausgefertigt und im Reichsgesetzblatt verkündet. Sie treten, soweit sie nichts anderes bestimmen, mit dem auf die Verkündung folgenden Tage in Kraft. Die Artikel 68 bis 77 der Reichsverfassung finden auf die von der Reichsregierung beschlossenen Gesetze keine Anwendung.

4. Verträge des Reiches mit fremden Staaten, die sich auf Gegenstände der Reichsgesetzgebung beziehen, bedürfen für die Dauer der Geltung dieser Gesetze nicht der Zustimmung der an der Gesetzgebung beteiligten Körperschaften. Die Reichsregierung erlässt die zur Durchführung dieser Verträge erforderlichen Vorschriften.

5. Dieses Gesetz tritt mit dem Tage seiner Verkündung in Kraft. Es tritt mit dem 1. April 1937 außer Kraft, es tritt ferner außer Kraft, wenn die gegenwärtige Reichsregierung durch eine andere abgelöst wird.

Reichsgesetzblatt T. I. (1933), Nr. 25, S. 141

1 Untersuchen Sie die Bestimmungen des Ermächtigungsgesetzes. Informieren Sie sich über den Inhalt der angesprochenen Artikel der Weimarer Verfassung.

2 Diskutieren Sie die Auswirkungen des Gesetzes auf den Weimarer Verfassungsstaat.

M6 Die Reichstagsdebatte über das Ermächtigungsgesetz am 23. März 1933

a) Aus der Regierungserklärung des Reichskanzlers Adolf Hitler (NSDAP):

Um die Regierung in die Lage zu versetzen, die Aufgaben zu erfüllen, die innerhalb dieses allgemein gekennzeichneten Rahmens liegen, hat sie im Reichstag durch die beiden Parteien der Nationalsozialisten und der Deutschnationalen das Ermächtigungsgesetz einbringen lassen. Ein Teil der beabsichtigten Maßnahmen erfordert die verfassungsändernde Mehrheit. Die Durchführung dieser Aufgaben bzw. ihre Lösung ist notwendig. Es würde dem Sinn der nationalen Erhebung widersprechen und dem beabsichtigten Zweck nicht genügen, wollte die Regierung sich für ihre Maßnahmen von Fall zu Fall die Genehmigung des Reichstags erhandeln und erbitten. Die Regierung wird dabei nicht von der Absicht getrieben, den Reichstag als solchen aufzuheben; im Gegenteil, sie behält sich vor, ihn von Zeit zu Zeit über ihre Maßnahmen zu unterrichten oder aus bestimmten Gründen, wenn zweckmäßig, auch seine Zustimmung einzuholen. Die Autorität und damit die Erfüllung der Aufgaben der Regierung würden aber leiden, wenn im Volke Zweifel an der Stabilität des neuen Regiments entstehen könnten. Sie hält vor allem eine weitere Tagung des Reichstags im heutigen Zustand der tief gehenden Erregung der Nation für unmöglich. Es ist kaum eine Revolution von so großem Ausmaß so diszipliniert und unblutig verlaufen wie diese Erhebung des deutschen Volkes in diesen Wochen. Es ist mein Wille und meine feste Absicht, für diese ruhige Entwicklung auch in Zukunft zu sorgen. Allein umso nötiger ist es, dass der nationalen Regierung jene souveräne Stellung gegeben wird, die in einer solchen Zeit allein geeignet ist, eine andere Entwicklung zu verhindern. Die Regierung beabsichtigt dabei, von diesem Gesetz nur insoweit Gebrauch zu machen, als es zur Durchführung der lebensnotwendigen Maßnahmen erforderlich ist. […] Sie bietet den Parteien des Reichstags die Möglichkeit einer ruhigen deutschen Entwicklung und einer sich daraus in der Zukunft anbahnenden Verständigung; sie ist aber ebenso entschlossen und bereit, die Bekundung der Ablehnung und damit die Ansage des Widerstandes entgegenzunehmen. Mögen Sie, meine Herren, nunmehr selbst die Entscheidung treffen über Frieden oder Krieg.

Zit. nach: J. u. K. Hohlfeld (Hg.), Dokumente der deutschen Politik und Geschichte von 1848 bis zur Gegenwart, Bd. 4, Berlin o. J., S. 35 f.

b) Aus der Rede Reinhold Meiers (DDP):

Wir leugnen auch keineswegs, dass Notzeiten besondere Maßnahmen erfordern, und haben deswegen wiederholt Ermächtigungsgesetze und Notverordnungen gutgeheißen. Wir verstehen, dass die gegenwärtige Regierung weitgehende Vollmachten verlangt, um ungestört arbeiten zu können. Wenn wir gleichwohl in dieser so ernsten Stunde uns verpflichtet fühlen, Besorgnisse zum Ausdruck zu bringen, so gehen wir davon aus, dass auch der jetzigen Regierung eine sachliche und loyale Kritik ihrer Maßnahmen nicht unerwünscht sein wird. Wir vermissen in dem vorliegenden Gesetzentwurf, dass den verfassungsmäßigen Grundrechten und den Grundlagen der bürgerlichen Rechtsordnung keine ausdrückliche Sicherung vor Eingriffen gegeben wurde. Unantastbar müssen vor allem bleiben die Unabhängigkeit der Gerichte, das Berufsbeamtentum und seine Rechte, das selbstbestimmende Koalitionsrecht der Berufe, die staatsbürgerliche Gleichberechtigung, die Freiheit von Kunst und Wissenschaft wie ihre Lehre. Diese Werte sind Grundelemente jedes Gemeinschaftslebens in einem geordneten Rechtsstaat. Gerade sie wurden durch die Verfassung von Weimar aus der alten deutschen und aus der alten preußischen staatlichen Tradition gerettet, und sie dürfen heute wie vor 14 Jahren nicht gefährdet werden.
Im Interesse von Volk und Vaterland und in der Erwartung einer gesetzmäßigen Entwicklung werden wir unsere ernsten Bedenken zurückstellen und dem Ermächtigungsgesetz zustimmen.

Zit. nach: Josef Becker (Hg.), Hitlers Machtergreifung, dtv, München 1992, S. 177

c) Aus der Rede des SPD-Fraktionsvorsitzenden Otto Wels:

Nach den Verfolgungen, die die Sozialdemokratische Partei in der letzten Zeit erfahren hat, wird billigerweise niemand von ihr verlangen oder erwarten können, dass sie für das hier eingebrachte Ermächtigungsgesetz stimmt. Die Wahlen vom 5. März haben den Regierungsparteien die Mehrheit gebracht und damit die Möglichkeit gegeben, streng nach Wortlaut und Sinn der Verfassung zu regieren. Wo diese Möglichkeit besteht, besteht auch die Pflicht. Kritik ist heilsam und notwendig. Noch niemals, seit es einen Deutschen Reichstag gibt, ist die Kontrolle der öffentlichen Angelegenheiten durch die gewählten Vertreter des Volkes in solchem Maße ausgeschaltet worden, wie es jetzt geschieht und wie es durch das neue Ermächtigungsgesetz noch mehr geschehen soll. Eine solche Allmacht der Regierung muss sich umso schwerer auswirken, als auch die Presse jeder Bewegungsfreiheit entbehrt. […]
Wir Sozialdemokraten wissen, dass man machtpolitische Tatsachen durch bloße Rechtsverwahrungen nicht beseitigen kann. Wir sehen die machtpolitische Tatsache Ihrer augenblicklichen Herrschaft, aber auch das Rechtsbewusstsein des Volkes ist eine politische Macht, und wir werden nicht aufhören, an dieses Rechtsbewusstsein zu appellieren.
Die Verfassung von Weimar ist keine sozialistische Verfassung. Aber wir stehen zu den Grundsätzen des Rechtsstaates, der Gleichberechtigung, des sozialen Rechtes, die in ihr festgelegt sind. Wir deutschen Sozialdemokraten bekennen uns in dieser geschichtlichen Stunde feierlich zu den Grundsätzen der Menschlichkeit und der Gerechtigkeit, der Freiheit und des Sozialismus. Kein Ermächtigungsgesetz gibt Ihnen die Macht, Ideen, die ewig und unzerstörbar sind, zu vernichten. Sie selbst haben sich ja zum Sozialismus bekannt. Das Sozialistengesetz hat die Sozialdemokratie nicht vernichtet. Auch aus neuen Verfolgungen kann die deutsche Sozialdemokratie neue Kraft schöpfen.

Zit. nach: J. u. K. Hohlfeld (Hg.), Dokumente der deutschen Politik und Geschichte von 1848 bis zur Gegenwart, Bd. 4, Berlin o. J., S. 38 ff.

1 Analysieren Sie arbeitsteilig die Textauszüge M 6 a–c im Hinblick auf die Position und die Argumentation des Redners zum Ermächtigungsgesetz.
2 Vergleichen Sie Ihre Ergebnisse und setzen Sie sich im Kurs kritisch mit den Einschätzungen des Gesetzes durch die Redner auseinander.
3 Vor einem parlamentarischen Untersuchungsausschuss des Landtags von Nordbaden und Nordwürttemberg erklärte Reinhold Meier 1947: „Die Frage war am 23. März 1933 einzig und allein die, ob ein Parlament weiterbesteht, auch ein entmachtetes Parlament, ob wir noch eine letzte Planke zur Verfügung hatten, auf der eine Volksvertretung vielleicht wieder Kraft gewinnen konnte." Nehmen Sie zu dieser Auffassung begründet Stellung.
4 Im Vorfeld der Gedenkstunde im Bundestag zum Ermächtigungsgesetz im März 2008 kam es zwischen den Parteien zum Streit über den Titel der Veranstaltung „Selbstaufgabe der Demokratie in Deutschland vor 75 Jahren". Die Grünen sprachen sich gegen den Titel aus und argumentierten, die Demokratie könne sich nicht selbst aufgeben. Nehmen Sie zu der Auseinandersetzung Stellung. Formulieren Sie einen Titel, der die Kritik berücksichtigt.

3.3 Organisation und Herrschaftsmethoden des NS-Staates

Diktatur
Der Begriff bezeichnet ein auf Gewalt beruhendes, uneingeschränktes Herrschaftssystem eines Einzelnen, einer Gruppe oder Partei. Typische Kennzeichen einer modernen Diktatur sind:
- Aufhebung der Gewaltenteilung,
- staatliche Überwachung aller Lebensbereiche,
- Unterdrückung jeglicher Opposition,
- Abschaffung der Meinungs- und Pressefreiheit,
- staatliche Propaganda mit Aufbau von Feindbildern und
- Androhung und/oder Ausübung von Gewalt und Terror als politische Machtmittel.

Beispiele für Diktaturen im 20. Jh.:
- Nationalsozialismus in Deutschland
- Stalinismus in der Sowjetunion

Monokratie oder Polykratie?

Ziel der nationalsozialistischen Umgestaltung von Staat und Gesellschaft war die Errichtung einer **Diktatur*** auf der Basis einer alleinherrschenden Ideologie und des Führerprinzips (s. S. 412). Nach der Etablierung der NS-Herrschaft 1933/34 war Hitler der unangefochtene „Führer" auf der Partei- und Staatsebene; seine Erlasse und Befehle wurden durch keine Instanz kontrolliert. Die Vorstellung eines perfekt durchorganisierten und hierarchisch aufgebauten Systems (Monokratie), das allein durch den „Führerwillen" von der Spitze aus gelenkt wurde, ist jedoch unzutreffend.
Zur Verwirklichung seiner politischen Ziele war Hitler auf die NSDAP angewiesen, die neben der staatlichen Verwaltung stand (M 1). Nur mithilfe seiner Partei konnte Hitler auf allen Ebenen in die Behörden „hineinregieren". Was sich über die Verwaltungen nicht durchsetzen ließ, wurde über die Partei in Gang gesetzt. Mit dem **„Gesetz zur Wiederherstellung des Berufsbeamtentums"** vom 7. April 1933 schufen die Nationalsozialisten die Voraussetzungen für eine effiziente Kontrolle der Staatsbürokratie (M 4). Alle jüdischen, sozialdemokratischen, kommunistischen oder betont christlichen Beamten wurden aus dem Staatsdienst entfernt und nahezu alle höheren Funktionen mit NSDAP-Mitgliedern besetzt.
Durch die Überlagerung von Staats- und Parteiinstitutionen entstanden oftmals Kompetenzstreitigkeiten innerhalb dieser „Polykratie" (Herrschaft Vieler). Die organisatorische und personelle Überlagerung zeigt sich beispielsweise an Heinrich Himmler, der als Chef der deutschen Polizei nominell dem Innenminister untergeordnet, aber zugleich als „Reichsführer SS" nur Hitler persönlich verantwortlich war. In der Forschung wird kontrovers beurteilt, ob dieses Kompetenzchaos der Unfähigkeit Hitlers zur effektiven Organisation der Administration geschuldet war oder ob er es planvoll zur eigenen Machtsicherung einsetzte (M 5).

Normen- und Maßnahmenstaat

Obwohl das NSDAP-Parteiprogramm von 1920 die Schaffung eines „germanischen" Rechtssystems vorsah, wurde während der NS-Herrschaft weder die Weimarer Verfassung formell außer Kraft gesetzt noch eine neue Rechtsordnung installiert. Vielmehr pflegte der NS-Staat einen prinzipienlosen Umgang mit dem bisherigen Recht: Einerseits wurden einzelne Rechtsnormen und Gesetze angewandt, wenn sie den Nationalsozialisten nutzten („Normenstaat"). Andererseits wurden die alten Gesetze durch willkürliche Maßnahmen ausgehöhlt und missachtet („Maßnahmenstaat"). Die Aushöhlung des rechtsstaatlichen Legalitätsprinzips, das das gesamte staatliche Handeln an gesetzliche Normen bindet, zeigt sich am deutlichsten in den Zuständigkeitsbereichen von SA, SS und Gestapo, den entscheidenden Machtinstrumenten des NS-Staates. Ihre Willkürmaßnahmen wurden stets mit dem Hinweis auf den „Führerwillen" begründet und dadurch „legalisiert". Auch die Strafjustiz wurde von den Nationalsozialisten instrumentalisiert. Ein eindrucksvolles Beispiel dafür ist die sogenannte **„Heimtückeverordnung"** vom März 1933, die jede Kritik an der Regierung mit schweren Strafen belegte und die Aufgaben und Funktionen der bereits in der Weimarer Republik bestehenden Sondergerichte ausweitete. Nach 1933 wurden sie zuständig für alle „Verbrechen", die unter die „Verordnung zum Schutz von Volk und Staat" und die „Heimtückeverordnung" fielen. Während des Krieges erweiterte der NS-Staat die Zuständigkeit der Sondergerichte: Hinzu kamen jetzt Delikte wie das Abhören feindlicher Sender, ungenehmigtes Schlachten oder Plündern bei Verdunkelung (Kriegssonderstrafrechtsordnung). Alle diese Delikte konnten mit dem Tod bestraft werden. Zur „Aburteilung von Hoch- und Landesverratssachen" schufen die Nationalsozialisten im Jahre 1934 den **Volksgerichtshof***, gegen dessen Entscheidungen keine

Volksgerichtshof
Dieses 1934 eingerichtete Sondergericht befasste sich als erste und letzte Instanz mit politischen Straftaten wie „Wehrkraftzersetzung", „Wehrdienstentziehung" und Spionage. Hitler persönlich ernannte die jeweils fünf Richter der sechs Senate, von denen nur der Vorsitzende und ein Beisitzer Juristen sein mussten; die drei anderen Laienbeisitzer kamen aus der Wehrmacht, der Polizei oder waren Parteifunktionäre. Besonders unter dem Vorsitz des Richters Roland Freisler wurde der Volksgerichtshof ab 1942 zum gefürchteten Instrument nationalsozialistischer Terrorjustiz. Freislers Verhandlungsführung gegen die Widerständler des 20. Juli 1944 (s. S. 469), in der er die Angeklagten unter entwürdigenden Umständen vor Gericht auftreten sowie schreiend und tobend kaum zu Wort kommen ließ, prägten das Bild des Volksgerichtshofes. Bis Ende 1944 fällte er ca. 5200 Todesurteile, die auch vollstreckt wurden.

M1 **Struktur des NS-Staates**

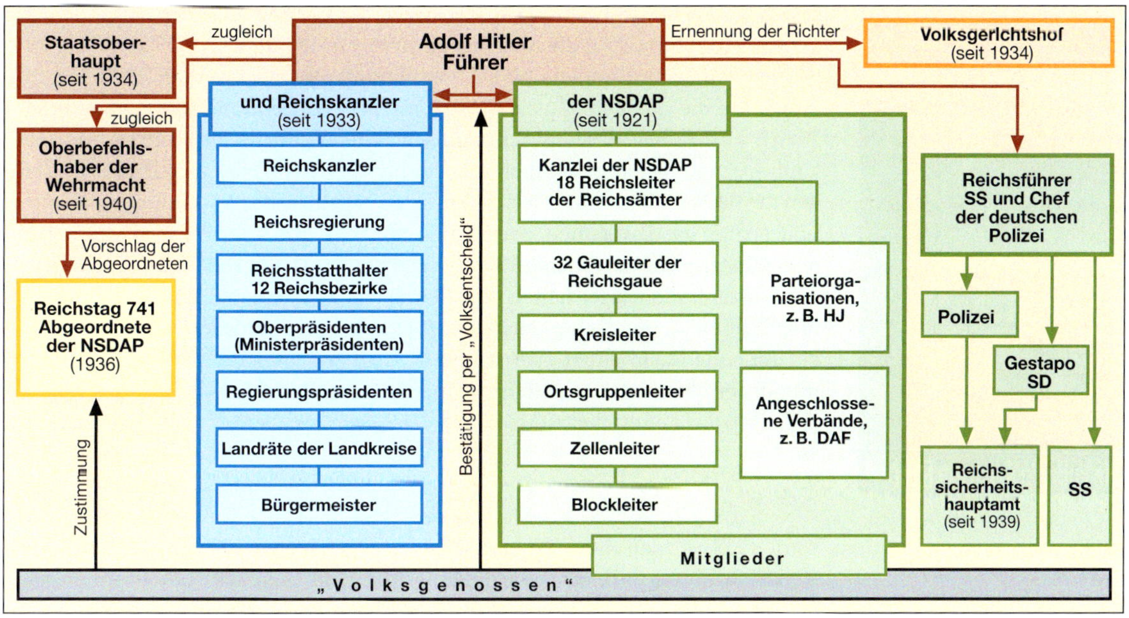

Rechtsmittel zulässig waren. Gleichzeitig wurde der Begriff des „Hochverrats“ neu gefasst: Schon der „Verdacht hochverräterischer Bestrebungen“ reichte fortan für eine Verurteilung. Bereits im Juli 1933 waren **Erbgesundheitsgerichte** eingerichtet worden, die über die Zwangssterilisation von Behinderten zu urteilen hatten. Damit war die Justiz unmittelbar in den Maßnahmenstaat integriert, und die Mehrzahl der Richter ließ sich zum Handlanger des NS-Regimes machen.

Die SA

Die Errichtung der NS-Diktatur wurde begleitet von brutalem Terror. Ausgeübt wurde er vor allem von der **Sturmabteilung (SA)**. Diese nach italienischem Vorbild strukturierte politische Kampfgruppe war 1920 von der NSDAP zur Sicherung von Parteiveranstaltungen gegründet worden und rekrutierte ihre Mitglieder überwiegend aus Freikorps und Bürgerwehrverbänden. Nach 1921 wurde die SA zu einer paramilitärischen Organisation umgeformt und diente seitdem zur Terrorisierung politischer Gegner und Juden. Nach der Machtübernahme wurden SA-Männer als Wachpersonal der ersten **Konzentrationslager*** eingesetzt.
1933 war die SA zu einer Massenorganisation mit ca. drei Millionen Mitgliedern herangewachsen und entwickelte sich zu einer parteiinternen Bedrohung. Ihr Stabschef Ernst Röhm forderte eine zweite, soziale Revolution, bei der nach der politischen Machtübernahme auch die bürgerlich-kapitalistische Ordnung aufgehoben werden sollte. Zudem sah er die SA als Basis eines neu zu bildenden Volksheeres, in das auch die Reichswehr – unter Führung der SA – eingegliedert werden sollte. Diese Ziele gefährdeten Hitlers Bündnispläne mit den konservativen Eliten, der Wirtschaft und der Reichswehr, die zur langfristigen Umsetzung seiner expansiven Außenpolitik notwendig waren. Daher ließ Hitler Ende Juni 1934 ohne gerichtliches Verfahren 85 SA-Führer, darunter Röhm, und Regimegegner ermorden. In der Öffentlichkeit wurde diese kriminelle Aktion als Reaktion auf einen angeblichen **„Röhm-Putsch“** begründet und bereits am 3. Juli 1934 durch ein Reichsgesetz nachträglich als „Staatsnotwehr“ gebilligt. Die SA existierte in der Folgezeit zwar weiter, verlor jedoch ihren politischen Einfluss und zwei Drittel ihrer Mitglieder.

Konzentrationslager
waren eines der wichtigsten Instrumente des NS-Staates, um Menschen aus politischen, religiösen, rassischen oder anderen Gründen zu inhaftieren, zu misshandeln und zu ermorden. Zunächst unter Leitung der SA unmittelbar nach der Machtübernahme als „wilde“ Konzentrationslager betrieben, wurden sie nach dem „Röhm-Putsch“ unter Himmlers SS systematisch ausgebaut. Die Inhaftierten – 1944 waren es ca. 397 000 Männer und 145 000 Frauen – wurden mit Drill, Mangelernährung und Folter unterdrückt sowie ab 1938 zur Zwangsarbeit, v. a. für die Rüstungsindustrie, eingesetzt (s. S. 451). Seit 1941 errichteten die Nationalsozialisten in den besetzten Gebieten im Osten Vernichtungslager, in denen bis zum Frühjahr 1945 etwa 6 Millionen Juden und 500 000 Polen, Sinti und Roma und andere Gefangene fabrikmäßig, vor allem durch den Einsatz von Giftgas, ermordet wurden. Bis zum Ende des Krieges gab es insgesamt 22 Hauptlager mit über 1000 Außenlagern. Unter ihnen ist das seit Juni 1940 eingerichtete KZ Auschwitz sowohl in seiner räumlichen Ausdehnung als auch in seiner Vernichtungskapazität das größte Todeslager der Menschheitsgeschichte.

M2 „Ein Volk, ein Reich, ein Führer", Plakat für deutsche Amts- und Schulräume, seit 1938/39

Internettipp
www.kubiss.de/kulturreferat/reichsparteitagsgelaende/index.htm
Das Dokumentationszentrum Reichsparteitagsgelände in Nürnberg informiert über die einzelnen Bestandteile und die Propagandafunktion des Parteitagsgeländes.

M3 „Ganz Deutschland hört den Führer", Werbeplakat, 1936

1933 wurde in Firmenkooperation der erste preiswerte und leistungsfähige Rundfunkempfänger, der „Volksempfänger" VE 301, entwickelt. Er kostete 76 RM, was etwa dem Wochenlohn eines Facharbeiters entsprach.

Die SS

Von dieser Entwicklung profitierte die **Schutzstaffel (SS)**, die unter der Leitung Heinrich Himmlers bis zum „Röhm-Putsch" in die SA eingegliedert war. Die SS war 1925 zunächst zum Schutze Hitlers und anderer NSDAP-Funktionäre gebildet worden. 1934 übertrug Hitler ihr die alleinige Zuständigkeit für alle Konzentrationslager. Zu diesem Zweck wurden bewaffnete Wachmannschaften aufgestellt, die ab 1936 „SS-Totenkopfverbände" genannt wurden. Aus der persönlichen Leibwache Hitlers entstanden die nach militärischen Gesichtspunkten organisierten SS-Verfügungstruppen und später die Divisionen der Waffen-SS. 1944 umfasste die Waffen-SS rund 600 000 Mann, die allgemeine SS ungefähr 200 000 Mann. Die Wachmannschaften der Konzentrationslager hatten eine Stärke von 24 000 Mann. Eine weitere Unterorganisation war der **Sicherheitsdienst (SD)** unter Reinhard Heydrich (1904–1942), der geheime Nachrichten über politische Gegner sammelte, „verdächtige" Parteimitglieder überwachte und sich zu einer im gesamten Reichsgebiet operierenden Geheimpolizei entwickelte (M 6).

Gestapo

Die Nationalsozialisten unterstellten nach ihrer Machtübernahme die Länderpolizei dem Reich. Im April 1933 wurden diese Einheiten der neu gebildeten **Geheimen Staatspolizei (Gestapo)** untergeordnet. Die Gestapo – seit 1934 ebenfalls von Himmler geleitet – errichtete mithilfe von Zivilfahndern und Spitzeln ein umfassendes Überwachungssystem. Sie verhängte ohne rechtliche Kontrolle gegen „Staatsfeinde" „Schutzhaft" in Hausgefängnissen, Arbeits- und Konzentrationslagern, erzwang Aussagen durch Folter und ließ Gefangene ermorden (M 7). Dabei konnte sie sich vor allem auf Denunziationen aus der Bevölkerung stützen; Schätzungen gehen von 80 % aller Gestapo-Fälle aus.
1939 wurde die Gestapo schließlich mit dem SD sowie der staatlichen Kriminal- und Ordnungspolizei zum **Reichssicherheitshauptamt (RSHA)** vereinigt. Das RSHA entwickelte sich zum entscheidenden Instrument der nationalsozialistischen Kriegspolitik: Es organisierte die Terrormaßnahmen und Massenmorde in den besetzten Gebieten sowie die sogenannte „Endlösung der Judenfrage" (s. S. 458 ff.).

Propaganda

Die nationalsozialistische Herrschaft beruhte auf Gewalt, Terror und Unterdrückung, aber auch auf Verführung. Durch glanzvolle Feiern und Massenaufmärsche wie die alljährlich mit gewaltigem Aufwand inszenierten **Reichsparteitage** sollten die Mitglieder und Anhänger der NSDAP in ihrem Glauben an die siegreiche Mission der Partei und ihres Führers bestärkt werden; gleichzeitig wollte man diejenigen Teile der Bevölkerung, die dem Regime skeptisch oder gleichgültig gegenüberstanden, für sich gewinnen. Denn die NS-Führung wusste, dass sie mit Zwang allein ihre Herrschaft nicht sichern konnte. Das wichtigste Mittel zur Mobilisierung der öffentlichen Meinung zugunsten der Nationalsozialisten war die **Propaganda**.
Das von Joseph Goebbels 1933 geschaffene „Ministerium für Volksaufklärung und Propaganda" kontrollierte alle Nachrichtenbüros, veranstaltete tägliche Reichspressekonferenzen und gab verbindliche Sprachregelungen und Weisungen heraus. Bereits im Sommer 1933 hatten die Nationalsozialisten auf diese Weise die organisatorische und inhaltliche Gleichschaltung der Presse durchgesetzt.
Der halbstaatliche Rundfunk, der sich bereits in der Weimarer Republik zum Massenmedium entwickelt hatte, wurde ebenfalls sehr schnell personell und inhaltlich gleichgeschaltet und vom NS-Staat für seine Propaganda genutzt. Eine Werbekampagne für den preiswerten sogenannten Volksempfänger verbreitete das

Radio in den Haushalten – 1933 wurden über eine Million Geräte abgesetzt (M 3). Der Filmproduktion galt Goebbels' besonderes Interesse. Eindeutige Propagandaproduktionen wie „Hitlerjunge Quex" (1933) oder der antisemitische Film „Jud Süß" (1940) sollten die Zuschauer ideologisch beeinflussen. Selbst scheinbar unpolitische Unterhaltungsfilme dienten als „wertvolles Instrument der Volksführung im Kriege" (Goebbels). Vor jedem Film erläuterte zudem die „Wochenschau" den Zuschauern die aktuelle Nachrichtenlage aus nationalsozialistischer Sicht.

Internettipp
www.dradio.de/dlf/sendungen/marktundmedien/417220
Sendung des Deutschlandfunks (2005) über zielgruppengerichtete Propaganda mittels „Volksempfänger", u. a. Ausschnitte aus der „deutschen Morgenfeier der Hitlerjugend", ausgestrahlt vom Hamburger Reichssender 1933

1 Erläutern Sie mithilfe des Darstellungstextes und M 1 die Funktionsweise des NS-Herrschaftssystems. Beurteilen Sie, inwieweit eine Grafik die Machtstrukturen des NS-Regimes wiedergeben kann.

M 4 Der Leipziger Oberbürgermeister Carl-Friedrich Goerdeler zur Konkurrenz zwischen unterschiedlichen Machtzentren im NS-Staat, 1937

Auf dem Gebiet der inneren Verwaltung herrscht ein heilloses Durcheinander. Außenstehende können sich davon überhaupt keine Vorstellung machen. [...] Neben dem Staat versucht die Partei, das öffentliche Leben zu beherrschen. [...] Die Zuständigkeiten, die früher klar geregelt waren, werden dauernd geändert. Hat man sich heute zum Grundsatz der Selbstverwaltung bekannt, so beraubt man morgen Provinzen und Gemeinden wichtiger, organisch ihnen zufallender Funktionen. Die Folge ist, dass sich die Zahl der öffentlichen oder halb öffentlichen Beamten und Angestellten um einige Hunderttausend vermehrt hat, dass das Geld des deutschen Steuerzahlers benutzt wird, um mit diesen Kräften irgendetwas zu tun, zumindest untereinander Krieg zu führen, und dass das moralische Bewusstsein sowie die Verantwortungsfreudigkeit ebenso schnell verblassen wie der Mannesmut. Der preußische Beamte war darauf erzogen, seinem Vorgesetzten zu gehorchen; aber er war auch verpflichtet, ihm gegenüber seine eigene Meinung unerschrocken zu vertreten. Beamte, die das heute noch wagen, kann man in Deutschland allmählich mit der Laterne suchen. Damit aber ist die öffentliche Verwaltung unterminiert, muss immer haltloser werden und wird eines Tages dem Volke nur noch als Last erscheinen.
Im Übrigen ist die Entwicklung zielbewusst darauf gerichtet, immer mehr Macht in den Händen der Polizei, einschließlich der Geheimen Staatspolizei, zu vereinigen. Das ist logisch. Ein System, das es sich zur Aufgabe gesetzt hat, unter allen Umständen an der Macht zu bleiben, muss mehr und mehr auf das Mittel der Überzeugung verzichten und zu Mitteln des Zwanges greifen.

Friedrich Krause (Hg.), Goerdelers politisches Testament. Dokumente des anderen Deutschland, F. Krause, New York City 1945, S. 19 ff.

1 Untersuchen Sie die Auswirkungen des Parteieinflusses auf die innere Verwaltung Deutschlands, wie sie in M 4 dargestellt werden.
2 Erörtern Sie anhand von M 4 die grundsätzlichen Probleme des „Führerstaates".

M 5 Der Historiker Michael Wildt über Hitlers Stellung innerhalb des NS-Staates, 2008

Lässt sich das NS-Regime ohne Hitler denken? Sicherlich nicht, aber die Rolle und Stellung Hitlers im nationalsozialistischen Herrschaftssystem haben Historiker bis heute debattiert. [...]
Die eine Seite, vor allem vertreten durch Andreas Hillgruber, Klaus Hildebrand und Eberhard Jäckel, stellte die Person Hitlers und seine Weltanschauung in den Mittelpunkt ihrer Analysen. Habe es auch keinen detaillierten Plan gegeben, so ließe sich klar ein Programm erkennen, das Hitler zielstrebig zu verwirklichen suchte: Antisemitismus und „Eroberung von Lebensraum". [...]
Das Herrschaftssystem sei ganz auf die Macht des Diktators zugeschnitten gewesen, der in „Alleinherrschaft" (Jäckel) die Geschicke Deutschlands lenkte. Gegen diese Sicht argumentierten Historiker wie Martin Broszat und Hans Mommsen, dass das NS-System vielmehr von administrativem Durcheinander, Ämterwirrwarr, Chaos und Inkompetenz bestimmt gewesen und unaufhaltsam seiner Selbstvernichtung entgegengegangen sei. Hitler war in dieser Perspektive, wie Mommsen in einer eher beiläufigen, für die nachfolgende Polemik jedoch zentral werdenden Formulierung schrieb, ein „in mancher Hinsicht schwacher Diktator". Nicht er habe die nationalsozialistische Politik bis zum Massenmord radikalisiert, sondern das Kompetenzchaos der unterschiedlichsten Instanzen des NS-Staates habe stets dazu geführt, sich auf den kleinsten gemeinsamen, radikalen Nenner zu einigen, ein Prozess, den Mommsen in einer die Diskussion seither prägenden Formulierung „kumulative Radikalisierung" genannt hat. [...]
Doch so weit, wie es scheint, liegen die Positionen nicht auseinander. Schon Karl-Dietrich Bracher, in dessen Analyse Hitler gleichfalls die zentrale Rolle einnahm, hat darauf aufmerksam gemacht, dass gerade das unübersichtliche Neben- und Durcheinander eine Strukturbedingung totalitärer Herrschaft sei, erlaubten sie es doch dem Diktator, als letztgültige Entscheidungsinstanz zu fungieren. Dieter Rebentisch erkannte in der polykratischen Desorganisation der Reichsverwaltung einen auf Personalisierung der Politik zielenden spezifischen Führungsstil Hitlers zur Verwirklichung

seines radikalen, ideologischen Programms. Hans-Ulrich Thamer schließlich fasste die unterschiedlichen Positionen in der Formel zusammen, das Dritte Reich „besaß eine starke monokratische Spitze und gleichzeitig polykratische Machtstrukturen. Das eine bedingte das andere."

Michael Wildt, Geschichte des Nationalsozialismus, Vandenhoeck & Ruprecht, Göttingen 2008, S. 87ff.

1 Erarbeiten und diskutieren Sie die einzelnen Forschungsansätze.

M6 Die Organisation der SS

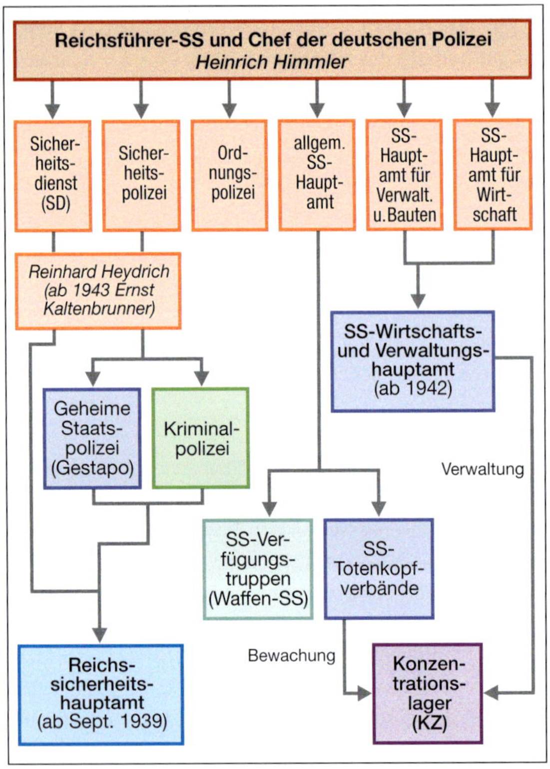

1 Erläutern Sie die Stellung der SS im NS-Herrschaftssystem.

2 Begründen Sie, warum das nationalsozialistische Deutschland auch als SS-Staat bezeichnet werden kann.

M7 Rudolf Diels, der erste Chef der Gestapo, über das Columbiagefängnis[1] in Berlin im Jahr 1933, 1950

Nach den Berichten von Beamten und Freunden trat die SA mit eigenen „Vernehmungsstellen" in Berlin selbst in eine grauenvolle Tätigkeit ein. In den einzelnen Stadtteilen entstanden „Privatgefängnisse". Die „Bunker" in der Hedemann- und Voßstraße wurden zu infernalischen Stätten der Menschenquälerei. Es entstand das Columbiagefängnis der SS, die allerschlimmste Marterstätte. [...]

Ich konnte nun mit den Polizeimannschaften die Marterhöhle betreten. Dort waren die Fußböden einiger leerer Zimmer, in denen sich die Folterknechte betätigten, mit einer Strohschütte bedeckt worden. Die Opfer, die wir vorfanden, waren dem Hungertod nahe. Sie waren tagelang stehend in enge Schränke gesperrt worden, um ihnen „Geständnisse" zu erpressen. Die „Vernehmungen" hatten mit Prügeln begonnen und geendet; dabei hatte ein Dutzend Kerle in Abständen von Stunden mit Eisenstäben, Gummiknüppeln und Peitschen auf die Opfer eingedroschen. Eingeschlagene Zähne und gebrochene Knochen legten von den Torturen Zeugnis ab. Als wir eintraten, lagen diese lebenden Skelette reihenweise mit eiternden Wunden auf dem faulenden Stroh. Es gab keinen, dessen Körper nicht vom Kopf bis zu den Füßen die blauen, gelben und grünen Male der unmenschlichen Prügel an sich trug. Bei vielen waren die Augen zugeschwollen und unter den Nasenlöchern klebten Krusten geronnenen Blutes. Es gab kein Stöhnen und Klagen mehr; nur starres Warten auf das Ende oder neue Prügel. Jeder Einzelne musste auf die bereitgestellten Einsatzwagen getragen werden; sie waren des Gehens nicht mehr fähig. Wie große Lehmklumpen, komische Puppen mit toten Augen und wackelnden Köpfen, hingen sie wie aneinandergeklebt auf den Bänken der Polizeiwagen. Die Schutzpolizisten hatte der Anblick dieser Hölle stumm gemacht.

Rudolf Diels, Lucifer ante portas. Es spricht der erste Chef der Gestapo, Deutsche Verlags-Anstalt, Stuttgart 1950, S. 220 und 254ff.

1 Ab Juli 1933 wurde das Berliner Columbia-Haus von der Gestapo als Haftanstalt genutzt. Zu den Wachmannschaften gehörten auch SS-Männer. Seit Anfang 1935 war das Gefängnis als „Konzentrationslager" auch offiziell der SS unterstellt.

1 Arbeiten Sie aus M 7 das Vorgehen von Gestapo und SS gegen die Gegner des NS-Regimes heraus.

2 Untersuchen Sie das Menschenbild und das Rechts- bzw. Unrechtsbewusstsein des Wachpersonals.

3.4 Leben in der „Volksgemeinschaft“: Integration und Ausgrenzung

„Diktatur mit dem Volk“?

Bis heute stellt sich die Frage, wie die Nationalsozialisten für ihre Politik die breite Zustimmung der Deutschen gewinnen konnten. Historiker sind sich inzwischen einig, dass die deutsche Bevölkerung nach 1933 nicht nur als passives Objekt nationalsozialistischer Gleichschaltungspolitik und Verführung zu sehen ist. Da es nach den letzten Reichstagswahlen am 5. März 1933 keine demokratische Möglichkeit der Äußerung mehr gab, existieren zwar keine gesicherten Zahlen über den Zustimmungsgrad. Doch die Tatsachen einer grundsätzlichen Integrationsbereitschaft breiter Bevölkerungsschichten, die vom opportunistischen Mitläufertum bis zur fanatischen Unterstützung reichte, sowie eines fehlenden umfassenden Widerstands gegen das NS-Regime lassen den Historiker Klaus Bergmann zu dem Schluss kommen, dass es sich beim NS-Staat nicht um eine „Diktatur gegen das Volk“, sondern um eine „Diktatur mit dem Volk“ handelte.

Dieser Sachverhalt ist nicht erklärbar, betrachtet man den NS-Staat ausschließlich als Gewalt und Terror verbreitende Herrschaftsform. Die Ankündigung der Nationalsozialisten, das deutsche Volk nach ihrer Machtübernahme in eine „Schicksalsgemeinschaft“ ohne Klassenunterschiede umzuwandeln, die Erfahrung der vom Regime organisierten Gemeinschaftserlebnisse sowie der soziale Aufstieg auf Kosten der „Gemeinschaftsfremden“ sorgten in hohem Maß für Zustimmung und aktive Unterstützung des NS-Staates durch die Bevölkerung. Hitler wurde von Teilen der Bevölkerung nicht als „unerbittlicher Ausgrenzer“, sondern als „großer Integrator“ (Götz Aly) angesehen.

Integration der Arbeiterschaft

Mit besonderem Aufwand versuchten die Nationalsozialisten, die Arbeiter für ihre „Volksgemeinschaft“ zu gewinnen. Die trotz Gewalt und Terror erzielten Stimmenanteile von SPD und KPD bei den Reichstagswahlen am 5. März 1933 und das schlechte Abschneiden der „Nationalsozialistischen Betriebszellenorganisation“ bei den Betriebsratswahlen im März und April 1933 zeigten, dass die Arbeiterschaft dem Nationalsozialismus mehrheitlich distanziert gegenüberstand. Die NS-Regierung reagierte mit ihrer bekannten Doppelstrategie, indem sie zum einen die freien Gewerkschaften zerschlug und zum anderen Arbeitsbeschaffungsprogramme zur Beseitigung der Arbeitslosigkeit sowie sozialpolitische Maßnahmen beschloss. Um nach der Ausschaltung der Gewerkschaften kein Machtvakuum in den Betrieben entstehen zu lassen, schufen die Nationalsozialisten am 2. Mai 1933 die **Deutsche Arbeitsfront (DAF)**, die als „Gliederung der NSDAP“ neben der Übernahme der Mitglieder auch das Vermögen der freien Gewerkschaften beschlagnahmte und somit zum reichsten wie mitgliederstärksten Verband des NS-Regimes avancierte.

Die DAF erfüllte nicht nur die Funktion eines Kontrollinstruments, sondern sie sollte durch die Zusammenführung von Unternehmern, Angestellten und Arbeitern die alten Klassengegensätze aufheben (M 7). Da die DAF keine eigenständige Tarifpolitik betreiben konnte, setzte sie sich für die Verbesserung der Arbeitsbedingungen, z. B. durch die Einrichtung von Betriebskantinen oder die Einführung eines gesetzlichen Mindestanspruches auf ein bis zwei Wochen Jahresurlaub, ein. Das bekannteste und populärste Amt der DAF war die Urlaubs- und Freizeitorganisation **„Kraft durch Freude“ (KdF)***. Im Mittelpunkt ihres Angebotes stand die Arbeiterschaft, der ein Erholungs- und Unterhaltungsangebot zugänglich gemacht werden sollte, das bisher anderen sozialen Schichten vorbehalten gewesen war. Ungeachtet der günstigen Preise waren Arbeiter jedoch sowohl bei den Reise- als auch bei den Kulturprogrammen unterrepräsentiert, größte Teilnehmergrup-

M 1 „Auch du kannst jetzt reisen!“ KDF-Plakat, 1937

Kraft durch Freude (KdF)
Die KdF wurde im November 1933 als Unterorganisation der DAF gegründet. Populär wurde insbesondere das KdF-Amt „Reisen, Wandern, Urlaub“, das für die Arbeiter die „Lanze bürgerlicher Privilegien“ brechen sollte und für Millionen Deutsche Kulturprogramme, Ausflüge und Urlaubsreisen organisierte. Einige Großprojekte wie das „KdF-Seebad“ in Prora auf der Insel Rügen wurden durch den Beginn des Krieges 1939 nur zum Teil realisiert.

Internettipp
www.dokumentationszentrum-prora.de
Fotos und Informationen über den 1936 begonnenen Bau des KdF-Seebades Prora

M2 Verleihung des Mutterkreuzes, Fotografie, 1939

M3 „Hilf auch Du mit!", Plakat, 1943

pe waren die Angestellten. Der Zugriff des Regimes auf die Arbeiterschaft war längst nicht so total, wie es seine Führer proklamierten und wie es Zeitgenossen im Rückblick schilderten. Besonders die ehemals politisch organisierten und die in den Gewerkschaften verwurzelten Arbeiter blieben trotz der nationalsozialistischen Sozialpolitik gegenüber dem NS-Staat auf Distanz.

Frauen in der „Volksgemeinschaft"

Das Bild der Frau im NS-Staat war lange Zeit durch den von der nationalsozialistischen Propaganda verbreiteten „Mutterkult" geprägt. Ohne Zweifel räumte das strikt patriarchalisch ausgerichtete NS-Regime den Frauen keine gleichberechtigte Stellung ein, sondern wies ihnen eine funktionale Rolle innerhalb der „Volksgemeinschaft" und Rassenideologie zu (M 9). So definierte Hitler in „Mein Kampf" den „Wert der Frauen" allein im Hinblick auf ihre Gebärleistungen und ihren Einsatz für die Familie. Die Bereitschaft der Frauen, Kinder zu gebären, wurde sowohl propagandistisch mit der Ehrung durch das „Mutterkreuz" (M 2) als auch materiell mit Kindergeld, Ehestandsdarlehen und Steuererleichterungen gefördert (M 8). Die weibliche Berufstätigkeit wurde dagegen aus grundsätzlichen ideologischen Vorstellungen und zur „Entlastung" des Arbeitsmarktes abgelehnt.
Allerdings stimmte dieser ideologische Anspruch nicht mit den Zwängen der Realität überein: Obwohl die Geburtenrate stieg, nahm die Frauenerwerbstätigkeit nicht ab, sondern in einigen Bereichen, wie Industrie und Landwirtschaft, sogar zu. Die Ausweitung der Rüstungsproduktion nach Kriegsbeginn erforderte den verstärkten Einsatz von Frauen in der Wirtschaft. Die Einführung einer allgemeinen Dienstpflicht für Frauen lehnte Hitler jedoch ab. Stattdessen kompensierte das NS-Regime den Arbeitskräftemangel in der Kriegswirtschaft mit dem Einsatz von „Fremdarbeitern" aus den besetzten Ländern (s. S. 451 f.).
Durften Frauen im NS-Staat auch keine politischen Ämter übernehmen, so eröffneten sich ihnen innerhalb der volksgemeinschaftlichen Ordnung durchaus gesellschaftliche Aufstiegschancen. In den NS-Organisationen, insbesondere im „Bund deutscher Mädel" (BDM) und in der „Nationalsozialistischen Frauenschaft" (NSF), übernahmen sie Leitungsfunktionen. Auch in der Besatzungsverwaltung der eroberten Ostgebiete in Polen und der Sowjetunion arbeiteten nationalsozialistisch organisierte Frauen.

„Erfassung" der Jugend

Besondere Priorität besaß im NS-Staat die Erziehung und Ausbildung der jungen Generation im „nationalsozialistischen Geist" – in der Schule* und vor allem in den Jugendorganisationen. Diesem Zweck diente die **Hitler-Jugend (HJ)**, die nach der Machtübernahme zur Massenorganisation wurde: Ende 1933 gehörten ihr einschließlich der Teilorganisation **Bund Deutscher Mädel (BDM)** 2,3 Millionen, 1939 bereits 8,7 Millionen Jugendliche an. Dieser enorme Mitgliederzuwachs in den ersten Jahren verdankte sich einer großen Anziehungskraft: Viele Jugendliche begeisterten sich für das Angebot von Zeltlagern, Geländespielen und Sportaktivitäten. Darüber hinaus eröffnete die HJ den Jugendlichen neue Handlungs- und Profilierungsmöglichkeiten, indem sie auch Leitungsfunktionen übernehmen konnten. Auch Mädchen und jungen Frauen wurden Chancen zur Emanzipation geboten, da sie unabhängig vom Elternhaus agieren konnten und als BDM-Funktionärin dem männlichen HJ-Funktionär gleichgestellt waren. Da die NS-Führung alle übrigen Jugendverbände – mit Ausnahme der katholischen – auflöste oder der HJ angliederte, existierten für die Jugendlichen kaum Alternativen, sich dem Einfluss der Nationalsozialisten zu entziehen. Durch ein Reichsgesetz wurde die HJ 1936 zur Staatsjugend erklärt (M 10) und damit neben Elternhaus und Schule eine zusätzliche Sozialisationsinstanz geschaffen. Im Rahmen der vorgeschriebenen Auftei-

Schule im NS-Staat
Die Nationalsozialisten verzichteten auf größere Eingriffe in die Grundstruktur des Schulwesens. So blieb sowohl das dreigliedrige System – Volksschule, Mittelschule, Gymnasium – als auch der traditionelle Fächerkanon bestehen. Allerdings erhöhte sich in den „Gesinnungsfächern" Deutsch und Geschichte sowie in Sport die Pflichtstundenzahl. „Rassenkunde" wurde nicht – wie von Hitler gefordert – als eigenständiges Pflichtfach eingeführt, sondern fächerübergreifend, z. B. in Geschichte und Biologie, unterrichtet, Rassenideologie dabei nicht nur gelehrt, sondern auch praktiziert: Neben jüdischen Lehrern, die durch ein Reichsgesetz bereits 1933 aus dem Schuldienst entlassen wurden, verdrängten die Nationalsozialisten sukzessive auch jüdische Schüler aus den staatlichen Schulen (s. S. 432).

lung in verschiedene Unterorganisationen musste nun jeder Jugendliche im Alter von zehn Jahren dem „Jungvolk" bzw. dem „Jungmädelbund" beitreten (M 11), wozu ab 1939 eine gesetzliche Verpflichtung bestand. Gesetzlicher Zwang und Propaganda (M4) verfehlten ihre Wirkung nicht: Stärker als andere Altersgruppen übernahmen Jugendliche Leitbilder und Inhalte der nationalsozialistischen Ideologie, denn sie wuchsen mit ihr auf und wurden so von ihr geprägt (M 12).
Dennoch gelang der HJ keine vollständige Erfassung der Jugendlichen. Viele mieden die HJ-Treffen, und die katholischen Jugendverbände versuchten, ihre im Konkordat zugesicherte Unabhängigkeit zu bewahren (s. S. 417). Angesichts der Aufrüstung und Kriegsvorbereitung bildeten sich in den 1940er-Jahren vor allem in den Großstädten Jugendgruppen wie die „Edelweißpiraten" oder die „Swingjugend", die sich der vormilitärischen Ausbildung der HJ widersetzten. Obwohl diese oppositionellen Gruppen in der Minderheit blieben und nicht als Jugendrebellion gegen das NS-Regime bezeichnet werden können, bekämpften die Nationalsozialisten diese „wilden Cliquen" mit einer Reihe von Verordnungen, die die individuelle Freizeitgestaltung der Jugendlichen einschränken sollten. In den letzten Kriegsmonaten wurden im Rahmen des „Volkssturms" Angehörige der HJ zum Kriegsdienst verpflichtet.

„Gemeinschaftsfremde"

Die Volksgemeinschaft war im NS-Regime gleichermaßen durch Integration der „Volksgenossen" und durch Ausgrenzung der „Gemeinschaftsfremden" gekennzeichnet (M 13). Je stärker sich die nationalsozialistische Herrschaft festigte, desto größer wurde die Zahl der aus der Gesellschaft Ausgeschlossenen. Nach den Verfolgungen von politischen Gegnern, vor allem von Kommunisten und Sozialdemokraten nach der Machtübernahme, zeigte der gesetzliche Ausschluss aller „Nicht-Arier" aus dem öffentlichen Dienst im April 1933 das Ziel der Hitler-Regierung, ihr antisemitisches Programm konsequent in die Tat umzusetzen (s. S. 432 ff.). Neben den Juden gehörten zu den Verfolgten auch alte und kranke Menschen sowie Personen, die den herrschenden Moralvorstellungen nicht entsprachen (M 5) und als „Volksschädlinge" diffamiert wurden: Menschen ohne festen Wohnsitz („Asoziale"), Prostituierte, Homosexuelle und Kriminelle. Verfolgt wurden darüber hinaus Menschen, die nach der NS-Ideologie nicht zur „nordisch-germanischen Herrenrasse" gehörten wie Angehörige der Sinti und Roma oder slawische Minderheiten wie die Sorben in der Lausitz, die Kaschuben in West- und die Masuren in Ostpreußen.

Zwangssterilisation und Euthanasie

Im Rahmen ihrer Rassenpolitik gingen die Nationalsozialisten unter dem Vorwand der **Eugenik*** massiv gegen geistig, körperlich und seelisch Kranke und Behinderte vor. Mit dem Gesetz zur „Verhütung erbkranken Nachwuchses" vom 14. Juli 1933 wurde erstmals in Deutschland die **Zwangssterilisation** aus „rassehygienischen" Gründen zum legalen Mittel. Begleitet wurde die Einführung des Gesetzes von einer großen Kampagne in der Tages- und Fachpresse (M 15). Unmittelbar nach Kriegsbeginn prüften Ärztekommissionen körperlich, seelisch und geistig Behinderte auf ihre „Arbeitstauglichkeit". Wer nicht als arbeitsfähig galt, wurde in als „Heil- und Pflegeheime" getarnten Vernichtungsanstalten durch systematischen Nahrungsentzug, Medikamentenüberdosis oder durch Gas ermordet. Grundlage der **Euthanasie** (griech. leichter, schöner Tod; Sterbehilfe) war ein formloses Schreiben Hitlers von 1939, das Ärzten die Befugnis erteilte, „dass unheilbar Kranken bei kritischster Beurteilung ihres Krankheitszustandes der Gnadentod gewährt werden kann". Nach Kirchenprotesten (M 14 a) stoppte die NS-Führung zwar 1941 offiziell die Vergasungsaktionen; viele Menschen starben aber weiterhin durch

M4 HJ-Plakat, 1935

Das Plakat trägt die beiden Textzeilen: „Hinaus mit allen Störenfrieden!" und „Einheit der Jugend in der Hitlerjugend!"

M5 Öffentliche Demütigung einer jungen Frau in Altenburg (Thüringen), Fotografie, 7. Februar 1941

Eugenik
Der Begriff (griech. Lehre von der guten Erbveranlagung) wurde Ende des 19. Jh. bedeutungsgleich mit der Bezeichnung „Rassenhygiene" (s. S. 410 f.) verwendet. Ziel war es, die Fortpflanzung von „Erbgesunden" zu fördern (positive Eugenik), von „Erbkranken" einzudämmen (negative Eugenik).

Internettipp
www.landesarchiv-bw.de/stal/grafeneck/index.htm
„Tötung in einer Minute" – das Staatsarchiv Ludwigsburg erläutert in einer virtuellen Ausstellung Quellen zur Euthanasie aus seinem Bestand.

Giftspritzen oder Nahrungsentzug. Die bei der Euthanasie angewandten Mordmethoden wurden später auch zur systematischen Ermordung der europäischen Juden angewandt. Bis Kriegsende wurden in Deutschland und in den besetzten Gebieten im Rahmen des Euthanasieprogramms etwa 120 000 behinderte, kranke und alte Menschen ermordet.

M6 Anfertigung von pseudowissenschaftlichen Kopfmodellen von Sinti und Roma, Fotografie, um 1937

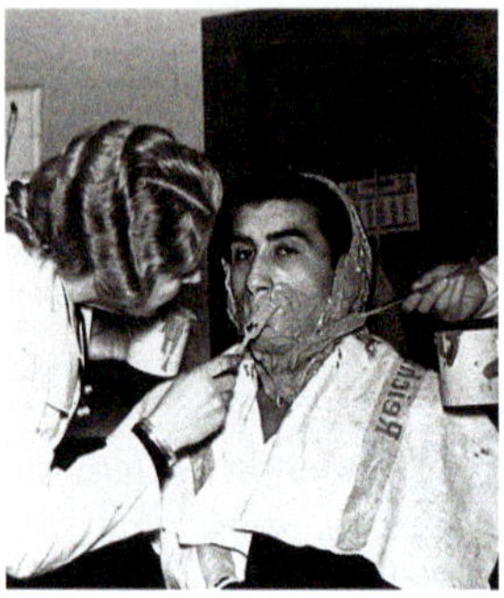

Sinti und Roma
Eigenbezeichnung einer vor allem in Europa verbreiteten ethnischen Minderheit indischer Herkunft. Der Fremdbegriff „Zigeuner" wird vom Zentralrat Deutscher Sinti und Roma als diskriminierend abgelehnt. Sinti und Roma leben seit dem 15. Jahrhundert in Mitteleuropa und wurden häufig als Sündenböcke der Mehrheitsgesellschaft diffamiert. Auch in der Weimarer Republik waren sie Diskriminierungen und Beschränkungen ausgesetzt. In der NS-Zeit wurden sie im Rahmen der rassisch begründeten Vernichtungspolitik systematisch ermordet.

Sinti und Roma

Das NS-Regime gab mit seiner Rassenpolitik das Recht eines Menschen auf Unversehrtheit und Leben zugunsten eines vermeintlich höheren Wertes der „Volksgemeinschaft" auf und setzte diese Ideologie in staatlich organisierte Verfolgung um. Diese richtete sich im besonderen Maße gegen die Gruppe der Sinti und Roma*. Die nationalsozialistische „Zigeunerpolitik" mündete dabei ebenso zielstrebig im Völkermord wie die „Judenpolitik". Unmittelbar nach der Machtübernahme 1933 begann die SS mit der Erfassung der als „Untermenschen" stigmatisierten „Zigeuner". Mit der Gründung des „Rassenhygiene-Instituts" 1936 wurde der „Untermenschen"-Ideologie ein pseudowissenschaftlicher Anstrich gegeben. Arbeitsgruppen erstellten etwa 24 000 Gutachten, in denen Sinti und Roma vom „reinrassigen" bis zum „Achtelzigeuner" klassifiziert wurden (M 6). Diese Gutachten dienten als Grundlage für spätere Deportationen.
Erlasse wie die Verordnung zur „Bekämpfung der Zigeunerplage" von 1936 schränkten die Rechte der Sinti und Roma erheblich ein. Unter dem Vorwand, sie seien mangels festen Wohnsitzes und geregelter Arbeit „asozial", konnten sie in Konzentrationslager eingewiesen werden (M 16). Mit Ausbruch des Krieges setzte parallel zum Völkermord an den europäischen Juden auch die systematische Ermordung der Sinti und Roma in Europa ein. Ab Mai 1940 ließ Himmler seine Ankündigung vom Oktober 1939, die „Zigeunerfrage" werde „binnen Kurzem im gesamten Reichsgebiet geregelt", umsetzen: Die Deportationen der Sinti und Roma aus dem deutschen Reichsgebiet nach Polen begannen, ab 1941 auch in die Sowjetunion. Ab Frühjahr 1942 wurden auch Sinti und Roma aus den besetzten europäischen Staaten nach Polen deportiert. Die Mehrheit der deportierten Sinti und Roma wurde in den Konzentrations- und Vernichtungslagern durch die SS ermordet, allein in Auschwitz mindestens 20 000. Die genaue Opferzahl ist nur schwer zu bestimmen, da keine Angaben über die in Deutschland und in den besetzten Gebieten durchgeführten Massenerschießungen existieren. Die Forschung geht jedoch davon aus, dass zwischen 200 000 und 500 000 Sinti und Roma dem nationalsozialistischen Völkermord zum Opfer gefallen sind.

1 Untersuchen Sie arbeitsteilig am Beispiel a) der Arbeiter, b) der Frauen und c) der Jugend Anspruch und Wirklichkeit der nationalsozialistischen Volksgemeinschaftsideologie.
2 Nennen Sie die von den Nationalsozialisten verfolgten Bevölkerungsgruppen. Stellen Sie Motive und Methoden der Verfolgung zusammen.

M7 Aufhebung der Klassenunterschiede?

a) Ein Marburger Gymnasiallehrer nach dem Zweiten Weltkrieg über seine soziale Stellung im NS-Staat:

Zum ersten Mal in meinem Leben stand ich wirklich auf gleichem Fuße mit Menschen, die in der Kaiserzeit und in der Weimarer Zeit immer höheren oder niedrigeren Klassen angehört hatten, Menschen, zu denen man hinaufgeschaut oder auf die man hinabgeschaut, denen man aber nie in die Augen gesehen hatte […]. Der Nationalsozialismus löste diese Klassenunterschiede auf. Die Demokratie – soweit wir eine hatten – brachte das nicht zu Wege und bringt es auch heute nicht zu Wege.

David Schoenbaum, Die braune Revolution. Eine Sozialgeschichte des Dritten Reiches, dtv, München 1980, S. 349

1 Nehmen Sie zu dieser Äußerung kritisch Stellung im Hinblick a) auf das Leben im NS-Staat und b) auf den Anspruch der Nationalsozialisten, die Klassenunterschiede aufgelöst zu haben.

b) Jahreseinkommen der Arbeiter 1932 und 1940

Lohn (in RM; brutto)	%-Anteil aller Arbeiter 1932	1940
Unter 1500	31	35
1500 bis 2400	35	27
2400 bis 4800	28	34
Über 4800	6	4

Gustav Stolper, Deutsche Wirtschaft seit 1870, Mohr, Tübingen 1964, S. 120

1 Untersuchen Sie anhand der Statistik die Lohnentwicklung der Arbeiter während der NS-Zeit.

M8 Förderung der Eheschließung?

Aus dem „Gesetz zur Verminderung der Arbeitslosigkeit" vom 1. Juni 1933:

Das Reich fördert Eheschließungen nach Maßgabe der folgenden Vorschriften:

Ehestandsdarlehen

§ 1 [Absatz] 1) Deutschen Reichsangehörigen, die nach dem Inkrafttreten dieses Gesetzes die Ehe miteinander eingehen, kann auf Antrag ein Ehestandsdarlehen im Betrage bis zu eintausend Reichsmark gewährt werden. Der Antrag auf Gewährung des Ehestandsdarlehens kann vor Eingehung der Ehe gestellt werden. Die Hingabe des Betrags erfolgt erst nach erfolgter Eheschließung. Voraussetzung für die Bewilligung des Ehestandsdarlehens ist:

a) dass die künftige Ehefrau in der Zeit nach dem 1. Juni 1931 und 31. Mai 1933 mindestens sechs Monate lang im Inland in einem Arbeitsverhältnis gestanden hat;

b) dass ein standesamtliches Aufgebot vorliegt und dass die künftige Ehefrau ihre Tätigkeit als Arbeitnehmerin spätestens im Zeitpunkt der Eheschließung aufgibt oder im Zeitpunkt der Einbringung des Antrags bereits aufgegeben hat;

c) dass die Ehefrau oder die künftige Ehefrau sich verpflichtet, eine Tätigkeit als Arbeitnehmerin so lange nicht auszuüben, als der Ehemann oder der künftige Ehemann nicht als hilfsbedürftig im Sinne der Vorschriften über die Gewährung von Arbeitslosenunterstützung betrachtet wird und das Ehestandsdarlehen nicht restlos getilgt ist.

Reichsgesetzblatt 1933, Teil I, Nr. 60

1 Erarbeiten Sie die Ziele des Gesetzes. Unterscheiden Sie zwischen „intentionalen" und „funktionalen" Zielen.

2 Bewerten Sie das Gesetz ausgehend von Ihren persönlichen Wertmaßstäben.

M9 Hitler über die Rolle der Frau

Auf einer Tagung der NS-Frauenschaft während des Reichsparteitags in Nürnberg sagte Adolf Hitler am 8. September 1934:

Das Wort von der Frauen-Emanzipation ist nur ein vom jüdischen Intellekt erfundenes Wort, und der Inhalt ist von demselben Geist geprägt. Die deutsche Frau braucht sich in den wirklich guten Zeiten des deutschen Lebens nie zu emanzipieren. Sie hat genau das besessen, was die Natur ihr zwangsläufig als Gut zur Verwaltung und Bewahrung gegeben hat, genauso, wie der Mann in seiner guten Zeit sich nie zu fürchten brauchte, dass er aus seiner Stellung gegenüber der Frau verdrängt werde. [...] Wenn man sagt, die Welt des Mannes ist der Staat, die Welt des Mannes ist sein Ringen, die Einsatzbereitschaft für die Gemeinschaft, so könnte man vielleicht sagen, dass die Welt der Frau eine kleinere sei. Denn ihre Welt ist ihr Mann, ihre Familie, ihre Kinder und ihr Haus. Wo wäre aber die größere Welt, wenn niemand die kleine Welt betreuen wollte? Wie könnte die größere Welt bestehen, wenn niemand wäre, der die Sorgen um die kleinere Welt zu seinem Lebensinhalt machen würde. Nein, die große Welt baut sich auf dieser kleinen Welt auf. Diese große Welt kann nicht bestehen, wenn die kleine Welt nicht fest ist. Die Vorsehung hat der Frau die Sorgen um diese ihr eigenste Welt zugewiesen, aus der sich dann erst die Welt des Mannes bilden und aufbauen kann. [...] Was der Mann einsetzt an Heldenmut auf dem Schlachtfeld, setzt die Frau ein in ewig geduldiger Hingabe, in ewig geduldigem Leid und Ertragen.

Völkischer Beobachter Nr. 253 vom 10. Sept. 1934. Zit. nach: Max Domarus, Hitler. Reden und Proklamationen, Bd. 1, Löwit, Wiesbaden 1973, S. 450f.

1 Analysieren Sie M9 im Hinblick auf Hitlers Zielvorstellungen.

2 Erläutern Sie, auf welchen ideologischen Grundlagen diese Vorstellungen basieren.

M10 Aus dem Gesetz über die Hitler-Jugend vom 1. Dezember 1936

Von der Jugend hängt die Zukunft des deutschen Volkes ab. Die gesamte deutsche Jugend muss deshalb auf ihre zukünftigen Pflichten vorbereitet werden. [...]

§ 1. Die gesamte deutsche Jugend ist in der Hitler-Jugend zusammengefasst.

§ 2. Die gesamte deutsche Jugend ist außer in Elternhaus und Schule in der Hitler-Jugend körperlich, geistig und sittlich im Geiste des Nationalsozialismus zum Dienst am Volk und zur Volksgemeinschaft zu erziehen.

§ 3. Die Aufgabe der Erziehung der gesamten deutschen Jugend in der Hitler-Jugend wird dem Reichsjugendführer der NSDAP übertragen. Er ist damit „Jugendführer des Deutschen Reiches". Er hat die Stellung einer obersten Reichsbehörde mit dem Sitz in Berlin und ist dem Führer und Reichskanzler unmittelbar unterstellt.

Arno Klönne, Jugend im Dritten Reich. Die Hitlerjugend und ihre Gegner. Dokumente und Analysen, Eugen Diederichs, Düsseldorf 1984, S. 28

M 11 Organisation der Jugend im NS-Staat

1 Untersuchen Sie arbeitsteilig anhand von M 10 und M 11 die Ziele der NS-Jugendpolitik.

M 12 Aus den Deutschlandberichten der Exilsozialdemokraten (SoPaDe) über die Jugend, 1934

Die Jugend ist nach wie vor für das System, das Neue: das Exerzieren, die Uniform, das Lagerleben, dass Schule und Elternhaus hinter der jugendlichen Gemeinschaft zurücktreten, all das ist herrlich. Große Zeit ohne Gefahr. Viele glauben, dass ihnen durch Juden- und Marxistenverfolgungen wirtschaftliche Wege geöffnet sind. Je mehr sie sich begeistern, um so leichter sind die Examen, um so eher gibt es eine Stellung, einen Arbeitsplatz. Die bäuerliche Jugend lebt in der HJ und in der SA zum ersten Male mit dem Staat. Auch junge Arbeiter machen mit: „Vielleicht kommt doch eines Tages der Sozialismus, man versucht ihn eben auf eine neue Art, die anderen haben ihn bestimmt nicht gebracht, Volksgemeinschaft ist doch besser als unterste Klasse sein", so etwa denken sie.

Deutschland-Berichte der SoPaDe, 1. Jg., 1934, Zweitausendeins, Frankfurt/M. 1980, S. 117

M 13 Fritz Stern (geb. 1926 in Breslau, Emigration in die USA 1938) schreibt in seinen Memoiren, 2007

Ich war ab April 1936 über zwei Jahre am Maria-Magdalena-Gymnasium, und mit jedem Halbjahr wurde es unangenehmer, wuchs mein Gefühl des Ausgeschlossenseins. Die meisten Klassenkameraden waren in der Hitler-Jugend, und an besonderen Tagen (beispielsweise am Führergeburtstag) erschienen sie in Uniform. Auch ohne Uniform ließen sie einen spüren, dass sie auf Deutschland und den Nationalsozialismus stolz waren und sich freuten, einer Gemeinschaft anzugehören. Gelegentlich war ich Zielscheibe verbaler und – auf dem Schulhof – physischer Attacken. […] Die Schule war schon anstrengend genug, und durch das hinzukommende Ausgeschlossensein und die Bedrohung wurde es noch schlimmer.

Fritz Stern, Fünf Deutschland und ein Leben. Erinnerungen, übers. von Friedrich Giese, C. H. Beck, München 2007, S. 152

1 Erörtern Sie anhand von M 12 und M 13 die Folgen der „Volksgemeinschafts"-Propaganda.

M 14 Das NS-Euthanasieprogramm

a) Aus einer Predigt des katholischen Bischofs von Münster, Clemens August Graf von Galen, in der er am 3. August 1941 die „Euthanasie"-Morde anprangerte:

Ich hatte bereits am 26. Juli bei der Provinzialverwaltung der Provinz Westfalen, der die Anstalten unterstehen, der die Kranken zur Pflege und Heilung anvertraut sind, schriftlich ernstesten Einspruch erhoben. Es hat nichts genützt. Der erste Transport der schuldlos zum Tode Verurteilten ist von Mariental abgegangen. Und aus der Heil- und Pflegeanstalt Warstein sind, wie ich höre, bereits 800 (achthundert) Kranke abtransportiert. So müssen wir damit rechnen, dass die armen, wehrlosen Kranken über kurz oder lang umgebracht werden. Warum? Nicht weil sie ein todeswürdiges Verbrechen begangen haben, nicht etwa, weil sie ihren Wärter oder Pfleger angegriffen haben, sodass diesem nichts anderes übrig blieb, als dass er zur Erhaltung des eigenen Lebens in gerechter Notwehr dem Angreifer entgegentrat. Das sind Fälle, in denen neben der Tötung des bewaffneten Landesfeindes im gerechten Krieg Gewaltanwendung bis zur Tötung erlaubt und nicht selten geboten ist.
Nein, hier handelt es sich um Menschen, unsere Mitmenschen, unsere Brüder und Schwestern – arme Menschen, kranke Menschen – „unproduktive Menschen" meinetwegen. Aber haben sie damit das Recht auf das Leben verwirkt? […] Wenn man den Grundsatz aufstellt und anwendet, dass man den „unproduktiven Menschen" töten darf, dann wehe uns allen, wenn wir alt und altersschwach werden! Wenn man die „unproduktiven Menschen" gewaltsam beseitigen darf, dann wehe unseren braven Soldaten, die als Schwerkriegsverletzte, als Krüppel, als Invaliden in die Heimat zurückkehren!

Zit. nach: Herbert Michaelis/Ernst Schraepler, Ursachen und Folgen, Bd. 19, Wendler, Berlin 1975, S. 518 f.

1 Untersuchen Sie die Predigt M 14 a unter der Frage, inwieweit sie eine Kritik an der „Volksgemeinschafts"-Ideologie darstellt.

b) Der Journalist Klaus Franke über das NS-Euthanasie-Programm, 2001:

Warum regte sich im ärztlichen Kollegenkreis kein Widerstand gegen das „Euthanasie“-Programm? Kein einziger deutscher Psychiater protestierte; kaum einer zögerte, die ihm anvertrauten Patienten [...] zu selektieren und an die Tötungsanstalten auszuliefern. [...] Wo immer derzeit zwischen Rhein und Oder über Euthanasie und Sterbehilfe debattiert wird, tauchen unweigerlich die Schatten des Dr. Brandt und seiner [...] Gehilfen auf. [...] 23 Angeklagte, darunter 20 Mediziner, standen 1946 im Nürnberger Ärzteprozess vor Gericht. Sieben von ihnen, darunter [...] Karl Brandt, wurden gehängt, neun erhielten langjährige Freiheitsstrafen, sieben wurden freigesprochen. [...] Nur ein Industriestaat mit seiner komplexen Infrastruktur konnte [...] den reibungslosen Lauf der Mordmaschinerie gewährleisten, eine Erkenntnis, die kaum hilft, die Furcht vor einer Wiederholung des Horrors zu dämpfen – zumal die moderne Gentechnik, wie ihre Kritiker warnen, eine Rückkehr eugenischer Zuchtfantasien fördere.

Klaus Franke, Reine Rasse. In: Spiegel special, Nr. 1, 2001, S. 133ff.

1 Erläutern Sie am Beispiel von M 14 a und M 15 die Funktion der Kampagne gegen „lebensunwertes Leben“.
2 Diskutieren Sie anhand von M 16 b Bezüge zwischen Eugenik/Euthanasie in der NS-Zeit und gegenwärtigen Diskussionen, z. B. über Gentechnik oder Sterbehilfe.

M 15 Nationalsozialistisches Propagandaplakat, um 1937

M 16 Runderlass des Reichsführers-SS und Chefs der deutschen Polizei vom 8. Dezember 1938, die „Regelung der Zigeunerfrage“ betreffend

1. (1) Die bisher bei der Bekämpfung der Zigeunerplage gesammelten Erfahrungen und die durch die rassenideologischen Forschungen gewonnenen Erfahrungen lassen es als angezeigt erscheinen, die Regelung der Zigeunerfrage aus dem Wesen dieser Rasse heraus in Angriff zu nehmen. [...]
(3) Ich ordne deshalb an, dass alle sesshaften und nicht sesshaften Zigeuner sowie alle nach Zigeunerart umherziehenden Personen beim Reichskriminalpolizeiamt – Reichszentrale zur Bekämpfung des Zigeunerunwesens – zu erfassen sind. [...]
2. (1) Vor Erstattung der Meldung sind alle Zigeuner, Zigeunermischlinge und nach Zigeunerart umherziehenden Personen, die das 6. Lebensjahr vollendet haben, erkennungsdienstlich zu behandeln.
(2) Ferner ist vor der Meldung das Personenfeststellungsverfahren durchzuführen. Zu diesem Zwecke kann [...] über vorbeugende Verbrechensbekämpfung durch die Polizei die polizeiliche Vorbeugehaft verhängt werden. [...]
3. (1) Die endgültige Feststellung, ob es sich um einen Zigeuner, Zigeunermischling oder eine sonstige nach Zigeunerart umherziehende Person handelt, trifft das Reichskriminalpolizeiamt aufgrund eines Sachverständigengutachtens.
(2) Ich ordne deshalb [...] an, dass alle Zigeuner, Zigeunermischlinge und nach Zigeunerart umherziehende Personen verpflichtet sind, sich der zur Erstattung des Sachverständigengutachtens erforderlichen rassenbiologischen Untersuchung zu unterziehen und die notwendigen Angaben über ihre Abstammung beizubringen. Die Durchführung dieser Anordnung ist mit Mitteln polizeilichen Zwanges sicherzustellen. [...]
4. (3) In den Ausweispapieren ist ausdrücklich zu vermerken, dass es bei dem Antragsteller um einen Zigeuner, Zigeunermischlinge oder eine nach Zigeunerart umherziehende Person handelt. [...]
9. (1) Bei allen Zigeunern und nach Zigeunerart umherziehenden Personen ist zu prüfen, ob die Voraussetzungen der Bestimmung [...] über vorbeugende Verbrechensbekämpfung durch die Polizei gegeben ist. (Gefährdung der Allgemeinheit durch asoziales Verhalten.) Dabei ist ein besonders strenger Maßstab anzulegen.

Zit. nach: Reinhard Rürup (Hg.), Topographie des Terrors. Gestapo, SS und Reichssicherheitshauptamt auf dem „Prinz-Albrecht-Gelände“, Arenhövel, Berlin [10]1995, S. 123f.

1 Benennen Sie die Methoden, Ziele und Auswirkungen des Erlasses. Vergleichen Sie diese mit rechtsstaatlichen Maßstäben.
2 Analysieren Sie die Sprache des Runderlasses und erläutern Sie ihre Wirkung.

3.5 Entrechtung und Verfolgung der deutschen Juden 1933–1939

Phasen der Entrechtung, Verfolgung und Vernichtung der deutschen und europäischen Juden
1933–1935 Boykottaktionen und erste antisemitische Gesetze
1935–1938 „Nürnberger Gesetze" und systematische Ausgrenzung
1938–1941 Enteignung und Reichspogrom
1942–1945 Deportation, Ghettoisierung und Völkermord (Holocaust)

M1 Antijüdisches Hinweisschild am Ortseingang von Wendhausen bei Braunschweig, um 1935

„Antisemitismus der Tat"

Mit der Machtübernahme Hitlers am 30. Januar 1933 wurde der Rassenantisemitismus erstmals Gegenstand staatlicher Politik. Deswegen bezeichnet der Historiker Michael Wildt den nationalsozialistischen Judenhass auch als **„Antisemitismus der Tat"**, weil darin der Unterschied zum Antisemitismus der Kaiserzeit lag. Um ihr Ziel, die Schaffung eines „judenfreien" großdeutschen Reiches, zu erreichen, räumten die Nationalsozialisten der antisemitischen Politik in ihrer „Volksgemeinschaft" eine zentrale Rolle ein. Die Geschichtswissenschaft ist sich dabei weitgehend einig, dass es keinen geradlinigen Weg von den ersten antijüdischen Aktionen bis zum Holocaust gab. Vielmehr gab es verschiedene **Phasen der Judenverfolgung***, die sich vor allem nach den jeweiligen innen- und außenpolitischen Spielräumen bestimmten. Dabei war die Handlungsfreiheit 1933 noch viel enger als nach Kriegsbeginn 1939, als jede Rücksicht auf das Ausland entfiel.
Bei ihren antijüdischen Maßnahmen konnten sich die Nationalsozialisten auf die aktive Mitarbeit von Funktionären auf den unteren und mittleren Führungsebenen von Staat und Partei, aber auch auf eine breite Zustimmung in der deutschen Bevölkerung stützen. Offensichtlich ging Hitlers Strategie auf, die er 1933 so definierte: „Unsere Sorge muss es sein, das Instinktmäßige gegen das Judentum in unserem Volke zu wecken und aufzupeitschen und aufzuwiegeln, so lange bis es zum Entschluss kommt, der Bewegung sich anzuschließen, die bereit ist, die Konsequenzen daraus zu ziehen."

Boykott und erste antisemitische Gesetze

Die Umsetzung der rassenantisemitischen Ideologie des Nationalsozialismus begann mit der vom Propagandaministerium organisierten reichsweiten **Boykottaktion vom 1. April 1933** gegen jüdische Bürger. Angehörige von SA, SS und Hitlerjugend warfen Schaufenster jüdischer Geschäfte ein, beschmierten sie mit antisemitischen Parolen oder postierten sich mit vorgedruckten Plakaten an den Eingängen, um Kunden am Betreten der Läden zu hindern (M 2). Bereits in den ersten Wochen nach der Machtübernahme hatten Nationalsozialisten jüdische Warenhäuser boykottiert und jüdische Richter und Staatsanwälte aus den Gerichten vertrieben. Außer diesen gewalttätigen Boykottmaßnahmen wurden auch öffentliche Kampagnen zur Diffamierung von Liebesbeziehungen zwischen Juden und „Nicht-Juden" als „Rassenschande" organisiert (M 3).
Neben die staatlich sanktionierte Terrorisierung der jüdischen Bevölkerung trat deren gesetzliche Entrechtung: Am 7. April 1933 erließ die NS-Regierung das **„Gesetz zur Wiederherstellung des Berufsbeamtentums"**, das die Entlassung von Beamten „nicht-arischer Abstammung" – mit einigen Ausnahmen, u. a. für ehemalige Frontsoldaten aus dem Ersten Weltkrieg – vorsah. Dieses und weitere Gesetze ermöglichten mithilfe des „Arier-Paragrafen" in der Folgezeit eine Verdrängung jüdischer Bürger aus dem Berufs- und Wirtschaftsleben. Der NS-Staat schloss jüdische Ärzte von der Zulassung zu den Krankenkassen aus und verbot jüdischen Rechtsanwälten, Richtern und Staatsanwälten die Berufsausübung. Das bedeutete nicht nur eine wirtschaftliche Diskriminierung, sondern auch eine gezielte Ausbeutung der Juden, da viele „Arier" die Notlage ihrer jüdischen Kollegen oder Konkurrenten ausnutzten und deren Unternehmen zu einem Bruchteil des realen Vermögenswertes erwarben. Überdies schränkten die Nationalsozialisten die Ausbildungs- und Studienmöglichkeiten für Juden stark ein. Ihr Anteil durfte an den einzelnen Schulen und Universitäten nicht mehr als 5 % und im gesamten Reichsgebiet nicht mehr als 1,5 % betragen.

Internettipp
www.ghwk.de/2006-neu/raum2.htm
Die Internetpräsentation der Gedenk- und Bildungsstätte „Haus der Wannseekonferenz" informiert über die Geschichte von Judenfeindschaft und Antisemitismus sowie die verschiedenen Phasen der Verfolgung und Entrechtung der Juden im nationalsozialistischen Deutschland.

www.shoa.de/content/section/2/46/
Shoa.de informiert im Rahmen des Kapitels „Holocaust" über Antisemitismus und Judenverfolgung in Deutschland; mit Beiträgen und Quellen u. a. zu den Themen „Antijüdische Repressionen nach 1933", „Ausschreitungen/Judenpolitik seit 1935".

M2 **Boykottaufruf durch SA-Männer vor dem Berliner Warenhaus N. Israel, das gegenüber dem Roten Rathaus stand, Fotografie vom 1. April 1933**

M3 **Öffentliche Diskriminierung eines Paares in Cuxhaven, Fotografie, Juli 1933**

1 Ordnen Sie M 2 und M 3 in den historischen Kontext ein und interpretieren Sie die Abbildungen unter dem Thema „Alltagsleben von Deutschen im Sommer 1933".

Emigration

In den Aussagen jüdischer Zeitzeugen und in wissenschaftlichen Untersuchungen (M 9 a) spiegeln sich unterschiedliche Reaktionen der deutschen Bevölkerung auf die antijüdischen Boykotte wider. Berichten über eine begeisterte und schadenfrohe Teilnahme stehen vereinzelte offene oder verschämte Sympathiebekundungen für jüdische Geschäftsinhaber gegenüber. Möglicherweise bestärkte dies viele deutsche Juden in ihrer Fehleinschätzung, die Boykottaktionen seien nur ein vorübergehender „Alltagsantisemitismus", an dem sich die Mehrheit der Deutschen auf Dauer nicht beteiligen würde, und die NS-Regierung werde sich nicht lange halten können. Dennoch verließen bereits 1933, vor allem unter dem Eindruck der ersten antisemitischen Gesetze, etwa 37 000 deutsche Juden ihre Heimat. Die Zahl der Emigranten wurde von den finanziellen Möglichkeiten jedes Einzelnen, von den Aufnahmebedingungen des Auslandes, vor allem aber von den unterschiedlichen Phasen der Judenverfolgung bestimmt: Nach 1933 ging die Zahl der Emigranten auf über 20 000 jährlich zurück, stieg nach den „Nürnberger Gesetzen" wieder an und erreichte 1938/39 ihren Höhepunkt, bis die Auswanderung vom NS-Regime 1941 untersagt wurde. Insgesamt emigrierten rund 300 000 deutsche Juden, die meisten in die USA und nach Palästina (M 5).

Emigration
Bezeichnung für meist erzwungene Auswanderung aus wirtschaftlichen, politischen oder religiösen Gründen

Chronik weiterer antijüdischer Maßnahmen bis 1939 (Auswahl)

22. September 1933 Reichskulturkammergesetz: Berufsverbot jüdischer Künstler und Schriftsteller
28. Februar 1934 Entlassung aller „Nicht-Arier" aus der Wehrmacht
14. November 1935 Verordnung zum „Reichsbürgergesetz": Aberkennung des Wahlrechts und der öffentlichen Ämter für Juden; Entlassung aller jüdischen Beamten – ohne Ausnahme
15. April 1936 Berufsverbot für jüdische Journalisten
25. Juli 1938 Generelles Berufsverbot für jüdische Ärzte
17. August 1938 Einführung der Zwangsvornamen „Israel" und „Sara" für jüdische Bürger
5. Oktober 1938 Reisepässe von Juden werden mit einem großen „J" gestempelt.
15. November 1938 Jüdische Kinder und Jugendliche dürfen keine öffentliche Schule mehr besuchen.
30. April 1939 Juden müssen „arische Wohnhäuser" räumen und in „Judenhäuser" umziehen.
1. September 1939 Ausgehverbot für Juden ab 21 Uhr (im Winter ab 20 Uhr)

„Nürnberger Gesetze"

Mit den „Nürnberger Gesetzen" vom September 1935 wurden Juden systematisch aus der deutschen „Volksgemeinschaft" ausgegrenzt. Das **„Reichsbürgergesetz"** (M 6 a) nahm ihnen alle politischen Rechte und degradierte sie zu Bürgern zweiter Klasse. Aufgrund des zu erbringenden **„Abstammungsnachweises"** wurden jüdische Bürger in „Voll"- bzw. „Halbjuden" sowie „Mischlingen" kategorisiert. Das „Gesetz zum Schutz des deutschen Blutes und der deutschen Ehre" **(„Blutschutzgesetz")** verbot Ehen und intime Beziehungen zwischen Juden und „Ariern" (M 6 b).
Da private Beziehungen zwischen Juden und „Ariern" polizeilich nur schwer zu kontrollieren waren, konnte dieses Verbot nur mithilfe von Denunziation durchgesetzt werden. Der Anstieg von Denunziationen nach dem Herbst 1935 zeigt, dass das Gesetz auch als Aufforderung zur „volksgemeinschaftlichen Schnüffelei"

M4 Innenansicht der ausgebrannten Synagoge in der Berliner Fasanenstraße, Fotografie, November 1938

„Arisierung"
NS-Begriff, der den Prozess der Verdrängung der deutschen Juden aus dem Wirtschafts- und Berufsleben bezeichnete. Er umfasste die Enteignung jüdischen Besitzes und Vermögens zugunsten von Nichtjuden, sogenannten „Ariern", den direkten Zugriff auf jüdisches Vermögen und die Einschränkung jüdischer Erwerbstätigkeit.

Pogrom
Der Begriff bezeichnet ursprünglich Judenverfolgungen im zaristischen Russland, die mit Plünderungen und Mord einhergingen; im 20. Jh. dient „Pogrom" allgemein als Bezeichnung für gewaltsame Ausschreitungen gegen Minderheiten, insbesondere Juden.

verstanden wurde (Michael Wildt). In den folgenden Jahren setzte das NS-Regime mit immer neuen Sondergesetzen und -verordnungen die Ausgrenzung und Entrechtung der Juden aus der deutschen Gesellschaft fort. Nur die **Olympischen Spiele 1936** in Berlin verlangsamten kurzzeitig die antijüdische Gesetzesmaschinerie, weil das NS-Regime sein Prestige während der größten internationalen Sportveranstaltung nicht beschädigen wollte (s. M 8, S. 447).

Raub und Pogrom

Im Zuge ihrer Ausgrenzung und Entrechtung wurde die jüdische Bevölkerung im Rahmen der **„Arisierung"*** planmäßig beraubt. Im März 1938 entzog die NS-Regierung den jüdischen Gemeinden in Deutschland den Status von Körperschaften öffentlichen Rechts und im April erließ sie eine Anmeldepflicht jüdischen Vermögens, das so für die anschließende Enteignung erfasst wurde. Von den im Januar 1933 existierenden jüdischen Unternehmen gehörten 1938 bereits zwei Drittel nicht mehr ihren ursprünglichen Eigentümern. Von diesem Raub profitierten Bevölkerung und Staat gleichermaßen. Die neuen Besitzer erwarben die Unternehmen meist weit unter ihrem tatsächlichen Wert (M 9 b), und der Staat erzielte Einnahmen einerseits durch besondere Abgaben, die die „Volksgenossen" beim Erwerb jüdischen Eigentums entrichten mussten, und andererseits durch die „Reichsfluchtsteuer" sowie zahlreiche weitere Zwangsabgaben, die emigrierende Juden auferlegt wurden. Mit diesen Geldern finanzierte der NS-Staat vor allem seine Aufrüstung (S. 437 ff.).
Eine neue Dimension erreichte die nationalsozialistische Judenverfolgung durch die nun gezielt auf Vertreibung gerichteten **Pogrome*** sowie durch die **systematische Zerstörung der jüdischen Kultur** in Deutschland. Bereits seit Sommer 1938 waren in vielen deutschen Städten Brandanschläge auf Synagogen verübt worden. Als Vorwand für einen reichsweiten Pogrom diente der NS-Führung das Attentat des 17-jährigen jüdischen Deutschen Herschel Grynszpan auf den deutschen Botschaftsangehörigen Ernst vom Rath am 7. November 1938 in Paris. Grynszpans in Deutschland lebenden Eltern waren zuvor nach Polen abgeschoben worden. Aufgehetzt durch den Reichspropagandaminister Goebbels, der sein Vorgehen mit Hitler abgesprochen hatte, zerstörten in der Nacht vom 9./10. November nationalsozialistische Trupps 267 Synagogen durch Brandstiftung, 7500 Geschäfte, zahlreiche Wohnungen und jüdische Friedhöfe (M 7). Sie richteten einen Sachschaden von mindestens 25 Mio. Reichsmark an. 91 Menschen starben nach offiziellen Angaben. Mehr als 20 000 vermögende Juden wurden verhaftet und in die KZs Buchenwald, Sachsenhausen und Dachau eingeliefert, wo Hunderte von ihnen in den folgenden Monaten starben. Das Propagandaministerium bezeichnete die Pogrome einen Tag später als „Ausdruck gerechten Volkszorns". Die jüdische Bevölkerung musste als „Sühneleistung" eine Milliarde Reichsmark zahlen und die Kosten der entstandenen Schäden tragen.

1 Erstellen Sie eine Zeittafel zur nationalsozialistischen Judenverfolgung zwischen 1933 und 1938.

M5 Auswanderung oder Flucht?

Die Historikerin Juliane Wetzel schreibt 1996:

Die antisemitische Politik des NS-Staates wandte sich zuallererst gegen die jüdische Intelligenz. Bücherverbrennung, Schreib- und Lehrverbot führten schon bald nach der Ernennung Hitlers zum Reichskanzler zu einem Exodus aus Deutschland, dem sich […] bedeutende Wissenschaftler […] anschlossen. […] „Es war nie Auswanderung, immer nur Flucht." So beurteilte die jüdische Schriftstellerin Adrienne Thomas […] die Reaktion der deutschen Juden auf die NS-Verfolgung. Die jüdischen Emigranten aus Deutschland können nicht mit den freiwilligen Auswanderern früherer Zeiten verglichen werden […]. Die Regierung eines Landes, das sie als Heimat betrachtet und geliebt haben, schob sie mit Schimpf und Schande ab […]. Die besondere Tragik für die deutschen Juden lag darin, dass die nationalsozialistische

Machtübernahme gerade in eine Zeit fiel, in der die Auswanderungsmöglichkeiten wegen der Weltwirtschaftskrise so gering waren wie niemals zuvor.

Juliane Wetzel, Auswanderung aus Deutschland, in: Wolfgang Benz (Hg.), Die Juden in Deutschland 1933–1945, C.H. Beck, München [4]1996, S. 413 ff.

1 Untersuchen Sie, worin deutsche Juden die besondere Tragik ihrer Situation sahen.

M6 Die Rassengesetze des „Reichsparteitages der Freiheit" in Nürnberg, 1935 („Nürnberger Gesetze")

a) Aus dem „Reichsbürgergesetz" vom 15. September 1935:

§ 1 (1) Staatsangehöriger ist, wer dem Schutzverband des Deutschen Reiches angehört und ihm dafür besonders verpflichtet ist. (2) Die Staatsangehörigkeit wird nach den Vorschriften des Reichs- und Staatsangehörigkeitsgesetzes erworben.

§ 2 (1) Reichsbürger ist nur der Staatsangehörige deutschen oder artverwandten Blutes, der durch sein Verhalten beweist, dass er gewillt und geeignet ist, in Treue dem deutschen Volk und Reich zu dienen. (2) Das Reichsbürgerrecht wird durch Verleihung des Reichsbürgerbriefes erworben. (3) Der Reichsbürger ist der alleinige Träger der vollen politischen Rechte nach Maßgabe der Gesetze.

§ 3 Der Reichsminister des Innern erlässt im Einvernehmen mit dem Stellvertreter des Führers die zur Durchführung und Ergänzung des Gesetzes erforderlichen Rechts- und Verwaltungsvorschriften.

Reichsgesetzblatt, Jg. 1935, Teil 1, Nr. 100, S. 1146 f.

b) Aus dem „Gesetz zum Schutze des deutschen Blutes und der deutschen Ehre" vom 15. September 1935:

Durchdrungen von der Erkenntnis, dass die Reinheit des deutschen Blutes die Voraussetzung für den Fortbestand des deutschen Volkes ist, und beseelt von dem unbeugsamen Willen, die deutsche Nation für alle Zukunft zu sichern, hat der Reichstag einstimmig das folgende Gesetz beschlossen […]:

§ 1 (1) Eheschließungen zwischen Juden und Staatsangehörigen deutschen oder artverwandten Blutes sind verboten. Trotzdem geschlossene Ehen sind nichtig, auch wenn sie zur Umgehung dieses Gesetzes im Ausland geschlossen sind.

§ 2 Außerehelicher Verkehr zwischen Juden und Staatsangehörigen deutschen oder artverwandten Blutes ist verboten.

§ 3 Juden dürfen weibliche Staatsangehörige deutschen oder artverwandten Blutes unter 45 Jahren in ihrem Haushalt nicht beschäftigen.

§ 4 (1) Juden ist das Hissen der Reichs- und Nationalflagge und das Zeigen der Reichsfarben verboten. […]

§ 5 (1) Wer dem Verbot des § 1 zuwiderhandelt, wird mit Zuchthaus bestraft. (2) Der Mann, der dem Verbot des § 2 zuwiderhandelt, wird mit Gefängnis oder mit Zuchthaus bestraft. (3) Wer den Bestimmungen der §§ 3 oder 4 zuwiderhandelt, wird mit Gefängnis bis zu einem Jahr und mit Geldstrafe oder mit einer dieser Strafen bestraft.

Reichsgesetzblatt, Jg. 1935, Teil 1, Nr. 100, S. 1146 f.

1 Erläutern Sie die Auswirkungen des „Reichsbürgergesetzes" für Juden.
2 Untersuchen Sie die Folgen für das Zusammenleben der jüdischen und nicht jüdischen Bevölkerung.

M7 Aus dem geheimen Schreiben der Gestapo an alle Staatspolizeistellen vom 9. November 1938

1. Es werden in kürzester Frist in ganz Deutschland Aktionen gegen Juden, insbesondere gegen deren Synagogen, stattfinden. Sie sind nicht zu stören. Jedoch ist im Benehmen mit der Ordnungspolizei sicherzustellen, dass Plünderungen und sonstige besondere Ausschreitungen unterbunden werden können.
2. Sofern sich in Synagogen wichtiges Archivmaterial befindet, ist dieses durch sofortige Maßnahmen sicherzustellen.
3. Es ist vorzubereiten die Festnahme von etwa 20 000 bis 30 000 Juden im Reiche. Es sind auszuwählen vor allem vermögende Juden. Nähere Anordnungen ergehen noch im Laufe dieser Nacht.
4. Sollten bei den kommenden Aktionen Juden im Besitz von Waffen angetroffen werden, so sind die schärfsten Maßnahmen durchzuführen. Zu den Gesamtaktionen können herangezogen werden Verfügungstruppen der SS sowie Allgemeine SS. Durch entsprechende Maßnahmen ist die Führung der Aktionen durch die Stapo auf jeden Fall sicherzustellen.

Gerhard Schoenberner, Der gelbe Stern. Judenverfolgung in Europa 1933–1945, Bertelsmann, München 1978, S. 12

1 Analysieren Sie Motive und Ziele des Pogroms.
2 Bewerten Sie das Vorgehen der Nationalsozialisten bei der Vorbereitung der Novemberpogrome.

M8 Lexikonartikel zur „Arisierung", 1997

Nat.soz. Begriff für den Prozess der Entfernung der dt. Juden aus dem Wirtschafts- und Berufsleben. Die A. umfasste sowohl die Enteignung jüdischen Besitzes und Vermögens zugunsten von Nichtjuden („Ariern") als auch die Einschränkung jüdischer Erwerbstätigkeit und den direkten Zugriff auf jüdische Vermögen. Sie vollzog sich in drei Phasen und betraf Handwerk, Industrie und Handel in unterschiedlichem Maß. Zwischen 1933 und 1937 erfolgte die A. als illegale Einziehung jüdischen Eigentums. Betroffen von der schleichenden Verdrängung ohne rechtliche Grundlage waren v.a. der Einzelhandel und kleinere bis mittelgroße Betriebe, besonders in Kleinstädten und auf dem Lande, deren

Besitzer unter dem Druck der Verhältnisse […] in den Ruin getrieben oder sich zu „freiwilligen" Verkäufen unter Wert genötigt sahen. Diese Parteiaktivitäten wurden von der Regierung nicht verhindert, standen aber dem Staatsziel entgegen, die marode Wirtschaft zur Kriegsvorbereitung zu konsolidieren (weshalb jüdische Banken und Industrieunternehmen bis 1938 meist unbehelligt blieben). Aus dem öffentlichen Dienst und den wichtigsten freien Berufen wurden Juden bereits seit Frühjahr 1933 verdrängt. Ab der Jahreswende 1937/38 wurde die A. […] von staatlicher Seite systematisiert. Als Beauftragter für den Vierjahresplan bestimmte Hermann Göring, dass die im Rahmen des „Entjudungsprogramms" auf den Sperrkonten einzufrierenden Gelder dem Staat, d.h. Rüstungsbudget, zuflossen. Ab April 1938 mussten jüdische Vermögen über 5000 RM angemeldet werden; sie unterlagen Verfügungsbeschränkungen (das 1933 auf 12 Mrd. RM geschätzte jüdische Vermögen war 1938 halbiert). Die Scheinübertragung jüdischer Betriebe, deren Registrierung ab Juni 1938 vorgeschrieben war, an nichtjüdische Teilhaber wurde unter Strafe gestellt. Von den 1933 bestehenden ca. 100 000 jüdischen Unternehmen im Dt. Reich (Warenhäuser, Praxen, Werkstätten, Einzelhandelsgeschäfte etc.) waren im April 1938 nur 40 % noch nicht „arisiert". Besonders betroffen war der Einzelhandel (von 50 000 Läden waren noch 9000 in jüdischem Besitz). Die A. sollte auch zur Auswanderung veranlassen, was die restriktiven Maßnahmen für den Geld- und Devisenverkehr jedoch meist finanziell unmöglich machten. 1938 wurden auch neue Berufsverbote und -zulassungssperren verhängt und bestehende Anordnungen verschärft (im Frühjahr 1938 waren bereits ca. 60 000 jüdische Arbeitslose registriert, gegenüber ca. 30 000 Ende 1937). Der Novemberpogrom 1938 bot einen Anlass zur Radikalisierung der A. mit dem Ziel einer entschädigungslosen staatlichen Zwangsenteignung jüdischer Unternehmen – bis zur völligen „Entjudung" des Reiches. Im Dezember 1938 wurde die „Zwangsarisierung" bzw. Stilllegung der restlichen jüdischen Betriebe in Deutschland zum 1. 1. 1939 beschlossen; die Ausübung praktisch aller Berufe wurde den Juden verboten. Juden verloren bei der Entlassung jeden Anspruch auf Rente, Pension und Versicherungen. Wertpapiere und Wertgegenstände waren zu festgesetzten Niedrigpreisen bei staatlichen Stellen abzuliefern. Auch jüdische Patente und jüdisches Grundeigentum wurden zur A. freigegeben. Den Abschluss der A. bildeten die 11. und die 13. Verordnung zum Reichsbürgergesetz (November 1941 bzw. Juli 1943), nach denen das gesamte Vermögen der nach Osten deportierten bzw. der zu Tode gekommenen Juden dem Reich verfiel.

Wolfgang Benz u. a. (Hg.), Enzyklopädie des Nationalsozialismus, dtv, München 1997, S. 374 f.

1 Skizzieren Sie den Phasenverlauf der „Arisierung" und nennen Sie Gründe für deren Radikalisierung.

M9 Reaktionen auf die antijüdischen Maßnahmen

a) Die Historikerin Marion Kaplan über die Reaktionen auf den Novemberpogrom 1938, 2001:

Der Novemberpogrom bietet Beispiele für das widersprüchliche Verhalten der Deutschen gegenüber den Juden – eine Mischung aus zügelloser Brutalität, gezielter Unwissenheit und gelegentlicher Freundlichkeit. Viele Leute schlossen sich den Nazis an, um jüdische Wohnungen, Betriebe und Synagogen anzugreifen und zu verbrennen. Andere zogen es vor, ihre jüdischen Nachbarn auszunutzen. In Bayern etwa bot ein „arischer" Nachbar einer jüdischen Frau und ihrer Mutter nach der Verhaftung ihrer Ehemänner ein „Geschäft" an. Die jüdischen Frauen sollten ihm die Besitzurkunde ihres Hauses überschreiben und Deutschland verlassen. […] Ingeborg Hechts Nachbarin versuchte es mit Entschuldigungen: „Der Führer weiß das nicht", sagte sie und gab Ingeborg ein großes Lebensmittelpaket für deren Vater, als dieser aus [dem KZ] Sachsenhausen zurückkehrte. Mally Dienemann […] war tief berührt, als ihre nichtjüdische Vermieterin ihr dabei half, die Wohnung zu reinigen: „[…] Diese einfachen Leute […] brachten mir, als ich allein war, Blumen."

Marion Kaplan, Der Mut zum Überleben, Aufbau, Berlin 2001. übers. von Christian Wiese

b) Der Historiker Christoph Nonn über Verhaltensweisen der Käufer bei den „Arisierungen", 2008:

[Der Historiker] Bajohr hat idealtypisch drei verschiedene Verhaltensweisen der Käufer jüdischer Geschäfte identifiziert. Eine Gruppe nutzte die Notlage der Verkäufer aus. Eine andere Gruppe bereicherte sich nicht nur besonders rücksichtslos auf Kosten der Juden, sondern trieb auch durch eigene Initiativen die „Arisierung" aktiv voran. Eine dritte Gruppe schließlich, die zu großen Teilen aus Mitgliedern der Handelskammer-Elite und älteren Unternehmern bestand, setzte der „Arisierung" zunächst im politischen Bereich hinhaltenden Widerstand entgegen. Als es dann doch zum Ausverkauf der jüdischen Geschäfte kam, griffen auch ihre Angehörigen zu, erstatteten den verkaufenden Juden aber häufig die Differenz zwischen verordneten Schleuderpreisen und tatsächlichem Wert der Betriebe unter der Hand oder ließen ihnen heimlich Wertsachen oder Pensionen zukommen. Denken in traditionellen Moralbegriffen einer unternehmerischen Ehre spielten für das Handeln dieser letzten Gruppe ebenso eine Rolle wie persönliche Verbundenheit alten jüdischen Geschäftsfreunden gegenüber […].

Christoph Nonn, Antisemitismus, Wissenschaftliche Buchgesellschaft, Darmstadt 2008, S. 90

1 Erarbeiten Sie aus M 9 a, b Gemeinsamkeiten und Unterschiede in den Reaktionen der deutschen Bevölkerung auf die NS-Judenverfolgung.

4 Die nationalsozialistische Kriegs- und Vernichtungspolitik

4.1 NS-Wirtschaftspolitik: Arbeitsbeschaffung und Kriegsvorbereitung

Überwindung der Wirtschaftskrise

„Binnen vier Jahren muss der deutsche Bauer der Verelendung entrissen sein. Binnen vier Jahren muss die Arbeitslosigkeit überwunden sein", hatte Hitler in seiner Regierungserklärung vom 1. Februar 1933 angekündigt. Innerhalb weniger Jahre gelang es tatsächlich, die Arbeitslosigkeit zu beseitigen (M 6). Ab 1936 stellte sich sogar ein Arbeitskräftemangel ein. Ob dieses „Wirtschaftswunder" überwiegend auf die nationalsozialistische Wirtschaftspolitik zurückzuführen oder eher einer seit 1932 einsetzenden Erholung der Weltwirtschaft zu verdanken war, ist unter Historikern ebenso umstritten wie die Frage, ob die wirtschaftliche Erholung in den Jahren 1933 bis 1935 Voraussetzung oder Folge einer **verstärkten Aufrüstung** war. Einigkeit herrscht dagegen in der Beurteilung der langfristigen Zielsetzung der nationalsozialistischen Wirtschaftspolitik: Sie sollte das Deutsche Reich kriegsfähig machen.
Die Verringerung der Arbeitslosigkeit erreichten die Nationalsozialisten – neben der allgemeinen Verbesserung der wirtschaftlichen Rahmenbedingungen Mitte der 1930er-Jahre – vor allem durch zahlreiche **Arbeitsbeschaffungsprogramme**. In Ermangelung eines eigenen klaren Wirtschaftskonzeptes griff die NS-Regierung hierbei besonders auf Investitionsprogramme sowie auf Überlegungen zur Steuerentlastung der Industrie in der Weimarer Republik zurück. Gleichzeitig wurden riesige staatliche Rüstungsaufträge, aufwändige Bauvorhaben wie das Reichsparteitagsgelände in Nürnberg oder der Autobahnbau* (M 1) initiiert. Der Verringerung der Arbeitslosigkeit diente auch der Versuch, ganze Bevölkerungsgruppen dem Arbeitsmarkt zu entziehen: So trug die **Einführung der zweijährigen Wehrpflicht** und des zunächst freiwilligen, ab 1935 verpflichtenden halbjährlichen **„Reichsarbeitsdienstes"** (RAD) für die männliche Bevölkerung zwischen 18 und 21 Jahren zur Entlastung der Arbeitslosenstatistik bei. Steuererleichterungen und -befreiungen wie die der Autobesitzer von den Kfz-Steuern sollten den Konsum fördern und damit die Konjunktur anregen. Auch die 1934 erfolgte Absenkung der Umsatzsteuer im Großhandel oder das Einkommensteuergesetz von 1934, das die Abschreibung kurzlebiger Wirtschaftsgüter begünstigte, dienten diesem Ziel. „Erzeugerschlachten" sollten die Erträge der rückständigen Agrarwirtschaft verbessern und ermöglichten gleichzeitig einen verstärkten Einsatz von Arbeitslosen. Mit dem „Reichserbhofgesetz" vom 29. September 1933 wurde ein großer Teil des landwirtschaftlichen Besitzes entschuldet und der verbreiteten Erbteilung entzogen.

Der Vierjahresplan

Spätestens ab 1936 erhielten mit dem Vierjahresplan die **rüstungspolitischen Zielsetzungen** absolute Priorität (M 7). Nun zeigte sich deutlich, dass das nationalsozialistische Weltbild dem Grundgedanken des amerikanischen Fordismus, das Konsumniveau der Masse könne durch Produktivitätssteigerungen dauerhaft verbessert werden, nicht folgte. Für Hitler war, gemäß seiner rassistischen und sozialdarwinistischen Vorstellungen, der Wohlstand des eigenen Volkes nur durch Versklavung und Ausrottung anderer Völker zu erreichen. Dies bedeutete, dass die Wirtschaft an den Zielsetzungen eines Lebensraum-Krieges ausgerichtet werden musste. Waren schon direkt nach 1933 die Rüstungsausgaben deutlich angewachsen (M 8), wurde die Wirtschaft nun explizit auf Kriegsproduktion umgestellt. Sie sollte vor allem **autark**, d. h. unabhängig von Rohstoff- und Nahrungsmittelimporten aus dem Welt-

M 1 Plakat der Reichsbahnzentrale für den deutschen Reiseverkehr (Entwurf: Robert Zinner), Berlin, um 1936

Am 27. Juni 1933 wurde durch ein Gesetz das Unternehmen „Reichsautobahnen" eingerichtet. Die Planungen zum Autobahnbau hatten bereits in der Weimarer Republik begonnen; die erste öffentlich genutzte Autobahn wurde 1932 zwischen Köln und Bonn eingeweiht (die bereits 1921 gebaute AVUS in Berlin war zunächst privat und daher kostenpflichtig). Bewusst verzichteten die Nationalsozialisten auf den Einsatz von modernen Maschinen, um möglichst viele Arbeitslose zu beschäftigen. Diese ökonomisch ineffiziente Vorgehensweise ließ sich propagandistisch als massenhafte staatliche Arbeitsbeschaffung ausschlachten und trug zum Mythos von der erfolgreichen nationalsozialistischen Wirtschaftspolitik bei. Auch der militärische Nutzen war gering, da die Mehrzahl der Wehrmachtstransporte mangels Treibstoff mit der Eisenbahn erfolgte. Der Autobahnbau wurde bis 1941/42 fortgesetzt, nun verstärkt durch den Einsatz von Kriegsgefangenen und Zwangsarbeitern.

M2 Vierjahresplan-Ausstellung in Berlin, 1937

markt werden, da sich im Ersten Weltkrieg durch die britische Seeblockade die Anfälligkeit der deutschen Handelswege im Kriegsfalle gezeigt hatte. Die Abkoppelung von der Weltwirtschaft führte in der Realität zu einer stärkeren handelspolitischen Verbindung mit südosteuropäischen Staaten und zur Förderung synthetisch hergestellter Rohstoffe. Die Folge waren deutlich erhöhte Preise, sodass Staatsverschuldung und Devisenlage sich erheblich verschlechterten.
Mit der Umstellung der Wirtschaft auf die Kriegsproduktion verbanden die Nationalsozialisten auch massive **Eingriffe in die privatwirtschaftliche Struktur**. Bereits 1933 war ein Lohnstopp festgelegt worden. Unternehmerische Entscheidungen wie Produktionsziele und Preisbildung wurden zunehmend staatlich reguliert. Hermann Göring stieg zu einem „Wirtschaftsdiktator" auf. Im April 1936 wurde er Leiter des Rohstoff- und Devisenstabes und erhielt im September als Beauftragter für den Vierjahresplan weitgehende wirtschaftliche Kompetenzen. Garantierte Abnahmemengen und Preise für die Wirtschaftssektoren, die den Import von Rohstoffen ersetzten, ermöglichten hohe Profitraten für die Unternehmen. Ab 1937 entfiel mehr als die Hälfte aller Staatsinvestitionen auf die vom Vierjahresplan geförderten Sektoren wie z. B. die Herstellung von Mineralöl auf Kohlebasis oder von Buna als Kautschukersatz. Ab 1937 erfolgte der Aufbau der „Reichswerke Hermann Göring", die als Staatsbetrieb den unrentablen Abbau inländischer Eisenerzvorkommen übernahmen. Die „Reichswerke AG" entwickelte sich zu einem der größten Konzerne im Dritten Reich.

Ergebnisse der Autarkiepolitik Die Autarkiepolitik war insgesamt wenig erfolgreich. Als 1939 der Krieg ausbrach, waren die Rohstoffreserven äußerst gering, sodass Hitler lediglich die Option auf kurzfristige Überraschungsangriffe („Blitzkriege") hatte. Wirtschaftlich führte die Autarkiepolitik geradewegs in eine Krise. Die **explodierende Staatsverschuldung** und die damit verbundene Erhöhung der Geldumlaufmenge bargen die Gefahr einer Inflationsentwicklung, zumal die Staatsausgaben nicht durch ein erhöhtes Steueraufkommen, sondern durch verdeckte Wechselgeschäfte* finanziert wurden. Reichswirtschaftsminister Hjalmar Schacht, der vor den Gefahren dieser Politik gewarnt hatte, wurde im November 1937 entlassen. Die Verlagerung des Produktionsschwerpunktes auf Kriegsgüter führte für die Bevölkerung zu **Einbußen im Konsumbereich** (M 5). Vor allem hochwertige und veredelte Lebensmittel wurden knapp und durch qualitativ minderwertige Ersatzangebote, z. B. weniger haltbare Stoffe bei Textilien und Margarine bei Nahrungsmitteln, ersetzt. Das durch die Beseitigung der Arbeitslosigkeit erhöhte Familieneinkommen zeigte sich vor allem in der Steigerung der Sparquote, nicht in gesteigertem Konsum. Der sprunghafte Anstieg der Staatsverschuldung im Rahmen der Kriegsvorbereitung führte den NS-Staat in eine Schuldenfalle (M 4). Als Ausweg griffen die Nationalsozialisten auf die privaten Vermögen zu. So dirigierte der NS-Staat die privaten Spareinlagen ohne Wissen und ohne Zustimmung der Sparer in die Rüstungsfinanzierung um. Den enormen Kapitalbedarf des Reiches deckten jedoch in erster Linie Verordnungen zur Konfiskation bzw. Enteignung jüdischen Vermögens (s. S. 434). Während des Krieges konnte der NS-Staat seine Industrieproduktion bis 1944 noch einmal verdreifachen – durch Rationalisierungen und vor allem durch den Einsatz ausländischer Fremdarbeiter, Kriegsgefangener und KZ-Häftlinge, die als Zwangsarbeiter gnadenlos ausgebeutet wurden.

„Mefo"-Wechsel
Die von Reichsbankpräsident Hjalmar Schacht initiierten Mefo-Wechsel waren ein wichtiges Mittel verdeckter Rüstungsfinanzierung und schufen eine „Nebenwährung": 1933 gründeten vier Großunternehmen, die stark an der Rüstungsproduktion beteiligt waren, die Metallurgische Forschungsgesellschaft (Mefo). Die Mefo akzeptierte die vom Reichsfinanzministerium ausgestellten Wechsel, mit denen die Rüstungsaufträge finanziert wurden. Die Reichsbank kaufte diese Wechsel auf, ohne sie bei der Mefo einzulösen. Auf diese Weise konnte die Aufrüstung bis 1938 zu einem großen Teil „unsichtbar" finanziert werden, allerdings mit einem erheblichen Inflationsrisiko und einer dramatischen Steigerung der Staatsschulden.

1 Stellen Sie die wesentlichen Maßnahmen der NS-Wirtschaftspolitik hinsichtlich ihrer Ziele und Ergebnisse chronologisch geordnet dar.
2 Diskutieren Sie die These, die NS-Wirtschaftspolitik habe die Weltwirtschaftskrise von 1929/39 überwunden. Nutzen Sie hierfür auch den Materialteil.

M3 Gesamtwirtschaftliche Entwicklung im Deutschen Reich 1929–1938 (quartalsweise Daten)

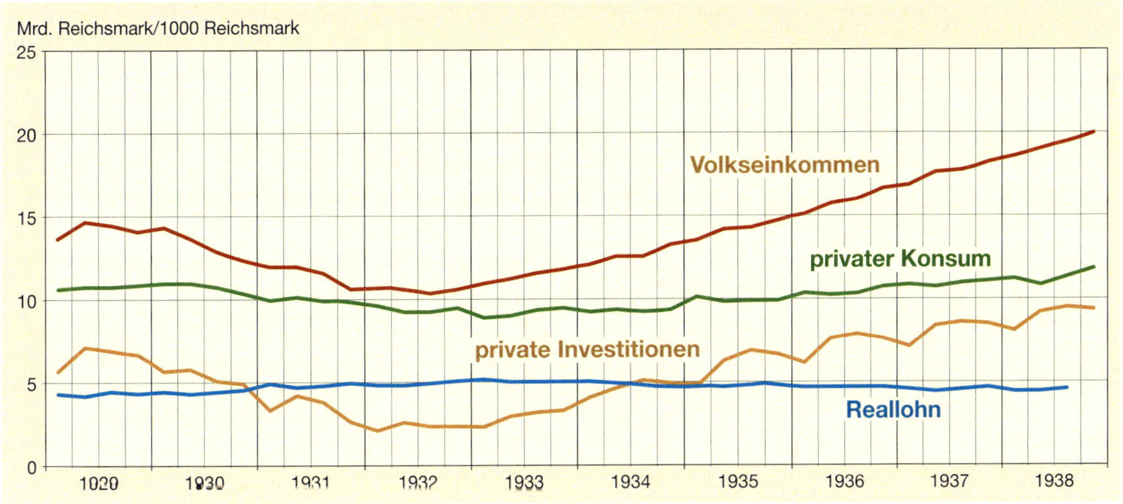

1 Volkseinkommen = Bruttosozialprodukt + Subventionen – indirekte Steuern – Abschreibungen
2 Konsum und Investitionen in Mrd. RM
3 Reallohn: jährliche Lohnsumme pro Beschäftigten in 1000 RM

Albrecht Ritschl, Deutschlands Krise und Konjunktur 1924–1934, Akademie, Berlin 2002, Anh. C.2

M4 Öffentliche Ausgaben im Deutschen Reich 1928–1938 (in Mrd. RM)

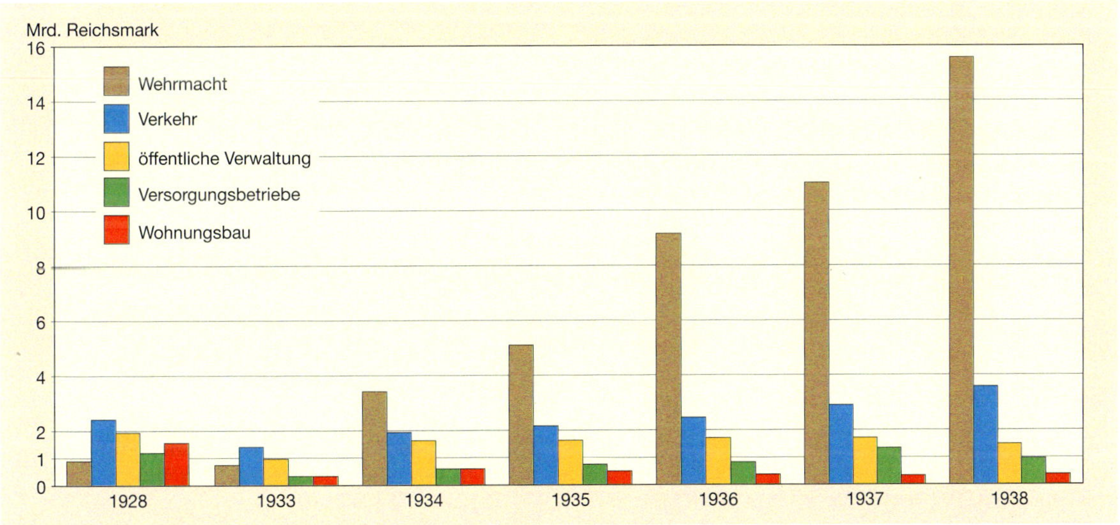

M5 Durchschnittlicher Jahresverbrauch ausgewählter Nahrungsmittel im Deutschen Reich

	1927	1937	Veränderung
Roggenbrot (kg)	262,9	316,1	+ 20,2 %
Kartoffeln (kg)	499,5	519,8	+ 4,1 %
Weizenbrot (kg)	55,2	30,8	– 44,2 %
Fleisch (kg)	133,7	109,2	– 18,3 %
Milch (l)	427,8	367,2	– 14,2 %
Eier (Anzahl)	404	237	– 41,3 %
Bier (l)	76,5	31,6	– 58,7 %

Richard J. Overy, The Nazi economic recovery 1932–1938, Macmillan, London 1996, S. 60

M6 Arbeiterlöhne, Arbeitszeit, Arbeitslosigkeit im Deutschen Reich 1928–1939 (Lohnindex 1928 = 100)

Jahr	Reallöhne der Arbeiter je Woche	Arbeitszeit (Std.)	Arbeitslosigkeit (in %[1])
1928	100	46,0	6,4
1929	102	k.A.	8,5
1930	97	k.A.	14,0
1931	94	k.A.	21,9
1932	86	41,5	29,9
1933	91	42,9	25,9
1934	94	44,6	13,5
1935	95	44,4	10,3
1936	97	45,6	7,4
1937	101	46,1	4,1
1938	105	46,5	1,9
1939	108	47,0	0,5

Nach: Dietmar Petzina u.a. (Hg.), Sozialgeschichtliches Arbeitsbuch, Bd. 3, C.H. Beck, München 1978, S. 98; Ploetz, Das Dritte Reich, Verlag Ploetz, Freiburg 1983, S. 99

1 der abhängigen Erwerbspersonen

1 Analysieren Sie die gesamtwirtschaftliche Entwicklung des Deutschen Reiches von 1929 bis 1938 (M 3). Beurteilen Sie den Aussagewert der Indikatoren.
2 Erläutern Sie die Entwicklung der Arbeitslosigkeit anhand von M 6. Erklären Sie die Entwicklung mithilfe von M 4 sowie den Informationen im Darstellungsteil.
3 Ziehen Sie aus M 5 und M 6 Rückschlüsse auf die Entwicklung des Lebensstandards im Dritten Reich.
4 Beurteilen Sie die nationalsozialistische Wirtschaftspolitik auf der Basis Ihrer Ergebnisse zu den Aufgaben 1–3.

M7 Aus Hitlers geheimer Denkschrift zum Vierjahresplan 1936

I. Ähnlich der militärischen und politischen Aufrüstung bzw. Mobilmachung unseres Volkes hat auch eine wirtschaftliche zu erfolgen, und zwar im selben Tempo, mit der gleichen Entschlossenheit und wenn nötig auch mit der gleichen Rücksichtslosigkeit. Interessen einzelner Herren dürfen in der Zukunft dabei keine Rolle mehr spielen. Es gibt nur ein Interesse, und das ist das Interesse der Nation, und eine einzige Auffassung, das ist die, dass Deutschland politisch und wirtschaftlich in die Lage der Selbsterhaltung gebracht werden muss.

II. Zu diesem Zwecke sind auf all den Gebieten, auf denen eine eigene Befriedigung durch deutsche Produktionen zu erreichen ist, Devisen einzusparen, um sie jenen Erfordernissen zuzulenken, die unter allen Umständen ihre Deckung nur durch Import erfahren können. [...]

V. Die Frage des Kostenpreises dieser Rohstoffe ist ebenfalls gänzlich belanglos, denn es ist immer noch besser, wir erzeugen in Deutschland teure Reifen und können sie fahren, als wir kaufen theoretisch billige Reifen, für die das Wirtschaftsministerium keine Devisen bewilligen kann [...] Es ist weiter notwendig, ohne Rücksicht auf die Kosten die deutsche Erzförderung zu steigern und insbesondere die Erzeugung von Leichtmaterial auf das Äußerste zu erhöhen, um damit einen Ersatzstoff für bestimmte andere Metalle zu finden. [...] Es gibt keinen Zweifel darüber, dass die Außenstände unserer Wirtschaft heute ganz enorme sind. Und es gibt weiter keinen Zweifel, dass sich dahinter zum Teil auch die niederträchtige Absicht verbirgt, für alle Fälle im Ausland gewisse, dem inneren Zugriff entzogene Reserven zu besitzen. Ich sehe darin eine bewusste Sabotage der nationalen Selbstbehauptung bzw. der Verteidigung des Reiches, und ich halte aus diesem Grund die Erledigung zweier Gesetze vor dem Reichstag für notwendig:
1. ein Gesetz, das für die Wirtschaftssabotage die Todesstrafe vorsieht und
2. ein Gesetz, das das gesamte Judentum haftbar macht für alle Schäden, die durch einzelne Exemplare dieses Verbrechertums der deutschen Wirtschaft und damit dem deutschen Volke zugefügt werden. [...]
Ich stelle damit folgende Aufgabe:
I. Die deutsche Armee muss in 4 Jahren einsatzfähig sein.
II. Die deutsche Wirtschaft muss in 4 Jahren kriegsfähig sein.

Vierteljahreshefte für Zeitgeschichte, Jg. 3, 1955, S. 184 ff.

1 Erarbeiten Sie die Kernaussagen von M 7.
2 Setzen Sie die Aussagen Hitlers in Beziehung zu M 4, M 5 und M 6.
3 Erläutern Sie die Konsequenzen, die sich aus Hitlers Aussagen für die wirtschaftliche Entwicklung des Dritten Reiches ergeben.

M8 Rüstungsausgaben und Volkseinkommen im Deutschen Reich 1932–1938 (in Mrd. RM)

Haushaltsjahr	Rüstungsausgaben	Volkseinkommen	Rüstungsausg. in % des Volkseinkommens
1932	0,6	45,2	1,3
1933	0,7	46,5	1,5
1934	4,1	52,8	7,8
1935	5,5	59,1	9,3
1936	10,3	65,8	15,7
1937	11,0	73,8	15,0
1938	17,2	82,1	21,0

Fritz Blaich, Wirtschaft und Rüstung im „Dritten Reich", Cornelsen, Düsseldorf 1987, S. 83

1 Untersuchen Sie anhand von M 4 und M 8 die Bedeutung militärischer Rüstung für die NS-Politik.
2 Erörtern Sie die grundsätzliche Ausrichtung der nationalsozialistischen Wirtschaftspolitik.

M9 Geschichte kontrovers NS-Wirtschaftspolitik – Positionen der Forschung

a) Der deutsche Historiker Götz Aly, 2006:

Die mannigfaltigen [...] Formen öffentlicher Habgier und nationalsozialer Bereicherung ermöglichten es, die Masse des Volkes mit einer Mischung aus milder Steuerpolitik, guter Versorgung und punktuellem Terror an den Rändern der Gesellschaft wenigstens ruhig zu stellen. Das stimmungspolitische Optimum, das die NS-Führer anstrebten, bildete allerdings die gute Laune der Deutschen. Von ihr pflegte Goebbels zu sagen, sie „ist ein Kriegsartikel, unter Umständen kann sie nicht nur kriegswichtig, sondern kriegsentscheidend sein". Die materielle Stimulierung einer gehobenen deutschen Massenlaune auf Kosten anderer bildete das wesentliche – stets kurzfristig verstandene – Ziel des Regierens.

So betrachtet, verwandelte die NS-Führung die Deutschen mehrheitlich weder in Fanatiker noch in überzeugte Herrenmenschen. Vielmehr gelang es ihr, sie zu Nutznießern und Nutznießerchen zu machen. Nicht wenige steigerten sich in eine Goldgräberstimmung, in das Gefühl von einer nahen Zukunft, in der das Geld auf der Straße liegen würde. Wie sich der Staat im Großen in eine gewaltige Raubmaschinerie transformierte, wandelten sich gewöhnliche Leute in Vorteilsnehmer und passiv Bestochene.

Götz Aly, Hitlers Volksstaat. Raub, Rassenkrieg und nationaler Sozialismus, durchges. u. erw. Ausgabe, Fischer, Frankfurt/M. 2006, S. 360f.

b) Der deutsche Historiker Hartmut Berghoff, 2007:

Der NS-Staat besaß keine eigene konsumpolitische Konzeption, weder im Sinne der Nachahmung des amerikanischen Massenkonsums noch in dem eines Alternativmodells. Stattdessen adaptierte er ziemlich willkürlich einzelne Versatzstücke unterschiedlichster Provenienz. [...]

Letztlich verurteilten die Restriktionen der Rohstoff- und Devisenknappheit die Bemühungen um ein Ausbalancieren von „Kanonen" und „Brot" zum Scheitern. Daher war die Konsumpolitik auch so widersprüchlich. Die Konsumenten lebten im „Dritten Reich" in einer „gespaltenen" Lebenswelt. Obwohl sie z. T. unter gravierenden Versorgungsengpässen litten, kam es zu keinen für das Regime bedrohlichen Protesten. Der Bezugspunkt für das Urteil der Menschen war die Weltwirtschaftskrise und daraus resultierte die Selbstwahrnehmung einer substanziellen Verbesserung ihrer Lebensumstände. In diesem Kontext fielen weitreichende Versprechungen auf fruchtbaren Boden, zumal die Propaganda geschickt inszeniert wurde und sich Erfolge auf symbolträchtigen Gebieten wie Rundfunk, Kino und Tourismus einstellten. Hinzu kamen die trotz Aufrüstung möglichen Erfolge einiger Teile der Konsumgüterindustrie.

Hartmut Berghoff, Gefälligkeitsdiktatur oder Tyrannei des Mangels? Neue Kontroversen zur Konsumgeschichte des Nationalsozialismus, in: Geschichte in Wissenschaft und Unterricht (GWU) 09/2007, S. 502–518, hier S. 517f.

c) Der britische Historiker J. Adam Tooze, 2007:

Bis 1935 hatte sich das deutsche Bruttoinlandsprodukt so weit erholt, dass es in etwa wieder den Stand von 1928 hatte. Das war zweifelsohne eine schnelle Genesung. Doch sie war keineswegs dem Gesundungsprozess überlegen, den man in den Vereinigten Staaten mit einer völlig anderen politischen Mixtur erreichte. Ebenso wenig war die Jahreswachstumsrate dem Aufschwung in der Weimarer Republik überlegen, denn der war nach der schweren Rezession im Winter 1926/27 höher gewesen als jede Rate, die das „Dritte Reich" je vorzuweisen haben sollte. Dass unter einer anderen Regierung eine vergleichbar schnelle Erholung stattgefunden haben könnte, ist daher sehr wohl vorstellbar. In diesem streng kontrafaktischen Sinne kann also niemand behaupten, dass die nationalsozialistische Wirtschaftspolitik den Konjunkturaufschwung Deutschlands „verursacht" habe. Unbestreitbar ist jedoch, dass der tatsächliche Aufschwung deutlich den Stempel der NS-Regierung trug. Im Jahr 1935 lag der Privatverbrauch noch immer um 7 Prozent unter dem Niveau, das er vor der Wirtschaftskrise gehabt hatte, die privaten Investitionen lagen sogar um 22 Prozent darunter. Im Gegensatz dazu waren die Staatsausgaben um 70 Prozent höher als im Jahr 1928. Und dieser Fakt erklärt sich fast ausschließlich durch den Militärhaushalt. Es kann also gar keinen Zweifel daran geben, dass die Rüstung des „Dritten Reiches" bereits 1934 oberste Priorität hatte. Zwischen 1933 und 1935 stieg der Anteil der Militärausgaben am Volkseinkommen von weniger als 1 Prozent auf nahezu 10 Prozent. Kein kapitalistischer Staat hatte je in so kurzer Friedenszeit eine Umschichtung des gesamten Sozialprodukts in solchem Ausmaß vorgenommen. Allein in den ersten drei Jahren des Hitlerregimes betrugen die auf einen eng verflochtenen militärischen Industriekomplex konzentrierten Ausgaben zehn Milliarden Reichsmark. Und das konnte nur dramatische Folgen haben.

J. Adam Tooze, Okonomie der Zerstörung. Die Geschichte der Wirtschaft im Nationalsozialismus, aus dem Engl. von Yvonne Badal, Siedler, München 2007, S. 91

1 Stellen Sie die Kernaussagen über die nationalsozialistische Wirtschaftspolitik in M 9 a–c in einer Tabelle gegenüber.
2 Nehmen Sie dazu auf der Basis Ihrer Ergebnisse Stellung.

4.2 Der Weg in den Krieg

Hitlers Ziele

„Unsere Friedensliebe ist vielleicht größer als die anderer Völker, denn wir haben am meisten unter diesem unseligen Krieg gelitten. Niemand von uns hat die Absicht, jemanden zu bedrohen." Mit diesen Worten bekundete Hitler noch im Mai 1935 vor dem Reichstag den scheinbaren Friedenswillen des Nationalsozialismus. Solche „Friedensreden" (M 5) sollten die bereits in Hitlers „Mein Kampf" geäußerten langfristigen Ziele der nationalsozialistischen Außenpolitik verschleiern. Dort hatte Hitler ein aggressives rassenideologisches Konzept der Außenpolitik entwickelt, das nicht nur die Revision des Versailler Vertrages vorsah, sondern „Lebensraum im Osten" erobern wollte (s. S. 411). Bereits 1920 forderte das Programm der NSDAP den „Zusammenschluss aller Deutschen" zu einem „Großdeutschland": „Wir fordern Land und Boden (Kolonien) zur Ernährung unseres Volkes und Ansiedlung unseres Bevölkerungsüberschusses." Derartige Parolen fanden vor dem Hintergrund der 1929 einsetzenden Weltwirtschaftskrise breite Zustimmung in der Bevölkerung. Auch die von den Nationalsozialisten betriebene Propaganda gegen die angebliche „Erfüllungspolitik" der Weimarer Koalition im Zusammenhang mit dem Versailler Vertrag (s. S. 343 f.) führte zu erheblichen Stimmengewinnen der NSDAP. Nach der Machtübernahme konnte Hitler eine derartig radikale Zielsetzung allerdings nicht öffentlich vertreten, weil Deutschland nach 1933 zunehmend in eine außenpolitische Isolation geriet und die Aufrüstung noch nicht so weit vorangeschritten war, dass es einen militärischen Konflikt mit den Großmächten England und Frankreich riskieren konnte.

Radikale Revisionspolitik und Appeasement

Zwar war Deutschland bereits im Oktober 1933 aus dem Völkerbund ausgetreten und brach mit dem außenpolitischen Konzept einer internationalen Konfliktregelung, wie es Stresemann in der Weimarer Republik vertreten hatte, doch suggerierten Verträge wie der **Nichtangriffspakt mit Polen*** (1934) oder das **Flottenabkommen mit England*** (1935), dass Hitler eine eher gemäßigte Politik verfolge, die auf einen friedlichen Ausgleich der verschiedenen Interessen bedacht sei. Gegenläufige Signale wie die **Wiedereinführung der Wehrpflicht** im März 1935 und der **Einmarsch in die** gemäß den Bestimmungen des Versailler Vertrages entmilitarisierte **Rheinlandzone** im März 1936 lösten Besorgnis vor allem auf französischer Seite aus. Bereits 1935 hatte sich bei einer Volksabstimmung über die Zugehörigkeit des **Saarlandes** – wie im Versailler Vertrag vorgesehen – eine Mehrheit von über 90% für die Rückkehr nach Deutschland entschieden. Die Nationalsozialisten stellten ihr Vorgehen aber als Revisionspolitik dar, deren Ansprüche Hitler mit dem Kampf um „Gleichberechtigung" und „Selbstbestimmung" begründete. Diese Doppelstrategie hatte Erfolg. Vor allem England begegnete solchen Forderungen mit Verständnis und bemühte sich darum, Deutschland im Rahmen der **Appeasementpolitik*** durch ein begrenztes Entgegenkommen in Verträge einzubinden und so den Frieden in Europa zu gewährleisten. Entsprechend schwach fielen die Proteste angesichts der deutschen Verstöße gegen den Versailler Vertrag und den Locarnovertrag aus. Sowohl in der öffentlichen Meinung als auch in der offiziellen Politik der Westmächte war keine Bereitschaft vorhanden, einen erneuten militärischen Konflikt mit Deutschland zu riskieren. Insbesondere die USA hielten sich im Rahmen ihres erneuten politischen Isolationismus (s. S. 352) aus den europäischen Verwicklungen heraus. Zudem galt die internationale Besorgnis eher dem faschistischen Italien, das seit Oktober 1935 einen brutalen Krieg gegen Abessinien (heute Äthiopien) führte (s. S. 361). Hitler unterstützte die Politik Mussolinis und erreichte so eine Annäherung zwischen Deutschland und Italien. Die ideologische

Nichtangriffspakt mit Polen
Der am 26. Januar 1934 zwischen Polen und dem Deutschen Reich unterzeichnete Vertrag verpflichtete beide Staaten in einem Zeitraum von zehn Jahren, politische, wirtschaftliche und kulturelle Probleme friedlich zu lösen. Der Vertrag bedeutete zwar keine Anerkennung der deutschen Ostgrenze, stand aber in deutlichem Gegensatz zur vorherigen antipolnischen Propaganda der Nationalsozialisten. Ziel Hitlers war es, die polnischen Rohstoffe zu nutzen und das Bündnis zwischen Frankreich und Polen zu schwächen.

Deutsch-britisches Flottenabkommen
Am 18. Juni 1935 in London unterzeichnetes Abkommen, das das Stärkeverhältnis der deutschen und britischen Flotte auf 35 zu hundert festlegte. Das Abkommen stellte einen klaren Bruch des Versailler Vertrages dar. England ließ sich trotz französischer Proteste auf das Abkommen ein, um einen Rüstungswettlauf mit Deutschland zu verhindern. Hitlers Ziel war es dabei, Frankreich durch eine Annäherung an England zu isolieren.

Appeasement
engl. Beschwichtigung; abwertender Begriff für die englische Politik gegenüber Deutschland und Italien in den 1930er-Jahren. Vor allem England bemühte sich unter dem Premierminister Neville Chamberlain (1869–1940) durch Zugeständnisse darum, die beiden faschistischen Staaten zu Verträgen zu bewegen und in die europäische Friedensordnung einzubinden.

Nähe der beiden Diktaturen und vor allem der gemeinsame Kampf gegen den Kommunismus führten nach 1936 zu einer **Achsenbildung**. Dabei geriet das ökonomisch schwächere Italien zunehmend in Abhängigkeit zum Deutschen Reich. Nach dem Scheitern der Friedensbemühungen des Völkerbundes, dessen Handlungsunfähigkeit dabei offenbar wurde, rief Mussolini im Mai 1936 den italienischen König Viktor Emanuel III. zum Kaiser von Äthiopien aus. Im ostasiatischen Raum verfolgte Japan seit 1933 eine aggressive Expansionspolitik gegenüber China (s. S. 372 f.).

Neue Bündnisse und Kriegsvorbereitung

Im Vergleich dazu schien Hitlers Außenpolitik geradezu gemäßigt und berechenbar. Dieser Eindruck wurde 1936 anlässlich der in Berlin stattfindenden Olympischen Spiele gezielt verstärkt. Der NS-Staat inszenierte sich während dieser „Friedensspiele" als weltoffenes und gastfreundliches Land (M 8).

Zeitgleich wurden durch neue Bündnisse weitere Voraussetzungen für einen neuen Krieg geschaffen: Bereits 1936 hatten Deutschland und Italien im spanischen Bürgerkrieg zwischen den Truppen der gewählten Volksfrontregierung aus Liberalen und Sozialisten aufseiten der Faschisten und konservativen Nationalisten unter General Franco eingegriffen (s. M 1, S. 340). Mussolini sprach in diesem Zusammenhang erstmals von der **„Achse Berlin–Rom"**. Im gleichen Jahr schlossen Japan und Deutschland den gegen die Sowjetunion gerichteten **„Antikominternpakt"***, dem 1937 auch Italien beitrat.

Um den NS-Staat „kriegsfähig" zu machen, verstärkten die Nationalsozialisten parallel zu diesen Entwicklungen den Ausbau der Wehrmacht und die Aufrüstung (s. S. 437 f.). Wie zielstrebig Hitler seine Expansionsziele zu verfolgen gedachte, belegt die „Hoßbach-Niederschrift" einer Besprechung Hitlers mit der militärischen und außenpolitischen Führungsspitze am 5. November 1937 (M 7). Spätestens jetzt war der Übergang von der radikalen Revisionspolitik der Vorjahre zu einem Kriegskurs vollzogen. Auch die warnenden Stimmen der militärischen Führungsspitze und des Außenministers von Neurath brachten Hitler nicht von seinen Plänen ab. Anstelle von Neurath wurde der willfährige Nationalsozialist Joachim von Ribbentrop zum Außenminister berufen.

Die Geschichtswissenschaft streitet bis heute darüber, ob Hitlers Außenpolitik einem festen Plan folgte oder sich eher pragmatisch an den jeweiligen außenpolitischen Konstellationen ausrichtete. Ungeachtet aller außenpolitischen Schwankungen verfolgte Hitler beharrlich seine grundsätzlichen ideologischen Ziele: die militärische Erweiterung des deutschen „Lebensraumes" und den Kampf gegen die Juden und den Kommunismus.

„Anschluss" Österreichs und „Sudetenkrise"

Im März 1938 ließ Hitler entgegen den Bestimmungen des Versailler Vertrages Österreich besetzen, ohne dass Frankreich oder England ernsthafte Konsequenzen ergriffen. Aufgrund der deutsch-italienischen Annäherung protestierte auch Italien nicht. Mussolini hatte schon 1936 seine Schutzgarantie für Österreich aufgegeben und Hitler zugesichert, einer Angliederung an Deutschland nicht im Wege zu stehen. In Österreich hatte sich im Gefolge der Weltwirtschaftskrise seit 1932 ein **autoritäres Regime** unter Engelbert Dollfuß durchgesetzt, das sich innenpolitisch gegen sozialistische, aber auch gegen nationalsozialistische Bestrebungen richtete. Bereits 1934 versuchte die österreichische NSDAP im „Juliputsch" mit Wissen und Einverständnis der deutschen NSDAP-Führung, das Dollfuß-Regime zu beseitigen. Der Putsch misslang, doch wurde Dollfuß dabei ermordet. Im Februar 1938 erzwang Hitler bei einem Treffen mit dem österreichischen Bundeskanzler Schuschnigg die Ernennung des Nationalsozialisten Arthur Seyß-Inquart zum

M 1 „L'homme au double visage et aux déclarations contradictoires"[1] Karikatur aus der Pariser Zeitung „Le Rempart", November 1933

1 Der Mann mit dem Doppelgesicht und den sich widersprechenden Erklärungen

Antikominternpakt
In dem am 25. November 1936 geschlossenen Abkommen wurde vereinbart, sich gemeinsam über die Abwehr kommunistischer Aktivitäten zu beraten. In einem geheimen Zusatzabkommen wurde gegenseitige Neutralität für den Fall eines Angriffes der Sowjetunion zugesagt. Neben Japan und Italien traten dem Pakt 1939 Spanien, Ungarn und Mandschukuo – der von Japan kontrollierte Marionettenstaat in China – bei.

M3 Propagandapostkarte zum „Anschluss" Österreichs, 1938

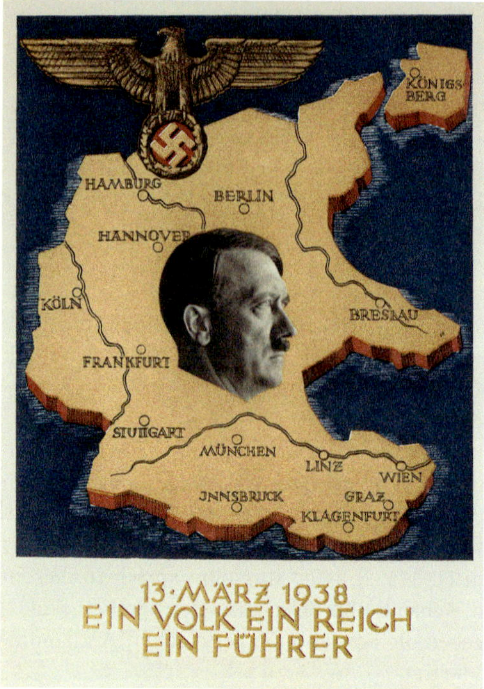

M2 „Das Karussell um die Achse Berlin–Rom", Karikatur, aus der Schweizer Satirezeitschrift „Nebelspalter", Februar 1937

1 Interpretieren und vergleichen Sie die Karikaturen M 1 und M 2.
2 Beurteilen Sie die Aussageabsicht der Zeichner.

neuen Regierungschef. Nach einem fingierten Hilferuf Seyß-Inquarts marschierten deutsche Truppen in Österreich ein. Mit dem **„Ostmark-Gesetz"** vom April 1939 wurden die österreichischen Bundesländer und ihre Regierungen aufgelöst und in sieben Reichsgaue gegliedert. Der „Anschluss" Österreichs bedeutete für das NS-Regime machtpolitischen, aber auch strategischen und wirtschaftlichen Gewinn. Um die Besetzung zu legitimieren, wurde eine **Volksabstimmung** durchgeführt, die mit 99,6 % eine überwältigende Zustimmung für die „staatsrechtliche Eingliederung" ergab.

Der Anschluss Österreichs war aus Sicht Hitlers nur ein Testfall für das Verhalten der westlichen Demokratien angesichts einer Ausweitung der deutschen Expansion. Als nächstes Expansionsziel sollte die **Tschechoslowakei** zerschlagen werden. Hitler bediente sich dabei einer ähnlichen Strategie wie im Falle Österreichs. Mithilfe der Sudetendeutschen Partei* wurden Spannungen in der Tschechoslowakei provoziert. Die Westmächte rieten der tschechischen Regierung im Rahmen der Appeasement-Politik, den Forderungen der Sudetendeutschen nachzugeben, um Hitler keinen Vorwand für einseitige Maßnahmen zu liefern.

Als sich im Sommer 1938 die Krise zuspitzte, entschloss sich die britische Regierung unter Chamberlain zu direkten Gesprächen mit Hitler, um die Möglichkeiten einer Friedenssicherung auszuloten. Auf der **Münchner Konferenz am 30. September 1938** einigten sich die Regierungschefs Deutschlands, Frankreichs, Englands und Italiens – ohne die Teilnahme der tschechischen Regierung – auf die Eingliederung der sudetendeutschen Gebiete in das Deutsche Reich (M 9 und M 10). England wollte mit seiner Konzessionsbereitschaft ein gewaltsames Vorgehen Hitlers gegen die Tschechoslowakei verhindern. Mit dem Einmarsch deutscher Truppen in die „Rest-Tschechoslowakei" im März 1939 wurde aber offenkundig, dass es Hitler entgegen seinen Beteuerungen in München vor allem um die rücksichtslose Eroberung und Beherrschung nichtdeutscher Gebiete im Rahmen seiner Rassen- und Lebensraumideologie ging. Damit war die auf Friedenserhaltung in Europa abzielende Appeasement-Politik endgültig gescheitert, zumal Hitler nun von Polen die Eingliederung der Freien Stadt Danzig in das Deutsche Reich forderte.

Sudetenland
Grenznahes Gebiet in der Tschechoslowakei, in dem eine deutschsprachige Minderheit von ca. drei Millionen Einwohnern lebte

Der Hitler-Stalin-Pakt

Im April 1939 kündigte Hitler den deutsch-polnischen Nichtangriffspakt. Um Polen vor einem möglichen Überfall durch das Deutsche Reich zu schützen, gab Großbritannien am 31. März 1939 eine Garantieerklärung ab. Auch Frankreich bekräftigte die bestehende Allianz mit Polen. Die nationalsozialistischen Expansionsbestrebungen schienen sich damit in einer Sackgasse zu befinden, da Hitler einen Krieg mit England und Frankreich angesichts eines möglichen sowjetischen Eingreifens nicht riskieren konnte. In dieser Situation schloss das Deutsche Reich am 23. August 1939 ein Abkommen mit der Sowjetunion, das ihm einen Angriff auf Polen ohne die Gefahr eines Zweifrontenkrieges ermöglichte. Der auf zehn Jahre geschlossene Hitler-Stalin-Pakt beinhaltete unter anderem die **wechselseitige Neutralität** im Kriegsfall. Darüber hinaus vereinbarten die beiden Diktatoren in einem **geheimen Zusatzabkommen** die Absteckung ihrer Interessensphären (M 11). Der Hitler-Stalin-Pakt wurde von den Zeitgenossen als sensationell empfunden, da der Nationalsozialismus die kommunistische Sowjetunion als den ideologischen Hauptfeind betrachtete. Die sowjetische Propaganda interpretierte den Pakt als Überlebensnotwendigkeit, um sich vor einem von den imperialistischen Mächten initiierten Überfall Deutschlands zu schützen, nachdem Verhandlungen zu einem Militärbündnis mit Frankreich und England an der Frage des Durchmarschrechtes durch Polen im Kriegsfalle gescheitert waren. Mit der deutsch-sowjetischen Verständigung waren für Hitler die politischen Voraussetzungen für den deutschen Überfall auf Polen geschaffen. Nach fingierten Grenzüberfällen und ohne Kriegserklärung marschierten deutsche Truppen am **1. September 1939 in Polen** ein. Entsprechend den eingegangenen Verpflichtungen gegenüber Polen erklärten Frankreich und England Deutschland zwei Tage später den Krieg. Die Sowjetunion marschierte am 17. September gemäß den Vereinbarungen des Hitler-Stalin-Paktes in Ostpolen ein. Der Zweite Weltkrieg war entbrannt.

M 4 „Mal sehen, wie lange die Flitterwochen dauern werden!", englische Karikatur, September 1939

Internettipp
www.museum-karlshorst.de/html/museum/da/kapitel3lang.shtml
Das Deutsch-Russische Museum Berlin Karlshorst informiert über den „Hitler-Stalin-Pakt". Der Webauftritt des Museums bietet Informationen über die deutsch-russischen Beziehungen von 1917 bis zur Nachkriegszeit.

1 Stellen Sie die Doppelstrategie der nationalsozialistischen Außenpolitik in einem Schaubild dar.
2 Zeigen Sie an zwei Beispielen, wie Hitler den Versailler Vertrag „beseitigte".
3 Diskutieren Sie, ob es sich bei der Außenpolitik Hitlers um eine langfristige ideologisch-programmatische Strategie oder ein situativ-bedingtes Kalkül handelte.

M 5 Aus der Reichstagsrede Hitlers vom 17. Mai 1933

Die Generation dieses jungen Deutschlands, die in ihrem bisherigen Leben nur die Not, das Elend und den Jammer des eigenen Volkes kennenlernte, hat zu sehr unter dem Wahnsinn gelitten, als dass sie beabsichtigen könnte, das Gleiche anderen zuzufügen. Unser Nationalismus ist ein Prinzip, das uns als Weltanschauung grundsätzlich allgemein verpflichtet. Indem wir in grenzenloser Liebe und Treue an unserem eigenen Volkstum hängen, respektieren wir die nationalen Rechte auch der anderen Völker aus dieser selben Gesinnung heraus und möchten aus tief innerstem Herzen mit ihnen in Frieden und Freundschaft leben. Wir kennen daher auch nicht den Begriff des „Germanisierens". Die geistige Mentalität des vergangenen Jahrhunderts, aus der man glaubte, vielleicht aus Polen oder Franzosen Deutsche machen zu können, ist uns genauso fremd, wie wir uns leidenschaftlich gegen jeden umgekehrten Versuch wenden. Wir sehen die europäischen Nationen um uns als gegebene Tatsachen. [...]
Deutschland ist nun jederzeit bereit, auf Angriffswaffen zu verzichten, wenn auch die übrige Welt ihrer entsagt. Deutschland ist bereit, jedem feierlichen Nichtangriffspakt beizutreten; denn Deutschland denkt nicht an einen Angriff, sondern an seine Sicherheit! [...]. Die deutsche Regierung wünscht sich über alle schwierigen Fragen politischer und wirtschaftlicher Natur mit den anderen Nationen friedlich und vertraglich auseinanderzusetzen. Sie weiß, dass jeder militärische Akt in Europa auch im Falle seines vollständigen Gelingens, gemessen an seinen Opfern, in keinem Verhältnis steht zum möglichen endgültigen Gewinn.

Franz A. Six (Hg.), Dokumente der deutschen Politik, Bd. 1, Junker Quennhaupt, Berlin [7]1942, S. 102 ff.

1 Erörtern Sie, inwiefern Hitler taktische und ernsthafte Argumente für eine Friedenspolitik vorbringt.

M6 Amerikanische Karikatur zur Rede Hitlers am 17. Mai 1933

1 Analysieren Sie Karikatur und setzen Sie sie in Beziehung zu M 5.

M7 Hoßbach-Niederschrift

Aus der Niederschrift des Obersten Hoßbach über die Besprechung Hitlers mit den Oberbefehlshabern aus Heer, Marine und Luftwaffe, dem Reichskriegsminister und dem Reichsminister des Auswärtigen über die deutsche Außenpolitik vom 5. November 1937:

Der Führer stellte einleitend fest, dass der Gegenstand der heutigen Besprechung von derartiger Bedeutung sei, dass dessen Erörterung in anderen Staaten wohl vor das Forum des Regierungskabinetts gehörte, er – der Führer – sähe aber gerade im Hinblick auf die Bedeutung der Materie davon ab, diese in dem großen Kreise des Reichskabinetts zum Gegenstand der Besprechung zu machen. [...] Der Führer führte sodann aus:

Das Ziel der deutschen Politik sei die Sicherung und die Erhaltung der Volksmasse und deren Vermehrung. Somit handele es sich um das Problem des Raumes.

Die deutsche Volksmasse verfüge über 85 Millionen Menschen, die nach der Anzahl der Menschen und der Geschlossenheit des Siedlungsraumes in Europa einen in sich so fest geschlossenen Rassekern darstelle, wie er in keinem anderen Land wieder anzutreffen sei und wie er andererseits das Anrecht auf größeren Lebensraum mehr als bei anderen Völkern in sich schlösse. [...]

Die einzige, uns vielleicht traumhaft erscheinende Abhilfe läge in der Gewinnung eines größeren Lebensraumes, ein Streben, das zu allen Zeiten die Ursache der Staatenbildungen und Völkerbewegungen gewesen sei. Dass dieses Streben in Genf und bei den gesättigten Staaten keinem Interesse begegne, sei erklärlich. [...]

Die Entwicklung großer Weltgebilde gehe nun einmal langsam vor sich, das deutsche Volk mit seinem starken Rassekern finde hierfür die günstigsten Voraussetzungen inmitten des europäischen Kontinents. Dass jede Raumerweiterung nur durch Brechen von Widerstand und unter Risiko vor sich gehen könne, habe die Geschichte aller Zeiten – Römisches Weltreich, Englisches Empire – bewiesen. Auch Rückschläge seien unvermeidbar. Weder früher noch heute habe es herrenlosen Raum gegeben, der Angreifer stoße stets auf den Besitzer. Für Deutschland laute die Frage, wo größter Gewinn unter geringstem Einsatz zu erreichen sei. [...] Zur Lösung der Deutschen Frage könne es nur den Weg der Gewalt geben, dieser könne niemals risikolos sein. [...] Zur Verbesserung unserer militär-politischen Lage müsse in jedem Fall einer kriegerischen Verwicklung unser 1. Ziel sein, die Tschechei und gleichzeitig Österreich niederzuwerfen, um die Flankenbedrohung eines etwaigen Vorgehens nach Westen auszuschalten. [...] Sei die Tschechei niedergeworfen, eine gemeinsame Grenze Deutschland-Ungarn gewonnen, so könne eher mit einem neutralen Verhalten Polens in einem deutsch-französischen Konflikt gerechnet werden. Unsere Abmachungen mit Polen behielten nur so lange Geltung, als Deutschlands Stärke unerschüttert sei, bei deutschen Rückschlägen müsse ein Vorgehen Polens gegen Ostpreußen, vielleicht auch gegen Pommern und Schlesien in Rechnung gestellt werden. [...] Wenn auch die Besiedelung insbesondere der Tschechei keine dünne sei, so könne die Einverleibung der Tschechei und Österreichs den Gewinn von Nahrungsmitteln für 5–6 Millionen Menschen bedeuten unter Zugrundelegung, dass eine zwangsweise Emigration aus der Tschechei von zwei, aus Österreich von einer Million Menschen zur Durchführung gelange. Die Angliederung der beiden Staaten bedeute militär-politisch eine wesentliche Entlastung infolge kürzerer, besserer Grenzziehung, Freiwerdens von Streitkräften für andere Zwecke und der Möglichkeit der Neuaufstellung von Truppen bis in die Höhe von 12 Divisionen, wobei auf 1 Million Einwohner eine neue Division entfalle.

Wolfgang Michalka (Hg.), Deutsche Geschichte 1933–1945, Fischer, Frankfurt/M. 1993, S. 140 f.

1 Stellen Sie die außenpolitischen Zielsetzungen von M 5 und M 7 gegenüber.
2 Erklären Sie die Unterschiede. Berücksichtigen Sie dabei auch den zeitlichen Kontext der Quellen.
3 Erörtern Sie mögliche Konsequenzen, die sich aus M 7 für die Lage in Europa ergeben.

M8 Aus dem Tagebuch des jüdischen Romanisten Victor Klemperer vom 13. August 1936

Ich höre immer wieder […]: Hitler wolle wirklich den Frieden, noch ein bis zwei Jahre, denn vordem seien unsere Rüstungen nicht fertig. Wiederum: Was in Deutschland jedes Kind weiß, kann doch auch Herrn Léon Blum nicht unbekannt sein. Ist man in Frankreich so dumm, auf das Geschlachtetwerden zu warten? Wiederum: Wieso hat man bisher alles hingenommen? In Frankreich von Deutschland, in England von Italien? Alles ist vollkommen undurchsichtig und dunkel. […]

Die Olympiade, die nun zu Ende geht, ist mir doppelt zuwider. 1. als irrsinnige Überschätzung des Sports; die Ehre eines Volkes hängt davon ab, ob ein Volksgenosse zehn Zentimeter höher springt als alle andern. Übrigens ist ein Neger aus USA am allerhöchsten gesprungen, und die silberne Fechtmedaille für Deutschland hat die Jüdin Helene Meyer gewonnen (ich weiß nicht, wo die größere Schamlosigkeit liegt, in ihrem Auftreten als Deutsche des Dritten Reichs oder darin, dass ihre Leistung für das Dritte Reich in Anspruch genommen wird). […] Und 2. ist mir die Olympiade so verhasst, weil sie nicht eine Sache des Sports ist – bei uns meine ich –, sondern ganz und gar ein politisches Unternehmen. „Deutsche Renaissance durch Hitler" las ich neulich. Immerfort wird dem Volk und den Fremden eingetrichtert, dass man hier den Aufschwung, die Blüte, den neuen Geist, die Einigkeit, Festigkeit und Herrlichkeit, natürlich auch den friedlichen, die ganze Welt liebevoll umfassenden Geist des Dritten Reiches sehe. Die Sprechchöre sind (für die Dauer der Olympiade) verboten, Judenhetze, kriegerische Töne, alles Anrüchige ist aus den Zeitungen verschwunden, bis zum 16. August, und ebenso lange hängen überall Tag und Nacht die Hakenkreuzfahnen. In englisch geschriebenen Artikeln werden „Unsere Gäste" immer wieder darauf hingewiesen, wie friedlich und freudig es bei uns zugehe, während in Spanien „kommunistische Horden" Raub und Totschlag begingen. Und alles haben wir in Hülle und Fülle. Aber der Schlächter hier und der Gemüsehändler klagen über Warennot und Teuerung, weil alles nach Berlin gesandt werden müsse. Und die „Hunderttausende" in Berlin sind durch „Kraft und Freude" herangeschafft; die Ausländer, vor denen „Deutschland wie ein offenes Buch" aufgeschlagen liegen soll – aber wer hat denn die aufgeschlagenen Stellen ausgewählt und vorbereitet? –, sind nicht sehr zahlreich, und die Berliner Zimmervermieter klagen.

Victor Klemperer, Ich will Zeugnis ablegen bis zum letzten. Tagebücher 1933–1941, hg. v. Walter Nowojski unter Mitarbeit von Hadwig Klemperer, Aufbau, Berlin [6]1996, S. 292 ff.

1 Arbeiten Sie aus M 8 heraus, wie Klemperer die Lage in Deutschland beurteilt und welche Haltung er gegenüber den Olympischen Spielen einnimmt.
2 Nehmen Sie zur Einschätzung Victor Klemperers begründet Stellung.

M9 „The spineless Leaders of Democracy", Karikatur von David Low aus dem britischen „Evening Standard" vom 8. Juli 1936

M10 Karikatur „Watchfull Waiting", aus „The Daily Californian" vom 1. September 1938

1 Interpretieren Sie mithilfe der Methodenseite (s. S. 244 f.) die beiden Karikaturen M 9 und M 10.
2 Vergleichen und beurteilen Sie die beiden Karikaturen im Hinblick auf die Position der Zeichner.

M 11 Aus dem „Geheimen Zusatzprotokoll" des deutsch-sowjetischen Nichtangriffspaktes vom 23. August 1939

Aus Anlass der Unterzeichnung des Nichtangriffsvertrages zwischen dem Deutschen Reich und der Union der Sozialistischen Sowjetrepubliken haben die unterzeichneten Bevollmächtigten der beiden Teile in streng vertraulicher Aussprache die Frage der Abgrenzung der beiderseitigen Interessensphären in Osteuropa erörtert. Diese Aussprache hat zu folgendem Ergebnis geführt:

1. Für den Fall einer territorial-politischen Umgestaltung in den zu den baltischen Staaten (Finnland, Estland, Lettland, Litauen) gehörenden Gebieten bildet die nördliche Grenze Litauens zugleich die Grenze der Interessensphären Deutschlands und der UdSSR. [...]

2. Für den Fall einer territorial-politischen Umgestaltung der zum polnischen Staat gehörigen Gebiete werden die Interessensphären Deutschlands und der UdSSR ungefähr durch die Linie der Flüsse Narew, Weichsel und San abgegrenzt.

Die Frage, ob die beiderseitigen Interessen die Erhaltung eines unabhängigen polnischen Staates erwünscht erscheinen lassen und wie dieser Staat abzugrenzen wäre, kann endgültig erst im Laufe der weiteren politischen Entwicklung geklärt werden. In jedem Falle werden beide Regierungen diese Frage im Wege einer freundschaftlichen Verständigung lösen.

3. Hinsichtlich des Südostens Europas wird von sowjetischer Seite das Interesse an Bessarabien betont. Von deutscher Seite wird das völlige Desinteressement an diesem Gebiet erklärt.

Eber Malcolm Carroll/Fritz Theodor Epstein (Hg.), Das nationalsozialistische Deutschland und die Sowjetunion 1939–1941, Berlin 1948, S. 84 ff.

1 Fassen Sie die wesentlichen Inhalte von M 11 zusammen.
2 Erarbeiten Sie die Motive Deutschlands und der Sowjetunion, den Hitler-Stalin-Pakt abzuschließen.
3 Diskutieren Sie die Bedeutung des „Geheimen Zusatzprotokolls" im Kontext der Vorgeschichte des Zweiten Weltkrieges.

M 12 Die Historikerin Marie-Luise Recker über die NS-Außenpolitik, 1990

Fragt man nach dem „Ort" der nationalsozialistischen Außenpolitik in der deutschen Geschichte, so scheint sie sich auf den ersten Blick nach dem 30. Januar 1933 in den Bahnen bewegt zu haben, die seit der Reichsgründung für die „gescheiterte Großmacht" (A. Hillgruber) konstitutiv waren. Dies bezieht sich zunächst einmal auf die Leitidee einer „halbhegemonialen" Stellung in Europa, die von dem Ziel machtpolitischer Unabhängigkeit und außenpolitischer Handlungsfreiheit nach allen Seiten gekennzeichnet und von militärischer (und in zunehmendem Maße auch wirtschaftlicher) Stärke geprägt und getragen war. Sie war Fixpunkt der politischen Führungselite im Kaiserreich und (mit Abwandlungen) in der Weimarer Republik. [...] Diese Tatsache darf jedoch nicht zu falschen Schlussfolgerungen verleiten. Die vom Reichsaußen- im Verein mit dem Reichswehr- und dem Reichswirtschaftsminister propagierten revisionspolitischen Ziele gewannen im Zusammenhang von Hitlers außenpolitischem „Programm" eine neue Qualität, die ihr Gewicht und ihre Substanz veränderte. „Was für sie" – so ist von kompetenter Seite betont worden – „gleichsam Selbstzweck im Sinne traditioneller deutscher Großmachtpolitik war, bildete für Hitler nur eine, nicht einmal die wichtigste Voraussetzung für seine singuläre weltpolitische Zielsetzung." Zwar habe der Diktator an Vorstellungen und Konzeptionen angeknüpft, die von der militärischen Führung zu Ende des Ersten Weltkrieges im Rahmen der „großräumigen" Ost-Lösung propagiert und in Brest-Litowsk auch realisiert worden seien, doch stellten seine entsprechenden Überlegungen „infolge der Überlagerung dieser weitgespannten machtpolitischen Komponente mit radikalen rassenideologischen Zielvorstellungen eines universalen Antisemitismus qualitativ etwas anderes dar als selbst die extremen expansionistischen ‚Programme' aus den letzten Jahren des Weltkrieges". (A. Hillgruber)

Marie-Luise Recker, Die Außenpolitik des Dritten Reiches, Oldenbourg, München 1990, S. 43 ff.

1 Erarbeiten Sie die Kernaussagen aus M 12.
2 Erklären Sie, was mit dem Begriff der „singulären weltpolitischen Zielsetzung" gemeint ist.
3 Diskutieren Sie unter Einbeziehung Ihrer bisherigen Ergebnisse, ob und wodurch der Ausbruch des Zweiten Weltkrieges zu verhindern gewesen wäre.

4.3 Eroberungs- und Besatzungspolitik

Überfall auf Polen

Der am 1. September 1939 begonnene **„Blitzkrieg"*** gegen Polen war nach nur vier Wochen beendet. Die polnischen Truppen hatten der modernen Rüstungstechnologie der deutschen Armee nichts entgegenzusetzen. So gelang es der Wehrmacht bis Mitte September, an die mit der Sowjetunion im Hitler-Stalin-Pakt vereinbarte Interessenlinie vorzurücken. Daraufhin überschritten am 17. September sowjetische Truppen die polnische Ostgrenze. Nach der Beendigung der Kampfhandlungen am 6. Oktober teilten Deutschland und die Sowjetunion Polen vollständig unter sich auf. Westpreußen und Posen wurden in das Deutsche Reich eingegliedert, Zentralpolen und die übrigen Gebiete wurden zum **„Generalgouvernement"**. In London bildete sich unter General Sikorski eine Exilregierung, die die polnische Nation und den polnischen Staat vertrat, da Polen offiziell nicht kapituliert hatte.

Offensive im Westen

Frankreich und Großbritannien bezogen entgegen ihren Bündnisverpflichtungen zunächst eine abwartende Haltung, obwohl sie Deutschland bereits am 3. September 1939 den Krieg erklärt hatten. Hitler hoffte, dass beide Westmächte nach dem schnellen Sieg über Polen bereit sein würden, einen vorläufigen Frieden mit Deutschland zu schließen. Frankreich und Großbritannien lehnten dies jedoch ab. Zunächst wollten sie eine direkte Konfrontation mit der deutschen Armee vermeiden und Deutschland durch großräumige Operationen auf dem Balkan und in Nordeuropa von Rohstoff- und Nahrungsmittellieferungen abschneiden.

Bevor das Deutsche Reich seine Offensive im Westen eröffnete, besetzte die Wehrmacht **Dänemark** und **Norwegen**, um die Nordflanke sowie die für die Kriegführung notwendige Versorgung mit Erzen abzusichern. Im Mai 1940 begann Hitler mit dem „Schlag gegen den Westen", um England zur „Einsicht" zu zwingen. Der **Krieg gegen Frankreich** wurde als äußerst riskantes Unternehmen unter **Verletzung der Neutralität der Niederlande, Belgiens und Luxemburgs** konzipiert. Nach nur sechs Wochen wurde Frankreich zu einem **Waffenstillstandsabkommen in Compiègne** gezwungen (M 4). Das Land wurde geteilt: Mittel- und Südfrankreich blieben unter der Regierung des Marschalls Philippe Pétain (1856–1951) formal selbstständig. Pétain und seine nationalkonservative Regierung waren zu einer Zusammenarbeit mit den siegreichen Deutschen bereit **(„Vichy"-Frankreich)**. Der Norden mit der Atlantikküste und Paris kam unter deutsche Militärverwaltung. Ähnlich wie im Falle Polens versuchte General Charles de Gaulle (1890 bis 1970) in London, die nationalen Ansprüche Frankreichs gegenüber der Außenwelt zu wahren und den französischen Widerstand (frz. = *résistance*) gegen die deutschen Besatzer zu unterstützen.

Der Sieg über Frankreich erweiterte die ökonomische und strategische Basis für die weitere Kriegführung erheblich. Entsprechend skrupellos wurden die französischen Ressourcen im Rahmen der Besatzungspolitik auch für die deutschen Kriegszwecke ausgenutzt. Im Sommer 1940 schien sich die Propaganda der Nationalsozialisten von der „Unbesiegbarkeit der deutschen Waffen" zu bestätigen. Die Popularität des nationalsozialistischen Regimes wuchs in Deutschland enorm.

Doch zeigten sich bereits die Grenzen deutscher Militärmacht: Gegenüber England hatte sich das Konzept der „Blitzkriege" als untauglich erwiesen. Der Luftkampf gegen England musste im Frühjahr 1941 ergebnislos abgebrochen werden. England wurde zu dieser Zeit schon durch bedeutende Rüstungslieferungen aus den USA unterstützt. Obwohl die Bevölkerung der USA überwiegend für die weitere Neutralität eintrat, hatte Präsident Franklin D. Roosevelt (1882–1945) im März 1941 im amerikanischen Kongress ein Gesetz durchgesetzt, das umfangreiche

M 1 Deutsche Heereseinheiten beim Vormarsch während des Polenfeldzugs, Fotografie, September 1939

Blitzkrieg
Der Begriff wurde von den Nationalsozialisten verwendet für die schon in der Endphase des Ersten Weltkrieges geprägte Strategie, den Gegner durch einen überraschenden Angriff mit massiven Panzerkräften und Luftunterstützung in kürzester Zeit militärisch zu besiegen.
Im Zweiten Weltkrieg gelten die Feldzüge der deutschen Wehrmacht gegen Polen 1939 und Dänemark, Norwegen, die Benelux-Staaten, Frankreich 1940 sowie gegen Griechenland und Jugoslawien 1941 als „Blitzkriege". Neuere militärhistorische Forschungen gehen jedoch davon aus, dass die Erfolge der deutschen Truppen bis 1940 vor allem auf Zufällen und Eigenmächtigkeiten einiger Panzergeneräle beruhten. Erst nach dem Sieg über Frankreich habe die Wehrmacht eine „Blitzkriegs"-Strategie entwickelt. Sie sollte in erster Linie beim Überfall auf die Sowjetunion angewendet werden. Nach anfänglichen Erfolgen der deutschen Wehrmacht scheiterte sie jedoch.

Warenlieferungen an Deutschlands Kriegsgegner erlaubte. Damit deutete sich – wie im Ersten Weltkrieg – die globale Dimension der europäischen Auseinandersetzung bereits an.
Am 10. Juni 1940 trat Italien aufseiten Deutschlands in den Krieg ein. Um die italienischen Kriegsziele in Nordafrika und im Mittelmeer zu unterstützen, besetzten deutsche Truppen **Jugoslawien** und **Griechenland**; ein **„Afrikakorps"** setzte nach Tunesien und Libyen über.

Die Besatzungspolitik in Polen und später in der Sowjetunion zielte auf die rigorose Ausbeutung der besetzten Gebiete durch das Deutsche Reich ab. Gemäß der Rassenideologie wurde die Bevölkerung deportiert und getötet, um im Rahmen des „Generalplans Ost" Siedlungsraum für aus dem Baltikum, Ostgalizien, Wolhynien und Bessarabien umgesiedelte „Volksdeutsche" zu erhalten. Die polnische Führungsschicht wurde ermordet, der Bevölkerung nur ein eingeschränktes Lebensrecht auf niedrigstem Niveau zugestanden. Die polnische Agrarproduktion nutzte das Deutsche Reich zur Versorgung der deutschen Bevölkerung. Bis 1944 mussten ca. 1,7 Millionen Zwangsarbeiterinnen und -arbeiter im Reich, v. a. in der Kriegsproduktion, arbeiten. Bereits seit 1939 fanden erste Massendeportationen statt.

Überfall auf die Sowjetunion

Obwohl Deutschland Anfang 1941 den europäischen Kontinent beherrschte (M 3), war weder der Krieg gewonnen noch ein Konzept sichtbar, wie er beendet werden könnte. Es entsprach Hitlers Denken, die Entscheidung in der Offensive, in der Ausweitung des Krieges zu suchen und nun das Land anzugreifen, das in der nationalsozialistischen Ideologie ohnehin als der Hauptfeind und das eigentliche Ziel der „Lebensraumpolitik" galt: die kommunistische Sowjetunion. Gleichzeitig hoffte Hitler, Großbritannien nach einem Sieg über die Sowjetunion zu einem Friedensschluss unter Anerkennung der Vormachtstellung Deutschlands in Europa bewegen zu können.
Unter Missachtung des deutsch-sowjetischen Nichtangriffspaktes hatten die militärischen Planungen bereits im Sommer 1940 begonnen. **Am 22. Juni 1941 überfiel die deutsche Wehrmacht ohne Kriegserklärung die Sowjetunion („Unternehmen Barbarossa")**. Zusammen mit verbündeten rumänischen, finnischen, ungarischen, bulgarischen, italienischen und slowakischen Truppen rückte sie auf einer breiten Frontlinie von der Ostsee bis zum Schwarzen Meer vor. Der sowjetische Diktator Josef W. Stalin (1879–1953) und die Armeeführung der UdSSR, obgleich von den Alliierten vor einem bevorstehenden deutschen Angriff gewarnt, wurden vom Beginn der Kampfhandlungen überrascht. In den ersten Monaten erlitten die sowjetischen Armeen ungeheure Verluste; der größte Teil der westlichen Sowjetunion musste aufgegeben werden.
Im Winter 1941/42 zeigte sich jedoch, dass die „Blitzkriegs"-Strategie gegen die Sowjetunion ebenso gescheitert war wie gegen England. Hatten sich die deutschen Truppen gegen England weder zu Wasser noch in der Luft durchsetzen können, waren sie im Osten auf einen Gegner gestoßen, der stärkere Panzer, Panzer abwehrende Waffen und zahlenmäßig überlegene Bodentruppen einsetzen konnte. Die deutschen Truppen erreichten 1942 nur noch geringe Landgewinne und mussten immer größere Verluste hinnehmen.
Die Einkesselung und Kapitulation der 6. Armee in **Stalingrad*** im Januar **1943** wurde zum Symbol der **Kriegswende**: der Erschöpfung der Soldaten, der Unmöglichkeit, hinreichend Nachschub zur Verfügung zu stellen, und eines sinnlosen Durchhaltewillens der politischen und militärischen Führung.

Der Kampf um Stalingrad
Im Rahmen einer erneuten Großoffensive der deutschen Wehrmacht an der Ostfront im Sommer 1942 wollte Hitler vor allem die Stadt Stalingrad, das Rüstungs- und Verkehrszentrum an der Wolga, erobern. In erbitterten Häuser- und Straßenkämpfen gelang es der 6. Armee unter Generaloberst Paulus nicht, die Stadt einzunehmen. Stattdessen begann die Rote Armee im November, den Ring um Stalingrad zu schließen und die deutschen Truppen einzukesseln. Während Paulus die Stadt aufgeben und nach Westen durchbrechen wollte, befahl Hitler, die Stellung unter allen Umständen zu halten. Die Reste der Armee ergaben sich jedoch Anfang Februar 1943. Bis dahin waren auf deutscher Seite ca. 100 000 Soldaten gefallen, ca. 90 000 gerieten in Gefangenschaft, nur etwa 10 000 kehrten nach Deutschland zurück. Das völlig zerstörte Stalingrad wurde zum Symbol menschenverachtender Kriegführung und zugleich der Wende im Zweiten Weltkrieg.

Die Kriegserklärung an die USA

Zur Jahreswende 1942/43 war der Krieg schon lange nicht mehr auf Europa beschränkt. Die Konfrontation zwischen Japan und den Vereinigten Staaten von Amerika hatte sich zugespitzt, nachdem Japan 1940 den nördlichen Teil von Französisch-Indochina besetzt hatte (s. S. 373) und die Öffnung Ostasiens für den Weltmarkt, die nicht zuletzt die USA im 19. Jahrhundert erzwungen hatten, wieder rückgängig machen wollte. Als die USA ein Öl- und Stahlembargo gegen Japan verhängten und den Rückzug aus China verlangten, griffen japanische Flugzeuge überraschend am 7. Dezember 1941 den Stützpunkt der amerikanischen Pazifikflotte in **Pearl Harbor** auf Hawaii an. Die japanische Militärführung glaubte offenbar, mit einem dem deutschen ähnlichen „Blitzkriegs"-Konzept die USA aus dem ostasiatischen Raum vertreiben zu können, ohne das Risiko eines großen Krieges eingehen zu müssen. In den USA und in Deutschland begriff man jedoch den japanisch-amerikanischen Konflikt als Teil des Machtkampfes um eine neue Weltordnung, der in Europa seit 1939 ausgefochten wurde. Der amerikanischen und britischen Kriegserklärung an Japan folgte die **deutsche Kriegserklärung an die USA** am 11. Dezember 1941, und zwar in der – vergeblichen – Erwartung, die USA zwingen zu können, ihre Kräfte zwischen Europa und Asien aufzusplittern.

Besatzungspolitik

Um ihr Ziel einer weltweiten Vormachtstellung zu erreichen, wollten die Nationalsozialisten die Wirtschaft aller unterworfenen Gebiete auf die Bedürfnisse der deutschen Bevölkerung und die Produktion der deutschen Industrie ausrichten. Dies setzte eine effiziente Kontrolle der eroberten und besetzten Gebiete voraus.
Während in den Ländern Nord- und Westeuropas die NS-Behörden bei ihrer Ausbeutungs- und Unterdrückungspolitik mit kollaborationswilligen Kräften zusammenarbeiteten, übten die „Reichskommissare" und die Wehrmachtsverwaltung ihre Herrschaft in Polen und in der Sowjetunion unmittelbar aus. Diese Besatzungspolitik* verdeutlicht die enge Verbindung zu den rassenideologischen Vorstellungen der Nationalsozialisten, die nun in die Tat umgesetzt wurden: In den ehemaligen polnischen und sowjetischen Gebieten war die Verschleppung und Ermordung der Bevölkerung Teil des rassistischen Unterwerfungskonzeptes, wonach den Deutschen im Osten Europas „Lebensraum" zur Verfügung gestellt werden sollte und der einheimischen Bevölkerung nur ein eingeschränktes Lebensrecht auf niedrigem Niveau zugestanden wurde.

Vernichtungskrieg im Osten

Von Anfang an wurde auf deutscher Seite der Krieg gegen die Sowjetunion als „Weltanschauungs-" und Vernichtungskrieg geplant und geführt. Gegenüber den sowjetischen Soldaten, die als „Untermenschen" betrachtet wurden, gingen Wehrmacht, SS und Einsatzgruppen mit aller Rücksichtslosigkeit und Härte vor (M 7, M 8). Dies galt auch für den Umgang mit der Zivilbevölkerung (M 2). Partisanen, Freischärler, Verdächtige oder auch Zivilisten, die sich den Anordnungen der Besatzungsmacht widersetzten, waren ohne Verfahren zu erschießen. Soldaten, die sich an den willkürlichen „Säuberungsaktionen" beteiligten, wurde Straffreiheit in Aussicht gestellt. Der sogenannte „Kommissarbefehl"* vom Juni 1941 enthielt die Anweisung an das Heer, politische Kommissare der Roten Armee ohne Gerichtsverhandlung zu ermorden. Zur Bekämpfung von Partisanen wurden Geiseln aus der Zivilbevölkerung genommen, die nach Überfällen massenhaft ermordet wurden. Der Terror gegen die Zivilbevölkerung äußerte sich durch Zwangsarbeit, Vertreibung und systematische Ermordung.
Diese Besatzungspolitik zeigt, wie eng die „Lebensraumpolitik" des NS-Staates mit seiner Rassenideologie verbunden war. Die Nationalsozialisten beabsichtigten mit ihrer Expansionspolitik im Osten nicht nur die Eroberung von „Lebensraum", sondern auch die Vernichtung von „rassisch Minderwertigen". Bei der Durchsetzung ihrer Ziele missachtete Deutschland alle Bestimmungen des humanitären Völkerrechts. Der Krieg im Osten war seinem Charakter nach zugleich Eroberungs-, Versklavungs- und Vernichtungskrieg. Der totale Vernichtungswille, mit dem die Deutschen diesen Krieg führten, verlieh ihm seine verbrecherische Einzigartigkeit, die einen Bruch mit allen zivilisatorischen Konventionen bedeutete.

Zwangsarbeiter

Um den Mangel an Arbeitskräften in den Kriegsjahren zwischen 1939 und 1945 auszugleichen, setzten die Nationalsozialisten ausländische Arbeitskräfte als Zwangsarbeiter ein. Zu ihnen gehörten Kriegsgefangene, Zivilarbeiter, KZ-Häftlinge und jüdische Arbeitskräfte. Spätestens seit der Kriegswende 1942/43 war vor allem die deutsche Rüs-

M 2 Pogrom in Kowno/Litauen, Fotografie, 1941

Die deutsche Sicherheitspolizei hatte Zuchthäusler freigelassen und mit Eisenstangen bewaffnet, um Juden totschlagen zu lassen.

Kommissar
Beamter mit besonderem Auftrag; die politischen Kommissare der Kommunistischen Partei der Sowjetunion (KPdSU) sollten die Truppen der Roten Armee ideologisch im Sinne Stalins führen.

Kriegsverbrechen
Handlungen von Angehörigen eines Krieg führenden Staates, die gegen Strafvorschriften des Staates oder internationale Strafbestimmungen verstoßen, z. B. Angriffskrieg, Mord, Grausamkeiten gegen die Zivilbevölkerung, systematischer Terror, Misshandlung und Tötung von Gefangenen, Zwangsarbeit fremder Staatsangehöriger und Völkermord (Genozid).

M3 Der Zweite Weltkrieg in Europa 1939–1945

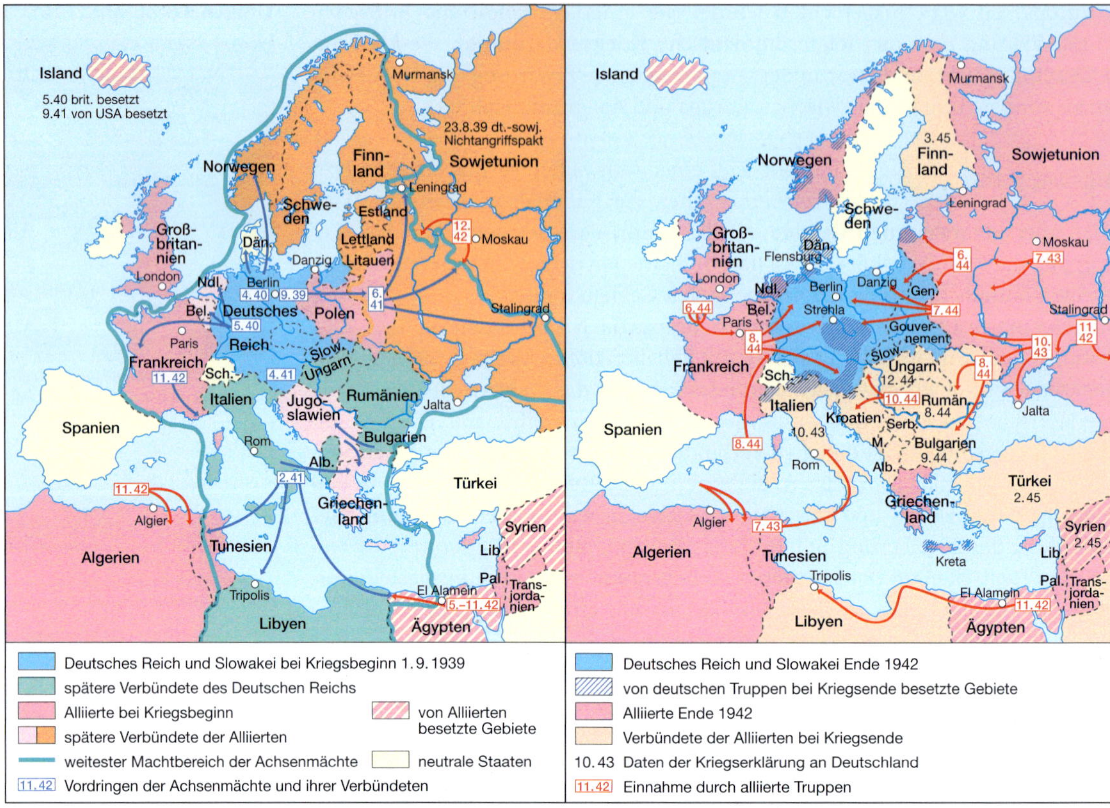

Entschädigungsfonds für ehemalige Zwangsarbeiter
Im August 2000 verabschiedete der Deutsche Bundestag das Gesetz zur Errichtung der Stiftung „Erinnerung, Verantwortung und Zukunft", das individuelle und humanitäre Zahlungen nicht nur an ehemalige Zwangsarbeiter, sondern auch an andere Opfer des NS-Regimes vorsah. Entschädigt wurden die Betroffenen aus einem Fonds von insgesamt rund 5 Milliarden Euro – je zur Hälfte vom deutschen Staat und der deutschen Wirtschaft getragen. Die Zahlungen an noch lebende ehemalige Zwangsarbeiter wurden im Juni 2007 abgeschlossen.

Internettipp
www.stiftung-evz.de
Die Website der Stiftung „Erinnerung, Verantwortung und Zukunft"

tungsindustrie auf den Einsatz von Zwangsarbeitern angewiesen. Sie sicherten nicht nur die Fortführung der Rüstungsproduktion, sondern bis 1944 auch die Ernährung der deutschen Bevölkerung. Die Gesamtzahl der Menschen, die in Deutschland zur Arbeit gezwungen wurden, betrug 1942 etwa sechs Millionen und 1944 ca. 7,6 Millionen – ein Viertel der in der deutschen Gesamtwirtschaft Beschäftigten. Damit ist die nationalsozialistische Zwangsarbeit der größte Einsatz ausländischer Arbeitskräfte in der Geschichte seit dem Ende der Sklaverei im 19. Jahrhundert. Bei der Überwachung des Arbeitseinsatzes wurden verstärkt auch „verlässliche" NSDAP-Mitglieder eingesetzt, die neben SS und Wehrmacht nicht nur für die Ordnung in den Arbeitslagern zuständig waren, sondern die Zwangsarbeiter auch von der deutschen Bevölkerung fernhalten sollten.
Die Zwangsarbeiter wurden bewusst für gesundheitsgefährdende Arbeiten eingesetzt und litten in ihren primitiven Unterkünften unter katastrophalen hygienischen Verhältnissen und Mangelernährung. Darüber hinaus waren sie der Willkür des Wachpersonals ausgesetzt. Ein Großteil der Zwangsarbeiter starb durch Hunger, Krankheiten und Misshandlungen. Für die Überlebenden wurde erst im Jahr 2000 ein **Entschädigungsfonds*** eingerichtet.

1 Erstellen Sie eine Zeittafel zum Verlauf des Zweiten Weltkrieges. Nutzen Sie dazu auch die Karte M 3.
2 Begründen Sie, warum von einem „Vernichtungskrieg" im Osten gesprochen werden kann.
3 Informieren Sie sich, z. B. beim Deutschen Bundestag, darüber, welche deutschen Unternehmen sich an dem Entschädigungsfonds beteiligt haben. Recherchieren Sie auch die jeweiligen Gründe für das Engagement.

M4 Göring, Hitler und Heß während der Verlesung der Waffenstillstandspräambel durch Keitel am 21. Juni 1940 im Salonwagen in Compiégne, Fotografie

1 Recherchieren Sie die Bedeutung des Ortes, an dem der Waffenstillstand mit Frankreich 1940 geschlossen wurde. Erklären Sie, welche Absichten Hitler mit der Wahl dieses Ortes verband.

M5 Frauen in Leningrad (heute: St. Petersburg) bei der Trinkwasserbeschaffung während der Belagerung durch deutsche Truppen, Fotografie, Januar 1942

M6 Aus dem „Geiselmordbefehl" für die besetzten sowjetischen Gebiete vom 16. September 1941

a) Bei jedem Vorfall der Auflehnung gegen die deutsche Besatzungsmacht, gleichgültig, wie die Umstände im Einzelnen liegen mögen, muss auf kommunistische Ursprünge geschlossen werden.

b) Um die Umtriebe im Keime zu ersticken, sind beim ersten Anlass unverzüglich die schärfsten Mittel anzuwenden, um die Autorität der Besatzungsmacht durchzusetzen und einem weiteren Umsichgreifen vorzubeugen. Dabei ist zu bedenken, dass ein Menschenleben in den betroffenen Ländern vielfach nichts gilt und eine abschreckende Wirkung nur durch ungewöhnliche Härte erreicht werden kann. Als Sühne für ein deutsches Soldatenleben muss in diesen Fällen im Allgemeinen die Todesstrafe für 50–100 Kommunisten als angemessen gelten. Die Art der Vollstreckung muss die abschreckende Wirkung noch erhöhen.

Der Prozess gegen die Hauptkriegsverbrecher vor dem Internationalen Militärgerichtshof, Bd. 2, Nürnberg 1946, S. 487 f.

1 Analysieren Sie M5 und M6 hinsichtlich der deutschen Besatzungspolitik in der Sowjetunion (s. auch den Darstellungstext S. 451 f.).

M7 Befehl des Oberbefehlshabers der 6. Armee, Generalfeldmarschall von Reichenau, über das „Verhalten der Truppe im Ostraum" vom 10. Oktober 1941

Dieser Befehl wurde von Hitler als vorbildlich bezeichnet und von zahlreichen Befehlshabern übernommen.

Hinsichtlich des Verhaltens der Truppe gegenüber dem bolschewistischen System bestehen vielfach noch unklare Vorstellungen. Das wesentlichste Ziel des Feldzuges gegen das jüdisch-bolschewistische System ist die völlige Zerschlagung der Machtmittel und die Ausrottung des asiatischen Einflusses im europäischen Kulturkreis. Hierdurch entstehen auch für die Truppe Aufgaben, die über das hergebrachte einseitige Soldatentum hinausgehen. Der Soldat ist im Ostraum nicht nur ein Kämpfer nach den Regeln der Kriegskunst, sondern auch Träger einer unerbittlichen völkischen Idee und der Rächer für alle Bestialitäten, die deutschem und artverwandtem Volkstum zugefügt wurden.

Deshalb muss der Soldat für die Notwendigkeit der harten, aber gerechten Sühne am jüdischen Untermenschentum volles Verständnis haben. Sie hat den weiteren Zweck, Erhebungen im Rücken der Wehrmacht, die erfahrungsgemäß stets von Juden angezettelt wurden, im Keime zu ersticken. Der Kampf gegen den Feind hinter der Front wird noch nicht ernst genug genommen. Immer noch werden heimtückische grausame Partisanen und entartete Weiber zu Kriegsgefangenen gemacht, immer noch werden halbuniformierte oder in Zivil gekleidete Heckenschützen und Herumtreiber wie anständige Soldaten behandelt und in die Gefangenenlager abgeführt. [...]

M8 Öffentliche Hinrichtung in Minsk, der heutigen Hauptstadt Weißrusslands, Fotografie vom 26. Oktober 1941.
An jenem Sonntag wurden zwölf Personen durch Wehrmachtsangehörige öffentlich erhängt. Sie trugen Schilder mit der Aufschrift „Wir sind Partisanen und haben auf deutsche Soldaten geschossen". Dies entsprach nicht der Wahrheit. Tatsächlich hatten sie versucht, verletzten Soldaten der Roten Armee bei der Flucht zu helfen.

Das Verpflegen von Landeseinwohnern und Kriegsgefangenen, die nicht im Dienste der Wehrmacht stehen, an Truppenküchen ist eine ebenso missverstandene Menschlichkeit wie das Verschenken von Zigaretten und Brot. Was die Heimat unter großer Entsagung entbehrt, was die Führung unter größten Schwierigkeiten nach vorne bringt, hat nicht der Soldat an den Feind zu verschenken, auch nicht, wenn es aus der Beute stammt. Sie ist ein notwendiger Teil unserer Versorgung. [...]

Fern von allen politischen Erwägungen der Zukunft hat der Soldat zweierlei zu erfüllen:

1) Die völlige Vernichtung der bolschewistischen Irrlehre, des Sowjet-Staates und seiner Wehrmacht;

2) Die erbarmungslose Ausrottung artfremder Heimtücke und Grausamkeit und damit die Sicherung des Lebens der deutschen Wehrmacht in Russland.

Nur so werden wir unserer geschichtlichen Aufgabe gerecht, das deutsche Volk von der asiatisch-jüdischen Gefahr ein für allemal zu befreien.

Zit. nach: Reinhard Rürup (Hg.), Der Krieg gegen die Sowjetunion 1941–1945, Argon, Berlin ²1991, S. 122

1 Ordnen Sie M 7 und M 8 in ihren zeitlichen Kontext ein.

2 Erarbeiten Sie aus M 7 und M 8 das nationalsozialistische Verständnis des „Weltanschauungskrieges" gegen die Sowjetunion.

3 Erörtern Sie auf der Basis von M 7 und M 8 sowie unter Einbeziehung der Informationen aus dem darstellenden Text, inwieweit auch die Wehrmacht in die in der Sowjetunion begangenen Verbrechen verstrickt war.

M9 Der Historiker Wolfgang Michalka über den Vernichtungskrieg des NS-Regimes, 2003

Von Anfang an besaß der „programmatische" Krieg gegen die Sowjetunion für Hitler eine besondere Qualität, sodass er sich prinzipiell von den Feldzügen in Skandinavien und in Afrika, auf dem Balkan und gegen Frankreich unterschied. Diese vermögen trotz nicht zu übersehender Grausamkeiten und Exzesse durchaus noch dem Typus des „Normalkriegs" zu entsprechen. Für die Kriege in Osteuropa, gegen Polen und besonders gegen die Sowjetunion, dagegen erscheinen alle in der Forschung verwendeten Bezeichnungen und Charakterisierungen „geschönt"; denn sie verharmlosen und verfälschen regelrecht die historische Realität. Erst der Vernichtungskrieg gegen die UdSSR kann die unauflösbare Verbindung von Ideologie und Machtpolitik, von Lebensraumeroberung und radikalem Rassenantisemitismus demonstrieren und damit die unvergleichbare Singularität nationalsozialistischer Politik offenbaren. Dass die Vernichtung des Gegners und die Ausrottung der europäischen Juden nicht „lediglich" und „zufällig" das Resultat eines sich radikalisierenden Krieges war, belegen unmissverständlich die Anweisungen und Befehle, die Hitler lange vor Beginn des Unternehmens „Barbarossa" erteilte, sodass die daraus resultierenden Beherrschungs- und Vernichtungspraktiken systematisch geplant und [...] langfristig vorbereitet erscheinen. Bereits im Frühjahr 1941 war den an der Planung des Angriffs auf die Sowjetunion Beteiligten klar, dass der Krieg im Osten neben strategisch-machtpolitischen und wirtschaftlichen vor allem ideologische Aufgaben zu erfüllen hatte und dass völkerrechtliche Beschränkungen und Regeln absolut fehl am Platze waren. Am deutlichsten zeigt sich dies im Komplex der sogenannten „verbrecherischen

Befehle", vor allem im „Kriegsgerichtsbarkeitserlass" und im „Kommissarbefehl". Beide Direktiven erhielten ihre Begründung und Verbreitung in einer Rede vor etwa 230 Generalen – den Befehlshabern und Stabschefs der für den Ostkrieg vorgesehenen Verbände – am 30. März 1941, in der Hitler über den bevorstehenden „Kampf zweier Weltanschauungen" zur „Ausrottung" des Kommunismus „für alle Zeiten" offen und klar informierte und zur „Vernichtung der bolschewistischen Kommissare und kommunistischen Intelligenz" aufrief. Es handle sich „um einen Vernichtungskampf", in dem man den Feind nicht „konservieren" dürfe. In den folgenden Wochen wurden beide Befehle auf mittlerer Ebene [...] ausgearbeitet, ohne dass es weitere Anstöße vonseiten Hitlers bedurft hätte; dies bedeutet gleichzeitig, dass kein entschiedener Widerspruch von den militärischen Führungsstäben erfolgt ist.

Der „Kriegsgerichtsbarkeitserlass" bestimmte, dass „Straftaten feindlicher Zivilpersonen" nicht, wie üblich, durch Kriegsgerichte abgeurteilt werden durften. Zivilisten, die die Wehrmacht „angriffen", sollten erbarmungslos „niedergemacht", sogenannte „verdächtige Elemente" auf Befehl eines Offiziers erschossen werden. Demgegenüber sollten Verbrechen deutscher Soldaten an sowjetischen Bürgern nicht verfolgt werden, wenn der Täter politische Motive geltend machte. Der „Kommissarbefehl" forderte von der Truppe die sofortige Erschießung aller gefangen genommenen politischen Kommissare der Roten Armee. [...] Die Entscheidung, alle kommunistischen Funktionäre und darüber hinaus alle potenziellen Träger von Widerstand zu beseitigen, resultierte aus der Absicht, die Eroberung im Osten – die Basis der zukünftigen Weltmachtstellung – mit größter Rücksichtslosigkeit zu sichern. [...]

Eine weitere Entscheidung, die ebenfalls aus den globalen Kriegszielen deutscher Entscheidungsträger resultierte, betraf die Behandlung der russischen Kriegsgefangenen, die besonders zu Beginn des Angriffskrieges in sehr großen Zahlen den deutschen Aggressoren in die Hände fielen. Wenn auch keine konkreten Planungen hinsichtlich der Behandlung der Gefangenen vor Beginn des Krieges vorhanden waren, herrschte weitgehend Konsens darüber, dass die deutsche Bevölkerung möglichst „friedensmäßig" ernährt werden sollte, um die „Kriegsmoral der Heimatfront" nicht aufs Spiel zu setzen. Die besetzten Gebiete wurden in dieser Absicht systematisch nach Nahrungsressourcen ausgeplündert, und die Ernährungsrationen für die sowjetischen Kriegsgefangenen lagen weit unter dem Existenzminimum. Mangelnde Ernährung, unzureichende medizinische Versorgung, extreme Arbeitsbelastung und nicht zuletzt Massenerschießungen „vernichteten" 3,3 Millionen von insgesamt 5,7 Millionen sowjetischen Kriegsgefangenen. Das entsprach 57,8 % oder dem Zehnfachen der im Ersten Weltkrieg in deutscher Gefangenschaft umgekommenen Russen.

[...] Es ist [...] offensichtlich [...], dass zwischen der erklärten Absicht deutscher Führungseliten, die „Ostvölker" zu dezimieren, und dem Massensterben sowjetischer Gefangener ein enger Kausalzusammenhang besteht. Helmuth James Graf Moltke, [...] als Mitarbeiter der Völkerrechtsabteilung des Amtes Ausland/Abwehr im OKW[1] stets gut unterrichtet, schrieb schon im August 1941 über die Auswüchse des Vernichtungskriegs an seine Frau: „Die Nachrichten aus dem Osten sind wieder schrecklich. Wir haben offenbar doch sehr, sehr große Verluste. Das wäre aber noch erträglich, wenn nicht Hekatomben[2] von Leichen auf unseren Schultern liegen. Immer wieder hört man Nachrichten, dass von Transporten von Gefangenen und Juden nur 20 % ankommen, dass in Gefangenenlagern Hunger herrscht, dass Typhus und andere Mangel-Epidemien ausgebrochen seien."

Die Kontinuität und Verbindung von rassen- und raumpolitischen Leitideen bei Hitler lassen sich am eindeutigsten an dem Komplex „Endlösung der Judenfrage" demonstrieren: Die Eroberung von Lebensraum und die Vernichtung der Juden waren ideologische Axiome, die nun beim Angriff auf die Sowjetunion ihre Realisierung finden sollten.

Wolfgang Michalka, Das Dritte Reich 1933–1945, in: Martin Vogt (Hg.), Deutsche Geschichte. Von den Anfängen bis zur Gegenwart, Fischer, Frankfurt/M. ²2003, S. 750 ff.

1 OKW: Oberkommando der Wehrmacht
2 Hekatombe (griech.): einem Unglück zum Opfer gefallene, erschütternd große Zahl von Menschen

1 Beschreiben Sie die Folgen des Krieges für die Menschen in der Sowjetunion.

2 Erläutern Sie anhand von Beispielen den Zusammenhang von Krieg und Rassenideologie.

3 Präsentation: In der unmittelbaren Nachkriegszeit entstand in der westdeutschen Öffentlichkeit das Bild der „sauberen Wehrmacht", die an den deutschen Kriegsverbrechen unbeteiligt war. Historische Forschungen seit den 1960er-Jahren und – in der breiteren Öffentlichkeit – vor allem die 1995 organisierte Ausstellung „Verbrechen der Wehrmacht. Dimensionen des Vernichtungskrieges 1941–1944" widerlegten diese Sichtweise. Die öffentliche Diskussion über die Ausstellung wurde von Kritik und massiven Protesten begleitet und führte zu einer teilweisen Überarbeitung der Ausstellung. Recherchieren Sie Inhalt und Verlauf dieser Kontroverse, erstellen Sie daraus eine Präsentation und ziehen Sie eine Bilanz. Weiterführende Informationen finden Sie im Internet unter *www.verbrechen-der-wehrmacht.de* und *http://de.wikipedia.org/wiki/Wehrmachtsausstellung*.

Politische Reden als Text- und Tondokumente

M1 Heinrich Himmler (1900–1945), Fotografie, undatiert

Reden liegen meist als geschriebene Texte vor, seit dem 20. Jahrhundert auch als Tondokumente. Als historische Quellen weisen sie einige Besonderheiten auf:

- Politische Reden wollen **beeinflussen**. Der Redner will beim Adressaten eine Veränderung der Einstellungen oder ein bestimmtes Verhalten bewirken.
- Politische Reden werden häufig über **Massenmedien** verbreitet, d.h. über Zeitungen (seit dem 19. Jh.), Rundfunk (seit Beginn des 20. Jh.), Fernsehen (seit den 1950er-Jahren) oder das Internet (seit den 1990er-Jahren). Sie zielen also nicht nur auf das unmittelbar anwesende Publikum, den **direkten Adressaten**, sondern auch auf eine breite Masse der Leser, Zuhörer oder Zuschauer, den **indirekten Adressaten**.
- Die unmittelbare **Wirkung** der Vortragsweise auf den direkten Adressaten kann man nur anhand des Tondokuments oder vorhandener Teilnehmerberichte analysieren. Die vom Redner beabsichtigte Wirkung lässt sich jedoch auch anhand der Textfassung ermitteln. Dafür muss man den Redetext in den historischen **Kontext** einordnen.
- Bei der **Beurteilung** sind kurzfristige und langfristige Folgen zu unterscheiden.
- Die **Bewertung** einer Rede sollte auf die Wertvorstellungen des Redners eingehen (Sachurteil) und diese mit den eigenen Wertmaßstäben abgleichen (Werturteil). Dabei können Wertvorstellungen nur aus ihrer Zeit heraus begriffen werden.

Arbeitsschritte für die Interpretation

1. Formale Merkmale
- Wer ist der Autor?
- Wann und wo wurde die Rede gehalten?
- Welche Art der Rede liegt vor (z.B. Geheimrede, Wahlkampfrede, Parteitagsrede)?
- Wer sind die direkten bzw. indirekten Adressaten?
- Was ist das Thema der Rede?
- Wurde die Textfassung verändert (Kürzungen, Schnitte, eingefügte Kommentare)?

2. Inhaltliche Merkmale
- Wie ist die Rede gegliedert?
- Was sind die wesentlichen Aussagen (z.B. anhand des gedanklichen Aufbaus bzw. einzelner Abschnitte)?
- Welche Schlüsselbegriffe verwendet der Redner?

3. Sprachliche Form
- Welche sprachlich-stilistischen Mittel werden eingesetzt?
- Welche Zusammenhänge gibt es zwischen dem Inhalt und der gewählten Form?

4. Vortragsweise
- Wie ist die Tonlage (z.B. emotional, sachlich, emphatisch, distanzierend, ironisch)?
- Wo gibt es Betonungen (z.B. durch Stimmlage, Sprechtempo, Pausen)?

5. Kontext
- Was ist der Redeanlass?
- Auf welches Ereignis, welchen Konflikt, welche Prozesse bezieht sich der Inhalt?

6. Beurteilung und Bewertung des Aussagegehalts
- Welchen politisch-ideologischen Standpunkt nimmt der Autor/Redner ein?
- Welche Intentionen verfolgt er?
- Lassen sich Widersprüchlichkeiten, Fehler in der Rede feststellen?
- Wie ist das Verhältnis von Aussageabsicht und Wirkung zu beurteilen?
- Welche unmittelbare oder langfristige Wirkung hat die Rede?
- Wie sind die ideologischen Vorstellungen zu bewerten?

Übungsaufgabe mit Lösungshinweisen

M 2 Aus einer Rede Heinrich Himmlers, 1943

Am 4. Oktober 1943 hielt Himmler bei der SS-Gruppenführertagung im Posener Rathaus eine mehrstündige Rede vor 92 SS-Offizieren. Er ließ die Rede auf Schallplatte aufnehmen. Nicht anwesenden Gruppenführern wurde sie in einer schriftlichen, leicht veränderten Fassung zugesandt. Der nachstehende Text folgt der Umschrift der Tonaufnahme:

Ich will auch ein ganz schweres Kapitel, will ich hier vor Ihnen in aller Offenheit nennen. Es soll zwischen uns ausgesprochen sein, und trotzdem werden wir nicht in der Öffentlichkeit darüber reden. Ich meine die Judenevakuierung; die Ausrottung des jüdischen Volkes. Es gehört zu den Dingen, die man leicht ausspricht. – „Das jüdische Volk wird ausgerottet", sagt Ihnen jeder Parteigenosse, „ganz klar, steht in unserem Programm drin, Ausschaltung der Juden, Ausrottung, machen wir. Ha, Kleinigkeit!" Und dann kommen sie alle, alle die braven 80 Millionen Deutschen, jeder hat seinen anständigen Juden, sagt, alle anderen sind Schweine, der ist 'n prima Jude. Und zugesehen, es durchgestanden hat keiner. Von Euch werden die meisten wissen, was es heißt, wenn 100 Leichen beisammenliegen, wenn 500 daliegen oder wenn 1000 daliegen. Und dies durchgehalten zu haben, und dabei – abgesehen von menschlichen Ausnahmeschwächen – anständig geblieben zu sein, hat uns hart gemacht und ist ein niemals genanntes und niemals zu nennendes Ruhmesblatt. Denn wir wissen, wie schwer wir uns täten, wenn wir heute noch in jeder Stadt – bei den Bombenangriffen, bei den Lasten des Krieges und bei den Entbehrungen –, wenn wir da noch die Juden als geheime Saboteure, Agitatoren und Hetzer hätten. Wir würden wahrscheinlich in das Stadium des Jahres [19]16/17 jetzt gekommen sein, wenn die Juden noch im deutschen Volkskörper säßen.

Die Reichtümer, die sie hatten, haben wir ihnen abgenommen. Und ich habe einen strikten Befehl gegeben, den [SS-]Obergruppenführer Pohl[1] durchgeführt hat, wir haben diese Reichtümer restlos dem Reich, dem Staat abgeführt. Wir haben uns nichts davon genommen. [...] Eine Anzahl SS-Männer haben sich dagegen verfehlt – es sind nicht sehr viele – und sie werden des Todes sein, gnadelos. Wir haben das moralische Recht, wir hatten die Pflicht unserem Volk gegenüber, das zu tun, dieses Volk, das uns umbringen wollte, umzubringen. Wir haben aber nicht das Recht, uns auch nur mit einem Pelz, mit einer Mark, mit einer Zigarette, mit einer Uhr, mit sonst etwas zu bereichern. Das haben wir nicht. Denn wir wollen nicht am Schluss, weil wir den Bazillus ausrotten, an dem Bazillus krank werden und sterben.

Zit. nach: Erlebte Geschichte Nationalsozialismus, CD-ROM, Cornelsen, Berlin 2005

1 Oswald Pohl (1892–1951), Chef des SS-Wirtschafts- und Verwaltungshauptamtes, das seit Frühjahr 1942 für die KZ-Inspektion zuständig war

Hinweis zu M 2 als Tondokument:
M 2 findet sich als originales Tondokument in „Kursbuch Geschichte – Neubearbeitung. Handreichungen für den Unterricht mit CD-ROM", Cornelsen, Berlin 2009

1 Interpretieren Sie M 2 mithilfe der genannten Arbeitsschritte.

1. Formale Merkmale
Autor: „Reichsführer SS" Heinrich Himmler
Datum: 4. Oktober 1943, Originalaufnahme/Mitschnitt auf Schallplatte
Art der Rede: mehrstündige Geheimrede im Posener Rathaus, hier: Auszug
Adressat: 92 SS-Offiziere, Textfassung für abwesende Gruppenführer
Thema des Redeauszuges: Der Völkermord an den europäischen Juden
Änderungen: nachträgliche Änderungen in der schriftlichen Fassung

2. Inhaltliche Merkmale
Gliederung: Verpflichtung auf Geheimhaltung, Hinweise auf Massenmord und Legitimierung aus ideologischen Gründungen und angesichts der Kriegssituation, Enteignungen zugunsten des Staates, Erfüllung der „Pflicht unserem Volk gegenüber" als biologische Notwendigkeit bei gleichzeitiger Wahrung moralischer Integrität
Zentrale Aussagen: Legitimierung des Massenmordes als Notwendigkeit; Schein-Argumentation: politisch-militärisch (Kriegslasten, Juden als „Saboteure, Agitatoren und Hetzer"), pseudo-historisch (Weltkriegserfahrungen), biologistisch (Vergleich mit Krankheit), moralische Legitimierung durch Notwehrsituation und persönlichen Anstand („nicht bereichern")

3. Sprachliche Form
Verschleierungstechniken z. B. Euphemismen („Judenevakuierung" für Massenmord), Umschreibungen („100 Leichen beisammenliegen"), insistierende Wiederholungen („niemals ... niemals"), abwertende biologische Metaphern („Bazillus", „krank werden"), Selbstaufwertung („Ruhmesblatt"), Umkehrungen durch Polarisierungen (Opfer vs. Täter), durchgängig apodiktische Sprache, Versachlichung (Zahlenangaben)

4. Vortragsweise
Überwiegend ruhiger, z. T. vertraulicher Tonfall, Ironisierung der Haltung der Deutschen gegenüber Juden, beschleunigtes Sprechtempo bei der Darstellung der Morde, Pausen bei der Darstellung der eigenen Haltung

5. Kontext
Anlass: Gruppenführertagung in Posen
Historische Bezüge: Entscheidung zur „Endlösung" im Herbst 1941, Planung der Umsetzung auf der „Wannsee-Konferenz" am 20. Januar 1942, Einrichtung von Vernichtungslagern und Deportationen der europäischen Juden; der Völkermord ist 1943 in vollem Gange, zugleich Wende im Kriegsverlauf mit dem seit 1942 stockenden Russlandfeldzug, Bombardierung deutscher Städte; s. auch S. 450, 463 ff.
Folgen: Fortführung der Massenvernichtung bis 1944 mit ca. 6 Mio. Opfern

6. Beurteilung und Bewertung des Aussagewertes
Aussageabsicht: Information der SS-Funktionäre über den geplanten Völkermord an den Juden; Legitimierung der Verbrechen, Stärkung des Gemeinschaftsgefühls, Entlastung und Motivierung der Täter
Dokument, das den Völkermord an den Juden belegt, Unmenschlichkeit und Pervertierung aller Werte (Anspruch auf Recht und Moral – „anständig" – in Verbindung mit Völkermord), Sprache des Unmenschen, ideologische Verschleierung

4.4 Die Ermordung der europäischen Juden (1939–1945)

Völkermord
Laut UNO-Definition von 1948 Bezeichnung für Handlungen, die in der Absicht begangen werden, eine nationale, ethnische, rassische oder religiöse Gruppe ganz oder teilweise zu zerstören

Völkermord – Holocaust – Shoa

Mit der Entfesselung des Zweiten Weltkrieges durch das NS-Regime setzte eine neue Phase des antijüdischen Terrors ein. Nach der Entrechtung und Verfolgung (s. S. 432 ff.) begann nun die Ermordung von etwa sechs Millionen europäischer Juden in Konzentrations- und Vernichtungslagern. Das Lager Auschwitz, in dem über eine Million Menschen ermordet wurden, ist der Inbegriff der menschenverachtenden Rassenpolitik der Nationalsozialisten. Der Völkermord* an den europäischen Juden wurde von der NS-Führung mit der Formulierung „Endlösung der Judenfrage" verschleiert.
In der Geschichtswissenschaft verwendet man für den Völkermord an den Juden häufig den Terminus **Holocaust**, der den singulären Charakter dieses Verbrechens in der Menschheitsgeschichte kennzeichnet. Jüdische Überlebende sprechen meist von der **Shoa**. Sie argumentieren, dass dieser vom hebräischen Wort für „Katastrophe" abgeleitete Begriff adäquater sei, da das Wort „Holocaust" (griech. *holos* = ganz, *kuastes* = verbrannt) die biblischen Opfer einer religiösen Opferhandlung bezeichnet.

M1 **Ein SD-Mann schneidet einem polnischen Juden den Bart ab, Warschau, Fotografie, Oktober 1939**

Beginn des Völkermords

Die Vernichtung der europäischen Juden ist eng mit dem Verlauf des Zweiten Weltkrieges verbunden. Im Januar 1939 hatte Hitler vor dem Reichstag davon gesprochen, dass ein künftiger Krieg die „Vernichtung der jüdischen Rasse in Europa" zur Folge haben werde. Bereits vor Kriegsbeginn begannen die Nationalsozialisten mit der Ausweitung der Judenverfolgung außerhalb der deutschen Reichsgrenzen: Im Rahmen der Besetzung der Rest-Tschechoslowakei im März 1939 (s. S. 444) wurden alle in Deutschland getroffenen antijüdischen Maßnahmen in den annektierten Gebieten eingeführt. Nach dem Überfall auf Polen am 1. September 1939 richtete sich die Gewalt vor allem gegen polnische Juden. Neben eigens aufgestellten Einsatzgruppen der SS und des SD waren an dem antijüdischen Terror in Polen und später der Sowjetunion auch die Wehrmacht und andere Institutionen beteiligt. Hierzu gehörten z. B. die sogenannten **Reserve-Polizeibataillone**. Sie rekrutierten sich aus Männern, die zu alt für den Dienst in der Wehrmacht waren. Sie kamen aus allen Bevölkerungsschichten und bestanden aus „ganz normalen Männern" (Christopher Browning), die keineswegs immer zu den engagierten Anhängern des Nationalsozialismus zählten.
Historiker gehen davon aus, dass bis Ende 1939 etwa 7000 polnische Juden getötet wurden. Gleichzeitig wurden ca. 90 000 polnische Juden in speziell geschaffenen Ghettos „vorläufig" untergebracht und isoliert. Nicht verwirklicht wurden Deportationspläne der NS-Führung nach dem Sieg über Frankreich im Jahr 1940 zur „territorialen Endlösung der Judenfrage", die als neue „Siedlungsräume" die französische Insel Madagaskar im Indischen Ozean und später Sibirien in der Sowjetunion vorsahen.

M2 **Ein sterbendes Kind im Warschauer Ghetto, Fotografie vom 19. September 1941**

Nach dem Überfall auf die Sowjetunion im Juni 1941 erreichte der antijüdische Terror der Nationalsozialisten eine neue Dimension: Durch Misshandlungen und Massenerschießungen verloren von den 4,7 Millionen Juden, die im Sommer 1941 auf dem Territorium der UdSSR lebten, bis Ende 1942 etwa 2,2 Millionen ihr Leben.
Die Deportation der Juden aus dem deutschen Reichsgebiet begann im Herbst 1941. Im Oktober erreichten die ersten Deportationszüge aus Wien, Prag und Berlin das Ghetto von Lodz. Im gleichen Monat wurde ein Ausreiseverbot für deutsche Juden erlassen. Zudem legte die NS-Führung fest, den Deportierten ihr gesamtes Vermögen sowie die deutsche Staatsangehörigkeit zu entziehen.

Die „Endlösung der Judenfrage"

Nachdem die „Blitzkriegstrategie" beim Überfall auf die Sowjetunion gescheitert und der Vormarsch der deutschen Wehrmacht vor Moskau im Winter 1941 ins Stocken geraten war (s. S. 450), gab die NS-Führung ihre Pläne für die Errichtung sogenannter „Judenreservate" im Osten endgültig auf. Gleichzeitig verschärfte sich die Situation in den polnischen Ghettos und Lagern dramatisch: Allein in Lodz waren nahezu 140 000 Menschen unter widrigsten Umständen zusammengepfercht. Katastrophale Ernährung und Hygiene führten oftmals zum Tod, Epidemien brachen aus. Vor dem Hintergrund dieser Situation suchten die NS-Führung in Berlin und die deutschen Besatzungsbehörden in den annektierten Gebieten nach Methoden, die jüdische Bevölkerung in Europa systematisch zu vernichten. Dabei bezogen sie Erfahrungen mit stationären Gaskammern und Gaswagen aus dem „Euthanasie-Programm" ein (s. S. 427 ff.). Bereits im Sommer 1941 begannen im KZ Auschwitz „Massenhinrichtungen durch Vergasung" (M 7).

Die planmäßige Koordinierung des Mordens wurde auf der **Wannsee-Konferenz** am 20. Januar 1942 in Berlin beraten. Unter der Leitung des RSHA-Chefs Reinhard Heydrich organisierten NS-Behörden und Ministerien die „Endlösung der Judenfrage": Durch Zwangsarbeit und systematische Ermordung sollte die jüdische Bevölkerung vernichtet werden (M 6). Hauptverantwortlich dafür war die SS; an der Umsetzung dieses Völkermords beteiligten sich jedoch weitere NS-Organe, die Wehrmacht und zahlreiche Industriebetriebe. Nach der Wannsee-Konferenz wurden vor allem in Polen **Vernichtungslager** errichtet (M 5), zu denen der Transport in Viehwaggons erfolgte. Unmittelbar nach der Ankunft wurden die arbeitsfähigen Menschen in einer „Selektion" durch SS-Ärzte ausgesondert. Während Kinder unter 15 Jahren, Frauen, Kranke und Alte in den als Duschräume getarnten Gaskammern mit dem Blausäurepräparat „Zyklon B" sofort vergast wurden, beutete man die Arbeitsfähigen als Sklavenarbeiter so lange aus, bis sie zusammenbrachen. Allein in den Konzentrationslagern Auschwitz, Treblinka, Chelmo, Sobibor und Majdaneck wurden 3 000 000 Millionen Juden und mehr als 200 000 Sinti und Roma ermordet. Bis Kriegsende wurden etwa sechs Millionen Juden Opfer der nationalsozialistischen Vernichtungspolitik.

Holocaust-Forschung

Bis in die Gegenwart beschäftigen sich Historiker mit der Frage, wie die nationalsozialistische Judenverfolgung in den Völkermord münden konnte. Umstritten ist vor allem, ob die Ermordung der europäischen Juden frühzeitig einem Plan folgte. Für diese Annahme spricht eine Reihe öffentlicher Aussagen Hitlers: So hatte er bereits in „Mein Kampf" unmissverständlich angekündigt, im Falle der Machtübernahme „das Judentum aus dem deutschen Volksleben auszumerzen" und im Januar 1939 für den Fall eines Krieges mit der „Vernichtung der jüdischen Rasse in Europa" gedroht. Daher wurde in ersten Forschungsarbeiten nach 1945 die Auffassung vertreten, es gebe einen „geraden Weg" vom ausgeprägten Antisemitismus des jungen Hitler bis zu den ersten Massenerschießungen deutscher Juden im Jahr 1941 (Gerald Fleming, 1953).

Gegen diese auf Hitler konzentrierte Sichtweise wandten sich Historiker, die die Existenz eines „Führerbefehls" grundsätzlich infrage stellten und die Bedeutung der staatlichen und NS-Bürokratie bei der Organisation des Völkermords in den Vordergrund stellten. Zwar stehe, so schrieb beispielsweise Hans Mommsen 1983, Hitler als ideologischer wie politischer Urheber des Judenmords außer Frage, aber die Realisierung sei nur durch die Mitwirkung breiter Funktionärsgruppen möglich gewesen.

Mit der Öffnung der Archive in Osteuropa nach dem Ende des Kalten Krieges 1989/90 wurde die Holocaust-Forschung durch eine Reihe von Regionalstudien

M3 Massenmord an Juden in der Ukraine, zwischen Juni und September 1941, Fotografie

Das Foto wurde in der Uniform eines Soldaten gefunden.

M4 Auf der Rampe bei der Ankunft in Auschwitz, Fotografie, 1944

Internettipp

www.dradio.de/dkultur/sendungen/kulturinterview/498885
Ein Interview mit dem Historiker Peter Longerich in Deutschlandradio (2006) über das Wissen der Deutschen während der NS-Zeit über den Holocaust

http://college.usc.edu/vhi/otv/otv.php
Das Shoah Foundation Institute der University of California bietet einen Zugang zu seinem Archiv mit 52 000 Video-Interviews mit Opfern und Zeugen des Holocaust aus 56 Ländern.

Internettipp
www.auschwitz.org.pl/html/de/historia_KL/index.html
Die Gedenkstätte des ehemaligen Konzentrationslagers Auschwitz informiert über die Geschichte des Lagers.
www.wiesenthalarchiv.at
Das Simon Wiesenthal Archiv, Dokumentationszentrum des Bundes jüdischer Verfolgter des Naziregimes, sammelt Daten und Informationen zu NS-Tätern (Gerichtsakten, NS-Dokumente, Zeugenaussagen und Presseberichte). Ausgewählte Fälle werden im Internet vorgestellt.

erweitert, die sich vor allem mit der Beteiligung der zivilen Besatzungsverwaltung in den annektierten Gebieten sowie mit der kollaborierenden einheimischen Elite beschäftigten. Darüber hinaus widmeten sich Arbeiten dem Stellenwert der ökonomischen Ausplünderung der Juden im Rahmen der „Arisierung“ (Frank Bajohr, 1997) sowie der Rolle der Wehrmacht als „aktive Institution des Massenmords“ (Ausstellung über die „Verbrechen der Wehrmacht“). Jüngere Forschungen zu verschiedenen Tätergruppen, wie die Studie von Daniel Goldhagen von 1996, heben die Bedeutung des Antisemitismus in der deutschen Gesellschaft hervor (s. S. 472). Dennoch wird Hitlers Rolle in der neueren Holocaust-Forschung nicht unterbewertet. So konstatiert Christopher Browning 2003: „Tatsächlich fand keine maßgebliche Veränderung in der nationalsozialistischen Judenverfolgung ohne seine Intervention und Zustimmung statt.“
Ein weiterer zentraler Forschungsgegenstand der Geschichtswissenschaft betrifft die Frage, was die deutsche Bevölkerung über den nationalsozialistischen Völkermord an den europäischen Juden wusste (M 8).

1 Vervollständigen Sie Ihre Zeittafel über die nationalsozialistische Judenverfolgung während des Zweiten Weltkrieges.
2 Untersuchen Sie anhand von M 5 die räumliche Verteilung der Konzentrations- und Vernichtungslager.
3 Erläutern Sie an zwei Beispielen den Zusammenhang zwischen dem Verlauf des Zweiten Weltkrieges und der Vernichtung der europäischen Juden.
4 Formulieren Sie auf der Grundlage des Darstellungstextes eine erste Hypothese zu der Frage: Was wussten die Deutschen vom Holocaust?

M 5 Die Vernichtung der europäischen Juden durch die Nationalsozialisten 1939–1945

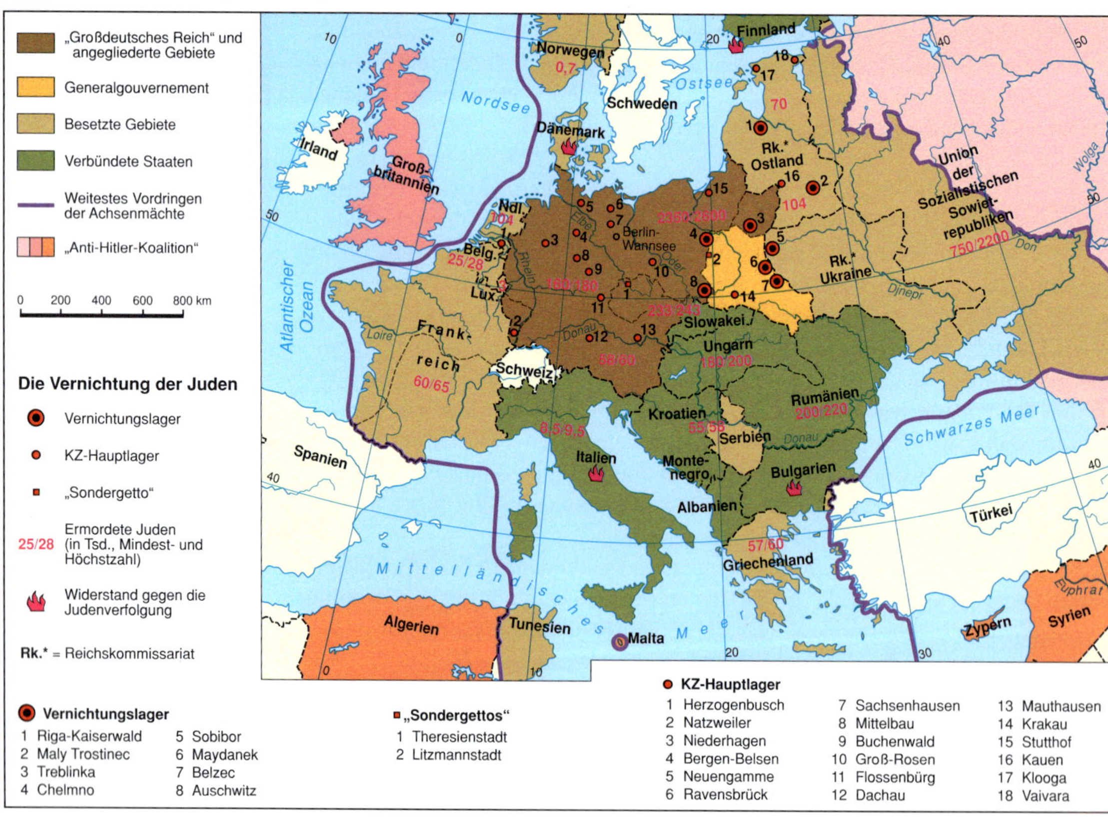

Vernichtungslager
1 Riga-Kaiserwald
2 Maly Trostinec
3 Treblinka
4 Chelmno
5 Sobibor
6 Maydanek
7 Belzec
8 Auschwitz

„Sondergettos“
1 Theresienstadt
2 Litzmannstadt

KZ-Hauptlager
1 Herzogenbusch
2 Natzweiler
3 Niederhagen
4 Bergen-Belsen
5 Neuengamme
6 Ravensbrück
7 Sachsenhausen
8 Mittelbau
9 Buchenwald
10 Groß-Rosen
11 Flossenbürg
12 Dachau
13 Mauthausen
14 Krakau
15 Stutthof
16 Kauen
17 Klooga
18 Vaivara

M6 Aus dem Protokoll der „Wannsee-Konferenz" zur „Endlösung der Judenfrage" vom 20. Januar 1942

Anstelle der Auswanderung ist nunmehr als weitere Lösungsmöglichkeit nach entsprechender vorheriger Genehmigung durch den Führer die Evakuierung der Juden nach dem Osten getreten. Diese Aktionen sind jedoch lediglich als Ausweichmöglichkeiten anzusprechen, doch werden hier bereits jene praktischen Erfahrungen gesammelt, die im Hinblick auf die kommende Endlösung der Judenfrage von wichtiger Bedeutung sind. Im Zuge dieser Endlösung der europäischen Judenfrage kommen rund 11 Millionen Juden in Betracht. [...]

Unter entsprechender Leitung sollen im Zuge der Endlösung die Juden in geeigneter Weise im Osten zum Arbeitseinsatz kommen. In großen Arbeitskolonnen, unter Trennung der Geschlechter, werden die arbeitsfähigen Juden Straßen bauend in diese Gebiete geführt, wobei zweifellos ein Großteil durch natürliche Verminderung ausfallen wird. Der allfällig endlich verbleibende Restbestand wird, da es sich bei diesen zweifellos um den widerstandsfähigsten Teil handelt, entsprechend behandelt werden müssen, da dieser, eine natürliche Auslese darstellend, bei Freilassung als Keimzelle eines neuen jüdischen Aufbaues anzusprechen ist. (Siehe die Erfahrung der Geschichte.)

Im Zuge der praktischen Durchführung der Endlösung wird Europa von Westen nach Osten durchgekämmt. Das Reichsgebiet, einschließlich Protektorat Böhmen und Mähren, wird allein schon aus Gründen der Wohnungsfrage und sonstiger sozialpolitischer Notwendigkeiten vorweggenommen werden müssen.

Léon Poliakov/Josef Wulf (Hg.), Das Dritte Reich und die Juden, Ullstein, Berlin 1955, S. 119ff.

1 Analysieren Sie die Kernaussagen sowie die Sprache und den Stil des Dokuments.
2 Bewerten Sie den historischen Stellenwert der Quelle.

M7 Rudolf Höß, der Kommandant von Auschwitz, beschreibt nach 1945 seine Tätigkeit

4. Massenhinrichtungen durch Vergasung begannen im Laufe des Sommers 1941 und dauerten bis zum Herbst 1944. Ich beaufsichtigte persönlich die Hinrichtungen in Auschwitz bis zum 1. Dezember 1943 und weiß aufgrund meines laufenden Dienstes in der Überwachung der Konzentrationslager WVHA, dass diese Massenhinrichtungen wie vorerwähnt sich abwickelten. Alle Massenhinrichtungen durch Vergasung fanden unter dem direkten Befehl, unter der Aufsicht und Verantwortlichkeit der RSHA statt. Ich erhielt unmittelbar von der RSHA alle Befehle zur Ausführung dieser Massenhinrichtungen. [...]

6. Die „Endlösung" der jüdischen Frage bedeutete die vollständige Ausrottung aller Juden in Europa. Ich hatte den Befehl, Ausrottungserleichterungen in Auschwitz im Juni 1942 zu schaffen. Zu jener Zeit bestanden schon drei weitere Vernichtungslager im Generalgouvernement: Belzec, Treblinka und Wolzek. Diese Lager befanden sich unter dem Einsatzkommando der Sicherheitspolizei und des SD. Ich besuchte Treblinka, um festzustellen, wie die Vernichtungen ausgeführt wurden. Der Lagerkommandant von Treblinka sagte mir, dass er 80 000 im Laufe eines halben Jahres liquidiert hätte. Er hatte hauptsächlich mit der Liquidierung aller Juden aus dem Warschauer Ghetto zu tun. Er wandte Monoxid-Gas an und nach seiner Ansicht waren seine Methoden nicht sehr wirksam. Als ich das Vernichtungsgebäude in Auschwitz errichtete, gebrauchte ich also Zyclon B, eine kristallisierte Blausäure, die wir in die Todeskammer durch eine kleine Öffnung einwarfen. Es dauerte 3 bis 15 Minuten, je nach den klimatischen Verhältnissen, um die Menschen in der Todeskammer zu töten. Wir wussten, wann die Menschen tot waren, weil ihr Kreischen aufhörte. Wir warteten gewöhnlich eine halbe Stunde, bevor wir die Türen öffneten und die Leichen entfernten. Nachdem die Leichen fortgebracht waren, nahmen unsere Sonderkommandos die Ringe ab und zogen das Gold aus den Zähnen der Körper.

7. Eine andere Verbesserung gegenüber Treblinka war, dass wir Gaskammern bauten, die 2000 Menschen auf einmal fassen konnten, während die 10 Gaskammern in Treblinka nur je 200 Menschen fassten. Die Art und Weise, wie wir unsere Opfer auswählten, war folgendermaßen: Zwei SS-Ärzte waren in Auschwitz tätig, um die einlaufenden Gefangenentransporte zu untersuchen. Die Gefangenen mussten bei einem der Ärzte vorbeigehen, der bei ihrem Vorbeimarsch durch Zeichen die Entscheidung fällte. Diejenigen, die zur Arbeit taugten, wurden ins Lager geschickt. Andere wurden sofort in die Vernichtungsanlagen geschickt. Kinder im zarten Alter wurden unterschiedslos vernichtet, da aufgrund ihrer Jugend sie unfähig waren zu arbeiten. Noch eine andere Verbesserung, die wir gegenüber Treblinka machten, war diejenige, dass in Treblinka die Opfer fast immer wussten, dass sie vernichtet werden sollten, während in Auschwitz wir uns bemühten, die Opfer zum Narren zu halten, indem sie glaubten, dass sie ein Entlausungsverfahren durchzumachen hätten. Natürlich erkannten sie auch häufig unsere wahren Absichten und wir hatten deswegen manchmal Aufruhr und Schwierigkeiten. Sehr häufig wollten Frauen ihre Kinder unter den Kleidern verbergen, aber wenn wir sie fanden, wurden die Kinder natürlich zur Vernichtung hineingesandt. Wir sollten diese Vernichtungen im Geheimen ausführen, aber der faule und Übelkeit erregende Gestank, der von der ununterbrochenen Körperverbrennung ausging, durchdrang die ganze Gegend, und alle Leute, die in den umliegenden Gemeinden lebten, wussten, dass in Auschwitz Vernichtungen im Gange waren.

8. Von Zeit zu Zeit kamen Sondergefangene an aus dem örtlichen Gestapo-Büro. Die SS-Ärzte töteten solche Gefangene durch Benzin-Einspritzungen. Die Ärzte hatten Anweisung,

gewöhnliche Sterbeurkunden auszustellen, und konnten irgendeine Todesursache ganz nach Belieben angeben.
9. Von Zeit zu Zeit führten wir medizinische Experimente an weiblichen Insassen aus, zu denen Sterilisierung und den Krebs betreffende Experimente gehörten. Die meisten dieser Menschen, die unter diesen Experimenten starben, waren schon durch die Gestapo zum Tode verurteilt worden.

Léon Poliakov/Josef Wulf (Hg.), Das Dritte Reich und die Juden, Ullstein, Berlin 1955, S. 127 ff.

1 Untersuchen Sie Ziel und Verhalten des Kommandanten von Auschwitz.
2 Diskutieren Sie mögliche Erklärungen für den fehlenden Widerstand der Opfer.
3 Nehmen Sie zur Darstellung von M 7 kritisch Stellung. Gehen Sie dabei auf Motive, Methoden und Ziele des Massenmords ein.

M8 Der Historiker Peter Longerich zu der Frage, was zwischen 1939 und Kriegsende über den Judenmord bekannt war, 2006

Im Laufe des Jahres 1942 machten im Reichsgebiet zunehmend Gerüchte über die Ermordung der Juden die Runde. Vor allem über Erschießungen wurde häufig spekuliert, und vielen war klar, dass die Deportierten dem Tod entgegensahen. Gemutmaßt wurde auch über den Massenmord mit Giftgas, konkrete Informationen über Vernichtungslager waren indes kaum in Umlauf. Ab Mitte 1942 begann das Regime, auf die zunehmenden Gerüchte über die Ermordung der Juden offensiv zu reagieren. Im Oktober erließ die Partei-Kanzlei eine parteiinterne Sprachregelung, in der sie in einer Weise Stellung zu Gerüchten über die Erschießungen im Osten nahm, die als Bestätigung gelesen werden konnte. Gleichzeitig versuchte das Regime, die immer offener propagierte Vernichtung der Juden zu rechtfertigen: Man komme damit der jüdischen Vernichtungsabsicht zuvor. [...] Die öffentliche Handhabung des Themas durch das Regime in der zweiten Jahreshälfte 1942 lief also darauf hinaus, die umlaufenden Gerüchte indirekt zu bestätigen; dahinter stand offenkundig das Kalkül, die deutsche Bevölkerung zu Zeugen und Mitwissern des Massenmordes an den Juden zu machen. Die „Judenfrage" wurde so zu einem öffentlichen Geheimnis; umgeben von einer Aura des Unheimlichen, handelte es sich um etwas, worüber man besser nicht sprach, das im allgemeinen Bewusstsein jedoch deutlich präsent war. Die vorhandenen Informationen zu einem Gesamtbild vom wirklichen Umfang der Judenverfolgung [...] zusammenzusetzen, war in dieser Atmosphäre für die meisten offenbar außerordentlich schwierig. [...]
1943 versuchte das Regime [...] noch einmal, die von ihm gesteuerte Öffentlichkeit mithilfe der „Judenfrage" neu auszurichten. Der Bevölkerung wurde klar gemacht, dass sie im Falle einer Niederlage für die Verbrechen des Regimes als dessen Mitwisser und Komplizen zur Rechenschaft gezogen werden würde; Angst vor Vergeltung sollte die letzten Reserven mobilisieren und den Durchhaltewillen der Bevölkerung zum Fanatismus steigern. [...]
Die Botschaft des Regimes, an der „Judenfrage" entscheide sich nicht nur die Existenz des „Dritten Reiches", sondern auch die des deutschen Volkes, wurde in der Bevölkerung durchaus verstanden – und gleichzeitig sperrte man sich offenkundig gegen die Vorstellung einer kollektiven Haftung für die verübten Verbrechen. Je wahrscheinlicher diese Niederlage wurde, desto größer war das Bedürfnis, sich dem Wissen über das offensichtlich vor sich gehende Verbrechen zu entziehen. [...] Hatte das Regime zwischen Spätsommer 1941 und Frühjahr 1943 auf den deutlichen Unwillen der Bevölkerung in der „Judenfrage" mit verstärkter antisemitischer Propaganda reagiert und sich immer offener zur Vernichtung und Ausrottung der Juden bekannt, so wurde die „Endlösung" ab Mitte 1943 mehr und mehr zum Un-Thema. [...] In dieser von Angst – sowohl vor der „jüdischen Rache" als auch vor Erörterung der zum Tabu gewordenen „Endlösung" – erfüllten Atmosphäre der zweiten Kriegshälfte war die Bevölkerung offenbar mehr oder weniger unwillig, sich weiterhin mit Details der „Judenfrage" zu befassen und die bruchstückhaft vorhandenen Einzelinformationen und offiziellen Stellungnahmen des Regimes zu einem Gesamtbild zusammenzusetzen. Damit hätte man sich eingestehen müssen, dass der Massenmord an den Juden ein Jahrhundertverbrechen darstellte, das sich wesentlich von den an anderen vertilgten Gruppen und unterjochten Völkern verübten Verbrechen unterschied. Zwischen Wissen und Unwissen gab es also eine breite Grauzone, gekennzeichnet durch Gerüchte und Halbwahrheiten, Imagination, verordnete und selbst auferlegte Kommunikationsbeschränkungen, Nicht-Wissen-Wollen und Nicht-Begreifen-Können. Die Tatsache, dass das Thema in den letzten beiden Kriegsjahren eine wesentlich geringere Rolle in der Propaganda des Regimes wie in der Deutschlandpropaganda der Alliierten spielte als im Zeitraum 1941 bis Mitte 1943, beförderte die Tendenz zur Verdrängung noch.
Die einfachste und vorherrschende Haltung war daher sichtbar zur Schau getragene Indifferenz und Passivität gegenüber der „Judenfrage" – eine Einstellung, die nicht mit bloßem Desinteresse an der Verfolgung der Juden verwechselt werden darf, sondern als Versuch gesehen werden muss, sich jeder Verantwortung für das Geschehen durch ostentative Ahnungslosigkeit zu entziehen.

Peter Longerich, „Davon haben wir nichts gewusst!" Die Deutschen und die Judenverfolgung 1933–1945, Siedler, München 2006, S. 324–328

1 Erarbeiten Sie aus M 8, welche Informationen über die Judenvernichtung zu welchem Zeitpunkt vermutlich in Deutschland bekannt waren.
2 Diskutieren Sie die Schlussfolgerung Longerichs.

4.5 Totaler Krieg und bedingungslose Kapitulation

Kriegswende und „totaler Krieg"

Nach der Niederlage bei Stalingrad (s. S. 450) rief Propagandaminister Goebbels am 18. Februar 1943 vor ausgesuchtem Publikum im Berliner Sportpalast zum **„totalen Krieg"*** auf und verkündete sein Programm der vollständigen Indienstnahme aller zivilen Kräfte für den Krieg (M 1 und M 3, S. 476). Mit diesem Programm waren einschneidende Maßnahmen im Bereich der Wehrerfassung, der Kriegswirtschaft und der Repression gegenüber der Bevölkerung verbunden. Der Kreis der für den Militärdienst rekrutierten Personen wurde erheblich ausgeweitet: Für den sogenannten „Volkssturm" konnten nun bereits 16-Jährige, aber auch noch 65-Jährige verpflichtet werden.

Angesichts der sich 1943 abzeichnenden aussichtslosen militärischen Lage suchte die nationalsozialistische Führung nicht nach politischen Lösungen, sondern reagierte mit hemmungsloser Gewalt nach innen und außen. Allein im Jahre 1943 verhängten deutsche Gerichte hundert Todesurteile pro Woche wegen angeblichem Defätismus oder Sabotage. Der in den Vernichtungslagern betriebene Massenmord erreichte in den Jahren 1943 und 1944 seinen Höhepunkt. Weil auch die drastische Erhöhung der Arbeitszeit auf 72 Stunden pro Woche z. B. in allen Flugzeug- und Flugzeugmotorenwerken nicht ausreichte, die Verluste auszugleichen, wurden zunehmend KZ-Häftlinge in der Rüstungsproduktion eingesetzt. Von den ca. 500 000 Juden, die zur Vernichtung aus Ungarn nach Auschwitz deportiert wurden, setzte man etwa 120 000 unter unmenschlichen Bedingungen als Zwangsarbeiter ein (s. S. 451 f.).

Luftkrieg und Invasion der Alliierten

Die alliierten Streitkräfte reagierten auf die deutschen Kriegsanstrengungen mit **Flächenbombardierungen***, denen nahezu alle deutschen Mittel- und Großstädte zum Opfer fielen (M 8). Die amerikanischen und britischen Luftangriffe sollten die Zivilbevölkerung demoralisieren und eine Kapitulation erzwingen. Dieses Ziel wurde allerdings nicht erreicht. Im Gegenteil: Die Deutschen betrachteten sich zunehmend als Opfer des Krieges und schenkten der nationalsozialistischen Propaganda einer „verbrecherischen" Kriegführung der Alliierten umso eher Glauben (M 9). Die damit verbundene Aufrechnungs- und Nivellierungsmentalität war auch in der Nachkriegszeit verbreitet und stand einer offenen und kritischen Aufarbeitung der eigenen Verbrechen oftmals im Wege (s. S. 471).

Bereits im November 1942 hatten die West-Alliierten in Marokko und Algerien eine zweite Front eröffnet und die italienisch-deutschen Afrikakorps im Mai 1943 zur Kapitulation gezwungen. Nach der Landung auf Sizilien im Juli 1943 und dem Sturz Mussolinis in Italien erfolgte die **alliierte Invasion** unter General Eisenhower an der Atlantikküste in der Normandie am 6. Juni 1944. Nachdem die Alliierten Ende September die deutsche Grenze erreicht hatten, brach im März 1945 die Westfront endgültig zusammen.

An der Ostfront begannen die Sowjets im Januar 1945 mit ihrer Großoffensive: Die Rote Armee eroberte im März zunächst das eingeschlossene Ostpreußen, überquerte die Oder und umzingelte im April schließlich Berlin, das nach verlustreichen Straßenkämpfen am 2. Mai eingenommen wurde. Bereits am 25. April 1945 begegneten sich sowjetische und amerikanische Truppen in Strehla an der Elbe (M 2).

Kriegskoalition der Alliierten

Die Hauptgegner des nationalsozialistischen Deutschlands, die Sowjetunion, Frankreich, Großbritannien und die USA, führten den Krieg zunächst aus unterschiedlichen Motiven.

M 1 „Harte Zeiten – Harte Pflichten – Harte Herzen", NS-Plakat, 1943

Totaler Krieg
Der Begriff wurde im Ersten Weltkrieg von General Erich Ludendorff geprägt und meinte die Missachtung der völkerrechtlich bindenden Unterscheidung von Krieg führenden Truppen und nicht kämpfender Zivilbevölkerung, aber auch die Mobilisierung der gesamten eigenen Bevölkerung und Wirtschaft für den Krieg. Dieses Konzept wurde im Zweiten Weltkrieg erstmals in Deutschland, dann auch teilweise in anderen Staaten verwirklicht. Es schließt die politische und psychologische Ausrichtung der gesamten Bevölkerung auf den Krieg, die vollständige Orientierung der Wirtschaft auf die Kriegserfordernisse sowie die Entwicklung und Anwendung von Massenvernichtungswaffen ein. In einer weiteren wissenschaftlichen Bedeutung umfasst der Begriff für den NS-Staat den rassenbiologisch begründeten und bewusst geplanten Vernichtungskrieg in Osteuropa (s. S. 451), das „Euthanasie"-Programm (s. S. 427 ff.) sowie den Holocaust (s. S. 458 ff.). Siehe auch die Definition auf S. 323.

Luftkrieg
Angesichts ihrer Luftüberlegenheit gingen die Alliierten vor allem ab 1944 dazu über, deutsche Städte systematisch zu bombardieren. Diese Flächenbombardements forderten eine hohe Zahl an Opfern unter der Zivilbevölkerung. Allein der Angriff auf Dresden am 13./14. Februar 1945 kostete etwa 35 000 Menschen das Leben. Die ersten Vernichtungsangriffe auf Städte hatte allerdings die deutsche Luftwaffe gegen England geflogen. So wurde z. B. die Stadt Coventry fast völlig dem Erdboden gleichgemacht.

M2 Amerikanische und russische Soldaten treffen bei ihrem Vormarsch in Deutschland in Torgau an der Elbe aufeinander, Fotografie, 26. April 1945

Es handelt sich um ein gestelltes Bild vom 26. April 1945, das um die Welt ging. Tatsächlich war es zu einer ersten Begegnung bereits einen Tag vorher, am 25. April, in der Nähe der Stadt Strehla gekommen.

M3 Hiroshima nach dem Atombombenabwurf, Fotografie, 1945

Durch die Atombombenabwürfe wurden in Hiroshima und Nagasaki ca. 150 000 Menschen getötet oder verletzt. Die langfristigen Folgen (Fehlbildungen, Spätschäden) wirken bis in die Gegenwart nach.

Frankreich und Großbritannien wollten am Beginn der Kämpfe die deutsche Expansion gegen dessen östlichen Nachbarn verhindern. In den USA fand sich zu dieser Zeit keine Mehrheit für einen Kriegseintritt. Sie unterstützten jedoch England indirekt durch Rüstungslieferungen und nach dem deutschen Überfall auf die UdSSR im Juni 1941 auch die Sowjets, die auf eigenem Territorium um das Überleben ihres Staates kämpfte und den Großteil der Kriegslast zu tragen hatte. Am 14. August 1941 verständigten sich der britische Premierminister Churchill und US-Präsident Roosevelt in der **Atlantik-Charta** auf ein mit der Sowjetunion abgestimmtes Vorgehen gegen das Deutsche Reich (s. S. 588). In diesem Zusammenhang einigten sich beide Regierungschefs auch auf die Prinzipien einer Nachkriegsordnung. Sie sollte einerseits Grundsätze aus der Friedensordnung von Versailles übernehmen, andererseits aus deren Fehlern lernen. So sollten die Alliierten auf Gebietsgewinne verzichten, das Selbstbestimmungsrecht der Völker achten und einen freien Welthandel garantieren. Die Sowjetunion und weitere 25 Staaten schlossen sich Anfang 1942 der Atlantik-Charta an, auf deren Grundlage nach Kriegsende im Jahr 1945 die **Vereinten Nationen** (UNO) gegründet wurden (s. S. 588 ff.). In weiteren **Kriegskonferenzen** wurden zwischen den Westalliierten und der Sowjetunion militärische Strategien und Ziele sowie Nachkriegskonzepte, v. a. hinsichtlich Deutschlands, diskutiert und abgestimmt (s. S. 484).

Kriegsende

Die sinnlosen Durchhalteappelle der nationalsozialistischen Führung forderten in den letzten Kriegsmonaten auf allen Seiten immense Opfer. Insgesamt kostete der Zweite Weltkrieg etwa 55 Millionen Menschen das Leben. Der barbarische Vernichtungswille, mit dem die Nationalsozialisten vor allem Osteuropa überzogen hatten und dem der größte Teil der europäischen Juden zum Opfer gefallen war, kehrte sich nun gegen die deutsche Bevölkerung. In seinem berüchtigten „Nerobefehl“ vom 19. März 1945 verlangte Hitler die vollständige Vernichtung der Lebensgrundlagen des deutschen Volkes, das sich im Krieg der „Rassen“ als unterlegen gezeigt habe. Auch wenn dieser Befehl nicht mehr umsetzbar war und z. T. auch bewusst nicht befolgt wurde, hinterließ die nationalsozialistische Herrschaft eine Welt in Trümmern.
Am 7. Mai 1945 unterzeichneten Vertreter der Wehrmachtsführung die **bedingungslose Kapitulation** Deutschlands vor den West-Alliierten in Reims und am 8. Mai vor der sowjetischen Militärführung in Berlin-Karlshorst. In Asien endete der Krieg erst mit der Kapitulation Japans am 2. September 1945, nachdem die USA am 6. und 9. August Atombomben auf Hiroshima und Nagasaki abgeworfen und die Japaner mit der grausamen Zerstörungskraft dieser Waffe zur Aufgabe gezwungen hatten (s. S. 373).

1 Vervollständigen Sie Ihre Zeitleiste zum Zweiten Weltkrieg.
2 Vergleichen Sie die drei Fotos (M 4–M 6) und diskutieren Sie – ausgehend von der These des britischen Historikers Richard Overy von 2002, die alliierten Bombardierungen deutscher Städte seien „barbarisch, aber sinnvoll“ gewesen – über den Luftkrieg.

M4 Rotterdam, Blick über das am 14. Mai 1940 durch deutsche Bombenangriffe zerstörte Stadtzentrum, Fotografie, 1941

M5 Murmansk nach einem deutschen Bombenangriff, Fotografie, 1942. Große Teile der sowjetischen Städte waren mit Holzhäusern bebaut, sodass bei Bombenangriffen nur die gemauerten Kamine stehen blieben.

M6 Die zerstörte Innenstadt von Dresden, Blick vom Rathausturm, Fotografie, 1945

1 Vergleichen Sie die Bilder und informieren Sie sich über die dargestellten Ereignisse.
2 Diskutieren Sie die Zusammenhänge zwischen M 4, M 5 und M 6.

M7 Rüstungsproduktion von 1942 bis 1944 (in 1000)

	Maschinen-gewehre	Geschütze	Panzer	Kampfflug-zeuge
Vereinigte Staaten	2291	512	86	153,1
Groß-britannien	610	217	20,7	61,6
Sowjet-union	1254	380	77,5	84,8
Deutsch-land	889	262	35,2	65,0
Italien	83	7	2,0	8,9
Japan	341	126	2,4	40,7

J. Adam Tooze, Ökonomie der Zerstörung. Die Geschichte der Wirtschaft im Nationalsozialismus, aus dem Engl. von Yvonne Badal, Siedler, München 2007, S. 734

1 Interpretieren Sie die vorliegende Statistik.
2 Beurteilen und bewerten Sie die nationalsozialistische Kriegführung auf der Basis Ihrer Ergebnisse. Beziehen Sie dabei auch den darstellenden Text ein.

M8 Der Historiker Wolfgang Benz über den alliierten Luftangriff auf Dresden vom Februar 1945, 1998

In der Nacht vom 13. zum 14. und bei Tagesangriffen am 14. u. 15. 2. 1945 wurde Dresden durch Flächenbombardements, die durch Verbände der britischen, kanadischen und US-Luftwaffe in mehreren Angriffswellen erfolgten, weitgehend zerstört. Wegen des späten Zeitpunkts und wegen des Untergangs des künstlerisch einzigartigen barocken Stadtensembles, v. a. aber wegen der vielen Todesopfer wurde Dresden (ähnlich wie Coventry) zum Paradigma für einen militärisch sinnlosen terroristischen Luftkrieg gegen die Zivilbevölkerung. Die Großstadt Dresden war unverteidigt und mit Flüchtlingen überfüllt; die Zahl der Opfer wurde Gegenstand propagandistischer Spekulation und ist (nach ersten Schätzungen von 200 000) lange Zeit mit 135 000 angegeben worden. Nach überzeugenden, auf zeitgenössischen Meldungen und Berichten der Ordnungspolizei beruhenden Berechnungen (Götz Bergander 1977) liegt sie bei 35 000 Toten. Dem Angriff auf Dresden vorausgegangen war ein Bombardement Berlins am 3. 2. 1945 (22 000 Tote). Am 16. 3. 1945 wurde Würzburg fast völlig zerstört, am 14./15. 4. 1945 Potsdam (wie zuvor Hildesheim, Halberstadt, Hamburg mit etwa 30 000 Toten, Stuttgart, Köln, Königsberg, Heilbronn). Dabei kamen 5000 Menschen ums Leben.

Wolfgang Benz, Dresden (Luftangriff), in: Wolfgang Benz, Hermann Graml u. Hermann Weiß (Hg.), Enzyklopädie des Nationalsozialismus, dtv, München [3]1998, S. 434

M9 Der Wirtschaftshistoriker Adam Tooze über die Kriegführung der Alliierten, 2007

Diese Zerstörung [die Bombardierung deutscher Städte] trug mit Sicherheit zur allgemeinen Auflösung der deutschen Heimatfront bei. Aber ebenso eindeutig befriedigte sie das tiefe Rachegelüst der Alliierten: Der Monat, in dem die heftigsten Luftangriffe des gesamten Krieges geflogen wurden, war der März 1945. Die Bombenlast betrug 133 329 Tonnen – und das zu einer Zeit, in der ein Bombardement dieses Ausmaßes gar keine kriegsentscheidende Wirkung mehr haben konnte, nicht einmal, was die Beschleunigung des Kriegsendes betraf. [...] Doch wer sich dazu hinreißen lässt, die Zerstörung Deutschlands im Jahr 1945 mit Begriffen zu beschreiben, die dem Holocaust vorbehalten sind, der verhält sich nicht nur obszön, der betreibt auch eine massive Geschichtsklitterung. Diese Zerstörung war Krieg und keine geplante Vernichtung Unschuldiger. Den betroffenen Menschen mag es als ein Gemetzel erschienen sein, doch war das eine Folge der eingesetzten Mittel und keine bewusst angestrebte „Endlösung". Die Westalliierten haben kein Gesetz des Krieges verletzt, gegen das die Wehrmacht nicht bereits hunderte Male verstoßen hätte. Die Rote Armee verhielt sich barbarisch in den von ihr eingenommenen Gebieten, aber die Sowjets verübten keinen Völkermord. [...] Die Alliierten führten Krieg mit einer Feuerkraft, wie sie noch in keinem vorangegangenen Krieg zum Einsatz gekommen war. Die Folgen waren albtraumhaft. Aber sie wären noch weit schrecklicher gewesen, hätte es das Motto der alliierten Kriegspolitik, „zuerst Deutschland", nicht mit sich gebracht, dass das NS-Regime zerstört wurde, bevor die Atombombe zum Einsatz kommen konnte.

J. Adam Tooze, Ökonomie der Zerstörung. Die Geschichte der Wirtschaft im Nationalsozialismus, aus dem Engl. von Yvonne Badal, Siedler, München 2007, S. 744, 748

1 Geben Sie die in M 9 vorliegende Sichtweise zum Luftkrieg mit eigenen Worten wieder.
2 Begründen Sie, warum der Vergleich der alliierten Bombardierungen mit dem Holocaust eine „massive Geschichtsklitterung" (Z. 14) darstellt.
3 Diskutieren Sie die Schlussaussage des Textes. Beziehen Sie dabei auch die Entwicklung in Japan im August 1945 ein (s. S. 373).

4.6 Widerstand gegen den Nationalsozialismus

Formen und Motive oppositionellen Verhaltens

Unter der Herrschaft des Nationalsozialismus gab es keinen einheitlichen und breiten politischen Widerstand gegen das Regime. Das lag vor allem daran, dass die Sicherheitsorgane des NS-Staates, besonders die Gestapo, durch frühzeitige Verhaftungswellen die Gegner des Nationalsozialismus ausschalten und so das Entstehen einer wirksamen Opposition verhindern konnten. Hinzu kam, dass dem Widerstand der Rückhalt in der Bevölkerung fehlte, weil die Politik Hitlers lange Zeit, bis zu den Niederlagen im Russlandfeldzug 1943, durchaus populär war. Der Widerstand gegen den Nationalsozialismus war daher ein **„Widerstand ohne Volk"**.
Der politische Widerstand war in viele unabhängige kleine Gruppen gespalten, die sich uneinig in ihrer Strategie waren, nicht voneinander wussten oder aufgrund tiefer weltanschaulicher Gegensätze nicht zu gemeinsamem Handeln finden konnten. Im Wesentlichen wurde die politische Opposition von Mitgliedern der verbotenen Linksparteien (KPD, SPD), aus den Gewerkschaften und aus den Kreisen der evangelischen und katholischen Kirche gebildet. Aber auch bürgerlich-konservative Kreise entschlossen sich zum Widerstand, als ihnen bewusst wurde, dass Hitler mit seiner Kriegspolitik Deutschland in die Katastrophe führte. Mitglieder der **„Roten Kapelle"***, einem losen Netzwerk verschiedener, sich durch persönliche Kontakte überlappender Freundeskreise, das Menschen aus unterschiedlichen sozialen und politischen Milieus verband, versuchten das Ausland über die drohende Kriegsgefahr zu informieren. Ab 1938 entwickelte sich überdies eine militärische Opposition. Angesichts der Verfolgung durch das NS-Regime und der immer länger dauernden Herrschaft der Nationalsozialisten kam es zwischen den verschiedenen Widerstandsgruppen zu Kontakten, bei denen Fragen der Zukunftsgestaltung nach dem Sturz des NS-Regimes eine zentrale Rolle spielten.
Unterhalb der Ebene des politischen Kampfes gab es noch bestimmte Formen der **gesellschaftlichen Verweigerung**, bei der einzelne Menschen oder Gruppen versuchten, das Eindringen von Nationalsozialisten in ihre beruflichen Bereiche (Militär, Kirche, Bürokratie) zu verhindern. Eine andere Möglichkeit der Verweigerung bestand im Festhalten an dem hergebrachten Brauchtum, um so ein Zeichen gegen die Nationalsozialisten zu setzen. Die Ablehnung der nationalsozialistischen Ideologie konnte sich darüber hinaus in vielfältigen Formen **nonkonformistischen Verhaltens** ausdrücken. Das Spektrum reichte von der Verweigerung des Hitlergrußes bis zur Nichtteilnahme an offiziell angesetzten NS-Feiern und NS-Kundgebungen, vom Eintreten für christliche Prinzipien im Alltag bis zur Aufrechterhaltung des Kontaktes mit Juden. Auch die Hilfe für Verfolgte oder die Versorgung von ausländischen Zwangsarbeitern mit Lebensmitteln gehörte zu diesem Widerstand im Kleinen, der ebenso wie das Attentat auf Hitler manchmal mit dem Tode bestraft wurde.

Widerstand der Arbeiterbewegung

Aktiven politischen Widerstand leisteten die Kommunisten, Sozialdemokraten und Gewerkschaften durch den Aufbau von Untergrundorganisationen, die vor allem Gegeninformationen zur nationalsozialistischen Propaganda verbreiten sollten und Informationen über die NS-Herrschaft an das Ausland weiterleiteten. Solche Gruppen versuchten, durch das Verteilen von heimlich hergestellten Flugblättern und durch den Aufbau von Betriebszellen in den Industriebetrieben den politischen Kampf zu organisieren. Sehr schnell wurden fast alle diese Gruppen von der Gestapo entdeckt und zerschlagen. Dieses Schicksal erlitten besonders die streng hierarchisch aufgebauten Untergrundgruppen der verbotenen KPD; es brachte deren Widerstand nach 1938 fast zum Erliegen. Von den 300 000 Parteimitgliedern

Die „Rote Kapelle"
Der von der Gestapo geprägte Begriff bezeichnet ein von 1938 bis 1942 in Deutschland und den besetzten Gebieten operierendes, loses Netzwerk von Widerstandsgruppen, das auch Kontakte zu ausländischen Geheimdiensten unterhielt. Die wichtigste Gruppe war in Deutschland der Kreis um Arvid Harnack und Harro Schulze-Boysen. Im August 1942 wurden über 120 Mitstreiter verhaftet, 49 von ihnen, darunter 19 Frauen, hingerichtet.

M1 Harro Schulze-Boysen (1909–1942) mit seiner späteren Ehefrau Libertas Haas-Heye (1913–1942), Fotografie, 1935

Der Journalist Harro Schulze-Boysen war bereits vor 1933 entschiedener Gegner der Nationalsozialisten. Seit Mitte der 1930er-Jahre sammelte sich um ihn ein Freundeskreis von Regimekritikern. Als Offizier im Reichsluftfahrtministerium hatte er Zugang zu geheimen militärischen Informationen, die er ins Ausland weiterleitete. Seine Frau sammelte Nachrichten über nationalsozialistische Gewaltverbrechen an der Ostfront. Beide wurden 1942 verhaftet und hingerichtet.

M2 Arvid Harnack (1901–1942) mit seiner Frau Mildred (1902–1943), Fotografie, 1931

Der Jurist und Ökonom Harnack baute zusammen mit seiner Frau Mildred, einer amerikanischen Literaturwissenschaftlerin, nach 1933 einen Diskussionszirkel auf, der politische Perspektiven nach dem Ende der NS-Herrschaft erörterte. Über geheime Kontakte versuchte das Ehepaar Harnack, das Ausland über die drohende Kriegsgefahr zu informieren. Im September 1942 verhaftet, wurde Arvid Harnack im Dezember 1942 hingerichtet. Die Verurteilung Mildred Harnacks zu sechs Jahren Zuchthaus wurde auf Anweisung Hitlers aufgehoben; sie wurde daraufhin im Februar 1943 ebenfalls hingerichtet.

Internettipp
www.gegen-diktatur.de
Die Wanderausstellung „Gegen Diktatur – Demokratischer Widerstand in Deutschland" der Gedenkstätte Deutscher Widerstand bietet kurze Einführungstexte, biografische Informationen und Dokumente zum Widerstand im Nationalsozialismus.

Kreisauer Kreis
Zu der von der Gestapo nach einem der Treffpunkte, dem Gut Kreisau in Niederschlesien, benannten Gruppe von Widerstandskämpfern zählten Juristen, Theologen, Geistliche und Sozialdemokraten. Sie entwickelte umfassende Vorstellungen von einer Nachkriegsordnung, in deren Zentrum die Freiheit und Verantwortung des Individuums und die Integration Deutschlands in Europa standen.

(1932) wurden nach einer Schätzung etwa 150 000 Opfer von KZ-Haft, Vertreibung, Folter und Mord. Die Arbeit dieser oppositionellen Zirkel musste sich, wie auch die Arbeit der Gewerkschaftsgruppen, immer stärker auf interne Schulung und die Weitergabe von Informationen beschränken. Der von Sozialdemokraten getragene Widerstand konzentrierte sich zunächst auf die Verbreitung von im Ausland gedruckten Flugblättern und Broschüren, mit denen die Leser über den Charakter des Regimes aufgeklärt werden sollten. Vertrauensleute sammelten Informationen für den Exilvorstand der SPD („Sopade") in Prag, der die Weltöffentlichkeit über das NS-Regime aufzuklären versuchte.

Kirchlicher Widerstand

Die Haltung der kirchlichen Amtsträger und – mehr noch – der aktiven Gemeindemitglieder zum Nationalsozialismus war uneinheitlich. Die evangelischen Landeskirchen spalteten sich bereits im Sommer 1933 in zwei Flügel. Die Mehrheit der Kirchenführer wünschte keinen dauerhaften Konflikt mit Staat und Partei. Sie öffneten die Kirche dem Einfluss der **„Deutschen Christen"**, die Christentum und nationalsozialistische Weltanschauung zu verbinden suchten. Diejenigen Pfarrer und Gemeindemitglieder hingegen, die christliches Bekenntnis mit dem nationalsozialistischen Rassismus, mit kriegerischem Nationalismus und dem Führerkult als unvereinbar ansahen, fanden sich 1934 in der **„Bekennenden Kirche"** zusammen. Sie verteidigten die Autorität der Heiligen Schrift und den unverfälschten Glauben gegen den totalen Herrschaftsanspruch der Nationalsozialisten. Dabei traten besonders die Pfarrer Martin Niemöller (1892–1984) und Dietrich Bonhoeffer (1906–1945) hervor. Die Gestapo beobachtete häufig die Gottesdienste und verhaftete Pfarrer der „Bekennenden Kirche".
In den katholischen Kirchengemeinden entwickelte sich vor allem dann Opposition, wenn Staat oder Partei die Autonomie der Kirche bedrohten oder in das religiöse Leben eingriffen. So protestierte die katholische Kirche bei der erzwungenen Auflösung der katholischen Jugendverbände, die sich bis 1936 gegen die „Hitler-Jugend" hatten behaupten können, oder anlässlich des Verbotes, Kreuze in Klassenräumen aufzuhängen. Grundlegenden politischen Widerstand, gegründet auf die Überzeugung, dass Nationalsozialismus und katholische Glaubenslehre unvereinbar seien, leisteten anfangs nur wenige. Erst der Massenmord an den Behinderten führte eine Wende herbei. Der **Widerspruch gegen die „Euthanasie"** durch den Münsteraner Bischof Clemens Graf von Galen (1878–1946) vom August 1941 auf katholischer und von evangelischer Seite durch Landesbischof Theophil Wurm (1868–1953) im Jahr 1940 bewirkte die offizielle Einstellung der Morde (s. M 14 a, S. 430), die im Geheimen jedoch fortgeführt wurden.

Bürgerlicher Widerstand

Der bürgerliche Widerstand gegen das NS-Regime rekrutierte sich aus zwei Gruppen. Im **„Kreisauer Kreis"***, benannt nach dem schlesischen Gut des Grafen Helmuth von Moltke (1907–1945), fanden sich hohe Offiziere, Diplomaten, Christen und Sozialdemokraten zusammen. Die Diskussionen dieses weltanschaulich breit gefächerten Gesprächskreises drehten sich um eine Staats- und Gesellschaftsordnung für Deutschland nach der erwarteten politisch-militärischen Niederlage des NS-Staates. Einig war man sich im Bekenntnis zu rechtsstaatlichen Prinzipien und zur Einhaltung der Menschenwürde. Wenngleich einige „Kreisauer" glaubten, die von Hitler errungenen außenpolitischen Positionen (Österreich, Sudetengebiete) erhalten zu können, lehnte man doch Hegemonialstreben ab. Als Fernziel visierte man die Eingliederung Deutschlands in eine europäische Union an. Zum „Tyrannenmord", also zur Ermordung Hitlers, konnte sich der „Kreisauer Kreis" nicht durchringen.

Ähnlich wie Moltke in Kreisau sammelte der ehemalige Leipziger Oberbürgermeister Carl Goerdeler (1884–1945) Oppositionelle unterschiedlichster ideologischer und gesellschaftlicher Herkunft um sich. Der **Goerdeler-Kreis** verfolgte das Ziel des Staatsstreiches mithilfe des Militärs und hielt daher engen Kontakt zum Widerstand im Auswärtigen Amt und zu hohen Militärs, wie dem 1938 von Hitler entlassenen General Ludwig Beck (1880–1944). Bei allen Meinungsverschiedenheiten gab es einen Minimalkonsens darüber, dass das zukünftige Deutschland ein Rechtsstaat sein müsse, in dem der Grundsatz der Sozialpflichtigkeit des Eigentums gelten sollte. Außenpolitisch strebte man ein großes und machtvolles Deutschland an, das unter den europäischen Mächten eine Führungsrolle spielen sollte.

20. Juli 1944: Attentat auf Hitler

Seit 1938 bildete sich innerhalb des Militärs ein Kreis von oppositionellen Offizieren, die den Kriegskurs Hitlers ablehnten. Diese Offiziere planten die Absetzung Hitlers, um dadurch Deutschlands Niederlage in einem kommenden Krieg zu verhindern.
Angesichts des deutschen Massenmordes an Juden, Polen und Russen, aber auch unter dem Eindruck der drohenden militärischen Niederlage nach der Landung der Alliierten in Frankreich, den Einbrüchen an der Ostfront und den Verhaftungen im „Kreisauer Kreis" entschloss sich **Claus Graf Schenk von Stauffenberg** (1907–1944) im Juli 1944 zum Attentat auf Hitler. Er hielt engen Kontakt zu Beck und Goerdeler, die nach erfolgreichem Attentat und Putsch eine deutsche Regierung bilden sollten. Als Stabschef beim Ersatzheer hatte Stauffenberg Zutritt zum Führerhauptquartier. Am 20. Juli 1944 wollte er im Führerbunker Hitler mit einer Zeitzünderbombe töten und dann in Berlin den Staatsstreich überwachen. Weil aber die Lagebesprechung vom Führerbunker in eine Baracke verlegt worden war, verpuffte die Wirkung der Bombe, und Hitler überlebte den Anschlag. Als sich die Nachricht von Hitlers Überleben verbreitete, brach der wohl vorbereitete Staatsstreich in Berlin wie in allen Reichsteilen zusammen. Die an der Verschwörung beteiligten Personen wurden verhaftet und entweder standrechtlich oder nach Volksgerichtsurteilen hingerichtet. Im Zusammenhang mit dem Attentatsversuch wurden etwa 7000 Personen verhaftet, Tausende von Menschen hingerichtet, keiner der Hauptbeteiligten, kaum einer der Mitwisser überlebte.

Andere Widerstandsaktionen

Mutigen Widerstand als Einzelner leistete der schwäbische Schreiner **Georg Elser**, der ohne Verbindung zu anderen Gruppen am 8. November 1939 versuchte, Hitler während der traditionellen Gedenkveranstaltung im Münchener Bürgerbräukeller durch eine Zeitbombe zu töten. Das Attentat misslang nur durch einen Zufall.
Auch – wenige – Studenten und Jugendliche leisteten Widerstand. Besonders im Rheinland bildeten sich spontan jugendliche Protestgruppen – ohne gemeinsames Programm, aber einig in der Gegnerschaft zum Nationalsozialismus. An der Münchener Universität sammelte sich um die Geschwister Hans (1918–1943) und Sophie Scholl (1921–1943) eine studentische Widerstandsgruppe, die sich „Weiße Rose" (M 5, M 6) nannte. Vom Sommer 1942 bis zum Februar 1943 verbreitete sie Flugblätter, in denen die Studenten zur Abkehr vom Nationalsozialismus aufgefordert wurden. Nach dem Abwurf ihrer letzten Flugschrift am 18. Februar 1943 wurde die Gruppe verhaftet und vom Volksgerichtshof zum Tode verurteilt.

1 Stellen Sie den Widerstand gegen das NS-Regime kriterienorientiert in einer Tabelle dar.
2 Erörtern Sie Möglichkeiten und Grenzen des Widerstands im NS-Staat.

M3 **Claus Graf Schenk von Stauffenberg (1907–hingerichtet 1944), Fotografie, um 1934**

M4 **Johann Georg Elser (1903–1945), Fotografie, um 1930**

M5 **Die Geschwister Hans und Sophie Scholl mit Christoph Probst vor der Abfahrt zur Ostfront, Fotografie, Juli 1942**

M6 Aus dem letzten Flugblatt der „Weißen Rose" vom Februar 1943

Erschüttert steht unser Volk vor dem Untergang der Männer von Stalingrad. Dreihundertdreißigtausend deutsche Männer hat die geniale Strategie des Weltkriegsgefreiten sinn- und verantwortungslos in Tod und Verderben gehetzt. Führer, wir danken dir!

Es gärt im deutschen Volk: Wollen wir weiter einem Dilettanten das Schicksal unserer Armeen anvertrauen? Wollen wir den niederen Machtinstinkten einer Parteiclique den Rest der deutschen Jugend opfern? Nimmermehr! Der Tag der Abrechnung ist gekommen, der Abrechnung der deutschen Jugend mit der verabscheuungswürdigsten Tyrannis, die unser Volk je erduldet hat. Im Namen der deutschen Jugend fordern wir vom Staat Adolf Hitlers die persönliche Freiheit, das kostbarste Gut des Deutschen, zurück, um das er uns in der erbärmlichsten Weise betrogen. [...]

Freiheit und Ehre! Zehn lange Jahre haben Hitler und seine Genossen die beiden herrlichen deutschen Worte bis zum Ekel ausgequetscht, abgedroschen, verdreht, wie es nur Dilettanten vermögen, die die höchsten Werte einer Nation vor die Säue werfen. Was ihnen Freiheit und Ehre gilt, haben sie in zehn Jahren der Zerstörung aller materiellen und geistigen Freiheit, aller sittlichen Substanzen im deutschen Volk genugsam gezeigt. Auch dem dümmsten Deutschen hat das furchtbare Blutbad die Augen geöffnet, das sie im Namen von Freiheit und Ehre der deutschen Nation in ganz Europa angerichtet haben und täglich neu anrichten. Der deutsche Name bleibt für immer geschändet, wenn nicht die deutsche Jugend endlich aufsteht, rächt und sühnt zugleich, ihre Peiniger zerschmettert und ein neues geistiges Europa aufrichtet.

Inge Scholl, Die Weiße Rose, Fischer, Frankfurt/M. 1952, S. 108 ff.

1 Analysieren Sie Motive und Ziele der „Weißen Rose".
2 Erörtern Sie die mögliche Wirkung des Flugblattes.

M7 Der Historiker Gerd Ueberschär über die Bewertung des deutschen Widerstand gegen das NS-Regime nach dem Krieg, 2006

Historisch-politische Bewertung und offizielle Würdigung des Widerstandes gegen Hitlers Regime bieten seit Kriegsende ein facettenreiches Bild. Es reicht von amtlicher Anerkennung und feierlicher Verehrung bis zu kritischer Distanz und sogar direkter Ablehnung. Irritation und zwiespältige Haltung prägen vielerorts den Umgang mit den Männern und Frauen der deutschen Opposition gegen Hitler. Dies hat vielfältige Ursachen. Einerseits hängt es mit dem Desinteresse der alliierten Besatzungsmächte am Nachweis eines „anderen, besseren" Deutschland unmittelbar nach dem Ende des „Dritten Reiches" zusammen. Denn sie wollten nicht, dass sich die Überlebenden der NS-Diktatur auf einen deutschen Widerstand berufen könnten. Andererseits wurden die Zeitgenossen der nationalsozialistischen Herrschaft – gerade in den Jahren nach 1945 – durch paradigmatische Hervorhebung der Schicksale einzelner Widerstandskämpfer an ihre eigenen versäumten Handlungen und unterlassenen Hilfeleistungen erinnert. Es wurde ihnen dadurch öffentlich vorgehalten, dass sie eben keine Retter oder aktiven Hitlergegner mit Mut und Zivilcourage gewesen waren. Aber wer wollte schon gerne angesichts des verbrecherischen Charakters des NS-Regimes an Fehler und Schwächen in der eigenen Lebensgeschichte erinnert werden? So empfand der größte Teil der Bevölkerung kurz nach Kriegsende das Gedenken an den Widerstand sowohl als unnötiges wiederholtes Erinnern an das eigene angepasste Verhalten oder gar Versagen als auch als generelle Zumutung. Zudem erhob man die Frage, ob man nicht das eigene Land im Stich gelassen hätte, wenn man sich im Krieg generell dem Staat verweigerte. [...] Angesichts der lange ambivalenten Bewertung des Widerstandes gegen Hitler stellt sich zu Recht die Frage, woran es lag, dass trotz vieler offizieller Bekenntnisse zum 20. Juli 1944 in großen Teilen der Bevölkerung das Attentat skeptisch bewertet wurde. Um darauf eine Antwort zu geben, ist es berechtigt, die schlechte Ausgangsbasis „unter der Obhut" der Alliierten in den ersten Jahren nach 1945 und die erst mit Schwierigkeiten in Gang gekommene Widerstandsforschung in Erinnerung zu rufen, deren Weg während des Kalten Krieges durch politische Eingriffsversuche gestört wurde.

Gerd Ueberschär, Für ein anderes Deutschland. Der deutsche Widerstand gegen den NS-Staat 1933–1945, Fischer, Frankfurt/M. 2006, S. 241 ff.

1 Analysieren Sie M 7 hinsichtlich der Gründe für die unterschiedliche Bewertung des Widerstandes seit 1945.
2 Diskutieren Sie die These, dass die skeptische Bewertung des Attentats vom 20. Juli in der deutschen Bevölkerung nach 1945 auf die „schlechte Ausgangsbasis ‚unter der Obhut' der Alliierten" und die „politischen Eingriffsversuche" während des Kalten Krieges zurückzuführen gewesen sei.
3 Recherchieren Sie in Ihrem Heimatort oder Ihrer Heimatregion weitere Beispiele für Widerstand gegen die NS-Diktatur.
4 Art. 20 Abs. 4 des Grundgesetzes lautet: „Gegen jeden, der es unternimmt, diese Ordnung zu beseitigen, haben alle Deutschen das Recht zum Widerstand, wenn andere Abhilfe nicht möglich ist."
Erläutern Sie diese Grundgesetzbestimmung und stellen Sie dar, in welchen Situationen das „Recht zum Widerstand" gegeben sein könnte.
Erörtern Sie, ob eine solche Bestimmung
a) den Übergang von der Weimarer Republik zum „Dritten Reich" verhindert,
b) den Widerstand im Dritten Reich gestärkt hätte.

5 Der Nationalsozialismus in der historischen Diskussion

Theorien über den Nationalsozialismus

Seit dem Entstehen der ersten faschistischen Bewegung in Italien (s. S. 359 ff.) in den Zwanzigerjahren hat es Versuche gegeben, diese Erscheinung des politisch-gesellschaftlichen Lebens auch theoretisch zu verstehen und zu erklären. Das galt und gilt besonders für die deutsche Variante einer faschistischen Bewegung, den Nationalsozialismus. Bis Ende der 1940er-Jahre wurden im Westen wie im Osten vor allem über die **Ursachen*** der „deutschen Katastrophe" (Friedrich Meinecke) und den im Faschismus endenden „Irrweg der deutschen Geschichte" (Alexander Abusch) diskutiert. Diese Erklärungsversuche waren in erster Linie von dem Ziel geleitet, die Wiederholung eines solchen Herrschaftssystems in Deutschland frühzeitig zu verhindern. Mit den Theoriemodellen sollte aber auch versucht werden zu erklären, warum so viele Menschen sich von der NSDAP angezogen fühlten und bereit waren, sich für deren Ziele zu engagieren.

Zweierlei Erinnerung

Während der deutschen Teilung wurde die historische Auseinandersetzung bestimmt von der Frage nach der Konsequenz, mit der die beiden deutschen Staaten ihre gemeinsame nationalsozialistische **Vergangenheit aufarbeiteten**. Die **DDR** verstand sich als „antifaschistischer Staat" in der Tradition des kommunistischen Widerstandes. Die SED-Führung propagierte den radikalen Bruch mit der Vergangenheit mit der Behauptung, die Gründung des „ersten sozialistischen Staates auf deutschem Boden" habe die „Wurzeln des Faschismus ausgerottet". Verschwiegen wurden sowohl die inkonsequente Entnazifizierung in den 1940er-Jahren (s. S. 524) als auch rechtsradikale Erscheinungen in der DDR, die erst nach der Wende 1989 offen zutage traten. Als „Sieger der Geschichte" schob die DDR NS-Vergangenheit und deren Bewältigung dem Rechtsnachfolger des Deutschen Reiches, der Bundesrepublik, zu. Dieser Aufgabe hat sich die **Bundesrepublik** nur zögerlich gestellt. In den 1950er- und 1960er-Jahren war das öffentliche Interesse an der nationalsozialistischen Vergangenheit vor allem durch Verdrängung gekennzeichnet. Die Erfolge des „Wirtschaftswunders" (s. S. 538 ff.), die offizielle Beendigung der „Entnazifizierung" und das „Wiedergutmachungs"-Abkommen mit Israel von 1952 ließen eine „Schlussstrichmentalität" in der Bevölkerung entstehen. Hinzu kamen außenpolitische Motive: Im Zeitalter des Kalten Krieges wurde der Kommunismus bedrohlicher empfunden als der vergangene Nationalsozialismus.

Forschungsfragen seit den 1960er-Jahren

Wie eng die wissenschaftliche Auseinandersetzung über den Nationalsozialismus mit der Nachkriegspolitik verbunden war, zeigt die bundesrepublikanische Entwicklung der 1960er-Jahre: Die Auschwitz-Prozesse (1963–1965), das Auftreten der NPD, die neue Ostpolitik unter Willy Brandt (s. S. 556), vor allem das steigende Interesse der nachwachsenden Generation an der nationalsozialistischen Vergangenheit ihrer Eltern und Großeltern gaben der NS-Forschung neue Impulse.
Zu den Forschungsschwerpunkten dieser Zeit gehörte neben der **Rolle Hitlers im NS-System** (s. M 5, S. 423 f.) vorrangig die Frage, ob der Nationalsozialismus moderne Züge aufgewiesen habe. Anhänger der **Modernisierungstheorie** vertreten die These, die NS-Herrschaft habe die moderne und wirtschaftliche Entwicklung Deutschlands beschleunigt. Hierzu zählt der amerikanische Historiker David Schoenbaum z. B. eine wachsende Industrialisierung, zunehmende Kapitalbindung, Erhöhung der sozialen Mobilität, verbunden mit Landflucht und Verstädterung sowie beachtliche Fortschritte in der Technisierung. Kritiker dieser Theorie erkennen die modernisierenden Wirkungen durchaus an, wenden jedoch ein, alle

M1 Denkmal für die ermordeten Juden Europas in Berlin, errichtet 2005, Teilansicht, Fotografie

Das vom amerikanischen Architekten Peter Eisenman entworfene Denkmal besteht aus 2711 Betonstelen (die Zahl hat keinerlei symbolische Bedeutung) in unterschiedlicher Höhe und einem unterirdischen „Ort der Information". Nach über zehnjähriger Debatte um seine Errichtung wurde es am 10. Mai 2005 eingeweiht.

Ursachenforschung
Der Historiker Helmut Berding schlägt vier Ursachenbereiche zur Untersuchung des nationalsozialistischen Verfolgungs- und Vernichtungsprozesses vor:
1) Der Völkermord an den Juden kann nicht ohne die zentrale Bedeutung der **Weltanschauung**, insbesondere des Rassenantisemitismus, gedacht werden.
2) **Personen** dürfen nicht außer Acht gelassen werden, so z. B. die herausragende Stellung und Verantwortung Hitlers, aber auch das Wirken anderer „NS-Größen".
3) Starke Impulse gingen vom **Herrschaftssystem** aus. Das „Führerprinzip" spielte eine wichtige Rolle. Aber es gab im „Führerstaat" auch mehrere Herrschaftszentren (z. B. die NSDAP als Partei, den Staat, die Wirtschaft und ihre Interessenvertreter), die miteinander konkurrierten (Polykratie).
4) Nicht jede Verfolgungsmaßnahme entsprang rassenpolitischen Motiven. Auch das technokratische Denken und unterwürfige **Verhalten von NS-Funktionären und Staatsbeamten** trug zur „Endlösung" bei. Diesen Faktor hat die Philosophin Hannah Arendt treffend die „Banalität des Bösen" genannt.

Die Goldhagen-Debatte
Der amerikanische Historiker Daniel Jonah Goldhagen veröffentlichte 1996 sein Buch „Hitlers willige Vollstrecker" über den Holocaust und entfachte eine hitzige öffentliche Debatte über die Frage, ob die Deutschen ein „Volk von Mördern" gewesen seien. Goldhagen bezeichnet den Holocaust als ein „nationales Projekt" Deutschlands; zwischen Hitler und der großen Mehrheit des deutschen Volkes, so behauptet er, habe eine grundsätzliche Übereinstimmung in der Bereitschaft bestanden, sich der Juden zu entledigen. Er versucht zu beweisen, dass die Deutschen schon immer einen „eliminatorischen Antisemitismus" vertreten hätten. Jede Form des Antisemitismus habe in Deutschland darauf abgezielt, die Juden zu vernichten. Während der NS-Zeit hätten die Deutschen diese Vernichtungsvision dann in die Tat umgesetzt. Goldhagens Kritiker, unter ihnen der NS-Experte Hans Mommsen, beanstandeten, dass Goldhagen einen monokausalen Erklärungsansatz vorlege und damit hinter den aktuellen Forschungsstand zurückfalle, den er zudem nicht ausreichend berücksichtigt habe. Zudem wurden Goldhagen methodische Fehler bei der Quelleninterpretation nachgewiesen. Bei aller Kritik löste das Goldhagen-Buch eine beispiellose öffentliche Debatte über den Holocaust aus.

M2 Hausrat von Juden aus Westeuropa im Sammellager Oberhausen, Mühlheimer Straße/Ecke Brücktorstraße, Fotografie, 1943

Maßnahmen seien der rassistischen Volksgemeinschafts- und „Lebensraum"-Theorie untergeordnet und zudem nur mit Krieg zu verwirklichen gewesen. Bei diesen Modernisierungstendenzen handle es sich also um unbeabsichtigte Folgen der NS-Politik.
Im sogenannten **Historikerstreit** Mitte der 1980er-Jahre stand die Deutung des Nationalsozialismus als Folge des Bolschewismus im Mittelpunkt. Ausgelöst wurde die Kontroverse durch die Behauptung des Historikers Ernst Nolte, die nationalsozialistische Kriegs- und Vernichtungspolitik, vor allem gegen die Sowjetunion, sei auf die im deutschen Bürgertum tief verwurzelte Bolschewismusfurcht zurückzuführen. Die Gegner Noltes warfen ihm vor, mit dieser Interpretation einseitig den Bolschewismus zur Hauptursache des Nationalsozialismus zu erklären, um damit Deutschland von der historischen Verantwortung für die NS-Verbrechen zu entlasten. So argumentiert Jürgen Kocka, die deutsche Bevölkerung habe sich 1933 nicht zwischen Bolschewismus und Nationalsozialismus, sondern zwischen Demokratie und Diktatur entscheiden müssen.

Aktuelle Diskussionen

Das Ende des Kalten Krieges führte mit der Öffnung der osteuropäischen Archive zu einer weiteren Akzentverschiebung in der NS-Forschung. In den Mittelpunkt rückten **Untersuchungen des nationalsozialistischen Vernichtungskrieges im Osten**, die bereits durch die öffentliche Debatte über den Völkermord an den europäischen Juden – ausgelöst durch die amerikanische TV-Serie „Holocaust" von 1978 – in den 1980er-Jahren neue Impulse erhalten hatten. Eine Reihe von **regionalen Studien** beschäftigte sich mit dem Verhältnis von Zentrum und Peripherie, Befehlsgebung von oben und Initiativen von unten und in diesem Kontext mit der Frage nach Intentionen und Interessen der Handelnden vor Ort (s. S. 459 f.). Dieser Perspektivwechsel mündete in die sogenannte **Täterforschung** und führte zu neuen Dimensionen der NS-Forschung, denn nun wurde sowohl nach der Beteiligung der gesellschaftlichen Eliten, den „Vordenkern der Vernichtung" (Heim), als auch nach dem Anteil „ganz normaler Männer" (Christopher Browning) an der Vorbereitung und Durchführung der NS-Verbrechen gefragt. Eine heftige Debatte in diesem Zusammenhang löste das Buch „Hitlers willige Vollstrecker" (1996) des amerikanischen Historikers Daniel J. Goldhagen* aus.
Ernst genommen wurde nun auch der zunächst als propagandistisch abgelehnte, inzwischen jedoch als „erfahrungsgeschichtlicher Begriff" akzeptierte Terminus der „Volksgemeinschaft". Götz Aly beschrieb die NS-Herrschaft in seinem 2005 erschienenen Buch „Hitlers Volksstaat" als „Gefälligkeits-Diktatur", die sich die Zustimmung der Bevölkerung durch ein ausgefeiltes System sozialer Wohltaten erkauft habe. Die These löste eine heftige Kontroverse aus (M 3), in der Aly eine einseitig materialistische Fundierung der Volksgemeinschaftsideologie vorgeworfen wurde. Michael Wildt wies dagegen auf den zentralen Stellenwert des Antisemitismus für die Konstituierung der „Volksgemeinschaft" hin: Nicht so sehr die Frage, wer zur Volksgemeinschaft gehörte, sondern der Ausschluss „volksfremder" Bevölkerungskreise, allen voran der Juden, bestimmte diese Volksgemeinschaft.

1 Erklären Sie den Zusammenhang zwischen der deutschen Nachkriegspolitik und der geschichtswissenschaftlichen Auseinandersetzung mit dem NS-Staat.

M3 Geschichte kontrovers Zustimmung durch Bestechung? – Die Kontroverse um Götz Alys Buch „Hitlers Volksstaat" von 2005

a) Der Historiker Götz Aly, 2005:
Die NS-Regierung scheute das Risiko, die Deutschen auch nur annährend über die Kosten des Krieges aufzuklären. Sie verknüpfte das früh mit der nicht ungewöhnlichen, in Deutschland habituell gewordenen Bereitschaft des Geführten, im schönen Schein finanzieller Schonung zu leben. Anders als Churchill konnte Hitler zu keinem Zeitpunkt eine Blut-Schweiß-und-Tränen-Rede riskieren. Niemals sah sich der bejubelte, scheinbar omnipotente Diktator in der Lage, von seinem Volk offen zu fordern, ihm das Ersparte auf fünf, zehn oder gar 20 Jahre als Anleihe für eine angeblich glänzende Zukunft anzuvertrauen. So betrachtet stellt sich die Einheit zwischen Volk und Führung als wirkungsmächtige Illusion dar, der jede realpolitische Grundlage, jede praktische Belastungsprobe fehlte. Der von mir geprägte Begriff der jederzeit mehrheitsfähigen Zustimmungsdiktatur muss daher konkreter gefasst werden: Die Zustimmung entsprang mehrheitlich keiner ideologischen Überzeugung; vielmehr wurde sie durch systematische Bestechung mittels sozialer Wohltaten immer neu erkauft. Das ging zum überwiegenden Teil zulasten sogenannter Volksfremder, doch am Ende auch zulasten der Bestochenen.

Götz Aly, Hitlers Volksstaat, Fischer, durchges. und erw. Auflage, Frankfurt/M. [2]2006, S. 333

b) Der Historiker Hans Mommsen, 2005:
Nachdrücklich betont Aly, dass die deutsche Bevölkerung privilegierter Nutznießer sowohl der Ausraubungspolitik im besetzten Europa als auch des Holocausts war. Der eindrucksvollste Überblick über die Verwertung jüdischen Hausrates und anderen Eigentums zugunsten der Volksgenossen belegt das ebenso wie eine Abschätzung der den Herkunftsländern aufgebürdeten Kosten der Zwangsarbeiter- und Kriegsgefangenenbeschäftigung. Nicht die Unternehmen und andere private Arbeitgeber, sondern die öffentliche Hand war hauptsächlicher Nutznießer der Zwangsarbeit. [...] Man wird sich daher von der Vorstellung trennen, dass die NS-Politik bloß auf die verhängnisvollen Einflüsse fanatisierter völkischer Minderheiten zurückgeht, und deren Zusammenwirken mit der konservativ eingestellten Funktionselite entscheidendes Gewicht beimessen. Für die Interpretation der Geschichte des Dritten Reiches setzt die Untersuchung von Götz Aly deutlich neue Akzente. Von der Weltkriegserfahrung wurde die Strategie abgeleitet, sich das Wohlwollen der Massen durch steuerliche und soziale Konzessionen zu erkaufen und die Kriegslasten zu größeren Teilen auf die unterworfenen Länder, auf Juden, Zwangsarbeiter und Kriegsgefangene abzuwälzen. Die vom NS-Regime entfesselte politische Dynamik [...] unterband die Formierung von Gegenkräften. [...] Nicht so sehr langfristige ideologische Visionen als selbst erzeugte Zwänge führten zur Eskalation des Verbrechens, ohne bei der Funktionselite auf Widerstand zu stoßen.

Hans Mommsen, Die sozialpolitisch bestochenen Volksgenossen, in: Süddeutsche Zeitung vom 10. März 2005

c) Der Historiker Hans-Ulrich Wehler, 2005:
Aly [...] privilegiert materielle Interessen [...] als dominante Antriebskräfte. Für die Erfassung der Bedingung des Holocaust ist dieser engstirnige Ansatz ganz unangemessen. Von seiner neuen Position aus kann Aly nicht erklären, warum zunächst einmal 14 Millionen Wähler die Hitler-Bewegung [...] ohne jede sozialpolitische Wohltat zur stärksten Partei im Reichstag machten, warum danach die erdrückende Mehrheit der Deutschen ihm als wahren Erlöser und Messias, auch als großen Integrator zugejubelt hat, erst recht nach den Siegen im Polen- und Frankreich-Krieg, als von Massenraub, massenhafter Bereicherung und Holocaust noch nicht die Rede war.
Es geht mithin um die freiwillige Loyalität, und um sie zu verstehen, muss man den Führermythos, die Sehnsucht nach dem „zweiten Bismarck", die charismatische Herrschaft Hitlers mit ihrer weitreichenden Legitimationskraft bis hin zu Krieg und Holocaust in den Mittelpunkt rücken, wenn man jene erklärungskräftige Interpretation gewinnen will, die etwa der Hitler-Biograf Ian Kershaw geleistet hat. [...] Das umstrittenste Thema von Alys Buch ist der jetzt als „Massenraubmord" charakterisierte Holocaust, der zur Enteignung jüdischen Vermögens, aber auch von Sachgütern wie Möbeln, Pelzmänteln, Bildern, ja Zahngold führte. [...] Das entscheidende Motiv bleibt doch der radikalisierte Antisemitismus, der mithilfe der Staatsgewalt die „jüdischen Untermenschen" als die vermeintlich tödliche Gefahr für die moderne Welt ausrotten wollte.

Hans-Ulrich Wehler, Engstirniger Materialismus, in: Der Spiegel Nr. 14 vom 4. April 2005

1. **Fassen Sie die zentrale These Alys mit eigenen Worten zusammen (M 3 a).**
2. **Analysieren Sie die Positionen und wesentlichen Argumente der Autoren in M 3 b und c. Stellen Sie sie Alys These gegenüber.**
3. **Formulieren Sie auf der Grundlage Ihrer Kenntnisse über das NS-Regime eine eigene Stellungnahme zu der Kontroverse.**

Deutschland zwischen Demokratie und Diktatur

Zentrale Begriffe

Zusammenfassung

Die Weimarer Republik war die erste Demokratie in Deutschland. Nach Beendigung des Ersten Weltkrieges (1914–1918) und der Novemberrevolution von 1918 begann zunächst die Auseinandersetzung um die künftige Staatsform zwischen den beiden Hauptmodellen, dem kommunistisch geprägten Rätesystem und der demokratischen Republik. In der vom Volk gewählten Nationalversammlung einigten sich 1919 die gemäßigten politischen Kräfte, die die Mehrheit bildeten, auf eine Verfassung, die dem Volk Grundrechte garantierte und Deutschland in eine parlamentarische Republik umwandelte. Die junge Demokratie wurde bis 1923 durch Putschversuche der radikalen Rechten und Linken sowie durch wirtschaftliche Krisen, vor allem infolge des Versailler Vertrages, zeitweise schwer belastet. In der Außenpolitik gewann Deutschland durch seine Verständigungs- und Vertragspolitik wieder Handlungsspielraum und Ansehen und wurde 1926 in den Völkerbund aufgenommen. Nach einer „relativen" politischen Stabilisierung und wirtschaftlichen Erholung löste die weltweite Wirtschafts- und Sozialkrise 1929 in Deutschland eine tief greifende Staatskrise aus. Sie äußerte sich im Erstarken der radikalen und antiparlamentarischen Kräfte sowie in dem Bruch der Koalition der demokratischen Parteien, der ab 1930 zur Bildung von „Präsidialkabinetten" führte, die mit Notverordnungen ohne Zustimmung des Reichstags regierten und die Verfassung damit weitgehend aushöhlten.

Mit Hitlers Ernennung zum Reichskanzler am 30. Januar 1933 endete die Weimarer Republik und es begann die Errichtung der NS-Herrschaft. Die „Reichstagsbrandverordnung" und das Ermächtigungsgesetz dienten der NS-Regierung als scheinlegale Grundlage sowohl für die massive Verfolgung und Terrorisierung der Opposition, vor allem der Kommunisten, als auch für die systematische Zerstörung des Weimarer Verfassungsstaates. Innerhalb von 18 Monaten gelang es den Nationalsozialisten durch „Gleichschaltung" aller staatlichen Institutionen im Reich und in den Ländern, ihre absolute Macht zu sichern. Ziel der Nationalsozialisten war eine Diktatur – auf der Basis einer allein herrschenden Ideologie und des Führerprinzips. Allerdings war das NS-System kein monokratisch geordneter „Führerstaat", sondern wies auch Merkmale einer polykratischen Herrschaftsstruktur auf. Die ideologisch bedingte Ankündigung, die deutsche Gesellschaft in eine „Volksgemeinschaft" ohne Klassenunterschiede umzuwandeln, die Erfahrung der vom Regime organisierten Gemeinschaftserlebnisse sowie der soziale Aufstieg auf Kosten der „Gemeinschaftsfremden" sorgten in hohem Maß für Zustimmung und aktive Unterstützung des NS-Staates durch die deutsche Bevölkerung. Ausgegrenzt und verfolgt wurden nicht nur politische Gegner, sondern Menschen, die entsprechend der NS-Ideologie keine „Arier" waren oder den herrschenden Moralvorstellungen nicht entsprachen. Opfer der Verfolgung wurden insbesondere die deutschen und ab 1939 die europäischen Juden. Sie wurden zunächst entrechtet und ab 1942 systematisch in Konzentrations- und Vernichtungslagern ermordet. Das langfristige Ziel der NS-Politik bestand in der Eroberung von „Lebensraum" im Osten. Seit 1933 wurde die deutsche Wirtschafts- und Außenpolitik auf die Entfesslung eines neuen Krieges ausgerichtet. Der Zweite Weltkrieg von 1939 bis 1945, vor allem im Osten von den Nationalsozialisten als Vernichtungsfeldzug geführt, kostete etwa 55 Millionen Menschen das Leben.

M 1 Mitarbeiter der Hamburger Werft Blohm & Voss während eines Stapellaufes, Fotografie, 1936.
Der Arbeiter in der Bildmitte (Kreis) ist August Landmesser. Seine Ehe mit einer Jüdin, aus der zwei Kinder hervorgingen, galt als „Rassenschande", für die er 1938 zu zweieinhalb Jahren Zuchthaus verurteilt wurde.

1 Begründen Sie, welcher Begriff die Haltung des Arbeiters Landmesser (M 2, Bildmitte) zum NS-Staat angemessen wiedergibt: Zustimmung – Indifferenz – Nonkonformität – Verweigerung – Protest – Widerstand.

Zeittafel

1914–1918 Erster Weltkrieg
1918 Ende der Monarchie in Deutschland, Novemberrevolution
1919 Gründung der Kommunistischen Arbeiterpartei (KPD), Niederschlagung des Spartakusaufstandes, Ermordung von Rosa Luxemburg und Karl Liebknecht durch Freikorps
1919 Wahlen zur Nationalversammlung, Versailler Vertrag
1920 Kapp-Putsch, kommunistische Aufstände in Thüringen, Sachsen und im Ruhrgebiet
1922 Vertrag von Rapallo (Deutsches Reich – Sowjetrussland); Ermordung von Außenminister Walter Rathenau durch Rechtsextremisten
1923 Besetzung des Ruhrgebietes durch Frankreich und Belgien, Hitler-Putsch
1924 Annahme des Dawes-Plans
1925 Räumung des Ruhrgebietes durch die Alliierten; Vertrag von Locarno
1926 Aufnahme Deutschlands in den Völkerbund
1929 Young-Plan zur Neuregelung der Reparationen, Börsenkrach in New York, Beginn der Weltwirtschaftskrise
1930 Räumung des Rheinlandes durch die Alliierten
1930–1933 Präsidialkabinette
1933 Ernennung Hitlers zum Reichskanzler, Reichstagsbrand und Außerkraftsetzung der Grundrechte, „Ermächtigungsgesetz", „Gesetz zur Wiederherstellung des Berufsbeamtentums", Auflösung der Gewerkschaften
1934 Ermordung von SA-Chef Röhm
1935 „Nürnberger Gesetze"
1938 Besetzung Österreichs durch deutsche Truppen; Novemberpogrome (9./10. Nov.)
1939 Besetzung Tschechiens, Eingliederung als „Protektorat Böhmen und Mähren" ins Reich, Hitler-Stalin-Pakt, Überfall auf Polen, Beginn des Zweiten Weltkriegs
1940 Beginn der Offensive gegen Frankreich
1941 Einmarsch deutscher Truppen in die Sowjetunion, deutsche Kriegserklärung an die USA
1942 Wannsee-Konferenz
1944 Gescheitertes Attentat auf Hitler
1945 Bedingungslose Kapitulation der deutschen Wehrmacht (7.–9. Mai)

Anwendungsaufgabe

M2 Blick auf den vollbesetzten Sportpalast während der Goebbels-Rede, Fotografie, 18. Februar 1943

M3 Aus der Rede des Reichspropagandaministers Joseph Goebbels im Berliner Sportpalast vom 18. Februar 1943

Ihr also, meine Zuhörer, repräsentiert in diesem Augenblick die Nation. Und an euch möchte ich zehn Fragen richten, die ihr mir mit dem deutschen Volke vor der ganzen Welt, insbesondere aber vor unseren Feinden, die uns auch an ihrem Rundfunk zuhören, beantworten sollt:
Die Engländer behaupten, das deutsche Volk habe den Glauben an den Sieg verloren. Ich frage euch: Glaubt ihr mit dem Führer und mit uns an den endgültigen, totalen Sieg der deutschen Waffen? Ich frage euch: Seid ihr entschlossen, dem Führer in der Erkämpfung des Sieges durch dick und dünn und unter Aufnahme auch der schwersten persönlichen Belastungen zu folgen?
Zweitens: Die Engländer behaupten, das deutsche Volk sei des Kampfes müde. Ich frage euch: Seid ihr bereit, mit dem Führer, als Phalanx der Heimat hinter der kämpfenden Wehrmacht stehend, diesen Kampf mit wilder Entschlossenheit und unbeirrt durch alle Schicksalsfügungen fortzusetzen, bis der Sieg in unsern Händen ist?
Drittens: Die Engländer behaupten, das deutsche Volk hat keine Lust mehr, sich der überhandnehmenden Kriegsarbeit, die die Regierung von ihm fordert, zu unterziehen. Ich frage euch: Soldaten, Arbeiter und Arbeiterinnen, seid ihr und ist das deutsche Volk entschlossen, wenn der Führer es einmal in der Notzeit befehlen sollte, zehn, zwölf, wenn nötig vierzehn und sechzehn Stunden täglich zu arbeiten und das Letzte für den Sieg herzugeben?
Viertens: Die Engländer behaupten, das deutsche Volk wehrt sich gegen die totalen Kriegsmaßnahmen der Regierung. Es will nicht den totalen Krieg, sagen die Engländer, sondern die Kapitulation! Ich frage euch: Wollt ihr den totalen Krieg? Wollt ihr ihn, wenn nötig, totaler und radikaler, als wir ihn uns heute überhaupt erst vorstellen können?
Fünftens: Die Engländer behaupten, das deutsche Volk hat sein Vertrauen zum Führer verloren! Ich frage euch: Vertraut ihr dem Führer? Ist eure Bereitschaft, ihm auf allen seinen Wegen zu folgen und alles zu tun, was nötig ist, um den Krieg zum siegreichen Ende zu führen, eine absolute und uneingeschränkte?
Ich frage euch als sechstes: Seid ihr von nun ab bereit, eure ganze Kraft einzusetzen und der Ostfront, unsern kämpfenden Vätern und Brüdern, die Menschen und Waffen zur Verfügung zu stellen, die sie brauchen, um den Bolschewismus zu besiegen? Seid ihr dazu bereit?
Ich frage euch als siebentes: Gelobt ihr mit heiligem Eid der Front, dass die Heimat mit starker, unerschütterlicher Moral hinter der Front steht und ihr alles geben wird, was sie zum Siege nötig hat?
Ich frage euch achtens: Wollt ihr, insbesondere ihr Frauen selbst, dass die Regierung dafür sorgt, dass auch die letzte Arbeitskraft auch der Frau der Kriegsführung zur Verfügung gestellt wird und dass die Frau überall da, wo es nur möglich ist, einspringt, um Männer für die Front frei zu machen? Wollt ihr das?
Ich frage euch neuntens: Billigt ihr, wenn nötig, die radikalsten Maßnahmen gegen einen kleinen Kreis von Drückebergern und Schiebern, die mitten im Kriege Frieden spielen wollen und die Not des Volkes zu eigensüchtigen Zwecken ausnutzen? Seid ihr damit einverstanden, dass, wer sich am Kriege vergeht, den Kopf verliert?
Und nun frage ich euch zehntens und zuletzt: Wollt ihr, dass, wie das nationalsozialistische Parteiprogramm das vorschreibt, gerade im Krieg gleiche Rechte und gleiche Pflichten vorherrschen, dass die Heimat die schwersten Belastungen des Krieges solidarisch auf ihre Schultern nimmt und dass sie für Hoch und Niedrig und Arm und Reich in gleicher Weise verteilt werden? [...] Der Führer hat befohlen und wir werden ihm folgen! Wenn wir je treu und unverbrüchlich an den Sieg geglaubt haben, dann in dieser Stunde der nationalen Besinnung und der inneren Aufrichtung.

Heinz Hürten (Hg.), Deutsche Geschichte in Quellen und Darstellung, Bd. 9: Weimarer Republik und Drittes Reich 1918–1945, Stuttgart 1995, S. 408 ff.

1 Interpretieren Sie die Rede entsprechend den Arbeitsschritten auf der Methodenseite S. 456 f.

Internettipp
Ausschnitte aus der Goebbels-Rede finden Sie unter:
www.nationalsozialismus.de/dokumente/tondokument/joseph-goebbels-rede-vom-18021943-im-berliner-sportpalast-wollt-ihr-den-totalen-krieg-35-min-mp3

Epochenbezüge

M4 Europa zwischen Demokratie und Diktatur 1920–1939

Präsentationsvorschläge

Thema 1:

Die „Goldenen Zwanziger" – ein Mythos?

Bereiten Sie einen Vortrag über die „Goldenen Zwanziger" in der Zeit der Weimarer Republik vor. Untersuchen Sie am Beispiel einzelner Bereiche (z. B. Sozialwesen, Kunst, Jugend) die Frage, ob man für den Zeitraum 1923 bis 1929 von den „Goldenen Zwanzigern" sprechen kann.

Literaturtipp

Peter Gay, Die Republik der Außenseiter. Geist und Kultur in der Weimarer Zeit 1918–1933, Fischer, Frankfurt/M. 1987

Jost Hermand/Frank Trommler, Die Kultur der Weimarer Republik, Nymphenburger Verlagsanstalt, München 1978

Internettipp

www.dhm.de/lemo/html/weimar/kunst/index.html

www.zwanzigerjahre.de/

Thema 2 (fächerverbindend):

Kunst als Waffe? – Kunst und Propaganda im Streit der Nationen 1930–1945

Bereiten Sie eine folien- oder powerpoint-gestützte Präsentation über die politisch-propagandistische Symbolik aus dem Bereich der bildenden bzw. angewandten Künste der Staaten Italien, Sowjetunion, Deutschland und USA vor.

Literaturtipp

Hans-Jörg Czech und Nikola Doll (Hg.), Kunst und Propaganda im Streit der Nationen 1930 bis 1945, Berlin 2007

Irina Antonowa und Jörn Merkert (Hg.), Berlin–Moskau 1900–1950, Berlin 1995

Internettipp

www.dhm.de/ausstellungen/kunst-und-propaganda/index.html

Thema 3 (Geschichte global):

Faschismus im Vergleich

Vergleichen Sie arbeitsteilig den italienischen Faschismus, den deutschen Nationalsozialismus und das japanische Herrschaftssystem anhand selbst gewählter Kriterien (z. B. ideologische Grundlagen, Herrschaftsstrukturen, Propagandamethoden) und präsentieren Sie Ihre Ergebnisse im Kurs.

Literaturtipp

Arnd Bauerkämper, Der Faschismus in Europa 1918–1945, Stuttgart 2006

E. Bruce Reynolds (Hg.), Japan in the Fascist era, Palgrave Macmillan, New York 2004

Internettipp

www.freidok.uni-freiburg.de/volltexte/2001/pdf/Martin_Zur_Tauglichkeit_eines_uebergreifenden.pdf

10 Die bipolare Welt nach 1945

M1 **Die Illusion des „One-world-Gedankens", Karikatur von Daniel R. Fitzpatrick, veröffentlicht im „St. Louis Post-Dispatch" vom 12. März 1947, dem Tag der Verkündung der Truman-Doktrin**

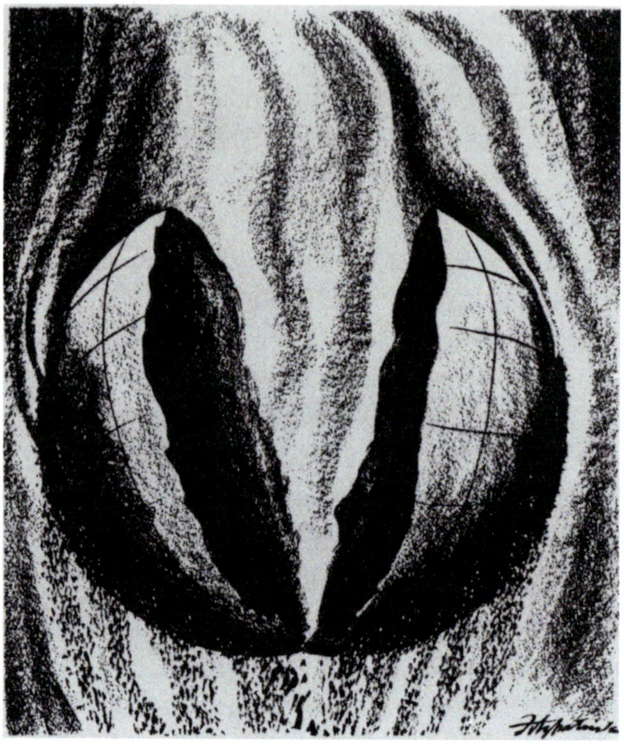

1945
Konferenz in Jalta (Februar); Konferenz von Potsdam (Juli/August)

1947
Verkündung der „Truman-Doktrin"; Marshallplan; Gründung des Kommunistischen Informationsbüros (Kominform)

1948
Sowjetische Berlin-Blockade und westalliierte Luftbrücke

1949
Gründung der NATO

1950–1953
Koreakrieg

1955
Bundesrepublik Deutschland wird souverän und NATO-Mitglied; Gründung des Warschauer Paktes

1956
Ungarn-Aufstand

1957
Sowjetischer Satellit „Sputnik"

1961
Bau der Berliner Mauer

1962
Kubakrise

1963
„Heißer Draht" zwischen Moskau und Washington; Atomtestabkommen

1964–1973
Vietnamkrieg der USA

1968
Vertrag über die Nichtverbreitung von Atomwaffen zwischen USA, UdSSR, Großbritannien; Einmarsch Warschauer-Pakt-Truppen in die Tschechoslowakei

197
SALT-I-Abkomme
über strategisch
Rüstung
begrenzunge

1945 | 1950 | 1955 | 1960 | 1965 | 1970

Am 5. März 1946 hielt Winston Churchill, damals britischer Oppositionsführer, im amerikanischen Fulton eine Rede, die mit US-Präsident Harry S. Truman abgesprochen war und die die westliche Öffentlichkeit aufrütteln sollte: „Von Stettin an der Ostsee bis nach Triest an der Adria hat sich ein eiserner Vorhang quer durch den Kontinent gelegt. Hinter dieser Linie liegen alle Hauptstädte Mittel- und Osteuropas. [...] Alle diese Städte und die umliegenden Gebiete sind [...] nicht nur dem sowjetischen Einfluss, sondern in einem hohen und wachsenden Maße der Kontrolle durch Moskau unterworfen. [...] Was immer man aus diesen Tatsachen – und es sind Tatsachen – für Schlüsse ziehen mag, eines ist sicher: Dies ist nicht das befreite Europa, für das wir gekämpft haben."

So eindringlich ist die Teilung Europas, ja der Welt nach 1945 selten dargestellt worden. Tatsächlich war die Welt von 1945 bis 1990/91 in zwei Lager gespalten: Auf der einen Seite standen die westlichen Demokratien unter Führung der USA, auf der anderen Seite die kommunistischen Staaten unter Führung der Sowjetunion. Beide Seiten versuchten, ihren Einflussbereich militärisch abzusichern und auf Kosten des Gegners auszuweiten. Ideologisch war der Gegensatz bestimmt von einer weltweiten Auseinandersetzung zwischen dem Kommunismus mit seinen staatssozialistischen Ordnungsvorstellungen einerseits und den liberal-westlichen Demokratien mit ihrer marktwirtschaftlichen Wirtschaftsordnung andererseits. Beide Konfliktparteien trugen den Ost-West-Konflikt mit propagandistischen Mitteln aus, wobei teilweise klischeehafte Feindbilder und Kampfbegriffe zum Tragen kamen. Gegenseitig warf man sich Imperialismus, Militarismus, Ausbeutung und Unterdrückung vor. Militärisch führte der Kalte Krieg dazu, dass beide Supermächte ein Arsenal an Kriegstechnik und neuartigen Waffensystemen produzierten, die auch heute noch ausreichen, um das gesamte Leben auf der Erde mehrfach auszulöschen. Ungeheure Summen sind in immer gigantischere Rüstungsvorhaben gesteckt worden. Das „Neue" bei diesem weltweiten Konflikt war, dass die Angst vor der möglichen Selbstvernichtung der Menschheit durch Atomwaffen zu einem politisch einsetzbaren Faktor gemacht wurde.

1 Warum wurden aus den Verbündeten gegen den Nationalsozialismus, USA und Sowjetunion, nach dem Zweiten Weltkrieg erbitterte Feinde?
2 Mit welchen Mitteln wurden die Konflikte zwischen Ost und West ausgetragen?
3 Welche Konfliktherde prägten die Ost-West-Auseinandersetzung?
4 Welche Entwicklungen bewirkten das Ende des Ost-West-Konfliktes?

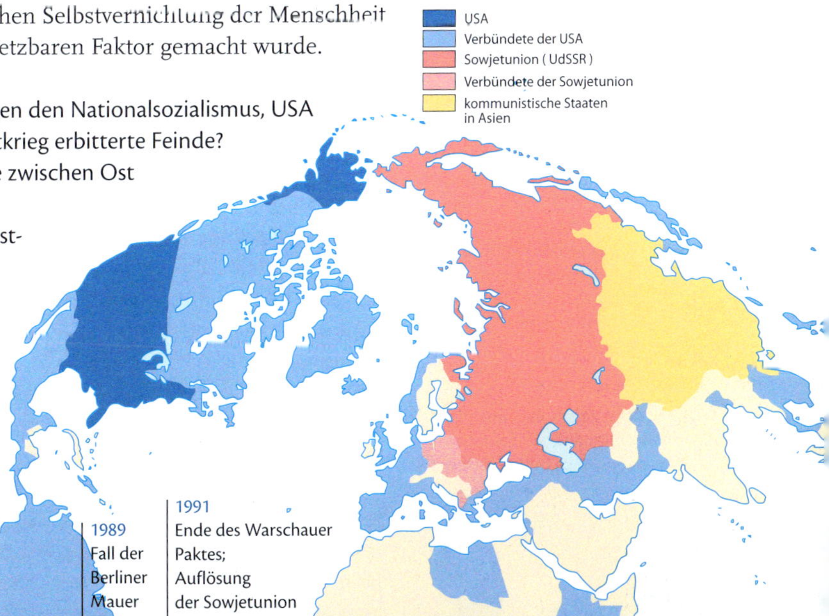

75 … nterzeichnung der KSZE-Schlussakte Helsinki

1978 SALT-II-Vertrag; NATO-Doppelbeschluss

1979 Einmarsch der Sowjetunion in Afghanistan (Dezember)

1983 Ankündigung des US-Raketenabwehrsystems SDI

1985 Reformbeginn in der Sowjetunion

1987 INF-Vertrag

1989 Fall der Berliner Mauer

1991 Ende des Warschauer Paktes; Auflösung der Sowjetunion

1980 1985 1990 1995

1 Der Ost-West-Gegensatz

Amerikanisch-russische Spannungen im 19. Jahrhundert
Erste Anzeichen gab es, als die USA 1823 die Monroe-Doktrin (s. S. 352) verkündeten. Mit ihr wollten die US-Amerikaner verhindern, dass der amerikanische Doppelkontinent zum Ziel europäischer Großmachtpolitik werde. So sollte u. a. Russland daran gehindert werden, seine pazifischen Stützpunkte von Alaska aus nach Süden auszubauen. Indem die USA die Monroe-Doktrin zu einer politischen Kampfansage der amerikanischen Demokratie gegen die europäischen „Despotien" erklärte, verliehen sie ihrer Machtpolitik eine grundsätzliche ideologische Ausrichtung. Und als im Jahrzehnt nach der Ermordung des Zaren Alexander II. 1881 in Russland die Unterdrückung revolutionärer Bewegungen zunahm, verurteilten die USA erneut mit aller Schärfe das despotische Herrschaftssystem des Zarenreiches, das durch eine Demokratie ersetzt werden müsse.

Kommunismus
Der Begriff kennzeichnet einerseits die von Marx und Engels entwickelte politische Theorie einer klassenlosen Gesellschaft ohne Privatbesitz an Produktionsmitteln. Andererseits wird als Kommunismus auch die weltweite politische Bewegung bzw. die seit der Oktoberrevolution 1917 in Russland an die Macht gekommene Herrschaftsform bezeichnet. Nach der politischen Lehre des Kommunismus wird die Aufhebung der bürgerlich-kapitalistischen Ordnung mit einer Revolution eingeleitet und nach einer Übergangsphase der Diktatur des Proletariats vollendet. Nach 1917 trennte sich die kommunistische (Bolschewismus) von der sozialistisch-sozialdemokratischen Bewegung. Von da an prägte die Sowjetunion die kommunistischen Bewegungen.

Weltmacht
Staat, der politisch, militärisch und wirtschaftlich die Kraft besitzt, seine Macht und seinen Einfluss weltweit zur Geltung zu bringen

„Epochenjahr" 1917

Anzeichen für amerikanisch-russische Spannungen gab es bereits im 19. Jahrhundert*. Aber erst seit 1917 bestimmte der Ost-West-Gegensatz zunehmend die Weltpolitik. In diesem Jahr gaben die Vereinigten Staaten von Amerika ihre Zurückhaltung gegenüber Europa auf und traten aufseiten Englands und Frankreichs in den Ersten Weltkrieg (1914–1918) ein; die amerikanischen Truppen entschieden 1918 den Krieg. Nach zwei aufeinanderfolgenden Revolutionen, der Februar- und der Oktoberrevolution, riefen die Bolschewisten in Russland 1917 den ersten kommunistischen Staat der Welt aus.

Diese beiden Ereignisse veränderten die Welt von Grund auf. Nach dem Ersten Weltkrieg verloren die west- und mitteleuropäischen Staaten an internationalem Gewicht. Dagegen entwickelten sich die **„Flügelmächte" USA und Russland**, das seit 1922 in Sowjetunion bzw. UdSSR (**U**nion **d**er **S**ozialistischen **S**owjetrepubliken) umbenannt wurde, zu den entscheidenden **weltpolitischen Führungsmächten**. Beide Staaten waren nicht nur Groß-, sondern auch Weltmächte*. Ihre politischen, wirtschaftlichen und militärischen Fähigkeiten garantierten ihnen eine bestimmende weltpolitische Rolle. Außerdem strebten sie nach Einflusssphären, die über ihren unmittelbaren Herrschafts- und Machtbereich hinausgingen. USA und Sowjetunion untermauerten ihren weltweiten Anspruch auch ideologisch. Während die Amerikaner für liberale Demokratie und Marktwirtschaft kämpften, trat die Sowjetmacht als Vorkämpferin kommunistischer* Staats- und Gesellschaftsreform auf.

Grundlage für die Weltmachtpolitik der USA war vor allem ihre politisch-militärische und wirtschaftliche Stärke. Darüber hinaus galten sie vielen Nichtamerikanern aber auch als das Geburtsland der modernen Demokratie, das durch Glaubens- und Religionsfreiheit, durch seine wirtschaftliche und politische Freiheit nachahmenswert schien.

Russland war dagegen wie alle anderen Staaten außer den USA ökonomisch geschwächt aus dem Ersten Weltkrieg hervorgegangen. Die Ausstrahlung der Sowjetunion beruhte zeitweilig auf der Verheißung der marxistisch-leninistischen Ideologie, eine klassenlose Gesellschaft ohne Ausbeutung, Unterdrückung und Gewalt aufzubauen. Diese Ideologie ist jedoch spätestens mit dem Zusammenbruch des Sowjetimperiums 1989/90 endgültig entzaubert worden.

Nach dem Angriff des nationalsozialistischen Deutschland auf die Sowjetunion 1941 stellten die USA und die UdSSR ihre machtpolitischen und politisch-ideologischen Interessensgegensätze zurück. Ihr **„unnatürliches Bündnis"** basierte auf der Überzeugung, dass das NS-Regime unter Hitler für beide Staaten die größere Gefahr darstelle. Bis zur bedingungslosen Kapitulation Deutschlands 1945 blieb der Sieg über den Nationalsozialismus der wichtigste gemeinsame Nenner der ungleichen Bündnispartner.

1945–1989/90

Nach dem Zweiten Weltkrieg (1939–1945) bauten die USA und die Sowjetunion ihre weltpolitische Stellung aus. Zwar erklärten beide Staaten bei Kriegsende 1945, dass sie in enger Zusammenarbeit eine neue Weltordnung schaffen wollten. Aus der Kooperation während des Weltkrieges entwickelte sich jedoch schon bald danach eine immer schärfer werdende **Konfrontation**, die Ende der 1940er- und Anfang der 1950er-Jahre zur Abgrenzung der beiden Supermächte und der von ihnen beherrschten Machtblöcke führte. Amerikaner und Sowjets konnten und wollten sich bei der Gestaltung der Nachkriegsordnung immer weniger zu einer gemeinsamen Position durchringen. Ihre Vorstellungen über die zukünftige Organisation von Staat, Gesellschaft und Wirtschaft klafften zu stark auseinander. Das verschärfte die Spannungen zwischen Washington und Moskau. Die Gegensätze zwischen parlamentarischer Demokratie im Westen und Einparteienstaat im Osten, zwischen pluralistisch-freiheitlicher und kommunistischer Gesellschaft, zwischen marktwirtschaftlich-kapitalistischer und planwirtschaftlich-sozialistischer Wirtschaftsordnung waren grundsätzlicher Natur. Das wachsende Misstrauen, das zum Auseinanderbrechen ihrer Kriegsallianz führte, erhielt zusätzliche Nahrung durch die Angst des Westens vor kommunistischer Expansion bzw. die Furcht der UdSSR vor kapitalistischer Einkreisung. Bis 1990/91 bestimmte der Systemgegensatz zwischen westlicher Demokratie und Industriekapitalismus auf der einen, von den USA geführten Seite und kommunistischer Diktatur und Planwirtschaft auf der anderen, von der Sowjetunion beherrschten Seite die weltpolitische Auseinandersetzung.

Begriffsdefinitionen

Für den Begriff **„Ost-West-Konflikt“** gibt es eine enge und eine weite Definition. Die weite bezieht sich auf die Auseinandersetzungen zwischen beiden Mächten seit 1917. Nach dieser Begriffsbestimmung standen von 1917 bis 1990/91 die demokratisch und marktwirtschaftlich verfassten Länder des „Westens“ den diktatorisch regierten Ländern der kommunistischen Staatenwelt des „Ostens“ gegenüber. Nach der engeren Definition begann der Ost-West-Konflikt 1945 mit dem Ende des Zweiten Weltkrieges und endete 1990/91 mit dem Zusammenbruch des Sowjetimperiums. Während dieser Zeit besaß die Konfrontation zwischen den feindlichen Blöcken in Ost und West nicht nur eine starke militärische Ausrichtung, sondern geriet in der Kubakrise 1962 sogar hart an den Rand eines Atomkrieges.
Weil sich in der zweiten Hälfte des 20. Jahrhunderts zwei hochgerüstete Macht- und Militärblöcke gegenseitig bedrohten, bezeichnen einige Historiker und Politikwissenschaftler diese Zeit als **Kalten Krieg**. Mit dieser Wortwahl soll verdeutlicht werden, dass die internationalen Beziehungen zwischen den Blöcken durch intensive Feindseligkeit geprägt war, die jedoch unterhalb der Schwelle kriegerischer Auseinandersetzungen blieb. Es gibt aber auch Forscher, die diese Definition ablehnen und den Begriff des Ost-West-Konfliktes bevorzugen. Sie argumentieren, dass es während des Kalten Krieges auch „heiße“ Kriege wie den Korea- oder den Vietnamkrieg gegeben habe (M 2).

Bipolare Weltordnung

Historiker und Politikwissenschaftler charakterisieren die Struktur des internationalen Staatensystems während des Ost-West-Konfliktes zwischen 1945 und 1990/91 als bipolar. In einer bipolaren Ordnung bestimmen **zwei einander feindlich gegenüberstehende Machtzentren bzw. Führungsmächte** allein die internationalen Beziehungen und kontrollieren damit die Außenpolitik anderer Staaten. Tatsächlich erschien vielen Nationen während des Ost-West-Konfliktes die Gefolgschaft gegenüber dem jeweiligen Block und seiner Vormacht vorteilhaft. Die jeweilige Supermacht belohnte diese Unterordnung mit Schutz und positiven Sanktionen wie Auslandshilfen und Exportgarantien. Allerdings ordneten sich nicht alle Staaten den politisch-militärischen Zusammenschlüssen der beiden Supermächte unter. Diese nicht paktgebundenen Staaten betonten ihre politisch-gesellschaftliche Eigenständigkeit und forderten die Gleichberechtigung aller Staaten. Nach einer ersten gemeinsamen Konferenz im indonesischen Bandung 1955 organisierte sich die Bewegung 1961 auf ihrem ersten offiziellen Gipfeltreffen im jugoslawischen Belgrad als **„Organisation der Blockfreien“**. Nach ursprünglich 61 Ländern wuchs ihre Zahl schließlich auf über 100 Mitglieder an. Die entscheidenden Anstöße zu dem

Internettipp

www.kalter-krieg-im-radio.de
Präsentation des RBB zum Kalten Krieg mit Fotos, Videos, historischen Radio-Tönen und Glossar

www.historicum.net/themen/internationale-geschichte/materialien/statistiken-europa-im-ost-west-konflikt
Statistiken (Wirtschaftsleistung und Militärausgaben verschiedener Länder aus den beiden Machtblöcken im Vergleich) zu Europa im Ost-West-Konflikt 1945–1990

www.bpb.de/themen/2Q7F55,8,0,Ursachen_und_Entstehung_des_Kalten_Krieges.html
Der Historiker Manfred Görtemaker über „Ursachen und Entstehung des Kalten Krieges“

www.dhm.de/~roehrig/ws9596/texte/kk/dhm/z1933.html
Eine ausführliche Zeitleiste zum Kalten Krieg vom Deutschen Historischen Museum Berlin

M1 Die Blockfreien-Bewegung

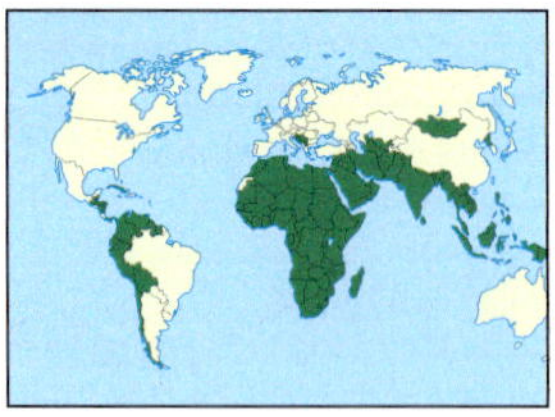

lockeren Zusammenschluss der blockfreien Staaten gingen Ende der 1940er- und in den 1950er-Jahren von dem jugoslawischen Partei- und Staatschef Josip Broz, genannt Tito, dem indischen Premierminister Jawaharlal Nehru und dem ägyptischen Minister- und Staatspräsidenten Gamal Abd el-Nasser aus. Viele Mitglieder der Blockfreien-Bewegung teilten die Erfahrung der kolonialen Ausbeutung. Von einer Einbindung in einen der beiden Machtblöcke versprachen sie sich für ihre politische Emanzipation und wirtschaftliche Entwicklung wenig Vorteile.
Die Bewegung der Blockfreien konnte das bipolare aber nicht zu einem multipolaren internationale System umformen, bei dem es mehrere Machtzentren bzw. Führungsmächte gibt. „Tatsächlich war", urteilt der Historiker Bernd Stöver 2003, „die politische Wirkung der Blockfreien-Bewegung im Kalten Krieg fast durchgängig zu schwach. Im günstigsten Fall wird ihr zugestanden, den Blick für die Länder der Dritten Welt und den Nord-Süd-Konflikt geschärft zu haben. Der Versuch, die Industriestaaten zu wirtschaftlichen Zugeständnissen zu zwingen, scheiterte ebenso wie der Vorstoß, den Ölpreis wirksam als Waffe einzusetzen. Die Supermächte standen der Blockfreiheit ohnehin skeptisch gegenüber. [...] Blockfreiheit und wirtschaftlicher Pragmatismus wurden in den Machtzentren des Kalten Krieges als politische Unentschiedenheit wahrgenommen."

Internettipp
www.nam.gov.za/background/background.htm
Die offizielle, englischsprachige Seite der Bewegung der Blockfreien Staaten, unterhalten vom Informationssystem der südafrikanischen Regierung

1 Skizzieren Sie mithilfe des Darstellungstextes die wichtigsten Phasen und Streitpunkte des Ost-West-Konfliktes im 20. Jahrhundert.

M2 Der Historiker Jost Dülffer über die Begriffe „Ost-West-Konflikt" und „Kalter Krieg", 2004

Die Geschichte Europas nach dem Zweiten Weltkrieg muss insgesamt zwar welthistorisch eingebettet werden, aber zentral die Wechselwirkungen zwischen „Westen" und „Osten" berücksichtigen. [...] Gemeinhin wird dieses Beziehungsgeflecht als „Kalter Krieg" bezeichnet. In einer gängigen Lesart dieses Kalten Krieges kam es noch im, dann aber vor allem nach dem Zweiten Weltkrieg, zu einer „Teilung der Welt" [...] – und damit auch Europas –, die bis 1989/90 andauerte. Dieser Begriff „Kalter Krieg" wird seither häufig gebraucht, ist jedoch problematisch. Kalter Krieg bezeichnet einen Zustand des Staatensystems, der kriegsähnlich ist, bei dem sich aber die beiden Seiten unter amerikanischer bzw. sowjetischer Führung nicht direkt militärisch bekämpften. [...] Tatsächlich wurde aber auch im Kalten Krieg zwischen den Blöcken geschossen: Das galt etwa in Korea 1950–53, in Vietnam in den Sechziger- und Siebzigerjahren, sodann in einer Reihe von weiteren, „Stellvertreterkriege" genannten Konflikten in der Dritten Welt während des gesamten Zeitraums. Der Kalte Krieg schloss also herkömmliche, „heiße" Kriege ein. Ferner fanden mehrere Aufstände im sowjetischen Machtbereich statt, die auch mit Kriegen und dem Ost-West-Problem zu tun hatten. Diese Aufstände weiteten sich nur deswegen nicht zu Bürgerkriegen aus, weil die sowjetische Macht die von ihr gestützten Regierungen mit militärischen Mitteln schützte – so vor allem in der DDR 1953, in Ungarn und Polen 1956, in der ČSSR 1968. Der Begriff Kalter Krieg ist schließlich deswegen problematisch, weil er ein hohes Maß an Geschlossenheit und Permanenz für die Zeit zwischen 1945 und 1990 signalisiert und den ständigen Wandel der Beziehungen zwischen den „Blöcken" vernachlässigt. „Kalter Krieg" wird zwar weiter als Epochenbezeichnung gebraucht, ist aber ein vereinfachender Begriff für wesentlich komplexere Vorgänge. Besser sollte man von einem Ost-West-Gegensatz sprechen, der allerdings zwischen 1945 und 1990 in Europa dreimal akut bedrohlichen Charakter annahm. Nur diese Phasen können tatsächlich als „Kalte Kriege" bezeichnet werden – in ihnen drohte zeitweilig die Eskalation zu einem heißen Krieg. Zunächst war dies die Krise um die Berlin-Blockade 1948/49, die mit dem Koreakrieg in seiner Anfangsphase 1950 im ersten Kalten Krieg kulminierte. Berlin stand auch beim zweiten Kalten Krieg 1958 bis 1962 im Mittelpunkt, gefolgt von der Kubakrise 1962. Es gab sodann als dritten Kalten Krieg einen Streit um die Mittelstreckenraketen von etwa 1979 bis 1982/83. Zwischen diesen Phasen gab es aber Perioden geringerer Intensität des Konfliktes oder eben auch der „Entspannung". Der häufig gebrauchte Begriff „Kalter Krieg" akzentuiert demgemäß eher die fortlaufenden strukturellen Bedingungen der Jahrzehnte nach dem Zweiten Weltkrieg, während die Bezeichnung Ost-West-Konflikt den Blick stärker für situative Aspekte und Wandel in dieser Zeit öffnet.

Jost Dülffer, Europa im Ost-West-Konflikt 1945–1990. Oldenbourg, München 2004, S. 4 f.

1 Arbeiten Sie die zentralen Merkmale der Begriffe „Ost-West-Konflikt" und „Kalter Krieg" heraus.
2 Diskutieren Sie die Vor- und Nachteile beider Begriffe.

2 Die Teilung Europas und der Welt

Kontroverse

Über die Entstehung der bipolaren internationalen Ordnung nach 1945 gibt es unterschiedliche Auffassungen. In den Staaten des Ostblocks mussten sich die Historiker bis 1990/91 an der Meinung der Kommunistischen Partei in der Sowjetunion orientieren. Danach waren die Vereinigten Staaten von Amerika der Feind und damit auch Urheber des Ost-West-Konfliktes. Dagegen streiten in den westlichen Demokratien bis heute Politiker und Wissenschaftler über die Ursachen der Ost-West-Konfrontation. Die traditionelle, in den 1950er-Jahren entstandene Auffassung macht die aggressive Expansionspolitik der kommunistischen Sowjetunion dafür verantwortlich. Seit den 1960er-Jahren sprechen einige amerikanische Forscher den USA eine Mitverantwortung zu: Die US-Regierung habe die durch den Zweiten Weltkrieg geschwächte Sowjetunion unter Druck gesetzt, zum einen militärisch durch ihr Atomwaffenmonopol und zum anderen wirtschaftlich durch ihre Forderung nach freiem Zugang zu allen Märkten (*„Open door Policy"*). Ende der 1970er- bzw. Anfang der 1980er-Jahre kam eine dritte Deutung hinzu, die die „Teilung der Welt" auf wechselseitige Fehleinschätzungen der führenden Außenpolitiker in den USA und der UdSSR zurückführt (M 4 a–c).

Ziele der Alliierten

Die ungleichen Verbündeten USA und Sowjetunion besaßen schon während des Zweiten Weltkrieges abweichende Vorstellungen über die zukünftige Friedensordnung, stellten ihre Meinungsverschiedenheiten jedoch zurück, um den Sieg über Deutschland, Italien und Japan nicht zu gefährden. Die **amerikanische Politik** beruhte auf der Überzeugung, dass Demokratie und Freihandel die besten Garanten für den Weltfrieden seien. Die US-Regierung setzte sich daher für einen einheitlichen freien Weltmarkt in einer demokratischen Welt ein. In der Atlantik-Charta vom August 1941 formulierte Präsident Franklin D. Roosevelt* zusammen mit dem englischen Premierminister Winston Churchill* (1874–1965, Prem.-min. 1940–1945, 1951 bis 1955) die Prinzipien für ein System der kollektiven Sicherheit, das „vier Freiheiten" Geltung verschaffen sollte:

- dem Selbstbestimmungsrecht der Völker bei der Wahl ihrer Regierungsformen,
- der Garantie der Unabhängigkeit und Souveränität der einzelnen Staaten,
- ihrer wirtschaftlichen Gleichberechtigung und
- dem Verzicht aller Staaten auf jede Form von Gebietserweiterungen.

Diesen Forderungen schlossen sich alle Kriegsgegner Deutschlands und Japans an. Roosevelts außenpolitische Vorstellungen waren getragen von seiner Vision einer gemeinsamen Weltordnung nach dem Krieg (*„one world"*), die eine Rückkehr in den Isolationismus – wie nach dem Ersten Weltkrieg – ausschloss.

Die Außenpolitik der **Sowjetunion** wurde seit dem Überfall der deutschen Truppen (s. S. 450) 1941 durch ein ausgeprägtes Sicherheitsbedürfnis bestimmt. Hinzu kam das Bestreben, die durch den Krieg geschwächte Wirtschaft zu regenerieren. Außerdem wollte Josef W. Stalin (s. S. 355) die Weltmachtstellung seines Landes erhalten und weiter ausbauen. Deswegen errichtete er Ende des Zweiten Weltkrieges in Mittelosteuropa einen Sicherheitsgürtel, ohne sich um die freiheitlich-demokratischen Prinzipien der Atlantik-Charta zu kümmern. So setzte der Diktator 1944/45 in Rumänien, Bulgarien und Ungarn sowjetfreundliche Regierungen ein und verschob 1945 in Polen freie Wahlen, die er ursprünglich zugesagt hatte.

M 1 Franklin Delano Roosevelt (1882–1945), Fotografie, 1936

Der Jurist und Politiker gehörte der Demokratischen Partei an und war von 1933 bis 1945 US-Präsident. Mit seinem innenpolitischen Reformprogramm „New Deal" wollte er die USA aus der Weltwirtschaftskrise führen. Ab Oktober 1939 gab er schrittweise die Neutralität der USA im Zweiten Weltkrieg auf und unterstützte die Westmächte, auf deren Seite die USA 1941 in den Zweiten Weltkrieg eintraten.

M 2 Winston Churchill (1874–1965), Fotografie, 1950

Der konservative Journalist, Offizier und Politiker bekleidete seit 1900 verschiedene politische Ämter in Großbritannien. Die Appeasement-Politik gegenüber Hitler lehnte er strikt ab. Von 1940 bis 1945 initiierte er als Premier- und Verteidigungsminister die Alliance zwischen Großbritannien, USA und UdSSR. Seit 1940 Parteiführer der Konservativen, wurde er nach deren Wahlsieg 1951 erneut Premierminister (bis 1955).

M3 Harry S. Truman (1854–1972), Fotografie, um 1945

Truman gehörte der demokratischen Partei an und war von 1945 bis 1953 US-Präsident. Seit 1947 trat er der sowjetischen Expansion mit der Eindämmungspolitik entgegen (Truman-Doktrin). 1950 traten die USA in den Koreakrieg ein.
Auf die Frage, welche seiner außenpolitischen Entscheidungen er für die denkwürdigste halte, sagte Truman 1961, durchaus mit Blick auf die Bundesrepublik Deutschland: „Wir haben unsere Feinde vollständig besiegt und zur Kapitulation gezwungen. Und dann haben wir ihnen geholfen, ihre Länder wiederaufzubauen, demokratisch zu werden und der Völkergemeinschaft beizutreten. Zu so etwas war nur Amerika in der Lage."

Internettipp

www.zum.de/psm/n45/stp_n45_all.php
Übersichtlicher erster Zugang zur alliierten Politik nach 1945, mit der Möglichkeit zu weiterer Recherche auf den Seiten der „Zentrale für Unterrichtsmedien"

www.dhm.de/lemo/html/dokumente/Nachkriegsjahre_vertragPotsdamerAbkommen/index.html
„Amtliche Verlautbarung über die Potsdamer Konferenz" auf der Website des Deutschen Historischen Museums Berlin, zitiert nach dem Amtsblatt des Kontrollrats in Deutschland

http://kriegsende.ard.de/pages_std_lib/0,3275,OID1139278,00.html
Informationen zur Potsdamer Konferenz im Rahmen eines Dossiers der ARD anlässlich 60 Jahre Kriegsende; Informationen und Bilder zum Zweiten Weltkrieg und dem Ende des Krieges

Alliierte Kriegskonferenzen

Die Interessengegensätze zwischen der Sowjetunion einerseits und den USA sowie Großbritannien andererseits zeigten sich auf den Kriegskonferenzen der Alliierten in den Jahren 1944/45. Auf der **Konferenz von Jalta** im Februar 1945 wollten sich Roosevelt, Churchill und Stalin auf eine neue Friedensordnung verständigen. Übereinstimmung erzielten diese „Großen Drei" über die Gründung der UNO (s. S. 588 ff.), die Einteilung Deutschlands in Besatzungszonen und die Einrichtung einer alliierten Kontrollbehörde in Berlin zur Überwachung der Entmilitarisierung und Entnazifizierung Deutschlands sowie die Aufnahme Frankreichs in den Kreis der Siegermächte. Andere wichtige Probleme blieben ungelöst, wie z. B. der endgültige Verlauf der deutsch-polnischen Grenze. Roosevelt und Churchill konnten das Prinzip des Selbstbestimmungsrechts der Völker nicht durchsetzen und stimmten der Umsiedlung der deutschen Bevölkerung aus Polen zu. Genauere Bestimmungen sollten später ausgehandelt werden. Stalin scheiterte mit dem Versuch, die Anbindung Polens an die Sowjetunion durchzusetzen.
Als sich Stalin, Churchill und Harry S. Truman*, der nach dem Tod Roosevelts im April 1945 das Präsidentenamt übernahm, im Juli und August auf der **Konferenz von Potsdam** trafen, überwog Konfliktbereitschaft in den Verhandlungen. Im Unterschied zur Vorgängerregierung setzten der neue US-Präsident und sein Beraterkreis weniger auf Kooperation mit der kommunistischen Supermacht, sondern eher auf Konfrontation. So gaben die USA während der Konferenz bekannt, dass sie einen Tag vor dem Zusammentreffen den ersten erfolgreichen Atombombentest in der Wüste von New Mexico durchgeführt hatten. Mit dem Tag der deutschen Kapitulation am 8. Mai 1945 hatte Washington die Lieferungen an die Sowjetunion nach dem Pacht- und Leihgesetz eingestellt und weitere Kredite zurückgehalten. Bei den Führern der Sowjetunion bewirkten diese aus einer Position der Stärke heraus getroffenen Maßnahmen keine Nachgiebigkeit, sondern verstärkten das Misstrauen und verhärteten die Fronten. Die Sowjetunion schuf bei der Westverschiebung Polens vollendete Tatsachen und begann mit der Aussiedlung und Vertreibung der deutschen Bevölkerung. Verhandlungen darüber lehnte die sowjetische Führung ab.
Das Ziel der „Großen Drei", einen „gerechten und dauerhaften Frieden" zu schaffen, war damit schwieriger geworden. Anders als ursprünglich beabsichtigt endete die Potsdamer Konferenz nicht mit einem völkerrechtlich verbindlichen „Abkommen", sondern mit einem gemeinsamen „Kommuniqué". Darin legten die Alliierten die Grundzüge der Behandlung Deutschlands fest. Sie sollte auf den Prinzipien **Demokratisierung, Denazifizierung, Demilitarisierung** und **Dezentralisierung** – den sogenannten „4 Ds" – beruhen. Hauptziele einer weltweiten allgemeinen Friedensordnung waren die Errichtung demokratischer Staaten, die Beseitigung des Faschismus, Abrüstung und die Verhinderung wirtschaftlicher Machtzusammenballung in den Händen weniger. Das wachsende Misstrauen zwischen den Westalliierten und der Sowjetunion verhinderte jedoch weitere Vereinbarungen.
Die Konflikte um die Nachkriegsordnung verstärkten die gegenseitigen Fehlwahrnehmungen, sodass die Ängste der beiden Supermächte voreinander zunahmen. Je intensiver die Amerikaner auf dem Selbstbestimmungsrecht – besonders in der Polenfrage – beharrten, desto größer wurde die Furcht der Sowjetunion vor möglichen Bedrohungen ihrer Sicherheit. Und je massiver die kommunistische Führung die Sowjetisierung der Länder betrieb, in denen die Rote Armee stand, desto stärker wuchsen bei Amerikanern und Briten die Ängste, dass die Sowjetunion das Selbstbestimmungsrecht generell ausschalten wollte und nur auf eine Gelegenheit wartete, ihr Machtgebiet weiter nach Westen auszudehnen.

Konfrontationskurs

Die in den USA nach Kriegsende rasch wachsende Furcht vor dem Kommunismus beruhte auf der Überzeugung, dass die Politik der UdSSR immer noch auf den Untergang des Kapitalismus und die Eroberung des gesamten europäischen Kontinents ziele. Um Westeuropa vor dem Kommunismus zu schützen, verstärkten die Amerikaner dort ihr Engagement: Im September 1946 stellte der amerikanische Außenminister James F. Byrnes klar, die drei Westzonen Deutschlands seien zum Selbstbestimmungsrecht zurückzuführen. Ein halbes Jahr später erklärte Präsident Harry S. Truman, Amerika sei verpflichtet, allen vom Kommunismus bedrohten demokratischen Staaten zu helfen (zu dieser **„Truman-Doktrin"** s. M 1, S. 488 ff.), und begründete damit die sogenannte **Politik der „Eindämmung"** (engl. = *containment*) des Kommunismus. Der Marshallplan*, ein Programm zum Wiederaufbau Europas, versprach 1948 allen kooperationswilligen Staaten amerikanische Finanz- und Wirtschaftshilfe. 1949 wurde der Plan um ein Hilfsprogramm für die unterentwickelten Länder der Dritten Welt erweitert. Im gleichen Jahr übernahm das westliche Verteidigungsbündnis, die 1949 gegründete NATO *(North Atlantic Treaty Organization)*, die militärische Sicherheitsgarantie für die westeuropäischen Staaten.

Ähnlich wie in den USA wurden nach Kriegsende auch in der Sowjetunion die alten Feindbilder reaktiviert. Der Kreis um Stalin betrachtete die amerikanische Politik zunehmend als **globalen Klassenkampf** gegen die kommunistischen Parteien der UdSSR und der mit ihr befreundeten Staaten. Ausdrücklich lehnte die Sowjetunion eine Beteiligung der osteuropäischen Länder an dem wirtschaftlichen Hilfsprogramm des Marshallplans ab. Dieser war aus sowjetischer Sicht nur ein wirtschaftliches Instrument zur Ausbreitung des Kapitalismus bzw. zur Eindämmung des Kommunismus. Mit der Zunahme der Spannungen zwischen der westlichen und östlichen Supermacht seit den ausgehenden 1940er-Jahren nahm die antiwestliche Propaganda der Sowjetunion zu, die auf der **„Zwei-Lager-Theorie"** (s. M 2, S. 489) des Stalin-Vertrauten Andrei Shdanow beruhte. Um die Reihen innerhalb des sozialistischen Lagers zu schließen, organisierte die Sowjetunion den festen Zusammenschluss aller kommunistischen Parteien unter Führung der UdSSR im 1947 gegründeten Kommunistischen Informationsbüro **(„Kominform")***. Schnell zeigte es sich, dass die Kominform ein Mittel zur Durchsetzung der politischen Linie der stalinistischen Sowjetunion in den anderen kommunistischen Parteien war.

Geteilte Welt

Mit der Integration der westeuropäischen und osteuropäischen Staaten in jeweils **feindliche Militärbündnisse** verstärkte sich die **Blockbildung** (M 5): Die Sowjetunion schloss mit ihren osteuropäischen Satellitenstaaten zweiseitige „Freundschafts- und Beistandsverträge" ab. Und im Westen entstand mit dem zwischen Großbritannien, Frankreich und den drei Benelux-Staaten geschlossenen Brüsseler Vertrag vom Mai 1948 das erste Verteidigungsbündnis in Europa gegen einen möglichen Angriff der UdSSR. Eine wirksame militärische Abschreckung der Sowjetunion war jedoch nur möglich mithilfe der Nuklearmacht USA, die daher in das westeuropäische Sicherheitskonzept mit eingebunden werden musste. Mit der Gründung der **NATO** im April 1949 übernahmen die USA diese Sicherheitsgarantie für die westeuropäischen Staaten. Nachdem 1955 die Bundesrepublik Deutschland in die NATO aufgenommen worden war, gründete die Sowjetunion im gleichen Jahr den **Warschauer Pakt**, dem auch die DDR beitrat.

Die Blockbildung machte nicht vor den Toren Europas Halt, sondern erfasste die gesamte Welt. Zwei Ereignisse stachelten im Westen die Furcht vor dem Kommunismus dramatisch an: 1949 riefen die chinesischen Kommunisten die „Volksre-

Marshallplan
Dieses nach dem amerikanischen Außenminister bezeichnete wirtschaftliche Hilfsprogramm zum Wiederaufbau Europas hieß offiziell *„European Recovery Program/ERP"*. Durch die Stärkung der europäischen Wirtschaft und die Öffnung der europäischen Staaten für den Welthandel sollten auch die politischen Verhältnisse stabilisiert und so die Anfälligkeit dieser Länder für die kommunistische Ideologie vermindert werden.

Kominform
Abkürzung für „Informationsbüro der Kommunistischen und Arbeiterparteien", das 1947 auf Initiative Stalins gegründet wurde. Mitglieder waren die KPdSU sowie die Kommunistischen Parteien Jugoslawiens (bis 1948), Bulgariens, Polens, Rumäniens, Ungarns, der Tschechoslowakei, Frankreichs und Italiens. Mit der Entstalinisierung in der Sowjetunion wurde das Informationsbüro 1956 aufgelöst.

publik China“ aus und schienen das kommunistische Lager zu stärken. Seit 1949 verfügte auch die Sowjetunion über die Atombombe. Beide Supermächte reagierten auf die wachsende Konfrontation, indem sie weltweit nach Unterstützung für ihre Politik suchten. Immer mehr Staaten wurden politisch, militärisch und wirtschaftlich in die jeweiligen Machtblöcke der Supermächte eingebunden. Das heizte nicht nur den weltweiten Rüstungswettlauf an, sondern beschleunigte auch die Aufteilung der Welt in feindliche Blöcke.

1 Skizzieren Sie auf der Grundlage des Darstellungstextes die jeweiligen außenpolitischen Leitlinien der USA bzw. UdSSR von 1941 bis 1955.

M4 Geschichte kontrovers Der Kalte Krieg in der historischen Diskussion

a) Die Deutung des amerikanischen Historikers John Lukacs, 1970:

Schon vor Kriegsende stand es außer Frage, dass Russland als eine der großen Weltmächte aus dem Krieg hervorgehen würde. Es war klar, dass es nicht nur sein Ansehen, sondern in noch stärkerem Maße seine Macht und seine Besitzungen vermehren würde; es stand ebenfalls außer Frage, dass sein Hauptehrgeiz nicht das internationale Prestige des Kommunismus betraf, sondern in erster Linie auf die Beherrschung Osteuropas gerichtet war. All das gab Stalin selbst lange vor Jalta und noch im Anfangsstadium des Krieges zu verstehen. Es stand außer Frage, dass die Westalliierten in Anbetracht des großen russischen Beitrags zum Kriege und ihrer eigenen geografischen Lage es nicht würden umgehen können, einzelne der russischen Forderungen zu erfüllen. Die Tragödie war, dass sie – insbesondere die Vereinigten Staaten – der Situation erst ins Gesicht sahen, als es schon zu spät war, denn die Russen besaßen bereits größere Gebiete als ihre Verbündeten und vielleicht auch sie selbst jemals erwartet hatten [...]. Hier liegt der Ursprung des Kalten Krieges.

John Lukacs, Konflikte der Weltpolitik nach 1945. Der Kalte Krieg, Editions Recontre, Lausanne 1970, S. 17f.

b) Die Interpretation des amerikanischen Historikers William Appleman Williams, 1973:

Nicht der Besitz der Atombombe war es, der die amerikanischen Führer zu einer harten Haltung gegenüber Russland veranlasste, sondern ihre Perspektive der Offenen Tür, in deren Licht die Bombe[1] als die letzte Garantie dafür erschien, dass sie künftig noch schneller auf dem Weg zur Vorherrschaft in der Welt voranschreiten konnten. Lange bevor noch jemand wusste, dass die Bombe funktionieren würde, operierten die Führer Amerikas aufgrund dreier Prämissen oder Ideen, welche die Welt unter dem Gesichtspunkt des Kalten Krieges definierten. Die erste besagte, dass Russland zwar böse, aber schwach sei. [...]
Die amerikanischen Führer, die weit davon entfernt waren, mit einem unmittelbar bevorstehenden Angriff Russlands zu rechnen, [...] konzentrierten sich [...] darauf, den amerikanischen Einfluss in Osteuropa wiederherzustellen und die Russen auf ihre traditionellen Grenzen zurückzudrängen. [...] Eine weitere Grundauffassung der amerikanischen Führer definierte die Vereinigten Staaten als das Symbol und den Agenten des Positiven, Guten, im Gegensatz zum sowjetischen Übel, und unterstellte, dass die Kombination von amerikanischer Stärke und russischer Schwäche es ermöglichen würde, die Zukunft der Welt in Übereinstimmung mit dieser Beurteilung zu gestalten. [...]
Der dritte wesentliche Aspekt der Perspektive der Offenen Tür, der ebenfalls vor dem Ende des Zweiten Weltkriegs in Erscheinung trat, war die Befürchtung, dass das Wirtschaftssystem Amerikas in eine schwere Depression geraten würde, wenn es nicht seine Expansion in Übersee fortsetzte. [...] Präsident Harry S. Truman war ein begeisterter und militanter Verfechter der Vorherrschaft Amerikas auf der Welt.

William Appleman Williams, Die Tragödie der amerikanischen Diplomatie, Suhrkamp, Frankfurt/M. 1973, S. 261–271

1 Gemeint ist die Atombombe.

c) Die Deutung des deutschen Historikers Wilfried Loth, 1999:

Was 1955 an sein Ende gekommen war, war der Prozess der Blockbildung in Ost und West: der Prozess der Etablierung einer neuen internationalen Ordnung nach dem Zusammenbruch des europäischen Staatensystems infolge der nationalsozialistischen Expansion – ein Prozess, der vom machtpolitischen und ideologischen Gegensatz der USA und der UdSSR dominiert wurde, von der gesellschaftlichen Verfassung der beteiligten Staaten ausging und auf diese polarisierend zurückwirkte, von der wechselseitigen Furcht vor einem Übergreifen der Gegenseite auf die eigene Sicherheitssphäre geprägt wurde und darum zur Zweiteilung Deutschlands und Europas, zu Mentalitäten und Praktiken eines permanenten Belagerungszustands und zu weltweiter Konkurrenz um Einflusssphären führte. [...]
Der Prozess der Blockbildung vollzog sich so nach dem Prinzip der „self-fulfilling prophecy“[1]: Die westliche Politik der Kooperationsverweigerung und Pressionen provozierte die Abschließung und einheitliche Ausrichtung des Sowjetblocks, die die antikommunistischen Dogmatiker schon zuvor behauptet hatten; die Monolithisierung[2] Osteuropas

und die Obstruktion[3] des Marshall-Plans riefen die westliche Blockbildung hervor, gegen deren vermutete Folgen sie gerichtet waren; und beide Seiten fanden in der gegnerischen Blockbildung Anlass, die Überschätzung der Kräfte der Gegenseite bestätigt zu sehen – so wenig die Thesen vom prinzipiellen Imperialismus der Gegenseite jemals tatsächlich berechtigt waren. Die Teilung Deutschlands war eine notwendige Folge dieses Prozesses: Zwar strebte sie niemand als politisches Primärziel an, doch war auch niemand bereit, das ganze Deutschland der Gegenseite zu überlassen, konnte in Anbetracht der Bedeutung des deutschen Potenzials auch niemand dazu bereit sein. Während die Furcht vor einer Dominanz der Gegenseite (und auf amerikanischer Seite zunächst mehr noch die Furcht vor einer Einbeziehung Frankreichs in den sowjetischen Einflussbereich) eine gemeinsame Deutschlandregelung blockierte, entstanden im besetzten Deutschland zwei unterschiedliche, auf die Interessen der jeweiligen Besatzungsmacht ausgerichteten Gesellschaftssysteme, und als die Blockbildung so weit fortgeschritten war, dass eine Verständigung nur noch als Neutralisierung Deutschlands denkbar war, erschien nicht nur einer Mehrheit der Entscheidungsträger in Ost und West das Risiko einer solchen Neutralisierung zu hoch, sondern votierten auch die meisten Westdeutschen ebenso wie natürlich die neuen Machteliten in der sowjetischen Zone für die Beibehaltung des unterdessen erreichten Status quo.

Wilfried Loth, Die Teilung der Welt. Geschichte des Kalten Krieges 1941–1955, dtv, München [10]2002, S. 344, 348

1 self-fulfilling prophecy (engl.): sich selbst erfüllende Prophezeiung
2 monolithisch: aus einem Block
3 Obstruktion: Verschleppung (der Arbeiten), Verhinderung (der Beschlussfassung)

1 Arbeiten Sie a) die Ursachen heraus, die nach Auffassung der verschiedenen Forscher in M 4 a–c zum Kalten Krieg geführt haben. Ordnen Sie b) die Thesen der Forscher einer der drei im Darstellungstext, S. 483, genannten Positionen zu und begründen Sie Ihre Entscheidung.

2 Vergleichen Sie die unterschiedlichen Positionen in M 4 a–c miteinander. Stellen Sie Unterschiede und Gemeinsamkeiten heraus.

M5 Die militärische Blockbildung im Ost-West-Konflikt

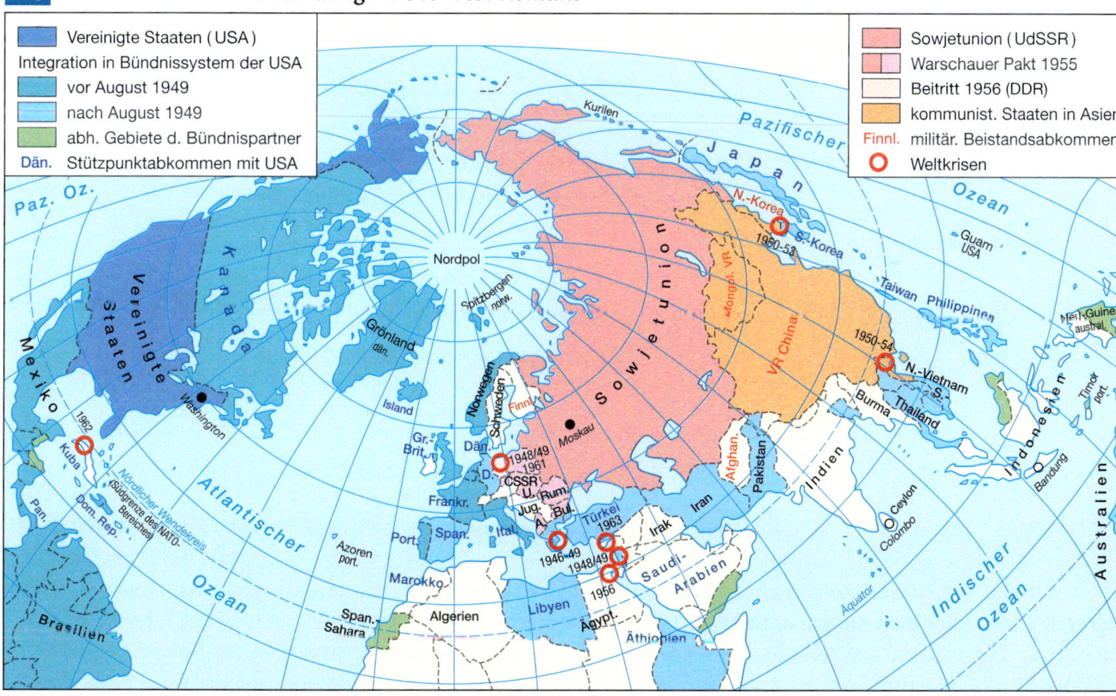

1 Erläutern Sie mithilfe der Karte die These des Darstellungstextes: „Die Blockbildung machte nicht vor den Toren Europas Halt, sondern erfasste die gesamte Welt."

Weiterführende Arbeitsanregung

2 Untersuchen Sie mithilfe dieses Lehrwerkes sowie von Lexika und historischen Handbüchern die in der Karte eingezeichneten Weltkonflikte. Analysieren Sie dabei jeweils die Rolle der Supermächte. Präsentieren Sie anschließend Ihre Ergebnisse (z. B. Referat, Wandzeitung).

Vergleich zweier schriftlicher Quellen

Bei der Auswertung schriftlicher Quellen muss der Historiker Korrektheit, Herkunft sowie inhaltliche Zuverlässigkeit eines Textes prüfen. Dazu wenden sie die Methoden der Quellenkritik an (s. S. 46 f.). Die **äußere Quellenkritik** klärt Entstehungszeit und -anlass, Autorenschaft, Vorarbeiten und Informanten. Bei der **inneren Quellenkritik** analysieren Historiker inhaltliche Zuverlässigkeit und Aussagewert einer Quelle. Dieser lässt sich ermitteln durch den Vergleich mit anderen Quellen, Institutionen, Vorgängen der Zeit, aus der sie stammt, sowie durch Kenntnisse der Biografie, der sozialen Position, des politischen Standorts und des Verhältnisses zu den wichtigsten Bezugspersonen des Autors. So lassen sich Fehleinschätzungen und Irrtümer vermeiden, Auslassungen und Zusätze erkennen. Für die Erforschung der Neuzeit stehen dem Historiker eine **Vielzahl schriftlicher Zeugnisse** zur Verfügung: Urkunden und Akten, Gesetzestexte, Lebensbeschreibungen, Grabinschriften, Annalen, Briefe und Memoiren, wissenschaftliche und literarische Werke. Die Texte M 1 und M 2 sind zentrale Quellen für die Geschichte des Ost-West-Konfliktes. Sie beleuchten die Situation Ende der 1940er-Jahre, als aus den Verbündeten des Zweiten Weltkrieges USA und Sowjetunion Gegner, ja Feinde werden. Die Rede von Shdanow (M 2) ist dabei eine direkte Antwort auf die Rede Trumans (M 1). Ein Vergleich der Quellen ist daher zum Verständnis des Ost-West-Gegensatzes unerlässlich.

Arbeitsschritte für den Vergleich

1. Historische Einordnung
- Wer sind die Autoren oder Auftraggeber?
- Wann sind die Texte entstanden?
- Aus welchem Anlass sind die Texte verfasst worden?
- Sind die Texte veröffentlicht bzw. geheim gehalten worden?

2. Textinhalt
- Mit welchem Inhalt beschäftigen sich die Texte?
- Gibt es inhaltliche Gemeinsamkeiten bzw. Unterschiede zwischen den Texten?
- Wie sind die Unterschiede zwischen den Texten zu erklären?

3. Historischer Kontext
- Auf welches Ereignis bzw. auf welche historische Epoche beziehen sich die Texte?
- Auf welchen Konflikt spielen die Dokumente an?

4. Aussageabsicht
- Welche Absichten verfolgten die Urheber der Texte?
- An welchen Adressaten richten sich die Texte?
- Welche Wirkung sollte bei dem bzw. den Adressaten der Texte erzielt werden?

5. Fazit
- Welche Gesamtaussage lässt sich über Ursache und Wirkung der Texte formulieren?

Übungsaufgabe mit Lösungshinweisen

M 1 Aus der Rede des amerikanischen Präsidenten Harry S. Truman vor dem Kongress, 12. März 1947

In jüngster Zeit wurden den Völkern einer Anzahl von Staaten gegen ihren Willen totalitäre Regierungsformen aufgezwungen. Die Regierung der Vereinigten Staaten hat immer wieder gegen den Zwang und die Einschüchterungen in Polen, Rumänien und Bulgarien protestiert, die eine Verletzung der Vereinbarungen von Jalta darstellen. […]

Im gegenwärtigen Zeitpunkt der Weltgeschichte muss fast jede Nation zwischen alternativen Lebensformen wählen. Nur allzu oft ist diese Wahl nicht frei. Die eine Lebensform gründet sich auf den Willen der Mehrheit und ist gekennzeichnet durch freie Institutionen, repräsentative Regierungsform, freie Wahlen, Garantien für die persönliche Freiheit, Rede- und Religionsfreiheit und Freiheit von politischer Unterdrückung. Die andere Lebensform gründet sich auf den Willen einer Minderheit, den diese der Mehrheit gewaltsam aufzwingt. Sie stützt sich auf Terror und Unterdrückung, auf die Zensur von Presse und Rundfunk, auf manipulierte Wahlen und auf den Entzug der persönlichen Freiheiten. Ich glaube, es muss die Politik der Vereinigten Staaten sein, freien Völkern beizustehen, die sich der Unterwerfung durch bewaffnete Minderheiten oder durch äußeren Druck widersetzen. Ich glaube, wir müssen allen freien

Völkern helfen, damit sie ihre Geschicke auf ihre eigene Weise selbst bestimmen können. Unter einem solchen Beistand verstehe ich vor allem wirtschaftliche und finanzielle Hilfe, die die Grundidee für wirtschaftliche Stabilität und geordnete politische Verhältnisse bildet.

M2 Aus der Rede Andrei A. Shdanows auf der Gründungskonferenz der kommunistischen Parteien Europas („Kominform"), 30. September 1947

Shdanow war Sekretär des Zentralkomitees (ZK) der Kommunistischen Partei der Sowjetunion und enger Mitarbeiter Stalins.

Zwei entgegengesetzte Kurse der Politik nahmen [in der Nachkriegsperiode] Gestalt an: Auf der einen Seite strebte die Politik der UdSSR und der demokratischen Länder nach der Überwindung des Imperialismus und der Konsolidierung der Demokratie. Auf der anderen Seite strebte die Politik der Vereinigten Staaten und Großbritanniens nach der Stärkung des Imperialismus und der Abwürgung der Demokratie. Angesichts der Tatsache, dass die UdSSR und die Länder der neuen Demokratie die Verwirklichung der imperialistischen Pläne für den Kampf um die Weltvormachtstellung und um die Vernichtung der demokratischen Bewegungen verhinderten, wurde eine Kampagne gegen die UdSSR und die Länder der Demokratie proklamiert und von den eifrigsten imperialistischen Politikern in den USA und Großbritannien durch Drohungen verschärft.

So sind zwei Lager entstanden: das imperialistische, antidemokratische Lager, dessen Hauptziel darin besteht, die Weltvormachtstellung des amerikanischen Imperialismus zu erreichen und die Demokratie zu zerstören, und das antiimperialistische, demokratische Lager, dessen Hauptziel es ist, den Imperialismus zu überwinden, die Demokratie zu konsolidieren und die Überreste des Faschismus zu beseitigen. [...] Daher müssen die kommunistischen Parteien den Widerstand gegen die Pläne der imperialistischen Aggression und Expansion in jeder Hinsicht leiten, sei es nun auf der staatlichen, der politischen, der wirtschaftlichen oder der ideologischen Linie.

Beide Texte zit. nach: Helmut Krause u. Karlheinz Reif (Hg.), Die Welt seit 1945, bsv, München 1980, S. 576 f. u. 460 f.

1 Vergleichen Sie M 1 und M 2 mithilfe der Arbeitsschritte.

Truman	Shdanow
1. Formale Merkmale	
Autoren: US-Präsident Truman	Stalin-Vertrauter, sowjetischer Chefideologe
Entstehung: 12. März 1947	3. September 1947
Anlass: Machtexpansion der Sowjetunion in Osteuropa, im Februar 1947 informierte britische Regierung USA, dass sie Griechenland und Türkei nicht länger wirtschaftlich unterstützen könne.	Rede Trumans, Gründung der „Kominform"
Textart: öffentliche Rede vor beiden Häusern des US-Parlaments	Rede vor Vertretern kommunistischer Parteien; veröffentlicht in „Deklarationen" der Kominform
2. Textinhalt	
Gemeinsamkeiten: Die Welt ist in zwei Machtblöcke geteilt, das westliche unter Führung der USA, das östliche unter Führung der UdSSR.	Die Welt ist in zwei Machtblöcke geteilt, das westliche unter Führung der USA, das östliche unter Führung der UdSSR.
Unterschiede: USA verstehen sich als Führungsmacht der freiheitlichen demokratischen Staaten bzw. als Gegner totalitärer Diktaturen.	Sowjetunion versteht sich als Führungsmacht der neuen Demokratien und gegen Imperialismus.
Das Selbstbestimmungsrechte der Völker wird genannt.	Das Selbstbestimmungsrecht der Völker wird nicht erwähnt.
USA gewährt Wirtschafts- und Finanzhilfe.	Sowjetunion unterstützt kommunistische Parteien.
Erklärung: Truman argumentiert auf der Grundlage liberal-demokratischer und marktwirtschaftlicher Vorstellungen.	Vorstellungen von Shdanow beruhen auf der in der UdSSR allgemein verbindlichen Lehre des Marxismus-Leninismus bzw. der kommunistischen Ideologie.
3. Historischer Kontext	
Epoche: Beginn der Ost-West-Konfrontation bzw. des Kalten Krieges	
Konflikt: Die Sowjetunion dehnt ihren Machtbereich aus, um ihre Macht zu verstärken und ihre Sicherheit zu erhöhen; USA fühlen sich dadurch bedroht und wollen kommunistische Machtexpansion eindämmen bzw. Westen stärken.	
4. Aussageabsicht	
Intention: Sowjetunion soll für Kalten Krieg verantwortlich gemacht, die eigene antikommunistische Eindämmungspolitik begründet werden.	USA sollen für Kalten Krieg verantwortlich gemacht, Ausdehnung der UdSSR nach Osteuropa soll legitimiert werden.
Zielgruppe: Volksvertreter der USA und Weltöffentlichkeit	Vertreter und Sympathisanten der kommunistischen Parteien, Weltöffentlichkeit
Wirkung: Kampfansage an Sowjetunion, mit der die im Zweiten Weltkrieg begonnene Zusammenarbeit endgültig beendet wird; der Kalte Krieg ist eröffnet.	Einschwören der kommunistischen Parteien auf Kampf gegen kapitalistischen Westen, Herstellen von Geschlossenheit im kommunistischen Lager
5. Fazit	
Die Reden sind wichtige Dokumente für die Entstehung des Kalten Krieges. Aus ehemaligen Verbündeten werden Feinde. Dabei kehren die alten Feindbilder zurück: Die USA kämpfen für Freiheit und gegen Diktatur, die Sowjetunion kämpft gegen Kapitalismus und Imperialismus, für die neuen Volksdemokratien. Der Ton zwischen beiden Machtblöcken verschärft sich nachhaltig.	

3 Brennpunkte des Kalten Krieges

Internettipp
www.cnn.com/SPECIALS/cold.war/episodes/05
CNN-Seite über den Koreakrieg mit interaktiven Elementen

Ständige Kriegsgefahr?

Der Kalte Krieg war nach einer Definition des Historikers Bernd Stöver aus dem Jahre 2003 „ein permanenter und aktiv betriebener ‚Nicht-Frieden', in dem alles das eingesetzt wurde, was man bisher nur aus der militärischen Auseinandersetzung kannte. Hinzu kam etwas, was bisher unbekannt war: Dieser ‚Nicht-Frieden' konnte binnen Stunden zu einem unbegrenzten atomaren Krieg werden und einen Großteil der Menschheit vernichten." Tatsächlich prägte die Auseinandersetzung zwischen den beiden Supermächten von 1945 bis 1990/91 die gesamte Weltpolitik. Barg dabei jeder internationale Konflikt die Gefahr eines Krieges in sich und jeder Krieg die Gefahr atomarer Vernichtung? Diese Frage lässt sich nur angemessen beantworten, wenn man Ursachen, Verlauf und Ergebnis der Spannungen und Krisen zwischen den Machtblöcken in Ost und West genau untersucht. Im Folgenden werden daher ausgewählte Brennpunkte des Kalten Krieges vorgestellt.

M1 Der Koreakrieg 1950–1953

Koreakrieg

Einen der gefährlichsten Krisenherde des Ost-West-Konfliktes bildete Korea. Das Land war seit 1948 entlang des 38. Breitengrades geteilt: Die „Republik Korea" im Süden stand unter dem Schutz der USA, die „Demokratische Volksrepublik Korea" war – und ist bis heute – eine kommunistische Diktatur.

Mit ausdrücklicher Billigung der Sowjetunion unter Stalin griffen 1950 nordkoreanische Truppen Südkorea an, um das Land unter kommunistischer Herrschaft wieder zu vereinigen. Im Auftrag der UNO intervenierten die USA und weitere westliche Staaten unter dem Oberkommando des amerikanischen Generals MacArthur zugunsten Südkoreas, um den Vormarsch des kommunistischen Nordkorea aufzuhalten. Während des Krieges wuchs die Gefahr militärischer Auseinandersetzungen zwischen den USA und China, das Nordkorea unterstützte. MacArthur erwog sogar den Einsatz von Atomwaffen. Das lehnte US-Präsident Truman jedoch ab. Er wollte wie auch die sowjetische Führung **keinen Dritten Weltkrieg** riskieren. 1953 wurde die Teilung Koreas am 38. Breitengrad wiederhergestellt.

Mit ihrem Kriegeintritt folgte die Außenpolitik der USA endgültig den Bedingungen des Kalten Krieges. Im „Kampf der Systeme" betrachteten sie sich als Vormacht der „freien Welt", die Demokratie, Menschenrechte und die Freiheit des Individuums gegen den totalitären Herrschaftsanspruch des Sozialismus sowjetischer Prägung verteidigte. Das Engagement in Korea sollte aller Welt verdeutlichen, dass die Vereinigten Staaten überall dem Vormarsch der Kommunisten energisch entgegentraten. Diese Politik veränderte das Verhältnis der US-Regierung zu ihrer eigenen Militärmacht nachhaltig: „Die USA starteten", schreibt der amerikanische Historiker Bruce E. Bechtol Jr. 2006, „zu dieser Zeit (1950–1953) ein umfangreiches Einberufungsprogramm, stationierten aber mehr Soldaten zur Abwehr der amerikanischen Bedrohung in Europa als sie auf der koreanischen Halbinsel gegen die Chinesen und Nordkoreaner ins Gefecht schickten. Als unmittelbare Folge bauten sie ihre konventionelle Armee aus und unterhielten so die größte Streitmacht in ihrer Geschichte in Friedenszeiten. Zudem stellte der Koreakrieg einen **Präzedenzfall für die ‚begrenzten Kriege'** dar, die Amerika im Kalten Krieg im Zug seiner Politik der Eindämmung bei gleichzeitiger Vermeidung einer direkten militärischen Konfrontation mit der UdSSR führen sollte." Unter dem Eindruck des Koreakrieges propagierte US-Außenminister John Foster Dulles eine Politik des **„Roll Back"**, in der die sowjetische Expansion nicht nur aufgehalten, sondern auch zurückgedrängt werden sollte.

Atomares Patt
Mit diesem Begriff wurde die Situation der beiden Atommächte USA und Sowjetunion seit Beginn der 1950er-Jahre bezeichnet. Beide Supermächte blockierten sich militärisch gegenseitig. Denn keine von ihnen konnte einen strategischen „Zug" durchführen, ohne die Gefahr auszuschließen, dass sie sich dadurch nicht selbst vernichtete.

Kubakrise

Waren von 1945 bis 1949 die USA im alleinigen Besitz der Atombombe, verfügte seitdem auch die Sowjetunion über diese Massenvernichtungswaffe. Mit dem Start des ersten sowjetischen Satelliten „Sputnik", der 1957 auf einer Langstreckenrakete ins All geschossen wurde, zog die UdSSR im Rüstungswettlauf (s. S. 495 ff.) gleich („Sputnik-Schock"). Das Kräfteverhältnis im Ost-West-Konflikt war nun durch eine Pattsituation* geprägt. Wie dieses **„Gleichgewicht des Schreckens"** funktionierte, zeigte 1961 der Bau der Berliner Mauer (s. S. 534): Die Amerikaner protestierten zwar durch den Aufmarsch von Panzern, ohne jedoch militärisch einzugreifen. Der Friede war gefährdet, aber beide Weltmächte respektierten mit einer **Politik des Status quo** die jeweils anderen Einflusszonen.
Eine gefährliche Zuspitzung erfuhr die Situation 1962 in der Kubakrise. Durch die Stationierung sowjetischer Mittelstreckenraketen auf der Karibikinsel Kuba, die nur wenige Seemeilen vom US-amerikanischen Bundesstaat Florida entfernt liegt und seit 1959 von dem Sozialisten Fidel Castro* regiert wurde, hatte Moskau den machtpolitischen Status quo zu seinen Gunsten verändert. Das Staatsgebiet der USA war jetzt direkt bedroht. US-Präsident John F. Kennedy* (1917–1963, Präs. 1961–1963) reagierte scharf: Er mobilisierte die Streitkräfte und forderte den sowjetischen Staats- und Parteichef Nikita S. Chruschtschow* ultimativ zum Raketenabzug auf. Beide Seiten lenkten ein. Die UdSSR zog ihre Raketen ab. Im Gegenzug sicherten die Amerikaner zu, auf Kuba nicht zu intervenieren und ihre Raketen in der Türkei abzubauen, da diese unmittelbar auf die Sowjetunion gerichtet waren. Die Kubakrise markiert den **Wendepunkt im Kalten Krieg**. Beide Supermächte erkannten, dass die Konfrontation in einen Atomkrieg eskalieren könnte (M 6). Um dieses Risiko auszuschalten, waren sie zu militärpolitischen Absprachen und Verhandlungen gezwungen. Man ging in kleinen Schritten aufeinander zu, ohne die Aufrüstung grundsätzlich zu stoppen. So wurde 1963 eine direkte Nachrichtenverbindung zwischen Washington und Moskau („heißer Draht") eingerichtet, um internationale Konflikte rascher entschärfen zu können.

Vietnamkrieg

Nach dem Rückzug der französischen Kolonialmacht, die den Kampf gegen die antikolonialistische Befreiungsbewegung nicht hatte gewinnen können, wurde Vietnam auf der Genfer Indochina-Konferenz 1954 – zunächst provisorisch – geteilt. Die USA engagierten sich von Anfang an auf südvietnamesischer Seite durch militärische Beratung und Wirtschaftshilfe. Das kommunistische Nordvietnam unterstützte den Guerillakrieg der „Nationalen Befreiungsfront" **(Vietcong)** gegen die prowestliche Regierung Südvietnams. Als 1964 amerikanische Kriegsschiffe im Golf von Tonking angeblich von nordvietnamesischer Marine beschossen wurden, entsandten die USA Truppen nach Südvietnam und begannen, Nachschubwege **(Ho-Chi-Minh-Pfad)** der Vietcong und ab 1965 auch Nordvietnam selbst zu bombardieren. Aber die USA konnten sich im **Guerillakrieg*** der Vietcong nicht durchsetzen. Ab 1969 zog Präsident Nixon die 543 000 in Südvietnam stationierten Soldaten nach und nach wieder ab und schloss 1973 mit Nordvietnam einen Waffenstillstand. Damit waren die Konflikte in Indochina jedoch nicht beendet. 1974 begann Nordvietnam eine Offensive gegen den Süden, der 1975 kapitulieren musste. Ganz Vietnam wurde kommunistisch, ebenso Laos und Kambodscha. Die Bilanz des Krieges war verheerend: Der Historiker Bernd Greiner geht von ungefähr 726 000 getöteten Soldaten aus und beziffert die Gesamtzahl der Kriegstoten auf 1 353 000 Menschen. Andere Autoren halten diese Angaben für untertrieben.
Die Supermächte verstanden den Vietnamkrieg von Anfang an als Teil der weltweiten Systemauseinandersetzung im Kalten Krieg. Die Sowjetunion – und auch China – unterstützten Nordvietnam mit „militärischen Beratern", Waffen und er-

M 2 Fidel Castro (geb. 1926), Fotografie, 1971

In einem Guerillakrieg (1956–1959) stürzte er den kubanischen Diktator F. Batista y Zaldívar. Gestützt auf die Kommunistische Partei setzte er auf Kuba eine kommunistische Staats- und Gesellschaftsordnung durch. Unter ihm geriet Kuba in Abhängigkeit von der kommunistischen Sowjetunion. Trotz großer wirtschaftlicher Schwierigkeiten seit dem Zusammenbruch des Ostblocks 1989/90 lehnte der Diktator eine Demokratisierung und Liberalisierung seines Landes ab.

M 3 John F. Kennedy (1917–1963, Präs. 1961 bis 1963), Fotografie, um 1960

Der US-amerikanische Politiker gehörte der Demokratischen Partei an. Nach der Übernahme des Präsidentenamtes leitete er umfangreiche Sozialreformen ein, legte die Kubakrise friedlich bei und wollte die Entspannung zwischen den Supermächten fördern sowie die Entwicklungshilfe verbessern.

Guerillakrieg
Im Guerillakrieg (span.: kleiner Krieg) kämpfen irreguläre einheimische Einheiten gegen reguläre Truppen, die mit gezielten Aktionen aus dem Hinterhalt geschwächt werden sollen.

M4 Nikita Chruschtschow (1894–1971), Fotografie, 1960

Der kommunistische Politiker übernahm nach dem Tode Stalins das Amt des Vorsitzenden der KPdSU. Seit 1956 leitete er die Entstalinisierung der Sowjetunion („Tauwetter") ein. Außenpolitisch bemühte er sich um die Entspannung der Beziehungen zwischen den Supermächten. Aufstände in Ostblockstaaten ließ er jedoch brutal niederwerfen. In der Kubakrise lenkte er ein. 1964 wurde er abgesetzt.

M5 Ho Chi Minh (1890–1969), Fotografie, 1966

Der vietnamesische Politiker gründete 1941 die kommunistische Unabhängigkeitsbewegung Vietminh gegen die französische Kolonialherrschaft. Nach der Kapitulation Japans im August 1945 proklamierte er am 2. September 1945 die Demokratische Republik Vietnam und übernahm als Präsident und (bis 1955) als Ministerpräsident die Führung des Landes. Nach der Teilung des Landes infolge der Genfer Indochinakonferenz 1954 blieb er Präsident im kommunistischen Nordvietnam und unterstützte die südvietnamesische Befreiungsorganisation, den Vietcong, im Kampf gegen die USA.

heblichen Geldern. Sie verfolgten das Ziel, die Überlegenheit und Macht des sozialistischen Modells zu bestätigen. Ein Scheitern der USA in Südostasien sollte außerdem andere kommunistische Aufstandsbewegungen in der „Dritten Welt" ermutigen, ihren Kampf gegen den Kapitalismus bzw. für den Kommunismus mit aller Kraft fortzusetzen. Ähnlich wie im Koreakrieg ging es den USA vor allem um ihre Glaubwürdigkeit sowohl als Weltmacht wie auch als westliche Führungsmacht. Den eigenen Verbündeten und befreundeten Nationen wollten die USA zeigen, dass auf sie Verlass sei, und der Sowjetunion und ihrem Lager wollten sie Willensstärke demonstrieren. Die Intervention der Vereinigten Staaten beruhte überdies auf der sogenannten **Dominotheorie**, die von US-Präsident Eisenhower 1954 verkündet worden war. Sie besagt: Wenn ein Staat „falle", also kommunistisch werde, dann fielen auch andere Staaten. Die USA fühlten sich daher verpflichtet, eine Niederlage Südvietnams im Kampf gegen die Kommunisten zu verhindern, weil sie eine Kettenreaktion, d.h. kommunistische Machtübernahmen in anderen ehemaligen Kolonialstaaten, befürchteten.

Konflikte im Ostblock

Im Juni 1953 kam es in der Tschechoslowakei und der DDR (s. S. 532) zu **Aufständen**, im Juni und Oktober/November 1956 folgten Polen und Ungarn. Gemeinsam war diesen Auseinandersetzungen hinter dem „Eisernen Vorhang" der Kampf für mehr nationale Unabhängigkeit. Die Sowjetunion sah durch diese Aufstände ihren Führungsanspruch im Ostblock gefährdet und sorgte für deren Niederschlagung bzw. setzte dabei eigene Truppen ein. Der Westen unterstützte zwar die osteuropäischen Protestbewegungen. Amerikanische und andere Radiostationen und Flugblätter machten der Opposition Mut für ihren Kampf gegen die kommunistischen Diktaturen. Aber zu direktem Eingreifen konnte sich der Westen nicht entschließen, weil er die militärische Konfrontation mit der Sowjetunion vermeiden wollte. Wie eng die Grenzen für eine eigenständige Politik im Ostblock waren, zeigte sich 1968 während des **„Prager Frühlings"**. In der Tschechoslowakei entstand in den 1960er-Jahren eine Reformbewegung, die für einen „Sozialismus mit menschlichem Antlitz" sowie für Pluralismus und Meinungsfreiheit eintrat. Mit Alexander Dubček gelangte 1968 ein Reformer an die Spitze der Kommunistischen Partei; auch andere wichtige Ämter wurden mit seinen Anhängern besetzt. Als diese Reformkräfte eine von der Bevölkerung getragene sozialistische Demokratie mit sozialistischer Marktwirtschaft einführen wollten, rieten die sozialistischen „Bruderparteien" nicht nur von einem Alleingang ab. Sie erklärten, dass sie einer solchen Politik nicht tatenlos zusehen könnten. Auch die Sowjetunion warnte vor den systemsprengenden Folgen und Rückwirkungen auf die kommunistischen Staaten des Ostblocks. Da die Parteiführung in der Tschechoslowakei nicht von ihrem Kurs abzuweichen bereit war, marschierten Truppen der Warschauer Pakt-Staaten unter Führung der Sowjetunion ein und beendeten in einer großen Militäraktion den „Prager Frühling". Die Bevölkerung konnte dieser militärischen Macht nur gewaltlosen Widerstand entgegensetzen (M 8 a, b). Dubček und die Reformpolitiker wurden aus ihren Ämtern entfernt. Die weltweiten Proteste gegen die Verletzung des nationalen Selbstbestimmungsrechts in der Tschechoslowakei beantwortete Moskau mit der sogenannten **Breschnew-Doktrin**. Sie besagte, dass alle Staaten des sozialistischen Lagers nur eine begrenzte Souveränität in Anspruch nehmen könnten, wenn die Gefahr einer Loslösung aus der sozialistischen Gemeinschaft bestehe. Damit hatte die Sowjetunion erneut ihren weitreichenden Führungsanspruch in ihrem Machtbereich unterstrichen.

1 Erörtern Sie anhand der ausgewählten Brennpunkte die internationale Dimension nationaler bzw. regionaler Konflikte oder Aufstände im Kalten Krieg.

M6 „Einverstanden Herr Präsident, wir wollen verhandeln ...", britische Karikatur, Oktober 1962

1 Beschreiben Sie mithilfe der Karikatur die Beziehungen der Supermächte im Kalten Krieg.
2 Erläutern Sie die Überschrift zur Karikatur.
3 Diskutieren Sie anhand des Darstellungstextes und der Karikatur über Möglichkeiten und Grenzen der Kriegführung im Atomzeitalter.

M7 Der Historiker Bernd Stöver über die Doppelkrise Ungarn–Suez 1956, 2003

Auch in Ungarn waren die Kommunisten in der Bevölkerung verhasst geblieben. Der Mitte Oktober 1956 vorgelegte Forderungskatalog zeigte, was man wollte: Ernennung des Reformers Imre Nagy zum Ministerpräsidenten, Überprüfung der Arbeits- und Ablieferungsnormen, Mehrparteiensystem, freie Wahlen, bürgerliche Freiheiten, nationale Unabhängigkeit der Wirtschaft, Wiedereinführung der ungarischen Nationalsymbole und -feiertage.

Neu freigegebene Dokumente über die Entscheidungsfindung in Moskau zeigen, dass der ungarische Ministerpräsident Ernö Gerö am Abend des 23. Oktober den sowjetischen Militärattaché um Truppenunterstützung bat. Dies war [...] von Chruschtschow in einer telefonischen Diskussion mit Gerö zugesagt worden. Den Hintergrund für diese Entscheidung bildeten bereits die Probleme im Nahen Osten. Während es bis zum 29. Oktober zunächst so aussah, als würden die Sowjets eher bemüht sein, neben den militärischen auch die politischen Mittel auszuschöpfen, änderte sich diese Linie mit dem Beginn des Suez-Konflikts vollkommen. Moskau hatte seit 1955 sein Engagement in Ägypten erhöht und militärisch verstärkt. Als Israel am 29. Oktober, wenig später auch französische und britische Truppen den Nilstaat angriffen und die Gefahr bestand, im Nahen Osten die Position zu verlieren, wurde in Ungarn auf Chruschtschows ausdrückliche Veranlassung hin die harte Hand gezeigt. Eine nicht zu unterschätzende Rolle spielte dabei auch die sowjetische Version der „Dominotheorie". Man befürchtete 1956, wie 1968 auch im Fall der ČSSR, andere Länder könnten dem Beispiel folgen. In der DDR wurden während des ungarischen Aufstandes deshalb Einheiten unter sowjetischer Aufsicht sogar entwaffnet. Ab dem 4. November 1956 schlug die Rote Armee den ungarischen Aufstand erbarmungslos nieder. Die Kämpfe dauerten bis zum 11. November. Die ungarische Seite meldete nach der Niederschlagung 300 Tote und rund 1000 Verwundete. Die Sowjets sprachen von 669 Toten und 1540 Verwundeten. Auch in Ungarn war, wie in der DDR 1953, mit der Niederwerfung nicht das Ende des Widerstandes erreicht. Auch hier kam es im Anschluss an die Revolution noch monatelang zu Streiks. Was der Westen mit dem Aufstand zu tun hatte, ließ sich nur stückweise ermitteln. Offiziell blieb er untätig. Allerdings sendeten Rundfunkstationen Durchhalteparolen, und tatsächlich nahm wohl eine Emigranteneinheit [...] am Aufstand teil. Nach der Niederschlagung begann ein Massenexodus von etwa 200 000 Ungarn in den Westen. Am Suezkanal hingegen wurde der zeitlich parallele Konflikt bis zum 8. November 1956 von den USA und der UdSSR gemeinsam entschärft. Die Auseinandersetzung war in großen Teilen eine Fortsetzung der seit der Gründung des Staates Israel 1948 schwelenden israelisch-arabischen Kontroverse gewesen, die sich als Sonderkonflikt durch den gesamten Kalten Krieg zog. Einen Tag nach der Unabhängigkeitserklärung Israels am 14. Mai 1948 waren fünf arabische Staaten bis nach Jerusalem und Tel Aviv vorgerückt. Zwar war 1949 ein Waffenstillstand geschlossen worden, die Grenzen Israels wurden von den in der „Arabischen Liga" zusammengeschlossenen Staaten aber niemals anerkannt. Der Kriegszustand blieb erhalten, und beide Seiten fürchteten kontinuierlich einen Angriff. Mit dem eigentlichen Kalten Krieg war der Suez-Konflikt durch das Engagement der Supermächte in der Region verbunden. Für den Bau des Assuan-Staudamms war Ägypten zunächst amerikanisch-französische und britische Hilfe zugesagt worden. Sie wurde eingestellt, als der ägyptische Präsident Gamal Abd el Nasser sich 1955 dem gegen die Sowjetunion gerichteten Bagdad-Pakt nicht anschließen wollte und stattdessen im April an der Blockfreien-Konferenz von Bandung teilnahm. Noch im selben Jahr bezog Ägypten Waffenhilfe aus dem Ostblock, die ihm die USA verweigerten, gleichzeitig aber an Israel lieferten. Tatsächlich griff die israelische Armee Ende 1955 ägyptische Stellungen an, um palästinensischen Aktionen ein Ende zu setzen. Im Juli 1956 verstaatlichte Nasser den Suezkanal, nachdem die Briten und Franzosen abgezogen waren, und lehnte eine Internationalisierung kategorisch ab. Drei ergebnislose Konferenzen gingen dem am 9. Oktober 1956 beginnenden israelischen Angriff auf den Gazastreifen sowie der zwei Tage später folgenden britisch-französischen Intervention voraus. Der Zeitpunkt erschien günstig, da die Sowjets in Ungarn gebunden schienen. Die Supermächte USA und UdSSR waren allerdings nicht gewillt, den Konflikt zuzulassen. Chruschtschow drohte sogar mit dem Atomkrieg, und auch die USA übten erheblichen Druck auf die beteiligten

Staaten aus. Israel zog sich auf die Positionen des Waffenstillstands von 1949 zurück, das umkämpfte Gebiet wurde durch UN-Friedenstruppen besetzt. Eine Lösung war das nicht, und die Region wurde nun sogar noch deutlicher ein Schauplatz des Kalten Krieges. Die USA fürchteten einen verstärkten Einfluss der UdSSR. Die Eisenhower-Doktrin von 1957, die beinhaltete, dass die Vereinigten Staaten auch vor einer Intervention nicht zurückschrecken würden, wenn ihre lebenswichtigen Interessen in diesem Raum bedroht seien, war eine klare Warnung an Moskau. Tatsächlich blieb der Konflikt im Nahen und Mittleren Osten Sprengstoff im Kalten Krieg. Weil er jedoch ein Nebenkriegsschauplatz war, zeigten sich beide Supermächte auch in den folgenden Jahrzehnten gewillt, ihn keinesfalls zum Ausgangspunkt eines großen Konflikts werden zu lassen.

Bernd Stöver, Der Kalte Krieg, C. H. Beck, München 2003, S. 48 ff.

1 Beschreiben Sie Entstehung, Verlauf und Ergebnis des Ungarnaufstandes und der Suezkrise. Erläutern Sie die Zusammenhänge zwischen beiden Konflikten.
2 Erläutern Sie die politische Brisanz von Ungarnaufstand und Suezkrise vor dem Hintergrund der Geschichte des Ost-West-Konfliktes.

Weiterführende Arbeitsanregung

3 „Aufstände hinter dem ‚Eisernen Vorhang' 1953 bis 1956". Vergleichen Sie Ursachen, Verlauf und Folgen der Aufstände in Polen, der DDR, Ungarn und der Tschechoslowakei zwischen 1953 und 1956.

Literaturhinweis
Bernd Stöver, Der Kalte Krieg. Geschichte eines radikalen Zeitalters 1947–1991, C. H. Beck, München 2007, S. 117–124

M8 Gewaltloser Widerstand in der Tschechoslowakei 1968

a) „Es braucht Mut, sich Panzern entgegenzustellen. Um sie aufzuhalten, braucht man Panzerabwehrwaffen." Sowjetischer Panzer in der Prager Innenstadt, im Vordergrund ein Demonstrant mit tschechischer Nationalfahne, Fotografie vom 21. August 1968

b) „Viele Tschechoslowaken sprachen Russisch und fragten die Eindringlinge, warum sie gekommen waren. Die Antwort: Wir führen nur Befehle aus." Ein Prager Demonstrant im Gespräch mit Soldaten, Fotografie vom 23. August 1968

1 Erläutern Sie die Bildüberschriften.
2 Erörtern Sie am Beispiel des „Prager Frühlings" Möglichkeiten und Grenzen nationaler Reformbewegung im Ostblock während des Kalten Krieges. Gehen Sie dabei auch auf die Strategie des gewaltlosen Widerstandes ein. Berücksichtigen Sie den Darstellungstext und die Bilder.

4 Wettrüsten und Machtpolitik

Wettrüsten

Der Ost-West-Konflikt war eine Auseinandersetzung zwischen gegensätzlichen Staats- und Gesellschaftsformen. Aus Furcht vor Übergriffen der jeweils anderen Seite mündete die Systemkonkurrenz in einer ständigen Kampfbereitschaft. Ost- und Westblock rüsteten ihre Militärpotenziale auf und legitimierten diesen Rüstungswettlauf, indem sie Feind- und Zerrbilder vom jeweiligen Gegner entwarfen. War die Zeit zwischen 1945 und 1990/91 deswegen eine Epoche permanenter militärischer Konfrontation? Rückblickend lässt sich diese Frage eindeutig verneinen. Es gab in der Geschichte des Ost-West-Konfliktes nicht nur Phasen scharfer politisch-militärischer Rivalität, sondern auch Perioden der Entspannung und der Kooperation. Beide Supermächte bemühten sich außerdem, einen Atomkrieg zu vermeiden.

Aufrüstung

Das **Wettrüsten** zwischen den beiden Blöcken verlief **nicht gleichmäßig**. Die Rüstungsausgaben der Supermächte richteten sich vielmehr nach den wechselnden machtpolitischen Konstellationen (M 3). So erhöhten die **USA** nach 1950 ihren Verteidigungshaushalt beträchtlich, weil der Koreakrieg große Summen verschlang. Hinzu kam auf amerikanischer Seite die Überzeugung, dass der Westen in einer immer bedrohlicher werdenden Welt aufrüsten müsse. Während der Präsidentschaft Dwight D. Eisenhowers* verlangsamte sich der Anstieg der Rüstungsausgaben bzw. ging sogar zeitweilig zurück. Eisenhower wollte den „militärisch-industriellen Komplex"* stärker kontrollieren und verhindern, dass allzu hohe Ausgaben für das Militär Wirtschaft und Gesellschaft schadeten. Der Bau der Berliner Mauer 1961, die Kubakrise 1962 sowie das amerikanische Engagement in Vietnam nach 1964/65 veranlassten die US-Regierung zur Steigerung der Verteidigungsausgaben. Die **sowjetische Rüstungspolitik**, die auf geschätzten Zahlen beruht, interpretierte der amerikanische Historiker Paul Kennedy in seinem Buch „Aufstieg und Fall der großen Mächte" (1989) so: „Ihr eigener Aufbau in den Jahren 1950–1955 [ist wahrscheinlich] auf die Sorge zurückzuführen, dass ein Krieg mit dem Westen zu verheerenden Luftangriffen auf russisches Territorium führen würde, wenn sie die Zahl ihrer Flugzeuge und Raketen nicht gewaltig aufstockten; die Reduzierung der Jahre 1955–1957 spiegelt Chruschtschows Entspannungsdiplomatie* und die Versuche wieder, Gelder für den privaten Bedarf freizumachen; und die sehr starke Zunahme nach 1959–1960 zeigt das sich verschlechternde Verhältnis zum Westen, die Erniedrigung durch die Kubakrise und die Entschlossenheit, in allen Waffengattungen stark zu sein."

Abrüstung und Rüstungskontrolle

Die 1960er-Jahre waren nicht nur durch Aufrüstung, sondern auch durch Rüstungskontrolle* geprägt. 1963 einigten sich die USA, Großbritannien und die Sowjetunion auf die Einstellung der Kernwaffenversuche in der Atmosphäre, im Weltraum und unter Wasser. Fünf Jahre später folgte der **Atomwaffensperrvertrag**, in dem sich die Mächte verpflichteten, keine Kernwaffen weiterzugeben. Er trat 1970 in Kraft und steht allen Staaten zum Beitritt offen. Der Atomwaffensperrvertrag erhöhte die Bereitschaft der Weltmächte zu Verhandlungen über die strategischen Nuklearwaffen. Im Mittelpunkt stand dabei die Frage, wie man bei den strategischen Rüstungen zu einer Begrenzung kommen könne (*Strategic Arms Limitation Talks*/**SALT**). Diese Verhandlungen überdauerten auch den Einmarsch der Warschauer-Pakt-Staaten in der Tschechoslowakei 1968 und den amerikanischen Kriegseinsatz in Vietnam (1964–1973).

M 1 Dwight D. Eisenhower (1890–1969), Fotografie, um 1955

Der US-General war seit 1942 Oberbefehlshaber der US-Truppen in Europa und 1950–1952 Befehlshaber der NATO-Streitkräfte in Europa. Während seiner Amtszeit als US-Präsident (1953–1961) beendete der republikanische Politiker den Koreakrieg. Die Eisenhower-Doktrin aus dem Jahr 1957 ermächtigte die Administration, militärisch gegen eine „vom internationalen Kommunismus gesteuerte Aggression" eines Landes im Nahen Osten vorzugehen.

Militärisch-industrieller Komplex
Das von US-Präsident Eisenhower geprägte Schlagwort bezeichnet die enge Interessenverflechtung zwischen Politik, Militär und Rüstungsindustrie. Sie wird z. B. begünstigt durch den Wechsel von hohen Militärs in die Rüstungsindustrie. Wegen der großen Haushaltsmittel, die der militärisch-industrielle Komplex band, bedurfte er nach Eisenhower besonderer Aufmerksamkeit durch die demokratische Öffentlichkeit.

Friedliche Koexistenz
Das 1956 vom sowjetischen Parteichef Chruschtschow verkündete Prinzip einer friedlichen Koexistenz der beiden Machtblöcke löste die kommunistische Auffassung ab, nach der wegen der antagonistischen Interessenlage zwischen Ost- und Westblock ein Krieg unvermeidlich sei.

Abrüstung, Rüstungskontrolle
Unter Abrüstung versteht man die Beschränkung von Rüstung mit dem Ziel, Kriege zu verhindern bzw. den Frieden zu sichern. Beispiele für Abrüstungspolitik sind der Atomwaffensperrvertrag, die SALT-Abkommen oder der ABM-Vertrag. Da es bei diesen internationalen Vereinbarungen um die Beherrschung und aktive Steuerung von Militärpotenzialen geht, benutzen Forscher und Politiker auch den Begriff der „Rüstungskontrolle".

Flexible Erwiderung
Begriff für die NATO-Strategie, die 1961 eingeführt wurde und von 1967 bis 1990 als offizielle Strategie galt. Im Falle einer militärischen Provokation des Gegners war zunächst eine „angemessene" konventionelle Verteidigung vorgesehen, danach erst der Einsatz von strategischen Atomwaffen der NATO. Die im Ernstfall benötigten Übergänge wurden bewusst flexibel gehalten. Dieses Konzept setzte verstärkte Rüstungsanstrengungen voraus, weil man alle Arten von Waffen- und Trägersystemen brauchte.

In einer 1972 unterzeichneten Grundsatzerklärung über die amerikanisch-sowjetischen Beziehungen bekannten sich beide Staaten zu ihrer besonderen Verantwortung in der Weltpolitik. Sie bekundeten ihre Bereitschaft, Konflikte mit friedlichen Mitteln beizulegen, auf den eigenen Vorteil zu verzichten und in gefährlichen Situationen Zurückhaltung zu üben. Diese Politik mündete 1972 in den **ABM-Vertrag** zur Beschränkung der Land- und seegestützten Interkontinentalraketen und der Raketenabwehrsysteme. 1973 vereinbarten die beiden Supermächte, bei Gefahr eines Nuklearkrieges „sofortige Konsultationen" aufzunehmen.
Da diese Verhandlungen von den USA ohne direkte Einbeziehung ihrer westeuropäischen NATO-Partner geführt wurden, weckten sie Befürchtungen vor einem Bilateralismus der Weltmächte auf Kosten der europäischen Sicherheit. Einen Hinweis dafür, dass die USA ihre Nukleargarantie für Westeuropa zurücknehmen wollten, sah Frankreich in dem Übergang der NATO von der Strategie der „massiven Vergeltung" zur Strategie der „flexiblen Erwiderung" (*flexible response*)*. Es trat aus der militärischen Integration der NATO aus und begann den Aufbau einer eigenen Nuklearstreitmacht.

Konfrontation und Entspannung

Neue Spannungen und regional begrenzte Konflikte gefährdeten die Annäherung zwischen Ost und West in den 1970er- und 1980er-Jahren. Bereits 1975 hatte die Sowjetunion gemeinsam mit Kuba in den angolanischen Bürgerkrieg eingegriffen, Ende 1979 besetzten sowjetische Truppen **Afghanistan**, um die dortige kommunistische Regierung gegen Angriffe islamischer Guerillagruppen („Mudjahedin") zu unterstützen. Die US-Regierung verschärfte daraufhin ihren außenpolitischen Kurs, indem sie die Militärausgaben erhöhte und ein Weizenembargo gegen die UdSSR verhängte. Im Geheimen begann sie, die antikommunistischen Widerstandsgruppen finanziell zu unterstützen.
Diese harte amerikanische Haltung schien berechtigt angesichts der sowjetischen Weigerung, die seit der zweiten Hälfte der 1970er-Jahre in Osteuropa stationierten nuklearen Mittelstreckenraketen abzubauen, die die europäischen NATO-Staaten

M2 Verteidigungsausgaben der USA und der Sowjetunion 1948–1985 (Milliarden Dollar)

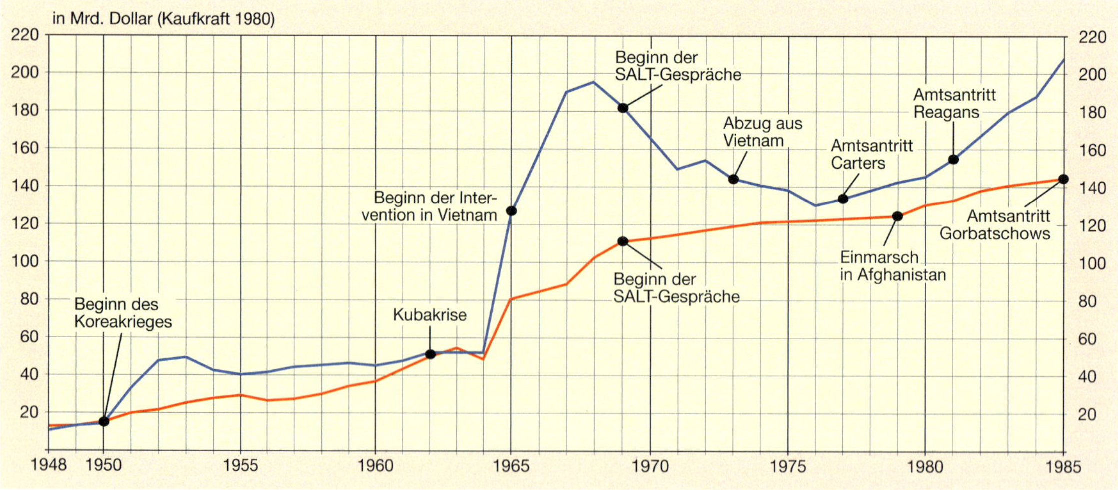

1 a) Untergliedern Sie den Rüstungswettlauf zwischen den USA und der Sowjetunion in abgrenzbare Phasen.
b) Arbeiten Sie mithilfe einer Tabelle heraus, wie sich in den jeweiligen Phasen die Rüstungsausgaben entwickelten und welche machtpolitischen Konstellationen den Rüstungswettlauf in diesen Phasen jeweils prägten. Ziehen Sie dafür auch den Darstellungstext heran.

bedrohten und die im Dezember 1979 zum NATO-Doppelbeschluss* führten. Noch im Jahr seines Amtsantritts 1981 erhöhte **US-Präsident Ronald Reagan*** die Militärausgaben und beschleunigte die Entwicklung eines weltraumgestützten Raketenabwehrsystems (***Strategic Defense Initiative*/SDI**). Im Nahen Osten versuchten die USA, Israel und die arabischen Staaten in ihre globale Strategie gegen die Sowjetunion einzubeziehen. Für die Dritte Welt entwickelte Washington das Konzept einer „Kriegführung mit niedriger Intensität". Der amerikanischen Exportindustrie wurden harte Beschränkungen im Osthandel auferlegt, und die westeuropäischen Bündnispartner wurden aufgefordert, ihre Geschäfte mit Moskau aufzuschieben.

Seit Mitte der 1980er-Jahre kam wieder Bewegung in die Beziehungen zwischen den Supermächten, die zum Abbau der Konfrontation beitrugen. Gefördert wurde die Entspannung durch den **KSZE-Prozess**, d.h. die Arbeit der „Konferenz für Sicherheit und Zusammenarbeit in Europa". Die KSZE begann 1972 ihre Tätigkeit und verabschiedete 1975 die „Schlussakte von Helsinki". 35 Staaten Europas und Nordamerikas unterzeichneten dieses Dokument. Sie verpflichteten sich darin zur Anerkennung des politischen Status quo in Europa und zur Einhaltung der Menschenrechte. Seitdem konnten die Oppositionsgruppen des Ostblocks ihre Freiheitsforderungen auf die von ihren Regierungen unterschriebene Schlussakte von Helsinki stützen. Da man in der finnischen Hauptstadt auch die Folgekonferenzen festlegte, blieb die KSZE ein wichtiges Forum für Gespräche zwischen Ost und West. Die **MBFR-Verhandlungen** (*Mutual balanced Force Reduction*), die die Rüstung betrafen, scheiterten allerdings zunächst und kamen erst nach 1989 weiter voran.

Die amerikanische Politik der Stärke verschärfte während der 1980er-Jahre den Rüstungswettlauf derart, dass er für die UdSSR wirtschaftlich ruinös wurde. Erst Michail Gorbatschow, der 1985 in der Sowjetunion die politische Führung übernahm, leitete eine neue Entspannungspolitik ein. Diese Entschärfung des internationalen Konfliktpotenzials erleichterte es den USA, seit Mitte der 1980er-Jahre wieder zur Kooperation zurückzukehren.

1 Untersuchen Sie, ob es einen Zusammenhang zwischen den Spannungen bzw. der Entspannung in den Ost-West-Beziehungen einerseits und den Rüstungsanstrengungen der beiden Supermächte andererseits gab.

NATO-Doppelbeschluss
1977 wurde die Stationierung sowjetischer Mittelstreckenraketen vom Typ SS-20 in Mitteleuropa bekannt. Die Besorgnis darüber führte zum NATO-Doppelbeschluss vom 12. Dezember 1979: Eine Nachrüstung durch Pershing-II-Raketen sollte 1983 beginnen, wenn es keine Verhandlungen zu den Mittelstreckenraketen gäbe.

M3 Ronald Reagan (1911–2004), Fotografie, 1981

Der Schauspieler und republikanische Politiker war 1981–1989 US-Präsident. Während seiner Amtszeit betrieb er gegenüber der Sowjetunion zunächst eine kompromisslose Politik der Stärke. Für den massiven Ausbau der amerikanischen Rüstung nahm er eine hohe Staatsverschuldung in Kauf. Gegen Ende der 1980er-Jahre sorgte er für den Abbau der Blockkonfrontation.

5 Das Ende des Ost-West-Konfliktes

M 1 Michail Gorbatschow (geb. 1931), Fotografie, 1990

Der sowjetische Politiker wurde 1971 in das Zentralkomitee der KPdSU aufgenommen, dessen Generalsekretär er von 1985 bis 1991 war. 1988–1990 war er Vorsitzender des Präsidiums des Obersten Sowjets (Staatsoberhaupt), von März 1990 bis Dezember 1991 Staatspräsident der UdSSR. Seine 1985 eingeschlagene Reformpolitik sollte die Sowjetunion von Grund auf erneuern. Das schloss die Abkehr vom Vormachtanspruch der UdSSR in Osteuropa ein, was die Reformen in den osteuropäischen Staaten und die Wiedervereinigung Deutschlands ermöglichte.

Aus der Helsinki-Schlussakte der Konferenz über Sicherheit und Zusammenarbeit in Europa/KSZE vom 1. August 1975:

Die Teilnehmerstaaten werden die Menschenrechte und Grundfreiheiten einschließlich der Gedanken-, Gewissens-, Religions- oder Überzeugungsfreiheit für alle ohne Unterschied der Rasse, des Geschlechts, der Sprache oder der Religion achten. Sie werden die wirksame Ausübung der zivilen, politischen, wirtschaftlichen, sozialen, kulturellen sowie anderen Rechte und Freiheiten, die sich alle aus der dem Menschen innewohnenden Würde ergeben und für seine freie und volle Entfaltung wesentlich sind, fördern und ermutigen.

In diesem Rahmen werden die Teilnehmerstaaten die Freiheit des Individuums anerkennen und achten, sich allein oder in Gemeinschaft mit anderen zu einer Religion oder einer Überzeugung in Übereinstimmung mit dem, was sein Gewissen ihm bietet, zu bekennen und auszuüben.

Europa-Archiv, Jg. 30, 1975, S. D 441

„Völkerfrühling"

Im Jahre 1989 fiel die Berliner Mauer, 1990 erklärten Russland und alle anderen Sowjetrepubliken ihre Souveränität im Rahmen der Sowjetunion, 1991 wurden die Sowjetunion und der Warschauer Pakt aufgelöst. Diese Daten markieren das Ende des Ost-West-Konfliktes bzw. des Kalten Krieges. Der Systemkonflikt zwischen westlichen Demokratien und kommunistischen Parteidiktaturen bestimmte nicht länger die internationale Politik. Viele Völker feierten diese Jahre zwischen 1989 und 1991 als große Jahre in der Geschichte von Freiheit und Demokratie. Der **Zusammenbruch des Kommunismus** sowjetischer Prägung und des Sowjetimperiums brachte besonders den Staaten Osteuropas (M 4, M 5, M 6) einen „Völkerfrühling". Sie konnten sich nun von der Herrschaft der Sowjetunion befreien und eine eigenständige Außenpolitik betreiben. Dabei entschieden sie sich für eine enge Anlehnung an die USA und die Europäische Union. Diese **Verwestlichung** bestimmte auch die Innenpolitik: Die Demokratisierung des politischen Systems, die Übernahme der Marktwirtschaft und die Liberalisierung des öffentlichen Lebens brachten der Bevölkerung Freiheiten, die bisher nur die Bürger der westlichen Nationen kannten, wie die Meinungs- und Versammlungsfreiheit.

Wandel in der Sowjetunion

Der Triumph der bürgerlich-liberalen Demokratie über den Kommunismus war das Ergebnis eines tief greifenden Wandels im Ostblock. Zu den wichtigsten längerfristigen Veränderungen gehört der KSZE-Prozess*, der die Handlungsspielräume der Opposition in den kommunistischen Staaten vergrößerte (s. S. 497). Aber vor allem die **Reformpolitik in der Sowjetunion** unter Michail Gorbatschow* (geb. 1931), der ab 1985 die Politik seines Landes maßgeblich prägte, verlieh der Opposition in den osteuropäischen „Bruderstaaten" großen Auftrieb und Legitimation. Die Dringlichkeit grundlegender Umwälzungen in der Sowjetunion wurde zusätzlich erhöht durch die amerikanische Politik der Stärke unter US-Präsident Ronald Reagan. In dem dadurch dramatisch verschärften Rüstungswettlauf konnte die Sowjetunion nicht mehr mithalten (s. S. 496 f.).

Gorbatschow war überzeugt, dass die Erhaltung der sowjetischen Macht nur durch einen umfassenden innenpolitischen Umbau zu erreichen sei, der entsprechend außenpolitisch von einem Kurs der Entspannung begleitet werden müsse. Seine auch im Westen populär gewordenen Leitbegriffe lauteten *„Perestroika"* (= Umbau), *„Glasnost"* (= Öffentlichkeit) und „Neues Denken". Die beiden ersten Begriffe bezogen sich vornehmlich auf die Innenpolitik und benannten einen Prozess, der sich mit einer marktwirtschaftlichen und demokratischen Öffnung der sowjetischen Gesellschaft verband – allerdings immer zentral gelenkt durch die Kommunistische Partei. Im Begriff des **„Neuen Denkens"** wurde eine neue Konzeption der sowjetischen Außen- und Sicherheitspolitik erkennbar. Eine defensive Militärdoktrin sollte das Streben nach militärischer Dominanz ablösen. Gorbatschow betonte die Einheit der Welt und die globale Geltung des Prinzips der „friedlichen Koexistenz". Seit 1987 baute Gorbatschow auch das weltpolitische Engagement der Sowjetunion ab, indem er z. B. die Truppen aus Afghanistan zurückzog.

Seit den 1970er-, vor allem aber in den 1980er-Jahren wuchsen in der Sowjetunion und den osteuropäischen Staaten die **wirtschaftlichen Probleme**. Der allgemeine Lebensstandard sank, die Versorgung mit Konsumgütern verschlechterte sich und der Abstand zum Westen wurde größer. Die Unzulänglichkeiten der kommunistischen Planwirtschaft waren für jedermann sichtbar. Der Anspruch der Kommunisten, mehr Wohlstand und Gleichheit zu schaffen, geriet immer mehr in Widerspruch zur Realität. Mit dem ökonomischen Niedergang büßten auch die kommunistischen Eliten und die Partei schnell und nachhaltig an Ansehen und Legitimität ein. Partei- und Staatsführung trugen immer weniger zur Lösung der gesellschaftlichen und wirtschaftlichen Schwierigkeiten bei, sondern isolierten sich zunehmend von Bevölkerung und Wirklichkeit.

Osteuropa

All diese Entwicklungen trugen mit zur **Aushöhlung der Autorität der kommunistischen Herrschaft** bei und begünstigten die revolutionären Veränderungen. Sie verliefen in den osteuropäischen Staaten jedoch nicht gleichmäßig und gleichförmig, sondern unterschieden sich vor allem im Tempo des Wandels. Der Historiker und Publizist Timothy Garton Ash hat dabei eine Beschleunigung der Veränderungen festgestellt: Was in Polen zehn Jahre, in Ungarn zehn Monate und in der DDR zehn Wochen dauerte (s. S. 571 ff.), geschah in Prag in zehn Tagen, nämlich die Entmachtung der kommunistischen Parteien. Und das kommunistische Regime in Rumänien fiel in nur wenigen Stunden.

In **Polen** entwickelte sich seit 1980 die unabhängige Gewerkschaft ***„Solidarność“*** (= Solidarität) zur entscheidenden Kraft des antikommunistischen Widerstandes. Starken Auftrieb und internationale Unterstützung erhielt die Organisation, der sich viele Arbeiter und Intellektuelle anschlossen, durch den 1978 zum Papst gewählten polnischen Kardinal Karol Wojtyla. In Polen, wo die katholische Kirche auch zu kommunistischen Zeiten immer eine relativ starke Stellung gegenüber der Staatsmacht innehatte, empfanden viele den Papstbesuch 1979 als Bestätigung ihrer oppositionellen Haltung. Die Verhängung des Kriegsrechts 1981 und das Verbot der Solidarność 1982 konnten das Anwachsen der Oppositionsbewegung nicht stoppen. 1989 verloren die Kommunisten ihre beherrschende Stellung, demokratische Wahlen brachten nichtkommunistische Kräfte an die Macht. Der Gewerkschaftsführer **Lech Wałesa** übernahm 1990–1995 das Präsidentenamt.

In **Ungarn** erreichte die wieder erstarkte Reformbewegung 1988 den Rücktritt des kommunistischen Parteichefs. Nach dem offiziellen Verzicht der Kommunisten auf ihr Machtmonopol organisierten die neu gegründeten demokratischen Parteien den Übergang zu Demokratie und Marktwirtschaft. Der Abbau der Grenzsperren zu Österreich im September 1989 öffnete nicht nur den Ungarn den Weg in den Westen: DDR-Bürger reisten zu Tausenden nach Ungarn, um von dort über Österreich in die Bundesrepublik Deutschland zu gelangen (s. S. 571).

In der **Tschechoslowakei** gelang im Herbst 1989 eine **„samtene Revolution“**. Mit Massendemonstrationen und Generalstreik konnten die Reformer eine rasche Wende zu Demokratie und Marktwirtschaft durchsetzen. Die Forderung der slowakischen Nationalbewegung nach einem eigenen Staat führte 1992 zur Aufhebung der Föderation mit der Tschechischen Republik, wie sie seit 1990 bestanden hatte.

In **Rumänien** wurde der stalinistische Diktator **Nicolae Ceauşescu** (1908–1989) im Jahr 1989 gewaltsam gestürzt und erschossen. Eine „Front zur Nationalen Rettung“ aus ehemaligen Kommunisten und Teilen der Oppositionsbewegung, die bei den Parlamentswahlen am 20. Mai 1990 gesiegt hatte, leitete den Systemwandel ein. Eine 1991 verabschiedete Verfassung führte das Mehrparteiensystem ein.

Bulgarien benötigte eine längere Übergangszeit, bis es 1996 die kommunistische Herrschaft endgültig abschüttelte und mit der Verwestlichung des Landes begann.

Albanien versank nach dem Tod des langjährigen kommunistischen Diktators Enver Hoxha 1985 in Chaos und Terror, die besonders in den 1990er-Jahren die inneren Verhältnisse prägten. Internationale Truppenkontingente mussten im Auftrag der UNO eingreifen, damit 1997 die ersten freien Wahlen stattfinden konnten.

M2 Sondermarkenblock zur KSZE

M3 Papst Johannes Paul II. bei seiner Ankunft auf dem Viktoria-Platz in Warschau, Fotografie, 1979

Internettipp

www.radio.cz/de/artikel/85391
Deutschsprachige Seite von Radio Prag zur „samtenen Revolution in Parolen“

www.solidarnosc.org.pl/en/about/history/dates/index.htm
Website der polnischen Gewerkschaftsbewegung (engl.) mit einer Zeitleiste von 1980 bis 1999

www.bundespraesident.de/dokumente/-,2.625633/Rede/dokument.htm
Ansprache des Bundespräsidenten Horst Köhler anlässlich des 25. Jahrestages der Gründung von Solidarność

Und in **Jugoslawien** entwickelten die Nationalitätenkonflikte eine solche Kraft, dass die vormalige Sozialistische Föderative Republik 1991/92 auseinanderbrach.

Perspektiven und Prognosen Mit dem Zusammenbruch des Sowjetimperiums und der Auflösung des Warschauer Paktes endete die Geschichte der bipolaren Weltordnung. Wie wird sich das internationale System weiterentwickeln? Bietet eine multipolare Weltordnung mehr Chancen oder Risiken für den Weltfrieden? Durch welche Gefahren wird der Weltfriede in Zukunft bedroht? Für abschließende Antworten ist es noch zu früh. Aber zwei Jahrzehnte nach dem Ende des Ost-West-Konfliktes scheint eine Diskussion über die wissenschaftlichen Prognosen sinnvoll, die einige Forscher nach den Wendejahren zwischen 1989 und 1991 formuliert haben (M 7 a, b).

1 Erläutern Sie mithilfe des Darstellungstextes, welche Faktoren zum Ende des Ost-West-Konfliktes führten.

M4 Der polnische Arbeiterführer Lech Wałesa spricht in Danzig vor Anhängern der Gewerkschaft „Solidarność", Fotografie, Herbst 1988. Übersetzung des Textes auf dem Transparent: „Keine Freiheit ohne Gott und Solidarność".

M5 Ungarn: Demonstration in Budapest zum Jahrestag der Revolution 1848, Fotografie, 15. März 1988

M6 Tschechoslowakei: Demonstration vor dem Denkmal König Wenzels in Prag, Fotografie, Dezember 1989. Am Sockel Bilder von T. Masaryk, dem ersten Präsidenten der Republik (Reg. 1918–1935), und A. Dubček, Reformpolitiker aus dem „Prager Frühling" 1968.

1 Beschreiben Sie mithilfe von M 4 bis M 6 die Hoffnungen, Ziele und politischen Ideen, die die Reformbewegungen in den osteuropäischen Staaten 1988/89 besaßen.
2 Erörtern Sie, warum die Menschen während des Umbruchs 1989–1991 auf historische Vorbilder zurückgriffen.

M 7 Wissenschaftliche Prognosen für die zukünftige Weltordnung

a) Der deutsche Friedensforscher Karl Kaiser, 1993:

An die Stelle der theoretischen Möglichkeit des großen Krieges im Norden ist die grausame Realität einer Vielfalt zwischenstaatlicher und ethnischer Konflikte sowie von Bürgerkriegen getreten. [...]

– Massive Menschenrechtsverletzungen, Unterdrückung und Vernichtung von Minderheiten, „ethnische Säuberungen" und Völkermord haben zugenommen, auch in Europa.

– Das militärische Zerstörungspotenzial [...] ist massiv angewachsen, quantitativ wie qualitativ. Moderne konventionelle Waffen aus den Arsenalen des Kalten Krieges sind billig und überall verfügbar. Die verdeckte und offene [Weiterverbreitung] von nuklearen und chemischen Waffen, oft in der Nachbarschaft schwelender Konflikte, [erzeugt] [...] eine nicht gekannte Brisanz. [...]

– Die Verelendung in großen Teilen der Dritten Welt nimmt zu. In Verbindung mit mannigfachen ungelösten zwischenstaatlichen Problemen, inneren Wirren und leichter Verfügbarkeit von Waffen bilden diese Regionen Herde der Instabilität und von Konflikten, die globale Wirkung haben können.

– In [vielen] Regionen des ehemaligen Sozialismus wie der Dritten Welt findet ein rapider Verfall politischer Autorität mit zunehmender Unregierbarkeit, Kriminalisierung und Ausbreitung anarchischer Zustände statt. [...] Als Partner für internationale Abkommen [...] fallen derartige Regionen aus, da die Regierungen über die zur Umsetzung notwendige Autorität nicht mehr verfügen. [...]

– Ökologische Krisen können bei einer weiteren Verschärfung Frieden bedrohende Dimensionen annehmen. [...]

– Die [Wanderung] wird [...] zu einem [schwerwiegenden] Problem der Weltpolitik. Die Bevölkerungsexplosion in den armen Regionen der Welt drängt zunehmend in die [...] reichen Regionen und führt zu Belastungen, die Abschottungseffekte sowie innere Konflikte zur Folge haben. Von politischer Unterdrückung, Katastrophen und Kriegen ausgelöste Flüchtlingswellen verstärken diese Problematik.

Karl Kaiser, Die ständige Mitgliedschaft im Sicherheitsrat, in: Europa-Archiv, Nr. 19/1993, S. 542 f.

b) Die Prognosen der amerikanischen Sozialwissenschaftler Francis Fukuyama und Samuel P. Huntington:

Diese Tabelle beruht auf folgenden Büchern: Francis Fukuyama, Das Ende der Geschichte. Wo stehen wir?, München 1992; Samuel P. Huntington, Der Kampf der Kulturen. Die Neugestaltung der Weltpolitik im 21. Jahrhundert, München 1997.

Francis Fukuyama	Samuel P. Huntington
1. Die moderne, liberale Demokratie stellt den Endpunkt der ideologischen Evolution dar, es gibt keine Alternativen zu ihr. 2. Die Naturwissenschaft und das Grundbedürfnis nach Anerkennung waren die bestimmenden Faktoren bei der Entwicklung der liberalen Demokratie. 3. Die Nationen werden einander immer ähnlicher, sie zeigen eine deutliche Tendenz zum westlichen System, nämlich Demokratie und freie Marktwirtschaft. Durch die Globalisierung werden sie miteinander verbunden. 4. Die liberale Demokratie ist das beste aller Systeme, weil es die Grundbedürfnisse der Menschen berücksichtigt und befriedigt. Durch die Ausbreitung der liberalen Demokratie ist die Gefahr von Kriegen deutlich verringert.	1. In Zukunft wird es mehr Konflikte geben aufgrund der vielen kulturellen Unterschiede der Menschheit. 2. Der Westen beeinflusst zwar die gesamte Welt, jedoch unterscheiden sich die westlichen Werte grundlegend von denen der islamisch, orthodox oder konfuzianisch geprägten Welt. Durch die Zunahme der internationalen Beziehungen wird das Kulturbewusstsein besonders gestärkt werden. 3. Konflikte zwischen Zivilisationen sind schwieriger beizulegen als politische oder ökonomische Konflikte, und sie tendieren eher dazu, durch Krieg ausgetragen zu werden. 4. Die nicht-westlichen Systeme werden ihre militärische und wirtschaftliche Stärke erhöhen und Bündnisse schließen, um mit dem Westen konkurrieren zu können. 5. Um größere Eskalationen zu vermeiden, müssen die verschiedenen kulturellen Gruppen lernen, nebeneinander zu leben und ein Grundverständnis für die jeweils anderen Zivilisationen zu entwickeln („*Peaceful Coexistance*").
Gesamtbild: sehr optimistisch und harmonisch; (zu) sehr am westlichen Denken orientiert	Gesamtbild: sehr pessimistisch, global orientiert

Zit. nach: Peter Filzmaier u. a., Internationale Politik. Eine Einführung, UTB, Wien 2006, S. 30

1 a) Arbeiten Sie die zentralen Aussagen dieser Prognosen (M 7 a, b) heraus.
b) Vergleichen Sie die Prognosen miteinander: Welche Gemeinsamkeiten und Unterschiede gibt es?
c) Diskutieren Sie, welche der prognostizierten Entwicklungen eingetreten sind und welche nicht. Formulieren Sie gegebenenfalls eine eigene Prognose, die die weltpolitischen Entwicklungen seit 1990/91 berücksichtigt.

Die bipolare Welt nach 1945

Zentrale Begriffe

Abrüstung → S. 495 f.
Bipolare Ordnung → S. 481 f.
Breschnew-Doktrin → S. 492
Containment → S. 485
Eindämmungspolitik → S. 485
Friedliche Koexistenz → S. 495
Kalter Krieg → S. 481
Konferenz von Jalta → S. 484
Konferenz von Potsdam → S. 484
Koreakrieg → S. 490
KSZE-Prozess → S. 497
Kubakrise → S. 491
Ost-West-Konflikt → S. 481
„Prager Frühling" → S. 492
Rüstungskontrolle → S. 495 f.
Truman-Doktrin → S. 485
Vietnamkrieg → S. 491 f.
Wettrüsten → S. 495 ff.
Zwei-Lager-Theorie → S. 485

Zusammenfassung

Nach dem Zweiten Weltkrieg (1939–1945) bildete sich ein weltweiter Gegensatz zwischen den beiden Machtblöcken mit den USA und der Sowjetunion als jeweiligen Zentren heraus. Zwar bekundeten bei Kriegsende im Jahre 1945 diese beiden neuen Supermächte die Absicht, in enger Zusammenarbeit eine neue Weltordnung zu schaffen. Doch in vielen Fragen der Nachkriegsordnung konnten sich Amerikaner und Sowjets nicht auf eine gemeinsame Position einigen. Es zeigte sich, dass die Unterschiede zwischen parlamentarischer Demokratie im Westen und Einparteienstaat im Osten, zwischen pluralistisch-freiheitlicher und kommunistischer Gesellschaft, zwischen marktwirtschaftlich-kapitalistischer und planwirtschaftlich-sozialistischer Wirtschaftsordnung grundsätzlicher Natur waren. Dadurch verschärften sich bereits in den ausgehenden 1940er-Jahren die Spannungen zwischen USA und UdSSR. Das wachsende Misstrauen, das zum Auseinanderbrechen ihrer Kriegsallianz führte, erhielt zusätzliche Nahrung durch die Angst des Westens vor kommunistischer Expansion bzw. die Furcht der UdSSR vor kapitalistischer Einkreisung. Die immer schärfere Abgrenzung der Machtblöcke voneinander schlug sich in der Gründung zweier feindlicher Militärallianzen nieder: 1949 wurde im Westen die NATO, 1955 im Osten der Warschauer Pakt ins Leben gerufen. Eine Reihe von Staaten, von denen viele aus der „Dritten Welt" kamen, entzog sich jedoch der weitgehenden Teilung der Welt seit den 1950er-Jahren, indem sie sich 1961 in der „Bewegung der Blockfreien" organisierten. In der bipolaren Ordnung des Ost-West-Konfliktes blieb ihr Einfluss jedoch stark beschränkt.

Der Ost-West-Konflikt war nicht nur durch ständige Konfrontation und, damit eng verbunden, permanente Aufrüstung gekennzeichnet. Zwar gab es „heiße Kriege" wie den Korea- (1950–1953) und den Vietnamkrieg (1964–1973). Während der Kubakrise 1962 drohte der Kalte Krieg sogar die Schwelle zum „heißen" Atomkrieg zu überschreiten. Aber die beiden Supermächte fanden sich in Phasen der Entspannung und Kooperation – sie prägten besonders die 1960er- und 1970er-Jahre – auch zur Abrüstung bzw. Rüstungskontrolle bereit.

Der Ost-West-Konflikt endete in den Jahren von 1989 bis 1991, als die Berliner Mauer fiel, die Sowjetunion zusammenbrach und sich der Warschauer Pakt auflöste. Diese Entwicklung wurde maßgeblich begünstigt durch die Reformen in der Sowjetunion, die Michail Gorbatschow seit seinem Amtsantritt als Generalsekretär der Kommunistischen Partei der Sowjetunion 1985 einleitete. Die Neuorientierung der sowjetischen Innen- und Außenpolitik eröffnete Ende der 1980er-Jahre allen Staaten des Ostblocks Freiräume, die vor allem in Osteuropa genutzt wurden. Endlich konnten diese Länder, in denen die Sowjetmacht bisher zum Teil mit brutaler Gewalt alle Reformbewegungen unterdrückt hatte, eine eigenständige Politik betreiben. Sie entschieden sich in der Regel rasch für eine enge Anlehnung an den Westen, d. h. die USA und die Europäische Gemeinschaft bzw. Union.

M1 **Die Verbreitung der atomaren Bedrohung 1945–1990**

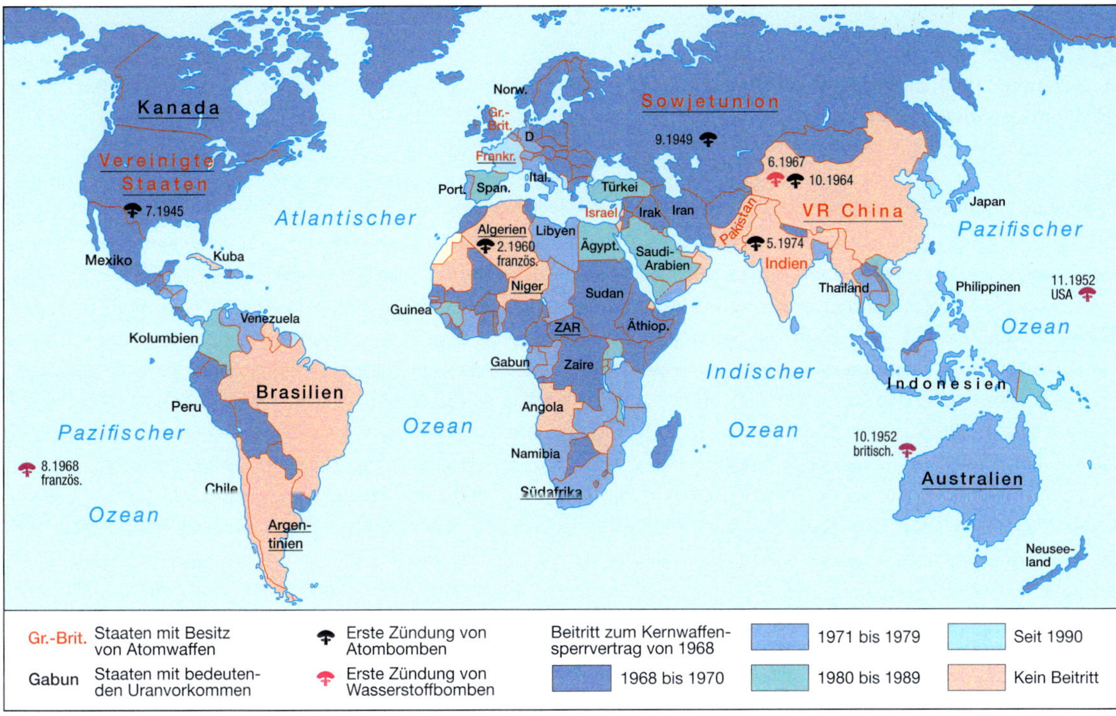

Zeittafel

1945 Konferenz in Jalta; Konferenz von Potsdam
1947 Verkündung der „Truman-Doktrin"; Marshallplan; Gründung des Kommunistischen Informationsbüros (Kominform)
1948 Sowjetische Berlin-Blockade und westalliierte Luftbrücke
1949 Gründung der NATO
1950–53 Koreakrieg
1955 Bundesrepublik Deutschland wird souverän und NATO-Mitglied; Gründung des Warschauer Paktes
1956 Ungarn-Aufstand
1957 Sowjetischer Satellit „Sputnik"
1961 Bau der Berliner Mauer
1962 Kubakrise
1963 „Heißer Draht" zwischen Moskau und Washington; Atomteststabkommen
1964–1973 Vietnamkrieg der USA
1968 Vertrag über die Nichtverbreitung von Atomwaffen zwischen USA, UdSSR, Großbritannien; Einmarsch Warschauer-Pakt-Truppen in die Tschechoslowakei
1972 SALT-I-Abkommen über strategische Rüstungsbegrenzungen
1975 Unterzeichnung der KSZE-Schlussakte in Helsinki
1978 SALT-II-Vertrag; NATO-Doppelbeschluss
1979/80 Einmarsch der Sowjetunion in Afghanistan
1983 Ankündigung des US-Raketenabwehrsystems SDI
1985 Reformbeginn unter Gorbatschow in der Sowjetunion
1987 Unterzeichnung des INF-Vertrags durch USA und UdSSR: Abschaffung der Mittelstreckenraketen in Europa
1989 Fall der Berliner Mauer
1991 Ende des Warschauer Paktes; Auflösung der Sowjetunion

Anwendungsaufgabe

M2 Aus der Rede von Michail Gorbatschow am 25. Dezember 1991, anlässlich seines Rücktritts als Präsident der Sowjetunion

Verehrte Landsleute! Mitbürger!

Angesichts der Situation, die nach der Gründung der Gemeinschaft Unabhängiger Staaten entstanden ist, beende ich meine Tätigkeit als Präsident der UdSSR. Diese Entscheidung treffe ich aufgrund meiner Prinzipien. Ich trat immer fest ein für die Selbstständigkeit und Unabhängigkeit der Völker, die Souveränität der Republiken. Aber gleichzeitig war ich auch für die Erhaltung des Unionsstaates und des ganzen Landes. Die Ereignisse haben sich in eine andere Richtung entwickelt.

Ich spreche zu Ihnen das letzte Mal als Präsident der UdSSR. Deshalb halte ich es für notwendig, meinen seit 1985 gegangenen Weg einzuschätzen. Und dies umso mehr, da es darüber nicht wenig oberflächliche, widersprüchliche und nicht objektive Wertungen gibt.

Das Schicksal hat es so gefügt, dass es sich bereits bei meiner Amtsübernahme zeigte, dass es im Land Probleme gab. [...] Der Prozess der Erneuerung des Landes und der grundlegenden Veränderungen in der Weltgemeinschaft hat sich komplizierter erwiesen, als man voraussagen konnte. Trotzdem muss man das Vollbrachte gebührend einschätzen. Die Gesellschaft wurde frei. Und das in politischer und geistiger Hinsicht. Und das ist die größte Errungenschaft. Sie wird bei uns jedoch noch nicht gebührend gewürdigt. Und wahrscheinlich deshalb, weil wir es immer noch nicht gelernt haben, die Freiheit richtig zu nutzen. Trotzdem wurde eine Arbeit von historischer Bedeutung geleistet. Es wurde ein totalitäres System beseitigt, das ein weiteres Aufblühen und Wohlergehen des Landes verhinderte. Es wurde der Durchbruch zu demokratischen Veränderungen vollzogen. Freie Wahlen, eine freie Presse, Religionsfreiheit, wirkliche Machtorgane und ein Mehrparteiensystem wurden zur Realität. Die Menschenrechte wurden als oberstes Prinzip anerkannt. [...] Wir leben in einer anderen Welt: Der „Kalte Krieg" ist vorbei. Das Wettrüsten wurde gestoppt. Die wahnsinnige Militarisierung unseres Landes, die unsere Wirtschaft, das gesellschaftliche Bewusstsein und die Moral zugrunde richtete, wurde beendet. Die Gefahr eines Weltkrieges wurde beseitigt. Ich möchte noch einmal betonen, dass von meiner Seite in der Übergangsperiode alles für eine zuverlässige Kontrolle der Kernwaffen getan wurde. Wir öffneten uns der Welt und verzichteten auf die Einmischung in fremde Angelegenheiten sowie auf den Einsatz von Truppen außerhalb unseres Landes. Und man antwortete uns mit Vertrauen, Solidarität und Respekt. Wir wurden zu einer der wichtigsten Stützen bei der Umgestaltung der modernen Zivilisation auf friedlicher und demokratischer Basis. Die Völker und Nationen haben die reale Freiheit erhalten, den Weg ihrer Entwicklung selbst zu bestimmen. [...] Ich möchte von ganzem Herzen all jenen danken, die in all diesen Jahren mit mir für die gerechte und gute Sache eingetreten sind. Sicherlich war eine Reihe von Fehlern vermeidbar. Vieles hätte man besser machen können. Aber ich bin überzeugt, dass unsere Völker in einer aufblühenden und demokratischen Gesellschaft leben werden. Ich wünsche Ihnen alles Gute.

Michail Gorbatschow, Ansprache vom 25. Dezember 1991, in: Sowjetunion heute/Wostok, Nr. 1, Februar 1992

1 Arbeiten Sie die wichtigsten Leistungen heraus, die nach Gorbatschow seine innen- und außenpolitische Bilanz ausmachen:
a) Erläutern Sie, wodurch es dem sowjetischen Präsidenten aus seiner Sicht gelang, den Ost-West-Konflikt bzw. den Kalten Krieg zu beenden;
b) Erörtern Sie, inwiefern Gorbatschow von der bisherigen Außenpolitik der Sowjetunion abgewichen ist.

2 Bewerten Sie die Sicht Gorbatschows über das Ende des Ost-West-Konfliktes bzw. den Kalten Krieg: Welche Argumente sprechen für seine Deutung, welche bedürfen der Korrektur?

Epochenbezüge

M 3 **„James Bond – Liebesgrüße aus Moskau", Filmplakat, Großbritannien, 1963**

M 4 **„Dr. Seltsam oder: Wie ich lernte, die Bombe zu lieben", Filmplakat, Großbritannien, 1964**

Präsentationsvorschläge

Thema 1:
Der Ost-West-Konflikt 1945 bis 1990/91 – eine Auseinandersetzung zwischen gegensätzlichen Systemen?
Bereiten Sie einen Vortrag vor über die unterschiedlichen politischen, gesellschaftlichen und wirtschaftlichen Strukturen der beiden Supermächte USA und Sowjetunion einschließlich der von ihnen geführten Machtblöcke. Untersuchen Sie, inwieweit sich diese innergesellschaftlichen Verhältnisse auf die Außenpolitik bzw. die internationale Politik der Konfliktparteien ausgewirkt haben: ideologisch, machtpolitisch und militärisch.

Literaturtipp
Bernd Stöver, Der Kalte Krieg. Geschichte eines radikalen Zeitalters 1947–1991, C. H. Beck, München 2007
Rolf Steininger, Der Kalte Krieg, Fischer Taschenbuch, Frankfurt/M. 2003

Internettipp
http://de./wikipedia.org/wiki/Kalter_Krieg
www.kalter-krieg.de.vu

Thema 2 (fächerverbindend):
Geschichte im Film – Die Darstellung der Kubakrise im Film „13 Tage" (USA, 2000)
Analysieren Sie den US-Spielfilm unter den folgenden Gesichtspunkten.
Inhalt: Welche Ereignisse in der historischen Chronologie werden im Film dargestellt, welche weggelassen? Warum?
Dramaturgie: Mit welchen Mitteln hält der Film die Spannung, obwohl der Betrachter den Ausgang der Krise kennt?
Perspektive: Der Film vermittelt die amerikanische Perspektive. Schreiben Sie ausgewählte Schlüsselszenen aus der sowjetischen Perspektive um.
Bereiten Sie eine folien- oder powerpointgestützte Präsentation ihrer Ergebnisse vor.
Alternative: Wählen Sie weitere Spielfilme zum Kalten Krieg (z. B. M 3, M 4), formulieren Sie eigene Leitfragen und analysieren Sie die Filme daraufhin.

Thema 3 (Geschichte global):
Kuba 1962 – Kriegsdrohung und Kriegführung im Atomzeitalter
Arbeiten Sie, ausgehend von der Kubakrise 1962, die Möglichkeiten und Grenzen der Kriegführung im Zeitalter nuklearer Bedrohung heraus. Vergleichen Sie dabei die Situation während des Ost-West-Konfliktes seit dem atomaren Patt zwischen der Sowjetunion und den USA mit der heutigen weltpolitischen Lage.

Literaturtipp
Detlev Bald, Hiroshima, 6. August 1945. Die nukleare Bedrohung, dtv, München 1999

Internettipp
http://zeitgeschichte.zdf.de/ZDFde/inhalt/20/0,1872,2016564,00.html?dr=1

11 Deutschland nach 1945

M1 „Europa auf dem Stier, auf der Mauer balancierend. Vorwärts oder rückwärts?" von Johannes Grützke, Pastell auf Packpapier, 1976.

Das Bild des Berliner Künstlers entstand als Entwurf für ein Wandbild am Grenzübergang Checkpoint Charlie in Berlin. 1978/79 veranstaltete das Mauermuseum Haus am Checkpoint Charlie einen künstlerischen Wettbewerb mit dem Titel „Wo Weltgeschichte sich manifestiert". Der Beitrag von Grützke gewann den ersten Preis, wurde jedoch nicht realisiert.

1945 Bedingungslose Kapitulation des Dritten Reiches; Potsdamer Konferenz

1948 Währungsreform

1948/49 Berlin-Blockade

1949 Gründung von Bundesrepublik Deutschland und DDR

1952 Stalin-Note

1953 Aufstand in der DDR (17. Juni)

1955 Volle Souveränität von Bundesrepublik und DDR Beitritt zur NATO bzw. zum Warschauer Pakt

1961 Bau der Berliner Mauer

1968 Notstandsgesetze

1970 Moskauer und Warschauer Vertrag zwischen Bundesrepublik und Sowjetunion bzw. Polen

1971 Rücktritt Ulbrich… als SED-Parteiche… Honecker Nachf…

1972 Grun… vertr… zwisc… Bund… repub… und D…

1949–1963 Kanzlerschaft Adenauers

1950–1971 Ära Ulbricht

1966–1969 APO, Studentendemonstrationen

1945 | 1950 | 1955 | 1960 | 1965 | 1970

Der Historiker Christoph Kleßmann schreibt 1995: „Ob es einen ‚deutschen Sonderweg' gegeben hat, ist lange Zeit unter Historikern heftig diskutiert worden. Unstrittig aber hat sich Deutschland mit der NS-Diktatur und dem von Hitler bis zum bitteren Ende durchgehaltenen Weltkrieg wie kein anderes Land aus dem Kreis der zivilisierten Völker ausgeschlossen. 1945 waren nicht nur die Alliierten, sondern auch alle deutschen Politiker mit der drängenden Frage konfrontiert, ob und wie eine Rückkehr in die Zivilisation und eine Wiederherstellung politischer Beziehungen zu den vergewaltigten europäischen Nachbarn möglich sein würde. Die Erinnerung an den Krieg musste auch alle außenpolitischen Überlegungen und Strategien mitprägen. Das betraf elementare Lehren, die das deutsche Volk aus der Katastrophe zu ziehen hatte; es betraf die Beziehungen zu den Besatzungsmachten, die in Deutschland das Sagen hatten und die im entstehenden Kalten Krieg die außenpolitische Orientierung vorgaben; und es betraf Wiedergutmachungsleistungen, die alle früheren Kriegsgegner erwarteten, oft aber nicht erhielten, weil auch dieser Teil der Kriegsfolgen zwischen die Fronten der globalen Konfrontation der ‚Teilung der Welt' geriet. Dass das gespaltene Deutschland schließlich 1990 in den Zwei-plus-Vier-Verhandlungen einen Ersatz für den Friedensvertrag erreichte, der 1945 nicht zustande gekommen war, gehörte zu den großen und unverhofften Überraschungen der europäischen Nachkriegsgeschichte."

In den Jahren 1989/90 endete für Deutschland die Teilung in zwei Staaten, die unterschiedlichen politisch-gesellschaftlichen Systemen angehörten. Die Teilung begann 1949 mit der Gründung der Bundesrepublik Deutschland, die sich zu den liberal-demokratischen Werten des Westens bekannte, und der kommunistischen DDR, die in den Herrschaftsbereich der Sowjetunion geriet. Mit dem Beitritt der DDR zur Bundesrepublik Deutschland 1990 ging nicht nur die kommunistische Diktatur in einem deutschen Teilstaat unter, sondern war Deutschland wieder ein Nationalstaat. Dieser ist heute fest integriert in die europäische Staatengemeinschaft.

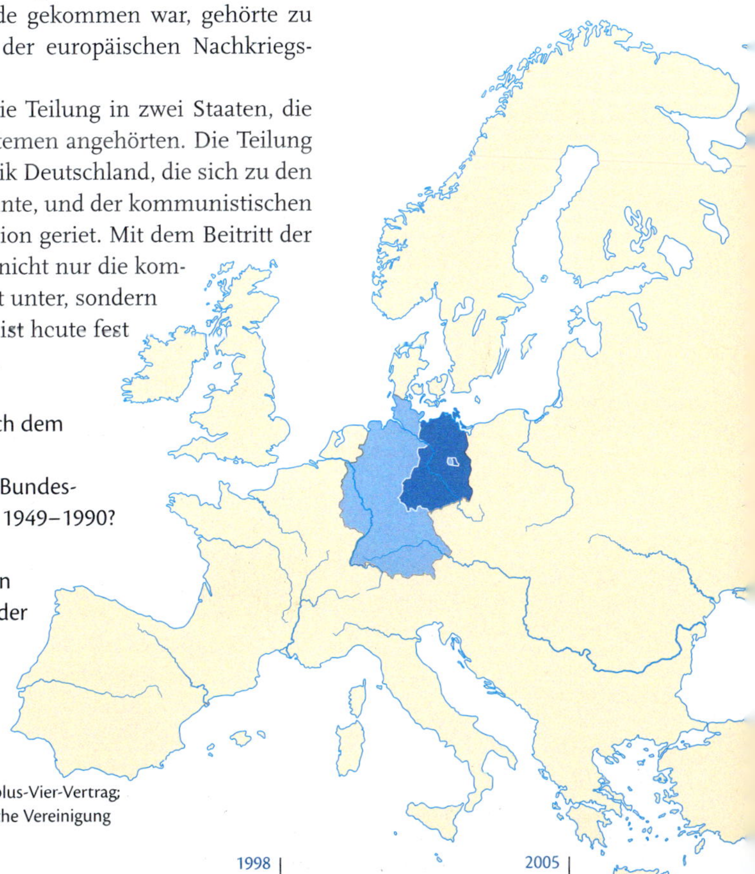

1. Welche Ereignisse und Entwicklungen führten nach dem Zweiten Weltkrieg zur deutschen Teilung?
2. Welche Unterschiede prägten die Geschichte der Bundesrepublik Deutschland und der DDR in den Jahren 1949–1990? Gab es auch Gemeinsamkeiten?
3. Welche Ereignisse und Entwicklungen bewirkten in den Jahren 1989/90 die „friedliche Revolution" in der DDR und die Wiedervereinigung Deutschlands? Wie verläuft der Vereinigungsprozess?

1980 Gründung der Partei ie Grünen"

1987 Besuch Erich Honeckers in der Bundesrepublik Deutschland

1989 Friedliche Revolution in der DDR; Fall der Mauer (9. November)

1990 Zwei-plus-Vier-Vertrag; deutsche Vereinigung

1998 Rot-grüne Koalition unter Gerhard Schröder

2005 Große Koalition unter Angela Merkel

-1982 Sozialliberale tion unter Brandt bzw. Schmidt

1982–1998 Christlich-liberale Koalition unter Kohl

1980 | 1985 | 1990 | 1995 | 2000 | 2005

1 Kriegsende 1945 – Chance zum Neubeginn

1.1 Die Sieger

M1 Sowjetische Soldaten marschieren in Berlin ein, Fotografie, April 1945

„Geschäftsführende Reichsregierung" Dönitz
In seinem Testament hatte Hitler Großadmiral Karl Dönitz (1891 bis 1980) zu seinem Nachfolger als Reichspräsident bestimmt. Dönitz übernahm nach dem Selbstmord des „Führers" im Bunker der Reichskanzlei am Nachmittag des 30. April 1945 die „Geschäftsführende Reichsregierung" in Flensburg. Am Mittag des 8. Mai gab er über den Flensburger Sender die Kapitulation Deutschlands bekannt. Zwar lösten die Alliierten die Dönitz-Regierung erst am 23. Mai auf und machten ihre Mitglieder zu Kriegsgefangenen. In Wirklichkeit hatten die Siegermächte seit Unterzeichnung der Kapitulationsurkunde die Herrschaft über Deutschland übernommen.

Internettipp
www.museum-karlshorst.de/html/sammlung/html/legenden1945.shtml
Das Museum Berlin-Karlshorst über die Kapitulationen vom 7. und 8. Mai 1945

Besatzungsherrschaft in Deutschland

„Im Anfang waren die Alliierten" – mit dieser plakativen These charakterisierte die Politikwissenschaftlerin Helga Haftendorn 2001 die Machtverhältnisse im besiegten Deutschland am Ende des Zweiten Weltkrieges. Sie wollte deutlich machen, dass die militärische Niederlage des Deutschen Reiches nicht nur das Ende der nationalsozialistischen Herrschaft besiegelte, sondern dass die Besiegten auch die Staatsgewalt an die Sieger übergeben mussten.

Für Deutschland endete der Zweite Weltkrieg im Mai 1945 mit der Unterzeichnung der **bedingungslosen Kapitulation** der deutschen Wehrmacht. Sie wurde gleich zweifach vollzogen. Am 7. Mai unterschrieb der deutsche Generaloberst Alfred Jodl im amerikanischen Hauptquartier in Reims die Kapitulationsurkunde; in der Nacht vom 8. auf den 9. Mai wiederholte auf ausdrücklichen Wunsch Stalins Generalfeldmarschall Wilhelm Keitel in Berlin-Karlshorst, dem sowjetischen Hauptquartier, diesen Akt. Als die Kapitulation am 8. Mai, nach Bekanntgabe durch Truman und Churchill, in Kraft trat, existierte der deutsche Staat faktisch nicht mehr. Die Regierungsgewalt in Deutschland ging auf die Oberkommandierenden der alliierten Streitkräfte über. Zwei Wochen später wurde auch die noch unter Hitler eingesetzte „Geschäftsführende Reichsregierung" Dönitz* durch die Alliierten aufgelöst.

Das Gebiet des Deutschen Reiches wurde in eine amerikanische, sowjetische, britische und – etwas später – französische **Besatzungszone** aufgeteilt (M 2). In der „Erklärung in Anbetracht der Niederlage Deutschlands" machten die Sieger am 5. Juni 1945 öffentlich bekannt, dass die Regierungen in Washington, London, Moskau und Paris die Hoheitsrechte über Deutschland übernommen hatten. Mit ihrer Unterschrift unter diese **Berliner Deklaration** bekundeten die Vertreter der vier alliierten Mächte auch den Willen zur gemeinsamen Ausübung ihrer Herrschaftsrechte. Das dafür zuständige Gremium war der **Alliierte Kontrollrat**, der aus den vier Oberbefehlshabern bestand. Bei seiner Regierungsarbeit sollte der Kontrollrat zwei sich ergänzenden Grundsätzen folgen: Die Oberbefehlshaber übten in ihrer jeweiligen Besatzungszone die oberste Gewalt aus und waren dabei allein ihrer Regierung verantwortlich; „in allen Deutschland als ein Ganzes betreffenden Angelegenheiten" waren sie zur Zusammenarbeit verpflichtet.

Alliierte Deutschlandpläne

Während des Zweiten Weltkrieges waren sich die Alliierten darin einig, dass Deutschland bedingungslos zu kapitulieren habe und das besiegte Deutsche Reich vollständig zu besetzen sowie in Besatzungszonen einzuteilen sei. Der Nationalsozialismus sollte ausgerottet und die Deutschen sollten zu Demokraten erzogen bzw. „umerzogen" werden. Außerdem verlangte besonders Stalin von Deutschland Reparationen als Ausgleich für Zerstörungen in der Sowjetunion. Seit 1941/42 erörterten die Alliierten Überlegungen zur Zergliederung Deutschlands, das den Weltfrieden nie mehr stören dürfte.

Auf der **Konferenz von Teheran** vom 28. November bis zum 30. Dezember 1943 schlug US-Präsident Franklin D. Roosevelt vor, das Land in fünf „autonome" Staaten zu zergliedern, der englische Premierminister Winston Churchill favorisierte eine Zweiteilung in Nord und Süd, wobei der Süden mit Österreich und

M2 Deutschland und Mitteleuropa 1945–1948

1 Arbeiten Sie mithilfe der Karte die wichtigsten politischen und territorialen Folgen des Zweiten Weltkrieges für Deutschland heraus.

Ungarn zu einer „Donauföderation“ zusammengefasst werden sollte. Auch Stalin sprach sich für eine Aufteilung des deutschen Staatsgebietes aus, ohne sich auf einen genauen Teilungsplan festzulegen. Außerdem betrachteten Stalin und Churchill seitdem die Oder als neue polnische Westgrenze.

Die Entscheidung zur Aufteilung Deutschlands in drei Besatzungszonen fiel 1944. Auf der **Konferenz von Jalta** vom 4. bis 11. Februar 1945 (s. S. 484) beschlossen die „Großen Drei“, Frankreich auf Kosten der britischen und amerikanischen Zone eine vierte Besatzungszone zuzuteilen und damit in den Kreis der Siegermächte aufzunehmen. Allerdings gelang es den Alliierten nicht, ein konkretes Deutschlandkonzept zu erarbeiten. Offen blieb auch die Frage nach den von Deutschland zu leistenden **Reparationen**. Auf der **Konferenz in Potsdam** vom 17. Juli bis zum 2. August 1945 (M 6) vereinbarten die Regierungs- und Staatschefs der USA, Großbritanniens und der Sowjetunion, Deutschland während der zeitlich nicht begrenzten Dauer der Besatzung als „wirtschaftliche Einheit“ zu behandeln und „bis auf Weiteres“ keine deutsche Regierung einzusetzen. Sie erklärten die Demokratisierung, Denazifizierung, Demilitarisierung und Dezentralisierung Deutschlands zu ihren zentralen Zielen. Doch überdeckten diese Formelkompromisse, dass die Sowjetunion einerseits und die Westmächte andererseits mit diesen Begriffen, den „4 Ds“, jeweils völlig unterschiedliche Inhalte verbanden. Die Kluft zwischen ihren gesellschaftspolitischen und wirtschaftlichen Vorstellungen trat mit der Verschärfung des Ost-West-Gegensatzes immer stärker in den Vordergrund (s. S. 478 ff.). Heftige Meinungsverschiedenheiten entzündeten sich bereits in Potsdam an der Forderung Stalins nach **Reparationen** aus ganz Deutschland und einer Viermächtekontrolle des Ruhrgebietes, eines wichtigen Wirtschaftsstandortes. Briten und Amerikaner lehnten dies ab, weil sie ein wirtschaftliches Chaos befürchteten; zudem wollten sie verhindern, dass die von ihnen verwalteten Besatzungszonen für Reparationszahlungen an die Sowjetunion aufzukom-

Internettipp
http://kriegsende.ard.de/pages_std_lib/0,3275,OID1139278,00.html
Informationen zu Potsdam im Rahmen des ARD-Dossiers „60 Jahre Kriegsende“

M3 Churchill, Truman und Stalin vor Schloss Cecilienhof, dem Konferenzgebäude in Potsdam, Fotografie, Ende Juli 1945

men hätten. US-Außenminister James F. Byrnes entschärfte die Auseinandersetzung vorläufig durch einen Kompromiss, nach dem jede Besatzungsmacht aus ihrer Zone Reparationen entnehmen durfte. Die Sowjetunion sollte außerdem 25 Prozent der für Reparationen beschlagnahmten Industrieausrüstungen aus den Westzonen erhalten.

Internettipp
www.mdr.de/damals-in-der-ddr/lexikon/1514449.html#absatz4
Informationen und Zeitzeugenberichte zur Bodenreform beim Multimedia-Projekt von MDR, WDR und LOOKS Film & TV GmbH zum Alltag in der DDR

Sowjetische Besatzungspolitik

Im April 1945 erklärte Stalin: „Dieser Krieg ist nicht wie in der Vergangenheit; wer immer ein Gebiet besetzt, erlegt ihm auch sein eigenes gesellschaftliches System auf. Jeder führt sein eigenes System ein, so weit seine Armee vordringen kann." Das Zitat scheint zu belegen, dass der sowjetische Diktator von Anfang an auf die Gründung eines sozialistischen deutschen Teilstaates zusteuerte. Doch die moderne Zeitgeschichtsforschung betont die Unentschiedenheit und **Mehrgleisigkeit der sowjetischen Deutschlandpolitik** während der Besatzungszeit zwischen 1945 und 1949. Das Maximalziel der sowjetischen Führung war die Vorherrschaft über ein vereinigtes und von westlichen Einflüssen befreites Deutschland, das sich eng an die UdSSR anlehne. Ließe sich eine solche gesamtdeutsche Lösung nicht verwirklichen, strebten die Sowjets als Minimallösung den Aufbau eines kommunistischen Systems in ihrer Besatzungszone an. Es sollte so attraktiv auf den Westen wirken, dass sich dieser ebenfalls zum kommunistischen Gesellschaftsmodell bekennen und auf einen deutschen Gesamtstaat nach sowjetischem Muster hinarbeiten werde.
Da sich die Sowjetunion Reparationen aus den Westzonen erhoffte, trat sie für eine gesamtdeutsche Lösung ein. Doch gleichzeitig leitete die UdSSR in ihrer Zone Strukturreformen ein, die die Grundlagen für ein kommunistisches Herrschafts- und Gesellschaftssystem legten. Die am 9. Juni 1945 gegründete **Sowjetische Militäradministration in Deutschland (SMAD)** kontrollierte und verwaltete die **Sowjetische Besatzungszone (SBZ)**. Zu diesem Zweck wurden Anfang Mai 1945 drei „Initiativgruppen" deutscher Kommunisten aus dem Moskauer Exil nach Deutschland geflogen (s. S. 524) Sie erhielten in den Länder- und in den neu geschaffenen elf Zentralverwaltungen entscheidende Positionen, sollten den sowjetischen Machthabern beim Aufbau eines Staats- und Parteiapparates behilflich sein und später schrittweise die Macht übernehmen. Die SMAD setzte im Oktober 1945 die **Beschlagnahmung des gesamten Eigentums** des deutschen Staates, der NSDAP und der Wehrmacht in der SBZ durch. Überdies legte sie die Grundlagen zur Verstaatlichung der Wirtschaft und damit für eine sozialistische Wirtschaftsordnung: 1945 wurden zahlreiche schwerindustrielle Betriebe in Sowjetische Aktiengesellschaften überführt, Banken und Sparkassen wurden verstaatlicht und andere Wirtschaftsunternehmen 1946 den deutschen Verwaltungsorganen unterstellt. Die SMAD war ebenfalls die treibende Kraft bei der Enteignung der Großgrundbesitzer, die 1945 den Kern der **Bodenreform** bildete (M 4, M 7).

M 4 Plakat zur Bodenreform in der SBZ, 1945

Besatzungspolitik der Westalliierten

Schon in den letzten beiden Kriegsjahren nahm bei den Regierungen der USA und Großbritanniens die Skepsis gegenüber solchen deutschlandpolitischen Konzeptionen zu, die auf eine nachhaltige Bestrafung des Deutschen Reiches zielten. Außen- und Kriegsministerium bewegten US-Präsident Roosevelt 1944 dazu, vom **Morgenthau-Plan*** abzurücken, der die Umwandlung Deutschlands in ein Agrarland vorsah. Ein britischer Planungsstab kam im Herbst 1944 zu dem Ergebnis: „Eine Zerstückelung würde eine Verarmung Deutschlands zur Folge haben, die Erholung der ganzen Welt von den Kriegsschäden verlangsamen und somit auf lange Sicht auch den britischen Wirtschaftsinteressen schaden." Allmählich setzte sich die Einsicht durch, dass ein in Kleinstaaten zerteiltes Deutschland für die Sieger eine wirtschaftliche Belastung und für die Neuordnung Europas eine schwere Bürde dar-

Morgenthau-Plan
Im August 1944 verfasste US-Finanzminister Henry Morgenthau eine Denkschrift mit dem Titel „Programm, das verhindern soll, dass Deutschland einen dritten Weltkrieg anzettelt". Der Plan sah vor, Deutschland in drei Staaten zu gliedern, einen Nord- und einen Südstaat und eine Internationale Zone, bestehend aus dem Rheinland, Westfalen und einem Küstenstreifen. Kernpunkt des Programms war die vollständige Verwandlung Deutschlands in ein Agrarland. Der Plan fand kurzfristig die Zustimmung von US-Präsident Roosevelt, der ihn aber bereits nach wenigen Tagen wieder verwarf, da Außen- und Kriegsministerium protestiert hatten.

stelle. Eine kontrollierte deutsche Industrie würde bei gleichzeitiger Entmilitarisierung Deutschlands den Sicherheits- und Wirtschaftsinteressen der Alliierten besser entsprechen.
Als 1946 die Spannungen zwischen der Sowjetunion und den Westalliierten zunahmen, leiteten Briten und Amerikaner eine deutschlandpolitische Wende ein: Im September 1946 kündigte US-Außenminister Byrnes den raschen politischen und wirtschaftlichen Wiederaufbau Deutschlands an (s. S. 518 f.). Außerdem beschlossen die USA und Großbritannien im Januar 1947 die wirtschaftliche Verschmelzung der ihnen unterstellten Zonen zur **Bizone**. Im Juni 1947 verkündete Washington das Hilfsprogramm des **Marshall-Plans** (s. S. 485), der auch Deutschland zugute kommen sollte. 1948 bereiteten die Westmächte mit deutschen Verwaltungsstellen unter strengster Geheimhaltung eine Währungsreform vor, die das Fundament für den ökonomischen Wiederaufbau Westdeutschlands legen sollte. Auch Frankreich, das anfangs auf eine dauerhafte und wirksame politische wie wirtschaftliche Schwächung seines deutschen Nachbarn hingearbeitet hatte, unterstützte nun diese Politik, die im Westen Deutschlands einen politischen, wirtschaftlichen und gesellschaftlichen Neuanfang ermöglichte.
Die wachsende Ost-West-Konfrontation bzw. die zunehmenden Entwicklungsunterschiede der Westzonen und der SBZ traten während der **Berlin-Blockade** 1948/49 offen zutage. Um die Währungsreform im Westen, die aus Sicht der UdSSR zur Gründung eines Weststaates führen konnte, zu verhindern, verfügte die SMAD 1948 eine totale Blockade aller Land- und Wasserwege zu den Westsektoren Berlins. Das konnten und wollten die Westalliierten nicht hinnehmen, da sie damit ihre Herrschaftsrechte beschnitten sahen. Die USA entschieden sich gegen einen militärischen Konflikt mit der UdSSR. Stattdessen versorgten Amerikaner und Briten Berlin über eine **Luftbrücke** (M 5). An dieser anglo-amerikanischen Gegenwehr und dem Durchhaltevermögen der Westberliner Bevölkerung scheiterte schließlich 1949 die Berlin-Blockade.

M 5 Berliner beobachten während der Blockade die Landung eines amerikanischen „Rosinenbombers", Fotografie, 17. Oktober 1948

1 Überprüfen Sie die These der Politikwissenschaftlerin Haftendorn „Im Anfang waren die Alliierten".
2 Vergleichen Sie die Besatzungspolitik der Sowjetunion mit der der Westalliierten.
3 Stellen Sie in einer Übersicht die alliierten Deutschlandpläne zusammen.

M 6 Aus dem Potsdamer Kommuniqué vom 2. August 1945

Es ist nicht die Absicht der Alliierten, das deutsche Volk zu vernichten oder zu versklaven. Die Alliierten wollen dem deutschen Volke die Möglichkeit geben, sich darauf vorzubereiten, sein Leben auf einer demokratischen und friedlichen Grundlage von Neuem wieder aufzubauen. Wenn die eigenen Anstrengungen des deutschen Volkes unablässig auf die Erreichung dieses Zieles gerichtet sein werden, wird es ihm möglich sein, zu gegebener Zeit seinen Platz unter den freien und friedlichen Völkern der Welt einzunehmen. [...]

A. Politische Grundsätze

1. Entsprechend der Übereinkunft über das Kontrollsystem in Deutschland wird die höchste Regierungsgewalt in Deutschland durch die Oberbefehlshaber der Streitkräfte der Vereinigten Staaten von Amerika, des Vereinigten Königreichs, der Union der Sozialistischen Sowjetrepubliken und der Französischen Republik nach den Weisungen ihrer entsprechenden Regierungen ausgeübt, und zwar von jedem in seiner Besatzungszone sowie gemeinsam in ihrer Eigenschaft als Mitglieder des Kontrollrates in den Deutschland als Ganzes betreffenden Fragen.

2. Soweit dieses praktisch durchführbar ist, muss die Behandlung der deutschen Bevölkerung in ganz Deutschland gleich sein.

3. Die Ziele der Besetzung Deutschlands, durch welche der Kontrollrat sich leiten lassen soll, sind:

(I.) Völlige Abrüstung und Entmilitarisierung Deutschlands und die Ausschaltung der gesamten deutschen Industrie, welche für eine Kriegsproduktion benutzt werden kann, oder deren Überwachung. [...]

(II.) Das deutsche Volk muss überzeugt werden, dass es eine totale militärische Niederlage erlitten hat und dass es sich nicht der Verantwortung entziehen kann für das, was es selbst dadurch auf sich geladen hat, dass seine eigene mitleidlose Kriegsführung und der fanatische Widerstand der Nazis die deutsche Wirtschaft zerstört und Chaos und Elend unvermeidlich gemacht haben.

(III.) Die Nationalsozialistische Partei mit ihren angeschlossenen Gliederungen und Unterorganisationen ist zu vernichten; [...] es sind Sicherheiten dafür zu schaffen, dass sie in keiner Form wieder auferstehen können, jeder nazistischen und militärischen Betätigung und Propaganda ist vorzubeugen.

(IV.) Die endgültige Umgestaltung des deutschen politischen Lebens auf demokratischer Grundlage und eine eventuelle friedliche Mitarbeit Deutschlands am internationalen Leben sind vorzubereiten. [...]

5. Kriegsverbrecher und alle diejenigen, die in der Planung oder Verwirklichung nazistischer Maßnahmen, die Gräuel oder Kriegsverbrechen nach sich zogen oder als Ergebnis hatten, teilgenommen haben, sind zu verhaften und dem Gericht zu übergeben. Nazistische Parteiführer, einflussreiche Nazianhänger und die Leiter der nazistischen Ämter und Organisationen und alle anderen Personen, die für die Besetzung und ihre Ziele gefährlich sind, sind zu verhaften und zu internieren. [...]

9. Die Verwaltung Deutschlands muss in Richtung auf eine Dezentralisation der politischen Struktur und der Entwicklung einer örtlichen Selbstverwaltung durchgeführt werden. [...]

(II.) In ganz Deutschland sind alle demokratischen politischen Parteien zu erlauben und zu fördern, mit der Einräumung des Rechtes, Versammlungen einzuberufen und öffentliche Diskussionen durchzuführen. [...]

(IV.) Bis auf Weiteres wird keine zentrale deutsche Regierung errichtet werden. [...]

B. Wirtschaftliche Grundsätze

12. In praktisch kürzester Frist ist das deutsche Wirtschaftsleben zu dezentralisieren mit dem Ziel der Vernichtung der bestehenden übermäßigen Konzentration der Wirtschaftskraft, dargestellt insbesondere durch Kartelle, Syndikate, Trusts und andere Monopolvereinigungen. [...]

14. Während der Besatzungszeit ist Deutschland als eine wirtschaftliche Einheit zu betrachten [...].

Zit. nach: Ernst Deuerlein (Hg.), Potsdam 1945. Quellen zur Konferenz der „Großen Drei", dtv, München 1963, S. 354ff.

1 Fassen Sie die gemeinsamen Ziele der Alliierten stichwortartig zusammen.

M7 Aus der Verordnung der Provinz Sachsen über die Bodenreform, 3. September 1945

Artikel 1

1. Die demokratische Bodenreform ist eine unaufschiebbare nationale, wirtschaftliche und soziale Notwendigkeit. Die Bodenreform muss [...] der Herrschaft der Junker und Großgrundbesitzer im Dorf ein Ende bereiten, weil diese Herrschaft immer eine Bastion der Reaktion und des Faschismus in unserem Lande darstellte und eine der Hauptquellen der Aggression und der Eroberungskriege gegen andere Völker war. Durch die Bodenreform soll der jahrhundertealte Traum der landlosen und landarmen Bauern von der Übergabe des Großgrundbesitzes in ihre Hände erfüllt werden. Somit ist die Bodenreform die wichtigste Voraussetzung der demokratischen Umgestaltung und des wirtschaftlichen Aufstieges unseres Landes. [...]

2. Das Ziel der Bodenreform ist:

a) das Ackerland der bereits bestehenden Bauernhöfe unter 5 Hektar zu vergrößern;

b) neue, selbstständige Bauernwirtschaften für landlose Bauern, Landarbeiter und kleine Pächter zu schaffen;

c) an Umsiedler und Flüchtlinge, die durch die räuberische, hitlerische Kriegspolitik ihr Hab und Gut verloren haben, Land zu geben [...].

Artikel 2

1. Zur Durchführung dieser Maßnahmen wird ein Bodenfonds aus dem Grundbesitz gebildet, der unter den Ziffern 2, 3 und 4 dieses Artikels angeführt ist.

2. Folgender Grundbesitz wird mit allen darauf befindlichen Gebäuden, lebendem und totem Inventar und anderem landwirtschaftlichen Vermögen, unabhängig von der Größe der Wirtschaft, enteignet:

a) der Grundbesitz der Kriegsverbrecher und Kriegsschuldigen mit allem darauf befindlichen landwirtschaftlichen Vermögen;

b) der Grundbesitz mit allem darauf befindlichen Vermögen, der den Naziführern und den aktiven Verfechtern der Nazipartei und ihrer Gliederungen sowie den führenden Personen des Hitlerstaates gehörte, darunter allen Personen, die in der Periode der Naziherrschaft Mitglieder der Reichsregierung und des Reichstages waren.

3. Gleichfalls wird der gesamte feudal-junkerliche Boden und Großgrundbesitz über 100 Hektar [...] enteignet.

Zit. nach: Rolf Steininger, Deutsche Geschichte. Darstellung und Dokumente in vier Bdn., Bd. 1: 1945–1947, Fischer, Frankfurt/M. 2002, S. 190f.

1 Erläutern Sie Ziele und Methoden der Bodenreform.

2 Überprüfen Sie mithilfe von M 7 die These des Historikers Hermann Weber (2006): „Die Bodenreform war eine radikale, aber keine kommunistische Maßnahme."

1.2 Die Besiegten

Niederlage oder Befreiung?

Die Deutschen befreiten sich nicht aus eigener Kraft von der nationalsozialistischen Herrschaft. Erst die bedingungslose Kapitulation des Deutschen Reiches bedeutete Zusammenbruch und Untergang des „Dritten Reiches“. Mit der Beendigung der Kampfhandlungen am 8. Mai 1945 ging in Europa auch der Zweite Weltkrieg zu Ende, der ca. 40 Millionen Menschen das Leben gekostet hat. Das Kriegsende haben die Zeitgenossen sehr unterschiedlich erlebt (M 6 a–d). Zur Charakterisierung dieser Reaktionen auf das Ende des NS-Regimes und des Zweiten Weltkrieges in Europa sind die **Begriffe „Niederlage“ oder „Befreiung“** zu undifferenziert. Für einen Polen bedeutete die Befreiung von der NS-Diktatur etwas anderes als für viele Deutsche, mögen sie Hitler und die NSDAP noch so sehr verachtet oder gehasst haben. Ein großer Teil der Deutschen reagierte auf die Niederlage nicht mit Jubel.

Erinnerungskultur in Ost und West

Während der deutschen Teilung zwischen 1949 und 1989/90 waren die unterschiedlichen Erinnerungen an den 8. Mai 1945 geprägt durch die politischen und gesellschaftlichen Systeme, unter denen die Menschen lebten. In der **DDR** begingen die Sowjets jährlich am 8. Mai ihre Siegesfeiern. Auch die Staats- und Parteiführung der DDR organisierte in Berlin und an anderen Orten Kundgebungen und Kranzniederlegungen, an denen Angehörige der sowjetischen Streitkräfte oder sowjetische Ehrengäste teilnahmen. Schauplätze dieser Gedenkfeiern waren die zahlreichen sowjetischen Ehrenfriedhöfe und Denkmäler. Die jährlichen Feiern am „Tag der Befreiung“, der bis 1967 gesetzlicher Feiertag in der DDR war, sollten eine eindeutige und für alle Bürger verbindliche politische Botschaft vermitteln, die der Historiker Jürgen Danyel so zusammengefasst hat: „Die DDR hat die historische Chance, die ihr mit der Befreiung 1945 gegeben wurde, genutzt. Zusammen mit den Kommunisten, die an der Seite der Roten Armee gekämpft hatten, waren die Ostdeutschen gewissermaßen auf die Seite der Sieger übergetreten und hatten die richtigen Lehren aus der Geschichte gezogen. In dieser geschichtspolitischen Konstruktion verblasste die konkrete Erinnerung an den Nationalsozialismus und den von den Deutschen verschuldeten Krieg nahezu völlig.“

In der **Bundesrepublik Deutschland** war das Gedenken an den 8. Mai 1945 lange Zeit durch gemischte Gefühle geprägt. Die einen erinnerten sich in den 1950er- und 1960er-Jahren an Niederlage bzw. Zusammenbruch und beklagten das Ende des deutschen Nationalstaates. Andere feierten die Befreiung von der NS-Diktatur und den politischen Neubeginn. Aber auch für sie war der 8. Mai ein sperriger Gedenktag: Da sich das deutsche Volk nicht selbst vom Nationalsozialismus befreit hatte, markiert dieses Datum auch die beginnende Spaltung des deutschen Volkes in zwei Staaten, die entgegengesetzten Bündnissystemen angehören. Seit Mitte der 1980er-Jahre verbindet die überwiegende Mehrheit der Deutschen mit dem Ende des Zweiten Weltkrieges die Befreiung von einer menschenverachtenden und verbrecherischen Diktatur sowie demokratischen Neubeginn. Zu diesem Bewusstseinswandel trug maßgeblich Bundespräsident Richard von Weizsäcker (geb. 1920, Präs. 1984–1994) bei. Im Jahre 1985, anlässlich der 40. Wiederkehr des 8. Mai 1945, bezeichnete er in einer vielfach gerühmten Rede das Kriegsende als „Befreiung“, weil damals der „Irrweg deutscher Geschichte“ zum Abschluss gelangt sei. Differenziert würdigte er die Opfer des Nationalsozialismus ebenso wie den Widerstand gegen das NS-Regime. Das „historische Gedächtnis“, mahnte Weizsäcker, müsse „als Leitlinie für unser Verhalten in der Gegenwart“ genutzt werden. Das gelte für den Umgang mit Geisteskranken, Asylsuchenden, Dissidenten, aber auch mit dem Staat Israel und den östlichen Nachbarn.

M 1 „Durch die Straßen Bettlern gleich, Ziehn wir dank dem NAZI-Reich“, Plakat der Kölner Stadtverwaltung, 1945

M 2 Sowjetisches Ehrenmal in Berlin-Treptow, Fotografie, 1999

Das am 8. Mai 1949 eingeweihte Ehrenmal besteht aus einem Ehrenfriedhof, auf dem rund 7 000 gefallene sowjetische Soldaten beigesetzt sind, und einem Mausoleum mit einer 11,6 m hohen Bronzefigur eines Sowjetsoldaten. Dieser hält in der rechten Hand ein Schwert, mit dem er ein am Boden liegendes Hakenkreuz zerschlagen hat, und trägt auf dem linken Arm ein gerettetes Kind.

1 Erläutern Sie, ob und inwiefern das Ehrenmal als „Versteinerung des DDR-Gründungsmythos“ bezeichnet werden kann.

M3 **Umsiedlung, Flucht und Vertreibung der Deutschen aus Ost- und Südosteuropa 1939–1950**

1 Analysieren Sie die Karte im Hinblick auf die gesellschaftlichen Folgen, die die NS-Herrschaft für Deutschland nach 1945 hatte.

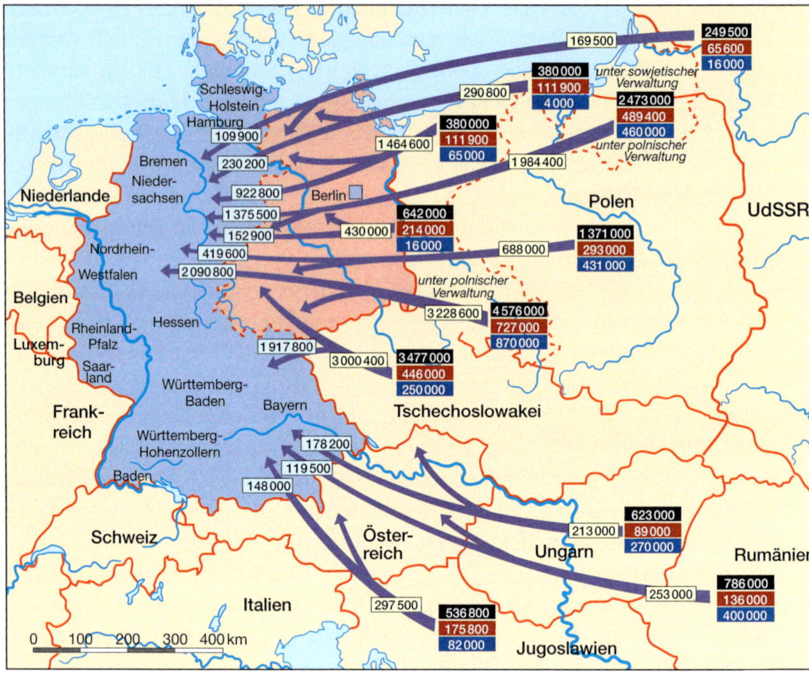

536 800 deutsche Bevölkerung

175 800 Kriegs- und Nachkriegsverluste der deutschen Bevölkerung (Wehrmachtssterbefälle und Verluste der Zivilbevölkerung)

460 000 zurückgehaltene bzw. zurückgebliebene deutsche Bevölkerung (1950)

172 200 Vertriebene insgesamt (1950)

169 500 Vertriebene in die Bundesrepublik Deutschland (1950, ohne Saarland, aber mit West-Berlin)

M4 **Wohnungselend, Fotografie, 1945**

Internettipp
www.bund-der-vertriebenen.de/derbdv/charta-dt.php3
Die **Charta der deutschen Heimatvertriebenen** entstand auf Initiative des Zentralverbands der Vertriebenen Deutschen und der Vereinigten Ostdeutschen Landsmannschaften als politische Willenserklärung der Vertriebenen. Sie wurde am 5. August 1950 unterzeichnet und am 6. August 1950 vor 150 000 Vertriebenen in Stuttgart verkündet. Die Charta enthält drei Kernaussagen:
– den Verzicht auf Rache und Vergeltung;
– die Forderung, das Recht auf Heimat als Grundrecht anzuerkennen;
– die Bereitschaft, bei gleichen sozialen und politischen Rechten als Staatsbürger am Wiederaufbau Deutschlands und Europas teilzunehmen.

Alltagsnot

Deutschland war bei Kriegsende ein verwüstetes Land, in dem große Not herrschte. **Ruinen** bestimmten das Bild vieler Städte. In Westdeutschland war etwa ein Viertel der Wohnungen völlig zerstört, in der sowjetischen Besatzungszone ungefähr ein Zehntel. Die Verteilung von Nahrungs- und Versorgungsmitteln gehörte zu den schwierigsten Aufgaben, da 40 Prozent der Eisenbahnlinien und anderer Transportwege 1945 nicht mehr funktionsfähig waren. Mit den seit April 1945 unter polnischer Verwaltung stehenden Ostgebieten verlor Deutschland ein Viertel seiner bisherigen landwirtschaftlichen Nutzfläche, 17 Prozent der Steinkohlevorkommen und 6 Prozent der Industrieanlagen. **Kälte und Hunger** prägten das Leben der Menschen – besonders der harte Winter 1946/47 blieb den Menschen als „Hungerwinter" im Gedächtnis. Viele lebten in der unmittelbaren Nachkriegszeit am Rande des Existenzminimums oder darunter. Mindestens 2 000 Kalorien täglich für jeden wären notwendig gewesen, doch 1946 betrug die amtliche Zuweisung in der amerikanischen Zone lediglich 1 330 Kalorien, in der russischen 1 083, in der britischen 1 056 und in der französischen 900. Die Unterernährung führte zu Mangelkrankheiten und einer erhöhten Sterblichkeit. Viele Bewohner der größeren Städte fuhren zum **„Hamstern"** auf das Land, um sich dort mit dem Notwendigsten zu versorgen. Die Rationierung der Lebensmittel durch Lebensmittelkarten und der Mangel an Brennstoffen ließen einen **Schwarzmarkt** entstehen, auf dem knappe Güter gegen hohe Preise oder Naturalien erworben wurden und Zigaretten als heimliche „Währung" galten. In dieses Land, in dem sich viele nur mühsam die einfachsten Lebensgrundlagen sichern konnten, strömten bis zum Oktober 1946 über zwölf Millionen Menschen – Vertriebene aus Ost- und Ostmitteleuropa, Flüchtlinge auf der Suche nach Sicherheit vor der Roten Armee und der Herrschaft Stalins und seiner Statthalter (M 3, s. **Charta der Vertriebenen***). Am Ende des Krieges befanden sich außerdem neun bis zehn Millionen Zwangsarbeiter, Kriegsgefangene und KZ-Häftlinge verschiedener Nationalitäten in Deutschland.

Noch 1947 gab es eine Million solcher *„Displaced Persons"** in den vier Besatzungszonen. Nach Hause wollten auch die während des Krieges aus bombengefährdeten Städten evakuierten rund zehn Millionen Deutschen, überwiegend Frauen und Kinder, und die in Kriegsgefangenschaft geratenen Soldaten.

Displaced Persons
Personen nicht deutscher Staatsangehörigkeit, die während des Zweiten Weltkrieges von den deutschen Besatzungsbehörden in das Gebiet des Deutschen Reiches verschleppt wurden oder dorthin geflüchtet waren

1 Charakterisieren Sie den Alltag in der unmittelbaren Nachkriegszeit.
2 In seiner Rede von 1985 erklärte Bundespräsident Richard von Weizsäcker: „Wir haben wahrlich keinen Grund, uns am heutigen Tag an Siegesfeiern zu beteiligen. Aber wir haben allen Grund, den 8. Mai 1945 als das Ende eines Irrweges deutscher Geschichte zu erkennen, das den Keim der Hoffnung auf eine bessere Zukunft barg." Erörtern Sie, ausgehend von diesen Überlegungen, inwieweit die Begriffe „Niederlage" und „Befreiung" die Lage Deutschlands im Jahre 1945 angemessen charakterisieren.

M5 Erinnerungen an den 8. Mai 1945

a) Siegfried Unseld

Unseld, geb. 1924, wurde 1942 zur Wehrmacht eingezogen. Von 1959 bis zu seinem Tode 2002 war er Verleger des Suhrkamp Verlages, seit 1963 auch des Insel Verlages.

Dieser achte Mai 1945: Irgendwie war alles widersinnig. Man hatte als Deutscher für einen guten Ausgang des Krieges gekämpft, und nun musste man das Unvorstellbare, Niederlage und Kapitulation, herbeiwünschen, der Wahnsinn musste zu Ende sein. Ich sagte nicht die Wahrheit, wenn ich von Erleichterung oder Befreiung spräche. Irgendwie war alles zu Ende, und es war richtig so. Irgendwie musste es aber weitergehen, aber wie sollte es weitergehen? Nie wieder das, was war, das war sicher! Aber Gefühle von Schuld, Scham und Schande wurden erst später bestimmend. Ohnmacht und Bewusstlosigkeit vermischten sich mit dem selbstbewussten Gefühl, Gefahren, oft auf des Messers Schneide, überlebt zu haben und mit dem lebhaften Instinkt des Zwanzigjährigen weiterleben zu wollen. Man hatte Furcht vor der Gefangenschaft und Furcht vor der Freiheit. Für mich war dieser Tag Leere und Lehre zugleich. Es ist gut, sich daran zu erinnern. Wer das Böse vergessen will, lässt es dauern, nur wenn wir erinnern, vermögen wir uns von ihm zu lösen, uns zu erlösen.

b) Valentin Senger

Die jüdische Familie Senger überlebte mit falschen Papieren die NS-Zeit in Frankfurt am Main. Valentin Senger (1918 bis 1997) trat nach Kriegsende in die KPD ein, arbeitete bis zu deren Verbot 1956 für die „Sozialistische Volkszeitung" und danach beim Hessischen Rundfunk.

Wer kann ermessen, was es bedeutet, mit einer fünfköpfigen Familie, einer jüdischen Familie russischer Herkunft, mit falschen Papieren und unter falschem Namen im Herzen Frankfurts […] zu leben und darauf zu warten, entlarvt oder verraten und aus dem Lügengebäude, in das wir uns eingesponnen hatten, herausgezerrt, in ein Vernichtungslager deportiert und ermordet zu werden?

Auch nach dem totalen Zusammenbruch des Hitlerreichs ergab sich mir im Augenblick der Befreiung noch eine Reihe von Situationen, ein Opfer zu werden, Opfer der Befreiung. Die erste war, von einer Wehrmachtspatrouille […] als Deserteur aufgegriffen und am nächsten Baum aufgeknüpft zu werden mit einem Pappschild vor der Brust, auf dem zu lesen gewesen wäre: „Ich bin ein feiger Deserteur und habe den Tod verdient." Denn: In den falschen Papieren, die sich mein Vater in Zürich besorgt hatte, war als Staatsangehörigkeit „staatenlos" und „früher russisch" angegeben. Und so waren auch mein Bruder Alex und ich staatenlos. Das hatte zur Folge, dass wir beide im Spätsommer 1944 mit dem sogenannten Goebbelsaufgebot zur faschistischen Wehrmacht eingezogen wurden. Während ich mich in der Kaserne in Fritzlar mit Fleckfieber infizierte und bei Ordensschwestern in einem Notlazarett in eine strenge und lange Quarantäne kam, wurde mein Bruder von der Kasseler Kaserne, in der er für den Kriegsdienst präpariert worden war, an die Ostfront abkommandiert und beim ersten Fronteinsatz […] erschossen […]. Als sich im März 1945 die amerikanischen Truppen der Stadt Fritzlar näherten, floh ich aus dem Notlazarett und kam etwa fünfzehn Kilometer nordwärts in ein Jagdhaus. Die Bewohnerinnen, drei Frauen, boten mir Zivilkleider an unter der Bedingung, dass ich im Chaos des Zusammenbruchs bei ihnen bleibe und sie gewissermaßen als Leibwächter beschütze. Dieses Angebot nahm ich sofort an. Mir blieb auch keine andere Wahl. Und daraus ergab sich für mich das Risiko, trotz der Zivilkleider noch in letzter Sekunde als Deserteur erkannt und erschossen zu werden. […]

Eine letzte, geradezu absurde Möglichkeit, Opfer der Befreiung zu werden, ergab sich, als ich von dem amerikanischen Kommandanten, der in der Kleinstadt Nischen residierte, zu einem Verhör vorgeladen wurde. Den amerikanischen Soldaten, die als erste in das Jagdhaus gekommen waren, hatte ich meinen Fremdenpass mit dem Eintrag „staatenlos" und „früher russisch" vorgelegt, um ihnen zu beweisen, dass ich kein deutscher Soldat gewesen sei. Zudem erklärte ich ihnen, meine Eltern stammten aus Russland. Diesen Pass hatte ich [...] stets gut verwahrt bei mir getragen. Dem Kornmandanten war offenbar zu Ohren gekommen, dass ich einen Fremdenpass besitze, der auf „staatenlos“ und „früher russisch“ lautete. Darum erklärte er mir, ich stehe im Verdacht, als Spion für die Sowjetunion gearbeitet zu haben. Mein Passport sei ein hinreichendes Indiz hierfür. Sollte sich der Verdacht bestätigen, werde er mich entweder internieren oder umgehend abschieben lassen. Bis das geklärt sei, habe ich das Haus, in dem ich derzeit wohne, nicht zu verlassen. Das also war für mich die Befreiung. Zum Glück erhielt der Kommandant aus Frankfurt die Bestätigung, dass meine Angaben korrekt und der Pass in Ordnung sei. Und so hatte er keinen Anlass, mich einzusperren oder abzuschieben. Und er händigte mir einen Passierschein für den Rückweg nach Frankfurt aus.

c) Hildegard Hamm-Brücher

Die FDP-Politikerin und promovierte Chemikerin, geb. 1921, gehörte zum weiteren Widerstandskreis um die „Weiße Rose“.

In der Nacht des Waffenstillstandes am 8. Mai fingen ein großes Feiern und Freuen an. Erleichterung breitete sich aus, selbst bei Leuten, die nicht gerade zu den Nazigegnern gezählt hatten. Sie beteuerten, man sei ja schon immer dagegen gewesen. Die echten Nazis waren nicht mehr zu sehen. Ich weiß noch genau, dass sich wildfremde Menschen mit Tränen in den Augen um den Hals fielen [...]. Nie wieder in meinem Leben habe ich so intensiv gefühlt, was es heißt, weiterleben zu dürfen – frei leben zu dürfen –, ohne Ängste in unendlicher Dankbarkeit und in der unerschütterlichen Hoffnung auf eine bessere Zukunft. [...] Im Laufe dieses ersten begnadeten Nachkriegssommers reifte dann mein Entschluss, von nun an mein Leben dafür einzusetzen, wofür Freunde im Widerstand und ungezählte Millionen Juden und Nichtjuden ihr Leben geopfert hatten: für Freiheit und Menschenwürde. Gegen jede Form des Rassismus und nationalistischer Überheblichkeit! Der Entschluss, mich politisch zu engagieren! Als ich ein Kind war, pervertierte das deutsche Nationalbewusstsein zu folgenschwerem Größenwahn, der – als ich erwachsen wurde – zum Krieg, zur Zerstörung Europas und zum Holocaust führte. Als wir – vor nun 50 Jahren – besiegt und davon befreit waren, gab es für mich fortan nur einen politisch-moralischen Imperativ: NIE WIEDER! Und zwar in zweierlei Hinsicht: die Einzigartigkeit der Verbrechen, die es zu sühnen und soweit möglich wiedergutzumachen galt – und die Einzigartigkeit des Versagens der Deutschen, zu denen ich ja auch gehörte.

d) Ralph Giordano

Der Schriftsteller Giordano, geb. 1923, musste als Sohn einer jüdischen Mutter 1940 seine Schule in Hamburg verlassen und wurde mehrfach von der Gestapo misshandelt. Als die Mutter 1944 deportiert werden sollte, tauchte die Familie unter. Der Einmarsch der britischen Armee rettete sie.

Meine deprimierendsten Erfahrungen mit meiner deutschen Umwelt liegen eigentlich nach 1945, nicht vor 1945, als die Fronten klar gewesen waren. Es gab Feinde, Todfeinde. Es gab eine große indifferente Masse, und es gab Freunde, Bundesgenossen, die bereit waren, ihr Leben für die Verfolgten einzusetzen, wie in unserem Fall. Jetzt plötzlich danach gab es eine kollektive Grundhaltung, die so unwahrhaftig war, wie man es sich nur denken kann, das heißt, die überwältigende Mehrheit der deutschen Nation war angeblich und scheinbar vor 1945 im Widerstand gewesen. Niemand war Nazi gewesen. Jeder wollte einen Juden versteckt haben, das heißt, es war ein deutlich sichtbarer und hörbarer Vergeltungsschock da, das heißt, die Menschen hatten, ohne Ausmaß und Detail dessen zu kennen, was der Vernichtungsapparat angerichtet hatte, ein dunkles, tief schlechtes Gewissen, und das versuchten sie auf diese Weise zu kompensieren. Es war schauerlich. Und das ist eine Haltung, die sich leider, leider dann auf andere Weise, mit anderen Vorzeichen, fortgesetzt hat. [...] Ich spreche jetzt nicht von den Deutschen, sondern ich spreche, was die ältere Generation anbetrifft, von einer großen Mehrheit. Und diese Erfahrung war nicht gut, um es sehr, sehr vorsichtig auszudrücken. [...] Vor der Befreiung war für uns alle völlig klar: Wir würden dieses Deutschland so schnell wie möglich verlassen. [...] Wir haben ab 1939 nur von den Deutschen gesprochen. Wir haben uns überhaupt nicht zugehörig gefühlt. Die Isolierung begann gleich 1933, am ersten Tag, als wir die Schule besuchten und in Nichtarier und Arier geteilt wurden. Nein, das war für uns vollkommen klar: Wir würden Deutschland verlassen. Es ist dann nicht so gekommen, und zwar durch Umstände und Zustände, durch Motive, die wir vorher nicht so erahnen konnten. Zum Beispiel: Es war ja eine Zeit großer Not, was würde aus den Menschen werden, die uns geholfen hatten zu überleben? Konnten wir sie jetzt einfach im Stich lassen? Und nach diesem kurzen Vergeltungsschock war sehr schnell klar, dass die Ehemaligen, die Anhänger Hitlers, wieder Mut fassten, und das, was ich die zweite Schuld nenne, also Verdrängung, Verleugnung der ersten unter Hitler, als zweite Schuld nach 1945, das war ganz offensichtlich: die Täter würden davonkommen. Ich wäre mir wie ein Deserteur vorgekommen, wenn ich das verwirklicht hätte, was vor der Befreiung klar gewesen war, nämlich nach Amerika zu gehen. Es ging nicht. Weiter: Die deutsche Sprache war ja meine Muttersprache. [...] Das alles sind Bindungen gewesen, die stärker waren als die angerichteten Schäden. Es müssen starke Bindungen gewesen sein, denn die Schäden sind unheilbar.

M 8 a–d zit. nach: Hans Sarkowicz (Hg.), Als der Krieg zu Ende war. Erinnerungen, Insel, Frankfurt/M. 1995, S. 116 f., 198 ff., 173, 176, 126 ff.

1 Beschreiben Sie, wie die Zeitzeugen das Kriegsende 1945 erlebt und welche Konsequenzen sie aus dem Ende der NS-Diktatur gezogen haben.

2 Die doppelte Staatsgründung

2.1 Von der Bizone zur Bundesrepublik

Entnazifizierung und „Umerziehung“

Die Alliierten stimmten darin überein, dass der Nationalsozialismus in Deutschland ausgerottet werden müsse. Diese Abrechnung mit der NS-Diktatur, die in den ersten Nachkriegsjahren oberste Priorität besaß, lag vor allem in den Händen der Siegermächte. Zu ihren ersten Maßnahmen gehörten die Auflösung der NSDAP sowie die Verhaftung und Internierung führender Parteifunktionäre, SS-Offiziere und leitender Beamter. Vom 20. November 1945 bis zum 1. Oktober 1946 verhandelte der **Internationale Militärgerichtshof in Nürnberg** – aus symbolischen Gründen wählten die Alliierten die Stadt der NS-Reichsparteitage – gegen führende NS-Größen wie Göring, Heß, von Ribbentropp und Speer (M 1). Hitler, Himmler und Goebbels hatten sich bereits vor Kriegende durch Selbstmord der Verantwortung entzogen. Die Siegermächte legten den Angeklagten die Vorbereitung und Führung eines Angriffskrieges, Kriegsverbrechen und Völkermord zur Last. Die Richter verkündeten zwölf Todesurteile, sieben langjährige Haftstrafen und drei Freisprüche. Die NSDAP, die SS, die Gestapo und der SD wurden zu verbrecherischen Organisationen erklärt; die Strafverfolgung ihrer Mitglieder wurde jedoch von einer nachweislichen persönlichen Schuld abhängig gemacht. Der Nürnberger Prozess führte der deutschen und der Weltöffentlichkeit erstmals die Verbrechen der NS-Diktatur vor Augen, denn Presse und Rundfunk berichteten ausführlich über Verlauf und Ergebnisse. Mit diesem Prozess endeten die Gemeinsamkeiten der Alliierten bei der Verfolgung und Bestrafung der NS-Führungselite. In allen vier Besatzungszonen gab es eine große Zahl weiterer Gerichtsverfahren gegen NS-Täter, die jedoch in die Zuständigkeit der jeweiligen Besatzungsmacht fielen. Die bis 1949 durchgeführten zwölf **Nürnberger Nachfolgeprozesse** (unter anderem gegen Juristen, Mediziner, Beamte, Generäle, Diplomaten, Unternehmer und Wirtschaftsmanager) fanden vor US-Militärgerichten statt.

Die von den Alliierten organisierten politischen Säuberungen richteten sich nicht nur gegen Kriegsverbrecher, sondern zielten auch auf die umfassende Entnazifizierung Deutschlands. Hunderttausende NS-Funktionäre wurden zeitweilig interniert sowie ehemalige NSDAP-Mitglieder an Schulen, in der staatlichen Verwaltung und in Wirtschaftsunternehmen entlassen. Millionen Deutsche mussten mithilfe eines Fragebogens ihren beruflichen und politischen Werdegang in der NS-Zeit offenlegen. In den Westzonen stuften Spruchkammern in einem prozessähnlichen Verfahren die erfassten Personen je nach dem Grad ihrer individuellen Verantwortung in fünf Kategorien ein – Hauptschuldige, Belastete, Minderbelastete, Mitläufer und Entlastete – und verhängten Strafen, die von Haft über Vermögenseinzug und Geldbußen bis zum Entzug des Wahlrechts reichten. Ab 1946/47 übertrugen die Militärbehörden die Entnazifizierung deutschen Spruchkammern, die manche Entlassung aus dem öffentlichen Dienst wieder aufhoben. Außerdem endeten Verfahren immer öfter mit dem Spruch „Mitläufer“ oder „Unbelasteter“. Ein Historiker hat die Entnazifizierung in den Westzonen daher einmal als „Mitläuferfabrik“ bezeichnet. Dieser Begriff benennt eine Schwäche der westlichen Entnazifizierungspolitik; doch hatten die Alliierten durchaus Erfolge bei der politischen Säuberung Deutschlands vorzuweisen (M 8). Darüber hinaus wollten die Westmächte die deutsche Bevölkerung mit den Spielregeln einer modernen westlichen Demokratie vertraut machen. Hierfür entwarfen die USA das Konzept der *Reeducation* („Umerziehung“), dessen Schwerpunkte in der Umgestaltung des Kultur- und Bildungswesens lagen (M 9).

M 1 Die Hauptangeklagten im Nürnberger Prozess 1945/1946

Internettipp
www.kriegsverbrecherprozesse.nuernberg.de
Die Stadt Nürnberg informiert über die Angeklagten, den Verlauf und die Bedeutung der Nürnberger Prozesse.

M 2 Karikatur zur Entnazifizierung, Titelblatt der Zeitschrift „Das Wespennest“ (westliche Besatzungszonen) vom 7. Oktober 1948

M3 Carl Reiser, „In die neue Zeit mit der Sozialdemokratie“, Plakat, um 1946

M4 CDU-Plakat zu den Kommunalwahlen in Nordrhein-Westfalen im Juni 1946

M5 FDP-Plakat zum Zusammenschluss der liberalen Parteien am 11. Dezember 1948

Politischer Neubeginn

Die Westmächte verfügten weder über ein einheitliches noch ein fest umrissenes Konzept für den Neuaufbau von Kommunen, Ländern oder Parteien. Viele Entwicklungen mussten anfangs aus dem Stegreif organisiert werden, um ein geordnetes gesellschaftliches Leben zu ermöglichen und die Bevölkerung mit dem Notwendigsten zu versorgen. Bei der Einsetzung von **Kommunalverwaltungen** griffen die zuständigen Militärbefehlshaber häufig zurück auf örtliche Honoratioren wie Geistliche oder Lehrer – soweit sie nicht Nationalsozialisten gewesen waren – und Kommunalbeamte aus der Weimarer Zeit, die von den Nationalsozialisten aus dem Dienst entfernt worden waren. Einen wichtigen Schritt zum Aufbau einer modernen Demokratie „von unten“ markierten die Kommunalwahlen von 1946. Zwar standen die Kommunen nach wie vor unter der Aufsicht der Militärverwaltungen, aber aus den bisherigen reinen Auftragsverwaltungen waren demokratisch legitimierte Organe der lokalen Selbstverwaltung geworden.

Unabhängig voneinander leiteten die Siegermächte 1945 bis 1947 die nächste Stufe der verfassungspolitischen Neuordnung ein, die **Gründung von Ländern**. Die ersten Länder Bayern, (Groß-)Hessen und Württemberg-Baden – Bremen kam 1947 hinzu – entstanden bereits 1945 in der amerikanischen Zone. Die Militärregierung, die die ersten drei Ministerpräsidenten ernannt hatte, ordnete im Frühjahr 1946 die Aufnahme von Verfassungsberatungen in Ausschüssen und gewählten Versammlungen an. Ende 1946 fanden nicht nur die ersten Landtagswahlen statt, sondern die Bevölkerung stimmte gleichzeitig über die Länderverfassungen ab. Die französische Regierung errichtete Ende August 1946 in ihrer Zone neben den schon bestehenden Ländern Baden und Württemberg-Hohenzollern das Land Rheinland-Pfalz. Das Saarland wurde Ende 1946 in das Wirtschaftsgebiet Frankreichs einbezogen. Die Verfassungen dieser Länder wurden in langwierigen Debatten in Ausschüssen und Kommissionen ausgearbeitet und im Frühsommer 1947 (mit Ausnahme des Saarlandes) in Volksabstimmungen angenommen. Die Landesverfassungen der im August 1946 durch Neugliederung der britischen Zone entstandenen Länder Nordrhein-Westfalen, Schleswig-Holstein und Niedersachsen – Hamburg blieb selbstständig – konnten erst nach dem Inkrafttreten des Grundgesetzes verabschiedet werden.

Die Militärregierungen haben die Ländergründungen und den Prozess der Verfassunggebung zwar angestoßen, beobachtet und kontrolliert. Aber sie haben darauf verzichtet, den deutschen Ländern ihre eigenen Demokratiemodelle aufzuzwingen. Die Deutschen diskutierten und gestalteten ihre Verfassungen weitgehend eigenständig. Ähnlich wie bei den Beratungen für das Grundgesetz (s. S. 519) diente die Weimarer Verfassung als Vor- und Gegenbild: Im Mittelpunkt stand die Frage, welche Konsequenzen aus dem Scheitern der ersten deutschen Demokratie gezogen werden müssten, um die Wiederkehr diktatorischer Herrschaft zu verhindern. Bei der Einsetzung der ersten Landesregierungen und Landtage sowie bei der Genehmigung der ersten Parteien erleichterten die Westalliierten die Wiedereinsetzung von Politikern, die während der Weimarer Republik den stärkeren Parteien der politischen Mitte angehört hatten.

Der Gründung der Bundesrepublik Deutschland im Jahre 1949 gingen neben der Entstehung der Länder auch die **Formierung der Parteien** voraus. Bei ihrer Genehmigung achteten die Besatzungsmächte genau darauf, dass keine rückwärtsgewandten oder neonazistischen Parteien das politische Leben bestimmen konnten. Die 1945/46 ins Leben gerufenen Parteien lassen sich in zwei Gruppen einteilen: **Wiedergründung von Parteien**, die bereits in der Weimarer Republik bestanden, und **Neugründung von Parteien**, die nach ihrer politischen Zusammensetzung und Ausrichtung keine Vorgänger besaßen. Bei der KPD und der SPD handelt es sich um Wiedergründungen. Beide Parteien besaßen einen Vorsprung, da sie auf alte Organisationsnetze zurückgreifen konnten. In der Weimarer Zeit verfügten sie über einen voll ausgebauten Parteiapparat und einen umfangreichen Mitglieder- und Wählerstamm. Die Liberalen benötigten trotz ihrer Tradition längere Zeit für die organisatorische Zusammenfassung ihrer unterschiedlichen regionalen und programmatischen Strömungen in einer Partei. Uneingeschränkte Neugründungen waren organisatorisch wie ideologisch die überkonfessionell ausgerichtete CDU und die bayerische CSU.

Das Grundgesetz

Als die Westmächte seit Beginn des Kalten Krieges 1946/47 (s. S. 478 ff.) den Neuaufbau in ihren Besatzungszonen beschlossen, war die Teilung Deutschlands nicht ihr primäres Ziel. Sie wurde als kleineres Übel in Kauf genommen, da mit der Sowjetunion keine gemeinsame Deutschlandpolitik mehr möglich war. Überzeugt von der Notwendigkeit, das politische System Deutschlands in einer Verfassung zu regeln, beauftragten die Militärgouverneure am 1. Juli 1948 die Ministerpräsidenten ihrer Länder, eine verfassunggebende Versammlung einzuberufen. Diesen Auftrag konkretisierten sie in den „Dokumenten zur künftigen politischen Entwicklung Deutschlands", den **„Frankfurter Dokumenten"**, die die Ausarbeitung einer demokratischen Verfassung mit ausgeprägten föderalistischen Eigenschaften verlangten (M 10). Gegenüber der reinen Besatzungsherrschaft war diese Entwicklung zu größerer politischer Selbstständigkeit der Deutschen ein Fortschritt. Das würdigten die Ministerpräsidenten, die sich im Jahr 1948 auf mehreren Konferenzen mit der politischen Zukunft Deutschlands beschäftigten. Die neue Verfassung sollte aus ihrer Sicht zwei Ziele verfolgen: Ein handlungsfähiger und in absehbarer Zeit auch souveräner westdeutscher Teilstaat sollte entstehen, eine spätere gesamtdeutsche Lösung aber nicht ausgeschlossen werden.

Der von den Ministerpräsidenten eingesetzte **„Verfassungskonvent auf Herrenchiemsee"** legte vom 10. bis zum 23. August 1948 die Kriterien für die Wahlen zum Parlamentarischen Rat fest, einigte sich auf Bonn als Tagungsort, berief ein vorbereitendes Expertengremium ein und formulierte in dem „Bericht von Herrenchiemsee" einen Entwurf, der die ersten Umrisse des Grundgesetzes sichtbar machte. Der **Parlamentarische Rat**, der von September 1948 bis Mai 1949 tagte, arbeitete das Grundgesetz aus. Zu seinem Präsidenten wählte er den CDU-Politiker Konrad Adenauer. Er und der Sozialdemokrat Carlo Schmid (1896–1979), der den Vorsitz im wichtigen Hauptausschuss innehatte, prägten die Verfassungsberatungen nachhaltig. Die drei Militärregierungen beobachteten die Beratungen aufmerksam und hielten engen Kontakt zu den Abgeordneten. Am 8. Mai 1949, genau vier Jahre nach der bedingungslosen Kapitulation Deutschlands, verabschiedete der Parlamentarische Rat mit 53 zu 12 Stimmen das **Grundgesetz** (M 11). Die Militärgouverneure genehmigten es vier Tage später, sicherten sich aber ihre Zuständigkeit für West-Berlin. Nachdem die Landesparlamente mit Ausnahme Bayerns das Grundgesetz ratifiziert hatten, trat es am 23. Mai 1949 in Kraft. Die Bundesrepublik Deutschland besaß damit eine freiheitliche demokratische Verfassung, die das politisch-gesellschaftliche Leben regelte. Souverän war der westdeutsche Teilstaat jedoch nicht. Am 20. September 1949 trat das **Besatzungsstatut** in Kraft, das die Handlungs- und Entscheidungsfreiheit der Bundesregierung einschränkte. Die Westmächte – vertreten durch zivile Hohe Kommissare, die an die Stelle der drei Militärgouverneure traten und die Alliierte Hohe Kommission bildeten – besaßen danach das Recht, in die Politik des jungen Staates ohne deutsche Zustimmung einzugreifen. Das galt für die Bereiche Außenpolitik, Abrüstung und Entmilitarisierung, Reparationen, Dekartellierung und Devisenbewirtschaftung. Durch ihre Streitkräfte garantierten sie die Sicherheit der Bundesrepublik Deutschland.

Internettipp
www.verfassungen.de
Die Weimarer Reichsverfassung, der „Herrenchiemsee-Entwurf", das Grundgesetz sowie die Verfassung der DDR in ihren verschiedenen Versionen

www.dokumentarchiv.de
Web-Archiv mit zahlreichen Dokumenten zu Entstehung und Inhalt des Grundgesetzes sowie zur Vorgeschichte und Geschichte von Bundesrepublik Deutschland und DDR

M6 Mit 53 gegen 12 Stimmen nahm der Parlamentarische Rat am 8. Mai 1949 das Grundgesetz für den westdeutschen Bundesstaat an, Fotografie, 8. Mai 1949

Bundesverfassungsgericht
Das Bundesverfassungsgericht mit Sitz in Karlsruhe ist der oberste Hüter des Grundgesetzes. Es ist Gericht und zugleich Verfassungsorgan. Das Gericht untersteht keiner Dienstaufsicht. Sein Präsident ist oberster Dienstherr der Beamten des Gerichts. Die Entscheidungen des Bundesverfassungsgerichts binden die Verfassungsorgane des Bundes und der Länder sowie alle Gerichte und Behörden. In den dafür in Betracht kommenden Fällen erlangen sie sogar Gesetzeskraft.

Grundprinzipien der zweiten deutschen Demokratie

Deutschland war seit 1949 ein geteiltes Land. Das Grundgesetz der Bundesrepublik Deutschland forderte jedoch in der Präambel das „gesamte deutsche Volk" ausdrücklich auf, in „freier Selbstbestimmung die Einheit und Freiheit Deutschlands zu vollenden". Das gelang erst mit der Wiedervereinigung Deutschlands in den Jahren 1989/90. Bis zu diesem Zeitpunkt lebten nur die Bürger im westlichen deutschen Teilstaat in einem demokratischen Staatswesen. Diese zweite deutsche Demokratie wurde 1949 mit dem festen Willen geschaffen, sie vor ihren inneren Feinden zu schützen. Das Grundgesetz sollte institutionelle Sicherungen errichten, um die Zerstörung der Demokratie bzw. die Errichtung einer Diktatur zu verhindern. Das Bundesverfassungsgericht* hat daher den Staat des Grundgesetzes einmal als **„streitbare, wehrhafte Demokratie"** bezeichnet, gestaltet „aus den bitteren Erfahrungen mit dem Schicksal der Weimarer Demokratie". Diese „streitbare Demokratie" der Bundesrepublik Deutschland diente aber auch als Schutzwall gegen die kommunistische Bedrohung der Gegenwart. Historiker, Sozialwissenschaftler und Juristen sprechen daher vom **„antitotalitären Geist" des Grundgesetzes**, der aus der doppelten Abwehr der totalitären Diktaturen des Nationalsozialismus und des Kommunismus entstand. Das Grundgesetz erlaubt ausdrücklich den Kampf gegen die Feinde der freiheitlich-demokratischen Grundordnung (M 11). Personen oder Vereinigungen können ihre grundgesetzlich verbürgten Grundrechte (z. B. Presse- und Versammlungsfreiheit, Freiheit der Meinungsäußerung) verlieren, wenn sie die vom Grundgesetz garantierte Staats- und Gesellschaftsordnung beseitigen wollen oder beeinträchtigen. Außerdem können verfassungsfeindliche Vereine von den Innenministern der Länder, verfassungsfeindliche Parteien vom Bundesverfassungsgericht verboten werden. Das Grundgesetz räumt überdies das Recht zum „Widerstand" gegen jeden ein, der es unternimmt, die verfassungsmäßige Ordnung zu beseitigen – vorausgesetzt, dass Abhilfe anders nicht möglich ist. Eine weitere Lehre aus dem Scheitern der Weimarer Demokratie und der Errichtung der menschenverachtenden NS-Diktatur zog der Parlamentarische Rat, indem er einen umfangreichen Katalog an Menschenrechten im Grundgesetz ver-

ankerte. Er garantiert die **Menschen- und Grundrechte** und verbietet in Artikel 79 deren Veränderung oder Abschaffung. Diese **„Ewigkeitsklausel"**, die Änderungen an dem Grundgehalt des Grundgesetzes ausschließt, untersagt auch Änderungen des Grundgesetzes, „welche die Gliederung des Bundes in Länder, die grundsätzliche Mitwirkung der Länder bei der Gesetzgebung" betreffen.
Die Demokratie des Grundgesetzes (M 11) ist eine **repräsentative Demokratie**, in der die Volksvertretung, der Deutsche Bundestag, und der vom Parlament gewählte Bundeskanzler eine starke Stellung besitzen. Nach den Erfahrungen mit den Volksbegehren in der Weimarer Zeit verzichtet das Grundgesetz auf Bundesebene auf plebiszitäre Elemente. Anders als der vom Volk direkt gewählte Reichspräsident in der Weimarer Republik sollte der Bundespräsident der Bundesrepublik Deutschland kein „Ersatzkaiser" mehr sein. Er wird von der Bundesversammlung gewählt und besitzt überwiegend repräsentative Aufgaben. Eine der wichtigsten Entscheidungen des Parlamentarischen Rates bestand darin, die Parteien als unerlässliche Institutionen der politischen Willens- und Mehrheitsbildung anzuerkennen. Die aus dem Kaiserreich stammende Abwertung der Parteien, die auch das politische Leben der Weimarer Republik geprägte hatte, sollte überwunden werden. Von den Parteien verlangt die Verfassung das Bekenntnis zum Grundgesetz und innerparteiliche Demokratie. Um die Abgeordneten im Deutschen Bundestag zur Mehrheitsbildung zu zwingen, schreibt das Grundgesetz für die Ablösung einer Regierung das **konstruktive Misstrauensvotum** vor. Ein Bundeskanzler kann nach diesem Verfahren nur durch die Wahl eines neuen Kanzlers gestürzt werden. Auf diese Weise sollen häufige Regierungswechsel wie in der Weimarer Zeit verhindert werden. Im Vergleich zur Weimarer Verfassung erhielt die Vertretung der Länder, der Bundesrat, mehr Befugnisse. Damit sollte die Mitwirkung und Mitbestimmung der Länder bei der Gesetzgebung des Bundes gestärkt werden – eine Forderung, die nicht allein von den Ländern, sondern auch von den Westalliierten erhoben worden war. Erst nach massiver Mobilisierung der Öffentlichkeit gelang es den Frauen im Parlamentarischen Rat, besonders Elisabeth Selbert (1896–1986), die **allgemeine rechtliche Gleichstellung von Mann und Frau** – im Gegensatz zur rein politischen Gleichberechtigung wie in der Weimarer Verfassung – durchzusetzen (s. S. 546).

M7 Die vier weiblichen Mitglieder des Parlamentarischen Rates Friederike Nadig, Elisabeth Selbert, Helene Weber und Helene Wessel (v. l. n. r.), Fotografie, 1949

1 Erläutern Sie Ziele und Maßnahmen der Entnazifizierung in den Westzonen.
2 Stellen Sie die wichtigsten Stationen der Entstehung der Bundesrepublik dar.
3 Arbeiten Sie die zentralen Merkmale des vom Grundgesetz bestimmten demokratischen Staates heraus.
4 Erläutern Sie, welche Lehren aus dem Scheitern der Weimarer Republik gezogen wurden.

M8 Der Historiker Norbert Frei über die Folgen der Entnazifizierung in den Westzonen, 2005

Die folgenden Stichworte mögen andeuten, dass es zu kurz greift, diese *Phase der Säuberungspolitik* [zwischen 1945 und 1949] allein unter dem vereinfachenden Begriff der „gescheiterten Entnazifizierung" zu betrachten, wie dies in der Historiografie lange üblich war. Denn zwischen 1945 und 1949 wurden nicht nur „Persilscheine" [= entlastende Bescheinigungen] ausgestellt, sondern auch Kriegsverbrecher hart bestraft, NS-Funktionäre zum Teil für Jahre interniert und sogenannte Mitläufer in durchaus spürbarer Weise zur Rechenschaft gezogen.

Stichwort justizielle Säuberung: Neben und nach dem Nürnberger Prozess gegen 24 führende Repräsentanten von Partei, Staat und Wehrmacht und gegen sechs NS-Organisationen gab es in den drei westlichen Besatzungszonen Militärgerichtsprozesse gegen annähernd 5 000 Angeklagte, von denen etwa 800 zum Tode verurteilt wurden; mindestens ein Drittel dieser Urteile wurde vollstreckt. In den sogenannten Nürnberger Nachfolgeprozessen, die die Amerikaner alleine durchführten, standen 184 ausgewählte Vertreter jener Funktionseliten vor Gericht, die zum Funktionieren des NS-Systems entscheidend beigetragen hatten; vier Fünftel dieser Angeklagten wurden verurteilt, und die Hälfte der 24 Todesurteile wurde vollstreckt.

Stichwort Internierung: Gewissermaßen zur Vorbeugung nahmen die Alliierten nach Kriegsende massenhaft ehemalige Parteifunktionäre und SS-Mitglieder in „automatic arrest". Allein in der amerikanischen Zone belief sich die Zahl der Internierten gegen Jahresende 1945 auf etwa 100 000 Personen, und etwa doppelt so viele dürften insgesamt von den Westmächten teils zwar nur für Wochen, teils aber auch bis zu drei Jahre in Haft gehalten worden sein [...].
Stichwort Mitläufer: Hier ist vor allem an die rigorose Politik der Entlassung aus dem öffentlichen Dienst zu erinnern, mit der besonders die amerikanische Militärregierung agierte: Nach zunächst frei verfügten Entlassungen, die im Sommer 1945 auch den Briten und Franzosen als ein probates Mittel erschienen, um etwaige politische Widerstände innerhalb der deutschen Verwaltung zu brechen und NS-Seilschaften zu zerschlagen, musste in der US-Zone schließlich jeder Beamte seinen Schreibtisch räumen, der der NSDAP vor dem 1. Mai 1937 beigetreten war. Hunderttausende waren von diesen Maßnahmen zumindest vorübergehend betroffen, und dass es dabei auch zu Ungerechtigkeiten kam, lässt sich leicht vorstellen. Den meisten Deutschen aber kamen diese Fehler, pointiert gesagt, gerade recht: Lieferten sie doch Ansatzpunkte für eine ebenso intransigente [= starre, unnachgiebige] wie rasch einsetzende Kritik, die sich dann noch vor Gründung des Weststaats zu einem Generalverdikt gegen das gesamte Projekt der politischen Säuberung auswuchs.

Norbert Frei, Deutsche Lernprozesse. NS-Vergangenheit und Generationenfolge seit 1945, in: ders., 1945 und Wir. Das Dritte Reich im Bewusstsein der Deutschen, C. H. Beck, München 2005, S. 28 f.

1 **Fassen Sie die Wirkungen der Entnazifizierung zusammen.**

M9 Der Historiker Dennis Meyer über die *„Reeducation"* durch die Alliierten, 2007

Die Maßnahmen der *Reeducation* umfassten die durchgehende Akademisierung des Lehrerberufs, Lehrmittel- und Schulgeldfreiheit, die neunjährige Schulpflicht sowie die Umstrukturierung von Presse und Rundfunk. Nach der deutschen Kapitulation wurden zunächst alle Adolf-Hitler-Schulen, NS-Ordensburgen und die Nationalpolitischen Erziehungsanstalten geschlossen, Lehrkörper, -mittel und -pläne entnazifiziert [...]. Am 1. 10. 1945 wurde der reguläre Schulunterricht wieder aufgenommen. Aufgrund des durch die Entnazifizierung entstandenen Lehrermangels (örtlich waren bis zu zwei Drittel der Lehrerschaft entlassen worden) wurden Pensionäre und zu sogenannten „Schulhelfern" ausgebildete Studenten eingestellt; als Lehrmaterial dienten von den Alliierten bereits vor Kriegsende nachgedruckte Schulbücher aus der Weimarer Republik.
Das kulturelle Leben wurde schnell wieder aufgenommen. [...] Hinsichtlich der Presse- und Rundfunkpolitik herrschte große Uneinigkeit unter den Alliierten. Nach dem dreimonatigen Presseverbot, dem sogenannten „Blick Out", wurden in den vier Zonen Presselizenzen ausschließlich an Verleger vergeben, die vor 1945 noch nicht publizistisch tätig gewesen waren. In der US-Zone waren nur überparteiliche Zeitungen erlaubt, in der britischen hingegen wurden auch Parteirichtungszeitungen zugelassen. [...] Beim Neuaufbau des Rundfunkwesens setzten die Amerikaner auf föderalistische Strukturen und errichteten Sender auf Länderebene. Briten, Franzosen [...] bauten nur jeweils eine Rundfunkanstalt in ihren Zonen auf. Mithilfe der neu errichteten Massenmedien sollte die demokratische [...] Erziehung vorangetrieben werden.
Die *Reeducation* umfasste jedoch nicht nur die Reformierung des Bildungs- und Kultursektors, sondern auch Maßnahmen, die direkt bei der Bevölkerung ansetzten. Vor allem die amerikanischen und britischen Alliierten versuchten, durch Aufklärung die Geisteshaltung der Deutschen zu verändern. In Filmvorführungen, Hörfunksendungen, Zeitungsartikeln und an Informationsabenden wurde die Bevölkerung mit den grausamen Verbrechen konfrontiert. Ein Fernbleiben von den Veranstaltungen, auf denen meist erschreckende Bilder von NS-Opfern gezeigt wurden, hatte mitunter Kürzungen der Rationierung zur Folge. Als besonders drastische *Reeducation*-Maßnahme gilt die von den amerikanischen Besatzern angeordnete Besichtigung der Leichenberge im Konzentrationslager Buchenwald durch die Einwohner Weimars. [...]
In der zeitgenössischen Diskussion hatte der deutsche Begriff „Umerziehung" [...] eine eindeutig negative Konnotation, wurde den Deutschen dadurch doch die moralische Niederlage, ja eine geistige Unterlegenheit vor Augen gehalten. Insbesondere beim älteren Teil der Bevölkerung erfolgte weniger eine Umerziehung als eine Anpassung an die neuen politischen Tatsachen. Für die junge bundesdeutsche Generation bedeutete die Reeducation jedoch – im Verbund mit der Aufnahme der Bundesrepublik in die westliche Staatengemeinschaft – eine Möglichkeit zur Überwindung der Vergangenheit: An die Stelle des nationalsozialistischen konnte ein demokratisches und zunehmend pluralistisches Weltbild treten. Die Reeducation stellt somit ein fundamentales Element der nach-kriegsdeutschen Demokratie dar. Bedingt durch den sich abzeichnenden Kalten Krieg und das Bestreben, die Bundesrepublik als „Bollwerk gegen den Kommunismus" aufzubauen, wurden viele Maßnahmen allerdings bereits Ende der 1940er-Jahre eingestellt.

Dennis Meyer, Artikel „Reeducation", in: Torben Fischer, Matthias N. Lorenz (Hg.), Lexikon der „Vergangenheitsbewältigung" in Deutschland. Debatten- und Diskursgeschichte des Nationalsozialismus nach 1945, transcript Verlag, Bielefeld 2007, S. 20

1 **Arbeiten Sie die wichtigsten Maßnahmen der Reeducation-Politik der Westalliierten heraus.**

2 **Erörtern Sie, ob sich Entnazifizierung und Reeducation ergänzten oder widersprachen.**

M 10 Aus den Frankfurter Dokumenten, 1. Juli 1948

In Übereinstimmung mit den Beschlüssen ihrer Regierungen autorisieren die Militärgouverneure der amerikanischen, britischen und französischen Besatzungszone in Deutschland die Ministerpräsidenten der Länder ihrer Zonen, eine verfassunggebende Versammlung einzuberufen, die spätestens am 1. September 1948 zusammentreten sollte. [...]

Die verfassunggebende Versammlung wird eine demokratische Verfassung ausarbeiten, die für die beteiligten Länder eine Regierungsform des förderalistischen Typs schafft, die [...] geeignet ist, die gegenwärtig zerrissene deutsche Einheit schließlich wiederherzustellen, und die Rechte der beteiligten Länder schützt, eine angemessene Zentralinstanz schafft und die Garantien der individuellen Rechte und Freiheiten enthält. [...]

Die Militärgouverneure werden den deutschen Regierungen Befugnisse der Gesetzgebung, der Verwaltung und der Rechtsprechung gewähren und sich solche Zuständigkeiten vorbehalten, die nötig sind, um die Erfüllung des grundsätzlichen Zwecks der Besatzung sicherzustellen. Solche Zuständigkeiten sind diejenigen, welche nötig sind, um die Militärgouverneure in die Lage zu setzen:

a) Deutschlands auswärtige Beziehungen vorläufig wahrzunehmen und zu leiten;

b) das Mindestmaß der notwendigen Kontrollen über den deutschen Außenhandel [...] auszuüben, um zu gewährleisten, dass die Verpflichtungen, welche die Besatzungsmächte in Bezug auf Deutschland eingegangen sind, geachtet werden und dass die für Deutschland verfügbar gemachten Mittel zweckmäßig verwendet werden;

c) vereinbarte oder noch zu vereinbarende Kontrollen, wie z. B. in Bezug auf die Internationale Ruhrbehörde, Reparationen, Stand der Industrie, Dekartellisierung, Abrüstung und Entmilitarisierung und gewisse Formen wissenschaftlicher Forschung, auszuüben. [...]

Jede Verfassungsänderung ist den Militärgouverneuren zur Genehmigung vorzulegen. Sofern nicht anders bestimmt, [...] treten alle Gesetze und Bestimmungen der föderativen Regierung ohne weiteres innerhalb von 21 Tagen in Kraft, wenn sie nicht von den Militärgouverneuren verworfen werden.

Zit. nach: Johannes Hohlfeld (Hg.), Dokumente der deutschen Politik und Geschichte von 1848 bis zur Gegenwart, Bd. 6, Dokumenten-Verlag, Berlin 1951, S. 320 ff.

1 Arbeiten Sie die wichtigsten Elemente aus dem Verfassungsauftrag der Westalliierten an die Ministerpräsidenten heraus. Untersuchen Sie dabei, ob die Siegermächte inhaltliche Vorgaben gemacht haben.

2 Untersuchen Sie anhand von M 11, wie diese Prinzipien verwirklicht werden.

M 11 Das Grundgesetz der Bundesrepublik Deutschland (mit Änderungen aufgrund der Vereinigung 1990)

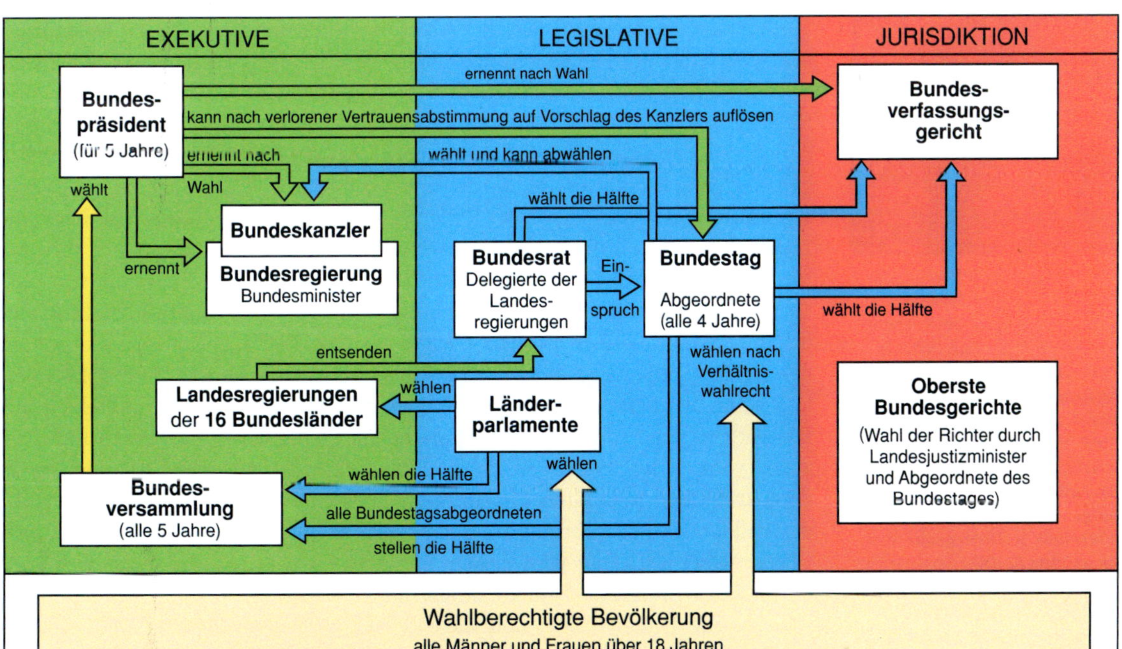

1 Vergleichen Sie die Verfassungen der Weimarer Republik (s. S. 386 ff.) und der Bundesrepublik Deutschland, indem Sie eine Erörterung zu der These „Bonn ist nicht Weimar“ verfassen.

2.2 Von der SBZ zur DDR

„Speziallager“
Erst 1950 löste die sowjetische Geheimpolizei ihre Internierungslager auf deutschem Boden auf. Der Historiker Hermann Weber schätzt, dass in diesen Lagern etwa 150 000 deutsche Gefangene festgehalten wurden, von denen 70 000 ums Leben gekommen sein sollen. Darunter befanden sich NS-Verbrecher, Nazi-Aktivisten, Minderbelastete und viele Mitläufer, aber auch eine Vielzahl denunzierter und willkürlich verhafteter Unschuldiger. Ab 1946 wurden auch Sozialdemokraten, Demokraten und selbst oppositionelle Kommunisten – ohne Rechtsschutz und auf unbestimmte Zeit – interniert.

Entnazifizierung

Die **Sowjetische Militäradministration (SMAD)** leitete unmittelbar nach der Besetzung ihrer Zone, der **Sowjetischen Besatzungszone (SBZ)**, Maßnahmen zur Entnazifizierung ein. Die Sowjets waren überzeugt, dass die Herrschaft des Nationalsozialismus eine Folge der kapitalistischen Wirtschaftsordnung gewesen sei. Um die Grundlagen nationalsozialistischer Politik zu beseitigen, musste nach dieser Auffassung der Kapitalismus abgeschafft und eine kommunistische Ordnung aufgebaut werden. Konsequent verknüpfte die SMAD den Aufbau der Verwaltungen mit personellen Neubesetzungen: Bis August 1947 verloren 520 000 Personen ihren Arbeitsplatz, überwiegend in der öffentlichen Verwaltung. Die freigewordenen Positionen erhielten meist Gefolgsleute der KPD, später der Sozialistischen Einheitspartei Deutschlands (SED; s. S. 525). Nach offiziellen Angaben der SMAD wurden über 10 000 Mitglieder der SS, 2 000 Angehörige der Gestapo und 4 300 „politische Führer“ der NSDAP angeklagt, davon insgesamt 12 807 verurteilt (darunter 118 zum Tode). Mindestens 150 000 Personen wurden in die Sowjetunion deportiert oder in „Speziallager“* verschleppt. Auf der anderen Seite wurden frühzeitig NS-belastete Bürger von der Bestrafung ausgenommen und in das neue kommunistische System integriert. Neuere Untersuchungen dokumentieren, dass eine Vielzahl von NSDAP-Funktionären sowie SA- und SS-Führern und KZ-Wächtern in der späteren DDR Karriere machten. Die Parteiführung verheimlichte diese Angaben, da sie die offizielle Kennzeichnung der DDR als einzigen „antifaschistischen Staat auf deutschem Boden“ infrage gestellt hätte.

M1 Walter Ulbricht (1893–1973), Fotografie, um 1950

1912 Mitglied der SPD
1919 Mitbegründer der KPD
1928–1933 Mitglied des Reichstages
1933–1938 Exil in Paris und Prag
1938–1945 Aufenthalt in der Sowjetunion, Mitbegründer des „Nationalkomitees Freies Deutschland“
1945–1949 Rückkehr nach Deutschland („Gruppe Ulbricht“), führend am Aufbau der SED-Diktatur beteiligt
1949–1960 Stellvertretender Ministerpräsident der DDR
Seit 1950 Generalsekretär der SED
Ab 1953 Erster Sekretär der SED
1960–1973 Vorsitzender des Nationalen Verteidigungsrates und des Staatsrates
1971 Auf Betreiben seines Nachfolgers Erich Honecker als Parteichef gestürzt

Parteien

Bereits in den letzten Kriegstagen flogen die sowjetischen Militärs drei Gruppen ausgewählter **Exilkommunisten** von Moskau nach Sachsen, Mecklenburg-Vorpommern und Berlin ein. Sie sollten die Rote Armee bei der Errichtung und Durchführung der Besatzungsherrschaft unterstützen und in den neuen Verwaltungen Schlüsselpositionen besetzen. Während die KPD-Mitglieder wichtige Ressorts wie Inneres, Justiz und Bildung für sich reservierten, wurden die anderen Positionen mit unbelasteten christlichen, liberalen oder sozialdemokratischen Deutschen besetzt. Nach Aussagen Wolfgang Leonhards, der der Berliner Gruppe angehörte und sich später vom Kommunismus lossagte, gab der Vorsitzende dieser Gruppe, **Walter Ulbricht***, die Losung aus: „Es ist doch ganz klar: Es muss demokratisch aussehen, aber wir müssen alles in der Hand haben.“ Die überraschend frühe Zulassung von politischen Parteien durch die SMAD am 10. Juni 1945 sollte der Besatzungsmacht die volle Kontrolle über das entstehende parteipolitische Leben garantieren und der im Neuaufbau begriffenen **KPD** einen Vorsprung sichern. Die SMAD verlangte von den Parteien eine „antifaschistische“ Ausrichtung und ein Bekenntnis zur „Demokratie“ sowie zu den „bürgerlichen Freiheiten“. In ihrem Gründungsaufruf vom 15. Juli 1945 kündigte die KPD die Errichtung einer parlamentarisch-demokratischen Republik mit allen demokratischen Rechten und Freiheiten für das Volk an. Die Einführung des Sowjetsystems lehnte die KPD offiziell ab, weil „dieser Weg nicht den gegenwärtigen Entwicklungsbedingungen in Deutschland“ entspräche. Im Juni und Juli konstituierten sich auch die **SPD**, die Christlich-Demokratische Union (**CDU**) und die Liberal-demokratische Partei Deutschlands (**LDP** bzw. **LDPD**). Allerdings konnten sich diese Parteien nicht frei entfalten. Am 14. Juli 1945 schlossen sie sich zur „Einheitsfront der antifaschistisch-demokratischen Parteien“, dem **Antifa-Block**, zusammen. Da Beschlüsse nur einstimmig gefasst werden durften, waren die politischen Handlungsräume von SPD, CDU und Liberalen entscheidend eingeschränkt.

Die von der SMAD massiv unterstützte KPD erhielt – anders als von der kommunistischen Führung erwartet und erhofft – einen sehr viel geringeren Zulauf als die SPD und die bürgerlichen Parteien. Immer mehr Menschen wandten sich von ihr ab, da sie sich vorbehaltlos mit der unbeliebten, ja bei vielen verhassten sowjetischen Besatzungsmacht identifizierte. Daher forderte die KPD ab Oktober 1945 eine Vereinigung mit der SPD, die sie unmittelbar nach Kriegsende noch abgelehnt hatte. Unter dem Druck der Besatzungsmacht vollzogen beide Parteien am 22. April 1946 ihre Vereinigung zur **Sozialistischen Einheitspartei Deutschlands (SED)**, die sich zu einer kommunistischen **Partei „neuen Typs“** entwickelte. Die Vereinigung war allerdings eine **Zwangsvereinigung**, da viele Sozialdemokraten die Fusion der beiden Arbeiterparteien ablehnten (M 2, M 5).

Gründung der DDR

Bereits im Juli 1945 ordnete die SMAD die Bildung von elf Zentralverwaltungen an, die der Besatzungsmacht als Hilfsadministrationen dienten, da sie keine Gesetze oder Verordnungen erlassen durften. Gleichzeitig wurden fünf Landes- und Provinzialverwaltungen eingerichtet. Obwohl die sowjetischen Machthaber eine föderalistische politische Ordnung ablehnten und zentralistische Verwaltungsstrukturen bevorzugten, teilte die SMAD die SBZ in die Länder Sachsen, Sachsen-Anhalt, Brandenburg, Thüringen und Mecklenburg-Vorpommern auf. Ungeachtet mancher Gegensätze unter den Parteien verständigten sich diese im Frühjahr 1947 in allen fünf Länderparlamenten auf Verfassungen. Diese folgten einerseits parlamentarisch-demokratischen Traditionen, indem sie Grundrechte verankerten und die politischen Mitbestimmungsrechte der Landtage stärkten; andererseits konnte die SED ihre zentralistischen Vorstellungen verwirklichen, indem sie z. B. die staatliche Lenkung der Wirtschaft festschrieb.

Um den Westalliierten zu zeigen, dass es sich bei der „antifaschistischen Demokratie“ in der SBZ um eine Demokratie handelte, setzte die sowjetische Besatzungsmacht 1946 Wahlen an. Die SED erzielte bei den Gemeindewahlen in den Ländern Anfang September 1946 etwa 57 Prozent der Stimmen. Aber diese Wahlen waren keineswegs frei, da den Vertretern der „bürgerlichen“ Parteien in zahlreichen Orten die Registrierung verwehrt worden war. Bei den weitgehend freien Wahlen zu den Kreis- und Landtagen im Oktober konnten LDPD und CDU zusammen mehr Stimmen auf sich vereinigen als die SED. Katastrophal endete für die SED die Wahl in Berlin, wo die SPD kandidieren konnte und fast die Hälfte der Wählerstimmen erhielt. Die SED lag mit 19,8 Prozent der Stimmen noch hinter der CDU mit 22,2 Prozent. Diese Wahlergebnisse machten SMAD und SED deutlich, dass ihre ständig propagierte „führende Rolle“ im politischen Leben nicht gesichert war. Die uneingeschränkte Vorherrschaft der kommunistischen Kräfte war jedoch für die grundlegende Umgestaltung von Politik, Gesellschaft und Wirtschaft unabdingbar.

Um ihre Vormachtstellung zu erhalten und auszubauen, organisierte die SED die **Volkskongressbewegung**, die den Weg ebnete zum zentralistischen Einheitsstaat in der SBZ und zur Gründung der DDR. Der erste „Deutsche Volkskongress für Einheit und gerechten Frieden“ im Dezember 1947 sollte zeigen, dass dem Aufruf der SED Vertreter aller Parteien, Massenorganisationen* und Betrieben aus der SBZ und teilweise auch aus den Westzonen folgten. Der Kongress entsandte eine Delegation an den Rat der Außenminister der vier Siegermächte, um die Herstellung der deutschen Einheit zu verlangen (M 7). Der Mitte März 1948 zusammengetretene zweite Volkskongress, der sich aus knapp 2 000 Delegierten der verschiedenen Parteien und Massenorganisationen zusammensetzte, wählte aus seiner Mitte einen aus 400 Mitgliedern bestehenden **„Deutschen Volksrat“**. Dieser sollte eine Verfassung für „eine unteilbare deutsche demokratische Republik“ ausarbei-

M2 SED-Wahlplakat kurz nach der Vereinigung von SPD und KPD, 1946

M3 Stimmzettel für die Volkskongresswahlen am 15./16. Mai 1949 (Ausschnitt)

Massenorganisationen
Während des Jahres 1948 erfolgte die Umwandlung bisher unabhängiger gesellschaftlicher Verbände in der SBZ zu kommunistischen Massenorganisationen. Ihre Aufgabe bestand darin, alle Bürger zu erfassen und ihnen die Möglichkeit zur Formulierung ihrer Interessen zu gewähren – allerdings unter strikter Kontrolle der SED. Sie hatte darauf zu achten, dass die Bürger der Parteilinie folgten bzw. keine abweichenden Meinungen äußerten. Die Führungsrolle der SED war in allen Statuten der Massenorganisationen verankert. Die bedeutendsten Massenorganisationen in der SBZ bzw. der DDR waren der Freie Deutsche Gewerkschaftsbund (FDGB), die Freie Deutsche Jugend (FDJ), der Demokratische Frauenbund Deutschlands (DFD) und der Kulturbund (KB).

Einheitsliste
In der DDR wurden den Parteien und den Massenorganisationen FDGB, FDJ, KB, DFD und seit 1985 VdgB (Vereinigung der gegenseitigen Bauernhilfe) bei Wahlen die Mandate nach einem bestimmten Schlüssel im Voraus zugewiesen. Die Nationale Front (Dachverband aller Parteien und gesellschaftlichen Gruppen) stellte eine Einheitsliste aller Kandidaten auf. Von der Möglichkeit, auf der Liste einzelne Kandidaten zu streichen und damit andere „hochzuwählen", machten nur wenige Wähler Gebrauch. Nach dem Wahlgesetz konnte geheim gewählt werden. Als „normaler" Wahlakt galt jedoch das öffentliche Einwerfen des unveränderten Stimmzettels („Zettelfalten"). Nach offiziellen Angaben wurden durchschnittlich über 99 % Ja-Stimmen abgegeben.

Internettipp
www.dhm.de/lemo/html/teilung/JahreDesAufbausInOstUndWest/SEDStaat/index.html
Das Deutsche Historische Museum Berlin über den Aufbau des SED-Staates 1949–1955

ten. Am 19. März 1949 verabschiedete der Volksrat seinen Verfassungsentwurf, der anschließend von der sowjetischen Besatzungsmacht genehmigt wurde. Nachdem das Grundgesetz für die Bundesrepublik Deutschland in Kraft getreten war, wählte die Bevölkerung der SBZ Mitte Mai 1949 den dritten Volkskongress. Zur Wahl standen allerdings nicht einzelne Kandidaten oder Parteien. Die Wähler besaßen lediglich die Möglichkeit, einer gemeinsamen Liste* von Parteien und Massenorganisationen zuzustimmen oder diese abzulehnen. Am 30. Mai 1949 trat dieser so gewählte dritte Volkskongress zusammen und bestimmte den zweiten „Deutschen Volksrat". Dieser erklärte sich am 7. Oktober 1949 zur **„Provisorischen Volkskammer"**, d. h. zur legitimen Volksvertretung, zum Parlament, und setzte die **„Verfassung der Deutschen Demokratischen Republik"** nach der Bestätigung durch den Volkskongress in Kraft. Damit war die DDR gegründet und Deutschland staatsrechtlich in zwei Staaten geteilt.

Partei und Staat in der DDR

Ähnlich wie das Grundgesetz erhob die DDR-Verfassung von 1949 den Anspruch, für ganz Deutschland zu gelten. Allerdings verabschiedete sich die DDR seit Beginn der 1970er-Jahre vom **Bekenntnis zur deutschen Nation**. In Artikel 1 ihrer Verfassung von 1968 hatte sich die DDR noch als „sozialistischer Staat deutscher Nation" definiert. In Artikel 8 dieser Verfassung bekannte sich die DDR zur Wiedervereinigung – allerdings unter sozialistischem Vorzeichen: „Die Deutsche Demokratische Republik und ihre Bürger erstreben [...] die Überwindung der vom Imperialismus der deutschen Nation aufgezwungenen Spaltung Deutschlands, die schrittweise Annäherung der beiden deutschen Staaten bis zu ihrer Vereinigung auf der Grundlage der Demokratie und des Sozialismus." Diese Passage entfiel in der Verfassung von 1974 ganz, die in Artikel 1 die DDR als „sozialistische[n] Staat der Arbeiter und Bauern" bestimmte.

Der Staat der DDR-Verfassung von 1949 war ein **zentralistischer Staat**, in dem die Gewaltenteilung zwischen Exekutive, Legislative und Judikative aufgehoben und alle Gewalt beim Parlament, der Volkskammer als „höchstem Organ der Republik" konzentriert war. Zwar garantierte die DDR-Verfassung die bürgerlichen Grundrechte (z. B. Rede-, Presse-, Versammlungs- und Religionsfreiheit, das Postgeheimnis), die „allgemeine, gleiche, unmittelbare und geheime Wahl" der Abgeordneten und das Streikrecht der Gewerkschaften. Die **Verfassungswirklichkeit** sah jedoch anders aus: Seit der Gründung der DDR schaltete die SED systematisch jede Opposition aus und vereinigte die Macht im Staate in ihren Händen (M 8). Für die strafrechtliche Verfolgung jeder Form von Opposition nutzte sie den Artikel 6 der Verfassung. Als „Verbrechen im Sinne des Strafgesetzbuches" definierte er außer der Bekundung von Glaubens-, Rassen- und Völkerhass sowie Kriegshetze auch „Boykotthetze gegen demokratische Einrichtungen und Organisationen [...] und alle sonstigen Handlungen, die sich gegen die Gleichberechtigung richten".

M 4 FDGB-Plakat, 1949

Der FDGB war die größte Massenorganisation der DDR. Bereits 1949 hatte er fast fünf Millionen Mitglieder.

1. Vergleichen Sie die Entnazifizierung in der SBZ mit der in den Westzonen.
2. Nennen Sie die wichtigsten Stationen der Gründung der DDR.
3. Vergleichen Sie die doppelte Staatsgründung anhand wesentlicher Aspekte (z. B. gesellschaftspolitische Entwicklung, Entnazifizierung, Parteienbildung).
4. Beschreiben Sie die Mittel, mit denen sich KPD bzw. SED ihre Vorherrschaft in der SBZ/DDR sicherte.

M5 Der Historiker Günther Heydemann über die Entstehung der SED, 2003

Die Nähe zur sowjetischen Besatzungsmacht sicherte der KPD zwar einen permanenten Informationsvorsprung und damit zugleich die politische Initiative, diskreditierte sie aber bei der Masse der Bevölkerung, die in ihr deren Handlanger, die „Russenpartei" sah. Übergriffe von Rotarmisten, die weiter anhaltenden Demontagen, das ungewisse Schicksal von Angehörigen, Kriegsgefangenen und Flüchtlingen in sowjetischer Hand sowie die ablehnende Haltung der UdSSR gegenüber der von vielen Vertriebenen noch immer für offen gehaltenen Frage der Oder-Neiße-Grenze trugen nicht dazu bei, Vertrauen bei der Mehrheit der Bevölkerung zu wecken. In dieser Situation gewann vor allem die SPD zunehmend an Mitgliedern. Bereits im Herbst 1945 übertraf sie mit ca. 300 000 Mitgliedern die KPD um etwa 50 000 und stieg damit wieder zur traditionell dominierenden politischen Kraft in Mitteldeutschland auf. Das Vertrauen auf die wachsende eigene Stärke sowie erste negative Erfahrungen mit der KPD ließen die Führung der SPD in der SBZ vom ursprünglichen Plan einer sofortigen Vereinigung abrücken. Demgegenüber beschleunigten die Kommunisten ihr Bemühungen um eine schnelle Fusion, zumal die SMAD Sorge trug, die KPD könne bei den 1946 anstehenden Gemeinde-, Kreis- und Landtagswahlen verlieren.

In den folgenden Monaten gerieten die Sozialdemokraten immer mehr unter Druck. Mitglieder, die der propagierten Vereinigung skeptisch oder ablehnend gegenüberstanden, wurden von sowjetischen Kommandaturen entsprechend „bearbeitet". Gleichzeitig kam es zwischen der sozialdemokratischen Führung in den westlichen Besatzungszonen unter Kurt Schumacher und der SPD in der SBZ unter Otto Grotewohl zu einem tief greifenden Dissens: Schumacher lehnte jede Vereinigung mit der KPD ab. Damit musste die Ost-SPD aufgrund der bestehenden politischen Verhältnisse in der SBZ ihren eigenen Weg gehen, obwohl Grotewohl[1] gegenüber der KPD-Führung wiederholt erklärt hatte, eine Fusion beider Parteien sei nur auf „Reichsebene" politisch sinnvoll. Auf einer paritätisch besetzten Ausschuss-Konferenz, der sog. Sechziger-Konferenz (20./21. 12. 1945) in Berlin, wurde nicht zuletzt auf Druck anwesender SMAD-Offiziere in einem gemeinsamen Kommuniqué der baldige Zusammenschluss propagiert. Danach verschärfte die KPD ihre Kampagne und die sowjetische Besatzungsmacht ihre Pressionen auf sozialdemokratische Einheitsgegner. Die Sozialdemokratie in der SBZ blieb in der Vereinigungsfrage gespalten, doch ihr Widerstand schwand schließlich. Ende Februar legte der „Sechziger-Ausschuss" den für die Vereinigung notwendigen Parteitag auf Ostern des Jahres 1946 fest. Am 21./22. April wurde die Vereinigung von KPD und SPD vollzogen. Durch die Gründung der SED, die schon durch ihre Mitgliederzahl von ca. 2 Millionen im Jahre 1948 die übrigen Parteien dominierte, trat ein entscheidender Umbruch in der Parteienstruktur der SBZ ein. Hatten sozialdemokratische Befürworter gehofft, sie würden aufgrund ihrer Stärke in der neuen SED politisch tonangebend sein, so war die kommunistische Führung von Anfang an auf deren Subordination [= Unterordnung] und politische Ausmerzung ausgerichtet. Daher wurde die paritätische Besetzung aller Ämter und Aufgabenbereiche gemäß dem neuen Parteistatut bald zur Makulatur. Denn der Zwangsvereinigung folgte die Stalinisierung, begleitet von dem immer wieder erhobenen Verdacht des „Sozialdemokratismus" gegen Parteimitglieder, die abweichende Auffassungen vertraten.

Günther Heydemann, Die Innenpolitik der DDR, Oldenbourg, München 2003, S. 6f.

1 Otto Grotewohl (1894–1964) war damals Vorsitzender des Zentralausschusses der SPD; nach dem Zusammenschluss von SPD und KPD zur SED war er bis 1950 gemeinsam mit Wilhelm Pieck deren Vorsitzender.

1 **Stellen Sie anhand von M 5 Ursachen, Verlauf und Folgen der Vereinigung von SPD und KPD zur SED dar.**

2 **Erörtern Sie die Berechtigung des Begriffs „Zwangsvereinigung".**

3 **Analysieren Sie, welche Kräfte von der Vereinigung der beiden Arbeiterparteien zur SED profitierten.**

M6 Eine Partei „neuen Typs" – Beschluss der 1. Parteikonferenz der SED vom 28. Januar 1949

Die Kennzeichen einer Partei neuen Typs sind:

Die marxistisch-leninistische Partei ist die bewusste Vorhut der Arbeiterklasse. Das heißt, sie muss eine Arbeiterpartei sein, die in erster Linie die besten Elemente der Arbeiterklasse in ihren Reihen zählt, die ständig ihr Klassenbewusstsein erhöhen. Die Partei kann ihre führende Rolle als Vorhut des Proletariats nur erfüllen, wenn sie die marxistisch-leninistische Theorie beherrscht, die ihr die Einsicht in die gesellschaftlichen Entwicklungsgesetze vermittelt. Daher ist die erste Aufgabe zur Entwicklung der SED zu einer Partei neuen Typus die ideologisch-politische Erziehung der Parteimitglieder und besonders der Funktionäre im Geiste des Marxismus-Leninismus.

Die Rolle der Partei als Vorhut der Arbeiterklasse wird in der täglichen operativen Leitung der Parteiarbeit verwirklicht. Sie ermöglicht es, die gesamte Parteiarbeit auf den Gebieten des Staates, der Wirtschaft und des Kulturlebens allseitig zu leiten. Um dies zu erreichen, ist die Schaffung einer kollektiven operativen Führung der Partei durch die Wahl eines Politischen Büros (Politbüro) notwendig. [...]

Die marxistisch-leninistische Partei beruht auf dem Grundsatz des demokratischen Zentralismus. Dies bedeutet die strengste Einhaltung des Prinzips der Wählbarkeit der Leitungen und Funktionäre und der Rechnungslegung der Gewählten vor den Mitgliedern. Auf dieser innerparteilichen

Demokratie beruht die straffe Parteidisziplin, die dem sozialistischen Bewusstsein der Mitglieder entspringt. Die Parteibeschlüsse haben ausnahmslos für alle Parteimitglieder Gültigkeit, insbesondere auch für die in Parlamenten, Regierung, Verwaltungsorganen und in den Leitungen der Massenorganisationen tätigen Parteimitglieder. Demokratischer Zentralismus bedeutet die Entfaltung der Kritik und Selbstkritik in der Partei, die Kontrolle der konsequenten Durchführung der Beschlüsse durch die Leitungen und die Mitglieder. Die Duldung von Fraktionen und Gruppierungen innerhalb der Partei ist unvereinbar mit ihrem marxistisch-leninistischen Charakter.

Zit. nach: Hermann Weber (Hg.), DDR, Oldenbourg, München 1986, S. 134

1 Arbeiten Sie die zentralen Merkmale einer Partei „neuen Typs" heraus.

2 Vergleichen Sie die SED als Partei „neuen Typs" mit den Parteien der Bundesrepublik Deutschland.

M7 Aus dem Aufruf zu einem Deutschen Volkskongress, 26. November 1947

Leider sind alle Bemühungen zur Bildung einer gesamtdeutschen Beratung der Parteien über die Vertretung der Interessen des deutschen Volkes auf der Außenministerkonferenz an dem Widerstande führender Männer der Sozialdemokratischen Partei Deutschlands und bürgerlicher Parteien in den westlichen Besatzungszonen gescheitert. Schließlich hat auch noch der Führer der Christlich-Demokratischen Union in der sowjetischen Besatzungszone seine Zustimmung verweigert. In einem der entscheidendsten Augenblicke versagen die Führer dieser Parteien und lassen das deutsche Volk im Stich.

Die Sozialistische Einheitspartei Deutschlands kann und will sich mit diesem Zustande nicht abfinden. Sie erachtet es als ihre Pflicht, dem deutschen Volke die Möglichkeit zu geben, seinen Willen der Londoner Konferenz[1] kundzutun und seiner Stimme Gehör zu verschaffen. Die Sozialistische Einheitspartei Deutschlands ruft in letzter Stunde dazu auf, alles Trennende beiseite zu lassen.

Es geht nicht um Parteien, sondern um das Volk!

Aufgrund bereits vorliegenden Einverständnisses vieler Organisationen schlagen wir vor: Alle antifaschistisch-demokratischen Parteien, Gewerkschaften und andere Massenorganisationen, Betriebsräte und Belegschaften großer Betriebe, Organisationen der Bauernschaft, Vertreter der Wissenschaft und der Kunst in ganz Deutschland sollen ihre Stimme gemeinsam für das deutsche Volk erheben.

Wir laden ein zu einem Deutschen Volkskongress für Einheit und gerechten Frieden am 6. und 7. Dezember 1947 in Berlin, Staatsoper, Friedrichstraße 101/102.

Tagesordnung:

1. Der Wille des deutschen Volkes für einen gerechten Frieden, für Demokratie und Einheit Deutschlands. – Referate und Aussprache.
2. Wahl einer Delegation zur Londoner Außenministerkonferenz.

Allen Parteien, Organisationen und Großbetrieben empfehlen wir, sofort Stellung zu unserem Vorschlag zu nehmen und die Vorbereitungen für die Entsendung der Delegierten zu diesem Volkskongress zu treffen. Weitere Verständigung zwischen den zur Teilnahme bereiten Organisationen soll unmittelbar erfolgen.

Zit. nach: Rolf Steininger, Deutsche Geschichte. Darstellung und Dokumente in vier Bdn., Bd. 2: 1948–1955, Fischer, Frankfurt/M. 2002, S. 98 f.

1 Nachdem die Konferenz der Außenminister der vier Siegermächte am 15. Dezember 1947 in London ohne konkrete Ergebnisse in der Deutschlandfrage vertagt werden musste, gingen die drei Westmächte dazu über, ihre Besatzungszonen ohne Berücksichtigung der sowjetischen Zone aufzubauen. Aus Protest dagegen verlässt am 20. März 1948 der sowjetische Vertreter den Alliierten Kontrollrat, der damit faktisch seine Tätigkeit einstellt.

1 Erläutern Sie die Motive und Ziele der SED für die Einberufung des Volkskongresses.

M8 Partei und Staat in der DDR (Stand: Ende der 1970er-Jahre)

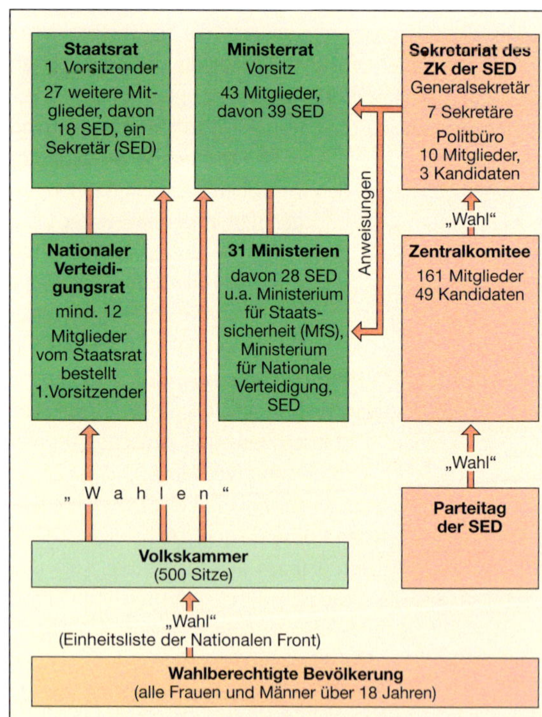

1 Arbeiten Sie das Verhältnis von Partei, Volk und Staat heraus.

2 Erläutern Sie mithilfe des Schemas den Begriff „demokratischer Zentralismus".

3 Deutschland 1949–1961: die Vertiefung der Teilung

3.1 Staatlicher Wandel und politische Konflikte

Systemkonkurrenz und -integration

Mit der doppelten Staatsgründung waren für die beiden deutschen Teilstaaten grundlegende **Wechsel des politischen Systems** verbunden: Im Westen Deutschlands entstand unter dem Einfluss von Amerikanern, Briten und Franzosen eine parlamentarische Demokratie, im Osten setzte die Sowjetunion eine kommunistische Diktatur durch. Beide deutsche Staaten beanspruchten, die bessere demokratische Republik zu sein. Während die demokratische Ordnung im Westen auf breite Zustimmung in der Bevölkerung stieß, blieb der kommunistischen Parteidiktatur in der DDR diese politische Legitimität bis zu ihrem Ende versagt. Die **Systemkonkurrenz** entschied die Bundesrepublik Deutschland eindeutig zu ihren Gunsten. Die Anziehungskraft* des westlichen Staats-, Gesellschafts- und Wirtschaftssystems zeigte sich nicht erst während der friedlichen Revolution in der DDR und der Wiedervereinigung 1989/90. In der Zeit des Kalten Krieges (s. S. 478 ff.) gehörten beide deutsche Staaten unterschiedlichen Machtblöcken an. Diese **Systemintegration** wurde auf politisch-militärischem Gebiet besonders deutlich: 1955 trat die DDR dem militärischen Zusammenschluss des Ostblocks, dem Warschauer Pakt, bei, die Bundesrepublik Deutschland bekannte sich zum Westen und schloss sich der NATO an. Während die DDR-Bevölkerung dem Bündnis mit der größtenteils ungeliebten

Magnettheorie in Ost und West
Während im Osten Deutschlands die Anziehungskraft der kommunistischen Staats- und Gesellschaftsordnung von der Parteiführung der SED behauptet wurde – die Bevölkerung wurde nicht um ihre Zustimmung gefragt –, waren im Westen politische Führung wie breite Bevölkerungsschichten von der Attraktivität sowohl der Demokratie als auch der Marktwirtschaft überzeugt.

M1 Karikatur von Hanns Erich Köhler, 1949

Besatzungsmacht UdSSR skeptisch bis ablehnend gegenüberstand, vollzog sich in der Bundesrepublik Deutschland ein tief greifender Einstellungswandel gegenüber den Westmächten: Aus vormaligen Besatzungsmächten entwickelten sich Schutzmächte, die Freiheit und Wohlstand der Westdeutschen garantierten. Dazu trug entscheidend das Verhalten von Amerikanern und Briten während der Berlin-Blockade 1948/49 (s. S. 511) bei, in der sie durch ihre Luftbrücke die Existenz des freien West-Berlins gewährleisteten. Aber auch Franzosen und Deutsche überwanden in den 1950er-Jahren ihre angebliche frühere „Erbfeindschaft" und pflegen seitdem besondere freundschaftliche Beziehungen.

„Bonn ist nicht Weimar"

Dieser Buchtitel des Schweizer Journalisten Fritz René Allemann von 1956 entwickelte sich zu einem geflügelten Wort. „Bonn", bis 1999 der Parlaments- und Regierungssitz der Bundesrepublik Deutschland, stand und steht für den gelungenen Versuch, nach dem Scheitern der Weimarer Republik eine stabile demokratische Ordnung in Deutschland zu errichten. Ein Grund dafür liegt in der Verfassungsordnung des **Grundgesetzes**. Es räumt dem Bundeskanzler im Vergleich zum Reichskanzler der Weimarer Zeit eine relativ starke Position ein. Ihm fällt innerhalb der Regierung eine unbestreitbare Führungsrolle zu. Denn der Bundeskanzler wird als einziges Regierungsmitglied vom Bundestag gewählt und entscheidet über die Berufung und Entlassung der Minister. Die Bildung eines Präsidialkabinetts (s. S. 406) ist damit unmöglich geworden. Anders als der Weimarer Reichstag kann der Deutsche Bundestag nicht mehr einzelne Minister durch Misstrauensvotum aus dem Kabinett entfernen und so die Regierung destabilisieren. Und mit der Einführung des konstruktiven Misstrauensvotums im Grundgesetz (s. S. 521) sollten die häufigen Koalitionskrisen und Regierungswechsel der Weimarer Zeit vermieden werden.
Konrad Adenauer*, der erste Bundeskanzler der Bundesrepublik Deutschland, nutzte energisch die grundgesetzlich garantierte Vorrangstellung des Regierungschefs (**„Kanzlerdemokratie"**): Bei ihm lag die Initiative der ersten wie der folgenden Regierungsbildungen. Die Entscheidung gegen eine Große Koalition mit der SPD und für die Kleine Koalition mit der FDP fällte im Jahre 1949 Adenauer. Seine Macht beruhte wesentlich auf seiner unangefochtenen Stellung als Parteivorsitzender der CDU, der größten Regierungspartei. Adenauer prägte maßgeblich die Bundestagsdebatten und Pressekonferenzen und dominierte auch die Außenpolitik, da es bis 1955 weder einen Außenminister noch einen Auswärtigen Ausschuss im Bundestag gab. Alle Kontakte zu den Alliierten liefen über ihn. Zu einem großen Teil beruhte Adenauers Erfolg darauf, dass er mit seinem patriarchalischen Regierungsstil und seinen oft volkstümlich-schlichten Formulierungen der Sehnsucht zahlreicher Menschen nach Führung in unsicheren Zeiten entsprach. Aber er schuf dadurch auch Vertrauen in die junge deutsche Demokratie.
Die in der frühen Bundesrepublik Deutschland neue Erfahrung stabiler parlamentarischer Regierungen ist auch auf die **Entwicklung der westdeutschen Parteien** seit 1945 zurückzuführen. War die Weimarer Republik durch Parteienzersplitterung gekennzeichnet, konzentrierten sich die Wählerstimmen in der „Bonner Republik" zunehmend auf einige wenige Parteien (s. M 2, S. 554). Die Parteien selbst blieben nicht länger Weltanschauungsparteien mit einer fest umrissenen Wählerschaft, sondern wandelten sich zu **Volksparteien**, die sich als Vertreter des gesamten Volkes verstehen. Waren im ersten Deutschen Bundestag noch elf Parteien vertreten, bildete sich gegen Ende der 1950er-Jahre ein Zweieinhalb-Parteiensystem heraus, das bis in die 1980er-Jahre weitgehend stabil blieb. Es bestand aus den großen Volksparteien CDU (sowie der CSU in Bayern) und SPD sowie der FDP, die als „Zünglein an der Waage" mit beiden großen Parteien Koalitionen einging. Die Parteienkonzentration wurde nicht nur durch die 1953 ein-

M 2 Konrad Adenauer (1876–1967), Fotografie, 1961

1906–1909 Beigeordneter der Stadt Köln
1917–1933 u. Mai–Oktober 1945 Oberbürgermeister von Köln
1918–1932 Vorsitzender des Provinzialausschusses der Rheinprovinz
1920–1933 Präsident des Preußischen Staatsrates
1946 Mitglied der CDU und 1. Vorsitzender der CDU in der britischen Besatzungszone
1946–1950 Mitglied des Landtages Nordrhein-Westfalen
1949–1967 Mitglied des Bundestages
1949–1963 Bundeskanzler
1948/1949 Vorsitzender des Parlamentarischen Rates
1950–1966 CDU-Bundesvorsitzender
1951–1955 Bundesminister des Auswärtigen

geführte Fünf-Prozent-Klausel begünstigt, die Splitterparteien den Einzug in die Parlamente erschwerte. Auch die für die „Adenauer-Ära“ charakteristische Polarisierung zwischen Regierungskoalition und Opposition trug zur Konzentration der politischen Kräfte bei. Die großen Volksparteien öffneten sich und integrierten die kleineren und Kleinst-Parteien.

Die DDR – eine zweite totalitäre Diktatur?

Die Demokratie der Bundesrepublik Deutschland beruhte von Anfang an auf einem antitotalitären Grundkonsens. Staat und Gesellschaft wollten sowohl eine Wiederholung der nationalsozialistischen Diktatur verhindern als auch die junge Republik gegen die Bedrohung des Kommunismus schützen. Eine funktionsfähige parlamentarische Demokratie bot den besten Schutz gegen diktatorische Bestrebungen von rechts und links – das war im Westen Deutschlands die **Lehre aus der jüngeren deutschen Geschichte**. Die kommunistischen Machthaber der DDR dagegen glaubten, die richtigen Konsequenzen aus der Vergangenheit zu ziehen, indem sie Ostdeutschland zu einer sozialistischen Staats- und Gesellschaftsordnung nach dem Muster der stalinistischen Sowjetunion (s. S. 355 ff.) umgestalteten. Da nach dieser Auffassung der Kapitalismus die Ursache für das Scheitern der Weimarer Republik bzw. den Aufstieg des Nationalsozialismus war, musste die **antifaschistisch-demokratische Umwälzung** in der SBZ und der DDR den Kapitalismus beseitigen und der Arbeiterklasse sowie ihrer parteipolitischen Vertretung, der KPD bzw. SED, die gesamte Herrschaft sichern. Dementsprechend begann Ende der 1940er-Jahre in der SBZ die **Sowjetisierung** bzw. **Stalinisierung** (s. S. 355 f.) des gesamten gesellschaftlichen Lebens. Wichtige Maßnahmen waren dabei die Zwangsvereinigung von SPD und KPD, die Umwandlung der SED in eine „Partei neuen Typs“ sowie die Unterordnung der Blockparteien und der Massenorganisationen unter die SED-Herrschaft (s. S. 525). 1950/51 kam es innerhalb der SED zu einer umfassenden Säuberungswelle. 150 000 Mitglieder wurden aus der Partei ausgeschlossen, viele von ihnen verhaftet und zu langjährigen Haftstrafen verurteilt. In allen staatlichen Verwaltungen, bei Polizei und Justiz sowie in den Betrieben und LPGs wurden Parteigruppen der SED gebildet, die den Herrschaftsanspruch der „Einheitspartei“ von oben nach unten durchsetzen sollten.

Bereits in den 1950er-Jahren diskutierten westliche Wissenschaftler über Ähnlichkeiten und Unterschiede der nationalsozialistischen und stalinistischen Diktaturen. Ob der SED-Staat **totalitären Charakter** wie das NS-Regime besaß, ist eine bis heute immer wieder erörterte Frage. Dabei werden Übereinstimmungen, aber auch grundlegende Abweichungen aufgezeigt (M 7). Moderne Diktaturen besitzen in der Regel eine Geheimpolizei, die das gesamte gesellschaftliche Leben überwacht und kontrolliert. Diese Aufgabe übernahm in der DDR das im Februar 1950 gegründete **Ministerium für Staatssicherheit (MfS bzw. Stasi)***, das direkt dem Politbüro der SED unterstellt war. Mithilfe eines weit verzweigten Netzes von Agenten spionierte die Stasi das öffentliche und private Leben seiner Bürger aus. Jede Opposition gegen den SED-Staat sollte auf diese Weise entdeckt und ausgeschaltet werden. Aufklärungsfunktionen waren bei dieser „Parteigeheimpolizei“ eng mit Überwachungs- und Unterdrückungsfunktionen verbunden. Das MfS, das von Anfang an bis zu seiner Auflösung 1989 unter der Führung und Kontrolle sowjetischer Geheimdienste und Sicherheitsorgane stand, wurde in den 1950er-Jahren rasch und systematisch ausgebaut. Gehörten ihm 1950 1 000 hauptamtliche Mitarbeiter an, arbeiteten 1957 bereits 17 500 Menschen für die Staatssicherheit. Ein weiteres Merkmal moderner Diktaturen ist eine umfassende Ideologie, an deren Lehrsätze sich alle Staatsbürger zu halten haben. Die Grundlage allen politischen und sozialen Handelns bildete in der DDR der **Marxismus-Leninismus**. Diese von Marx, Engels und Lenin abgeleitete Ideologie diente der Legitimation der Herr-

M3 10 Gebote für den neuen sozialistischen Menschen, Propaganda-Plakat, 1954

Internettipp
www.bstu.bund.de
Die Behörde der Bundesbeauftragten für die Unterlagen des Staatssicherheitsdienstes der ehemaligen DDR arbeitet die Geschichte des MfS wissenschaftlich auf. Auf ihrer Internetseite stellt sie Hintergrundwissen und Fallbeispiele zur Verfügung.

Ministerium für Staatssicherheit (MfS bzw. Stasi)
Die Stasi hatte von Anfang an eine Doppelfunktion: Nach innen überwachte sie als Geheimpolizei Gegner der Parteidiktatur bzw. wen sie dafür hielt. Nach außen operierte sie als einer der weltweit erfolgreichsten Nachrichtendienste für Spionage und Spionageabwehr. Da sich die Stasi als Teil des globalen Systemkonflikts zwischen Sozialismus und „Imperialismus“ sah, kooperierten „Abwehr“ und „Aufklärung“ sehr eng und verwischten die Grenzen zwischen nachrichtendienstlicher Tätigkeit und innerer Repression.

M4 Auf dem Potsdamer Platz in Berlin fliehen Aufständische vor den Schüssen sowjetischer Panzer, Fotografie, 17. Juni 1953

1 Erörtern Sie ausgehend von M 4 die Handlungsspielräume der Protestbewegung bzw. die Machtverhältnisse in der DDR.

Internettipp
www.17juni1953.de
Website mit umfangreichem Material, z. B. einer Chronik, Bild-, Text- und Tondokumenten sowie Augenzeugenberichten

schaft der SED, die sich als Interessenvertretung der Arbeiterklasse und damit als fortschrittlichste politische Kraft verstand. Der Marxismus-Leninismus galt in der DDR als allgemeinverbindliche Weltanschauung mit absolutem Wahrheitsanspruch, an der alle Menschen ihr Denken und Handeln ausrichten sollten.

Der Volksaufstand vom 17. Juni 1953

Die SED konnte in den 1950er-Jahren ihre Herrschaft ausbauen und festigen, sie blieb aber von der Sowjetunion abhängig, die sie mit ihrem Militär stützen musste. Das zeigte sich während des Volksaufstandes vom 17. Juni 1953 in aller Deutlichkeit (M 8 a–c). Im Juli 1952 hatte die SED-Führung den „planmäßigen Aufbau des Sozialismus" verkündet. Die Schwer- und Grundstoffindustrie sollte zulasten der Konsumgüter- und Lebensmittelproduktion ausgebaut werden. Der Lebensstandard in der DDR sank in der Folge auf ein Niveau, das an die unmittelbare Nachkriegszeit erinnerte. Zusätzlich wurden im Mai 1953 die Arbeitsnormen um 10 Prozent erhöht. Aufgrund der wachsenden Unzufriedenheit in der Bevölkerung und auf Druck der neuen sowjetischen Machthaber, die nach Stalins Tod 1953 eine „Gesundung der DDR" propagierten, verkündete das Politbüro Anfang Juni 1953 den „Neuen Kurs": Die politische Unterdrückung wurde gelockert, die Konsumgüterproduktion erhöht und Preissteigerungen wurden zurückgenommen. In Kraft blieben jedoch die erhöhten Arbeitsnormen. Am 16. Juni 1953 legten daher die Bauarbeiter in der Berliner Stalinallee die Arbeit nieder und zogen in Demonstrationszügen zum Sitz der SED. Die Proteste breiteten sich über das ganze Land aus. Von Anfang an traten neben wirtschaftliche auch **politische Forderungen** wie der Rücktritt der Regierung, die Wiederherstellung der Einheit Deutschlands auf der Grundlage freier Wahlen, die Freilassung politischer Gefangener sowie die Zulassung freier Parteien und Gewerkschaften.
Am 17. Juni zogen in Berlin und anderen Orten sowjetische Panzer auf und drängten die Demonstranten mit Warnschüssen zurück. Die sowjetischen Stadtkommandanten verhängten in 167 Städten und Landkreisen den Ausnahmezustand. Mindestens 51 Menschen wurden bei den Demonstrationen getötet, 20 standrechtlich erschossen, über 6 000 verhaftet, zwei zum Tode verurteilt. Fast zwei Drittel der Opfer des 17. Juni waren Arbeiter. Das sowjetische Militär hatte die DDR-Regierung vor dem Zusammenbruch gerettet (M 4). Zur Enttäuschung der Aufständischen schauten die Westmächte tatenlos zu – während des Ost-West-Konfliktes respektierten die Supermächte Eingriffe des jeweiligen Gegners in seinem eigenen Machtbereich. In der Bundesrepublik wurde der 17. Juni zum Feiertag („Tag der Deutschen Einheit") erklärt. Die SED-Führung reagierte auf die Volkserhebung mit einer Säuberungswelle gegen „feindliche Elemente" und baute den MfS-Repressionsapparat aus. Mit Paraden wurden bei Jahrestagen die sowjetische Waffenbrüderschaft und die Einheit von Partei und Volk beschworen. Allerdins drosselte die Partei das Tempo beim Aufbau der Schwerindustrie. Auch verzichtete die UdSSR ab 1954 auf direkte Reparationsleistungen. Obwohl sich die Versorgungslage der Bevölkerung langsam verbesserte, gaben viele Menschen die Hoffnung auf politische Reformen auf. Allein 1953 flohen über 330 000 DDR-Bürger in die Bundesrepublik.

Ostintegration der DDR

Mit der Festigung der unterschiedlichen politischen Systeme in den 1950er-Jahren vertiefte sich die deutsche Teilung. Sie wurde zusätzlich verschärft durch die Integration der beiden deutschen Teilstaaten in die jeweiligen Machtblöcke, die sich im Kalten Krieg feindlich gegenüberstanden. Die **DDR** gehörte seit 1949/50 dem **Rat für Gegenseitige Wirtschaftshilfe (RGW)** an. Die Gründung dieser Organisation wirtschaftlicher Zusammenarbeit innerhalb des Ostblocks im Jahre 1949 war eine Reaktion der Sowjetunion auf den Marshall-Plan, dem die Länder im sowjetischen Herrschaftsbereich nicht beitreten durften (s. S. 485). Der wichtigste Zusammenschluss der Ostblockstaaten war das 1955 gegründete Militärbündnis des **Warschauer Pakts**, dem die DDR im gleichen Jahr beitrat (s. S. 485). Offiziell galt unter den kommunistischen „Bruderländern" der Grundsatz des „Sozialistischen Internationalismus", der die Gleichberechtigung und Souveränität der einzelnen Mitgliedsstaaten der „sozialistischen Staatengemeinschaft" betonte. In Wirklichkeit jedoch verfügte die UdSSR über die uneingeschränkte Vorherrschaft und nahm sich das Recht heraus, militärische Gewalt anzuwenden, wenn ein sozialistischer Staat von der sowjetischen Linie abwich. Mit dem Beitritt der DDR zum Warschauer Pakt waren die Wiederbewaffnung der DDR* und die Eingliederung ihrer Truppen in das östliche Bündnis verbunden.

Die Wiederbewaffnung der DDR
1948 Die SMAD befiehlt die Aufstellung „Kasernierter Bereitschaften" innerhalb der Deutschen Volkspolizei
1951 Umbenennung in „Volkspolizei-Dienststellen" als Einheiten im Innenministerium
1952 Umbenennung in „Kasernierte Volkspolizei" (KVP)
1956 Gesetz über die Nationale Volksarmee (NVA); die Warschauer Pakt-Staaten beschließen, die militärischen Verbände der NVA dem gemeinsamen Oberkommando zu unterstellen; Aufstellung der ersten Einheiten der NVA aus den Reihen der KVP, die selbst weiterhin bestehen bleibt; Bildung des Ministeriums für Nationale Verteidigung und der Militärbezirke

Westintegration der Bundesrepublik Deutschland

1949 trat die Bundesrepublik Deutschland der *Organization for European Economic Cooperation* (OEEC, heute OECD) bei, die die Hilfen des Marshall-Plans koordinierte. Im gleichen Jahr unterzeichneten Adenauer und die Hohen Kommissare das **Petersberger Abkommen**, das die Aufnahme Westdeutschlands in die Internationale Ruhrbehörde regelte. Damit die Bundesrepublik Deutschland durch Vorleistungen bei den europäischen Nachbarn wieder Vertrauen erwerbe, wurde sie 1950 zunächst als nicht gleichberechtigtes und 1951 als vollgültiges Mitglied zum **Europarat** zugelassen – weitere Schritte vertieften die Integration Westdeutschlands in die europäische Staatengemeinschaft (s. S. 598 ff.). Mit der Unterzeichnung der Pariser Verträge 1954 (Inkrafttreten 1955) gelang Adenauer der **Beitritt zur NATO und zur Westeuropäischen Union (WEU)**. Außerdem wurde das Besatzungsstatut (s. S. 519) abgelöst: Dadurch erlangte die Bundesrepublik Deutschland die völkerrechtliche Souveränität unter Einschränkung der alliierten Vorbehaltsrechte, die sich auf Deutschland als Ganzes, die Wiedervereinigung, auf einen Friedensvertrag und auf Berlin bezogen. Mit Frankreich vereinbarte Westdeutschland 1956 das **Saarabkommen**, das den Streit um die Zugehörigkeit des Saargebietes nach einer Volksabstimmung zugunsten Deutschlands beendete.

Mit dem Beitritt der Bundesrepublik Deutschland zu NATO und WEU stand der **westdeutschen Wiederbewaffnung** nichts mehr im Wege, die Adenauer nach Ausbruch des Koreakrieges (s. S. 490) angeboten hatte. Die 1956 gegründete Bundeswehr sollte die NATO verstärken, allerdings musste sie auf atomare Waffen verzichten. Die innenpolitische Debatte um einen deutschen Wehrbeitrag war durch heftige Kontroversen geprägt. Während pazifistisch orientierte Gruppen die westdeutsche Wiederbewaffnung aus grundsätzlichen friedenspolitischen Erwägungen ablehnten, gaben Publizisten und sozialdemokratische Politiker zu bedenken, dass sie eine Wiedervereinigung Deutschlands blockieren könne.

Internettipp
www.nato.diplo.de
Homepage der Ständigen Vertretung der Bundesrepublik Deutschland bei der NATO in Brüssel; Informationen zur deutschen NATO-Politik, zu den Institutionen der NATO und zur Ständigen Vertretung selbst

Diese Auseinandersetzung zeigt eindrucksvoll, dass es in den durch die Politik der Westbindung in den 1950er-Jahren ausgelösten Diskussionen um einen **politischen Zielkonflikt** ging: Adenauer und seine Anhänger gaben der **Westbindung** Vorrang vor der **Wiedervereinigung**. Sie betonten die Sicherheitsinteressen der zweiten deutschen Demokratie und das Bedürfnis der Bundesbürger nach einem Leben in politischer Freiheit. Die gleichberechtigte Integration des westdeutschen Teilstaates in das westliche Bündnis diente der Adenauer-Regierung auch dazu, der Bundesrepublik Deutschland staatliche Souveränität und internationale politische Mitsprache zu garantieren. Die oppositionelle SPD unter ihrem Vorsitzenden Kurt Schumacher (1895–1952) stellte dagegen das nationale Ziel der Wiedervereinigung in den Vordergrund. Sie argumentierte, die Westbindung eines deutschen Teilstaates verhindere die Wiedererrichtung eines deutschen Nationalstaates, und plädierte für ein neutrales Gesamtdeutschland als „dritte Kraft" zwischen Ost und West. Gegen den Widerstand der SPD setzte die Bundesregierung die Westintegration der zweiten deutschen Demokratie durch. Dieser Zielkonflikt bestimmte auch die Debatten um die **Stalin-Note von 1952** (M 9 a–c).

M 5 Flucht eines Soldaten der Nationalen Volksarmee am 15. August 1961, Fotografie

Internettipp
www.chronik-der-mauer.de
Gemeinsames Themenportal zur Mauer vom Zentrum für Zeithistorische Forschung Potsdam e.V., der Bundeszentrale für politische Bildung und Deutschlandradio

Mauerbau

Mit dem Bau der Berliner Mauer am 13. August 1961 schottete sich die DDR weitgehend von der Bundesrepublik Deutschland ab und zementierte die deutsche Teilung für drei Jahrzehnte. Die Mauer sollte den Flüchtlingsstrom eindämmen – zwischen 1950 und 1961 gingen insgesamt ca. 2,6 Millionen Menschen aus der DDR in den Westen. Die Flüchtlinge wollten sich dem politisch oder wirtschaftlich als unerträglich empfundenen Dasein unter der SED-Diktatur entziehen. Besonders hoch war der Anteil der Jugendlichen, Akademiker, Intellektuellen und qualifizierten Facharbeiter. Diese Fluchtbewegung, die einer „Abstimmung mit den Füßen" glich, zeigt die Ablehnung von SED-Herrschaft und Mangelwirtschaft in der DDR durch weite Teile der Bevölkerung sowie die politische und wirtschaftliche Anziehungskraft der Bundesrepublik Deutschland.
Die SED drängte 1961 die Führung der Sowjetunion immer stärker zu konkreten Maßnahmen der Grenzkontrolle in Berlin, um ein „Ausbluten" der DDR durch den Flüchtlingsstrom zu verhindern. Nach geheimen Beratungen in Gremien des Warschauer Paktes wurde dann der Bau der Berliner Mauer beschlossen und von Erich Honecker in der DDR geleitet. Walter Ulbricht rechtfertigte den Mauerbau als „antifaschistischen und antiimperialistischen Schutzwall". In der Nacht vom 12. auf den 13. August 1961 sperrten Einheiten der Volkspolizei, der Nationalen Volksarmee sowie Betriebskampfgruppen die Sektorengrenze zwischen dem West- und Ostteil Berlins mit Barrikaden und Stacheldrahtverhauen ab (M 5).
Die Westmächte protestierten zwar gegen den Bruch der alliierten Vereinbarungen von 1944/45, nahmen den Bau der Mauer aber letztlich hin. Drei Tage später sperrte die DDR auch die innerdeutsche Grenze für Einwohner der DDR und Ostberlins vollständig ab. Die Mauer wurde als Grenze zur Bundesrepublik durch Sicherheitsstreifen – später durch Minenfelder und Selbstschussautomaten – ausgebaut und ließ die Flucht in den Westen zu einem lebensgefährlichen Unternehmen werden. Mit dem Bau der Mauer endeten die Massenflucht und zugleich das Experiment, den Sozialismus in einem Land mit offener Grenze aufzubauen. Die Mehrheit der Bevölkerung musste sich mit dem Regime und der Teilung in zwei deutsche Staaten abfinden.

1 Stellen Sie die wesentlichen Ereignisse, die die deutsche Teilung in den Jahren 1949 bis 1961 vertieft haben, in einer Übersicht zusammen.

M 6 Konrad Adenauer in einem Brief vom Oktober 1945 zur Lage Deutschlands und Europas

Russland hat in Händen: die östliche Hälfte Deutschlands, Polen, den Balkan, anscheinend Ungarn, einen Teil Österreichs. Russland entzieht sich immer mehr der Zusammenarbeit mit den anderen Großmächten und schaltet in den von ihm beherrschten Gebieten völlig nach eigenem Gutdünken. In den von ihm beherrschten Ländern herrschen schon jetzt ganz andere wirtschaftliche und politische Grundsätze als in dem übrigen Teil Europas. Damit ist eine Trennung in Osteuropa, das russische Gebiet, und Westeuropa eine Tatsache. In Westeuropa sind die führenden Großmächte England und Frankreich. Der nicht von Russland besetzte Teil Deutschlands ist ein integrierender Teil Westeuropas. Wenn er krank bleibt, wird das von schwersten Folgen für ganz Westeuropa, auch für England und Frankreich sein. Es liegt im eigensten Interesse nicht nur des nicht von Russland besetzten Teiles Deutschlands, sondern auch von England und Frankreich, Westeuropa unter ihrer Führung zusammenzuschließen, den nicht russisch besetzten Teil Deutschlands politisch und wirtschaftlich zu beruhigen und wieder gesund zu machen.

Zit. nach: Konrad Adenauer, Briefe 1945–1947, hg. v. Rudolf Morsey/Hans-Peter Schwarz, Siedler, Berlin 1983, S. 130

1 Geben Sie die Lageanalyse Adenauers wieder.
2 Überprüfen Sie die Analyse Adenauers anhand von Geschichtskarte und historischen Handbüchern.

M7 Der Historiker Klaus Schroeder über den Charakter des SED-Staates, 2000

Der von der stalinistischen Sowjetunion implantierte[1] Sozialismus hatte anfangs zweifellos eine totalitäre Gestalt. Spätestens ab Anfang der Fünfzigerjahre erfüllte die SBZ/DDR alle von der klassischen Totalitarismustheorie aufgestellten Kriterien: eine allgemeinverbindliche Ideologie mit endzeitlichem Anspruch; eine hierarchisch und oligarchisch organisierte Monopolpartei als ausschließlicher Träger der Macht; ein von der Partei und ihrer Geheimpolizei organisiertes und kontrolliertes physisches und psychisches Terrorsystem; ein nahezu vollkommenes Monopol der Massenkommunikationsmittel; ein Gewaltenmonopol sowie eine zentrale Kontrolle und Lenkung der gesamten Wirtschaft.

Auch wenn vor allem die frühe DDR die meisten dieser Eigenschaften mit dem nationalsozialistischen Deutschland gemein hatte, verbietet sich doch eine einfache Gleichsetzung beider Systeme. Weder hat der SED-Staat Millionen Menschen nahezu fabrikmäßig umgebracht, noch hat er einen Weltkrieg entfesselt. Die rechtstotalitäre Diktatur war zudem „hausgemacht", die linkstotalitäre fremdbeherrscht. SED wie NSDAP nutzten zwar alle Möglichkeiten zur Etablierung und Aufrechterhaltung ihrer jeweiligen Diktatur, aber nicht zuletzt wegen des mangelnden Zuspruchs mussten Ulbricht und Honecker die eigene Bevölkerung noch stärker kontrollieren, und hatten – anders als Hitler – keine Möglichkeit und auch kein Machtpotenzial für eine eigenständige expansive und aggressive Politik nach außen. Eine derartige Gleichsetzung wird auch ernsthaft nicht behauptet [...].

Die DDR als von der Sowjetunion dominierter und abhängiger Staat konnte allein aufgrund dieser Rahmenbedingung den totalitären Macht- und Gestaltungsanspruch nur im Inneren durchsetzen. Dies allerdings betrieb die SED unter dem Schutz der sowjetischen Besatzungsmacht mit erheblicher Energie und Erfolg. [...] Indem die totalitäre Staatspartei SED ihre Prinzipien auf Gesellschaft und Staat übertrug, war die 1949 gegründete DDR ein totalitärer SED-Staat, der weder Gewaltenteilung noch kulturellen, sozialen oder politischen Pluralismus kannte.

Das Politbüro der SED avancierte zum unumstrittenen Führungszentrum in Staat und Gesellschaft. Wie eine Spinne zog die Parteiführung ein dichtes, ideologisch gewebtes Netz über Partei, Staat und Gesellschaft. Die Parteispitze beanspruchte, jede Regung innerhalb des Netzes zu steuern und zu kontrollieren. Hierzu baute sie ihren zentralen Parteiapparat als oberste Steuerungs- und Kontrollinstanz aus, instrumentalisierte den Staatsapparat und die gesellschaftlichen Massenorganisationen und stützte sich zur Durchsetzung der Parteimacht auf einen umfassenden Sicherheitsapparat. Wer sich den Anweisungen der Partei und ihrer Untergliederungen widersetzte, wurde von einem der SED hörigen Justizapparat erbarmungslos verfolgt und verurteilt. Dies erfolgte auf Grundlage von Gesetzen, die die SED zur Sicherung ihrer Macht selbst verfasst hatte und jederzeit willkürlich auslegen konnte.

Die Fundamente des Staates waren auf Gewalt und Zwang sowie auf Fremdherrschaft gegründet, gleichzeitig konnte sich die Parteiführung auf eine große Zahl von Partei- und Staatsfunktionären verlassen, die zumeist ihren schnellen sozialen Aufstieg der rabiaten sozialistischen Umgestaltung und der damit einhergehenden Vertreibung der alten Funktionseliten verdankten. Doch die Wirkungsmöglichkeiten der totalitären SED-Politik waren in den Fünfzigerjahren durch die offene Grenze zur Bundesrepublik begrenzt. Vertreibung und Flucht von Millionen seiner Einwohner beeinträchtigte die Funktionsfähigkeit des Staates und zwang die SED zur vollständigen Schließung der Westgrenzen der DDR. Das von ihr installierte und in den nachfolgenden Jahrzehnten perfektionierte Grenzregime symbolisierte die fehlende Legitimation des Staates wie auch seine freiheits- und damit letztlich menschenverachtende Politik.

Klaus Schroeder, Der SED-Staat. Partei, Staat und Gesellschaft 1949–1990, Propyläen, München 2000, S. 644 f.

1 implantieren = einpflanzen

1 Analysieren Sie die Position und Argumentation des Autors zu der Frage, ob die DDR totalitäre Züge besaß.

2 Untersuchen Sie mithilfe von M 7 die Unterschiede zwischen NS-Regime und SED-Staat.

M8 Der Volksaufstand vom 17. Juni 1953

a) Die Ereignisse des 17. Juni 1953 in dem DDR-Schulbuch „Lehrbuch für Geschichte der 10. Klasse der Oberschule, Berlin 1960"

Das Beispiel des friedliebenden sozialistischen Aufbaus strahlte immer mehr auf Westdeutschland aus, und die Anfangsschwierigkeiten sowie einige Mängel und Fehler beim Aufbau des Sozialismus wurden überwunden. Die reaktionären Kräfte erkannten, dass die Einheit zwischen der Partei der Arbeiterklasse, der Staatsmacht und den breiten Massen des Volkes sich immer enger gestaltete und dass damit ihre Absichten zur „Aufrollung" der Deutschen Demokratischen Republik immer aussichtsloser wurden. In dieser Situation versuchten sie, am 17. Juni 1953 einen faschistischen Putsch anzuzetteln, der die Arbeiter- und Bauern-Macht stürzen sollte.

Rowdys aus halbfaschistischen Organisationen, arbeitsscheue und kriminelle Elemente wurden von den Westsektoren her in den demokratischen Teil Berlins eingeschleust. Die Leitung lag in Händen des amerikanischen Geheimdienstes und Bonner Regierungsstellen. Der Putsch wurde von unseren Staatsorganen gemeinsam mit den klassenbewussten Werktätigen niedergeschlagen. Die in der Deutschen Demokratischen Republik stationierten Streitkräfte der UdSSR verhinderten, dass es zu einem militärischen Überfall auf unseren Staat und damit zum Beginn eines neuen Krieges in Europa kam. [...] In geradezu erschreckendem Ausmaß zeigte sich in den letzten Jahren die Durchdringung des gesamten Staatsapparates [der Bundesrepublik] [...] mit ehemaligen aktiven Nazis. In die Bundesregierung kamen ehemalige Nazis, wie Innenminister Schröder und die Minister Oberländer und Seebohm. Von über 70 Botschaften und Gesandtschaften des Bonner Staates werden 54 von Nazidiplomaten geleitet. Zwei Drittel aller westzonalen Richter und Staatsanwälte sind aktive Nazis gewesen. Darunter befinden sich auch etwa 1000 „Blutrichter", die in der Zeit des Faschismus an Sondergerichten oder als Wehrmachtsrichter zahlreiche Todesurteile gegen Widerstandskämpfer, ausländische Zwangsarbeiter oder Kriegsgegner verhängt haben. Der Bonner Staat beschäftigte 1956 über 180000 Beamte und Angestellte, die sich schon während der faschistischen Zeit als ergebene Lakaien des deutschen Imperialismus und Militarismus erwiesen hatten. Am deutlichsten drückte sich der neofaschistische Geist des westdeutschen Staates in seiner Revanchepolitik gegenüber den Nachbarstaaten Deutschlands aus.

Zit. nach: Hermann Langer, Der „Bonner Staat" – ein „militaristisch-klerikales Regime", in: Praxis Geschichte 6/1996, S. 51

b) Der Historiker Hermann Weber über die Ausbreitung der Protestbewegung in der DDR, 1999

Mit dem Streik der Bauarbeiter in der Berliner Stalinallee entwickelte sich der Aufstand in der ganzen DDR, es kam zu Proteststreiks und Demonstrationen. Es waren vor allem die wichtigen Zentren, in denen gestreikt wurde: außer in Ost-Berlin im mitteldeutschen Industriegebiet sowie im Raum Magdeburg, in Jena, Gera, Brandenburg und Görlitz. Das Rückgrat der Revolution bildeten die diszipliniert aufmarschierenden Arbeiter der Großbetriebe (Leuna, Buna, Wolfen, Hennigsdorf). Außer Zusammenstößen zwischen Demonstranten und Polizei gab es auch Einzelaktionen und erregte Ausschreitungen.

In vielen Orten der DDR fanden am 18. Juni weitere Demonstrationen statt. Im Bezirk Halle-Merseburg (Hochburg der KPD in der Weimarer Republik) und in Magdeburg (einer früheren SPD-Hochburg) übernahmen Streikkomitees der Arbeiter zeitweise die Macht. Sie befreiten Gefangene und formulierten die Aufstandsziele. Begonnen hatten die Streiks und Demonstrationen mit wirtschaftlichen Forderungen, doch haben sofort politische Parolen den Aufstand bestimmt: der Ruf nach freien Wahlen und dem Ende der Diktatur. Der Aufstand vom 17. Juni widerlegte die Legende, die DDR sei ein „Arbeiterstaat". Denn es waren gerade die Arbeiter, die diese SED-Diktatur, die sich mit den Begriffen „Sozialismus" und „Arbeiterstaat" tarnte, zerschlagen wollten.

Inzwischen ist der ganze Umfang des Juni-Aufstandes in der DDR bekannt. In etwa 600 Betrieben kam es zu Streiks, an denen sich eine halbe Million Beschäftigte beteiligten. „Vor allem in den Städten der industriellen Ballungsräume entfaltete der Aufstand seine größte Kraft." Es gab in über 560 Orten Demonstrationen, Kundgebungen, Streiks, Gewalttätigkeiten gegen offizielle Personen oder Einrichtungen. Der Aufstand hatte „tatsächlich das gesamte Land, und zwar in weitaus stärkerem Maße als bisher angenommen, erfasst".

Hermann Weber, Geschichte der DDR, dtv, München 1999, S. 165

1 Erläutern Sie die offizielle Darstellung der DDR über die Ereignisse des 17. Juni 1953 (M 8 a).

2 Vergleichen Sie M 8 a mit der Darstellung in diesem Buch (s. S. 531 f.) und diskutieren Sie über die unterschiedlichen Funktionen des Geschichtsunterrichts in der ehemaligen DDR und der Bundesrepublik Deutschland.

3 Analysieren Sie M 8 b im Hinblick auf den Verlauf der Ereignisse, die beteiligten Bevölkerungsgruppen und deren Ziele.

M9 Geschichte kontrovers Westbindung oder Wiedervereinigung? Die Auseinandersetzung um die Stalin-Note

Während der Schlussphase der Verhandlungen um die Westintegration und die Wiederbewaffnung der Bundesrepublik Deutschland sandte der sowjetische Diktator Josef W. Stalin am 10. März 1952 eine Note an die drei Westalliierten. Ihnen bot er in dieser sogenannten Stalin-Note Verhandlungen über die deutsche Frage unter Beteiligung einer (nicht frei gewählten) gesamtdeutschen Regierung an. Der beigefügte Entwurf eines Friedensvertrags sah u. a. die Neutralisierung Deutschlands und den Abzug der Alliierten vor. Ohne die genauen Beweggründe Stalins zu kennen, lehnten die Westmächte wie die Regierung Adenauer das Angebot ab.

Neuere historische Forschungen, die auf bisher nicht bekannten Quellen aus Moskauer Archiven beruhen, haben die Stalin-Note als ausgeklügelte Taktik entlarvt, um die DDR bzw. das kommunistische Lager unter Leitung der Sowjetunion zusammenzuschweißen und so zu stabilisieren. Nach der Ablehnung der Note durch den Westen konnte die Führung in der DDR z. B. behaupten, mit dem Aufbau einer eigenen Armee nur auf den Westen zu reagieren.

a) Aus der Stalin-Note vom 10. März 1952

Politische Leitsätze [für einen zukünftigen Friedensvertrag]:

Deutschland wird als einheitlicher Staat wiederhergestellt. Damit wird der Spaltung Deutschlands ein Ende gemacht und das geeinigte Deutschland gewinnt die Möglichkeit, sich als unabhängiger, demokratischer, friedliebender Staat zu entwickeln.

Sämtliche Streitkräfte der Besatzungsmächte müssen spätestens ein Jahr nach Inkrafttreten des Friedensvertrages aus Deutschland abgezogen werden. Gleichzeitig werden sämtliche ausländischen Militärstützpunkte auf dem Territorium Deutschlands liquidiert.

Dem deutschen Volk müssen die demokratischen Rechte gewährleistet sein, damit alle unter deutscher Rechtsprechung stehenden Personen, ohne Unterschied der Rasse, des Geschlechts, der Sprache oder Religion, die Menschenrechte und die Grundfreiheiten genießen, einschließlich der Redefreiheit, der Pressefreiheit, der politischen Überzeugung und der Versammlungsfreiheit.

In Deutschland muss den demokratischen Parteien und Organisationen freie Betätigung gewährleistet sein; sie müssen das Recht haben, über ihre inneren Angelegenheiten frei zu entscheiden, [...] Versammlungen abzuhalten, Presse- und Publikationsfreiheit zu genießen.

Auf dem Territorium Deutschlands dürfen Organisationen, die der Demokratie und der Sache der Erhaltung des Friedens feindlich sind, nicht bestehen. Allen ehemaligen Angehörigen der deutschen Armee, einschließlich der Offiziere und Generäle, allen ehemaligen Nazis, mit Ausnahme derer, die nach Gerichtsurteil eine Strafe für von ihnen begangene Verbrechen verbüßen, müssen die gleichen bürgerlichen und politischen Rechte wie allen anderen deutschen Bürgern gewährt werden zur Teilnahme am Aufbau eines friedlichen, demokratischen Deutschlands.

Deutschland verpflichtet sich, keinerlei Koalitionen oder Militärbündnisse einzugehen, die sich gegen irgendeinen Staat richten, der mit seinen Streitkräften am Krieg gegen Deutschland teilgenommen hat. Das Territorium Deutschlands ist durch die Grenzen bestimmt, die durch die Beschlüsse der Potsdamer Konferenz der Großmächte festgelegt wurden. [...]

Militärische Leitsätze:

Es wird Deutschland gestattet sein, eigene nationale Streitkräfte (Land-, Luft- und Seestreitkräfte) zu besitzen, die für die Verteidigung des Landes notwendig sind.

Deutschland wird die Erzeugung von Kriegsmaterial und -ausrüstung gestattet werden, deren Menge oder Typen nicht über die Grenzen dessen hinausgehen dürfen, was für die Streitkräfte erforderlich ist, die für Deutschland durch den Friedensvertrag festgesetzt sind.

Zit. nach: Bundesministerium für gesamtdeutsche Fragen (Hg.), Die Bemühungen der Bundesrepublik um Wiederherstellung der Einheit Deutschlands durch gesamtdeutsche Wahlen, Teil 1, Bonn [4]1958, S. 85 ff.

b) Aus den Memoiren Konrad Adenauers (CDU)

Sowjetrussland versuchte offensichtlich, die Integration Europas zu hemmen mit all den Konsequenzen, die sich daraus ergeben würden. Das beste Mittel, dies zu erreichen, war tatsächlich die von sowjetischer Seite geplante Neutralisierung Deutschlands. Ohne Deutschland war die Integration Europas von Anfang an zum Scheitern verurteilt. Der von allen als richtig erkannte und allein in eine bessere Zukunft weisende Gedanke, dass die europäischen Völker sich auf gleicher Grundlage zusammenschließen müssten, wenn sie ihre Freiheit und Wohlfahrt bewahren wollten, würde aufgegeben werden müssen. Der Rückfall in einen unzeitgemäßen, unfruchtbaren Nationalismus wäre unvermeidlich. Die Folgen wären mit einiger Sicherheit vorauszusehen: Angesichts der kleinlichen europäischen Händel und der Unmöglichkeit, ein vereintes Europa zu schaffen, würde sich das amerikanische Volk enttäuscht von Europa abwenden. Ein wichtiges Ziel Sowjetrusslands wäre erreicht. Der Weg für eine schrittweise erfolgende kommunistische Unterminierung der einzelnen europäischen Staaten läge frei. Das Endergebnis wäre die völlige Abhängigkeit Europas von der Sowjetunion. [...]

Die sowjetische Note stellte ferner einen Versuch dar, auf den deutschen Nationalismus einzuwirken. Man bemühte sich, uns Deutsche in der Note dadurch zu locken, dass man sagte: Ihr Deutsche sollt nationale Streitkräfte bekommen [...]. Ein wieder vereinigtes, neutralisiertes Deutschland würde aber weder wirtschaftlich noch aufgrund unseres Zurückbleibens in der modernen Forschung in der Lage sein, durch eigene Streitkräfte sein Territorium zu schützen.

c) Aus einem Brief Kurt Schumachers (SPD) an Adenauer vom 22. April 1952

Meines Erachtens ist es notwendig, den Regierungen der drei Westmächte als gemeinsamen deutschen Standpunkt vorzutragen, dass nichts unversucht bleiben darf festzustellen, ob die Sowjetnote eine Möglichkeit bietet, die Wiedervereinigung Deutschlands in Freiheit durchzuführen. [...] Für die zur Gewährleistung der gleichen Bedingungen in allen vier Zonen und Berlin erforderliche internationale Kontrolle sollten von deutscher Seite einige Alternativmöglichkeiten zur Diskussion gestellt werden. Solche Möglichkeiten wären: Die vier Mächte nehmen die guten Dienste der Vereinten Nationen (UN) zur internationalen Kontrolle der Wahlen in Anspruch. Die vier Mächte einigen sich auf eine aus neutralen Staaten zusammenzusetzende Kommission zur Durchführung der internationalen Kontrolle der Wahlen. Falls die vier Mächte selbst die Kontrolle ausüben wollen, kommt es darauf an zu gewährleisten, dass keine der vier Mächte eine deutsche Partei benachteiligen oder bevorzugen kann.

M 9 b und c zit. nach: Konrad Adenauer, Erinnerungen 1953–1955, DVA, Stuttgart 1968, S. 70 f., S. 84 f.

1 Fassen Sie die zentralen Vorschläge der Stalin-Note und die wichtigsten Argumente Adenauers und Schumachers zusammen.

2 Diskutieren Sie über die Chancen und Risiken der politischen Vorschläge Adenauers und Schumachers.

3.2 Wirtschaftsentwicklung und Wirtschaftsordnung

M 1 Westdeutsche Familie auf einer Urlaubsreise am Gardasee in Italien, Fotografie, 1955

Das „Wirtschaftswunder" der Bundesrepublik

In den 1950er-Jahren erlebten die Bürger der Bundesrepublik Deutschland einen raschen **Wirtschaftsaufschwung**, der bis Anfang der 1970er-Jahre andauerte und vielen Menschen als „Wirtschaftswunder" erschien. Die Industrieproduktion stieg an, die Arbeitslosigkeit sank, die Einkommen und die Kaufkraft der neuen DM nahmen zu. Der Lebensstandard der Bundesbürger verbesserte sich nachhaltig. Zu Beginn der 1950er-Jahre konnte eine westdeutsche Durchschnittsfamilie nicht nur die Grundbedürfnisse befriedigen, sondern sich auch einmal „etwas leisten". Kaffee oder Apfelsinen galten noch als „Luxus"-Lebensmittel. Seit Mitte des Jahrzehnts war der Wohlstand bereits so angestiegen, dass eine wachsende Zahl von Haushalten größere Konsumartikel wie Staubsauger, Kühlschränke und Fernseher anschaffen oder in den Urlaub fahren konnte (M 9–M 10). Der Wirtschaftsaufschwung wurde begleitet von **„Konsumwellen"** – von der Fress- über die Bekleidungs- und Haushalts- bis hin zur Verkehrs- und Reisewelle (M 1). Diese waren jedoch keine automatische Abfolge. Der Wohlstand war und blieb ungleich verteilt (M 10).

Internettipp
www.deutschegeschichten.de/zeitraum/themaindex.asp?KategorieID=1007&InhaltID=1634&Seite=1
Dossier zum „Wirtschaftswunder" („Deutsche Geschichten" ist eine Gemeinschaftsproduktion von Cine Plus Leipzig und der Bundeszentrale für politische Bildung)

Lebensstandard in der DDR

Auch in der DDR stieg der Lebensstandard an. Zu Beginn der 1950er-Jahre führte das steigende Wirtschaftswachstum zur Verbesserung der Grundversorgung der Bevölkerung. Allerdings erreichte der private Pro-Kopf-Verbrauch in der DDR bis 1952 nur etwa 50–75 Prozent des westdeutschen Niveaus. Ab 1953 verschlechterte sich die Versorgung in der DDR zeitweilig. Das betraf sowohl die Textilbranche als auch den Lebensmittelbereich – erst 1958 konnte die Ende der 1940er-Jahre eingeführte Lebensmittelrationierung endgültig aufgehoben werden. Trotz einiger Versorgungslücken verbesserte sich die Lebenssituation der DDR-Bevölkerung in der zweiten Hälfte der 1950er-Jahre nicht nur bei der Grundversorgung, sondern auch bei den technischen Konsumgütern und Haushaltsgeräten. Dabei blieb das Warenangebot jedoch deutlich hinter der Nachfrage zurück. Die Menschen besaßen durchaus Geld zum Konsumieren, aber die Produktion konnte mit der Nachfrage nicht Schritt halten (**Mangelwirtschaft**). Das galt vor allem für höherwertige Konsumgüter. Entwickelte sich die Bundesrepublik Deutschland während der 1950er-Jahre zu einer Massenkonsumgesellschaft, stand in der DDR die Bedarfsdeckung im Vordergrund. Den Menschen im Osten blieb nicht verborgen, dass ihr Lebensstandard hinter dem der Bundesbürger zurückblieb. Die Propaganda der SED versuchte dem wachsenden Unmut in der Bevölkerung zu begegnen, indem sie die westliche Massenkonsumgesellschaft als künstlich und oberflächlich kritisierte, die „hektischen Modewechsel" und „Kitschproduktion" als Dekadenz verdammte. Anders als die Bundesrepublik Deutschland erlebte die DDR **kein „Wirtschaftswunder"** – weder in den 1950er-Jahren noch danach. Der wirtschaftliche Rückstand gegenüber dem Westen zeigte sich nicht nur beim Konsum (M 11), sondern in allen Bereichen: Trotz Wirtschaftswachstum veralteten Produktionsanlagen und Infrastruktur; die Altbausubstanz der Städte verfiel zusehends.

Internettipp
www.mdr.de/damals-in-der-ddr/lexikon/1601736.html
Informationen zur Wirtschaft der DDR bei einem Multimedia-Projekt von MDR, WDR und LOOKS Film & TV GmbH zum Alltag in der DDR

M 2 Eine Käuferschlange vor einem Konsum-Geschäft in Bitterfeld, Fotografie, 1983

Planwirtschaft

Im Vergleich zu Westdeutschland hatte der Osten zwar geringere industrielle Substanzverluste zu beklagen, aber die Startbedingungen in der unmittelbaren Nachkriegszeit waren viel ungünstiger. Der wirtschaftliche Wiederaufbau wurde erschwert durch die **sowjetischen Demontagen** von Industrieanlagen und die Entnahme von Reparationen aus der laufenden Produktion. Noch 1950 machten **Reparationen und Besatzungskosten** 33 Prozent des DDR-Inlandproduktes aus. Die Wirtschaft im Ostteil verlor nicht nur wichtige industrielle Produktionskapazitäten, sondern litt auch an **Kapi-**

talmangel – anders als der Westen durfte die SBZ bzw. die DDR den Marshall-Plan (s. S. 485) nicht in Anspruch nehmen. Außerdem kämpfte die ostdeutsche Wirtschaft bis zum Mauerbau 1961 mit dem **Verlust zahlreicher qualifizierter Arbeitskräfte**, die in den Westen flohen. Die sozialistische Wirtschaftspolitik der sowjetischen Besatzungsmacht bzw. der DDR, vor allem die Enteignungen, **verunsicherte die unternehmerischen und die wissenschaftlich-technischen Eliten.** Diese wurden zudem immer mehr zugunsten unerfahrener SED-Funktionäre ausgeschaltet. Die Versorgungsengpässe in den 1950er-Jahren resultierten vor allem aus steigenden Militärausgaben und der von der Sowjetunion diktierten Bevorzugung der Schwerindustrie (s. S. 532). Traditionelle Handelsbeziehungen zwischen Ost und West, z. B. zwischen Ruhrgebiet und Oberschlesien (Kohle, Eisen, Stahl), waren infolge von Krieg und deutscher Teilung zerstört worden. Ein zentrales Ziel der DDR-Regierung war die Steigerung der Arbeitsleistungen. Um die Wirtschaftspläne zu erfüllen, schuf die SED seit 1948 **Leistungsanreize für Arbeiter** und honorierte das Engagement einzelner „Aktivisten" oder Kollektive, die sich durch Leistungsrekorde, Betriebsverbesserungen und Erfindungen hervortaten. Da Arbeit als wichtigstes Mittel zur Entfaltung der sozialistischen Persönlichkeit galt, wurden Frauen und Männer mit Geldprämien belohnt und zu „Helden der Arbeiterklasse" stilisiert. Sie sollten als Vorbilder zur Steigerung der Arbeitsleistungen anspornen (M 3).

Die entscheidenden Gründe für die Ineffizienz der ostdeutschen Wirtschaft und ihr Zurückbleiben gegenüber der Bundesrepublik Deutschland sehen Wissenschaftler in der **kommunistischen Planwirtschaft (Zentralverwaltungswirtschaft)**, die die sowjetische Besatzungsmacht und die SED durchsetzten. Schon vor der Staatsgründung der DDR legten sie mit der **Änderung der Eigentumsverhältnisse** durch die Enteignung bzw. Verstaatlichung von Grund und Boden sowie von Industriebetrieben die Grundlagen für diese Wirtschaftsordnung (s. S. 510). In den 1950er-Jahren wurden die Kollektivierung der Landwirtschaft systematisch vorangetrieben, auch mittlere Betriebe enteignet und die Bauern gegen ihren Willen in **Landwirtschaftlichen Produktionsgenossenschaften** (LPG) zusammengeschlossen. Zwischen 1950 und 1960 stieg der Anteil der sozialistischen Betriebe an der landwirtschaftlichen Nutzfläche von 6 auf 92 Prozent. Die SED-Führung beschleunigte nach sowjetischem Vorbild den Aufbau der Schwerindustrie auf Kosten der Leicht- und Konsumgüterindustrie. Bis Ende der 1950er-Jahre stieg der Anteil der in „Volkseigenen Betrieben" erzeugten Industrieproduktion auf über 90 Prozent. Auch im Handel entwickelte sich der staatliche oder halb-staatliche genossenschaftliche Sektor zur vorherrschenden Wirtschaftsform, während das Handwerk zunächst noch weitgehend von Verstaatlichungsmaßnahmen ausgenommen blieb. Mit der Änderung der Eigentumsverhältnisse ging die Neuorganisation der gesamten Wirtschaft einher: Nicht mehr der Markt, sondern der Staat bestimmte Produktion und Verteilung der Waren und Güter. Das Privateigentum an Produktionsmitteln galt nach der marxistisch-leninistischen Lehre als Ursache für die „Ausbeutung des Menschen durch den Menschen". Allein eine staatlich gelenkte Volkswirtschaft sei in der Lage, so die Theorie, für Vollbeschäftigung, Krisenfreiheit und Bedürfnisbefriedigung zu sorgen. Nach dieser Ideologie war der Markt als Koordinierungsinstrument wirtschaftlichen Handelns entbehrlich. Der Staat sollte nach einem Gesamtplan die wirtschaftliche und gesellschaftliche Entwicklung gestalten. Diese Position, nach der wirtschaftliche Rationalität von politischen Erwägungen abhing, nahm die SED ein. Sie glaubte auf der Grundlage des Marxismus-Leninismus über das Wissen zu verfügen, das sie zur Schaffung einer idealen Wirtschaft benötigte. Ideologischer Anspruch und wirtschaftliche Realität klafften jedoch auseinander. Tatsächlich war die DDR-Wirtschaft eine schlecht koordinierte Mangelwirtschaft (M 12).

M 3 Der Bergmann Adolf Hennecke (links) während der ersten „Hennecke-Konferenz" am 4. und 5. Februar 1949 in Ostberlin, Fotografie

Das Wandbild zeigt Adolf Hennecke bei seiner Arbeit. Am 13. Oktober 1948 hatte er in einer Steinkohlegrube 387 Prozent des Tagessolls gefördert. Mit der „Hennecke-Bewegung" entstand daraufhin im Osten Deutschlands eine Aktivisten- und Wettbewerbsbewegung.

1 Beschreiben Sie anhand von M 3 die Methoden, mit denen die SED die Wirtschaft in SBZ bzw. DDR aufbauen und ankurbeln wollte.

M 4 „Junkerland in Bauernhand", DDR-Plakat zur Bodenrefom, undatiert (1950er-Jahre)

M5 Schaufensterauslage eines Textilgeschäfts mit Porträt des Bundeswirtschaftsministers Ludwig Erhard, Fotografie, um 1949/50

Ludwig Erhard (1897–1977)
1928–1942 Wissenschaftlicher Assistent und Leiter des Instituts für Industrieforschung der Handelshochschule in Nürnberg
Ab 1945 Wirtschaftlicher Berater der US-amerikanischen Militärregierung
1945/46 Bayerischer Wirtschaftsminister
1948/49 Direktor der Verwaltung des Vereinigten Wirtschaftsgebiets (Bizone)
1949–1976 Mitglied des Deutschen Bundestages
1949–1963 Bundeswirtschaftsminister
1963–1966 Bundeskanzler
1966/67 Vorsitzender der CDU
Erhard setzte die soziale Marktwirtschaft um und gilt als der „Vater" des „Wirtschaftswunders".

M6 Lastenausgleich, Karikatur von H. M. Brockmann, 1947

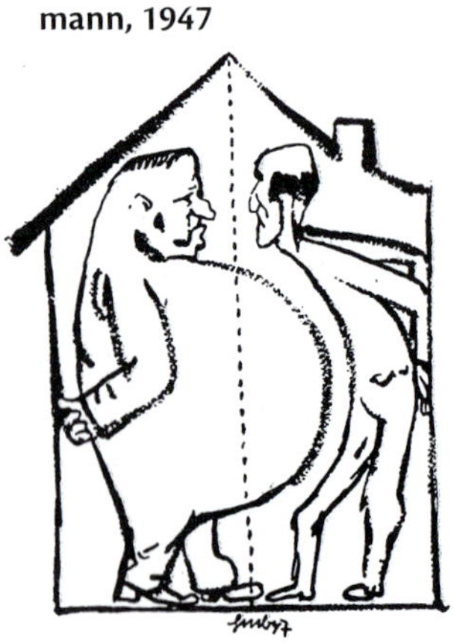

Soziale Marktwirtschaft

Das westdeutsche „Wirtschaftswunder" war weder vorhersehbar noch die zwangsläufige Folge einzelner Maßnahmen, sondern das Ergebnis einer Vielzahl von Entscheidungen und Entwicklungen. Bereits vor der Gründung der Bundesrepublik Deutschland hatte die **Währungsreform** von 1948 die wirtschaftlichen Rahmenbedingungen grundlegend verändert: Mit ihr endeten Zwangsbewirtschaftung und Rationierung, der freie Markt bestimmte seitdem das wirtschaftliche Denken und Handeln. Preise und Löhne wurden nicht länger festgesetzt, die Waren standen zur freien Verfügung. Das großzügige Hilfsprogramm des **Marshall-Plans** ermöglichte der westdeutschen Wirtschaft, aus eigener Kraft Fortschritte zu machen und die Wirtschaft zu konsolidieren. Wenige Jahre nach der Gründung der Bundesrepublik Deutschland 1949 löste der Koreakrieg (1950–1953) eine weltweite Hochkonjunktur aus und eröffnete der deutschen Wirtschaft neue Exportmärkte. Besonders die Nachfrage nach westdeutschem Stahl schnellte in die Höhe, wodurch das Wirtschaftswachstum stark anstieg. Zwar war die wirtschaftliche Situation nach Kriegsende verheerend – die Industrieproduktion betrug in der zweiten Jahreshälfte 1945 nur noch 20 Prozent des Standes von 1936 –, aber die Ausgangsbedingungen für den Wiederaufbau der Wirtschaft waren günstig. Trotz der Zerstörungen verfügte sie über ein **hoch entwickeltes Produktionspotenzial**. Die Kriegsschäden an Fabriken und Maschinen waren weniger stark als zunächst befürchtet. Hinzu kam der durch die Kriegswirtschaft bewirkte Modernisierungsschub, der sich nach dem Zweiten Weltkrieg fortsetzte. Zerstörte oder demontierte alte Produktionsanlagen wurden durch moderne ersetzt. Und mit den Millionen von Flüchtlingen und Vertriebenen sowohl aus den ehemaligen deutschen Ostgebieten als auch aus der DDR kamen **gut ausgebildete, flexible und aufstiegswillige Menschen** in die Bundesrepublik Deutschland. Viele von ihnen nahmen niedrigere Löhne in Kauf, wodurch Kapital für Investitionen freigesetzt wurde.

Eine weitere Voraussetzung für den Wirtschaftsaufschwung war der **Wandel der ökonomischen Leitideen, der Wirtschaftsordnung und -politik**. Im Westen Deutschlands setzte sich das von Ludwig Erhard* und seinem Mitarbeiter und späteren Staatssekretär im Wirtschaftsministerium, Alfred Müller-Armack (1901 bis 1978), vertretene Ordnungsmodell der **sozialen Marktwirtschaft** durch. Mit dieser Wirtschaftsordnung, in der Freiheit und soziale Gerechtigkeit zu Wohlstand für alle führen sollten, wurde sowohl einem reinen liberalkapitalistischen Wirtschaftssystem als auch einer Planwirtschaft nationalsozialistischer wie kommunistischer Herkunft eine entschiedene Absage erteilt (M 13). In der sozialen Marktwirtschaft hatte sich die Produktion an der Nachfrage auszurichten und nicht umgekehrt. Allein die freie Preisbildung durch den Markt garantierte nach dieser Wirtschaftsauffassung die beste Befriedigung der individuellen Bedürfnisse der Verbraucher. Allerdings sollte der Markt einer gesetzlichen Rahmenordnung unterworfen werden, um Absprachen zwischen den Unternehmern und damit Wettbewerbsverzerrungen zulasten der Verbraucher zu verhindern. Daher verbot ein Gesetz 1957 Wettbewerbsbeschränkungen durch marktwidrige Absprachen und Kartelle. Um das Konkurrenz- und Leistungsprinzip zu erhalten, war der Markt für neue Bewerber offenzuhalten. Die Aufgabe des Staates bestand vor allem darin, den freien Wettbewerb durch kontrollierende Institutionen und eine aktive Wirtschaftspolitik zu gewährleisten. Dazu gehörte die Geldwertstabilität, für die nach einem Gesetz aus dem Jahre 1957 die an Weisungen der Regierung nicht gebundene, also politisch unabhängige Deutsche Bundesbank verantwortlich ist. Zu den Bedingungen eines funktionierenden Leistungswettbewerbs gehörten überdies das grundgesetzlich garantierte Recht auf Privateigentum an Produktionsmitteln, die Berufs- und Gewerbefreiheit sowie die Konsum- und Vertragsfreiheit einschließlich freier Preisgestaltung. Der Wirtschaftsaufschwung wurde zudem begünstigt durch eine Liberalisierung des Weltmarkts, die hohe Stabilität der Wechselkurse und geringe Inflationsraten. Auch von der **europäischen Integration** profitierte der westliche deutsche Teilstaat: Mit der Gründung der Europäischen Gemeinschaft für Kohle und Stahl (Montanunion) 1951 und der Europäischen Wirtschaftsgemeinschaft (EWG) 1957 wurde ein großer Wirtschaftsraum geschaffen, der die Ausweitung der Wirtschaft und die Anhebung des Lebensstandards ermöglichte (s. S. 598 ff.).

Sozialpolitik als Integrationsklammer

Die westdeutsche Gesellschaft wurde in den späten 1940er- und frühen 1950er-Jahren entscheidend durch die Folgen des Zweiten Weltkrieges geprägt. Der Krieg hatte Millionen von Menschen um Heimat, Gesundheit, Eigentum, Beruf und Wohnung gebracht. Breite Bevölkerungsschichten drohten zu verarmen, weil sie Existenzgrundlage und soziale Sicherheiten verloren hatten. Der staatlichen Sozialpolitik* im „Sozialstaat" Bundesrepublik Deutschland kam daher ein besonderer Stellenwert zu: Die Politik musste die Notlage vieler Menschen entschärfen, um eine politische Radikalisierung zu vermeiden, die Gesellschaft zusammenzuhalten und den sozialen Frieden zu sichern. Diesen Zielen diente die intensive staatliche Sozialpolitik der Jahre zwischen 1949 und 1966. Ihre herausragenden Leistungen waren das Lastenausgleichsgesetz von 1952 und die Rentenreform von 1957.
Das **Lastenausgleichsgesetz**, das seit Kriegsende gefordert und heftig diskutiert worden war (M 6), gehört zu den wichtigsten Mitteln zur Eingliederung der Vertriebenen, Flüchtlinge und Spätaussiedler in die bundesrepublikanische Gesellschaft. Es sah die Entschädigung für kriegsbedingte Vermögensverluste vor. Zwar profitierten lediglich 22 Prozent der Vertriebenen von den finanziellen Leistungen. Aber von diesem Gesetz ging eine große psychologische Wirkung aus. Die Neuankömmlinge fühlten sich nicht allein gelassen mit ihren Sorgen und Nöten, sondern spürten im Gegenteil die Solidarität von Politik und Gesellschaft. Ein Meilenstein in der Geschichte des bundesrepublikanischen Sozialstaats bildete das 1957 von Regierung und Opposition gemeinsam erarbeitete **Rentenreformgesetz**, das die bedrückende materielle Not im Alter minderte. Kern der Rentenreform war die **„Dynamisierung"** der Renten, die seitdem den durchschnittlichen Lohn- und Gehaltserhöhungen folgten. Gleichzeitig trat an die Stelle des bis dahin gültigen Versicherungsprinzips, d. h. der Rentenzahlung aus angesparten Versicherungsbeiträgen, der **„Generationenvertrag"**. Danach werden die Renten aus den aktuellen Versicherungsbeiträgen der Arbeitnehmer finanziert.

Sozialpolitik in der frühen Bundesrepublik Deutschland

1949 Tarifvertragsgesetz: Abschluss von Tarifverträgen durch Gewerkschaften und Arbeitgeber (Tarifverträge sind geltendes Recht und werden dem Arbeitsminister mitgeteilt)
1950 Bundesversorgungsgesetz: Versorgung der Kriegsbeschädigten und -hinterbliebenen
1952 Lastenausgleichsgesetz; Wohnungsbauprämiengesetz: Förderung des Bausparens durch staatliche Zulagen
1954 Wiedereinführung des von den Alliierten abgeschafften Kindergeldes ab dem 3. Kind, seit 1961 ab dem 2. Kind
1957 Lohnfortzahlung im Krankheitsfall für Arbeiter
Rentenanpassungsgesetz: „Dynamisierung" der Renten, d. h. Anpassung an die Lohnentwicklung
1959 Sparprämiengesetz: Förderung des Sparens durch staatliche Zulagen; 5-Tage-Woche im Steinkohlebergbau erreicht
1961 Vermögensbildungsgesetz (312-DM-Gesetz): staatliche Zulagen für Arbeitnehmer bei langfristigem Sparen
Sozialhilfegesetz: erstmals einklagbarer Rechtsanspruch auf Unterstützung für Bedürftige
1967 40-Stundenwoche
1969 Lohnfortzahlung stellt Arbeiter und Angestellte gleich

1 Stellen Sie die wirtschaftliche Entwicklung der beiden deutschen Staaten anhand der wesentlichen Ereignisse, Prozesse und Modelle in einer Übersicht gegenüber.

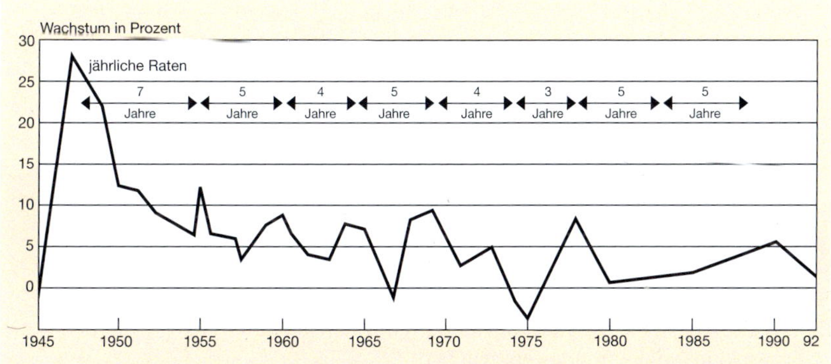

M 7 Wachstumsraten des Bruttosozialprodukts in den Westzonen und der Bundesrepublik 1945–1992

M8 **Arbeitslosigkeit und Beschäftigungssituation in Westdeutschland 1944–1975**

M7 und M8: Friedrich-Wilhelm Henning, Das industrialisierte Deutschland 1914–1990, Paderborn [7]1991, S. 195ff.

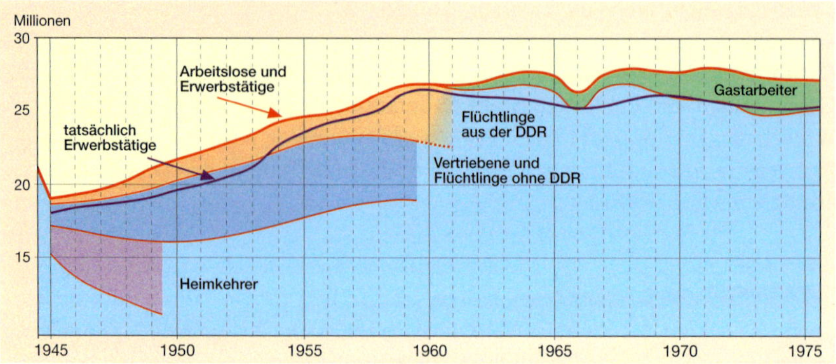

M9 **Langlebige Konsumgüter in Haushalten der Bundesrepublik Deutschland 1949–1962 (in Prozent)**

	Bestand im Jahr 1962	davon wurden angeschafft in den Jahren				
		vor 1949	1949–1952	1953–1957	1958–1960	1961–1962
Fernsehgerät	34,4			14,9	51,5	32,0
Radio	79,3	5,8	21,9	39,8	22,4	8,0
Plattenspieler	17,7	1,3	6,5	32,0	39,5	18,7
Kühlschrank	51,8	0,6	3,8	25,2	45,4	23,5
Staubsauger	64,7	6,9	13,7	36,1	28,8	12,2
Waschmaschine	25,3	2,0	7,7	38,2	33,7	16,3
Tiefkühltruhe	2,7		1,2	15,6	50,1	30,7
Fotoapparat	41,7	8,8	13,9	29,8	30,9	13,8

Statistisches Bundesamt (Hg.), Statistisches Jahrbuch 2006, nach Tab. 15 und 17

M10 **Besitz langlebiger Konsumgüter, abhängig von sozialer Schicht und Jahreseinkommen 1968 (in Prozent)**

	PKW		Fernseher	
Jahreseinkommen	7200–9599	9600–17999	7200–9200	9600–17999
Arbeiter	27	45	82	84
Angestellte	33	56	65	85

Christian Kleinschmidt, Konsumgesellschaft, Vandenhoeck & Ruprecht, UTB, Göttingen 2008, S. 140

M11 **Ausstattungsgrad mit Konsumgütern in der DDR in den 1950er- und 1960er-Jahren (je 100 Haushalte)**

	1955	1960	1966	1970
PKW	0,2	3,2	9	15
Fernsehgerät	1	18,5	54	69
Waschmaschine	0,5	?	32	53
Kühlschrank	0,4	6,1	31	56

Hermann Weber, Kleine Geschichte der DDR, Köln 1980, S. 136 und Geschichte der Sozialpolitik der DDR 1945–1985, Berlin (Ost) 1989, S. 127

1 Setzen Sie sich anhand von M7–M10 mit dem Begriff des „Wirtschaftswunders" auseinander, indem Sie
a) anhand von M7 und M8 den Wirtschaftsaufschwung der Bundesrepublik Deutschland untersuchen,
b) anhand von M9 bis M10 erörtern, inwiefern der Wirtschaftsaufschwung mit einer Wohlstandssteigerung verbunden war und wer davon profitierte.

2 Vergleichen Sie die Ausstattung der DDR mit Konsumgütern (M11) mit der Entwicklung in der Bundesrepublik (M9).

M 12 Der Historiker André Steiner über die DDR-Planwirtschaft, 2007

Das planwirtschaftliche System wies von Anfang an zwei grundlegende Probleme auf: das Informations- und das Anreizproblem. In Marktwirtschaften richten die Unternehmen ihre Entscheidungen an den Preisen aus, die sich nach Angebot und Nachfrage frei herausbilden. Das ist eine nicht sicher vorhersagbare Informationsquelle. Da die Planung den wirtschaftlichen Prozess bewusst und im vornherein gestalten sollte, durften die Preise nicht mehr Quelle für Unsicherheiten sein. Das bedeutete den Verzicht auf die Preise als unabhängige, aus dem Wirtschaftsprozess selbst gewonnene Informationsquelle. Die für die wirtschaftlichen Entscheidungen der Zentrale erforderlichen Informationen musste der Planungsprozess bereitstellen. Allerdings wurden sie in dem bürokratischen und hierarchischen Prozess durch die verschiedenen Interessen der nach- und übergeordneten Ebenen verfälscht [...]. Da es der Zentrale angesichts der Vielfalt und der Komplexität des Wirtschaftsprozesses unmöglich war, alle erforderlichen Informationen in der notwendigen Qualität zu erhalten, konnte sie keine wirtschaftlich optimalen Entscheidungen treffen. So verwundert es nicht, dass sie sich entsprechend ihrem Führungsanspruch vornehmlich an politisch gesetzten Prioritäten orientierte. Das Wirtschaftssystem erforderte also politische Entscheidungen über wirtschaftliche Belange.

Darüber hinaus barg die gegebene Systemstruktur ein Anreizproblem: Es war schwierig, Betriebe und Beschäftigte zu höchsten Leistungen zu motivieren. Das anfänglich bemühte Idealbild vom „neuen Menschen" erwies sich schnell als Fiktion, denn der fiktive Besitz[1] von Maschinen und Fabriken war kein Garant für eine höhere Arbeitsmotivation. Daher entstand das Anreizproblem aus dem Widerspruch zwischen dem wirtschaftlich notwendigen Leistungsdruck und den Legitimationsgrundlagen des Systems. Zu letzteren gehörte der Anspruch, Vollbeschäftigung zu realisieren. Er stand jedoch einer Anwendung der *ultima ratio* bei wirtschaftlich unzureichenden Ergebnissen – für den Betrieb der Konkurs und für die Beschäftigten die Entlassung – entgegen. Außerdem legitimierte die SED-Spitze ihre Herrschaft als „Arbeiter-und-Bauern-Macht", musste gleichzeitig den Arbeitern aber als eine Art Gesamtunternehmer gegenübertreten, der immer höhere Leistungen forderte. Jeder zusätzliche Leistungszwang gefährdete daher potenziell die Legitimität der SED-Macht; ein Verzicht auf ihn hatte aber die gleichen Folgen, denn er schwächte die wirtschaftliche Leistungsfähigkeit. Diesem Dilemma versuchte man mit vielfältigen Mechanismen beizukommen, um Betriebe und Beschäftigte über den bloßen Zwang und ideologisch verbrämten Druck hinaus zu höherer Leistung anzuhalten.

Der Planungsmechanismus war in den 1950er-Jahren so gestaltet, dass die Betriebe vor allem dafür belohnt wurden, wenn sie ihre Brutto-Produktion quantitativ erfüllt hatten. Qualitative Aspekte waren nachgeordnet. In dieser Perspektive erschien jede Neuerung bei den Produkten und im Fertigungsprozess als eine Störung, weshalb die Betriebe – von Ausnahmen abgesehen – kaum an Innovationen interessiert waren und diese eher vermieden. Das war für sie auch nicht problematisch, weil sie bei dem allgemeinen Warenmangel ihre Produkte ohnehin absetzen konnten. Der Mangel entstand systemisch durch das nicht knapp gehaltene Geld und durch die damit zusammenhängenden allgegenwärtigen Hortungserscheinungen und die geringen Anreize zum sparsamen Ressourceneinsatz bei den Betrieben. Das staatliche Außenhandelsmonopol, gedacht als Schutz der Volkswirtschaft vor „Störungen" von außen, tat das seine, denn es schottete die Betriebe von der internationalen Konkurrenz ab. Aus beiden Systemelementen folgte die systemimmanente Innovationsschwäche.

Die Ressourcenvorräte der Betriebe gaben ihnen die Chance, Defizite in der Ausstattung mit Rohstoffen und Vorleistungen oder mit Konsumgütern für die Beschäftigten eigenständig – außerhalb der Pläne – zu schließen. Spontan und frei von zentraler Administration tauschten die Betriebe ihre gehorteten Produkte untereinander. Das war aufwändig, aber der Nutzen war ebenfalls hoch und sicherte die Planerfüllung, das entscheidende Kriterium, für das die Betriebsverantwortlichen belohnt bzw. bestraft wurden. Gesamtwirtschaftlich trug dieser graue Markt nicht unerheblich zum Funktionieren des Systems bei. Solche Marktelemente blieben in den 1950er-Jahren ganz eindeutig den planwirtschaftlichen Instrumenten nachgeordnet, und so konnten sie die Ineffizienz nicht aufheben, die sich im Verlauf der 1950er-Jahre zeigte. Die Ressourcen der Volkswirtschaft waren nicht nur nicht optimal verteilt, sie wurden zudem oft nur unzureichend ausgenutzt. Anders formuliert: Die Volkswirtschaft der DDR zeichnete sich gleichzeitig durch permanenten Mangel und – wegen der Hortungen – scheinbaren ständigen Überfluss aus.

Mit der Planwirtschaft sowjetischen Typs konnten in den 1950er-Jahren zunächst brachliegende Produktionsfaktoren mobilisiert und hohe Wachstumsraten erreicht werden. Im Zuge dieses extensiven Wachstums wurde – verstärkt durch die innerdeutschen Wanderungsverluste – die Arbeitslosigkeit reduziert und schließlich beseitigt. Ab der zweiten Hälfte der 1950er-Jahre zeigte sich ein akuter Mangel an Arbeitskräften. Das löste zwar die versprochene Vollbeschäftigung ein. Aber dahinter verbargen sich die Hortung von Arbeitskräften in den Betrieben und damit erhebliche Produktivitätsreserven. Auch die Effektivität der Investitionen sank Ende der 1950er-Jahre. Die Grenzen des extensiven Wachstums waren erreicht, und die Wirtschaft war mit dem etablierten Lenkungsmechanismus nicht auf einen intensiven Wachstumspfad – also überwiegend durch Produktivitätssteigerung bewirktes Wachstum – zu bringen. Ein solcher Übergang konnte mit der in den 1950er-Jahren typischen

Tendenz, die Planung möglichst auf alle wirtschaftlichen Aktivitäten auszudehnen, nicht gelingen, weil damit die benannten systemimmanenten Probleme nur auf weitere Bereiche ausgedehnt wurden.

André Steiner, Möglichkeiten und Grenzen einer Planwirtschaft, in: Helga Schultz, Hans-Jürgen Wagener (Hg.), Die DDR im Rückblick. Politik, Wirtschaft, Gesellschaft, Kultur, Ch. Links Verlag, Berlin 2007, S. 140–143

1 Als „fiktiven Besitz" bezeichnet der Autor den Sachverhalt, dass in der DDR Maschinen und Fabriken offiziell Volkseigentum waren. Diese Betriebe wurden als „Volkseigene Betriebe" bezeichnet; tatsächlich waren sie Staatseigentum.

1 Erarbeiten Sie die zentralen Strukturelemente der Planwirtschaft.
2 Stellen Sie die Chancen staatlicher Planung bzw. ihre Risiken und Mängel dar.
3 Untersuchen Sie die wirtschaftlichen und politischen Folgen der Planwirtschaft in der DDR.

M 13 Alfred Müller-Armack über die soziale Marktwirtschaft, Mai 1948

Die Lage unserer Wirtschaft zwingt uns zu der Erkenntnis, dass wir uns in Zukunft zwischen zwei grundsätzlich voneinander verschiedenen Wirtschaftssystemen zu entscheiden haben, nämlich dem System der antimarktwirtschaftlichen Wirtschaftslenkung und dem System der auf freie Preisbildung, echten Leistungswettbewerb und soziale Gerechtigkeit gegründeten Marktwirtschaft. Alle Erfahrungen mit wirtschaftlichen Lenkungssystemen verschiedenster Schattierungen haben erwiesen, dass sie unvermeidlich zu einer mehr oder weniger weitgehenden Vernichtung der Wirtschaftsfreiheit des Einzelnen führen, also mit demokratischen Grundsätzen unvereinbar sind, und zweitens mangels zuverlässiger Maßstäbe infolge der Aufhebung des Preismechanismus nicht in der Lage sind, die verschiedenen Knappheitsgrade zuverlässig zu erkennen. Jede Lenkungswirtschaft hat daher in der Praxis am wirklichen volkswirtschaftlichen Bedarf „vorbeigelenkt".

Die angestrebte moderne Marktwirtschaft soll betont sozial ausgerichtet und gebunden sein. Ihr sozialer Charakter liegt bereits in der Tatsache begründet, dass sie in der Lage ist, eine größere und mannigfaltige Gütermenge zu Preisen anzubieten, die der Konsument durch seine Nachfrage entscheidend mitbestimmt und die durch niedrige Preise den Realwert des Lohnes erhöht und dadurch eine größere und breitere Befriedigung der menschlichen Bedürfnisse erlaubt. Durch die freie Konsumwahl wird der Produzent gezwungen, hinsichtlich Qualität, Sortiment und Preis seiner Produkte auf die Wünsche der Konsumenten einzugehen, die damit eine echte Marktdemokratie ausüben. Eine ähnliche, die Wirtschaft maßgeblich bestimmende Stellung vermag eine Lenkungswirtschaft der Masse der Verbraucher nicht einzuräumen. Demokratie und Lenkungswirtschaft sind eben nicht vereinbar. Um den Umkreis der sozialen Marktwirtschaft ungefähr zu umreißen, sei folgendes Betätigungsfeld künftiger sozialer Gestaltung genannt:

1. Schaffung einer sozialen Betriebsordnung, die den Arbeitnehmer als Mensch und Mitarbeiter wertet, ihm ein soziales Mitgestaltungsrecht einräumt, ohne dabei die betriebliche Initiative und Verantwortung des Unternehmers einzuengen.
2. Verwirklichung einer als öffentliche Aufgabe begriffenen Wettbewerbsordnung, um dem Erwerbsstreben der Einzelnen die für das Gesamtwohl erforderliche Richtung zu geben.
3. Befolgung einer Antimonopolpolitik zur Bekämpfung möglichen Machtmissbrauches in der Wirtschaft.
4. Durchführung einer konjunkturpolitischen Beschäftigungspolitik mit dem Ziel, dem Arbeiter im Rahmen des Möglichen Sicherheit gegenüber Krisenrückschlägen zu geben. Hierbei ist außer kredit- und finanzpolitischen Maßnahmen auch ein mit sinnvollen Haushaltssicherungen versehenes Programm staatlicher Investitionen vorzusehen.
5. Marktwirtschaftlicher Einkommensausgleich zur Beseitigung ungesunder Einkommens- und Besitzverschiedenheiten, und zwar durch Besteuerung und durch Familienzuschüsse, Kinder- und Mietbeihilfen an sozial Bedürftige.
6. Siedlungspolitik und sozialer Wohnungsbau.
7. Soziale Betriebsstrukturpolitik durch Förderung kleinerer und mittlerer Betriebe und Schaffung sozialer Aufstiegschancen.
8. Einbau genossenschaftlicher Selbsthilfe in die Wirtschaftsordnung.
9. Ausbau der Sozialversicherung.
10. Städtebauplanung.
11. Minimallöhne und Sicherung der Einzellöhne durch Tarifvereinbarungen auf freier Grundlage. Es kommt also darauf an zu erkennen, dass der Übergang zur Marktwirtschaft als einem System freiheitlicher und demokratischer Wirtschaftsordnung zugleich die Gewinnung der deutschen Menschen für die Ideale der persönlichen Freiheit und Selbstbestimmung in sich schließt. Die letzten Ziele staatsbürgerlicher Freiheit müssen mit den Zielen der wirtschaftlichen Freiheit des Einzelnen übereinstimmen.

Alfred Müller-Armack, Vorschläge zur Verwirklichung der Sozialen Marktwirtschaft, in: Genealogie der Sozialen Marktwirtschaft, Paul Haupt, Bern 1974, S. 98ff.

1 Erarbeiten Sie Voraussetzungen und Ziele der sozialen Marktwirtschaft.
2 Erläutern Sie, von welchen Wirtschaftsformen sich die soziale Marktwirtschaft abgrenzt. Nennen Sie Beispiele aus der Geschichte.
3 Erklären Sie das Menschenbild, das der sozialen Marktwirtschaft zugrunde liegt.
4 Erörtern Sie den Zusammenhang von sozialer Marktwirtschaft und Demokratie.

3.3 Sozialstruktur und Geschlechterverhältnisse

Marktgesellschaft und soziale Ungleichheit

In der Bundesrepublik hat das „Wirtschaftswunder" in Verbindung mit der staatlichen Sozialpolitik nicht nur zu einer allgemeinen Wohlstandssteigerung geführt, sondern auch die mit der Industrialisierung im 19. Jahrhundert entstandenen Klassengegensätze abgeschwächt. Von der allgemeinen Verbesserung des Lebensstandards und der stärkeren sozialen Absicherung profitierte besonders die Arbeiterschaft, deren Selbstwertgefühl zunahm. Immer mehr Menschen interpretierten die Verbesserung ihres Realeinkommens als sozialen Aufstieg und fühlten sich den Mittelschichten zugehörig. Der Soziologe Helmut Schelsky hat die westdeutsche Gesellschaft 1953 daher als **„nivellierte Mittelstandsgesellschaft"** bezeichnet. Doch müssen bei einer Analyse der bundesrepublikanischen Gesellschaft auch objektive Daten wie Einkommens- und Vermögensunterschiede berücksichtigt werden. In einer modernen Markt- und Industriegesellschaft hängen die Lebenschancen und Lebensrisiken unter anderem von den Marktchancen des Einzelnen oder gesellschaftlicher Gruppen ab. Nach dieser Interpretation, die durch Max Weber (1864–1920), den Gründervater der modernen deutschen Soziologie beeinflusst wird, gibt es in der Gesellschaft der Bundesrepublik nach wie vor soziale Ungleichheit bzw. abgrenzbare **Schichten** und marktbedingte **Klassen**.

Internettipp
www.destatis.de
Das Statistische Bundesamt und weitere Kooperationspartner stellen alle zwei Jahre den „Datenreport" mit der amtlichen Statistik und sozialwissenschaftlichen Analysen zum gesellschaftlichen Wandel in Deutschland bereit. Zahlen über Bevölkerung, Bildung, Gesundheit, Umwelt und Arbeitsmarkt werden ergänzt durch die Ergebnisse systematischer Befragungen über die Themen Armut, soziale Mobilität und Integration.

Kommunistische Diktatur und soziale Ungleichheit

Nach ihrer Verfassung von 1974 war die DDR ein „sozialistischer Staat der Arbeiter und Bauern". Zuvor hatte die SED vom Staat der DDR als „Arbeiter- und Bauernmacht" gesprochen. Diese Formulierungen sollten verdeutlichen, dass die bisher im Kapitalismus herrschenden Klassen, Wirtschaftsbürgertum und Adel, entmachtet worden seien. Die Herrschaft in Staat und Gesellschaft liege in den Händen der Arbeiterklasse. Ihre parteipolitische Vertretung, die SED als führende Partei der Arbeiterklasse, kontrollierte nach der marxistisch-leninistischen Ideologie alle Produktionsmittel. Diese Propagandathese diente der SED zur Legitimierung ihrer Macht und sollte die Illusion weitgehender sozialer Gleichheit erzeugen. Die DDR verstand sich als eine Gesellschaft, die gesellschaftliche Unterschiede einebnen wollte. Als Ziel ihrer Politik gab die SED den Übergang zur kommunistischen, klassenlosen Gesellschaft aus. Aber auch in der DDR gab es soziale Ungleichheit. Jedoch war sie nicht wie im Westen das Ergebnis marktwirtschaftlicher Strukturen und Prozesse, sondern ergab sich aus den politischen Herrschaftsverhältnissen. An der Spitze stand die Parteielite der SED, die alle Führungspositionen in Politik, Gesellschaft, Wirtschaft und Kultur übernahm. Danach folgten unterschiedliche „Dienstklassen" sowie die industrielle „Arbeiterklasse" und die ländliche „Arbeiterklasse" der „Genossenschaftsbauern".

Geschlechterverhältnisse in den späten 1940er-Jahren

In der unmittelbaren Nachkriegszeit galt es in Ost und West vor allem das Überleben der Familien zu sichern. Diese Aufgabe oblag überwiegend den Frauen, da nahezu vier Millionen Männer im Krieg gefallen und Hunderttausende durch Kriegsverletzungen arbeitsunfähig waren. Rund zwölf Millionen Männer befanden sich noch in Gefangenschaft, etwa 2,5 Millionen Frauen waren Kriegswitwen. Im Nachkriegsdeutschland gab es einen „Frauenüberschuss" von 7 Millionen. Überall verrichteten Frauen Schwerstarbeit, so bei der Schuttbeseitigung („Trümmerfrauen"), in Fabriken und auf dem Bau. Das hatte die Auflösung der überkommenen geschlechtsspezifischen Verhaltensmuster zur Folge. Die Berufstätigkeit, mit der viele Frauen in der Wiederaufbauphase ihre Familien allein finanzierten, stärkte ihr Selbstbewusstsein. Allerdings setzten sich mit der Rückkehr der Männer aus dem Krieg

M1 Trümmerfrauen in Berlin, Fotografie, 1945

und aus der Kriegsgefangenschaft besonders im Westen die alten Rollenmuster vorübergehend noch einmal durch: Der Mann sorgte mit seinem Beruf für den Lebensunterhalt, die Frau betreute Haus und Familie. Doch langfristig veränderten die Kriegs- und Nachkriegserfahrungen die Geschlechterverhältnisse.

Rechtliche Gleichstellung

Das Grundgesetz der **Bundesrepublik Deutschland** verfügt in Artikel 3 die volle Gleichberechtigung von Mann und Frau. Ursprünglich wollte die Mehrheit im Parlamentarischen Rat nur die politische Gleichberechtigung wie in der Weimarer Verfassung verankern. Damit hätten Frauen das Wahlrecht besessen, wären aber im Wirtschafts- und Familienleben nicht gleichberechtigt gewesen. Der Gleichheitsgrundsatz „Männer und Frauen sind gleichberechtigt" kam erst nach massiven Protesten der vier „Mütter" des Grundgesetzes – Elisabeth Selbert* (SPD), Helene Wessel (Zentrum), Helene Weber (CDU) und Friederike Nadig (SPD) – in die endgültige Fassung und ist seither für die gesamte Rechtsprechung verbindlich (s. S. 521). Besonders das Bundesverfassungsgericht hat in seinen Entscheidungen die Anpassung des Rechts an den Gleichheitsgrundsatz erzwungen. Die Reformen des Ehe- und Familienrechts von 1957 und 1959 entzogen dem Patriarchat in der Familie die Rechtsgrundlage, aber erst die Ehe- und Familienrechtsreform von 1977 gab die Hausfrauenehe als Leitbild auf (M 5 a, b). Gleichzeitig sorgte diese Reform durch die Neuregelung des Scheidungsrechts für eine größere Unabhängigkeit des sozial Schwächeren – in der Regel war das die Frau. Das Zerrüttungsprinzip ersetzte das Verschuldungsprinzip, Unterhalt und Versorgung wurden nach sozialen Kriterien geregelt.
Auch die Verfassung der **DDR** von 1949 schrieb in Artikel 7 die volle rechtliche, ökonomische und politische Gleichberechtigung von Mann und Frau fest. Dieses Verfassungsgebot beruhte auf der sozialistischen Theorie, nach der die Emanzipation der Frau nur in einer sozialistischen Gesellschaft möglich sei. Grundlage wirklicher Gleichberechtigung war danach nicht nur die Emanzipation der Arbeit vom Kapital, sondern auch die wirtschaftliche Unabhängigkeit der Frau vom Mann, die durch die Teilnahme der Frauen am Produktionsprozess garantiert werde. Auf der Grundlage dieser Doktrin organisierte die SED bereits in den 1950er-Jahren eine Gleichstellungskampagne, die sich auch in der Gesetzgebung niederschlug. So forderte das Familiengesetzbuch von 1966 von den Ehegatten, ihre Beziehung so zu gestalten, „dass die Frau ihre berufliche und gesellschaftliche Tätigkeit mit der Mutterschaft vereinbaren kann". Mit der Aufforderung, Frauen in den Produktionsprozess zu integrieren, verfolgte die SED mehrere Zielsetzungen. Die durch Krieg und Massenflucht in den Westen entstandenen Verluste an Arbeitskräften sollten ausgeglichen sowie die Frauen und deren Kinder im sozialistischen Sinne erzogen bzw. kontrolliert werden.

Frauenerwerbstätigkeit

Seit der Gründung der **Bundesrepublik Deutschland** hat sich die Erwerbstätigkeit der Frauen kontinuierlich erhöht (M 6 a, b). Dies resultierte weniger aus finanziellen Zwängen, sondern entsprach dem Wunsch der Frauen nach größerer Selbstständigkeit und Unabhängigkeit. Die öffentliche Einstellung zu berufstätigen Frauen hat sich dabei stark gewandelt. In den 1950er- und 1960er-Jahren sahen sich erwerbstätige Mütter, vor allem mit Kleinkindern, zum Teil scharfer Kritik ausgesetzt, weil sie als vermeintliche „Rabenmütter" ihre Interessen über das Kindeswohl stellten. Erst seit den 1970er-Jahren veränderte sich die Einstellung. Frauen, die Familienleben und Beruf miteinander verbinden wollen, werden heute von der überwiegenden Mehrheit der Gesellschaft akzeptiert. Dagegen war in der **DDR** mütterliche Erwerbstätigkeit wie selbstverständlich verbreitet. Sie wurde durch die Einrichtung

M2 Elisabeth Selbert (1896–1986) Fotografie, 1953

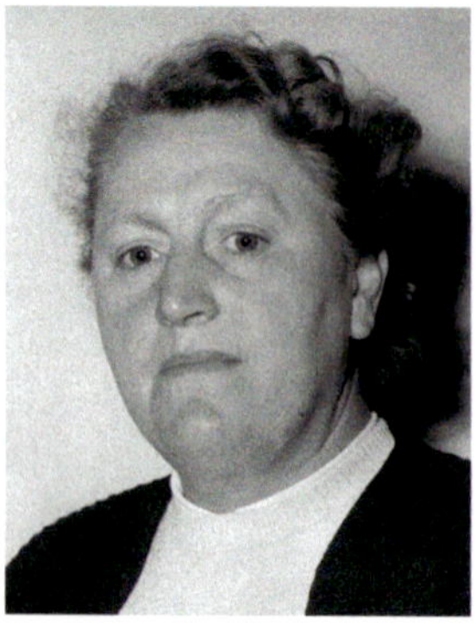

1918 Eintritt in die SPD
1926 Abiturprüfung als Externe, anschließend Jurastudium (als Mutter von zwei Söhnen)
1934 Eröffnung einer Anwaltskanzlei in Kassel, kurz bevor das NS-Regime Frauen den Zugang zum Anwaltsberuf verwehrte
1948/49 Mitglied des Parlamentarischen Rates
Bis 1958 Mitglied des Hessischen Landtages

Internettipp
www.bpb.de/themen/KYOE75,0,Frauenbewegung.html
Ein Dossier zur deutschen Frauenbewegung von 1800 bis heute von der Bundeszentrale für politische Bildung und der Stiftung Archiv der deutschen Frauenbewegung

M3 Betriebskindergarten des Kalibetriebes „Werra" in Tiefenort/Thüringen, Fotografie, 1986

von Kinderkrippen und Horten sowie durch sogenannte familienergänzende Dienstleistungen wie Wäschereien oder Reinigungsdienste unterstützt (M 3). Eine Folge des Arbeitskräftemangels in der DDR bestand darin, Frauen früher und rascher als im westlichen Teil Deutschlands den Zugang zu typischen „Männerberufen“ zu ermöglichen: Sie arbeiteten z. B. als Kranführerinnen, Ingenieurinnen oder Architektinnen. Da sich das Rollenverständnis von Männern und Frauen jedoch nur langsam änderte, mussten berufstätige Frauen die Doppelbelastung von Beruf und Haushalt bewältigen.

Frauenpolitik und Frauenbewegung

Obwohl Frauen gleichberechtigten Zugang zu allen politischen Positionen haben, waren und sind sie auf allen Ebenen stark unterrepräsentiert, besonders in den höheren Entscheidungsgremien (M 7 d, M 8). In der **DDR** war die einzige offiziell zugelassene Interessenorganisation von Frauen der Demokratische Frauenbund Deutschlands (DFD). Er durfte jedoch keine eigenständige Politik betreiben, sondern war eine Vermittlungsinstanz zwischen SED und Frauen. Der DFD hatte die marxistisch-leninistische Ideologie und die Beschlüsse der SED zu propagieren und sollte dabei vor allem die Frauen für den Einsatz in der Produktion mobilisieren.

In der **Bundesrepublik Deutschland** entwickelte sich dagegen Ende 1960er-Jahre eine eigenständige und immer selbstbewusster auftretende Frauenbewegung. Sie entstand während der Studentenbewegung und trat in den frühen 1970er-Jahren hervor mit spektakulären Aktionen gegen den Paragrafen 218, der den Schwangerschaftsabbruch unter Strafe stellte (M 4). Frauen forderten Chancengleichheit in Beruf und Politik sowie die Vereinbarkeit von Familie und Beruf für Frauen und Männer. Der Erfolg dieser Frauenbewegung in den 1970er- und 1980er-Jahren lag in der Erzeugung eines neuen gesellschaftlichen Problembewusstseins. Trotz rechtlicher Gleichstellung werden Frauen nach wie vor in vielen gesellschaftlichen Bereichen benachteiligt. Aber die sozialen Ungleichheiten zwischen den Geschlechtern erscheinen heute nicht mehr als naturgegeben, sondern als begründungs- und korrekturbedürftig.

M 4 „Fackeln wir nicht länger“: Teilnehmerinnen der „Aktion 218“ verbrennen in der Hamburger Innenstadt Ermittlungspapiere, Fotografie vom 4. März 1972

Etwa 30 Frauen, die sich öffentlich zu einer Abtreibung oder Hilfeleistung dazu bekannt hatten, steckten die ihnen von der Hamburger Staatsanwaltschaft zugeschickten Ermittlungsformulare in Brand.

1 Stellen Sie die gesellschaftlichen Unterschiede zwischen der Bundesrepublik Deutschland und der DDR anhand von Beispielen gegenüber.

M 5 Die Reformen des Ehe- und Familienrechts 1957 und 1977 in der Bundesrepublik Deutschland

a) Auszug aus dem Ehegesetz von 1957 (BGB)

§ 1356. (1) Die Frau führt den Haushalt in eigener Verantwortung. Sie ist berechtigt, erwerbstätig zu sein, soweit dies mit ihren Pflichten in Ehe und Familie vereinbar ist. […]

§ 1360. Die Ehegatten sind einander verpflichtet, durch ihre Arbeit und mit ihrem Vermögen die Familie angemessen zu unterhalten. Die Frau erfüllt ihre Verpflichtung, durch Arbeit zum Unterhalt der Familie beizutragen, in der Regel durch die Führung des Haushalts; zu einer Erwerbsarbeit ist sie nur verpflichtet, soweit die Arbeitskraft des Mannes und die Einkünfte der Ehegatten zum Unterhalt der Familie nicht ausreichen.

b) Auszug aus dem Ehegesetz von 1977 (BGB)

§ 1356. Die Ehegatten regeln die Haushaltsführung in gegenseitigem Einvernehmen. Ist die Haushaltsführung einem der Ehegatten überlassen, so leitet dieser den Haushalt in eigener Verantwortung. Beide Ehegatten sind berechtigt, erwerbstätig zu sein. Bei der Wahl und Ausübung einer Erwerbstätigkeit haben sie auf die Belange des anderen Ehegatten und der Familie die gebotene Rücksicht zu nehmen. […]

§ 1360. Die Ehegatten sind einander verpflichtet, durch ihre Arbeit und mit ihrem Vermögen die Familie angemessen zu unterhalten. Ist einem Ehegatten die Haushaltsführung überlassen, so erfüllt er seine Verpflichtung […] in der Regel durch die Führung des Haushaltes.

Susanne Asche/Anne Huschens, Frauen – Gleichberechtigung, Gleichstellung, Emanzipation?, Diesterweg, Frankfurt/M. 1990, S. 125

1 Fassen Sie die Neubestimmungen von 1957 und 1977 zusammen und vergleichen Sie diese.

M6 Weibliche Erwerbstätigkeit in der Bundesrepublik Deutschland und der DDR

a) Weibliche Erwerbsbeteiligung in der Bundesrepublik Deutschland 1950–1980

	1950	1961	1970	1980
Weibliche Wohnbevölkerung (in Mio.)	27,09	29,77	31,78	32,18
Weibliche Erwerbspersonen (in Mio.)	8,48	9,94	9,58	10,48
Weibliche Erwerbsquote (in %)	31,3	33,4	30,2	32,6
Erwerbsquote der Frauen im erwerbsfähigen Alter	44,4	48,9	49,6	52,9
Erwerbsquote verheirateter Frauen unter 60 Jahren	26,4	36,5	40,9	48,3

b) Strukturen weiblicher Erwerbsarbeit in der Bundesrepublik Deutschland 1950–1980

Weibliche Erwerbspersonen (in %)	1950	1961	1970	1980
Mithelfende Familienangehörige	32	22,1	14,5	7,9
Dienstmädchen/ Hausangestellte	9	3,4	1,4	
Arbeiterinnen in Industrie und Handel	} 51,4	30,9	34,2	} 31,4
Arbeiterinnen in der Landwirtschaft		1,1	0,6	
Angestellte und Beamtinnen		29,8	44,4	55,9
Selbstständige	7,6	7,3	5	4,8

M6a, b: Ute Frevert, Frauen-Geschichte. Zwischen Bürgerlicher Verbesserung und Neuer Weiblichkeit, edition suhrkamp, Frankfurt/M. 1986, S. 290 f.

c) Frauen im arbeitsfähigen Alter und erwerbstätige Frauen in der DDR 1955–1988

	Weibliche Bevölkerung im arbeitsfähigen Alter (in 1000)	Weibliche Erwerbstätige (in 1000)	Anteil der weiblichen Erwerbstätigkeit an der weiblichen Bevölkerung (in %)
1955	6182	3244	52,5
1970	5011	3312	66,1
1980	5257	3848	73,2
1989	5074	3962	78,1[1]

Matthias Judt (Hg.), DDR-Geschichte in Dokumenten. Beschlüsse, Berichte, interne Materialien und Alltagszeugnisse, Ch. Links Verlag, Berlin 1997, S. 214

1 Bezieht man Lehrlinge und Studierende ein, so betrug der Beschäftigungsgrad der Frauen im Jahre 1989 91,2 %.

d) Qualifikationsniveau von Frauen in den 1980er-Jahren im Ost/West-Vergleich

Frauenanteil in Bildung, Beruf, Politik (in %)	Bundesrepublik Deutschland	DDR
Studierende an Hochschulen (1989)	41	59
Promotionen (1988)	26	38
Habilitationen (1988)	9	15
Richter (1989)	18	50
Schuldirektoren (1988 bzw. 1982)	20	32
Gewerkschaftsmitglieder (1989 bzw. 1988)	25	53
Betriebsrat/BGL-Vorsitz (1986/1987)	21	50

Rainer Geißler, Die ostdeutsche Sozialstruktur unter Modernisierungsdruck, in: Aus Politik und Zeitgeschichte 19–30/1992, S. 18

1 Vergleichen Sie arbeitsteilig die weibliche Erwerbstätigkeit in beiden deutschen Staaten miteinander, indem Sie: a) den Anteil der Frauen an der Erwerbsbevölkerung untersuchen (M6a, c), b) die beruflichen Aufstiegschancen analysieren (M6b, d).

2 Bewerten Sie Ihre Untersuchungsergebnisse.

M7 Frauen im deutschen Parlament 1919–2005

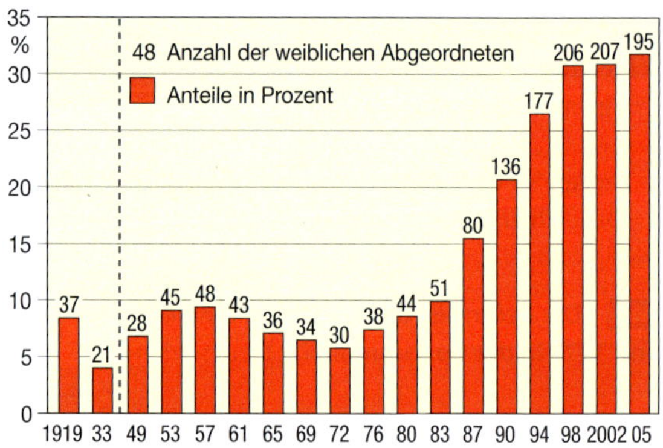

1 Analysieren Sie die Präsenz von Frauen im politischen Leben der Bundesrepublik Deutschland im Vergleich zur Weimarer Republik.

Weiterführende Arbeitsanregung

2 Untersuchen Sie, ob und inwieweit sich die Lebensverhältnisse der Frauen in Ost und West nach der Wiedervereinigung 1989/90 angeglichen haben. Konzentrieren Sie sich dabei auf die Entwicklung der Frauenerwerbstätigkeit sowie die Einstellungen der Frauen zu Ehe, Familie und Kinderbetreuung.

Literaturtipp

Klaus Schroeder, Die veränderte Republik. Deutschland nach der Wiedervereinigung, Verlag Ernst Vögel, München 2006, S. 408 ff.

4 Zwischen Abgrenzung und Entspannung – die Geschichte der innerdeutschen Beziehungen

Die 1950er-Jahre

Grundlage der Deutschlandpolitik der Regierung Adenauer war die **Westbindung der Bundesrepublik Deutschland**. Sie sollte politisch, militärisch und wirtschaftlich in die westeuropäische und atlantische Staatengemeinschaft integriert werden. Diese Politik wirkte sich auch auf das Verhältnis zwischen DDR und Bundesrepublik aus. Überzeugt von der politisch-ökonomischen Überlegenheit und demokratischen Anziehungskraft der westlichen Gesellschaft, betrieb die Bonner Regierung eine selbstbewusste Deutschlandpolitik, die sich als **„Politik der Stärke“** charakterisieren lässt. Sie beruhte auf der Erwartung, ein starker und attraktiver Weststaat könne das von der Sowjetunion gestützte System der DDR destabilisieren. Entweder werde das kommunistische Herrschafts- und Wirtschaftssystem von alleine zusammenbrechen oder die Sowjets würden unter dem Druck des Westens ihr Satellitenregime in Deutschland aufgeben. Mit dieser Politik eng verbunden war die **Ablehnung des DDR-Regimes**, weil ihm die demokratische Legitimation durch freie und geheime Wahlen fehlte. Die demokratisch organisierte Bundesrepublik Deutschland beanspruchte völkerrechtlich und politisch den **Alleinvertretungsanspruch für Gesamtdeutschland**, dessen außenpolitischer Ausdruck die **Hallstein-Doktrin*** war. Der Anspruch der Bundesregierung, alle Deutschen zu vertreten, verbot jeglichen formellen Kontakt zwischen den Regierungen in Bonn und Ost-Berlin. Die Regierung Adenauer lehnte es strikt ab, mit der DDR-Führung zu sprechen, die gesamtdeutsche freie Wahlen verweigerte und ihre diktatorische Herrschaft nur mit Gewalt aufrechterhalten konnte. Nur eine aus freien Wahlen hervorgegangene gesamtdeutsche Regierung, die völlige außen- und innenpolitische Handlungsfreiheit besäße, durfte nach Auffassung Adenauers und des Westens einen Friedensvertrag für das ganze Deutschland aushandeln.

Die **Deutschlandpolitik der DDR** war durch einen Grundwiderspruch geprägt: Auf der einen Seite bekannte sich die SED zur Wiedervereinigung. Die kommunistische DDR galt dabei als „deutsches Kerngebiet“ in einem „einheitlichen demokratischen Deutschland“, das in den Augen der SED-Führung kommunistisch sein sollte. In der ersten Hälfte der 1950er-Jahre forderte die DDR gesamtdeutsche Beratungen auf Regierungsebene. Das lehnte die Regierung Adenauer ab, weil solche Verhandlungen die politische Anerkennung der DDR durch die Bundesregierung bedeutet hätten. Auf der anderen Seite vertiefte das SED-Regime die deutsche Spaltung, indem es das eigene Herrschaftssystem festigte. Die **Wiedervereinigungs-Rhetorik** der SED darf nicht darüber hinwegtäuschen, dass sie vorrangig die **Stabilisierung und Konsolidierung der DDR** – mit oder ohne Anerkennung durch den Westen – vorantrieb. Denn seit dem Aufstand vom 17. Juni 1953 wussten die Führung der DDR und der UdSSR, dass die SED über keine Massenbasis verfügte (s. S. 532). Der Bau der Mauer 1961 zementierte die deutsche Teilung (s. S. 534).

Hallstein-Doktrin
Die nach dem Staatssekretär im Auswärtigen Amt, Walter Hallstein, benannte außenpolitische Maxime erklärte 1955 die Aufnahme diplomatischer Beziehungen mit der DDR durch dritte Staaten als „unfreundlichen Akt“ gegenüber der Bundesrepublik, der den Abbruch diplomatischer Beziehungen nach sich ziehe. Bereits im Oktober 1957 wurde die Doktrin gegenüber Jugoslawien angewandt. Die Sowjetunion als Siegermacht des Zweiten Weltkriegs war von ihr ausgenommen. Im Zuge der neuen Ostpolitik (S. 550) wurde die Hallstein-Doktrin aufgegeben.

Die 1960er-Jahre

Nach dem Mauerbau verzichtete das **SED-Regime** zunehmend auf Schuldzuweisungen an den Westen. Die SED legitimierte nun die DDR als historisch gesetzmäßiges Ergebnis der deutschen Geschichte. 1967 erklärte Ulbricht die „Vereinigung“ als „nicht real“, sie werde „es erst im Sozialismus geben“. Die Ost-Berliner Regierung konzentrierte sich zunehmend darauf, aus ihrer diplomatischen Isolierung auszubrechen und die **völkerrechtliche Aufwertung der DDR** voranzutreiben. Zahlreiche Rege-

Internettipp
www.dhm.de/lemo/html/teilung/DieZuspitzungDesKaltenKrieges/StaatsmannAdenauer/alleinvertretungsanspruch.html
Informationen des Deutschen Historischen Museums zum Alleinvertretungsanspruch

Maßnahmen der DDR-Regierung zur Erschwerung innerdeutscher Kontakte

Nov. 1964 Einführung eines zwangsweisen Devisenumtausches für Besuchsreisen in die DDR
Jan. 1967 Einstellung der Mitarbeit im alliierten Abrechnungsbüro für den innerdeutschen Post- und Fernmeldeverkehr zum Jahresende 1967
Febr. 1967 Verabschiedung eines „Gesetzes über die Staatsbürgerschaft der DDR", das die seit 1913 bestehende einheitliche deutsche Staatsbürgerschaft aufhob
Juni 1968 Einführung eines Reisepasszwanges für Ein- und Durchreise, von Ein- und Ausreisevisa und von Tagesaufenthaltsgenehmigungen für den Besuch von Berlin (Ost)

Weitere Abkommen zwischen der DDR und der Bundesrepublik

1971 Transitabkommen (erleichtert den Personen- und Güterverkehr zwischen der Bundesrepublik und West-Berlin)
1972 Verkehrsvertrag (ermöglicht unter Auflagen Reisen in das jeweils andere Land)
1974 Abkommen über Gesundheits- und Finanzprobleme
1975–1980 Mehrere Abkommen über die Verbesserung des Transitverkehrs nach Berlin (West)
1978 Festlegung des genauen Grenzverlaufs (mit Ausnahme an der Elbe)
1979 Abkommen über die Erweiterung des „kleinen Grenzverkehrs"
1983 Abkommen über die Übernahme der West-Berliner S-Bahn von der Deutschen Reichsbahn der DDR
1986 Kulturabkommen

lungen, die Kontakte zwischen den Bürgern beider deutschen Staaten erschwerten*, sollten der Bundesregierung verdeutlichen, dass allein die völkerrechtliche Anerkennung der DDR die Folgen der deutschen Teilung mindern könnte. Im Jahre 1969 forderte die DDR offiziell die Aufnahme diplomatischer Beziehungen mit Botschafteraustausch. Zwar machte die SED im Verlauf der 1960er-Jahre einige Zugeständnisse bei Reisemöglichkeiten zwischen Ost und West, doch betrachtete sie die Teilung als endgültig und wollte die in Aussicht gestellten Erleichterungen zum Hebel ihrer Anerkennungsforderungen machen. Die **Bundesregierung** hielt auch während der 1960er-Jahre am Alleinvertretungsanspruch fest. Allerdings überdachten Regierung, Parlament und Parteien seit dem Mauerbau 1961 ihre deutschlandpolitischen Prinzipien. Die Diskussionen kreisten um die Frage, ob der nationale Zusammenhalt der beiden deutschen Teilstaaten nicht besser durch eine Intensivierung der innerdeutschen Kontakte garantiert werden könne. Die Große Koalition (1966–1969) unter Bundeskanzler Kurt Georg Kiesinger (CDU) leitete einen vorsichtigen Wandel ein, der sich als **„Alleinvertretung ohne Bevormundung"** charakterisieren lässt. Verwirklichen wollte die Große Koalition ihre Ziele durch eine größere Freizügigkeit („menschliche Erleichterungen") zwischen den beiden deutschen Staaten, die zu vermehrten Kontakten führen sollte. Gedacht war an eine verstärkte wirtschaftliche und verkehrspolitische Zusammenarbeit wie auch an Vereinbarungen zum wissenschaftlichen, technischen und kulturellen Austausch. Dies erschien als Voraussetzung für spätere Verhandlungen auf Verwaltungs- und Regierungsebene.

Die 1970er-Jahre

Zu Beginn der 1970er-Jahre profitierten die deutsch-deutschen Beziehungen von der Entspannung der internationalen Beziehungen zwischen den USA und der Sowjetunion (s. S. 495 f.). Die sozial-liberale Koalition (1969–1974) Brandt/Scheel rückte von der starren Abgrenzungspolitik der vergangenen Jahrzehnte ab. Ihre **neue Ost- und Deutschlandpolitik** (s. S. 556) unterstützte und initiierte außenpolitische Entspannungsbemühungen. Einen tiefen Einschnitt in den innerdeutschen Beziehungen bewirkte der **Grundlagenvertrag von 1972** (M 3, M 4), in dem die Bundesrepublik Deutschland die DDR als zweiten deutschen Staat akzeptierte, aber deren völkerrechtliche Anerkennung vermied: Der Vertrag markierte den Übergang vom Alleinvertretungsanspruch zum Status der Gleichberechtigung zwischen beiden deutschen Staaten. Diese Politik war verbunden mit der Hoffnung auf normale, gutnachbarliche Beziehungen zwischen der Bundesrepublik Deutschland und der DDR. Das Viermächteabkommen vom September und das Transitabkommen zwischen der Bundesrepublik und der DDR vom Dezember 1971 garantierten die von der So-

M 1 Karikatur zu den Ostverträgen mit dem Titel „Menschliche Erleichterungen" aus dem Jahre 1973

1 Interpretieren Sie die Intention des Karikaturisten hinsichtlich seiner Haltung gegenüber den Ostverträgen.

wjetunion und der DDR bisher immer bestrittenen Bindungen West-Berlins an die Bundesrepublik Deutschland. Das schloss die Sicherung der Zugangswege zu dieser Stadt ein.

Auch die **DDR** passte ihre Deutschlandpolitik der internationalen Lage an und ging auf die Entspannungspolitik der Regierung Brandt/Scheel ein. Die Beziehungen zwischen der DDR und der Bundesrepublik Deutschland blieben auch nach Unterzeichnung des Grundlagenvertrages „besondere“, nicht völkerrechtliche Beziehungen. Das schlug sich in der Errichtung „Ständiger Vertretungen“ des jeweils anderen deutschen Teilstaates nieder anstelle der von der DDR gewünschten Botschaften. Insgesamt kam die SED-Regierung dem Ziel der Aufwertung ihres Staates näher. Gemeinsam mit der Bundesrepublik Deutschland wurde die DDR 1973 in die **UNO** aufgenommen und konnte dadurch gleichberechtigt an internationalen Konferenzen, z. B. der Konferenz über Sicherheit und Zusammenarbeit (KSZE) in Europa in Helsinki von 1973 bis 1975 (s. S. 497), teilnehmen. Bis 1988 erkannten 135 Staaten die DDR völkerrechtlich an. Damit war sie Mitglied der internationalen Staatenwelt geworden.

Die Entspannungspolitik besaß jedoch für die DDR eine gefährliche Kehrseite: Die Zunahme der innerdeutschen Kontakte sowie die Unterzeichnung der Helsinki-Schlussakte stärkten die oppositionellen Kräfte. Diese forderten eine Liberalisierung der SED-Herrschaft und größere Freizügigkeit, etwa bei den Reisemöglichkeiten zwischen Ost und West. Zahlreiche DDR-Bürger verlangten außerdem die Übersiedlung in die Bundesrepublik Deutschland. Die Machthaber in Ost-Berlin reagierten darauf mit Maßnahmen, die die deutsch-deutschen Beziehungen belasteten. So erschwerten sie z. B. 1979 die Berichterstattung westlicher Korrespondenten in der DDR und erhöhten im Oktober 1980 den Devisen-Zwangsumtausch* für westliche Besucher. Das richtete sich gegen ein zentrales Ziel der Bundesregierung, die Erleichterung des individuellen Reise- und Besuchsverkehrs. Die Einschränkungen bewirkten auf westdeutscher Seite eine **Ernüchterung**, die während der zweiten sozial-liberalen Koalition (1974–1982) zur Stagnation der deutsch-deutschen Beziehungen führte. Nicht davon betroffen waren die Handelsbeziehungen zwischen der Bundesrepublik Deutschland und den Staaten des RGW (s. S. 532 f.), die sich positiv entwickelten.

M2 Empfang des DDR-Staats- und Parteichefs Erich Honecker durch Bundeskanzler Helmut Kohl in Bonn 1987, Fotografie

Honecker wurde in Bonn wie ein Staatsgast, mit allen militärischen und protokollarischen Ehren, empfangen: zwei Fahnen, zwei Staatssymbole, zwei Hymnen. Für die SED-Führung ging damit ein lang ersehnter Wunsch in Erfüllung – die Anerkennung durch die Bundesrepublik Deutschland.

Devisen-Zwangsumtausch
Bezeichnung für den seit 1964 verbindlichen Mindestumtausch (1 : 1) von Mark der DDR für einreisende Bundesbürger, Westberliner und Besucher aus dem „nicht sozialistischen Ausland“.

Die 1980er-Jahre

Die Deutschlandpolitik der **christlich-liberalen Koalition** (seit 1982) unter Bundeskanzler Helmut Kohl garantierte Vertragstreue, warnte aber die DDR-Regierung davor, bisher ungeklärte Fragen wieder aufzurollen, insbesondere die völkerrechtliche Anerkennung der DDR. Die deutsche Frage sei, betonte Kohl, „rechtlich offen“. Die Regierung Kohl/Genscher intensivierte die deutsch-deutschen Beziehungen mit einem Kulturabkommen im Mai 1986 und mit vertrauensbildenden Maßnahmen wie einer Bürgschaft für **Milliardenkredite** westlicher Banken an die DDR von 1983 und 1984. Diese finanzielle Großzügigkeit trug zur Stabilisierung der DDR-Wirtschaft bei und kam damit auch der Bevölkerung zugute. Das Geflecht zwischen beiden deutschen Staaten wurde enger. Ungeachtet der pragmatischen Weiterentwicklung der innerdeutschen Beziehungen betonte die Bundesregierung jedoch die grundlegenden Unterschiede zwischen der Bundesrepublik Deutschland und der DDR: Freiheit und Verwirklichung der Menschenrechte im Westen, Unfreiheit und fehlende Umsetzung der Menschenrechte im Osten. Die deutsche Einheit war für Kohl nur in Freiheit denkbar, wobei Deutschland fest in der europäischen Staatengemeinschaft verankert sein sollte.

1 Stellen Sie die innerdeutschen Beziehungen in einem Kurvendiagramm dar.
2 Setzen Sie die Entwicklung in den Kontext des Kalten Krieges (s. S. 478 ff.).

M3 Stellungnahmen zum Grundlagenvertrag

a) Bundesaußenminister Walter Scheel (FDP) anlässlich der Paraphrasierung (November 1972)

Der Grundvertrag ist kein Schlussstein im Verhältnis zwischen den beiden Teilen Deutschlands. Er ist das für uns wichtigste Stück einer Entspannungspolitik, die in die Zukunft weist. Der Vertrag ist nur möglich geworden, weil wir vorher unsere Politik der Entspannung gegenüber Osteuropa auf breiter Front betrieben haben und mit den Verträgen von Moskau und Warschau zu einem konkreten Ergebnis kommen konnten. Der Vertrag enthält zwei Elemente, die auch unsere Deutschlandpolitik kennzeichnen. Er ändert nichts an der rechtlichen Lage in Deutschland. Dazu gehört:

1. Beide Staaten sind Teil einer Nation mit gemeinsamer Sprache, gemeinsamer Geschichte und einem engen Geflecht von Bindungen.

2. Es gibt für Deutschland noch keinen Friedensvertrag; deshalb bestehen die Rechte und Verantwortlichkeiten der vier Mächte fort. Diese Rechtspositionen haben wir im Vertrag aufrechterhalten. – Unsere Politik bleibt, auf einen Zustand des Friedens in Europa hinzuwirken, in dem das deutsche Volk in freier Selbstbestimmung seine Einheit wiedererlangt.

Aus: Weltgeschehen IV/1972

b) Professor Karl Carstens (CDU) zur Ablehnung des Vertrages durch die Opposition (Juni 1973)

(In dem Vertrag ist) sehr viel die Rede von den beiden Staaten, der BRD (Bundesrepublik Deutschland) und der DDR. Sie bekräftigen einander die Unverletzlichkeit ihrer Grenzen, sie erklären, dass keiner den anderen international vertreten kann. [...] Die Begriffe „Deutsche Nation", „Deutsche Einheit" suchen Sie in diesem Vertrag vergebens. Ja, da, wo offenbar dem Sinne nach von Deutschland als Ganzem die Rede ist, wenn nämlich von den Verantwortlichkeiten und Rechten der vier Mächte gesprochen wird, wird sorgfältig vermieden zu sagen, um welche Verantwortlichkeiten und Rechte es sich handelt, nur damit das Wort „Deutschland" in diesem Vertrag nicht erscheint. Darin, in der Nichterwähnung unseres politischen Zieles der deutschen Einheit in diesem Vertrag, liegt ein schweres, möglicherweise nicht wiedergutzumachendes historisches Versäumnis.

Aus: Weltgeschehen II/1973

c) Heinz Barche, Direktor der SED-Parteischule, in der SED-Zeitung „Freie Erde" im Dezember 1970

Wir entlarven dieses Gerede sozialdemokratischer Führer von der „Einheit der Nation" als Heuchelei. [...] Der Vertrag selbst ist die Abgrenzung von der BRD und hat nichts zu tun mit einer einfach illusionären Tendenz zur Annäherung an die BRD oder zur „Wiedervereinigung Deutschlands". Und wenn verwandtschaftliche Beziehungen beim einen oder anderen Bürger der DDR zu Bürgern der BRD bestehen, dann ist es unsere Aufgabe mitzuhelfen, dass sich diese Verwandten einreihen in die Schar der friedliebenden, progressiven, demokratischen und revolutionären Kräfte der BRD.

In der SED-Zeitung „Freie Erde", zit. nach: Der Spiegel 1972, Nr. 52, S. 44

1 Vergleichen Sie die Stellungnahmen zum Grundlagenvertrag. Berücksichtigen Sie bei Ihrem Vergleich besonders die Frage nach der „Einheit der Nation".

2 Arbeiten Sie die Einwände der Opposition gegen den Grundlagenvertrag heraus. Ziehen Sie auch das Urteil des Bundesverfassungsgerichts hinzu (M 4) und beurteilen Sie, inwieweit die Einwände dort Berücksichtigung gefunden haben.

M4 Aus dem Urteil des Bundesverfassungsgerichts vom 31. Juli 1973 über die Rechtsgültigkeit des Grundlagenvertrags

(Die DDR) ist im Sinne des Völkerrechts ein Staat und als solcher Völkerrechtssubjekt. Diese Feststellung ist unabhängig von einer völkerrechtlichen Anerkennung der [DDR] durch die Bundesrepublik Deutschland. Eine solche Anerkennung hat die Bundesrepublik Deutschland [...] nie förmlich ausgesprochen. [...] Das Besondere dieses Vertrags ist, dass er [...] ein bilateraler Vertrag zwischen [...] zwei Staaten ist [...], die Teile eines noch immer existierenden, wenn auch handlungsunfähigen, weil noch nicht reorganisierten umfassenden Staates Gesamtdeutschland mit einem einheitlichen Staatsvolk sind. [...] Die Bundesregierung verliert durch den Vertrag nicht den Rechtstitel, überall im internationalen Verkehr, auch gegenüber der [DDR], nach wie vor die staatliche Einheit des deutschen Volkes im Wege seiner freien Selbstbestimmung fordern zu können und in ihrer Politik dieses Ziel mit friedliebenden Mitteln und in Übereinstimmung mit den allgemeinen Grundsätzen des Völkerrechts anzustreben. Für die Frage, ob die Anerkennung der Grenze zwischen den beiden Staaten als Staatsgrenze mit dem Grundgesetz vereinbar ist, ist entscheidend die Qualifizierung als staatsrechtliche Grenze zwischen zwei Staaten, deren „Besonderheit" ist, dass sie auf dem Fundament des noch existierenden Staates „Deutschland als Ganzes" existieren, dass es sich also um eine staatsrechtliche Grenze handelt ähnlich denen, die zwischen den Ländern der Bundesrepublik Deutschland verlaufen. [...] Sie ist in (dieser) Qualifizierung (und nur in dieser Qualifizierung) mit dem Grundgesetz vereinbar.

Bundesministerium für innerdeutsche Beziehungen (Hg.), DDR-Handbuch I, Köln [3]1985, S. 192 ff.

1 Arbeiten Sie heraus, wie das Bundesverfassungsgericht den Grundlagenvertrag bewertet.

2 Stellen Sie dar, welchen Rechtsstatus die DDR aufgrund des Urteils hatte.

5 Deutschland 1961–1989: Konkurrenz der Systeme

5.1 Bundesrepublik Deutschland: die geglückte Demokratie

Liberalisierung

Der Bau der Mauer löste in der Bundesrepublik Deutschland einen Schock aus. Dass Bundeskanzler Adenauer Berlin erst neun Tage nach dem Mauerbau besuchte, empörte viele Menschen. Diese mangelnde Solidarität mit den West-Berlinern erwies sich als schwerer politischer Fehler und leitete den raschen **Autoritätsverfall des Bundeskanzlers** ein. In der Bundestagswahl vom September 1961 verlor die CDU/CSU ihre absolute Mehrheit im Deutschen Bundestag, während die Sozialdemokraten nun von Wahl zu Wahl Stimmengewinne erzielten (M 2). Das lag nicht nur an ihrem Kanzlerkandidaten, dem West-Berliner Regierenden Bürgermeister Willy Brandt. Die **SPD** hatte sich darüber hinaus seit Verabschiedung des **Godesberger Programms** 1959 von ihrer marxistischen Vergangenheit losgesagt. Sie verstand sich nicht länger als Partei der Arbeiterklasse, die den Kapitalismus verdammte und dem Klassenkampf wie einer starren Planung der Wirtschaft das Wort redete. Vielmehr wandelte sich die SPD seitdem zu einer modernen Volkspartei, die sich zu Privateigentum und Marktwirtschaft, zum demokratischen Wettstreit der Ideen und Reformpolitik bekannte.

Adenauers Ansehensverlust wurde durch die **„Spiegel-Affäre"*** vom Oktober 1962 verstärkt. Landesweit wurde gegen das Vorgehen der Regierung protestiert (M 1). Prominente solidarisierten sich mit dem „Spiegel", die gesamte deutsche Medienlandschaft verwahrte sich gegen Eingriffe in die Pressefreiheit, und in zahlreichen Städten fanden große Demonstrationen statt. Diese außerordentliche öffentliche Resonanz verdeutlichte einen grundlegenden Wandel in der Bundesrepublik Deutschland: Alte obrigkeitsstaatliche Mentalitäten wichen zunehmend freiheitlich-liberalen Denk- und Verhaltensmustern. Dieser Liberalisierungsschub schlug sich auch in einem Wandel von Einstellungen und Vorstellungen der Bevölkerung während der 1960er-Jahre nieder, wie Meinungsumfragen zeigen. **Normen und Werte** wie Disziplin, Gehorsam und Unterordnung verloren an Bedeutung, während Ideale wie Emanzipation, Mitbestimmung und Individualismus das Leben zunehmend bestimmten.

M 1 Proteste gegen die Durchsuchung der „Spiegel"-Redaktion, Fotografie, 1962

„Spiegel-Affäre"
Nach einem kritischen Bericht des Nachrichtenmagazins „Der Spiegel" über ein NATO-Manöver wurden auf Veranlassung des CSU-Politikers und Verteidigungsministers Franz-Josef Strauß (1915–1988) die Redaktionsräume der Wochenzeitschrift besetzt und der Herausgeber Rudolf Augstein sowie mehrere Redakteure wegen des Verdachts auf Landesverrat verhaftet. Der Koalitionspartner FDP, auf den die CDU seit den Bundestagswahlen von 1961 angewiesen war, sah darin eine Verletzung von Grundrechten und zog seine Minister aus dem Kabinett zurück. Adenauer konnte die Regierungskrise nur überwinden, indem er Strauß zum Rücktritt drängte und einen Wechsel im Kanzleramt für den Herbst 1963 ankündigte, was von der FDP akzeptiert wurde.

Zeit des Übergangs

1963 endete nach 14 Jahren die Regierungszeit Adenauers, **Ludwig Erhard** (s. S. 540) übernahm das Kanzleramt. Der langjährige Wirtschaftsminister galt als Vater des „Wirtschaftswunders" und war ausgesprochen beliebt. Obwohl er 1965 wegen dieser Popularität einen glänzenden Wahlsieg für die CDU/CSU bei den Bundestagswahlen erkämpfte (M 2), verlor er in seiner Partei zunehmend an Rückhalt. Nachdem die FDP im Oktober 1966 aus der Regierungskoalition ausgetreten war, zwangen seine Parteifreunde Erhard zum Rücktritt. Er erschien den Unionsparteien nicht geeignet für den von ihnen angestrebten Aufbruch. Noch schwerer wog, dass der Bundeskanzler in Wirtschaftsfragen an Autorität verlor. Während seiner Regierungszeit zeigten sich Wachstumsschwächen. Im Ruhrbergbau setzte ein Zechensterben ein, da die heimische Kohle nicht mehr mit dem auf dem Weltmarkt preiswerten Heizöl konkurrieren konnte. Erhard schätzte die Krise falsch ein und vertraute auf die Wirksamkeit des Marktes, anstatt Konjunktur stützende Maßnahmen einzuleiten. Diese Politik erschien nicht mehr zeitgemäß und rief Verunsicherung und Ärger bei vielen Menschen hervor. Auch wenn sich die Rezession

M2 Bundestagswahlen 1949–2005 (Ergebnisse in Prozent der gültigen Zweitstimmen)

	1949	1953	1957	1961	1965	1969	1972	1976	1980	1983	1987	1990	1994	1998	2002	2005
Wahlber. (Mio.)	31,2	33,1	35,4	37,4	38,5	38,7	41,4	42,1	43,2	44,1	45,3	60,9	60,5	60,8	61,4	61,9
Wahlbet. (%)	78,5	86,0	87,8	87,7	86,8	86,7	91,1	90,7	88,6	89,1	84,3	77,8	79,0	82,2	79,1	77,7
CDU/CSU	31,0	45,2	50,2	45,4	47,6	46,1	44,9	48,6	44,5	48,8	44,3	43,8	41,4	35,1	38,5	35,2
SPD	29,2	28,8	31,8	36,2	39,3	42,7	45,8	42,6	42,9	38,2	37,0	33,5	36,4	40,9	38,5	34,2
FDP	11,9	9,5	7,7	12,8	9,5	5,8	8,4	7,9	10,6	7,0	9,1	11,0	6,9	6,2	7,4	9,8
Die Grünen	–	–	–	–	–	–	–	–	1,5	5,6	8,3	3,8	–	–	–	–
Bündnis 90/Grüne	–	–	–	–	–	–	–	–	–	–	–	1,2	7,3	6,7	8,6	8,1
PDS	–	–	–	–	–	–	–	–	–	–	–	2,4	4,4	5,1	4,0	8,7
DP	4,0	3,3	3,4	–	–	–	–	–	–	–	–	–	–	–	–	–
GB/BHE	–	5,9	4,6	2,8	–	0,1	–	–	–	–	–	–	–	–	–	–
Zentrum	3,1	0,8	0,3	–	–	–	–	–	–	–	–	–	–	–	–	–
Bayernpartei	4,2	1,7	0,5	–	–	0,2	–	–	–	–	–	–	–	–	–	–
DRP, NPD, Republikaner	1,8	1,1	1,0	0,8	2,0	4,3	0,6	0,3	0,2	0,2	0,6	2,1	–	–	1,0	2,2
KPD, DFU, DKP	5,7	2,2	–	1,9	1,3	–	0,3	0,3	0,2	0,2	–	–	–	–	–	–
Sonstige	9,1	1,5	0,5	0,1	0,3	0,8	–	0,3	0,1	–	0,2	2,2	3,6	5,9	1,8	1,6

DP = Deutsche Partei;
GB/BHE = Gesamtdeutscher Block/ Bund der Heimatvertriebenen und Entrechteten;
DRP = Deutsche Reichspartei;
DFU = Deutsche Friedensunion

Statistische Jahrbücher für die Bundesrepublik Deutschland; Bundeswahlleiter

als vorübergehender Wachstumseinschnitt in einem langen Wirtschaftsaufschwung von den 1950er- bis zu den beginnenden 1970er-Jahren herausstellte, profitierte die rechtsradikale NPD von dieser Stimmung und zog vorübergehend in einige Landesparlamente ein.

Reformpolitik

Von 1966 bis 1969 wurde die Bundesrepublik Deutschland von einer **Großen Koalition** unter Bundeskanzler Kurt-Georg Kiesinger regiert, denn die CDU/CSU wollte nicht länger mit der FDP regieren. Die SPD, vor allem ihr Fraktionsvorsitzender Herbert Wehner, hatte schon seit Jahren auf eine Große Koalition hingearbeitet, um ihre Regierungsfähigkeit zu beweisen. Diese Regierung zeigte sich außerordentlich reformfreudig. Unter Wirtschaftsminister Karl Schiller (SPD) begann eine **neue Phase der Wirtschaftspolitik**, die dem Staat eine wichtige Funktion bei der Steuerung der Wirtschaft zusprach. Eine antizyklische Wirtschaftspolitik*, die auf den Lehren des englischen Ökonomen John Maynard Keynes (s. S. 353) beruhte, trug maßgeblich zur Überwindung der Wirtschaftskrise bei. Statt den Markt „dem freien Spiel der Kräfte“ zu überlassen, plädierte Schiller für vorausschauende Arbeitsmarktpolitik, mittelfristige Finanzplanung und staatliche Globalsteuerung. Diese Ziele, die er 1967 in dem gemeinsam mit Finanzminister Franz-Josef Strauß (CSU) durchgesetzten Stabilitätsgesetz umriss, werden als „magisches Viereck“ bezeichnet: Preisstabilität, außenwirtschaftliches Gleichgewicht, gleichmäßiges Wirtschaftswachstum und hoher Beschäftigungsstand.

Antizyklische Konjunkturpolitik
Der Staat unterstützt die Wirtschaft in Zeiten der Rezession durch Investitions- und Arbeitsbeschaffungsprogramme sowie durch Steuersenkungen. Die dafür notwendigen Mittel sollen in Zeiten der Hochkonjunktur angespart werden.

Außerdem reformierte die Große Koalition 1969 die Rechte und Pflichten von Bund und Ländern. Mit der Neuregelung des **Länderfinanzausgleichs**, nach dem die „reichen“ den „armen“ Bundesländern Geld zur Verfügung zu stellen hatten, vertrat sie einen **„kooperativen Föderalismus“**. Rechtspolitische Reformen **liberalisierten das Strafrecht**. Eine der wichtigsten Neuerungen bestand darin, künftig weniger den Sühnegedanke als vielmehr den Grundsatz der Resozialisierung – der Wiedereingliederung des Täters in die Gesellschaft – in den Mittelpunkt der

Rechtsprechung zu stellen. Eine der umstrittensten Reformen war die Verabschiedung der **Notstandsgesetze** 1968, die alliierte Souveränitätsrechte ablösen sollten. Die drei Westmächte verfügten seit dem Deutschlandvertrag (1952 verabschiedet, 1954 geändert und 1955 in Kraft getreten) neben den Rechten über „Deutschland als Ganzes" über Sonderrechte im Falle eines Notstandes wie Naturkatastrophen oder militärische Angriffe. Die Kritik an den Notstandsgesetzen richtete sich weniger gegen die Regelungen für den „äußeren Spannungsfall". Der Protest zielte vielmehr auf die im Gesetz vorgesehenen Maßnahmen bei „inneren Unruhen". Viele Bürger befürchteten einen schleichenden Übergang in die Diktatur, die Gewerkschaften den Einsatz von Polizei und Bundeswehr bei Streiks. Erst nachdem in Artikel 9 des Grundgesetzes die Geltung von Notstandsregelungen für Arbeitskämpfe ausgeschlossen und in Artikel 20 Absatz 4 ein Widerstandsrecht der Bürger gegen eine missbräuchliche Anwendung der Notstandsgesetze eingeführt worden war, erhielten die Notstandsgesetze im Deutschen Bundestag die erforderliche Mehrheit. Nur die Große Koalition konnte diese Grundgesetzänderungen mit der notwendigen Zweidrittelmehrheit durchsetzen. Die bisherigen CDU/CSU-FDP-Koalitionen besaßen diese Mehrheiten nicht.

Internettipp
www.dhm.de/lemo/html/teilung/KontinuitaetUndWandel/GrosseKoalition/notstandsgesetze.html
Informationen des Deutschen Historischen Museums Berlin zu den Notstandsgesetzen

„1968er-Bewegung"

Mit der Bildung der Großen Koalition übernahmen die 49 FDP-Abgeordneten die Aufgabe der parlamentarischen Opposition. Viele Bürger fragten sich, ob diese Minderheit eine echte Oppositionsarbeit leisten könne. Dieses Unbehagen sowie die Verabschiedung der Notstandsgesetze trugen mit zur Entstehung einer **außerparlamentarischen Opposition (APO)** bzw. der **Studentenrebellion** bei, die 1968 ihren Höhepunkt erlebte. Diese weltweite Protestbewegung besaß auch spezifisch deutsche Wurzeln: Sie richtete sich nicht nur gegen die Notstandsgesetze, sondern auch gegen Missstände an den Universitäten und gegen die unzureichende Auseinandersetzung der Elterngeneration mit der nationalsozialistischen Vergangenheit. Darüber hinaus protestierten die Studenten gegen den immer brutaler werdenden Vietnamkrieg (s. S. 491 f.) und die Ausbeutung der Dritten Welt. Eine einheitliche Protestbewegung war die 68er-Bewegung nicht. Die „Kinder von Marx und Coca Cola", wie sie der französische Filmregisseur Jean-Luc Godard einmal nannte, vertraten unterschiedliche Ideen, die sich aus Marxismus, Kapitalismuskritik, Klassenkampf und Imperialismustheorie speisten. „In den Unruhen", so lautet die Bilanz des Historikers Edgar Wolfrum, „bestand die bundesdeutsche Demokratie ihre Feuertaufe, und es gab einen Schub hin zu einer langfristigen Verwestlichung. Aber man kann 1968 schwer auf einen einzigen Nenner bringen, es war vieles zugleich: Protestbewegung, Generationenkonflikt, Kulturrevolution, Renaissance marxistischen Denkens, Auseinandersetzung mit dem Nationalsozialismus, Durchbruch einer liberaleren Sexualmoral, Verharmlosung und Legitimierung von Gewalt bis hin zum Terrorismus."

M3 Vietnam-Demonstration in Berlin, Fotografie vom 18. Februar 1968

Sieben- bis achttausend Menschen nahmen an der Demonstration teil. Die Transparente zeigen Porträts von Che Guevara, Ho Chi Minh, Lenin, Rosa Luxemburg und Trotzki.

Internettipp
www.bpb.de/themen/UEZYL5,0,0,Die_68erBewegung.html
Ein Dossier der Bundeszentrale für politische Bildung zum Jahr 1968

Entspannung und internationale Aussöhnung

Die 1970er-Jahre waren geprägt durch **internationale Entspannung** (s. S. 495 f.), die sich auch auf die innerdeutschen Beziehungen auswirkte (s. S. 549 ff.) und eine neue Ostpolitik ermöglichte. Sie legte das Fundament für die Verständigung mit dem Osten und ergänzte die **Westbindung Adenauers**. Die nach Westen orientierte Politik des ersten Bundeskanzlers zielte sowohl auf eine enge politische, militärische und wirtschaftliche Ausrichtung an die westliche Führungsmacht USA als auch auf die Integration der Bundesrepublik Deutschland in die europäische Staatengemeinschaft (s. S. 598 ff.). Ein Schwerpunkt bestand dabei in der Aussöhnung mit dem angeblichen „Erbfeind" Frankreich, der seit den 1950er-Jahren zu einer Politik der Kooperation mit der Bundesrepublik im Rahmen der nun beginnenden europäischen

Internettipp
www.dhm.de/lemo/html/teilung/KontinuitaetUndWandel/NeueOstpolitik/index.html
Das Deutsche Historische Museum über die Neue Ostpolitik und ihre Folgen

www.auswaertiges-amt.de
Unter dem Stichwort „deutsch-französische Zusammenarbeit" der Text des Élysée-Vertrages sowie ein historischer Überblick der bilateralen Beziehungen

Internettipp
www.dfjw.org
Das Deutsch-Französische Jugendwerk fördert den Jugendaustausch zwischen beiden Ländern und gibt praktische Tipps zu Frankreich-Aufenthalten für Schüler und Studenten.

Einigung übergegangen war. Die Annäherung beider Staaten gipfelte 1962 in gegenseitigen Staatsbesuchen der Regierungschefs und im Vertrag über die deutsch-französische Zusammenarbeit, dem **Élysée-Vertrag von 1963**. Das Abkommen sah regelmäßige deutsch-französische Konsultationen und Absprachen vor und legte als besonders wichtige Bereiche die europäische Zusammenarbeit, die Ost-West-Beziehungen, die NATO, den Jugendaustausch und die Kulturbeziehungen fest.

Die Ostverträge

Die **Ostpolitik der sozial-liberalen Koalition** (SPD-FDP) unter Bundeskanzler Willy Brandt* (SPD), die Deutschland von 1969 bis 1974 regierte, verfolgte zwei grundlegende Ziele: Die durch den Zweiten Weltkrieg in Europa geschaffenen Realitäten sollten anerkannt und die politischen, wirtschaftlichen und kulturellen Beziehungen zwischen Ost und West vertieft werden, um die zunehmende Entfremdung zwischen den Menschen aufzuhalten. Ein „geregeltes Nebeneinander" zwischen den Machtblöcken bot auch die Chance, Spannungen zwischen den Militärallianzen zu vermindern und ein Klima des Vertrauens für Verhandlungen und gesellschaftliche Veränderungen im Ostblock zu schaffen. Zwischen 1969 und 1979 vereinbarten die sozialliberalen Regierungen – 1974 übernahm der Sozialdemokrat Helmut Schmidt* das Bundeskanzleramt und regierte bis 1982 mithilfe einer sozial-liberalen Koalition – mit allen Ostblockstaaten die Aufnahme diplomatischer Beziehungen und regelten in mehreren Verträgen die Deutschland- und Ostpolitik neu. Grundlage aller Verträge war der Verzicht auf Gewalt zur Durchsetzung von Grenzveränderungen. Im **Moskauer Vertrag** vom August 1970 erkannte die Bundesrepublik Deutschland gegenüber der Sowjetunion die bestehenden Grenzen in Europa einschließlich der Oder-Neiße-Grenze und der Demarkationslinie zwischen beiden deutschen Staaten faktisch an. Die UdSSR verzichtete ihrerseits auf das ihr als Siegermacht zustehende Interventionsrecht in der Bundesrepublik Deutschland. Die im Moskauer Vertrag enthaltene Erklärung, dass die Bundesrepublik Deutschland keinerlei Gebietsansprüche habe und die Grenze zwischen Polen und Deutschland „unverletzlich" sei, bildete auch den Kern des **Warschauer Vertrages** (M 10). Vielleicht noch wichtiger als der Vertrag selbst, der im Dezember 1970 zwischen Westdeutschland und Polen abgeschlossen wurde, war eine weltweit beachtete spontane Geste Willy Brandts: Er kniete vor dem Denkmal nieder, das an den Warschauer Ghetto-Aufstand von 1943 erinnerte (M 11). Brandts Kniefall verhalf der neuen Ostpolitik zum Durchbruch. Zwar gab es in der Bundesrepublik Deutschland heftige Diskussionen über die Ratifizierung der Verträge von Moskau und Warschau. Doch immer mehr Menschen im Westen sahen ein, dass sie die Folgen des Zweiten Weltkrieges akzeptieren mussten. Dieser Krieg war von Deutschland begonnen und mit beispielloser Brutalität im Osten geführt worden (s. S. 449 ff.). Das Umdenken erleichterte die Versöhnung mit den östlichen Nachbarn. Verträge und Konferenzen bildeten dabei die Grundlage für die Begegnung der Bürger, die allmählich ihre gegenseitigen Feindbilder und Vorurteile abbauten. Die neue Ostpolitik festigte so den bereits in der Adenauerzeit begründeten Ruf der Bundesrepublik Deutschland als Friedensmacht.

Willy Brandt (1913–1992)
Seit 1930 SPD-Mitglied
1933 Emigration nach Norwegen
1938 Ausbürgerung durch den NS-Staat
1940–1945 Exil in Schweden
1945 Rückkehr nach Deutschland
1947 Einbürgerung in Deutschland
1949–1957 und
1969–1983 Mitglied des Deutschen Bundestages
1955–1957 Präsident des West-Berliner Abgeordnetenhauses
1957–1966 Regierender Bürgermeister von West-Berlin
1964–1987 Vorsitzender der SPD
1966–1969 Bundesaußenminister und Vizekanzler in der Großen Koalition
1969–1974 Bundeskanzler der sozial-liberalen Koalition
1971 Verleihung des Friedensnobelpreises

M4 SPD-Wahlplakat zur Bundestagswahl 1972

„Modell Deutschland"

Als im März 1969 der Kandidat der SPD, **Gustav Heinemann**, mit den Stimmen der FDP zum Bundespräsidenten gewählt wurde, interpretierte er seine Wahl als **„ein Stück Machtwechsel"**, der nach den Bundestagswahlen im Herbst 1969 weitergeführt werden sollte. Tatsächlich reichte die dünne Mehrheit im neu gewählten Parlament für einen Regierungswechsel: 251 von 495 Abgeordneten wählten im Oktober 1969 Willy Brandt zum Bundeskanzler; Vizekanzler und Außenminister wurde der FDP-Politiker Walter Scheel.

Brandt wollte nicht nur einen friedens- bzw. außenpolitischen Aufbruch in der Bundesrepublik Deutschland durchsetzen, sondern auch einen gesellschaftspolitischen Neuanfang einleiten. In seiner Regierungserklärung rief er 1969 zu **„mehr Demokratie wagen"** auf. Tatsächlich nahmen das Interesse der Bürger an Politik und das politische Engagement zu. Die „Basis" der Parteien und Gewerkschaften wurde aktiver und verlangte Mitsprache. Viele Bürger organisierten sich in Bürgerinitiativen, um ihre Interessen direkt zu vertreten. Außerdem setzte die sozialliberale Koalition zwischen 1969 und 1973/74 zahlreiche **sozialpolitische Reformen** durch, die den Wohlfahrtsstaat großzügig ausbauten: Die Regierung führte eine Mindestrente ein und erhöhte das Rentenniveau, schuf das Bafög (Studienförderung für Schüler und Studenten) und gewährte einkommensunabhängig Kindergeld, weitete die Krankenversicherung aus und erhöhte das Wohngeld, verbesserte den Arbeitsschutz und die Arbeitssicherheit. Friedenspolitik, Demokratisierung sowie der Ausbau des Sozialstaats bei gleichzeitiger Vollbeschäftigung verbanden sich in dem Begriff vom „Modell Deutschland". Viele Bürger, ob sie nun den Sozialdemokraten nahestanden oder nicht – fühlten sich von dem SPD-Slogan im Wahlkampf 1972 angesprochen: „Deutsche, wir können stolz sein auf unser Land" (M4). Doch die Reformen kosteten Geld. Innerhalb von nur fünf Jahren stieg das Sozialbudget des Staates um mehr als ein Drittel. Dieses Geld stand immer weniger zur Verfügung, denn Weltwirtschaftskrisen verengten in den 1970er-Jahren zunehmend die haushaltspolitischen Spielräume.

Weltwirtschaftskrisen und Krisenmanagement

In den Jahren 1973/74 endete der Wirtschaftsaufschwung, der in den 1950er-Jahren begonnen hatte. Ausgelöst wurde der Konjunktureinbruch, der mit zunehmenden Arbeitslosenzahlen einherging, durch den **Ölpreisschock von 1973**, der die gesamte Weltwirtschaft traf. Ursache der Ölkrise war der Nahost-Konflikt (s. S. 590 ff.): Während des sogenannten Jom-Kippur-Krieges zwischen Israel und einigen arabischen Staaten im Oktober 1973 und noch einmal Ende der 1970er-Jahre versuchten mehrere Mitgliedsländer der OPEC (s. S. 608 f.), Öl als politische Waffe gegen westliche, pro-israelische Staaten einzusetzen, indem sie die Fördermenge drosselten und so den Ölpreis nach oben trieben. Die Bundesrepublik Deutschland musste erhebliche Summen für Ölimporte ausgeben. Dieses Geld fehlte dem Staat seitdem zur Finanzierung der Reformen und des Sozialstaates. Auch die Bürger litten unter den erhöhten Ausgaben für Heizöl und Benzin. Die Bundesregierung reagierte auf die verschlechterte wirtschaftliche Lage mit Maßnahmen zur Energieeinsparung. Hierzu gehörten auch Fahrverbote an vier Sonntagen. Dem Krisenmanagement des seit 1974 amtierenden Bundeskanzlers Helmut Schmidt* gelang es, die Bundesrepublik Deutschland relativ unbeschadet durch die Weltwirtschaftskrisen zu manövrieren. Bis 1977 konnte die SPD/FDP-Koalition den Bundeshaushalt konsolidieren, indem sie die Beiträge zur Arbeitslosenversicherung erhöhte und Sozialleistungen kürzte. Dennoch stiegen die Staatsschulden.

Auch die seit 1982 regierende christlich-liberale Koalition unter Bundeskanzler Helmut Kohl* (CDU) stand vor der Aufgabe, die deutsche Volkswirtschaft an die neuen weltwirtschaftlichen Anforderungen im Zeitalter der Globalisierung anzupassen und die öffentlichen Haushalte weiter zu konsolidieren (M8, M9). Zwar erholte sich die Wirtschaft in den 1980er-Jahren wieder und die Wachstumsraten stiegen. Davon profitierten die klassischen deutschen Industriezweige Auto, Chemie und Maschinenbau, während sich der Niedergang von Branchen wie Kohle, Stahl und Werften fortsetzte oder beschleunigte. Neu an der wirtschaftlichen Situation war, dass der konjunkturelle Aufschwung kaum Arbeitsplätze schuf. Die anhaltende Massenarbeitslosigkeit blieb das zentrale Problem der Wirtschaftspolitik.

M5 Helmut Schmidt (geb. 1918), Fotografie, 1979

Seit 1946 Mitglied der SPD
1953–1962 und
1965–1987 Abgeordneter des Deutschen Bundestages
1961–1965 Innensenator von Hamburg
1968–1984 Stellvertretender Parteivorsitzender der SPD
1969–1972 Verteidigungsminister
1972 Wirtschafts- und Finanzminister
1972–1974 Finanzminister
1974–1982 Bundeskanzler
Seit 1983 Mitherausgeber der Wochenzeitung „Die Zeit"

M6 Helmut Kohl (geb. 1930), Fotografie, 1986

Seit 1947 Mitglied der CDU
1966–1973 CDU-Vorsitzender in Rheinland-Pfalz
1969–1976 Ministerpräsident von Rheinland-Pfalz
1969–1973 Stellvertretender Bundesvorsitzender der CDU
1973–1998 CDU-Vorsitzender
1976–1982 Vorsitzender der CDU/CSU-Bundestagsfraktion
1982–1998 Bundeskanzler

Internettipp
www.bpb.de/themen/TSS56U,0,Die_Geschichte_der_RAF.html
Ein Dossier der Bundeszentrale für politische Bildung zur Geschichte der RAF

Terrorismus

Überschattet wurden die 1970er- und 1980er-Jahre in der Bundesrepublik Deutschland durch den Terrorismus der **„Rote-Armee-Fraktion" (RAF)**, die mit Bombenanschlägen und Attentaten auf führende Personen des öffentlichen Lebens, wie z. B. 1977 auf den Arbeitgeberpräsidenten Hanns-Martin Schleyer, die Bundesrepublik Deutschland erschütterte. Insgesamt tötete die RAF bis 1993 34 Menschen und verletzte über 200 zum Teil schwer. Obwohl die Terroristen keinen Rückhalt in der Bevölkerung besaßen, brachten die staatlichen Reaktionen wie polizeiliche Aufrüstung, verschärfte Haftbedingungen und eingeschränkte Verteidigerrechte der Bundesregierung den Vorwurf ein, die Bundesrepublik sei auf dem Weg in den Polizeistaat. Insgesamt hat der Rechtsstaat der Herausforderung durch den Terrorismus jedoch standgehalten.

M7 „Die Grenzen des Wachstums", deutsche Ausgabe des Berichts des Club of Rome zur Lage der Menschheit, 1973

Der 1968 gegründete Club of Rome ist eine internationale Vereinigung von renommierten Vertretern aus Wissenschaft, Kultur, Wirtschaft und Politik, die sich für eine lebenswerte und nachhaltige Zukunft der Menschheit einsetzen. In seinem ersten, 1973 erschienenen Bericht veröffentlichten die Autoren präzise Prognosen über die Langzeitentwicklung der weltweit verflochtenen Probleme Industrialisierung, Bevölkerungszunahme, Unterernährung, Rohstoffverknappung und Umweltzerstörung. Der millionenfach verkaufte Bericht förderte die Entstehung eines ökologischen Bewusstseins.

Neue soziale und politische Bewegungen

Die Ölkrise 1973/74 leitete nicht nur eine Reihe von Weltwirtschaftskrisen ein, sondern bewirkte auch einen Mentalitätswandel, der sich in folgenden Fragen verdichten lässt: Wie zukunftsfähig ist die konsumorientierte Industriegesellschaft, die Berge von Müll produziert und eine zerstörte Natur hervorbringt? Sind die Rohstoffvorkommen auf der Welt unerschöpflich oder gibt es Grenzen des Wachstums (M 7)? In den 1970er-Jahren begann eine bis heute anhaltende intensive Diskussion über umweltzerstörende Produktionstechniken oder die Auswirkungen des Autoverkehrs. Das Verhältnis von Ökonomie und Ökologie entwickelte sich zu einem zentralen gesellschaftlichen Problem.
Das wachsende Bewusstsein für ökologische Themen führte bereits in den beginnenden 1970er-Jahren zur Entstehung **„neuer sozialer"** oder **„alternativer" Bewegungen**, die sich für die Erhaltung der natürlichen Umwelt einsetzten, gegen Atomkraftwerke protestierten oder sich in der Friedensbewegung engagierten. Diese erreichte in den 1970er- und 1980er-Jahren eine ungewöhnliche Mobilisierung in allen Bevölkerungsschichten, als sie gegen die von der Regierung Schmidt durchgesetzte und von der Regierung Kohl konsequent verfolgte Nachrüstungspolitik protestierte. Der Widerstand richtete sich gegen den sogenannten **NATO-Doppelbeschluss** von 1979: Weil der Warschauer Pakt die Westeuropa bedrohenden Mittelstreckenraketen vermehrt und modernisiert hatte, beschloss die NATO zur Abschreckung die Aufstellung von 572 nuklearen US-Gefechtsköpfen in Westeuropa; gleichzeitig betonte sie ihre Verhandlungsbereitschaft über die Begrenzung der Raketenrüstung.
In der Tradition der Studentenbewegung waren Straßendemonstrationen, symbolische Besetzungen und Mahnwachen Ausdrucksmittel der neuen Protestbewegung. Einige Mitglieder dieser außerparlamentarischen Bewegungen wollten die Politik wirksamer als bisher mitgestalten und gründeten im Frühjahr 1979 die **„Grüne Partei"**, die bei Wahlen in Bremen und Baden-Württemberg auf Anhieb den Sprung in die Länderparlamente schaffte. Ursache für den Erfolg der Grünen (seit 1993 „Bündnis 90/Die Grünen") war deren entschiedenes Eintreten für Umweltfragen und die Enttäuschung besonders jüngerer Wählerinnen und Wähler über den in ihren Augen mangelnden Reformwillen der SPD.

Die geglückte Demokratie

Als im Jahre 1989 die Mauer fiel und die friedliche Revolution in der DDR die Wiedervereinigung Deutschlands ermöglichte, hatte sich die Bundesrepublik zu einer erfolgreichen und weltweit geachteten Demokratie entwickelt. Aus dem ursprünglichen Provisorium des Weststaates war eine reformfähige Wohlstandsgesellschaft und Marktwirtschaft geworden. Auch in schwierigen Zeiten blieben existenzgefährdende Systemkrisen aus, bekannten sich die Bundesbürger zu einem demokratischen und zivilisierten Staat, zu Friedfertigkeit und Internationalismus sowie zu sozialer Marktwirtschaft und Rechtsstaatlichkeit. „Das Aufregende an der Geschichte der Bundesrepublik ist", schreibt der Historiker Edgar Wolfrum 2006 in seinem Buch „Die geglückte Demokratie", „dass die Katastrophe ausblieb und dass dieser Staat zu einer der stabilsten und angesehensten westlichen Demokratien geworden ist. Der Weg dorthin war – nach Nationalsozialismus, Zivilisationsbruch und Zäsur von 1945 – alles andere als selbstverständlich."

1 Charakterisieren Sie die politische Geschichte der Bundesrepublik Deutschland in den 1960er-Jahren.
2 Erläutern Sie die globalen Herausforderungen, mit denen die Bundesrepublik Deutschland in den 1970er- und 1980er-Jahren konfrontiert war. Zeigen Sie auf, wie Staat und Gesellschaft mit diesen Herausforderungen umgegangen sind.

M8 Gesamtwirtschaftliche Entwicklung der Bundesrepublik 1969–1990

Jahr	Inflation[1] (Veränderung in %)	Arbeitslosenquote[2] (in %)	Arbeitslose (in Tsd.)	Erwerbspersonen[3] (in Tsd.)	Wachstumsrate (in % BSP)[4]	Nettoinvestitionen (in % NSP)[5]
1969	2,1	0,8	179	26535	7,4	19,5
1970	3,3	0,7	149	26817	5,4	18,2
1971	5,4	0,8	185	26957	3,1	17,2
1972	5,5	1,1	246	27121	4,3	16,5
1973	7,0	1,2	273	27433	4,7	12,4
1974	7,0	2,5	582	27411	0,0	9,4
1975	5,9	4,6	1074	27184	−1,1	11,6
1976	4,3	4,5	1060	27034	5,5	10,9
1977	3,7	4,3	1030	27038	2,6	11,2
1978	2,7	4,1	993	27212	3,4	13,5
1979	4,1	3,6	876	27528	4,1	13,0
1980	5,5	3,6	889	27948	0,9	9,6
1981	6,3	5,1	1272	28305	0,0	7,5
1982	5,2	7,2	1833	28558	−1,1	8,5
1983	3,3	8,8	2258	28605	2,1	8,4
1984	2,4	8,8	2266	28659	3,1	7,6
1985	2,0	8,9	2304	28897	1,9	7,8
1986	−0,1	8,5	2228	29188	2,3	7,6
1987	0,2	8,5	2229	29386	1,5	8,5
1988	1,3	8,4	2242	29608	3,7	9,4
1989	2,8	7,6	2038	29799	4,2	10,1
1990	2,7	6,9	1883	30369	5,5	10,3

Dieter Grosser u. a. (Hg.), Deutsche Geschichte in Quellen und Darstellung, Bd. 11, Reclam, Stuttgart 1996, S. 84 f. und 137

1 Preissteigerungen der Gesamtlebenshaltung aller privaten Haushalte
2 Anteil der Erwerbslosen an der Zahl der abhängigen Erwerbspersonen (beschäftigte Arbeitnehmer plus Arbeitslose)
3 Beschäftigte Arbeitnehmer plus Arbeitslose
4 Prozentuale Veränderungen des Bruttosozialprodukts (BSP)
5 Prozentualer Anteil der Nettoinvestitionen (Anlageveränderungen und Vorratsveränderung jeweils abzüglich Abschreibungen) am Nettosozialprodukt (NSP)

1 Untersuchen Sie die einzelnen Wirtschaftsdaten: Wo lassen sich deutliche Zu- und Abnahmen beobachten, wo Zäsuren? Begründen Sie diese Veränderungen aus der politischen und wirtschaftlichen Situation.
2 Beschreiben Sie mithilfe Ihrer Untersuchungsergebnisse und des Darstellungstextes die wirtschaftliche Entwicklung der Bundesrepublik, indem Sie diese in einzelne Phasen einteilen.

M9 Ausgaben und Einnahmen des öffentlichen Haushalts in der Bundesrepublik 1969–1989 (in Mrd. DM; in laufenden Preisen)

Jahr	Ausgaben	Einnahmen	Finanzierungssaldo	Kredite (netto)
1969	174,55	176,93	+2,46	2,46
1970	196,32	188,29	–8,09	6,49
1971	226,48	211,18	–15,61	13,93
1972	252,12	239,22	–13,09	15,38
1973	280,49	271,48	–8,82	11,40
1974	318,26	290,88	–27,26	22,46
1975	360,51	296,65	–63,84	53,63
1976	376,76	328,70	–48,03	46,75
1977	395,17	364,00	–31,18	31,69
1978	433,40	393,74	–39,62	40,65
1979	469,85	423,50	–46,57	43,44
1980	509,24	452,15	–57,07	53,76
1981	541,77	466,09	–75,65	69,56
1982	561,61	491,64	–69,64	68,20
1983	570,08	514,77	–55,29	56,16
1984	583,58	537,06	–46,50	49,78
1985	604,40	565,07	–39,30	40,49
1986	628,60	586,27	–42,30	41,60
1987	651,33	600,24	–51,07	48,69
1988	671,47	619,66	–51,78	55,61
1989	701,48	674,38	–27,07	33,61

Dieter Grosser u. a. (Hg.), Deutsche Geschichte in Quellen und Darstellung, Bd. 11, Reclam, Stuttgart 1996, S. 87 und 134

1 Vergleichen Sie die Entwicklung von Ausgaben und Einnahmen des Bundeshaushaltes 1969–1989.

M10 Aus der Rede Willy Brandts zum Warschauer Vertrag vom 7. Dezember 1970

Die Zeit ist gekommen für einen Schlussstrich und für einen Neubeginn […]. Das polnische Volk hat Unsagbares erleiden müssen. Der Krieg und seine Folgen haben beiden Völkern, auch uns Deutschen, unendlich viele Opfer abverlangt. Jetzt geht es um die friedliche Zukunft zwischen den beiden Ländern und Völkern. Wer seine Angehörigen verloren hat, wem seine Heimat genommen wurde, der wird nur schwer vergessen können […]. Trotzdem muss ich gerade in dieser Stunde die heimatvertriebenen Landsleute bitten, nicht in Bitterkeit zu verharren, sondern den Blick in die Zukunft zu richten. Der Vertrag bedeutet selbstverständlich nicht, dass Unrecht nachträglich legitimiert wird. Er bedeutet also auch keine Rechtfertigung der Vertreibung. Worum es geht, ist der ernste Versuch, ein Vierteljahrhundert nach dem Krieg der Kette des Unrechts politisch ein Ende zu setzen […]. Unserem Volk wird nicht heute aus heiterem Himmel ein Opfer abverlangt. Dies hat längst gebracht werden müssen als Ergebnis der Verbrechen Hitlers.

Aus: Bulletin des Presse- und Informationsamtes der Bundesregierung, N. 161, Bonn 1970, S. 1693f.

1 Arbeiten Sie die Bedeutung des Kniefalls von Brandt (M 11) und der in M 10 genannten Ereignisse und Entwicklungen für das Verhältnis zwischen der Bundesrepublik Deutschland und Polen bzw. den östlichen Nachbarn heraus.

2 Diskutieren Sie die These Brandts, der Kette des Unrechts solle „politisch" ein Ende gesetzt werden.

M11 Bundeskanzler Willy Brandt am Mahnmal für die Opfer des Warschauer Ghetto-Aufstandes, Fotografie, 7. Dezember 1970

5.2 Das Scheitern einer Diktatur

Unterdrückung und Resignation

Für die Menschen in der DDR war die Mauer nicht nur Symbol für die menschenverachtende Brutalität und den Unrechtscharakter des SED-Regimes, sondern sie beeinflusste ihr Leben unmittelbar. Konnten sie vor dem Mauerbau notfalls den ungeliebten Staat verlassen, mussten sie sich nun in ihr Schicksal fügen. Die DDR-Regierung ließ die Grenzbefestigungen ausbauen. Seit dem 6. Oktober 1961 wurde der Schusswaffengebrauch bei Grenzdurchbrüchen von „Republikflüchtlingen" durch die Nationale Volksarmee (NVA) vorgeschrieben. Diese mörderische Grenze zwischen der DDR und der Bundesrepublik geriet damit zur undurchlässigsten Grenze in Europa. Das Empfinden, eingesperrt, eingeschränkt und von der Welt abgeschottet zu sein, prägte seit dem Mauerbau das Lebensgefühl in der DDR.
Nach dem Mauerbau hielt die SED an ihrem Ziel fest, den Aufbau des Sozialismus voranzutreiben – wenn nötig mit Zwang und Gewalt. Die **Überwachung** durch die Staatssicherheit wurde ausgeweitet, die Bevölkerung wurde von der Staatsmacht kontrolliert und eingeschüchtert. Zeitungen berichteten über „Hetzer" und „Saboteure" im Volk, die die „harte Faust der Arbeiter" zu spüren bekommen hätten. Angehörige der FDJ zerstörten Fernsehantennen, die auf den Empfang von Westfernsehen ausgerichtet waren. Jeglicher Fluchtmöglichkeit beraubt, resignierten viele Menschen innerlich und arrangierten sich äußerlich mit dem SED-Staat. Sie nahmen an betrieblichen Pflichtversammlungen, verordneten Demonstrationen und staatlichen Veranstaltungen wie den jährlichen Feiern zum internationalen Frauentag am 8. März oder dem Nationalfeiertag am 7. Oktober teil. Bei den Wahlen stellte die Nationale Front (Dachverband aller Parteien und gesellschaftlichen Gruppen) eine **Einheitsliste** auf (s. S. 526). Nach dem Wahlgesetz konnte geheim gewählt werden. Als „normaler" Wahlakt galt jedoch das öffentliche Einwerfen des unveränderten Stimmzettels. Wer sich im Wesentlichen konform verhielt und Kritik nur im Sinne sozialistischer Staatstreue übte, konnte meist unbehelligt leben. Die Folge der erzwungenen Loyalität zu Staat und Partei war ein gespaltenes Bewusstsein vieler DDR-Bürger: Öffentliches Wohlverhalten kompensierten sie in privaten „Nischen" im Familien- und Freundeskreis (M 8).

M1 Wahlwerbung im „Neuen Deutschland" vom 23. September 1976

Sozialistische Demokratie – lebendige Wirklichkeit in unserem Staat

- Den 7910 Volksvertretungen – von der Volkskammer bis zu den Gemeindevertretungen – gehören 194 235 Abgeordnete an.
  Ihre Kraft wird durch Hunderttausende Bürger, die verschiedenste gesellschaftliche Funktionen ausüben, vervielfacht.
- 458 200 Bürger arbeiten in ständigen Kommissionen und Aktivs der örtlichen Volksvertretungen mit.
- 335 000 Bürger wirken in Ausschüssen der Nationalen Front mit.
- 176 000 Werktätige gehören Ständigen Produktionsberatungen an.
- 234 000 Werktätige sind Bevollmächtigte für Sozialversicherung.
- 50 200 Bürger sind Schöffen an Kreis- und Bezirksgerichten.
- 53 400 Bürger sind Mitglieder der Schiedskommissionen.
- 217 900 Werktätige gehören den Konfliktkommissionen an.
- 196 000 Werktätige arbeiten in der Arbeiter-und-Bauern-Inspektion mit.
- 676 900 Mütter und Väter sind in Elternbeiräten und Klassenelternaktivs tätig.
- 300 000 Bürger gehören HO-Beiräten, Verkaufsstellenausschüssen und Gästebeiräten an.

Unsere Sache – das ist das Miteinander aller Bürger

Wir stimmen für die Festigung der sozialistischen Staatsmacht, die allen Bürgern Freiheit und Menschenwürde, Recht und Sicherheit gewährleistet, und für die ständige Vertiefung der sozialistischen Demokratie, in der sich die zentrale staatliche Leitung und Planung mit den Ideen und Initiativen der Werktätigen vereint.

Wir wählen die Kandidaten der Nationalen Front

Internettipp
www.berliner-mauer-gedenkstaette.de
Die im September 2008 gegründete Stiftung Berliner Mauer dokumentiert die Geschichte der Berliner Mauer und der Fluchtbewegungen aus der DDR

M2 „Abstimmungsmaschine", Karikatur des DDR-Künstlers Hans-Joachim Jordan, 1979

Die Zeichnung entstand für die Ausstellung „Karikatur und Cartoon" 1979 in Leipzig. Die SED-Kulturfunktionäre verlangten beim Rundgang vor der Eröffnung ihre Entfernung. Das Werk durfte gezeigt werden, nachdem Jordan es durch Ergänzung in einen westlichen Aufsichtsrat verlegt hatte.

M3 Erich Honecker (1912–1994), Fotografie (offizielles Portrait), 1976

1929 Eintritt in die KPD
1930 Besuch der Internationalen Lenin-Schule in Moskau
1931–1935 Funktionärstätigkeit für den Kommunistischen Jugendverband Deutschlands
1935–1945 Verhaftung und Zuchthaus
1949–1989 Mitglied im Zentralkomitee der SED
1958–1989 Mitglied im Politbüro der SED
1971–1989 1. Sekretär, ab 1976 Generalsekretär der SED, also „erster Mann" im SED-Staat
Seit 1971 Leiter des Nationalen Verteidigungsrates
Seit 1976 Staatsratsvorsitzender
1989 Sturz (18. 10.) durch eine Gruppe innerhalb des Politbüros und Ausschluss aus der SED (3. 12.)

M4 Stasi-Observanten, fotografiert aus der Ständigen Vertretung der Bundesrepublik Deutschland in Ost-Berlin, Fotografie, 1982

Integration und Wirtschaftsreformen

Die DDR-Regierung wollte Staat und Gesellschaft durch die Integration der Bevölkerung stabilisieren und konzentrierte sich dabei auf die junge Generation. Das **Bildungsangebot** wurde verbessert, allerdings verstärkte das SED-Regime durch die Einführung des allgemein verbindlichen Schulfaches „Staatsbürgerkunde" die **politisch-ideologische Indoktrination**. Dafür nutzte die SED alle Möglichkeiten von der Kleinkinderziehung über die Hochschulbildung bis zur FDJ. Unter der Propagandaformel „Der Jugend Vertrauen und Verantwortung" erhöhte sie die Freiräume der Jugendlichen, die zwar gern das Freizeitangebot der FDJ nutzten, sich der politischen Indoktrination aber weitgehend zu entziehen suchten.

Zur Verbesserung der materiellen Lebensbedingungen rief die SED eine **„wissenschaftlich-technische Revolution"** aus. Sie förderte die Wissenschaften und räumte technologischen Fachkompetenzen Vorrang vor ideologischer Dogmatik ein. Um Anschluss an das „Weltniveau" zu finden, propagierte der SED-Staat die **„sozialistische Leistungsgesellschaft"**. Zu deren Durchsetzung führte das **„Neue ökonomische System der Planung und Leitung"** (NÖSPL) 1963 materielle Anreize für die Beschäftigten ein und gestand den Betrieben größere Spielräume bei Investitionen, Rohstoff- und Materialbeschaffung, Produktion und Warenabsatz zu. Zwar stieg in den Jahren 1964 und 1965 die Arbeitsproduktivität um 6–7 Prozent, das gesamte Wirtschaftswachstum erreichte im gleichen Zeitraum 5 Prozent. Aber schon im Herbst 1965 zeichnete sich ab, dass die großen Erwartungen nicht erfüllt wurden. Um die Modernisierung der Wirtschaft voranzutreiben, übertrug der Staat 1968 weiteren Wirtschaftsbereichen wie Landwirtschaft, Banken, Handel und kommunalen Einrichtungen größere Eigenverantwortlichkeit. Wenngleich sich während der 1960er-Jahre die Gesamtproduktion der DDR erhöhte, blieb die Arbeitsproduktivität im Vergleich zur Bundesrepublik Deutschland zurück. Das galt ebenfalls für den Lebensstandard der DDR-Bürger, der sich zwar verbesserte, aber mit dem der Westdeutschen nicht Schritt halten konnte. Die DDR-Wirtschaft blieb eine Mangelwirtschaft (M 9 a–b).

Um die Unzufriedenheit der DDR-Bürger abzubauen, beschritt Erich Honecker*, der 1971 Staats- und Parteichef geworden war, neue Wege. Die von ihm propagierte **„Einheit von Wirtschafts- und Sozialpolitik"** (M 10) sollte die Versorgungslage und den Lebensstandard der Bevölkerung anheben. Zwar stieg der allgemeine Wohlstand in der DDR, doch gleichzeitig auch die Staatsverschuldung. Diese wurde durch die wirtschaftlichen Veränderungen seit der Ölkrise 1973/74 noch verstärkt. Die Sowjetunion verlangte von der „Brudernation" DDR für Erdöl- und Erdgaslieferungen den Weltmarktpreis in Dollar und eine stärkere Einbindung in den RGW (s. S. 532), sodass der Westhandel eingeschränkt werden musste und die ohnehin knappen Devisenvorräte für eine Modernisierung der DDR-Industrie zurückgingen.

Opposition und Staatssicherheit

Seit den 1970er-Jahren war die DDR nicht nur ein **Versorgungsstaat**, der durch den Ausbau der Sozialpolitik die Bevölkerung an sich zu binden suchte, sondern auch ein **Überwachungsstaat**. Mithilfe eines flächendeckenden Überwachungs- und Spitzelsystems sollte die Opposition erfasst, beobachtet und unterdrückt werden. Das dafür zuständige Ministerium für Staatssicherheit (s. S. 531) steigerte in den 1980er-Jahren seine Macht. Am Ende der DDR beschäftigte das MfS 91 000 hauptamtliche und 189 000 Inoffizielle Mitarbeiter (M 11, M 12).

Während ihrer gesamten Herrschaft konnte sich die SED der Loyalität der Bevölkerungsmehrheit nie sicher sein. Dies zeigte sich bereits beim Aufstand vom 17. Juni 1953 (s. S. 532). Die kommunistischen Machthaber der DDR mussten im Gegenteil stets das Volk fürchten, das sie beherrschten. Aus der Staatsideologie des Marxismus-Leninismus leitete das SED-Regime die entscheidenden Argumente ab, um die Situation zu beschönigen. Die kommunistische Propaganda behauptete, dass mit dem Aufbau des Sozialismus und der Abschaffung der auf dem Privateigentum an Produktionsmitteln beruhenden Klassengesellschaft die sozialen Grundlagen für politische Konflikte verschwinden würden. Weder innerhalb noch außerhalb der Partei duldeten die Machthaber daher Widerspruch oder Opposition. Da Widerstand, Opposition oder Verweigerung Sanktionen zur Folge hatten, die von politisch-sozialer Diskriminierung und Ausgrenzung bis zu strafrechtlicher Verfolgung mit langjährigen Haftstrafen reichten, wagten nur wenige Menschen offenen Protest.

M5 **Der Button „Schwerter zu Pflugscharen" war das Symbol der Friedensbewegung in der DDR**

Formen und Möglichkeiten der Opposition

Einer der bekanntesten Oppositionellen der DDR war der Physiker **Robert Havemann**. Die vorsichtige Öffnung des Systems als Folge der Entspannungspolitik und der KSZE-Schlussakte von Helsinki 1975 (s. S. 497) ermutigte ihn, eine Liberalisierung des politisch-gesellschaftlichen und kulturellen Lebens zu fordern. 1976 verlangte Havemann die Zulassung unabhängiger Oppositionsparteien und Zeitungen. Das 1977 im Westen erschienene Buch des Dissidenten **Rudolf Bahro** „Die Alternative" erregte Aufsehen, weil es vom marxistischen Standpunkt aus eine radikale Kritik am „real existierenden Sozialismus" der DDR formulierte. Die SED reagierte mit Repression: Havemann wurde unter Hausarrest gestellt, Bahro zu acht Jahren Zuchthaus verurteilt, der Dichter und Liedermacher **Wolf Biermann** 1976 nach einem Konzert in Köln ausgebürgert. Proteste von Schriftstellern und Künstlern gegen die Ausbürgerung ihres Kollegen wurden z. B. durch Berufsverbot bestraft und 1979 das politische Strafrecht verschärft. Grundsätzlich lassen sich drei Formen von Widerstand oder Distanz zum System der DDR unterscheiden: Ausreisebegehren, praktiziertes Christentum und politische Opposition.

Nachdem bereits 1976 ca. 10 000 DDR-Bürger einen Antrag auf Übersiedelung in die Bundesrepublik Deutschland gestellt hatten, erreichte die **Ausreisewelle** in den 1980er-Jahren eine neue Qualität. Nicht nur die Zahl der Anträge auf „Entlassung aus der Staatsbürgerschaft" stieg, nun schlossen sich Ausreisewillige auch in Gruppen zusammen, suchten die Öffentlichkeit und besetzten spektakulär Botschaften westlicher Staaten (s. S. 571). Die **Kirchen** bildeten den einzigen staatsfreien Raum in der DDR, von der SED anders als in der Sowjetunion im Großen und Ganzen geduldet, solange sie sich auf kirchliche und karitative Aufgaben beschränkten. 1989 gehörte noch mehr als ein Drittel der DDR-Bürger einer Kirche an, allein 30 Prozent der evangelischen. Ihrem Verständnis von der Aufgabe der Christen in der Welt folgend, ließ sich die evangelische Kirche die Grenzen ihres Handelns nicht von der SED vorschreiben und geriet zunehmend in Konflikt mit der „Obrigkeit". Es waren hauptsächlich Proteste aus den Reihen der Kirche, die die DDR 1964 bewogen, als einziger Ostblockstaat einen zivilen Ersatzdienst einzuführen, bei dem religiös motivierte Pazifisten als „Bausoldaten" eingesetzt wurden. Bis 1969 bildeten die evangelischen Kirchen Deutschlands in der EKD eine gesamtdeutsche Einheit, erst dann erfolgte mit der Gründung des „Bundes der evangelischen Kirchen in der DDR" die Spaltung. Seit 1971 benutzten die kirchlichen Vertreter die mehrdeutige Formel „Kirche im Sozialismus". Das eröffnete Freiräume der Kritik, auch am „real existierenden Sozialismus". Obwohl die meisten evangelischen Gemeinden sich eher als „unpolitisch" verstanden, solange Staat und Partei sie in Ruhe ließen, engagierte sich eine wachsende Zahl überwiegend jüngerer Menschen in kirchlichen Bürgerrechts-, Ökologie- und Friedensgruppen. Kirchengruppen und -leitungen forderten Reisefreiheit sowie die Achtung von Menschenrechten und entwickelten sich zum Kristallisationspunkt oppositionellen Verhaltens. Seit Ende der 1970er-Jahre entstanden auch **unabhän-**

M6 **Plakat von der Konzertreise Wolf Biermanns in die Bundesrepublik im November 1976**

Internettipp
www.jugendopposition.de
Gemeinschaftsprojekt der Robert-Havemann-Gesellschaft und der Bundeszentrale für politische Bildung mit Dossiers, Zeitzeugenaussagen, Lexikon und Chronologie

M 7 „Umweltblaetter", 1989

Die von der Umweltbibliothek in Ostberlin herausgegebene Zeitschrift informierte seit 1986 über Umweltthemen in der DDR und entwickelte sich zur wichtigsten und am weitesten verbreiteten Zeitschrift der DDR-Opposition.

gige Oppositionsgruppen wie die „Initiative Frieden und Menschenrechte". Neben dem unterschiedlich motivierten Widerstand bzw. der Distanz zum System provozierten auch scheinbar unpolitische Widersetzlichkeiten das SED-Regime. In Leipzig organisierten 1985 einige Maler staatsunabhängige Ausstellungen, die Zehntausende besuchten. 1987 versammelten sich bei Rockkonzerten vor dem Berliner Reichstag auf Ostberliner Seite der Mauer Tausende von Jugendlichen und riefen: „Die Mauer muss weg!" Die DDR-Führung reagierte auf den zivilen Ungehorsam mit Verhaftungen und Ausweisungen.

Niedergang und Krise

Aufgrund der politischen, wirtschaftlichen und sozialen Probleme geriet die DDR in den 1980er-Jahren in eine allgemeine **Systemkrise** (M 13 a, b). Die SED-Führung konnte die wirtschaftlichen Schwierigkeiten und die wachsende Staatsverschuldung zunächst durch die von der EG privilegierten Wirtschaftsbeziehungen zur Bundesrepublik mildern. Auch bedeutende Ereignisse wie die Eröffnung der wieder aufgebauten Semper-Oper in Dresden 1985 oder der Besuch Erich Honeckers in der Bundesrepublik 1987 (s. S. 551) lenkten zeitweise von den Krisensymptomen der DDR ab.
Die Systemkrise zeigte sich erstens als **Wirtschaftskrise**. Schon 1982 drohte der DDR ein finanzieller Ruin, der durch einen vom CSU-Vorsitzenden Franz-Josef Strauß 1983 vermittelten Milliardenkredit abgewendet werden konnte (s. S. 551). Diese finanzielle Unterstützung verhinderte jedoch nicht den ökonomischen Niedergang der überwiegend veralteten und technologisch rückständigen DDR-Industrie und auch nicht die sich ausweitende Umweltkatastrophe.
Die Unzufriedenheit der DDR-Bürger mit der wirtschaftlichen und sozialen Situation führte zweitens zu einer **Glaubwürdigkeitskrise**. Viele Menschen gaben die Hoffnung auf bessere Verhältnisse auf. Die politische Distanz zum Staat wuchs, vor allem bei den Jüngeren. Mitverantwortlich dafür waren die „bedarfsgerecht" gelenkte Berufsausbildung und die eingeschränkten Studienmöglichkeiten. 1972 gab es insgesamt rund 150 000 Studierende in der DDR, 1984 nur noch 130 000. Die Jüngeren fühlten sich um ihre Zukunft betrogen, denn weder sozialer Aufstieg noch die Verwirklichung individueller Lebensentwürfe schienen realisierbar. Es wurde immer deutlicher, dass die SED-Führung nicht in der Lage war, die Versprechungen auf die Verbesserung der allgemeinen Lage einzulösen.
Die innere Krise wurde drittens verstärkt durch die zunehmende **außenpolitische Isolierung** der DDR. Die SED begrüßte zwar die vom sowjetischen Parteichef Michail Gorbatschow 1985 eingeleitete neue Phase der Entspannungspolitik, weigerte sich aber, die innenpolitischen Reformen, „Perestroika" und „Glasnost", auf die DDR zu übertragen. Staats- und Parteichef Honecker war bewusst, dass eine Öffnung der DDR das Ende dieses Staates bedeuten würde. Er propagierte den „Sozialismus in den Farben der DDR", also die Fortsetzung eines dogmatischen Staatssozialismus, und die SED gab die Devise aus: „Keine Fehlerdiskussion". Damit begab sich die DDR-Führung in einen ideologischen Zweifrontenkrieg. Wie sollte sie ihren Bürgern erklären, dass nicht nur der „imperialistische Westen", sondern auch die „brüderliche Schutzmacht" Sowjetunion eine Gefahr für die DDR darstellte?

1 Erläutern Sie, mit welchen Mitteln und welchem Erfolg das SED-Regime die DDR nach dem Mauerbau zu stabilisieren versuchte.
2 Definieren Sie die Begriffe „Überwachungsstaat" und „Versorgungsstaat".
3 Erläutern Sie Formen, Möglichkeiten und Grenzen der Opposition im SED-Staat.
4 Erarbeiten Sie die Ursachen für das Scheitern der DDR-Diktatur.

M8 Aus den Erinnerungen von Wolfgang Kil, „Als die Mauer gebaut wurde, war ich zwölf“, 1992

Ich bin im Jahr 1948 geboren und am Stadtrand von Berlin aufgewachsen. [...] Als die Mauer gebaut wurde, war ich zwölf. Es war August und ich kam aus dem Betriebsferienlager zurück mit dem diffusen Gefühl, hinter das Ende der Welt verschlagen worden zu sein. Doch die Aufregung schwand und für uns Kinder stellte sich der neue Alltag schneller wieder her als für die Erwachsenen. [...]

Studiert habe ich in Thüringen und in einer Zeit, da die „Jugendrevolte“ vorn Paris bis Prag durch die Schlagzeilen ging. Wir hörten die Musik von Woodstock, lasen Hesse und Camus, Christa Wolf und Volker Braun, einige später Marcuse und Mitscherlich. Marx war Pflichtlektüre in allen Studiengängen, aber so absurd es klingt: Wer sich freiwillig mit ihm beschäftigte, machte sich den Dozenten gegenüber verdächtig. Angesichts des Krieges in Vietnam schlug unser Herz für den Norden, und das nicht nur, weil wir Kommilitonen aus Hanoi unter uns hatten. Das Kultkleiderstück jener Jahre, der olivgrüne Parka aus US-Army-Beständen, war uns trotzdem heilig. Wir erschreckten die Weimarer Kleinbürger mit unseren Happenings und träumten vom Leben in Kommunen. Wir waren neugierig und voller Tatendurst, gebärdeten uns ein bisschen wild und waren doch eigentlich brav – genau wie die Beatles auf den Hüllen ihrer ersten Platten.

So sahen sie aus, meine „wunderbaren Jahre“. Wir hatten herumgetobt und uns die eine oder andere Schramme mit dem Staat geholt. Mit dem Blick zurück muss ich sagen: verhältnismäßig gelinde Schrammen. Einen Einzigen von uns hatten sie damals abgeholt – als Wehrdienst-Totalverweigerer saß er zwei Jahre. (Alle übrigen meiner Freunde sind „zur Fahne“ gegangen, und auch mich hätten sie dorthin gekriegt, wenn die Ärzte es zugelassen hätten.) Aber vor allem hatten wir einen Beruf gelernt, zu dem uns stets versichert worden war, wir würden gebraucht. Das war unsere feste Überzeugung geworden: Was immer uns an diesem Land und seinen Verhältnissen störte, WIR würden es ändern. Wenn SIE uns endlich ranlassen würden, müsste doch alles umzukrempeln sein. Und die Welt zum Guten wenden sowieso.

Aber SIE haben uns nicht gelassen. Es hat ein paar Jahre zermürbenden Alltags und viele Nächte der Verzweiflung gebraucht, bis wir endlich begriffen: Mit uns wurde nicht gerechnet. Wir waren nur Störenfriede, wenn wir uns einzumischen versuchten, und unser gutwilliger Elan machte uns in DEREN Augen zu Gegnern IHRES Systems, das unwiderruflich am Althergebrachten klebte. Wir waren, was die politische wie die technokratische Hierarchie dieser Gesellschaft betraf, in eine Lücke geraten. Kurz vor unserem Eintritt in das, was man gemeinhin den „Ernst des Lebens“ nennt, hatte der letzte Generationswechsel an den Schaltstellen gerade stattgefunden. Wer jetzt dort saß und das Sagen hatte, würde noch lange aushalten. Aufstieg durch Leistung war nur in den seltensten Fällen vorgesehen. Für die Parteibuchkarriere bedurfte es schon einer ganz besonderen Stromlinienförmigkeit. Der Normalfall war das Abwarten und Älterwerden.

Von den persönlichen Schlussfolgerungen aus dieser Ernüchterung hingen für meine Generation die weiteren Lebensläufe ab. Die einen zogen sich bald in die Familie zurück und waren bemüht, sich die Zumutungen eines wenig geliebten Arbeitsalltags nach Möglichkeit vom Halse zu halten. Andere nahmen einen neuen Anlauf und versuchten sich in anderen Berufen, die größeren individuellen Spielraum versprachen – eine überdurchschnittlich breite Kunst- und Kulturszene in der DDR war nicht zuletzt die Folge davon. Wem aber die auf beiden Wegen nötige Anpassung nicht gelang, der ging schließlich weg ... in den Westen. Dorthin gingen später auch viele der anderen; weil es ihnen in ihren Familien und ihren Nischen zu stickig geworden war oder weil sie ihre einstigen Hoffnungen auf politischen Wind an den Nagel gehängt hatten. [...] Neben der ständigen inneren Spannung, sich mit dem unbeweglichen System und seiner immer weiter aufklaffenden Differenz zwischen Propaganda und Realität auseinandersetzen zu müssen, war dies wohl für die meisten meiner Generation die nachhaltigste Schmerzerfahrung: dieser ständige Verlust von Menschen, die einem nahestanden und dann eines Tages, ob mit oder ohne Vorankündigung, „nach drüben“ verschwanden. Die waren nicht einfach in eine andere Stadt umgezogen, sondern die waren aus dieser in eine andere Welt gewechselt. [...]

Und doch hatte ich meine Schwierigkeiten mit denen, die jünger waren. Denen schien es eher egal zu sein, ob sie hier oder dort oder irgendwo lebten. Das „Weggehen“ war ihnen eine von vornherein mitgedachte Alternative. Für uns „Alte“ hatten sie nur ein Schulterzucken übrig, wahrscheinlich waren wir in ihren Augen ausnahmslos Opportunisten. Manchmal beneidete ich sie um ihre innere Freiheit, an diesen Staat nicht zu leiden, sondern ihn schlichtweg zu verachten. Das gab ihren Erfindungen eine erfrischende Frechheit und ihrer Widersetzlichkeit einen schwer zu brechenden Trotz. Was mich und viele meiner Freunde noch an dieses Land DDR fesselte – der einstmals angenommene Vorsatz, hier als die „besseren Nachfolger“ anzutreten –, war ihnen niemals auch nur in den Sinn gekommen. Sie grübelten nicht länger darüber nach, wie die bestehende Gesellschaft zu verbessern sei, sondern sie bauten sich ihre eigene neue Welt hinter dem Rücken der alten. Ob diese existenzielle Verweigerungsstrategie letztendlich erfolgreich oder nur eine vom Aufpasserstaat geduldete Variante der Anpassung war, lässt sich selbst heute nur schwer entscheiden.

Zit. nach: Eberhard Wilms (Hg.), Deutschland seit 1945, Cornelsen Verlag, Berlin 2002, S. 176 f.

1 Charakterisieren Sie die Stimmung, aus der heraus Wolfgang Kil seine DDR-Vergangenheit beschreibt.
2 Erläutern Sie die Einstellungen zum System, die es laut Kil in seiner Generation gegeben hat.
3 Untersuchen Sie, welche Folgen diese Einstellungen für die persönliche Lebensgestaltung hatten.

M 9 Die Unzufriedenheit der DDR-Bürger mit der Mangelwirtschaft des Sozialismus

a) „Wir modernisieren nur die Fassade, gute Frau. Es bleibt ein Saftladen", Karikatur des DDR-Künstlers Heinz Behling, 1977

b) Die „Frankfurter Rundschau" zur Mangelwirtschaft, 1980

„Aushalten" und „Durchstehen": Daran haben sich die Bürger [...] in 30 Jahren DDR durchaus gewöhnt. Man weiß längst, dass die beste Qualitätsarbeit der Betriebe des Landes nie auf den heimischen Markt kommt. Beliefert wird in der Regel in dieser Reihenfolge: Armee, NSW (nichtsozialistisches Wirtschaftsgebiet, also westliche Länder), Sowjetunion, SW (sozialistisches Wirtschaftsgebiet), DDR. Mit anderen Worten: Die DDR-Betriebe liefern ihre beste Qualitätsware [...] für den Westexport oder in die Sowjetunion, sieht man einmal von der Armee ab.

Frankfurter Rundschau, 18. Februar 1980

1 Analysieren Sie M 9 a und b hinsichtlich der Ursachen für die Unzufriedenheit der DDR-Bürger.

M 10 Der Historiker Günther Heydemann über Honeckers Wirtschafts- und Sozialpolitik, 2003

Tatsächlich bestand in der Steigerung sozialpolitischer Leistungen durchaus eine gewisse Chance, sich die Loyalität oder zumindest Neutralität der Bevölkerungsmehrheit zu sichern. Auf dieser Basis beschloss der VIII. Parteitag im Juni 1971 ein ganzes Bündel derartiger Maßnahmen. Es sah als Kernstück die Verbesserung der Wohnbedingungen durch ein umfassendes Bauprogramm vor. Weiterhin gehörten dazu: die Erhöhung der Mindestlöhne und Mindestrenten; die Arbeitszeitverkürzung für Frauen, insbesondere mit Kindern, einschließlich verlängertem Mutterschaftsurlaub und Geburtenbeihilfe, um Berufstätigkeit und Mutterschaft besser vereinbaren zu können; großzügige, z. T. zinslose Kredite sowie bevorzugte Wohnungszuteilung bei Eheschließungen; eine Verbesserung der medizinischen Versorgung und Betreuung und schließlich Ausbau und Ausweitung des Erholungswesens.

Das eigentliche Problem dieses sozialpolitischen Leistungskonzeptes lag jedoch in seiner Finanzierbarkeit. Denn das Ansinnen, durch Intensivierung des Arbeitseinsatzes und des Produktionsprozesses, „sozialistische Rationalisierung" genannt, den erhöhten Finanzbedarf abzudecken, war mit einem enormen Risiko behaftet. Bereits im Herbst 1971, nur ein halbes Jahr nach Honeckers Machtübernahme, hatte die Staatliche Plankommission (SPK) zu konstatieren, dass der Export von DDR-Waren in westliche, Devisen bringende Länder wahrscheinlich um 390 Millionen Mark verfehlt werden würde, Importe in die DDR aber um 100 Millionen Valutamark[1] über dem Plan lägen. Zunächst jedoch wurde das Defizit durch Kredite aus dem nichtsozialistischen Wirtschaftsbereich (NSW) gedeckt. Im Frühjahr 1972 ließ Honecker die rasche Verstaatlichung der letzten noch bestehenden, rund 11 400 mittelständischen Industriebetriebe durchführen. Zwar besaßen diese – unter ihnen ca. 6 500 halbstaatliche Betriebe – nur noch etwa 10 % Anteil an der Gesamtproduktion, aber in der Textil- und Bekleidungsindustrie, bei Leder-, Schuh- und Rauchwaren nahmen sie mit ca. 30 % noch immer eine beachtliche Position ein. Das Ziel einer verbesserten Versorgung durch Unterstellung dieser Betriebe unter die staatliche Planung wurde jedoch verfehlt.

Günther Heydemann, Die Innenpolitik der DDR, Oldenbourg Verlag, München 2003, S. 29

1 Valutamark: Bezeichnung in der DDR für die westdeutsche Währung Deutsche Mark (DM)

1 Erläutern Sie die Konzeption Honeckers „Einheit von Wirtschafts- und Sozialpolitik".
2 Erörtern Sie, ob diese Konzeption zur Stabilisierung der DDR beitrug.

M 11 Aus einem MfS-Lagebericht über die Motive für Ausreiseanträge und „Republikflucht", 1989

Die zu diesem Komplex in den letzten Monaten zielgerichtet erarbeiteten Erkenntnisse beweisen erneut, dass die tatsächlichen Handlungsmotive zum Verlassen der DDR sowohl bei Antragstellungen auf ständige Ausreise als auch für das ungesetzliche Verlassen im Wesentlichen identisch sind. [...] Im Wesentlichen handelt es sich um ein ganzes Bündel im Komplex wirkender Faktoren.

Es zeigt sich, dass diese Faktoren unter dem Einfluss der ideologischen Diversion des Gegners, insbesondere über die Massenmedien, und durch andere westliche Einflüsse – zunehmend vor allem über Rückverbindungen von ehemaligen Bürgern der DDR, Besuchsaufenthalte von DDR-Bürgern im westlichen Ausland bzw. von Personen des nicht sozialistischen Auslandes in der DDR usw. – bei einer nicht unerheblichen Anzahl von Bürgern der DDR als Gründe/Anlässe sowohl für Bestrebungen zur ständigen Ausreise als auch des ungesetzlichen Verlassens der DDR genommen werden. Die überwiegende Anzahl dieser Personen wertet Probleme und Mängel in der gesellschaftlichen Entwicklung, vor allem im persönlichen Umfeld, in den persönlichen Lebensbedingungen und bezogen auf die sogenannten täglichen Unzulänglichkeiten, im Wesentlichen negativ und kommt, davon ausgehend, insbesondere durch Vergleiche mit den Verhältnissen in der BRD und in Westberlin, zu einer negativen Bewertung der Entwicklung in der DDR.

Die Vorzüge des Sozialismus, wie z. B. soziale Sicherheit und Geborgenheit, werden zwar anerkannt, im Vergleich mit aufgetretenen Problemen und Mängeln jedoch als nicht mehr entscheidende Faktoren angesehen. Teilweise werden sie auch als Selbstverständlichkeiten betrachtet und deshalb in die Beurteilung überhaupt nicht mehr einbezogen oder gänzlich negiert. Es kommt zu Zweifeln bzw. zu Unglauben hinsichtlich der Realisierbarkeit der Ziele und der Richtigkeit der Politik von Partei und Regierung, insbesondere bezogen auf die innenpolitische Entwicklung, die Gewährleistung entsprechender Lebensbedingungen und die Befriedigung der persönlichen Bedürfnisse. Das geht einher mit Auffassungen, dass die Entwicklung keine spürbaren Verbesserungen für die Bürger bringt, sondern es auf den verschiedensten Gebieten in der DDR schon einmal besser gewesen sei. Derartige Auffassungen zeigen sich besonders auch bei solchen Personen, die bisher gesellschaftlich aktiv waren, aus vorgenannten Gründen jedoch „müde" geworden seien, resigniert und schließlich kapituliert hätten. Es zeigt sich ein ungenügendes Verständnis für die Kompliziertheit des sozialistischen Aufbaus in seiner objektiven Widersprüchlichkeit, wobei aus ihrer Sicht nicht erreichte Ziele und Ergebnisse sowie vorhandene Probleme, Mängel und Missstände dann als fehlerhafte Politik interpretiert und gewertet werden. Diese Personen gelangen in einem längeren Prozess zu der Auffassung, dass eine spürbare, schnelle und dauerhafte Veränderung ihrer Lebensbedingungen, vor allem bezogen auf die Befriedigung ihrer persönlichen Bedürfnisse, nur in der BRD oder Westberlin realisierbar sei.

Obwohl in jedem Einzelfall ganz konkrete, individuelle Fakten [...] im Komplex auf die Motivbildung zum Verlassen der DDR einwirken, wird im Folgenden eine Zusammenfassung wesentlicher, diesbezüglicher zur Motivation führender Faktoren vorgenommen. Als wesentliche Gründe/Anlässe für Bestrebungen zur ständigen Ausreise bzw. das ungesetzliche Verlassen der DDR – die auch in Übereinstimmung mit einer Vielzahl Eingaben an zentrale und örtliche Organe/Einrichtungen stehen – werden angeführt:

- Unzufriedenheit über die Versorgungslage;
- Verärgerung über unzureichende Dienstleistungen;
- Unverständnis für Mängel in der medizinischen Betreuung und Versorgung;
- eingeschränkte Reisemöglichkeiten innerhalb der DDR und nach dem Ausland;
- unbefriedigende Arbeitsbedingungen und Diskontinuität im Produktionsablauf;
- Unzulänglichkeiten/Inkonsequenz bei der Anwendung/Durchsetzung des Leistungsprinzips sowie Unzufriedenheit über die Entwicklung der Löhne und Gehälter;
- Verärgerung über bürokratisches Verhalten von Leitern und Mitarbeitern staatlicher Organe, Betriebe und Einrichtungen sowie über Herzlosigkeit im Umgang mit den Bürgern;
- Unverständnis über die Medienpolitik der DDR.

Dieter Grosser u. a. (Hg.), Deutsche Geschichte in Quellen und Darstellung, Bd. 11, Reclam, Stuttgart 1996, S. 320–323

1 Bewerten Sie die Analyse der Stasi unter der Fragestellung, inwieweit sie die Kritik am SED-Regime und die Motive der ausreisewilligen Menschen angemessen berücksichtigt hat. Überlegen Sie dabei, ob die Stasi ein realistisches Bild von der DDR entwarf.

2 Vergleichen Sie die Stasi-Analyse mit den Erinnerungen von Wolfgang Kil (M 8).

M 12 Das Stasi-Spitzelsystem: Aus einem Interview mit einer ehemaligen „IM", 1990

Monika H. war seit 1981 Inoffizielle Mitarbeiterin (IM) der Stasi. In deren Auftrag ging sie 1983 in die Oppositionsgruppe „Frauen für den Frieden" und später in die „Initiative Frieden und Menschenrechte". Ende Mai 1989 offenbarte sie selbst ihre Stasi-Mitarbeit. Im Frühjahr 1990 führten Irena Kukutz und Katja Havemann, über deren oppositionelle Aktivitäten Monika H. jahrelang der Stasi berichtet hatte, mehrere Gespräche mit ihr.

Red.: Also, wie hast du dich eigentlich anfangs der Stasi verpflichtet?

Monika H.: Ich habe ganz zu Anfang eine Erklärung geschrieben. Die haben sie mir diktiert. Es stand darin, dass ich für sie arbeite, dass ich das freiwillig tue und dass ich mit niemandem darüber rede […].

Red.: Ich stelle mir vor, dass sie dir auch gesagt haben, was auf dich zukommt.

Monika H.: Nein, die wollten nur, dass ich ihnen berichte, was ich höre.

Red.: Hast du zu dieser Zeit Zweifel gehabt, ob du das Richtige tust?

Monika H.: Offen gestanden, nein. Ich habe mich im Gegenteil gewundert, dass die Stasi nicht schon viel früher auf mich gekommen ist. Weil ich doch wirklich eine absolut zuverlässige Genossin war. […]

Red.: Bist du später in Zweifel gekommen?

Monika H.: Na, und ob.

Red.: Wie kam das?

Monika H.: Ihr wart nicht die Feinde, wie ich mir Feinde vorgestellt hatte. Ich musste mir das immer wieder kräftig einreden, dass ihr was ganz Schlimmes gegen den Staat tut. […]

Red.: Bei den „Frauen für den Frieden" und dann in der „Initiative Frieden und Menschenrechte", welche speziellen Aufgaben hattest du da?

Monika H.: Ich bin nie auf jemanden angesetzt worden. […] Natürlich habe ich von der „Initiative" erzählt, natürlich habe ich erzählt, was die „Frauen" vorhaben. Meine Aufgabe bestand darin, Gerüchte zu streuen und dies und jenes zu stören. […] Berichte schreiben musste ich nicht. […]

Red.: Du hast uns für deine Feinde gehalten. War da Verachtung oder Überlegenheit? Ich kann mir nicht vorstellen, mit welchen Gefühlen du uns gesehen hast.

Monika H.: Ihr wart Feinde, obwohl ich wusste, dass ihr nicht den Staat stürzen wolltet. […] Ich habe doch viele Dinge, die wir gemeinsam gemacht haben, wirklich ehrlich mitgetragen. Das war ja auch die fiese Praxis, wie ich es heute sehe: Genossen, die innerhalb der Partei kritisch, aufmüpfig waren, zur Stasi zu bringen. Dann konnten die in den „feindlichen" Gruppen voll agieren, unter der schützenden Hand der Stasi ihr kritisches Potenzial verwirklichen. Das ist ja der Wahnsinn, diese Schizophrenie. […]

Red.: Fühlst du dich heute mehr als Täter oder als Opfer?

Monika H.: Das ist wirklich eine schwierige Frage. Ich bin Opfer meiner Erziehung, meines ganzen bisherigen Lebens. Und auf diesem Hintergrund war das eigentlich nur möglich. Zugleich fühle ich mich auch sehr als Täter. Ich empfinde mich immer stärker als Täter. Heute habe ich eine riesengroße Scham, die Schuld, Vertrauen benutzt zu haben. […]

Red.: Es waren ja nicht nur unsere politischen Aktivitäten, an denen du beteiligt warst. Auch persönlich hast du uns gut kennengelernt. Welche Bedeutung hatte das für deine Auftraggeber?

Monika H.: Soweit ich über persönliche Dinge was erzählt habe, war das schon interessant für die. Aber ich habe mich da immer zurückgehalten. […] Es ging denen immer darum, in der Intimsphäre Zwiste zu säen, zu zerstören, wo man konnte.

Red.: Also war dieser Bereich für die Stasi sehr wohl interessant?

Monika H.: Er war äußerst interessant, wenn nicht interessanter als andere. Denn dort wart ihr ja zu treffen. […] Aber ich habe da nicht mitgemacht. […]

Red.: Hast du nicht selbst bemerkt, wie man entwurzelt wird, wenn man in diese Stasi-Arbeit einsteigt?

Monika H.: Ich war vorher entwurzelt. Und die Stasi hat mir die Wurzeln gegeben. […] Für mich war das damals keine scheinbare Geborgenheit, sondern eine ganz reale Geborgenheit. Ich war ja wirklich mit Leib und Seele dabei: Ich war ja auch bei euch ganz dabei, aber renne gleichzeitig dahin und erzähle alles. […] Wenn ich mit euch spreche, schäme ich mich so. Ihr sitzt mir gegenüber, ich habe euch im Grunde genommen ständig missbraucht. […]

Red.: Ich habe einen schönen Satz gehört, der zu dem passt, worüber wir die ganze Zeit reden, und zwar: Geschichte kann man nicht bewältigen, weil Geschichte Erfahrung ist, mit der man täglich leben muss. Was sagt dir dieser Satz?

Monika H.: Das ist eine Aussage, die ich nicht teilen kann. Wenn ich aus der Geschichte, die ich erlebt habe, gewisse Erfahrungen ziehe, schlussfolgere, dann bewältige ich sie doch auch. […] Bewältigen würde für mich heißen, dass ich damit umgehen kann.

Red.: Was meinst du mit diesem Umgehenkönnen?

Monika H.: Dass ich jedem sagen kann, wer ich bin und was ich getan habe. Und auch welche Schlussfolgerungen ich aus meinen Erfahrungen gezogen habe, damit ich wieder ein normales Leben führen kann. Ich will offen sagen: Ich bin Monika H., ich habe für die Stasi gespitzelt, aus guten Gründen und bestem Gewissen heraus. Nun habe ich erkannt, dass es das Schlimmste war, was ich tun konnte. Eine ganz üble Geschichte. Mir hilft es, dass gerade du mit mir redest, der ich das angetan habe. Das ist der Versuch, dies gemeinsam zu bewältigen, denn es ist auch zugleich deine Erfahrung. – Jedoch wenn einer unter Bewältigung versteht, dass dann alles wieder gut ist und er genauso ein feiner Kerl ist wie vorher, dann ist das falsch. Mich bestraft ja nun keiner, ich kann mich nur selber bestrafen. Das kann mitunter quälender sein, als wenn du bestraft wirst. Dieses Schuldgefühl, ich weiß nicht, wie man das loswerden kann. Ich denke schon, ich muss an die Öffentlichkeit gehen, ich denke das wirklich. […] Mir helfen ja keine Ausflüchte. Ich habe ja auch mit dazu beigetragen, dass Leute in den Knast gekommen sind, egal, ob direkt oder nicht. Das ist so fürchterlich. Damit kann ich nur schlecht leben. Ich werde damit nicht fertig. Ich habe ja nicht im Affekt irgendjemandem geschadet, ich habe doch viel Schlimmeres gemacht. Das kann man nicht entschuldigen.

Irena Kukutz/Katja Havemann, Geschützte Quelle. Gespräche mit Monika H. alias Karin Lenz, Basisdruck, Berlin 1990, S. 35 ff.

1 Untersuchen Sie anhand von M 12 die konkrete Praxis der Stasi-Arbeit.
2 Versetzen Sie sich in die Rolle eines ausländischen Journalisten und schreiben Sie einen Bericht über die Folgen der Aufdeckung privater Bespitzelungen durch „IMs“ in der ehemaligen DDR.

M 13 Das Scheitern der DDR-Diktatur

a) Der Historiker Stefan Wolle, 1999:

Es wäre falsch, die innere Festigkeit des SED-Regimes bestreiten zu wollen, auch wenn es am Ende wie ein Kartenhaus zusammenstürzte. Stabilität und Instabilität stellten eine dialektische Einheit dar. Der DDR-Sozialismus ist nicht an seinen Fehlern, sondern an seiner Vollendung gescheitert. Wie könnte man sonst erklären, dass ein derartig geschlossenes, militärisch durchorganisiertes und bis in den letzten Winkel der Gesellschaft kontrolliertes Staatswesen innerhalb weniger Wochen fast widerstandslos auseinanderbrach? Wo blieben die mehreren hunderttausend hauptamtlichen und inoffiziellen Mitarbeiter der Staatssicherheit, die Kampfgruppen der Arbeiterklasse, die Funktionäre der SED und der Massenorganisationen? Jahrzehntelang hatten sie den „Ernstfall“ geprobt, atomsichere Führungsbunker und Lager für 85 000 Oppositionelle standen bereit, jetzt mussten sie nur noch die jedes Detail berücksichtigenden Alarmpläne aus der Schublade ziehen. Eines hatten sie jedoch nicht vorgesehen – die Möglichkeit selbstständiger Entscheidungen. Zu lange hatte man den Menschen Eigeninitiative, Verantwortungsbewusstsein und Risikobereitschaft ausgetrieben und ihnen so den Willen genommen, den Sozialismus zu verteidigen. Weit eher wirkten der noch bestehende Privatsektor, die geduldete Feierabendarbeit und der gänzlich illegale Handel mit knappen Gütern dem Untergang entgegen.

Noch deutlicher trat die eigenartige Dialektik von Stabilisierung und Destabilisierung in der Außen- und Deutschlandpolitik zutage. Mit jedem Abkommen verlor der Kalte Krieg an Schärfe. Die völkerrechtliche Anerkennung, die Aufnahme diplomatischer Beziehungen zu vielen Staaten der Welt, der Eintritt in die UNO, die Gleichberechtigung mit der Bundesrepublik stärkten die Souveränität der DDR. Die entsprechend gefeierten Erfolge untergruben aber gleichzeitig ihre Existenzgrundlage. Die SED-Führung erstrebte die Normalisierung der Lage in Europa und hatte doch nichts mehr zu fürchten als ihre Verwirklichung. Der deutsche Halbstaat mit dem Unruheherd West-Berlin in der Mitte war historisch absurd und konnte nur in einer auf Konfrontation beruhenden internationalen Situation überleben. Mit dem Ost-West-Gegensatz musste auch er von der politischen Bühne verschwinden. Deshalb betrieb er eine Schaukelpolitik, indem er die Entspannung begrüßte und gleichzeitig die ideologische Koexistenz bekämpfte. Auf die Dauer konnte dies nicht gelingen. Als schließlich die Feindbilder und Bedrohungsängste verblassten, lockerte sich langsam, aber unaufhaltsam die Klammer, die den Staat zusammenhielt.

Obwohl in der DDR keine Öffentlichkeit, kein gesellschaftlicher Diskurs, keine allgemein zugänglichen Meinungsumfragen existierten, war ihre Führung gezwungen, die in der Bevölkerung vorherrschenden Stimmungen und Ansichten zur Kenntnis zu nehmen und nach Möglichkeit zu berücksichtigen. Dem dienten die entsprechenden Berichte des MfS, sozusagen als Spiegelbilder täglicher Plebiszite. Ein wesentlicher Wunsch musste jedoch unerfüllt bleiben, nämlich der nach Aufgabe der Macht. Insofern handelte es sich immer um eine heimliche Abstimmung ohne jegliche Chance der Abwahl. Trotz des allgemeinen Stillstands fand durchaus vielfältige Bewegung statt. Seit 1971 gab es eine kulturpolitische Lockerung, mehr Toleranz, größere Freiheit im Alltag, vor allem mehr materiellen Wohlstand. Bezahlt wurde dies alles mit erhöhter Kontrolle, stärkerer Disziplinierung und mit dem Ausbau des gesamten Sicherheitsapparats. Auch innerhalb der DDR wirkte eine Art „Wandel durch Annäherung“. Der Kalte Krieg zwischen Obrigkeit und Untertanen machte einer mehr oder weniger friedlichen Koexistenz Platz, die durch erfolgreiche Schritte der Stabilisierung zu längerfristiger Destabilisierung führte. Je entspannter beispielsweise das Verhältnis zur Kirche wurde, desto mehr verringerte sich der Bewegungsspielraum gegenüber den oppositionellen Gruppen, die unter ihrem Schutzmantel agierten. Angesichts dieses Widerspruchs blieb auch hier nur die Option der […] letztlich für die Staatsmacht tödlichen systematischen Unterwanderung.

Der Untergang der DDR war Teil eines welthistorischen Vorgangs. Die sozialistische Diktatur hat sich als schwach und hilflos erwiesen. Keines der Probleme der modernen Gesellschaft hat der Sozialismus besser gelöst als Marktwirtschaft und Demokratie. Nach sieben Jahrzehnten Terror, Lüge und wirtschaftlicher Katastrophen stahlen sich die Protagonisten davon wie kleine Ganoven. Zurückgeblieben ist eine Landschaft seelischer, ökonomischer und ökologischer Verwüstungen sowie ein Heer greinender Mitläufer. Die seltsame Hilflosigkeit des furchteinflößenden Monstrums staatlicher Allmacht bestimmte auch den Gang der Ereignisse in der DDR. So wie die Sphinx der griechischen Sage verlor es seine Kraft, als sein Rätsel gelöst war. […]

Die Moral des Stücks jedenfalls war einfach und für jedermann leicht verständlich. Sie lautet, dass die Doktrin der Freiheit nicht wichtiger sein kann als die konkrete Freiheit des Individuums, dass die Gleichheit keinesfalls das Recht auf Ungleichheit beseitigen und die Brüderlichkeit sich niemals gegen den Bruder richten darf.

Stefan Wolle, Die heile Welt der Diktatur. Alltag und Herrschaft in der DDR 1971–1989, Econ u. List Taschenbuch Verlag 1999, S. 574–577

b) Der Historiker Hans-Ulrich Wehler, 2008:

Wegen der Wirtschaftskrise in den frühen 70er-Jahren [...] kletterten auch die Schulden im Tempo einer galoppierenden Schwindsucht weiter in die Höhe [...]. Zwei von dem CSU-Chef Strauß 1983/84 vermittelte Kredite von je einer Mrd. DM retteten die Kreditwürdigkeit der DDR, wirkten aber nur wie der Tropfen auf den heißen Stein. Im Inneren des Landes hatte die SED, die sich seit jeher mit der Verfechtung der wahren Volksinteressen gebrüstet hatte, in einem beispiellosen Maße von der Substanz gezehrt. Der Kern der Städte war bis zum Ende der 80er-Jahre verfallen, da die eingefrorenen Mieten den privaten Hausbesitzern keine angemessene Reparatur ermöglichten, während die staatlich beschlagnahmten Gebäude genauso wenig modernisiert wurden. Mehr als die Hälfte aller Straßen litt an schweren Schäden, 18 % dieses Verkehrsnetzes waren nach Expertenmeinung kaum mehr befahrbar. [...]. Diese Mängel der Infrastruktur verblassten aber vor den Dimensionen der immer schmerzhafter spürbaren Umweltkatastrophe. Die SED hatte durch ihre ungeschützte Industrialisierung und rücksichtslose Braunkohleverwendung, mit ihrer Vergiftung der Luft und der Gewässer den Ruin ganzer Landstriche, Dörfer und Städte herbeigeführt, vor allem aber die Gesundheit und das Alltagsleben von Millionen Menschen schwersten Belastungen ausgesetzt. Zahllose Krankheiten wurden durch die ökologischen Probleme verursacht [...]. Diesen menschenfeindlichen Folgen ihrer eigenen Politik wollte sich die Parteidiktatur aber nicht stellen, da die Alternative einer aktiven Umweltpolitik eine Kürzung der Finanzierung der inzwischen umfänglichen sozialpolitischen Leistungen bedeutet hätte, die für die Legitimierung des Regimes und seine verbissene Machtbehauptung als unabdingbar galten. Dieser Parteiegoismus lief im Kern auf eine unaufhaltsame Selbstzerstörung des Landes hinaus.

Unter diesen Bedingungen kann es nicht überraschen, dass zum einen die Anzahl der Ausreiseanträge, erleichtert durch die KSZE-Akte, weiterhin stetig anwuchs. [...] Zum anderen dehnte sich das Milieu der Systemkritiker aus, das wegen der unübersehbaren Risiken zwar nicht zu einer offenen Dissidentenbewegung wie in Polen oder der ČSSR führte, aber doch Reformprobleme und Umweltfragen, Friedens- und Frauenpolitik im kleinen Kreis erörterte. Namentlich die Friedensbewegung des Westens fand eine erhebliche Resonanz. Diesen Kleingruppen boten mutige protestantische Pfarrer häufig einen Schutzraum in den Gemeindehäusern. Im Juli 1989 glaubte die Stasi jedoch, nicht mehr als 2 500 Dissidenten identifizieren zu können. Diese Zirkel besaßen, wie es ihr schien, noch kein bedrohliches Ausmaß. Doch fast ebenso viele junge Männer (2 300) verweigerten in dieser Zeit, ein Musterbeispiel von Zivilcourage, den Dienst in der NVA. [...] Die Loyalitätserosion erfasste alsbald auch die SED: 1988 verließen sie 11 000 Mitglieder. Gegen 23 000 Mitglieder wurde eine Gesinnungsüberprüfung eingeleitet, die zum Ausschluss von 13 000 Parteiangehörigen führte. 1989 setzte sich der Zerfall trotzdem in erhöhtem Tempo fort. Ob Ausreisewillige, Systemkritiker, Wehrdienstverweigerer oder Parteimüde – die in der DDR vibrierende Unruhe veranlasste die Parteispitze, das Personal der Stasi kontinuierlich weiter aufzustocken. [...]

War es für die Staatsorgane schon schwierig genug, die offenbar unterschätzte Einflusszone des Dissidententums effektiv einzuschränken, stellten sich ihnen ganz neuartige Probleme, als Michael Gorbatschow, seit 1985 neuer Generalsekretär der KPdSU, in der Zentrale des Sowjetimperiums Reformvorstellungen öffentlich verfocht, die bald auch auf die DDR ausstrahlten. Die „überalterte Herrenriege" der Gerontokratie[1] um Honecker riskierte einen Blockadekurs gegen den existenzgarantierenden Hegemon. Die mit „Glasnost" und „Perestroika" sympathisierende russische Zeitschrift „Sputnik" wurde im November 1988 in der DDR verboten. Ein ZK-Mitglied spottete: Wenn der Nachbar seine Wohnung neu tapeziere, brauche man, wenn doch das eigene Haus in Ordnung sei, ihn nicht nachzuahmen. Die Gerontokratie hielt den neuen mächtigen Mann der Sowjetunion für einen Konterrevolutionär, den eigenen paranoiden Krakenstaat aber für den Spitzenreiter des Staatskommunismus. Dagegen empfanden die Dissidenten [...] auch der DDR, dass Gorbatschow ihren Veränderungsdruck unterstützte. Das löste Wellen der Sympathie, ja erstmals der genuinen Zuneigung zu einem russischen Spitzenpolitiker aus. Im Herbst 1989 sollte die Mobilisierungskraft, die Gorbatschows Programmatik auch in der DDR entfaltete, unmissverständlich zutage treten. Der Moskauer Kurswechsel kulminierte darin, dass die sowjetische Protektoratsherrschaft der DDR unmittelbar nach dem bombastischen Feierlichkeiten zu ihrem 40-jährigen Bestehen die Existenzgrundlage in Gestalt der russischen Truppenunterstützung entzog. Was der Schriftsteller Stefan Heym als bange Frage aufgeworfen hatte, erwies sich seither als Faktum: Die kurzlebige DDR, sie war nur „eine Fußnote der Weltgeschichte".

Hans-Ulrich Wehler, Deutsche Gesellschaftsgeschichte, Fünfter Bd.: Bundesrepublik und DDR 1949–1990, C. H. Beck, München 2008, S. 359–361

1 Gerontokratie: Herrschaft der Alten

1 **Arbeiten Sie in arbeitsteiliger Gruppenarbeit heraus, welche Ursachen für den Niedergang und Verfall der DDR die Historiker Wolle und Wehler nennen.**

2 **Vergleichen Sie beide Positionen miteinander.**

3 **Ziehen Sie eine kritische Bilanz der Geschichte der DDR seit dem Mauerbau: Diskutieren Sie, ob der DDR-Sozialismus in erster Linie an seinen Mängeln oder seiner Konsequenz gescheitert ist.**

4 **Erörtern Sie, ob die DDR eine „Fußnote" in der deutschen Geschichte war. Berücksichtigen Sie dabei auch die friedliche Revolution und Wiedervereinigung 1989/90 (s. S. 571 ff.).**

6 Friedliche Revolution und Wiedervereinigung 1989/90

Ursachen des Zusammenbruchs

Der Zusammenbruch der DDR, der 1989/90 in eine friedliche Revolution und die Wiedervereinigung Deutschlands mündete, begann bereits in den 1970er-Jahren, als der **KSZE-Prozess** (s. S. 497) zeitweise die Handlungsspielräume der Opposition in der DDR vergrößerte. Großen Auftrieb verlieh den oppositionellen Kräften in den 1980er-Jahren die **Reformpolitik in der Sowjetunion** unter Michail Gorbatschow. Die Chancen für eine grundlegende Erneuerung des kommunistischen Systems stiegen zusätzlich, als die Sowjetunion 1988 offiziell die **Breschnew-Doktrin zurücknahm** (s. S. 492). Die in der DDR stationierten sowjetischen Truppen standen damit zur innenpolitischen Repression nicht mehr zur Verfügung, was die Hemmschwelle der Bevölkerung bei Protestaktivitäten erheblich senkte. Nachdem das SED-Regime von Anfang an keinen Rückhalt in der breiten Bevölkerung besessen hatte, nahm die Unzufriedenheit der DDR-Bürger mit der Verschlechterung der wirtschaftlichen Lage in den 1980er-Jahren dramatische Ausmaße an (s. S. 564 ff.). Dieser zunehmende Unmut und das wachsende Selbstbewusstsein der Opposition wurden erstmals bei den **Kommunalwahlen am 7. Mai 1989** offensichtlich. Wahrscheinlich hatte das SED-Regime auch früher schon Wahlergebnisse gefälscht, die regelmäßig bei 99 Prozent Zustimmung für den „gemeinsamen Wahlvorschlag der Nationalen Front" gelegen haben sollen. Dieses Mal konnten Bürgerrechtsgruppen den Machthabern jedoch **Wahlmanipulationen** nachweisen.

Massenflucht
120 000 DDR-Bürger beantragten im Sommer 1989 die Ausreise in die Bundesrepublik Deutschland. Tausende flüchteten in die bundesdeutschen Botschaften in Budapest, Warschau und Prag sowie die Ständige Vertretung in Ost-Berlin. Am 2. Mai 1989 begann Ungarn mit dem Abbau seiner Grenzbefestigungen zu Österreich; am 10. September 1989 entschied die ungarische Regierung, dass DDR-Bürger das Land in Richtung Westen verlassen durften. Die Flüchtlingszahlen stiegen lawinenartig an. Im September 1989 reisten über 25 000 Menschen aus. Am 30. September 1989 konnte Bundesaußenminister Genscher den Flüchtlingen in Prag verkünden, dass sie in den Westen ausreisen dürften. Etwa 6 000 Ostdeutsche kamen mit Sonderzügen aus Warschau und Prag in den Westen.

Massenflucht und Massenproteste

Im Sommer 1989 verschärfte sich die politische Krise der DDR. Die **erneute Massenflucht*** vieler DDR-Bürger trug entscheidend zum Autoritätsverlust von Partei- und Staatsführung bei. **Bürgerrechtsgruppen** meldeten sich immer selbstbewusster zu Wort, **neue Parteien** traten in Konkurrenz zur kommunistischen Staatspartei der DDR. So forderte Mitte Juni 1989 die „Initiative Frieden und Menschenrechte" öffentlich eine Debatte über den Stalinismus in der DDR. Am 24. Juni rief eine Initiativgruppe zur Gründung einer sozialdemokratischen Partei auf. Als die Bürgerbewegung „Demokratie jetzt" am 12. September 1989 einen Gründungsaufruf veröffentlichte und das „Neue Forum" am 19. September 1989 offiziell die Zulassung als politische Vereinigung beantragte, erhielt die Opposition allmählich eine festere organisatorische Struktur (M 6). Die SED-Führung versuchte zunächst, ihr **Macht- und Meinungsmonopol zu verteidigen** (M 5). Sie lehnte den Antrag des „Neuen Forum" ab und diffamierte diese Gruppierung als „staatsfeindlich". Doch konnte sie damit den Zustrom zum „Neuen Forum" nicht mehr verhindern. Tausende trugen sich in die Mitgliederlisten ein. Die größte Wirkung entfalteten jedoch die landesweiten Protestaktionen auf der Straße. Den Durchbruch für die Oppositionsbewegung brachte die **Leipziger Montagsdemonstration*** vom 9. Oktober 1989, an der sich ca. 70 000 Menschen – trotz Gerüchten über den Einsatz der Volksarmee gegen die Demonstranten – beteiligten (M 1). Die Menschen begriffen, dass sie die Staatsmacht nicht mehr zu fürchten brauchten.

Montagsdemonstrationen
Seit Anfang der 1980er-Jahre waren Friedensgebete in der Leipziger Nikolaikirche Ausgangspunkt für oppositionelle Demonstrationen. Am 4. September 1989 gingen Oppositionelle erstmals mit Transparenten für Demokratie, Pressefreiheit und offene Grenzen in Leipzig auf die Straße. Die Staatsmacht reagierte mit massiven Behinderungen und Verhaftungen. Am 25. September 1989 demonstrierten bereits rund 5 000 Menschen, am 2. Oktober waren es über 20 000. Immer mehr herrschte im Land die Angst vor einer „chinesischen Lösung". Doch am 9. Oktober 1989 demonstrierten über 70 000 Menschen auf dem Leipziger Ring, ohne dass der Staat eingriff. Die Macht der SED war gebrochen, und sie ließ ihre bereits in Stellung gebrachten Truppen wieder abziehen. Ihren Höhepunkt erreichten die Montagsdemonstrationen in Leipzig am 6. November 1989 mit über 300 000 Demonstranten.

Reformunfähigkeit des SED-Regimes

Die SED-Führung erkannte nicht, wie explosiv die politische Lage in der DDR war. In einer MfS-Dienstbesprechung am 31. August hieß es, ungeachtet der sich häufenden Vorfälle und Kritik, selbst unter Parteigenossen, sei „die Gesamtlage stabil", ein neuer 17. Juni

M1 Montagsdemonstration in Leipzig, 9. Oktober 1989, Fotografie

M2 Der „Runde Tisch" in der DDR 1989/90

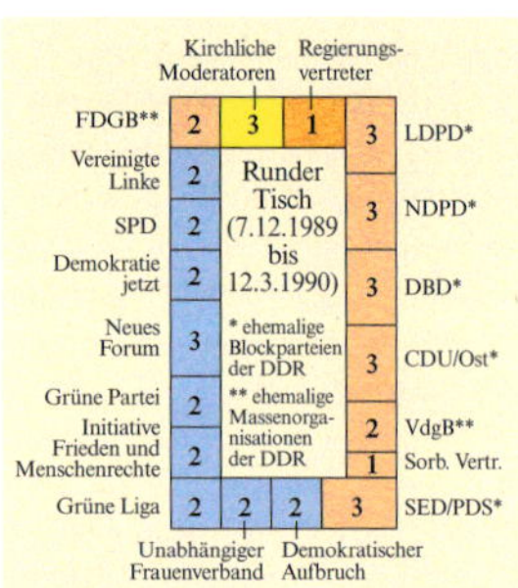

„Runder Tisch"
Vom Dezember 1989 bis zu den ersten demokratischen Wahlen im März 1990 arbeitete dieses Gremium als eine Art Ersatzparlament und Kontrollinstanz für die Regierung Modrow und bereitete freie Wahlen vor. Auch auf regionaler und lokaler Ebene entstanden „Runde Tische", deren Mitglieder die Verwaltung kontrollierten und die Demokratisierung des politischen Lebens vorantrieben.

drohe nicht. In welcher Scheinwelt die politische Führung des SED-Staates lebte, verdeutlichten die Feierlichkeiten zum **40. Jahrestag der DDR-Gründung** am 7. Oktober 1989. Mit großem Aufwand wurde der Sieg des Sozialismus beschworen und die tief greifende Krise des Systems verleugnet. Der bei den Jubiläumsfeierlichkeiten anwesende sowjetische Staats- und Parteichef Gorbatschow ermahnte die Machthaber der DDR jedoch offen zu Reformen. „Gefahren warten nur auf jene", argumentierte er, „die nicht auf das Leben reagieren." Daraus entstand das geflügelte Wort: „Wer zu spät kommt, den bestraft das Leben."

Überzeugt vom Fortbestand des Staates, lehnte das SED-Regime eine grundlegende Umgestaltung des Systems ab. Zwar wollte die Parteiführung am 18. Oktober 1989 mit dem erzwungenen Rücktritt des langjährigen Partei- und Staatschefs, Erich Honecker, ihre Reformfähigkeit demonstrieren, doch der Nachfolger Egon Krenz war und blieb ein Mann des alten Systems, der sich allenfalls zu zaghaften Korrekturen bereitfand. Die Wiedervereinigung Deutschlands lehnte er ebenso ab wie die Schaffung einer parlamentarischen Demokratie. Auch der am 13. November 1989 von der Volkskammer neu gewählte Ministerpräsident, **Hans Modrow,** SED-Politbüro-Mitglied und Dresdner SED-Bezirksparteichef, beharrte lediglich auf Modifikationen des Systems und der Eigenständigkeit der DDR. Grundlegende Reformen der Wirtschaftsordnung gelangen dem Reformkommunisten nicht.

Inzwischen hatten die neuen politischen Kräfte, allen voran das Neue Forum und die Sozialdemokratische Partei zusammen mit Vertretern der Blockparteien, in Berlin nach polnischem Vorbild einen **„Runden Tisch"*** ins Leben gerufen. Wichtige Etappen dieses Demokratisierungsprozesses waren die Streichung der „führenden Rolle" der SED aus der DDR-Verfassung am 1. Dezember 1989 sowie die Vereinbarung vom 28. Januar 1990, mit der Vertreter der Oppositionsgruppen in die Regierung Modrow eintraten. Der Termin für Neuwahlen der Volkskammer wurde auf den 18. März festgelegt.

Der Fall der Berliner Mauer

Am 9. November 1989 fiel die Mauer, wie sie am 13. August 1961 entstanden war: nachts und unerwartet. Die während einer Pressekonferenz beiläufig angekündigte Mitteilung des SED-Politbüromitglieds Günter Schabowski am Abend des 9. November 1989, ein neues Reisegesetz ermögliche jedem DDR-Bürger, „sofort, unverzüglich" auszureisen, führte binnen weniger Stunden zu einer Öffnung der DDR-Grenzen in Ost-Berlin (M 3). Noch in der Nacht strömten Zehntausende DDR-Bürger in den Westen der Stadt. Von einem zum anderen Tag änderte sich fast alles, auch für die Westdeutschen. Bis zum 9. November hatten sie die Ereignisse in der DDR fasziniert, aber in sicherer Entfernung am Fernsehschirm verfolgt. Nun betrafen die Ereignisse sie unmittelbar. „Jetzt wächst zusammen, was zusammengehört“, mit diesen Worten drückte der ehemalige Bundeskanzler Willy Brandt am 10. November auf einer Kundgebung in Berlin aus, dass die nationale Einheit auf der politischen Tagesordnung stand. Auch die Bürger der DDR forderten neben Freiheit und Demokratie zunehmend die Vereinigung der beiden deutschen Teilstaaten. Statt „Wir sind das Volk“ riefen sie bald **„Wir sind ein Volk“**. Der Ruf nach Freiheit und nationaler Einheit zeigte eindrucksvoll, dass das nationale Zusammengehörigkeitsgefühl in den mehr als vierzig Jahren getrennter deutsch-deutscher Geschichte erhalten geblieben war. Ein eigenständiger zweiter deutscher Staat besaß keine Legitimität mehr, die SED-Diktatur hatte diese Legitimität nie besessen. Seit dem Fall der Mauer ging es nicht mehr allein um die Demokratisierung der DDR, sondern um die deutsche Einheit und damit um das Ende der DDR.

M3 Der Berliner Grenzübergang Checkpoint Charlie am Morgen nach der Maueröffnung, Fotografie, 10. November 1989

Politik der DDR-Regierung

An der ersten freien Wahl zur Volkskammer am 18. März 1990 nahmen 24 Parteien, politische Gruppierungen und Listenverbindungen teil*. Mit 48 Prozent der Stimmen gewann die „Allianz für Deutschland“, die sich im Wahlkampf für eine rasche Vereinigung der beiden deutschen Teilstaaten und die zügige Einführung der sozialen Marktwirtschaft ausgesprochen hatte. Die Volkskammer wählte am 12. April 1990 den im November 1989 zum Vorsitzenden der CDU (Ost) gewählten Rechtsanwalt **Lothar de Maizière zum Ministerpräsidenten**. Er bildete eine Koalitionsregierung, der nicht nur Mitglieder der CDU, DSU und DA, sondern auch der konkurrierenden Parteien SPD und Liberale angehörten, und bekannte sich in seiner Regierungserklärung zur Herstellung der staatlichen Einheit Deutschlands.

Volkskammerwahl vom März 1990
Um Wählerstimmen warben die Bürgerrechtsbewegungen, die sich im „Bündnis 90“ zusammengeschlossen hatten, die erst im Oktober neu gegründete SPD, das Wahlbündnis „Allianz für Deutschland“, dem die CDU, die DSU (Deutsche Soziale Union) und der Demokratische Aufbruch (DA) angehörten, sowie die im Februar 1990 in PDS (Partei des Demokratischen Sozialismus) umbenannte SED.

Politik der Bundesregierung

Am 28. November 1989 veröffentlichte die Bundesregierung, die sich zunächst überrascht von den Ereignissen in der DDR zeigte, ein **„Zehn-Punkte-Programm“** zur schrittweisen Überwindung der Teilung Deutschlands. Sofortigen humanitären und wirtschaftlichen Hilfen für die DDR sollte langfristig eine bundesstaatliche Ordnung in einem vereinten Deutschland folgen. Angesichts des raschen Zerfalls der ökonomischen und gesellschaftlichen Strukturen in der DDR schien ein Festhalten an der Idee einer Vertragsgemeinschaft und der Schaffung konföderativer Strukturen nicht länger möglich. Stattdessen setzte die Bundesregierung auf eine Beschleunigung des Vereinigungsprozesses. Ein wichtiger Schritt auf dem Weg zur deutschen Einheit war der Staatsvertrag zur **Währungs-, Wirtschafts- und Sozialunion***, der am 1. Juli 1990 in Kraft trat. Schon im März 1990 hatte die **Treuhandanstalt*** damit begonnen, die mehr als 4000 volkseigenen Betriebe der DDR zu privatisieren, zu sanieren oder stillzulegen.

Währungs-, Wirtschafts- und Sozialunion
Mit der Währungs-, Wirtschafts- und Sozialunion übernahm die DDR zum Stichtag 1. Juli 1990 große Teile der Wirtschafts- und Rechtsordnung der Bundesrepublik. Seitdem galt in der DDR die D-Mark als alleiniges Zahlungsmittel. Löhne, Gehälter, Renten, Mieten und andere „wiederkehrende Zahlungen“ wurden 1:1 umgestellt, bei Bargeld und Bankguthaben unterschied man: Kinder unter 14 Jahren konnten bis zu 2 000 DDR-Mark im Verhältnis 1:1 umtauschen, 15- bis 59-Jährige bis zu 4 000 DDR-Mark, Ältere 6 000 DDR-Mark. Darüber hinausgehende Beträge wurden im Verhältnis 2:1 umgestellt. Damit war die wirtschaftliche Eingliederung der DDR in die Bundesrepublik praktisch vollzogen.

Die Siegermächte und die Vereinigung

Die Vereinigung setzte die Zustimmung der Siegermächte des Zweiten Weltkrieges voraus. Die außenpolitische Absicherung der deutschen Einheit gelang der Bundesregierung überraschend schnell, nachdem die CDU/CSU im Westen nach anfänglichem Zögern die Oder-Neiße-Grenze anerkannt hatte. Die uneingeschränkte Unterstützung der USA für den Vereinigungsprozess beseitigte vorhandene Zweifel bei der französischen und britischen Regierung. Die Einigung zwischen der deutschen und der sowjetischen Regierung Mitte Juli 1990 bestand in der Zusage der Sowjetunion, dem neuen Staat in der Frage der Bündniszugehörigkeit freie Hand zu lassen. Die Bundesrepublik ihrerseits garantierte die Abrüstung der gesamtdeutschen Bundeswehr auf 370 000 Mann und die Finanzierung des Rückzugs der sowjetischen Truppen aus der DDR mit 14 Mrd. DM (rd. 7,1 Mrd. Euro). Am 12. September

Treuhandanstalt
Die 1990 gegründete Treuhandanstalt sollte unter Aufsicht des Finanzministeriums die Volkseigenen Betriebe in marktfähige Unternehmen umwandeln, sie privatisieren oder stilllegen. Zudem verwaltete sie rund 30000 Einzelhandelsgeschäfte, Hotels und Gaststätten, landwirtschaftliche Nutzflächen und Liegenschaften. Die Verkaufserlöse aus der Privatisierung des volkseigenen Vermögens konnten jedoch die wirtschaftlichen Folgelasten der Wiedervereinigung im Osten nicht kompensieren. Probleme entstanden aus der geringen Produktivität der Betriebe, ökologischen Altlasten, ungeklärten Eigentumsfragen und dem Zusammenbruch der osteuropäischen Märkte. Millionen von Arbeitsplätzen gingen verloren. Am 31. Dezember 1994 wurde die Treuhandanstalt aufgelöst.

Die „Mauer in den Köpfen"
Diese mittlerweile klassische Formulierung prägte der Schriftsteller Peter Schneider bereits 1982 in seinem Roman „Der Mauerspringer": „Die Mauer im Kopf einzureißen wird länger dauern, als irgendein Abrissunternehmen für die sichtbare Mauer braucht."

Internettipp
www.bpb.de/themen/IKD9X1,0,Deutsche_Teilung_Deutsche_Einheit.html
Ein Dossier der Bundeszentrale für politische Bildung zur deutschen Einheit

www.chronik-der-wende.de
Eine Dokumentation der Wiedervereinigung vom rbb

1990 unterzeichneten die Außenminister der Siegermächte und der beiden deutschen Staaten in Moskau den „Vertrag über die abschließende Regelung in Bezug auf Deutschland".

Die deutsche Einheit

Sowohl in der Bundesrepublik Deutschland als auch in der DDR gab es intensive Diskussionen über die konkrete Gestaltung des Vereinigungsprozesses. Artikel 146 des Grundgesetzes sah die Ausarbeitung einer neuen Verfassung und deren Bestätigung durch eine Volksabstimmung in beiden Teilen Deutschlands vor. Dagegen ermöglichte Artikel 23 einen sofortigen Beitritt der DDR zum Geltungsbereich des Grundgesetzes. Am 23. August 1990 entschied sich die Volkskammer der DDR für das Verfahren nach Artikel 23 und legte den 3. Oktober als Beitrittstermin fest. Von diesem Zeitpunkt an verabschiedete sich die DDR Schritt für Schritt von der politischen Bühne: Am 31. August 1990 unterzeichneten die Unterhändler Wolfgang Schäuble für die Bundesrepublik Deutschland und Günter Krause für die DDR den **Einigungsvertrag**. Am 24. September verließ die DDR den Warschauer Pakt, am 2. Oktober löste sich die Volkskammer auf und einen Tag später wurde Deutschland feierlich wiedervereint. Der 3. Oktober 1990, der **Tag der deutschen Einheit**, ist seitdem Nationalfeiertag.

Ein Staat, zwei Gesellschaften?

Durch den Beitritt der neuen Bundesländer zur Bundesrepublik Deutschland am 3. Oktober 1990 leben die Deutschen wieder in einem Staat. Aber leben sie auch in einer Gesellschaft oder gibt es nach der Grenzöffnung noch eine **„Mauer in den Köpfen"***? Obwohl in Umfragen viele Menschen in den neuen Bundesländern ihre hohe persönliche Zufriedenheit mit den materiellen Lebensbedingungen nach der Wiedervereinigung bekunden, verringerte sich mit der Zeit ihre Zustimmung zum gesellschaftlichen, vor allem aber zum politischen und wirtschaftlichen System der Bundesrepublik Deutschland.
Auch im Westen gibt es seit Ende der 1990er-Jahre einen kleinen, aber zunehmenden Anteil von Menschen, die stärker der alten Bundesrepublik nachtrauern, als sich mit dem wiedervereinigten Deutschland zu identifizieren. Im Osten Deutschlands fühlt sich vor allem die ältere Generation stärker mit der früheren DDR verbunden. Diese **„Ostalgie"**, wie die Verklärung der DDR gelegentlich genannt wird, lässt sich nicht nur auf die lange Trennung zurückführen, sondern beruht auf Erfahrungen während des Einigungsprozesses. Die sozialen, kulturellen und politischen Veränderungen waren in Ostdeutschland unvermeidlich sehr viel größer und unmittelbarer als in Westdeutschland. So bewerten manche ehemaligen DDR-Bürger die Vereinigung als einen einseitigen Vorgang, bei dem ihnen das westdeutsche System „übergestülpt" worden sei (M 9). Während des Vereinigungsprozesses sind auch **allzu hohe Erwartungen** enttäuscht worden. In der DDR war Arbeitslosigkeit nahezu unbekannt. Es traf daher die ehemaligen DDR-Bürger wie ein Schock, als nach der Wende mit der Privatisierung der Wirtschaft viele Menschen ihren Arbeitsplatz verloren (M 7, M 8). Zahlreiche frühere DDR-Staatsbetriebe erwiesen sich unter marktwirtschaftlichen Bedingungen nicht als konkurrenz- und existenzfähig.

Wirtschaft und Wohlstand

In den ersten Jahren nach der Vereinigung konnte ein Teil der Arbeitsplatzverluste aufgefangen werden durch staatliche Arbeitsmarktpolitik oder andere Maßnahmen, die z. B. Personen über 55 Jahren den Übergang in den Vorruhestand erleichterten. Besonders betroffen von der nach wie vor **anhaltenden Beschäftigungskrise** und dem **Mangel an regulären Arbeitsplätzen** sind Frauen.

Zwar stieg im Osten Deutschlands das Bruttoinlandsprodukt in den Neunzigerjahren stark an, allerdings startete die Wirtschaft nach 1990 auf einem sehr geringen Niveau. Das Wirtschaftswachstum glich sich seit Ende der 1990er-Jahre dem des Westens an. Dennoch gelang in einigen Regionen im Osten noch kein sich selbst tragender Wirtschaftsaufschwung, auch wenn sich die Wirtschaftsstruktur der neuen Bundesländer insgesamt verbesserte. Die Modernisierung sowie die beträchtlichen Finanzhilfen, die von den alten in die neuen Bundesländer flossen, haben der Mehrheit der ostdeutschen Bevölkerung jedoch einen bedeutenden **Wohlstandsgewinn** gebracht. Trotzdem verloren die neuen Bundesländer Teile ihrer Bevölkerung an den Westen der Republik. In den Jahren von 1990 bis 2003 gewannen die zehn alten Bundesländer etwa vier Millionen Einwohner hinzu, ein knappes Drittel davon aus Ostdeutschland. Unter ihnen sind viele gut ausgebildete junge Fachkräfte, die im Westen neue berufliche und private Perspektiven suchten, sowie ein hoher Prozentsatz von Frauen.

Internettipp
www.bmvbs.de/Anlage/original_1053295/Jahresbericht-zum-Stand-der-Deutschen-Einheit-2008.pdf
Die Bundesregierung veröffentlicht jährlich den Bericht zur Stand der Deutschen Einheit.

Neue Herausforderungen und Aufgaben

Ungeachtet bestehender wirtschaftlicher und sozialer Probleme hat der Stolz auf die friedliche Wiedererlangung der deutschen Einheit in Freiheit und fester Verankerung in der westlichen Werte- und Staatengemeinschaft zu einem Gemeinschaftsbewusstsein, zur „inneren Einheit", beigetragen. Die Schaffung einer gemeinsamen Identität bleibt dabei eine der zentralen Aufgaben der Deutschen.
1998 entstand zum ersten Mal in der Geschichte der Bundesrepublik eine neue Regierung nicht durch Koalitionswechsel, sondern durch Abwahl der Regierungskoalition. Der Sozialdemokrat Gerhard Schröder, Kandidat der stärksten Fraktion, übernahm das Kanzleramt und bildete eine Regierung zusammen mit Bündnis 90/Die Grünen (s. S. 554, M2). Dass sich die Bundeswehr 1999 an NATO-Luftangriffen auf Serbien beteiligte, um im zerfallenden Jugoslawien die von Serben bedrohte albanische Bevölkerung im Kosovo zu schützen, war nicht nur ein Einschnitt in der bundesrepublikanischen Entwicklung. Dieser Kampfeinsatz der Bundeswehr bedeutete auch für die pazifistisch orientierten Grünen und die teilweise pazifistisch geprägten Sozialdemokraten eine Neuorientierung. Dagegen lehnte die rot-grüne Regierung eine Beteiligung am Irakkrieg 2003 ab – trotz der deutschen Bereitschaft, größere Verantwortung in der internationalen Politik, auch mit militärischen Mitteln zu übernehmen. Ähnlich wie die Vorgängerregierungen musste das Kabinett Schröder die Staatsfinanzen sanieren sowie Wirtschaft und Gesellschaft den Erfordernissen der Globalisierung anpassen. Um die Massenarbeitslosigkeit abzubauen, verabschiedete die Koalition 2004 die Hartz-Gesetze, die die bestehenden sozialen Sicherungssysteme grundlegend veränderten. Die Modernisierung Deutschlands bleibt nach wie vor die zentrale Aufgabe deutscher Politik, der sich auch die seit 2005 regierende **Große Koalition** stellen muss. Wirtschaft und Gesellschaft müssen auf die veränderten globalen Wettbewerbsbedingungen und Herausforderungen wie Finanz- und Wirtschaftskrisen eingestellt werden. Zum ersten Mal wurde mit der CDU-Vorsitzenden **Angela Merkel*** 2005 eine Frau ins Kanzleramt gewählt.

M4 Angela Merkel, Fotografie, 2006

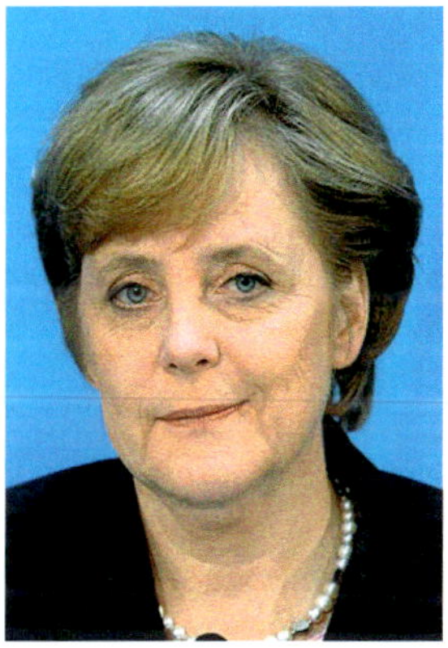

Die promovierte Physikerin (geb. 1954) wuchs in der DDR auf, engagierte sich 1989/90 in der Bürgerbewegung und in der CDU für die Wiedervereinigung. Im Kabinett Kohl war sie Ministerin für Frauen und Jugend (1991–1994) und Umweltfragen (1994–1998), danach führte die CDU-Vorsitzende (seit 2000) die CDU/CSU-Opposition im Deutschen Bundestag (2002–2005). 2005–2009 führte sie die Große Koalition aus CDU/CSU und SPD. Seit November 2009 ist sie Kanzlerin einer Regierungskoalition aus CDU/CSU und FDP.

1 Nennen Sie die Ursachen für den Zusammenbruch der DDR. Nehmen Sie dabei eine begründete Gewichtung vor.
2 Stellen Sie die wichtigsten Etappen in einer Zeitleiste dar.
3 Der Begriff „friedliche Revolution" wird oft verwendet, um die Ereignisse 1989/90 zu charakterisieren. Diskutieren Sie, ob und inwiefern sich der Revolutionsbegriff hierauf anwenden lässt. Berücksichtigen Sie die Definition auf S. 190.
4 Diskutieren Sie über die Entwicklung des wiedervereinigten Deutschlands. Erörtern Sie dabei die Frage, ob es die „Mauer in den Köpfen" noch gibt.

M5 Aus dem Leitartikel der „Leipziger Volkszeitung" vom 25./26. Juni 1989

Es wären eine ganze Menge ehrenwerter Gründe denkbar, warum Frau A. K. aus Wurzen am vergangenen Montagabend in der Leipziger Innenstadt anzutreffen war. Sie ist jung und hat dementsprechende Einkaufswünsche oder will sich einen neuen Film ansehen [...]. Zeit hat sie, denn sie nutzt nach der Geburt ihres zweiten Kindes das hierzulande mögliche „Babyjahr". Aber nicht solche ehrenwerte Gründe bestimmten den Weg der Frau, sondern ein höchst verurteilenswerter. Sie fuhr in eindeutig provokatorischer Absicht nach Leipzig, um gemeinsam mit Vertretern bestimmter Gruppierungen – darunter solche aus Halle, Dessau und Dresden – im Zentrum der Bezirksstadt die öffentliche Ordnung zu stören, die Ruhe und Sicherheit der Bürger anmaßend zu beeinträchtigen und auf Konfrontation mit unserem Staat DDR und mit ihrer Gesellschaft zu gehen. Das hatten Gruppen solcher Personen in den vergangenen Monaten schon einige Male versucht [...]. Jetzt war zu diesem Zweck auch Frau A. K. angereist.

Welche Unverfrorenheit gehört dazu, zu Hause alle Vorzüge zu genießen, die unsere Gesellschaft den Bürgern und insbesondere den Familien zukommen lässt und dann auf der Straße entgegen allen gesellschaftlichen Normen die Leistungen und Errungenschaften dieser sozialistischen Gesellschaft in den Straßenstaub treten zu wollen! Frau A. K. konnte sich in einer dreijährigen Lehrzeit auf den gewünschten Beruf vorbereiten. Sie bekam einen Arbeitsplatz als Facharbeiter in einem Betrieb. Sie erhielt bei der Geburt des zweiten Kindes eine bezahlte Freistellung von einem Jahr. Sie bekam bei Erkrankung der Kinder Unterstützung zu deren Pflege. Bestimmt wird der Frau gleichermaßen bekannt sein, dass sie im anderen deutschen Staat, den sie für lebenswerter hält, ein solches Umsorgtsein, eine solche Fürsorglichkeit, eine solche soziale Geborgenheit [...] für sich und ihre Kinder nie erwarten kann. Aber sie gesellte sich dennoch zu denen, die ihr Heimatland DDR auf Leipzigs Straßen verketzern und beleidigen wollen und darüber hinaus die öffentliche Ruhe und Ordnung stören. Diese Unruhestifter setzen sich mit ihrem Treiben in voller Absicht über die bei uns gültigen Normen des Zusammenlebens hinweg. Sie haben – das gilt auch für Frau A. K. – die Folgen ihrer provokatorischen Handlungen selbst zu verantworten.

Zit. nach: Bernd Lindner, Die demokratische Revolution in der DDR 1989/90, Bundeszentrale für politische Bildung, Bonn 2001, S. 37

1 Analysieren Sie die wesentlichen inhaltlichen Aussagen und die Sprache des Leitartikels.
2 Ordnen Sie den Text in den historischen Kontext ein.
3 Nehmen Sie Stellung, indem Sie einen Leserbrief aus der Sicht von Frau A. K. verfassen.

M6 Aus dem Aufruf des „Neuen Forums" vom 9./10. September 1989

In unserem Lande ist die Kommunikation zwischen Staat und Gesellschaft offensichtlich gestört. Belege dafür sind die weitverbreitete Verdrossenheit bis hin zum Rückzug in die private Nische oder zur massenhaften Auswanderung. [...] Im privaten Kreis sagt jeder leichthin, wie seine Diagnose lautet und nennt die ihm wichtigsten Maßnahmen. [...] Auf der einen Seite wünschen wir uns eine Erweiterung des Warenangebots und bessere Versorgung, andererseits sehen wir deren soziale und ökologische Kosten und plädieren für die Abkehr von ungehemmtem Wachstum. Wir wollen Spielraum für wirtschaftliche Initiative, aber keine Entartung in eine Ellenbogengesellschaft. [...] Wir wollen geordnete Verhältnisse, aber keine Bevormundung. Wir wollen freie, selbstbewusste Menschen, die doch gemeinschaftsbewusst handeln. Wir wollen vor Gewalt geschützt sein und dabei nicht einen Staat von Bütteln und Spitzeln ertragen müssen. Faulpelze und Maulhelden sollen aus ihren Druckposten vertrieben werden, aber wir wollen keine Nachteile für sozial Schwache und Wehrlose. Wir wollen ein wirksames Gesundheitswesen für jeden; aber niemand soll auf Kosten anderer krankfeiern. Wir wollen an Export und Welthandel teilhaben, aber weder zum Schuldner und Diener der führenden Industriestaaten noch zum Ausbeuter und Gläubiger der wirtschaftlich schwachen Länder werden. Um all diese Widerstände zu erkennen, Meinungen und Argumente dazu anzuhören und zu bewerten, allgemeine von Sonderinteressen zu unterscheiden, bedarf es eines demokratischen Dialogs über die Aufgaben des Rechtsstaates, der Wirtschaft und der Kultur. [...] Von der Bereitschaft und dem Wollen dazu wird es abhängen, ob wir in absehbarer Zeit Wege aus der gegenwärtigen krisenhaften Situation finden. Es kommt in der jetzigen gesellschaftlichen Entwicklung darauf an,

- dass eine größere Anzahl von Menschen am gesellschaftlichen Reformprozess mitwirkt;
- dass die vielfältigen Einzel- und Gruppenaktivitäten zu einem Gesamthandeln führen.

Wir bilden deshalb gemeinsam eine politische Plattform für die ganze DDR, die es Menschen aus allen Berufen, Lebenskreisen, Parteien und Gruppen möglich macht, sich an der Diskussion und Bearbeitung lebenswichtiger Gesellschaftsprobleme in diesem Land zu beteiligen. Für eine solche übergreifende Initiative wählen wir den Namen NEUES FORUM [...].

Volker Gransow und Konrad H. Jarausch (Hg.), Die deutsche Vereinigung, Verlag Wissenschaft und Politik, Köln 1991, S. 60f.

1 Erarbeiten Sie die Forderungen des „Neuen Forums" und erklären Sie, wie diese umgesetzt werden sollten.
2 Erläutern Sie, warum die SED-Führung das „Neue Forum" als „staatsfeindlich" charakterisierte.

M7 Entwicklung der Erwerbstätigkeit im Ost-West-Vergleich

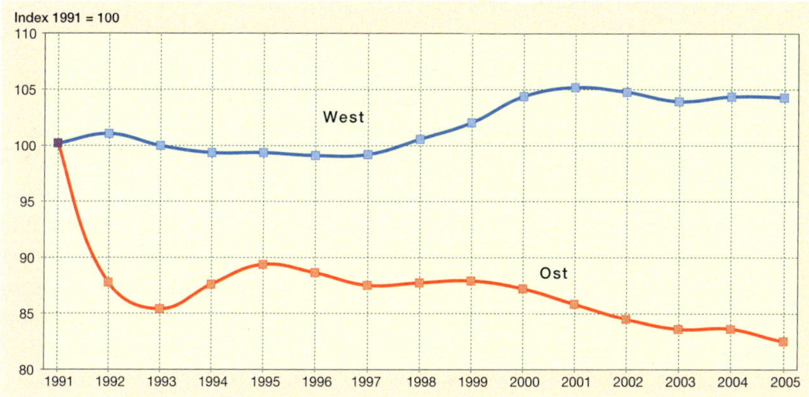

1 Arbeiten Sie zentrale Tendenzen bei der Entwicklung der Arbeitslosigkeit und der Erwerbstätigkeit in Ostdeutschland nach der Wiedervereinigung heraus.

M8 Erwerbstätige nach Wirtschaftsbereichen im Ost-West-Vergleich (in Prozent)

Jahr	1989		1992		1995		1999		2003	
Region	W	O	W	O	W	O	W	O	W	O
Primärer Sektor	4	11	3,5	4,9	3,1	3,9	2,6	3,9	2,3	3,2
Sekundärer Sektor	41	50	40	39	36	36	34	31	31,6	28,8
Tertiärer Sektor	55	40	57	57	61	60	64	65	66	68

M 7 und M 8: Klaus Schroeder, Die veränderte Republik. Deutschland nach der Wiedervereinigung, Verlag Ernst Vögel, München 2006, S. 210, 226

1 Beschreiben und erklären Sie die Modernisierung der Wirtschaftsstruktur in Deutschland.

M9 Der ostdeutsche Theologe und Publizist Richard Schröder zieht 2005 Bilanz der Vereinigung

Der Osten hat seit 1990 zwei Prozesse zu durchlaufen, den Einigungsprozess, also die Übernahme der westdeutschen politischen, sozialen und wirtschaftlichen Ordnungen, und den Transformationsprozess von Diktatur und Planwirtschaft zu Demokratie und Marktwirtschaft, einen gewaltigen Umbruch. [...] Alle ehemals sozialistischen Länder durchlaufen [den Transformationsprozess]. Überall ist dieser Prozess mit schweren wirtschaftlichen Verwerfungen und hoher Arbeitslosigkeit, auch mit Abwanderung verbunden. Überall sitzen postkommunistische Parteien in den Parlamenten, öfter auch in Regierungen. Überall sind das Wahlverhalten und die Wahlbeteiligung sehr wechselhaft. Überall gibt es das Problem des Elitenwechsels, zermürbende Auseinandersetzungen um die Vergangenheit und um Eigentumsfragen. All das und mehr erscheint [...] als typisch Ost, ist aber in Wahrheit typisch posttotalitär. Bei diesen Vergleichspunkten schneidet Ostdeutschland übrigens recht gut ab. [...] Von allen ehemals sozialistischen Ländern hat Ostdeutschland den höchsten Lebensstandard und die beste Infrastruktur. Aber dieser Vergleich wird in Ost und West vermieden. Im Westen fragt man: Warum sind die noch nicht wie wir? [...] Und im Osten: Warum leben wir noch nicht wie sie, sondern mit 70 Prozent Westlohn und doppelt so vielen Arbeitslosen? Der Blick nach Westen verdeckt im Osten auch den Vergleich mit den DDR-Verhältnissen. Manche – eine Minderheit – verklären sie. [...] Die westlichen Nord-Süd-Unterschiede sind auch erheblich, mental wie ökonomisch, und übrigens älter noch als die Reformation. Aber diese Unterschiede ist man gewöhnt. Nur das Unvertraute wirkt unheimlich. Deshalb eignet sich der Osten vorzüglich zur Projektionsfläche für allerlei Ängste und als negative Folie vorteilhafter Selbstwahrnehmung. Ja, es gibt „die Frustrierten" im Osten. Das hat zu tun mit anfänglichen Übererwartungen und weit überzogenen Versprechungen, auch mit enttäuschtem Vertrauen. Viele im Osten haben tatsächlich geglaubt, was die Politiker versprochen haben, dass sie nämlich schnell Arbeitsplätze schaffen können und die „Angleichung der Lebensverhältnisse". In der DDR war ja tatsächlich der Staat für alles zuständig: Löhne, Preise, Warenangebot, Arbeitsplätze. Der Glaube an die Allmacht der Politik erzeugt zwangsläufig Politikverdrossenheit. [...] Nicht die Mehrheit, aber eine beachtliche Anzahl sieht sich durch den Einigungsprozess enttäuscht. [...] Und warum eigentlich dankt niemand den Ostdeutschen, deren Zivilcourage im Herbst 1989 die deutsche Einheit möglich machte und die eine unglaubliche Umstellungsleistung erbracht haben? Zweifellos haben sie den größeren Teil der Kriegsfolgelasten zu tragen gehabt. [...] Die deutsche Einheit ist weiter vorangeschritten als die italienische, hat ein Italiener bemerkt. Bloß die Deutschen glauben das nicht [...]. Im Ausland hält man die deutsche Einigung für gelungen.

Frankfurter Allgemeine Zeitung, 25. August 2005, S. 9

1 Erarbeiten Sie die Position und zentralen Argumente Richard Schröders im Hinblick auf die Frage, ob die deutsche Einigung gelungen sei.
2 Diskutieren Sie die verwendeten Vergleichskriterien.

Filmanalyse: Spielfilme als historische Quelle

Der Film prägt zunehmend die Vorstellungen über die Vergangenheit. Historische Themen erfreuen sich bei Filmemachern und Fernsehanstalten großer Beliebtheit und erzielen hohe Zuschauerquoten. Beispiele sind die Fernsehserie „Holocaust" (1978) oder die TV-Dokumentation „Die Deutschen" (2008), Filme wie „Schindlers Liste" (1994), „Der Name der Rose" (1986) oder „Troja" (2004). Zwei Gattungen sind zu unterscheiden: **Dokumentarfilme** versuchen, historische Themen anhand originaler Filmaufnahmen – zum Teil ergänzt durch Standfotos, aktuelle Aufnahmen, nachgespielte Szenen, Trickaufnahmen oder Interviews mit Zeitzeugen oder Experten – authentisch aufzuarbeiten. Historische **Spielfilme** erzählen, personalisieren und dramatisieren Geschichte. Dabei verbreiten sie Geschichtsbilder und können zur Legendenbildung beitragen. Obwohl Spielfilme eine hohe Realitätsnähe vermitteln, darf der Zuschauer die zum Teil sehr suggestiven Bilder nicht mit der geschichtlichen Wirklichkeit verwechseln. Historische Spielfilme liefern häufig mehr Erkenntnisse über die Zeit, die sie abbilden und in der sie entstanden sind, als über die Zeit der Filmhandlung. So spiegeln zum Beispiel deutsche Spielfilme aus den 1930er-Jahren über den preußischen König Friedrich II. oder Reichskanzler Otto von Bismarck das Weltmachtstreben der Nationalsozialisten wider. Hollywood-Produktionen aus den 1950er-Jahren geben Auskunft über den Zeitgeist im Kalten Krieg. Daher müssen Spielfilme – wie jede Quelle – kritisch analysiert werden.

Arbeitsschritte für die Analyse

1. Formale Merkmale
- Wer ist der Regisseur? Gab es Auftraggeber, die den Film finanzierten?
- Wer ist der Autor des Drehbuchs?
- Wann ist der Film entstanden und aufgeführt worden?
- Aus welchem Anlass wurde der Film gedreht?
- Mit welchem historischen Thema setzt sich der Film auseinander?

2. Inhaltliche Aspekte
- Wie lässt sich die Handlung kurz zusammenfassen?
- Wer sind die Hauptfiguren?
- Welche szenischen Gestaltungsmittel (Großaufnahmen, Kameraposition und -bewegungen, Steuerung der Blickrichtung des Zuschauers, Schnitte, Verhältnis von kurzen und langen Einstellungen) sind verwendet worden?
- Wie werden Ton (Geräusche, Musik, Sprache und Dialoge, Kommentare) und Beleuchtung (Hell-Dunkel bzw. Farbkontraste) eingesetzt?
- Welche Sequenzen des Films kann man als Schlüsselszenen bezeichnen?

3. Interpretation
- Ist die Handlung logisch und glaubhaft?
- Wie werden die Hauptfiguren charakterisiert? In welchem Verhältnis stehen sie zueinander?
- Nimmt der Film die Perspektive der Hauptfigur ein oder werden auch andere Sichtweisen dargestellt?
- Welche Bedeutung besitzen die Gestaltungsmittel?
- Was zeichnet die Schlüsselszenen im Hinblick auf die Thematik des Films aus?
- Auf welche Konflikte in der Gegenwart spielt der Film an?

4. Aussageabsicht
- Welche Intentionen verfolgt der Film?
- Wie wirkt der Film auf den Betrachter?
- Welche Reaktionen rief der Film nach der Uraufführung in der Öffentlichkeit hervor?

5. Fazit
- Welche Gesamtaussage lässt sich formulieren?

Übungsbeispiel „Good Bye, Lenin!" (2003)

Der Spielfilm „Good Bye, Lenin!" von Regisseur Wolfgang Becker aus dem Jahr 2003 erzählt die fiktive Geschichte der Familie Kerner: Kurz vor dem Fall der Mauer fällt die Mutter, eine überzeugte Bürgerin der DDR, nach einem Herzinfarkt ins Koma. Als sie nach acht Monaten wieder ihr Bewusstsein erlangt, erwacht sie in einem neuen Land – dem wiedervereinten Deutschland. Da jede Aufregung für ihr schwaches Herz tödlich enden könnte, beschließt Sohn Alex, ihr die neue politische Situation zu verheimlichen und lässt auf 79 Quadratmetern Plattenbau die DDR wieder auferstehen. Der Film beschäftigt sich mit den komplexen Veränderungen, die die deutsche Vereinigung im Leben einer DDR-Familie auslöst, und thematisiert mit dem Verschwinden der DDR-Alltagskultur auch das Vergessen individueller Werte und Biografien.

M1 Szenenbilder aus „Good Bye, Lenin!"

a) Alex´ Freund Denis als Nachrichtensprecher in einer selbst gedrehten Sendung der „Aktuellen Kamera"

b) Alex beobachtet seine Mutter während der „Aktuellen Kamera"-Sendung

Weiterführende Arbeitsanregung

1 Der Film beschreibt Identitätskonflikte, die durch die „friedliche Revolution" in der DDR und die Wiedervereinigung ausgelöst werden. Untersuchen Sie arbeitsteilig, wie die Figuren mit der veränderten politischen Situation umgehen. Vergleichen Sie Ihre Ergebnisse im Plenum, indem Sie Gemeinsamkeiten und Unterschiede, z. B. bei Altersgruppen, gegenüberstellen und diskutieren.

2 Analysieren Sie, mit welchen filmischen Darstellungsmitteln die Zeit der DDR und die Zeit nach dem Mauerfall umgesetzt werden.

3 Erörtern Sie, ob der Film beide deutsche Wirklichkeiten charakterisiert. Wie werden die Ost- bzw. Westdeutschen im Film gezeigt? Welche sozial-, alltags- und mentalitätsgeschichtlichen Aussagen fällt der Film?

4 Schreiben Sie eine Rezension über den Film. Erläutern Sie dabei, wie sich der Film mit der jüngsten deutsch-deutschen Geschichte auseinandersetzt und bewerten Sie, ob ihm diese Auseinandersetzung gelungen ist.

Literaturhinweis

Bundeszentrale für politische Bildung (Hg.), Filmheft „Good Bye, Lenin!", Bonn 2003; online erhältlich unter: *www.bpb.de/files/RQZRHU.pdf*

Ein Denkmal für die deutsche Einheit

Denkmäler
unterscheiden sich von anderen Objekten der bildenden Kunst durch
- ihren historischen Bezug, indem sie an bedeutende Ereignisse (z. B. Völkerschlachtdenkmal in Leipzig) oder Persönlichkeiten (z. B. Bismarcktürme und -säulen) erinnern,
- ihren öffentlichen und publikumswirksamen Aufstellungsort wie zentrale Stadtplätze (z. B. Holocaust-Denkmal in Berlin), Anhöhen (z. B. Kyffhäuser-Denkmal in Thüringen) oder historische Orte (z. B. Kollwitz-Denkmal auf dem Soldatenfriedhof Vladslo in Belgien),
- ihre ausdrucksvolle Symbolik und häufig erzieherische Funktion und
- ihre – in der Regel – politischen Auftraggeber wie Monarchen, demokratische Regierungen, Kommunen oder Vereine.

Wie kann an die friedliche Wende in der DDR und die deutsche Einheit erinnert werden? Die Abgeordneten des Bundestages haben entschieden: mit einem **Denkmal***! Entsprechend des Parlamentsbeschlusses vom 7. November 2007 soll das neu zu erbauende „Freiheits- und Einheitsdenkmal" jedoch nicht nur „an die friedliche Revolution im Herbst 1989 und an die Wiedergewinnung der staatlichen Einheit Deutschlands", sondern auch an „die freiheitlichen Bewegungen und die Einheitsbestrebungen der vergangenen Jahrhunderte" erinnern. Ostdeutsche Abgeordnete schlugen vor, ein „Denkmal-Paar" in Berlin und Leipzig zu errichten, um die Bedeutung der Montagsdemonstrationen in der sächsischen Stadt zu würdigen (M 2). Im Sommer 2008 verfehlte ein entsprechender parteiübergreifender Antrag im Bundestag knapp die Mehrheit, trotzdem plant die Bundesregierung, „den Beitrag der Bürgerinnen und Bürger der Stadt Leipzig zu Freiheit und Einheit" zu würdigen.
In Berlin wurden zunächst mehrere Standorte für das Denkmal favorisiert. Der Kulturausschuss des Bundestages entschied sich letztlich für den Sockel des ehemaligen Kaiser-Wilhelm-Denkmals auf der „Schlossfreiheit" zwischen der Spree und der geplanten Rekonstruktion des Berliner Stadtschlosses in der Mitte Berlins. Dieser Standort ist umstritten: Während die Bundesregierung ihn „unter Abwägung historischer, inhaltlicher und bautechnischer Aspekte [für] am besten geeignet" hält, beanstanden Kritiker diesen Standort, vor allem aufgrund seiner Bezüge zur Hohenzollern-Dynastie (M 3).

Die Idee eines deutschen Einheits- oder Nationaldenkmals geht zurück auf den Beginn der deutschen Einheitsbewegungen nach den napoleonischen Kriegen Anfang des 19. Jahrhunderts (s. S. 288 ff.). Der Architekt Friedrich Schinkel entwarf beispielsweise einen gewaltigen Freiheitsdom für den Leipziger Platz in Berlin, als dessen Minimalversion 1821 die gotische Turmspitze des Kreuzbergdenkmals eingeweiht wurde. Nach der Reichseinigung 1871 entstanden zahlreiche Nationaldenkmäler, z. B. die Siegessäule in Berlin (1873), das Niederwald-Denkmal bei Rüdesheim am Rhein (1883), das Kyffhäuser-Denkmal in Thüringen (1896; s. S. 96 f.) oder das Völkerschlacht-Denkmal in Leipzig (1913).

M 1 Entwurf von Bernadette Boebel, 1. Preis beim Gestaltungswettbewerb für ein Freiheits- und Einheitsdenkmal, 2007

M2 Der Theologe und Publizist Richard Schröder über ein deutsches Freiheits- und Einheitsdenkmal, 2006

Im Jahr 2000 wurden Franzosen nach den wichtigsten Ereignissen des 20. Jahrhunderts befragt. An erster Stelle nannten sie den Mondflug, an zweiter Stelle den Fall der Mauer. Zur selben Zeit wurden Deutsche nach dem prägenden Ereignis der deutschen Geschichte des 20. Jahrhunderts gefragt. Westdeutsche nannten die Nazizeit, Ostdeutsche mehrheitlich die deutsche Teilung. [...] Aber weder in Ost noch in West wurde der Fall der Mauer als prägendes Ereignis genannt. [...] Wir haben diese Zeit [seit 1989] gemeinsam erlebt, aber noch nicht eine gemeinsam erzählbare Geschichte daraus gemacht, jedenfalls keine, die uns erfreut und ermuntert. Was wollen wir eigentlich unseren Kindern und Jugendlichen erzählen, die die Jahre 1989 und 1990 nicht erlebt haben? [...]

Ein Denkmal für Freiheit und Einheit oder für die Einheit in Freiheit wäre auch der Art nach etwas Neues in Deutschland. Das Kaiserreich war sehr denkmalsfreudig und hat vor allem Siegerdenkmäler und Heldendenkmäler hinterlassen. Wenn es um Opfer ging, waren damit diejenigen gemeint, die ihr Leben für das Vaterland geopfert haben, wie man sagte. Auch die Gedenkkultur der DDR war ausschließlich Heldengedenken. In der Bundesrepublik ist eine Gedenkkultur entstanden, die einer anderen Art von Opfern gilt, den Opfern von Staatsverbrechen. Mahnmale sind das, und das ist so in Ordnung. Aber kein Mensch und kein Volk kann allein aus seinem Versagen Orientierung gewinnen und schon gar nicht Ermunterung. Deshalb könnte ein Denkmal für Freiheit und Einheit helfen. Nach zwei Kriegen und zwei deutschen Diktaturen hat uns das letzte Jahrzehnt des 20. Jahrhunderts die Einheit in Freiheit geschenkt. Ein Denkmal für einen erfreulichen Anlass, das sind wir nicht gewöhnt. Wir können es aber gebrauchen. Wir sind zum Trübsinn nicht verpflichtet.

www.zeit.de/2006/48/Wir_sind_zum_Truebsinn_nicht_verpflichtet (Download vom 8. September 2008)

M3 Der Journalist Michael Lühmann kommentiert den Denkmalsbeschluss, 2008

Die Erinnerung an die friedliche Revolution von 1989 soll ab 2009 auf preußischem Fundament thronen – mitten in Berlin. Mit der Umwidmung des Sockels, auf dem bis 1950 das Reiterstandbild von Kaiser Wilhelm I. stand, werde nun ein zeitgemäßes Gedenken möglich. [...] Natürlich besitzt ein Denkmal auf preußischem Fundament seinen Reiz, welches die Freiheit eines Volkes gegen seine antidemokratischen Herrscher feiern soll. Schließlich war es der preußische König Wilhelm IV., der die deutsche Kaiserkrone vom revolutionär gestimmten Volke nicht annehmen wollte. 160 Jahre nach 1848 beschließt nun der Urahn des Frankfurter Paulskirchen-Parlaments, der Deutsche Bundestag, dass das Volk mit der friedlichen Revolution von 1989 doch recht hatte. Mithin besäße ein Denkmal für eine Revolution von unten auf dem Sockel eines Denkmals für die preußische Revolution von oben seinen Reiz. Dieses Denkmal jedoch direkt gegenüber dem wieder zu errichtenden Hohenzollern-Schloss aufzustellen, macht die ganze Entscheidung dann doch zur Farce. Verstehen muss man das alles nicht. Schließlich haben die Bürger der DDR nicht gegen das SED-Regime gemeutert, weil es 1950 das Reiterstandbild abtragen ließ oder weil sie die Revolutionäre von 1848 doch noch zu seinem Recht kommen lassen wollten. Überdies haben auch nicht die Berliner Bürger den SED-Staat auf dem Schlossplatz niedergerungen, sondern zuvorderst die Leipziger am 9. Oktober 1989 rund um die Nikolaikirche und auf dem Stadtring. Doch ein Einheits- und Freiheitsdenkmal in Leipzig passte nicht ins zentralisierte Berliner Gedenkstättenkonzept. [...]

Doch der eigentliche Fehler am gesamten Konzept des Freiheits- und Einheitsdenkmals liegt in der Verkettung zweier Ereignisse, die eigentlich eine getrennte Würdigung finden müssten: Freiheit und Einheit. Denn am Anfang der Revolution stand der Ausspruch: „Wir sind das Volk", und nur der steht für Freiheit. Freiheit und Einheit sind mithin nicht ein Geschwisterpaar, sondern Mutter und Tochter. Selbst Helmut Kohl, der die Einheit als sein Werk betrachtet, wirft die beiden Begriffe nicht in eins, sondern lässt dem Streben nach Freiheit den historischen Vortritt. Eben dies hätte auch im gesamten Denkmalsstreit passieren müssen. Dann hätte das Freiheitsdenkmal in Leipzig und das Einheitsdenkmal in Berlin errichtet werden können und man hätte sowohl der historischen Realität als auch den unterschiedlichen Befindlichkeiten im historischen Streit zwischen Leipzig und Berlin Rechnung tragen können.

http://hermes.zeit.de/pdf/archiv/online/2008/12/denkmal-berlin-leipzig.pdf (Download vom 8. September 2008)

1 Informieren Sie sich unter www.bundesregierung.de (Stichwort: Einheitsdenkmal) über die Intentionen der Bundesregierung für ein Einheitsdenkmal.

2 Analysieren Sie M 2 und M 3 im Hinblick auf die Position und die wesentlichen Argumente der Autoren. Nehmen Sie Stellung.

3 Initiieren Sie eine Podiumsdiskussion zu den Fragen, ob ein Denkmal die geeignete Form für die Erinnerung an die Revolution von 1989 ist und wie dieses Denkmal aussehen sollte. Informieren Sie sich in den Medien über den aktuellen Stand der Planungen.

Deutschland nach 1945

Zentrale Begriffe

Zusammenfassung

Nach der bedingungslosen Kapitulation des Deutschen Reiches 1945 teilten die Siegermächte USA, Sowjetunion, Großbritannien und Frankreich das Land in vier Besatzungszonen und übernahmen die gemeinsame Herrschaft über Deutschland. Ihre Ziele waren die Demilitarisierung, Entnazifizierung und Demokratisierung der Besiegten. Die Erhaltung eines einheitlichen deutschen Nationalstaats scheiterte an den seit Beginn des Kalten Krieges 1946/47 wachsenden Gegensätzen zwischen der Sowjetunion und den Westmächten. Die Sieger konnten sich nicht auf eine gemeinsame Deutschlandpolitik einigen. Im Osten etablierte die Sowjetunion mithilfe deutscher Kommunisten eine totalitäre Diktatur. In den westlichen Besatzungszonen legten die Sieger gemeinsam mit unbelasteten deutschen Politikern die Grundlagen für eine marktwirtschaftliche Ordnung und eine parlamentarische Demokratie auf föderalistischer Basis.

Von der doppelten Staatsgründung 1949 bis zum Mauerbau 1961 vertieften sich die Gegensätze zwischen den deutschen Staaten, die in die beiden militärischen Blocksysteme integriert wurden. Die Bundesrepublik entwickelte sich zu einer modernen Gesellschaft, in der Sozialstaat und Bürgerrechte kontinuierlich ausgebaut wurden und das „Wirtschaftswunder" für wachsenden Wohlstand sorgte. Obwohl es auch der DDR-Bevölkerung wirtschaftlich besser ging, verhinderte die Planwirtschaft einen vergleichbaren Wirtschaftsaufschwung. Aus politischer Unzufriedenheit und wirtschaftlichem Mangel flüchteten zahlreiche Menschen in den Westen. Der Mauerbau 1961 beendete diese Massenflucht. Seitdem mussten sich die Menschen in der DDR mit dem SED-Regime arrangieren. Trotz Mauerbau und Abschottung der DDR vom Westen gelang es der SED-Führung nicht, die Verbindungen auf menschlicher und institutioneller Ebene zwischen beiden deutschen Staaten zu unterbrechen. Diese Kontakte und die gemeinsame Kultur hielten das Bewusstsein nationaler Zusammengehörigkeit wach.

Die unter Bundeskanzler Adenauer (CDU) betriebene Westintegration der Bundesrepublik traf auf breite Zustimmung der Bevölkerung und wurde schließlich auch von der oppositionellen SPD akzeptiert. Die Deutschlandpolitik der Großen Koalition seit Ende der 1960er-Jahre, insbesondere die „neue Ostpolitik" Willy Brandts in den 1970er-Jahren, verbesserten die deutsch-deutschen Beziehungen nachhaltig. Mit dem Grundlagenvertrag von 1972 akzeptierte die Bundesrepublik die DDR als zweiten deutschen Staat.

Der Erfolg der Bundesrepublik Deutschland beruht im Wesentlichen auf ihrer Reformfähigkeit. Freiheitlich-liberale sowie rechtsstaatliche Denk- und Verhaltensmuster prägten seit den 1960er-Jahren die Lösung gesellschaftlicher Konflikte. Auch das moderne Krisenmanagement, z. B. bei der Ölkrise 1973/74, zeigte die Anpassungsfähigkeit von Staat, Gesellschaft und Wirtschaft. Diese Eigenschaft fehlte der DDR-Diktatur. Die in den Machtwechsel von Ulbricht zu Honecker (1971) gesetzten Hoffnungen erfüllten sich nicht: Ende der 1970er-Jahre kehrte die Mangelwirtschaft zurück, und die ideologischen Auseinandersetzungen mit den Regimekritikern verhärteten sich. Die friedliche Revolution in der DDR 1989/90 wurde ermöglicht durch die Reformpolitik Gorbatschows in der Sowjetunion, die das Ende des Ost-West-Konfliktes einleitete. Nach dem Fall der Mauer wünschte sich die Mehrheit der DDR-Bürger die Vereinigung mit der Bundesrepublik Deutschland. Am 3. Oktober 1990 wurde auf Beschluss der DDR-Volkskammer und des Deutschen Bundestages sowie mit Zustimmung der Siegermächte die staatliche Einheit Deutschlands wieder hergestellt.

M1 Der Zwei-plus-vier-Vertrag, 12. September 1990

Zeittafel

1945 Bedingungslose Kapitulation des Dritten Reiches (7.–9. Mai); Übernahme der Macht durch die Siegermächte in den Besatzungszonen; Konferenz von Potsdam (Juli–August)
1946 Zwangsvereinigung von SPD und KPD zur SED
1947 Vereinigung der amerikanischen und britischen Zone zur Bizone
1948 Währungsreform
1948/49 Berlin-Blockade
1949 Gründung von Bundesrepublik Deutschland (23. Mai) und DDR (7. Oktober)
1949–1963 Kanzlerschaft Adenauers
1952 Stalin-Note
1953 Aufstand in der DDR (17. Juni)
1955 volle Souveränität von Bundesrepublik und DDR; Beitritt zur NATO bzw. Warschauer Pakt
1961 Bau der Berliner Mauer (13. August)
1966–1969 Große Koalition unter Kurt-Georg Kiesinger
1966–1969 APO, Studentendemonstrationen
1968 Notstandsgesetze
1969 Sozial-liberale Koalition unter Willy Brandt
1970 Moskauer und Warschauer Vertrag zwischen Bundesrepublik und Sowjetunion bzw. Polen
1971 Rücktritt Walter Ulbrichts als SED-Parteichef, Erich Honecker wird sein Nachfolger; Viermächteabkommen zur Bestätigung der Bindung West-Berlins an die Bundesrepublik
1972 Grundlagenvertrag zwischen Bundesrepublik und DDR
1973 Beitritt von Bundesrepublik Deutschland und DDR zur UNO
1974 Rücktritt Willy Brandts, Helmut Schmidt folgt als Bundeskanzler nach
1982–1998 Christlich-liberale Koalition unter Helmut Kohl
1987 Besuch Erich Honeckers in der Bundesrepublik Deutschland
1989 Friedliche Revolution in der DDR; Fall der Mauer (9. November)
1990 Abschluss der Zwei-plus-Vier-Verhandlungen; Vereinigung der beiden deutschen Teilstaaten (3. Oktober)
1998–2005 Rot-grüne Koalition unter Gerhard Schröder (SPD)
2005–2009 Große Koalition unter Bundeskanzlerin Angela Merkel (CDU)
Seit 2009 Koalition aus CDU/CSU und FDP

Anwendungsaufgabe

M2 Aus der Regierungserklärung des Bundesaußenministers Hans-Dietrich Genscher vor dem Deutschen Bundestag am 20. September 1990

Am 12. September ist in Moskau der Vertrag über die abschließende Regelung in Bezug auf Deutschland unterzeichnet worden. Zusammen mit dem Einigungsvertrag, den wir heute abschließend beraten, eröffnet er uns Deutschen den Weg zur Vereinung in Freiheit. Die Unterzeichnung dieses Dokuments bildet den Abschluss der europäischen Nachkriegsgeschichte. Uns Deutschen eröffnet sich eine neue Chance. Europa erhält die Möglichkeit eines umfassenden Neuanfangs. Der Vertrag weist in eine bessere europäische Zukunft. Er ist ein Dokument des Friedenwillens aller Beteiligten.

Mit diesem Vertrag beenden die Vier Mächte ihre Rechte und Verantwortlichkeiten in Bezug auf Berlin und Deutschland als Ganzes. Das vereinigte Deutschland wird mit dem Inkrafttreten des Vertrags die volle Souveränität über seine inneren und äußeren Angelegenheiten erhalten. Es ist ein weiter Weg, der uns aus den Trümmern des Zweiten Weltkrieges hierher geführt hat. Es entstand die freiheitlichste und sozialste Staats- und Gesellschaftsordnung unserer Geschichte. Die außenpolitischen Meilensteine dieses Weges sind die Mitgliedschaften im Europarat, im westlichen Bündnis und in der europäischen Gemeinschaft. Mit diesen Schritten kehren wir in die Gemeinschaft der Demokratien zurück. In den Verträgen von Moskau und Warschau, in dem Vertrag mit der damaligen ČSSR und dem Grundlagenvertrag mit der DDR wurde die Grundlage für ein neues Verhältnis mit unseren östlichen Nachbarn gelegt und das Verhältnis der beiden deutschen Staaten für die Zeit der staatlichen Trennung geregelt. Die Namen Konrad Adenauer, Willy Brandt und Walter Scheel stehen für die Grundentscheidungen der deutschen Nachkriegspolitik. Die Vertragspolitik der Bundesrepublik Deutschland machte auch den Weg frei für die Schlussakte von Helsinki.

Das vereinigte Deutschland wird größeres Gewicht haben. Wir wissen, dass sich die Völker Europas die Frage stellen, wie wir Deutsche dieses größere Gewicht nutzen werden. Es kann darauf nur eine Antwort geben: Mit diesem größeren Gewicht streben wir nicht nach mehr Macht, wohl aber sind wir uns der größeren Verantwortung bewusst, die daraus erwächst. Die Politik des vereinten Deutschland wird von der Friedenspflicht und den Grundwerten unseres Grundgesetzes bestimmt.

Das Schicksal Deutschlands ist eingebettet in das Schicksal Europas, uns war stets bewusst: Die deutsche Spaltung kann nur durch Überwindung der Trennung Europas beendet werden. Deshalb sind wir für die Einheit der europäischen Demokratien eingetreten. Deshalb haben wir unsere Verantwortung im westlichen Bündnis übernommen. Unermüdlich haben wir für die Überwindung des Ost-West-Gegensatzes gearbeitet. Wir haben dem KSZE-Prozess immer wieder neue Impulse gegeben. Wir haben jede Abrüstungschance genutzt, und wir haben für ein neues Verhältnis der Mitglieder der beiden Bündnisse zueinander gearbeitet. Den Weg europäischer Verantwortung werden wir fortsetzen. Wir wollen den Ausbau der Europäischen Gemeinschaft zur Europäischen Union, die die politische Union genauso umfasst wie die Wirtschafts- und Währungsunion. Je schneller wir die Europäische Union vollenden, desto mehr fördern wir die Einheit Gesamteuropas. Die Europäische Gemeinschaft ist ein Grundelement des zukünftigen Europas.

Mit der Überwindung des Ost-West-Konflikts wird der Blick frei für die Chancen einer neuen Weltordnung. Die Teilung Europas und der Ost-West-Konflikt haben über Jahrzehnte unsere Kräfte gebunden. Wir wollen sie nun gemeinsam für Europa und für die Welt einsetzen. Die Politik des guten Beispiels verpflichtet uns, die globalen Herausforderungen anzunehmen. Es geht darum, die Überwindung von Hunger und Armut in der Dritten Welt als die weltweite soziale Aufgabe dieses Jahrhunderts zu begreifen. Es geht um die Bewältigung der Probleme der Konversion von Rüstungs- und Friedenswirtschaften. Die eine Welt, in der wir leben, verlangt nach neuen Strukturen der Kooperation und der Friedenssicherung, regional und global. Die Welt blickt auf Deutschland. Die Welt soll wissen: Wir kennen unsere Verantwortung, und wir werden sie erfüllen. Wir Deutschen wollen nichts anderes als in Freiheit, in Demokratie und Frieden mit allen Völkern Europas zu leben.

Zit. nach: Das Parlament, 40. Jg., Nr. 40–41, Bonn 1990, S. 1 f.

1. **Skizzieren Sie die Rahmenbedingungen des Zwei-plus-Vier-Vertrages und seine wesentlichen Bestimmungen.**
2. **Analysieren Sie die Position des Autors im Hinblick auf die Grundzüge der bisherigen bundesrepublikanischen sowie der künftigen deutschen Außen- bzw. Europapolitik.**
3. **Setzen Sie sich auf der Grundlage Ihrer Arbeitsergebnisse begründet mit der Auffassung Genschers auseinander, mit der Überwindung des Ost-West-Konfliktes werde der Blick frei für „die Chancen einer neuen Weltordnung" (Z. 63).**

Epochenbezüge

M3 **Auslandseinsätze der deutschen Bundeswehr (Stand: Juni 2008)**

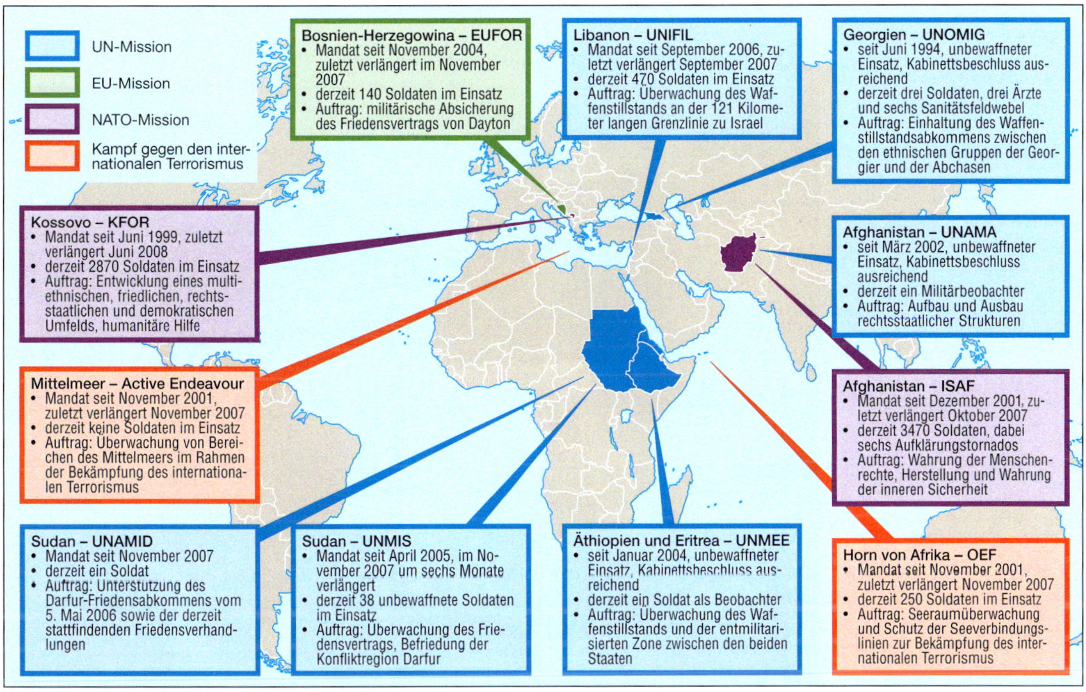

Präsentationsvorschläge

Thema 1:

23. Mai 1949/7. Oktober 1949/ 3. Oktober 1990: drei deutsche Staatsgründungen

Bereiten Sie einen Vortrag vor, in dem Sie die Gründung der Bundesrepublik Deutschland, der DDR und die Wiedervereinigung Deutschlands beschreiben und vergleichen. Untersuchen Sie dabei die Entstehung des jeweiligen Staates, die wichtigsten beteiligten Personen, politisch-sozialen Gruppen und Mächte sowie das Ergebnis anhand der politischen und der Wirtschaftsverfassung.

Literaturtipp

Anselm Doering-Manteuffel, 23. Mai 1949/ 7. Oktober 1949/3. Oktober 1990: Drei deutsche Staatsgründungen, in: Eckart Conze/ Thomas Nicklas (Hg.), Tage deutscher Geschichte. Von der Reformation bis zur Wiedervereinigung, WBG, Darmstadt 2004, S. 256–275

Andreas Wirsching, Deutsche Geschichte im 20. Jahrhundert, C. H. Beck, München 2001

Thema 2 (fächerverbindend):

Zwei Staaten – zwei Kulturen?

Bereiten Sie eine folien- bzw. powerpoint-gestützte Präsentation über die Alltagskultur in beiden deutschen Staaten anhand ausgewählter Bereiche (z. B. Musik, Sport, Kunst, Werbung, politische Plakate) vor.

Literaturtipp

Stiftung Haus der Geschichte der Bundesrepublik Deutschland/Zeitgeschichtliches Forum (Hg.), Drüben. Deutsche Blickwechsel, Edition Leipzig, Leipzig 2006

Udo Wengst/Hermann Wentker (Hg.), Das doppelte Deutschland. 40 Jahre Systemkonkurrenz, Bundeszentrale, Bonn 2008

Internettipp

www.bpb.de/themen/4M0JLE,0,0,Gesellschaft_und_Alltag_in_der_DDR.html

www.bpb.de/publikationen/02296269038207972137136065954162,0,Gesellschaft_Alltag_und_Kultur_in_der_Bundesrepublik.html

Thema 3 (Geschichte global):

Der Fall der Berliner Mauer – ein deutsches oder ein weltpolitisches Ereignis?

Untersuchen Sie Ursachen, Verlauf und Folgen des Falls der Berliner Mauer im Jahre 1989. Erörtern Sie dabei, welche nationalen bzw. internationalen Verhältnisse und Entwicklungen dieses Ereignis entscheidend geprägt haben.

Literaturtipp

Wilfried Loth, 9. November 1989: Auftakt zur deutschen Einheit, in: Dirk Blasius u. Wilfried Loth (Hg.), Tage deutscher Geschichte im 20. Jahrhundert, Vandenhoeck & Ruprecht, Göttingen 2006, S. 123–140

Alexander Demandt, Sternstunden der Geschichte. Von Babylon bis Berlin, C. H. Beck, München 2008, S. 288–312

12 Internationale Politik im beginnenden 21. Jahrhundert – Entwicklungen und Probleme

M1 **Tagesthemen, Ölgemälde von Harald Duwe, 1982**

1945
Gründung der UNO

1945–1952
Besetzung Japans durch die USA

1946
Verstärkte Unabhängigkeitsbestrebungen u. a. in Vietnam und Britisch-Indien

1947
UN-Beschluss, Palästina in einen arabischen und einen jüdischen Staat zu teilen; Indien und Pakistan entstehen als unabhängige Staaten

1949
Mao Zedong proklamiert die Volksrepublik China

1951
Sicherheitspakt zwischen Japan und den USA

1955
Bandung-Konferenz der Blockfreien

1956
Suezkrise

1956/57
„100-Blumen-Bewegung" in China

1957
Beginn der Dekolonisation in Afrika; Gründung der EWG

1958
Chinas „großer Sprung nach vorn"

1960
„Afrikanisches Jahr" mit 17 Unabhängigkeitserklärungen; Gründung der OPEC

1964
Beginn der UNCTAD-Konferenzen; Gründung der PLO

1966–1976
Kulturrevolution in C

1967
Sechs-Tage-Krieg

1971
UNO-Mitgliedschaft der VR China statt Taiwan

1945 | 1950 | 1955 | 1960 | 1965 | 1970

Im Jahr 1945, nach den verheerenden Erfahrungen zweier Weltkriege, wollten die Gründungsstaaten der UNO ein System kollektiver Sicherheit aufbauen, das eine friedlichere Welt garantiert. Die Abschaffung des Krieges als legitimes Mittel der Politik bzw. die Herstellung eines dauerhaften Friedens bestimmten seitdem alle Überlegungen zur Neuordnung der internationalen Beziehungen und des Völkerrechts. Gemeinsam mit den beteiligten Staaten und Völkern suchen die Vereinten Nationen bis heute nach Möglichkeiten friedlicher Konfliktlösung.
Um die Wiederkehr derart blutiger Katastrophen wie der beiden Weltkriege zu verhindern und den Menschen ein Leben in Frieden und Wohlstand zu ermöglichen, trieben die europäischen Staaten nach 1945 ihre Zusammenarbeit stärker voran. Von der europäischen Integration profitierten bis zum Ende des Ost-West-Konfliktes 1989/90 zunächst die west-, danach die osteuropäischen Staaten.
Die Bürger der Europäischen Union sind nicht nur als abendliche Fernsehzuschauer, sondern auch unmittelbar von Krieg, Armut und Naturkatastrophen in der Welt betroffen. Zum Beispiel müssen sie bzw. ihre Regierungen entscheiden, wie die Aufnahme und Integration von Flüchtlingen aus den Entwicklungsländern, die der Not in ihrer Heimat entkommen und in Europa ein besseres Leben führen wollen, geregelt werden sollen. Auch verändert der Aufstieg außereuropäischer Staaten wie z. B. Indien, China oder Japan zu modernen Industrie- bzw. Weltmächten das Leben der Europäer im Zeitalter der Globalisierung. Dieser Wandel betrifft nicht allein die Lebensbedingungen der wohlhabenden Industriestaaten des Westens, sondern auch die weltpolitischen Konstellationen.

1 Welche Mittel besitzt die UNO zur friedlichen Konfliktlösung? Wie erfolgreich ist die UNO bei der Kriegsverhinderung bzw. bei der Friedenssicherung?
2 Welche Ziele verfolgten die europäischen Staaten bei der Einigung Europas?
3 Gibt es in der Weltpolitik der Gegenwart noch einen Nord-Süd-Konflikt?
4 Welche Rolle spielen Japan und China in der gegenwärtigen Staatenwelt?

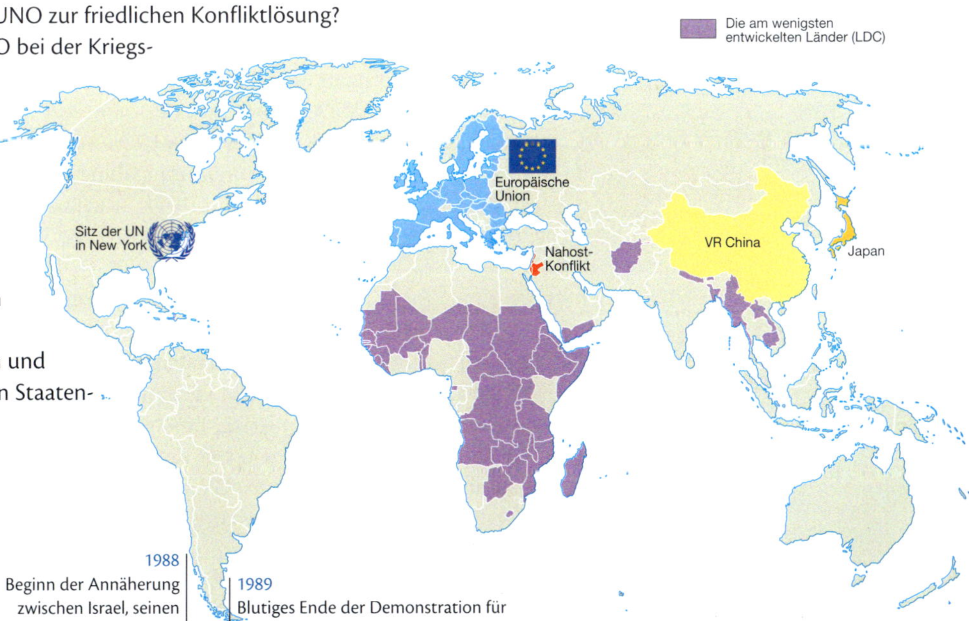

1978
Wirtschaftliche Modernisierung in China

1979
Camp-David-Abkommen zwischen Ägypten und Israel

1987
Beginn der Intifada (bis 1993)

1988
Beginn der Annäherung zwischen Israel, seinen arabischen Nachbarn und den Palästinensern

1989
Blutiges Ende der Demonstration für politische Freiheitsrechte auf dem chinesischen Tiananmenplatz

1990
Schengener Abkommen

1997
Rückgabe der britischen Kronkolonie Hongkong an China

2002
Einführung des Euro

1980 1985 1990 1995 2000

1 Die UNO in internationalen Konflikten: das Beispiel des Nahost-Konfliktes

M1 Der Vertreter Chiles unterzeichnet die Charta der Vereinten Nationen am 26. Juni 1945 in San Francisco, Fotografie

Internettipp

www.dadalos-d.org/uno/grundkurs_2/un-chronologie.htm
Meilensteine der Geschichte der Vereinten Nationen beim Unesco-Bildungsserver D@dalos mit Links zu einigen zentralen Dokumenten

www.unis.unvienna.org/unis/de/unvienna.html
Die Geschichte der Charta der Vereinten Nationen auf den Seiten des Büros der Vereinten Nationen in Wien

Entstehung der UNO

Der 26. Juni 1945, als die Delegierten von 51 Staaten auf der Konferenz von San Francisco ihre Unterschrift unter die Charta der Vereinten Nationen setzten, gilt vielen Menschen als eine **Sternstunde der internationalen Politik**. Besser als der nach dem Ersten Weltkrieg ins Leben gerufene und bei der Friedenssicherung gescheiterte Völkerbund (s. S. 345) wollte die UNO (*United Nations Organization*) Kriege verhindern helfen und zur Schaffung einer friedlicheren Welt beitragen.

Bereits während des Zweiten Weltkrieges erörterten die Regierungen Großbritanniens und der USA, wie das Staatensystem der Zukunft aussehen sollte. In der **Atlantik-Charta** vom 14. Oktober 1941 umrissen der britische Premierminister Winston Churchill und US-Präsident Franklin D. Roosevelt (s. S. 483) die Aufgaben der künftigen Weltfriedensordnung, wobei sie die zu schaffende Organisation nur indirekt ansprachen: „Der künftige Friede kann nicht erhalten werden", hieß es in Punkt 8, „wenn die Rüstung zu Lande, zu Wasser und in der Luft durch Nationen weitergeführt wird, die mit Angriffen über ihre Grenzen hinaus drohen oder zu drohen bereit sind, [...] daher glauben sie, dass Abrüstung dieser Nationen nötig ist, solange nicht ein umfassendes und dauerhaftes System allgemeiner Sicherheit besteht. Sie werden in gleicher Weise alle anderen praktischen Maßnahmen fördern und ermutigen, den friedliebenden Völkern die erdrückenden Rüstungslasten zu erleichtern." Nach dem Kriegseintritt der Vereinigten Staaten in den Zweiten Weltkrieg (Dezember 1941) schlossen sich der am 1. Januar 1942 abgegebenen **„Erklärung der Vereinten Nationen"** 26 weitere Staaten an, die sich damit gleichzeitig zur Unterstützung des Krieges gegen Deutschland, Italien und Japan verpflichteten. Zwar war auch in diesem Vertrag noch nicht von der neuen Weltorganisation die Rede. Aber die Selbstbezeichnung der 26 Mitglieder dieser Kriegsallianz als „Vereinte Nationen" gab der späteren UNO den Namen.

Weitere Konferenzen waren notwendig, um die Grundprinzipien für Organisation und Politik der UNO genau zu bestimmen. Auf der **Konferenz von Dumbarton-Oaks** (21. August bis 9. Oktober 1944) verständigten sich Experten aus den USA, Großbritannien, der Sowjetunion und China über die Satzung der UNO. Im **Abkommen von Bretton Woods** (Juli 1944) beschlossen 44 Staaten die Errichtung des Internationalen Währungsfonds (IWF) und der Weltbank.

Aufgaben und Ziele der UNO

Die UNO verstand sich von Anfang an als eine Organisation, die die **Herrschaft des Rechts** über die ungezügelte Machtkonkurrenz der Staaten in den internationalen Beziehungen stellen wollte (M 4 a–c). Unter Frieden verstanden die Vereinten Nationen stets mehr als nur die Abwesenheit von Krieg. Das verdeutlicht ihre Satzung, die die Organisation auf die Durchsetzung von vier Zielen verpflichtet: Sicherung des Weltfriedens, Schutz der Menschenrechte, Gleichberechtigung aller Völker und Verbesserung des allgemeinen Lebensstandards in der Welt. Die Mitgliedsstaaten verpflichten sich zu aktiver Friedenssicherung mit friedlichen Mitteln (Art. 35), durch politische und wirtschaftliche Sanktionen (Art. 41) oder durch den Einsatz von Streitkräften (Art. 42), die von den Mitgliedsstaaten gestellt werden. Dabei wird zwischen dem Instrument der **Friedenssicherung** *(peace keeping)* durch Friedenstruppen („Blauhelme") und dem der **Friedenserzwingung** *(peace enforcement)* durch Kampftruppen unterschieden.

Die Friedenstruppen werden nicht nur in zwischenstaatlichen, sondern auch in innerstaatlichen Konflikten eingesetzt. War lange Zeit die Verletzung der Menschenrechte in autoritären oder totalitären Staaten kein Interventionsgrund, so hat in diesem Punkt seit dem zweiten Golfkrieg (1990/91), in dem der Irak Kuwait überfiel und die Kurden im Norden seines Landes brutal bekämpfte, ein Umdenken eingesetzt. So hat der UN-Sicherheitsrat mit seiner berühmten Resolution 688 vom 5. April 1991 und mit der Errichtung von Schutzzonen für die vom Völkermord bedrohten Kurden in die „inneren Angelegenheiten" des Irak eingegriffen. Diese Ausweitung von UN-Missionen auf innerstaatliche Konflikte zeigt deutlich: Das allgemeine Völkerrechtsdenken ist so weiterentwickelt worden, dass die Durchsetzung und Bewahrung der Menschenrechte dem innenpolitischen Gestaltungsmonopol des Staates ansatzweise übergeordnet wird. Das aus dem Souveränitätsprinzip des Staates historisch hervorgegangene Verbot, das die äußere Einmischung in die inneren Angelegenheiten untersagt, gilt im ausgehenden 20. und beginnenden 21. Jahrhundert bei Menschenrechtsverletzungen, Terrorismus und verbotenem Nuklearbesitz nicht mehr uneingeschränkt.

Eine Lehre aus dem Scheitern des Völkerbundes lautete, dass alle Staaten in das kollektive Sicherheitssystem eingebunden und auf Gewaltverzicht eingeschworen werden müssten. Anders als beim Völkerbund waren deswegen bei der UNO-Gründung die Großmächte USA und Sowjetunion von Beginn an dabei. Das entsprach dem erklärten Ziel der **Universalität**, das die Weltfriedensorganisation anstrebte und das sie inzwischen auch erreicht hat. Seit 1945, als 51 Staaten die UNO gründeten, stieg die Zahl der Mitgliedsstaaten kontinuierlich an: 1960 gehörten ihr 99 Nationen an, 1970 waren es 127, 1980 154 und 1990 159 Staaten. Nachdem im Jahre 2006 auch Montenegro den Vereinten Nationen beitrat, zählt die Organisation derzeit 192 Mitglieder (2008).

Auf der Konferenz von Jalta im Februar 1945 erhielt die endgültige Charta einen Passus, der vor allem die amerikanische Konzeption der Regelung von Konflikten und der Gewährleistung kollektiver Sicherheit widerspiegelte: Beschlussfassungen über Zwangsmaßnahmen gegen Mitgliedsländer bedürfen stets der Zustimmung aller fünf ständigen Mitglieder des Sicherheitsrates (M 4) USA, Großbritannien, Frankreich, Sowjetunion bzw. heute Russland und China (1945 Taiwan bzw. Nationalchina, seit 1971 die Volksrepublik China). Die Struktur der UNO spiegelt dabei die weltpolitische Situation am Ende des Zweiten Weltkrieges wider: Die „Sie-

Internettipp

www.un.org
Informationsportal der Vereinten Nationen (engl.)

www.unric.org/index.php?option=com_content&task=view&id=1097&Itemid=232
Das regionale Informationszentrum der Vereinten Nationen für Westeuropa

www.un.org/Depts/german
Der Deutsche Übersetzungsdienst der Vereinten Nationen bietet Dokumente der verschiedenen Unterorganisationen der UNO in deutscher Übersetzung.

M2 Der Aufbau der UNO (Stand 2011)

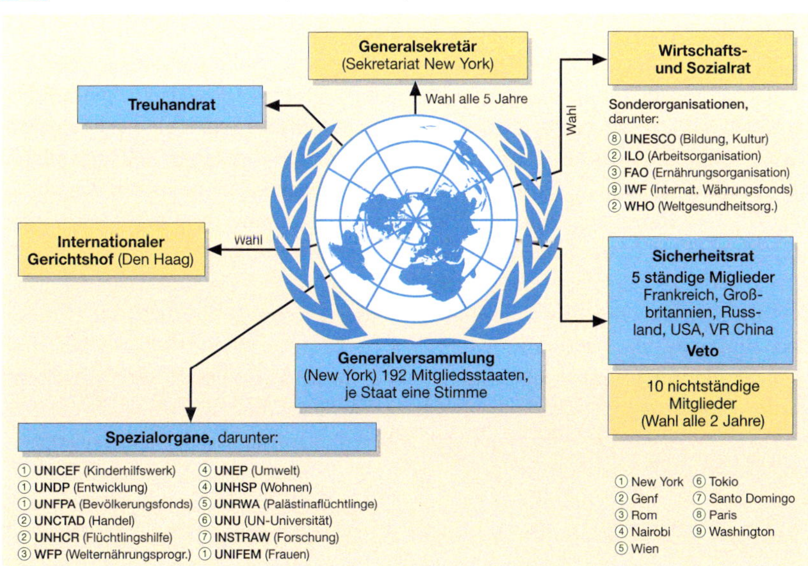

1 Arbeiten Sie aus dem Schema die Aufgaben der UNO heraus.
2 Erläutern Sie die politische Bedeutung des Sicherheitsrates, des Generalsekretariats und der Generalversammlung der UNO.
3 Diskutieren Sie die These: „Es ist möglich, die UNO zu einer Weltregierung auszugestalten."

M3 David Ben Gurion während der Verlesung der Proklamation des Staates Israel am 20. Mai 1948 in Tel Aviv

gerstaaten“ erhielten einen ständigen Sitz im Sicherheitsrat. Sie bestimmten als „Weltpolizisten“ maßgeblich die Friedenspolitik der Vereinten Nationen und konnten durch ihr **Vetorecht** jederzeit Beschlüsse verhindern. Während des Kalten Krieges entwickelte sich das Vetorecht zu einem Mittel, mit dem die Supermächte den Sicherheitsrat in seiner Handlungsfähigkeit blockierten. Zwischen 1946 und 1964 wurde das Veto von der Sowjetunion, die sich im Sicherheitsrat und in der Vollversammlung stets einer westlichen Mehrheit gegenübersah, 103-mal ausgesprochen, von Großbritannien vier- und von Frankreich dreimal.

Zionismus
Moderne jüdische Nationalbewegung, die gegen Ende des 19. Jahrhunderts in Mittel- und Osteuropa entstand. Sie wollte durch kulturelle Wiederbelebung, politische Organisation, Einwanderung und Ansiedelung von Juden in Palästina die Basis für die Gründung des Staates Israel legen. Geistiger Führer war Theodor Herzl.

Internettipp
www.bpb.de/themen/U1VFVM,0,0,Die_Gr%FCndung_des_Staates_Israel.html
Dossier der Bundeszentrale für politische Bildung zur Gründung des Staates Israel

www.hagalil.com/israel/uno.htm
Materialien, Dokumente, Informationen zur Staatsgründung Israels und dem Teilungsplan der UNO von Hagalil e. V., einem Verein zur Förderung von Wissenschaft, Forschung in den Bereichen Antisemitismus, Rechtsextremismus, Jüdische Kultur in Geschichte und Gegenwart, Geschichte des Staates Israel

Die UNO im Nahost-Konflikt

Seit ihrer Gründung im Jahre 1945 beschäftigt sich die UNO mit dem **Nahost-Konflikt**. Dieser Begriff bezeichnet die politischen und kriegerischen Auseinandersetzungen zwischen Israel und seinen arabischen Nachbarn sowie den Palästinensern. Der Konflikt begann nicht erst mit der Ausrufung des Staates Israel durch den späteren israelischen Ministerpräsidenten Ben Gurion im Jahre 1948 (M 3), sondern mit der Entstehung des Zionismus* im späten 19. Jahrhundert. Die Zionisten, wie sich die nationaljüdische Siedlungsbewegung nannte, wollten wieder „zurück“ in das Land ihres historisch-religiösen Ursprungs: *„Erez Israel“*, das Land der Bibel. Israel leitete aus der Geschichte das moralische Recht der Juden ab, nach jahrhundertelanger Unterdrückung und Verfolgung in Palästina einen selbstständigen Staat mit der Hauptstadt Jerusalem zu gründen. Dagegen betrachteten die Araber Palästina als arabisches Land, das nur unter osmanischer und später britischer Fremdherrschaft gestanden habe. Völkerrechtliche Vereinbarungen erkannten die Araber nicht an, da sie an ihnen nicht beteiligt gewesen seien und die daher ihr Selbstbestimmungsrecht verletzt hätten. Weder Kriege oder terroristische Gewalt noch diplomatische Verhandlungen haben bis heute die Nahost-Region dauerhaft befrieden können. Im Kern geht es nach wie vor um die politisch-staatliche Organisation im früheren britischen Mandatsgebiet Palästina, d. h. um das Existenzrecht Israels sowie den künftigen staatlichen Zusammenschluss der palästinensisch-arabischen Bevölkerung (M 5, M 6).
Am Nahost-Konflikt sind mehrere **Akteure** beteiligt. Hierzu gehört der demokratisch organisierte Staat **Israel**, der wegen seines hohen Standes von Wissenschaft und Technik eine wirtschaftlich blühende Industriegesellschaft geschaffen hat.

Die äußere Sicherheit wird durch starke und moderne Streitkräfte gewährleistet, die vermutlich mit Atomwaffen ausgerüstet sind. Mit den USA pflegt Israel besonders intensive politische, militärische und wirtschaftliche Beziehungen.
Im Gegensatz zu den Israelis besitzen die **Palästinenser** keinen eigenen Staat. Im Westjordanland oder im Gazastreifen leben sie teilweise unter israelischer Besatzung und verfügen lediglich über eine Autonomiebehörde. Die internationale Verhandlungsposition der Palästinenser hängt wesentlich von ihrem jeweiligen Verhältnis zu anderen Groß- und Weltmächten sowie zu den arabischen Staaten ab. Die Entstehung rivalisierender palästinensischer Organisationen wie der islamisch-fundamentalistischen Hamas-Bewegung, die seit den 1980er-/1990er-Jahren mit der Palästinensischen Befreiungsorganisation (PLO)* konkurrieren, erschwert zusätzlich den Friedensprozess.
Die **arabischen Staaten** bilden keine Einheit. Das verdeutlicht bereits der Blick auf die Nachbarstaaten Israels: Ägypten hat 1979, Jordanien 1994 einen Friedensvertrag mit Israel abgeschlossen. Beide Staaten setzen im Nahost-Konflikt auf Verhandlungen. Dagegen verfolgen Syrien und – bis zum Sturz des diktatorischen Regimes von Saddam Hussein 2003 im dritten Golfkrieg – der Irak sowie – im außerarabischen Raum – der Iran eine starre anti-israelische Politik, die einen Verständigungsfrieden ablehnt. Diese Staaten betrachten den Kampf gegen den „zionistischen Feind" Israel als einen Kampf ums Dasein, nicht um Grenzen. Syrien ist darüber hinaus bestrebt, eine regionale Vormachtstellung zu verwirklichen. Die westlichen Staaten, allen voran die USA, beschuldigen diese Länder, durch die Unterstützung terroristischer Gruppierungen für Unruhe im Nahen Osten zu sorgen. Saudi-Arabien konzentriert sich darauf, seine Position als Hüterin der Heiligen Stätten des Islam zu festigen.
Im Nahost-Konflikt spielen die **Groß- und Weltmächte** eine herausragende Rolle. Beeinflussten bis in die 1950er-Jahre Großbritannien und Frankreich maßgeblich die Entwicklung dieser Region, bestimmten während des Ost-West-Konfliktes die – Israel nahestehenden – USA und die – die Palästinenser und einige arabische Staaten unterstützende – Sowjetunion maßgeblich die politische Konstellation im Nahen Osten. Seit dem Zusammenbruch der Sowjetunion 1990/91 sind die USA zur stärksten Macht im israelisch-arabischen Konflikt geworden.
Auch die **UNO** war von Anfang an mit der Lösung des Nahost-Konfliktes befasst. Die Geschichte ihrer Friedensbemühungen verdeutlicht, dass die Vereinten Nationen nie mächtiger sein konnten als ihre Mitgliedsstaaten und die Konfliktparteien es zuließen (M 7).

PLO (Abk. für *Palestine Liberation Organization*)/Palästinensische Befreiungsorganisation
Dachorganisation der Palästinensischen Befreiungsbewegung. Sie wurde 1964 gegründet und verfolgte ursprünglich das Ziel, den Staat Israel zu beseitigen und einen arabischen, ganz Palästina umfassenden Staat zu errichten. Seit 1994 erkannte sie das Existenzrecht Israels an. Die zentrale Führungspersönlichkeit war von 1968 bis zu seinem Tod 2005 Yassir Arafat.

Internettipp

www.sueddeutsche.de/ausland/schwerpunkt/696/9687/3
Dossier der „Süddeutschen Zeitung" zur Geschichte des Nahost-Konfliktes (2001)

www.spiegel.de/static/flash/nahostzeitleiste2002/start.html
Illustrierte Zeitleiste zum Nahost-Konflikt bei „Spiegel-online"

www.sueddeutsche.de/ausland/special/346/118214/4
Israel und die arabischen Nachbarstaaten: Wie Syrien, der Libanon und andere arabische Staaten im Nahost-Konflikt agieren. Der Schwerpunkt der Beiträge der „Süddeutschen Zeitung" von 2007 liegt auf aktuellen Entwicklungen, aber auch der Sechs-Tage-Krieg und die Rolle Ägyptens werden beleuchtet. Weiterführende Links und Informationen rund um den Nahost-Konflikt

1 Erläutern Sie mithilfe des Darstellungstextes Aufgaben und Ziele der UNO.
2 Erörtern Sie auf der Grundlage des Darstellungstextes die Schwierigkeiten eines stabilen und dauerhaften Friedens im Nahen Osten.

M4 Aus der Charta der Vereinten Nationen, 1945

a) Über die Ziele der UNO in Artikel 1:

Die Vereinten Nationen setzen sich folgende Ziele:
1. Den Weltfrieden und die internationale Sicherheit zu wahren und zu diesem Zweck wirksame Kollektivmaßnahmen zu treffen, um Bedrohungen des Friedens zu verhüten und zu beseitigen, Angriffshandlungen und andere Friedensbrüche zu unterdrücken und internationale Streitigkeiten oder Situationen, die zu einem Friedensbruch führen könnten, durch friedliche Mittel nach den Grundsätzen der Gerechtigkeit und des Völkerrechts zu bereinigen und beizulegen.
2. Freundschaftliche, auf der Achtung vor dem Grundsatz der Gleichberechtigung und Selbstbestimmung der Völker beruhende Beziehungen zwischen den Nationen zu entwickeln und andere geeignete Maßnahmen zur Festigung des Weltfriedens zu treffen.
3. Eine internationale Zusammenarbeit herbeizuführen, um internationale Probleme wirtschaftlicher, sozialer, kultureller und humanitärer Art zu lösen und die Achtung vor den Menschenrechten und Grundfreiheiten für alle ohne Unter-

schied der Rasse, des Geschlechts, der Sprache oder der Religion zu fördern und zu festigen.

b) Über die Grundsätze der Organisation und die Aktivitäten der UNO in Artikel 2:

Die Organisation und ihre Mitglieder handeln im Verfolge der in Artikel 1 dargelegten Ziele nach folgenden Grundsätzen:

1. Die Organisation beruht auf dem Grundsatz der souveränen Gleichheit aller ihrer Mitglieder.
2. Alle Mitglieder erfüllen, um ihnen allen die aus der Mitgliedschaft erwachsenen Rechte und Vorteile zu sichern, nach Treu und Glauben die Verpflichtungen, die sie mit dieser Charta übernehmen.
3. Alle Mitglieder legen ihre internationalen Streitigkeiten durch friedliche Mittel so bei, dass der Weltfrieden, die internationale Sicherheit und die Gerechtigkeit nicht gefährdet werden.
4. Alle Mitglieder unterlassen in ihren internationalen Beziehungen jede gegen die territoriale Unversehrtheit oder die politische Unabhängigkeit eines Staates gerichtete oder sonst mit den Zielen der Vereinten Nationen unvereinbare Androhung oder Anwendung von Gewalt.
5. Alle Mitglieder leisten den Vereinten Nationen jeglichen Beistand bei jeder Maßnahme, welche die Organisation im Einklang mit dieser Charta ergreift; sie leisten einem Staat, gegen den die Organisation Vorbeugungs- oder Zwangsmaßnahmen ergreift, keinen Beistand.
6. Die Organisation trägt Sorge dafür, dass Staaten, die nicht Mitglieder der Vereinten Nationen sind, insoweit nach diesen Grundsätzen handeln, als dies zur Wahrung des Weltfriedens und der internationalen Sicherheit erforderlich ist.
7. Aus dieser Charta kann eine Befugnis der Vereinten Nationen zum Eingreifen in Angelegenheiten, die ihrem Wesen nach zur inneren Zuständigkeit eines Staates gehören, oder eine Verpflichtung der Mitglieder, solche Angelegenheiten einer Regelung aufgrund dieser Charta zu unterwerfen, nicht abgeleitet werden.

c) Über „Maßnahmen bei Bedrohung oder Bruch des Friedens und bei Angriffshandlungen" in Kapitel VII:

Artikel 39: Der Sicherheitsrat stellt fest, ob eine Bedrohung oder ein Bruch des Friedens oder eine Angriffshandlung vorliegt; er gibt Empfehlungen ab oder beschließt, welche Maßnahmen aufgrund der Artikel 41 und 42 zu treffen sind, um den Weltfrieden und die internationale Sicherheit zu wahren oder wiederherzustellen.

Artikel 40: Um einer Verschärfung der Lage vorzubeugen, kann der Sicherheitsrat, bevor er nach Artikel 39 Empfehlungen abgibt oder Maßnahmen beschließt, die beteiligten Parteien auffordern, den von ihm für notwendig oder erwünscht erachteten vorläufigen Maßnahmen Folge zu leisten. Diese vorläufigen Maßnahmen lassen die Rechte, die Ansprüche oder die Stellung der beteiligten Parteien unberührt. Wird den vorläufigen Maßnahmen nicht Folge geleistet, so trägt der Sicherheitsrat diesem Versagen gebührend Rechnung.

Artikel 41: Der Sicherheitsrat kann beschließen, welche Maßnahmen – unter Ausschluss von Waffengewalt – zu ergreifen sind, um seinen Beschlüssen Wirksamkeit zu verleihen; er kann die Mitglieder der Vereinten Nationen auffordern, diese Maßnahmen durchzuführen. Sie können die vollständige oder teilweise Unterbrechung der Wirtschaftsbeziehungen, des Eisenbahn-, See- und Luftverkehrs, der Post-, Telegrafen- und Funkverbindungen sowie sonstiger Verkehrsmöglichkeiten und den Abbruch der diplomatischen Beziehungen einschließen.

Artikel 42: Ist der Sicherheitsrat der Auffassung, dass die in Artikel 41 vorgesehenen Maßnahmen unzulänglich sein würden oder sich als unzulänglich erwiesen haben, so kann er mit Luft-, See- oder Landstreitkräften die für die Wahrung oder Wiederherstellung des Weltfriedens und der internationalen Sicherheit erforderlichen Maßnahmen durchführen. Sie können Demonstrationen, Blockaden und sonstige Einsätze der Luft-, See- oder Landstreitkräfte von Mitgliedern der Vereinten Nationen einschließen.

Artikel 43: Alle Mitglieder der Vereinten Nationen verpflichten sich, zur Wahrung des Weltfriedens und der internationalen Sicherheit dadurch beizutragen, dass sie nach Maßgabe eines oder mehrerer Sonderabkommen dem Sicherheitsrat auf sein Ersuchen Streitkräfte zur Verfügung stellen, Beistand leisten und Erleichterungen einschließlich des Durchmarschrechtes gewähren, soweit dies zur Wahrung des Weltfriedens und der internationalen Sicherheit erforderlich ist.

M 4 a–c zit. nach: Zusammenschlüsse und Pakte der Welt, Bonn [12]1979, S. 126–128

1. **Stellen Sie nach M 4 a–c Ziele und Grundsätze der UNO in einer Liste zusammen. Erläutern Sie die Unterschiede zwischen Grundsätzen und Zielen.**
2. **Arbeiten Sie die Maßnahmen heraus, zu der sich die Mitgliedsstaaten der UNO nach M 4 a–c verpflichten, um den Weltfrieden zu erhalten.**
3. **Fassen Sie die Möglichkeiten zusammen, die der UNO zur Verfügung stehen, um in die inneren Angelegenheiten eines Staates einzugreifen.**
4. **Stellen Sie in einem Ablaufschema die nach M 4 c vorgesehenen Zwangsmaßnahmen der UNO gegen einen Angreifer zusammen. Erläutern Sie dabei die Rolle des Vetorechtes.**

M5 Der Nahe Osten 1949–1990

1 Erarbeiten Sie mithilfe der Karten (M 5) und der Chronik (M 6) die Entwicklung des Nahost-Konfliktes.

M6 Die Geschichte des Nahost-Konfliktes – eine Chronik

1917 Balfour-Deklaration: Zusage Großbritanniens für eine jüdische „nationale Heimstätte" in Palästina

1920 Errichtung eines britischen Völkerbundmandats (d. h. im Auftrag des Völkerbunds verwaltete ehemalige Kolonien) über Palästina; arabische Unruhen in Jerusalem

1947 Beschluss der britischen Regierung, das Mandat zu beenden und das Palästinaproblem der UNO zu übergeben; UN-Vollversammlung beschließt Teilung Palästinas in einen jüdischen und einen palästinensischen Staat

1948/49 Die Gründung des Staates Israel (14. Mai 1948) löst den 1. Nahostkrieg aus; Flucht und Vertreibung der arabischen Bevölkerung

1956 2. Nahostkrieg: Britisch/französisch-ägyptischer Konflikt um die Verstaatlichung des Suezkanals durch Ägypten; Israel besetzt den Gazastreifen und die Sinai-Halbinsel

1957 Rückzug Israels aus dem Sinai und dem Gazastreifen

1959 Yassir Arafat (1929–2005), der spätere Führer der Palästinenser, übernimmt die Führung der Fatah (palästinensische Kampforganisation)

1964 Gründung der Palästinensischen Befreiungsorganisation (PLO), deren Kern die Fatah bildet

1967 3. Nahostkrieg (Sechs-Tage-Krieg); Israel siegt über Ägypten, Syrien und Jordanien; Besetzung Westjordaniens, der Sinai-Halbinsel, des Gazastreifens und der Golan-Höhen durch israelische Truppen, Beginn der israelischen Siedlungspolitik

1968 Die PLO spricht Israel das Existenzrecht ab und fordert die Wiedergewinnung Palästinas durch bewaffneten Kampf

1973 Jom-Kippur-Krieg: Sieg Israels über Ägypten und Syrien

1979 Unterzeichnung des israelisch-ägyptischen Friedensvertrages (26.3): Räumung des Sinai (1982 abgeschlossen), Aufnahme diplomatischer Beziehungen

1982 Einmarsch Israels in den Libanon, von wo aus die PLO Israel immer wieder angegriffen hat; die PLO muss den Libanon verlassen

1988 PLO-Chef Arafat erkennt das Existenzrecht Israels an und schwört dem Terrorismus ab

1993 Eine Prinzipienerklärung zwischen Israel und PLO („Oslo I") sieht die gegenseitige Anerkennung und für die Palästinenser im Gazastreifen und im Jericho-Gebiet eine Selbstverwaltung vor

1994 Im Gaza-Jericho-Abkommen werden der Gazastreifen und Jericho den Palästinensern erstmals zur eigenen Kontrolle zugesprochen; Vereinbarung palästinensischer Autonomie; Unterzeichnung des Friedensvertrages zwischen Israel und Jordanien

2000 Scheitern der israelisch-palästinensischen Friedenskonferenz in Camp David (USA) und Ausbruch der zweiten „Intifada"

2003 USA, UNO, Europäische Union und Russland legen Friedensplan („Roadmap") vor; Ziel: Errichtung eines palästinensischen Staates im Jahr 2005; Israel beginnt mit dem Bau von Sperranlagen zur räumlichen Trennung von Israelis und Palästinensern

2005 Israel beendet mit dem vollständigen Abzug die 38-jährige Besatzung des Gazastreifens; die jüdischen Siedler werden in Israel angesiedelt

2006 Israelische Militäroffensive im Gazastreifen und im Libanon

2008/09 Erneute Offensive Israels im Gazastreifen

M 7 Der Historiker Rolf Steininger über die Rolle der UNO im Nahost-Konflikt, 2003

Mit keinem Krisengebiet der Welt hat sich die UNO so oft beschäftigt wie mit dem Nahen Osten und da in erster Linie mit dem israelisch-arabischen Konflikt […]. Fast die Hälfte der insgesamt von der UNO-Vollversammlung und dem UNO-Sicherheitsrat verabschiedeten Resolutionen bezieht sich darauf. Wenn man so will, kann man die Vorläuferorganisation der UNO, den Völkerbund, dafür mitverantwortlich machen. Er übertrug nämlich Großbritannien und Frankreich 1922 das Mandat für die später so umstrittenen Gebiete. Für Palästina wurde dabei die Balfour-Deklaration vom November 1917 in den Mandatstext übernommen, das heißt, Großbritannien war von nun an verantwortlich für die Errichtung der „nationalen Heimstätte für das jüdische Volk in Palästina". Die britische Regierung gab diesen Auftrag im Frühjahr 1947 zurück, die UNO setzte eine Sonderkommission (UNSCOP) ein, die sich mit dem Problem beschäftigen sollte. Ihre Empfehlung floss in den Beschluss der UNO-Vollversammlung vom 29. November 1947 ein, der die Teilung Palästinas in zwei Staaten vorsah. In der Folge der sich daran anschließenden Konflikte wurde die UNO immer wieder aktiv: 1948/49 (1. israelisch-arabischer Krieg), 1956 (Suezkrieg), 1967 (Sechstagekrieg), 1973 (Jom-Kippur-Krieg), 1982 (Libanonkrieg), dann 1980–1988 im Krieg Iran–Irak, 1990/91 im Golfkrieg und 2003 im Irakkrieg. Erfolg hatte sie meist nur, wenn alle Beteiligten zustimmten, was zwar selten genug der Fall war, aber dennoch so manchen Konflikt entschärfte.

Es begann am 17. April 1948, als der Sicherheitsrat die Einstellung aller Kampfhandlungen forderte und zu diesem Zweck die Waffenstillstandskommission *„United Nations Truce Commission"* (UNTC) zur Schaffung und Überwachung eines Waffenstillstandes bildete, den es dann aber nicht gab. Als der Krieg nach Ausrufung des Staates Israel offen ausbrach, stellte der Sicherheitsrat am 29. Mai die Beobachtergruppe *„United Nations Truce Supervision Organization"* (UNTSO) auf; sie war die erste UN-Truppe in der Geschichte der UNO und sollte den schwedischen Vermittler Graf Falke Bernadotte und die UNTC unterstützen. Sie wurde an den Grenzen zwischen Israel und seinen Nachbarn auf dem Gebiet aller fünf Staaten verteilt. Einen Waffenstillstand gab es aber erst, als Israel dem zustimmte. (Die UNTC mit Hauptquartier Jerusalem gibt es bis heute.)

Ein besonderes Anliegen der UNO waren von Anfang an auch die palästinensischen Flüchtlinge (Resolution 194 vom 11.12.1948). Die damalige Weigerung Israels, diesen Flüchtlingen (und jenen des Sechstagekrieges) die Rückkehr zu gestatten, ist bis heute der entscheidende Streitpunkt bei einer möglichen Friedensregelung geblieben. Israel erließ am 5. Juli 1950 ein anderes Rückkehrgesetz (*„law of return"*): für alle Juden der Welt, da Israel die Heimat aller Juden sei. Die UNO selbst errichtete am 8. Dezember 1949 das UNO-Hilfswerk für Palästinaflüchtlinge im Nahen Osten (*United Nations Relief and Works Agency for Palestine Refugees in the Near East*, UNRWA). Die Zahl der Flüchtlinge stieg nach jedem Krieg. Das UNO-Hilfswerk besteht immer noch; es betreut heute etwa 3,6 Millionen Flüchtlinge.

Nach dem Suezkrieg zogen Briten und Franzosen im Dezember 1956 ihre Truppen zurück, nicht jedoch die Israelis, die den ganzen Sinai, den Gaza-Streifen und die Straße von Tiran kontrollierten. Ben Gurion wollte für den Rückzug vom Sinai die Garantie für eine freie Durchfahrt in der Straße von Tiran. Vier Monate dauerte es, bis auf Vermittlung von Kanadas Außenminister Lester „Mike" Pearson eine Lösung gefunden wurde. Auf seine Initiative hin wurde eine multinationale *United Nations Emergency Force* (UNEF I) gebildet, die zunächst den anglo-französischen Rückzug überwachen sollte. Nasser lehnte dann den Vorschlag ab, diese Truppe auch für die israelisch-ägyptische Grenze einzusetzen. Der tote Punkt wurde schließlich durch zwei Vereinbarungen überwunden: Zum einen sagte UNO-Generalsekretär Dag Hammarskjøld Nasser zu, dass Ägypten das Recht habe, den Abzug der Truppe zu fordern, nachdem die Generalversammlung geklärt hatte, ob die Friedenstruppe ihre Aufgabe erfüllt habe. Zum anderen sicherte US-Außenminister John Foster Dulles seiner israelischen Kollegin Golda Meir zu, dass die USA jeden Versuch Ägyptens, die Straße von Tiran erneut zu blockieren, als Kriegshandlung interpretieren würden, auf die Israel im Sinne des Artikels 51 der UNO-Charta reagieren könne (was 1967 geschah). Am 11. März 1957 gab es damit auf dem Sinai die erste Peace-Keeping-Truppe der UNO, die allerdings im Vorfeld des Sechstagekrieges abgezogen wurde.

Am 22. November 1967 verabschiedete der Sicherheitsrat die Resolution 242, die bis heute die völkerrechtliche Grundlage aller Bemühungen um eine Friedenslösung im Nahen Osten geblieben ist. Sie bekräftigte als Grundsätze eines gerechten und dauerhaften Friedens in Nahost einerseits den „Rückzug israelischer Streitkräfte aus Gebieten, die während des jüngsten Konfliktes besetzt wurden“, und andererseits die „Anerkennung der Souveränität der territorialen Unversehrtheit und der politischen Unabhängigkeit eines jeden Staates in dem Gebiet und seines Rechts, innerhalb sicherer und anerkannter Grenzen in Frieden zu leben, frei von Drohungen und Akten der Gewalt“. Die Resolution war von Anfang an umstritten, da die offizielle englische Version Israels Rückzug „aus Gebieten“ (*from territories*), nicht jedoch aus allen Gebieten forderte. Während des Yom-Kippur-Krieges 1973 einigten sich Amerikaner und Sowjets am 21. Oktober auf einen Text, der vom Sicherheitsrat noch in der folgenden Nacht als Resolution 338 übernommen wurde. Die Parteien wurden aufgefordert, das Feuer einzustellen, gleichzeitig „mit der Erfüllung der Resolution 242 des Sicherheitsrates in allen ihren Bestandteilen zu beginnen“. Syrien nahm die Resolution 338 an und damit auch die Resolution 242. Die PLO lehnte beide kompromisslos ab. Fast gleichzeitig wurde der erneute Einsatz jener *United Nations Emergency Force* (UNEF II) gefordert, die bei der Suezkrise eingesetzt worden war. Von Zypern aus wurden daraufhin UN-Soldaten in die Krisenregion verlegt. Auch für die syrische Front, und zwar am Golan, wurde eine UNO-Puffertruppe aufgestellt, die *United Nations Disengagement Observer Force* (UNDOF), die dort bis heute den Waffenstillstand überwacht. Ähnlich die *United Nations Interim Force in Lebanon* (UNIFIL), die im Süden des Libanon stationiert ist.

1974 kam der Durchbruch für Yassir Arafat. Am 13. November sprach er vor der UNO-Vollversammlung. Israel war zwar für die PLO nach wie vor nur jenes „zionistische Gebilde“, aber Arafat bot den Juden Partnerschaft „in einem demokratischen Palästina“ und „bei gerechten Friedensvereinbarungen“ an und appellierte gleichzeitig „an das amerikanische Volk, dem Recht und der Gerechtigkeit beizustehen“. Er forderte schließlich die Auflösung Israels und die Gründung eines neuen Staates im ehemaligen britischen Mandatsgebiet. Damit verlangte er nichts anderes als die Aufhebung der Resolution von 1947; trotzdem erntete er Beifall. Die UNO, die letztlich die Gründung des Staates Israel erst ermöglicht hatte, applaudierte jetzt bei der Forderung, ihn abzuschaffen. Die UNO von 1974 war eben nicht mehr die UNO von 1947. Zehn Tage nach Arafats Rede verabschiedete die Generalversammlung zwei Resolutionen zur Palästina-Frage: Mit 89 Stimmen gegen die Stimmen Israels, der USA und sechs weiterer Staaten (bei 37 Enthaltungen) wurden „die unveräußerlichen Rechte des palästinensischen Volkes in Palästina, darunter

a) das Recht auf Selbstbestimmung ohne Einmischung von außen,

b) das Recht auf nationale Unabhängigkeit und Souveränität bestätigt und gleichzeitig anerkannt, „dass das palästinensische Volk bei der Schaffung eines gerechten und dauerhaften Friedens im Nahen Osten ein Hauptbeteiligter ist“. Die Palästinenser waren damit erstmals international als „Volk mit berechtigten Ansprüchen“ anerkannt worden; sie waren nicht mehr nur Flüchtlinge, die zerstreut in verschiedenen Ländern und verschiedenen Lagern lebten.

Ein Jahr später kam es fast zum Skandal. Mit 72 Ja- und 35 Nein-Stimmen bei 32 Enthaltungen stellte die UNO-Vollversammlung am 10. November 1975 fest, „dass der Zionismus eine Form des Rassismus und der rassischen Diskriminierung ist“. Diese Resolution wurde allerdings am 16. Dezember 1991 von der Vollversammlung für ungültig erklärt. Erst 1988, ein Jahr nach Beginn der Intifada, akzeptierte dann die PLO die Resolutionen 242 und 338, die nach wie vor die Grundlage einer zukünftigen Friedensregelung sind.

Seit dem Ende des Kalten Krieges stand und steht der Irak im Mittelpunkt zahlreicher Resolutionen. [...] Die wichtigste Resolution in dem Zusammenhang ist 1441 vom November 2002. Auf ihrer Basis wurde das diktatorische Regime Saddam Husseins im März/April 2003 von anglo-amerikanischen Truppen in der Operation *„Iraqi Freedom“* beseitigt. Die UNO war erst gar nicht mehr gefragt worden. Welche Rolle sie in Zukunft im Friedensprozess für den Nahen Osten spielen wird, muss abgewartet werden.

Rolf Steininger, Der Nahostkonflikt, Fischer Taschenbuch, Frankfurt/M. 2003, S. 104–109

1 Erörtern Sie mithilfe von M 7 Möglichkeiten und Grenzen der UN-Friedensbemühungen im Nahen Osten:
a) Arbeiten Sie die wichtigsten Etappen des Engagements der UNO heraus.
b) Analysieren Sie für jede Etappe die Ziele und Mittel der UNO-Vermittlungspolitik.
c) Beschreiben und erklären Sie für jede Etappe Erfolge und Misserfolge der UNO.

Bewertung von Internetseiten

Das Internet (dt. „Zwischennetz“ oder „Verbundnetz“; von engl. *interconnected* „miteinander verbunden“ und *networks* „Netzwerke“ abgeleitet) bietet für die Suche nach historischen Quellen und aktuellen Sekundärtexten für nahezu alle Themen eine gute Ausgangsbasis. Die Internetrecherche ermöglicht einen schnellen Überblick über den gegenwärtigen Stand der wissenschaftlichen Forschung und Diskussion. Voraussetzung dafür sind jedoch geeignete Internetadressen und seriöse Informationen. Das Internet ist kein exklusives Medium für die wissenschaftliche Forschung; jede Privatperson, die über die technischen Voraussetzungen verfügt, kann eine eigene Homepage erstellen. Daher ist eine selbstständige Bewertung der Internetseiten unerlässlich.
Im Unterschied zu gedruckten Textquellen kann sich die Quellenkritik (s. S. 46 f.) bei Texten aus dem Internet schwierig gestalten, da die Anbieter der Informationen nicht immer bekannt sind. Darüber hinaus führen manche Links auf Internetseiten, deren Verbreitung strafrechtlich verfolgt wird. Neben einer sinnvollen Planung der Recherche und Strukturierung der gewonnenen Informationen ist daher auch eine kritische Prüfung der genutzten Internetseiten notwendig, um sachlich korrekte und aktuelle Informationen für ein Referat oder eine Facharbeit aus dem vielfältigen Internetangebot herauszufiltern.

Arbeitsschritte für die Interpretation

1. Anbieter

- Wer ist der Anbieter (Urheber bzw. Autor) der Internetseite?
- Handelt es sich um eine Einzelperson, eine Institution bzw. Organisation?
- Weist der Anbieter sich aus, indem er Informationen über sich zur Verfügung stellt?
- Handelt es sich um einen seriösen Anbieter? (Renommierte Institutionen wie internationale politische Organisationen, Tageszeitungen oder große Museen lassen in der Regel auf größere Vertrauenswürdigkeit schließen als unbekannte Privatpersonen.)

2. Informationsgehalt

- Beinhaltet die Internetseite sachliche Informationen?
- Gibt es Werbung?
- Wird die Seite regelmäßig aktualisiert?
- Ist bei den zur Verfügung gestellten Materialien ein Datum (bzw. Stand der Aktualisierung) angegeben?
- Werden Quellen und Belege korrekt angegeben?
- Werden unterschiedliche Medien eingesetzt (z. B. Bild, Grafik, Video, Animation)?

3. Anwenderfreundlichkeit

- Ist die Startseite logisch aufgebaut und ermöglicht sie eine schnelle Orientierung, z. B. durch eine textliche und visuelle Strukturierung?
- Ist die Navigation sinnvoll, z. B. durch eine nachvollziehbare Verlinkung?
- Steht die Ladezeit in einem gerechtfertigten Verhältnis zum Informationsumfang?

4. Interaktivität

- Besteht die Möglichkeit zur Kontaktaufnahme mit dem Anbieter, z. B. Adresse, Telefon, E-Mail?
- Kann man mit anderen Nutzern der Internetseite kommunizieren, z. B. über Foren, Chat, Newsgroups?
- Existieren Suchmöglichkeiten auf der Internetseite?
- Gibt es andere interaktive Elemente, z. B. Spiel oder Fragebogen?

5. Weiterführende Hinweise

- Gibt es auf der Internetseite Hinweise auf weitere Materialien, Literatur, Links?
- Sind die Hinweise korrekt benannt und kommentiert?
- Sind die Hinweise aktuell?

Bewertung einer Internetseite am Beispiel der UNRIC-Homepage

M 1 **Internetseite der UNRIC (www.uno.de; Stand: 2. September 2009)**

1 Bewerten Sie die UNRIC-Seite mithilfe der genannten Arbeitsschritte.

1. Anbieter
- Anbieter der Internetseite: UNRIC (Regionales Informationszentrum der Vereinten Nationen für Westeuropa)
- Institution: Vereinte Nationen
- Informationen über den Anbieter: UNRIC mit Sitz in Brüssel wurde am 1. Januar 2004 eröffnet; für Deutschland wurde zusätzlich ein UNRIC-Verbindungsbüro in Bonn eingerichtet; UNRIC ist für Westeuropa zuständig, stellt Informationen und Dokumente zur Verfügung und arbeitet direkt mit Regierungen, Medien, Nichtregierungsorganisationen, Bildungseinrichtungen sowie lokalen Behörden zusammen
- Seriösität: ist gegeben, da es sich um eine Einrichtung der Vereinten Nationen handelt

2. Informationsgehalt
- Informationen: sachlich und transparent
- Werbung: nicht vorhanden
- Aktualisierung: Seite wird werktags täglich aktualisiert (z. B. Pressemitteilungen, s. M 1)
- Angaben bei Materialien wie Datum (Stand der Aktualisierung) und Quellenbeleg: vorhanden
- Einsatz unterschiedlicher Medien: Texte und Fotos

3. Benutzerfreundlichkeit
- Startseite: übersichtlich und logisch strukturiert, ermöglicht eine schnelle Orientierung, s. M 1
- Navigation: flache Anordnungshierarchien und nachvollziehbare Verlinkung der Informationen; jede Seite zeigt an, wo der User sich gerade befindet
- Ladezeit: angemessen; bei Downloads werden Datenmenge, Format und Ladezeiten angegeben

4. Interaktiviät
- Kontaktaufnahme mit dem Anbieter: Angabe der Adresse, Telefon- und Internetverbindung des „Verbindungsbüros in Deutschland" der UNRIC
- Kommunikation mit anderen Nutzern der Internetseite: zurzeit keine Möglichkeit
- Suchmöglichkeiten auf der Internetseite: existiert auf der Startseite (oben rechts)
- Weitere interaktive Elemente: ein UNO-Quiz

5. Weiterführende Verweise

Verweise betreffen primär Institutionen der UNO; u. a. folgende Rubriken:
- „UNRIC-Bibliothek"; die Bibliothek bietet u. a. einen Auskunftsdienst per E-Mail unter info@unric.org an.
- Liste mit Weblinks von Institutionen wie Europäische Union oder Auswärtiges Amt
- Informationen zu „Arbeitsmöglichkeiten und Praktika" in der UNO auf der Homepage der Vereinten Nationen: https://jobs.un.org/Galaxy/Release3/vacancy/vacancy.aspx

2 Die europäische Integration

Europa-Bewegungen in der unmittelbaren Nachkriegszeit (1945–1949)

Juni 1946 „Europa-Liga für wirtschaftliche Zusammenarbeit" (unter dem belgischen Politiker Paul van Zeeland)
Sept. 1946 Hertensteiner Programm der Europäischen Föderalisten
Dez. 1946 „Union Europäischer Föderalisten" (Paris)
Jan. 1947 „Vereintes Europäisches Komitee" oder „United Europe Movement" (London; angeregt von Winston Churchill)
Sept. 1947 „Europäische Parlamentarier-Union" (Graf Coudenhove-Kalergi)
Mai 1948 Erster „Haager Kongress" für europäische Einheit
Mai 1949 „Deutscher Rat der Europäischen Bewegung"
Sept. 1949 „Europa-Kolleg" (Brügge)

Geschichte der Europaideen

Ideen für ein engeres Zusammenwachsen Europas gab es bereits seit dem Mittelalter und der frühen Neuzeit. Doch erst zu Beginn des 20. Jahrhunderts nahmen die Bemühungen zur Schaffung einer kulturellen, wirtschaftlichen und politischen Einheit Europas konkrete Gestalt an. Eine der bekanntesten Vereinigungen, die sich für die europäische Integration stark machten, war die **Paneuropa-Union**. Sie wurde 1922 von **Richard Coudenhove-Kalergi** (1894–1972) gegründet und von Politikern, Wissenschaftlern und Geschäftsleuten unterstützt. Besonders der französische Außenminister **Aristide Briand** (1862–1932) engagierte sich für eine **europäische Föderation**. Friedenssicherung bzw. die grundsätzliche Abschaffung des Krieges als Mittel der Politik war dabei sein wichtigstes Motiv. Im Einzelnen plante Briand die Einrichtung einer parlamentarischen Beratungsgruppe innerhalb des Völkerbundes sowie die Errichtung einer Zollunion – und entwarf damit die Vorformen des Europarates und der Europäischen Wirtschaftsgemeinschaft. Briands Projekt einer europäischen Föderation blieb in der Zwischenkriegszeit zwar eine viel diskutierte Idee. Sie wurde aber erst nach dem Zweiten Weltkrieg als Chance für eine friedliche Gestaltung der internationalen Beziehungen genutzt.

Überzeugt davon, dass der Nationalstaat des 19. Jahrhunderts Frieden, Wohlstand und Demokratie nicht mehr allein sichern könne, entwickelten während des Zweiten Weltkrieges vor allem Vertreter der west- und osteuropäischen **Widerstandsbewegungen gegen den Nationalsozialismus das Konzept einer überstaatlichen europäischen Ordnung**. Die europäische Integration besaß für ihre Befürworter auch machtpolitische Vorteile: Nur durch die enge Zusammenarbeit der verschiedenen Staaten war aus ihrer Sicht sowohl das internationale Gewicht Europas gegenüber den Weltmächten USA und UdSSR zu bewahren als auch die potenziell mächtigste Nation auf dem Kontinent, Deutschland, zu kontrollieren.

Internettipp

www.dhm.de/ausstellungen/idee-europa/idee_europa_struktur.htm#1
Präsentation der DHM-Ausstellung „Idee Europa – Entwürfe zum ewigen Frieden. Ordnungen und Utopien für die Gestaltung Europas von der pax romana zur Europäischen Union", 2003

www.eu2007.bmi.bund.de/nn_1035044/EU2007/DE/IdeeEuropa/IdeeEuropa__node.html__nnn=true
Website der Bundesregierung zur „Idee Europa" und ihrer Entwicklung seit dem Zweiten Weltkrieg

http://europa.eu/abc/history/index_de.htm
Website der Europäischen Union zur Geschichte der europäischen Integration

Europäische Integration nach 1945

Die Furcht vor einem Dritten Weltkrieg ließ nach 1945 die **Europa-Bewegung** erstarken: Politiker sowie weite Teile der Bevölkerung setzten auf die weitreichende Einigung Europas. Hinzu kamen das wirtschaftliche Interesse an einem größeren europäischen Markt sowie das Bestreben, Deutschland fest in die europäische Politik einzubinden. Außerdem schlossen sich die Westeuropäer während der Zeit des Ost-West-Konfliktes (s. S. 478 ff.) enger zusammen, weil sie sich durch die kommunistische Sowjetunion und die von ihr beherrschten osteuropäischen Staaten bedroht fühlten.

Schon 1946 forderte der frühere britische Premierminister **Winston Churchill** (s. S. 483) die Schaffung der **Vereinigten Staaten von Europa**. Zwei Jahre später, 1948, ergriff der Haager Kongress die Initiative zu einem ersten politischen Zusammenschluss, dem **Europarat**, der 1949 als beratende Versammlung gegründet wurde. Weitergehende Pläne wie z. B. die Gründung einer föderalistisch organisierten „Europa-Union" scheiterten 1950/51 am Widerstand Großbritanniens.

Der französische Außenminister **Robert Schuman** (1886–1963) entschloss sich daraufhin, die politische zugunsten der wirtschaftlichen Integration zunächst zurückzustellen und die überstaatliche (supranationale) Einigung auch ohne Großbritannien voranzutreiben. Mitstreiter fand er dabei im deutschen Bundeskanzler Konrad Adenauer (s. S. 530), der Deutschland in die westliche Staatengemeinschaft integrieren wollte, und dem italienischen Ministerpräsidenten Alcide de Gasperi (1881–1954). Ihre Bemühungen führten im Jahr 1951 zur Entstehung der **Europäischen Gemeinschaft für Kohle und Stahl/EGKS** (Montanunion) und be-

gründeten den ersten gemeinsamen Markt für die damaligen Schlüsselindustrien. 1957 unterzeichnete die „Gemeinschaft der Sechs“ – Frankreich, Bundesrepublik Deutschland, Italien und die drei Benelux-Staaten (Belgien, Niederlande, Luxemburg) – die „Römischen Verträge“ (M 4). Das Vertragswerk regelte die Nutzung der Atomenergie **(Europäische Atomgemeinschaft/EURATOM)** und rief die **Europäische Wirtschaftsgemeinschaft (EWG)** ins Leben. Ein gemeinsamer Markt sollte den Boden für engere Beziehungen der europäischen Staaten untereinander bereiten. Großbritannien, Dänemark, Norwegen, Schweden, Portugal, Österreich und die Schweiz, die sich aus nationalpolitischen Vorbehalten nicht an der EWG beteiligten, schlossen sich zu einer „Europäischen Freihandelszone“ (***European Free Trade Association*/EFTA**) zusammen. Sie sollte den Rückgang ihres Handels mit der EWG teilweise ausgleichen. 1967 beschlossen die „Sechs“, EWG, EGKS und EURATOM zur **Europäischen Gemeinschaft (EG)** zusammenzufassen.
Der wirtschaftliche Zusammenschluss in der EWG beflügelte nicht nur die Handelsbeziehungen zwischen ihren Mitgliedern, er ließ die EWG zudem mit einem Anteil von ca. 30 % eine Spitzenstellung im Welthandel erreichen und trug entscheidend zur Vermehrung des Wohlstandes in den beteiligten Staaten bei. Daher wurde die EWG zunehmend auch für andere europäische Länder attraktiv. Das zeigte sich bei der Nord- und Süderweiterung in den 1970er- und 1980er-Jahren. Durch den Beitritt von Irland, Großbritannien und Dänemark wurde aus dem Europa der Sechs ein Europa der Neun und schließlich – als Griechenland, Spanien und Portugal beitraten – ein Europa der Zwölf. Anfang 1995 schlossen sich Schweden, Finnland und Österreich an und wurden Mitglied in der seit den **Verträgen von Maastricht** in **Europäische Union (EU)** umgestalteten Gemeinschaft. Der Maastricht-Vertrag wurde am 7. Februar 1992 in Maastricht verabschiedet und trat zum 1. November 1993 in Kraft.

M1 „Europäische Gemeinschaft souveräner Nationalstaaten“, Karikatur, ca. 1980,

Internettipp
www.bundesregierung.de/Content/DE/Lexikon/EUGlossar/V/2005-11-22-vertrag-ueber-die-europaeische-union-maastricht-vertrag-.html
Der Vertrag von Maastricht, dokumentiert auf den Seiten der Bundesregierung

M2 Zusammenschlüsse in Europa nach dem Zweiten Weltkrieg (Stand 2011)

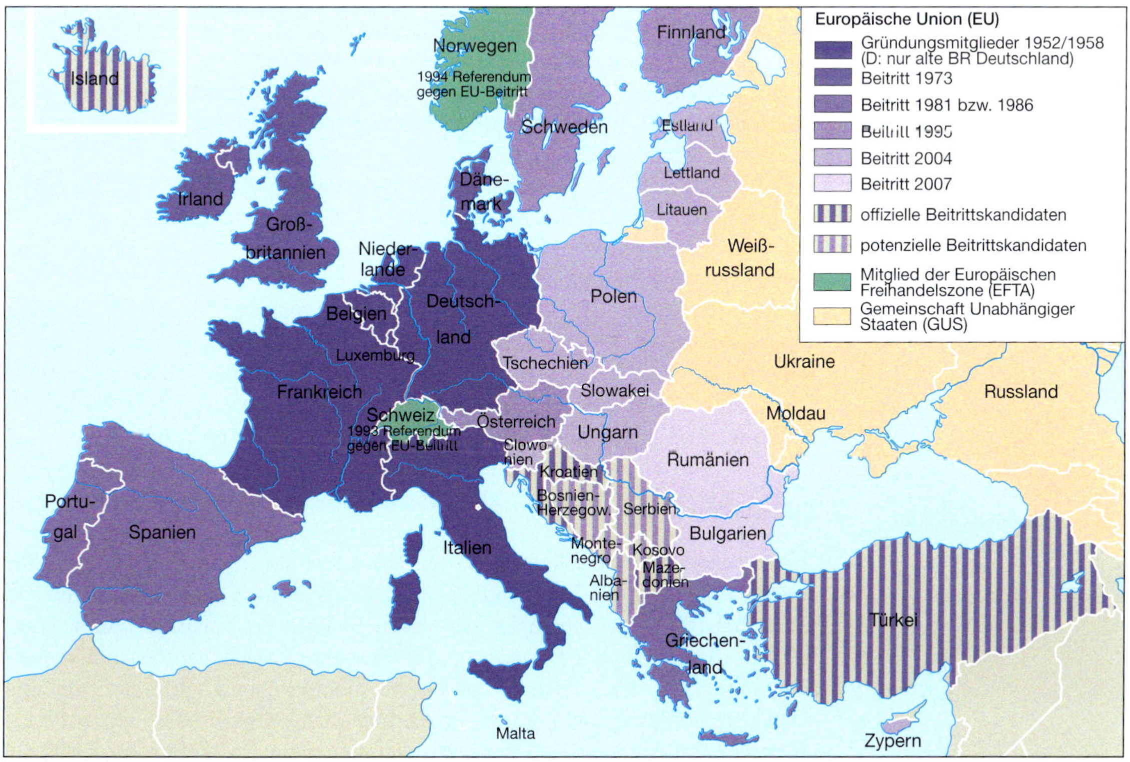

1 Beschreiben Sie das Zusammenwachsen Europas seit 1952.

Maastricht bedeutet aber mehr als nur eine Umbenennung. Der Vertrag legte Grundsätze für eine gemeinsame Wirtschafts-, Währungs-, Außen- und Sicherheitspolitik fest und übertrug damit – in Teilbereichen – die klassischen Felder des modernen Nationalstaats auf das vereinigte Europa. Zudem wurden die Kompetenzen des **Europäischen Parlamentes** erweitert. Es konnte jetzt auch einen Gesetzentwurf gegen das Votum des Ministerrates zu Fall bringen. Indem der am 1. Mai 1999 in Kraft getretene **Amsterdamer Vertrag** die Mitbestimmungsrechte des Parlamentes von 15 auf nunmehr 38 Sachgebiete ausdehnte, erhielt es zusätzliche Macht. Außer bei Landwirtschaftsfragen kann das Parlament seitdem bei so gut wie allen Fragen mitsprechen, in denen der Europäische Rat per Mehrheitsvotum beschließt. Die Europaabgeordneten müssen außerdem allen Gesetzen zustimmen, die jeden Bürger betreffen. Hierzu gehören Fragen des Binnenmarktes, des Verbraucher- und Umweltschutzes sowie der Gesundheits- und Verkehrspolitik. Wo die Souveränität der Mitgliedsstaaten berührt wird und diese daher auf ihrem Vetorecht beharren, kann das Europaparlament jedoch nicht mitsprechen. Das gilt besonders für die Steuer- sowie die Außen-, Sicherheits- und Verteidigungspolitik. Und dem Europäischen Parlament fehlt mit dem Initiativrecht nach wie vor das wichtigste Parlamentsrecht: Es kann keine eigene Gesetze einbringen, sondern muss den Rat und die Kommission auffordern, Gesetzentwürfe auszuarbeiten.

Internettipp
www.lpb-bw.de/aktuell/eu_osterweiterung.php
Informationen der Landeszentrale für politische Bildung Baden-Württemberg zur Osterweiterung der EU, mit Links u. a. zu wichtigen Dokumenten, EU-Institutionen und zu den Regierungen der Mitgliedsstaaten der EU

www.auswaertiges-amt.de/diplo/de/Europa/Erweiterung/Uebersicht.html
Das Auswärtige Amt informiert aktuell über die Erweiterung der EU

www.fluter.de/de/europa/erfahrungen/2908/?tpid=91&tpl=148
Europa-Dossier des „Fluter", des Jugendmagazins der Bundeszentrale für politische Bildung

Osterweiterung

Das Europäische Parlament entschied auch über die **Osterweiterung** der EU, die seit dem Zusammenbruch des Sowjetimperiums 1989/90 auf der politischen Tagesordnung stand. Die osteuropäischen Staaten, die vorher im Machtbereich der Sowjetunion lebten, strebten alle in die EU. Bei diesen Ländern handelte es sich jedoch zumeist um strukturschwache, von der Landwirtschaft geprägte Gesellschaften, die eine grundlegende und umfassende Modernisierung nachzuholen hatten. Deswegen formulierte der EU-Gipfel von Kopenhagen 1993 die folgenden Voraussetzungen für einen EU-Beitritt **(Kopenhagener Beitrittskriterien)**:
– institutionelle Stabilität als Garantie für eine demokratische und rechtsstaatliche Ordnung, für die Wahrung der Menschenrechte sowie die Achtung und den Schutz von Minderheiten;
– eine funktionsfähige Marktwirtschaft sowie die Fähigkeit, dem Wettbewerbsdruck und den Marktkräften der Europäischen Union standzuhalten;
– die Übernahme eines Regelwerks, des *Acquis Communautaire*, das die Prinzipien, Ziele und Politikfelder der EU regelt.
Auf dem EU-Gipfel in Kopenhagen im Dezember 2002 wurde schließlich der Beschluss gefasst, die EU am 1. Mai 2004 von 15 auf 25 Mitglieder zu erweitern: Estland, Lettland, Litauen, Polen, Tschechien, die Slowakei, Ungarn, Slowenien, Malta und Zypern wurden aufgenommen. Unter Auflagen konnten 2007 ebenfalls Rumänien und Bulgarien Mitglieder werden (M 2 und M 2, S. 623).

Internettipp
www.heute.de/ZDFheute/inhalt/21/0,3672,2296917,00.html
ZDF-Dokumentation zur Diskussion um die EU-Verfassung (2005)

Verfassungsdiskussion

Als die EU die Voraussetzungen für ihre Osterweiterung formulierte, stellte sie sich selbst die Aufgabe, Erweiterung und innere Reform zu verbinden. Da die Organe der EU in einem erweiterten Europa handlungsfähig bleiben sollten, musste ihre Arbeitsweise den veränderten Bedingungen angepasst werden. Dabei stellte sich nicht nur die Frage nach der Gestaltung der Entscheidungsprozesse (z. B. Mehrheitsbeschlüsse oder Einstimmigkeit), sondern auch nach der demokratischen Legitimität ihrer Entscheidungsstrukturen und den Grenzen ihrer Zuständigkeit. 2001 setzte die EU einen Konvent ein, der die Reform vorzubereiten hatte. Das Reformwerk sollte in einer **Verfassung** zusammengefasst werden, die den Rahmen für die zukünftige

Entwicklung der EU bilden sollte. Der Konvent erarbeitete von Februar 2002 bis Juli 2003 einen Verfassungsentwurf, der bis zum Oktober 2006 in allen EU-Staaten ratifiziert werden sollte. 2005 stimmte jedoch bei Referenden in den Niederlanden und Frankreich eine Mehrheit gegen die Europäische Verfassung.

Im Jahre 2007 einigten sich die Staats- und Regierungschefs daher auf einen neuen EU-Grundlagen- bzw. Reformvertrag, den **Vertrag von Lissabon***. Das Vertragswerk, das in einigen Ländern auf Vorbehalte stieß – z. B. lehnte Irland 2008 den Vertrag in einer Volksabstimmung zunächst ab –, wurde inzwischen von allen 27 Mitgliedsstaaten ratifiziert. Die Ratifizierung erfolgte je nach verfassungsrechtlichen Bestimmungen der einzelnen Staaten entweder per Volksabstimmung oder durch einen Parlamentsbeschluss. Am 1. Dezember 2009 trat der Vertrag in Kraft.

Bereits auf dem Gipfel von Nizza im Jahre 2000 hatten die Staats- und Regierungschefs der EU eine **Grundrechtecharta** verabschiedet, deren Rechtsverbindlichkeit im Vertrag von Lissabon anerkannt wird. Diese Charta umfasst eine Reihe von Grundrechten, so z. B. die Einhaltung der Menschenwürde, Grundfreiheiten, soziale und bürgerliche Grundrechte. Sie sind teils in der Konvention des Europarates zum Schutz der Menschenrechte, teils in Verträgen der Gemeinschaft und teils in den Verfassungen der Mitgliedsstaaten schon enthalten. Der Europäische Gerichtshof orientiert sich bei seiner Rechtsprechung an der Grundrechtecharta.

Der Vertrag von Lissabon
- Die EU wird von einem Vorsitzenden geführt (Amtszeit: 2 ½ Jahre).
- Die Koordination der Außenpolitik übernimmt ein „EU-Außenminister".
- Beschlüsse der EU benötigen ab 2014 künftig eine „doppelte Mehrheit" von 55 % der Staaten, die gleichzeitig 65 % der Bevölkerung vertreten müssen.
- Das Vetorecht der Mitgliedsstaaten gilt nur noch in Ausnahmefällen.
- Die Kommission wird verkleinert und die Rechte des Europa-Parlaments werden gestärkt.
- Die Parlamentarier erhalten größere Mitspracherechte in Haushaltsfragen, der Zusammenarbeit der Justizbehörden und bei der inneren Sicherheit.

Türkei-Beitritt

Seit den 1960er-Jahren arbeitet die Türkei auf eine Mitgliedschaft* in der Europäischen Gemeinschaft bzw. der Europäischen Union hin. Von den anderen EU-Mitgliedsstaaten wird diese Frage sehr leidenschaftlich und kontrovers diskutiert. Die Debatte berührt nicht nur das Problem, welche Staaten oder Völker zu Europa gehören, sondern auch das Verhältnis der Europäer zu den „Anderen". Ähnlich wie bei der Auseinandersetzung um die Osterweiterung müssen Politik und Öffentlichkeit klären, welche Chancen und Gefahren die Vergrößerung der EU mit sich bringt.

Seit 2005 ist das EU-Beitrittverfahren der Türkei offiziell eröffnet. Der Türkei ist dabei bewusst, dass sie das Land durchgreifend reformieren muss, wenn die Verhandlungen zum Erfolg führen sollen. Die Garantie bürgerlicher Freiheitsrechte und Minderheitenrechte für die Kurden sind ebenso notwendig wie die Anpassung der Wirtschaft an marktwirtschaftliche Bedingungen. Wenngleich Regierung und Parlament seit 2001/02 wichtige Reformen in die Wege geleitet haben, bleibt offen, wie weit sie Staat und Gesellschaft nach westlichen Vorbildern umgestalten wollen oder können. Eine Frage aber gewann in den letzten Jahrzehnten immer größeres Gewicht in der öffentlichen Diskussion: Nähert sich die Türkei auch kulturell dem Westen an oder entwickelt sich eine eigenständige Kultur, in der der Islam eine prägende Rolle spielt? Dieses Problem spielt eine zentrale Rolle in der deutschen Debatte über den EU-Beitritt der Türkei (s. M 8 a, b, S. 130 f.).

Europa und die Türkei

1963 Die EG schließt mit der Türkei das Ankara-Abkommen, das drei Phasen der Annäherung vorsieht.

1982 Die EG setzt das Abkommen nach dem dritten türkischen Militärputsch aus.

1987 Nach freien Parlamentswahlen kommt es zu einer erneuten Annäherung zwischen EG und Türkei; die Türkei reicht ihren Antrag auf Vollmitgliedschaft ein.

1988 Das Ankara-Abkommen wird wieder in Kraft gesetzt.

1989 Die EG lehnt den türkischen Mitgliedsantrag ab.

1995 Eine Zollunion wird zwischen Türkei und EU geschlossen.

1999 Neue Verhandlungen beginnen.

2002 Die Türkei erhält den offiziellen Kandidatenstatus und sucht offiziell um Eröffnung des EU-Beitrittsverfahrens nach.

3. Oktober 2005 Die Beitrittsverhandlungen werden eröffnet.

Europäische Identität

Zwar spielen Nation und Nationalstaat im Bewusstsein vieler Menschen nach wie vor eine bedeutende Rolle. Gleichzeitig wird Europa durch eine Vielfalt an ethnischen, sprachlichen und regionalen Einheiten geprägt, die das Alltagsleben und darüber hinaus das politische Denken und Handeln vieler Menschen beeinflussen. Und doch haben die Mitgliedsstaaten wichtige Kompetenzen an europäische Entscheidungsgremien abgegeben. Alle Regierungen müssen zugleich national und europäisch denken. Aber hat sich in den Mitgliedsstaaten der EU eine übernationale europäische Identität herausgebildet? Fühlen sich die Bürgerinnen und Bürger der einzelnen Länder auch als Europäerinnen und Europäer? Ist Europa ein Teil ihrer Identität geworden? Und weiter gefragt: Werden sich die nationalstaatlichen Bindungen, die seit dem 19. Jahrhundert gewachsen sind, zugunsten der europä-

Internettipp

www.bundesregierung.de/Content/DE/Artikel/2001-2006/2005/11/2005-11-08-ist-die-tuerkei-reif-fuer-einen-eu-beitritt-.html
Die Bundesregierung zum EU-Beitritt der Türkei

www.dw-world.de/dw/article/0,2144,3466254,00.html
Cem Özdemir (Grüne) über den EU-Beitritt der Türkei im Rahmen eines Dossiers der „Deutschen Welle" (2008)

M3 Die Europäische Union (Stand 2011)

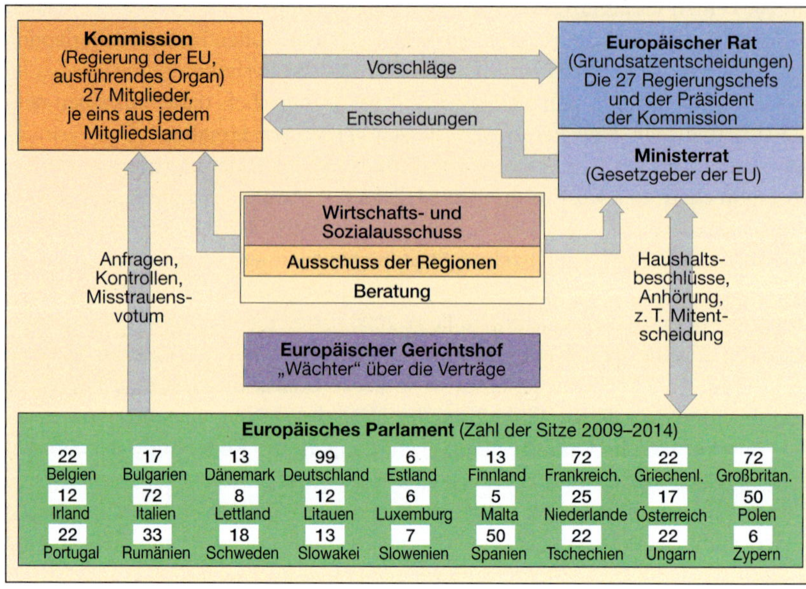

1 Arbeiten Sie heraus, welche Einrichtungen der Europäischen Union an der Formulierung einer gemeinsamen Außen- und Sicherheitspolitik beteiligt sind.

ischen lockern? Wird sich die EU gar zu einem Hoffnungsträger in Politik und Wirtschaft, in der Umwelt und im Wohlfahrtswesen entwickeln? Alle diese Fragen lassen sich jedoch nicht beantworten ohne das Wissen, was eigentlich „europäisch" sei. Darüber wird in Europa heftig diskutiert (M 6 a–c), und das Ergebnis ist offen.

Europa in der internationalen Politik

Die Umbrüche in Osteuropa seit 1989/90 haben die Aufgaben der **Konferenz für Sicherheit und Zusammenarbeit in Europa** (KSZE, s. S. 497) bisher stärker verändert als die Aufgaben der NATO und der EU. Das liegt auch daran, dass die KSZE das einzige Forum war, auf dem sich alle Staaten Europas und die USA sowie die UdSSR trafen. Mit der **Charta von Paris** vom November 1990 wurde die KSZE so weiterentwickelt, dass durch sie die Spaltung Europas beendet werden konnte: Vereinbart wurde die Einrichtung eines ständigen Sekretariats in Prag, eines Zentrums für Konfliktverhinderung in Wien und eines Büros für freie Wahlen in Warschau. Die Charta verpflichtete alle KSZE-Mitgliedsstaaten zur Verwirklichung von Menschenrechten, Demokratie und Marktwirtschaft als unverzichtbare Elemente einer europäischen Friedensordnung. Nach der offiziellen Auflösung des Warschauer Paktes und dem Ende der UdSSR (s. S. 498 ff.) stieg die Zahl der Mitglieder auf 53 Staaten. Mit der **OSZE** – wie sich die KSZE seit dem 1. Januar 1995 nennt – ist jetzt ein Rahmen für eine europäische Sicherheitspolitik geschaffen. Ob es der OSZE in Zukunft immer gelingen wird, zwischenstaatliche oder auch innerstaatliche – man denke hier an die Kriege im ehemaligen Vielvölkerstaat Jugoslawien, wo sich immer mehr Staaten für unabhängig erklärten – Konflikte friedlich zu lösen, lässt sich heute nicht beurteilen.

Die EU-Staaten stimmen ihre Außen- und Sicherheitspolitik nicht nur innerhalb der OSZE ab, sondern haben sich in den Verträgen von Maastricht (1992/93) auch zu einer **Gemeinsamen Außen- und Sicherheitspolitik (GASP)** verpflichtet (M 3). Die europäischen Politiker bekundeten dabei die Absicht, die 1954 entstandene Westeuropäische Union (WEU)* zu einem „bewaffneten Arm" der Europäischen Union auszubauen, und leiteten konkrete Planungen in die Wege (M 5). Da die WEU-Einsätze nicht an einstimmige Beschlüsse des WEU-Rates, sondern nur an die Zustimmung der sich beteiligenden Staaten gebunden sind, könnte mit der

Europäische Projekte für Schülerinnen und Schüler (Auswahl)

http://europa.eu/youth/index.cfm?l_id=de
Das „Europäische Jugendportal" bietet Informationen, Nachrichten und Austauschmöglichkeiten zum Thema Europa.

www.eyp.de/index.php
Das Europäische Jugendparlament in Deutschland lädt Schülerinnen und Schüler ein, in deutschland- und europaweiten Parlamentssimulationen über europäische Themen zu diskutieren.

www.fplusd.de
Das deutsch-französische Sprachenportal informiert über die Aspekte „Sprache lernen", „Kultur und Alltagsleben", „Austausch und Begegnungen", Schule und Studium sowie Arbeit und Beruf.

Internettipp
www.bpb.de/publikationen/C1XYNC,3,0,Europas_Rolle_in_der_Weltpolitik_des_21_%A0Jahrhunderts.html
Aufsatz von Ludger Kühnhardt, Direktor des Zentrums für europäische Integrationsforschung in Bonn, zu Europas Rolle in der Weltpolitik des 21. Jahrhunderts

Aufwertung der WEU ein sicherheits- und militärpolitisches Instrument entstehen. Es soll allerdings die NATO nicht ersetzen; die NATO wird nach wie vor für die Verteidigung der Atlantischen Gemeinschaft zuständig bleiben.

Die USA und Europa Die USA betrachteten die Versuche, mit der WEU und der EU eine spezifisch europäische Außen- und Sicherheitspolitik zu betreiben, sehr kritisch, hatten sie doch mehr als vierzig Jahre als Führungsmacht der NATO unter erheblichem Aufwand die Sicherheit Europas garantiert. Auch nach der Auflösung des Warschauer Paktes und dem Zerfall der Sowjetunion besaß die NATO aus amerikanischer Sicht die unverzichtbare Funktion als Bindeglied zwischen Nordamerika und Westeuropa. Sie blieb das Standbein für die amerikanische Europapolitik, über das Washington seinen Einfluss auf die zukünftige europäische Friedensordnung ausüben konnte. Allerdings versuchten die USA, der NATO eine stärkere politische Rolle zuzuschreiben: zum Beispiel bei Herausforderungen durch regionale Konflikte oder der Nichtverbreitung von Massenvernichtungswaffen. Die USA und die EU lehnten – teilweise aus Rücksicht auf Russland – einen NATO-Beitritt der osteuropäischen Staaten zunächst ab. Mit der Gründung eines **Nordatlantischen Kooperationsrates** 1991 (seit 1997: Euro-Atlantischer Partnerschaftsrat) und der „Partnerschaft für den Frieden" (der 1995 schon 26 europäische Nicht-NATO-Staaten beigetreten waren) wurden aber Foren geschaffen, die die Beziehungen zwischen der NATO, Russland und den osteuropäischen Staaten klären können. Ein erster Schritt war 1997 die Gründung des **NATO-Russland-Rats** (M 5). Damit wurde Russland ein privilegierter Sonderstatus zugebilligt und der Weg frei für die Aufnahme von Beitrittsverhandlungen mit Polen, Tschechien und Ungarn, die inzwischen mit weiteren osteuropäischen Ländern Mitglied der NATO sind.

Westeuropäische Union (WEU)
Die WEU ist ein kollektiver Beistandspakt der westeuropäischen NATO-Mitgliedsstaaten, der 1954 durch die Aufnahme Italiens und der Bundesrepublik Deutschland in den „Brüsseler Pakt" (Pakt zur wirtschaftlichen, sozialen und kulturellen Zusammenarbeit und zur kollektiven Verteidigung zwischen Großbritannien, Frankreich und den Benelux-Staaten) gebildet wurde. Er sollte sowohl der Verteidigung und der Förderung der Integration durch wirtschaftliche, politische und militärische Kooperation als auch der Einbindung der Bundesrepublik in den Kreis der westlichen Industrieländer dienen.
Mit Beschluss des Ministerrates der WEU vom 13.11.2000 in Marseille wurden die operativen Funktionen des Bündnisses auf die Europäische Union (EU) übertragen, als Gremium bleibt die WEU jedoch bestehen.

1 Skizzieren Sie mithilfe des Darstellungstextes die wichtigsten Stationen der europäischen Integration seit 1945.
2 Nach dem Ende des Ost-West-Konfliktes 1989/90 muss Europa seine Rolle in der internationalen Politik neu bestimmen. Erläutern Sie die Probleme, die die EU dabei zu diskutieren und zu lösen hat.

M4 Aus den „Römischen Verträgen", mit denen 1957 die Europäische Wirtschaftsgemeinschaft (EWG) gegründet wurde

Artikel 3:
Die Tätigkeit der Gemeinschaft umfasst:
a) die Abschaffung der Zölle und mengenmäßigen Beschränkungen bei der Ein- und Ausfuhr von Waren sowie aller sonstigen Maßnahmen gleicher Wirkung zwischen den Mitgliedsstaaten;
b) die Einführung eines gemeinsamen Zolltarifs und einer gemeinsamen Handelspolitik gegenüber dritten Ländern;
c) die Einführung einer gemeinsamen Politik auf dem Gebiet der Landwirtschaft; […]
e) die Einführung einer gemeinsamen Politik auf dem Gebiet des Verkehrs;
f) die Errichtung eines Systems, das den Wettbewerb innerhalb des Gemeinsamen Marktes vor Verfälschungen schützt;
g) die Anwendung von Verfahren, welche die Koordinierung der Wirtschaftspolitik der Mitgliedsstaaten und die Behebung von Störungen im Gleichgewicht ihrer Zahlungsbilanzen ermöglichen;
h) die Angleichung der innerstaatlichen Rechtsvorschriften, soweit dies für das ordnungsgemäße Funktionieren des Gemeinsamen Marktes erforderlich ist;
i) die Schaffung eines Europäischen Sozialfonds, um die Beschäftigungsmöglichkeiten der Arbeitnehmer zu verbessern und zur Hebung ihrer Lebenshaltung beizutragen;
j) die Errichtung einer Europäischen Investitionsbank, um durch Erschließung neuer Hilfsquellen die wirtschaftliche Ausweitung in der Gemeinschaft zu erleichtern;
k) die Assoziierung der überseeischen Länder und Hoheitsgebiete, um den Handelsverkehr zu steigern und die wirtschaftliche und soziale Entwicklung durch gemeinsame Bemühungen zu fördern.

Europa, Verträge und Gesetze, Bonn 1972, S. 75 f.

1 Beurteilen Sie die Bedeutung der Römischen Verträge für den weiteren Prozess der europäischen Integration.

M5 Mitgliedschaft in den Institutionen der euro-atlantischen Sicherheitsordnung (Stand 2008)

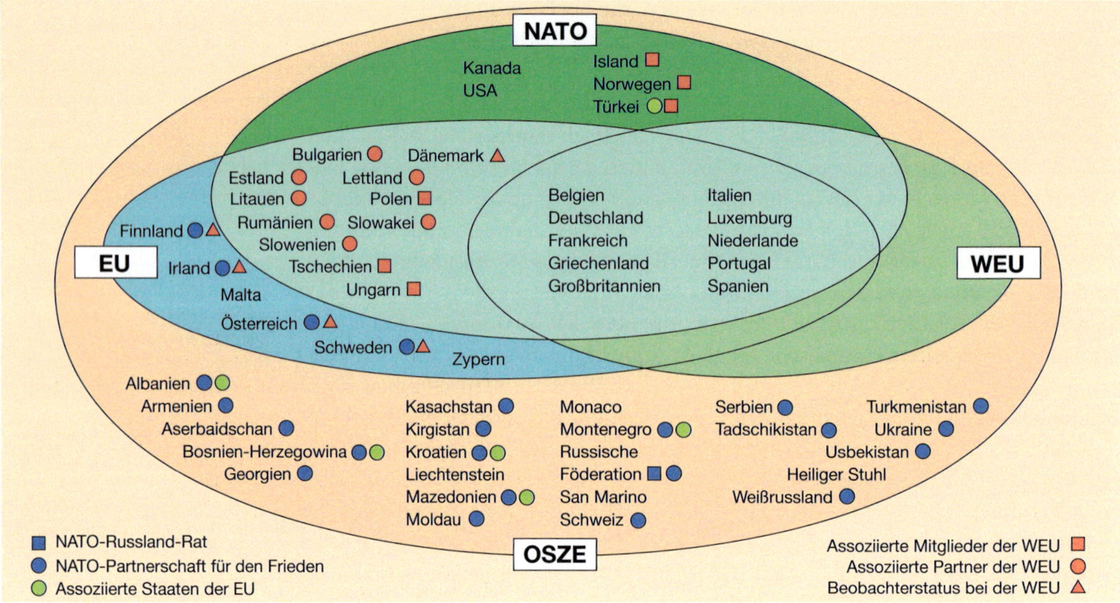

1 Erörtern Sie mit Blick auf eine europäische Außen- und Sicherheitspolitik die Handlungsspielräume der EU, der WEU und der OSZE.

M6 Was ist „europäisch"? Antworten auf die Frage nach der „europäischen" Identität

a) Der italienische Philosoph Gianni Vattimo, 1994:

Wenn es heute eine europäische Identität gibt, dann ist es eine Identität der Differenzen. Europa ist ja in seiner Geschichte dadurch entstanden, dass es sich auf die Idee seiner Unterschiede gründete; erst auf diesem Boden ist die Idee einer einheitlichen Kultur entstanden und gewachsen. In einer anderen Welt gibt es dieses Konzept nicht: Der Gedanke einer einheitlichen Kultur hat sich durch eine ständige Diskussion über und zwischen verschiedenen Identitäten herausgebildet. Europa rekonstruiert sich also durch einen ökonomischen Prozess hindurch als eine kulturelle Einheit. Die beiden Dimensionen Ökonomie und Kultur sind in Wirklichkeit engstens miteinander verbunden: Die europäische Kultur organisiert sich ja gleichsam wie ein Markt, auf dem jeder in einer Art freiem Wettbewerb oder freier Konfrontation das Seine anbietet. Darin liegt weniger eine Begrenzung als vielmehr ein Vorteil.

Zit. nach: Hans-W. Ballhausen u. a., Geschichte und Geschehen II, Oberstufe Ausgabe A/B, Klett, Stuttgart 1995, S. 523

b) Aus der Rede des früheren Staatspräsidenten von Tschechien, Vaclav Havel, gehalten am 8. März 1994 vor dem Europäischen Parlament in Straßburg:

Die Europäische Union beruht auf einem großen Ensemble zivilisatorischer Werte, deren Wurzeln zweifellos auf die Antike und das Christentum zurückgehen und die sich durch zwei Jahrtausende hindurch zu der Gestalt entwickelt haben, die wir heute als die Grundlagen der modernen Demokratie, des Rechtsstaates und der Bürgergesellschaft begreifen. Das Ensemble dieser Werte hat sein klar umrissenes sittliches Fundament und seine manifeste metaphysische Verankerung, und zwar ungeachtet dessen, inwieweit der moderne Mensch sich das eingesteht oder nicht. Man kann also nicht sagen, der Europäischen Union mangele es an einem eigenen Geist, aus dem alle ihre konkreten Prinzipien, auf denen sie beruht, hervorgegangen sind. Nur scheint es, dass dieser Geist zu wenig sichtbar wird. [...] Und so kann bei manchen Menschen der durchaus begreifliche Eindruck entstehen, die Europäische Union bestehe – etwas vulgarisierend [= oberflächlich] formuliert – aus nichts anderem als aus endlosen Debatten darüber, wie viele Mohrrüben irgendwer irgendwoher irgendwohin ausführen darf, wer diese Ausfuhrmenge festlegt, wer sie kontrolliert und wer im Bedarfsfall den Sünder zur Rechenschaft zieht, der gegen die erlassenen Vorschriften verstößt. [...]

Deswegen scheint mir, dass die wichtigste Anforderung, vor welche die Europäische Union sich heute gestellt sieht, in einer neuen und unmissverständlich klaren Selbstreflexion dessen besteht, was man europäische Identität nennen könnte, in einer neuen und wirklich klaren Artikulation europäischer Verantwortlichkeit, in verstärktem Interesse an einer eigentlichen Sinngebung der europäischen Integration und aller ihrer weiteren Zusammenhänge in der Welt von heute und in der Wiedergewinnung ihres Ethos oder – wenn Sie so wollen – ihres Charismas. Wenn die Einwohner

Europas begreifen, dass es sich hier nicht um ein bürokratisches Monstrum handelt, das ihre Eigenständigkeit einschränken oder gar leugnen möchte, sondern lediglich um einen neuen Typus menschlicher Gemeinschaft, der ihre Freiheit vielmehr wesentlich erweitert, dann braucht der Europäischen Union um ihre Zukunft nicht bange zu sein.

Vaclav Havel, Über europäische Identität, Rede vor dem Europäischen Parlament vom 8. März 1994, zit. nach: www.europa-web.de/europa/02wwswww/203chart/chartade.htm (26. Juli 2008)

c) Der deutsche Historiker Jürgen Kocka, 2002:

Man weiß aus der Geschichte, wie normal der Krieg als Geburtshelfer von Nationalstaaten ist. Kaum einer der westlichen Nationalstaaten ist ohne Krieg entstanden. [...] Die Erinnerung an Blut, Sieg oder Niederlage, an Triumphe und Katastrophen hat im kollektiven Gedächtnis der Nationen immer eine zentrale Rolle gespielt, oft mythisch überhöht, in Denkmälern verkörpert, auch instrumentalisiert. Das stärkte den inneren Zusammenhalt, bis hin zur Bereitschaft der Einzelnen, für ihr Land, falls nötig, zu sterben. Kann sich eine europäische Identität, eine staatsähnliche europäische Union ohne die Geburtshilfe des Krieges herausbilden – auf Dauer, stabil und verankert nicht nur in den Köpfen, sondern auch in den Herzen der Europäer? Die kurze Antwort: Krieg und Kriegsgefahr haben bereits kräftig zur Herausbildung eines europäischen Selbstverständnisses, eines europäischen Zusammenhalts beigetragen. [...]

Aber zwei entscheidende Einschränkungen sind am Platz. Erstens antworteten der Appell an Europa, die Hoffnung auf Europa, die Betonung der europäischen Gemeinsamkeit meist nicht auf die Erfahrung des Kriegs mit anderen, sondern auf das Leiden am Krieg innerhalb Europas. Auf die blutigen Religionskriege und den Dreißigjährigen Krieg folgten Beschwörungen Europas als eines gemeinsamen Friedensraums. Nachdem Ludwig XIV. und Napoleon Europa mit Kriegen überzogen hatten, wurde im Gegenzug die Besinnung auf das gemeinsame Europa stärker. Auch die beiden Weltkriege des 20. Jahrhunderts, die Schübe des Europabewusstseins und der Europabewegung auslösten, waren zunächst und vor allem innereuropäische Kriege. In den folgenden Generationen hat die Furcht vor einer Wiederkehr der blutigen Exzesse des Nationalismus dazu geführt, auf die Vereinigung Europas zu setzen. Weniger der äußere Feind als vielmehr die innere Zwietracht hat blutige Geburtshelferdienste für Europa geleistet.

Zweitens sollte die Analogie zwischen Nationalstaatsbildung und europäischer Integration nicht überstrapaziert werden. Die europäische Integration verläuft in vieler Hinsicht anders als die Konstituierung der Nationalstaaten. Sie ist etwas Neues, und historische Parallelen zu ziehen führt deshalb rasch in die Irre. Insgesamt ist die Hoffnung berechtigt, dass sich europäische Identität und Europäische Union zukünftig ohne den großen äußeren Feind vorantreiben lassen, ohne Krieg und ohne den Zusammenstoß der Zivilisationen [...].

Ohne Krieg wird es hoffentlich gehen, ohne Differenz und Differenzbestimmung aber nicht. Europabewusstsein bildete sich im Vergleich, im Selbstvergleich mit anderen heraus, durch Betonung der Unterschiede zwischen Europa und den nicht-europäischen Teilen der Welt. [...]

Zwei Referenzregionen sind heute wie früher zentral: die islamische Welt und das nördliche Amerika. Die ausgeprägte Differenz zwischen Europa und der islamischen Welt ist unübersehbar, erfahrbar und nicht wegzureden. Die Differenz zu Amerika ist subtiler, fragwürdiger und ungesicherter. Zur Befestigung europäischer Identität und gesamteuropäischer Handlungsfähigkeit ist die Abgrenzung gegenüber Amerika jedoch unabdingbar, auch wenn in Bezug auf grundsätzliche Werte Übereinstimmung besteht. An relevanten amerikanisch-europäischen Unterschieden fehlt es keineswegs. Europa hat auf dem Weg zu seiner Einheit mit erheblich mehr eingeschliffener und institutionalisierter Vielfalt von Nationen und Traditionen zurechtzukommen. Anders als in Amerika ist der europäische Einigungsversuch durch die Erfahrung vorangegangener Katastrophen geprägt. Er ist der Versuch, daraus zu lernen. Das Verhältnis von individueller Freiheit und Solidarität, von Konkurrenz und Wohlfahrt wird in Europa anders bestimmt als in den USA. Durch den Sozialstaat unterscheiden wir uns von den Amerikanern. Dessen gegenwärtige Krise gefährdet nicht nur Wachstum und Wohlstand, sondern auch das sich mühsam herausbildende europäische Selbstbewusstsein. Leider sieht es jedoch zurzeit nicht danach aus, dass der nötige Umbau des Sozialstaats gelingen wird.

Jürgen Kocka, Wo liegst du, Europa?, in: Die Zeit, 28. November 2002, zit. nach: www.zeit.de/archiv/2002/49/Essay_Kocka (26. Juli 2008)

1 a) Arbeiten Sie in arbeitsteiliger Gruppenarbeit die zentralen Merkmale der Vorstellungen europäischer Identität bei Vattimo, Havel und Kocka heraus.
b) Vergleichen Sie die Konzepte europäischer Identität (M 6 a–c) miteinander. Welche Rolle spielt z. B. die Geschichte?
c) Diskutieren Sie mithilfe der Materialien, ob sich bereits eine europäische Identität herausgebildet hat. Zeigen Sie anhand von Beispielen, wo es (noch) Unterschiede zwischen den Nationen und Regionen gibt. Erörtern Sie abschließend, ob weitere Annäherungen sinnvoll und wünschenswert sind.

3 Das Nord-Süd-Problem

Dekolonisation (Entkolonisierung)
Der Begriff bezeichnet die Ablösung der Kolonien vom jeweiligen „Mutterland“ durch Verhandlungen, Aufstände oder Kriege. Das Ende des Kolonialismus wurde beschleunigt durch die beiden Weltkriege. Wichtige Ursachen für die Unabhängigkeit der Kolonien waren die Schwäche und der Prestigeverlust der europäischen Mächte, der zunehmende Druck der öffentlichen Meinung auf die Regierungen der Kolonialmächte und das wachsende Selbstbewusstsein der Kolonialvölker, die sich auf das nationale Selbstbestimmungsrecht beriefen.

M1 Mahatma Gandhi (1869–1948), Fotografie, um 1945

Dekolonisation

Die europäischen Kolonialreiche, die seit der zweiten Hälfte des 15. Jahrhunderts und verstärkt mit dem 1880 einsetzenden Hochimperialismus errichtet und ausgebaut wurden (s. S. 152 ff. und S. 307 ff.), erlangten zwischen den beiden Weltkriegen des 20. Jahrhunderts ihre größte Ausdehnung. In dieser Zeit begann gleichzeitig der Prozess der Dekolonisation* (Entkolonisierung), der maßgeblich durch den **Ersten Weltkrieg** beschleunigt wurde. Die Kolonien verlangten die staatliche Souveränität dafür, dass sie den Kolonialmächten Soldaten und Zwangsarbeiter zur Verfügung stellten. Sie begründeten ihre Forderung mit dem **Recht auf nationale Selbstbestimmung**. Während die Siegerstaaten des Ersten Weltkrieges, allen voran Großbritannien, noch nicht bereit waren, ihre Kolonien in die Unabhängigkeit zu entlassen, mussten die Kriegsverlierer, z. B. Deutschland, auf ihre Kolonien verzichten, die an die Siegermächte verteilt wurden.
Im **Zweiten Weltkrieg** erlitten die bedeutendsten Kolonialmächte Frankreich und Großbritannien demütigende Niederlagen – besonders in Südostasien und China gegen die neue Industriemacht Japan. Geschwächt durch diese Niederlagen, mussten Briten und Franzosen den unterworfenen Völkern nach Ende des Krieges Zugeständnisse machen. Die USA und die Sowjetunion, die sich als antikoloniale Mächte zu profilieren suchten und bei den Unabhängigkeitsbewegungen Sympathien sammeln wollten, trieben die Dekolonisation zusätzlich voran.
Ein eindrucksvolles Beispiel für das Streben der Kolonialvölker nach nationaler Selbstbestimmung ist die **indische Unabhängigkeitsbewegung**, deren Sprecher seit 1917 der Anwalt **Mahatma Gandhi*** (1869–1948) war. Er bevorzugte den **gewaltfreien Widerstand** gegen die britische Kolonialherrschaft und erregte damit weltweites Aufsehen. In manchen Ländern zielte der antikoloniale Widerstand, der oft von den Eliten in den Kolonien ausging, nicht nur auf die Durchsetzung der nationalen Unabhängigkeit. Einige Unabhängigkeitsbewegungen kämpften auch zusammen mit sozialrevolutionären Bewegungen für eine sozialistische bzw. kommunistische Gesellschaft. Diesen Kampf gegen westliche Marktwirt-

M2 Dekolonisation seit 1918

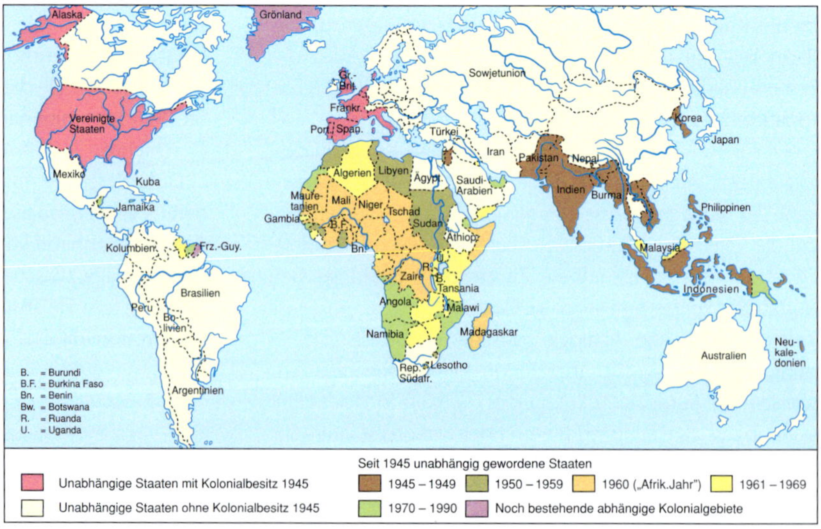

1 Arbeiten Sie aus der Karte die wichtigsten Phasen der Dekolonisation heraus.

schaft und Demokratie betrachteten die westlichen Industriestaaten mit großem Argwohn. In der Zeit des Ost-West-Konfliktes (s. S. 478 ff.) interpretierten sie Erfolge kommunistischer Befreiungsbewegungen in Afrika, Asien und Lateinamerika als Erfolge der Sowjetunion im Kampf um die Weltherrschaft. Wirtschaftshilfe oder militärische Unterstützung besaßen für den „Westen" wie für den „Osten" im **Kalten Krieg** daher stets auch eine wichtige politische Funktion: Es ging nicht nur um die Bekämpfung von Armut, sondern auch um die Stärkung und den Ausbau des jeweils eigenen Machtbereichs in der Welt.
Zahlreiche Länder der „Dritten Welt" versuchten deswegen, sich keinem der Machtblöcke im Ost-West-Konflikt anzuschließen. Um ihre eigenen Interessen wirkungsvoller zu vertreten, schlossen sie sich der **Bewegung der Blockfreien** (s. S. 482) an. Sie verurteilten den Kolonialismus, die Rassendiskriminierung und sprachen sich auch gegen Atomwaffen aus. Ein wichtiger Schritt zur Organisation dieser Bewegung war die Bandung-Konferenz in Indonesien im April 1955. Auf ihr versammelten sich bereits vierundzwanzig asiatische, aber erst fünf afrikanische Staaten. Die Dekolonisationswelle sollte Afrika erst in den 1960er-Jahren erfassen.
Die Dekolonisation war kein einheitlicher und geradliniger Prozess. Vielmehr erlangten die Kolonien nicht nur zu unterschiedlichen Zeiten ihre Unabhängigkeit (M 2), sondern es gab für sie auch viele Wege in die Selbstständigkeit – z. B. friedliche Übergänge und gewaltsame Befreiungskämpfe. Die jeweilige Entwicklung hing ab von den politischen, gesellschaftlichen und wirtschaftlichen Bedingungen in die Kolonien sowie vom Verhalten der Kolonialmächte.

Nations- und Staatsbildung

Viele heutige Staaten in Afrika, Asien und Südamerika gehen in ihrer Existenz auf die Kolonialzeit zurück. Während der Dekolonisation entstanden aus den großen Kolonialgebieten zahlreiche kleinere Staaten. Ihre von den Kolonialherren, vom Völkerbund oder der UNO gezogenen Grenzen orientierten sich selten an den traditionellen Siedlungsgebieten der einheimischen Bevölkerung. Aufgrund dieser willkürlichen Grenzziehung lebten bestimmte ethnische Gruppen oder Stämme häufig in mehreren Staaten. Eine der wichtigsten Aufgaben, die diese **„künstlichen" Staatsgebilde** nach ihrer Unabhängigkeit zu lösen hatten, war die Verschmelzung ihrer bunt zusammengewürfelten Bevölkerung zu einer politischen Einheit. Die Menschen dieser Staaten sprachen nicht nur verschiedene Sprachen, sondern gehörten auch unterschiedlichen Religionen und ethnischen Gemeinschaften an. So vereinigte der afrikanische Staat Kamerun, der deswegen als „Afrika in Miniatur" bezeichnet worden ist, etwa 200 Ethnien, 124 Sprachen und Dialekte sowie vier Religionsgruppen in seinem Territorium. Um aus diesen Bevölkerungsgruppen **eine moderne Nation zu formen**, muss sich jeder Einzelne unabhängig von seinen religiösen, kulturellen oder ethnischen Bindungen (Tribalismus) zur „Nation" seines Staates, in diesem Falle zu Kamerun, bekennen, kurzum: Er sollte sich als Staatsbürger Kameruns verstehen. Historiker, Sozialwissenschaftler und Journalisten bezeichnen diesen Prozess der Nationswerdung bzw. der Staatsbildung oft mit dem englischen Begriff ***„Nation-Building"***.
Bei der Schaffung einer einheitlichen Nation gingen die ehemaligen Kolonien sehr unterschiedliche Wege. Während Kamerun bis 1991 durch ein autoritäres Einparteienregime zusammengehalten wurde, übernahm in Nigeria das Militär die Rolle als „Hüter der Nation". Das Nationalbewusstsein, das in den neuen Staaten der Dritten Welt entstand, speiste sich aus ganz verschiedenen Quellen. Es gab Staaten, die der Kampf gegen die Kolonialmacht zusammenschweißte. Andere Staaten suchten nach Gemeinsamkeiten, indem sie sich auf vorkoloniale Traditionen besannen (M 6 a, b).

M3 Die Bedeutung von Staatssymbolen

Einige ehemalige Kolonien griffen bei der Wahl ihrer Nationalflaggen oder Wappen auf vorhandene oder vermeintliche Traditionen zurück, um die Einheit der Nation zu versinnbildlichen und nationales Selbstbewusstsein zu schaffen. So zeigt das Wappen der Indischen Union eines der Löwenkapitelle von einer Säule in der heiligen Stätte Sarnath. In diesem Ort bei Benares hatte Buddha, auf den die Weltreligion des Buddhismus zurückgeht, zum ersten Mal nach seiner Erleuchtung gepredigt. Und in der Nationalflagge Algeriens ist Grün die Farbe des Propheten Mohammed, des Begründers der Weltreligion des Islam, Rot die Farbe des Sozialismus und Weiß steht für die Reinheit. Der Halbmond mit dem Stern ist das Symbol des Islam.

a) Staatswappen Indiens

b) Nationalflagge Algeriens

Internettipp
www.jochen-hippler.de/Aufsatze/Nation-Building_Einleitung/nation-building_einleitung.html
Der Politikwissenschaftler Jochen Hippler über Begriff und Konzept des „Nation-Building" (2003)

Internettipp
www.un.org/Depts/dpi/decolonization/main.htm
Die UN-Website informiert über die Geschichte der Dekolonisation nach 1945 anhand von Karten, UN-Resolutionen, Berichten, Arbeitspapieren und Pressemitteilungen

www.bpb.de/themen/2MDWSY,0,0,Afrika.html
Afrika-Dossier der Bundeszentrale für politische Bildung

www.dadalos.org/deutsch/Menschenrechte/Grundkurs_MR2/Materialien/dokument_7.htm
Die afrikanische Banjul-Charta der Menschenrechte und Rechte der Völker vom 27. Juni 1981 bei Dadalos, dem Bildungsserver der Vereinten Nationen

Die ehemaligen Kolonien Afrikas, Asiens und Lateinamerikas mussten sich nach ihrer Unabhängigkeit nicht nur eine **politische Verfassung** geben, sondern auch eine **funktionsfähige Verwaltung** (z. B. Behörden, Polizei, Armee, politische Parteien, Presse, Rundfunk und Fernsehen) und Infrastruktur (z. B. Verkehrs-, Bildungs- und Gesundheitswesen) aufbauen. Dabei waren die Erwartungen groß: Das neue unabhängige Gemeinwesen sollte von allen Völkern respektiert werden. Die bisherigen Formen von Willkür, Ausbeutung und sozialer Ungleichheit waren zu überwinden zugunsten der Schaffung einer gerechten Ordnung, die das Wohl der eigenen Bevölkerung zum Ziel hat und die Würde des Einzelnen achtet. Und die Menschen wollten endlich die eigene Kultur wieder aufgewertet sehen und pflegen. Angesichts der zum Teil stark voneinander abweichenden gesamtgesellschaftlichen, geografischen und klimatischen Bedingungen verbieten sich verallgemeinernde Aussagen über die Staatsbildung in den ehemaligen Kolonien während der letzten Jahrzehnte sowie die Formulierung vorschneller Zukunftsprognosen. Unter Wissenschaftlern und Politikern der westlichen Welt besteht jedoch weitgehende Übereinstimmung, dass sich in den unterentwickelten Ländern bessere Lebensbedingungen für alle nur durchsetzen lassen, wenn weltweit der Herrschaft des Rechts zum Durchbruch verholfen und die Korruption bekämpft wird sowie die Voraussetzungen für eine Demokratisierung geschaffen werden. Auch darf die Politik den Menschen nicht nur Sicherheit, Freiheit und Wohlstand versprechen, sondern muss diese Hoffnungen auch erfüllen, will sie glaubwürdig sein.

Internettipp
www.opec.org/home
Homepage der OPEC

www.sueddeutsche.de/reise/819/300817/uebersicht/12
Asien-Spezial der „Süddeutschen Zeitung" mit aktuellen Berichten aus den „Tigerstaaten"

Wirtschaftliche und soziale Entwicklung

Nach dem Kampf um die politische Unabhängigkeit gingen viele der jungen Staaten der Dritten Welt ganz unterschiedliche Wege, um eine erfolgreiche Volkswirtschaft zu organisieren. Drei Ländergruppen verdienen dabei besondere Beachtung: Im Jahr 1960 schlossen sich die **Ölländer** zur **OPEC** *(Organization of the Petroleum Exporting Countries)* zusammen. Damals lag die Erdölförderung noch ganz in den Händen großer multinationaler Konzerne der westlichen Länder. Seit 1950 hatten aber die Förderländer, die in kolonialen Zeiten kein Geld für ihre Rohstoffe bekommen hatten, nach und nach höhere Gewinn- und Kapitalbeteiligungen erkämpft. Der Israelisch-Arabische Krieg von 1973 beschleunigte die Neuordnung des Ölgeschäfts: Die Verstaatlichung des Kapitals der westlichen Ölgesellschaften, ein Ölembargo der arabischen Staaten gegen die USA, eine allgemeine Produktionsdrosselung und ein drastisches Anheben des Ölpreises sollten die USA und die westeuropäischen Staaten wegen ihrer Unterstützung des Erzfeindes Israel in ihrem industriellen Lebensnerv treffen.

Die nach dem „Ölschock" erzielten Ölpreissteigerungen ließen die Einnahmen der im OPEC-Kartell organisierten Staaten enorm ansteigen. Dieser neue Reichtum verteilt sich jedoch bis heute sehr ungleich: Bevölkerungsarme Länder wie Saudi-Arabien und die Scheichtümer am Persischen Golf profitierten vom Ölgeschäft stärker als bevölkerungsreiche Staaten wie Irak, Algerien, Nigeria, Venezuela, Mexiko oder Indonesien. Die Ölländer erlebten durch die Steigerung der Ölpreise zwar Einkommenssprünge, die Entwicklung der Produktivkräfte ihrer Gesellschaften zur eigenständigen Versorgung mit materiellen und kulturellen Gütern sowie Dienstleistungen blieb dennoch ungenügend.

Eine andere Entwicklung nahmen die **„Schwellenländer"**. Der Begriff entstand in den 1970er-Jahren, um die Entwicklung der „kleinen Tiger" Taiwan, Hongkong, Südkorea, Singapur zu charakterisieren. Diese halbindustrialisierten Länder hatten große Fortschritte dabei erzielt, den Entwicklungsstand der Industriestaaten zu erreichen. Seit den 1980er-Jahren kam eine „zweite Generation" von „kleinen Tigern" hinzu. Hierzu gehörten Malaysia, Thailand, Indonesien und die Philip-

pinen. Sie erreichten einen wachsenden Anteil an der weltweiten Industrieproduktion und am weltweiten Export von industriellen Fertigwaren. Im Energieverbrauch, bei der Alphabetisierungsrate oder der durchschnittlichen Lebenserwartung und im Pro-Kopf-Einkommen näherten sie sich zum Teil den Industrieländern an. Dabei besaßen diese „Schwellenländer" unterschiedliche Ausgangsbedingungen: Es gab rohstoffarme Länder mit hoher Exportquote („Billiglohnländer") wie Hongkong oder Südkorea und rohstoffreiche Länder mit einer niedrigen Exportquote wie Brasilien und Mexiko. Auch China, das sich seit den 1980er-Jahren der Marktwirtschaft geöffnet hat, zählte dazu und schließt wie Indien im beginnenden 21. Jahrhundert zu den Industriestaaten auf (s. S. 613 ff.).
Die am wenigsten entwickelten Länder der Erde, die **„Vierte Welt"**, erreichen lediglich einen Anteil am Welthandel von unter 1 %. Drei Merkmale prägen diese Länder:
1. Das Pro-Kopf-Einkommen ist sehr niedrig.
2. Der Anteil der Industrieproduktion am Bruttosozialprodukt liegt unter 10 %.
3. Die Alphabetisierungsrate übersteigt nicht 20 % der Bevölkerung.

In dieser Staatengruppe sind die afrikanischen Staaten bis heute überdurchschnittlich stark vertreten. Über die Ursachen dieser relativen Rückständigkeit und Stagnation gibt es eine andauernde kontroverse Diskussion. Manche Politiker und Forscher deuten die fortbestehende Abhängigkeit von den Industriestaaten und deren Hilfsleistungen als eine Form des **Neokolonialismus***. Andere argumentieren, dass auch die einheimischen Eliten einen wesentlichen Anteil an der Verantwortung trügen (M 7 a, b).

Neokolonialismus
Der Begriff soll darauf aufmerksam machen, dass die ehemaligen Kolonien in Afrika, Asien und Südamerika auch nach ihrer Unabhängigkeit abhängig geblieben seien von ihren „Mutterländern". Die Fortdauer kolonialer Abhängigkeitsverhältnisse sei besonders auf wirtschaftlichem Gebiet spürbar, denn die ökonomisch mächtigen Industrieländer des Westens bestimmten nach wie vor die Bedingungen internationalen Handels. Aber auch die oft im Westen ausgebildeten Eliten der Entwicklungsländer gelten als „Brückenkopf" der reichen Industriestaaten in der „Dritten Welt". Diese Eliten orientierten sich in ihrem Denken und ihrem Lebensstil weniger an der Kultur des eigenen Landes als vielmehr an der des Westens.

Entwicklungspolitik*

Eine Möglichkeit, das Nord-Süd-Gefälle zu überwinden, bestand in der **Entwicklungshilfe**. Bei diesem Konzept, das in den 1950er-Jahren entstand, gewährten Regierungen, Parteien, politische Stiftungen, kirchliche und private Hilfsorganisationen der Industrieländer den Entwicklungsländern Hilfe in Form von Geld- und Sachleistungen zur Entwicklung ihrer Wirtschaft. So förderten die Industriestaaten den Bau von Großprojekten (z. B. des Assuan-Staudamms in Ägypten durch die Sowjetunion oder des Stahlwerks Rourkela in Indien durch die Bundesrepublik), um die Entwicklungsländer möglichst schnell zu industrialisieren und in der Zeit des Ost-West-Konfliktes an das eigene Lager zu binden. Auch Waffenlieferungen gehörten im Kalten Krieg zur „Entwicklungshilfe". Militärische Konflikte zwischen den Dritte-Welt-Ländern waren häufig „Stellvertreterkriege" zwischen den Großmächten.
Seit den 1960er-Jahren hat sich die Politik der Industrieländer gegenüber dem Süden mehrfach verändert. Im ersten Jahrzehnt hofften die Regierungen des Nordens, dass wirtschaftliche Unterstützung die Industrialisierung in der Dritten Welt nach dem Muster der Industrieländer anstoßen könne. Die Wirtschaftshilfe sollte Hilfe zur Selbsthilfe sein bzw. Entwicklung durch Wachstum fördern. Diese Strategie verfehlte jedoch weitgehend ihr Ziel. Unfaire Handels- und Kapitalbedingungen verstärkten oft die wirtschaftlichen Schwierigkeiten statt sie zu beheben. Gelegentlich profitierte eine kleine Schicht von der Entwicklungspolitik, die Massenarmut blieb jedoch bestehen.
Die 2. Welternährungskonferenz 1974 erklärte die **Befriedigung der Grundbedürfnisse** zum Schwerpunkt: Nach Ablauf eines Jahrzehnts sollte kein Kind mehr hungrig zu Bett gehen und keine Familie sollte sich um das tägliche Brot sorgen müssen. Doch die Schulden der Entwicklungsländer wuchsen enorm und nach 1982 mussten sie einige Jahre für den Schuldendienst mehr Geld aufbringen als vom Norden in den Süden floss. Hinzu kam wirtschaftliches Missmanagement von inkompetenten Regierungen, sodass die externe Hilfe relativ wirkungslos

Entwicklungspolitik
„Unter Entwicklungspolitik ist die Summe aller Mittel und Maßnahmen zu verstehen, die von Entwicklungsländern und Industrieländern eingesetzt und ergriffen werden, um die wirtschaftliche und soziale Entwicklung der Entwicklungsländer zu fördern, d. h. die Lebensbedingungen der Bevölkerung in den Entwicklungsländern zu verbessern."
Zit. nach: Dieter Nohlen (Hg.), Lexikon Dritte Welt, Rowohlt, Reinbek bei Hamburg 2000, S. 224

M 4 Karikatur zur Entwicklungshilfe, 1976

M5 Die Welt ist keine Ware, Karikatur der Organisation „attac"

blieb. Für viele Länder der Dritten Welt – nicht für alle – gelten die 1980er-Jahre daher als „verlorenes Jahrzehnt". Da die Verschuldungskrise Entwicklung behinderte, erhofften sich die Regierungen der Industriestaaten seitdem von Strukturanpassungen und „Schuldenmanagement" neue Impulse wirtschaftlichen Wandels. Sie organisierten Umschuldungen, bei denen die Rückzahlungen von Krediten für eine gewisse Zeit gestundet oder die Schulden zum Teil völlig gestrichen wurden. Dafür band der **Internationale Währungsfonds (IWF)** die Kreditvergabe an strenge Vorgaben (z. B. Senkung der Staatsverschuldung und Inflationsbekämpfung), um eine menschliche und umweltverträgliche Entwicklung zu gewährleisten.

Nach 1990 verlagerte sich erneut der Schwerpunkt der Entwicklungspolitik. Private Initiativen von Unternehmen und Nichtregierungsorganisationen **(NGO – *Nongovernmental Organizations*)** traten in den Vordergrund. Die deutschen NGOs, wie z. B. kirchliche Hilfswerke, Terre des Hommes, Welthungerhilfe, politische Stiftungen, kooperierten eng mit dem Bundesministerium für Entwicklung und Zusammenarbeit. Die einheimische Bevölkerung wurde in die Planung und Durchführung der Vorhaben einbezogen.

In den letzten Jahrzehnten haben sich staatliche Entwicklungspolitik und Entwicklungshilfeorganisationen immer stärker darauf eingestellt, dass mit der zunehmenden **Globalisierung*** neue Konzepte der Hilfe für die wirtschaftlich und politisch-sozial schwachen Länder der Erde erarbeitet und durchgesetzt werden müssen. Eine wachsende Zahl von Menschen, unter ihnen auch zahlreiche Schülerinnen und Schüler, organisiert Projekte, die **„Hilfe zur Selbsthilfe"** bieten soll. Diesen Aktivitäten liegt zum einen die Überzeugung zugrunde, dass wir im Zeitalter der Globalisierung in **„Einer Welt"** leben, in der das Handeln jedes Einzelnen stets Auswirkung für alle anderen besitzt. Zum anderen soll vermieden werden, dass den Menschen in den ärmeren Weltregionen fremde Lebensweisen aus den westlichen Industriestaaten aufgezwungen werden. Viele Initiativen der Entwicklungshilfe fordern deswegen, dass die nationale Eigenständigkeit der Entwicklungsländer ***(self-reliance)*** zu wahren ist. Außerdem wird die Rückbesinnung auf kollektive Werte und Traditionen der Entwicklungsländer und deren Zusammenarbeit (Süd-Süd-Kooperation bzw. *collective self-reliance*) gefördert. Auch die Umweltverträglichkeit spielt eine große Rolle bei allen diesen Projekten.

Im Zeitalter der Globalisierung nimmt die Fähigkeit der einzelnen nationalen Regierungen wie der internationalen Organisationen ab, mit den herkömmlichen Verfahren und Mitteln die Weltpolitik zu beeinflussen. Die Nationalstaaten wie auch die internationalen Organisationen müssen daher nach neuen Wegen suchen, die verschiedenen Ebenen und Formen internationalen Handelns miteinander zu verbinden. Die Netzwerke, die dabei in den letzten Jahrzehnten zwischen nationalen Regierungen, Nichtregierungsorganisationen und internationalen Einrichtungen entstanden sind, werden mit dem englischen Begriff ***„global governance"*** bezeichnet. Entwicklungspolitik, so lässt sich dieses Konzept charakterisieren, muss globale Strukturpolitik sein, die neue internationale Formen der Zusammenarbeit schafft.

Globalisierung
Prozess der Zunahme und Verdichtung weltweiter Beziehungen in allen Lebensbereichen

Internettipp
www.bpb.de/wissen/Y6I2DP
Globalisierungs-Dossier der Bundeszentrale für politische Bildung

www.attac-netzwerk.de/ag-globalisierung-und-krieg/startseite
Website des globalisierungskritischen Netzwerks „attac"

www.e-globalisierung.org/kapitel1
Eine Seite von Schülern der Ökonomie-AG eines Gymnasiums für Schüler, auf der z. B. der Weg einer Jeans vom Produzenten zum Käufer nachvollzogen wird.

1 Erläutern Sie mithilfe des Darstellungstextes Ursachen, Verlauf und Folgen der Dekolonisation.
2 Charakterisieren Sie die wichtigsten Probleme der Staaten der Dritten Welt nach ihrem Unabhängigkeitskampf.
3 Definieren Sie mit eigenen Worten die Begriffe „Entwicklungspolitik" und „Entwicklungshilfe".

M6 Formen des antikolonialen Nationalismus – Beispiele aus Indien und Ghana

a) Jawaharlal Nehru[1] über die Grundlagen des indischen Nationalismus, 1946

Es war natürlich und unvermeidlich, dass sich der indische Nationalismus mit der Zeit gegen die fremde Macht auflehnen würde. Trotzdem war es merkwürdig, welch bedeutende Anzahl unserer Intellektuellen bis zum Ende des neunzehnten Jahrhunderts sich bewusst oder unbewusst die britische Ideologie des Empire zu eigen machte. [...] Geschichte, Wirtschaft und andere Gegenstände, die in den Schulen und Hochschulen gelehrt wurden, wurden vollständig vom britischen imperialen Gesichtspunkt aus beschrieben und unterstrichen unsere zahlreichen Misserfolge in der Vergangenheit und Gegenwart, aber auch die Vorzüge und die hohe Bestimmung des Briten. [...] Nach und nach begannen wir, die britischen Behauptungen über unsere früheren und jetzigen Zustände in Zweifel zu ziehen und sie kritisch zu prüfen, aber noch dachten und arbeiteten wir im Rahmen der britischen Ideologie. Wenn etwas schlecht war, dann bezeichnete man es als „unbritisch“: Wenn sich ein Engländer in Indien schlecht aufführte, dann war das sein persönlicher Fehler und nicht der des Systems. [...]

Trotzdem bewahrte Indien bei all seiner Armut und Erniedrigung Adel und Größe [...]. Durch lange Zeitalter war es gewandert, hatte viel Weisheit auf seinem Wege gesammelt und sich mit Fremden eingelassen, sie in seine eigene große Familie mit aufgenommen, es war Zeuge von Tagen des Ruhmes und des Verfalls gewesen [...]; aber während der ganzen langen Reise hatte sich Indien an seine uralte Kultur geklammert [...] Obgleich Indien oftmals politisch aufgespalten war, hat sein Geist stets ein gemeinsames Erbe bewahrt, und in seiner Vielfalt lag seit je eine erstaunliche Einheit. Gleich allen Ländern mit langer Vergangenheit, war auch Indien eine sonderbare Mischung von Gutem und Schlechtem: Allein das Gute war verborgen und musste erst gesucht werden [...].

Aber trotz der verschiedenen Klassen und ihren gegenseitigen Zwisten gab es ein gemeinsames Band, welches sie in Indien einigte, und seine Festigkeit, Zähigkeit und anhaltende Lebenskraft ist erstaunlich. Wem war diese Kraft zu verdanken? Nicht bloß der passiven Kraft, dem Gewicht, dem Trägheitsgesetz und der Überlieferung – so groß diese auch sein mögen. Es gab da einen tragenden Grundsatz, denn er widerstand erfolgreich mächtigen Einflüssen und band innere Kräfte, die sich erhoben, um ihn zu bekämpfen. Trotz all dieser Kraft konnte Indien politische Freiheit nicht bewahren, noch Bemühungen um politische Einheit zu einem guten Ende führen. Gerade diese scheint man nicht für besonders erstrebenswert gehalten zu haben; ihre Wichtigkeit war törichterweise unerkannt geblieben, und wir haben für die Nachlässigkeit gelitten.

b) Kwame Nkrumah[2], der die Kolonie Goldküste in die Unabhängigkeit führte, über den Mythos Ghana, 1956

Die Regierung schlägt vor, wenn die Goldküste unabhangig wird, den Namen des Landes von „Goldküste“ in den neuen Namen „Ghana“ zu ändern. Der Name Ghana ist tief in der alten afrikanischen Geschichte verwurzelt, besonders in der Geschichte des als westlicher Sudan bekannten Westteils von Afrika. Er lässt in der Fantasie der modernen afrikanischen Jugend den Glanz und die Errungenschaften einer großen mittelalterlichen Kultur erwachen, die unsere Vorväter viele Jahrhunderte, bevor die europäische Durchdringung und die nachfolgende Beherrschung Afrikas begannen, geschaffen haben. Der Überlieferung zufolge waren die verschiedenen Völker oder Stammesgruppen der Goldküste ursprünglich Angehörige des großen Ghana-Reiches, das sich im Mittelalter im westlichen Sudan entwickelte.

In den tausend Jahren seines Bestehens breitete sich das Ghana-Reich über ein weites Gebiet im westlichen Sudan aus. Sein Einfluss erstreckte sich quer durch den Sudan vom Tschadsee im Osten bis zu den Futa-Dschalon-Bergen im Westen und vom Südrand der Wüste Sahara im Norden bis zu den Buchten von Benin und Biafra im Süden. Das Ghana-Reich umfasste also den größeren Teil des heutigen Westafrika, nämlich von Nigeria im Osten bis Senegambien im Westen. Während seines Bestehens unterhielt das Ghana-Reich ausgedehnte Handelsbeziehungen mit der Außenwelt bis nach Spanien und Portugal. Gold, Häute, Elfenbein, Kolanüsse, Kautschuk, Honig, Mais und Baumwolle gehörten zu den von den Schriftstellern am häufigsten genannten Handelsgütern. Es wird berichtet, dass ägyptische, europäische und asiatische Studenten an den großen und berühmten Universitäten und anderen Bildungsanstalten studierten, die im Mittelalter in Ghana blühten, um Philosophie, Mathematik, Medizin und Rechtswissenschaft zu lernen.

Aufgrund dieser reichen historischen Vergangenheit hat man den Namen Ghana als neuen Namen für die Goldküste vorgeschlagen, sobald diese für unabhängig erklärt worden sein wird. Wir sind stolz auf diesen Namen, nicht aus Gründen der Romantik, sondern weil er eine Verpflichtung für die Zukunft bedeutet.

M6a und b zit. nach: Peter Alter (Hg.), Nationalismus. Dokumente zur Geschichte und Gegenwart eines Phänomens, Piper, München 1994, S. 269 ff., S. 273 f.

1 Der indische Rechtsanwalt und Politiker Jawaharlal Nehru (1889 bis 1964) war ein enger Mitarbeiter Mahatma Gandhis und übernahm nach der Teilung Indiens (1947) als Ministerpräsident (bis 1964) die Führung der Indischen Union.

2 Kwame Nkrumah (1909–1972) war von 1957–1966 Präsident Ghanas.

1 Arbeiten Sie heraus, wie diese beiden Politiker das nationale Selbstbewusstsein ihrer Staaten stärken und eine einheitliche moderne Nation schaffen wollen (M6a, b). Stellen Sie dabei Unterschiede und Gemeinsamkeiten dar.

M7 Armut als Folge des Kolonialismus?

a) Der algerische Staatschef Houari Boumedienne erklärt 1974 auf einer UNO-Sonderversammlung:

Darum müssen wir zuerst feststellen, dass gegenwärtig alle Schalthebel der Weltwirtschaft in den Händen einer Minderheit von hoch entwickelten Ländern sind. Diese Minderheit setzt aufgrund ihrer Machtvorstellung allein fest, wie – unter Berücksichtigung ihrer Bedürfnisse – die Rohstoffe aufgeteilt werden. Aus dieser Situation konnte sich, gewissermaßen als universelles Gesetz, eine Dynamik entwickeln, derzufolge die einen immer reicher und die anderen immer ärmer werden. Der Wille, die Rohstoffe der ganzen Welt in Besitz zu bekommen und zu behalten, bildete die Richtschnur für die imperialistischen Großmächte. Kolonialismus und Neo-Kolonialismus haben zwar im Verlauf der Geschichte verschiedene Formen angenommen, drehten sich im Grunde aber immer darum, dass die Stärkeren – zum Schaden der Schwächeren – den Besitz der Rohstoffquellen anstrebten. Tatsächlich hielten sich die kolonialistischen und imperialistischen Mächte immer dann erst an das Grundrecht der Völker auf Selbstbestimmung, wenn es ihnen gelungen war, Strukturen und Mechanismen einzuführen, mit denen das Ausbeutungssystem aus Zeiten der Kolonialherrschaft aufrechterhalten werden konnte.

Die hoch entwickelten Länder halten den Hauptanteil an Rohstoffmärkten in Händen, sie verfügen über das Quasi-Monopol der Fabrikation von Manufakturwaren und Ausrüstungsgütern ebenso wie über Kapital- und Dienstleistungsmonopole: Sie können darum ganz nach ihren Bedürfnissen die Preise für Rohstoffe festsetzen, die sie auf dem Weg der Entwicklungshilfe von den Ländern beziehen, wie auch die Preise für Güter und Dienstleistungen, die sie an jene liefern. Auf diese Weise können sie zu ihrem Nutzen durch eine Vielzahl von Kanälen die Bodenschätze aus den Ländern der Dritten Welt herauspumpen. [...] Weil die Weltwirtschaftsordnung weiter besteht, sich konsolidiert und aufblüht, [...] bildet sie das Haupthindernis für jede Aussicht auf Entwicklung und Fortschritt für alle Länder der Dritten Welt.

Volker Matthies, Neue Weltwirtschaftsordnung. Hintergründe – Positionen – Argumente, Leske + Budrich, Opladen 1980, S. 105

b) Der Historiker Gerhard Drekonja-Kornat schreibt 2002 über die Ungleichheit in der Welt:

Die Frage, warum wir in den reifen Industriestaaten reich sind, während eine ganze Reihe von Gesellschaften in Afrika, Asien und Lateinamerika arm bleiben, kann jetzt nicht mehr mit der These der imperialistischen Ausbeutung der Dritten Welt bequem beantwortet werden. Stattdessen ist vielschichtig zu argumentieren. [...]

Warum also sind wir reich? Vom lieben Gott kommt das „europäische Wunder" bestimmt nicht [...]: Seit rund eintausend Jahren war die jüdisch-christliche Denkweise, welche die westliche Zivilisation gebar, die treibende Kraft auf dem Kontinent, dank ihres geradlinigen Vorwärtsdenkens [...], dem technische, institutionelle und geistige Errungenschaften entsprangen. [...] Unterm Strich: Geografie ist nützlich; Ressourcen helfen; jedoch entscheidend ins Gewicht fällt die Kulturökonomie einer Gesellschaft, die erzieht, ausbildet, Freiräume für Kritik gewährt, ein Minimum an Gleichheit garantiert und Bürokratie und Korruption unter Kontrolle hält. [...] Zwischen 20 000 und 30 000 Dollar beträgt heute das Pro-Kopf-Einkommen in den reichen Industriestaaten, während die erfolgsarmen Teilstücke der Dritten Welt bei 4 000 und weniger dahindümpeln. Dritte-Welt-Staaten blieben arm, weil sie (Hypothek des Kolonialismus) Nachzügler waren, Bürgerkriege ausfochten, Caudillos[1] und Diktatoren ausgeliefert blieben, der Korruption nie Herr wurden, kein unternehmerisches Bürgertum entwickelten, bei Ausbildung versagten, Gleichheit vergaßen, keine autonome Wissenskultur aufbauten. Daher konnten auch vier Dekaden mit Entwicklungshilfe nichts ausrichten, weil gute Gaben keine effiziente Modernität herbeizaubern können. Erst die Eigenanstrengung bringt qualitative Sprünge. Solche Einsichten stechen besonders ins Auge, wenn man bedenkt, dass einige starke Leistungen in der Dritten Welt nicht etwa mit Entwicklungshilfe, sondern ohne sie oder gar gegen den Widerstand aus den Metropolen gelangen, nämlich bei Raketentechnologie oder Atomrüstung, wie die Beispiele des Irak, Argentiniens und Brasiliens und neuerdings auch von Indien und Pakistan bezeugen: In diesen verbotenen Bereichen wurden Kräfte konzentriert, Wissen gebündelt, vorwärtsschauend gehandelt – und plötzlich sind Hochleistungen auch in der Dritten Welt möglich! [...] Nach fünfhundert Jahren Modernitätsschöpfung, die auf Kosten der Peripherie geht, gibt es massiven Hass. Und erstmals Gegenschläge aus dem fundamentalistischen Islam. [...] Jetzt wird die Entscheidung fällig: Entweder wir „Westler" wehren uns entschieden, igeln uns ein [...]; oder wir bemühen uns ernsthaft um European values und versuchen, im Rahmen ernsthafter postkolonialer Politik die besten Elemente unseres Erbes – Freiheit, Gleichheit, Brüderlichkeit – allen zugänglich zu machen. Angesichts des grimmigen Hasses auf unsere säkulare Modernität mag es für die zweite Möglichkeit allerdings schon zu spät sein.

Gerhard Drekonja-Kornat, Warum sind wir reich? Warum sind die anderen arm? Oder muss man die Frage ganz anders stellen?, in: Blätter für deutsche und internationale Politik, 1/2002, S. 85 ff.

1 Spanischer Begriff für „Führer", oft im Sinne von „Diktator" verwendet

1 a) Arbeiten Sie die Hauptargumentation von Boumedienne (M 7 a) und Drekonja-Kornat (M 7 b) heraus.
b) Vergleichen Sie beide Positionen und nehmen Sie begründet Stellung.

4 Die Entstehung neuer Machtzentren in Asien: China und Japan

4.1 China – die kommende Groß- und Weltmacht?

Aufbau des Kommunismus

Nach der Gründung der sozialistischen Volksrepublik China 1949 (s. S. 370 f.) gestalteten die Kommunisten das Land von Grund auf um. China war seitdem eine kommunistische Diktatur, in der weder die Menschen- und Bürgerrechte respektiert wurden noch die Gewaltenteilung zwischen Legislative, Exekutive und Judikative galt. So tagte der Volkskongress zeitweise über Jahre hinweg nicht, und wenn diese Volksvertretung zusammenkam, hatte sie lediglich die Parteitagsbeschlüsse abzusegnen. Die Macht lag beim **Politbüro** mit 26 Vollmitgliedern und dessen etwa fünfköpfigem Ständigen Ausschuss unter Leitung des Parteivorsitzenden Mao Zedong (s. S. 369). Dieser Politiker prägte wie kein anderer die Politik Chinas bis zu seinem Tod 1976 (M 6 a, b). Von seinen und den Weisungen der obersten Führungsspitze waren alle regionalen und lokalen Parteiorganisationen abhängig. Die Massenorganisationen vom Gewerkschaftsbund über die Berufsverbände bis hin zu Sicherheitsdiensten und Jugend- wie Frauenverbänden dienten lediglich zur Übermittlung der Parteibeschlüsse. Eine Opposition wurde nicht zugelassen.

Internettipp
www.planet-wissen.de
Unter dem Stichwort „Mao Zedong" und „Weltmacht im Aufbruch" finden sich auf der Jugendseite des SWR, NDR und BR alpha China-Dossiers.

Modernisierungspolitik

Nach dem Tod Mao Zedongs 1976 wandte sich die neue politische Führung rasch von dessen Kurs ab und leitete 1978 das **Programm der vier Modernisierungen** ein. Treibende Kraft dieser Politik, die China immer stärker gegenüber dem Westen öffnete, war **Deng Xiaoping***. Die „vier Modernisierungen" betrafen:

1. **Die Landwirtschaft:** Um die landwirtschaftliche Produktion zu steigern, erhielten die Bauern in den Volkskommunen kleinere Anteile des Ackerlandes zur privaten Nutzung.
2. **Die Industrie:** Besonders die Konsumgüterindustrie wurde gefördert. Beim Aufbau der Schwerindustrie sollten in Zukunft auch Firmen aus dem kapitalistischen Ausland ihr „Know-how" zur Verfügung stellen und in China investieren dürfen.
3. **Die Landesverteidigung:** Armee und Luftwaffe sollten mit modernsten technischen Geräten und Waffen ausgerüstet werden, notfalls auch aus dem Ausland.
4. **Die Wissenschaft:** In den Schulen und Hochschulen sollten nicht mehr die Schriften Maos im Mittelpunkt stehen und die Partei den Ton angeben. Begabung und Leistung wurden aufgewertet, damit China Anschluss an den Stand der Wissenschaft und der Technologie in der übrigen Welt finden könne.

Dieses Programm zielte auf eine marktorientierte sozialistische Wirtschaft. Anstatt des bisher streng angewandten Prinzips zentraler Lenkung sollten Produktionsentscheidungen auch auf unteren Ebenen getroffen werden können (Dezentralisierung). Deshalb wurden etwa die Volkskommunen in kleinere Einheiten aufgeteilt, die eigenverantwortlich arbeiten und nach Erfüllung des Plans Gewinne aus zusätzlicher Produktion behalten durften.
In der Industrie setzte man ebenfalls auf materielle Anreize. Nach Erfüllung des Plansolls standen den Produzenten zusätzliche Mengen zur eigenen Verwertung frei. Zudem erhielten sie die Möglichkeit, die Kapazität für zusätzliche Produkte nach eigener Markteinschätzung zu nutzen. Das bisherige System vollständiger Gewinnabführung an den Staat wurde nun durch ein Besteuerungssystem ersetzt, das den Betrieben einen Teil des Nettogewinns überließ. Beim Übergang von der staatlichen Industrie zur Marktwirtschaft kam den **Sonderwirtschaftszonen** große

M 1 Deng Xiaoping (1904–1997), Fotografie, um 1990

Deng Xiaoping, der in Frankreich studiert hatte, trat 1924 der KPC bei und nahm am „Langen Marsch" (s. S. 369) teil. Ab 1956 war er Generalsekretär des Zentralkomitees der KPC und damit zweitmächtigster Mann Chinas. In der Kulturrevolution wurde er entmachtet, 1973 rehabilitiert und 1976 wieder entmachtet. Nach seiner Rückkehr in die Politik 1977 leitete er den marktwirtschaftlichen Reformkurs ab 1978 ein. 1981 bis 1989 war er Vorsitzender der politisch wichtigen Militärkommission im Zentralkomitee der KPC. Er trägt Mitverantwortung für die Niederschlagung der Demokratiebewegung 1989.

M2 **Finanzzentrum Lujiazui im Stadtbezirk Pudong in Shanghai, Fotografie, 1998**

M3 **Nordchinesisches Bauernhaus, Fotografie, 2000**

M4 **Straßenhändler in einer chinesischen Stadt, Fotografie, 1997**

Bedeutung zu, in denen die Regierung günstige Bedingungen für die exportorientierte Produktion schuf. Ausländischen Kapitalanlegern wurde der Zugang zum chinesischen Markt erleichtert.

Die wirtschaftliche Modernisierung ging jedoch nicht mit einer Demokratisierung des politischen Lebens einher. Im Gegenteil: Die absolute Macht der Kommunistischen Partei durfte nicht angetastet werden. Doch zeigte sich schon bald, dass sich die Erneuerung nicht auf Wirtschaft, Technik und Wissenschaft eingrenzen ließ. **Forderungen nach einer „fünften Modernisierung"**, d. h. nach **Freiheit und Demokratie**, wurden laut. Sie mündeten im Frühjahr 1989 in Studentenproteste, in denen mehr politische Rechte verlangt wurden (M 5). Dafür demonstrierten am 4. Mai in Peking etwa 500 000 Menschen. Prominente Mitglieder der KPCh, darunter Deng Xiaoping, mussten sich öffentliche Kritik anhören. Daraufhin entbrannte in der chinesischen Führung ein heftiger Streit, wie die Partei reagieren sollte. Viele ältere Führungsmitglieder sahen in den Demonstrationen eine Bedrohung der Herrschaft der Kommunistischen Partei.

Am 3./4. Juni 1989 schlug das Militär brutal zu. Mit Panzern und Waffen ging es – unter anderem in Peking auf dem Platz des Himmlischen Friedens – gegen die Demonstranten vor. Über 1400 Zivilisten starben. Mit Gewalt wollten die chinesischen Machthaber verhindern, dass im Zuge des Wandels in der Sowjetunion und Osteuropa nun auch in China demokratische Bewegungen an Einfluss gewannen. Seither steckt die chinesische Führung in einem Dilemma: Sie kann und will den wirtschaftlichen Reformkurs nicht aufgeben, aber ihre politische Macht behalten.

Außenpolitik

Nachdem Mao Zedong 1949 die Volksrepublik China ausgerufen hatte, floh sein politischer Gegner Chiang Kaishek mit dem Rest seiner Armee und dem chinesischen Staatsschatz auf die Insel Formosa (Taiwan). Seitdem beanspruchen sowohl das kommunistische Regime in Peking als auch die nationalchinesische Regierung auf Taiwan, das chinesische Volk zu vertreten. Die westlichen Staaten versagten nach dem Zweiten Weltkrieg der kommunistischen Volksrepublik die politische Anerkennung und sprachen Chinas ständigen Sitz im UN-Sicherheitsrat dem Inselstaat Taiwan zu. Auf diese Weise hofften die USA, Peking international isolieren und das Ende der kommunistischen Herrschaft herbeiführen zu können. Darauf reagierte die Volksrepublik, indem sie sich in das von der Sowjetunion beherrschte **„sozialistische Lager"** einordnete. Moskau unterstützte mit Geldern und Fachkräften den Aufbau des Sozialismus in China, das sich damals noch am sowjetischen Gesellschaftsmodell orientierte.

Zwischen 1958 und 1966 löste sich China allmählich von der Sowjetunion. Die Gruppe um Mao Zedong befürchtete die Entmündigung Chinas durch die Sowjetunion und forderte eine eigenständige Politik. Trotz mancher Differenzen zu Stalin sah Mao in der sowjetischen „Entstalinisierung" eine Abkehr vom sozialistischen Weg, was zur Abkehr vom sowjetischen Modell bzw. zur Propagierung eigener Sozialismusvorstellungen führte. Nach dem endgültigen **Bruch mit Moskau** Anfang der 1960er-Jahre eskalierte außerdem ein lange Zeit mühsam verdeckter Grenzkonflikt zwischen beiden Staaten bis zum militärischen Zusammenstoß. Diese Ereignisse sowie der Einmarsch der UdSSR in die Tschechoslowakei 1968 leiteten zwischen Moskau und Peking eine „Eiszeit" ein. Die Sowjetunion galt bei den chinesischen Kommunisten seitdem als Hegemonialmacht, die nach Weltherrschaft strebe und zu diesem Zweck China einkreisen wolle.

Bereits in den ersten Jahren der Volksrepublik fühlte sich China nicht nur dem „sozialistischen Lager", sondern auch der **Dritten Welt** zugehörig. Während der Kulturrevolution sorgte Ministerpräsident Zhou Enlai (1898–1976, Min.-präs. von

1949 bis 1976) insofern für außenpolitische Kontinuität, als er die Zusammenarbeit mit den anderen Entwicklungsländern weiter vorantrieb. Mit großem propagandistischen Aufwand wurden sozialistische und nationale Erhebungen unterstützt, an erster Stelle der „Volkskrieg" in Vietnam (s. S. 491 f.).
Nach dem Bruch mit Moskau erweiterte China schrittweise seine internationalen Beziehungen bis zur Aufnahme in die UNO (1971), die mit dem gleichzeitigen Ausschluss Taiwans gekoppelt war. Die **USA** stimmten zwar dagegen und unterstützten Taiwan militärisch und politisch. Doch nach dem Rückzug aus Vietnam zeigten sie sich zunehmend an einer Normalisierung der Beziehungen zu China interessiert. Mit dem Besuch des amerikanischen Präsidenten Richard Nixon in Peking im Februar 1972 war China endgültig zu einem weltpolitischen Faktor geworden. Grundlage für die Annäherung war das gemeinsame Interesse an einer Eindämmung des sowjetischen Einflusses. Mit **Japan** schloss China 1978 ein Friedens- und Freundschaftsabkommen, das einen Ausgleich in den historisch belasteten Beziehungen herbeiführte und eine gegen die Sowjetunion gerichtete Antihegemonieklausel enthält. Seitdem fällt Japan für die Modernisierung der chinesischen Wirtschaft eine entscheidende Rolle zu. Nach der außenpolitischen Öffnung bemühte sich Peking auch um intensivere Beziehungen zu **Europa**. China unterstützte die westeuropäische Integration, um langfristig die Einflussmöglichkeiten beider Supermächte zu beschneiden, wobei zunächst die antisowjetische Perspektive Vorrang hatte.
Seit der Modernisierungspolitik Deng Xiaopings in den 1970er-Jahren verschwanden zunehmend die weltrevolutionären Töne in der außenpolitischen Rhetorik. Ausschlaggebend blieb das chinesische Interesse, durch vielfältige politische und wirtschaftliche Beziehungen die eigene Unabhängigkeit zu sichern und sich einen großen Handlungsspielraum zu erhalten. Die brutale Niederschlagung der Demokratiebewegung 1989 bedeutete einen Rückschlag für die außenpolitischen Bemühungen. Die westlichen Staaten reagierten vorübergehend mit spürbarer Distanzierung, ohne aber mit China zu brechen. Zu groß ist die Faszination, die vom riesigen Marktpotenzial der Volksrepublik ausgeht.

Zukünftige Weltmacht?

Die in den 1970er-Jahren unter Deng Xiaoping eingeleiteten Reformen brachten China ein hohes Wirtschaftswachstum, steigenden Wohlstand und den Aufstieg zu einer Weltwirtschaftsmacht. Seit 2004 ist der „chinesische Drachen" die drittgrößte Handelsnation der Welt hinter den USA und Deutschland, aber vor Japan, Frankreich, Italien und Großbritannien. Die erstarkende Wirtschaft ist wiederum eine entscheidende Voraussetzung für die begonnene Modernisierung der Volksbefreiungsarmee, sodass Chinas Gewicht sowohl außen- wie sicherheitspolitisch zunehmen dürfte. Die immer selbstbewusster auftretende politische Führung sieht sich auf dem natürlichen Weg zu einer Groß- und auch Weltmacht und damit in einer wachsenden Rivalität besonders mit den USA. Diesen unterstellt Peking, dass sie Chinas Macht- und Bedeutungszuwachs verhindern wolle. Ein zentraler Streitpunkt zwischen beiden Staaten ist Taiwan, das von amerikanischer Seite militärisch unterstützt wird. Für die Volksrepublik bleibt die Wiedervereinigung mit dem Inselstaat, den sie als Provinz betrachtet, eines der Hauptziele.

1 Arbeiten Sie die Grundlinien der innenpolitischen und wirtschaftlichen Entwicklung Chinas von 1949 bis heute heraus. Ziehen Sie dazu auch M 6 a, b heran.
2 Stellen Sie die wichtigsten Etappen der chinesischen Außenpolitik von 1949 bis heute dar. Zeigen Sie auf, mit welchen Ländern China in seiner neueren Geschichte eng zusammengearbeitet hat bzw. zu welchen Staaten es Abstand hielt.

M 5 „Göttin der Demokratie", aufgestellt von Studenten vor dem Kaiserpalast in Peking, Mai 1989

1 Erläutern Sie mithilfe des Bildes die politischen Ziele der chinesischen Demokratiebewegung.

Internettipp
www.faz.net
Unter der Suchoption „Chinas langer Weg zur Weltmacht" findet sich ein Dossier der „Frankfurter Allgemeinen Zeitung" zu unterschiedlichen Aspekten der chinesischen Wirtschaft, Politik und Gesellschaft.

M6 Die Volksrepublik China unter Mao Zedong

a) Der Chinaforscher Hans van Ess über den Machtpolitiker Mao Zedong und seine Politik, 2008:

Natürlich war Mao Zedong ein skrupelloser Machtpolitiker, dem seine eigene Stellung über das Wohl der Partei ging. Schon der Lange Marsch, auf dem Mao seine Getreuen 1933/34 ins nordchinesische Yan'an führte, konnte nur deshalb zum Erfolg werden, weil er keinerlei Rücksicht auf seine Anhänger nahm. Der Tod zehntausender Gefolgsleute bedeutete ihm offenbar nichts. Nachdem die kommunistischen Machthaber ihre ersten Jahre nach 1949 behutsam angegangen waren, wurde danach zuerst eine von einer brutalen Kampagne gegen Großgrundbesitzer begleitete Landreform durchgeführt. [...] Der 1958 begonnene, aber schlecht organisierte sogenannte „Große Sprung nach vorn" endete mit einer Hungersnot von gigantischen Ausmaßen, die wahrscheinlich zwanzig Millionen Menschen das Leben kostete. Mao und seine Berater hatten die „Volkshochofenkampagne" entfacht und die schon damals für ein Land, das sich entwickeln wollte, zu zahlreiche Landbevölkerung dazu angeregt, ihr Werkzeug einzuschmelzen und zu Stahlerzeugern zu werden. Bis heute wird dieses Desaster in der chinesischen Geschichtsschreibung kaum erwähnt. Mao verlor das Amt des Staatspräsidenten und behielt nur den Parteivorsitz. Doch seine Fraktion in der Partei blieb stark. Er wartete auf eine Gelegenheit, um die Führung des Landes zurückzuerobern. 1966 war es so weit: Der Historiker und stellvertretende Bürgermeister von Peking, Wu Han, hatte ein Theaterstück verfasst, in dem es um die Entlassung eines loyalen Beamten durch einen Kaiser der Dynastie Ming geht. Dieses Drama wurde sofort als direkte Kritik an Mao Zedong aufgefasst. [...] In den Parteimedien begann alsbald ein Gegenschlag, der dazu führte, dass Wu Han entlassen wurde. Dies löste einen Dominoeffekt aus, bei dem schnell die gesamte Staatsführung kippte. Mao konnte seine eigenen Getreuen in die höchsten Ämter einsetzen. Gestützt auf die ihm aus Kriegstagen loyale Armee, aber auch auf in Gardeuniformen gesteckte junge Schüler, die ihre Lehrer und Vorgesetzten angreifen durften, entfesselte er die „Große Kulturrevolution". [...] Unter dem Vorwand, dass Intellektuelle das Landleben kennenlernen müssten, um zu verstehen, wie das einfache Volk lebte, entsandte Mao große Teile der städtischen Jugend, deren bloße Herkunft sie verdächtig machte, ebenfalls aufs Land. [...] Ziel war nicht nur, den Städtern das Landleben nahezubringen, sondern auch, das in zahlreiche Lokalkulturen zersplitterte Land zu vereinheitlichen: eine einheitliche, multikulturelle Gesellschaft zu schaffen, in der es möglichst wenig völlig selbstständige Enklaven gab. Die Städter hatten also auch eine zivilisatorische Aufgabe. Durchaus nicht alle Chinesen, die diese Erfahrung mitmachen mussten, sind heute deshalb gegen Mao eingestellt. [...] Doch gibt es eine große Zahl von chinesischen Intellektuellen, die in jenen Jahren als vermeintliche oder echte Anhänger der 1966 von Mao beseitigten Staatsführung unvorstellbar gelitten haben. Obwohl viele von ihnen rehabilitiert wurden, hat es nie eine echte Bewältigung dieser Vergangenheit gegeben, bei der die Verantwortlichen, die zum Teil viele Menschenleben auf dem Gewissen hatten und haben, zur Rechenschaft gezogen worden wären. Daher finden wir in China heute einen nicht ausgefochtenen Gegensatz zwischen Opfern auf der einen Seite und Mitläufern und Nutznießern der Kulturrevolution auf der anderen Seite [...].

Hans van Ess, Die 101 wichtigsten Fragen. China, C. H. Beck, München 2008, S. 33ff.

b) Chronologie der revolutionären Kampagnen Maos:

1949/50 – Kampagne zur Niederwerfung der Gegenrevolutionäre: Massenprozesse gegen Großgrundbesitzer, öffentliche Hinrichtungen (geschätzt werden ein bis fünf Mio.)
– Reform der Gedanken: Bewegung gegen die Intellektuellen; ideologische Umerziehung
– Bodenreform: Ausdehnung der Agrarreform auf ganz China

1950–1953 – Erfolgreiche Unterstützung der nordkoreanischen Kommunisten im Koreakrieg

1955 – Kollektivierung der Landwirtschaft. Kampagne zum freiwilligen Zusammenschluss der Bauern (Kooperation), Säuberungen an Schulen, Universitäten, kulturellen Institutionen

1956 – „Lasst 100 Blumen blühen": Ermunterung zur freien Meinungsäußerung und Kritik. Sie fördert viel Unzufriedenheit zutage und wird abgebrochen. Zahlreiche Bestrafungen

1958 – „Großer Sprung nach vorn". Gründung der Volkskommunen. Versuch, durch gewaltige Anstrengungen den Rückstand Chinas aufzuholen; dezentralisierte Industrialisierung und gleichzeitige Entwicklung der Landwirtschaft; die Sowjetunion zieht ihre Techniker ab; nach schweren Rückschlägen abgebrochen

1966–1969 – Große proletarische Kulturrevolution: Teils gelenkte, teils spontane Massenbewegung zum Aufbrechen von Erstarrungen in Partei, Wirtschaft und Bildung und zur „radikalen Umgestaltung des Bewusstseins". Rotgardisten (junge Maoisten) erzwingen durch Anschuldigungen in Wandzeitungen den Rücktritt zahlreicher Funktionäre. Die Gefahr des Chaos wird durch gemeinsames Eingreifen der Roten Garden, der revolutionären Kader und vor allem der Armee verhindert.

1976 – Gegen Deng Xiaoping: Der Kritiker Mao Zedongs wird der Rechtsabweichung beschuldigt und verliert seine Ämter.
– Tod Mao Zedongs. Im Kampf um die Nachfolge wird Maos Witwe ausgeschaltet (Kampf gegen die „Viererbande"); 1980/81 zum Tod verurteilt, wird die Strafe jedoch ausgesetzt.

1977 – Deng Xiaoping wird wieder in seine Ämter eingesetzt. Nach dem Tod Mao Zedongs wird die Politik der vorsichtigen Öffnung nach Westen fortgesetzt.

1 a) Arbeiten Sie die wichtigsten Maßnahmen heraus, mit denen China in eine kommunistische Gesellschaft umgestaltet wurde.
b) Stellen Sie dar, mit welchen Mitteln die KPCh ihr Ziel, den Kommunismus, erreichen wollte.
c) Beschreiben Sie die Rolle Mao Zedongs in der Volksrepublik China. Erläutern Sie dabei die These vom skrupellosen Machtpolitiker.

4.2 Japan – Weltwirtschaftsmacht und Demokratie

Demokratisierung

Die beiden Atombomben auf **Hiroshima** und **Nagasaki** am 6. und 9. August 1945 zwangen die japanische Führung, den Krieg verloren zu geben. Mit der **bedingungslosen Kapitulation** vom 2. September war auch für Japan der Zweite Weltkrieg beendet. Die amerikanischen Streitkräfte besetzten das Land und bestimmten für fast sieben Jahre dessen Politik. Ziel der **amerikanischen Besatzungspolitik** unter General Douglas MacArthur war die Demokratisierung des gesamten öffentlichen Lebens (M 3). Ca. 18 000 Personen, die an der japanischen Expansionspolitik mitgewirkt hatten, wurden aus Verwaltung, Wirtschaft und Erziehungswesen entfernt. Das Internationale Militärtribunal Fernost verurteilte 25 ehemalige Angehörige der japanischen Regierung wegen Verschwörung, Verbrechens gegen den Frieden, Kriegsverbrechen und Verbrechen gegen die Menschlichkeit; sieben Verurteilte wurden gehängt. Auch außerhalb Japans stellten die Siegermächte etwa 5 000 Personen vor Gericht; dabei ergingen 920 Todesurteile. Mit besonderem Nachdruck verlangten die USA eine Entmilitarisierung Japans, die Entflechtung der Großkonzerne sowie die Stärkung der Arbeitnehmerrechte in den Betrieben und eine Bildungsreform, die die Grundlagen für eine demokratische Gesellschaft legen sollte.

Um ein demokratisches Japan zu schaffen, ordnete General MacArthur schon bald nach der Kapitulation die Gründung von Gewerkschaften und neuen politischen Parteien an. Im Rahmen einer umfassenden **Bodenreform** mussten Großgrundbesitzer einen Teil ihres Landes an den Staat abtreten, der es an Kleinbauern und Pächter weitergab. Die Schulpflicht wurde von vier auf neun Jahre erhöht, die Gliederung des Schulsystems nach amerikanischem Vorbild umgestaltet und endlich die Mädchenerziehung der Ausbildung von Jungen gleichgestellt. Die Paragrafen des **Bürgerlichen Gesetzbuches**, die in Japan bisher die patriarchalische Stellung des Ehemannes und Vaters in der Familie geschützt hatten, wurden abgeschafft und die Gleichheit der Eheleute vor dem Gesetz erlassen.

Die neue Verfassung von 1947, im amerikanischen Hauptquartier ausgearbeitet, machte das Land zu einer **parlamentarischen Demokratie** nach englischem Muster: Die Legislative, das Parlament, bestand künftig aus zwei Kammern: dem Unterhaus (Repräsentantenhaus, Abgeordnetenhaus) und dem Oberhaus (Haus der Staatsräte, Senat). Die Abgeordneten erhielten das Recht, Gesetze zu beschließen, den Haushalt festzulegen, Verträge zu ratifizieren, die Einberufung des Parlamentes zu verlangen sowie die Dauer und eine mögliche Verlängerung der Sitzungsperiode zu bestimmen. Die neue Verfassung brachte für die Exekutive weitreichende Veränderungen. Der Premierminister und sein Kabinett waren von nun an nicht mehr dem Kaiser, sondern dem Parlament gegenüber verantwortlich. Alle ausführende Macht wurde der Regierung zugesprochen. Da der Premierminister die Minister ernennen und entlassen konnte und außerdem das Recht zur Parlamentsauflösung in seiner Hand lag, nahm er eine Vorrangstellung ein. Allerdings wurde und wird seine Macht dadurch beschränkt, dass er bei allen Entscheidungen den Rückhalt in seiner eigenen Fraktion innerhalb der Partei bzw. eine Mehrheit von Fraktionen hinter sich bringen muss. Dem Kaiser nahm die Verfassung alle politischen Befugnisse. Übte er vorher als oberster Souverän Herrschaftsfunktionen aus, war er fortan nur noch Repräsentant der Einheit der Nation. Die Frauen erhielten im Nachkriegsjapan das Wahlrecht. Auch ein beachtlicher Katalog von **Bürger- und Menschenrechten** wurde in der Verfassung verankert. Zu den Besonderheiten der Verfassung gehört die Ächtung des Krieges als Mittel der Politik in Artikel 9.

M1 Hiroshima nach dem Abwurf der ersten Atombombe am 6. August 1945, Fotografie

M2 Überlebende des Atombombenabwurfs, Fotografie, August 1945

M3 Amerikanisches Flugblatt zur Umerziehung der Japaner, 1945

1 Erläutern Sie mithilfe des Flugblattes die Ziele der amerikanischen Besatzungspolitik in Japan.

Internettipp
www.auswaertiges-amt.de/diplo/de/Laenderinformationen/01-Laender/Japan.html
Aktuelle Länderinformationen über Japan vom Auswärtigen Amt: Statistiken, Informationen zu den deutsch-japanischen Beziehungen, zu Wirtschaft, Außen- und Innenpolitik, Kultur und Bildung

Äußere Sicherheit

Der Beginn des Kalten Krieges (s. S. 480 ff.) veranlasste die Amerikaner, ihr innenpolitisches Reformprogramm zu modifizieren. Außen- und sicherheitspolitische Erwägungen erhielten den Vorrang vor der Demokratisierung von Wirtschaft und Gesellschaft. Besonders der Sieg der Kommunisten in China 1949 veränderte die Haltung der USA gegenüber dem besiegten Japan. Washington wollte jetzt Japan als neuen Bundesgenossen im pazifischen Raum gewinnen. Deshalb wurden bereits 1949 Japan alle Reparationsleistungen erlassen und viele der Umerziehungsmaßnahmen rückgängig gemacht. Auch das Entflechtungsprogramm zur Zerschlagung der Großkonzerne ließ man weitgehend fallen. Nur neun von den vorgesehenen 1200 Konzernen wurden tatsächlich entflochten. Um die Ausdehnung des sowjetischen Einflussbereiches in Ostasien zu verhindern und Japan in das westliche Bündnissystem einzubinden, bereitete die US-Regierung seit Anfang 1950 den Abschluss eines Friedensvertrages zwischen Japan und seinen ehemaligen Kriegsgegnern vor. Nur die Sowjetunion und die Volksrepublik China unterzeichneten Anfang September 1951 den **Friedensvertrag von San Francisco** nicht. Mit diesem Vertrag kehrte Japan als gleichberechtigter Partner in die Gemeinschaft der Völker zurück. Allerdings führte Artikel 9 der Verfassung zu Sonderabkommen zwischen den USA und Japan. Die Amerikaner gewährten den Japanern das Recht, eine „Nationale Polizeireserve" aufzubauen, die mit Panzern, Flugzeugen und Marineeinheiten ausgestattet werden konnte. Zugleich erhielten die USA die Möglichkeit, auch nach dem Friedensvertrag und dem Ende der Besatzungszeit ihre Militärbasen zu behalten. Sie verpflichteten sich, die Verteidigung Japans zu übernehmen.

M4 Fabrikation von Fernsehgeräten bei der Firma Toshiba in Japan, Fotografie, 1966

Wirtschaftlicher Wiederaufstieg

Während des Koreakrieges 1950 (s. S. 490) kauften die Truppen der UNO viele Bedarfsgüter in Japan ein. Diese Nachfrage kurbelte die Wirtschaft so an, dass sie schon sechs Jahre nach Kriegsende den Vorkriegsstand erreichte. Die Wachstumsraten betrugen in den 1950er-Jahren fast 9 % und über 11 % in den 1960er-Jahren. Unausgesprochenes nationales Leitbild der Politik war der Aufbau einer **wettbewerbsfähigen Wirtschaft** – allerdings **ohne militärische Macht**. Zu diesem Zweck förderte die Regierung planmäßig ausgewählte Industrien. Hierzu gehörten zunächst die Energie-, Schwer- und Grundstoffgüterindustrie (Chemie, Eisen- und Stahlindustrie, Schiffbau, Automobilindustrie), danach die Elektroindustrie. Diesen Industriezweigen gewährte man nicht nur Subventionen und Steuervorteile, sondern half ihnen auch durch den Import von Technologien. Eigene Erzeugnisse schützte man vor dem internationalen Wettbewerb durch Schutzzölle und Importquoten.

Bis 1973 holte die japanische Wirtschaft ihren technischen und Qualitätsrückstand gegenüber dem Westen auf. Es entstand eine Industrie, die für ihre Exportoffensiven berühmt ist. Zunehmend setzte Japan hochwertige Fertigprodukte auf dem Weltmarkt ab, die aufgrund der Kostenvorteile moderner Massenproduktion preisgünstig hergestellt werden konnten (M4). Japan entwickelte sich zwar zu einem **wirtschaftlichen Riesen**, aber das rasche Wirtschaftswachstum forderte auch seinen Preis, den die Bevölkerung zahlte. Sie sparte ein Fünftel ihres Einkommens und stellte es der Industrie als billiges Kapital zur Verfügung. Die Löhne sind in Japan zwar beinahe so hoch wie in Europa, aber die Lebenshaltung ist teuer und die Wohnungen sind klein, sodass der Lebensstandard nicht im gleichen Maße anstieg wie die Produktivität und der Ausstoß der Wirtschaft.

Seit Beginn der 1970er-Jahre erlebte Japan mehrere Krisen. Sowohl der **„Ölschock"** 1973/74 als auch die zweite Ölpreiskrise 1978 beendeten für das rohstoffarme Japan den schnellen Aufschwung der Nachkriegszeit. Die Wirtschaft musste beträchtliche Wachstumseinbußen hinnehmen. Weil sie aber ihr bisheriges, an

„purem Wachstum“ orientiertes Leitbild aufgab, fand sie erstaunlich rasch zu hohen Wachstumsraten zurück. Sie reduzierte den gesamtwirtschaftlichen Energieverbrauch und ersetzte energie- und rohstoffintensive Produktionen durch „wissensintensive“ Wirtschaftszweige mit hohem technologischen Niveau. Den insgesamt schwersten Einbruch erlitt Japan jedoch 1985, als die USA, Frankreich, Deutschland, Großbritannien und Japan den Dollar abwerteten. Dadurch stieg der Außenwert des japanischen Yen und die Importe verteuerten sich. Japan reagierte erneut mit der Anpassung seiner Wirtschaft an die veränderten Rahmenbedingungen. Es konzentrierte sich jetzt auf die Herstellung von Massenwaren in der Unterhaltungselektronik, im Büromaschinen- und Automobilmarkt sowie auf hochtechnologische Computerhard- und -software (M 5). Auf diese Weise konnten traditionsreiche Branchen in anderen Ländern verdrängt und Japans Position als Weltwirtschaftsmacht gefestigt werden. In den 1990er-Jahren geriet die Wirtschaft Japans in eine schwere Krise, die grundlegende Reformen im politischen, sozialen und wirtschaftlichen Bereich erforderte. Japan ist zwar nach wie vor die wichtigste Regionalmacht Ostasiens und – neben China und Indien – die dritte Großmacht. Einiges spricht aber dafür, dass das Land an internationaler wirtschaftlicher Bedeutung und Wachstumsdynamik einbüßen wird (M 6).

M5 Humanoid („Menschenroboter“) einer japanischen Firma, Fotografie, Dezember 2007

1 Stellen Sie anhand der Bereiche Demokratisierung, wirtschaftliche Entwicklung und äußere Sicherheit die Grundlinien der japanischen Geschichte von 1945 bis heute dar.

M6 Der Politologe Hanns W. Maull über die japanische Wirtschaft, 2002

Vor allem jedoch mehrten sich im Verlauf der [19]90er-Jahre die Anzeichen dafür, dass Japans bis dahin so erfolgreiches wirtschaftspolitisches Modell in einer schweren Krise steckte […]. Dieses japanische Modell […] setzte auf eine aktiv gestaltende Rolle des Staates in der nachholenden Industrialisierung und Modernisierung des Landes. Die Kehrseite der – lange insgesamt durchaus erfolgreichen – Orchestrierung der Wirtschafts- und Gesellschaftsentwicklung Japans durch den Staat war allerdings die zunehmende Erstarrung der bestehenden Wirtschaftsstrukturen in einem Filz von Wirtschaft, Politik, Interessensverbänden und Bürokratie, der auf gegenseitigen Gefälligkeiten und massiver Korruption beruhte. […] Unter den gegenwärtigen Rahmenbedingungen der Globalisierung haben Japans wichtigste Wettbewerbsvorteile – seine Lern- und Innovationsfähigkeit und seine Fähigkeit zur sozialen Organisation – also (zeitweilig?) an Bedeutung eingebüßt. Zum einen gehört Japan nun selbst zur Spitzengruppe der Technologiemächte und kann deshalb seine Talente zur nachholenden Entwicklung nicht mehr nutzen. Zum anderen scheinen die Entwicklungstendenzen globaler Märkte unter den Bedingungen rapiden technologischen Wandels derzeit eher Individualität und unternehmerische Risikobereitschaft zu erfordern. Und drittens schließlich verschiebt sich der Schwerpunkt der weltwirtschaftlichen Aktivitäten tendenziell von der Industrieproduktion zur Informations- und Kommunikations- sowie zur Finanzwirtschaft – Sektoren, die nicht zu Japans traditionellen Stärken gehören.

Aber auch andere, grundsätzlichere Erwägungen sprechen dafür, dass Japans Wirtschaftsdynamik in den kommenden Jahren hinter den historischen Werten der vergangenen 120 Jahre zurückbleiben dürfte. Zu nennen ist hier erstens die Last der wirtschaftspolitischen Fehler der Vergangenheit, die sich besonders anschaulich in Problemen exzessiver Staatsverschuldung und unzureichend abgedeckter öffentlicher und privater Verbindlichkeiten niederschlagen. […] Drittens schließlich spricht der bereits erreichte Lebensstandard und vor allem die Demografie gegen eine dynamische Wirtschaftsentwicklung: Japan ist heute eine reiche, rasch alternde und zunehmend auch eine schrumpfende Gesellschaft, die sich zugleich jedoch äußerst schwer mit einer Öffnung für die – demografisch unerlässliche – Zuwanderung tut. […]. So spricht einiges dafür, dass Japans relative Position in Ostasien sich in den kommenden Jahrzehnten demografisch, wirtschaftlich und damit letztlich auch politisch abschwächen wird […]. Demnach dürfte Ostasien zur Mitte des 21. Jahrhunderts nicht mehr länger durch die Rivalität zweier Großmächte (Japan und China) dominiert werden, sondern durch das Mit- und Gegeneinander von einer Großmacht (China) und zwei Mittelmächten (Japan und Korea) – wobei die USA wohl auch zu dieser Zeit noch als ostasiatische Macht eine herausragende Rolle spielen werden.

Hanns W. Maull, Japan – Gescheiterte Ambitionen als globale und regionale Zivilmacht in Ostasien, in: Mir A. Ferdowsi (Hg.), Internationale Politik im 21. Jahrhundert, UTB, München 2002, S. 252 f.

1 Fassen Sie die Prognose Maulls über die Zukunft Japans thesenartig zusammen.

Internationale Politik im beginnenden 21. Jahrhundert – Entwicklungen und Probleme

Zusammenfassung

Zentrale Begriffe

Die Vereinten Nationen (UNO) wurden 1945 von 51 Staaten gegründet und zählen heute 192 Mitglieder. Diese Weltorganisation will den Weltfrieden sichern, zur Erhöhung der internationalen Sicherheit beitragen, freundschaftliche Beziehungen zwischen den Nationen auf der Grundlage der Gleichberechtigung und der Selbstbestimmung der Völker pflegen sowie die internationale Zusammenarbeit fördern. Die UN-Friedensbemühungen im Nahost-Konflikt zeigen, dass diese Organisation immer nur so stark ist, wie es Mitgliedsstaaten bzw. Konfliktparteien zulassen.

Ideen für ein vereinigtes Europa gab es bereits seit dem Mittelalter. Aber erst nach dem Zweiten Weltkrieg wuchs Europa immer stärker zusammen – zunächst Westeuropa, nach dem Zusammenbruch des Sowjetimperiums 1989–1991 das gesamte Europa. In den 1950er-Jahren stand die wirtschaftliche Zusammenarbeit bzw. die Schaffung eines gemeinsamen Marktes im Mittelpunkt der westeuropäischen Europapolitik. Es blieb jedoch nicht bei der wirtschaftlichen Kooperation innerhalb der 1957 gegründeten Europäischen Wirtschaftsgemeinschaft (EWG) bzw. der 1967 ins Leben gerufenen Europäischen Gemeinschaft (EG). Seit der Umwandlung der EG in die Europäische Union (EU) durch die Verträge von Maastricht 1992/93 geht es auch um die gemeinsame Gestaltung der Wirtschafts-, Währungs- sowie Außen- und Sicherheitspolitik. Die Osterweiterung der EU seit 2002 geht einher mit einer intensiven Diskussion über die Reform der politischen Organisation der Union. In dieser Auseinandersetzung um eine Verfassung oder einen Reform- und Grundlagenvertrag werden u. a. die Entscheidungsprozesse und die Handlungsfähigkeit der europäischen Institutionen überprüft.

Seit dem Ersten, vor allem aber nach dem Zweiten Weltkrieg kämpften die Kolonien für ihre Unabhängigkeit. Ihre Befreiungs- und Unabhängigkeitsbewegungen beriefen sich dabei auf das Recht der nationalen Selbstbestimmung. Die Dekolonisation war ein langwieriger und uneinheitlicher Prozess, der sich nach 1945 beschleunigte und in den 1990er-Jahren weitgehend abgeschlossen werden konnte. Es gab friedliche und gewaltsame Wege in die nationale Selbstständigkeit. Nach ihrer Unabhängigkeit mussten die ehemaligen Kolonien eine politische Verwaltung aufbauen und eine Verfassung verabschieden, um ihre Länder geordnet regieren zu können. Und sie hatten eine oft ethnisch oder religiös heterogene Bevölkerung in einem neuen Staat zusammenzuführen, also ein neues, einheitliches Nationalbewusstsein zu schaffen. Außerdem hatten die unabhängig gewordenen Staaten der Dritten Welt ihre Volkswirtschaft so zu organisieren, dass die Bevölkerung angemessen ernährt werden konnte. Viele Entwicklungsländer blieben allerdings weiter von den Industriestaaten wirtschaftlich und finanziell abhängig. Um das Wohlstandsgefälle zwischen reichen Industriestaaten und armen Entwicklungsländern zu beseitigen, gewährten viele Industrienationen Entwicklungshilfe. In den letzten Jahrzehnten engagierten sich nicht nur die Regierungen, sondern zunehmend auch Nichtregierungsorganisationen und private Initiativen in den Entwicklungsländern. Die in der Dritten Welt nach wie vor bestehende Unterentwicklung oder Armut besitzt viele Ursachen. Hierzu gehören die wirtschaftliche Abhängigkeit von den reichen Industrieländern und ihren Hilfsleistungen wie das politische Versagen der Eliten in den Entwicklungsländern.

Von der Ausrufung der Volksrepublik 1949 bis heute wird China von der Kommunistischen Partei (KPCh) diktatorisch regiert. Die kommunistischen Machthaber lassen keine Opposition zu, gewähren keine Gewaltenteilung und missachten die Menschen- und Bürgerrechte. Aber nach dem Tod Mao Zedongs 1976 leitete der neue starke Mann Deng Xiaoping 1978 die wirtschaftliche Modernisierung des Landes ein. Die Durchsetzung einer marktorientierten sozialistischen Wirtschaft bewirkte nicht nur den Aufstieg Chinas zu einer bedeutenden Wirtschafts- und Handelsnation, sondern stärkte auch das internationale Gewicht dieser aufsteigenden Groß- und Weltmacht. Außenpolitisch orientierte sich China bis Anfang der 1960er-Jahre an der kommunistischen Sowjetunion. Das Land, das sich außerdem der Dritten Welt zugehörig fühlte, überwand seitdem allmählich seine internationale Isolierung und öffnete sich langsam gegenüber dem Westen. 1971 wurde die Volksrepublik China Mitglied der UNO – bis zu diesem Zeitpunkt hatte Taiwan China bei der UNO vertreten. Die Regierung in Peking betrachtet Taiwan, das von den USA unterstützt wird, als Teil der Volksrepublik China.
Nach der bedingungslosen Kapitulation 1945 bestimmte die amerikanische Besatzungsmacht die Politik Japans. Die USA setzten die Entwicklung zur parlamentarischen Demokratie durch. Während des Kalten Krieges war Japan ein wichtiger Bundesgenosse der westlichen Staatengemeinschaft im Kampf gegen die kommunistische Sowjetunion. Bis heute sind die USA der wichtigste Bündnispartner Japans und garantieren die Sicherheit dieses fernöstlichen Inselstaates. Seit den 1950er-Jahren stieg Japan zu einer modernen und wettbewerbsfähigen Industrie- und Marktwirtschaft auf. Die japanische Wirtschaft hat dabei viele wissenschaftlich-technische Rückstände aufgeholt und stellt Güter mit hohem Qualitätsstandard her. Trotz mancher Krisen seit den 1970er-Jahren ist Japan in der Gegenwart eine der führenden Wirtschaftsmächte der Welt. Und es ist eine bedeutende Regional- und Großmacht in Ostasien.

Präsentationsvorschläge

Thema 1:

Das Europäische Parlament – eine machtlose Institution in Europa?

Bereiten Sie einen Vortrag über das Europäische Parlament vor. Untersuchen Sie seine Entstehung, seine Zusammensetzung und Kompetenzen sowie seine Stellung im Machtgefüge der europäischen Institutionen.

Literaturtipp

Wolf D. Gruner/Wichard Woyke (Hg.), Europa-Lexikon. Länder. Politik. Institutionen, C. H. Beck, München 2004, S. 425–428

Thema 2 (fächerverbindend):

Das Konzept der „global governance" – die neue Entwicklungspolitik?

Bereiten Sie eine folien- oder powerpoint-gestützte Präsentation über das Konzept „global governance" vor. Arbeiten Sie zentrale Merkmale heraus und gehen Sie auch auf die Kritik an dem Konzept ein.

Literaturtipp

Franz Nuscheler, Artikel „Global Governance", in: Dieter Nohlen (Hg.), Kleines Lexikon der Politik, C. H. Beck, München 2001, S. 180 f.

Thema 3 (Geschichte global):

Weltwirtschaftsmacht China – Licht- und Schattenseiten der „vier Modernisierungen"

Untersuchen Sie die Modernisierung Chinas am Ende des 20. und zu Beginn des 21. Jahrhunderts. Analysieren Sie dabei nicht nur Wirtschaftswachstum und internationalen Handel, sondern auch die soziale Situation der Bevölkerung (z. B. soziale Sicherung, Leben auf dem Land).

Literaturtipp

Wichard Woyke (Hg.), China – eine Weltmacht im Aufbruch? Eine Einführung, Wochenschau Verlag, Schwalbach/Ts. 2005

Der Spiegel Special, Nr. 3/2008: China. Die unberechenbare Supermacht

Internettipp

www.das-parlament.de/2006/49/beilage/003.html Heinrich Kreft, China – Die soziale Kehrseite des Aufstiegs

Anwendungsaufgabe

M 1 Die Zukunft der UNO

a) Ziele und Grundsätze der Charta versus politische Realität

Ziele und Grundsätze der Charta	Politische Realität
Souveräne Gleichheit aller Mitgliedsstaaten	Ausgeprägtes Machtgefälle zwischen Staaten und Regionen
Erfüllung der mit der UN-Charta übernommenen Verpflichtungen	Verweigerungen von Beiträgen und Leistungen je nach nationaler Interessenlage
Verpflichtung zur friedlichen Streitbeilegung	Allgegenwärtige Gewalt im internationalen System
Allgemeines Gewaltverbot	Praktiziertes Recht einzelner Staaten auf unilaterale Gewaltanwendung
Weltfrieden und internationale Sicherheit als kollektive Aufgabe aller Mitgliedstaaten	Interessendominanz der Industriestaaten und vergessene Konflikte in Entwicklungsländern
Verbot der Einmischung in innere Angelegenheiten der Mitgliedstaaten	Globalisierung grundlegender Probleme erzwingt Erosion staatlicher Souveränität

b) Szenarien zur Zukunft der Vereinten Nationen

	‚Titanic'	‚Weltregierung'	‚Muddling Through'
Im Bereich der Friedenssicherung	spielen die UN keine Rolle, das Gewaltverbot erodiert und die Kriegshäufigkeit nimmt zu	spielen die UN eine zentrale Rolle, erhalten das Gewaltmonopol und es entsteht ein funktionierendes kollektives Sicherheitssystem	werden die UN fallweise übergangen oder gelegentlich einbezogen, wenn sie ihre Handlungsfähigkeit beweisen
Im Bereich des Menschenrechtsschutzes	bleiben zwar die einzelnen Konventionen bestehen, es gibt aber kein globales Forum mehr für Debatte, Normenentwicklung und Kontrolle	werden die zahlreichen kodifizierten Abkommen nicht nur weiterentwickelt, sondern auch mit wirksamen Durchsetzungsmechanismen versehen	muss weiterhin hingenommen werden, dass eine Lücke zwischen Kodifizierung und Durchsetzung der Normen besteht und Menschenrechtspolitik interessengeleiteter Selektivität unterworfen bleibt
In den Bereichen Wirtschaft, Entwicklung, Umwelt	entstehen jenseits der UN problemspezifische Organisationen ohne zentrale Steuerungsinstanz	sind die UN das institutionelle Zentrum der globalen Strukturpolitik mit direkter Regelungskompetenz für vormals nationalstaatliche Aufgabenfelder	sind die UN ein Akteur unter vielen und nur sehr unzureichend in der Lage, die ambitionierten Ziele zu erreichen
Die UN spielen in der internationalen Politik	keine Rolle	die Rolle als zentraler Akteur	mal die Rolle als Akteur, mal als Instrument und mal als Arena

Beide Tabellen aus: Sven Bernhard Gareis, Johannes Varwick, Die Vereinten Nationen. Aufgaben, Instrumente und Reformen, UTB, Opladen [4]2006, S. 314 f.

1 a) Organisieren Sie in Ihrem Kurs eine Podiumsdiskussion zum Thema „Welche UNO wollen wir? Anspruch und Wirklichkeit der Vereinten Nationen". Bestimmen Sie zwei Vertreter für folgende kontroverse Positionen: 1. Die UNO ist von Grund auf reformbedürftig. 2. Die UNO bedarf keiner grundlegenden Reform. Nutzen Sie M 1 a, b als Grundlage für Ihre Argumentation.
b) Die übrigen Schülerinnen und Schüler formulieren Fragen an die beiden Diskutanten, mit deren Hilfe die unterschiedlichen Positionen überprüft werden können. Zum Beispiel: Inwieweit erfüllt die UNO die Ansprüche ihrer Charta? In welche Richtung soll sich die UNO in Zukunft entwickeln? Hier sind vor allem die Werturteile offenzulegen, die das historisch-politische Urteil mitprägen. Oder es kann nach den Fakten, die bestimmte Interpretationen über die UNO stützen oder widerlegen, gefragt werden.

Internettipp
Unter *www.spun.de* finden Sie Informationen zum Schüler-Planspiel United Nations (SPUN), das eine Sitzungswoche der Vereinten Nationen simuliert.

M2 **Stationen der europäischen Einigung**

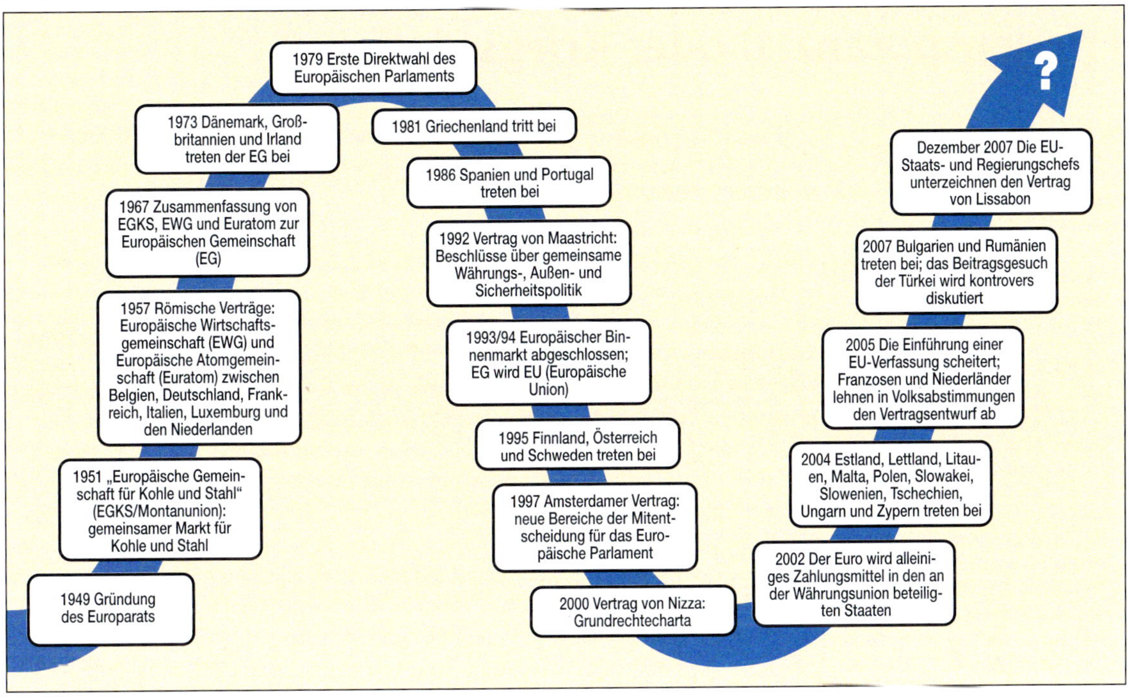

Zeittafel

1945 Konferenz in Jalta; Konferenz von Potsdam
1945 Gründung der UNO
1946 Verstärkte Unabhängigkeitsbestrebungen u.a. in Vietnam und Britisch-Indien
1945–1952 Besetzung, Entmilitarisierung und Demokratisierung Japans durch die USA
1947 UN-Beschluss, Palästina in einen arabischen und einen jüdischen Staat zu teilen; Indien und Pakistan werden unabhängig
1949 Mao Zedong proklamiert die Volksrepublik China
1951 Sicherheitspakt zwischen Japan und den USA
1955 Bandung-Konferenz: Verurteilung von Kolonialismus durch Bewegung der Blockfreien
1956 Suezkrise, Rückzug der israelischen, französischen und britischen Truppen aus Ägypten auf Drängen der UNO und der USA
1956/1957 „100-Blumen-Bewegung" in China
1957 Beginn der Dekolonisation in Afrika; Gründung der EWG
1958 Chinas „großer Sprung nach vorn"
1960 „Afrikanisches Jahr" mit 17 Unabhängigkeitserklärungen, Gründung der OPEC
1964 Beginn der UNCTAD-Konferenzen der UNO zur Neuordnung der Beziehungen zwischen Industrie- und Entwicklungsländern
1964 Gründung der Palästinensischen Befreiungsorganisation/PLO
1966–1976 Kulturrevolution in China mit ca. 3 Mio. Toten
1967 Sechs-Tage-Krieg – große Gebietseroberungen Israels (Gaza-Streifen, Sinai, Golan-Höhen und Westjordanland) und dauerhafte Einverleibung trotz Protesten der UNO
1971 UNO-Mitgliedschaft der Volksrepublik China statt Taiwan
1973 Jom-Kippur-Krieg und Ölembargo gegen die Israel unterstützenden Staaten, UNO fordert Friedensverhandlungen
1973/1974 Vorläufiges Ende des japanischen Wirtschaftsaufschwungs durch den „Ölschock"
1978 Wirtschaftliche Modernisierung in China, Beibehaltung des Machtmonopols der KPC, Friedens- und Freundschaftsvertrag zwischen Japan und der VR China
1979 Camp-David-Abkommen zwischen Ägypten und Israel
1987 Beginn der Intifada (bis 1993)
1988 Beginn der Annäherung zwischen Israel, seinen arabischen Nachbarn und den Palästinensern, unterbrochen von zahlreichen Rückschlägen
1989 Blutiges Ende der Demonstration für politische Freiheitsrechte auf dem chinesischen Tianamenplatz
1990 Schengener Abkommen
1997 Rückgabe der britischen Kronkolonie Hongkong an China
2002 Einführung des Euro als einheitliche Währung innerhalb der teilnehmenden EU-Staaten

Konfliktstoff Wasser: Friedenspotenzial oder Kriegsauslöser?

Fakten zum Thema Wasser

- Mehr als 1,1 Mrd. Menschen haben keinen Zugang zu sauberem Trinkwasser und 2,4 Mrd. keine akzeptablen sanitären Einrichtungen.
- Asien, wo knapp 60 % der Weltbevölkerung leben, muss mit 30 % des weltweiten Wasservorkommens auskommen.
- Jährlich sterben über 5 Mio. Menschen an Krankheiten, die mit verunreinigtem Wasser in Zusammenhang stehen.
- Nach UN-Schätzungen werden bei gleichbleibendem Verbrauch im Jahre 2025 1,8 Mrd. Menschen in Gegenden mit absolutem Wassermangel leben. Für weitere 5 Mrd. Menschen wird sich der Bedarf nicht vollständig decken lassen.
- Nur 55 % des entnommenen Wassers werden wirklich verbraucht. Die übrigen 45 % sind Verluste, verursacht durch undichte Leitungen, Versickern oder Verdunsten.
- 70 % des weltweiten Wasserverbrauchs entfallen auf landwirtschaftliche Bewässerungen.
- Bislang sind 5 % der Wasservorräte privatisiert.

Zit. nach: Atlas der Globalisierung, Berlin 2006, S. 14 f.

„Die nächsten Kriege werden nicht aus politischen Gründen geführt, sondern um das Wasser", prognostizierte bereits 1988 der damalige UN-Generalsekretär Boutros Ghali. Inzwischen gehen Experten davon aus, dass im 21. Jahrhundert der Kampf um das Wasser eine der zentralen Konfliktursachen in der Welt wird. Bereits heute zeichnen sich Konfliktpotenziale in grenzüberschreitenden Flussgebieten wie Nil, Euphrat und Tigris, Indus, Ganges, Mekong oder Jordan ab. Eine entscheidende Ursache für die Verschärfung der Auseinandersetzungen ist neben Wassermangel, -umleitungen, -stau und -verschmutzung (M 2) das explosionsartige Wachstum der Bevölkerung. Um die Menschen zu ernähren, müssen Agrarproduktion und damit auch Wasserverbrauch massiv gesteigert werden.
Zwar ist die Oberfläche der Erde zu 70 % von Wasser bedeckt, doch der größte Teil davon ist salzig. Nur etwa 3 % ist Süßwasser und davon ist der überwiegende Teil für den Menschen nicht nutzbar, weil er in den Polargebieten und Hochgebirgen als Gletscher, Eis oder Schnee gebunden ist. Das tatsächlich nutzbare Trinkwasser, ca. 0,3 % des weltweit vorhandenen Wassers, würde allerdings ausreichen, um den Durst der Menschheit zu stillen – wäre das Wasser nur gleichmäßig verteilt. Nach UN-Angaben hat jedoch heute mehr als eine Milliarde Menschen keinen Zugang zu sauberem Trinkwasser. Zugespitzt wird diese Situation durch den globalen Klimawandel: Die Erwärmung der Erdatmosphäre verstärkt in dramatischem Ausmaße die Wasserknappheit (M 3). Zu erhöhtem Bedarf führen außerdem die anhaltende Landflucht und die Konzentration der Weltbevölkerung in Megastädten. In einigen Regionen der Welt sind politische Konflikte bereits heute auf den Kampf um Wasser zurückzuführen. Wird der Konflikt um das Wasser jedoch Kriege auslösen (M 4)? Weil Wasser lebensnotwendig ist, gehen Wissenschaftler davon aus, dass sich die Menschen zunehmend mit Gewalt Zugang zu dieser Ressource verschaffen werden, sollten friedliche Lösungsstrategien scheitern. Ob Staaten mit grenzüberschreitenden Gewässern, wie z. B. im Nahen Osten, Wege finden, die Wasservorräte gemeinsam zu nutzen, kann ausschlaggebend sein für die Beantwortung der Frage, ob der Wassermangel „eher ein Anlass für Frieden als ein Auslöser für Krieg" (Patrick Goldfein) sein wird (M 5).

M 1 Syrer stehen mit einem Bild des Präsidenten Baschar al-Assad auf dem Assad-Staudamm im Yarmuk-Tal südlich von Damaskus, Fotografie, 2001.
Syrien hatte sich verpflichtet, dem unter Wassermangel leidenden Jordanien zwei Millionen Kubikmeter Wasser zu liefern.

M2 Von Wasserknappheit betroffene Regionen, 1995 und 2025 (Prognose)

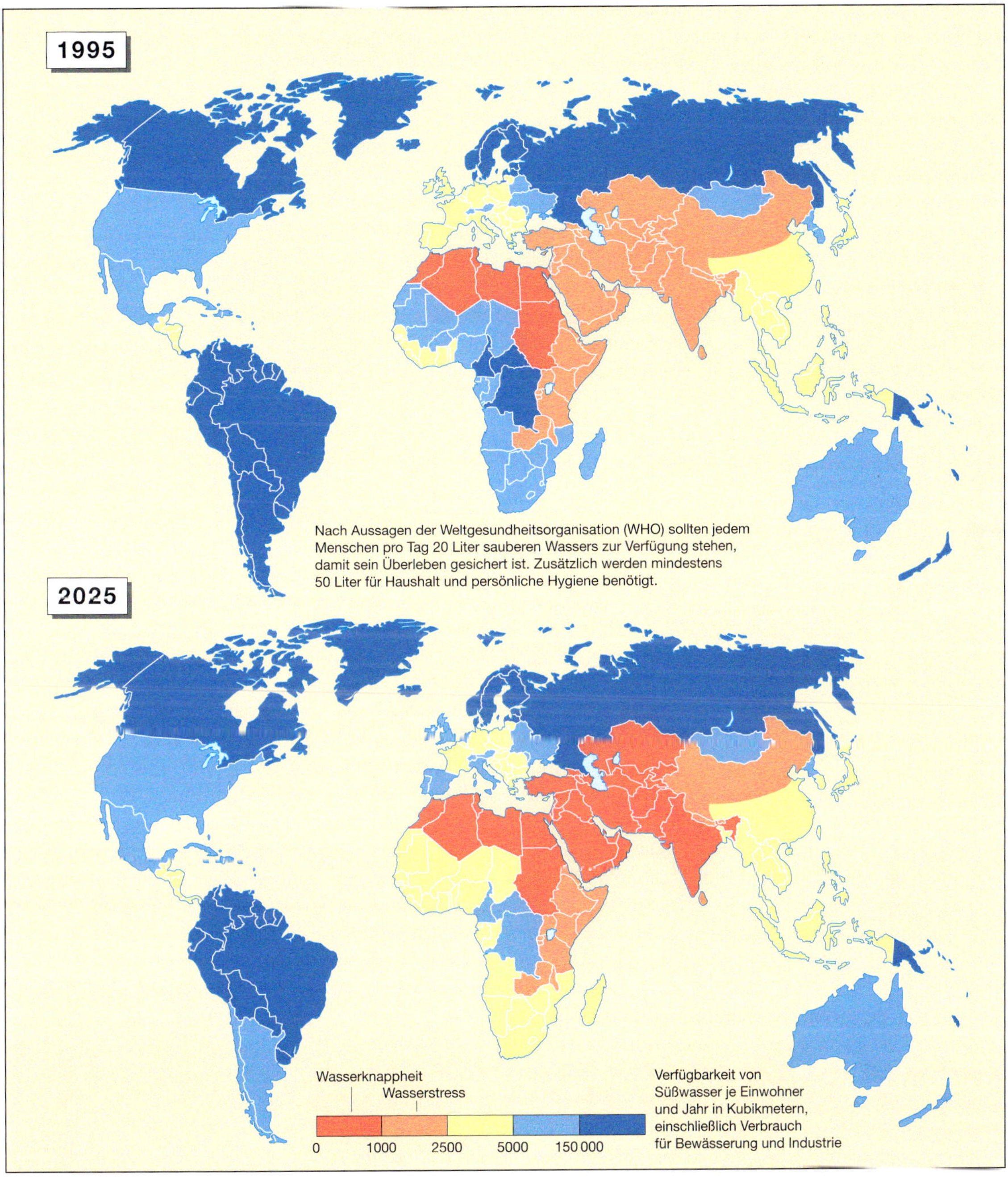

M3 Zu den Ursachen von Wasserkonflikten

Ursache für Wasserkonflikte sind natürlicher Wassermangel, Wasserumleitungen, Wasserstau, Wasserverschmutzung und fehlende oder schlechte Infrastruktur zur Wasserversorgung und Wasseraufbereitung. [...] Betroffen sind hauptsächlich Länder, die sich in den Trockengebieten der Erde befinden. Diese Länder sind im besonderen Maße auf Wasser aus Oberflächengewässern wie Flüssen und Seen zur Trinkwassernutzung angewiesen oder sie müssen fossiles Tiefengrundwasser fördern bzw. Wasser aus der Meersalzgewinnung nutzen, was einen hohen technischen und finanziellen Aufwand bedeutet. Bei 261 Flüssen müssen sich benachbarte Länder auf eine gemeinsame, gerechte und saubere Nutzung des Flusswassers einigen. Die Territorien von 145 Staaten der Erde liegen in grenzüberschreitenden Flusseinzugsgebieten. Hierbei tritt das „Oberlieger-Unterlieger-Problem" hinzu, d. h. meist hat das Land, was als Oberlieger in einem Flussgebiet liegt, eine stärkere Verhandlungsposition. Der Oberlieger kann als Erster Wasser nutzen, aufstauen, umleiten oder verschmutzen. Hier entstehen Konflikte, wenn es um die nachhaltige Nutzung geht, d.h. wenn auch den Unterliegern genügend Wasser zur Verfügung stehen soll.

Eine weitere Ursache für Wasserkonflikte ist der fehlende bzw. nicht gewährleistete Zugang zu sauberem Trinkwasser. 1,2 Milliarden Menschen können nicht frei an hygienisch unbedenkliches Wasser gelangen. 100 bis 200 Liter Trinkwasser pro Person und Tag werden als optimal angesehen, wenn sich mehrere Wasserhähne in einem Haus befinden. In Afrika und im Nahen Osten müssen die Menschen (meist Frauen) häufig mehr als einen Kilometer zurücklegen und können oft nur 5 Liter pro Person und Tag nutzen. Die Zahl der Menschen, die keinen Zugang zum Trinkwasser haben, wird im Jahr 2025 auf 2,5 Milliarden Menschen (= 40 Prozent der Weltbevölkerung) ansteigen (UN-Projektion).

Zit. nach: www.vdl.de/Journal_Digital/Schwerpunkt/2007/02/reiss.php (Download vom 4. Juli 2008)

M4 Wasser als Konfliktursache und Kriegsgrund – ein Überblick, 2006

Wie die Trends bei der Wasserverfügbarkeit verdeutlichen, wird sich die Konkurrenz um nutzbares Süßwasser noch verstärken. [...] Derartige Konfliktkonstellationen führen bereits heute zu gewaltsamen Auseinandersetzungen, so etwa im Sommer 2000 in der chinesischen Provinz Shandong zwischen Bauern und der Polizei. Tausende Bauern, die das Wasser für die Bewässerung ihrer Felder reklamierten, protestierten gegen die Wasserentnahme aus Reservoirs für die städtische und industrielle Nutzung. Bei der Niederschlagung der Proteste kamen mehrere Bauern ums Leben. Derartige Zusammenstöße werden nicht selten durch ethnische Konflikte überlagert. Im Januar 2005 kam es am Fluss Ewaso Kedong in Kenia zu gewaltsamen Zusammenstößen zwischen Massai und Kikuyu. Die nomadisch lebenden Hirten der Massai warfen den sesshaften Kikuyu-Bauern vor, dem Fluss zu große Wassermengen zu entnehmen. Auch infolge dieser Auseinandersetzung waren Todesopfer zu beklagen, ferner kam es zur Massenflucht aus dem Gebiet.

Konfliktträchtig ist schließlich die Frage, ob die Wasserversorgung in öffentlicher oder privater Hand liegen soll. Der öffentliche Versorgungsauftrag wird mit der zentralen Stellung des Gutes im menschlichen Alltag begründet – ein Gedanke, der sich auch in der Debatte um ein Menschenrecht auf Wasser widerspiegelt. Die Befürworter einer Privatisierung der Wasserversorgung argumentieren, mit der Einführung von Gebühren könne eine effizientere Nutzung erreicht werden. Die Privatisierung hat bisher jedoch vielerorts zur weiteren Marginalisierung[1] armer Bevölkerungsgruppen geführt: Da das Trinkwasser unerschwinglich wurde, mussten sie oftmals auf schmutziges Trinkwasser ausweichen [...]. Die Folge war die Verbreitung von Cholera und anderen Krankheiten. Auch zu gewaltsamen Ausschreitungen ist es bereits infolge von Privatisierungen gekommen. [...] Bei grenzüberschreitenden Gewässern wird die sicherheitspolitische Dimension von Ressourcenknappheit besonders augenfällig. Die Art und Weise der Nutzung durch Oberanrainer beeinflusst unmittelbar die Bedingungen für die Unteranrainer – fließt das Wasser über Grenzen, wird es zum Gegenstand internationaler Politik. Auch hier gilt: Streitigkeiten durch divergierende Nutzungsinteressen, etwa bei der Wasserentnahme für Bewässerungszwecke, sind selten allein vom Konfliktgegenstand Wasser bestimmt. Entsprechend schwierig ist es, Lösungen zu finden.

Vor diesem Hintergrund erscheint die These von Wasserkriegen plausibel, die Erfahrungen sprechen jedoch dagegen [...]. Bislang haben Konflikte um Wasser in einem der weltweit 263 grenzüberschreitenden Flussgebiete noch zu keinem internationalen Krieg geführt [...]. Dies ist das Ergebnis von Forschungen an der Oregon State University, die in einer Datenbank grenzüberschreitende Flussgebietsstreitigkeiten zusammengestellt hat. Zwischen 1948 und 1999 hat es demnach lediglich 37 Fälle von gewaltsamen Streitigkeiten gegeben. Der letzte Wasserkrieg zwischen Staaten wird gar auf einen Disput zwischen den Stadtstaaten von Lagasg und Ummas im Euphrat- und Tigrisbecken vor 4500 Jahren datiert. Beispiele am Euphrat oder am Nil belegen, dass Staaten zwar immer wieder mit militärischer Gewalt drohen, aber selbst in politischen Spannungsgebieten Lösungen gefunden und Kooperationsabkommen geschlossen werden.

Den Kern dieser grenzüberschreitenden Wasserkooperationen bilden institutionelle Arrangements, die die Zusammenarbeit zwischen den Anliegern verstetigen und zur Vertrauensbildung beitragen [...]. Verschiedene Flussgebietskommissionen zeigen, dass ein institutioneller Rahmen die Zusammenarbeit stabilisieren und dadurch Konflikte entschärfen oder verhindern kann. Die Flusskommission am Indus (Pakistan, Indien) hat zwei Kriege überstanden und auch das Mekong Committee, mit Vertretern aus Kambodscha, Laos, Thailand und Vietnam, wurde während des Vietnamkriegs fortgeführt. Besonders komplex erweisen sich die Verhandlungen am Nil, zählen doch zehn Staaten zu den Anrainern des Flusses. Analysen der Konfliktkonstellation in diesem Gebiet verdeutlichen, dass Wasser zwar als strategisches und konfliktträchtiges Gut wahrgenommen wird. Dennoch konnten bislang die Interessendivergenzen zwischen Ober- und Unteranrainern zumindest partiell überwunden und eine Zusammenarbeit im Rahmen der Nile Basin Initiative erreicht werden [...].

Stiftung Entwicklung und Frieden/Institut für Entwicklung und Frieden, Globale Trends 2007. Frieden, Entwicklung, Umwelt, hg. v. Tobias Debiel, Dirk Messner, Franz Nuscheler, Fischer, Frankfurt/M. 2006, S. 368–371

1 Vorgang, bei der eine Einzelperson oder Gruppe ins politische Abseits geschoben wird

M 5 Wasser als Konfliktstoff in Nahost

Alle Jahre im Sommer ist es wieder so weit. Wer im See Genezareth baden will, muss erst einmal einige Meter auf dem vertrockneten Seegrund entlang wandern, bevor er endlich ins kühle Nass springen kann. Der israelische Wasserkommissar spricht angesichts leerer Grundwasservorräte von einer Katastrophe.

[...] Heute liefern sich Israel und die Palästinensische Autonomiebehörde einen heftigen Streit um die Nutzung des Grundwassers im Westjordanland. Israel weigert sich, die Kontrolle über die unterirdischen Reserven aufzugeben. Zu groß ist die Angst davor, dass die Palästinenser zu viel Wasser auf einmal abpumpen würden und dadurch, wie im Gaza-Streifen geschehen, der Salzgehalt im Trinkwasser drastisch ansteigen würde. Deshalb kontrolliert die israelische Wassergesellschaft „Mekorot" weiterhin die dortige Wasserverteilung mit der Folge, dass von den 450 Millionen Kubikmetern Wasser, die jährlich aus dem Westjordanland abgeschöpft werden, den Palästinensern nur 150 Millionen zukommen. Abgesehen davon verbrauchen israelische Haushalte mit täglich 300 Litern rund dreimal so viel Wasser wie ihre palästinensischen Nachbarn. [...]

Oft steht die politische Lage einer vernünftigen Lösung des Wasserproblems im Wege. [...] Dabei könne auf so kleinem Raum gar nicht ohne einander gedacht werden, meint der israelische Wasserexperte Professor Arie Issar: „In dem Wohlbefinden der Palästinenser liegt unser eigenes, während wiederum ihr wirtschaftlicher Notstand den Keim des religiösen Fundamentalismus und die Macht des Terrors in sich trägt."

Issar [...] sieht die Wassernot nicht als einen möglichen Grund für einen weiteren Krieg. Ganz im Gegenteil: Er hofft auf eine gemeinsame wissenschaftliche Entwicklung. Während in Israel durch moderne Bewässerungsmethoden bereits viel Wasser eingespart werde, litten die arabischen Länder unter der technologischen Rückständigkeit. [...] „Deshalb müssen wir unsere Technologien an unsere Nachbarn liefern und dort Schulen für Wassererziehung und Landwirtschaft gründen." [...] Wassermangel könnte demnach eher ein Anlass für Frieden werden als ein Auslöser für Krieg. Bereits heute liefert Israel im Rahmen des Friedensvertrags von 1994 jährlich 50 Millionen Kubikmeter Trinkwasser nach Jordanien, die dort dringend benötigt werden, um die Bevölkerung zu versorgen.

Auch im Hinblick auf einen zukünftigen Frieden mit Syrien spielt das nasse Element eine große Rolle: Sollte es durch einen echten Frieden möglich werden, Wasser aus der Türkei per Pipeline durch Syrien nach Israel zu leiten, würde dies den israelischen Verzicht auf die Golanhöhen spürbar erleichtern. Die Golanhöhen sind heute Quelle für 30 Prozent des israelischen Wasserhaushalts. Mit dem Regenwasser, welches in der Türkei bisher noch ungenutzt ins Meer fließt, könnte man, laut Isar, den gesamten Nahen Osten mit Wasser versorgen.

Bis dieses Szenario Wirklichkeit wird, muss man jedoch auch in Israel umdenken. In den vergangenen Jahren hat es im Winter viel zu wenig geregnet. Daraufhin wurde aus dem See Genezareth, dem Hauptwasserreservoir Israels, sehr viel Wasser abgepumpt. Schon jetzt ist der Seepegel auf Rekordtief – in den heißen Sommermonaten sinkt er durch die Verdunstung jeden Tag um einen weiteren Zentimeter. Auch der Meeresspiegel des Toten Meeres ist innerhalb von dreißig Jahren um 17 Metern gesunken, weil das Wasser, bevor es in das Meer fließt, abgezapft wird. Es gibt bereits Pläne, einen Kanal vom Mittelmeer ins Tote Meer zu bauen – ansonsten wird in 20 Jahren nur noch eine Salzwüste an das Tote Meer erinnern. Dabei gibt es Wege, ein Austrocknen Israels zu verhindern: Noch immer werden 70 Prozent des israelischen Wassers in der Landwirtschaft verbraucht. Oft werden die Felder mit Trinkwasser bewässert, weil es an Aufbereitungsmöglichkeiten fehlt. [...]

An das Wasserbewusstsein der israelischen Bevölkerung zu appellieren, erscheint als Sparmaßnahme jedoch aussichtslos. Die meisten haben sich längst daran gewöhnt, zwei Mal am Tag zu duschen – trotz aller Schreckensmeldungen könnten hier wohl nur drastische Preiserhöhungen eine Wirkung erzielen. Das Umweltbewusstsein der Israelis ist angesichts der ständigen Kriegssituation äußerst unterentwickelt. Wer kann sich schließlich den Luxus erlauben, 20 Jahre im Voraus zu planen? Angesichts der tagtäglichen Bedrohung ist die israelische Gesellschaft allzu sehr auf die Gegenwart fixiert.

Patrick Goldfein, Das kostbare Nass, in: Aufbau Nr. 15 vom 25. Juli 2002

1 Nennen Sie die Ursachen für Wasserkonflikte und nehmen Sie eine begründete Gewichtung vor (M 3).

2 Erarbeiten Sie anhand der Karten (M 2), in welchen Regionen der Welt sich in den nächsten Jahren die Wasserknappheit verschärfen wird.

3 Analysieren Sie M 4 im Hinblick auf die Position und die wesentlichen Argumente des Autors zu der Frage, ob Kriege um die Ressource Wasser realistisch sind.

4 Erklären Sie anhand des Nahost-Konfliktes den Zusammenhang zwischen Wasserknappheit und Frieden (M 5). Nutzen Sie auch den Darstellungstext und die Karte zum Nahost-Konflikt (s. S. 593). Weitere Informationen finden Sie unter www.menschen-recht-wasser.de/downloads/2_5_2_wasser-nahost.pdf.

5 Erörtern Sie – z. B. im Rahmen einer fiktiven, von der UNO organisierten Podiumsdiskussion – die Frage: Weltweiter Wassermangel – Anlass für Frieden oder Auslöser für Krieg?

„Fünf Deutschland und ein Leben"

In seinen 2007 erschienenen „Erinnerungen" betrachtet der 1926 in Breslau geborene und 1938 in die USA emigrierte Historiker Fritz Stern jene fünf Deutschland, die er selbst miterlebt hat: Weimar, das „Dritte Reich", die Bundesrepublik, die DDR und das vereinigte Deutschland seit 1990.

Am besten lernte ich Weimar kennen, als es zu Ende ging – und so sehen es auch die folgenden Generationen. Seit über einem halben Jahrhundert ist Weimar ein Synonym für politisches Scheitern; wenn eine Demokratie zerbricht oder ein politisches System in der Krise steckt, spricht man gleich von „Weimar" [...].
Oder man hat Weimar in Erinnerung als eine Zeit überschäumender Kreativität. [...] Aber gerade dieser Fortschritt, der in wenig mehr als einem Jahrzehnt unter den schweren Nachwirkungen von Krieg und Niederlage erreicht wurde, beunruhigte Millionen von Deutschen; sie empfanden die Moderne als eine Bedrohung. Sie lasen nicht Tucholsky und wahrscheinlich nicht einmal Thomas Mann; sie wurden nicht elektrisiert vom Jazz und von dem lästerlichen Text der Dreigroschenoper, sie staunten nicht über die flachen Dächer und die geniale Leichtigkeit des Bauhauses, noch grübelten sie über die verspielten Abstraktionen von Paul Klee. Viele sahen in der unverständlichen Relativitätstheorie, von der überall die Rede war, einen jüdischen Schwindel. Das ganze revolutionäre Experimentieren zerstörte in ihren Augen die herkömmlichen Bräuche, war das gottlose Werk fremder, kosmopolitischer und jüdischer gewinnsüchtiger Schurken. [...] Durch den Zufall der Geburt und aufgrund familiärer Neigung bekam ich einen flüchtigen Eindruck von den mutigen politischen Verteidigern Weimars, von Männern und Frauen, die ihre Ambitionen in den Dienst der alten aufklärerischen Ideale stellten. Man darf nicht vergessen, durch welche schrecklichen, oft betäubenden Traumata dieses Deutschland sich der Reihe nach hindurchkämpfen musste: die Niederlage, das Pariadasein, die Hyperinflation, den Zusammenbruch des kapitalistischen Systems – und das alles hineingepresst in nur vierzehn kurze Jahre. Fast während dieser ganzen Zeit hat Deutschland am parlamentarischen System festgehalten, während Italien die Demokratie schon 1922 zugunsten des Faschismus aufgab und Osteuropa (mit Ausnahme der Tschechoslowakei Masaryks) autoritäre Regime einführte. Die Deutschen haben die Demokratie hartnäckig und oft auch einfallslos verteidigt gegen die brutale Opposition selbsternannter Patrioten und skrupelloser Vertreter materieller Interessen, die erstere unterstützten – aber verteidigt haben sie diese dennoch. [...]

M 1 Fritz Stern, Fotografie, 2007

Die extreme Unmenschlichkeit
Vor 1933 wusste ich gar nichts von meinen jüdischen Wurzeln. Doch dann, kurz nach Hitlers Machtübernahme, schleuderte ich bei einem Streit meiner Schwester ein antisemitisches Schimpfwort an den Kopf. [...] Die ganze Bedeutung dessen ging mir erst in den folgenden Wochen auf. Bis dahin hatte ich mich vor den Nazis nur deshalb gefürchtet, weil ich sie mit Gewalt und Macht in Verbindung brachte. Ein Kind konnte sich ja denken, dass praktisch jeder anständige Mensch dieser Gewalt zum Opfer fallen konnte – dazu musste man kein Jude sein. Jetzt sah ich es anders. Kaum sieben Jahre alt, begann ich zum Glück und zumindest teilweise aufgeklärt zu sein. Ich entwickelte eine gewisse Vorstellung davon, wer ich war – und allmählich, wer ich nicht war. [...] Zur gleichen Zeit hatten die meisten meiner Vettern keine Ahnung von ihrem jüdischen „Blut", und bei einigen kam sogar der Mythos auf, sie und ihre Familien müssten Deutschland nur deshalb verlassen, weil ihre Tante „Käthe", meine Mutter, einen jüdischen Arzt geheiratet hatte. [...]
Die Überfahrt von Rotterdam nach New York war ein seltsames, etwas beklemmendes Zwischenspiel, noch bezahlt mit dem letzten deutschen Geld, das wir hatten. [...] Ich erinnere mich an den unbeschreiblichen Reiz der Freiheit und an ihren Preis, die ungeheure Unsicherheit. [...] Wir wussten von den deutschen Gräueltaten. Die Vernichtung des tschechischen Dorfes Lidice im Juni 1942, eine Vergeltungsmaßnahme für die Ermordung von Reinhard Heydrich, dem stellvertretenden Chef der Gestapo und Günstling Hitlers, wurde (ebenso wie das Blutbad in der französischen Stadt Oradour-sur-Glane im Juni 1944) zum bleibenden Symbol deutscher Brutalität. Und wir wussten von dem heldenhaften Aufstand des Warschauer Ghettos 1943 und seiner entsetzlichen Liquidierung durch die Deutschen. [...] Heimlicher wurde das größte Verbrechen, die Vernichtung der Juden, begangen, „bei Nacht und Nebel". Natürlich sickerte manches darüber durch, beginnend mit dem Bericht Gerhart Riegners an den World Jewish Council vom August 1942 über Pläne der Nazis, alle Juden Europas zu vernichten, der den Alliierten genügte, um im Dezember 1942 eine Erklärung abzugeben, dass „aus allen besetzten Ländern

Juden unter entsetzlich grausamen und brutalen Bedingungen nach Osteuropa transportiert werden. Von denen, die fortgebracht wurden, hat man nie wieder etwas gehört". Die Vorstellungskraft der meisten reichte jedoch nicht weiter, als aus dem bisher Geschehenen zu extrapolieren: Deportationen und Ghettos. Die extreme Unmenschlichkeit der Konzentrationslager konnten wir uns vorstellen, nicht aber die satanischen Gaskammern. Wir in New York haben von Auschwitz oder den Massenvernichtungen „nichts gewusst", um die Wendung zu gebrauchen, die nach dem Krieg so oft von Deutschen zu hören war. Vielleicht wollten wir den Gerüchten auch keinen Glauben schenken; vielleicht wollten wir nicht wissen. Wir mögen dazu geneigt haben, uns gegen das Schlimmste abzuschirmen, weil das, was wir wussten, was in Erfahrung zu bringen war, schon bitter und unheilvoll genug war. [...]

Ein neuer deutscher Staat

Am 8. Mai 1945, dem Tag der bedingungslosen Kapitulation Deutschlands, hörte der deutsche Staat auf zu bestehen. [...] Als im Oktober 1949 ein neuer deutscher Staat entstand [...], [sah ich] in der Bundesrepublik damals eine kühne amerikanische Konstruktion, und ich hatte nach wie vor tiefe Zweifel an der politischen Reife und Verlässlichkeit der Deutschen [...]. Man staunte allmählich über den wirtschaftlichen Fortschritt Westdeutschlands, der natürlich durch den Marshall-Plan unterstützt und durch den Zustrom von Millionen Flüchtlingen aus dem Osten weiter gefördert wurde. [...] Und natürlich florierte auch die Demokratie bei wirtschaftlicher Hoffnung und Zufriedenheit, eine Verbindung, die der Weimarer Republik weitgehend versagt geblieben war. Noch mehr war ich beeindruckt von dem, was ich als ein politisches Wunder betrachtete. Die neue Bonner Republik hatte ein ungewöhnliches Glück mit ihrem neuen Führungspersonal, denn auf allen staatlichen Ebenen übernahmen anständige und tüchtige Bürger politische Verantwortung. Gewiss gab es neben ihnen auch Leute mit Nazivergangenheit und die unvermeidlichen Opportunisten, aber insgesamt erwarb die politische Klasse das Vertrauen des Auslands. Bonns erster Präsident war Theodor Heuss, ein umgänglicher, unprätentiöser Schwabe mit einem Hang zur Ironie, eine rare Tugend in der deutschen Politik. [...] [Konrad Adenauer] hatte wenig Vertrauen zu seinem Volk und große, berechtigte Angst vor Ultranationalisten, besonders unter den Vertriebenen, von denen etliche sich auf dem rechten Flügel seiner Partei versammelten. [...] Wichtiger vielleicht als die Paragrafen des Grundgesetzes oder die Vorzüge der Führung war, dass der Staat das hatte, was den meisten seiner Vorgänger gefehlt hatte, nämlich das, was die Alten *fortuna* nannten: das Glück, das ihm die historische Situation und die Weisheit seiner Schutzmächte bot. [...] Die Vereinigten Staaten, das mächtigste Land des Westens, das zudem beruhigend weit von Deutschland entfernt war, verfolgte einen Kurs der wohlwollenden Ermutigung. [...]

Auf der anderen Seite der Mauer

Ich wusste ein wenig über das Leben auf der anderen Seite dieser scheußlichen Mauer. [...] Die DDR hatte den Reiz des Verbotenen und Vertrauten: verboten, weil sie ein kommunistischer Staat war, den westliche Länder bis in die frühen Siebzigerjahre nicht einmal anerkannten, und weil sie programmatisch antiamerikanisch war; vertraut, weil sie deutsch war, besonders vertraut, weil sie ein deutscher Polizeistaat war. Ich fühlte mich dort auf seltsame Weise zu Hause, gerade weil ich es nicht war, erneut als ein Feind im Land meiner Sprache. Es erinnerte mich in vieler Hinsicht an die erste Diktatur, die ich als Kind erlebt hatte. Mit demselben Gepräge wurden Macht und Errungenschaften gepriesen, es gab dieselben unablässigen Beschwörungen hehrer Ideale (diesmal Frieden und Demokratie) und dieselbe unablässige Kampagne gegen einen dämonisierten Feind (diesmal die faschistisch-kapitalistisch-imperialistischen „Ausbeuter"). Und ich spürte dieselbe allgegenwärtige Atmosphäre der Furcht, in der die Partei, sichtbar und unsichtbar, allmächtig gegen ihre angeblich durch und durch rücksichtslosen Feinde vorging. Die Deutsche Demokratische Republik, oft und mit Recht die zweite deutsche Diktatur genannt, bestand fast viermal so lange wie das Dritte Reich. Aber es gab bedeutsame Unterschiede: Die Bürger der DDR konnten sich nie in einer freien Wahl entscheiden; die Rote Armee und ihre Lakaien zwangen dem Volk das Regime auf; und der Terror ihrer repressiven Tyrannei sowjetischen Typs wurde überwiegend im Inneren ausgeübt und richtete keine weltweite Zerstörung an. [...] Die Wiedervereinigung [1990] [...] stellte eine zweite Chance für Deutschland dar, ein seltenes Geschenk für Völker wie für Einzelne. Seine erste Chance hatte Deutschland vor 1914 gehabt, als es ganz nah daran war, zur herausragenden Macht Europas zu werden, aber der Ausbruch des Ersten Weltkriegs, der von den Mängeln der politischen Struktur Deutschlands und seinem wachsenden chauvinistischen Wahn nicht zu trennen war, hatte diese Chance zunichte gemacht. Seine zweite Chance bestand darin, auf dem Erfolg der Bundesrepublik aufzubauen – diesmal in Frieden und Vernunft.

Fritz Stern, Fünf Deutschland und ein Leben. Erinnerungen, Übers. Friedrich Greise, C. H. Beck, München 2007, S. 113ff., 127ff., 168ff., 201ff., 214, 247ff., 386, 601

1 Fassen Sie die historisch-politischen Urteile Sterns über die „fünf Deutschland" in Thesen zusammen.

2 Diskutieren Sie seine Thesen im Kurs.

1 Das mündliche und schriftliche Referat

A Thema eingrenzen

1. Wählen Sie sich zunächst ein Thema aus und grenzen Sie es ein.
2. Stellen Sie ggf. eine konkrete Frage, die Ihnen hilft, Ihr Ziel, das Sie thematisch verfolgen, besser zu verstehen. Beispielthemen aus diesem Schulbuch:
   - Die Aktualität des 19. Jahrhunderts: Welche Modernisierungsvorgänge des 19. Jahrhunderts prägen die moderne Welt bis heute?
   - „Demokratie ohne Demokraten“: Welche Faktoren führten zum Scheitern der Weimarer Republik?
   - Der Umgang mit der nationalsozialistischen Vergangenheit in der Bundesrepublik und der DDR – „zweierlei Erinnerung“ aus ideologisch-politischen Gründen?
   - Bilanz der Wiedervereinigung: eine „zweite Chance“ für Deutschland in außenpolitischer Hinsicht?
3. Klären Sie alle unbekannten Begriffe (Lexika, Register des Buches).
4. Bestimmen Sie genau den Zeitraum, mit dem Sie sich beschäftigen, und charakterisieren Sie dessen zentrale Merkmale. Überlegen Sie, ob eine Beziehung des Themas zum bisherigen Unterricht besteht.

B Recherchieren

1. Orientieren Sie sich über das Thema anhand von Überblicksdarstellungen und Lexika. Ggf. Gespräch mit einer Expertin/einem Experten, der Fachlehrerin/dem Fachlehrer führen.
2. Formulieren Sie erste Fragen und Einzelthemen.
3. Informationen aus Büchern (Bibliothek) besorgen (Stichwortkatalog, Autorenkatalog, Inhaltsverzeichnisse und Register von Büchern durchsehen; siehe auch das Literaturverzeichnis im Anhang, S. 644 ff., mit Handbüchern und Einzeldarstellungen).
4. Informationen aus dem Internet besorgen (Suchprogramme, z. B. www.excite.de, www.yahoo.de). Verlassen Sie sich aber niemals allein auf das Internet, das Sie in der Regel nur ergänzend zu Büchern nutzen sollten.
5. Quellenarbeit in Archiven (vorher Öffnungszeiten und Kopiermöglichkeiten erfragen).
6. Kopieren (nicht zu viele Kopien anfertigen), exzerpieren (stichpunktartig für jede wichtige Information eine Karteikarte anfertigen), zitieren (nur zentrale Aussagen wörtlich übernehmen).

C Erstellen einer Gliederung

1. Gliedern Sie Ihr Material (z. B. Karteikarten sortieren, zu Teilbereichen gruppieren).
2. Material, visuell gestützt, gedanklich verarbeiten:
   - Stichwortbilder
   - Tabellen
   - Diagramme
3. Fragestellung präzisieren; die endgültige Gliederung erarbeiten.
4. Die Gliederung festhalten (die sortierten Karteikarten mit Kapitelüberschriften versehen).

D Vortrag vorbereiten

1. Untergliedern Sie den Vortrag (klassisch ist die Dreiteilung Einleitung –Hauptteil – Schluss) und erstellen Sie einen Ablaufplan.
2. Planen Sie genau die zur Verfügung stehende Zeit. Ein Referat sollte nie länger als 45 Minuten dauern, ein Kurzreferat 10 bis 15 Minuten.
3. Wählen Sie eine geeignete Anrede bzw. einen geeigneten Einstieg aus, um die Aufmerksamkeit der Hörerinnen und Hörer zu gewinnen (z. B. aktueller Bezug, Bericht von einem Einzelereignis, bewusste Falschmeldung, eine direkte Frage stellen, Zitat einer Persönlichkeit).
4. Zu Beginn des Hauptteils sollte die Gliederung kurz vorgestellt werden. Auf einem Flipchart, einer OH-Folie oder mithilfe einer Powerpoint-Präsentation kann die Gliederung während des gesamten Referats sichtbar bleiben (den jeweiligen Punkt mit einem Pfeil kennzeichnen). Markieren Sie schwer zu merkende Daten, Namen usw. auf Ihren Karteikarten farbig. Notieren Sie die gedanklichen Zusammenhänge und Übergänge.
5. Ein kurzes Hand-out mit Gliederung und wichtigen Ergebnissen, Tabellen usw. erstellen.
6. Der Abschluss sollte die Leitfrage aufgreifen; ggf. Details aus dem Einstieg wieder aufnehmen.
7. Überlegen Sie, wie Sie Ihren Vortrag angemessen veranschaulichen können (Bilder, Grafiken etc.).

E Vortrag halten

1. Vorträge sollten Sie immer frei halten.
2. Der mündliche Vortrag sollte gegliedert sein: neue Teilbereiche jeweils erst benennen, dann in die Einzelheiten übergehen; legen Sie fest, wann Sie welches Material zur Veranschaulichung zeigen.
3. Blickkontakt mit den Zuhörern halten.
4. Pausen machen, Redetempo und Lautstärke variieren. Gestik und Mimik bewusst einsetzen.
5. Reaktionen der Zuhörerinnen und Zuhörer aufnehmen, ggf. Gedanken nochmals präzisieren.
6. Zum Schluss das Publikum um Rückmeldungen und Fragen bitten.

F Schriftliches Referat ausarbeiten

1. Das Referat fertigen Sie am PC an.
2. Layout für den Gesamttext entwerfen und Niederschrift anfertigen:
   - Deckblatt erstellen.
   - Inhaltsverzeichnis mit Seitenangaben anlegen.
   - Den Hauptteil schreiben.
   - Belege und Zitate in Fußnoten nachweisen. Auch Informationen und Zitate aus dem Internet müssen nachgewiesen werden. Ggf. Bildmaterial einfügen.
   - Einleitung (mit Fragestellung) und Schluss (Zusammenfassung/Ausblick) schreiben.
   - Literatur- und Quellenverzeichnis anlegen.
3. Endkorrektur: Seitenverweise, Zitate prüfen; Grammatik, Orthografie, Interpunktion prüfen.

2 Präsentationen

1 Was ist eine Präsentation?

Eine „Präsentation" ist eine gründlich vorbereitete, themen- und adressatenbezogene sowie mediengestützte Vorstellung von Informationen. Im Unterschied zum traditionellen „Kurzvortrag" oder „Referat" kommt hierbei dem funktionalen Einsatz der verwendeten Medien eine besondere Bedeutung zu. Von Anfang an sollte das Interesse der Adressaten für die präsentierten Inhalte geweckt werden. Besonders wirksam ist daher eine aktive Einbeziehung des Publikums. So wird die Präsentation zu einem gegenseitigen Prozess des Gebens und Nehmens von Informationen und Meinungen. In einigen Bundesländern ist die Präsentation inzwischen Bestandteil der Abiturprüfungen.

2 Präsentationstypen

Autor
- Einzelpräsentation
- Partnerpräsentation
- Gruppenpräsentation

Adressaten
- Mitschüler, z. B. im Kurs
- Öffentlichkeit, z. B. Schulveranstaltung in der Aula
- Prüfungskommission, z. B. Präsentationsprüfung

Ziele
- Informationspräsentation
- Überzeugungspräsentation

Kommunikationsstrukturen
- „Ein-Weg-Kommunikation"
- Einbeziehung der Adressaten

Medien
- auditive Präsentation
- visuelle Präsentation
- multimediale Präsentation

3 Präsentationsformen

Schriftlich
- Referat
- Facharbeit
- Thesenpapier

Visualisiert
- Wandzeitung
- Lernplakat
- Strukturbild
- Zeitstrahl

Auditiv
- Rede
- Vortrag
- Reportage
- Interview

Audiovisuell
- Videodokumentation
- Internetpräsentation

Gestalterisch
- Ausstellung
- Rekonstruktion
- Modell

4 Präsentationsstruktur

Einleitung

- Begrüßung der Zuhörer
- Vorstellung des Themas, der Problemstellung bzw. Leitfrage und der Gliederung
- Einstiegsmöglichkeiten:
  - Einbeziehung des Publikums, z. B. Vorwissen erfragen, Erwartungen aufnehmen
  - Interesse wecken, z. B. mit einem aktuellen Bezug, einem persönlichen Erlebnis, einer Provokation, einem Zitat

Hauptteil

- Vorstellung von Zwischenergebnissen
- Erläuterung verwendeter Fachbegriffe, Statistiken, Tabellen und Strukturbilder
- Einbeziehen von Beispielen
- Konsequenter Bezug zur Gliederung
- Nachvollziehbare Gewichtung der Inhalte

Schluss

- Bezug zur Einleitung, insbesondere der Problemstellung, bzw. Leitfrage herstellen
- Kurze, ggf. thesenhafte Zusammenfassung der wesentlichen Ergebnisse
- Formulierung eines Ausblickes
- Ggf. Reflexion des Arbeitsprozesses
- Danksagung an die Zuhörer für die Aufmerksamkeit

5 Checkliste für eine gelungene Präsentation

Fachliche Aspekte

- Das Thema und die Gliederung werden vorgestellt.
- Die Präsentation geht von einer Problemstellung bzw. Leitfrage aus.
- Die Präsentation ist logisch aufgebaut und der Vortragszeit angepasst.
- Die Informationen werden strukturiert vorgetragen.
- Die Teilaspekte des Themas werden angemessen gewichtet.
- Die Ausführungen sind sachlich korrekt.
- Fachtermini werden verwendet und erklärt.
- Der fachübergreifende Aspekt wird berücksichtigt (Wahl eines Bezugsfaches).

Methodische Aspekte

- Die Präsentationsform ist dem Thema angemessen ausgewählt.
- Die verwendeten Medien sind nachvollziehbar in die Präsentation eingebunden, besitzen Aussagekraft und zeigen in ihrer ästhetischen Gestaltung Qualität.
- Die Funktionstüchtigkeit und die reibungslose Handhabung der eingesetzten Medien sind gewährleistet.
- Fachmethoden, z. B. Analyse einer Statistik, werden korrekt angewendet.

Kommunikative Aspekte

- Die Präsentation erfolgt weitgehend im freien Vortrag.
- Der/die Vortragende hält Blickkontakt mit allen Zuhörern.
- Die Sprechweise ist angemessen bzw. wird den Inhalten gemäß variiert:
  - laute und deutliche Aussprache
  - bewusste Betonung
  - ausgeglichene Redegeschwindigkeit
  - gute Pausentechnik
  - verständliche und kurze Satzkonstruktionen
- Gestik und Körperhaltung unterstützen das Gesprochene.
- Reaktionen der Zuhörer, z. B. Zwischenfragen, werden aufgenommen.

3 Richtig zitieren – aus Büchern und dem Internet

1. Printmedien

Bei **Büchern** werden genannt: Name des Autors oder Herausgebers, Herausgeberhinweis (Hg. oder Hrsg.), Buchtitel, Erscheinungsort, Erscheinungsjahr und Seite:
Manfred Görtemaker, Kleine Geschichte der Bundesrepublik Deutschland, München 2002, S. 327.

Bei **bis zu zwei Autoren** eines Buches werden alle genannt:
Rainer Karlsch, Michael Schäfer, Wirtschaftsgeschichte Sachsens im Industriezeitalter, Edition Leipzig, Leipzig 2006.

Bei **mehr als drei Autoren** wird in der Regel nur der erste genannt, dann kann man die Abkürzung u. a. anfügen, um zu verdeutlichen, dass weitere Autoren an dem Buch beteiligt sind:
Ulf Dirlmeier u. a., Kleine deutsche Geschichte, Stuttgart 1995.

Sind **Autor und Herausgeber unterschiedliche Personen**, werden beide genannt:
Victor Klemperer, Tagebücher 1945, hg. v. Walter Nowojski unter Mitarbeit von Hadwig Klemperer, Aufbau Taschenbuch, Berlin ²1999.

Bei **Übersetzungen** wird der Name des Übersetzers genannt:
Eric Hobsbawm, Das Zeitalter der Extreme. Weltgeschichte des 20. Jahrhunderts. Aus dem Englischen von Yvonne Badal, Hanser Verlag, München 1994.

Bei **mehrbändigen Werken** wird die Bandnummer hinzugefügt:
Iring Fetscher/Herfried Münkler (Hg.), Pipers Handbuch der politischen Ideen, Bd. 4: Neuzeit: Von der Französischen Revolution bis zum europäischen Nationalismus, München 1986.

Bei **Beiträgen in Sammelwerken** werden der Beitrag und der Sammelband wie folgt aufgeführt:
Konrad H. Jarausch, Jugendkulturen und Generationskonflikte 1945 bis 1990. Zugänge zu einer deutsch-deutschen Nachkriegsgeschichte, in: Christoph Kleßmann/Peter Lautzas (Hg.), Teilung und Integration. Die doppelte deutsche Nachkriegsgeschichte als wissenschaftliches und didaktisches Problem, Bundeszentrale für politische Bildung, Bonn 2005, S. 216–231.

Bei **Zeitschriftenartikeln oder Zeitungsartikeln** werden das Erscheinungsdatum oder die laufende Nummer der Zeitschrift mit angegeben. Der Erscheinungsort darf fehlen:
Herfried Münkler, Die politischen Mythen der Deutschen, in: Blätter für deutsche und internationale Politik 2/2007, S. 160–172.

Zitiert man **Wörterbücher oder Lexika**, gibt man Autor und Stichwort an:
Wolfgang Benz, Dresden (Luftangriff), in: Wolfgang Benz, Hermann Graml u. Hermann Weiß (Hg.), Enzyklopädie des Nationalsozialismus, dtv, München ³1998, S. 434.

2. Elektronische Medien

Nicht nur Printmedien, sondern auch elektronische Quellen sind in Hausarbeiten, Facharbeiten usw. in das Quellenverzeichnis aufzunehmen.
Im Folgenden sind einige Vorschläge der amerikanischen Modern Language Association wiedergegeben, die auch beim Zitieren von Printmedien einen Orientierungsstandard gesetzt hat.

- Datenbankartikel werden mit Stichwort, Titel der Datenbank, soweit möglich, Versionsnummer, Datum, Referenzdatum und Adresse zitiert:
  „Das Europäische Parlament“, Europa, 1995–1999 (16. November 2005).
  http://europa.eu.int/inst-de.htm
- Bei Online-Zeitungsartikeln werden, wenn möglich, Autor, Titel, Titel der Homepage, Erscheinungsdatum, letztes Update, Referenzdatum und Adresse genannt:
  „Europawahl 1999“, SZ on net, 15. 6. 1999 (5. Dezember 1999).
  www.sueddeutsche.de/politik/html
- Offizielle Homepages von Instituten, Ämtern, Verbänden, Firmen etc. sollten den Titel des zitierten Artikels, Erscheinungsdatum, Homepagetitel, Referenzdatum und Adresse enthalten:
  „Eröffnungserklärung bei der Dritten Europa-Mittelmeerkonferenz des Außenministers“, Stuttgart 15. April 1999. Auswärtiges Amt (5. Januar 2006).
  www.auswaertiges-amt.de/6_archiv/index.htm

4 Klausurtraining

Klausuren im Fach Geschichte besitzen in der Kursphase einen hohen Stellenwert für die Notengebung. Umfang und Anforderungsniveau unterscheiden sich deutlich von Lernerfolgskontrollen oder Tests. Zudem bereitet das Schreiben von Klausuren gezielt auf die schriftliche Abiturprüfung vor. Daher ist es notwendig, sich frühzeitig und gründlich mit den Anforderungen, den entsprechenden Arbeitsaufträgen (Operatoren), den Aufgabenarten und -formen auseinanderzusetzen sowie das Abfassen einer Klausur anhand von Übungsbeispielen zu trainieren.

1 Allgemeine Anforderungen

In Klausuren und in der schriftlichen Abiturprüfung im Fach Geschichte wird bei Ihnen der Ausprägungsgrad der **historischen Kompetenz** geprüft. Die historische Kompetenz umfasst folgende Teilkompetenzen, die untereinander vernetzt sind:
Sachkompetenz zeigt sich in fundiertem Wissen über Vergangenes, d. h. umfangreiche Kenntnisse über historische Ereignisse, Personen, ideengeschichtliche Vorstellungen, Prozesse und Strukturen sowie vom Leben der Menschen in verschiedenen Gesellschaften zu unterschiedlichen Zeiten. Dazu gehört auch das Bewusstsein, dass historisches Wissen zeit-, standort- und kulturbedingt ist.
Methodenkompetenz umfasst die Fähigkeit, auf der Grundlage sicheren Fachwissens historische Verläufe und Strukturen mithilfe fachspezifischer Methoden zu analysieren. Dazu gehören die Interpretation von Quellen unterschiedlicher Gattungen, die Analyse und kritische Auseinandersetzung mit verschiedenen Formen historischer Darstellung sowie die Entwicklung eigenständiger historischer Argumentationen.
Im Rahmen der **Urteilskompetenz** wird die Formulierung einer eigenständigen, begründeten – also auf Argumente gestützten – Stellungnahme zu einem Problem oder zu einer Frage nachgewiesen. Bei der Urteilsbildung wird zwischen Sach- und Werturteil unterschieden. Das Sachurteil beruht auf der Auswahl, Verknüpfung und Deutung historischer Sachverhalte innerhalb eines Bezugsrahmens. Beim Werturteil werden ethische, moralische und normative Kategorien auf historische Sachverhalte angewendet und eigene Wertmaßstäbe reflektiert.

2 Anforderungsbereiche

In den Klausuren und in der schriftlichen Abiturprüfung werden bei der Bewertung zwischen den drei sogenannten „Anforderungsbereichen" unterschieden:
Der **Anforderungsbereich I** umfasst das Wiedergeben von Sachverhalten aus einem abgegrenzten Gebiet und im gelernten Zusammenhang unter rein reproduktivem Benutzen eingeübter Arbeitstechniken. Dies erfordert vor allem Reproduktionsleistungen wie:

- Wiedergeben von grundlegendem historischen Fachwissen
- Bestimmen der Quellenart
- Unterscheiden zwischen Quellen und Darstellungen
- Entnehmen von Informationen aus Quellen und Darstellungen
- Bestimmen von Raum und Zeit historischer Sachverhalte

Der **Anforderungsbereich II** umfasst das selbstständige Erklären, Bearbeiten und Ordnen bekannter Inhalte und das angemessene Anwenden gelernter Inhalte und Methoden auf andere Sachverhalte. Dies erfordert vor allem Reorganisations- und Transferleistungen wie:

- Erklären kausaler, struktureller bzw. zeitlicher Zusammenhänge
- Sinnvolles Verknüpfen historischer Sachverhalte zu Verläufen und Strukturen
- Analysieren von Quellen oder Darstellungen
- Konkretisieren bzw. Abstrahieren von Aussagen der Quelle oder Darstellung

Der **Anforderungsbereich III** umfasst den reflexiven Umgang mit neuen Problemstellungen, den eingesetzten Methoden und gewonnenen Erkenntnissen, um zu eigenständigen Begründungen, Folgerungen, Deutungen und Wertungen zu gelangen. Dies erfordert vor allem Leistungen der Reflexion und Problemlösung wie:

- Entfalten einer strukturierten, multiperspektivischen und problembewussten historischen Argumentation
- Diskutieren historischer Sachverhalte und Probleme
- Überprüfen von Hypothesen zu historischen Fragestellungen
- Entwickeln eigener Deutungen
- Reflektieren der eigenen Urteilsbildung unter Beachtung historischer bzw. gegenwärtiger ethischer, moralischer und normativer Kategorien

3 Operatoren

Operatoren sind Arbeitsaufträge, die zeigen, welche Tätigkeiten beim Lösen von Klausur- und Prüfungsaufgaben erwartet werden. In der Regel sind sie den einzelnen Anforderungsbereichen zugeordnet.
Einige Operatoren umfassen alle drei Anforderungsbereiche. Die folgenden Erläuterungen entsprechen den „Einheitlichen Prüfungsanforderungen".

Operatoren, die Leistungen im Anforderungsbereich I (Reproduktion) verlangen

Nennen, aufzählen – Zielgerichtet Informationen zusammentragen, ohne diese zu kommentieren.

Bezeichnen, schildern, skizzieren – Historische Sachverhalte, Probleme oder Aussagen erkennen und zutreffend formulieren.

Aufzeigen, beschreiben, zusammenfassen, wiedergeben – Historische Sachverhalte unter Beibehaltung des Sinnes auf Wesentliches reduzieren.

Operatoren, die Leistungen im Anforderungsbereich II (Reorganisations- und Transferleistungen) verlangen

Analysieren, untersuchen – Materialien oder historische Sachverhalte kriterienorientiert bzw. aspektgeleitet erschließen.

Begründen, nachweisen – Aussagen (z. B. Urteil, These, Wertung) durch Argumente stützen, die auf historischen Beispielen und anderen Belegen gründen.

Charakterisieren – Historische Sachverhalte in ihren Eigenarten beschreiben und diese dann unter einem bestimmten Gesichtspunkt zusammenfassen.

Einordnen – Einen oder mehrere historische Sachverhalte in einen historischen Zusammenhang stellen.

Erklären – Historische Sachverhalte durch Wissen und Einsichten in einen Zusammenhang (Theorie, Modell, Regel, Gesetz, Funktionszusammenhang) einordnen und begründen.

Erläutern – Wie erklären, aber durch zusätzliche Informationen und Beispiele verdeutlichen.

Herausarbeiten – Aus Materialien bestimmte historische Sachverhalte herausfinden, die nicht explizit genannt werden, und Zusammenhänge zwischen ihnen herstellen.

Gegenüberstellen – Wie skizzieren, aber zusätzlich argumentierend gewichten.

Widerlegen – Argumente dafür anführen, dass eine Behauptung zu Unrecht aufgestellt wird.

Operatoren, die Leistungen im Anforderungsbereich III (Reflexion und Problemlösung) verlangen

Beurteilen — Den Stellenwert historischer Sachverhalte in einem Zusammenhang bestimmen, um ohne persönlichen Wertebezug zu einem begründeten Sachurteil zu gelangen.

Bewerten, Stellung nehmen — Wie Operator „beurteilen", aber zusätzlich mit Offenlegen und Begründen der eigenen Wertmaßstäbe, die Pluralität einschließen und zu einem Werturteil führen, das auf den Wertvorstellungen des Grundgesetzes basiert.

Entwickeln — Gewonnene Analyseergebnisse synthetisieren, um zu einer eigenen Deutung zu gelangen.

Sich auseinandersetzen, diskutieren — Zu einer historischen Problemstellung oder These eine Argumentation entwickeln, die zu einer begründeten Bewertung führt.

Prüfen, überprüfen — Aussagen (Hypothesen, Behauptungen, Urteile) an historischen Sachverhalten auf ihre Angemessenheit hin untersuchen.

Vergleichen — Auf der Grundlage von Kriterien historische Sachverhalte problembezogen gegenüberstellen, um Gemeinsamkeiten, Unterschiede, Teil-Identitäten, Ähnlichkeiten, Abweichungen oder Gegensätze zu beurteilen.

Übergeordnete Operatoren, die Leistungen in allen drei Anforderungsbereichen verlangen

Interpretieren — Sinnzusammenhänge aus Quellen erschließen und eine begründete Stellungnahme abgeben, die auf einer Analyse, Erläuterung und Bewertung beruht.

Erörtern — Eine These oder Problemstellung durch eine Kette von Für-und-wider-bzw. Sowohl-als-auch-Argumenten auf ihren Wert und ihre Stichhaltigkeit hin abwägend prüfen und auf dieser Grundlage eine eigene Stellungnahme dazu entwickeln. Die Erörterung einer historischen Darstellung setzt deren Analyse voraus.

Darstellen — Historische Entwicklungszusammenhänge und Zustände mithilfe von Quellenkenntnissen und Deutungen beschreiben, erklären und beurteilen.

4 Aufgabenarten und -formen entsprechend den Einheitlichen Prüfungsanforderungen in der Abiturprüfung Geschichte (EPA)

Aufgabenarten	**Interpretieren** von Quellen	**Erörtern** von Erklärungen historischer Sachverhalte aus Darstellungen	**Darstellen** historischer Sachverhalte in Form einer historischen Argumentation
Aufgabenformen	Interpretation einer Einzelquelle	Erörterung einer Deutung aus einer historischen Darstellung	Entwicklung einer Darstellung – zu einem historischen Problem – zu einer historischen These
	Vergleichende Interpretation zeitgleicher Quellen bzw. von Quellen aus unterschiedlichen Zeiten	Erörterung verschiedener Deutungen aus unterschiedlichen Darstellungen	
Materialgrundlagen	Quellen bzw. Quellenauszüge wie z. B.: – schriftliche Quellen (z. B. Texte, historische Karten, Statistiken) – bildliche Quellen (z. B. Karikaturen, Plakate) – Tondokumente	Darstellungen bzw. Auszüge aus Darstellungen wie z. B.: fachliche Abhandlungen – populärwissenschaftliche Literatur – Lehrbuchtexte – publizistische Texte oder Reden – andere mediale Vermittlungen (z. B. Geschichte in Film und Dokumentation)	Diese Aufgabenart erfordert in der Regel keine Materialgrundlage. Ihre Lösung kann aber durch Erläuterungen oder kurze Auszüge aus Darstellungen oder Quellen unterstützt werden.

5 Interpretieren von Quellen

Die häufigste Aufgabenart in Klausuren und in der schriftlichen Abiturprüfung im Fach Geschichte ist das „Interpretieren von Quellen". Die folgende Übersicht verdeutlicht Ihnen die methodischen Arbeitsschritte für die Aufgabenform „Interpretieren einer Einzelquelle".

	1. Analyse der formalen und inhaltlichen Merkmale (= AFB I)	2. Erläuterung der Analyseergebnisse im historischen Kontext (= AFB II)	3. Beurteilung und Bewertung des Aussagegehaltes der Quelle (= AFB III)
Autor/in	– **Name**, ggf. Titel – **Amt**/Stellung/Funktion – biografische Angaben bzw. Bezüge		– Beurteilung der **politischen und gesellschaftlichen Position** – Beurteilung der **Intention** (Ziele, Motive) unter Berücksichtigung der Zeitgebundenheit
Quelle	a) formal – **Ort** und **Zeit** der Entstehung bzw. Veröffentlichung – **Textart** (z. B. Rede, Brief, Tagebuch, Vertrag und wissenschaftliche Untersuchungen) – **Thema** des Textes (nicht die Kernaussage!) b) inhaltlich – wesentliche **Textaussagen**: z. B. anhand des gedanklichen Aufbaus bzw. einzelner Abschnitte – Erläuterung der Schlüsselbegriffe – Textsprache: z. B. sachlich, emotional, appellativ, informativ, argumentativ, reflektierend, linear, zielgerichtet, manipulierend, überzeugend; ggf. rhetorische Mittel – **Kernaussage(n)**	– **Einordnung in den historischen Zusammenhang** mithilfe zusätzlicher historischer Informationen und Beispiele (Ereignisse, Personen, Prozesse, Begriffe), um den in der Quelle thematisierten Sachverhalt verständlich zu machen	– **Überprüfen** von Ereignissen und Sachverhalten, von Deutungen und Widersprüchen – **Problematisierung** der historischen Aussage – **Vergleich** mit anderen Quellen, Darstellungen und Sichtweisen
Adressat/en	– **Empfänger**: z. B. Privatperson, Machthaber, Institution, Öffentlichkeit, Nachwelt		– Beurteilung der **politisch-ideologischen Position** des Empfängers – Beurteilung der **Aussageabsicht** (erhoffte Reaktion und tatsächliches Verhalten)

6 Checkliste zum Schreiben einer Geschichtsklausur

Thema auswählen (wenn mehrere Klausurthemen gestellt sind)
- Lesen Sie sich in Ruhe alle gestellten Klausurthemen durch. Sie sollten sich weniger nach spontanen Interessen entscheiden, sondern das Thema wählen, bei dem Sie sich fachlich wie methodisch am sichersten fühlen.

Aufgabenstellung erschließen
- Achten Sie auf den genauen Wortlaut der Aufgabenstellung bzw. der einzelnen Arbeitsanweisungen. Vergegenwärtigen Sie sich, was die einzelnen Operatoren von Ihnen verlangen.

Materialien auswerten
- Lesen Sie die vorgelegten Materialien mehrmals. Unterscheiden Sie zwischen Quellen und Darstellungen. Unterstreichen Sie mit farbigen Stiften zentrale Aussagen und markieren Sie Schlüsselbegriffe. Notieren Sie sich Stichpunkte. Analysieren und interpretieren Sie die Texte mithilfe methodischer Arbeitsschritte (s. S. 46 f., S. 488 f.) und im Hinblick auf die Aufgabenstellung.

Historische Einordnung vornehmen
- Ordnen Sie die Materialien in den geschichtlichen Kontext ein und notieren Sie Stichpunkte zum historischen Hintergrund (Ereignisse, Personen, Prozesse, Strukturen, Begriffe).

Gliederung entwerfen
- Entwerfen Sie eine Gliederung und ordnen Sie Ihre Notizen zur Materialauswertung und zum historischen Kontext entsprechend zu. Vervollständigen Sie Ihre Gliederung um Argumente und Beispiele für/gegen eine These, die durch die Aufgabenstellung vorgegeben ist oder sich durch die Position des Autors/der Autoren ergibt.

Zeitplan erstellen
- Ordnen Sie jeder Arbeitsanweisung einen entsprechenden Zeitumfang zu. Berücksichtigen Sie „Zeitfenster“ für Pausen und die Schlusskorrektur.

Reinschrift fertigen
- Formulieren Sie entsprechend Ihrer Gliederung einen Fließtext. Achten Sie dabei auf Ihren Zeitplan. Belegen Sie Ihre Ausführungen mit Zitaten aus den Materialien. Stützen Sie Ihre Thesen durch Argumente und Beispiele.

Schlusskorrektur durchführen
- Lesen Sie Ihre Klausur möglichst zweimal durch. Achten Sie sowohl auf fachliche Richtigkeit und eine sachliche Ausdrucksweise als auch auf die korrekte Anwendung der Rechtschreibung und Zeichensetzung sowie der Zitierregeln (s. S. 634).

7 Klausurbeispiele

a) Beispiel 1 nach EPA-Typ 1: Interpretation einer Einzelquelle

Aufgabenart: Interpretieren von Quellen
Aufgabenform: Interpretation einer Einzelquelle
Thema: Bismarck – ein Friedenspolitiker?
Aufgabenstellung: Setzen Sie sich mit Bismarcks Außenpolitik auseinander, indem Sie
a) das vorliegende Material (M 1) analysieren,
b) die Grundzüge der Außenpolitik Bismarcks im Deutschen Kaiserreich skizzieren und
c) ausgehend von dem Zitat der Historikerin Elke Schwarz, „Mit geistiger Brillanz und diplomatischem Feingefühl schuf Bismarck in Europa ein Bündnissystem, das ihn vom Kriegs- zum Friedenskanzler werden ließ“, die Außenpolitik Bismarcks beurteilen. Beziehen Sie in Ihre Argumentation auch Bismarcks Außenpolitik als preußischer Ministerpräsident vor 1871 ein.

M 1 Aus dem Schreiben Bismarcks an Wilhelm I. vom 31. August 1879

Eure Majestät wollen sich huldreichst erinnern, dass ich innerhalb der letzten fünf Jahre in Berichten und Briefen wiederholt die Gefahren hervorgehoben habe, von welchen Deutschland durch Koalitionen anderer Großmächte bedroht sein kann. Die Kriege, welche Majestät seit 1864 zu führen genötigt waren, haben in mehr als einem Lande die Neigung hinterlassen, im Bunde mit anderen Mächten Revanche zu nehmen und den Kristallisationspunkt zu Koalitionen abzugeben, wie deren eine dem Aufstreben Preußens im Siebenjährigen Kriege gegenüberzutreten war. [...]

Es bedarf auch keines Beweises, dass wir, in der Mitte Europas, uns keiner Isolierung aussetzen dürfen. Meiner Überzeugung nach sind wir derselben aber ausgesetzt, wenn wir ihr nicht durch eine Defensivalliance mit Österreich vorbeugen.

Die Sicherheit, welche wir in der Person des Kaisers Alexander früher zu finden glaubten, ist durch den letzten Brief seiner Majestät und durch des Kaisers drohende Äußerungen gegenüber dem Botschafter, auch der Form nach zerstört; sie lässt sich in der Art, wie sie früher bestand, nicht wiederherstellen. So gut wie der Kaiser Alexander dazu gebracht werden kann, wegen bulgarischer Lappalien nicht nur dem amtlichen Botschafter gegenüber, sondern in eigenhändigem Schreiben an Eure Majestät mit Krieg zu drohen, so gut wird er auch, und noch viel leichter, unter Fortsetzung der persönlichen Freundschaftsversicherungen diesen Krieg führen. Meines alleruntertänigsten Dafürhaltens musste das Niederschreiben dieser Drohung gegen den nächsten Blutsverwandten und ältesten Freund mehr Überwindung kosten als der etwaige Befehl, noch mehr russische Regimenter an der preußischen Grenze anzusammeln, als dort bisher schon stehen. Ich muss nach Pflicht und Gewissen Euerer Majestät versichern, dass ich als Euerer Majestät amtlich berufener Rat an die Zuverlässigkeit des Kaisers Alexander für Euere Majestät nicht mehr glaube und dass ich es als meine unabweisliche Pflicht ansehe, Euerer Majestät die Herstellung einer gesicherten Anlehnung mit Österreich ehrfurchtsvoll anzutragen. Der Gedanke, dass ein Defensivbündnis mit Österreich als Ersatz der Garantien, welche früher der Deutsche Bund gewährte, den Abschluss der deutschen Politik Euerer Majestät zu bilden haben werde, ist für mich kein neuer. Ich habe schon bei den Friedenverhandlungen in Nikolsburg 1866 der tausendjährigen Gemeinsamkeit der gesamtdeutschen Geschichte gegenüber das Gefühl gehabt, dass für die Verbindung, welche damals zur Reform der deutschen Verfassung zerstört werden musste, früher oder später ein Ersatz von uns zu beschaffen sein werde.

Zit. nach: Michael Stürmer (Hg.), Bismarck und die preußisch-deutsche Politik 1871–1890, München ³1978, S. 144 f.

Lösungshinweise

Die Lösungen sind nur Vorschläge. Sie verweisen lediglich auf den sachlichen Gehalt, die Art und das Niveau der Beantwortung. Sie sind nicht die einzig mögliche Lösung.

Zu a) Sach- und fachgerechte Analyse des Materials (überwiegend AFB II)

Autor:
- Otto von Bismarck, deutscher Reichskanzler (1871 bis 1890)
- politische Laufbahn: preußischer Gesandter im Bundestag, Botschafter in Russland und Frankreich, ab 1863 preußischer Ministerpräsident
- politische Ansichten: gehörte zum rechten Flügel der Konservativen, trat für die Stärkung des monarchischen Prinzips und die Vormachtstellung Preußens in Deutschland ein

Quelle:
- Zeit und Ort: 31. August 1879; Ort nicht bekannt, wahrscheinlich Berlin
- Textart: Brief
- Thema: Defensivallianz mit Österreich

Adressat:
- Wilhelm I., deutscher Kaiser (1871–1888)

Wesentliche Textaussagen:
- Bismarck verweist auf seine wiederholte Warnung vor Koalitionen anderer Großmächte gegen Deutschland; Hauptgrund sei die Neigung zur Revanche für die Kriege „seit 1864" (Z. 1–10).
- Deutschland sei „in der Mitte Europas" einer Isolierung ausgesetzt, wenn es „nicht durch eine Defensivalliance mit Österreich" vorbeuge (Z. 11–15).
- Der Autor argumentiert, dass die bisherige „Sicherheit" gegen eine Isolation, welche man in der Person des russischen „Kaisers Alexander" zu finden glaubte, durch dessen Kriegsdrohungen und die Stationierung weiterer russischer Regimenter an der preußischen Grenze zerstört sei; Bismarck glaubt nicht mehr an die Zuverlässigkeit Alexanders und empfiehlt Wilhelm I. daher ein Bündnis mit Österreich (Z. 16–38).
- Bismarck ist der Auffassung, ein Defensivbündnis mit Österreich könne auch „als Ersatz der Garantien" gesehen werden, die „früher der Deutsche Bund gewährte"; in diesem Kontext betont der Reichskanzler, er habe bereits bei den Friedensverhandlungen 1866 auf die „tausendjährige(n) Gemeinsamkeit der gesamtdeutschen Geschichte" hingewiesen (Z. 38–48).

Textsprache:
- sachlich, zielgerichtet, appellativ, argumentativ

Kernaussage:
- Bismarck appelliert in seinem Schreiben an den Kaiser für eine Defensivallianz mit Österreich, weil sich Deutschland keiner Isolierung aussetzen dürfe, der russische Zar unzuverlässig sei und ein Bündnis zudem die Garantien ersetzen würde, die vor 1871 der Deutsche Bund gewährte.

Zu b) Grundzüge der Außenpolitik Bismarcks im Deutschen Kaiserreich (überwiegend AFB I)

Ausgangslage 1871:
- Befürchtung der europäischen Großmächte, die Reichsgründung habe das europäische Gleichgewicht zerstört
- Angst vor neuen Expansionskriegen Deutschlands

Ziele Bismarcks:
- Anerkennung des Status quo und Bewahrung des europäischen Gleichgewichts
- Erklärung, Deutschland sei territorial „saturiert" und betreibe eine „Sicherheitspolitik", die den Frieden in Europa erhalte

Elsass-Lothringen-Frage:
- Gefahr eines französischen Revanchekrieges, der die territorialen Veränderungen von 1871 wieder rückgängig machen könnte
- Isolierung Frankreichs zur Verhinderung eines Zweifrontenkrieges

Berliner Kongress (1878):
- Bestreben Bismarcks (als „ehrlicher Makler"), einen Ausgleich zwischen den beteiligten Mächten in der Balkankrise zu erreichen; Vertrauensgewinn für das Deutsche Reich, da es auf dem Balkan keine eigenen Interessen verfolgte

Beispiele für die Bündnispolitik Bismarcks:
- Dreikaiserabkommen: Deutsches Reich, Österreich-Ungarn, Russland (1873, 1881)
- Zweibund: Deutsches Reich, Österreich-Ungarn (1879)
- Deutsch-Russischer Rückversicherungsvertrag (1887)

Zu c) Beurteilung (überwiegend AFB III)

Historischer Kontext:

Allianz mit Österreich vom Oktober 1879 als Eckpfeiler im Bündnissystem Bismarcks

Auseinandersetzung mit der These im Hinblick auf Bismarcks Außenpolitik nach 1871:
- „diplomatisches Feingefühl", z. B. Bismarcks Vermittlerrolle als „ehrlicher Makler" auf dem Berliner Kongress; dennoch Verstimmung Russlands wegen der Kongressergebnisse
- Ergebnisse seiner Politik: Bewahrung des europäischen Gleichgewichts und des Friedens

Auseinandersetzung mit der These im Hinblick auf Bismarcks Außenpolitik als preußischer Ministerpräsident:
- Durchsetzung seines Ziels: Stärkung Preußens im Ringen mit Österreich um die Vormachtsstellung in Deutschland mit militärischen Mitteln in den 1860er-Jahren („Einigungskriege")
- Schaffung eines Konfliktpotenzials durch die für Frankreich harten Friedensbedingungen nach dem Deutsch-Französischen Krieg 1870/71, v. a. Abtretung von Elsass-Lothringen
- Alternativlosigkeit von Bismarcks Friedenspolitik (territoriale und politische Lage Deutschlands nach der Reichsgründung)

b) Beispiel 2 nach EPA-Typ 4: Erörterung verschiedener Deutungen aus unterschiedlichen Quellen

Aufgabenart: Erörtern von Erklärungen historischer Sachverhalte aus Darstellungen
Aufgabenform: Erörterung verschiedener Deutungen aus unterschiedlichen Darstellungen
Thema: Die Potsdamer Konferenz – Beschluss über die „Zerstückelung" Deutschlands?

Aufgabenstellung: Setzen Sie sich mit der Potsdamer Konferenz auseinander, indem Sie
a) deren wesentliche Ergebnisse skizzieren,
b) die vorliegenden Materialien (M 1, M 2) analysieren und vergleichen sowie
c) auf der Grundlage Ihrer Arbeitsresultate die Ergebnisse der Potsdamer Konferenz bewerten.

M 1 Aus den Memoiren des amerikanischen Diplomaten George F. Kennan, 1968

In einem undatierten Entwurf, der zwischen anderen privaten Papieren steckte und allem Anschein nach aus dem Sommer 1945 stammt, finde ich den folgenden Abschnitt: „Die Idee, Deutschland gemeinsam mit den Russen regieren zu wollen, ist ein Wahn. Ein ebensolcher Wahn ist es zu glauben, die Russen und wir könnten uns eines schönen Tages höflich zurückziehen, und aus dem Vakuum werde ein gesundes und friedliches, stabiles und freundliches Deutschland steigen. Wir haben keine andere Wahl, als unseren Teil von Deutschland – den Teil, für den wir und die Briten die Verantwortung übernommen haben – zu einer Form von Unabhängigkeit zu führen, die so befriedigend, so gesichert, so überlegen ist, dass der Osten sie nicht gefährden kann. [...] Zugegeben, dass das Zerstückelung bedeutet. Aber die Zerstückelung ist bereits Tatsache, wegen der Oder-Neiße-Linie. Ob das Stück Sowjetzone wieder mit Deutschland verbunden wird oder nicht, ist jetzt nicht wichtig. Besser ein zerstückeltes Deutschland, von dem wenigstens der westliche Teil als Prellbock für die Kräfte des Totalitarismus wirkt, als ein geeintes Deutschland, das diese Kräfte wieder bis an die Nordsee vorlässt. [...] Im Grunde sind wir in Deutschland Konkurrenten der Russen. Wo es in unserer Zone um wirklich wichtige Dinge geht, sollten wir in der Kontrollkommission keinerlei Zugeständnisse machen."
Es versteht sich – bei solchen Überzeugungen –, dass ich die Arbeit der Konferenz von Potsdam mit Skepsis und Entsetzen verfolgte. Ich kann mich an kein politisches Dokument erinnern, das mich je so deprimiert hätte wie das von Truman unterzeichnete Kommunique am Ende dieser wirren [...] Verhandlungen. Nicht nur weil ich wusste, dass die Idee einer gemeinsamen Viermächtekontrolle, die man jetzt zur Grundlage für die Regierung Deutschlands gemacht hatte, abwegig und undurchführbar sei. Auch die unpräzise Ausdrucksweise, die Verwendung so dehnbarer Begriffe wie „demokratisch", „friedlich", „gerecht" in einem Abkommen mit den Russen lief allem direkt zuwider, was siebzehn Jahre Russlanderfahrung mich über die Technik des Verhandelns mit der sowjetischen Regierung gelehrt hatten.

George F. Kennan, Memoiren eines Diplomaten, Goverts, Stuttgart 1968, S. 262

M 2 Der westdeutsche Historiker Hermann Weber über die Potsdamer Konferenz, 1976

Diese Vereinbarungen [der Potsdamer Konferenz] dienten der UdSSR in den folgenden Jahren als Legitimation, um stufenweise ihre veränderte Politik in Deutschland durchzusetzen. Die sowjetische Europapolitik nach 1945 zeigt weder die klare Absicht, ganz Europa zu sowjetisieren, noch beschränkte sie sich auf die Schaffung von Sicherheitszonen, um die Sowjetunion notfalls besser verteidigen zu können. Die verschiedenen Konzeptionen, die die Sowjetunion Stalins vermutlich besaß, boten die Möglichkeit, sich der jeweiligen konkreten Situation anzupassen, um schrittweise bestimmte strategische und taktische Ziele zu realisieren. Das bedeutet aber, dass die Außenpolitik der Sowjetunion wesentlich von der Haltung der USA abhing (und umgekehrt). Ein Fernziel der UdSSR bestand wohl darin, in Deutschland ihr eigenes System zu installieren. Nur dadurch glaubte sie letztlich, „Faschismus und Militarismus" ausrotten zu können [...]. Die aktuellen Interessen der UdSSR verlangten 1945 jedoch eine andere Taktik. Die Sowjetunion wollte eben nicht nur ihren Machtbereich erweitern und ihr internationales Gewicht verstärken, sie benötigte nach den schweren Kriegsverlusten Ruhe für den Wiederaufbau und sie brauchte Reparationen. Zunächst war also die Zusammenarbeit mit den West-Alliierten notwendig. Daher sollte jeder Anschein einer „kommunistischen Entwicklung" oder einer Übertragung des Sowjetsystems in Osteuropa und erst recht im gemeinsam besetzten Deutschland vermieden werden. [...]
Mit dieser Taktik ließ sich die UdSSR verschiedene Möglichkeiten offen: Bei entsprechender Interessenlage und politischen Erfordernissen blieb der Weg für eine gesamtdeutsche und demokratische Entwicklung offen; die Alternative war der tatsächlich eingeschlagene Weg der SBZ, nämlich die erneute Umstrukturierung des Parteiensystems, die über die Stufe der „antifaschistisch-demokratischen Umwälzung" führte und den Weg zur Stalinisierung freimachte.

Hermann Weber, DDR. Grundriss der Geschichte 1945–1976, Fackelträger, Hannover 1976, S. 19f.

Lösungshinweise

Zu a) (überwiegend Anforderungsbereich I)

Potsdamer Konferenz:
- Zeit: Juli/August 1945, nach Beendigung des Zweiten Weltkrieges
- Ort: Potsdam, bei Berlin
- Teilnehmer: UdSSR, USA, Großbritannien

Wesentliche Ergebnisse:
- politisch: höchste Regierungsgewalt in Deutschland durch den Alliierten Kontrollrat; Gleichbehandlung der deutschen Bevölkerung; völlige Abrüstung und Entmilitarisierung; Entnazifizierung und Bestrafung der Kriegsverbrecher; Demokratisierung
- wirtschaftlich: Vernichtung des deutschen Kriegspotenzials; Dezentralisierung der deutschen Wirtschaft; Entwicklung der Landwirtschaft und Friedensindustrie; Deutschland als „wirtschaftliches Ganzes"; Reparationen
- territorial: Königsberg und nördliches Ostpreußen an die Sowjetunion; Festlegung der vorläufigen polnischen Westgrenze und Unterstellung der deutschen Gebiete östlich der Oder-Neiße-Linie unter polnische Verwaltung; „ordnungsgemäße Überführung" der deutschen Bevölkerung aus Polen, der Tschechoslowakei und Ungarn

Zu b) Analyse und Vergleich der beiden Materialien (überwiegend Anforderungsbereich II)

Zu M 1:

Formale Aspekte:
- Autor: George F. Kennan, amerikanischer Diplomat
- Zeit: 1968; darin: Notizen aus dem Jahr 1945
- Textart: Memoiren (Auszug)

Inhaltliche Aspekte:
- Kennan vertritt in seinen Notizen von 1945 die Auffassung, Deutschland mit den Russen regieren zu wollen, sei „ein Wahn" (Z. 4 f.).
- Aufgabe der Amerikaner müsse es sein, den westlichen Teil Deutschlands „zu einer Form von Unabhängigkeit zu führen", sodass der Osten sie nicht gefährden könne (Z. 9 ff.).
- Ein „zerstückeltes Deutschland" sei besser als ein geeintes Deutschland (Z. 17 ff.).
- Die Amerikaner seien in Deutschland Konkurrenten der Russen, daher dürfe man in „wirklich wichtige(n) Dinge(n)" „keinerlei Zugeständnisse" machen (Z. 21 ff.).
- Kennan halte „die Idee einer gemeinsamen Viermächtekontrolle" für „abwegig und undurchführbar" (Z. 33).

Zu M 2:

Formale Aspekte:
- Autor: Hermann Weber, westdeutscher Historiker
- Zeit: 1976
- Textart: wissenschaftliche Monografie (Auszug)

Inhaltliche Aspekte:
- Vereinbarungen böten Spielraum für unterschiedliche Auslegungen und dienten der UdSSR als „Legitimation" ihrer veränderten Politik in Deutschland (Z. 1 ff.).
- Europapolitik der UdSSR nach 1945 habe weder auf eine Sowjetisierung Europas gezielt noch sich auf die Schaffung von Sicherheitszonen beschränkt (Z. 4 ff.).
- Ungeachtet des „Fernziels" der UdSSR, in Deutschland ihr eigenes System zu installieren, verlangten die Interessen 1945 (Wiederaufbau und Reparationen) die Zusammenarbeit mit den West-Alliierten (Z. 18 ff.).
- Diese Taktik habe der UdSSR verschiedene Möglichkeiten offengelassen: die Option einer gesamtdeutschen und demokratischen Entwicklung oder der tatsächlich eingeschlagene Weg der SBZ (Z. 28 ff.).

Mögliche Vergleichsaspekte:
- Entstehungszeit, Standortgebundenheit der Autoren
- Position gegenüber der sowjetischen Europapolitik nach 1945

Zu c) (überwiegend Anforderungsbereich III)

Bewertung der Positionen der Autoren:
- Kennans Haltung spiegelt die Zuspitzung des Ost-West-Gegensatzes nach 1945 wider.
- Kennans Position wird im Vergleich zur nachträglichen Analyse Webers, der die sowjetische Europapolitik differenziert untersucht, beurteilt.

Bewertung der Potsdamer Konferenz:
- Beschlüsse dokumentieren den politischen Willen für eine einheitliche alliierte Besatzungspolitik.
- Unbestimmte Formulierungen sind Ausdruck der 1945 einsetzenden Spannungen zwischen den Supermächten USA und UdSSR, die in den folgenden Jahren zum Kalten Krieg eskalierten.
- Die Umsetzung der Beschlüsse wird beurteilt, z. B. das Scheitern einer gemeinsamen Verwaltung Deutschlands.

Semesterübergreifender Aspekt:
- z. B. Bezug auf den Versailler Vertrag von 1919

Literaturhinweise

Kapitel 1

Bleicken, Jochen, Geschichte der römischen Republik, Oldenbourg, München [6]2004.

Blum, Hartmut, Die Antike, UTB, Konstanz 2008.

Dahlheim, Werner, Geschichte der Römischen Kaiserzeit, Oldenbourg, München [3]2003.

Gehrke, Hans-Joachim u. Schneider, Helmuth (Hg.), Geschichte der Antike. Ein Studienbuch, Metzler, Stuttgart [2]2006.

Kolb, Frank, Das antike Rom. Geschichte und Archäologie, C. H. Beck, München 2007.

Martin, Jochen, Spätantike und Völkerwanderung, Oldenbourg, München [4]2001.

Meier, Christian, Athen. Ein Neubeginn der Weltgeschichte, Siedler, Berlin 2004.

Rosen, Klaus, Griechische Geschichte erzählt, Primus, Darmstadt [2]2006.

Schuller, Wolfgang, Frauen in der griechischen und römischen Geschichte, UVK Universitätsverlag Konstanz 1995.

Welwei, Karl W., Das klassische Athen. Demokratie und Machtpolitik im 5. und 4. Jahrhundert, Primus, Darmstadt 1999.

Kapitel 2

Althoff, Gerd, Goetz, Hans-Werner u. Ernst Schubert, Menschen im Schatten der Kathedrale. Neuigkeiten aus dem Mittelalter, Wissenschaftliche Buchgesellschaft, Darmstadt 1998.

Borgolte, Michael, Die mittelalterliche Kirche, Oldenbourg, München [2]2004.

Borst, Arno, Lebensformen im Mittelalter, Ullstein, Frankfurt/M. [14]1995.

Borst, Otto, Alltagsleben im Mittelalter, Insel, Frankfurt/M. 1983.

Bühler, Arnold, Das Mittelalter, Wissenschaftliche Buchgesellschaft, Darmstadt 2004.

Engel, Evamaria u. Jacob, Frank-Dietrich, Städtisches Leben im Mittelalter. Schriftquellen und Bildzeugnisse, Böhlau, Köln 2006.

Fossier, Robert, Das Leben im Mittelalter, Piper, München 2008.

Fried, Johannes, Die Formierung Europas 840–1046, Oldenbourg, München [3]2008.

Fuhrmann, Horst, Einladung ins Mittelalter, C.H. Beck, München [3]2004.

Le Goff, Jaques, Die Geburt Europas im Mittelalter, dtv, München 2007.

Hilsch, Peter, Das Mittelalter – die Epoche, UTB, Stuttgart 2006.

Schneider, Reinhard, Das Frankenreich, Oldenbourg, München [4]2001.

Seibt, Ferdinand, Glanz und Elend des Mittelalters. Eine endliche Geschichte, Siedler, Berlin 1987.

Kapitel 3

Tibi, Bassam, Der wahre Imam. Der Islam von Mohammed bis zur Gegenwart, Piper, München 1998.

Robinson, Francis (Hg.), Die islamische Welt, Campus, Frankfurt/M. 1997.

Bianca, Stefano, Hofhaus und Paradiesgarten. Architektur und Lebensformen in der arabischen Welt, C. H. Beck, München [2]2001.

Bossong, Georg, Das Maurische Spanien, C. H. Beck, München 2007.

Halm, Heinz, Der Islam, Geschichte und Gegenwart, C. H. Beck, München [7]2007.

Jaspert, Nikolas, Die Kreuzzüge, Wissenschaftliche Buchgesellschaft, Darmstadt [4]2008.

Kepel, Gilles, Das Schwarzbuch des Dschihad, Aufstieg und Niedergang des Islamismus, Piper, München 2004.

Kramer, Heinz u. Reinkowski, Maurus, Die Türkei und Europa. Eine wechselvolle Beziehungsgeschichte, Kohlhammer, Stuttgart 2008.

Krämer, Gudrun, Geschichte des Islam, dtv, München 2008.

Kreiser, Klaus u. Neumann, Christoph K., Kleine Geschichte der Türkei, Ditzingen [2]2008.

Lohlker, Rüdiger, Islam: Eine Ideengeschichte, UTB, Wien 2008.

Mayer, Hans Eberhard, Geschichte der Kreuzzüge, Kohlhammer, Stuttgart [10]2005.

Steinbach, Udo, Geschichte der Türkei, C. H. Beck, München [4]2007.

Kapitel 4

Bitterli, Urs, Alte Welt – Neue Welt: Formen des europäisch-überseeischen Kulturkontakts vom 15. bis zum 18. Jahrhundert, dtv, München 1992.

Burke, Peter, Die europäische Renaissance. Zentren und Peripherien, C. H. Beck, München 2005.

Burke, Peter, Ludwig XIV. Die Inszenierung des Sonnenkönigs, Wagenbach, Berlin 2005.

Dipper, Christoph, Moderne deutsche Geschichte 1648 bis 1789, Wissenschaftliche Buchgesellschaft, Darmstadt 1997.

Duchhardt, Heinz, Barock und Aufklärung. Das Zeitalter des Absolutismus, Oldenbourg, München [4]2007.

Dülmen, Richard van, Entstehung des frühneuzeit-

lichen Europa 1550–1648, Fischer, Frankfurt/M. 2003 (= Fischer Weltgeschichte Bd. 24).
Dülmen, Richard van, Kultur und Alltag in der Frühen Neuzeit, 3 Bde., C. H. Beck, München 2005.
Lutz, Heinrich, Reformation und Gegenreformation, Oldenbourg, München 52002.
Meuthen, Erich, Das 15. Jahrhundert, Oldenbourg, München 42006.
Münch, Paul, Lebensformen in der Frühen Neuzeit, 1500–1800, Ullstein, Berlin 1998.
Münkler, Herfried u. Münkler, Marina, Lexikon der Renaissance, C. H. Beck, München 2005.
Osterhammel, Jürgen, Kolonialismus. Geschichte – Formen – Folgen, C. H. Beck, München 52006.
Schieder, Theodor, Friedrich der Große. Ein Königtum der Widersprüche, Propyläen, Berlin 2000.
Schilling, Heinz, Aufbruch und Krise. Deutschland 1517–1648, Goldmann, München 1998.
Stollberg-Rillinger, Barbara, Europa im Jahrhundert der Aufklärung, Reclam, Stuttgart 2000.
Vovelle, Michel (Hg.), Der Mensch der Aufklärung, Fischer, Frankfurt/M. 1998.
Wunder, Heide, „Er ist die Sonn, sie ist der Mond". Frauen in der Frühen Neuzeit, C. H. Beck, München 1992.

Kapitel 5

Brenner, Michael, Jersch-Wenzel Stefanie u. Meyer, Michael A., Deutsch-jüdische Geschichte in der Neuzeit, Bd. 2: Emanzipation und Akkulturation 1780–1871, C. H. Beck, München 1996.
Dippel, Horst, Die Amerikanische Revolution 1763 bis 1787, Suhrkamp, Frankfurt/M. 31994.
Fehrenbach, Elisabeth, Vom Ancien Régime zum Wiener Kongreß, Oldenbourg, München 52008.
Hettling, Manfred u. Thamer, Hans-Ulrich, Europäische Revolutionen 1789–1989, UTB, Stuttgart 2008.
Howard, Dick, Die Grundlegung der amerikanischen Demokratie, Suhrkamp, Frankfurt/M. 2001.
Langewiesche, Dieter, Europa zwischen Restauration und Revolution 1815–1849, Oldenbourg, München 52007.
Schulin, Ernst, Die Französische Revolution, C. H. Beck, München 42004.
Schröder, Hans-Christoph, Englische Geschichte, C. H. Beck, München 52006.
Schmidt-Linsenhoff, Victoria (Hg.), Sklavin oder Bürgerin? Französische Revolution und neue Weiblichkeit 1780–1830, Jonas-Verlag, Marburg 1989.
Siemann, Wolfram, Die deutsche Revolution von 1848/49, Suhrkamp, Frankfurt/M. 82006.
Thamer, Hans-Ulrich, Die Französische Revolution, C. H. Beck, München 42004.
Vovelle, Michel, Die Französische Revolution. Soziale Bewegung und Umbruch der Mentalitäten, Fischer, Frankfurt/M. 1993.

Kapitel 6

Hahn, Hans-Werner, Die Industrielle Revolution in Deutschland, Oldenbourg, München 22005.
Henning, Friedrich-Wilhelm, Die Industrialisierung in Deutschland 1800–1914, UTB, Paderborn 91995.
Hentschel, Volker, Geschichte der deutschen Sozialpolitik 1880–1980, Suhrkamp, Frankfurt/M. 41991.
Hobsbawm, Eric J., Industrie und Empire. Britische Wirtschaftsgeschichte seit 1750, 2 Bde., Suhrkamp, Frankfurt/M. 1985.
Kiesewetter, Hubert, Industrielle Revolution in Deutschland 1815–1914, Suhrkamp, Frankfurt/M. 31996.
Landes, David S., Wohlstand und Armut der Nationen. Warum die einen reich und die anderen arm sind, Wissenschaftliche Buchgesellschaft, Darmstadt 2000.
Pierenkemper, Toni, Umstrittene Revolutionen. Die Industrialisierung im 19. Jahrhundert, Fischer, Frankfurt/M. 1996.
Osterhammel, Jürgen u. Petersson, Niels P., Geschichte der Globalisierung. Dimensionen, Prozesse, Epochen, C. H. Beck, München 32006.
Reulecke, Jürgen, Geschichte der Urbanisierung in Deutschland, Suhrkamp, Frankfurt/M. 31992.

Kapitel 7

Alter, Peter, Nationalismus, Suhrkamp, Frankfurt/M. 41993.
Fehrenbach, Elisabeth, Verfassungsstaat und Nationsbildung 1815–1871, Oldenbourg, München 22007.
Hirschfeld, Gerhard, Krumeich, Gerd u. Renz, Irina (Hg.), Enzyklopädie Erster Weltkrieg, Schöningh, Paderborn 22004.
Langewiesche, Dieter, Liberalismus in Deutschland, Suhrkamp, Frankfurt/M. 41995.
Nipperdey, Thomas, Deutsche Geschichte 1800–1866. Bürgerwelt und starker Staat, C. H. Beck, München 1983.
Nipperdey, Thomas, Deutsche Geschichte 1866–1918, 2 Bde., C. H. Beck, München 1990 u. 1992.
Siemann, Wolfram, Vom Staatenbund zum Nationalstaat. Deutschland 1806–1871, C. H. Beck, München 1995.
Ullrich, Volker, Die nervöse Großmacht 1871–1918, C. H. Beck, München 1997.
Wehler, Hans-Ulrich, Deutsche Gesellschaftsgeschichte, Bde. 2 u. 3, C. H. Beck, München 1987 u. 1995.

Kapitel 8

Bauerkämper, Arnd, Der Faschismus in Europa 1918 bis 1945, Reclam, Stuttgart 2006.

Bernecker, Walther L., Europa zwischen den Weltkriegen 1914–1945, UTB, Stuttgart 2002.

Bierling, Stephan, Geschichte der amerikanischen Außenpolitik. Von 1917 bis zur Gegenwart, C. H. Beck, München 2004

Borejsza, Jerzy W., Schulen des Hasses. Faschistische Systeme in Europa, Fischer TB, Frankfurt/M. 1999.

Junker, Detlev, Power and Mission: Was Amerika antreibt, Herder, Freiburg 2003.

Kolb, Eberhard, Der Frieden von Versailles, C. H. Beck, München 2005.

Mai, Gunther, Europa 1918–1939. Mentalitäten, Lebensweisen, Politik zwischen den Weltkriegen, Kohlhammer, Stuttgart 2001.

Möller, Horst, Europa zwischen den Weltkriegen, Oldenbourg, München 1998.

Niedhart, Gottfried, Ein Hort der Stabilität: Großbritannien, in: Die Zeit, Welt- und Kulturgeschichte. Epochen, Fakten, Hintergründe in 20 Bänden, Bd. 13, Zeitverlag, Hamburg 2006, S. 215–224.

Niedhart, Gottfried, Die verunsicherte Großmacht: Frankreich, in: Die Zeit, Welt- und Kulturgeschichte. Epochen, Fakten, Hintergründe in 20 Bänden, Bd. 13, Zeitverlag, Hamburg 2006, S. 224–229.

Schmidt-Glintzer, Helwig, Das neue China. Von den Opiumkriegen bis heute, Chinas Weg in die Moderne, C. H. Beck, München [4]2006.

Wippermann, Wolfgang, Europäischer Faschismus im Vergleich (1922–1982), Suhrkamp, Frankfurt/M. [3]1991.

Kapitel 9

Aly, Götz (Hg.), „Aktion T4“ 1939–1945. Die „Euthanasie“-Zentrale in der Tiergartenstraße 4, Berlin 1987.

Benz, Wolfgang u. Pehle, Walter H. (Hg.), Lexikon des deutschen Widerstandes, Fischer, Frankfurt/M. [2]2004.

Benz, Wolfgang, Graml, Hermann u. Weiß, Hermann (Hg.), Enzyklopädie des Nationalsozialismus, dtv, München [5]2007.

Hehl, Ulrich von, Nationalsozialistische Herrschaft, Oldenbourg, München [2]2001.

Herbst, Ludolf, Das nationalsozialistische Deutschland 1933–1945, Suhrkamp, Frankfurt/M. 1996.

Hildebrand, Klaus, Das Dritte Reich, Oldenbourg, München [6]2003.

Kalter, Michael H., Hitler-Jugend, Darmstadt 2005.

Kershaw, Ian, Der NS-Staat. Geschichtsinterpretationen und Kontroversen im Überblick, Rowohlt, Reinbek bei Hamburg [4]2006.

Klee, Ernst, „Euthanasie“ im NS-Staat. Die „Vernichtung lebensunwerten Lebens“, Frankfurt/M. 1985.

Kolb, Eberhard, Die Weimarer Republik, Oldenbourg, München [6]2002.

Longerich, Peter, Deutschland 1918–1933. Die Weimarer Republik, Fackelträger, Hannover 1995.

Mommsen, Hans, Aufstieg und Untergang der Republik von Weimar 1918–1933, Propyläen, Berlin 1998.

Müller-Kipp, Gisela, „Der Führer braucht mich“. Der Bund Deutscher Mädel (BDM), Juventa, Weinheim 2007.

Recker, Marie-Luise, Die Außenpolitik des Dritten Reiches, Oldenbourg, München 1990.

Steinbach, Peter u. Tuchel, Johannes, Lexikon des Widerstands 1933–1945, C. H. Beck, München 1994.

Wendt, Bernd Jürgen, Deutschland 1933–1945. Das „Dritte Reich“, Fackelträger, Hannover 1995.

Wildt, Michael, Geschichte des Nationalsozialismus, Vandenhoeck & Ruprecht, Göttingen 2008.

Winkler, Heinrich August, Der lange Weg nach Westen, Bd. 1: Deutsche Geschichte vom Ende des Alten Reiches bis zum Untergang der Weimarer Republik, C. H. Beck, München 2000.

Kapitel 10

Czempiel, Ernst-Otto, Weltpolitik im Umbruch. Das internationale System nach dem Ende des Ost-West-Konfliktes, C. H. Beck, München [4]2003.

Debiel, Tobias u. a. (Hg.), Globale Trends 2007. Frieden – Entwicklung – Umwelt, Fischer Taschenbuch Verlag, Frankfurt/M. 2006.

Diner, Dan, Das Jahrhundert verstehen. Eine universalgeschichtliche Deutung, Fischer Taschenbuch Verlag, Frankfurt/M. [2]2001.

Dülffer, Jost, Europa im Ost-West-Konflikt 1945–1990, Oldenbourg, München 2004.

Hobsbawm, Eric J., Das Zeitalter der Extreme. Weltgeschichte des 20. Jahrhunderts, Hanser, München 1995.

Kleinschmidt, Harald, Geschichte der internationalen Beziehungen, Reclam, Stuttgart 1998.

Loth, Wilfried, Die Teilung der Welt. Geschichte des Kalten Krieges 1941–1955, dtv, München [10]2002.

Nohlen, Dieter (Hg.), Lexikon Dritte Welt, Neuausgabe, Rowohlt, Reinbek bei Hamburg 2002.

Stöver, Bernd, Der Kalte Krieg, C. H. Beck, München 2003.

Schöllgen, Gregor, Geschichte der Weltpolitik von Hitler bis Gorbatschow 1941–1991, C. H. Beck, München 1996.

Wolfrum, Edgar u. Arendes, Cord, Globale Geschichte des 20. Jahrhunderts, Kohlhammer, Stuttgart 2007.

Kapitel 11

Görtemaker, Manfred, Kleine Geschichte der Bundesrepublik Deutschland, C. H. Beck, München 2002.

Jarausch, Konrad, Die Umkehr. Deutsche Wandlungen 1945–1995, Deutsche Verlagsanstalt, München 2004.

Kleßmann, Christoph, Die doppelte Staatsgründung. Deutsche Geschichte 1945–1955, Vandenhoeck und Ruprecht, Göttingen [5]1991.

Kleßmann, Christoph, Zwei Staaten, eine Nation. Deutsche Geschichte 1955–1970, Bundeszentrale für politische Bildung, Bonn [2]1997.

Ritter, Gerhard A., Über Deutschland. Die Bundesrepublik in der deutschen Geschichte, C. H. Beck, München 1998.

Schildt, Axel, Die Sozialgeschichte der Bundesrepublik Deutschland bis 1989/90, Oldenbourg, München 2007.

Schöllgen, Gregor, Die Außenpolitik der Bundesrepublik Deutschland. Von den Anfängen bis zur Gegenwart, C. H. Beck, München 1999.

Schroeder, Klaus, Der SED-Staat. Partei, Staat und Gesellschaft 1949–1990, Propyläen Taschenbuch, München 2000.

Schroeder, Klaus, Die veränderte Republik. Deutschland nach der Wiedervereinigung, Verlag Ernst Vögel, München 2006.

Steininger, Rolf, Deutsche Geschichte. Darstellung und Dokumente in vier Bänden, Fischer Taschenbuch Verlag, Frankfurt/M. 2002.

Weber, Hermann, Die DDR 1945–1990, Oldenbourg, München [4]2006.

Winkler, Heinrich August, Der lange Weg nach Westen, Bd. 2: Deutsche Geschichte vom „Dritten Reich“ bis zur Wiedervereinigung, C. H. Beck, München [4]2002.

Wolfrum, Edgar (Hg.), Die Deutschen im 20. Jahrhundert, Wissenschaftliche Buchgesellschaft, Darmstadt 2004.

Wolfrum, Edgar, Die geglückte Demokratie. Geschichte der Bundesrepublik Deutschland von ihren Anfängen bis zur Gegenwart, Klett-Cotta, Stuttgart 2006.

Wolle, Stefan, Die heile Welt der Diktatur. Alltag und Herrschaft in der DDR 1971–1989, Econ & List, München 1999.

Kapitel 12

Gareis, Sven Bernhard u. Varwick, Johannes, Die Vereinten Nationen. Aufgaben, Instrumente und Reformen, UTB, Opladen [4]2006.

Kennedy, Paul, Parlament der Menschheit. Die Vereinten Nationen und der Weg zur Weltregierung, C. H. Beck, München 2006.

Van Ess, Hans, Die 101 wichtigsten Fragen. China, C. H. Beck, München 2008.

Gehler, Michael, Europa. Ideen, Institutionen, Vereinigung, Fischer TB, Frankfurt/M. 2002.

Gruner, Wolf D. u. Woyke, Wichard, Europa-Lexikon. Länder, Politik, Institutionen, C. H. Beck, München 2004.

Ferdowsi, Mir A. (Hg.), Internationale Politik im 21. Jahrhundert, UTB, München 2002.

Nohlen, Dieter (Hg.), Lexikon Dritte Welt, Rowohlt, Reinbek bei Hamburg 2002.

Pfetsch, Frank R., Die Europäische Union. Geschichte, Institutionen, Prozesse, UTB, München [3]2005.

Pfetsch, Frank R., Das neue Europa, Verlag für Sozialwissenschaften, Wiesbaden 2007.

Steininger, Rolf, Der Nahostkonflikt, Fischer Taschenbuch, Frankfurt/M. 2003.

Woyke, Wichard (Hg.), Handwörterbuch internationale Politik, UTB, Opladen [11]2008.

Zöllner, Reinhard, Geschichte Japans. Von 1800 bis zur Gegenwart, UTB, Paderborn 2006.

Internethinweise

Wichtige Adressen für den Unterricht

www.zum.de
Dahinter verbirgt sich der bedeutendste Anbieter für Unterrichtsmaterialien im Netz, nämlich die Zentrale für Unterrichtsmedien im Internet e. V. Geboten werden u.a. Materialien und Linklisten zum Fach Geschichte.

www.dbs.schule.de
Das Projekt der Humboldt-Universität Berlin bietet alles zum Thema Schule. Bei der Suche nach Unterrichtsmaterial erhält man eine Inhaltsbeschreibung, Zuordnung zu Schulstufen, wissenschaftliche Einordnung des Inhalts in Fachdisziplinen usw.

www.suchfibel.de
Die Seite bietet Informationen rund um die Suche im Internet und Links zu über 2700 Suchmaschinen für die unterschiedlichsten Fachgebiete.

www.bpb.de
Auf dieser Seite der Bundeszentrale für politische Bildung finden sich viele einführende Texte zur Weimarer Republik und zum Nationalsozialismus sowie zur Besatzungszeit und zur deutschen Teilung.

www.bebis.de
Die Seite des Landesinstituts für Schule und Medien Berlin-Brandenburg bietet nützliche Links und Informationen rund um die Themen Schule und Bildung.

Adressen für Geschichte

www.geschichte.2me.net
2000 Jahre Geschichte, nach Jahresereignissen, Ländern, Orten, Regenten, historischen Karten geordnet.

www.bpb.de/publikationen
Die Bundeszentrale für politische Bildung stellt einige ihrer Publikationen zu historischen Themen online bereit.

www.clio-online.de
Fachportal für Geschichtswissenschaft der Humboldt-Universität zu Berlin.

www.documentarchiv.de
Historische Dokumenten- und Quellensammlung zur deutschen Geschichte ab 1800.

www.geschichtsforum.de
Diskussionsforum zu verschiedenen historischen Themen und Epochen für alle Geschichtsinteressierten.

www.historicum.net
Seite der Bayerischen Staatsbibliothek mit epochen- und themenorientierten Einführungstexten, Quellen, Aufsätzen, Rezensionen, Bildern. Umfangreiche Linksammlungen zu einzelnen Ländern und zu Internetangeboten für das wissenschaftliche Arbeiten.

www.ieg-maps.uni-mainz.de
Digitale Karten zur deutschen und europäischen Geschichte zu den Themenbereichen Politik, Wirtschaft, Verwaltung und Verkehr, bereitgestellt vom Institut für Europäische Geschichte Mainz.

www.dhm.de/lemo
Auf einer gemeinsamen Website bieten das Deutsche Historische Museum und das Haus der Geschichte unter der Rubrik „Lebendiges Virtuelles Museum Online“ (LeMO) zahlreiche anschauliche Informationen über Weimar, Nationalsozialismus und die Anfänge der Bundesrepublik Deutschland.

www.shoa.de
Das größte deutschsprachige Internetportal zum Thema Holocaust/Antisemitismus und Drittes Reich bietet redaktionelle Artikel, einen Linkkatalog, ein Online-Diskussionsforum, Zeitzeugenberichte und Rezensionen.

www.lsg.musin.de/geschichte
Die übersichtlich gestaltete Website des Luise-Schröder-Gymnasiums München bietet Unterrichtsmaterialien, Quellen und Informationen zu allen Bereichen des Geschichtsunterrichts.

www.wcurrlin.de/index.htm
Die Website eines Geschichtslehrers bietet eine Fülle von Quellen, Karten, Bildern und Grundinformationen zu allen historischen Epochen. Der „Schülerservice“ führt zudem zu speziellen Seiten für Jugendliche, die z.B. über Wege ins Ausland, Filme, Musik etc. informieren.

Absolutismus: Bezeichnung für eine idealtypische Staatsform mit einem starken Monarchen an der Spitze, der unabhängig von ständischer Mitwirkung und gesetzlichen Schranken die uneingeschränkte Herrschaft anstrebt. Kennzeichen sind eine zentrale Verwaltung mit einem nur dem Herrscher unterstellten Beamtenapparat, ein stehendes Heer, eine staatliche Lenkung der Wirtschaft (Merkantilismus), eine Einbindung der Kirche in das Staatswesen sowie die Intensivierung des höfischen Lebens und Bau repräsentativer Schlossanlagen im Stil des Barock. Als Regierungsform in Europa im 17. und 18. Jh. vorherrschend.

Adel: In der Antike eine in der Gesellschaft hervorgehobene Gruppe, deren Macht und Einfluss sich auf Reichtum, Bildung und eigenen Lebensstil stützt. Man gehörte zum Adel durch Geburt – so in Griechenland und beim Patriziat in Rom. Seit um 300 v. Chr. wählten Zensoren in Rom die Mitglieder des Senats aus, in der Regel aus ehemaligen Magistraten. Innerhalb dieses Senatsadels bildete die Nobilität die Gruppe, aus deren Familien Mitglieder zum Konsulat gelangt sind. In der Kaiserzeit hatten die Kaiser maßgeblichen Einfluss auf die Zusammensetzung des Adels. Wenn der Adel in einem Staat die politische Macht ausübt, spricht man von einer Aristokratie. Im Mittelalter und der Frühen Neuzeit war der Adel in Europa die mächtigste Führungsschicht mit erblichen Vorrechten, besonderen politischen und militärischen Pflichten, mit ausgeprägtem Standesbewusstsein und besonderen Lebensformen. Adel war in der Regel verbunden mit Grundbesitz und daraus begründeten Herrschafts- und Einkommensrechten (Grundherrschaft, Gutsherrschaft). Der Adel als Stand setzt sich zusammen aus dem Hofadel, dem Amtsadel und dem Landadel. Obwohl politisch und rechtlich zur sozialen Oberschicht gehörend, konnte insbesondere der Landadel wirtschaftlich zur Mittelschicht gehören. Der Absolutismus verminderte und die bürgerliche Gesellschaft beseitigte schrittweise die politische Macht des Adels; ein Teil seiner gesellschaftlichen Vorrangstellung bestand jedoch bis ins 20. Jh. weiter.

Annuität: siehe Beamte

Antifaschismus: Der Begriff bezeichnet ursprünglich die Gegnerschaft zum Faschismus und Nationalsozialismus. Vor und nach 1945 benutzte die Sowjetunion und entsprechend die SED ihn als Integrationsideologie, um demokratische Gegner des Faschismus und Nationalsozialismus zu einem Bündnis unter kommunistischer Führung („Einheitsfront", „Demokratischer Block") zu bewegen. Während des Ost-West-Konflikts verschmolz der Begriff häufig mit dem des „Antiimperialismus" zu einem ideologischen Kampfbegriff, der die politisch-moralische Überlegenheit des Ostens zum Ausdruck bringen sollte.

Anti-Hitler-Koalition: Im Zweiten Weltkrieg ein informelles Zweckbündnis zwischen den USA, Großbritannien und der UdSSR mit dem einzigen Ziel, Hitler zu besiegen.

Antisemitismus: Ablehnung oder Bekämpfung von Juden aus rassischen, religiösen oder sozialen Gründen. Der Begriff wurde im Jahre 1879 geprägt, aber Judenfeindschaft gab es schon in der Antike und im Mittelalter. In der zweiten Hälfte des 19. Jh. entwickelte sich ein rassisch begründeter Antisemitismus, mit dem gesellschaftliche Konflikte auf die Juden als Feindbild übertragen wurden. In der NS-Ideologie bildete der Antisemitismus ein zentrales Element. Das NS-Regime setzte seinen Rassenantisemitismus systematisch bis zum Völkermord um: Ausschaltung aus dem politischen, wirtschaftlichen und kulturellen Leben (Nürnberger Gesetze von 1935), Pogrom am 9./10. November 1938 („Reichskristallnacht"), Ghettoisierung und die Verpflichtung, den Judenstern zu tragen, schließlich die physische Vernichtung. Etwa 6 Mio. Juden wurden in den Konzentrations- und Vernichtungslagern 1933–1945 getötet.

Appeasement (engl. = Beschwichtigung, Beruhigung): Appeasement wird als Schlagwort gebraucht, um in abwertendem Sinne eine Politik des ständigen Nachgebens, besonders totalitären Staaten gegenüber, zu bezeichnen. Appeasement war ein polemischer Vorwurf an die britische Außenpolitik von 1933 bis 1939, insbesondere für den Versuch der Regierung Chamberlain, seit 1937 durch Zugeständnisse an Deutschland und Italien den Frieden zu erhalten. Höhepunkt und Ende der Appeasementpolitik waren das Münchner Abkommen (1938) und die Besetzung der Tschechoslowakei durch deutsche Truppen (1939).

Arbeiter: In der kapitalistischen Industrieproduktion führt der Arbeiter persönlich frei und ohne Besitz von Produktionsmitteln in einem Vertragsverhältnis mit einem Unternehmer gegen Lohn fremdbestimmte Arbeit aus. Viele Arbeiter entwickelten das Bewusstsein, als Klasse zusammenzugehören. Sie verstanden sich als Proletariat, dessen Situation durch Reformen oder Revolution zu verbessern sei.

Arbeiterbewegung: Gewerkschaftlicher, genossenschaftlicher und politischer (Parteien-)Zusammenschluss von Arbeitern seit dem zweiten Drittel des 19. Jh. Die Arbeiterbewegung, d. h. die Institutionen, die für die Verbesserung der politischen und sozialen Lage der Arbeiter kämpften, ist begrifflich von der Arbeiterschaft als sozialer Schicht zu unterscheiden.

Aristokratie: Wörtlich „Herrschaft der Besten"; organisierte Herrschaft des Adels. Sie ist in der Antike dadurch gekennzeichnet, dass Adlige die wichtigsten Ämter bekleiden und ein Adelsrat (z. B. Areopag in Athen, Senat in Rom) maßgeblich die Politik beeinflusst.

Aufklärung: Eine viele Lebensbereiche umfassende Reformbewegung des 17./18. Jh. in Europa, die das „Licht der Vernunft" gegen klerikale, feudale und absolutistische Traditionen verbreiten wollte. Zentrale Forderungen waren unbeschränkte Öffentlichkeit, freie Meinungsäußerung und Toleranz gegenüber anderen Meinungen. Mittel zur Durchsetzung der Aufklärung waren vor allem Wissenschaft und Erziehung.

Autokratie (griech. = Selbstherrschaft): Herrschaftsform, bei der die Staatsgewalt in den Händen eines Einzelnen liegt, der weder durch Einzelgesetze noch durch eine Verfassung in seiner Macht gebunden ist.

Beamte: Personen, denen der Staat oder die Gemeinschaft für eine bestimmte Zeit oder für eine längere Dauer fest umschriebene Aufgaben zuweist. In Griechenland wurden die Beamten, z. B. die Archonten, meist für ein Jahr durch Los oder Wahl bestimmt. Nach Ablauf ihrer Amtszeit konnten sie zur Rechenschaft für ihre Amtsführung herangezogen werden. Die römischen Beamten (Magistrat) wurden vom Volk gewählt, und zwar für ein Jahr (Annuität); jedes Amt (Magistratur) war mindestens doppelt besetzt (Kollegialität); nach Ablauf ihrer Amtszeit konnten Magistrate einen Sitz im Senat erhalten.

Bipolarität: Bezeichnet eine Struktur des Staatensystems, bei dem sich zwei hegemoniale Machtzentren, wie die USA und die UdSSR von 1945 bis 1991, gegenüberstehen.

Blockfreie Staaten: Die Konferenz von Bandung 1955 war der Beginn der Bewegung der blockfreien Staaten, die sich in der Zeit des Kalten Krieges weder dem Ostblock/UdSSR noch dem Westblock/USA anschließen wollten. Ziele ihrer Politik waren Neutralitätsprinzip, Antiimperialismus, Antikolonialismus und weltweite Abrüstung.

Bürger, Bürgertum: Im Mittelalter und in der Frühen Neuzeit vor allem die freien und vollberechtigten Stadtbewohner, im Wesentlichen die städtischen Kaufleute und Handwerker; in einigen Ländern (z. B. England) auch schon im 18. Jh. die Angehörigen einer durch Besitz, Bildung und spezifische Einstellungen gekennzeichneten Bevölkerungsschicht, die sich von Adel und Klerus, Bauern und Unterschichten (einschließlich der Arbeiter) unterscheidet. Zu ihr gehören Besitz- oder Wirtschaftsbürger (= Bourgeoisie, also größere Kaufleute, Unternehmer, Bankiers, Manager), Bildungsbürger (Angehörige freier Berufe, höhere Beamte und Angestellte zumeist mit akademischer Bildung), am Rande auch die Kleinbürger (kleinere Handwerker, Krämer, Wirte). Staatsbürger meint dagegen alle Einwohner eines Staates ungeachtet ihrer sozialen Stellung, soweit sie gleiche „bürgerliche" Rechte und Pflichten haben (vor Gericht, in Wahlen, in der öffentlichen Meinung). Staatsbürger im vollen Sinne waren lange Zeit nur Männer und nur die Angehörigen der besitzenden und gebildeten Schichten, im 19. Jh. allmähliche Ausweitung auf nicht besitzende männliche Schichten, im 20. Jh. auf Frauen.

Bürgerliche Gesellschaft: Die Gesellschaft, in der das Bürgertum, insbesondere die Bourgeoisie (also das Wirtschaftsbürgertum) zur führenden Schicht oder Klasse wird. Sie löste im 18. und 19. Jh. die alte Feudalgesellschaft ab, in der Adel und Klerus die bestimmenden Stände waren. Mit der Industriellen Revolution und dem nach und nach durchgesetzten Verfassungsstaat gewann das Bürgertum immer mehr Einfluss und Macht.

Bürgerrecht: In der Antike ein Rechtsstatus, der für erwachsene Männer die Möglichkeit zu politischer Betätigung einschloss, für Frauen und Männer bestimmte Rechte, z. B. in Athen das auf Landbesitz in Attika, in Rom das Recht, eine vollgültige Ehe zu schließen, ferner einen besonderen Rechtsschutz. Fremde (in Athen „Metöken") und Sklaven waren vom Bürgerrecht ausgeschlossen. In Griechenland wie in Rom war das Bürgerrecht erblich, konnte darüber hinaus jedoch auch verliehen werden. Während es in Athen äußerst selten an Fremde und freigelassene Sklaven verliehen wurde, konnten in Rom Sklaven römische Bürger werden; es wurde auch häufig an besiegte Städte, in der späten Republik an ganz Italien, in der Kaiserzeit auch an provinziale Städte und ganze Provinzen verliehen, bis Kaiser Caracalla es 212 n. Chr. allen freien Reichsbewohnern gab. In der Tatsache, dass Rom – anders als Athen – das Bürgerrecht häufig an Unterworfene verliehen hat, sieht die Forschung eine Bedingung für die römische „Weltherrschaft".

Dekolonisation: Die einvernehmlich oder gewaltsam erlangte Aufhebung der Kolonialherrschaft.

Demagoge: Volksverführer

Demokratie: Regierungsform, in der der Wille des Volkes ausschlaggebend ist. Die direkte Demokratie beruht auf der unmittelbaren Teilhabe der Bürger an politischen Entscheidungen. In der modernen Form der Demokratie als mittelbare oder repräsentative Demokratie wird die Herrschaft nicht direkt vom Volk ausgeübt, sondern durch vom Volk gewählte Repräsentanten, die Abgeordneten. Kennzeichen der modernen freiheitlichen Demokratie sind: Garantie der Menschenrechte, allgemeines, gleiches, geheimes und freies Wahlrecht, Gewaltenteilung, Parlamente, Mehrparteiensystem, Minderheitenschutz.

Deutsche Frage: Bez. für die Probleme, die sich aus der deutschen Teilung nach der Niederlage des Deutschen Reiches im Zweiten Weltkrieg ergaben.

Dienstleistungssektor: Produktionssektor, zu dem keine Sachgüter, sondern Handel, Verkehr, Versicherungen, Gastronomie usw. gehören.

Diktatur: Herrschaftssystem, bei dem ein Einzelner, eine Gruppe oder eine Partei mit Gewalt herrscht.

Dritte Welt: Dazu gehören alle industriell schwach entwickelten Länder in Afrika, Asien und Lateinamerika. Die Erste Welt bilden die industrialisierten Staaten Europas, die USA, Kanada, Australien, Neuseeland und Japan. Zur Zweiten Welt zählten die später industrialisierten sozialistischen Staaten des Ostblocks. Obwohl es den Ostblock nicht mehr gibt, wird weiterhin von der Dritten Welt im herkömmlichen Sinn gesprochen. Die Dritte Welt fordert von den reichen Industriestaaten mehr Hilfe und Gleichberechtigung auf dem Weltmarkt (Nord-Süd-Konflikt).

Dynastie: Herrschergeschlecht

egalitär: Auf politische oder soziale Gleichheit und Gerechtigkeit bedacht.

elitär: Einer Elite angehörend, auserlesen.

Entnazifizierung: Von den Alliierten eingeleitete und von den Deutschen übernommene Maßnahmen zur Ausschaltung des NS-Einflusses in Politik, Wirtschaft und Kultur.

Entwicklungshilfe: Bezeichnung für alle Maßnahmen privater und öffentlicher, nationaler und internationaler Organisationen zur Unterstützung der Entwicklungsländer.

Entwicklungsländer: Länder, die gemessen an „hoch entwickelten" Ländern „unterentwickelt" sind. Merkmale bzw. Ursachen sind: Ein großer Anteil der Bevölkerung ist in der Landwirtschaft tätig; hohe Arbeitslosigkeit und Unterbeschäftigung; wenig Bildungsmöglichkeiten; niedriges Pro-Kopf-Einkommen; Kapitalmangel; ungenügende Infrastruktur; unzureichende medizinische Versorgung; einseitige Abhängigkeit von der Weltwirtschaft.

Erbuntertänigkeit: Abhängigkeitsverhältnis von Bauern zu ihren Grundherren in der Frühen Neuzeit; ging teilweise so weit, dass Bauern von ihren Herren verkauft werden konnten.

Europäische Integration: Die langfristig angelegte und friedliche Zusammenführung der europäischen Staaten. Sie betraf nach 1945 zunächst nur das westliche, ab 1989/90 auch das östliche Europa.

Expansion: Vergrößerung eines Staatsgebietes durch Krieg oder Schaffung von Einflusszonen.

Familie: In der vorindustriellen Zeit Haus-, Schutz- und Herrschaftsverband, der neben den Blutsverwandten auch alle übrigen Arbeitenden des Hauses und der dazugehörigen Wirtschaft umfasste (Ganzes Haus). Dieser Familienverband wandelte sich zuerst bei Beamten und Gebildeten im 18. Jh., dann beschleunigt in fast allen Gruppen der Gesellschaft unter dem Einfluss der Industrialisierung. Das Ergebnis dieses Prozesses war die Familie als Verwandtschaftsfamilie, heute überwiegend die Kern- oder Kleinfamilie.

Feudalismus: siehe Lehnswesen

Frondienst: Die unbezahlte Arbeit, die der Hörige seinem Grund- oder Gutsherrn leistete (Säen, Ernten, Hilfe beim Wegebau, Pflügen, Transportieren).
Frühe Neuzeit: Epochenbezeichnung für das 16.–18. Jh.
Frühkapitalismus: Die Epoche des Frühkapitalismus (15. bis 18. Jh.) ist dadurch gekennzeichnet, dass einzelne Unternehmer, Unternehmerfamilien und Handelsgesellschaften alle für Produktion und Handel erforderlichen Mittel besaßen, nämlich Geld, Gebäude und Arbeitsgeräte (Kapital). Sie versuchten häufig, eine marktbeherrschende Stellung für bestimmte Waren durchzusetzen (Monopole).
Führerprinzip: Im weiteren Sinne ist ein Führer jemand, der eine Gruppe von Menschen leitet. Im 20. Jh. ist die historische Bedeutung von Führer, Führerprinzip und Führerstaat untrennbar verbunden mit den Diktaturen des Faschismus, insbesondere des Nationalsozialismus und der Person Adolf Hitlers. Der Führer vereint in sich die oberste vollziehende, gesetzgebende und richterliche Gewalt und kennt keine Gewaltenteilung; er bedarf keiner Legitimation und verlangt unbedingten Gehorsam. Seine Person wird fast kultisch verehrt. Der Führerstaat funktioniert nach dem Führerprinzip: Autorität wird in der Staats- und Parteiorganisation von oben nach unten ausgeübt, Verantwortung von unten nach oben verlagert. Das Führerprinzip wird ergänzt durch die Ideologie der Volksgemeinschaft.

Ganzes Haus: Bezeichnung für die Wohn- und Lebensweise in vorindustriellen Zeiten. Der Familienverband umfasste neben der Kernfamilie (Vater, Mutter, Kinder) die im Hause wohnenden Blutsverwandten (z. B. Großeltern, Tanten, Neffen) und die im Haus Arbeitenden (z. B. Mägde, Knechte, Kutscher, Gesellen, Gehilfen). Das alle Verbindende war die Arbeit im Haus, sei sie landwirtschaftlich, handwerklich oder kaufmännisch. Da Arbeits- und Wohnstätte räumlich noch nicht getrennt waren, war die geschlechtliche Arbeitsteilung im Vergleich zum 19./20. Jh. weniger stark ausgeprägt und trotz der dominierenden rechtlichen Stellung des Paterfamilias weniger hierarchisiert.
Generalstände (frz. = *état généraux*):In Frankreich vor 1789 die ständige Vertretung des Königreichs durch Geistliche, Lehnsfürsten und Abgeordnete königlicher Städte; wichtigste Aufgaben waren Steuerbewilligung und Vorlage von Beschwerden; wurden nach 1614 erst wieder 1789 einberufen.
Gesellschaftsvertrag: Die vor allem in den Staatstheorien der Aufklärung entwickelte Theorie vom Gesellschaftsvertrag ging von der (fiktiven) Vorstellung aus, dass die ehemals ganz freien Menschen in einem Vertrag miteinander auf einen Teil ihrer Rechte verzichteten und diese zu ihrem Schutz und Wohl – auf den dadurch entstehenden Staat übertrugen. Dessen Macht wurde so als ursprünglich vom Volk übertragene gerechtfertigt und gleichzeitig begrenzt.
Gewaltenteilung: Trennung zwischen den drei Staatsorganen Legislative (Parlament), Exekutive (Verwaltung einschließlich Regierung) und Judikative (Rechtsprechung). Mit der Gewaltenteilung soll der Einfluss einer Staatsgewalt auf die anderen begrenzt werden.
Glasnost (russ. = Offenheit, Öffentlichkeit, Transparenz): Schlüsselbegriff der Reformen Gorbatschows seit 1985 in der UdSSR; beinhaltete die Überwindung der alten politischen und gesellschaftlichen Strukturen durch freieren Zugang zu Informationen, offene Diskussion von Missständen, Ermutigung zur Kritik, Transparenz staatlicher Entscheidungsprozesse und politische Beteiligung des Volkes.
Globalisierung: Prozess der Zunahme und Verdichtung weltweiter Beziehungen in allen Lebensbereichen.
Gottesgnadentum: Nach mittelalterlicher Vorstellung war das Königtum ein von Gott verliehenes Amt, das zur Wahrung von Frieden und zur Verwirklichung göttlicher Ordnung auf Erden verpflichtete. Fürsten und Monarchen der Neuzeit legitimierten damit ihre Dynastien und weit reichenden Machtbefugnisse.
Grundherr/-schaft: Konnte eine Person oder eine Institution sein, also z. B. ein Adliger oder ein Kloster. Er verfügte über das Obereigentum an Grund und Boden und gab diesen an abhängige, oft unfreie Untereigentümer (Hörige) zur Bewirtschaftung aus. Für den Schutz, den der Grundherr gewährte, waren die Hörigen zu Abgaben und Diensten (Frondienste) verpflichtet. Die Grundherrschaft bestimmte weitgehend die Wirtschaftsweise und das Leben der Bauern bis ins 19. Jh.
Gründerzeit: Kulturgeschichtlicher Epochenbegriff für die Jahrzehnte zwischen Reichsgründung und Jahrhundertwende.

Hausmacht: Gebiete, die ein Fürst besitzt und die dazu dienen, im Reich Macht auszuüben.
Hegemonie: Bezeichnet die Vormachtstellung eines Staates innerhalb einer Gruppe von Staaten. Sie stützt sich in der Regel auf militärische Überlegenheit, die eine politische Führungsrolle begründet. Sie kann sich aber auch nur auf das wirtschaftliche Gebiet beziehen.
Heiliges Römisches Reich Deutscher Nation: Das deutsche Kaiserreich erhob im Mittelalter den Anspruch, als Kaiserreich den Königreichen übergeordnet zu sein. Die Kaiser sahen sich als Nachfolger der römischen Kaiser; ihr Reich wurde daher „Heiliges Römisches Reich" genannt. Es ging über die heutigen Grenzen Deutschlands hinaus. Im 15. Jh. erhielt der Name den Zusatz „Deutscher Nation"; wurde im Zuge der napoleonischen Kriege 1806 aufgelöst.
Hörige: Von einem Grundherrn abhängige Bauern, denen der Herr gegen Abgaben und Dienste (Frondienste) Land zur selbstständigen Bewirtschaftung überlässt. Sie waren an den von ihnen bearbeiteten Boden gebunden und konnten mit ihm zusammen verkauft oder verschenkt werden. Die Unfreiheit der Hörigen ist von der der Sklaven und Leibeigenen zu unterscheiden: Hörige konnten im Gegensatz zu Leibeigenen bewegliches Eigentum erwerben. Freie wurden hörig, wenn sie sich dem Schutz eines Grundherrn unterstellten oder durch Schulden dazu gezwungen wurden.
Humanismus: In Italien entstandene Bildungsbewegung vom 14. bis zum 16. Jh. Ausgehend vom Ideal des edlen Menschen, das die Humanisten in der Literatur der Antike fanden, kritisierten sie vor allem die Theologie und die kirchliche Bildungstradition. Ihr Ziel war eine am Vorbild der Antike geformte Bildung, die die Entfaltung der Persönlichkeit und eine individuelle Lebensgestaltung ermöglicht.

Ideologie: Vor allem die Bezeichnung für eine umfassende Deutung gesellschaftlich-politischer Verhältnisse und historischer Entwicklungen. Diese Deutung ist durch Interessen bedingt und daher einseitig und verzerrt; sie soll bestehende Verhältnisse begründen bzw. rechtfertigen.
Immunität: Unantastbarkeit; gesetzlicher Schutz vor Strafverfolgung für Abgeordnete und Diplomaten.
Imperialismus: Während der Phase des Hochimperialismus (1880/90–1914) bezeichnet das Wort ein ausgeprägtes

politisches und wirtschaftliches Ausnutzungs- und Abhängigkeitsverhältnis zwischen fortgeschrittenen Industriestaaten und wenig entwickelten Ländern besonders in Afrika und Asien. Die Herrschaft kann formellen oder informellen Charakter besitzen.

Indikator: In der Geschichtswissenschaft ein Merkmal (z. B. Zahl der in der Industrie Tätigen, Sozialprodukt), das als beweiskräftiges Zeichen für einen historischen Prozess (z. B. Industrialisierung) dient.

Industrielle Revolution: Durch den englischen Sozialreformer Arnold Toynbee (1852–1883) verbreiteter Begriff. Bezeichnet die erste Phase der Industrialisierung, die in England um 1770 einsetzte (Deutschland von ca. 1840 bis 1870). Sie stellt die Anschubphase eines tief greifenden wirtschaftlichen und gesellschaftlichen Wandlungsprozesses dar, der bis heute nicht abgeschlossen ist (Industrialisierung). Im Mittelpunkt stehen Einführung und Fortentwicklung der industriellen Produktionsweise (neue Energiequellen, Maschinen, Fabrik, Arbeitsteilung auf zunehmend wissenschaftlicher Grundlage, Wachstum des Sozialprodukts) und die Umverteilung der Erwerbstätigen von der Landwirtschaft in das Gewerbe und den Dienstleistungsbereich.

Internationaler Währungsfonds/IWF: 1945 als Sonderorganisation der UNO gegründet, um eine Neuordnung und Stabilisierung der internationalen Wirtschaftsbeziehungen auf der Basis fester Wechselkurse zwischen konvertiblen Währungen mit dem Dollar als Leitwährung institutionell abzusichern.

Kapitalismus: Wirtschaftsordnung, in der sich das Produktivkapital in den Händen von Privatpersonen bzw. -personengruppen befindet, d. h. der Kapitalisten und Unternehmer. Diesen stehen die Lohnarbeiter gegenüber. Der erwirtschaftete Gewinn geht wieder an den Unternehmer und führt zur Vermehrung des Produktivkapitals. Die wichtigsten wirtschaftlichen Entscheidungen werden in den Unternehmen im Hinblick auf den Markt und die zu erwirtschaftenden Gewinne getroffen, nicht aber vom Staat.

Klasse, Klassengesellschaft: Bezeichnung für gesellschaftliche Großgruppen seit Ende des 18. Jh., deren Angehörige durch Besitz bzw. Nichtbesitz von Produktionsmitteln und den sich daraus ergebenden gemeinsamen bzw. entgegengesetzten Interessen gekennzeichnet sind. Im 19. Jh. lief in den Industriestaaten ein Prozess der Klassenbildung zwischen Unternehmern (Bougeoisie) und Arbeitern (Proletariat) ab. Wenn sich Klassenspannungen in einer Gesellschaft deutlich ausprägen, spricht man von einer Klassengesellschaft.

Klerus: Gesamtheit der Personen, die durch eine kirchliche Weihe in den Dienst der Kirche getreten sind (= Geistliche). Als eigener Stand besaßen die Geistlichen bis ins 19. Jh. hinein politische und wirtschaftliche Vorrechte: Recht zur Erhebung von Kirchenabgaben (Zehnt), eigene Gerichtsbarkeit, Steuerfreiheit.

Klientel: Fast jeder nicht-adlige Römer war Klient (Schutzbefohlener) eines adligen Patrons (Schutzherr). Zu den Hauptpflichten der Klienten gehörten die tägliche Begrüßung des Patrons, die Begleitung in der Öffentlichkeit sowie die politische Unterstützung bei Wahlen. Der Patron hatte seinen Klienten vor Gericht zu vertreten und ihn vor Gefahren zu schützen.

Kollegialität: siehe Beamte

Kolonialismus: Die Errichtung von Handelsstützpunkten und Siedlungskolonien in militärisch und politisch schwächeren Ländern (vor allem in Asien, Afrika und Amerika) sowie deren Inbesitznahme durch überlegene Staaten (insbesondere Europas) seit dem 16. Jh. Die Kolonialstaaten verfolgten dabei vor allem wirtschaftliche und militärische Ziele.

kommerzialisieren: Werte und Handlungen wirtschaftlichen Interessen unterordnen.

Kommunismus: Seit dem 19. Jh. Bezeichnung für eine politische Ideologie und Bewegung, die durch eine Revolution die bürgerliche Gesellschaft beseitigen und durch eine klassenlose Gesellschaft ohne Privatbesitz an Produktionsmitteln ersetzen will. Die Lehre des Kommunismus wurde vor allem durch Karl Marx und Friedrich Engels begründet.

Konfessionalisierung: Bezeichnet den im letzten Viertel des 16. Jh. einsetzenden Prozess der intensiven Durchdringung von Staat und Gesellschaft mit Regelungen und Einstellungen, die unmittelbar mit dem jeweiligen Glauben (katholisch, lutherisch, reformiert bzw. calvinistisch) zusammenhingen.

Konjunktur: Periodisch wiederkehrende Schwankungen einer Volkswirtschaft oder der Weltwirtschaft. Ein Konjunkturzyklus besteht in der Regel aus vier Phasen: 1. Aufschwung (Gewinne, Investitionen und Beschäftigung steigen); 2. Hochkonjunktur (hohe Gewinne und Vollbeschäftigung); 3. Abschwung (sinkende Gewinne und Investitionen, mehr Arbeitslose); 4. Konjunkturkrise oder Depression (wenig Investitionen, hohe Arbeitslosigkeit).

konstitutionell: Auf einer Verfassung beruhend.

Konzentrationslager/KZ: Massenlager, in denen Menschen aus politischen, religiösen, rassischen oder anderen Gründen eingesperrt, misshandelt und ermordet werden, vor allem zur Zeit des Nationalsozialismus. Die Konzentrationslager waren Mittel zur Einschüchterung, Ausschaltung und Vernichtung der Gegner der nationalsozialistischen Diktatur. Mit ihrer Organisation waren SS-Einheiten betraut. Seit Kriegsanfang mussten KZ-Insassen schwere Zwangsarbeit für die Rüstungsindustrie verrichten. Seit 1941 wurden Vernichtungslager errichtet, in denen bis Kriegsende etwa 6 Mio. Juden und 500 000 Polen, Sinti und Roma und andere ermordet wurden. In den meisten NS-Konzentrationslagern wurden grausame medizinische Versuche an Menschen durchgeführt.

Landstände: Vertretungsorgane von Adel, Geistlichen, Städten und Amtsinhabern gegenüber den Landesfürsten.

„Lebensraumpolitik": Der aus der wissenschaftlichen Schule der „Geopolitik" stammende Begriff (1897) bezeichnet den Raum, den bestimmte Bevölkerungen angeblich „objektiv" zum Leben benötigen. In der Weimarer Republik entwickelte sich aus diesem wissenschaftlich umstrittenen Begriff das politische Schlagwort vom „Volk ohne Raum". In Hitlers Buch „Mein Kampf" und in seinem unveröffentlichten „Zweiten Buch" ist „Lebensraum" einer der Zentralbegriffe der NS-Ideologie und bez. die militärisch-gewaltsame Ausdehnung des deutschen Gebietes in den europäischen Osten unter Verdrängung, Versklavung und Ausrottung der dort lebenden slawischen Völker.

Lehen/Lehnswesen: Im Mittelalter vergab der König an Adlige, die Kriegs- und Verwaltungsaufgaben übernahmen, Lehen, d. h. Ländereien oder nutzbare Rechte (z. B. Zolleinnahmen). Bei der Übergabe des Lehens verpflichteten sich der König als Lehnsherr und der Adlige als Lehnsmann (Vasall) durch Eid zu gegenseitiger Treue: Der Vasall war zu Gefolgschaft, zur Unterstützung seines Herrn in Krieg und Frieden verpflichtet. Wie der König vergaben auch die Adligen Lehen an eigene Vasallen, sodass eine Lehnspyramide entstand. Der mittelalterliche Staat ruhte im Wesentlichen auf diesen persönlichen Beziehungen zwischen Herren und Vasallen. Diese politische Ordnung wird daher auch als Lehnssystem oder Feudalismus (abgeleitet von lat. feudum = Lehen) bezeichnet. Feudalismus im weiteren Sinn bezieht die Grundherrschaft als wirtschaftliche Grundlage des Lehnssystems mit ein. So verstanden, kann man das gesellschaftlich-wirtschaftliche System des 8. bis 18. Jh. als Feudalsystem, den Zeitraum als Epoche des Feudalismus bezeichnen.

Leibeigenschaft: siehe Hörige

Liberalismus: Politische Bewegung seit dem 18. Jh.; betont die Freiheit des Individuums gegenüber kollektiven Ansprüchen von Staat und Kirche. Merkmale: Glaubens- und Meinungsfreiheit, Sicherung von Grundrechten des Bürgers gegen staatliche Eingriffe, Unabhängigkeit der Rechtsprechung (Gewaltenteilung), Teilnahme an politischen Entscheidungen; der wirtschaftliche Liberalismus fordert die uneingeschränkte Freiheit aller wirtschaftlichen Betätigungen.

„Machtergreifung“: Begriff aus der nationalsozialistischen Propagandasprache. Er beschreibt selbstverherrlichend die auf Druck der konservativen Eliten erfolgte Ernennung Adolf Hitlers zum Reichskanzler am 30. Januar 1933; tatsächlich ist eher von einer Machtübertragung zu sprechen.

Magistrat: siehe Beamte

Manufaktur: Vorindustrielle Produktionsstätte, in der durch Arbeitsteilung, aber noch nicht mit Maschinen große Mengen Waren produziert werden.

Menschen- und Bürgerrechte: Der durch die Aufklärung verbreitete und in der Amerikanischen und Französischen Revolution mit Verfassungsrang ausgestattete Begriff besagt, dass jeder Mensch unantastbare Rechte besitzt, die der Staat achten muss, vor allem das Recht auf Leben, Glaubens- und Meinungsfreiheit, Versammlungs- und Vereinigungsfreiheit, Freizügigkeit, persönliche Sicherheit, Eigentum und Widerstand im Fall der Verletzung von Menschenrechten. Im 19. und 20. Jh. wurden auch soziale Menschenrechte, besonders von sozialdemokratisch-sozialistischer Seite, formuliert, so das Recht auf Arbeit, soziale Sicherheit und Bildung.

Metöken: Freie Einwohner Athens ohne Bürgerrecht.

Militarismus: Bezeichnet das Vorherrschen militärischer Grundsätze und Wertvorstellungen im öffentlichen und privaten Leben (z. B. Autoritätsgläubigkeit, Untertanengeist, bedingungsloser Gehorsam).

Ministerialen (= Dienstmannen): Ursprünglich Unfreie. Vom 10. Jh. an wurden sie von ihren Herren mit Verwaltungs- und Kriegsdiensten beauftragt. Seit der Stauferzeit (12. Jh.) verbanden sie sich mit dem Adel zum Ritterstand. Im Spätmittelalter verloren sie die Unfreiheit und gehörten zum niederen Adel.

Mittelalter: Bezeichnung für die Geschichtsepoche um 500 bis um 1500 n. Chr., d. h. die Zeit zwischen Antike und Neuzeit.

Mobilität: Ausdruck der Bevölkerungsstatistik für Bevölkerungsbewegungen. Horizontale Mobilität meint die Wanderung aus einem Gebiet in ein anderes, wobei zwei Formen zu unterscheiden sind: Binnenwanderung innerhalb eines Landes und Auswanderung von einem Land in ein anderes Land. Voraussetzung für horizontale Mobilität ist in der Regel ein ausgebautes Verkehrssystem. Soziale Mobilität meint den Auf- oder Abstieg von einer sozialen Schicht in eine andere. Dabei sind die intergenerationelle Mobilität (der Sohn oder die Tochter erreichen eine höhere soziale Schicht als die Eltern bzw. steigen ab) und die intragenerationelle Mobilität (Auf- und Abstieg innerhalb eines Lebensschicksals) zu unterscheiden.

Modernisierung: Prozess der beschleunigten Veränderung einer Gesellschaft in Richtung auf einen entwickelten Status, meistens verbunden mit dem in der Aufklärung entwickelten Fortschrittsbegriff und bezogen auf den Übergang von der Agrar- zur Industriegesellschaft. Kennzeichen der Modernisierung: Verstädterung, Säkularisierung, Rationalisierung, Erhöhung des technischen Standards (Produktion von Gütern mit Maschinen), permanentes wirtschaftliches Wachstum, Ausbau und Verbesserung der technischen Infrastruktur (Verkehrswege, Massenkommunikationsmittel), Verbesserung des Bildungsstandes (allgemeine Schulpflicht, Alphabetisierung, Wissenschaft), räumliche und soziale Mobilität, Parlamentarisierung und Demokratisierung, Nationalstaatsbildung.

Montanindustrie: Gesamtheit der bergbaulichen Industrieunternehmen.

Nation (lat.: Abstammung): Bezeichnet große Gruppen von Menschen mit gewissen, ihnen bewussten Gemeinsamkeiten, z. B. gemeinsame Sprache, Geschichte, Verfassung sowie inneren Bindungen und Kontakten (wirtschaftlich, politisch, kulturell). Diese Bindungen werden von den Angehörigen der Nation positiv bewertet. Nationen haben oder wollen eine gemeinsame staatliche Organisation (Nationalstaat) und grenzen sich von anderen Nationen ab.

Nationalismus: Politische Ideologie zur Integration von Großgruppen. Der demokratische Nationalismus entstand in der Französischen Revolution; er war verbunden mit den Ideen der Menschen- und Bürgerrechte, mit dem Selbstbestimmungsrecht und der Volkssouveränität. Der integrale Nationalismus entstand Ende des 19. Jh. und lehnte die Gleichberechtigung der Nationen ab. Die Interessen der eigenen Nation wurden denen aller anderen Nationen übergeordnet. Dadurch erhielt diese Spielart eine aggressive Komponente nach außen.

Nationalsozialismus: Bezeichnung für die nach dem Ersten Weltkrieg in Deutschland aufkommende rechtsradikale Bewegung, die auf einem extremen Nationalismus, Rassismus und Expansionismus beruhte und die deutsche Ausprägung des Faschismus darstellte. Der Nationalsozialismus bekämpfte wie andere faschistische Bewegungen alle individuellen und demokratischen Freiheiten, die seit der Französischen Revolution erkämpft worden waren. Die besondere ideologische Bedeutung der expansionistischen „Lebensraumpolitik“ und der Rassenlehre mit der Übersteigerung des „germanischen Herrenmenschen“, der Antisemitismus und der Aufbau eines umfassenden Propaganda- und Vernichtungsapparates heben ihn von anderen faschistischen Bewegungen ab.

Naturrecht: Das in der „Natur“ des Menschen begründete, ihr „entspringende“ Recht, das dem positiven oder „gesetzten“ Recht gegenübersteht und ihm übergeordnet ist. Historisch wurde das Naturrecht zur Begründung entgegengesetzter Positionen benutzt, und zwar abhängig vom jeweiligen Menschenbild: Entweder ging man davon aus, dass alle Menschen von Natur aus gleich sind, oder, umgekehrt, dass alle Menschen von Natur aus verschieden sind. Die griechischen Sophisten leiteten aus dem Naturrecht das Recht des Stärkeren ab; Aristoteles rechtfertigte damit die Sklaverei. In der Neuzeit wurde es sowohl zur Legitimation des absoluten Fürstenstaates (Recht des Stärkeren) benutzt wie, über die Begründung des Widerstandsrechts, zu dessen Bekämpfung (Gleichheit aller Menschen). Für die politische Theorie der Neuzeit zentral sind die aus dem Naturrecht entwickelten Begriffe Souveränität und Gleichheit.

Neokolonialismus: Durch das wirtschaftliche und kulturelle Erbe der früheren Kolonialmacht und wegen der fortdauernden Abhängigkeit von Hilfen, vom Weltmarkt und insbesondere wegen ihrer Verschuldung stehen die formal souveränen Staaten der Dritten Welt in wirtschaftlicher und politischer Abhängigkeit der Industrieländer bzw. der ehemaligen Kolonialmächte; ihre tatsächliche Gleichberechtigung wird dadurch verhindert.

Neuzeit: Epochenbezeichnung für die Geschichte seit ca. 1500; häufig unterteilt in Frühe Neuzeit (16.–18. Jh.) und Moderne (ab der Zeit um 1800).

Nobilität: siehe Adel

Notstandsgesetze: Bezeichnung für die Verfassungsbestimmungen und Gesetze, die das politisch-gesellschaftliche Leben für den äußeren Notstand (Spannungs- und Verteidigungsfall) sowie den inneren Notstand (Hilfe bei Naturkatastrophen und schweren Unfällen, Abwehr drohender Gefahren für die freiheitlich-demokratische Grundordnung) regeln. Nach heftigen Debatten am 30. Mai 1968 vom Bundestag beschlossen; damit wurden alliierte Vorbehaltsrechte aus dem Deutschlandvertrag abgelöst.

Notverordnungen: Auf den Artikel 48 der Weimarer Reichsverfassung gestütztes Recht der Exekutive, in Notzeiten unter Umgehung des Reichstags Gesetze zu erlassen; 1930 bis 1933 regierten die Kanzler Brüning, von Papen und von Schleicher mithilfe von Notverordnungen.

Oikos: Hausgemeinschaft

Oligarchie: Wörtl. „Herrschaft der Wenigen"

Open door policy (wörtl. Politik der offenen Tür): Politik der USA Ende des 19. Jh.; zielte darauf ab, sich im Wettbewerb mit den europäischen Großmächten gleichen Zugang und gleiche Handelsmöglichkeiten auf dem chinesischen Markt zu sichern. Nach dem Ersten Weltkrieg ist damit allgemein der freie Zugang aller Staaten zu allen Märkten gemeint, um wirtschaftliches Wachstum und internationale Kooperation zu sichern.

opportunistisch: Angepasst, auf persönliche Vorteile bedacht.

Ost-West-Konflikt: Die internationale Ordnung zwischen 1945 und 1990 war bipolar. Internationale Politik wurde bestimmt durch den Gegensatz zwischen den von den USA und der Sowjetunion geführten Machtblöcken.

Parlament, Parlamentarisierung: In parlamentarischen Regierungssystemen ist das Parlament das oberste Staatsorgan. Es entscheidet mit Mehrheit über die Gesetze und den Haushalt und kontrolliert oder wählt die Regierung. Das Parlament kann aus einer oder zwei Kammern (Häusern) bestehen. Im Einkammersystem besteht das Parlament nur aus der Versammlung der vom Wahlvolk gewählten Abgeordneten (Abgeordnetenhaus), im Zweikammersystem tritt dazu ein nach ständischen oder regionalen Gesichtspunkten gewähltes oder ernanntes Haus. Im demokratischen Parlamentarismus herrscht allgemeines und gleiches Wahlrecht. Im Deutschen Reich bestand seit 1871 ein Zweikammersystem: Reichstag und Bundesrat, heute: Bundestag und Bundesrat.

Patrizier: Bezeichnung für die Mitglieder des Adels der frühen Römischen Republik.

Pauperismus (lat. *pauper* = arm): Bezeichnung für Massenarmut, besonders in der ersten Hälfte des 19. Jh.s. Er wurde hervorgerufen durch das schnelle Bevölkerungswachstum, dem eine nur langsam steigende Nahrungsmittelproduktion und ein Mangel an Arbeitsplätzen bzw. Verdienstmöglichkeiten gegenüberstanden; er endete mit der Industriellen Revolution.

Perestroika (russ. = Umgestaltung): Schlüsselbegriff Gorbatschows zur Modernisierung der Sowjetunion. Ziel war die Demokratisierung von Politik (Verfassungsreform) und Wirtschaft (Zulassung von Privatbetrieben, Reduzierung des Staatseinflusses), aber unter Beibehaltung der Grundzüge des Sozialismus.

Personenverbandsstaat: Mittelalterliche Herrschaftsordnung, die auf der rechtlichen Bindung zwischen Personen beruht. Das moderne Staatsverständnis geht von einem Gebiet aus, das von der durch Beamte ausgeübten Verwaltung einheitlich erfasst wird.

Planwirtschaft: Wirtschaftsordnung, in der die ökonomischen Prozesse einer Volkswirtschaft, insbesondere die Produktion und die Verteilung von Gütern und Dienstleistungen, planmäßig und zentral gesteuert werden.

Plebs/Plebejer: In der frühen Römischen Republik der Stand, der von der Herrschaft ausgeschlossen war und mit den Patriziern um die Beteiligung an der Macht kämpfte. Zu den Plebejern gehörten sowohl wohlhabende als auch arme Familien. Erst als reiche Plebejer Aufnahme in die „Nobilität" fanden und sich die Ritter als eigenständige Gruppe ausbildeten, wurde „Plebejer" zur Bez. der sozialen Unterschicht, d. h. der einfachen Handwerker und Bauern.

Polis (griech. = Burg, Siedlung, Stadt; Plural: *Poleis*): Die Polis war in der Antike der politische Mittelpunkt eines umliegenden Gebietes. Hier hatten die Beamten ihren Sitz, hier tagten die Volksversammlung und der Rat; deshalb spricht man auch von Stadtstaat. Die einzelnen Poleis waren bestrebt, ihre Selbstständigkeit und wirtschaftliche Unabhängigkeit zu wahren. Unser Adjektiv politisch bzw. der Begriff Politik leitet sich von diesem Wort ab.

Princeps/Prinzipat: Prinzipat bezeichnet die staatliche Ordnung, die sich unter Augustus herausgebildet hat und während der römischen Kaiserzeit bis zum 3. Jh. galt. Augustus nannte sich Princeps (lat. = der Erste), um seine politische Stellung von der Monarchie oder der Diktatur abzuheben. Obwohl der Princeps der mächtigste Mann war, konnte er nicht ohne die Hilfe der traditionellen Eliten (Senatoren, Ritter) regieren; ebenso war er auf die Zustimmung des Heeres und des römischen Stadtvolkes angewiesen.

Proletarier: siehe Arbeiter

Protektionismus: Schutz der einheimischen Produktion vor ausländischer Konkurrenz (z. B. durch Zölle).

Protoindustrialisierung: „Industrialisierung" vor der Industrialisierung. Gemeint ist die ausschließlich für den Markt (also nicht für den Eigenverbrauch) und nach kommerziellen Gesichtspunkten, aber noch nicht mit Maschinen organisierte dezentrale Produktion von Gütern (vor allem Leinenstoffe); produziert wurde insbesondere in solchen Familien, die vom Ertrag ihrer „ersten“ Arbeit nicht existieren konnten, z. B. Heuerlinge, Dorfhandwerker, -krämer oder -schankwirte.

„Rassenlehre“: Bezeichnet die pseudo-wissenschaftliche Anwendung der biologischen Unterscheidung von menschlichen Gruppen ähnlicher erblicher Merkmale (z. B. der Hautfarbe) auf das gesellschaftlich-politische Leben; dabei wird die Höher- bzw. Minderwertigkeit verschiedener „Rassen“ unterstellt. Der auf das 19. Jh. zurückgehende Rassismus (Sozialdarwinismus) erfuhr im nationalsozialistischen Antisemitismus mit der systematischen Verfolgung und Vernichtung der Juden seine bisher fürchterlichste Konsequenz.

Rätesystem: Demokratieform, die alle Einwohner an der Ausübung und Kontrolle der Herrschaft direkt beteiligt. Auf der untersten Ebene werden in den Vollversammlungen von Betriebs-, Wohn- und Verwaltungseinheiten Beauftragte direkt und öffentlich gewählt; bei allen weiteren Entscheidungen sind die Beauftragten durch ein imperatives Mandat an die Weisungen ihrer Wähler gebunden und jederzeit abrufbar. Die Beauftragten bilden auf den weiteren Stufen Räte, die nicht nur legislative, sondern auch exekutive und richterliche Gewalt besitzen (im Gegensatz zur Gewaltenteilung). Ein wirksames Rätesystem setzt voraus, dass alle Bürger bereit sind, kontinuierlich mitzuarbeiten, dass alle ein annähernd gleiches Bildungsniveau und gleiche Informationen besitzen. In Deutschland wurde das Rätesystem während der Revolution 1918/19 von Anhängern des Spartakusbundes und des linken Flügels der USPD vertreten.

Real existierender Sozialismus: Sozialismus – der Begriff wird bis ins 20. Jh. synonym mit Kommunismus verwendet – bezeichnet eine politische Theorie und Bewegung. Ursprüngliches Ziel war die Schaffung gesellschaftlicher Gleichheit und Gerechtigkeit durch die Aufhebung des Privateigentums an Produktionsmitteln, die Einführung einer Planwirtschaft und die Beseitigung der Klassenunterschiede. Von Anfang an umstritten war der Weg: Revolution oder Reformen. Der Marxismus-Leninismus verstand Sozialismus als Vorstufe zum Kommunismus. Der Begriff des „real existierenden Sozialismus“ diente nach 1945 zur Abgrenzung der kommunistischen Parteidiktaturen (osteuropäische Länder und DDR) von demokratisch-freiheitlichen Sozialismusvorstellungen (wie sie seit der Spaltung der Arbeiterbewegung zu Beginn des 20. Jh. und im Ersten Weltkrieg von den sozialdemokratischen und den meisten sozialistischen Parteien der westlichen Demokratien vertreten wurden).

Rechtsstaat: Staat, in dem die Staatsgewalt mit allen staatlichen Organen, die Grundrechte und die individuelle Rechtssicherheit durch die Verfassung und unabhängige Rechtsordnung festgelegt, kontrolliert und garantiert werden.

Reform: Neuordnung, Verbesserung und Umgestaltung von politischen und sozialen Verhältnissen im Rahmen der bestehenden Grundordnung; hierin, oft weniger in den Zielen, unterscheiden sich Reformen von Revolutionen als politisches Mittel zur Durchsetzung von Veränderungen.

Reformation (lat. *reformatio* = Umgestaltung, Erneuerung): Bezieht sich als historischer Begriff auf die von Luther ausgelöste christliche Erneuerungsbewegung im 16. Jh. Im Zentrum der Begründung stand die Lehre vom Priestertum aller Gläubigen, damit wurde der Anspruch des Papstes auf die Herrschaft über die Welt und die allgemeingültige Auslegung der Bibel bestritten. Neben Luther waren Ulrich Zwingli und Jean Calvin als Begründer der reformierten oder calvinistischen Lehre die bedeutendsten Reformatoren.

Reichsfürsten: Seit dem 12. Jh. die geistlichen und weltlichen Fürsten, die direkt vom König belehnt wurden. Reichsfürstentümer mussten nach dem Tod des Fürsten neu verliehen werden. Im Reichstag bildeten die Reichsfürsten seit dem Spätmittelalter den Reichsfürstenrat.

Reichskirchensystem: Eine Form kirchlicher Organisation, bei der Adlige zugleich die hohen geistlichen Ämter und führenden Funktionen in der weltlichen Herrschaft übernahmen. Seit der Karolingerzeit überließen die Könige den Bischöfen und Äbten große Gebiete, zahlreiche Herrschaftsrechte und hohe Reichsämter, da diese ihre Ämter nicht vererben konnten und somit das Übertragene dem königlichen Zugriff nicht entzogen wurde. Die Bischöfe und Äbte waren zur Mitarbeit in der Reichsverwaltung und Stellung von Heeresabteilungen verpflichtet; als Mitglieder der Kanzlei verfassten sie die königlichen Urkunden; der Erzbischof von Mainz war als Reichskanzler höchster Würdenträger nach dem König. Die Reichskirche bestand nur so lange, wie der König Bischöfe und Äbte einsetzen konnte.

Reichsstände: Im Heiligen Römischen Reich Deutscher Nation bis 1806 die Reichsfürsten, -grafen, -prälaten (= Angehörige der Reichskirche) und -städte, die die Reichsstandschaft besaßen; das bedeutete, dass sie zur Führung einer Stimme im Reichstag berechtigt waren. Diese erwuchs mit Ausnahme der Reichsritter und Reichsdörfer aus der Reichsunmittelbarkeit. Die Reichsstände waren seit dem 14. Jh. in drei gleichberechtigte Gruppen geteilt (Kurfürstenkollegium, Reichsfürstenrat, Städtekollegium) und repräsentierten zusammen mit dem Kaiser das Reich.

Reichstag: Stände- oder Volksvertretung eines Reiches; im Heiligen Römischen Reich die Ständeversammlung, die sich zunächst nur aus den Fürsten, später auch Grafen und freien Herren sowie Vertretern der Reichs- und Bischofsstädte zusammensetzte; sie befasste sich mit Heerfahrt, Reichskriegen, -steuern, -gesetzen und Erhebungen in den Reichsfürstenstand. Seit 1663 tagte der Reichstag als ständiger Gesandtenkongress in Regensburg (Immerwährender Reichstag). Im Norddeutschen Bund und dann im Deutschen Reich bis 1933 übte der Reichstag (teils mit dem Reichsrat) die Reichsgesetzgebung aus.

Renaissance: Seit dem 16. Jh. Bez. für die „Wiedergeburt“ der griechisch-römischen Kunst und Bildung. Seit dem 19. Jh. wird Renaissance auch als Epochenbegriff für die Zeit des Übergangs vom Mittelalter zur Neuzeit benutzt, in der sich der Mensch aus der kirchlichen und geistigen Ordnung des Mittelalters löste.

Reparationen: Seit dem Ersten Weltkrieg Bezeichnung für Wiedergutmachungsleistungen, die die Sieger dem Besiegten zum Ausgleich für im Krieg erlittene Schäden auferlegen; häufig auch mit dem Ziel der Schwächung der wirtschaftlichen und militärischen Leistungsfähigkeit. Formen: Zahlungen und Warenlieferungen, auch Demontagen (Abbau von Maschinen und Industrieanlagen).

Repräsentation: Stellvertretende Wahrnehmung politischer Rechte und Pflichten durch dazu legitimierte Vertreter.

Repräsentative Demokratie: Im Gegensatz zu direkten Formen der Demokratie, wie z. B. dem Rätesystem, wird in der repräsentativen Demokratie die Herrschaft nicht direkt durch das Volk, sondern durch vom Volk gewählte Repräsen-

tanten (Abgeordnete) ausgeübt. Ebenfalls im Gegensatz zum Rätesystem steht hier das Prinzip der Gewaltenteilung.
Republik: Der Begriff ist abgeleitet von *res publica* = die öffentliche, die gemeinsame Sache. In unserem Sprachgebrauch gilt Republik als Staatsform, die – außer mit der Monarchie oder der Despotie – mit unterschiedlichen Regierungsformen (Demokratie, Aristokratie) verträglich ist. Als Römische Republik bezeichnen wir die politische Ordnung Roms zwischen dem Sturz des Königtums (um 510 v. Chr.) und der Errichtung des Prinzipats (27 v. Chr.). Diese Republik hatte eine Mischverfassung (gemischt aus Monarchie, Aristokratie, Demokratie), war aber nach heutiger Auffassung eher eine Aristokratie. Heute dient der Begriff vor allem zur Bez. für nicht monarchische Staatsformen und ist mit dem Gedanken der Volkssouveränität verbunden.
Restauration: Wiederherstellung früherer Zustände, z. B. der monarchischen Ordnung eines Staates. Als Epochenbezeichnung für die Jahre 1815–1848 betont der Begriff, dass die staatliche Politik dieser Jahre alte Grundsätze der Zeit vor der Französischen Revolution wieder zur Geltung bringen wollte.
Revolution: Am Ende einer Revolution steht der tief greifende Umbau eines Staates und nicht nur ein Austausch von Führungsgruppen. Typisch ist das Vorhandensein eines bewussten Willens zur Veränderung, eine entsprechende Aktionsgruppe mit Unterstützung im Volk oder in einer großen Bevölkerungsgruppe. Typisch sind auch die Rechtsverletzung, die Gewaltanwendung und die schnelle Abfolge der Ereignisse. Beispiele sind die Französische Revolution 1789 und die Russische Revolution 1917. Revolutionen werden auch Vorgänge genannt, die nicht alle genannten Merkmale aufweisen. Die Revolution in der DDR 1989 wird wegen ihres gewaltlosen Verlaufs auch Friedliche Revolution genannt.
Ritter: Seit der Karolingerzeit traten berittene Berufskrieger neben das fränkische Volksheer und ersetzten es schließlich. Die Reiterkrieger erhielten vom König Grund und Boden als Lehen; seit dem 11. Jh. entstand aus adligen Rittern und ursprünglich unfreien Ministerialen das Rittertum, das sich mit der höfisch-ritterlichen Kultur eigene Lebensformen schuf. Ursprünglich konnte die Ritterwürde nicht vererbt werden, sondern wurde nach langer Ausbildung und Bewährung durch den Ritterschlag erworben. Im Spätmittelalter bezeichnete „Ritter“ den niederen Adel.
Romanisierung: Übertragung römischer Lebensformen auf andere.

Scholastik: Bezeichnung für die Theologie und Philosophie des Mittelalters, die als „Schulwissenschaft“ gelehrt wurde. Ziel der Scholastiker war es, Vernunft (lat. = *ratio*) und Glauben miteinander zu verbinden. Mithilfe der Philosophie sollte die christliche Offenbarung erklärt und der Glaube in einem einheitlichen System zusammengefasst werden. Deshalb war es notwendig, Begriffe genau zu definieren und Fragestellungen und Beweisführung logisch zu begründen. Der Höhepunkt der Scholastik lag im 13. Jh.
Scholle: Nutzbares Stück Ackerland.
Senat: Der Begriff bedeutet zunächst Rat der Alten. In Rom gab es schon in der Königszeit einen Senat; in der Republik hatte er praktisch die Leitung des Staates in der Hand, obwohl seine Befugnisse rechtlich nicht festgelegt waren. Aber da er die gesammelte politische Erfahrung verkörperte – in ihm saßen die ehemaligen Magistrate –, verfügte er über eine große Autorität, sodass seine „Ratschläge“ von den Magistraten in der Regel als bindend betrachtet wurden. Die Zahl der Senatoren veränderte sich im Lauf der Geschichte: Ursprünglich gehörten dem Senat 300, seit Sulla 600, unter Caesar 900 und unter Augustus wieder 600 Mitglieder auf Lebenszeit an. Entsprechend den Ämtern, die sie vorher bekleidet hatten, standen die Senatoren in einer hierarchischen Rangfolge.
Sklaven: In allen antiken Hochkulturen hat es Sklaverei gegeben. Nach griechischem und römischem, später auch nach islamischem Recht waren Sklaven ein unbeschränktes Sacheigentum, über das der Besitzer frei verfügen durfte. Sie wurden im Bergbau und in der Landwirtschaft eingesetzt, waren im Haushalt, als Lehrer, Ärzte oder in der Verwaltung und im Handwerk tätig. Da sie dabei ihre Kompetenzen selbstständig wahrnehmen mussten, kann man sie nicht als willenlose Werkzeuge bezeichnen. Ihre tatsächliche Lage hing stark von ihrem Tätigkeitsbereich ab. Sklave wurde man durch Kriegsgefangenschaft, durch Raub (Sklavenhandel) und Verkauf, durch Verschuldung oder dadurch, dass man von Sklaven abstammte. Im Römischen Reich war das Sklavendasein kein unabänderliches Schicksal, denn viele Sklaven wurden von ihren Herren freigelassen. Sie erhielten dann ein eingeschränktes, ihre frei geborenen Kinder das volle römische Bürgerrecht. – Die Abschaffung der Sklaverei in der Neuzeit wurzelt in der Aufklärungsbewegung; die tatsächliche Abschaffung begann Ende des. 18. Jh. (z. B. in den britischen Kolonien 1833, in den französischen Kolonien 1848, in den USA 1863).
Souveränität: Der von Jean Bodin im 16. Jh. geprägte Begriff (lat. *superanus* = überlegen) bezeichnet die höchste und unabhängige Staatsgewalt nach innen und außen (innere und äußere Souveränität). Im Absolutismus war alleiniger Souverän, d. h. Träger aller Staats- und damit Herrschaftsgewalt, der Fürst. Dagegen gilt in demokratischen Staaten das Prinzip der Volkssouveränität. Alle Gewalt geht vom Volke aus, das seinen Willen direkt oder indirekt durch Abgeordnete zur Geltung bringt. Die Idee der Volkssouveränität setzte sich zuerst in der Amerikanischen und Französischen Revolution durch. Sie wird nur durch die in der Verfassung festgelegten Menschenrechte beschränkt. Völkerrechtlich, d. h. nach außen, gilt ein Staat als souverän, der nicht von einer anderen Macht besetzt ist und unabhängig von anderen Staaten handeln kann.
Soziale Frage: Bezeichnet die Notlage und die ungelösten Probleme, vor allem der Industriearbeiter, speziell in den frühen Phasen der Industrialisierung. Dazu gehörten: unsichere Arbeitsplätze, häufige Arbeitslosigkeit, niedrige Löhne, lange Arbeitszeiten, Wohnungselend, fehlende Versorgung bei Krankheit, Invalidität und Tod; verstärkt wurden die Probleme durch die Trennung von der alten Lebenswelt beim Zug in die Städte und die ungewohnte Fabrikarbeit. Lösungsversuche kamen von einzelnen Reformern und den Kirchen, besonders aber vom Staat (Sozialgesetzgebung) und von den Arbeitern selbst (Organisation; Selbsthilfe).
Soziale Marktwirtschaft: Wirtschaftsordnung, die ihrem Anspruch nach im Gegensatz zum frühliberalen (Laissez-faire-Kapitalismus) wie zum sozialistischen Wirtschaftssystem (Planwirtschaft) steht. Zu ihren wichtigsten Elementen gehören die Garantie und der Schutz des wirtschaftlichen Wettbewerbs, die soziale Abfederung negativer Auswirkungen marktwirtschaftlicher Prozesse (z. B. Arbeitslosigkeit)

durch den Staat sowie die Verbreiterung des Privateigentums an Produktionsmitteln. Der Begriff entstand nach dem Zweiten Weltkrieg und wurde maßgeblich von Alfred Müller-Armack, einem engen Mitarbeiter Ludwig Erhards, geprägt.

Sozialgesetzgebung: Maßnahmen moderner Industriestaaten, um unerwünschte Folgen der „freien Marktwirtschaft" zu korrigieren und die Bürger gegen Krankheit, Unfall, Alter, Invalidität abzusichern; hat sich in den 1880er-Jahren zuerst in Deutschland herausgebildet.

Sozialismus: Im liberal-kapitalistischen Gesellschaftssystem der Industrialisierung entstand der Sozialismus als Antwort auf die soziale Frage. Den verschiedenen Richtungen des Sozialismus geht es um Steuerung des Marktes, um den Abbau bzw. die Beseitigung einer sozial ungleichen, als ungerecht empfundenen Verteilung von Besitz (häufig um die Beseitigung des Privatbesitzes an Produktionsmitteln), um eine am Wohl des Ganzen orientierte Gesellschaftsordnung und um die demokratische Gleichberechtigung der Unterprivilegierten. Die Frage nach Reform oder Revolution der bestehenden Ordnung bestimmte von Anfang an die Überlegungen, Vorschläge und Forderungen der Sozialisten.

Sozialistengesetz: Von Bismarck initiiertes Gesetz vom 21. Oktober 1878 „gegen die gemeingefährlichen Bestrebungen der Sozialdemokratie".

SS-Staat: Bezeichnung für die besondere Machtstellung der SS (Schutzstaffel) im nationalsozialistischen Staat. Die SS war während der NS-Herrschaft neben der Polizei und dem Militär die dritte waffentragende Organisation und verfügte über einen effizient organisierten Überwachungs- und Terrorapparat. Ihr wurden diejenigen Aufgaben übertragen, denen Hitler besondere Bedeutung zumaß: die Sicherung der Macht in Deutschland und während des Krieges in den besetzten Gebieten; die Verfolgung und Vernichtung der Juden und aller anderen zu Gegnern des NS-Systems erklärten Gruppen und Individuen. Die SS war daher die eigentliche Exekutive Hitlers.

Stalinismus: Die unter der Herrschaft Stalins in den 1920er- und 1930er-Jahren in der UdSSR entstandene Staats- und Gesellschaftsordnung. Gestützt auf den zentralistischen Staats- und Parteiapparat war sie durch diktatorische Unterdrückung, Terror und Personenkult gekennzeichnet. Nach 1945 wurde sie auch auf die osteuropäischen Staaten übertragen. Nach Stalins Tod 1953 setzte eine vorsichtige Entstalinisierung ein, allerdings ohne die Grundprinzipien des Stalinismus aufzugeben. Erst die 1985 von Gorbatschow eingeleitete Reformpolitik führte zur Überwindung.

Stand, Stände: Als Stand bezeichnet man eine Gruppe in einer Gesellschaft, die durch rechtliche Bestimmungen klar umgrenzt ist, die bestimmte Vorrechte hat oder auch von bestimmten Rechten ausgeschlossen ist. In diesem Sinne bildeten Patrizier und Plebejer in der frühen Römischen Republik Stände. Auch Senatoren und Ritter in der römischen Kaiserzeit waren Stände. Dagegen waren die Plebejer in der späten Republik eine soziale Unterschicht, die durch ihre wirtschaftliche Lage, nicht aber durch rechtliche Bestimmungen umschrieben war. Stände sind einerseits gesellschaftliche Großgruppen, die sich voneinander durch jeweils eigenes Recht, Einkommensart, politische Stellung, Lebensführung und Ansehen unterscheiden und die Gesellschaftsordnung des Mittelalters und der Frühen Neuzeit prägten („ständische Gesellschaften"). Man unterschied vor allem Geistlichkeit (Klerus), Adel, Bürger und Bauern sowie unterständische Schichten. Sie sind andererseits Körperschaften zur Wahrnehmung politischer Rechte, etwa der Steuerbewilligung, in den Vertretungsorganen (Landtagen, Reichstagen) des frühneuzeitlichen „Ständestaates". Der Adel, der Klerus, die Vertreter der Städte und manchmal auch die der Bauern traten als „Stände" gegenüber dem Landesherrn auf. Der Absolutismus höhlte die Rechte der Stände aus. Mit den Revolutionen und Reformen um 1800 hörten die Stände auf, vorherrschendes Prinzip in Gesellschaft und Politik zu sein.

Take-off: Begriff des amerikanischen Wirtschaftshistorikers Walt W. Rostow zur Charakterisierung der Industriellen Revolution; wie beim Start eines Flugzeugs haben danach gewaltige Antriebskräfte die wirtschaftliche Entwicklung derart vorangetrieben, dass der Aufstieg von der weitgehend stagnierenden Agrarwirtschaft zur wachstumsorientierten Industriewirtschaft möglich geworden ist. Das anschließende Wirtschaftswachstum wird mehr oder weniger automatisch aufrechterhalten.

Territorialstaat: Entstanden im Deutschen Reich seit dem 13. Jh. durch die Zusammenfassung wichtiger Herrschaftsrechte in der Hand der Landesherren. Als Kernstück der Landeshoheit galt in der Frühen Neuzeit die hohe Gerichtsbarkeit. In manchen Territorialstaaten kam es zum Konflikt zwischen den Herrschaftsansprüchen des Landesherrn und den Mitwirkungsrechten der Landstände im Steuer- und Rechtswesen. Typisch für den frühneuzeitlichen Territorialstaat ist der Aufbau einer zentralisierten Verwaltung und das Zurücktreten lehnsrechtlicher Bindungen.

Terrorismus: Die systematische und gleichzeitig willkürliche Androhung und Anwendung von Gewalt durch politisch-soziale Gruppen, die Furcht und Schrecken verbreiten wollen.

Totaler Krieg: Krieg, in dem alle verfügbaren Ressourcen einer Gesellschaft für die Vernichtung des Feindes mobilisiert werden. Der Unterschied zwischen zivilem und militärischem Bereich löst sich auf.

Tyrannis (griech. *tyrannos* = Alleinherrscher): Seit der Antike die Gewaltherrschaft, die sich nicht an Gesetze hält; Folgen sind in der Regel Zwang und Unterdrückung.

undogmatisch: Nicht starr an eine Lehrmeinung oder Ideologie gebunden.

Unternehmer: Eine Person, die einen Gewerbebetrieb leitet, d.h. als wirtschaftliches „Unternehmen" führt. In der Industriellen Revolution kam den Leitern der entstehenden Industrieunternehmen immer größere Bedeutung zu. In dieser Phase waren Unternehmer und Kapitalist, d.h. der Eigentümer der Fabrik, der Maschinen usw., meist noch dieselbe Person. Sie entschieden über Investitionen, Einstellung und Entlassung der Arbeiter. Später wurden die Rolle des Kapitalbesitzers und die des Unternehmers von verschiedenen Personen oder Personengruppen wahrgenommen, so in der Aktiengesellschaft, die von „Managern" geleitet wird.

Urbanisierung: Der Begriff meint die Verbreitung städtischer Kultur und Lebensweise über ganze Regionen. Zentrale Merkmale sind Massenangebot und Massenkonsum, Geschwindigkeit, Mobilität und Anonymität. Im engeren Sinne meint Urbanisierung auch Verstädterung, bewirkt durch schnelleres Wachstum der Stadtbevölkerung gegenüber langsamerem Wachstum oder gar Stillstand/Rückgang der Landbevölkerung.

Vasall: siehe Lehnswesen

Verfassung: Grundgesetz eines Staates, in dem die Regeln der Herrschaftsausübung und die Rechte und Pflichten der Bürger festgelegt sind. Demokratische Verfassungen beruhen auf der Volkssouveränität und dementsprechend kommt die Verfassung in einem Akt der Verfassungsgebung zustande, an der das Volk direkt oder durch von ihm gewählte Vertreter (Verfassungsversammlung) teilnimmt. Eine demokratische Verfassung wird in der Regel schriftlich festgehalten (zuerst in den USA 1787), garantiert die Menschenrechte, legt die Verteilung der staatlichen Gewalt (Gewaltenteilung) und das Mitbestimmungsrecht des Volkes (Wahlrecht, Parlament) bei der Gesetzgebung fest.

Verhältniswahl: Wahlsystem, bei dem die Vergabe der Mandate auf die verschiedenen Parteien nach dem Verhältnis der abgegebenen Stimmen zueinander erfolgt (Gegensatz: Mehrheitswahlrecht; nur der Kandidat erhält einen Sitz, der im Wahlkreis die meisten Stimmen auf sich vereinigt). Einerseits erhalten durch ein Verhältniswahlrecht auch kleine Parteien die Möglichkeit, im Parlament vertreten zu sein, andererseits fördert es die Parteienzersplitterung. Das in der Weimarer Republik gültige Verhältniswahlrecht verschärfte die Zersplitterung noch dadurch, dass es auf Sperrklauseln verzichtete (heute z. B. die „Fünfprozentklausel").

Versailler Vertrag: Im Juni 1919 von Außenminister Hermann Müller in Versailles (bei Paris) unterzeichnet (1920 in Kraft); Inhalt: alle Kolonien, Elsass-Lothringen, Danzig, das Memelland, der polnische „Korridor" sind abzutreten, nach Abstimmungen auch Eupen-Malmedy, Nord-Schleswig, Teile Oberschlesiens; Saargebiet wird besetzt; Reparationen (Höhe noch offen); Heeresgröße auf 100 000 Mann festgelegt (Marine 15 000); Verbot, Österreich als Teil des Reiches zu integrieren; Festschreibung der Kriegsschuld Deutschlands. Folgen: In Deutschland muss die Demokratie für die Folgen des gescheiterten Kaiserreiches eintreten.

Vielvölkerstaat: Bezeichnung für ein staatliches Gemeinwesen, in dem unterschiedliche Völker oder Nationen zusammenleben, die ihre ethnischen oder nationalen Identitäten bewahren. Bsp.: das Zarenreich und österreichisch-ungarische Doppelmonarchie im 19. Jh.

Volkssouveränität: Grundprinzip der Legitimation demokratischer Herrschaft, nach dem alle Staatsgewalt vom Volke ausgeht. Entwickelte sich aus der frühneuzeitlichen Naturrechtslehre. Die Ausübung von Herrschaft ist an die Zustimmung des Volkes durch direkte Mitwirkung (Plebiszit) oder durch Wahlen gebunden; setzte sich in der Amerikanischen (1776) und Französischen Revolution (1789) als revolutionäres Prinzip gegen die absolute Monarchie durch. Die Volkssouveränität wird durch die Geltung der Menschen- und Bürgerrechte eingeschränkt.

Volkstribune: Beamte zum Schutz plebejischer Interessen.

Volksversammlung: Versammlung aller stimmberechtigten Bürger eines Staatswesens, in der sie ihre politischen Rechte wahrnehmen. Im demokratischen Athen war die Volksversammlung das Zentrum der politischen Willensbildung; sie allein entschied in allen politischen Fragen mit einfacher Mehrheit. Die Versammlung war nicht gegliedert; abgestimmt wurde nach Personen. Die Römische Republik kannte verschiedene Formen der Volksversammlung, die alle nach Abstimmungsbezirken (Tribus, Zenturien) gegliedert waren. Es zählten nicht die Einzelstimmen, sondern die Ergebnisse in den Abstimmungseinheiten. In der Volksversammlung wurden die Beamten gewählt, Gesetze beschlossen und über Krieg und Frieden entschieden, ein Initiativrecht hatte sie allerdings nicht. Erst in der römischen Kaiserzeit verlor sie ihren politischen Einfluss.

Weimarer Reichsverfassung/WRV: Im August 1919 vom Reichspräsidenten unterzeichnet; Inhalt: legt die demokratische Republik als Staatsform fest, aber mit starker Stellung des Reichspräsidenten (Notverordnungsrecht Art. 48); die Funktion der Parteien im Staat bleibt offen; Übergang vom kaiserzeitlichen Mehrheits- zum Verhältniswahlrecht befördert die Parteienzersplitterung; die Grundrechte haben einen geringen Stellenwert; staatsrechtliche Gleichberechtigung der Frauen.

Weltwirtschaftskrise: Ausgelöst durch Aktienspekulation, Nachfragestagnation und Überproduktion in den USA 1928/29; sie führte im Oktober 1929 zum Zusammenbruch der New Yorker Börse, die nach dem Ersten Weltkrieg London als Weltfinanzmarkt abgelöst hatte; Tiefpunkt der großen Krise war 1932. Folgen: Zerstörung des internationalen Finanzsystems, Vermögensverluste und hohe Arbeitslosigkeit in allen Industrieländern.

Wiederbewaffnung: Bezeichnung für die Aufstellung deutscher Truppen nach 1945. Sie bedeutete die Abkehr von den Entmilitarisierungsbestimmungen des Potsdamer Abkommens. In der sowjetischen Besatzungszone veranlasste die Militäradministration seit 1948 den Aufbau der „Kasernierten Volkspolizei", die danach zur Nationalen Volksarmee ausgebaut wurde. In der Bundesrepublik beschloss der Bundestag nach heftigen Auseinandersetzungen 1952 die Wiederbewaffnung. Damit begann der Aufbau der Bundeswehr und ihre Einbindung in das westliche Bündnissystem.

Zunft: Vereinigung von Handwerkern eines Berufes in einer Stadt. Jeder Meister musste der Zunft beitreten (Zunftzwang). Die Zunft beschränkte die Zahl der Meister, Gesellen und Lehrlinge, regelte Produktionstechnik und Arbeitszeit, kontrollierte Erzeugnisse und Preise (Zunftordnung). Endgültige Aufhebung der Zünfte mit Beginn der Industrialisierung.

Agence Rapho, Paris: 107; aus: Allgemeine Wochenzeitung der Juden in Deutschland: 451; © Amet Jean Pierre/CORBIS: 607/M3b; aus: E. Angermann, Die Vereinigten Staaten von Amerika als Weltmacht: 354; akg-images: 12 (Nimatallah), 15 (Hervé Champollion), 17 (Erich Lessing), 38, 44 (Erich Lessing), 57 (Suzanne Held), 66/M2, 73, 104/M1, 110, 113 (British Library), 117 (Hervé Champollion), 118/M3 (Gilles Mermet), 124/M4, 133, 152 (© Banco de México Diego Rivera & Frida Kahlo Museums Trust/VG Bild-Kunst, Bonn 2008), 158, 159, 164, 165, 168, 179 (N. Saunders, B. Helle), 190, 191 (Erich Lessing), 194, 196, 199, 210, 214/M2, 216/M3, 222/M1, 225, 228/M1, 229, 231, 236/M1, M2, 237, 242, 243, 248, 253, 270, 271, 296, 297, 303/M4, 305, 309/M1, M2, 319, 328, 332, 340 (© Succession Picasso/VG Bild-Kunst, Bonn 2008), 344, 348, 355/M2, 383, 399 (© VG Bild-Kunst, Bonn 2008), 407/M3, M4, 433/M2, 446, 464/M2, 469/M3, 471 (Florian Profittlich), 483/M1, M2, 484, 491/M2, M3, 492/M5, M6, 494/M9a, 508, 532, 539/M4, 540/M5, 546/M3, 562/M3, 588, 617/M2, 618; aus: Archäologische Entdeckungen: Die Forschungen des DAI im 20. Jh., Philipp von Zabern, Mainz 2000: 19/M8; Ara Güler, Istanbul: 109; AP: 500/M5; attac: 610; C. Barryman: 445; Bayerisches Nationalmuseum, München: 87; Bayerische Staatsbibliothek: 149/M11a (CLm 445 2 fol. 105 V); Bayerische Staatsgemäldesammlungen. Alte Pinakothek – Joachim Blauel – Artothek: 61; Berlinische Galerie, Landesmuseum für Moderne Kunst, Fotografie und Architektur, Berlin: 339; Berlin, Mauermuseum Haus am Checkpoint Charlie (0589): 507; Besitzer: Berlin, Stadtmuseum Berlin, Fotografie: Hans-Joachim Bartsch, Berlin: 250; © Bettmann/Corbis: 124/M3, 351; Besitzer: Staatliche Galerie Moritzburg Halle, Landeskunstmuseum Sachsen-Anhalt, Foto: Klaus E. Göltz, Halle/© VG Bild-Kunst, Bonn 2008: 337; Blaumeiser/CCC,www.c5.net: 550; bpk: 27, 42, 67/M3, 68/M5, 93, 169, 170/M14, 173, 206, 244, 245, 262, 275, 280 (Dietmar Katz), 302, 311, 356/M4, 361, 365 (Kunstbibliothek, SMB/Dietmar Katz/© VG Bild-Kunst, Bonn 2008), 382 (Willy Römer), 386/M1 (SBB/Dietmar Katz, © VG Bild-Kunst, Bonn 2008), 387/M5, 391, 393, 394 (Dietmar Katz, © VG Bild-Kunst, Bonn 2008), 395/M2, 406, 407/M2, 410, 425, , 434, 437, 453/M4 (Heinrich Hoffmann), 458/M1, 463 (Kunstbibliothek, SMB), 464/M3, 465/M5 (Jewgeni Chaldej), M6, 469/M5, 494/M9b, 511, 538/M1, 606; Braunschweigisches Landesmuseum: 414 (Foto: I. Simon); Bridgeman Berlin: 35, 83/M3, 84, 112, 163/M4, 167; Bulloz Photo d'OEuvres d'Art, Paris: 37; Bundesarchiv Koblenz: 426/M2, 427/M4 (O. Rinne, Signatur: Plak 003-011-042), 428, 454 (Signatur Bild 183F/F1006/201/2), 525/M2; Bundesbildstelle Berlin: 530; Bundesbildstelle Bonn: 521; aus: Burkhard Fehr, Der Tyrannentöter oder kann man der Demokratie ein Denkmal setzen?, Fischer, Frankfurt am Main, 1985: 16; Centre historique des Archives nationales, Paris: 208; aus: China heute: 614/M7 (11/1998), M8 (8/2000); aus: China im Bild Nr. 10/1970: 369; Cliché Bibliothèque nationale de France, Paris: 188; Collection of Jane and Marvin Fishman, Milwaukee: 401/M4 (© VG Bild-Kunst, Bonn 2008); Foto: Darchinger: 562/M4; Deutsches Historisches Museum, Berlin: 170/M15, 186, 380/M2, 386/M2, 396/M4, 402/M6, 431, 444/M3; Deutsches Museum, München: 252/M1, M2, 257; aus: T. Döring/B. Schmidt, La herencia de 1492, una aprocimación critica. Moers: DSW 1995: 154/M14a, b; Erich Schmidt Verlag Berlin, Zahlenbilder: 430; aus: Europa 2000. Schritte der Europäischen Union, Presse- und Informationsdienst der Bundesregierung, Bonn: 599/M2; Foto RIA „Nowosti": 358/M6b; Frankenwaldmuseum, Kronach: 294; Friedrich-Naumann-Stiftung für die Freiheit, Archiv des Liberalismus: 518/M5; aus: Friedrich Pustet, Regensburg: 79/M4; Galleria Sabauda, Turin: 163/M3; Gedenkstätte Deutscher Widerstand, Berlin: 467, 468; Peter Gendolla, Siegen: 266; Germanisches Nationalmuseum Nürnberg: 183; www.geschichteinchronologie.ch: 444/M2; Grafiksammlung, Foto Wolfgang Pulfer: 518/M3; Gruner + Jahr, Stern, Hamburg: 547; Haus der Geschichte, Bonn: 513/M1, 517/M2, 556/M5, 558/M8, Original im Haus der Geschichte, Bonn: 531; Haus-, Hof- und Staatsarchiv, Wien (Fotostudio Otto): 94; Herzog August Bibliothek Wolfenbüttel (cod. Guelf. 148 Noviss. 2°): 82; © Iko Freese/drama-berlin.de: 21; Interfoto: 258 (Karger Decker), 505/M4; Hans-Joachim Jordan: 561/M2; aus: John Camp, Die Agora von Athen, Philipp von Zabern, Mainz 1989: 23, 52; Jürgens Ost- + Ost-Europa-Photo: 572/M1; aus: Katalog Canossa. Erschütterung der Welt, Hirmer Verlag, München: 74; Keystone Pressedienst: 373, 453, 534 (Leibing), 617/M1; Rosel Köhler, Herrsching: 529; Königliche Bibliothek, Brüssel: 77; Konrad-Adenauer-Stiftung e.V., Archiv für Christlich-Demokratische Politik, Plakatsammlung: 518/M4; Krauss-Maffei AG, München: 279/M1a, b; Kreisbildstelle Hanau: 514/M4; Kunsthistorisches Museum, Wien: 69/M8; Kupferstich-Kabinett, Staatliche Kunstsammlungen Dresden/© VG Bild-Kunst, Bonn 2008: 325; © by Hans Lachmann: 41; Landesbibliothek Eutin: 153; Landesbildstelle Berlin: 417; Langewiesche-Brandt, Ebenhausen: 386/M3, 387/M6, 407/M5, 426/M3; Liebermann/CCC,www.c5.net: 282; London Tate Gallery: 322; Mary Evany Picture Library: 126, 320; mauritius-images: 20 /Torino); Mester/CCC,www.c5.net: 291; Milwaukee Art Museum, Layton Art Collection, Gift of Frederick Layton, Photo: Larry Sanders, Milwaukee: 267; Museum of the Revolution, Beijing: 370; National Archives, College Park: 517/M1; Niedersächsisches Landesmuseum, Wien: 295; Österreichische Nationalbibliothek, Wien: 64; Photo Archives United States Holocaust Memorial Museum, Washington D.C.: 458/M2, 459/M3; Photo Scala, Florenz: 147/M7, 149/M11b; Photothèque des Musées de la Ville de Paris: 223; picture-alliance/akg-images: 9, 90, 91, 96/M1 r., 100, 140, 142, 143, 146, 156, 157, 166/M8, M9, 171, 193, 195, 200/M3, M4, 209/M2 (Erich Lessing), 209/M3, 212/M1, 217, 220/M2, 222/M2, 227, 233/M3, 234/M4 (united archives), 234/M5, 238, 260, 265, 318, 335, 380/M1, 384, 400/M2, 412, 422/M2, 476, 495; picture-alliance/Bildagentur Huber: 118/M2; picture-alliance/dpa: 134, 539/M3, 545, 546/M2, 551, 555, 557/M7; picture-alliance/dpa/© dpa-Bildarchiv: 469/M4, 499/M3, 500/M4, 557/M6; picture-alliance/dpa/© dpa: 103, 220/M1, 579, 580, 624; picture-alliance/dpa/© dpa-Fotoreport: 96/M1 l., 560; picture-alliance/dpa/© dpa-Report: 128/M4, 378/M2b, 619, 628; picture-alliance/dpa/dpaweb/© dpa: 575; picture-alliance/dpa/epa afp: 624; picture-alliance/KPA/HIP/Jewish: 497; picture-alliance/KPA/HIP/The British Library: 162; picture-alliance/KPA/TopFoto: 268; picture-alliance/maxppp: 147/M8, M9, 176 (© Selva/Leemage), 201, 214/M1, 330 (© Costa/Leemage); picture-alliance/© MP/Leemage: 155; picture-alliance/Picture-Alliance: 28; Römisch-Germanisches Museum, Köln: 49; Sammlung Alain Jaubert: 360; Satiricum Greiz, Inv.-Nr. E 1262: 566; Arpad Schmidhammer: 345; Spikkestad, Martin Schogen, Sammlung: 79/M5; Staatliche Bücher- und Kupferstichsammlung Greiz: 566; Staatliche Münzsammlung, München: 24, 40; Stadt Aachen: 67/M4; Stadtarchiv Braunschweig: 432 (Signatur: H XVI: H III 1f/1935); Stadtarchiv Nürnberg: 276/M8a, b; Stadtarchiv Oberhausen: 472; Karl Stehle, München: 303/M3, 411; Stiftung Archiv der Akademie der Künste: 401/M5; Stiftung Deutsche Kinemathek, Foto: Kranichfoto, Berlin: 505/M5; Original in Stiftung Haus der Geschichte, Zeitgeschichtliches Forum Leipzig: 526; sz-photo: 355/M1, 368, 378/M2a (Scherl), 404, 405, 415/M1, M2, 433/M3 (Scherl), 438, 475, 509/M3, 513 (Froese A./Caro), 520, 590; Technikmuseum, Berlin: 286; aus: H. Temporini, Die Kaiserinnen Roms, C. H. Beck: 48; aus: Thamer, Verführung und Gewalt: 443; The Ashmolean Museum of Art and Archaeology, Oxford: 66/M1; Thüringisches Staatsarchiv Altenburg, Bildersammlung Nr. 5113: 427/M5; Topham Picture Source: 353; Topkapi Sarayi Müzesi, Istanbul: 122, 132; ullstein bild: 274, 356/M3, 395/M1, 418, 449 (SV-Bilderdienst/Foto UFA), 459, 465/M4, 498, 524, 553, 573; ullstein bild – AP: 613; ullstein bild – Archiv Gerstenberg: 304, 392, 422/M3; ullstein bild – Granger Collection: 130, 358/M6; Universitätsbibliothek Heidelberg: 97; Universitätsbibliothek Leipzig: 60; Universitäts- und Landesbibliothek Düsseldorf: 226; Vatikanisches Museum, Rom: 33; Vatican Library: 114; VG Bild-Kunst, Bonn 2008: 586; Viewimages: 456; Visum/Götz Linzenmeier: 500/M6; Zenit/Paul Langrock: 538/M2; aus: D. Zimmer, Auferstanden aus Ruinen, DVA, Stuttgart: 510